中国－东北亚国家年鉴

（2019）

主编／董伟俊

执行主编／笪志刚

副主编／刘　爽　张凤林　任晓菲

CHINA-NORTHEAST ASIA YEARBOOK

(2019)

社会科学文献出版社

SOCIAL SCIENCES ACADEMIC PRESS (CHINA)

《中国－东北亚国家年鉴（2019）》编委会

《中国－东北亚国家年鉴（2019）》
编辑部及主创人员

《中国－东北亚国家年鉴（2019）》
撰稿人员

东北亚国家概况

宋晓丹（中国）　　陈秋杰（俄罗斯）

任晓菲（日本）　　洪　欣（韩国）

李　扬（朝鲜）　　李　宁（蒙古国）

经济社会发展回顾

笪志刚（东北亚区域合作发展回顾）

王力力（中国）　　邹秀婷（俄罗斯）

杜　颖（日本）　　洪　欣（韩国）

张秀杰（蒙古国）

东北亚各国国家和区域战略介绍

于江波　王为敏　丁　丽　邹春燕

樊鸿禄

东北亚各国招商引资情况

乔　虹（中国）　　张彤彤（俄罗斯）

刘　茜（日本）　　曹晓东（韩国）

蓝　亮（朝鲜）　　郭丽春（蒙古国）

东北亚时事动态

刁乃莉　金朝阳　戴鸿绪

东北亚地区主要会议

曹志宏

黑龙江省与东北亚各国合作

宋晓丹（黑龙江省）　　张　梅（俄罗斯）

张凤林（日本）　　宋琳琳（韩国、朝鲜）

李　宁（蒙古国）

重要文件

赵博雅

东北亚国家政界、学界观点

张司晨（国家政要发言、中国地方领导发言）

曹志宏（著名专家观点）

专题报告与专题论文和论文摘要

笪志刚　马友君　南川高范

扎·巴雅萨呼　那·图木尔　张凤林

戚文海　师　成　张秀杰　陈秋杰

孙书林　曹志宏　宋琳琳　任晓菲

王力力　陈　涵（专题报告）

刘　钦（专题论文）　　赵博雅（论文摘要）

大事记

刘伟东　孙鸿鹤　温　闻　付　娆

附　录

谢东丹　李瑞飞　路玮孝　马　禹

王　跃　尹　兴

编辑说明

一、《中国－东北亚国家年鉴（2019）》是一部国际综合性年鉴，着重收载中国和东北亚各国的基本资料及区域内各方面的重要信息，也收录了黑龙江省深化与东北亚各国经贸合作的相关信息和资料，旨在为促进中国与东北亚各国的经贸往来和交流合作服务。同时，为区域内各国和地区间的往来提供可资借鉴的信息，为海内外各界人士了解中国和东北亚国家的基本情况提供平台，以促进国家间的相互了解与合作交流。《中国－东北亚国家年鉴（2019）》面向国内外广大读者，及时为国内外客商和相关会议会展与会人士提供便捷的资讯。

二、《中国－东北亚国家年鉴（2019）》的编辑，坚持以习近平新时代中国特色社会主义思想为统领，全面贯彻落实十八大以来习近平治国理政新思想新观点新战略、十九大报告的重要文件精神，坚持实事求是、与时俱进的科学精神，做到尽可能客观反映有关各国情况，追求年鉴从体例到内容的科学性、权威性和实用性。

三、本卷年鉴为第十一卷，内容以2018年发生的事情为主，着重记述2018年发生的大事要闻并收入相关数据资料。在延续往年内容丰富的优点，保持资料的完整性和连续性，适当做了年代追溯和回顾总结的同时，为加强年鉴的回顾和时效衔接，卷中除记述2018年1～12月的大事外，部分条目还回溯了2017年11～12月的大事。为体现前瞻性，部分研究性栏目对2019年做了必要的前瞻。

四、本卷年鉴的主要栏目有：东北亚国家概况，经济社会发展回顾，东北亚各国国家和区域战略介绍，东北亚各国招商引资情况，东北亚时事动态，东北亚地区主要会议，黑龙江省与东北亚各国合作，重要文件，东北亚国家政界、学界观点，专题报告与专题论文和论文摘要，大事记，附录。为系统理解东北亚各国最新的国家和地区开发战略，促进各国招商引资政策服务双边和多边的中央及地方合作，对东北亚各国国家和区域战略及东北亚各国招商引资情况进行了专题研究，力求通过这些研究使东北亚区域各种合作能从区域战略设计、政策深度、年鉴尺度出发，立足新区域，借鉴新思路，谋划新亮点，寻求新突破。同时为突出承编省份深化与东北亚各国经贸合作及构建国家向北开放窗口、深化以俄罗斯为中心的东北亚合作等有关信息，本卷延续了黑龙江省与东北亚各国合作栏目。2018年是世界政治、外交、安全、经济格局大变革大调整大发展持续的一年，也是逆全球化、单边主义、保护主义和民粹主义持续发酵的一年。一方面，和平与发展的主题并没有改变，世界各国人民盼和平、求稳定、求福祉与求发展的诉求没有改变，各国通过参与多边及区域合作追求福祉和民生进步的意愿更加强烈，中国政府提出的"一带一路"倡议的阶段性成果不断显现，"一带一路"倡议日益得到俄日韩等东北亚国家的响应，"人类命运共同体"的理念愈加深入人心。另一方面，美国掀起的对全球主要贸易伙伴（尤其是对中国）的贸易摩擦等深度冲击着世界的经济秩序，全球面临经贸多边走势持续恶化、多边主义受到威胁的危险。与此同时，从全球地缘政治角度来看，在传统安全威胁相对可控的同时，非传统安全风险进一步增加，全球双边和多边合作的基础还有待进一步夯实，世界范围内三股势力的危害不时显现，全球化及世界经贸走向复苏面临的不确定性依然较大，使得2018年的地缘形势喜中有忧、稳中有变，经济形势既有向好的可能，也存在渐变的风险。从世界经济角度来看，中印等发展中经济体和欧美日发达经济体分别呈现发展强劲和整体弱势复苏的不同态势，虽然全球化的趋势没有逆转，但美国优先主义引发的去全球化的风险在不断增加。从区域合作角度来看，东北亚区域合作消除诸多不利因素，呈现了双边关系向好转圜、多边积极热络的改善态势，中美贸易摩擦走势下的贸易保护主义和逆全球化风险，让东北亚各国看到多国携手维护多边主义与打破合作阻滞状态的必要性及重要性。从复杂地缘走势角度来看，东北亚地区尤其是朝鲜半岛局势在朝鲜释放和解信号、朝鲜参加平昌冬奥会、南北关系缓和推动下，实现了区域内双边和多边关系的系列转变，中朝、朝韩、美朝领导人的接连会面、半岛局势的峰回路转，使2018年东北亚地缘局势一改2017年末的紧张对立状态，呈现了和平与和解、对话与交流、合作与共识的朝向深化合作的新走势，阻碍区域经贸合作的一些负面因素向好转变。中日及中韩领导人会面、中日韩领导人会议等高层交流的重启，使中韩因为部署"萨德"而形成的对立关系开始改善，中日双边改善关系进程进一步加快。从区域多边合作角度来看，东北亚地区继续扮演全球经济增长引擎的角色，区域内国家的GDP增速超5%，经贸增幅平均超10%，旅游等人员往来增势使区域合作影响力进一步扩大、区域地位进一步提升、合作潜力进一步释放，东北亚区域比肩北美自贸区、欧元区的现实基础与潜力不断显现。2018年，东北亚区域虽然出现了令人欣喜的合作转变，但也存在短中期无法消除的历史恩怨与现实矛盾，我们希望通过更多的偏向相向而行的正面信息的梳理和介绍，尽可能反映东北亚区域合作与发展的趋势和力量，这也是我们希望通过年鉴反映其相应积极变

化与向好趋势的编辑宗旨。年鉴中的概况和动态信息一般做条目化处理，政要言论采用摘要或节选方式，发展报告和某些附录资料则采用文章体。资料排列一般采用中、俄、日、韩、朝、蒙顺序，资料编排上也按照此原则进行。一国之内发生的事情，在同一栏目中一般按时间顺序编排。

五、本年鉴由黑龙江省人民政府主管，黑龙江省社会科学院、东北亚战略研究院承编。供稿者为黑龙江省社会科学院各研究部门的专家学者，此外，还与黑龙江省国际经济贸易研究所、哈尔滨市社会科学院东北亚研究所、哈尔滨市国际经济贸易研究所、黑龙江大学东北亚研究中心等单位联合撰写了部分内容。专题报告邀请了东北亚及国内专家撰写，具有较高的理论水准和应用价值。年鉴采用的文献资料主要来自国内外权威机关、传媒或网站，具有一定的权威性和参考价值。由于本年鉴资料和数据采集涉及出版书籍、刊物及作者众多，有些还涉及外文转译（做了部分改写），除专题报告等部分列出参考文献外，其余无法一一注明出处和摘编目录，在此一并深表歉意。

六、作为资料性工具书，本年鉴内容资料的选题选材和编排、条目的要素和记述程序等，都依照年鉴的体例做了相应规范。书中个别数据与附录中的数据存在差异，是由于数据来源出处不同，特此说明。为方便阅读、检索，本年鉴在目录编排上尽可能做到内容详细、分类清晰、便于查找。

七、连续编辑《中国－东北亚国家年鉴》是适应海内外人士的要求进行的全新的尝试，更是一项艰苦的工作。由于本年鉴成书时间紧迫，资料采集较为艰辛，在内容和形式上难免有疏漏和不足，欢迎国内外各界读者批评指正，我们将在下一卷的编纂工作中努力改进。

本年鉴在策划和编辑过程中，参考了国内外相关年鉴的部分编辑风格，并进行了一定的创新，得到了国内外相关部门和各界人士的大力支持和帮助，在此表示衷心的感谢！

目　　录

经济社会发展回顾

东北亚各国国家和区域战略介绍

东北亚各国招商引资情况

东北亚时事动态

专题报告与专题论文和论文摘要

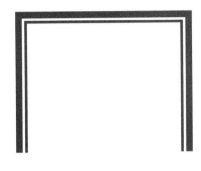

东北亚国家概况

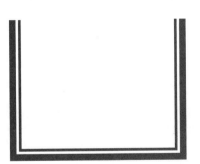

中 国

国 名

中华人民共和国（People's Republic of China）。

地 理

中国位于亚洲东部，太平洋西岸。陆地面积约960万平方公里，东部和南部大陆海岸线1.8万多公里，内海和边海的水域面积470多万平方公里。海域分布有大小岛屿7600多个，其中台湾岛最大，面积35798平方公里。中国同14国接壤，与8国海上相邻。中国地势西高东低，山地、高原和丘陵约占陆地面积的67%，盆地和平原约占陆地面积的33%。

北方地区是指中国东部季风区的北部，主要是秦岭—淮河一线以北，大兴安岭、乌鞘岭以东的地区，东临渤海和黄海。包括东北三省、黄河中下游五省二市的全部或大部分，以及甘肃东南部，内蒙古、江苏、安徽北部。面积约占全国的20%，人口约占全国的40%，其中汉族占绝大多数，少数民族中人口较多的，有居住在东北的满族、朝鲜族等。南方地区是指中国东部季风区的南部，主要是秦岭—淮河一线以南的地区，西面为青藏高原，东与南分别面临东海和南海，大陆海岸线长度占全国的2/3以上。该地区的范围包括长江中下游六省一市，南部沿海和西南四省市大部分地区。面积约占全国的25%，人口约占全国的55%，汉族占大多数。该地区内的少数民族有30多个，其人数5000多万，主要分布在桂、云、贵、川、湘、琼等地，人数较多的为壮、苗、彝、土家、布依、侗、白、哈尼、傣、黎等族。西北地区深居内陆，位于大兴安岭以西，昆仑山—阿尔金山—祁连山和长城以北，包括内蒙古自治区、新疆维吾尔自治区、宁夏回族自治区和甘肃省的西北部。这一地区国境线漫长，与俄罗斯、蒙古、哈萨克斯坦等国相邻。该地区面积广大，约占全国面积的30%，人口约占全国的4%，是地广人稀的地区。西北地区是中国少数民族聚居地区之一，少数民族人口约占总人口的1/3，主要有蒙古族、回族、维吾尔族、哈萨克族等。青藏地区位于中国西南部，横断山脉以西，喜马拉雅山以北，昆仑山—阿尔金山—祁连山以南，包括青海、西藏和四川西部。面积约占全国的25%，人口不足全国的1%。这里是中国藏族聚居的地区。西藏自治区同缅甸、印度、不丹、尼泊尔等国相邻。

人 口

2018年末中国大陆总人口139538万人，比上年末增加530万人，其中城镇常住人口83137万人，占总人口比重（常住人口城镇化率）为59.58%，比上年末提高1.06个百分点。户籍人口城镇化率为43.37%，比上年末提高1.02个百分点。全年出生人口1523万人，出生率为10.94‰；死亡人口993万人，死亡率为7.13‰；自然增长率为3.81‰。

资源物产

土地资源 中国陆地面积约960万平方公里，海域面积470多万平方公里。国土面积居世界第 3 位，但按人均土地资源论，在面积居世界前 12 位的国家中，中国居第 11 位。中国土地资源利用的情况极为复杂。例如，在广阔的东北平原上，汉族多利用耕地种植高粱、玉米等杂粮，朝鲜族则多种植水稻。山东的农民种植花生经验丰富，产量较高，河南、湖北的农民则种植芝麻且收益较好。在相近的自然条件下，太湖流域、珠江三角洲、四川盆地的部分地区形成了全国性的桑蚕饲养中心等。中国耕地的分布是南少北多，比如，中国小麦、棉花的集中产区——华北平原，耕地面积约占全国的 40%。

水资源 河流和湖泊是中国主要的淡水资源。中国人均径流量为 2200 立方米，是世界人均径流量的 24.7%。各大河的流域中，以珠江流域人均水资源最多，人均径流量约 4000 立方米。长江流域稍高于全国平均数，为 2300 ~ 2500 立方米。海滦河流域是全国水资源最紧张的地区，人均径流量不足 250 立方米。中国水资源的分布情况是南多北少，华北平原水资源只占全国的 6% 左右。中国水能资源蕴藏量达 6.8 亿千瓦，居世界第 1 位。70% 分布在西南四省市和西藏自治区，其中长江水系最多，其次为雅鲁藏布江水系。黄河水系和珠江水系也有较大的水能资源蕴藏量。

植物资源 中国幅员辽阔，植被种类丰富、分布错综复杂，是世界上植物资源最丰富的国家之一。在东部季风区，有热带雨林，热带季雨林，中、南亚热带常绿阔叶林，北亚热带落叶阔叶常绿阔叶混交林，温带落叶阔叶林，寒温带针叶林，以及亚高山针叶林、温带森林草原等植被类型。在西北部和青藏高原地区，有干草原、半荒漠草原灌丛、干荒漠草原灌丛、高原寒漠、高山草原草甸灌丛等植被类型。植物种类多，据统计，有种子植物 300 个科、2980 个属、24600 个种。其中被子植物 2946 个属（占世界被子植物总属的 23.6%）。比较古老的植物，约占世界总属的 62%。有些植物，如水杉、银杏等，都是残存于中国的"活化石"。种子植物兼有寒、温、热三带的植物，种类比全欧洲多得多。此外，还有丰富多彩的栽培植物。从用途来说，有用材林木 1000 多种，药用植物 4000 多种，果品植物 300 多种，纤维植物 500 多种，淀粉植物 300 多种，油脂植物 600 多种，蔬菜植物也不下 80 余种。

动物资源 中国是世界上动物资源最为丰富的国家之一。据统计，全国陆栖脊椎动物约有 2070 种，占世界陆栖脊椎动物的 9.8%。其中鸟类 1170 多种、兽类 400 多种、两栖类 184 种，分别占世界同类动物的 13.5%、11.3% 和 7.3%。在西起喜马拉雅山—横断山北部—秦岭—伏牛山—淮河与长江间一线以北地区，以温带、寒温带动物群为主，属古北界，此线以南地区以热带性动物为主，属东洋界。由于东部地区地势平坦，西部横断山南北走向，两界动物相互渗透混杂的现象比较明显。

矿产资源 中国幅员辽阔，地质条件多样，矿产资源丰富，有矿产 171 种。已探明储量的有 157 种。其中钨、锑、稀土、钼、钒和钛等的探明储量居世界首位。煤、铁、铅锌、铜、银、汞、锡、镍、磷灰石、石棉等的储量均居世界前列。中国矿产资源分布广泛而集中，如铁主要分布于辽宁、冀东和川西，西北很少；煤主要分布在华北、西北、东北和西南地区，其中山西、内蒙古、新疆等省区最集中，东南沿海各省则很少。钨矿在 19 个省区均有分布，主要集中在湘东南、赣南、粤北、闽西和桂东—桂中。

国体政体

国体 中华人民共和国是工人阶级领导的、以工农联盟为基础的人民民主专政的社会主义国家。社会主义制度是中华人民共和国的根本制度。中华人民共和国的一切权力属于人民。人民行使国家权力的机关是全国人民代表大会和地方各级人民代表大会。

政体 我国的政体是人民代表大会制度，它是中国人民民主专政的政权组织形式，是中国的根本政治制度。人民代表大会制度有利于保证国家权力体现人民的意志；有利于保证中央和地方的国家权力的统一；有利于保证中国各民族的平等和团结。中国的人民代表大会制度，能够确保国家权力掌握在人民手中，符合人民当家作主的宗旨。

国家领导人 习近平现任中国共产党中央委员会总书记，中国共产党中央军事委员会主席，中华人民共和国主席，中华人民共和国中央军事委员会主席。

行政区划

中国有34个省级行政区，包括23个省、5个自治区、4个直辖市、2个特别行政区。省级人民政府驻地称省会（首府），中央人民政府所在地称首都。北京是中国的首都。乡镇是中国最基层的行政单位。自治区、自治州、自治县是少数民族聚居地区的民族自治地方，它们都是祖国不可分割的部分。香港和澳门是中国领土的一部分。中国政府已于1997年7月1日对香港恢复行使主权，成立了香港特别行政区；于1999年12月20日对澳门恢复行使主权，成立了澳门特别行政区。

经济贸易

国内生产总值 2018年，中国全年国内生产总值900309亿元，比上年增长6.6%。其中，第一产业增加值64734亿元，增长3.5%；第二产业增加值366001亿元，增长5.8%；第三产业增加值469575亿元，增长7.6%。第一产业增加值占国内生产总值的比重为7.2%，第二产业增加值比重为40.7%，第三产业增加值比重为52.2%。全年最终消费支出对国内生产总值增长的贡献率为76.2%，资本形成总额的贡献率为32.4%，货物和服务净出口的贡献率为-8.6%。人均国内生产总值64644元，比上年增长6.1%。国民总收入896915亿元，比上年增长6.5%。

产业 2018年，中国全年粮食种植面积11704万公顷，比上年减少95万公顷。全年粮食产量65789万吨，比上年减少371万吨，减产0.6%。2018年全年全部工业增加值305160亿元，比上年增长6.1%。采矿业增长2.3%，制造业增长6.5%，电力、热力、燃气及水生产和供应业增长9.9%。全年全社会建筑业增加值61808亿元，比上年增长4.5%。全年批发和零售业增加值84201亿元，比上年增长6.2%；交通运输、仓储和邮政业增加值40550亿元，增长8.1%；住宿和餐饮业增加值16023亿元，增长6.5%；金融业增加值69100亿元，增长4.4%；房地产业增加值59846亿元，增长3.8%；信息传输、软件和信息技术服务业增加值32431亿元，增长30.7%；租赁和商务服务业增加值24427亿元，增长8.9%。全年规模以上服务业企业营业收入比上年增长11.4%，营业利润增长6.5%。

贸易 2018年全年社会消费品零售总额380987亿元，比上年增长9.0%。按经营地统计，城镇社会消费品零售额325637亿元，增长8.8%；乡村社会消费品零售额55350亿元，增长10.1%。按消费类型统计，商品零售额338271亿元，增长8.9%；餐饮收入额42716亿元，增长9.5%。在限额以上单位商品零售额中，粮油、食品类零售额比上年增长10.2%，饮料类增长9.0%，烟酒类增长7.4%，服装、鞋帽、针纺织品类增长8.0%，化妆品类增长9.6%，金银珠宝类增长7.4%，日用品类增长13.7%，家用电器和音像器材类增长8.9%，中西药品类增长9.4%，文化办公用品类增长3.0%，家具类增长10.1%，通信器材类增长7.1%，建筑及装潢材料类增长8.1%，石油及其制品类增长13.3%，汽车类下降2.4%。全年实物商品网上零售额70198亿元，比上年增长25.4%，占社会消费品零售总额的比重为

18.4%，比上年提高 3.4 个百分点。

对外经济 2018 年全年货物进出口总额 305050 亿元，比上年增长 9.7%。其中，出口 164177 亿元，增长 7.1%；进口 140874 亿元，增长 12.9%。货物进出口顺差 23303 亿元，比上年减少 5217 亿元。对共建"一带一路"国家进出口总额 83657 亿元，比上年增长 13.3%。其中，出口 46478 亿元，增长 7.9%；进口 37179 亿元，增长 20.9%。全年服务进出口总额 52402 亿元，比上年增长 11.5%。其中，服务出口 17658 亿元，增长 14.6%；服务进口 34744 亿元，增长 10.0%。服务进出口逆差 17086 亿元。全年外商直接投资（不含银行、证券、保险领域）新设立企业 60533 家，比上年增长 69.8%。实际使用外商直接投资金额 8856 亿元，增长 0.9%，折合 1350 亿美元，增长 3.0%。其中共建"一带一路"国家对华直接投资新设立企业 4479 家，增长 16.1%；对华直接投资金额 424 亿元，增长 13.2%，折合 64 亿美元，增长 16.0%。全年高技术制造业实际使用外资 898 亿元，增长 35.1%，折合 137 亿美元，增长 38.1%。全年对外承包工程完成营业额 11186 亿元，比上年下降 1.7%，折合 1690 亿美元，增长 0.3%。其中，对共建"一带一路"国家完成营业额 893 亿美元，增长 4.4%，占对外承包工程完成营业额的比重为 52.8%。对外劳务合作派出各类劳务人员 49 万人。

邮政通信

2018 年，中国全年完成邮政行业业务总量 12345 亿元，比上年增长 26.4%。邮政业全年完成邮政函件业务 26.8 亿件，包裹业务 0.2 亿件，快递业务 507.1 亿件，快递业务收入 6038 亿元。全年完成电信业务总量 65556 亿元，比上年增长 137.9%。电信业新增移动电话交换机容量 17267 万户，达到 259453 万户。年末中国电话用户总数 174835 万户，其中移动电话用户 156610 万户。移动电话普及率上升至 112.2

部/百人。固定互联网宽带接入用户 40738 万户，比上年末增加 5884 万户，其中固定互联网光纤宽带接入用户 36833 万户，增加 7440 万户；移动宽带接入用户 130565 万户，增加 17413 万户。全年移动互联网用户接入流量 711 亿 GB，比上年增长 189.1%。全年软件和信息技术服务业完成软件业务收入 63061 亿元，按可比口径计算，比上年增长 14.2%。

文 化

2018 年末中国文化系统共有艺术表演团体 2075 个，博物馆 3331 个。全国共有公共图书馆 3173 个，总流通人次 84529 万人次；文化馆 3326 个。有线电视实际用户 2.14 亿户，其中有线数字电视实际用户 2.02 亿户。年末广播节目综合人口覆盖率为 98.9%，电视节目综合人口覆盖率为 99.3%。全年生产电视剧 323 部 13726 集，电视动画片 86257 分钟。全年生产故事影片 902 部，科教、纪录、动画和特种影片 180 部。出版各类报纸 340 亿份，各类期刊 24 亿册，图书 95 亿册（张），人均图书拥有量 6.85 册（张）。年末全国共有档案馆 4210 个，已开放各类档案 14016 万卷（件）。

教 育

2018 年全年中国研究生教育招生 85.8 万人，在学研究生 273.1 万人，毕业生 60.4 万人。普通本专科招生 791.0 万人，在校生 2831.0 万人，毕业生 753.3 万人。中等职业教育招生 557.0 万人，在校生 1555.2 万人，毕业生 487.3 万人。普通高中招生 792.7 万人，在校生 2375.4 万人，毕业生 779.2 万人。初中招生 1602.6 万人，在校生 4652.6 万人，毕业生 1367.8 万人。普通小学招生 1867.3 万人，在校生 10339.3 万人，毕业生 1616.5 万人。特殊教育招生 12.4 万人，在校生 66.6 万人，毕业生 8.1 万人。学前教育在园幼儿 4656.4 万人。九年义务教育巩固率为 94.2%，高中阶段毛入学率为 88.8%。

旅　游

2018 年全年中国国内游客 55.4 亿人次，比上年增长 10.8%；国内旅游收入 51278 亿元，增长 12.3%。入境游客 14120 万人次，增长 1.2%。其中，外国人 3054 万人次，增长 4.7%；香港、澳门和台湾同胞 11066 万人次，增长 0.3%。在入境游客中，过夜游客 6290 万人次，增长 3.6%。国际旅游收入 1271 亿美元，增长 3.0%。国内居民出境 16199 万人次，增长 13.5%。其中因私出境 15502 万人次，增长 14.1%；赴港、澳、台出境 9919 万人次，增长 14.0%。

医疗卫生

2018 年末中国共有医疗卫生机构 100.4 万个，其中医院 3.2 万个，在医院中有公立医院 1.2 万个，民营医院 2.0 万个；基层医疗卫生机构 95.0 万个，其中乡镇卫生院 3.6 万个，社区卫生服务中心（站）3.5 万个，门诊部（所）24.8 万个，村卫生室 63.0 万个；专业公共卫生机构 1.9 万个，其中疾病预防控制中心 3469 个，卫生监督所（中心）3141 个。卫生技术人员 950 万人，其中执业医师和执业助理医师 358 万人，注册护士 412 万人。医疗卫生机构床位 845 万张，其中医院 656 万张，乡镇卫生院 134 万张。全年总诊疗人次 84.2 亿人次，出院人数 2.6 亿人。

科　技

2018 年全年中国研究与试验发展（R&D）

经费支出 19657 亿元，比上年增长 11.6%，其中基础研究经费 1118 亿元。全年国家重点研发计划共安排 1052 个项目，国家科技重大专项共安排 563 个课题，国家自然科学基金共资助 44504 个项目。截至年底，正在运行的国家重点实验室 501 个，累计建设国家工程研究中心 132 个、国家工程实验室 217 个、国家企业技术中心 1480 个。国家科技成果转化引导基金累计设立 21 只子基金，资金总规模 313 亿元。全年境内外专利申请 432.3 万件，比上年增长 16.9%；授予专利权 244.7 万件，增长 33.3%；PCT 专利申请受理量为 5.5 万件。截至年底，有效专利 838.1 万件，其中境内有效发明专利 160.2 万件，每万人发明专利拥有量 11.5 件。全年共签订技术合同 41.2 万项，技术合同成交金额 17697 亿元，比上年增长 31.8%。

环　保

2018 年中国近岸海域 417 个海水水质监测点中，达到国家一、二类海水水质标准的监测点占 74.6%，三类海水占 6.7%，四类、劣四类海水占 18.7%。在监测的 338 个地级及以上城市中，城市空气质量达标的城市占 35.8%，未达标的城市占 64.2%。细颗粒物（PM2.5）未达标城市（基于 2015 年 PM2.5 年平均浓度未达标的 262 个城市）年平均浓度 43μg/m³，比上年下降 10.4%。在开展城市区域声环境监测的 323 个城市中，声环境质量好的城市占 4.0%，较好的占 63.5%，一般的占 30.7%，较差的占 1.2%，差的占 0.6%。全年平均气温为 10.09℃，比上年下降 0.30℃。共有 10 个台风登陆。

俄罗斯

国　名

俄罗斯联邦或俄罗斯（The Russian Federation, Russia）。

地　理

俄罗斯联邦位于 30°E～180°E, 50°N～80°N，地跨欧亚两洲，位于欧洲东部和亚洲大陆的北部，其欧洲领土的大部分是东欧平原。北邻北冰洋，东濒太平洋，西接大西洋，西北临波罗的海芬兰湾。东西最长为 9000 公里，东起白令海峡的杰日尼奥夫角，西至加里宁格勒州的波罗的海海岸，横跨 11 个时区；南北最宽为 4000 公里，跨越 4 个气候带。

面积　俄罗斯联邦国土面积 1709.82 万平方公里（2015 年），是世界上领土面积最大的国家，地域横跨欧亚两个大洲，绵延的海岸线从北冰洋一直伸展到北太平洋。

疆界和邻国　俄罗斯拥有漫长的疆界线，边界的东、北部邻海，西、南部为陆地疆界。总长度超过 6 万公里，其中海疆占 2/3，海岸线长 33807 公里，共与 12 个海相邻；陆界占 1/3，总长度达 1.7 万公里，共与 14 个国家接壤，陆地邻国西北面有挪威、芬兰，西面有爱沙尼亚、拉脱维亚、立陶宛、波兰、白俄罗斯，西南面有乌克兰，南面有格鲁吉亚、阿塞拜疆、哈萨克斯坦，东南面有中国、蒙古和朝鲜。东面与日本和美国隔海相望。俄罗斯北部领土中 36% 位于北极圈内。

地形地貌　俄罗斯幅员辽阔，地形地貌复杂多样。其中平原、低地和丘陵占国土总面积的 60%，高原和山脉各占 20%。俄罗斯境内地势东高西低，南高北低。叶尼塞河以东大多是高原、山脉，主要有中西伯利亚高原、南西伯利亚山地、东西伯利亚山地和远东山地。中西伯利亚高原面积约 150 万平方公里，海拔 500～1500 米，为世界最大高原之一。叶尼塞河以西则多为辽阔的平原，其中以乌拉尔山为界，又可分为东欧平原和西西伯利亚平原两部分。东欧平原面积约 400 万平方公里，为世界著名平原。西西伯利亚平原地势低平，河网密布。乌拉尔山脉、大高加索山脉是俄罗斯境内的主要山脉。乌拉尔山南北蜿蜒 2000 多公里，是欧亚两洲分界线的一部分。大高加索山脉耸立在俄罗斯西南部，最高峰厄尔布鲁士山海拔 5642 米，是俄罗斯的最高点。

河流湖泊　俄罗斯河流、湖泊密布，水利资源极为丰富。境内的河流多达 200 多万条，其中长度超过 500 公里的河流有 200 多条，长度在 200～500 公里的河流约 3000 条。河流总长度逾 650 万公里。这些河流分别注入东南西北各海：北德维纳河、伯朝拉河、鄂毕河、叶尼塞河、勒拿河、因迪吉尔卡河、科雷马河等通向北冰洋各海；阿穆尔河（黑龙江）、阿纳德尔河等注入太平洋各海；涅瓦河、顿河、库班河等流向大西洋各海；伏尔加河、乌拉尔河等流入里海。俄罗斯的河流结冰期比较长，但河流之间修建了运河，形成了一个四通八达的水运网，内河航运几乎覆盖了整个欧洲平原。俄罗斯最长的河流是鄂毕河，它位于俄罗斯的亚洲部分,全长5410公里(包括其支流额尔齐斯河),其次为远东的阿穆尔河(黑龙江)(4440公里)、西伯利亚的勒拿河(4400公里)和叶尼塞河(以小叶尼塞河为源,长4102公里)。著名的伏尔加河位于俄罗斯的欧洲部分,发源于瓦尔代高地,向南注入里海,全长约3690公里,是欧洲最长的一条河流。在伏尔加河流域居住着43%的俄罗斯人,而且它是俄罗斯文化的源头,被俄罗斯人民誉为"母亲河"。叶尼塞河位于俄罗斯中部,属北冰洋水系,仿佛是一条中轴线,自南向北将俄罗斯分为东、西对称的两半,西部为平原地带,东部为高原和山地,是俄罗斯水量最丰沛的一条河流。阿穆尔河(黑龙江)是俄罗斯与中国的界河,如今两岸人民旅游、经贸往来不断,沿河不少城市成为重要口岸。

俄罗斯共有大大小小的湖泊200多万个,是世界上著名的多湖之国之一。其中被俄罗斯、阿塞拜疆、伊朗、土库曼斯坦、哈萨克斯坦五个国家团团包围的里海,是世界最大的湖泊。里海过去曾经是海洋的一部分,后来与海洋分离成为湖泊,湖内含盐量较高,为咸水湖。贝加尔湖位于中西伯利亚高原南部,靠近蒙古北部边境,面积约3.15万平方公里,湖底最深达1637米,蓄水量23.6万亿立方米(2015年),占地球表面淡水总容量的20%,是世界最深、蓄水量最大的淡水湖。拉多加湖位于俄罗斯西部,靠近芬兰边境,是欧洲最大的淡水湖泊,面积为1.81万平方公里。奥涅加湖(面积9700平方公里)、台米尔湖等也是俄罗斯著名的湖泊,具有较高的旅游价值。

海岸海岛 俄罗斯海岸线全长33807公里,与12个海相邻:北邻北冰洋的巴伦支海、白海、喀拉海、拉普捷夫海、东西伯利亚海、楚科奇海;东濒太平洋的白令海、鄂霍次克海和日本海;西面是大西洋的波罗的海;南与黑海、亚速海相邻。

气候 俄罗斯气候多样,东西及南北间的气候条件差异十分明显,基本属于温带大陆性气候,但北极圈以北属于寒带气候。除了东欧平原的中部地区冬夏气温差异比较适中外,其他地区大多冬季漫长而寒冷,夏季短促、温暖而少雨,缺乏农作物生长所需的必要湿度和温度。尤其是处于苔原与森林苔原中的多年冻土面积很大。依其大陆性程度的不同,以叶尼塞河为界分为两部分,西部属于温和的大陆性气候,西伯利亚属强烈的大陆性气候,西北部沿海地区具有海洋性气候特征,远东太平洋沿岸则带有季风性气候的特点。俄罗斯南北部气温悬殊,温差普遍较大,1月平均温度为 - 18℃ ~ 10℃,7月平均温度为11℃ ~ 27℃。西伯利亚地区纬度较高,气候寒冷,冬季漫长,但夏季日照时间长,气温和湿度适宜,利于针叶林生长。从西到东大陆性气候逐渐加强,北冰洋沿岸属苔原气候(寒带气候或称极地气候),太平洋沿岸属温带季风气候。从北到南依次为极地荒漠、苔原、森林苔原、森林、森林草原、草原带和半荒漠带。俄联邦的西部和西北部无高山阻挡,来自大西洋的水汽可长驱直入,成为俄联邦陆地水分的主要来源。大西洋气流的消长变化及其影响程度的差异,决定了俄联邦广大平原地区的降水量、季风、气温和湿润状况的变化。北大西洋暖流是俄联邦西北部沿海地区热量的一个主要来源,使这一带的冬季气温远远高于同纬度的其他地区。如地处北极圈的摩尔曼斯克,1月份平均气温为 - 9.9℃,高于同纬度其他地区20℃以上,为俄联邦北部最大的不冻港。俄联邦冬季最低气温区为维尔霍扬斯克和奥伊米亚康,被称为北半球的"寒极"。俄联邦的降水偏少,年平均降水量为530毫米。山地的降水量一般比平原多,降水量最充沛的北高加索地区高达2500毫米。从东欧平原到东西伯利亚,年降水量从500 ~ 700毫米降到200 ~ 300毫米。平原的中部地带,以北纬60°附近降水量为最大,往南降水量逐渐递减。冬季,俄罗斯全境普遍降雪,积雪期和积雪的厚度随纬度的不同而变化。在西伯利亚苔原北部,全年有260天积雪。

人 口

截至 2019 年 1 月 1 日，俄罗斯拥有人口 1.468 亿人，其中城市人口 1.093 亿人（占 74%），农村人口约 3750 万人（占 26%）；男性人口占比 46%，女性人口占比 54%。俄罗斯地广人稀，平均人口密度不到 9 人/公里²，仅相当于世界人口平均密度（36 人/公里²）的 1/4。俄罗斯人口分布极不平衡，欧洲部分人口稠密，居住在这里的人口占全俄人口的一半以上，人口密度达 50～100 人/公里²，大城市周围甚至超过 100 人/公里²；亚洲部分人口稀少，平均每平方公里 3.5 人，西伯利亚和远东的大部分地区，平均人口密度不足 1 人/公里²，该地区人口主要集中在铁路沿线和大河沿岸；人口最为稀少的地区是北冰洋沿岸的寒冷地带，平均每平方公里仅有 0.1～0.3 人。

俄罗斯的绝大部分人口集中在西部地区，北部和远东地区的人口外流现象严重。人口主要居住在欧洲部分（北部地区除外）、西伯利亚南部和远东的南部地区。俄罗斯的人口密集区包括中央联邦区、南部联邦区、北高加索联邦区和伏尔加联邦区。俄罗斯约有 1100 座城市，人口超过百万的大城市包括莫斯科、圣彼得堡、新西伯利亚、下诺夫哥罗德、叶卡捷琳堡、萨马拉、鄂木斯克、车里雅宾斯克、彼尔姆、乌法、喀山及顿河畔罗斯托夫等。

俄罗斯境内生活着多达 194 个民族，人口多的民族人口过亿，人口少的民族人口不足 1000 人。俄罗斯族是国内人口最多的民族，占全国人口总数的 77.7%。其他少数民族中，人口超过 50 万的有 15 个，鞑靼族是全国人口最多的少数民族，人口有 550 万，主要居住在伏尔加河流域的鞑靼斯坦共和国及其周边地区。其他人口较多的民族有乌克兰族、楚瓦什族、巴什基尔族、白俄罗斯族、日耳曼族、乌德穆尔特族、马里族、哈萨克族等。车臣族是俄罗斯联邦境内第五大少数民族，信奉伊斯兰教，主要居住在北高加索地区的车臣共和国境内。

资源物产

土地资源 俄罗斯土地资源丰富，且多为可利用土地。截至 2018 年初，俄罗斯土地面积为 17.125 亿公顷，人均占有量 11.5 公顷，为世界之最。其中农业用地 2.220 亿公顷，占总面积的 13.0%；林地 8.707 亿公顷，占 50.8%；水域用地（包括沼泽）2.268 亿公顷，占 13.2%；其他土地 3.930 亿公顷，占 23.0%。俄罗斯的耕地主要分布在东欧平原的伏尔加河流域和顿河流域、莫斯科和圣彼得堡所在的西北部地区、黑海沿岸地区以及西伯利亚和远东南部地区。世界上最大、最肥沃的黑土和草甸黑土区均位于俄罗斯境内，面积约 1.68 亿公顷。俄罗斯的土地从北到南依次为极地荒漠、苔原、森林苔原、森林、森林草原、草原带和半荒漠带。草原、苔原和森林地区主要集中在北方及南方山区的狭长地带，虽不利于开发，但并不影响整体土地的利用。森林草原地带呈带状，从喀尔巴阡山一直延伸到阿尔泰山。草原带和半荒漠带是俄罗斯的主要农业地带，如西伯利亚南部与蒙古、哈萨克斯坦交界地带比较适宜农作物生长。

水资源 俄罗斯拥有丰富的水资源，仅贝加尔湖就容纳了全球地表淡水总量的 1/5。俄罗斯拥有 500 多条通航河流，总长度为 30 万公里，实际通航里程为 8 万公里。俄罗斯河流众多，河口处的平均年径流总量约为 4 万亿立方米，位居世界第二，仅次于巴西。水资源的空间分布极不平衡，如居住人口占全俄人口 80% 的欧洲部分，河川径流量仅占径流总量的 8%。俄罗斯是水资源开发利用大国，人均水资源占有量为 3.06 万立方米。

森林资源 俄罗斯是世界森林资源第一大国，森林资源面积约 8.09 亿公顷，占全世界森林面积的 20%，森林覆盖率 49%。年平均采伐量 1.2 亿立方米，占本国木材总储量的 0.17%。树种以针叶、硬阔叶和软阔叶树种为主，占森林覆盖总面积的 90%。树龄以成熟林和过熟林为主，占木材储量的 57.5%。俄罗斯森林资源储量已经超过了整个北美的森林资源。目前俄罗斯是世界第三大木材出口国，仅次于美国和加拿大。多林地区有西伯利亚、远东、乌拉尔以及欧洲部分北部的几个自治共和国。有些树种，如安加拉松、达乌尔落叶松、萨彦岭云杉、西伯利亚和高丽冷杉、雪松等都非常珍贵。除树木外，林区还盛产各种毛皮兽，如黑貂、银鼠、灰鼠、貂和狐狸等。

矿产资源 俄罗斯联邦地质构造复杂，矿产资源极其丰富，已开采的矿物囊括了门捷列夫元素周期表上所列的全部元素。拥有全世界 37% 的矿产资源，是世界上为数不多的资源能够自给自足的国家之一。据 2009 年数据，俄罗斯石油探明储量 82 亿吨，占世界探明储量的 4% ~ 5%。天然气潜在资源估计为 212 万亿立方米，已探明蕴藏量为 48 万亿立方米，约占世界探明储量的 30%，居世界第 1 位。俄罗斯的石油、天然气主要分布在西西伯利亚、俄罗斯和东西伯利亚三大地台型含油盆地，以及萨哈林等地槽型含油盆地。在伏尔加河流域和乌拉尔地区有许多石油和天然气产地。目前，俄罗斯油气资源的开采地主要集中在北部地区和西西伯利亚地区（以秋明油田为主），天然气资源的开发则集中在雅库特和萨哈林地区。此外，鄂霍次克大陆架的石油以及里海北部的石油、天然气开采前景良好。除石油、天然气外，俄罗斯许多矿产储量居世界前列：煤炭储量 1571.1 亿吨，居世界前列，占世界总储量的 17.61%；铁蕴藏量位居世界第一，占世界总储量的 25% 左右；铝蕴藏量占世界探明储量的 10% 左右；钾盐蕴藏量占世界探明储量的 30% 左右。这些矿产资源蕴藏在俄罗斯各地：东欧平原和乌拉尔、西伯利亚地区以及雅库特等地的铁矿储量丰富；东欧平原西北部的卡累阿利和科拉半岛地区蕴藏着铁、镍、云母等矿产；希宾山地有世界最大的磷灰石矿；乌拉尔山区和远东山地是俄罗斯主要的有色金属矿产基地；外贝加尔地区探明蕴藏着大型铜矿；安加拉河

和叶尼塞河河口附近富藏铅矿等。此外，俄罗斯的非金属矿藏也十分丰富，石棉、石墨、云母、菱镁矿、刚玉、冰洲石、金刚石的储量及产量都非常大。俄罗斯钨、汞等金属资源储量较少，不能自给。开采量较小的矿藏主要是铬、重晶石、锆，以及高品位高岭土和膨润土等。

国体政体

议会 俄罗斯联邦会议是俄罗斯联邦的代表与立法机关，又称俄罗斯联邦议会。实行两院制，两院分别为俄罗斯联邦委员会（上议院）和国家杜马（下议院）。议会的主要职责是根据俄罗斯联邦宪法制定和通过各项法令，并对国家管理的重大问题做出决定。联邦委员会由俄罗斯联邦每个主体，包括直辖市、共和国、边疆区和州等各派 1 名国家权力机关代表和 1 名国家执行权力机关代表组成，应有议员 178 名。联邦委员会的职权包括：批准俄罗斯联邦各主体之间边界的变更；批准俄罗斯联邦总统发布的关于战争和紧急状态令；决定能否在俄罗斯境外动用俄武装力量；规定总统选举事宜；弹劾总统；任命宪法法院、最高法院、最高仲裁法院的法官和俄罗斯联邦总检察长。国家杜马由 450 名代表组成，其中的一半（225 席）由各政党代表产生，如果一个政党在选举中获得了不少于 5% 的选票，其代表有权出席国家杜马。政党获得的选票越多，其在国家杜马中的议席就越多。另一半席位由各单席位选区产生，候选人独立报名参选，选民不为某一政党或意识形态而为某一具体的个人及其纲领投票。国家杜马的主要职能是通过联邦法律；实行大赦；同意总统关于政府首脑的任命；任免审计院主席及半数检察员；提出罢免俄罗斯总统的指控；等等。

俄罗斯联邦政府 最高国家执行权力机关。设 1 名总理、1 名第一副总理、6 名副总理和 18 个部。

俄罗斯联邦宪法法院 对联邦委员会和国家杜马的法律、决定，联邦总统的命令，其他

联邦机构的文件，各共和国的宪法，联邦主体的法律、章程和其他法规，联邦内部条约和国际条约是否符合联邦宪法，以及社会团体的成立和活动是否符合宪法的案件做出裁决。联邦宪法法院院长还对联邦国家权力机关之间、联邦国家权力机关和联邦主体国家权力机关之间以及联邦各主体国家机关之间的权限纠纷做出裁决。

俄罗斯联邦最高法院 办理民事、刑事、行政和其他案件的最高司法机关。根据联邦法律规定的诉讼程序对法院的活动实行司法监督，并对审判实践问题做出解释。

俄罗斯联邦仲裁法院 对经济纠纷和仲裁法院审理的其他案件进行裁决的最高司法机关。根据联邦法律规定的诉讼程序对仲裁活动实行司法审判，并对审判实践问题做出解释。

俄罗斯联邦总检察院 对犯罪案件侦查的合法性进行监督，为维护国家利益、公民的权利和自由而向法院提起诉讼，对案件出庭支持公诉，监督国家机关、地方自治机关和公职人员的执法、守法情况。

主要政党 苏联解体后，俄罗斯联邦实行多党制。截至 2018 年底，俄罗斯联邦司法部审核通过登记的政党共有 77 个。在俄罗斯政坛中比较活跃的政党有："统一俄罗斯"党、俄罗斯联邦共产党、俄罗斯自由民主党、"祖国"竞选联盟、"右翼力量联盟"党、"亚博卢"民主党、生活党等。

总统 俄罗斯联邦现任总统为弗拉基米尔·弗拉基米罗维奇·普京。普京曾在苏联国家安全机构工作。1999 年 12 月 31 日，普京任俄联邦代总统，2000 年 3 月 27 日当选为俄联邦总统，2004 年 3 月 14 日成功连任总统，2008 年 5 月 8 日出任俄联邦总理一职。2012 年 5 月 7 日，普京第三次当选俄联邦总统，为期 6 年。2018 年 3 月，普京以 76.69% 的得票率再次赢得总统选举，迎来他的第四届总统任期。自执政以来，普京致力于复兴俄罗斯超级大国地位，对内加强联邦政府的权力，整顿经济秩序，打击金融寡头，加强军队建设；对外努力改善国际环境，拓展外交空间，维护本国利益，在国际舞台上恢复了俄罗斯的世界性强国地位。普京任总统期间，整体提升了苏联解体后的俄罗斯的国际地位，在对内外政策方面偏强硬，特别是在克里米亚独立并加入俄罗斯问题上态度坚决，无视西方国家的制裁，被认为是一位"铁腕总统"。

行政区划

俄罗斯联邦共划分为 8 个联邦区——中央联邦区、西北联邦区、南部联邦区、伏尔加联邦区、乌拉尔联邦区、西伯利亚联邦区、远东联邦区和北高加索联邦区，各区均由联邦主体构成。联邦区首脑为俄罗斯总统任命的全权代表。俄罗斯现由 85 个联邦主体构成，包括 3 个联邦直辖市、4 个民族自治区、22 个共和国、46 个州、9 个边疆区和 1 个自治州。

经济贸易

按照俄罗斯联邦统计局发布的信息，2018 年俄罗斯国内生产总值（GDP）达到了 103.88 万亿卢布，约为 1.66 万亿美元，人均 GDP 约为 1.12 万美元，接近全球人均水平，按照可比价格同比增长了 2.3%。根据俄罗斯央行公布的统计数字，2018 年，俄罗斯央行黄金储备增加 14.9%（近 275 吨），达到 6790 万盎司（2112 吨）。截至 2019 年 1 月 1 日，俄罗斯央行持有 6790 万盎司黄金，高于 2018 年初的 5910 万盎司，成为位列美国、德国、法国和意大利之后的全球第五大黄金持有者。

产业 第一产业包括农业、林业、畜牧业和渔业。得天独厚的自然条件和黑土地资源为俄罗斯农业发展奠定了坚实的基础。俄罗斯 25% 的土地（约为 4 亿公顷）具有农用价值，但目前实际使用率仅为 50% 左右。近几年，俄罗斯逐步扩大农产品的种植面积。主要农作物有小麦、大麦、燕麦、玉米、水稻和豆类。经济作物以亚麻、向日葵和甜菜为主。2018 年，俄罗斯农业产值下降0.6%。农业总产值为5.1198万亿卢布,其中种植业产值2.5690万亿卢布,畜牧业产值2.5508万亿卢布。2018年,农作物播种总面积为7963.4万公顷,其中谷类和豆类播种面积为4633.9万公顷,经济作物1517.4万公顷,马铃薯和蔬菜199.7万公顷,饲料作物1612.4万公顷。谷物和豆类作物总产量达到1.129亿吨,其中小麦产量为7206.8万吨,黑麦产量191.5万吨,大麦产量1698.1万吨,玉米产量1116.3万吨,燕麦产量470.7万吨,黍米产量21.6万吨,荞麦产量93.0万吨,水稻产量103.8万吨,大豆产量343.4万吨,小黑麦产量40.1万吨,其他产量4.9万吨。

畜牧业在俄罗斯农业中与种植业处于同等重要的地位,畜牧业主要包括牛、羊、猪及家禽的饲养。俄罗斯的养牛业主要集中在中央联邦区、西伯利亚联邦区和伏尔加联邦区,这里生产全俄近80%的鲜牛肉。2018年,俄联邦牛存栏数为1810万头(同比下降1.1%),其中奶牛存栏数为790万头(同比下降1.25%);羊存栏数为2370万头(同比增长2.6%);猪存栏数为2290万头(同比下降6.1%)。2018年,全俄肉类产品总产量1051.2万吨,同比增长2.5%。其中牛肉160.6万吨(同比增长3.3%),猪肉371万吨(同比增长5.6%),羊肉22万吨(同比增长0.5%),鸡肉497.6万吨(同比增长0.7%)。

截至2018年底,从事木材采伐的企业数量为7600家,开采原木1.45亿立方米。全俄35个地区实施的林业项目为121个,总金额约3800亿卢布,可利用木材总量超过8000万立方米。俄罗斯水生生物资源丰富,远洋捕捞技术居于世界领先水平。截至2018年底,俄罗斯从事渔业捕捞、生产和加工的企业共有7400家。到2018年11月前,海鲜的出口量超过200万吨,比2017年同期增长4.2%。其中甲壳类动物、软体动物和其他无脊椎动物的供应量增长3.6%,达到11.29万吨。鱼类、鱼糜和鱼排的出口量为11.65万吨,减少5.3%;冷冻鱼出口180万吨,减少4.2%;与此同时,成品鱼罐头出口减少3.9%,出口量为1.62万吨。俄罗斯联邦海关总署数据显示,冷冻鳕鱼仍然在鱼产品整体出口结构中占主导地位(占出口总量的40%)。2018年冷冻鳕鱼的出口量为66.97万吨,与2017年同期相比减少了11.6%。冷冻鲱鱼出口18.07万吨,同比增长2.1%。在进口方面,2018年1月至11月鱼产品进口量达53.26万吨,增长1%。鱼制品和罐头鱼的进口量增长26%,达到9.3万吨;鲜鱼和冰鲜鱼进口量增长14%,达3.2吨;甲壳类动物、软体动物和其他无脊椎动物进口量增长4.7%,达5.53万吨;鱼糜和鱼片进口量减少1.6%,数量为6.14万吨;冷冻鱼类进口量减少6.6%,达26.93万吨。

第二产业包括工业和建筑业,在国民经济中占据主导地位。俄罗斯工业部门齐全,核工业和航天航空工业居于世界领先水平。主要工业部门包括机械、钢铁、冶金、石油、天然气、煤炭、森林工业及化工,木材及木材加工业较发达。根据俄罗斯联邦统计局的数据,2018年俄罗斯工业生产与2017年相比增长2.9%。在这一年中,按月份统计,俄罗斯工业生产1月同比增长2.4%,2月增长3.2%,3月增长2.8%,4月增长3.9%,5月增长3.7%,6月增长2.2%,7月增长3.9%,8月增长2.7%,9月增长2.1%,10月增长3.7%,11月增长2.4%,12月增长2.0%;按季度统计,第一季度同比增长2.8%,第二季度增长3.2%,第三季度增长2.9%,第四季度增长2.7%;按领域统计,采矿业增长4.2%,制造业增长2.6%,电力、燃气和蒸汽供应领域增长1.6%,供水和排污领域增长2.0%。俄罗斯制造业整体水平不高,重工业相对发达,轻工业较为落后。

第三产业包括交通运输、仓储和邮政通信业,信息传输、计算机服务和软件业,以及金融业、旅游业等服务业。第三产业在俄罗斯国民经济中的比重越来越大。俄罗斯计算机业发展迅猛，特别是在软件开发方面处于世界领先水平，拥有 Yandex、卡巴斯基等世界著名的软件制造商。

财政金融 据俄罗斯财政部公布数据，2018 年俄罗斯联邦政府的财政收入达到了 19.455 万亿卢布，财政支出为 16.723 万亿卢布，财政盈余达到了 2.745 万亿卢布，约合 439 亿美元，占当年 GDP 的 2.7%。财政支出中，一般公共服务支出 1.257 万亿卢布，占财政支出的 7.5%；国防支出 2.827 万亿卢布，占财政支出的 16.9%；用于国家安全和维稳支出 1.972 万亿卢布，占 11.8%；用于国民经济支出 2.402 万亿卢布，占 14.4%；用于社会文化事业支出 6.089 亿卢布，占 36.4%；用于债务支出 0.806 万亿卢布，占 4.8%；其他支出 1.370 万亿卢布，占 8.2%。

根据俄罗斯银行法规和市场经济发展的需要，俄罗斯目前建立起中央银行、商业银行的二级银行体系。俄罗斯中央银行的基本职能包括制定和执行俄罗斯联邦的信贷政策、稳定货币流通、组织银行间结算和出纳结算业务、负责货币发行、完善货币关系、保护存款者的利益和国家信贷领域的利益。俄罗斯国内的商业银行是在改造苏联专业银行的基础上形成的，如俄罗斯储蓄银行、俄罗斯外贸银行、莫斯科商业银行等。俄罗斯金融资源分布不平衡，80% 分布在莫斯科和圣彼得堡两大城市。金融市场可以划分为七类，即外汇市场、股票市场、国债市场、地方债券市场、企业债券市场、货币市场、期货市场。其中股票市场、国债市场、地方债券市场和企业债券市场又统称为证券市场。截至 2018 年底，俄罗斯的国际外汇储备为 4669 亿美元。其中，美元储备比例降低至 24.4%，欧元储备比例上升至 32%，人民币储备比例上升至 14.7%。此外，黄金储备达到了 2066.2 吨，同比增长 18.19%，并超过中国，位居全球第五。

进出口贸易 2018 年，俄罗斯外贸总额 6875 亿美元，同比增长 17.5%。其中，出口额 4493 亿美元，同比增长 25.6%；进口额 2382 亿美元，同比增长 4.7%；外贸顺差 2111 亿美元。俄罗斯与非独联体国家的贸易总额为 6102 亿美元，同比增长 18.2%，其中出口额 3877 亿美元（同比增长 27.8%），进口额 2225 亿美元（同比增长 4.6%），顺差 1652 亿美元。俄罗斯的主要贸易伙伴国依次为中国（1071 亿美元）、德国（596 亿美元）、荷兰（472 亿美元）、白俄罗斯（340 亿美元）、意大利（270 亿美元）。

从进出口商品结构来看，矿产品依然是俄罗斯的主要出口商品，2018 年出口额为 2419.6 亿美元，增长 36.3%，占俄出口总额的 62.7%。其中，出口的矿产品主要是矿物燃料、矿物油及其产品和沥青等，出口 2371.6 亿美元。机电产品、化工产品和运输设备是俄罗斯的前三大类进口商品，2018 年分别进口 734.2 亿美元、298.1 亿美元和 256.3 亿美元，依次增长 31.9%、12.9% 和 11.1%，三类商品合计占俄罗斯进口总额的一半以上。

交 通

俄罗斯领土广阔，交通运输在全俄经济社会发展中发挥重要作用。交通运输种类齐全，包括铁路、公路、航空、海洋、内河、管道运输。俄罗斯的铁路网多集中于欧洲部分，以莫斯科为中心呈放射状分布。横贯俄罗斯东西的西伯利亚大铁路全长 9288 公里，是迄今为止世界上最长的铁路线，由莫斯科途经西伯利亚到太平洋的符拉迪沃斯托克（海参崴），被称为"欧亚大陆桥"。截至 2018 年底，全俄拥有铁路线 8.6 万公里，其中 4.4 万公里已经实现电气化；公路总长度 115.4 万公里。2018 年，俄罗斯货运周转量达到 5.644 万亿吨公里，同比增长 2.8%。其中铁路货运周转量为 2.598 万亿吨公里（增长 4.2%）、公路运输 2590 亿吨公里（增长 1.6%）、管道运输 2.668 万亿吨公里（增长 2.0%）、海洋运输 450 亿吨公里（减少 10%）、内河运输 660 亿吨公里（减少 1.5%）、空运 78 亿吨公里（减少 1.3%）。

文 化

俄罗斯文化兼具东西方文明的新文化元素，不但引进传统的西方文化成分，而且引入了东方文化，比如饮茶文化与东方烹饪技术等。东正教是俄罗斯人信奉的主要宗教，教徒约有 7000 万人，遍及全国，约占俄罗斯人口总数的一半。此外，伊斯兰教、佛教和犹太教也是俄罗斯的传统宗教。这些宗教在俄罗斯人之间起到纽带作用，把他们联系在一起，同时又与俄罗斯社会生活的许多方面有着密切联系。俄罗斯重视发展文化事业，大量出版图书和报刊，建立了许多图书馆、博物馆、文化馆、俱乐部等群众性文化设施。截至 2018 年，俄罗斯拥有剧院 649 家，其中歌剧院和芭蕾舞剧院 78 家，戏剧院和音乐厅 364 家，青少年剧院 183 家，其他类型剧院 24 家。俄罗斯政府非常重视对博物馆珍品和历史建筑文物的保护，扩建和新建了许多博物馆。截至 2018 年，俄罗斯共有各类博物馆 2742 座，其中艺术博物馆 340 座，历史民族博物馆 515 座，地方各类博物馆 1414 座，自然博物馆 40 座，科技博物馆 24 座，综合类博物馆 248 座，其他类型博物馆 161 座。著名的大型革命历史博物馆有俄罗斯中央革命博物馆、国家历史博物馆、克里姆林宫博物馆、中央海军博物馆等。较大的艺术馆有莫斯科特列季亚科夫国家绘画陈列馆。俄罗斯文学源远流长，在世界上享有盛誉，出现了普希金、莱蒙托夫、果戈理、别林斯基、陀思妥耶夫斯基、托尔斯泰、契诃夫、高尔基、肖洛霍夫等世界著名的作家。俄罗斯人民的创作天赋在文学领域充分而鲜明地体现出来。文学反映了俄罗斯人民在美学、道德和精神方面的价值观。俄罗斯一些著名的哲学家认为，文学也是俄罗斯人的哲学，是他们了解世界的方式。俄罗斯的美术源远流长，绘画有着悠久的历史，著名的艺术大师有列维坦、列宾、苏里柯夫、克拉姆斯科伊等。俄罗斯的宗教音乐和民间音乐有着悠久的历史，歌剧、交响乐和室内音乐具有鲜明的民族气质，奔放豪迈。俄罗斯的戏剧艺术题材多样，最早出现在宫廷里，19 世纪进入繁荣时期，果戈理的《钦差大臣》等社会戏剧充满强烈的时代气息，具有鲜明的民族特色，同时代还涌现出许多杰出的艺术大师。奥斯特洛夫斯基是 19 世纪 50 年代以后俄罗斯文坛众多的戏剧作家中最杰出的代表，被称为"俄罗斯戏剧之父"。马戏团在俄罗斯也很受人们的欢迎，马戏团团员训练有素，技艺精湛。俄罗斯民间艺术形式丰富多样，实用装饰艺术有金属、兽骨和石头的艺术加工，有木雕、木雕壁画、刺绣、带花纹的纺织品、花边编织等。最有名的工艺品有木制套娃、木刻勺、木盒、木盘等木制品。

教 育

俄罗斯教育体系分为普通教育和职业教育。普通教育涵盖学前教育、基础教育、中等普通教育和高等教育四个层次。职业教育则涵盖初等职业教育、中等职业教育、高等职业教育和大学后续职业教育四个层次。俄罗斯高等教育较发达，特别是在自然科学和基础研究领域居世界领先地位，培养出许多世界顶尖的航空航天、军事工业人才。2018 年，全俄共有高等教育机构近千所，在读大学生 500 多万人。为提升俄罗斯高校在世界大学排行榜中的位次，俄罗斯政府投入大量资金发展俄罗斯高等教育。截至 2018 年底，已有 40 所高校进入世界大学排行榜，2018 年莫斯科大学在 QS 世界大学排名中上升 13 个名次，排第 95 名，这是莫斯科大学自 2010 年以来首次重返世界百强大学行列。此外，莫斯科物理技术学院、莫斯科工程物理学院、新西伯利亚大学、托木斯克技术大学、圣彼得堡大学在世界大学排行榜中的排名均有所提升。2017 年 5 月，俄罗斯联邦总统战略发展及优先规划委员会主席团会议批准了《俄罗斯教育出口潜力开发专项计划》，将教育出口潜力开发视为一项重要的国家任务。按照该计划，从 2017 年 5 月到 2025 年 11 月，俄罗斯高校的留学生招生数量将提高 2 倍；到 2019 年，在俄罗斯境内大学就读的全日制留学生数量将由 20 万人增至 31 万人，到 2025 年将增至 71 万人；俄罗斯高校在线课程听众将从 110 万人增加到 350 万人；选择补充教育的外国中小学生数量增加 1 倍。最终，到 2025 年，俄罗斯教育出口将获利 3730 亿卢布，比 2017 年增加 4 倍。

旅　游

俄罗斯优美的自然环境为人们提供了良好的休闲、度假场所，旅游市场发展潜力巨大。著名的旅游城市除莫斯科、圣彼得堡外，还有索契、摩尔曼斯克、伏尔加、符拉迪沃斯托克（海参崴）等地。伏尔加河、贝加尔湖等旅游胜地每年吸引大量来自世界各地的旅游者。近年来，俄罗斯旅游市场发展迅速，特别是来自亚洲国家的游客人数不断增加。2018 年，由于俄罗斯举办世界杯，前往俄罗斯的外国游客数量同比增加 7%。与此同时，俄罗斯的出境旅游人数也增加了 10%。俄罗斯人出境旅游的目的国有泰国、土耳其、越南、印度、中国、捷克等。2018 年，共有 203.7 万中国人前往俄罗斯，同比增加 38.6%。此外，来自韩国、日本的游客数量呈现大幅增长趋势。

医疗卫生

俄罗斯实行联邦民主制，政府负责主导卫生服务事业。联邦卫生部、州级卫生厅和地市卫生局分别接受同级政府领导。卫生部的职责在于医疗、防疫、食品药品的监管等。为促进医疗服务体系结构进一步优化，俄罗斯经过严格的考核和评估，关闭了许多农村地区规模较小、条件落后的医院及诊所。俄罗斯的医疗服务体系以公立医疗机构为主，它包括卫生系统所属医疗机构和其他部委设置的医疗机构。随着人民生活水平的提高，越来越多的人愿意选择私立医院就诊，因为有些私立医院的医疗设备及医师水平、就诊适合度远远高于公立医院。俄罗斯的医院实行院长负责制。俄联邦按照地

域面积、服务人口数以及医疗服务需求，规划设置医疗机构，包括门诊部、联合诊所和各级医院，地市级以上的城市设有传染病、精神病等专科医院。目前，俄联邦对医疗机构实行准入制管理，由联邦卫生和社会发展监督局统一颁发为期五年的许可证。俄罗斯的医疗服务体系实行分级医疗和双向转诊，但各地区执行情况不尽相同。

科　技

作为曾经的世界科技强国，俄罗斯为世界创造了大量的科技财富。随着俄罗斯经济实力大幅下降，其原有的科技优势正在日益弱化。尽管如此，俄罗斯的科技实力仍不容小觑。目前，俄罗斯在众多沿袭 20 世纪 90 年代的基础科研领域仍具有相当大的潜力；俄罗斯拥有几百个世界级水准的科学和教育中心；科研人员的年龄结构明显改善，39 岁以下科技工作者所占的比例已经达到 30%；积累了大量大型技术研发（包括国防和国家安全领域）项目建设经验；研发（特别是民用领域）投入和科技人员数量处于世界中上游水平，与欧盟、澳大利亚、新加坡和智利大体相当。俄罗斯在计算机、核能、航天航空、卫星发射、卫星导航定位、新材料技术以及军工高精尖技术等科技领域具有优势。

环　保

俄罗斯 65% 左右领土的生态体系未遭到破坏，它与毗邻的地带形成大的欧亚环境稳定中心，对恢复全球生物圈和维持生态平衡具有重大意义。同时，俄罗斯 15% 的领土是居民和工业集中区，这里的环境遭到一定程度的破坏，生态安全无法保障。水、气、土等方面的环境问题日积月累，给俄罗斯的环境治理带来沉重负担。在大气环境方面，从污染物成分看，固体悬浮颗粒、二氧化硫、二氧化氮、一氧化碳等典型污染物的影响程度相对弱化，苯并（a）芘、甲醛、炭黑等新型污染物对城市大气的污

染变得越发严重。从污染物来源看，固定源污染物总排放量近年来逐步减少，汽车等移动污染源的排放量在大致稳定的基础上有缓慢增加趋势。从空间分布看，亚洲区域尤其是远东地区与乌拉尔地区，污染现象最为典型。近两年污染程度最高的俄罗斯城市主名单中的 11 个城市均在亚洲区域，欧洲区域的情况则相对乐观。从行业看，采矿，生产加工，电力、天然气、水的生产与供应行业和其他经济活动的大气污染物排放量均呈逐年减少的趋势，只有农业的大气污染排放量呈增加趋势。冶金、化工、建筑、动力等企业废气排放以及汽车尾气超标排放是大气污染的罪魁祸首。

在水资源环境方面，俄罗斯欧洲部分人口较为密集地区的河流污染程度相对较重，如伏尔加河流域水质处于重度污染水平，个别支流有极重度污染的情况发生。其主要的超标污染物包括亚硝态氮、铜、铁和锰等。同时，主要河流水质类别分布呈"两头少，中间多"趋势，也就是"相对纯净"和"极度污浊"的断面占比小，"污染"至"重度污染"断面占比较大。不同地区河流超标污染物有所不同，以有机污染和重金属污染为主，部分河流主要污染因子为氮和磷等营养盐类，呈现显著的生活污水特征。此外，俄罗斯还面临排污量大、污水处理率低、污水处理基础设施老化、流域管理不集中等问题。

在土壤环境和固废问题方面，俄罗斯面临的治理难题也不小。近年来，俄罗斯土壤退化问题不断加剧，由此引起的问题区和生态危机区的范围逐渐扩大。大部分地区土壤的重金属污染程度在容许范围内，也有少数地方的污染等级为中度危险或危险。截至 2018 年底，俄罗斯有 2.5% 的土壤重金属污染等级为危险，7.8% 的土壤重金属污染等级为中度危险。此外，俄罗斯土壤面临着不同程度的杀虫剂污染和核辐射污染。不仅如此，土壤盐渍化程度加深，受到工业废弃物和生活废弃物污染的土壤面积也不断扩大，这与俄罗斯的固废问题密切相关。

俄罗斯对各种废金属、高质量的聚合废物、纺织废物、废纸等易于回收加工且资源回收价值较高的废物利用较好，而对成分复杂的废物及受到污染的各种废物（包括污染的石油废品、报废轮胎、层压纸、废包装以及环保处理设施产生的沉淀物和泥渣、电镀泥等）加工和利用较差。这种情况造成环境中未被利用的废物积存越来越多，也带来了环境污染。俄罗斯废物平均回收利用率只有 33.3%，要比发达国家低很多。此外，工业固体废物的不断增加也是俄罗斯面临的主要问题之一，其电力行业的灰渣废物占废物总量的 40%。

日 本

国　名

日本国（Japan）。

地　理

位置　日本位于亚洲大陆的东侧，太平洋西岸，是一个由东北向西南延伸呈弧形的岛国。国土西侧隔着日本海、朝鲜海峡、黄海、东海与朝鲜半岛和中国相邻；东侧与美洲大陆相隔辽阔的太平洋；国土北面有鄂霍次克海和俄罗斯；南面有菲律宾、印度尼西亚等国。日本国土北起北纬45°31′，南至北纬20°附近；东自东经149°左右，西至东经123°。

面积　日本的国土面积大约为37.8万平方公里，包括北海道、本州、四国、九州4个大岛和其他6800多个小岛屿。

地形地貌　日本国土当中约有61%是海拔300米以上的山地。其余是洼地（13.8%）、丘陵（11.7%）、台地（11%）、内陆水域（2.4%）等。另外，日本的山地一般很陡峭，很多山地临海，所以没有很辽阔的平原。日本领土范围内高度3000米以上的山峰有21座，而这些山峰全部集中于日本列岛的核心——本州中部。本州中部有飞驒、木曾、赤石三大山脉，这些山脉分别被称为北阿尔卑斯山、中阿尔卑斯山、南阿尔卑斯山，统称"日本阿尔卑斯山"。

日本的绝大部分山地是由于火山活动而形成的，日本列岛基本被7个火山带覆盖。在日本众多的火山中，大约有80座是活火山，世界上大约840座活火山中日本占1/10。在这些火山之中，至今还在继续活动的火山有阿苏山、三原山、浅间山等。

与其频繁的火山活动相关联，日本列岛位于环太平洋地震带上，日本更是一个以地震多发而著称的国家。据不完全统计，日本全国平均每天有4次地震，6级以上的地震每年也有1次。

日本最大的平原是关东平原，面积约为16000平方公里。关东平原是日本社会、经济、文化最发达的地区，首都东京、全国第二大城市横滨和川崎等大城市都位于这个平原。

江河湖泊　日本是个水资源比较丰富的国家。四面环海的地理位置，亚热带温带的气候，使它的降水量很大，因而河流和湖泊的数量众多。多山而且山势陡峭的地势则使其河流湖泊具有独具特色的景观。日本的河流流程短，最长的河流是信浓川，全长约367公里，其次是利根川，全长约322公里，全国共有干流流程100公里以上的河流40余条，其中干流流程200公里以上的河流仅有10条。日本多山且山势陡峭，山地与海岸之间的距离很短，河流从山地流出后很快流入海洋，加上日本雨量充沛，因而河流的落差很大。日本各地四季分明，都有明显的旱季和雨季，季节之间降水量变化显著，使河流径流量的季节性变化很大，有些河流夏秋汛期常常泛滥成灾，而到冬季往往水枯断流。

日本全国共有大小湖泊600余个，大部分分布在日本列岛的关东、东北和北海道地区。水面面积在100平方公里以上的湖泊有4个，其中，琵琶湖约 670 平方公里，霞浦湖约 168 平方公里，撒娄玛（猿涧）湖约 152 平方公里，猪苗代湖约 103 平方公里。日本的湖泊多是火山湖，有的是火山的喷发口积水而成，因而具有小而深的特点。最深的田泽湖水深达 423 米，北海道的支笏湖和位于青森、秋田两县之间的十和田湖的深度也都超过 300 米。日本也有一些面积较大并且经济价值颇高的湖泊，如琵琶湖，它不仅是滋贺县和大阪、京都两府的主要水源地，而且是全国最大的水产基地，其淡水鱼的产量占全国总产量的 50% 以上，淡水珍珠也在全国久负盛名。

气候　日本地处北半球中纬度地区，四面环海，国土狭长，跨亚热带到亚寒带。由于受复杂的地形和海流的影响较大，各地区气候差异显著。大部分地区是温暖的海洋性气候，四季分明。西南诸岛属于亚热带气候，而北海道属于亚寒带气候。北海道的冬季，月平均气温在 0℃ 以下。然而，冲绳以及小笠原的冬季平均气温却在 15℃ 以上。由于连绵起伏的山脉纵贯日本列岛，太平洋沿岸与日本海沿岸的气候差别也很大。太平洋沿岸夏季刮东南风，闷热多雨；冬季刮干风，连续出现晴朗寒冷的天气。与此相反，日本海沿岸夏季持续着较晴朗的天气，冬季却多雨雪，经常是阴沉沉的。日本海沿岸是世界上屈指可数的多雪地带。除北海道以外的其他地区，每年从 6 月上旬到 7 月中旬为高温、湿热的雨季（梅雨季节）。每年 8 月到 10 月，西南部经常受台风影响。根据气温、降水量等变化，日本可以分为北海道气候区、太平洋气候区、日本海气候区、中央高地气候区、濑户内气候区、西南诸岛气候区等六大气候区。

人　口

根据日本统计局数据，截至 2018 年 10 月，日本总人口为 1.26643 亿人，比上一年下降 0.21%，减少 26.3 万人，并且连续 8 年下降。在下降人口中，15 岁以下人口比例为 12.2%，比上一年减少 17.8 万人，创历史新低；15～64 岁人口比例为 59.7%，是自 1950 年以来的最低水平；65 岁及以上人口为 355.7 万人，比上一年增加 42.6 万人，比例为 28.1%，创历史新高。

资源物产

日本在战后和高度经济发展时期，在采伐迹地上营造了大面积的人工林，其主要树种有柳杉（44%）、扁柏（25%）、落叶松（10%）等。日本森林蓄积量半个世纪以来增长约 2.6 倍，特别是人工林面积增长约 5.4 倍。森林蓄积量自 2012 年 3 月末统计至 2016 年末已增至 49 亿立方米，其中人工林蓄积量高达 30 亿立方米，约占总蓄积量的 60%。然而，由于林业生产活动低迷，森林得不到充分经营，大多数人工林虽然已是成熟林，但其资源利用并不充分。从森林类型来看，森林面积的 58% 为私有林，12% 为公有林，30% 为国有林。在人工林中，私有林占人工林总面积的 65%，占人工林总蓄积量的 73%。日本山地与河流较多，水力资源丰富，蕴藏量约为每年 1353 亿千瓦时。日本的海洋专属经济区面积约为国土面积的 10 倍，渔业资源丰富。

国体政体

国体　日本的国体是注重神道的资本主义国家。

政体　日本的政体是以立法、司法、行政三权分立为基础的议会内阁制。天皇为国家象征，无权参与国政。国会是最高权力机关和唯一立法机关，分众议院、参议院两院。内阁为最高行政机关，对国会负责，首相由国会选举产生，天皇任命。

天皇　日本君主的称号，日本国家元首和国家的象征。日本的现任天皇名为德仁，年号令和，于 2019 年 5 月 1 日即位。

国会　国会是最高权力机关和唯一立法机关，国会由众议院和参议院两院构成，称为

"两院制"。众议院定员 480 名，任期 4 年。参议院定员 242 名，任期 6 年，每 3 年改选半数，不得中途解散。在权力上，众议院优于参议院。

内阁 内阁为最高行政机关。内阁由首相（亦称内阁总理大臣）及其他国务大臣组成，共同对国会负责。首相拥有对国务大臣的任免权，以保持内阁的统一。

日本的政党 战后日本实行政党政治，代表不同阶级、阶层的各种政党相继恢复或建立。目前参加国会活动的主要政党有民主党、自民党、公明党、日本共产党、社民党、保守新党等。

首相 安倍晋三，2012 年 12 月 26 日任职。

行政区划

日本的都、道、府、县是平行的一级行政区，直属中央政府，但各都、道、府、县都拥有自治权。全国分为 1 都（东京都：Tokyo）、1 道（北海道：Hokkaido）、2 府（大阪府：Osaka；京都府：Kyoto）和 43 个县，下设市、町（相当于中国的镇）、村。其办事机构称为"厅"，即"都厅""道厅""府厅""县厅"，行政长官称为"知事"。每个都、道、府、县下设若干个市、町、村。其办事机构称"役所"，即"市役所""町役所""村役所"，行政长官称为"市长""町长""村长"。43 个县是：爱知、宫崎、秋田、长野、青森、长崎、千叶、奈良、福井、新潟、福冈、大分、福岛、冈山、岐阜、佐贺、爱媛、冲绳、群马、埼玉、广岛、滋贺、兵库、岛根、茨城、静冈、石川、栃木、岩手、德岛、香川、鸟取、鹿儿岛、富山、神奈川、和歌山、高知、山形、熊本、山口、三重、山梨与宫城。

2012 年 1 月 23 日，日本政府正式决定成立复兴厅，以应对东日本大地震。复兴厅的设置期限为震后 10 年，即 2021 年 3 月底。总部设于东京，并在盛冈、仙台和福岛 3 市设置统筹支部的"复兴局"。

经济贸易

经济 2018 年日本的名义国内生产总值（GDP）比上年增长 1.8%，达到 4.9564 万亿美元。2018 年日本 4 个季度的实际 GDP 增长率分别为 -0.4%、1.9%、-2.4% 和 1.9%，名义 GDP 增长率 4 个季度分别为 -1.2%、1.6%、-2.1% 和 1.6%。2018 年全年实际 GDP 增长率为 0.7%，名义 GDP 增长率略低于实际 GDP 增长率，为 0.6%，与 2017 年（实际 GDP 增长率 1.7%，名义 GDP 增长率 1.5%）相比增幅明显下降。

对外贸易 据日本海关统计，2018 年日本货物进出口额为 14865.7 亿美元，比上年（下同）增长 8.5%。其中，出口 7382.0 亿美元，增长 5.7%；进口 7483.7 亿美元，增长 11.3%。贸易逆差 101.7 亿美元，下降 138.8%。分国别（地区）看，2018 年中国、美国和韩国是日本前三大出口贸易伙伴，出口额分别为 1439.9 亿美元、1400.6 亿美元和 525.1 亿美元，其中对中国和美国出口增长 8.4% 和 3.9%，对韩国出口下降 1.5%，分别占日本出口总额的 19.5%、19.0% 和 7.1%。日本进口排名靠前的国家依次是中国、美国和澳大利亚，2018 年日本自三国分别进口 1735.4 亿美元、815.5 亿美元和 456.9 亿美元，分别增长 5.5%、13.0% 和 17.4%，分别占日本进口总额的 23.2%、10.9% 和 6.1%。2018 年日本贸易逆差主要来源国是中东产油国、澳大利亚和中国。美国、中国香港和韩国是日本前三大贸易顺差来源地，2018 年顺差额分别为 585.1 亿美元、325.7 亿美元和 203.7 亿美元。分商品看，机电产品、运输设备和化工产品是日本的主要出口商品，2018 年出口额分别为 2574.0 亿美元、1726.8 亿美元和 611.1 亿美元，分别增长 5.5%、5.2% 和 13.4%，分别占日本出口总额的 34.9%、23.4% 和 8.3%。矿产品、机电产品和化工产品是日本的前三大类进口商品，2018 年进口额分别为 1985.6 亿美元、1739.1 亿美元和 667.8 亿美元，分别增长 21.4%、6.7% 和 14.2%，分别占日本进口总额的 26.5%、23.2% 和 8.9%。

对外投资　根据日本财务省发布的数据，2018 年日本外部总资产达到 1018 万亿日元（约合 9.3 万亿美元），与 2017 年相比，约增加 5 万亿美元，呈上升趋势。日本财务省统计的外部总资产包括直接投资、间接投资、金融衍生品、其他投资以及包括黄金储备在内的储备资产。2018 年，日本政府、企业及个人持有的资产净值约为 342 万亿日元（约合 3.1 万亿美元），比 2017 年增长 3.7%。2018 年，日本海外直接投资为 182 万亿日元，非居民贷款为 139 万亿日元。截至 2018 年底，日本的海外债务总额为 676 万亿日元，下降 7%。这也是日本债务 9 年来首次出现下滑。

交　通

日本交通系统十分发达。遍布全国各地的大小机场，四通八达的高速公路，横贯东西的高速铁路新干线，交织如网的城市电车和地铁，发达的水上交通，构成了空中、陆地、水上的立体交通网。日本陆上交通网由纵横全国的国营铁路、大中城市之间的私营铁路和城市内的地铁构成。去日本各地旅游可乘国营铁路，在大城市生活可乘私营铁路和地铁，十分方便。

铁路运输　日本有 4 个主要的岛屿，分别为本州、北海道、九州和四国，被一个四通八达的铁路网络所覆盖。对于外国游客来说，火车是游览日本的一种非常方便的交通工具。约 70% 的日本铁路是由日本 JR 国铁拥有和运营的，其余 30% 由几十家民营铁路公司运营。

JR 国铁　JR 国铁是日本的一个大型铁路公司集团，于 1987 年分割为 JR 东日本、JR 北海道、JR 中日本（JR 东海）、JR 西日本、JR 四国、JR 九州 6 家公司，移转经营权后开始运营至今。

民营私铁　民营私铁一般以都市为中心，连接城市与近郊市镇，主要供日本人上下班和学生上学来回乘坐，是日本市民广泛使用的交通工具。

地铁运输　日本目前共有 9 个城市拥有地铁系统。地铁已经成为当地市民生活的一部分，日常的通勤、上下学都与地铁有密切关系。

高速公路运输　高速公路是日本重要的交通方式之一。1987 年，日本每平方公里的土地上已约有 3 公里高速公路。以往由 4 家国有公司负责高速公路的建设和维护，2005 年 10 月，这些国有企业被重组并且私营化。

空中运输　日本的航空业相当发达。日本主要的航空公司有日本航空公司（JAL）和日本全日空航空公司（ANA）。日本最主要的国际机场是东京的成田机场，其次是大阪的关西机场和名古屋的中部日本国际机场。它们同福冈机场一起被称为"日本四大国际机场"。其他日本机场的国际航班数量很少，主要飞往韩国和中国。

文　化

日本独特的地理条件和悠久的历史，孕育了别具一格的日本文化。樱花、和服、俳句与武士、清酒、神道教（简称"神道"）构成了传统日本的两个方面——菊与刀。在日本有著名的"三道"，即日本民间的茶道、花道、书道。

樱花　樱花是日本的国花。

和服　和服是日本传统民族服装。

茶道　茶道也叫作茶汤，自古以来就作为一种颇具美感的烹茶饮茶仪式受到上流阶层的无比喜爱。

花道　花道作为一种在茶室内再现野外盛开的鲜花的技法而诞生。

相扑　相扑来源于日本神道的宗教仪式。

柔道　柔道的基本原理不是攻击，而是一种利用对方的力量的护身之术，柔道家的级别用腰带的颜色（初级：白；高级：黑）来表示。

能剧　能剧是日本的传统戏剧，也是世界上现存的最古老的戏剧之一。

寿司 寿司是以生鱼片、生虾、生鱼粉等为原料，配以精白米饭、醋、海鲜、辣根等，捏成饭团后食用的一种食物。

赠礼习俗 日本人将送礼看作向对方表示心意的物质体现。礼不在厚，赠送得当便会给对方留下深刻印象。

动漫 英文为"anime"，是"animation"的缩写，是将静止的单幅图片连接成具有动感的连续画面的一种电影技术。有别于欧美的"animation"，它与画面、儿童文化、铅字文化关系密切，大部分是在漫画的基础上制作而成，漫画也在动漫的影响下发展。

教 育

日本一般有3种类型的教育可供选择：进入公立学校接受义务教育，进入私立学校接受义务教育，或是到不符合文部科学省标准的私立学校。虽然义务教育只到中学校毕业为止，但仍有超过90%的学生会进入高等学校就读。超过250万名学生会进入大学或学院深造。2010年高等学校就学率为98%，位列全球第一，大学就学率也达45.5%。由于近年来日本出生率的下降，适龄学童越来越少，高就学率的现象开始改变，现在学校开始努力招收新生。不过许多学生仍然在正常课程之外，被送进补习班学习。日本实行小学6年、中学3年的义务教育，大部分学生在接受完义务教育后还会继续进入高等学校学习。

日本早稻田大学 早稻田大学是日本著名的综合性私立大学，创建于1882年，原名"东京专门学校"，1902年9月改为现名。早稻田大学创始人大隈重信以"学术的独立"、"学术的活用"和"造就模范国民"为办校宗旨，主张自由探讨学术，提倡独创的钻研精神，培养具有实际应用知识并在国际事务中具有广泛活动能力的人才。早稻田大学奉行先进和开放的办学理念，建校130多年来为日本培养了众多杰出人才，遍及政治、经济、文学等多个领域。

日本前首相竹下登、小渊惠三、森喜朗和福田康夫都是早稻田大学毕业生。

日本庆应义塾大学 庆应义塾大学是日本一所重要的私立大学，与早稻田大学并称为"日本私学双雄"。它创建于1858年，由日本近代著名思想家福泽谕吉在江户（东京旧称）的筑地铁炮州购地开办，取名"兰学塾"，又名"福泽屋"。10年后，即庆应四年，正式定名为庆应义塾。

日本筑波大学 筑波大学的诞生最早缘于1961年日本政府提出建立筑波科学城的设想，1970年内阁会议通过了此设想，1973年又通过了建立筑波大学的法案。筑波大学的前身是日本东京教育大学，它与东京大学的前身——大学南校，今日庆应义塾大学的前身——庆应义塾一样均具有百年以上的校史。它于明治五年（1872年）创办，最初取名为东京师范学校，后相继发展为东京高等师范学校、东京文理大学，战后实行新学制而改名为东京教育大学。当时设有文学、理学、教育学、农学、体育5个学部和光学研究所。

日本九州大学 九州大学是日本原7所帝国大学之一，目前已成为日本著名的国立大学，在日本以及世界上均占有一定的地位。

日本东北大学 东北大学是根据明治天皇敕令于1867年在日本东北地区仙台设置的一所国立大学，它是继东京大学、京都大学之后日本第三所国立大学。

日本京都大学 京都大学是继东京大学之后成立的日本第二所国立大学。1892年，23位国会议员在一项议案中提出，日本仅有一所东京国立大学，缺乏竞争，对办学和学生的培养都不利，建议在当时的西京——京都建一所大学。1897年议案被通过，大学得以诞生，当时定名为京都帝国大学。

日本大阪大学 大阪大学位于日本关西地区工业城市大阪，是战前日本成立的第六所帝国大学。与其他几所由政府直接创办，培养政府官员、专家、学者、技术人员的帝国大学不同，它是由民间力量向政府申请创建的。

日本东京大学 东京大学成立于 1877 年，是日本创办的第一所国立大学，也是亚洲创办最早的大学之一，被公认为日本最高学府，是亚洲一所世界性的著名大学。它的前身是明治时期创办的东京开成学校和东京医科学校。如果追溯得更远些，最早是幕府时期设置的"兰学"机构"天文方"、昌平坂学问府、种痘所历经演变而来。

旅 游

日本国家旅游局（JNTO）统计数据显示，2018 年赴日外国游客 31191856 人，同比增长 8.7%，其中中国游客人数首破 800 万，为 838 万人，同比增长 13.9%，位居第一。2018 年日本驻外使领馆发放的赴日签证数量为 6952804 件，同比增加 18.5%。向中国公民发放的签证数量最多，共计 5447097 件，占签证总量的 78.3%。其中，赴日团体旅游签证、个人自由行旅游签证以及多次往返等旅游相关签证约为 488 万件，占总量的 70%，为历史最高水平。2018 年日本驻外使领馆发放签证数量排名前四的国家的签证数量占总量的 90%，排名第二、三、四位的国家分别是菲律宾、越南、印度尼西亚。

富士山（Fuji Mountain） 位于本州中南部，海拔约 3776 米，是日本最高峰，日本人奉之为"圣山"，是日本民族的象征，距东京约 80 公里，跨静冈、山梨两县，占地面积约为 1200 平方公里。整个山体呈圆锥状，山顶终年积雪。富士山四周有剑峰、白山岳、久须志岳、大日岳、伊豆岳、成就岳、驹岳和三岳等"富士八峰"。富士山区还设有幻想旅行馆、昆虫博物馆、自然科学厅、奇石博物馆、富士博物馆、大型科学馆、植物园、野鸟园、野猴公园和各种体育、游艺场所等。

东京塔（Tokyo Tower） 位于东京市内，建成于 1958 年，塔高约 333 米，这座日本最高的独立铁塔上部装有东京都 7 个电视台、21 个电视中转台和广播台等的无线电发射天线。在 100 米高的地方，建有一个二层楼高的展望台；在 250 米高的地方，也设有一个特别展望台。展望台四边都是落地的大玻璃窗，窗向外倾斜。站在展望台上可俯瞰东京市容，全市景观尽收眼底。

唐招提寺（Toshodai Temple） 位于奈良市的唐招提寺是由中国唐代高僧鉴真和尚主持兴建的，是日本佛教律宗的总寺院，这座具有中国盛唐建筑风格的建筑物被确定为日本国宝。唐代高僧鉴真（688～763 年）第 6 次东渡日本后，于天平宝字三年（759 年）开始建造，大约于 770 年竣工。寺院大门上红色横额"唐招提寺"是日本孝谦女皇仿王羲之、王献之的字体所书。

日本第一大湖——琵琶湖 琵琶湖面积约 670 平方公里，是京都、大阪和神户大都市圈近 2000 万人口的"母亲湖"，也是拥有约 400 万年历史的物种宝库。

"北海道明珠"——洞爷湖 洞爷湖位于日本北海道西南部，属于支笏洞爷国立公园的一部分，面积 70.7 平方公里，是日本仅次于屈斜路湖和支笏湖的第三大火山口湖。洞爷湖在土著居民阿伊努族人的语言中意为"山之湖"，大约形成于 10 万年前的几次火山喷发。因处于火山活动频繁地区，洞爷湖成为日本纬度最高的不冻湖，四面群山环绕，郁郁葱葱，温泉遍布，是休闲养生的胜地，享有"北海道明珠"的美誉。

医疗卫生

日本的医疗保险制度始建于 20 世纪 20 年代初。1922 年，随着《健康保险法》的制定，日本首先建立了以受雇者为对象的医疗保险制度，其后又于 1938 年颁布了《国民健康保险法》。1961 年，日本修改了《健康保险法》，制定了要求全民必须参保的《医疗保险法》，要求公平地向全体国民提供医疗服务。目前日本国民医疗保险覆盖率为 99%，为世界之最。日本医疗保险可分为两大类：（1）被用者保险或称之"职工健康保险"，其中可分为共济组合保险、组合掌管保险、政府掌管保险、船员保险等，占65.9%；（2）国民健康保险，主要面向农业人口、退休老人、自由职业者，其可分为市町村国保、组合国保两种，占34.1%。个人按收入8%缴纳，不足部分由国家及地方财政补贴。凡参加医疗保险均可报销一定比例的医疗费用，大部分为80%～90%，自付10%～20%，家属可报销70%～80%，凡医疗费6.7万日元/月以上，超额部分可全额报销。日本的医院分为综合性医院、结核病医院、精神病院、传染病院4种。根据功能，医院又可分为3种类型：（1）特定机能病院，主要指大学附属医院、特别专科病院；（2）一般医院，主要是县、市立医院；（3）康复型医院。

日本厚生劳动省发布消息显示，2018年度，日本为治疗伤病支付给医疗机构的"概算医疗费"达到42.6万亿日元（约合人民币2.8万亿元），较上年度增加约3000亿日元，创历史新高。2018年度，日本医疗费增幅为0.8%。人均医疗费增加4000日元至33.7万日元。厚生劳动省认为，这主要是受到人口老龄化和医疗高端化的影响。在人均医疗费方面，日本未满75岁的人群为22.2万日元，75岁及以上则高达93.9万日元，是前者的4倍多。团块世代（战后第一次婴儿潮时期出生者）将在2022～2025年加入75岁以上群体，医疗费预计进一步增加。从日本各都道府县的医疗花费来看，东京都以45869亿日元居首。之后依次为大阪府32961亿日元、神奈川县26652亿日元、爱知县23195亿日元。最少的鸟取县为2092亿日元。"概算医疗费"由患者的窗口缴费和公共医疗保险等合计得出，工伤保险及全额自付的情况并未包含在内。

科 技

日本总务省于2018年12月14日发布《2018年科学技术研究调查结果》，该调查对2017年度（2017年4月~2018年3月）日本的科学技术研究活动进行了全面统计。研发经费方面，2017年度全社会研发经费总额为19.0504万亿日元，比2016年度增加3.4%，时隔三年恢复增长。研发经费投入强度（研发经费占GDP比重）为3.48%，比上年增加0.05个百分点。在研发经费投入来源中，政府投入3.2736万亿日元，占比17.2%；民间来源投入为15.6629万亿日元，占比82.2%；海外投入为1139亿日元，占比0.6%。在研发经费使用上，企业为13.7989万亿日元，比上年增加3.6%，占研发经费比重为72.4%；大学为3.6418万亿日元，比上年增加1.0%，占比19.1%；非营利组织和公立机构为1.6097万亿日元，比上年增加6.6%，占比8.5%，充分体现了日本企业的技术创新主体地位。制造业研发经费投入为11.5748万亿日元，占企业研究经费的86.9%，其中包括汽车在内的运输机械制造业研发投入创历史新高，达3.646万亿日元，占企业研发投入的22.2%；其次是医药品制造业，占企业研发投入的10.6%。企业研发经费投入强度（企业研发经费占经营收入的比重）为3.30%，其中制造业为4.11%。用于自然科学的研究经费为17.6515万亿日元，比上年度增加3.6%，占全部研究经费的92.7%，占GDP的3.22%。自然科学研究经费中，基础研究经费为2.7643万亿日元，占15.7%；应用研究经费为3.6201万亿日元，占20.5%；开发研究经费为11.2671万亿日元，占63.8%。研究人员数据方面，截至2018年3月31日，日本共有科研人员86.70万人。科研人员人均研究经费为2197万日元，比上年增长1.8%。女性科研人员数量为15.05万人，在科研人员中占16.2%，保持增长势头。从统计结果来看，日本全社会研发投入恢复上升，各项投入指标仍位居世界前列。其研发经费总额仅次于美国、中国，排名世界第三，研发经费投入强度在主要国家中位居前列。

环 保

日本的环保产业，不仅仅是政府主导的产物，更是产业转型所造就的，企业成为环保产业发展的重要力量。相当一部分企业在转型期利用自身优势，朝着生态化、创新化方向发展，在"三废"处理以及土壤修复等环保技术方面开发了许多新技术。随着国家环保战略的实施，建设"循环型社会"成为重中之重，政府和企业把发展环保产业作为经济增长点，在经济结构构建中，大力推进经济转型，打造以资源循环利用为中心的环保产业链。日本政府在 2009 年出台的《未来开拓战略》中提出，"要把日本建成世界第一的环保节能国家，确保在太阳能发电、蓄电池、燃料电池、绿色家电等低碳技术相关产业的国际市场占据第一的份额。"为了实现环保目标、发展经济，日本制定并逐步完善了一整套环境保护法律法规。比如除制定了《环境基本法》《清洁生产促进法》《环境污染控制基本法》《循环型社会基本法》《公害对策基本法》等基本法律之外，还制定了专业性法律，如《大气污染防治法》《水质污染防治法》《烟尘排放规制法》《噪音管制法》。与环保相关的法律还有《公害健康损害赔偿法》《能源使用合理化法》《居住生活基本法》等。

韩 国

国 名

大韩民国（Republic of Korea）。

地 理

位置 位于亚洲大陆东北部，朝鲜半岛南部，东、南、西三面环海。北部与朝鲜民主主义人民共和国接壤，西与中华人民共和国隔海相望，东部和东南部与日本隔海为邻，是典型的半岛国家。

面积 10.329万平方公里。

地形地貌 韩国多山少平原，地势北高南低，东高西低，国土面积的2/3为山地和丘陵。韩国的主要山脉包括太白山脉、小白山脉和车岭山脉。纵贯韩国东海岸的太白山脉是韩国地质的脊梁。太白山脉东部受到海水侵蚀，在韩国东海岸形成悬崖峭壁；西部和南部山势平缓，形成西海岸和南海岸的平原和近海岛屿与海湾。韩国的名山包括雪岳山、五台山、智异山、汉拿山等，位于济州岛中部的汉拿山是韩国的最高峰，海拔1950米。韩国的平原主要分布在南部和西部的河流及海岸地带，海拔多在200米以下，主要平原有湖南平原、全南平原、金海平原等，这些平原地区土地肥沃，是韩国的粮仓。韩国的盆地主要分布在大江大河的中下游，面积较大的盆地包括春川盆地、大邱盆地、首尔盆地等。

岛屿 韩国拥有约3000个大小岛屿，大多分布在西海岸和南海岸，其中2/3是无人岛。韩国东海岸附近岛屿较少，郁陵岛是东海岸最大的岛屿（72.94平方公里）。西海岸大的岛屿有江华岛（305.48平方公里）、珍岛（382.92平方公里）。韩国南海岸大的岛屿包括济州岛（1850.16平方公里）、巨济岛及周边群岛（402.99平方公里）和南海岛（303.19平方公里）等。济州岛作为韩国面积最大的岛屿，位于朝鲜半岛南部约85公里的外海，也是韩国主要的旅游热点之一。

河流湖泊 韩国河流分布稠密，以雨水补给为主。受地势因素影响，韩国的河流大多经过西部或南部的大陆坡由东向西或由北向南入海。洛东江、汉江和锦江是韩国的三大河流。洛东江是韩国最大的河流，全长约525公里，流域面积2.4万平方公里，其下游的金海平原是韩国主要的水稻产区。洛东江流经龟尾市、大邱广域市和釜山广域市等韩国主要工业城市，是韩国东南沿海地区的经济纽带。其他河流还包括蟾津江、临津江等。韩国湖泊较少，以人工湖泊居多，位于济州岛汉拿山顶火山口的白鹿潭，是韩国最大的天然湖泊。

气候 韩国属温带季风气候，四季分明，春、秋两季较短，夏、冬两季较长。韩国各地气温差异较大，平均气温为6℃~16℃。8月是全年最热的月份，平均气温为19℃~27℃。最冷的月份是1月，平均气温为-8℃~7℃。济州岛是韩国年平均气温最高的地方。首尔1月的平均气温是-7℃~1℃；8月的平均气温是22℃~30℃。夏季韩国大部分地区气温都会超过30℃。韩国冬季气候寒冷，大部分地区气温会降到0℃以下。

人 口

截至 2019 年 7 月 1 日，韩国人口数为 5170.9 万人。全国为单一民族，通用韩国语，50% 左右的人口信奉佛教、基督教、天主教等宗教。

整体来看，韩国人口正呈现生育率低和老龄化趋势。据韩国统计厅"2018 人口动向调查结果"，2018 年韩国生育率（1 名女子一生所产孩子数）为 0.98，创下 1970 年开始统计以来的最低值，同时低于经济合作与发展组织（OECD，以下简称经合组织）成员国的平均值 1.68，甚至连"超低出生率"的标准（1.3）也未达到，成为全世界出生率最低的国家。

此外，韩国人口分布具有人口密度大和分布不均匀的特点。尤其是随着首都圈（首尔、仁川和京畿道）的快速发展，该区域内人口规模不断扩大。韩国统计厅提交的资料显示，截至 2019 年 7 月 1 日，韩国总人口为 5170.9 万人，其中首都圈人口 2584.4 万人（49.98%），地方人口 2586.5 万人（50.02%）。按照韩国统计厅的"未来人口特别推算"预计，首都圈人口比例 2020 年将达到 50.1%，突破全国一半。由此可见，首都圈人口过于集中与地方人口流失是韩国社会亟待解决的问题。

资源物产

韩国矿产资源较少，已发现的矿物有 280 多种，其中有经济价值的 50 多种。有开采利用价值的矿物有铁、无烟煤、铅、锌、钨等，但储量不大。自然资源匮乏，主要工业原料均依赖进口。能源矿产主要是无烟煤，但储量小。韩国非金属类矿物的储量很丰富。重晶石、云母、萤石和高岭土的储量很大。韩国的气候与土壤非常适合人参的生长。韩国出产的人参被称为"高丽参"。韩国三面环海，附近海域渔业资源丰富，主要可分为东海渔场、黄海渔场和南海渔场三大渔场。

国体政体

韩国实行"立法、行政、司法"三权分立政体。行政权属总统，总统是国家元首、政府首脑和武装部队最高司令，由全民直选产生，任期 5 年，不能连任，有任命和罢免国务总理及内阁长官、次官、驻外大使和宣布大赦的权力。总统主持由国务总理和各内阁部长组成的国务会议，负责决定、协调和处理国家政策和重大事项。直属总统的机构包括总统秘书室、国务会议、国家情报院、监察院、中央人事委员会、放送通信委员会等。

国会 韩国的议会称为国会，是韩国的立法机构。主要职能包括：审议各项法案；审议国家预决算；监察政府工作；批准对外条约以及同意宣战或媾和、弹劾总统和主要政府官员、否决总统的紧急命令等。韩国国会实行一院制，共 300 个议席，议员任期 4 年，国会设议长和 2 名副议长，由议员投票选举产生，任期 2 年。2016 年 4 月，韩国举行第 20 届国会选举。2018 年 7 月，韩国国会举行国会议长选举，执政党共同民主党议员文喜相当选第 20 届国会下半期议长，李柱荣、朱升镕担任副议长。

政府 总统兼任政府首脑。2017 年 5 月 10 日，文在寅（Moon Jae - in）当选为第 19 届韩国总统并于当日宣誓就职。总理是韩国内阁的最高首长，由总统任命后，须经韩国国会表决同意，韩国宪法规定总理有辅佐总统、统管各行政部门、建议撤销国务委员、向国务会议提出议案、提名行政各部部长人选、颁布总理令等权力。国务总理李洛渊，2017 年 5 月 31 日就任。文在寅政府设 18 部、5 处、17 厅。其中，18 个政府部门具体包括统一部、外交部、法务部、国防部、教育部、环境部、企划财政部、行政安全部、产业通商资源部、科学技术信息通信部（前身为"未来创造科学部"，2017 年 7 月 26 日重命名）、文化体育观光部、保健福祉部、雇佣劳动部、农林畜产食品部、海洋水产部、国土交通部、女性家庭部、中小风险企业部。

司法机构 韩国的审判机关有大法院、高等法院、地方法院和家庭法院。大法院是最高审判机关，拥有终审权，院长由总统任命，须经国会同意，任期6年，不得连任。大法院的法官则由大法院院长推荐，由总统委任。韩国共有5个高等法院，受理对地方法院审理的民事及刑事案件的裁决提出的上诉，另设有宪法裁判所。韩国的检察机关有大检察厅、高等检察厅和地方检察厅，隶属法务部。大检察厅是最高检察机关，大检察厅厅长称检察总长，由总统任命，无须国会同意。

主要政党 共同民主党，前身为金大中领导的新政治国民会议。1997年金大中当选总统，该党成为执政党。2003年分裂为开放国民党和民主党，2008年2月合并为统合民主党，7月改名民主党。2011年12月，民主党与市民统合党、韩国劳动组合总联盟合并为民主统合党。2013年5月改名民主党。2014年3月与以安哲秀为代表的政治力量联合组成新政治民主联合党。2015年12月改名共同民主党。2017年5月，该党候选人文在寅赢得大选。2018年6月，该党在国会补缺选举中获胜，在国会拥有130个席位。自由韩国党，前身为1990年成立的民主自由党，1995年改名为新韩国党，1997年新韩国党和韩国民主党合并，改称大国家党。2012年2月改名为新国家党，2016年12月该党部分议员退党，2017年2月更名为自由韩国党。现为最大在野党，在国会拥有113个席位。正未来党，2018年2月由国民之党和正党合并而来，成为韩国第三大党，在国会拥有30个席位。民主和平党，2018年2月由国民之党部分成员脱党组建，在国会拥有14个席位。正义党，前身为进步正义党，2013年7月更名为正义党，在国会拥有6个席位。

行政区划

韩国地方行政管理，实行地方自治。按照区划，韩国地方自治团体分为一级行政区"广域自治团体"（特别市、广域市、道，简称市、道）和二级行政区"基础自治团体"（市、郡、自治区，简称市、郡、区），均设有地方议会。

广域自治团体包括1个特别市：首尔特别市；2个特别自治市（道）：世宗特别自治市、济州特别自治道；6个广域市：釜山、大邱、仁川、光州、大田、蔚山；8个道：京畿道、江原道、忠清北道、忠清南道、全罗北道、全罗南道、庆尚北道、庆尚南道。

基础自治团体以下又分为面、邑、洞；再划分为里、统以及最基层的班。

经济贸易

韩国经济从20世纪60年代开始起步。70年代以来，持续高速增长，人均国民生产总值从1962年的87美元增至1996年的10548美元，创造了"汉江奇迹"。1996年加入经合组织，同年成为世界贸易组织（WTO）创始国之一。1997年，亚洲金融危机后，韩国经济进入中速增长期。产业以制造业和服务业为主，造船、汽车、电子、钢铁、纺织等产业产量均进入世界前10名。大企业集团在韩国经济中占有十分重要的地位，目前主要大企业集团有三星、现代汽车、SK、LG和KT（韩国电信）等。2008年，受国际金融危机影响，韩国经济明显下滑。韩国政府迅速采取包括大规模财政刺激等一系列政策，金融市场全面回暖，实体经济企稳回升，企业和消费者信心不断增强，成为经合组织成员国中率先走出谷底的国家。

国内生产总值 据韩国央行数据，2018年韩国名义国内生产总值（GDP）为1.54万亿美元；国内生产总值同比增速达2.7%，未能实现连续两年突破3%的目标；人均国民总收入（GNI）则突破3.1万美元。

进出口贸易 据韩国统计厅统计，2018年韩国出口额、进口额和进出口总额均创历史新高。其中，出口首次突破6000亿美元大关，达6048.6亿美元；进口额为5352.0亿美元；进出口总额达11400.6亿美元；贸易顺差达696.57

亿美元，连续 10 年保持顺差。

吸引外资　据韩国产业通商资源部称，2018 年韩国吸引外商直接投资（FDI）269 亿美元，连续 4 年突破 200 亿美元大关，并创下历史新高。韩国外商直接投资继 2015 年首次突破 200 亿美元大关后持续上升，已连续 4 年超过 200 亿美元。

交通通信

韩国陆、海、空交通运输均较发达。全国已建成便捷的铁路网和高速公路网。

铁路　1899 年以来，韩国以首尔地区现有的铁路为起点，以形成韩国独立自主的交通铁路网为目标，逐步完善了各大城市铁路交通建设。1974 年首尔（时称汉城，2005 年改现名）、1985 年釜山、1997 年大邱、1999 年仁川、2004 年光州、2006 年大田，依次开启了主要城市的铁路建设工作。目前，韩国的电轨（都市铁路）发展到首尔 19 条，釜山 5 条，大邱 2 条，光州、大田各 1 条的规模。铁路总长约 3900 公里，强大的城市铁路交通网拉动了韩国经济，成为韩国举足轻重的交通手段。2004 年 4 月，首尔到釜山的京釜高速线一期（首尔到大邱）正式开通，韩国成为世界上第 7 个开通 300 公里/时高速铁路服务的国家。2010 年京釜高速铁路二期正式开通，首尔至釜山之间的通行时间再次缩短。除此之外，韩国于 2015 年开通了第 2 条高速铁路——湖南高速铁路一期五松到光州段，该线路与京釜高速铁路一样，设计速度达 350 公里/时。

公路　韩国公路运输网络较为发达，公路总长约 10.7 万公里，其中高速公路约 4200 公里。根据韩国国土交通部 2016 年公布的"第一个国家道路综合规划"，韩国计划到 2020 年新建 13 条高速公路（288.7 公里），改扩建 10 条高速公路（165.7 公里），使韩国高速公路通车总里程达 5000 公里。另据韩国国土交通部数据，截至 2017 年 12 月末，韩国国内汽车累计登记数量为 2252.8295 万辆，相当于每 2.3 个

人中就有 1 人拥有汽车。

地铁　首尔地铁（Seoul Metro）又称韩国首都圈电铁，于 1974 年 8 月 15 日投入营运，是世界上单日载客量最大的铁路系统之一，车站数量仅次于纽约地铁和东京地铁。截至 2015 年底，车站数量 376 个，整个铁路系统总长度 596.9 公里，路线长度居世界第 6 位。其服务范围为韩国首尔特别市和周边的首都圈，日均载客量超过 800 万人次（2015 年统计）。首都圈电铁以首尔的 9 条地下铁路为主，并辅以韩国铁道公社的盆唐线及仁川地铁、京春线、新盆唐线、爱宝线、水仁线、京义中央线、议政府轻轨等线路，合共 19 条路线。2017 年 5 月 31 日，根据韩国政府决定，首尔地铁合并到韩国国企首尔交通公司。

航空　韩国开通国际航线 350 条（其中外国航空公司航线 210 条），现有 8 个国际机场：仁川、金浦、济州、金海、清州、大邱、襄阳、务安。另开通国内航线 21 条。韩国的主要航空公司有大韩航空和韩亚航空。仁川国际机场是大韩航空及韩亚航空的主要枢纽，于 2001 年 3 月正式启用，代替旧有金浦国际机场的国际航线枢纽地位。为了满足与日俱增的航空需求，仁川国际机场 2008 年完成二期工程，建成客运大楼，增设第 3 条跑道；2018 年完成二期工程，建成第二客运大楼；2018 年 12 月，第 4 条跑道建设启动，标志着四期工程启幕。按计划，待 2023 年第二客运大楼扩建等项目完工后，仁川国际机场全年旅客运输能力将增至 1 亿人次，排名亦将提升至全球第 3 位。此外，在由国际机场理事会（ACI）主办的机场服务质量（ASQ）评价中，韩国仁川国际机场一直以高分名列前茅，截至 2017 年曾连续 12 年被评为"全球最佳机场"。

水运　以海运为主。主要港口有：釜山、浦项、仁川、群山、木浦、济州、丽水等。与亚洲、南美洲、北美洲、欧洲、大洋洲、中东和非洲等地的许多国家有客、货轮往来。2018 年韩国贸易港口的货物吞吐量达 16.2466 亿吨，

同比增长 3.2%，创历史新高。从造船业发展来看，与中国和日本造船业相比，韩国造船业一直具有较高的统一性。韩国三大船厂——大宇造船、现代重工、三星重工拥有全球最大的手持订单量，在高价船舶订单方面处于亚洲领先地位。同时，韩国小型船厂在油船建造市场的表现也十分突出。

通信 韩国移动通信产业经历了20世纪90年代的2G、21世纪第一个10年的3G、2010~2018年的4G和2019年5G商用网络的发展史。从官民结合推进的技术开发以及1996年世界最早的CDMA商用化，到2013年世界最早的LTE-A商用化以及全球首个商用5G网络等，韩国凭借独创性的技术开发，其销售额和占有率在世界移动通信市场中一直名列前茅。伴随着IT通信业的发展，早在2011年末，韩国无线宽带的普及率就已达到100.6%，成为经合组织成员国中第一个突破100%的国家，并且连续6年位居经合组织国家榜首。如今，韩国已经基本实现了网络的全国覆盖，无论是咖啡厅、公园，还是地铁、机场，所到之处几乎都会有免费的Wi-Fi。美国皮尤研究中心在2018年6月发布的报告显示，在智能手机普及率方面，韩国在全球排名第一，普及率高达94%。2019年4月，韩国正式开启5G商用网络，成为全球第一个开启5G商用网络的国家。

文 化

新闻出版 韩国新闻出版业发达。共有新闻机构230多家，从业人员4万多人。报社120多家，杂志种类繁多。《朝鲜日报》（1920年3月创刊）、《中央日报》（1965年9月创刊）、《东亚日报》（1920年4月创刊）是三大全国性韩文日报。

通讯社 韩国联合通讯社于1980年由合同通讯社和东洋通讯社合并而成，1999年兼并内外通讯社。该通讯社在北京、华盛顿、纽约、洛杉矶、东京、巴黎、伦敦、曼谷、布宜诺斯艾利斯、布鲁塞尔、开罗、香港、莫斯科设有分社，同40多家外国通讯社签有新闻交换协定或合作协议。

广播公司 韩国广播公司包括全国性广播公司、地方广播公司和有线广播公司。其中，韩国广播公司（KBS）于1927年开始试播，自1953年开始对外广播，属于政府控股广播公司，拥有全国性广播网，目前用韩、英、汉、法、日等11种语言播音。其电视台成立于1961年12月，自1996年7月起开通多频道卫星电视节目，主要以数字信号播放。文化广播公司（MBC）于1961年12月开办，拥有全国性广播网。其电视台成立于1969年8月，在各大城市有卫星转播站。首尔广播公司（SBS）于1991年12月开播。

教 育

韩国从1953年起实行小学六年制义务教育，从1993年起普及初中三年义务教育。80%的高等教育机构为私立。2019年教育预算约75.2万亿韩元，较上一年增长10.2%。全国各类学校（公立、私立）近2万所，学生1100多万人，教师50多万人。著名大学有首尔大学、延世大学、高丽大学等，首尔大学、高丽大学和延世大学并称为韩国大学的"一片天（S.K.Y.）"

国立首尔大学 1946年10月15日成立，根据《国立首尔大学设立相关法令》合并首尔附近10所学校成立首尔大学，成为韩国最初的综合性高等学府。全校有冠岳、莲建、水原3个校区，设有16个单科学院及1所一般大学院、11所专修大学院、78个研究院所及59个国家支援研究中心。首尔大学每年在韩国大学各种排行榜上稳居第1位。该校在2018年度QS世界大学排名中居第36位。

高丽大学 韩国最大的私立研究型综合大学，建于1905年，历史悠久，现有安岩和世宗两个校区。两个校区共设置了17个单科大学、83个学科、24个大学院、89个研究所等教学研究机构。该校在2018年度QS世界大学排名中居第 90 位。

延世大学 以基督教精神建立的私立研究型综合大学，创建于 1885 年，其前身是延禧大学和世博兰斯医科大学，1957 两校正式合并为今天的延世大学，"延世"则是从两校各取一字结合而成。延世大学现有新村、原州、松岛 3 个校区。该校在 2018 年度 QS 世界大学排名中居第 106 位。

旅 游

据韩国旅游发展局数据，2018 年，韩国接待外国游客约 1534.7 万人次。其中，中国大陆游客约为 478.9 万人次，占外国游客总数的 31.2%。日本游客约 294.85 万人次，同比增加 27.6%，占 19%。统计称，中日年轻女性成为访韩外国游客新主力。

截至 2015 年，韩国已有 12 个项目被列入世界遗产名录，其中包括 11 个文化遗产和 1 个自然遗产。韩国的世界文化遗产包括"海印寺藏经板殿"（1995 年）、"宗庙"（1995 年）、"石窟庵与佛国寺"（1995 年）、"昌德宫"（1997 年）、"水原华城"（1997 年）、"高敞·和顺·江华支石墓遗址"（2000 年）、"庆州历史遗址区"（2000 年）、"朝鲜王陵"（2009 年）、"韩国的历史村落：河回与良洞"（2010 年）、"南汉山城"（2014 年）、"百济历史遗址地区"（2015 年）。韩国的世界自然遗产包括济州火山岛和熔岩洞窟。此外，人气景点还包括景福宫、北村韩屋村、南怡岛等。

景福宫 景福宫是朝鲜王朝（1392 ~ 1910 年）的正宫，具有 600 多年历史。景福宫是朝鲜王朝的始祖——太祖李成桂（1392 ~ 1398 年在位）于 1395 年迁移原来高丽的首都时建造的新王朝的宫殿，因位于朝鲜王朝国都汉城（今韩国首尔）北部，故又称"北阙"，是首尔五大宫之首，朝鲜王朝前期的政治中心。

北村韩屋村 北村韩屋村位于景福宫、昌德宫和宗庙之间，距今已有 600 多年的历史，早年间是王室或贵族住宅区，这里的每条小巷里都是复原的几近消失的韩屋，安静闲适，是体验韩屋文化的绝佳去处。

南怡岛 南怡岛位于韩国京畿道和江原道分界线，坐落在从首尔往春川方向 63 公里处，以狭长的横向水流而著称。南怡岛综合休养地是在修建清平大坝时，因江水满溢而形成的半月形小岛，面积为 46 万平方米。岛上有南怡将军的坟墓，朝鲜第 7 代王世祖（1455 ~ 1468 年在位）十三年（1467 年）南怡平定叛乱立下战功，小岛由此得名。南怡岛作为《冬季恋歌》等多部韩国电视剧的拍摄地，吸引了众多游客慕名而来，已成为韩国著名的旅游胜地。

医疗卫生

根据世界卫生组织 2016 年 5 月公布的世界各国居民平均寿命排行，韩国居民的平均寿命达到了 80.6 岁，在世界上属于高寿命国家的第一序列。在韩国，医疗卫生总费用占 GDP 的 6% 左右，而几乎所有的医疗卫生服务都由私营医疗机构提供，国民给予私立诊所信任，高达 90% 以上的国民会选择私人诊所就诊，整个医疗行业实现高度的自我管理。

从医疗保险方面来看，1963 年 12 月，韩国首次提出"建立国家医疗保险行动计划"，并于 1977 年正式为大公司（500 名雇员以上）职员建立了医疗保险。韩国于 1988 年和 1989 年分别为农村居民和城镇居民建立了医疗保险，从而实现了保险人口的全覆盖。2000 年，韩国将分散的各个保险公司整合成"国家医疗保险公司"（National Health Insurance Corporation，简称 NHIC），后更名为"国家医疗保险体系"（National Health Insurance System，简称 NHIS），隶属于国家卫生福利部门，自此建立起全国统一的医疗保险体系。韩国政府在实行医疗保险的同时建立新的医疗服务体系，将全国划为中、大、全国三个医疗圈，提倡就近求医，即一般情况下先在一、二级医疗机构就医，经这些医院转院，可以到第三级医疗机构就医。如果违反此规定，医疗费全部由本人负担。医药费通常由保健福祉部主管，每年进行调整。

科 技

韩国历届政府都十分重视科技研发，自1982年确立"科技立国"战略起，总统每季度主持召开一次"科技振兴大会"，制定和调整科技政策。1999年，韩国政府对《科学技术创新特别法》进行修订，将"科学技术处"（副部级）升级为"科学技术部"，并在原有"科学技术委员会"的基础上建立"国家科学技术委员会"。2001年，韩国政府颁布《科学技术基本法》。为了更好地进行科技预测、技术影响评价和技术水平评价，韩国政府依据该法成立了科学技术企划评价院，并明确了科学技术部等部委以及地方政府在科技管理中的地位和职责范围。自此，韩国建立起了较为完整的现代科技管理体系和科技发展支撑体系。

2008年，李明博政府对韩国政府部门进行精简，取消了科学技术部，将其职能划分到新成立的教育科学技术部和知识经济部。在朴槿惠执政时期，韩国对教育科学技术部进行了重组，再次将科技管理相关部门单列出来，成立"未来创造科学部"。同时将国家科学技术委员会改为国家科学技术审议会，委员长则由总统变为总理，总统不再直接参与科学技术审议会的管理。

2013年7月，朴槿惠政府发布了《第三次科学技术基本计划》。在此次基本计划中，韩国政府规划了"用创新性科学技术开创新时代"的蓝图并提出五大实施战略：增加国家研发投入并提高其效率、开发面向国家战略需求的技术、增强中长期创新实力、扶持创新产业、创造更多科技就业岗位。

2017年文在寅政府执政后，强调需要重建国家级的科技政策指挥中心，成立了总统直属的第四次产业革命委员会，旨在为创新增长绘制蓝图，挖掘韩国经济未来增长点。2018年2月，韩国国家科学技术审议会（2018年4月并入科学技术咨询会议）审议并通过了《第四次科学技术基本计划（草案）》。此次国家科学技术基本计划以2040年未来愿景为目标，设定了2018～2022年韩国的科技发展目标，强调"以人为本"，共设立了四大战略：扩充科研实力以应对未来挑战、构建积极创新的科技发展环境、创造先导型新企业和新的科技岗位、利用科学技术创造人人幸福的美好生活。

环 保

韩国在环境保护方面与大多数发展中国家一样，都经历了"先污染后治理"的过程。几十年来，韩国通过不断完善法律制度来构筑自身的环保体系，随着教育水平、国民素质、政府重视程度的不断提高，韩国不仅整体环境状况得到了本质的改善，而且环保意识也已深入人心。20世纪60年代，随着工业发展带来的污染问题浮出水面，韩国制定了最早的环境法，即《公害防治法》。1971年，韩国政府大幅修订和完善《公害防治法》，设立了排污标准制度、排污许可制度等。1977年，韩国制定并公布了《环境保护法》，取代以消极控制公害为目的的《公害防治法》，并于同年制定了首部《海洋污染防治法》。20世纪90年代，韩国进入环境立法高峰期，出台了一系列环保相关的法律法规。1993年，韩国政府颁布了《环境影响评价法案》，引入汽车尾气评价标准体系，通过收取排污费来减少污染物的排放，同时韩国政府还鼓励企业使用新能源和清洁能源。1995年，韩国开始实行"垃圾从量制"，以计量收费、源头控制的方式严格实行垃圾分类。1996年，韩国政府制定了"21世纪绿色计划"，并规划了韩国从1995年至2005年的环境蓝图，试图将韩国的环境标准提高到接近发达国家的水平。2002年，韩国对《资源节约与循环利用法》进行了修订，严格限制了住宿业对一次性用品的提供。2008年，韩国政府还确定了2008～2012年的五年环境规划，即"第四次环保中期综合计划"。2015年，韩国颁布《环保节能车五年计划》，以确保到 2020 年环保汽车销量占新车总销量的 20%。2019 年 2 月，韩国环境部宣布实施《有关减少和管理可吸入颗粒物排放特别法》。该法致力于通过减少大气污染物排放、车辆限行等多种措施，治理包括雾霾在内的空气污染。2019 年 3 月，韩国国会通过 8 部与治理雾霾相关的法律或法律修正案，将重度雾霾天气列为社会灾害，这意味着未来治理雾霾可以使用国家预算内专项资金。

朝　鲜

国　名

朝鲜民主主义人民共和国（Democratic People's Republic of Korea），简称朝鲜。

地　理

位置　朝鲜位于亚洲东北部，朝鲜半岛北端。朝鲜北部以鸭绿江、图们江（朝鲜称豆满江）与中国相邻，东北部与俄罗斯有陆地边界，南部隔军事分界线与韩国接壤，东面隔日本海（韩国称东海）与日本相望；西南面为黄海（包括西朝鲜湾）。

面积　朝鲜国土面积为12.3万平方公里。

地形地貌　朝鲜是一个多山的国家，山地面积占整个国土面积的80%左右，海拔超过2000米的高山有60多座。朝鲜平均海拔高度443米，陆地总体走势呈现东北高、西南低的特点。北部山地海拔1000~1500米，主要山脉有白头山（即长白山）、金刚山、妙香山、九月山、七宝山、头流山、狼林山等。最高点白头山主峰将军峰海拔2750米，是朝鲜第一高峰，被称为朝鲜"屋顶"。朝鲜国土面积不大，但山地、高原、平原、盆地、河谷、海岸地形、喀斯特地形、风积地形等各种类型的地形丰富。主要高原有白头高原、白茂高原、盖马高原等。朝鲜平原较少，约占国土面积的20%，主要分布在地势较平坦的西海岸和南海岸。代表性平原有平壤平原、载宁平原、龙川平原等。产粮区主要集中在平原地带。

江河湖泊　朝鲜河流多，江河密度高。在朝鲜半岛上千条大大小小的河流中，较大的鸭绿江、图们江、大同江等均流经或发源于朝鲜。其中，最长的为中朝界河鸭绿江，全长790公里，其次是中、朝、俄边界的图们江，全长505公里。朝鲜还有100多个自然湖和1700个左右的人工湖（水库）。位于朝鲜东北部赴战岭山脉与狼林山脉之间的长津湖是朝鲜北部最大的湖泊。代表性人工湖有用于水力发电的水丰湖、长津湖等，用于灌溉的银波湖、延丰湖等。此外，在咸镜北道和黄海南道地区分布着很多温泉，在平安北道和慈江道地区还分布着很多药用矿泉。

气候　朝鲜属于典型的温带季风气候，冬季寒冷，夏季炎热，四季变化分明。年平均气温为8℃~12℃。1月份最冷，平均气温为-5℃~10℃；8月份最热，平均气温为23℃~27℃。2016年朝鲜平均气温为10.3℃。2018年平均气温比上年温度略低。各主要城市平均温度如下：平壤，11.0℃；新义州，10.2℃；开城，11.4℃；元山，12.0℃；咸兴，10.9℃；清津，8.4℃；惠山，4.6℃。

朝鲜受季风影响，旱季和雨季分明，降水量适宜，全年平均降水量为1000~1200毫米，雨季为7~8月，旱季为4~6月。夏季降水量占总降水量的50%~60%，冬季占3%~15%。2014年朝鲜年平均降水量为943.56毫米。2018年朝鲜各主要城市年降水量如下：平壤，966.9毫米；新义州，950.7毫米；开城，1182.8毫米；元山，1426.4毫米；咸兴，889.5毫米；惠山，662.0毫米。

年日照时间 2280~2680 小时。无霜期一般为 160~180 天，但北部高原地区无霜期为 150 天，南部地区一般为 200 天。朝鲜各地区气候差异很大，从南海岸亚热带到北部高山地区的亚寒带，气候条件各不相同，气候现象也因地区而异。

人 口

根据《2019 年朝鲜主要统计指标》报告，2018 年，朝鲜人口约为 2513.2 万，人口密度为每平方公里 204 人。其中男性人口 1227.7 万，女性人口 1285.5 万，性别比为 95.5。2018 年朝鲜城市化率约为 61.90%，人口超过 100 万的城市仅有平壤。2018 年平壤人口约为 303.8 万，约占全国总人口的 12.1%。此外，朝鲜其他人口较多的城市为咸镜南道的咸兴市，人口约为 55.8 万，以及咸镜北道的清津市，人口约为 63.7 万。15 岁以上人口数量为 2013.0 万，经济活动人口数量为 1419.2 万，经济活动参加率为 70.5%。朝鲜 2018 年 5 岁以下儿童死亡率约为 18.2‰，男性人均期望寿命为 66.5 岁，女性人均期望寿命为 73.3 岁。

资源物产

土地资源 朝鲜国土的 80% 为山地，20% 为平原，耕地面积 191 万公顷，占国土面积的 16% 左右。

矿产资源 朝鲜蕴藏着丰富的矿物资源，自古有"有用矿物标本室"的美誉。据统计，朝鲜现有矿物 487 种，储量非常丰富。石墨、菱镁矿储量居世界前列。黑色金属矿产有磁铁矿、褐铁矿，有色金属矿产有金、银、钠、铝、镁、铜、镍、铅、锌等，非金属矿产有磷灰石、明矾石、钾长石、天然硫黄、石膏、镁砂、滑石、高岭土、金刚石、红玉、青玉、石灰石、花岗石、玄武岩等。此外，煤炭也具有种类多、储量大的特点。

森林资源 朝鲜的森林植被占国土面积的 77%，森林总面积 985 万公顷。朝鲜森林资源多为亚寒带针叶林，主要有鱼鳞松、通古斯落叶松、红松、朝鲜杉松、银松、黑桦、白杨、山樱、小叶橡树等。森林中还有阿穆尔虎（东北虎）、朝鲜虎、东西伯利亚豹、黑熊、梅花鹿等兽类。朝鲜为了保护稀有的动物和植物资源，建立了很多保护区，包括 6 个自然保护区，14 个动物保护区，14 个植物保护区，以及其他专门的保护区。

海洋资源 朝鲜东濒日本海，西临黄海，尤其是东侧沿海海域寒暖流交汇，又与世界三大渔场之一的西北太平洋渔场相邻，水产资源十分丰富，是优良的作业渔场，以产业为目的所捕捞的海产鱼虾贝类达 640 种。主要渔港有 8 个，分别为元山、咸兴、新浦、洪源、端川、清津、金策、罗津，其中新浦港是最大的渔港。主要鱼类资源有狭鳕、鲽鱼、太平洋鲱鱼、沙丁鱼、秋刀鱼、带鱼、小黄花鱼、鲈鱼、鲆鱼、鳐鱼等。在东海岸渔业资源量中，狭鳕最多，在朝鲜总渔获量中占颇大比重。

动植物资源 朝鲜的气候和地理环境非常适宜动植物的生存。朝鲜动植物的品种丰富多样，现已调查登记的动物有 8465 种，包括脊椎动物 1434 种，无脊椎动物 7031 种。特产动物有牙獐、克拉克鸟、蓝翅八色鸫、石龙子、三条纹蛇、黑带蛙等 20 余种。朝鲜现有植物种类 9548 种，其中高等植物（包括变种、变异的在内）有 4280 种，低等植物有 5268 种。主要经济植物约有 2170 种，其中用材植物约 100 种、药用植物约 900 种、山菜植物约 300 种、野果植物约 30 种、饲草植物约 160 种、纤维植物约 100 种、油料植物约 50 种、香料植物约 60 种、蜜源植物约 170 种等。有"一属一种"之称的金刚绣线菊和金刚吊钟花等特产植物（包括变种的在内）有 800 多种。此外，还有山参、灵芝、松蕈、黑豆树等珍贵的植物资源。

国体政体

宪法 朝鲜现行宪法为《朝鲜民主主义人民共和国社会主义宪法》，于 1972 年 12 月 27

日朝鲜民主主义人民共和国第五届最高人民会议第一次会议通过，并先后于 1992 年、1998 年、2009 年、2012 年、2013 年、2016 年、2019 年进行了修订。现行宪法由序言、7 章 172 条内容构成。第一章，政治；第二章，经济；第三章，文化；第四章，国防；第五章，公民的基本权利与义务；第六章，国家机构；第七章，国徽、国旗、国歌、首都。

2012 年 4 月 13 日，朝鲜第十二届最高人民会议第五次会议在平壤万寿台议事堂举行，会议通过最高人民会议法令《关于批准朝鲜民主主义人民共和国社会主义宪法修订案》，对宪法再次进行修订，并在序言中首次写明朝鲜为"有核国家"。修改后的宪法，增加了前朝鲜最高领导人金正日的业绩，称"金正日是绝世的爱国者，社会主义朝鲜的守卫者。金正日将我们的共和国强化、发展成为金日成同志的国家，将民族的尊严和国力提升到了最高境界"。同时，宪法的别名由原来的"金日成宪法"变为"金日成－金正日宪法"。

2013 年 4 月 1 日，朝鲜民主主义人民共和国第十二届最高人民会议第七次会议修改和补充了社会主义宪法的序言。指出"锦绣山太阳宫是领袖永生的大纪念碑，是全体朝鲜民族尊严的象征、永恒的圣地"，并通过了《朝鲜民主主义人民共和国锦绣山太阳宫法》。同时，将义务教育期限延长为 12 年。

国家机构　朝鲜民主主义人民共和国最高人民会议，是朝鲜的最高国家权力机关，行使立法权。最高人民会议由根据普遍、平等、直接选举的原则秘密投票选出的议员组成。

最高人民会议常任委员会，是最高人民会议休会期间的最高权力机关。最高人民会议常任委员会委员长代表国家，接受别国使节的国书和诏书。

朝鲜民主主义人民共和国国防委员会，是朝鲜最高国防领导机关，制定旨在施行先军政治的国家重要政策，领导国家的整个武装力量和国防建设事业。

国防委员会第一委员长是朝鲜的最高领导者。国防委员会第一委员长担任朝鲜一切武装力量的最高司令官，指挥和统率朝鲜的一切武装力量，直接领导朝鲜的全盘工作和国防委员会的工作。此外，国防委员会第一委员长还有权批准或废除同外国缔结的重要条约、行使特赦权、宣布国家进入紧急状态和战时状态、发布命令等。

内阁是最高国家权力机关的行政执行机关，是管理整个国家的机关。内阁总理代表朝鲜民主主义人民共和国政府。内阁的工作对最高人民会议（休会期间为最高人民会议常任委员会）负责。

政党　朝鲜劳动党为执政党，其前身为 1945 年 10 月 10 日成立的朝鲜共产党北朝鲜分局（亦称"北朝鲜委员会"），后改为北朝鲜共产党。1946 年 8 月 28 日，与朝鲜新民党合并为北朝鲜劳动党。1949 年 6 月 29 日，与南朝鲜劳动党合并为朝鲜劳动党。该党目标是实现"全社会主体思想化，建设共产主义社会"。设中央委员会，在各道、市、郡设相应党委员会，在基层单位设基层党委员会。现任最高领导人是任职第一书记的金正恩，总书记的头衔永远保留给已故领导人金正日。

朝鲜社会民主党原名朝鲜民主党，成立于 1945 年 11 月 3 日，由反对日本殖民统治的中小企业家、商人、手工业者、农民和基督徒组成，1981 年改称现名。

天道教青友党成立于 1946 年 2 月 8 日，主要由信奉天道教的农民组成。

此外，朝鲜还有祖国统一民主主义战线、金日成社会主义青年同盟、朝鲜职业总同盟、朝鲜农业劳动者同盟、朝鲜民主妇女同盟和祖国和平统一委员会等社会团体。

国家领导人　金正恩，是朝鲜党和军队及国家的最高领导者，朝鲜劳动党委员长、党中央军事委员会委员长、党中央委员会政治局常务委员、党中央委员会政务局党委员。

行政区划

朝鲜设有 1 个直辖市、2 个特别市和 9 个道。1 个直辖市是平壤直辖市；2 个特别市是罗先特别市和南浦特别市；9 个道为平安南道、平安北道、慈江道、两江道、咸镜南道、咸镜北道、江原道、黄海南道和黄海北道。直辖市与道下设郡（相当于县）、市，郡下设邑、里、洞（基层政区）。道（直辖市）下设 24 市、145 郡、43 区、145 邑、3218 里、1147 洞。此外，朝鲜还设有 3 个特别行政区，分别是新义州特别行政区、开城工业地区、金刚山观光地区。

经济贸易

国内生产总值　《2019 年朝鲜主要统计指标》显示，2018 年朝鲜国内生产总值（GDP）为 35.671 兆亿韩元，经济增长率约为 -4.1%，连续两年负增长。从产业结构分布来看，农林渔业占 23.3%，采矿业占 10.6%，制造业占 18.8%，服务业占 33.0%，其他产业（建筑业、电气、煤气等）占 14.3%。

对外贸易　2018 年，朝鲜外贸总额约为 28.4 亿美元，相比 2017 年跌幅较大，跌幅为 48.8%，为 2004 年以来的最低值。其中，出口 2.4 亿美元，进口 26.0 亿美元。中国、俄罗斯、印度为朝鲜前三大贸易国，贸易额占朝鲜外贸总额的比重分别为 95.8%、1.2% 和 0.8%。中国、巴基斯坦、印度为朝鲜前三位出口对象国，中国、俄罗斯、印度为朝鲜前三位进口来源国。2018 年朝鲜与韩国的贸易总额仅为 0.31 亿美元。

农业产量　2018 年，朝鲜粮食作物产量为 455.8 万吨，较 2017 年略有回落，下跌 3.0%。其中大米产量 220.5 万吨，较上年略有增长，玉米产量 149.8 万吨，较上年大幅回落，为 2012 年以来的最低值。水产品产量为 70.5 万吨，较 2017 年下跌 20.3%，为 2012 年以来的最低值。

工业产量　2018 年，朝鲜煤炭产量为 1808 万吨，较 2017 年减少 16.5%，为 1998 年以来的最低值。铁矿产量大幅减少，较 2017 年减少 42.9%，仅为 328 万吨，为 1999 年以来的最低值。钢铁产量也大幅减少，仅为 81 万吨，较 2017 年减少 25.7%，为近 20 年来的最低值。化学纤维制品产量为 2.3 万吨，与上年持平。化肥产量 60.5 万吨，较上年略有提升，增幅为 5.6%，为近 20 年来的最高值。水泥产量为 583.2 万吨，较上年下降 14.7%，为近 10 年来的最低值。

交通通信

航空　朝鲜首都平壤建有顺安国际机场，又名平壤首都国际机场，是朝鲜唯一的国际机场，位于平壤以北约 24 公里处，机场有定期航班到北京、沈阳和符拉迪沃斯托克（海参崴），此外还有一些不定期的包机服务，目的地包括澳门、香港、曼谷，以及有众多朝鲜侨民聚居的日本名古屋及新潟，或世界其他地区。

铁路和公路　铁路运输是朝鲜的主要交通方式。朝鲜国内 90% 的货运量和 70% 的客运量由铁路运输承担。2018 年铁路总里程为 5289 公里，较上年增长了 2 公里。电气化铁路总里程约为 4293 公里，电力机车牵引比重达 81.2% 以上。国内主要干线有：平壤—新义州、元山—罗津、南浦—高原。国际定期列车有：平壤—北京、平壤—莫斯科。公路总长约为 26180 公里，已建成平壤—南浦、平壤—元山、平壤—开城和平壤—妙香山高速公路，高速公路总长约 658 公里。

水路　朝鲜海洋货物运输量占朝鲜全国货物运输量的 3% 左右。东海岸的沿海航线是以朝鲜北部的西水罗、先锋、罗津、鱼大津、金策、新浦、兴南和元山为主形成的，并与相邻港口连接，成为近海航线网，主要航线有连接罗津、清津、兴南的北部航线和连接元山、高城的南部航线。西海岸沿海航线连接北部的龙岩浦、多狮岛、长松岛、南浦、孟津浦、九美浦、苏江、釜浦、海州等港口。国际方面，开通了飞往俄罗斯、中国、日本和东南亚国家的航线。朝鲜内河通航里程1382公里，其中，大同江水系通航里程397公里，鸭绿江水系通航里程698公里，清川江水系通航里程152公里。

移动通信 朝鲜国际移动通信业务主要面向驻朝鲜的外国人和外资公司、朝外合资合营公司和贸易会社的工作人员。2008年12月，埃及奥拉斯科姆电信公司在朝鲜平壤正式开通3G手机业务。3G的网络覆盖面积达到国土面积的14%，理论上能向全国94%左右的人口提供服务。2009年向普通民众开放手机服务，当年朝鲜手机用户为6.9万人。截至2017年底，朝鲜手机用户已达到381万人。

互联网 2000年，朝鲜建立了覆盖全国的计算机局域网络，称为"光明网"。"光明网"是一种覆盖朝鲜全国各个道、市、郡的但不与互联网相连的国内局域网，内容包括政治、经济、科学、文化等各方面的知识。朝鲜政府大力推广信息技术，朝鲜的中小学校、少年宫、高等院校、政府机关、工厂及图书馆都提供了大量自行开发的朝鲜语操作系统，便于民众使用。

文 化

文学 朝鲜文学艺术的根本，是革命的、工人阶级的社会主义内容与人民喜闻乐见的民族形式相结合。朝鲜鼓励文学艺术工作者的创作活动，在群众基础上发展文学艺术，以便使广大群众积极参加文艺活动。

舞台艺术 朝鲜根据人民不断增长的需求，新建或改建了人民剧院、平壤大剧院、大同门电影院、国立话剧院、牡丹峰剧院、平壤杂技团等很多剧院、影院和文化会馆。各种艺术团体主要有血海歌剧团、万寿台艺术团、人民军协奏团、人民军国家功勋合唱团和人民军军乐团等。朝鲜文学艺术工作者先后创作、改编、演出了《卖花姑娘》《血海》《密林啊，请你告诉我》等歌剧和《城隍庙》《血喷万国会》话

剧，以及《摘苹果的时候》《鲜花盛开的村庄》等一批当时中国观众耳熟能详的朝鲜电影。

影视 朝鲜十分重视电影事业，每年除了出版《朝鲜中央年鉴》外，还单独出版《朝鲜电影年鉴》。主要创作单位有电影文学创作社等，主要的管理机构有朝鲜电影进出口公司、朝鲜电影普及社等。朝鲜主要电影制片厂有朝鲜艺术电影制片厂、朝鲜4·25艺术电影制片厂、朝鲜4·26儿童美术电影制片厂等。朝鲜每年生产各类影片60部左右。20世纪80年代以来拍摄的代表影片有《安重根击毙伊藤博文》《桔梗花》《卖花姑娘》《血海》等。

音乐 朝鲜十分重视音乐的宣传普及。《金日成将军之歌》《朝鲜之星》《同志爱之歌》是朝鲜三大著名歌曲。2005年《劳动新闻》、朝鲜中央电视台向全国重点介绍了歌曲《祖国的蓝天》，2006年《劳动新闻》接连刊登了两首向全国推荐的新歌：《先军革命总进军歌》《把什么留给祖国》。

《阿里郎》是朝鲜民族最具代表性的名曲，表现了朝鲜民族对爱情的忠贞和对美好生活的向往。大型团体操《阿里郎》于2002年首次公演，并于2007年8月被载入吉尼斯世界纪录，成为很多游客必看的观光项目之一。作品由序场、终场和4个场（共13个景）组成，分别被冠以"檀君阿里郎""强盛复兴阿里郎"等章节名称。总计约10万名朝鲜著名的国际国内音乐大赛获奖者、青年学生、人民军军人、少年儿童参加演出。

媒体 朝鲜设有两个PAL制式的朝鲜语频道——"朝鲜中央电视台"及"万寿台电视台"；也设有一个NTSC制式的朝鲜语频道——"朝鲜教育文化电视台"。朝鲜的广播电台分别是：朝鲜中央广播电台、平壤广播电台、朝鲜之声广播电台。朝鲜中央广播电台为国家广播电台，除用朝鲜语广播外，还用多种外语对外广播。主要报刊有：《劳动新闻》，朝鲜劳动党中央委员会机关报；《民主朝鲜》，政府机关报；《勤劳者》杂志，月刊，朝鲜劳动党中央

委员会机关刊物。朝鲜外文综合出版社用多种外文出版杂志《今日朝鲜》和画报《朝鲜》。此外，还发行英语和法语周报《平壤时报》。朝鲜的主要出版机构都设于平壤，分别有朝鲜劳动党出版社、文艺综合出版社、百科辞书综合出版社、金星青年出版社、工业出版社、农业出版社、教育出版社、人民保健出版社、人民军出版社、群众团体出版社、外文教育出版社、铁道出版社、朝鲜外文出版社。朝鲜中央通讯社（KCNA），简称朝中社，为国家通讯社，发行日刊《朝鲜中央通讯》等。

教 育

朝鲜自 1956 年开始实行普遍的初等义务教育制，自 1958 年开始实行普遍的中等义务教育制，自 1972 年开始实行普遍的 11 年制义务教育制。2012 年 9 月，朝鲜最高人民会议公布了关于实行全面的 12 年制义务教育的法令。即朝鲜对 5~17 岁的所有儿童和青少年实行 12 年制义务教育，包括 1 年制学前教育、5 年制小学、3 年制初中、3 年制高中。截至 2018 年，朝鲜建有 4800 所小学，在校生 161.3 万名；4600 所中学，在校生 207.0 万名；490 所大学，在校生 51.9 万名。每万人大学生数约为 206 人。

著名高等学府有金日成综合大学、金策工业综合大学、金亨稷师范大学和人民经济大学等。

金日成综合大学 位于平壤市东北部大城区的龙南山山麓，1946 年 10 月 1 日建校，是朝鲜半岛北部的第一所正规大学，改变了朝鲜半岛北部没有大学的历史，并以"干部培养基地""主体教育与科学的最高学府"自居。现有 10 个研究所，15 个系，50 多个专业。在校生 1.2 万人。

金策工业综合大学 培养朝鲜科技人员的综合基地。按照金日成培养主体民族技术干部的方针，于 1948 年 9 月 27 日从金日成综合大学理工科类、铁路理工科类分离出来组建而成。最初成立时的名称为平壤工业大学，1951 年 2

月，以金策的名字将校名命名为金策工业大学。1988 年，在金正日的关怀下，学校更名为金策工业综合大学。在 2005 年时，拥有 18 个学系，80 多个专业学科，1 万多名学生，并有 10 个研究所及 1 个博士院。

金亨稷师范大学 位于平壤，是朝鲜的高等师范院校，1948 年成立，1975 年以朝鲜前领导人金日成父亲、抗日民族英雄金亨稷命名。这所大学占地面积 10.4 万多平方米，有哲学、教育、历史、地理、数学、物理、生物、化学、外语、体育、再教育等 13 个系，有 27 门学科和 40 多个教研室。此外，还有博士院、教育信息中心、师范教育研究所和自然科学研究所。

旅 游

朝鲜国家观光总局是朝鲜最高旅游管理机构。朝鲜的旅行社主要有观光总局下属的朝鲜国际旅行社、金社盟下属的朝鲜青年国际旅行社和体育省下属的朝鲜金杯旅行社。朝鲜观光总局于 1988 年开通中国游客赴朝鲜旅游项目，至今已经接待了数十万名中国游客。2008 年 9 月 2 日，中国政府决定开放朝鲜民主主义人民共和国为中国公民组团出境旅游目的地。

朝鲜对外国游客开放的地区有平壤市、南浦市、丌城市、妙香山、七宝山、九月山、元山、白头山等地区。除了一般游览外，大部分游客到朝鲜是为了欣赏现在朝鲜独有的大型团体操表演——《阿里郎》。《阿里郎》是由 10 多万名表演者集体表演、歌颂朝鲜领袖金日成和金正日的大型团体操。

朝鲜半岛山高水丽，风景迷人。朝鲜主要的名山有金刚山、妙香山、七宝山、九月山等，金刚山雄伟壮丽，显阳刚之气，分为内金刚、外金刚、海金刚；妙香山山势奇妙，呈阴柔之美。名江有中朝界河鸭绿江、大同江、清川江。

白头山 中国称长白山。属朝鲜六大名山之首，雄踞于两江道三池渊郡西北部、中朝边境。由新生代 3 期末大火山爆发而形成，山势庄严雄伟。自然景观独特的山脊上，将军峰、向导峰和阳光峰等山峰连绵起伏，中间有喷火口，还有世界最深的山中湖——白头山天池（中国称长白山天池）。天池是由几个火山喷口积水而成的火山湖。在天池畔屹立着将军峰、望天吼、白岩山等。

金刚山 既是朝鲜名山也是世界名山。金刚山峰外有峰，雄峻奇伟，飞瀑万千，碧潭盈盈，实为壮观。金刚山划分为外金刚、内金刚和海金刚。外金刚是包括九龙瀑布在内的九龙渊区到海金刚的名胜区，为金刚山旅游中心。海金刚有景色迷人的湖泊和浩浩荡荡的大海。内金刚是位于金刚山西南部的名胜区，是金刚山峡谷美的代表。金刚山的自然景物中特别有名的是内金刚的毗卢峰、万瀑洞、明镜台、百塔洞，外金刚的万物相、九龙渊、上八潭、水晶峰、玉流洞、寒霞溪、十二瀑布，海金刚的海万物相、金刚门、三日浦等。

七宝山 连接白头山和郁陵岛的白头火山带的一部分，它形成的时期也和白头山一致。七宝山的优美景色按地区各自特点，可以分为内七宝、外七宝和海七宝。内七宝有五峰山、露积峰、万狮峰等形状奇妙的山峰，还有满月台、海望台、金刚潭、九龙沼等绝妙景致。外七宝有郁郁葱葱的树林、凉爽宜人的荫地、碧绿的水潭、瀑布、万物相、将军岩等。海七宝有海蚀断崖、洞窟、虹岩、降仙门、松岛、飞龙门等壮丽美妙的景色。

妙香山 朝鲜六大名山之一，具有悠久的历史文化。雄伟的奇岩怪石、深邃的峡谷、清郁的花香、火红的枫叶，这些互为衬托，形成了妙香山仙境般的美景。妙香山不仅集所有自然美于一体，这里还建有国际友谊展览馆和具有1000多年历史的佛寺——普贤寺，因而更加享有盛誉。山内还有风景优美的上元洞、万瀑洞、千态洞、七星洞、纹绣洞等。

医疗卫生

朝鲜是世界卫生组织成员。自1953年起在全国范围内实行免费医疗制度，并建立了医疗预防体系。医疗覆盖率高达80%。截至2018年，朝鲜注册医师及药剂师人数为91550人，医疗卫生从业人员13.15万人。朝鲜的医疗预防体系分为三级：初级卫生院是里卫生医院；二级医院是郡医院，拥有医生100人左右，病床200张左右；三级医院是国家级医院，拥有医生1000人左右，病床1500张左右。医疗设施先进、治疗条件比较好的医院有平壤友好医院、金万有医院、平壤妇产医院、朝鲜红十字综合医院。

科 技

在建设社会主义强盛国家的事业中，朝鲜把大力发展科学技术放在了极其重要的位置。朝鲜有科学研究机关的综合性领导单位——国家科学院、社会科学院和领导科学技术行政的国家科学技术委员会。在全国各地还有各个部门的所属单位。

朝鲜在全国各个行业范围内大力推进技术改造工作：研发乐元机械联合企业的现代化机械设备；完成熙川机床厂的新生产系统；电力工业部门解决了火电厂增加电力生产的技术问题，确立了新的电力系统保护技术；改造煤炭采掘设备，提高采掘效率；改善现有电力机车的技术特点，最大限度地提高货物的装卸能力；确立新的铁生产方法，开发高性能金属产品；开发优良水稻品种，解决了农业生产的科技问题；轻工业部门大力推进工厂现代化，加快开展改善人民生活的科研工作；开发矿泉治疗设备，实现制药设备的现代化。

在工业科学方面，朝鲜大力发展和提高计算机自动控制系统技术。朝鲜科技工作者自行研制了高速化、高精化、智能化的高性能设备，为提高国家机械工业的科研能力和水平奠定了基础。金策钢铁联合企业开发出不用焦炭炼铁的技术，修建了依靠朝鲜原料和燃料的主体铁高炉。机械工程等主要技术工程部门采用以计算机测定机械状态诊断原因的震动诊断技术等多项技术，把以前的定期检修体系转变为现状维修体系。在轻工业和农业方面，其科研部门研发采用杂交一代水稻，培育出了杂交一代玉米、大豆种子等高产品种，建立了无病毒马铃薯原种生产体系。同时，研发了宜于冷床育苗和两熟制的套种等高效栽培法和施肥法。朝鲜科技工作者汲取了多种耕作技术的优势，逐步建立起科学的综合农业体系，并成功研制磷菌肥和无毒、无公害的生物农药。朝鲜还在信息技术、纳米技术和生物工程等领域取得了进展。在信息技术方面，朝鲜科技工作者在自主创新的基础上，开发出朝鲜式计算机操作系统，并且在积极研发新的高效应用程序。在纳米技术方面，朝鲜致力于开发利用纳米材料的传感元件、发光器件和过滤膜等，扩大其应用范围，研制先进的纳米测定设备，寻求为纳米技术的研究及纳米制品的应用打开突破口。在生物工程方面，朝鲜科学工作者努力发展基因解析和生命信息等基础技术，运用生物识别技术科学、迅速地判定禽流感等病毒。

在大力发展科学技术的同时，朝鲜也加大了对科技人员的培养力度。朝鲜在优先保障科技人员科研条件的同时，通过科技节、展览会、交流会等多种形式和方法，最大限度地激发科技人员的创造热情和积极性。

环　保

朝鲜于1986年4月9日颁布了《朝鲜民主主义人民共和国环境保护法》，并经历了1999年、2000年、2005年、2011年（两次）、2013年和2014年七次补充修订。

蒙古国

国　名

蒙古国（Mongolia）。

地　理

位置　蒙古国地处亚洲中部，是世界第二大内陆国家，地域总面积 156.65 万平方公里。蒙古国地处蒙古高原，首都乌兰巴托海拔约 1350 米。蒙古国东、南、西三面与中国接壤，国境线长达 4710 公里；北与俄罗斯相邻，国境线长达 3485 公里。

地形地貌　蒙古国境内地形起伏大，地势较高，总体走势自西向东逐渐降低。西北部以山区和森林为主，东部为草原和沼泽，南部是戈壁沙漠、草原、半荒漠草原，占国土面积的大部分。蒙古国最高峰为位于中蒙边界上的友谊峰，海拔 4374 米。其他如埃恩赫塔伊万山海拔 3905 米、阿格拉山海拔 3738 米、尚德山海拔 2825 米、扎卢丘特山海拔 2799 米。杭爱山是一座位于蒙古国中部的山脉，呈西北—东南走向。它跨越扎布汗省、前杭爱省和后杭爱省，全长约 700 公里，平均海拔 3000 米，主峰鄂特冈腾格里峰海拔 4031 米。

戈壁沙漠主要分布在蒙古国巴彦洪戈尔省、中戈壁省、戈壁阿尔泰省、南戈壁省、苏赫巴托尔省。它是荒漠的一种类型，即地势起伏平缓、地面覆盖大片砾石的荒漠，戈壁表面大部分不是沙子，而是一些裸露的岩石。它跨越蒙古国南部与中国北部和西北部广袤的空间，北达阿尔泰山和蒙古草原，西南至河西走廊和青藏高原，东南至中国黄淮海平原。戈壁从西南至东北长约 1610 公里，从北至南全长 800 公里，西部最宽，占地面积约 129.5 万平方公里，是亚洲最大的沙漠地区。

江河湖泊　蒙古国境内共有河流 3800 余条，河流总长 6.7 万公里，平均年径流量为 390 亿立方米，其中 88% 为内流河。蒙古国水资源总量为 1920 亿立方米，其中河流与湖泊水资源为 1800 亿立方米，地下水资源为 120 亿立方米，人均水资源为 8 万立方米。蒙古国境内流经两个以上省份的河流有 56 条，大型湖泊 3 个。分属北冰洋、太平洋和亚洲中部内陆水系。

蒙古国的河流是蒙古国最主要的给水水源，大部分在北部和西部，东部稀少，南部没有较大的河流。大多数河流发源于山地和丘陵地带，上游河谷狭窄，水流湍急，下游水面宽阔，水流平缓。河岸不高但陡峭。蒙古国主要有色楞格河、鄂尔浑河、克鲁伦河、哈拉哈河、科布多河、乌尔扎河和鄂尔浑河等 50 多条河流。其中色楞格河是蒙古国最大的河流。

蒙古国境内有大小湖泊 3500 多个，大多分布在西北地区的干旱草原或荒漠地带，较大的湖泊分布在西部的大湖盆地。湖泊水资源量达 1.8×10^{12} 立方米，总面积为 1.6 万平方公里，约占国土面积的 1%，其中面积在 4~100 平方公里的有 80 个，面积在 100 平方公里以上的有 16 个。湖泊主要有乌布苏湖、库苏古尔湖、吉尔吉斯湖和哈拉乌苏湖。

气候　蒙古高原属典型的温带大陆性气候，气候干旱、气温较低、风蚀严重，并且形成了从北部和东部的半湿润地带依次向西南过渡到半干旱地带、干旱地带和极干旱地带的气候分布格局。气温是具有明显水平地带性分布规律的气候因子，也是土地利用变化的驱动因子之一。在全球变暖的环境下，30余年来蒙古高原温度呈不断上升趋势。蒙古国20世纪90年代的平均气温较20世纪60年代升高1.13℃，其温度上升速率远高于世界同期平均水平（0.6℃）。温度上升导致蒙古高原干暖化加剧，草地地表的蒸散进程加快、强度加大干扰草地生长及演替，降低其植被覆盖率，导致植被生产力降低，草地退化严重，其中对位于蒙古高原中部的以禾本科为主的典型草原的影响尤为显著。

蒙古国四季分明，终年干燥少雨。春季干燥多风，夏季炎热短促，秋季凉爽宜人，冬季寒冷漫长，大部分地区的年最低气温可降至－40℃，夏季最高气温超过40℃。由于地处世界最强大的蒙古高气压中心，蒙古国境内常有大风雪；无霜期短，仅90~120天；早晚温差较大；年均降水量为120~250毫米；年均日照时间为2600~3300小时，是全世界日照时间最长的国家之一。

首都乌兰巴托冬夏气温悬殊，1月份平均气温为－20℃~－15℃，7月份平均气温为20℃~22℃，年均降水量为230毫米，年均晴天180天。

人　口

据蒙古国国家统计局数据，截至2018年12月底，蒙古国总人口为300多万人。其中，近半数人口集中在首都乌兰巴托。蒙古国1918年首次进行人口普查，当时人口为647500人。2000年第九次人口普查时人口数量为2373493人，2000~2010年10年间人口增长16%。蒙古国的人口问题与人才短缺问题日益突出，成为制约国家发展的因素之一。蒙古国是世界上人口密度最低的国家之一。现有人口中70%是35岁以下的年轻人，从人口的年龄结构上讲，

蒙古国是一个年轻的国家。蒙古国人口地区分布较不均衡，全国近半数人口居住在首都乌兰巴托市。2018年乌兰巴托市人口近150万人，预计2030年乌兰巴托市人口将达到近180万人。蒙古国其他主要人口集中城市还包括达尔汗、额尔登特等。

蒙古国人口主要为喀尔喀蒙古族，约占全国人口的80%。蒙古国主要语言为喀尔喀蒙古语。居民主要信奉喇嘛教。

资源物产

自然资源　蒙古国可利用的土地面积为15641.16万公顷，农牧业用地为11603.77万公顷，城郊居住地面积为48.98万公顷，交通道路用地面积为35.92万公顷，森林面积为1429.94万公顷，水域面积为66.61万公顷，国家专用地面积为2455.94万公顷。

矿产资源　蒙古国地下资源丰富。现已探明的有铜、钼、金、银、铀、铅、锌、稀土、铁、萤石、磷、煤、石油等80多种矿产和6000多个矿点。其中煤蕴藏量约1620亿吨、铁约20亿吨、磷约2亿吨、萤石约800万吨、铜约3600万吨、钼约24万吨、锌约6万吨、银约7000吨、黄金约3000吨、石油约15亿桶。额尔登特铜钼矿已被列入世界十大铜钼矿之一，位居亚洲之首。

生物资源　蒙古国政府注重保护生物资源，采取措施拯救濒危野生动物。蒙古国先后建立了49个自然保护区，总面积达1800多万公顷，其中面积最大的达530多万公顷，最小的有1600公顷。自然保护区为保护野生动物，特别是戈壁熊、野马和野骆驼等濒危野生动物创造了条件，使世界稀有野生动物戈壁熊的数量从20多只增加到30多只。野马绝迹后又从国外引进，已繁殖到130多匹，成为世界上拥有野马最多的国家。野骆驼的数量增加到600多峰。被列入世界红皮书的野驴在蒙古国已大量繁殖，上千头野驴经常在戈壁地区成群出没，仅在哈坦布拉格县境内就有3万多头野驴。蒙古国野

生动物中数量最多的是黄羊，全世界共有黄羊100多万只，而生存在蒙古国的就达80多万只。辽阔的蒙古草原已成为野生动物的乐园。

国体政体

宪法 蒙古国现行宪法为第四部宪法，于1992年1月通过，同年2月12日起生效。宪法规定：蒙古国是独立自主的共和国；视在本国建立人道的公民民主社会为崇高目标；在未颁布法律的情况下，禁止外国军事力量驻扎蒙古国境内和通过蒙古国领土；国家承认公有制和私有制的一切形式；国家尊重宗教，宗教崇尚国家，公民有宗教信仰自由；根据公认的国际法准则和原则，奉行和平外交政策。根据该宪法，改国名为"蒙古国"，实行议会制。

议会 国家大呼拉尔（议会）是国家最高权力机关，行使立法权。国家大呼拉尔可提议讨论内外政策的任何问题，并将以下问题置于自己特别权力之内予以解决：批准、增补和修改法律；确定内外政策基础；宣布总统和国家大呼拉尔及其成员选举日期；决定和更换国家大呼拉尔常设委员会；颁布总统当选并承认其权力的法律；罢免总统；任免总理及政府成员；决定国家安全委员会的组成及权限；决定赦免；等等。国家大呼拉尔为一院制议会，其成员由蒙古国公民以无记名投票的方式直接或间接选出，任期四年。国家大呼拉尔主席、副主席任期四年；国家大呼拉尔每半年召开一次例会（春季和秋季例会），每次例会不少于75个工作日。

总统 宪法规定总统是国家元首、全国人民团结的象征。总统由全民不记名投票直接选举产生，任期四年。现任总统为巴特图勒嘎，在2017年7月的第二轮大选中获得50.6%的选票，成功当选蒙古国总统，本次选举中出现第二轮选举，在蒙古国国内尚属首次。

政府 总理领导下的政府为国家权力最高执行机关，政府成员由国家大呼拉尔任命。总理任期四年。现政府由人民党组成。

政党 蒙古国实行多党制，政党主要有蒙古人民党和民主党。蒙古人民党于1921年3月1日成立，原称蒙古人民党，1925年3月改称蒙古人民革命党，1997年2月该党召开的二十二大确定党的性质为"民族民主主义性质的中左翼政党"。理论基础为"民主社会主义思想"。2007年10月该党召开二十五大，通过党章修正案，决定保留党章中"党主席兼任总理"的规定。2010年11月召开二十六大，恢复党名为人民党，选举由31人组成的领导委员会。党员约22万名。民主党于2000年12月6日由蒙古民族民主党、社会民主党、民主复兴党、宗教民主党和民主党合并而成。党员约18万名。党的宗旨是重视人的发展、人的权利和自由，并视个人能力大小承担相应的社会责任。党的目标是巩固蒙古政治独立；建立合理、强大的经济体制；建立开放的社会；建立良政；将社会发展与国际社会进步密切接轨。党的全国代表大会每四年召开一次会议。全国协商委员会（相当于中央委员会）下设8个常设委，负责日常工作。党的监察机关是独立于任何个人的基本章程委员会，对党章负责。除以上两大政党外，蒙古国还有公民意志绿党、共和党、民族新党等约20个注册政党。

司法机构 蒙古国法院是唯一拥有审判权的机构。蒙古国司法体系由国家最高法院、省和首都法院、县法院、县际法院和区法院、行政事务专门法院组成。国家最高法院是蒙古国最高审判机关和监督法院，由大法官和16名法官组成。检察机构由总检察署和各级地方检察署构成。

行政区划

蒙古国全国划分为21个省（后杭爱省、巴彦乌列盖省、巴彦洪戈尔省、布尔干省、戈壁阿尔泰省、东戈壁省、东方省、中戈壁省、扎布汗省、前杭爱省、南戈壁省、苏赫巴托尔省、色楞格省、中央省、乌布苏省、科布多省、库苏古尔省、肯特省、鄂尔浑省、戈壁苏木贝尔省、达尔汗乌拉省），1 个直辖市（首都乌兰巴托市）。省下设县，直辖市下设区，县区是基层行政单位。蒙古国共有 331 个县和 1681 个自然村。

经济贸易

蒙古国经济发展水平相对落后，以畜牧业为主，曾长期实行计划经济。苏联解体前，蒙古国接受苏联大量援助。苏联解体后，蒙古国出现工业基础薄弱、生产技术落后、生态环境恶劣、荒漠化严重、基础设施建设不足等问题。蒙古国主要出口畜产品，进口机器设备、燃料、工业原料和生活日用品等。投资和帮助蒙古国建设的国家多为其周边国家，包括中国、日本、韩国、俄罗斯等。蒙古国的石油产品进口 80% 以上来自俄罗斯。蒙古国最大的贸易伙伴是中国。蒙古国的货币名称为图格里克（简称"图"）。

经济增长率 2010 年，在国际市场矿产品价格不断升温的影响下，蒙古国经济快速复苏，实现国内生产总值（GDP）增长 6.1%。随着全球金融危机影响的逐渐减弱，全球矿业走出低谷，国际市场矿产品价格在高位运行，蒙古国"矿业兴国"战略成果显现，同时拉动了相关产业和基础设施建设的发展，2011 年、2012 年蒙古国经济出现了前所未有的迅猛发展势头，国内生产总值增速达创纪录的 17%，成为全球经济增速最快的经济体之一。但受到内外部因素影响，2013 年蒙古国国内生产总值增长 11.7%，增速明显放缓。2015 年，蒙古国经济增速急速回落，国内生产总值 117 亿美元，实际增长率仅为 2.3%，人均 GDP 约折合 3800 美元。2018 年，蒙古国经济出现好转迹象，实现国内生产总值 130.1 亿美元，人均 GDP 约合 4104 美元。

中央财政 2018 年，蒙古国财政预算收入及外来援助总额 7.2 万亿图，同比增长 24.1%；财政支出及借贷总额 8.9 万亿图，同比减少 5.4%；财政赤字 1.7 万亿图，同比减少 52.4%。2018 年，蒙古国通货膨胀率为 8.1%。

对外贸易 蒙古国经济对外依存度较高，对外贸易是拉动蒙古国整体经济增长的重要力量。近年来，受国际市场大宗矿产品价格走低影响，蒙古国出口总额增长放缓；受货币贬值影响，蒙古国进口总额出现负增长。据蒙古国海关统计，2018 年，蒙古国与世界 156 个国家和地区开展了双边贸易，主要贸易伙伴有：中国、俄罗斯、英国、韩国、日本、德国、美国、瑞士等。蒙古国外贸总额为 129 亿美元，同比增加 22.3%。其中，出口总额 70 亿美元，主要是矿产品、畜产品，同比增加 13.1%；进口总额 59 亿美元，主要是运输和工程机械、电子电器、成品油、粮食、日用品等，同比增长 35.5%；贸易顺差 11 亿美元。蒙古国外贸结构较为单一，矿产品占蒙古国总出口的比重超过 70%。蒙古国出口的主要商品是矿产品、纺织品、生皮、熟皮、畜毛及其制品、珍珠、文化用品等。

农牧业 农业（主要指种植业）并非蒙古国国民经济的支柱产业，但关系国计民生，历来受到政府的重视。土地私有化以来，由于经济衰退及资金投入不足，生产力大幅度倒退，种植面积和产量锐减，农业从业人口仅 6 万余人。蒙古国的主要农作物有小麦、大麦、马铃薯、白菜、萝卜、洋葱、大蒜、油菜等。2018 年，蒙古国农业耕种面积共 50.81 万公顷，同比下降 3.1%。谷物产量 45.38 万吨，同比增长 90.6%；马铃薯 16.89 万吨，同比增长 38.6%；蔬菜 10.07 万吨，同比增长 22.7%。目前蒙古国马铃薯等作物的生产基本可满足国内需求。

畜牧业是蒙古国的传统产业，是国民经济的基础，也是蒙古国加工业和生活必需品的主要原料来源。蒙古国地广人稀，自然条件差，气候比较恶劣，冬季持续时间较长，畜牧业生产仍以自然放养为主，现阶段仍难以实现大规模、现代化生产，受自然气候和牲畜种类影响较大。2015 年蒙古国牲畜数量继续保持增长，创历史新高。2018 年牲畜数量继续保持增长，再创历史新高。截至 2018 年底，蒙古国牲畜存栏量共计约 6650 万头，同比增长 0.4%。其中，马 390 万匹，占总存栏量的 5.86%；牛 440 万头，占 6.62%；骆驼 45.97 万头，占 0.69%；绵羊 3060 万只，占 40.75%；山羊 2710 万只，占 40.75%。

矿产业 矿产业是蒙古国经济发展的重要支柱产业。2018 年，矿业产值 12.69 万亿图，同比增长 20%；蒙古国矿产品出口额占出口总额的比重达 78.5%。蒙古国经济基础差、产业基础薄弱，经济增长过度依赖矿业，并受制于国际原材料价格波动的影响。随着国际矿产品特别是煤炭价格走低，蒙古国外贸出口和外国投资在短期内缺乏增长动力。蒙古国矿产资源丰富，部分大矿储量在国际上处于领先地位。

工业 蒙古国工业起步较晚，除采矿业和燃料动力工业外，以畜产品为主要原料的轻工业和食品加工业在蒙古国工业部门中占有一定地位，此外还有部分矿产加工业。2018 年，蒙古国实现工业总产值 15.7 万亿图，同比增长 21.7%。

建筑业 蒙古国基础设施建设水平整体较差，近年来蒙古国政府正逐步增加对道路等基础设施建设的投入，基础设施建设处于较快发展阶段。但受经济不景气和国家财政赤字加剧等影响，2018 年蒙古国建筑业产值增速减缓，新开工项目减少。

近年来，蒙古国首都乌兰巴托居民数量急剧增加，已占全国人口一半以上，城市住宅需求迅速增加，住宅建设与销售市场逐渐兴起，建材需求趋旺，建材生产随之大幅增加。但受蒙古国整体经济增速放缓和货币贬值影响，蒙古国房地产市场建设和销售均放缓，新建设房地产项目大幅减少，已建成项目销售情况虽然不佳，但较 2017 年同期相比还是比较乐观，呈小幅上涨态势。2018 年，蒙古国建筑业总产值 1.045 万亿图，同比下降 66.4%。

吸收外资 2011 年，外国对蒙直接投资曾高达 46.2 亿美元，但此后因蒙古国出台相关法律限制外资，外来投资剧减。2017 年蒙古国投资市场持续回暖，截至 2018 年，蒙古国吸收外国投资已上升至 21.74 亿美元。中国是蒙古国最大的贸易伙伴国和主要的投资伙伴国，中国对蒙古国投资占外国对蒙古投资总额的近 30%。外国公司在蒙古国主要投资领域有地质矿产勘探开采、房地产开发、贸易、餐饮等行业。除中国外，荷兰、韩国、加拿大、俄罗斯、英国、美国、日本等国家也是蒙古国主要投资来源地。

外国援助 蒙古国经济对外援依赖较强，主要援助国和国际组织有日本、美国、德国、俄罗斯、中国及世界银行、国际货币基金组织等。据世界银行数据，2018 年蒙古国共接收官方发展援助 3.25 亿美元。

交通通信

公路 蒙古国国内公路主要分为三类：国家级公路（包括连接首都与各省会之间的公路、各省会之间的公路、国家边界口岸和中央居住区的公路）、地方公路、单位自用路。国家级公路总里程为 11218 公里，其中仅有 2395 公里为柏油路面。乌兰巴托市有硬化公路 361.1 公里，其中 300.4 公里为柏油路面，其余的为混凝土路面。2018 年，蒙古国公路运输收入 5064 亿图，同比增长 8.5%，运输货物 3121 万吨，同比增长 53%，运送旅客 2.12 亿人次，同比减少 18.6%；蒙古国同中国和俄罗斯之间分别设有多个边境口岸，公路连接和通关较为便捷。此外，中蒙两国共有 13 个公路口岸。

铁路 蒙古国现有铁路线 1811 公里，分别担负着蒙古国货运量和客运量的 62.8% 和 2.3%，分别占蒙古国货物周转量和旅客周转量的 96.7%、47.6%。现有铁路的年运输能力为 2200 万吨。由于铁路设备和技术老化，再加上扎门乌德口岸换装能力不足，从 2007 年开始蒙古国经常发生季节性货物滞留现象，对此政府正采取措施加以改善。为解决铁路领域面临的主要问题，2008 年初蒙古国制定了国家铁路网拓展远景规划，计划修建以下线路：（1）戈壁地区铁路线；（2）东部区铁路线；（3）西部区铁路线；（4）铁路网横线。2011 年 6 月，蒙古国国家大呼拉尔正式讨论通过了国家铁路政策文件。

空运 蒙古国设有交通运输建筑城建部和民航总局，开通有国际航线和国内航线。乌兰巴托市成吉思汗国际机场为蒙古国最大的机场，但由于只能单向起降，受气候影响较大，春冬季节飞机晚点率较高。2007 年，政府决定将科布多、木伦、南戈壁、东方等省市的机场升格为国际机场，目前正在分阶段开展工作。2008年蒙古国计划将扎布汗、戈壁阿尔泰、巴彦乌列盖、乌布苏等西部四省的机场跑道硬化，蒙古国现有 6 个有硬化跑道的机场（成吉思汗、东方、南戈壁、巴彦洪戈尔、库苏古尔、科布多）。

媒体通信 蒙古国公开发行的报纸约 126 种、杂志 92 种。此外，有 76 家广播电台、150 家电视台、30 多家网络媒体。蒙古国主要的通讯社有"蒙古通讯社"，是官方通讯社，创建于 1921 年。该社接收路透社、新华社、俄塔社、韩联社、印度新闻出版署等通讯社发布的新闻，现在莫斯科、北京、波恩和乌兰乌德派有常驻记者。

蒙古国最主要的电视媒体有蒙古国家公共电视台（MNB）、TV5、TV9、乌兰巴托电视台（UBS）等。C1、TV8、NTV、教育、USB 等是较为有名的新私营电视台。

蒙古国最有影响力的广播电台是国家公共广播电台。其为蒙古国唯一非私营广播电台，使用喀尔喀蒙古语播音，覆盖率达 90% 以上。此外，该电台使用蒙、英、汉、俄、日等 5 种语言对外广播，每日播音 8 小时。

蒙古国在全国发行的综合性日报有《日报》《世纪新闻报》《今日报》《国家邮报》等。这四大报发行量最大，内容覆盖政治、经济、社会等各个方面。此外还有《索音博报》（军报）、《乌兰巴托时报》、《人民权利报》等。

蒙古国的通信地域发展很不平衡，在首都及几个大城市，固定电话和移动电话、宽带及相关业务相对普及，但在偏远地区，很多地方通信网络仍未覆盖。蒙古国共有 381 家企业单位提供 30 多种通信服务。主要的电信运营商有：Mobicom、Gmobile、Skytel、Unitel、Mongolia Telecom。蒙古国的通信基础设施包括 7500 多公里光缆网、2500 公里数字无线电话线、220 多个卫星通信 VSAM 站、30000 多条空架线，已经形成跨越 88 个县、连接 21 个省会的光缆网。仅乌兰巴托的地下光缆就长达 300 公里。

2018 年，蒙古国通信领域收入突破 1 万亿图，同比增长 19.1%。固定电话网线共 33.14 万条，有线电视用户共 89.8 万户，移动电话用户共 586 万户，永久互联网用户共 429 万户。乌兰巴托市内 Wi-Fi 覆盖率较高，公共汽车、主要街区及一般餐厅和商场等均提供免费无线网络服务。

文 化

蒙古国教育文化科学部内设文化艺术政策协调局，主管全国的文化艺术工作，下辖国家民间歌舞团、国家话剧院、国家歌剧舞剧院、国家杂技院、国家音乐馆、国家木偶剧院和博格达汗宫博物馆、乔依金喇嘛庙博物馆、造型艺术博物馆、国家历史博物馆、国家自然历史博物馆、文化遗产中心、国家图书馆、国家艺术画廊等单位，同时检查和指导全国各省市文化局、文化单位、艺术团体的工作。蒙古国共有 36 家博物馆，藏品 216878 件；348 个图书馆，藏书 6965695 册；340 个文化中心（宫），77955 个座位；42 家剧院、杂技馆，12391 个座位。此统计未包括非政府组织和民间机构自办的文化机构。

教 育

蒙古国实行国家普及免费普通教育制。蒙古国教育文化科学部下辖多所大学，同时检查和指导全国各省市教育局、教育单位、教育科研单位的工作。主要高等院校有国立大学、科学技术大学、国立师范大学、国立农牧业大学、医科大学等。国民识字率高达90%以上。

1921年以前，蒙古国的教育非常落后。没有正规的学校，全民识字率仅为2%。1924年以后，教育水平得到很大提高。蒙古国一直很重视教育投入，近年来，对教育的投入一直占到其国家总预算的20%以上。蒙古国实行国家普及免费普通教育制。截至2018年，蒙古国已经基本消除文盲，每3个人中就有1个人在大中专院校学习，15岁以上的蒙古国公民中有98%以上受过初等水平以上的教育。乌兰巴托有6所汉语学校，接收2000多名学生。近年来，蒙古国公民对学习中文很感兴趣。在内蒙古大学学习中文的留学生主要来自蒙古国。蒙古国的义务教育从7岁到18岁，包括小学教育6年、初中教育4年及高中教育2年。有普通学校、特殊学校、艺术与技术学校以及资优学校等形式。

蒙古国有全日制普通教育学校803所，专业培训中心63所。全国共有高校113所，其中国立高校16所，主要有国立大学、科学技术大学、教育大学、农业大学、医科大学、文化艺术大学、人文大学、乌兰巴托大学等；私立高校92所，主要有伊赫扎萨克大学、奥特根腾格尔大学等；还有5所为国外高校分校。学校管理较为松散，相当一部分学生学工结合。全国受过高等教育的人口占总人口的比重很高。根据政府间文化教育科学合作协定，蒙古国与50多个国家交换留学生。近年来，中国商务部、教育部每年向蒙古国提供500多个全额奖学金名额，涉及大学本科生、硕士研究生和博士研究生。此外中国商务部、中联部等部门每年也向蒙古国提供各类短期援助培训名额。蒙古国曾经实行"5+4+2"的基础教育体制，现在实行"6+4+2"的教育体制。蒙古国有927所幼儿园和763所中小学。

旅 游

蒙古国被称为"蓝天之国"，人口稀少，幅员辽阔，旅游资源丰富，许多地区还处于未开发状态，自然风景得以保持原貌，是一个至今依然保存着游牧景观与游牧文化的国家。蒙古国旅游业发展前景广阔。

蒙古国自然景观复杂多样，草原、森林、丘陵、河流、湖泊和沙漠兼备，且大多数地方保持了原貌，形成多样性的自然风光区域，对游客有很强的吸引力。同时，蒙古国是以喀尔喀蒙古族为主体的多民族国家，历史文化悠久，民俗活动丰富多样，社会文化旅游资源富有吸引力。蒙古国每年春节期间举办的摔跤、赛马、赛骆驼等传统比赛活动和国庆期间举行的那达慕大会最能吸引外国游客。蒙古国保留着完好的原始生态环境，以其神奇的自然风光和独特的蒙古民族风情吸引着世界各地的朋友，它既有荒凉的戈壁，也有茂密的森林、秀美的湖泊，茫茫无垠的大草原更是举世无双。蒙古人十分好客，并且能歌善舞，他们自古喜爱大自然。蒙古国工业少，生态环境良好，动植物资源非常丰富，是旅游观光的胜地，每年的6~9月为旅游的黄金时节。

蒙古国全国有旅游基地、大小宾馆、饭店约700家，从事旅游服务的公司约500家，主要宾馆有乌兰巴托饭店、巴彦高勒饭店、成吉思汗饭店、大陆酒店等。

蒙古国主要旅游景区及其地理分布如下：位于西北部的阿尔泰湖、盐湖、喷泉旅游区；位于西北部的库布德四季雪山风景区；位于西北部的乌布苏湖、特斯河、金沙风景区；位于北部的库苏古尔湖风景区；位于中部的楚鲁特河风景区；位于中部的哈拉和林古迹与鄂尔浑河风景区；首都乌兰巴托市及周边风景带；位于南部的达兰扎德嘎德沙丘风景区；位于东北部的成吉思汗故乡；位于东部的冈嘎湖和锡林博格多平原洞穴风景区；位于东北部的门纳恩平原和贝尔湖风景区；苏赫巴托尔省和达尔汗市；位于西南部的阿尔泰山脉两侧及珍稀动物自然保护区。

医疗卫生

蒙古国医疗卫生水平不高，大部分医院医疗设施有待完善、医疗用品主要依赖外国进口、专业医护人员数量不足。据世界卫生组织统计，2014 年蒙古全国医疗卫生总支出占 GDP 的 4.7%，按照购买力平价计算，人均医疗健康支出 565.07 美元，人口数量占全国总人口约 40% 的乡村连最基本的医疗服务需求都得不到保障。2015 年，蒙古国人均寿命为 69 岁。蒙古国地处蒙古高原，冬季漫长寒冷、空气干燥，且近年来因受冬季燃煤供暖等因素影响，乌兰巴托市等主要人口集聚城市冬季空气污染严重，呼吸道疾病现已成为蒙古国居民最主要的疾病之一。近年来蒙古国缺医少药的状况日益严重，蒙古国公共卫生资源不堪重负。1994 年 1 月起，蒙古国施行《医疗保险法》。医疗保险有强制和自愿两种形式，公民也可购买多重保险。强制保险由社会保险机构负责，对象为蒙古国全体公民；自愿保险对象主要包括外国公民和无国籍人士等群体。目前，蒙古国医疗保险的参保范围基本覆盖全国。

科 技

蒙古国工业基础较为薄弱，科学发展相对滞后，技术创新发展水平比其他国家低。蒙古国科技部门对国家经济增长的贡献率较低，国家创新活动在全球和地区的水平较为落后。2006 年蒙古教育文化科学部对科技实力进行的评估表明：所有出口产品中，45% 没有技术含量，52% 是低技术产品，3% 是中低技术产品。然而，进口的中高、中低和低技术含量的产品比重很大，表明智力资产利用效率低下。蒙古国虽然过去制定了一些发展科技的政策文件和工作规划，但很少能贯彻落实。经济社会和产业发展的文件中没有给予利用科技资源、科技—学术—产业合作及国际科技合作等足够的支

持。蒙古国没有完善的基础设施来支撑这些链接，公众对科技的重要性认识仍然不足。

环 保

蒙古国主管环境保护的政府部门是自然环境与绿色发展部（网址：http://www.mne.mn）。该部在首都乌兰巴托市、各省设有自然环境分支机构，在各县设有环保工作者。

为吸引国内外资金尽快开发利用矿产资源，1997 年，蒙古国国家大呼拉尔通过第一部《矿产资源法》，并进行了修改、完善。2006 年蒙古国《矿产法》（新版）对环保方面的规定包括：（1）向主管环境问题的中央国家机关和有关省、县（市、区）行政长官提交环境影响评估报告和环保计划；（2）许可证持有者在没有取得有关环保部门书面批准同意之前，禁止进行勘探和开发活动；（3）对开采过的矿区要恢复原貌；（4）实行环保抵押金制度。为确保许可证持有者完全履行在环保方面承诺的义务，要求将相当于实施环保措施所需年度预算 50% 的资金作为抵押金，转入项目所属县（市、区）行政长官办公室专项账户内。该抵押金必须在项目实施前（季节性施工的项目在 5 月 1 日前，全年施工的项目在第一季度内）转入专项账户内。当年 12 月 1 日前施工企业按环保规定提交报告后，如未违犯环保条款，在 21 个工作日内将抵押金退还企业。

根据蒙古国《环境保护法》与《环境影响评估法》的规定，矿山开发及与其相关的建设项目（如公路、铁路等）均需进行环境评估。因此，需聘请蒙古国具有环境评估资质的公司，对开发矿山及其相关建设项目将对环境造成的影响进行评估，并将环境评估报告提交给蒙古国自然环境与绿色发展部审批。

蒙古国河流湖泊干涸严重，水资源日趋短缺将成为国家发展的制约因素，拥有丰富矿产资源的南部戈壁地区尤其缺水。目前蒙古国 70% 以上的土地存在不同程度的荒漠化现象，而且荒漠化区域正以惊人的速度在全国范围内

扩展。蒙古国已经把 2013 年确定为"支持环保教育年"，以大力加强环保知识教育。"支持环保教育年"的目标是：号召教育、科学、文化、体育、旅游、新闻、农牧业等部门及社会

团体、专家学者共同行动起来，贡献智慧，构建绿色发展理念，宣传环境保护法规，制定并实施全面的可持续发展纲要。

经济社会发展回顾

2018年东北亚区域合作发展回顾

进入 2018 年，随着全球经济的弱势复苏和贸易朝向增长的趋势越发明显，东北亚区域合作继续维持全球主要经济体中增速稳定、规模扩大、互动明显、依赖加强、潜力释放的向好走势，实现了经济增长率高于世界平均水平，各国经济社会总体稳定，双边和多边经贸合作实现新进展，区域内互联互通等基础设施建设能力增强，人文交流潜力继续释放。从区域各国经济社会增长和双多边的经贸合作来看，以中日韩为引领、以中国东北和俄罗斯远东为中心的新半岛经济版图对接东北亚合作及"一带一路"融入东北亚区域合作等都出现了新进展。东北亚区域合作发展的新变化得益于东北亚地缘双边和多边合作向好转圜的推动。从区域地缘形势来看，各种利好因素使东北亚区域一改 2017 年底时一触即发的紧张对立局面，朝向对话、协商的双边和多边的努力引发国际社会的广泛关注，也拉开了博弈转向对话、负面转向正面、冲突转向和平的序幕。朝韩、中朝、美朝等双边关系向好转圜，中日、中韩关系逐渐改善，中俄朝对阵美日韩等多边聚焦对话的意愿，使区域内再次出现和平与发展的新曙光。虽然区域合作和地缘变化中还存在一些不确定因素，地缘安全的双多边基础还很薄弱，但东北亚区域内诸多次区域范畴的合作变化与机遇，无疑为东北亚区域挖掘优势、释放潜力、扩大交流、密切合作增添新信心、提供新平台、开辟新路径奠定了基础。

一 东北亚各国经济社会发展取得新进展

（一）东北亚各国 GDP 等指标普遍维持增长向好态势

2018 年东北亚区域双边和多边合作进一步升温的支撑是各国以 GDP 为首的经济指标普遍呈现稳定或正增长态势，东北亚地区成为全球为数不多的区域增长超过 5% 的地区之一。一是中国经济对东北亚区域经济社会发展贡献最大。2018 年中国国内生产总值超 90 万亿元，折合 13.6 万亿美元，实际 GDP 增长率为 6.6%，虽然比上年的 6.8% 有所下降，但人均 GDP 达 6.46 万元。从全年 4 个季度实际增长来看，第一、第二、第三和第四季度 GDP 分别同比增长 6.8%、6.7%、6.5% 和 6.4%。二是俄罗斯经济企稳回升势头明显。2018 年俄罗斯 GDP 为 103.88 万亿卢布，实现了 2.3% 的增长，换算为美元则为 1.66 万亿美元。从名义 GDP（美元）的世界排名来看，俄罗斯继由 2008 年的世界第九大经济体跌至 2016 年的第 15 位后，2018 年回到第 11 位。三是日本经济延续了战后最长的经济增长周期。据日本内阁府发布的数据，2018 年 GDP 实际增长 0.7%，GDP 规模 4.97 万亿美元，日本为世界第三大经济体。0.7% 的低增长也是东北亚区域中除朝鲜外的较低水平，增幅较 2017 年的 1.71% 下降了约 1 个百分点，凸显了日本经济增长持续低迷的走势。四是韩国经济继续低迷盘整。从2009年金融危机陷入0.9%的低增长以来，韩国经济一直呈现"V"形复苏走势，其间曾出现高达6.5%的较快增长，但2011年以来一直维持2%~3%的低速增长。2018年韩国经济增长率为2.7%，GDP规模在1.5万亿美元左右，为世界第十二大经济体。五是蒙古国经济增速领衔东北亚各国。近年来蒙古国经济不断复苏，2018年GDP达到32.3万亿图，折算美元为130.1亿美元。GDP增速从2016年的1.2%低点不断反弹，2017年增至5.1%，2018年7.2%的增长也是东北亚区域当年最高的经济增长率。六是朝鲜经济受制裁和天气影响持续负增长。受联合国制裁和干旱等天气因素影响，2018年朝鲜经济增长率为-4.1%，也是继2015年、2016年、2017年增长率分别为-1.1%、3.5%和3.9%之后的再次较大跌幅，朝鲜也成为东北亚区域中唯一负增长的国家。

（二）东北亚区域经贸合作规模不断扩大

从2018年东北亚区域各国贸易、投资来看，东北亚区域经贸合作呈现双边贸易增多、多边贸易活性化、区域双边和多边投资增多、域内贸易水平提升等特点。一是东北亚区域贸易规模不断扩大，区域经贸影响力进一步提升。与2018年全球贸易微增3.0%相比，东北亚区域五国均实现了贸易的较高增长，贸易额超7万亿美元，域内贸易达到近万亿美元，中国、日本分别以占比11.75%和3.8%成为全球第一和第三大货物贸易大国，在中日和中韩巩固3000亿美元贸易规模的同时，中俄和日韩都实现了千亿美元或近千亿美元的贸易规模。2018年中国对外贸易总额为4.62万亿美元，贸易顺差为3517.6亿美元，比前一年减少16.2%；2018年俄罗斯对外贸易实现了自2016年来连续3年的增长，实现了经济制裁和油价下跌背景下的贸易复苏，贸易规模达6875亿美元，同比增长17.5%，其出口同比增长25.6%，达到4493亿美元，贸易顺差同比增加62.0%；日本

2018年实现对外贸易1.49万亿美元，同比增长8.5%；2018年韩国实现对外贸易1.14万亿美元，同比增长8.4%；2018年蒙古国实现对外贸易128.9亿美元，同比增长22.3%，中国、俄罗斯、日本、韩国和美国为蒙古国前五大贸易伙伴。二是中国推动"一带一路"融入东北亚区域合作带动区域发展。2018年中国与东北亚国家的贸易额为7584.96亿美元，约占进出口总额的16.4%，中国成为俄日韩朝蒙五国最大的贸易伙伴，其中朝鲜和蒙古国的对华贸易额占其贸易总额的比重分别超30%和90%。2018年中国对东北亚国家投资超过110亿美元，东北亚国家对华投资超过80亿美元，双向投资成为中国与东北亚国家投资关系的新特征。中国与东北亚区域经贸合作也成为推动"一带一路"合作及构筑亚太命运共同体的重要支撑乃至示范。三是中日韩关系的改善带动三国合作加速。中日韩三国的GDP之和占全球的20%、亚洲的70%以上。三国的贸易和投资合作及正在展开的《中日韩自由贸易协定》第15轮谈判为东北亚区域合作不断注入多边机制及高水平互动合作的新动力。2018年在中国成为日韩最大贸易伙伴的同时，日本和韩国分别成为中国第四大和第五大贸易伙伴，两国对华贸易达到6411亿美元。日本、韩国和俄罗斯均进入当年中国的前十大贸易伙伴之列。

（三）东北亚区域成为多边经济体的基础更稳固

从东北亚具有的经济地理潜力来看，在全球经济和产业布局中，东北亚区域拥有良好的合作基础和现实条件。该地区广义面积和狭义面积分别为2881.67万平方公里和1600多万平方公里，分别占亚洲的70%和40%。广义人口和狭义人口分别为16亿人和3亿人，分别占世界的24%和4%。2018年东北亚区域的GDP为21.5万亿美元，占世界的1/4，贸易额为7.13万亿美元，占世界的1/5，成为世界经济增长重要引擎的现实基础和有利条件正在形成。

2018 年，东北亚区域对全球经济增长的拉动作用进一步凸显，尤其是中国 2018 年实现了 6.6% 的 GDP 增长，GDP 突破 13 万亿美元，对全球经济增长的贡献率达 36%，超过美欧日对世界经济增长贡献率的总和，对世界经济的平均贡献率接近全球的 1/3，极大地提升了东北亚区域作为新的全球经济引擎的地位。由于具备上述优势与潜力，东北亚区域有望挑战欧盟、北美自贸区，未来成为世界第三大经济区域。从 2018 年东北亚地缘等现实变化来看，进入 2018 年，朝鲜最高领导人金正恩在新年贺词中释放了朝鲜参加平昌冬奥会的善意信号，掀开了北南高层互访、音乐等人文交流、朝鲜正式参加冬奥会、北南首脑会谈、签署《板门店宣言》等改善关系的热潮。同时半岛的融洽氛围也为中朝关系的升温、美朝关系的改善创造了条件。朝鲜最高领导人金正恩 3 月、5 月和 10 月的三次访华，朝鲜劳动党七届三中全会决定停止核导试验及废弃北部的核试验场等，不仅实现了中朝领导人的历史性会晤，恢复了中朝传统友谊，构建了地缘稳定的基础，也为半岛局势和平发展、朝鲜聚焦经济建设提供了巨大的支撑和坚实的保障。随着美国国务卿蓬佩奥访朝、朝鲜释放三名美国公民、美朝 6 月 12 日在新加坡举行首脑会谈、中日韩领导人会议在东京举行、中美通过谈判规避贸易摩擦、日本首相访华、中日韩领导人会议举行等，东北亚地缘的一些难点和焦点出现了有利于区域双边和多边合作的新变化。

二 东北亚区域合作依然面临诸多现实挑战

（一）美国单边主义及保护主义继续影响东北亚地缘形势

2017 年初以来，美国宣布退出《跨太平洋伙伴关系协定》（TPP）、实施"美国第一主义"和"贸易保护主义"等保守政策，美国处理内政外交的强权逻辑和不确定性，不仅导致全球及区域合作风险上升、挑战加剧，也直接促使东北亚地缘局势更加动荡，经贸合作的风险进一步上升。进入 2018 年，美国对包括中、俄、日、韩在内的全球多个经济体发动了钢铁和铝制品的征税，针对中国出口美国产品增加关税，并欲限制中国企业在美收购和并购投资，打压中兴、华为等中国相关企业的中美贸易摩擦的不断升级，影响了 WTO 框架下的自贸合作。由于中日韩均是对美出口大国，对美顺差均居前列，美国逆全球化、去全球化及本国利益优先的做法，已直接影响到东北亚区域的贸易和投资格局，也将直接影响东北亚区域出口导向型的经贸现实。同时美国在日韩盟友之间制造楔子也对东北亚区域构成多边合作障碍。日韩围绕战时强征劳工赔偿、韩国军舰用火控雷达照射日本自卫队军机等发生争执，使两国陷入自 1965 年签署《日韩请求权协定》、两国恢复正常邦交以来的关系最为恶化的周期。美日韩关系下的日韩关系未来走势也充满了新的不确定性和引发新摩擦的风险。

（二）朝核问题依然存在不确定性因素

虽然朝核问题出现了近些年少有的积极转圜征兆，但不可否认，累积了 24 年的朝核问题的解决不可能一蹴而就，在看到 2018 年 6 月美朝新加坡会谈取得了一定进展的同时，还要看到在接下来的美朝会谈等进程中，朝核问题还将面临反复发作、不确定性作祟等诸多挑战。事实也证明，即使朝韩实现了第三次首脑会谈、签署了《板门店宣言》，朝鲜对美韩"超级雷霆"常规军演、脱北者的处理依然表示不满。朝鲜取消 5 月 16 日的北南高级别会谈凸显了南北矛盾缓和之脆弱，一些问题还会影响到接下来的离散家属会面、进一步落实宣言内容等。虽然美朝收获了受到国际社会普遍欢迎的向前看的初期成果，朝鲜也释放了无核化的相关善意并开展了一些先期行动，但近来美朝围绕无核化定义、步骤、结果等的温度差逐渐浮出水面，美国一味利己的施压式无核化已引发朝鲜的反弹和警觉，这些都将使朝核问题越是接近于真正的落实其风险就越大的特点显现出来。

（三）地缘安全形势的双多边基础依然薄弱

安全困境是东北亚区域合作面临的最大阻力。从2018年的地缘安全变化来看，东北亚区域不仅存在传统安全威胁的困境，还存在非传统安全威胁的困境。面对上述安全困境，东北亚区域的双边和多边合作基础还很薄弱，关于安全合作的制度性建构依然欠缺，战略互疑和地缘猜忌形成的隔离墙依然困扰区域的双边和多边关系，域外的美国既是东北亚安全困境的始作俑者，也是安全困境的解铃者，东北亚区域安全困境需要内外突破。与此同时，域内及域外大国博弈的外溢效应不可小觑。东北亚区域是中美俄大国博弈与合作交织的敏感区域，区域内的双边历史恩怨与现实矛盾中夹杂着当事国与域内外大国或强国的诸多战略利益与博弈。在美国与中日关系、中韩关系、日俄关系、日韩关系，中国与朝韩关系、中蒙关系、朝蒙关系中，以及在美日韩军事同盟、中俄经贸合作等中，大国博弈的外溢效应时有体现。尤其是在东北亚地缘安全机制、朝鲜半岛和平走向、日韩历史和经贸矛盾等敏感问题上，围绕朝鲜弃核后的体制延续、安全关切、核保护，东北亚和平构想与合作设想等，美国作为域外国家，其参与的程度、做出的允诺、开出的条件是否符合东北亚区域的整体利益，这些都关乎东北亚区域地缘风险的高低程度，大国间博弈的副产品和地缘冲击力不可小觑。

三　东北亚区域多边合作利好不断释放

（一）和平与发展依然为东北亚区域各国的共识

犹如反全球化并不能阻止自由贸易及区域

一体化趋势一样，和平与发展在未来很长时期内依然是全球化和区域化的基本趋势。2018年东北亚区域的双多边关系从对立、对抗到对话、缓和的转变，验证了和平与发展的主题赢得了区域内国家的普遍响应，也凸显了区域内中央和地方政府追求和平与发展的目标没有逆转，发展民生与福祉的诉求没有改变，推动区域一体化的意愿没有减弱，这三大共识依然是支撑东北亚区域合作行稳致远的定盘星。从坚持自由贸易和推动区域一体化的角度来看，中、俄、日、韩在反对贸易保护主义、反全球化和致力于推动次区域和泛区域合作上的共识加深。作为美国发起并波及多边和盟友的贸易摩擦的共同受害者，日韩不仅在推动本国企业参加"一带一路"建设上姿态愈加积极，而且在提高对《中日韩自由贸易协定》《区域全面经济伙伴关系协定》的认知和执行力上更加主动，为东北亚区域建立多边合作机制提供了诸多遐想，也为区域内实现增加域内贸易比重、高质量的投资合作、互通有无的人文合作、基础设施的互联互通，乃至中高端人才引智工作带来政策、创新、交流等方面的利好。

（二）各种通商谈判释放次区域合作潜力

2017年4月13日《中日韩自由贸易协定》第12轮谈判首席谈判代表会议在日本东京举行，各方就推动货物贸易、服务贸易、相互投资等交换意见，《中日韩自由贸易协定》谈判产生了新的成果。2018年5月9日，中日韩领导人会议在日本东京举行，三国达成诸多共识，中日韩近7万亿美元贸易额和20万亿美元以上GDP规模的巨大影响力进一步彰显。中国高度重视东北亚经济圈的机制建设，2018年9月习近平在符拉迪沃斯托克（海参崴）举行的第四届东方经济论坛上提出努力构建东北亚经济圈的制度性主张，中国方案受到俄日韩蒙朝五国领导人的热烈响应，中国智慧传达了区域内多数国家希望打造本区域多边交流与合作机制的真实呼声。针对中国提出的"一带一路"倡议，日韩两国均表示了参与倡议并推进的意愿，三国在"一带一路"框架下的实质合作有了新的内涵。韩国总统文在寅 2017 年 12 月访华时表示韩国希望"一带一路"倡议与其新北方政策及欧亚倡议对接，推动中韩关系不断改善。日本首相安倍晋三 2018 年 10 月访华与中国国家主席习近平会晤，中日召开第三方市场合作论坛并签署合作项目，这些因素加上中日韩三国正在推动的力争 2019 年内实现草签的 RCEP 合作、作为亚洲命运共同体建设关键举措的 FTAAP（亚太自贸区）、《中蒙自由贸易协定》启动务实性研究、日本希望中韩加入其主导的 CPTPP（《全面与进步跨太平洋伙伴关系协定》）的开放姿态，使中日韩三国凝聚自由化和区域一体化共识、适应全球经贸形势好转、促进东北亚区域合作迎来新的机遇。

（三）中朝成为东北亚地缘稳定新力量

在 2018 年初开启的东北亚地缘积极变化中，中朝关系的变化与走势之所以最为引人注目，与中朝恢复传统信任和友谊、成为重塑东北亚地缘稳定新力量的期待密切相关。中朝关系在复杂的地缘局势中确立新的历史方位，凸显了两国关系的三大特点。一是三次会面凸显中朝特殊关系。2018 年 3 月 25 ~ 28 日、5 月 7 ~ 8 日、6 月 19 ~ 20 日，朝鲜劳动党委员长、朝鲜民主主义人民共和国国务委员会委员长金正恩先后对中国进行了三次访问，进一步深化了中朝关系，加强了双方在重大问题上的战略沟通，发挥了促进地区和平与稳定的作用。二是"三个不变"巩固中朝长远交往。6 月 19 日，中国国家主席习近平在接待来访的朝鲜劳动党委员长、朝鲜民主主义人民共和国国务委员会委员长金正恩时，阐述了"中国党和政府致力于巩固发展中朝关系的坚定立场不会变""中国人民对朝鲜人民的友好情谊不会变""中国对社会主义朝鲜的支持不会变"的"三个不变"立场。"三个不变"凸显了在中国周边地缘战略中，将中朝友好合作关系视为东北亚地区和世界和平稳定的稳定器及战略资源的考量，对于在世界发展大势中把握中朝关系大局、巩固长远交往具有必要性和重要性。三是三种合作推动朝鲜更加开放。朝中社在 2018 年 4 月 21 日报道，4 月 20 日召开的朝鲜劳动党第七届中央委员会第三次全体会议通过了《关于发展社会主义经济和提高人民生活水平》，此后朝鲜在 5 月、6 月先后向中国、俄罗斯、新加坡派出了专门的政府考察团或使馆经济担当官员，学习和取经的色彩浓厚。中朝双边合作、朝鲜融入东北亚及亚太区域合作、朝鲜向国际社会渐次开放的三种合作支持并推动了朝鲜向以经济建设为中心的转型。

2018年中国经济社会发展报告

2018年，面对复杂严峻的国际环境和艰巨繁重的改革发展稳定任务，在以习近平同志为核心的党中央坚强领导下，各地区各部门以习近平新时代中国特色社会主义思想为指导，统筹推进"五位一体"总体布局，协调推进"四个全面"战略布局，坚持稳中求进工作总基调，深入贯彻新发展理念，落实高质量发展要求，以供给侧结构性改革为主线，着力深化改革、扩大开放，坚决打好防范化解重大风险、精准脱贫、污染防治三大攻坚战，经济运行总体平稳、稳中有进，质量效益稳步提升，人民生活持续改善，保持了经济持续健康发展和社会大局稳定。

一 经济发展

2018全年国内生产总值900309亿元，比上年增长6.6%。其中，第一产业增加值64734亿元，增长3.5%；第二产业增加值366001亿元，增长5.8%；第三产业增加值469575亿元，增长7.6%。第一产业增加值占国内生产总值的比重为7.2%，第二产业增加值比重为40.7%，第三产业增加值比重为52.2%。人均国内生产总值64644元，比上年增长6.1%。国民总收入896915亿元，比上年增长6.5%。

（一）农业

全年粮食种植面积11704万公顷，比上年减少95万公顷。其中，小麦种植面积2427万公顷，减少24万公顷；稻谷种植面积3019万公顷，减少56万公顷；玉米种植面积4213万公顷，减少27万公顷。此外，棉花种植面积335万公顷，增加16万公顷；油料种植面积1289万公顷，减少33万公顷；糖料种植面积163万公顷，增加9万公顷。全年粮食产量65789万吨，比上年减少371万吨，减产0.6%。其中，夏粮产量13878万吨，减产2.1%；早稻产量2859万吨，减产4.3%；秋粮产量49052万吨，增产0.1%。全年谷物产量61019万吨，比上年减产0.8%。其中，稻谷产量21213万吨，减产0.3%；小麦产量13143万吨，减产2.2%；玉米产量25733万吨，减产0.7%。全年棉花产量610万吨，比上年增产7.8%；油料产量3439万吨，减产1.0%；糖料产量11976万吨，增产5.3%；茶叶产量261万吨，增产5.9%。全年猪牛羊禽肉产量8517万吨，比上年下降0.3%。其中，猪肉产量5404万吨，下降0.9%；牛肉产量644万吨，增长1.5%；羊肉产量475万吨，增长0.8%；禽肉产量1994万吨，增长0.6%。禽蛋产量3128万吨，增长1.0%；牛奶产量3075万吨，增长1.2%。年末生猪存栏42817万头，下降3.0%；生猪出栏69382万头，下降1.2%。全年水产品产量6469万吨，比上年增长0.4%。其中，养殖水产品产量5018万吨，增长2.3%；捕捞水产品产量1451万吨，下降5.7%。全年木材产量8432万立方米，比上年增长0.4%。全年新增耕地灌溉面积72万公顷，新增高效节水灌溉面积144万公顷。

（二）工业和建筑业

全年全部工业增加值 305160 亿元，比上年增长 6.1%。规模以上工业增加值增长 6.2%。在规模以上工业中，分经济类型看，国有控股企业增加值增长 6.2%；股份制企业增长 6.6%；外商及港澳台商投资企业增长 4.8%；私营企业增长 6.2%。分门类看，采矿业增长 2.3%，制造业增长 6.5%，电力、热力、燃气及水生产和供应业增长 9.9%。全年规模以上工业中，农副食品加工业增加值比上年增长 5.9%，纺织业增长 1.0%，化学原料和化学制品制造业增长 3.6%，非金属矿物制品业增长 4.6%，黑色金属冶炼和压延加工业增长 7.0%，通用设备制造业增长 7.2%，专用设备制造业增长 10.9%，汽车制造业增长 4.9%，电气机械和器材制造业增长 7.3%，计算机、通信和其他电子设备制造业增长 13.1%，电力、热力、燃气及水生产和供应业增长 9.6%。全年规模以上工业企业利润 66351 亿元，比上年增长 10.3%。分经济类型看，国有控股企业利润 18583 亿元，比上年增长 12.6%；股份制企业 46975 亿元，增长 14.4%；外商及港澳台商投资企业 16776 亿元，增长 1.9%；私营企业 17137 亿元，增长 11.9%。分门类看，采矿业利润 5246 亿元，比上年增长 40.1%；制造业 56964 亿元，增长 8.7%；电力、热力、燃气及水生产和供应业 4141 亿元，增长 4.3%。全年规模以上工业企业主营业务收入利润率为 6.49%，比上年提高 0.11 个百分点。全年全社会建筑业增加值 61808 亿元，比上年增长 4.5%。全国具有资质等级的总承包和专业承包建筑业企业利润 8104 亿元，比上年增长 8.2%，其中国有控股企业 2470 亿元，增长 8.5%。

（三）固定资产投资

全年全社会固定资产投资 645675 亿元，比上年增长 5.9%。其中固定资产投资（不含农户）635636 亿元，增长 5.9%。分区域看，东部地区投资比上年增长 5.7%，中部地区投资增长 10.0%，西部地区投资增长 4.7%，东北地区投资增长 1.0%。在固定资产投资（不含农户）中，第一产业投资 22413 亿元，比上年增长 12.9%；第二产业投资 237899 亿元，增长 6.2%；第三产业投资 375324 亿元，增长 5.5%。民间固定资产投资 394051 亿元，增长 8.7%，占固定资产投资（不含农户）的比重为 62.0%。基础设施投资增长 3.8%。六大高耗能行业投资增长 1.4%。全年房地产开发投资 120264 亿元，比上年增长 9.5%。其中住宅投资 85192 亿元，增长 13.4%；办公楼投资 5996 亿元，下降 11.3%；商业营业用房投资 14177 亿元，下降 9.4%。

全年全国棚户区住房改造开工 626 万套，基本建成 511 万套。全国农村地区建档立卡贫困户危房改造 157 万户。

（四）服务业

全年批发和零售业增加值 84201 亿元，比上年增长 6.2%；交通运输、仓储和邮政业增加值 40550 亿元，增长 8.1%；住宿和餐饮业增加值 16023 亿元，增长 6.5%；金融业增加值 69100 亿元，增长 4.4%；房地产业增加值 59846 亿元，增长 3.8%；信息传输、软件和信息技术服务业增加值 32431 亿元，增长 30.7%；租赁和商务服务业增加值 24427 亿元，增长 8.9%。全年规模以上服务业企业营业收入比上年增长 11.4%，营业利润增长 6.5%。

全年货物运输总量 515 亿吨，比上年增长 7.1%。货物运输周转量 205452 亿吨公里，增长 4.1%。全年规模以上港口完成货物吞吐量 133 亿吨，比上年增长 2.7%，其中外贸货物吞吐量 42 亿吨，增长 2.0%。规模以上港口集装箱吞吐量 24955 万标准箱，增长 5.2%。全年旅客运输总量 179 亿人次，比上年下降 3.1%。旅客运输周转量 34213 亿人公里，增长 4.3%。年末全国民用汽车保有量 24028 万辆（包括三轮汽车和低速货车 906 万辆），比上年末增长

10.5%，其中私人汽车保有量 20730 万辆，增长 10.9%。民用轿车保有量 13451 万辆，增长 10.4%，其中私人轿车 12589 万辆，增长 10.3%。

全年完成邮政行业业务总量 12345 亿元，比上年增长 26.4%。邮政业全年完成邮政函件业务 26.8 亿件，包裹业务 0.2 亿件，快递业务 507.1 亿件，快递业务收入 6038 亿元。全年完成电信业务总量 65556 亿元，比上年增长 137.9%。电信业新增移动电话交换机容量 17267 万户，达到 259453 万户。年末全国电话用户总数 174835 万户，其中移动电话用户 156610 万户。移动电话普及率上升至 112.2 部/百人。固定互联网宽带接入用户 40738 万户，比上年末增加 5884 万户，其中固定互联网光纤宽带接入用户 36833 万户，增加 7440 万户；移动宽带用户 130565 万户，增加 17413 万户。全年移动互联网用户接入流量 711 亿 GB，比上年增长 189.1%。全年软件和信息技术服务业完成软件业务收入 63061 亿元，按可比口径计算，比上年增长 14.2%。

（五）财政金融

全年全国一般公共预算收入 183352 亿元，比上年增长 6.2%。其中税收收入 156401 亿元，比上年增加 12031 亿元，增长 8.3%。全年各地共发行地方政府置换债券 13130 亿元，平均发行利率约 3.89%。2015～2018 年，置换债券累计发行 12.2 万亿元，基本完成既定的存量政府债务置换目标。经过置换，年末地方政府债务平均利率比 2014 年末降低约 6.5 个百分点，累计节约利息约 1.7 万亿元。

年末广义货币供应量（M_2）余额 182.7 万亿元，比上年末增长 8.1%；狭义货币供应量（M_1）余额 55.2 万亿元，增长 1.5%；流通中货币（M_0）余额 7.3 万亿元，增长 3.6%。全年社会融资规模增量 19.3 万亿元，按可比口径计算，比上年减少 3.1 万亿元；年末社会融资规模存量 200.7 万亿元，比上年末增长 9.8%。年末全部金融机构本外币各项存款余额 182.5

万亿元，比年初增加 13.2 万亿元，其中人民币各项存款余额 177.5 万亿元，增加 13.4 万亿元。全部金融机构本外币各项贷款余额 141.8 万亿元，增加 16.2 万亿元，其中人民币各项贷款余额 136.3 万亿元，增加 16.2 万亿元。年末主要农村金融机构（农村信用社、农村合作银行、农村商业银行）人民币贷款余额 169822 亿元，比年初增加 20002 亿元。全部金融机构人民币消费贷款余额 377903 亿元，增加 62709 亿元。其中，个人短期消费贷款余额 87994 亿元，增加 19989 亿元；个人中长期消费贷款余额 289909 亿元，增加 42720 亿元。全年境内交易场所累计筹资 64365 亿元，比上年增加 13572 亿元。其中，首次公开发行 A 股 105 只，筹资 1378 亿元，减少 923 亿元；A 股现金再融资（包括公开增发、定向增发、配股、优先股）5505 亿元，减少 2504 亿元；各类主体通过沪深交易所发行债券（包括公司债、可转债、可交换债、政策性金融债、地方政府债和企业资产支持证券）筹资 56878 亿元，增加 17731 亿元；全国中小企业股份转让系统新增挂牌公司 577 家，挂牌公司累计筹资 604 亿元。全年发行公司信用类债券 7.79 万亿元，比上年增加 1.92 万亿元。

全年保险公司原保险保费收入 38017 亿元，比上年增长 3.9%。其中，寿险业务原保险保费收入 20723 亿元，健康险和意外伤害险业务原保险保费收入 6524 亿元，财产险业务原保险保费收入 10770 亿元。支付各类赔款及给付 12298 亿元。其中，寿险业务给付 4389 亿元，健康险和意外伤害险业务赔款及给付 2012 亿元，财产险业务赔款 5897 亿元。

（六）国内贸易

全年社会消费品零售总额 380987 亿元，比上年增长 9.0%。按经营地统计，城镇消费品零售额 325637 亿元，增长 8.8%；乡村消费品零售额 55350 亿元，增长 10.1%。按消费类型统计，商品零售额 338271 亿元，增长 8.9%；

餐饮收入额 42716 亿元，增长 9.5%。在限额以上单位商品零售额中，粮油、食品类零售额比上年增长 10.2%，饮料类增长 9.0%，烟酒类增长 7.4%，服装、鞋帽、针纺织品类增长 8.0%，化妆品类增长 9.6%，金银珠宝类增长 7.4%，日用品类增长 13.7%，家用电器和音像器材类增长 8.9%，中西药品类增长 9.4%，文化办公用品类增长 3.0%，家具类增长 10.1%，通信器材类增长 7.1%，建筑及装潢材料类增长 8.1%，石油及其制品类增长 13.3%，汽车类下降 2.4%。全年实物商品网上零售额 70198 亿元，比上年增长 25.4%，占社会消费品零售总额的比重为 18.4%，比上年提高 3.4 个百分点。

（七）对外贸易

全年货物进出口总额 305050 亿元，比上年增长 9.7%。其中，出口 164177 亿元，增长 7.1%；进口 140874 亿元，增长 12.9%。货物进出口顺差 23303 亿元，比上年减少 5217 亿元。对共建"一带一路"国家进出口总额 83657 亿元，比上年增长 13.3%。其中，出口 46478 亿元，增长 7.9%；进口 37179 亿元，增长 20.9%。全年服务进出口总额 52402 亿元，比上年增长 11.5%。其中，服务出口 17658 亿元，增长 14.6%；服务进口 34744 亿元，增长 10.0%。服务进出口逆差 17086 亿元。全年外商直接投资（不含银行、证券、保险领域）新设立企业 60533 家，比上年增长 69.8%。实际使用外商直接投资金额 8856 亿元，增长 0.9%，折合 1350 亿美元，增长 3.0%。其中共建"一带一路"国家对华直接投资新设立企业 4479 家，增长 16.1%；对华直接投资金额 424 亿元，增长 13.2%，折合 64 亿美元，增长 16.0%。全年高技术制造业实际使用外资 898 亿元，增长 35.1%，折合 137 亿美元，增长 38.1%。全年对外非金融类直接投资额 7974 亿元，比上年下降 1.6%，折合 1205 亿美元，增长 0.3%。其中，对共建"一带一路"国家非

金融类直接投资额 156 亿美元，增长 8.9%。全年对外承包工程完成营业额 11186 亿元，比上年下降 1.7%，折合 1690 亿美元，增长 0.3%。其中，对共建"一带一路"国家完成营业额 893 亿美元，增长 4.4%，占对外承包工程完成营业额比重为 52.8%。对外劳务合作派出各类劳务人员 49 万人。

二 社会发展

（一）人口状况

2018 年，中国总人口为 139538 万人，比上年末增加 530 万人，其中城镇常住人口 83137 万人，占总人口比重（常住人口城镇化率）为 59.58%，比上年末提高 1.06 个百分点。户籍人口城镇化率为 43.37%，比上年末提高 1.02 个百分点。全年出生人口 1523 万人，出生率为 10.94‰；死亡人口 993 万人，死亡率为 7.13‰；自然增长率为 3.81‰。全国人户分离的人口（即居住地和户口登记地不在同一个乡镇街道且离开户口登记地半年以上的人口）2.86 亿人，其中流动人口 2.41 亿人。

（二）居民收入与消费

全年全国居民人均可支配收入 28228 元，比上年增长 8.7%，扣除价格因素，实际增长 6.5%。全国居民人均可支配收入中位数 24336 元，增长 8.6%。按常住地分，城镇居民人均可支配收入 39251 元，比上年增长 7.8%，扣除价格因素，实际增长 5.6%。城镇居民人均可支配收入中位数 36413 元，增长 7.6%。农村居民人均可支配收入 14617 元，比上年增长 8.8%，扣除价格因素，实际增长 6.6%。农村居民人均可支配收入中位数 13066 元，增长 9.2%。按全国居民五等份收入分组，低收入组人均可支配收入 6440 元，中间偏下收入组人均可支配收入 14361 元，中间收入组人均可支配收入 23189 元，中间偏上收入组人均可支配收

入 36471 元，高收入组人均可支配收入 70640 元。全国农民工人均月收入 3721 元，比上年增长 6.8%。

全年全国居民人均消费支出 19853 元，比上年增长 8.4%，扣除价格因素，实际增长 6.2%。按常住地分，城镇居民人均消费支出 26112 元，增长 6.8%，扣除价格因素，实际增长 4.6%；农村居民人均消费支出 12124 元，增长 10.7%，扣除价格因素，实际增长 8.4%。全国居民恩格尔系数为 28.4%，比上年下降 0.9 个百分点，其中城镇为 27.7%，农村为 30.1%。

（三）就业与社会保障

2018 年全国就业人员 77586 万人，其中城镇就业人员 43419 万人。全年城镇新增就业 1361 万人，比上年增加 10 万人。2018 年末全国城镇调查失业率为 4.9%，比上年末下降 0.1 个百分点；城镇登记失业率为 3.8%，下降 0.1 个百分点。全国农民工总量 28836 万人，比上年增长 0.6%。其中，外出农民工 17266 万人，增长 0.5%；本地农民工 11570 万人，增长 0.9%。

2018 年全国参加城镇职工基本养老保险人数 41848 万人，比上年末增加 1555 万人。参加城乡居民基本养老保险人数 52392 万人，增加 1137 万人。参加基本医疗保险人数 134452 万人，增加 16771 万人。其中，参加职工基本医疗保险人数 31673 万人，增加 1351 万人；参加城乡居民基本医疗保险人数 89741 万人，增加 2382 万人。参加失业保险人数 19643 万人，增加 859 万人。年末全国领取失业保险金人数 223 万人。参加工伤保险人数 23868 万人，增加 1145 万人，其中参加工伤保险的农民工 8085 万人，增加 278 万人。参加生育保险人数 20435 万人，增加 1135 万人。年末全国共有 1008 万人享受城市居民最低生活保障，3520 万人享受农村居民最低生活保障，455 万人享受农村特困人员救助供养，全年临时救助 1075 万人次。全年资助 4972 万人参加基本医疗保险，医疗救助 3825 万人次。国家抚恤、补助退役军人和其他优抚对象 861 万人。

（四）科学与教育

2018 年研发经费支出 19657 亿元，比上年增长 11.6%，占国内生产总值的比重为 2.18%，其中基础研究经费 1118 亿元。全年国家重点研发计划共安排 1052 个项目，国家科技重大专项共安排 563 个课题，国家自然科学基金共资助 44504 个项目。截至 2018 年底，正在运行的国家重点实验室 501 个，累计建设国家工程研究中心 132 个、国家工程实验室 217 个、国家企业技术中心 1480 家。国家科技成果转化引导基金累计设立 21 只子基金，资金总规模 313 亿元。全年境内外专利申请 432.3 万件，比上年增长 16.9%；授予专利权 244.7 万件，增长 33.3%；PCT 专利申请受理量为 5.5 万件。截至 2018 年底，有效专利 838.1 万件，其中境内有效发明专利 160.2 万件，每万人口发明专利拥有量 11.5 件。全年共签订技术合同 41.2 万项，技术合同成交金额 17697 亿元，比上年增长 31.8%。全年成功完成 38 次航天发射。"嫦娥四号"探测器成功着陆月球背面并通过中继星将数据传回地球，标志着人类首次月球背面巡视探测任务正式开启；"北斗三号"基本系统完成建设，开始提供全球服务；我国地震立体观测体系首个天基平台中意电磁监测试验卫星、中法航天合作的首颗卫星——中法海洋卫星成功发射。第二艘航母出海试航，国产大型水陆两栖飞机水上首飞，港珠澳大桥正式通车运营。2018 年末全国共有国家质检中心 791 家。全国现有产品质量、体系和服务认证机构 484 个，累计完成对 63 万家企业的认证。全国共有法定计量技术机构 5030 个，全年强制检定计量器具 10406 万台（件）。全年制定、修订国家标准 2668 项，其中新制定 1935 项。全年制造业产品质量合格率为 93.93%。

2018 年研究生教育招生 85.8 万人，在学研究生 273.1 万人，毕业生 60.4 万人。普通本专科招生 791.0 万人，在校生 2831.0 万人，毕业生 753.3 万人。中等职业教育招生 557.0 万人，在校生 1555.2 万人，毕业生 487.3 万人。普通高中招生 792.7 万人，在校生 2375.4 万人，毕业生 779.2 万人。初中招生 1602.6 万人，在校生 4652.6 万人，毕业生 1367.8 万人。普通小学招生 1867.3 万人，在校生 10339.3 万人，毕业生 1616.5 万人。特殊教育招生 12.4 万人，在校生 66.6 万人，毕业生 8.1 万人。学前教育在园幼儿 4656.4 万人。九年义务教育巩固率为 94.2%，高中阶段毛入学率为 88.8%。

（五）文化旅游、卫生健康与体育

2018 年末全国文化系统共有艺术表演团体 2075 个，博物馆 3331 个。全国共有公共图书馆 3173 个，总流通人次 84529 万人次；文化馆 3326 个。有线电视实际用户 2.14 亿户，其中有线数字电视实际用户 2.02 亿户。年末广播节目综合人口覆盖率为 98.9%，电视节目综合人口覆盖率为 99.3%。全年生产电视剧 323 部 13726 集，电视动画片 86257 分钟。全年生产故事影片 902 部，科教、纪录、动画和特种影片 180 部。出版各类报纸 340 亿份、各类期刊 24 亿册、图书 95 亿册（张），人均图书拥有量 6.85 册（张）。年末全国共有档案馆 4210 个，已开放各类档案 14016 万卷（件）。

2018 年国内游客 55.4 亿人次，比上年增长 10.8%；国内旅游收入 51278 亿元，增长 12.3%。入境游客 14120 万人次，增长 1.2%。其中外国人 3054 万人次，增长 4.7%；香港、澳门和台湾同胞 11066 万人次，增长 0.3%。在入境游客中，过夜游客 6290 万人次，增长 3.6%。国际旅游收入 1271 亿美元，增长 3.0%。国内居民出境 16199 万人次，增长 13.5%。其中因私出境 15502 万人次，增长 14.1%；赴港澳台出境 9919 万人次，增长 14.0%。

2018 年末全国共有医疗卫生机构 100.4 万个，其中医院 3.2 万个，在医院中有公立医院 1.2 万个，民营医院 2.0 万个；基层医疗卫生机构 95.0 万个，其中乡镇卫生院 3.6 万个，社区卫生服务中心（站）3.5 万个，门诊部（所）24.8 万个，村卫生室 63.0 万个；专业公共卫生机构 1.9 万个，其中疾病预防控制中心 3469 个，卫生监督所（中心）3141 个。卫生技术人员 950 万人，其中执业医师和执业助理医师 358 万人，注册护士 412 万人。医疗卫生机构床位 845 万张，其中医院 656 万张，乡镇卫生院 134 万张。全年总诊疗人次 84.2 亿人次，出院人数 2.6 亿人。

2018 年我国运动员在 24 个运动大项中获得 118 个世界冠军，共创 15 项世界纪录。我国残疾人运动员在 20 项国际赛事中获得 50 个世界冠军。

2018年俄罗斯经济社会发展报告

2018年，俄罗斯经济发展平稳，成功降低了通货膨胀率，实现了经济增长。世界银行《全球经济展望报告》指出，2018年俄罗斯经济在低通货膨胀率的条件下增长。尽管美对俄进行经济制裁，俄通胀率仍保持相对稳定和低水平，同时石油开采量继续增长。2018年，俄罗斯在世界银行《全球营商环境报告》中的排名从2017年的第35位上升至第31位。

一 经济发展

2018年，俄罗斯国内生产总值达103.88万亿卢布，增长2.3%，人均国内生产总值为70.6万卢布，国内生产总值增幅创下自2013年以来的新高。数字经济规模占国内生产总值的5.1%。电子商务市场规模达1.25万亿卢布。俄罗斯本国电商企业与外国跨境电商企业的市场份额分别为62%和38%。

（一）农业

2018年，俄罗斯农业总产值为5.1198万亿卢布，同比下降了0.6%；其中作物产值为2.5690万亿卢布，产量下降2.4%，占农业总产值的50.2%；畜牧业产值为2.5508万亿卢布，产量增长1.3%，占农业总产值的49.8%。俄罗斯为1.75万台农机和设备提供了购买补贴，其中包括拖拉机、谷物收割机和饲料收割机。

2018年，俄罗斯的粮食产量为1亿多吨（净重），比上年减少16.7%；油菜籽产量为1800万吨，较上年增长9%；甜菜产量为4110万吨，同比减少20.9%；葵花籽产量为1260万吨，同比增加20.1%；蔬菜产量为520万吨；水果和浆果产量为120万吨，增长41%。同期猪肉产量达到371万吨，同比增长5.6%；鸡肉产量达到497.6万吨，同比增长0.7%；鸡蛋产量达到448.9亿枚，同比增长0.14%。

2018年，俄罗斯农产品和食品出口额近258亿美元，出口增加了20%，创历史纪录。在出口结构中，粮食为主要产品，约占40%，鱼类和甲壳类动物约占20%，食品和加工业产品约占13.5%。

2018年，俄罗斯木材采伐量达2.36亿立方米，增长6.1%。近些年，俄罗斯木材采伐量增加，得益于俄罗斯大力发展木材深加工业，俄罗斯原木出口1900万~2000万立方米，境内加工木材约2.2亿立方米。俄罗斯有必要提高国内的生产能力，促进国内木材深加工能力的提高。

2018年，俄罗斯渔业行业发展稳定，渔业部门的投资额比上年翻了一番，超过254亿卢布（约合3.7亿美元），投资额增长与在该部门施行投资配额法规有关。俄罗斯水生生物资源捕捞量达500万吨，同比增长5.4%，创近25年来的纪录。

远东渔业区域捕捞量达到345万吨，增加了11.5%，太平洋鲑鳟鱼捕捞量为67.6万吨，几乎是上年的两倍。北方作业区捕捞量同比增长1.7%，为57.5万吨。西部水域的捕捞量为8.01万吨，同比增长6.4%。亚速海—黑海水域捕捞量为 7.43 万吨，下降 17.3%。伏尔加河—里海水域的捕捞量为 6.78 万吨，下降 5.7%。

俄罗斯渔船在外国水域、公约区和公海水域捕获的水生生物资源为 70.7 万吨，减少了 11.6%。

（二）工业

2018 年，在俄境内新注册成立的企业数量为 31.7 万家，同比减少 18.9%；停止在俄业务的企业数量为 63.3 万家，同比增加 4.3%。

2018 年，俄工业生产增长 2.9%，其中采矿业增长 4.2%，制造业增长 2.6%，电力、燃气和蒸汽供应领域增长 1.6%，供水和排污领域增长 2.0%，加工业增长近 3.0%（汽车工业增长 16.0%），制造业增长 2.6%。

石油和天然气凝析油产量达 5.5584 亿吨，同比增长 1.6%，日均产量为 1116 万桶。俄罗斯石油公司生产石油 1.9421 亿吨，卢克石油公司生产 8210 万吨，苏尔古特石油天然气公司生产 6089 万吨，俄天然气工业股份公司生产 3949 万吨，鞑靼斯坦石油公司生产 2953 万吨，巴什科尔托斯坦石油公司生产 1895 万吨，斯拉夫石油公司生产 1381 万吨，诺瓦泰克公司生产 763 万吨，罗斯石油公司生产 711 万吨，有外资的合资公司等其他企业生产石油 8144 万吨。

天然气产量达 7251.7 亿立方米，同比增长 4.9%。

2018 年，俄罗斯煤炭产量达到 4.33 亿吨，增加 6%；黄金产量为 314.42 吨，同比增长 2%；白银产量将近 1120 吨，增长 7%。

（三）建筑业

2018 年，俄罗斯施工面积 5.84 亿立方米，竣工面积 1.32 亿立方米，新建住房 7570 万平方米，同比减少 4.9%。2018 年俄罗斯住房建设规模仅在前 4 个月增长，后 8 个月连续下降。

（四）金融财经

2018 年，俄联邦预算收入为 19.455 万亿卢布，是法定预算总收入的 102.7%；预算支出为 16.709 万亿卢布，占法定联邦预算总支出的 99.4%；预算盈余达 2.745 万亿卢布（约合 439 亿美元），占当年 GDP 的 2.7%。

截至 2019 年 1 月 1 日，俄外债规模为 4537 亿美元，同比减少 12.4%，为近 10 年来最低水平。法人和家庭的债务减少对俄外债减少的贡献率最大，2018 年共减少 320 多亿美元。俄罗斯银行外债继续缩减，同时，在账户上出口收入和货币积累增加背景下，银行的外国资产增长。然而 2018 年俄罗斯资本净流出额同比增长 3 倍，为 760 亿美元。

截至 2019 年 1 月 1 日，俄外汇储备为 4669 亿美元，同比增长 8.3%；俄罗斯政府的官方黄金储备约为 2066.2 吨，同比增长 18.19%，居全球第五位。

2018 年卢布对外币的名义汇率下跌 8.2%，其中，对美元名义汇率下跌 13.0%，对欧元名义汇率下跌 9.5%；卢布对美元的实际有效汇率下降 10.8%，对欧元的实际有效汇率下降 6.9%。

（五）交通运输

俄铁路营业里程 8.6 万公里，其中电气化铁路 4.4 万公里。硬质路面公路里程 117.1 万公里，内河航道里程 10.1 万公里，管道里程 7.1 万公里。

2018 年，铁路货运周转量达 2.598 万亿吨公里，较上年增长 4.2%。俄罗斯铁路公司装载量为 12.89 亿吨，与上年相比增加 2.2%。

铁路装载煤炭 3.749 亿吨，较 2017 年增长 4.6%；装载焦炭 1130 万吨，增长 0.8%；装载石油和石油产品 2.440 亿吨，增长 0.4%；装载铁矿石和锰矿石 1.167 亿吨，增长 5.7%；装载黑色金属 7810 万吨，增长 7.0%；装载黑色金属废料 1600 万吨，增长 1.4%；装载化肥和矿物肥料 5920 万吨，增长 3.7%；装载水泥 2510 万吨，同比减少 6.5%；装载木材 4570 万吨，增长 5.6%；装载粮食 2710 万吨，增长 22.6%；装载建筑货物 1238 亿吨，减少 6.8%；装载有色和硫黄原料矿石 1970 万吨，减少 2.8%；装载化学剂和纯碱 2640 万吨，增长 1.0%；装载工业原料和成型材料 3540 万吨，减少 3.2%。

公路运输的商业货物周转量为 1395 亿吨公里，同比增长 5.0%。

全俄港口吞吐量达 8.165 亿吨，同比增长 3.8%。其中，固体货物 3.874 亿吨（增长 3.8%），液体货物 4.291 亿吨（增长 3.9%）；出口货物 6.238 亿吨（增长 3.0%），进口货物 3730 万吨（增长 3.2%）。

同期，远东港口吞吐量达 2.005 亿吨，同比增长 4.5%，其中，固体货物 1.255 亿吨（增长 6.8%），液体货物 7500 万吨（增长 1.0%）。吞吐量增长的港口为瓦尼诺港（2950 万吨，增长 0.9%）、纳霍德卡港（2430 万吨，增长 0.1%）、符拉迪沃斯托克（海参崴）港（2120 万吨，增长 24.7%）和德卡斯特里港（1260 万吨，增长 16.7%）；吞吐量下降的港口为普里戈罗德诺耶港（1700 万吨，减少 2.1%）和波西耶特港（710 万吨，减少 7.7%）；东方港吞吐量为 6370 万吨，与上年持平。

（六）对外贸易

2018 年，俄罗斯对外贸易额达到 6875 亿美元，同比增长 17.5%。其中出口额 4493 亿美元，同比增长 25.6%；进口额 2382 亿美元，同比增长 4.7%；外贸顺差 2111 亿美元。出口在贸易总额中所占比重达到 65.4%，出口量增长 6.3%，达 11.2 亿吨；进口量下降 3.1%，为 1.34 亿吨。

俄罗斯出口商品结构仍以碳氢化合物等原材料商品为主，2018 年，成品油出口同比增长 1.1%，达到 1.5 亿吨；天然气出口约 2450 亿立方米，增长 9.3%，管道天然气供应量增长 4.1%，液化天然气出口量增长 70.0%。俄向非独联体国家供应天然气 2010 多亿立方米。

不过，非原料出口也在强势增长，2018 年的出口额增长 19.5%，达 2350 亿美元。非原料非能源出口增长率为 11.7%，出口额为 1493 亿美元，创历史纪录。

欧盟是俄主要贸易伙伴，在俄外贸总额中欧盟占 42.8%，双边贸易额达 2942 亿美元，增长 19.3%，其中，出口额增长 28.3%，进口额增长 2.7%。亚太地区国家贸易额占俄罗斯外贸总额的 31.0%，为 2132 亿美元，增长 19.8%。

2018 年，俄罗斯成为与中国贸易的净出口国。中国与俄罗斯双边贸易额增长 27.1%，超过 1070 亿美元，创历史新高，这是首次突破 1000 亿美元大关。其中，中国对俄出口增长 12.0%，超过 479.7 亿美元。中国自俄进口增长 42.7%，达到 590.8 亿美元。中国对俄出口的主要产品是机电产品，主要进口产品是石油、煤炭和木材。2018 年中国自俄进口燃料和石油达到 410 亿美元，同比增长 63.0%；自俄石油进口量增长 20.2%。在中国与俄罗斯的贸易中，燃料和石油所占比重为 73.5%。

（七）批发零售

2018 年，俄批发贸易额为 8.01 万亿卢布，同比增长 3.8%；零售贸易额为 31.58 万亿卢布，同比增长 2.8%。在零售贸易结构中，食品类（包括饮料和烟草制品）占比 47.7%，非食品类占比 52.3%。

（八）固定资产投资

2018 年，俄罗斯名义固定资产投资额预计为 17.595 万亿卢布，增长 9.8%，实际增长了 4.3%。增幅高于政府的预测（俄罗斯经济发展部预计 2018 年投资增长率为 2.9%）。然而，与上年实际增长 4.8% 相比，2018 年俄罗斯经济投资增长速度有所放缓。

二 社会发展

2018 年 5 月，全俄社会舆论研究中心调研结果显示，超过 80% 的俄罗斯公民感到幸福。其中青年人（18～24 岁受访者中的 87%）和高收入群体比老年人（60 岁及以上受访者中的 79%）和低收入群体感到更加幸福。俄罗斯公民总体持乐观积极的生活态度，家庭和健康是幸福感的主要来源。

（一）人口状况

2018 年，俄罗斯全国总人口为 1.468 亿，人口全年减少 0.07%；城市人口 1.093 亿，占总人口的 74%；农村人口约 3750 万，占比为 26%；男性占比为 46%，女性占比为 54%。

（二）居民收入

2018 年，俄工资实际增长 6.8%，居民的实际收入小幅增长 0.3%，但该指标考虑到 2017 年 1 月起向养老金领取者一次性支付 5000 卢布。在不考虑一次性支付的情况下，2018 年俄罗斯居民人均实际可支配收入（经通货膨胀和强制性缴费调整后的收入）下降了 0.2%，这是俄罗斯居民实际收入连续第 5 年下跌。俄经济发展部报告指出，导致 2018 年俄罗斯居民实际可支配收入下降 0.2% 的主要因素是银行存款收入减少、房地产税增加、抵押贷款还款增加。不过最低工资标准提高、有子女家庭补偿增加、预算内工资提高等也为低收入群体增加实际可支配收入提供了保障。2018 年，俄罗斯收入低于最低生活标准的贫困人口减少至 1890 万人，贫困率降低至 12.9%，为近 5 年来最低水平。

2018 年，俄罗斯收入最高的几个地区分别是亚马尔－涅涅茨自治区、楚科奇自治区和涅涅茨自治区；收入最低的是达吉斯坦共和国、卡拉恰伊－切尔克斯共和国以及中央联邦区内的几个共和国。不计个人所得税，4.4% 的公民每月收入超过 10 万卢布，收入中位数为每月 2.69 万卢布。在收入最高的亚马尔－涅涅茨自治区，约 27% 的居民月收入超过 10 万卢布，2017 年这一高收入人群在当地所占比例为 24%。排名第二的楚科奇自治区高收入居民比例为 26%。排在第 3 位和第 4 位的分别是涅涅茨自治区和马加丹州。高收入人群比例最低的地区为阿迪格共和国，仅为 0.59%。莫斯科此次排名较 2017 年下跌了两位，位居第五，其高收入人群比例为 17.6%。

2018 年，俄居民平均存款额大幅增长。2017 年俄居民平均存款额增长 1%，2018 年涨幅达 8%，俄居民平均存款额超过 68.25 万卢布。这主要与 2018 年底俄央行基准利率上调有关，另外也受俄居民工资实际收入提高、卢布汇率下跌等因素的影响。2018 年 12 月 1 日，俄居民存款总额达 27.2 万亿卢布，其中外币储蓄总额为 5.9 万亿卢布。

（三）消费价格

2018 年，俄全年通货膨胀率为 4.3%，超出政府预期（此前俄央行预计通胀率为 4.2% 左右，俄第一副总理兼财长西卢安诺夫预计为 4%～4.1%）。2018 年俄罗斯消费物价指数累计同比上涨 2.5%，食品价格上涨 4.7%，非食品价格上涨 4.1%，服务价格上涨 3.9%。与此同时，部分食品的价格涨幅远高于平均水平。例如，砂糖价格上涨 28.3%，鸡蛋上涨 25.9%，肉类和家禽上涨 9.7%，水果和蔬菜上涨 4.9%。相比之下，米类价格平均涨幅仅为 1.2%。在非食品类产品中，烟草产品价格上涨 10.1%，汽油上涨 9.4%，药品上涨 4.6%。住房和公共服务收费平均上涨 3.7%，客运票价上涨 4.3%，长途列车票价上涨 11.6%。

（四）就业与失业

2018 年底，俄正式登记的失业人数约为 67.3 万人，失业率降至历史低位，为 4.8%。在俄罗斯的所有联邦主体中，楚科奇自治区

15~72 岁群体就业率最高，达 77.2%。排第 2 名至第 5 名的地区分别是亚马尔－涅涅茨自治区（75.6%）、莫斯科市（74.6%）、圣彼得堡市（73.7%）以及马加丹州（73.0%）。就业率最低的地区分别为库尔干州（55.0%）、达吉斯坦共和国（54.7%）、印古什共和国（54.0%）、卡拉恰伊－切尔克斯共和国（50.0%）以及图瓦共和国（49.5%）。

2018年日本经济社会发展报告

2018年，日本经济和社会稳步发展。尽管受到地震、酷暑和暴雨等异常自然灾害影响，个人消费低迷，GDP增长没有实现预期目标，但在安倍经济学继续实施的背景下，日本经济延续弱势复苏态势，并在年末创下二战后景气恢复期最长纪录。与此同时，迫于美国压力和发展本国经济的需求，日本对外交往出现许多新变化。为适应全球化发展，应对全球经济形势变幻莫测和贸易保护主义抬头的挑战，日本不断调整对外政策，加强与周边国家的交流与合作，扩大进出口贸易规模，与中国的人文交流与经济往来也更加紧密。

一　经济发展

（一）宏观经济

2018年日本经济保持恢复性增长，但经济运行波动较大。第一季度GDP下降0.4%，这是自2015年第四季度以来日本经济首次出现负增长。主要原因就是内需不振。第二季度虽然明显恢复增长，但第三季度因自然灾害频发，内外需双双下降，GDP再次出现负增长。第四季度，由于灾区重建拉动内需，GDP再度恢复增长。但总体来看，日本2018年实际GDP比上年增长0.7%。

从主要指标看，贸易收支盈余收窄、大型企业信心恶化、通胀回升缓慢。2018年度国民所得比上年同期增加0.8%，连续7年增加。其中，雇佣者报酬同比增加3.0%，连续6年

增加，财产所得同比增加5.9%，企业所得同比增加6.6%。劳动分配率为70.4%，时隔2年提高。家庭储蓄时隔2年增加。家庭最终消费支出增加，但家庭可支配收入超过最终消费支出，与上年度相比增加了5.3兆日元。家庭储蓄率为4.0%，时隔2年提高。从支出情况看，名义GDP同比增加0.1%，连续7年增加；实际GDP同比增加0.3%，连续4年增加。

失业率处于低位，物价水平回升。2018年平均完全失业率为2.4%，比上年下降了0.4个百分点，连续8年下降。完全失业人员166万人，比上年减少24万人，连续9年减少。8月，日本消费者物价指数（CPI）为101.6（以2015年100为基准计算），高于上月101的水平，环比增长0.6%，同比增长1.3%，价格水平有所回升，但距离日本央行设定的CPI年度增长2%的"价格稳定性目标"仍有一定距离。从货物和服务价格分项看，货物价格同比增长2.1%，服务价格同比增长0.5%，货物价格增速快于服务价格。从10项主要商品分类看，8月食品价格同比上涨2.1%，能源水电价格同比上涨3.4%，交通住宿价格同比上涨2.0%，文化娱乐价格同比上涨1.6%，这几项商品成为带动价格上涨的主要力量；住房、家具、服装鞋帽价格有所下降，其他类商品价格均有不同程度的上升。

对外贸易增长稳健。2018年日本货物进出口额为14865.7亿美元，比上年增长8.5%。其中，出口7382.0亿美元，增长5.7%；进口7483.7亿美元，增长11.3%。贸易逆差101.7

亿美元，下降 138.8%。

2018 年日本一般会计税收 60.4 兆日元，为泡沫经济以来的最高水平。这是提高消费税以来在景气恢复背景下，所得、收益改善的结果。通货膨胀率因 2010 年税制改革提高，中期呈上升基调。2018 年经常收支 19 兆 2222 亿日元，比上年减少 13.0%。

（二）消费者物价

2018 年平均消费者物价指数为 101.3（以 2015 年 100 为基准计算），比上年同期增加 1.0%，连续两年增加。其中，除去生鲜食品的

综合指数为 101.0，比上年增加 0.9%。除去食品及能源的综合指数为 101.0，比上年增加 0.4%（见表1）。

从十大项目指数与上年的比较看，食物 103.9，比上年提高 1.4%；居住 99.6，比上年下降 0.1%；煤电及自来水费 99.0，同比增加 4.0%；家居用品 98.0，同比下降 1.1%；服装及鞋类 102.2，同比增加 0.1%；保健医疗 103.3，同比增加 1.5%；交通通信 99.6，同比增加 1.4%；教育 102.7，同比增加 0.4%；文化娱乐 102.1，同比增加 0.8%；各类杂费 101.4，同比增加 0.5%。

表1 2016～2018 年日本平均消费者物价指数增长率

单位：%

	增长率		
	2016 年	2017 年	2018 年
综合指数	0.1	0.5	1.0
除去生鲜食品的综合指数	0.3	0.5	0.9
除去食品及能源的综合指数	0.6	0.1	0.4

资料来源：根据日本总务省统计局发布的 2018 年数据整理。

从十大项目指数贡献率看，食品、居住、煤电及水费、家具家居用品、服装及鞋类、保健医疗、交通通信、教育、文化娱乐、各类杂费分别贡献了 0.38、-0.02、0.28、-0.04、0.01、0.07、0.20、0.01、0.08 和 0.03。从不同商品的价格指数看，汽油和服务费中的诊疗费增加，增加的商品数量约占总数的 60.3%。其中，汽油、电费分别增加了 12.2% 和 4.5%。从地区指数看，北海道地区增加了 1.7%。从家庭主属性和商品特性指数看，70 岁以上的高龄者同比增加了 1.2%，65 岁以上无职业家庭指数同比增加了 1.2%，基础支出项目指数同比增加了 1.8%。

（三）制造业

日本经济产业省对总体形势评估后认为，日本总体来看生产呈现回暖之势。2018 年工矿业生产指数（以 2015 年 100 为基准计算）比

上年增加 1.0%。其中，生产指数 104.1，较上年增加 1.0%；出货指数 102.9，较上年增加 0.7%；库存指数 100.7，较上年增加 1.9%，库存率较上年增加 4.3 个百分点。从各业种看，钢铁及非铁金属工业、情报通信工业、通用·生产用·业务用机械工业的生产和出货指数提高；汽车工业，运输机械工业，无机及有机化学工业，石油煤炭工业，纸浆、纸加工工业，食品、烟草工业，纤维工业的生产和出货指数下降。

从 12 月工矿业出货指数看，普通轿车和汽油炉等耐久消费资材与上年同期相比增加 1.2%，贡献了 43.6%；轻油和锅炉零件等生产资材比上年同期增加 0.1%，贡献了 17.4%；防晒化妆品、乳液、化妆水等非耐久消费资材同比减少了 2.0%，贡献了 -107.2%。

2018 年新设住宅开工数 95.3 万户，比上年增加了 0.7%，继 2013 年度和 2016 年度之后

再次居第三位。房产同比增加 2.0%，为 28.7710 万户，出租房同比增加 4.9%。商品房 26.7175 万户，增加 7.5%。其中，公寓 11.9683 万户，增加了 10.5%，时隔 3 年增加。一户建住宅 14.4905 万户，同比增加 5.1%，连续 4 年增加。

2018 年度住宅投资预算比上年同期增加了 2.1%，为 14.8 兆日元。其中，房产增加了 2.8%，为 6.7 兆日元。

（四）第三产业

2018 年在 GDP 中占了 70% 的第三产业进一步发展。2018 年商业销售额同比增加 3.4%，连续 2 年增加。批发零售业同比增加 4.2%，小商品销售额同比增加 1.7%，连续 2 年增加。百货商店、超市销售额止步不前。百货商店同比减少 1.7%，连续 3 年减少。超市连续 8 年增加，为 0.9%。家电专卖店等大型专卖店年销售额比上年增加 2.1%，连续 2 年增加。

2018 年 12 月第三产业（服务产业）活动指数为 106.2，比上月下降 0.3%，连续 2 个月下降。这一状况主要是受到消费税提高的影响。批发业、零售业的第三产业活动指数为 108.7，比上月下降了 0.7%，连续 2 个月下降。电气、煤气、供热和水道业活动指数提高，但是与生活娱乐相关的服务业活动指数下降，导致 12 月的第三产业活动指数下降。

广义的对个人服务指数为 105.9，增加了 0.7%；广义的对实业服务指数为 105.5，增加了 1.2%。与观光相关的产业活动指数为 110.3，比上月增加 0.4%，连续 4 个月增加。与饮食相关的产业活动指数为 101.0，比上月下降 0.6%，时隔 3 个月下降。此外，2018 年，与生活相关的服务指数虽然因为医疗、福祉等方面提高，但是又因为与生活娱乐有关的服务业下降，所以与上月比下降了 0.5%。总体来看，因为金融业、保险业和批发零售业提高，2018 年第三产业活动指数比上年增加了 1.0%。

（五）农林渔业

据日本农林水产省统计，农村的农业家庭人口 418 万人，占总人口的 3.3%。其中，女性人口 209.5 万人，65 岁以上的高龄人口 182.1 万人。65 岁以上人口占农业家庭人口的 43.6%，占比继续增加，大大高于 65 岁以上的高龄人口在总人口中所占的比重。卡路里自给率 37%，生产自给率约 66%，饲料自给率 25%。主要农产品大米人均年消费量 53.8 公斤，小麦 32.4 公斤，肉类 33.5 公斤，乳制品 95.7 公斤，豆类 8.8 公斤，油脂类 14.2 公斤。

农业就业人口 175.3 万人，比上年减少了 6.3 万人，平均年龄 66.8 岁，比上年提高了 0.1 岁，基干农业从业人员 145.1 万人，比上年减少了 5.6 万人，平均年龄 66.6 岁，与上年一样。

从农业生产情况看，耕地面积 442.0 万公顷，比上年减少了 0.54%，2018 年水田播种面积 240.5 万公顷，比上年减少了 0.5%，耕地利用率为 91.6%。

每个农业经营体平均耕地 2.99 公顷。每个销售农户耕地面积 2.46 公顷。从农户数量看，主业农户 25.2 万户，比上年减少了 1.6 万户；副业农户 72.5 万户，比上年减少了 0.2 万户。

从主要农作物生产量看，水稻播种面积 147 万公顷，收获 778 万吨；小麦播种面积 21.2 万公顷，收获 76.5 万吨；大豆播种面积 14.7 万公顷，收获 21.1 万吨。此外，奶牛饲养户 1.57 万户，饲养 132.8 万头；肉牛饲养户 4.83 万户，饲养 251.4 万头；猪饲养户 0.447 万户，饲养 918.9 万头。

2018 年，日本农林水产品进口总额 96688 亿日元。其中，农产品进口总额 66220 亿日元，林产品进口总额 12558 亿日元，水产品进口总额 17910 亿日元。同期，日本农林水产品出口总额 9068 亿日元。其中，农产品出口总额 5661 亿日元，林产品出口总额 376 亿日元，水产品出口总额 3031 亿日元。为确保农业用工和收入，构筑人们安心定居的农村社会体系，农林水产省加速农林渔业生产和加工的一体化改革，促进农林渔业的第6次产业化。

（六）对外经济

2018年3月，在美国退出TPP的情况下，日本主导各方签署了《全面与进步跨太平洋伙伴关系协定》（CPTPP），并力促年底生效，表明其反对贸易保护、维护自由贸易的立场和决心。2018年7月，日本与欧盟签署了《日欧经济合作协定》（EPA），积极参与《中日韩自由贸易协定》（FTA）、《区域全面经济伙伴关系协定》（RCEP）等多边贸易谈判。积极发展和强化对外经贸关系，谋求在全球价值链重构中的主动权。与此同时，日本修正对华政策，改善中日关系，加强同中国的经济合作。进入2018年，日本各界对"一带一路"倡议的态度发生积极变化，并开始进入务实性探讨和初步合作阶段。2018年5月，李克强总理访问日本，中日两国签署了《关于中日第三方市场合作的备忘录》，并统一设立有关推进中日第三方市场合作工作机制，举办"中日第三方市场合作论坛"，以推动两国企业在第三方开展合作。2018年10月，安倍首相时隔7年正式访华，中日双方在北京召开了首届"中日第三方市场合作论坛"并签署了52项合作协议，金额达180多亿美元，第三方市场合作协议涉及基础设施、金融、物流、能源环保、产业升级、现代农业、电子商务等多个领域，开启了中日经贸合作的新时代。

2018年日本货物进出口额为14865.7亿美元，比上年（下同）增长8.5%。其中，出口7382.0亿美元，增长5.7%；进口7483.7亿美元，增长11.3%。贸易逆差101.7亿美元，下降138.8%。分国别（地区）看，2018年中国、美国和韩国是日本前三大出口贸易伙伴，出口额分别为1439.9亿美元、1400.6亿美元和525.1亿美元，其中对中国和美国出口分别增长8.4%和3.9%，对韩国出口下降1.5%，分别占日本

出口总额的19.5%、19.0%和7.1%。

2018年日本对华出口额增长8.4%，显著高于其总出口增速，也高于对华进口增速，中国在日本对外出口中占19.5%，成为日本最大的出口对象国。主要出口产品是机电产品、化工产品和运输设备，出口额分别为620.1亿美元、165.2亿美元和139.2亿美元，增长10.3%、18.5%和11.7%，占日本对中国出口总额的43.1%、11.5%和9.7%。

日本自中国进口的主要商品为机电产品、纺织品及其原料和家具玩具，进口额分别为789.0亿美元、218.8亿美元和107.5亿美元，分别增长4.7%、2.0%和1.3%，分别占日本自中国进口总额的45.5%、12.6%和6.2%。

从投资合作看，2018年日本对中国、韩国和俄罗斯的直接投资分别为112.17亿美元、49.93亿美元、4.78亿美元，对中国的投资比上年有所减少，但日本仍保持最大投资国地位，对韩国的直接投资大幅增加，比上年增加了近3倍，对俄罗斯的直接投资是上年的2倍。自中国的直接投资7.9亿美元，但是比起上年的9.85亿美元略有回落。自韩国的直接投资19.49亿美元，在上年11.33亿美元过两位数的基础上继续增加，创下历史纪录。自俄罗斯的投资200万美元，比上年回落一半，再次回到2014年的水平。另日本财务省发布数据显示，2018年日本对中国制造业直接投资主要集中在运输机械、一般机械、电气机械等领域，非制造业主要是小商品批发零售业、金融业和服务业；对韩国制造业投资主要是化学医疗、电气机械工具、铁、非铁金属等，对非制造业投资主要是批发零售业、建筑业和通信业、金融业等。从日本吸引各国投资看，自中国的投资主要集中在电机、电子、机械装置及医疗精密行业，非制造业为不动产业、金融业、保险业，比上年增加了3.4倍。自韩国的投资主要集中在化学医疗行业、通信业、金融业、保险业。据韩国银行数据，不动产业4.93亿美元，通信业3.03亿美元，金融业和保险业2亿美

元，比上年增加了 57.0%，为 13.12 亿美元。

二　社会发展

（一）人口状况

2018 年 10 月 1 日统计显示，日本总人口是 1.26643 亿人，比上年减少 26.3 万人，减少 0.21%（见表 2）。其中，日本人 1.24218 亿人，比上年同期有所减少，连续 8 年下降。自然增减人口一项连续 12 年自然减少，降幅继续扩大。其中，男性人口连续 14 年下降，女性连续 10 年下降。从社会增减人口情况看，连续 6 年增加。其中，日本人时隔 2 年减少，连续 6 年下降。外国人连续 6 年增加。65 岁及以上人口比例持续提高，占全国人口比例超过 28.1%，创历史新高。此外，不满 15 岁的人口 1541.5 万人，比上年减少 17.8 万人，创历史

新低。15～64 岁人口 7545.1 万人，比上年减少 51.2 万人。65～70 岁人口 3557.8 万人，比上年减少 42.6 万人。71～75 岁人口 2621 万人，比上年增加 97.9 万人。75 岁以上人口 1797.5 万人，比上年增加 49.3 万人。

从都道府县人口情况看，东京都等 7 个都县人口增加，只有冲绳是自然增加。其中，人口增减率显示增加的为 7 个都县，东京都增加了 0.27%，最高，其次为冲绳，增加了 0.31%。40 个道府县人口显示为减少，秋田县、青森县等 6 个县人口减少超过了 1%。与上年相比，人口增加率扩大的是冲绳县、神奈川县，没有变化的是埼玉县，缩减的是东京都、爱知县、千叶县和福冈县。44 个都道府县 75 岁以上人口占总人口比例超过了未满 15 岁人口占总人口比例。

表 2　2014～2018 年日本年总人口推移情况

单位：%，千人

年份	总人口	纯增减人口		自然增减人口	社会增减人口	日本人	外国人
		增减人口	增减率				
2014	127237	-177	-0.39	-252	36	-23	60
2015	127095	-142	-0.11	-275	94	-1	95
2016	126933	-162	-0.13	-296	134	-2	136
2017	126706	-227	-0.18	-377	151	4	147
2018	126443	-263	-0.21	-424	161	-3	165

注：各项数据为每年 10 月 1 日统计数据。

资料来源：根据日本总务省统计局发布数据整理。

（二）家庭收入和支出

2018 年平均速报结果概要显示，全部家庭中（平均成员 2.33 人，家庭主平均年龄 59.3 岁）劳动者家庭月均收入 492594 日元，名义增长率与上年一致，实际则少 1.2%。单亲劳动者家庭实际月均收入 330867 日元，名义比上年减少 4.2%，实际减少 5.3%。

具体来看，全部家庭中的家庭主收入

393928 日元，定期收入 324962 日元，临时收入 68965 日元，名义分别减少了 1.0%、0.9% 和 1.4%。

两人以上家庭中的劳动者家庭月均实际收入 558718 日元，名义比上年增加 0.6%。其中，家庭主收入 426035 日元，定期收入 348402 日元，名义分别减少 0.2% 和 0.7%。但家庭主的临时收入及赠予以及配偶收入的增加使得整体收入增加。名义经营收入和社会保障收入分

别减少了2.8%和1.4%。单亲家庭的家庭主收入、定期收入和临时收入、其他经营收入的名义增减率分别为 - 4.6%、- 2.4%、- 16.9%和 - 0.9%。

全部家庭的月均支出246399日元，实际减少1.0%，时隔5年再次减少。两人以上家庭的月均消费支出287315日元，名义比上年增加0.8%，实际比上年减少0.4%。从两人以上家庭消费支出项目看，食物、煤电费、服装及鞋类、文化娱乐、其他消费支出减少，分别为79348日元、22020日元、11384日元、29083日元和50087日元，分别比上年减少了1.5%、2.3%、1.6%、2.4%、2.7%。

居住、家居用品、保健医疗、交通通信、教育等5项项目支出增加，分别为16920日元、11094日元、13328日元、42264日元、11788日元，分别增加了1.3%、2.8%、0.7%、3.8%和5.4%。

单亲家庭的月均支出162833日元，名义同比减少1.2%，实际减少2.4%。

（三）就业状况

由表3可知，2018年平均完全失业率2.4%，比上年下降了0.4个百分点，连续8年下降。完全失业人员166万人，比上年减少24万人，连续9年减少。从完全失业率看，男性为2.6%，下降了0.4个百分点；女性为2.8%，下降了0.3个百分点。

表3　2016～2018年日本就业状况

单位：万人，%

年份	2016	2017	2018
就业者	6440	6581	6664
完全失业率	3.1	2.8	2.4

资料来源：根据日本总务省统计局发布数据整理。

年均就业率60.0%，比上年增加1.2个百分点，连续6年提高。其中，男性就业率69.3%，提高了0.9个百分点，女性就业率51.3%，提高了1.5个百分点。15～64岁人员

就业率76.8%，提高了1.5个百分点。其中，男性就业率83.9%，提高了1.0个百分点，女性就业率69.6%，提高了2.2个百分点。65岁及以上人员就业率24.3%，提高了1.3个百分点。其中，男性就业率33.2%，提高了1.4个百分点，女性就业率17.4%，提高了1.1个百分点。年均正规职员、雇员3485万人，比上年增加53万人，连续4年增加。非正规职员、雇员2120万人，增加了84万人，连续5年增加。从正规职员、雇员情况看，男性2347万人，增加29万人，女性1138万人，增加24万人。其中15～64岁的3374万人，增加51万人，65岁及以上的111万人，增加2万人。从非正规职员、雇员情况看，男性669万人，增加22万人，女性1451万人，增加62万人。15～64岁的1762万人，增加42万人，65岁及以上的358万人，增加42万人。非正规职员、雇员占干部以外的雇佣者的37.8%，同比增加了0.6个百分点。年均非劳动力人口4263万人，比上年减少119万人，连续6年减少，其中65岁及以上的减少10万人。2018年劳动力人口增加，就业者人口增加，失业人口减少。从景气恢复面看，在2017年劳动力人口增加、失业率下降的基础上，继续保持向好态势。人口减少及老龄化使潜在劳动力人口减少，有助于改善就业率和失业率。在失业率降低的背景下，就业率提高，离职率下降。尤其是制造业离职率趋稳，同时，吸收劳动力人口较多的服务业就业率提高。由于以女性和高龄者为中心的劳动参加率提高，劳动时间缩短，就业者中的男性劳动总供给减少。加之短期劳动者增加，宏观劳动生产性增长困难。

（四）教育发展

在少子高龄化和全球化背景下，日本积极构建"社会5.0"，推进教育改革。充实初、高等教育，振兴私立教育，综合推进科技学术综合政策实施。文部科学省2018年科学白皮书专门提到要绘制面向2040年的高等教育运动场设

计图。在地震、暴雨和酷暑等自然灾害频发的背景下，加强教育设施耐震对策和防灾教育等的研究开发。减轻家庭负担，落实减负政策，推动实施高等教育支援制度等。2018 年 5 月统计数据显示，日本现有国立、公立和私立学校 56824 所，学生 18799367 人，教师 1970126 人。

人均学费调查显示，2018 年公立幼儿园人均学费同比减少 4.4%，私立幼儿园增加 9.4%，公立小学减少 0.3%，私立小学增加 4.6%，公立中学增加 2.1%，私立中学增加 6.0%，公立高等学校增加 1.4%，私立高等学校减少 6.8%。

2018 年 25 ~ 64 岁人口半数以上接受了高等教育，超过经合组织（OECD）平均水平 13 个百分点。但是成人及留学生的比例较低。短期高等教育和后期中等教育的就学率均为 81%。日本入学制度特点是选拔性比较强。

（五）旅游发展

2018 年日本继续推进"观光立国"政策的落实，并将"加强与近邻诸国的关系"作为东北亚外交关系的基轴，不断扩大同东北亚国家的旅游交流与合作。日本国家旅游局（JNTO）为促进旅游商品促销活动，2018 年 10 月 27 日在中国苏州举办了第八届中日韩旅游部长会议，三国共同达成"至 2020 年二国间人员往来规模达到 3000 万人次"的交流目标。三国旅游部长签署共同声明。8 月 31 日第十次中日韩文化部长会议在哈尔滨召开，日本文部科学大臣林芳正出席会议。中日韩文化部长会议作为三国间重要的协商框架，为三国定期交换意见提供了平台，也促成了中日韩第四次文化交流和合作，促进中日韩文化合作迈入深入实践阶段。

10 月 25 ~ 26 日，在北京举办了首届中日第三方市场合作论坛，中日两国经济界人士 1000 人参加，在交通运输分科会上追加了观光内容，共同探讨了观光合作问题。为实现 2018 ~ 2019 年俄日观光交流年计划，年初两国首脑会谈达成了"至 2023 年访日俄罗斯人和访俄日本人各 20 万，总计 40 万"的目标，共同推动双向旅游交流。日本旅行业协会（JATA）积极推动与俄罗斯的观光交流，为实现倍增计划，设置了"扩大日俄交流工作组"，JATA、JNTO 等均派成员参加，官民并举地推动工作，并提出举办"中日第三方市场合作论坛"。尽管 2018 年，日本旅游业受到地震、酷暑和暴雨等自然灾害影响，但是在展现观光资源的魅力、创新观光产业、提高国际竞争力以及为旅行者创造满足需求、舒适的旅游环境的政策目标下，旅游业仍保持较快发展。

2018 年访日外国游客 3119 万人，首次突破 3000 万人，增长了 8.7%。访日外国游客中，亚洲游客 2637 万人，占全体的 84.5%。其中，中国游客 838 万人，占全体的 26.9%，韩国游客 754 万人，占全体的 24.2%，俄罗斯 9 万人，占全体的 0.3%。旅游消费总额 4.5 万亿日元，创历史新高。其中，中国大陆游客消费占 34.1%（人均消费额为 22 万日元），韩国占 13.0%，俄罗斯占 0.4%。

2018年韩国经济社会发展报告

2018年，平昌冬奥会的成功举办开启了韩朝对话之窗，三场"文金会"加速了半岛和平进程，让世界聚焦韩国。同时，韩国社会也经历了"Me Too"运动席卷全国、首尔房价飞涨、政府降温炒房并实施52小时周工时制等热点事件。经济方面，全年GDP增速2.7%，未能实现连续两年突破3%的目标，创6年来新低。汽车、造船等韩国传统支柱行业经历了通用韩国工厂关闭、主要船企工厂关停等事件，建筑业和基础设施投资也表现低迷。此外，个人消费、政府开支拉动经济增长，加上5G商用服务开启，互联网及金融科技领域创业活跃，尽管经历了"任重道远"的一年，这些经济亮点仍在一定程度上提振了韩国民众对未来的信心。

一 宏观经济

韩国央行数据显示，2018年韩国GDP在剔除物价变动影响后，同比仅增长2.7%，创下2012年以来、时隔6年最低增幅的纪录，未能实现继2017年（3.1%）后经济增速连续两年突破3%的目标。具体来看，2018年第一季度GDP环比增速在上一年第四季度触底（-0.2%）后回升，增速达1.0%，但引领第一季度经济发展的民生消费不振、建设投资整体疲软，使得第二季度经济增速放缓，环比增长0.7%，同比增长2.9%。由此，2018年上半年韩国GDP实现2.8%的同比增幅，低于政府和央行的预期（2.9%）。鉴于投资、就业等领域低迷不振，韩国央行于7月将2018年1月和4月预测

的全年经济增速从3.0%下调至2.9%。第三季度经济发展亦未出现明显好转，GDP同比增幅为2.0%，为9年来的最低值。第四季度韩国经济增长3.1%，高于第三季度的同比增幅。有分析称，第四季度的回暖主要得益于政府支出的增加，推动了建筑和资本投资的增长。

从各领域来看，2018年个人消费、政府开支拉动了韩国经济增长，出口则相对疲软，建筑业和基础设施投资表现低迷。其中，消费对经济的贡献增长至7年来的最高点2.8%，财政支出同比增长5.6%，是自2007年以来最大的同比增幅。此外，由于半导体等电子设备的出口减少，出口下滑了2.2%。建筑业投资下降4%，基础设施投资也下降至9年以来的最低值1.7%，制造业增速从2017年的4.4%放缓至3.6%。整体来看，2018年韩国面临着不容乐观的经济环境，再加上中美贸易摩擦、英国脱欧等不确定性外部因素日益增加，也给韩国经济发展带来一定影响。

二 对外贸易

据韩国统计厅统计，2018年韩国进出口总额为11400.6亿美元，同比增长8.35%。其中，出口6048.6亿美元，同比增长5.43%；进口5352.0亿美元，同比增长11.85%。贸易顺差696.6亿美元，同比下降26.84%。

分国别（地区）看，中国、美国和越南是韩国出口排名前三位的国家，2018年韩国对三国出口额分别占韩国出口总额的26.8%、

12.0% 和 8.0%。中国、美国和日本是韩国进口排名前三位的国家，进口额分别占韩国进口总额的 19.9%、11.0% 和 10.2%。其中，自中国和美国进口分别增长 8.8% 和 16.0%，自日本进口下降 0.9%。2018 年韩国贸易逆差主要源于日本、德国和中东的一些产油国家。贸易顺差主要来自中国内地、中国香港和越南，2018 年顺差额分别为 556.8 亿美元、440.0 亿美元和 290.0 亿美元。

从对华贸易来看，据韩国海关统计，2018 年韩国与中国双边货物进出口额为 2686.4 亿美元，增长 11.9%。其中，韩国对中国出口 1621.6 亿美元，增长 14.1%；自中国进口 1064.8 亿美元，增长 8.8%。从进出口商品来看，机电产品、化工产品和光学医疗设备是韩国对华出口的主要产品，合计占韩国对华出口总额的 76.5%。韩国自中国进口排名前三位的商品为机电产品、贱金属及其制品和化工产品，进口额分别占韩国自中国进口总额的 47.4%、11.4% 和 10.8%。在纺织品及其原料、家具等劳动密集型产品上，中国产品继续保持优势，主要竞争对手是越南、印度尼西亚、日本等国家。

三 吸引外资

韩国产业通商资源部数据显示，2018 年韩国吸引外商直接投资（FDI）269 亿美元，连续四年超过 200 亿美元，并创下历史新高。其中，中国对韩投资同比猛增 238.9%，创下历史最大增幅。欧盟和美国的投资分别同比增长 26.9% 和 24.8%，日本则同比减少 29.4%。

从投资规模来看，欧盟对韩投资规模最大，达 89.2 亿美元，其后依次为美国（58.8 亿美元）、中国（27.4 亿美元）和日本（13.0 亿美元）。特别值得注意的是，2018 年中国对韩投资同比增长 238.9%。由此可见，随着中国产业政策的调整和《中日韩自由贸易协定》效应的显现，中国对于电气电子、机械设备、精密仪器、医疗保健、旅游和媒体内容等韩国优势产业领域的投资在持续增加。

另从投资行业来看，2018 年外商对韩国制造业投资为 100.5 亿美元，同比增长 38.9%；对服务业投资同比增长 1.4%，达 155.8 亿美元。在投资类型中，用于购买土地新建工厂的投资同比增长 27.4%，达到 200.1 亿美元，规模创下历史最高纪录；用于收购合并的投资同比减少 4.9%，为 68.9 亿美元。

韩国产业通商资源部表示，尽管 2018 年韩国国内外经济形势依旧严峻，但外商对韩直接投资规模逐渐扩大，这表明韩国经济基本面仍然稳固，也得益于韩国政府为吸引外资提供的支持。

四 就业

据韩国统计厅数据，2018 年全年韩国就业人口为 2682.2 万人，同比增加 9.7 万人，增幅创 2009 年以来新低。

从就业率来看，2018 年韩国就业率为 60.7%，同比下滑 0.1 个百分点。这是自 2009 年以来全年就业率首次出现负增长。

从各行业来看，卫生及社会福利服务业、农林渔业、信息通信业、公共行政及国防与社会保障行政等领域的就业人数有所增加，批发零售业、设施养护及租赁服务业、教育服务业就业人口减少。其中，制造业就业人数同比减少 5.6 万人。有分析称，2018 年韩国就业人数增幅收窄及劳动力人口（15～64 岁）持续减少与人口增长减速、制造业疲软、服务业结构调整等因素有关。此外，现任政府主推"收入主导型增长"的经济路线，大幅上调最低工资标准，对于用工企业尤其是中小企业打击较大。用工成本的大幅上涨直接导致雇工意愿下降。统计显示，2018 年韩国的传统招聘季——10 月的就业人口较上年同期仅增加 6.4 万人，这是自 2013 年以来 10 月净增就业人口首次少于 10 万人。

另从失业方面来看，2018 年韩国失业人数为 107.3 万人，自 2016 年以来连续 3 年超过

100 万人。全年失业率为 3.8%，同比上升 0.1 个百分点。其中，青年（15～29 岁）失业率下降 0.3 个百分点，为 9.5%。特别是 25～29 岁青年失业率为 8.8%，下降 0.7 个百分点。但若计入边打零工边找工作、备考求职等实际失业者来算，2018 年韩国的青年广义失业率仍高达 22.8%，为 2015 年开始统计以来的最高位。

整体来看，在国内外经济面临挑战的形势下，韩国青年就业、少子化、老龄化等仍是亟须解决的内部课题。尤其是就业难、购房难、高昂的育儿费和教育经费，让越来越多的年轻阶层选择"不婚不育"，这直接导致了韩国人口出生率的快速下滑。韩国统计厅"2018 年人口动向调查结果"显示，2018 年韩国总和生育率为 0.98%，创下 1970 年开始统计以来的最低值，不仅低于经合组织（OECD）成员国的平均值 1.68%，甚至连"超低出生率"的标准（1.3%）也未达到，成为全世界出生率最低的国家。

五 人均收入

韩国央行数据显示，2018 年全年韩国人均国民总收入（GNI）超过 3.1 万美元。由此，韩国人均 GNI 自 2006 年首次突破 2 万美元之后，时隔 12 年跻身 3 万美元行列。

人均 GNI 是衡量一国人民生活水平的指标，而 3 万美元被视为跻身发达国家之列的重要标准。截至 2017 年，韩国人均 GNI 排世界第 31 位。在人口 2000 万人以上的国家中，韩国继美国、日本、英国、法国、德国、加拿大、澳大利亚、意大利之后排第 9 位。由此，韩国也将成为世界上第 7 个人均收入 3 万美元以上、人口 5000 万人以上的国家。这是韩国经济取得的一个突破。

然而，部分观点指出，目前韩国面临的经济环境不容乐观。国内方面，韩国经济增速跌至低于 3% 的水平，为近 6 年来最低。国外方面，一些发达国家贸易保护主义和贸易摩擦危及世界自由贸易秩序，韩国出口对部分项目的依赖度依旧很高，且中小企业出口在对外出口中所占比重不大。在诸多挑战和考验面前，韩国仍需通过提升各行业出口竞争力，实现出口项目、出口对象和出口企业的多元化，同时开辟新的市场，以确保贸易和经济实现可持续发展。

2018年蒙古国经济社会发展报告

在国际货币基金组织、中国等的帮助下，蒙古国短期债务问题得到解决，并开始实施紧缩性预算和货币政策，这对蒙古国走出危机、恢复经济起到了关键作用。2018年，大宗商品价格上涨和国内需求状况改善，特别是煤、铜等矿产品出口收入增加，以及牛羊肉类等农产品的大量出口，加上服务业、农业、交通运输业大力发展，促使2018年国内经济状况好转，呈现加速增长态势。但是，由于不良债权规模的扩大、通货膨胀的加剧，民生的压力加重。

一 经济综合情况

2018年蒙古国国内生产总值延续了2017年的增长态势，达130.1亿美元，比上年的114.34亿美元增长13.8%。分季度来看，第一季度增长6.2%，第二季度增长6.5%，第三季度增长6.6%，第四季度增长8.1%，呈现逐季加快趋势。人均GDP为992万图格里克（简称

"图"），同比增长13.1%，扣除价格因素后，实际增长4.9%，较上年加快1.5个百分点。人均名义GDP折合4015美元，同比增长11.6%，已经接近2014年人均GDP水平，属于中等收入国家。

由表1可知，2018年，人口预估为312万人，在世界人口排名中居第138位。全国全年共有78993名婴儿诞生，其中77528名（占98.1%）在蒙古国出生，1465名（占1.9%）在海外出生。与上年相比，出生人数和死亡人数分别增加3259人（4.3%）和1518人（9.6%）。蒙古国每1000个人中平均出生24.4个婴儿，死亡5.4人，人口增长率为19‰。此外，每1000个人中出生率同比增长0.6个百分点，死亡率增长0.4个百分点，即人口净增长0.2个百分点。全国人口中约有45%居住在首都乌兰巴托。整个国家的人口相对年轻，平均年龄为27.5岁，大约59%的蒙古国居民年龄在30岁以下，而超过1/4的人口年龄在14岁以下。

表1 2014～2018年蒙古国人口情况

年份	人口（人）	男性占比（%）	女性占比（%）	人口密度（人/公里²）	人口增长率（%）
2014	2881000	49.50	50.50	1.89	1.50
2015	2976877	49.51	50.49	1.90	1.88
2016	3027398	49.49	50.51	1.94	1.70
2017	3075647	49.47	50.53	1.97	1.59
2018	3121772	49.44	50.56	2.00	1.50

资料来源：《2018年蒙古人口 蒙古有多少人口及人口增长率》，一点排行网，2018年9月7日，https://www.iddhui.com/archives/780.html。

截至 2018 年底，登记失业人数为 2.5 万人，同比下降 1.9%，比失业高峰的 2014 年的 3.7 万人下降了 48%，失业人员中女性占 53%。另有 1.03 万名在职人员也在劳动和社会服务厅登记寻找新工作，重新就业人员达 2.86 万人。

2018 年的居民消费价格上涨 6.8%，高于上年的 4.3%。占所有品类 26.1% 的食品和非酒精饮料的涨幅为 10.8%。住房、水、电和燃料涨幅为 10.5%，保健涨幅为 10.5%，娱乐和文化消费涨幅最大，为 11%，肉类价格上涨了 5%。

截至 2018 年底，蒙古国的外汇储备已经增长到 32 亿美元，同比增加 6.38%。尽管外汇储备、出口有所增加，但美元兑蒙图汇率从年初的 2448 持续下跌，全年平均汇率为 1 美元兑换 2637.35 图格里克，同比下跌 8.4%，使 2018 年成为图格里克兑美元汇率创纪录的一年。

2014~2018 年蒙古国宏观经济状况见表 2。

表 2　2014~2018 年蒙古国宏观经济状况

年份	2014	2015	2016	2017	2018
GDP 增长率（%）	7.9	2.4	1.2	5.1	6.9
人均 GDP（美元）	4181	3946	3694	3735	4015
消费价格上升率（%）	12.8	1.9	1.1	4.3	6.8
登记失业者（千人）	37.0	32.8	34.4	25.5	25.0
兑美元汇率	1818	1971	2146	2441	2637.35
货币供应量增长率（%）	13.0	4.6	19.8	30.5	22.8
贷款余额的变化（%）	16.0	6.4	6.1	9.6	26.5
不良债权比例（%）	5.0	7.4	8.5	8.5	10.5
贸易收支（百万美元）	538	872	1558	1863	1137
出口（百万美元）	5775	4669	4917	6201	7012
进口（百万美元）	5237	3798	3358	4337	5875
国家财政收支（10 亿图格里克）	868	1157	3660	1742	12
国内货物运输增长率（%）	20.1	16.1	12.5	19.1	15.1
国内铁路运输增长率（%）	2.8	8.0	8.3	8.7	13.4
成畜死亡数增长率（%）	63.0	56.0	2.3	38.8	3.0

资料来源：蒙古国国家统计局统计资料等。

二　分部门经济发展状况

（一）工业

2018 年，蒙古国工业总产值达到 15.7 万亿图格里克（约合 59 亿美元），较上年增长 21.7%，增幅减少 8.6 个百分点。其中，矿业产值增加 1.8 万亿图，增长 19.6%，占工业总产值的 72%，成为整体增长的关键驱动因素。

其中，煤炭产量首次突破 5000 万吨，创历史新纪录，同比增加 290.8 万吨，增长 6.2%；产值增加 1.6 万亿图，增长 63.1%。金属类矿产值增加 1983 亿图，增长 3.4%。铜精矿产量为 130 万吨，比上年下降 0.5%。黄金产量为 20.7 吨，比上年增长 4.1%。铁矿石产量同比增长 3.4%。2018 年，工业产品销售额 18.3 万亿图，同比增长 20.7%。其中，出口销售额 12.6 万亿图，占销售总额的 68.9%。

（二）农牧业

2018 年，蒙古国农业种植面积 50.81 万公顷，虽然较上年减少 1.62 万公顷，同比下降 3.1%，但是获得了大丰收，共收获谷物 45.38 万吨，同比增收 90.6%，其中收获小麦 42.86 万吨。此外，收获马铃薯 16.89 万吨，同比增收 38.6%；蔬菜 10.07 万吨，同比增收 22.7%；储草 120 万吨，同比增长 21.9%；饲料作物 5.11 万吨，同比减少 2.3%；油料作物收获 2.34 万吨。

截至 2018 年底，蒙牲畜存栏量共计约 6650 万头，同比增长 0.4%。与往年相比，蒙古国牲畜结构并未发生大的改变，仍以绵羊和山羊为主。绵羊 3060 万头，占 46.02%；山羊 2710 万头，占 40.75%。其他牲畜中，马 390 万匹，占 5.86%；牛 440 万头，占 6.62%；骆驼 45.97 万头，占 0.69%。其中，骆驼同比增长幅度最大，达到 5.9%，只有山羊同比下降了 0.8%。

（三）服务业

2018 年，服务业增值 3834 亿图，增长 5.3%。金融业和保险业增值 1390 亿图，增长 12.3%。全年国内货物运输同比增长 15.1%，其中，铁路运输完成货运 2570 万吨，同比增长 12.9%；运送旅客 260 万人次，同比下降 2.4%；运输收入 6165 亿图，同比增长 16.3%。航空运输货物 3100 万吨，同比增长 2.0%；运送旅客 94.46 万人次，同比增长 13.3%；运输收入 4222 亿图，同比增长 9.5%。

蒙古国移动网络发展很快，2018 年移动网络活跃用户达 408.59 万人，蜂窝网络用户数量为 285.42 人。其中，89.19 万人为长期演进（LTE）用户。2017 年，蒙古国通信领域收入 8056 亿图，同比增长 5.4%。固定电话网线共 31.27 万条，有线电视用户共 48.72 万人，移动电话用户共 370 万人，永久互联网用户共 290 万人。乌兰巴托市内 Wi-Fi 无线网络覆盖率较高，公共汽车、主要街区及一般餐厅和商场均提供免费无线网络服务。而其他各省、苏木也都有移动网络服务，其移动网络服务站的密度指数为 122，而全球的该指数为 103.5。

（四）对外经济

2018 年蒙古国与全球 156 个国家进行贸易，外贸总额达 128.87 亿美元，同比增长 22.3%。其中，出口额 70.12 亿美元，同比增长 13.1%，进口额 58.75 亿美元，同比增长 35.5%。蒙古国贸易顺差为 11.37 亿美元，同比下降 39%。出口增长中，矿产品出口增加 11 亿美元，同比增长 23%，纺织品出口增加 7430 万美元，同比增长 22.2%，两项总和占出口总额的 90% 以上。矿产品中，煤炭出口 3626.5 万吨，比上年增长 8.6%，出口额为 28.03 亿美元，同比增长 23.6%，创煤炭出口量历史新高。铜精矿出口 140 万吨，下降 0.7%。黄金贸易额同比增长超过一倍，达到 7200 万美元。此外，肉类出口也创近 20 年来的最佳业绩，总计出口肉类产品达 54.7 万吨，同比增长 1.9%，其中，高温肉制品出口增长了 9 倍，肉类出口收入达到 1.465 亿美元。从出口肉的种类和国家看，向俄罗斯及通过其过境许可向越南自贸区共出口 955 吨牛肉，向中国、俄罗斯、哈萨克斯坦、日本共出口 22492 吨马肉，向伊朗、越南、马来西亚、中国香港共出口 3814 吨羊肉和 16027 吨热加工肉制品。

由于经济改善刺激了人们购买进口商品的需求，所有商品的进口量增加。2018 年蒙古国进口汽车、电器设备和配件等金额达 12 亿美元，同比增加 39.60%。其中，各类交通工具的进口额达 8.968 亿美元，同比增长 43.99%。全年共进口 64039 辆轿车和 22257 辆运输车，同比分别增加 31.04% 和 57.24%。乌兰巴托等主要城市人口快速增长促进轿车进口大幅增加，而货运车进口大量增加主要得益于矿业开发回暖，其中，对华出口 3600 多万吨煤炭主要通过公路运输实现也是货运车进口增加的主要原因。此外，金属及其制品进口增加 2.07 亿美元，增长 61.8%；食品进口额约为 4.367 亿美元，增加 15.3%；柴油进口增加 1.49 亿美元。

2018 年，蒙古国与东北亚国家进出口贸易彻底走出低迷，均呈现出增长态势，中蒙、蒙俄、蒙日、蒙韩进出口总额占蒙古国外贸总额的 86.45%，比上年增加 5.26 个百分点，为近 5 年来的最高值（见表 3）。

表 3　2014～2018 年蒙古国与东北亚国家的进出口情况

单位：亿美元，%

年份	蒙古国进出口总额	中蒙		蒙俄		蒙日		蒙韩		四国总和占蒙比重
		进出口	占蒙比重	进出口	占蒙比重	进出口	占蒙比重	进出口	占蒙比重	
2014	110.11	68.41	62.1	16.11	14.6	3.92	3.56	3.66	3.32	83.64
2015	84.67	52.58	62.1	10.98	13.0	2.95	3.48	3.25	3.84	82.39
2016	82.75	49.63	60.0	9.36	11.3	3.44	4.16	2.06	2.49	77.93
2017	105.40	66.82	63.4	12.88	12.2	3.78	3.59	2.09	1.98	81.19
2018	128.87	85.00	65.9	17.86	13.8	5.33	4.13	3.33	2.58	86.45

资料来源：蒙古国国家统计局、环日本海经济研究所。

中国是蒙古国第一大贸易伙伴。从 2014～2018 年中蒙进出口额统计数字来看，中蒙进出口额占蒙古国对外贸易总额的比重均保持在 60% 以上，蒙古国对中国出口占其出口总额的比重都在 84% 以上，蒙古国自中国进口占其进口总额的比重都在 32% 以上，而且近两年都有所提升，这主要缘于蒙古国对中国矿产品出口量较大。蒙古国 99% 的煤炭、66% 的锌精矿和 89% 的钼精矿出口到中国。2018 年，中国仍是蒙古国的主要出口目的国。对中国出口 65 亿美元，增长 23.8%，占蒙古国出口总额的 93%。来自中国的进口额为 20 亿美元，同比增长 44.8%，占蒙古国进口总额的 34%。目前，中欧货运列车通过蒙古国的数量逐年大幅增加，而随着服务规模的扩大，其对蒙古国经济的贡献不断增加。2018 年中蒙两国货运列车数量增加了 50% 以上，达到 856 辆，在唯一的铁路口岸蒙扎门乌德，每天有 7～10 辆载量 40 吨的农产品运输卡车通过，主要出口商品为果蔬、冻鸡块、冻猪肉等。

蒙古国矿产资源丰富，市场化程度较高，具有比较强的投资吸引力。但是，由于蒙古国政策稳定性较差，虽然 2012 年的《战略领域外国投资协调法》很快即被废止，新《投资法》取消了对外国投资者投资领域的限制，但是扫除投资者心中阴影尚需时日。再者，受近年来国际市场大宗矿产品价格持续走低等外部因素影响，2012～2016 年蒙古国吸引外资连续 5 年大幅下降，2017 年终于遏制住下降趋势，2018 年外国直接投资实现 21.74 亿美元。截至 2018 年末，外国直接投资总额累计达到 201.94 亿美元，比上年增长 12.06%。共有 112 个国家和地区的 1.3 万余家外资企业对蒙古国进行了直接投资，其中，对企业投资占 55.6%，对债券投资占 44.4%。荷兰、中国、卢森堡、韩国、加拿大、俄罗斯、英国、新加坡、美国、日本等国家是蒙古国主要投资来源。2014～2018 年蒙古国直接投资流入、流出情况见表 4。

表 4　2014～2018 年蒙古国直接投资流入、流出情况

单位：百万美元

年份	2014	2015	2016	2017	2018
流入	338	94	4156	1494	2174
流出	107	11	14	49	37

资料来源：《2019 年世界投资报告》。

中国是蒙古国第二大投资来源国。2018

年，中国对蒙投资 1.1 亿美元，同比下降 30.6%。截至 2018 年 12 月底，累计对蒙投资 47.60 亿美元。投资主要分布在矿产、能源、建筑、金融、畜产品加工、餐饮服务等行业。日本、韩国也是对蒙投资排前 10 位的国家，截至 2017 年，对蒙投资分别为 6.61 亿美元和 4.42 亿美元，大部分是对企业的直接投资。截至 2018 年，日本对蒙古国直接投资为 7.52 亿美元。日本企业在蒙古国开设 1 处分行，56 家驻蒙办事处，注册法人企业 448 家，比 2014 年增长 28%，日本成为蒙古国的第八大投资国。

（五）金融财政

2018 年末的货币供应量（M$_2$）为 19.5 万亿图（折合 74 亿美元），比上年同期高出 22.8%，按美元计算，仍高出 13.3%。由此引发通胀率高达 8.1%，超过了蒙古国银行做出的年末通胀率将保持在 6.5% –8% 的预测。首都乌兰巴托市的通货膨胀率甚至达到了 9.3%。年底的贷款余额为 17.2 万亿图，比上年同期增加 26.5%，以美元计算，比上年同期高出 16.7%。其中，逾期贷款余额 8488 亿图，同比增长 3.1%。不良贷款 1.8 万亿图，同比增长 54.8%。2018 年末不良债权比例为 10.5%，高于上年同期的 8.5%。

2018 年蒙古国预算收入首次超过 10 万亿图，刷新历史纪录，与审批的预算额相比预算收入增长 25%，年平均收入达 9.2 万亿图，这是国家财政收支自 2010 年以来第一次出现 1200 亿图的盈余。财政支出比上年同期增加 4.6 倍，达到了 2.3 万亿图。经常性支出为 1123 亿图，比上年同期增加了 27.1%。然而净贷款额为 418 亿图，比上年同期下降 94.3%。财政支出和净贷款占普通支出的 94.3%、资本支出的 5.5% 和净贷款的 0.2%。

2018 年蒙古国外债总额增长了 72.4 亿美元，比上年同期增长 12%。2017 年，蒙古国共接收官方发展援助 3.25 亿美元，而 2018 年，国际银行和金融组织以及捐助国的援助达 7.28 亿美元。

2018 年蒙古国有 5 只新股登记、两种债券发行，这是蒙古国证券市场 30 年历史中的首次。推出的产品涵盖了金融科技、非银行金融机构、保险和再保险等领域。证券市场总价值达到了 2.35 万亿图，仅依靠国内资源完成了迅速扩张，比上年同期增长了 13%，自 2015 年以来已增长了 200%。

三 居民收入消费、社会保障、卫生健康和体育

2018 年，蒙古国家庭月平均收入为 1147242 图（约合人民币 3109 元），较上年增加了 106162 图。随着燃油价格上涨 47%，物价也上涨，各类商品的价格上涨了 100 ~ 500 图，居民消费增加 3.2%。

2018 年，社保基金总收入为 2.4 万亿图，较上年同期增加 2841 亿图，同比增长 13.4%。其中，养老基金增长 17.7%，医保基金增长 44.1%。社保基金总支出为 2.1 万亿图，较上年同期增加 2556 亿图，同比增长 13.5%。其中，失业保险基金支出减少 2.15 亿图，下降 0.6%，养老保险基金支出增加 2033 亿图，增长 14.4%。为 18 岁以下的 95 万名未成年人发放补贴 2090 亿图。

省立医院与地区医院拥有 200 ~ 300 张床位，主要为居民提供的是二级医疗卫生服务。小型旗医院，有病床 10 ~ 20 张。约有 1400 名乡初级医生在全国 300 多家旗医院承担对当地游牧民与农村居民的初级和基本的卫生保健服务。2018 年，共有传染病 4.21 万例，较上年减少 2226 例，同比下降 5.0%。2018 年 1 月，蒙古国国家肿瘤研究中心主任、医学博士吉·青布仁荣幸成为法国国家外科科学院荣誉成员，使蒙古国医师技能被世界认可。2014 年以来，吉·青布仁将法国手术技术和方法引入蒙古国，成功进行肝脏和胰腺肿瘤切除手术。

2018 年 7 月 21 日，蒙古国功勋运动员、

国际山地运动大师、登上七大洲七座高峰的蒙古国公民巴·冈嘎玛成功登上世界第二高峰——乔戈里峰（海拔 8611 米），成为首位登上乔戈里峰的蒙古国人。

四 文化、旅游和教育

蒙古国共有 33 家电影院，7468 个座位；有 348 个图书馆，藏书 6965695 册；有 36 家博物馆，藏品 216878 件；有 340 个文化中心（宫），77955 个座位。蒙古国教育文化科学部文化艺术局下属的文化机构有国家民间歌舞团、国家话剧院、国家歌剧舞剧院、国家杂技院、国家音乐馆、国家木偶剧院和博格达汗宫博物馆、乔依金喇嘛庙博物馆、造型艺术博物馆、国家历史博物馆、国家自然历史博物馆、文化遗产中心、国家图书馆、国家艺术画廊等单位。

由表 5 可知，2018 年，蒙古国全年国际旅游收入 5.7 亿美元，增长 1.7 亿美元，同比增长 42.5%，占当年 GDP 的比重为 4.38%；入境游客总数为 53 万人。蒙古国主要旅游来源国游客人数增幅最大的是印度，高达 37.2%，最小的是德国，为 2.2%，只有日本、法国、英国等国入境游客人数呈下降趋势。其中，亚太地区游客为 29.98 万人、欧洲游客 20.33 万人、美洲游客 2.36 万人。中国、俄罗斯、韩国、日本和美国多年来一直占据蒙古国主要旅游来源国的前五位，顺序始终未变。中国游客人数约 16.4 万人，同比增长 12.1%，俄罗斯游客人数约 12.9 万人，同比增长 17.2%，韩国游客人数约 8.4 万人，同比增长 10.9%。2018 年，赴国外的蒙古国公民总数为 246.09 万人（含多次出入境往返的人数），其中 180 万人次因私出国，占出国人员的 73.14%。

表 5 2014～2018 年蒙古国国际游统计

年份	2014	2015	2016	2017	2018
国际旅游收入（亿美元）	2.2	2.8	3.8	4.0	5.7
入境旅游人数（万人）	39	39	40	47	53
国内生产总值（亿美元）	122.3	117.5	111.8	114.9	130.1
国际旅游收入占 GDP 的比重（%）	1.80	2.38	3.40	3.48	4.38

资料来源：历年《国际统计年鉴》、蒙古国海关统计等。

蒙古国实行国家普及免费普通教育制。15 岁以上人口中，文盲约占 2%。在 2018～2019 年新学年，各类学校在校生 100 万人，比 2017 年增加 2.86 万人，同比增长 2.9%。有 1435 所幼儿园，新建的幼儿园 19 所，同比增长 1.3%，有 3060 张床位，其中 2485 张床位、13 所幼儿园在乌兰巴托。入园幼儿 26.13 万人，较 2017 年增加 4600 人，同比增长 1.8%；有全日制普通教育学校 803 所，较 2017 年增加 5 所，同比增长 0.6%。中小学在校生共计 59.32 万人，较 2017 年增加 2.04 万人，同比增长 3.56%。有高等院校 113 所，其中国立高校 16 所，私立高校 92 所，其余 5 所为国外高校分校。根据政府间文化教育科学合作协定，蒙古国正在与 50 个国家互相交换留学生和研究员。

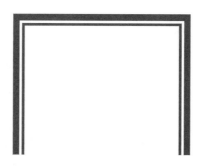

东北亚各国国家和区域战略介绍

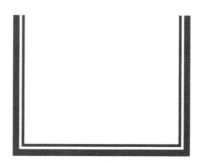

中　国

一　"一带一路"倡议新发展

2018年6月28日，"2018'一带一路'走出去国际论坛"在北京举行，主题为"'一带一路'倡议下的合作共赢"。论坛由中国互联网新闻中心、中国世界和平基金会、北京国际和平文化基金会、江苏师范大学联合主办，来自有关国家的驻华使节，国家部委相关负责人，高校、科研机构及智库专家学者，以及企业界代表等34个国家近200名中外嘉宾出席，围绕如何共建国际经济合作走廊、如何推动形成区域经济一体化新格局、如何实现区域互联互通、如何推动共建"一带一路"国家加强人文交流等话题展开讨论。

（一）促进民心相通，推动文明互鉴

"国之交在于民相亲，民相亲在于心相通。"要建设好"一带一路"，不同文明之间的沟通交流至关重要。

"现在的世界要求我们不仅仅理解自己的国家，同时也需要理解其他的民族、文化、语言和宗教。"联合国教科文组织驻华代表欧敏行在论坛上指出，通过"一带一路"倡议，中国释放了大规模的投资能力以加强互联互通，交通、信息基础设施等关键服务都获得了发展，极大地促进了国家与地区之间的互相理解和合作。"一带一路"倡议的目标就是促进共享繁荣，不落下一个人。

推动民心相通，传媒的力量不可或缺。中国网总编辑王晓辉提出，民心相通是"一带一路"建设国际合作的重要内容。中国网作为国家级多语种、多媒体的国际传播平台，将发挥自身优势、锐意进取，向世界讲述好"一带一路"建设故事，继续为构筑"一带一路"民心相通之桥、共建人类命运共同体贡献力量。

来自科学和教育界的嘉宾也分享了自己关于促进"一带一路"民心相通的经验体会。中国科学院国际合作局副局长李寅讲述了中科院通过清洁水、生物多样性等方面的技术帮助共建"一带一路"国家人民改善生活的实践。他表示，希望能够利用科学技术帮助共建"一带一路"国家解决共性问题，建设更加美好的未来。基于已有的国际智库交流经验，江苏师范大学党委书记华桂宏建议，"一带一路"建设需要打造更多人文交流平台。为了相互了解、加深理解，实现平等合作，需要更多来自民间的广泛而有效的文化交流。

（二）积极"走出去"，共创经济繁荣

发展是解决一切问题的总钥匙。建设好"一带一路"，非常重要的一方面就是推动经济的融合繁荣发展。面向"一带一路"的"走出去"，就是为实现这一目标做出的实践。

"走出去"同时面临着机遇与挑战。中联部当代世界研究中心主任金鑫指出，中国企业在"走出去"时要注意规划自己的经营行为，在拓展海外业务时，既要发展硬实力，也要培育软实力；要与当地的政府、智库、民间组织等其他社会主体加强合作；还要讲好合作共赢

的故事，以实际行动创造合作共赢。

"我们能够通过'一带一路'倡议融入全球经济。"马尔代夫驻华大使费萨尔·穆罕默德表示，"一带一路"倡议让像马尔代夫这样的小国家享有了投资和就业的重要机会。"我们看到了分享知识、分享创新的机会，这对于我们的经济是非常重要的。"

"在'一带一路'框架之下，我们有着非常重要的合作。"克罗地亚驻华大使奈博伊沙·科哈罗维奇表示，克罗地亚非常欢迎中国公司与当地进行合作。他指出，中国的企业有非常好的能力来建设港口以及物流，让商品进入地中海，促进地中海区域的商业流通；更多的铁路运输让中国和其他国家的商品沿着"一带一路"进行贸易。

中国企业联合会常务副会长兼理事长朱宏任指出，在"一带一路"建设框架下，越来越多的中外企业认识到应以共商共建共享为原则，在"走出去"的过程中，为实现共同发展与共同繁荣做出贡献。

北京师范大学"一带一路"研究院院长胡必亮认为，共建"一带一路"国家在资源开发、基础设施建设等多方面都有商机，企业应广泛参与"一带一路"建设，未来会有更多的民营企业和国外企业参与到"一带一路"建设中。

（三）维护和平稳定，构建人类命运共同体

"一带一路"建设离不开和平安宁的环境。中国正致力于推动构建人类命运共同体，而"一带一路"建设，正是在为构建人类命运共同体奠定坚实基础。

"外交公益是夯实'一带一路'建设的经济文化基础。如何有格局、接地气地支持联合国 2030 年可持续发展议程，如何安全、有序、创新并可持续地履行国际社会责任，也将是和平发展事业的新课题。"北京国际和平文化基金会理事长李若弘表示，"一带一路"倡议源

于中国，但机遇属于世界，"大道之行，天下为公"正是"一带一路"倡议出发点的生动写照。

巴基斯坦驻华大使马苏德·哈立德指出，"一带一路"倡议将极大地促进全球的互联互通，拉近国家之间的距离。他认为，要保证倡议的成功并造福共建"一带一路"各国，必须要建设一个可预期的稳定环境，要保证各国之间进行政策的联通，还需要促进文明之间的互学互鉴。"我们必须要促进双边、三边、多边以及区域合作，共同应对挑战。"

"在'一带一路'倡议之下，我们会共同努力，为全人类带来进步。"摩洛哥驻华大使梅库阿尔表示，有一些国家的人民在挨饿，他们的生活水平与其他地区是有差距的。但"一带一路"倡议为改善这种情况提供了非常宝贵的机会。不仅对于摩洛哥，对于全世界而言也都是这样。我们非常希望能够进行更加紧密的合作，让"一带一路"倡议落到实处。

中国区域经济学会顾问、著名经济学家、中国区域科学协会名誉会长范恒山表示，共建"一带一路"已逐步深入人心，未来要坚持以开放为导向，致力于打造利益共同体、命运共同体和责任共同体；要不断创新发展理念、体制机制、合作模式，为共建"一带一路"国家和地区的快速发展提供新机遇、新动力；要加强发展战略对接，照顾彼此核心利益和重大关切，不断夯实合作的基础，使"一带一路"建设持续不断地取得积极成果。

论坛上，中外嘉宾还共同见证了"一带一路"智库联盟发布平台、"一带一路"企业家联盟、北京国际和平文化基金会"一带一路"基金的正式启动。

二 乡村振兴战略

乡村振兴战略是习近平同志 2017 年 10 月 18 日在党的十九大报告中提出的战略。十九大报告指出，农业、农村、农民问题是关系国计

民生的根本性问题，必须始终把解决好"三农"问题作为全党工作的重中之重，实施乡村振兴战略。2018 年 1 月 2 日，国务院公布了 2018 年中央一号文件，即《中共中央 国务院关于实施乡村振兴战略的意见》（以下简称《意见》）。2018 年 3 月 5 日，国务院总理李克强在《政府工作报告》中讲到，大力实施乡村振兴战略。2018 年 5 月 31 日，中共中央政治局召开会议，审议《国家乡村振兴战略规划（2018—2022 年）》。2018 年 9 月，中共中央、国务院印发了《乡村振兴战略规划（2018—2022 年）》，并发出通知，要求各地区各部门结合实际认真贯彻落实，标志着乡村振兴这一重大战略全面进入落地实施期。

乡村振兴战略是以习近平同志为核心的党中央着眼党和国家事业全局，对"三农"工作做出的重大决策部署，顺应了亿万农民对美好生活的向往，具有广泛的现实需求和深刻的时代必然性，必将给我国"三农"发展带来重大而深远的影响。

（一）中央一号文件——《中共中央 国务院关于实施乡村振兴战略的意见》

2017 年末中央召开了农村工作会议，此次会议是对实施乡村振兴战略谋篇布局的一次历史性会议，会议规格之高前所未有。习近平总书记在中央农村工作会议上发表了重要讲话，系统总结了党的十八大以来我国"三农"工作的历史性成就和变革，深刻阐述了实施乡村振兴战略、走中国特色社会主义乡村振兴道路的一系列重大的理论问题和实践问题。习近平总书记的重要讲话是新时代做好"三农"工作的根本遵循。

1.《中共中央 国务院关于实施乡村振兴战略的意见》描绘了乡村振兴道路的宏伟政策蓝图

过去 14 年，每年都会正式公布指导"三农"工作的中央一号文件，2018 年也不例外。经授权，新华社全文公布了 2018 年中央一号文

件，即《中共中央 国务院关于实施乡村振兴战略的意见》。文件全面贯彻党的十九大精神，以习近平新时代中国特色社会主义思想为指导，围绕实施乡村振兴战略定方向、定思路、定任务、定政策，坚持问题导向，对统筹推进农村经济建设、政治建设、文化建设、社会建设、生态文明建设和党的建设做出全面部署。《意见》描绘了加快推进农业农村现代化、走中国特色社会主义乡村振兴道路的宏伟政策蓝图。

一是明确了实施乡村振兴战略的总体要求和主要任务。《意见》将实施乡村振兴战略的总体要求和主要任务概括为"五个新"和"一个增强"：以产业兴旺为重点，提升农业发展质量，培育乡村发展新动能；以生态宜居为关键，推进乡村绿色发展，打造人与自然和谐共生发展新格局；以乡风文明为保障，繁荣兴盛农村文化，焕发乡风文明新气象；以治理有效为基础，加强农村基层基础工作，构建乡村治理新体系；以生活富裕为根本，提高农村民生保障水平，塑造美丽乡村新风貌；以摆脱贫困为前提，打好精准脱贫攻坚战，增强贫困群众获得感。

二是明确了实施乡村振兴战略的重大政策举措。《意见》提出，实施乡村振兴战略，要突出"四个强化"：以完善农村产权制度和要素市场化配置为重点，强化制度性供给；畅通智力、技术、管理下乡通道，造就更多乡土人才，强化人才支撑；健全投入保障制度，开拓投融资渠道，强化投入保障；制定国家乡村战略规划，强化规划引领作用。

三是要求把党管农村工作落到实处。文件提出，要发挥党的领导的政治优势，压实责任，完善机制，强化考核，把实施乡村振兴战略作为全党的共同意志、共同行动，做到认识统一、步调一致，把农业农村优先发展原则体现到各个方面，在干部配备上优先考虑，在要素配置上优先满足，在资金投入上优先保障，在公共服务上优先安排，确保党在农村工作中始终总揽全局、协调各方，为乡村振兴提供坚强有力

的政治保障。

2. 我国完全有条件、有能力谱写好"三农"新篇章

乡村振兴是党和国家的大战略，是一项长期的历史性任务。乡村振兴讲究的是实干。必须真刀真枪地干、持之以恒地干，必须有真金白银的"硬投入"、有更加健全的政策"软环境"。实施乡村振兴战略，有习近平总书记把舵定向，有党的领导的政治优势，有社会主义的制度优势，有亿万农民的创造精神，有强大的经济实力支撑，有历史悠久的农耕文明，也有旺盛的市场需求。

3. "七个之路"是《意见》的主线和灵魂

中央农村工作会议提出了走中国特色社会主义乡村振兴道路，并把它归纳为"七个之路"：重塑城乡关系，走城乡融合发展之路；巩固和完善农村的基本经营制度，走共同富裕之路；深化农业供给侧结构性改革，走质量兴农之路；坚持人与自然和谐共生，走乡村绿色发展之路；传承发展提升农耕文明，走乡村文化兴盛之路；创新乡村治理体系，走乡村善治之路；打好精准脱贫攻坚战，走中国特色减贫之路。这"七个之路"的要求已经体现在《意见》中，是《意见》的主线和灵魂。就定任务和定政策而言，《意见》的最大亮点就是通过谋划一系列的重要工作，搭建起了实施乡村振兴战略的"四梁八柱"。在这个"四梁八柱"的顶层设计中，最基础性的支撑是"三个一"：一是制定国家乡村振兴战略规划——《乡村振兴战略规划（2018—2022年）》，以规划指导各地各部门有序分类来推进乡村振兴；二是制定《中国共产党农村工作条例》，完善党的农村工作领导体制和机制；三是抓紧推进研究制定乡村振兴法的有关工作，把行之有效的乡村振兴的政策法定化。

4. 《意见》包含了"四梁八柱"的政策体系

"四梁八柱"的政策体系，包含了一系列重要战略、重大行动和重大工程，择要介绍如下。

——有国家战略性规划引领保障。文件提出，制定《乡村振兴战略规划（2018—2022年）》。规划通过与文件对表对标，分别明确至2020年全面建成小康社会和2022年召开党的二十大时的目标任务，细化实化工作重点和政策措施。

——有党内法规保障。文件确定，研究制定《中国共产党农村工作条例》，把党领导农村工作的传统、要求、政策等以党内法规形式确定下来，完善领导体制和工作机制。

——有重要战略、重大行动和重大工程支撑保障。如制定和实施国家质量兴农战略规划、实施数字乡村战略、实施农村人居环境整治三年行动计划、制定《关于打赢脱贫攻坚战三年行动的指导意见》、实施产业兴村强县示范行动等，以及建设一批重大高效节水灌溉工程、实施智慧农业林业水利工程、切实保护好优秀农耕文化遗产等。

——有全方位的制度性供给保障。文件围绕巩固和完善农村基本经营制度、完善农业支持保护制度、全面建立职业农民制度、建立市场化多元化生态补偿机制、鼓励引导工商资本参与乡村振兴等方面，部署了一系列重大改革举措和制度建设。

5. 《意见》对深入推进农村土地制度改革做出重要部署

新形势下，深化农村土地制度改革主线仍然是处理好农民和土地的关系。为落实党的十九大精神，2018年的中央一号文件就深入推进农村土地制度改革做出了一系列重要部署。主要是以下四方面的改革任务。

第一，落实农村土地承包关系稳定并长久不变政策。现在，中央已经明确，第二轮土地承包到期以后，再延长30年。第一轮土地承包期15年，第二轮土地承包期30年，再延长30年加起来就是75年，这个承包期已经较长。下一步要衔接落实好第二轮土地承包到期后再延长30年的政策。真正给农民吃上"长效定心丸"。

第二，全面完成农村土地承包经营权的确

权登记颁证工作。其是农村土地制度改革非常基础性的一项工作，现在已经到了收尾阶段。

第三，进一步完善农村承包地"三权分置"制度。要在坚持落实集体土地所有权、稳定农户土地承包权前提下，平等保护土地经营权。

第四，系统总结土地征收、集体经营性建设用地入市和宅基地制度改革试点经验，逐步扩大试点，加快修改完善有关法律。

6.《意见》提出乡村振兴战略的资金保障政策

《意见》对于解决实施乡村振兴战略"钱从哪里来"的问题有全面的谋划，明确提出要加快形成财政优先保障、金融重点倾斜、社会积极参与的多元投入格局，确保投入力度不断加大，总量不断增加。重点是以下三个方面：第一，明确要求确保公共财政更大力度向"三农"倾斜；第二，农村金融要回归本源；第三，拓宽资金筹措渠道。

7.《意见》对强化乡村振兴人才支撑做出五方面政策部署

乡村振兴离不开资源的投入，也离不开要素的聚集。要完成乡村振兴这个宏大战略，就要汇聚全社会的力量，强化乡村振兴的人才支撑，把人力资源开发放在首位。

一是要大力培育新型职业农民。要全面建立职业农民制度，实施新型职业农民培育工程。

二是要加强农村专业人才队伍建设。特别是要扶持培养一批农业职业经理人、经纪人、乡村工匠、文化能人和非遗传承人等。

三是要发挥科技人才支撑作用。要探索新机制，全面建立高等院校、科研院所等事业单位专业技术人员到乡村和企业挂职、兼职和离岗创新创业制度，发挥好各类农业科技人员的作用。

四是要鼓励社会各界投身乡村建设。乡村振兴要有全社会各类人才的参与，要建立有效激励机制，吸引支持企业家、党政干部、专家学者、技能人才等通过下乡担任志愿者、投资

兴业、包村包项目、捐资捐物等方式，参与到乡村振兴的伟大事业中来。文件提出两个具体的政策：第一个是要研究制定管理办法，允许符合要求的公职人员回乡任职；第二个是加快制定鼓励引导工商资本参与乡村振兴的指导意见，落实和完善融资贷款、配套设施建设补助、税费减免、用地优惠等扶持政策，明确政策边界，保护好农民利益。

五是要创新乡村人才培育引进使用机制，主要是"三大机制"：一是多方式并举的人力资源开发机制；二是城乡、区域、校地之间人才培养合作与交流机制；三是城市医生、教师、科技文化人员定期服务乡村机制。

8.坚持和完善党对"三农"工作的领导

在完善党的农村工作领导体制机制方面，《意见》提出以下一系列新要求。

健全党委统一领导、政府负责、党委农村工作部门统筹协调的农村工作领导体制。

建立实施乡村振兴战略领导责任制，实行中央统筹、省负总责、市县抓落实的工作机制。党政一把手是第一责任人，五级书记抓乡村振兴。

各省（自治区、直辖市）党委和政府每年要向党中央、国务院报告推进实施乡村振兴战略进展情况。

建立市县党政领导班子和领导干部推进乡村振兴战略的实绩考核制度，将考核结果作为选拔任用领导干部的重要依据。

在加强"三农"工作队伍建设方面，《意见》提出建立选派第一书记工作长效机制，全面向贫困村、软弱涣散村和集体经济薄弱村党组织派出第一书记。把到农村一线工作锻炼作为培养干部的重要途径，注重提拔使用实绩优秀的干部，形成人才向农村基层一线流动的用人导向。

（二）中共中央、国务院出台《乡村振兴战略规划（2018—2022年）》

乡村振兴战略是党和国家的大战略，必须

要规划先行，强化乡村振兴战略的规划引领。2018 年 9 月，中共中央、国务院印发了《乡村振兴战略规划（2018—2022 年）》。该规划以习近平总书记关于"三农"工作的重要论述为指导，按照产业兴旺、生态宜居、乡风文明、治理有效、生活富裕的总要求，对实施乡村振兴战略做出阶段性谋划，分别明确至 2020 年全面建成小康社会和 2022 年召开党的二十大时的目标任务，细化、实化乡村振兴的工作重点和政策举措。该规划是全面推进乡村振兴战略的五年规划，部署了一系列重大工程、重大计划、重大行动，是统筹谋划和科学推进乡村振兴战略的行动纲领，能确保乡村振兴战略落实落地，是指导各地区各部门分类有序推进乡村振兴的重要依据。

1. 乡村振兴意义重大

该规划指出，全面建成小康社会和全面建设社会主义现代化强国，最艰巨最繁重的任务在农村，最广泛最深厚的基础在农村，最大的潜力和后劲也在农村。实施乡村振兴战略，是解决新时代我国社会主要矛盾、实现"两个一百年"奋斗目标和中华民族伟大复兴中国梦的必然要求，具有重大现实意义和深远历史意义。

实施乡村振兴战略是建设现代化经济体系的重要基础，是建设美丽中国的关键举措，是传承中华优秀传统文化的有效途径，是健全现代社会治理格局的固本之策，是实现全体人民共同富裕的必然选择。

该规划要求，按照到 2020 年实现全面建成小康社会和分两个阶段实现第二个百年奋斗目标的战略部署，2018～2022 年这 5 年间，既要在农村实现全面小康，又要为基本实现农业农村现代化开好局、起好步、打好基础。

该规划强调，实施乡村振兴战略的基本原则是：坚持党管农村工作，坚持农业农村优先发展，坚持农民主体地位，坚持乡村全面振兴，坚持城乡融合发展，坚持人与自然和谐共生，坚持改革创新、激发活力，坚持因地制宜、循序渐进。

该规划提出，到 2020 年，乡村振兴的制度框架和政策体系基本形成，各地区各部门乡村振兴的思路举措得以确立，全面建成小康社会的目标如期实现。

到 2022 年，乡村振兴的制度框架和政策体系初步健全。探索形成一批各具特色的乡村振兴模式和经验，乡村振兴取得阶段性成果。到 2035 年，乡村振兴取得决定性进展，农业农村现代化基本实现。到 2050 年，乡村全面振兴，农业强、农村美、农民富全面实现。

2. 构建乡村振兴新格局

该规划坚持乡村振兴和新型城镇化双轮驱动，从城乡融合发展和优化乡村内部生产生活生态空间两个方面，明确了国家经济社会发展过程中乡村的新定位，提出了重塑城乡关系、促进农村全面进步的新路径和新要求。

一是统筹城乡发展空间，加快形成城乡融合发展的空间格局。

二是优化乡村发展布局，坚持人口资源环境相均衡、经济社会生态效益相统一，延续人与自然有机融合的乡村空间关系。

三是完善城乡融合发展政策体系，推动城乡要素自由流动、平等交换，为乡村振兴注入新动能。

四是把打好精准脱贫攻坚战作为优先任务，把提高脱贫质量放在首位，推动脱贫攻坚与乡村振兴有机结合、相互促进。

3. 阶段性重点任务

该规划按照产业兴旺、生态宜居、乡风文明、治理有效、生活富裕的总要求，明确了阶段性重点任务。

一是以农业供给侧结构性改革为主线，促进乡村产业兴旺。坚持质量兴农、品牌强农，构建现代农业产业体系、生产体系、经营体系，推动乡村产业振兴。

二是以践行"绿水青山就是金山银山"的理念为遵循，促进乡村生态宜居。统筹山水林田湖草系统治理，加快转变生产生活方式，推动乡村生态振兴。

三是以社会主义核心价值观为引领，促进乡村乡风文明。传承发展乡村优秀传统文化，培育文明乡风、良好家风、淳朴民风，建设邻里守望、诚信重礼、勤俭节约的文明乡村，推动乡村文化振兴。

四是以构建农村基层党组织为核心、自治法治德治"三治结合"的现代乡村社会治理体系为重点，促进乡村治理有效。把夯实基层基础作为固本之策，建立健全党委领导、政府负责、社会协同、公众参与、法治保障的现代乡村社会治理体制，推动乡村组织振兴，打造充满活力、和谐有序的善治乡村。

五是以确保实现全面小康为目标，促进乡村生活富裕。加快补齐农村民生短板，让农民群众有更多实实在在的获得感、幸福感、安全感。

4. 扎实有序推进《乡村振兴战略规划（2018—2022 年）》的具体要求

该规划围绕落实中央统筹、省负总责、市县抓落实的乡村振兴工作机制，从五个方面提出要求。

一是坚持党的领导。落实党政一把手是第一责任人、五级书记抓乡村振兴的工作要求，让乡村振兴成为全党全社会的共同行动。

二是尊重农民意愿。切实发挥农民主体作用，避免代替农民选择，形成全体人民群策群力、共建共享的乡村振兴局面。

三是强化规划引领。抓紧编制地方规划和专项规划或方案，推动形成城乡融合、区域一体、多规合一的乡村振兴战略规划体系。

四是注重分类施策。顺应村庄发展规律和演变趋势，按照集聚提升、融入城镇、特色保护、搬迁撤并的思路，分类推进，打造各具特色的现代版《富春山居图》。

五是把握节奏力度。坚持稳中求进工作总基调，谋定而后动，避免一哄而上、急于求成、层层加码，避免过度举债搞建设，避免搞强迫命令"一刀切"、搞形象工程"堆盆景"。

贯彻实施好此项规划，对于解决农村经济社会发展阶段性矛盾，保证乡村振兴战略实施开好局、起好步、打好基础，具有重大现实意义和深远历史意义。

三　中国国际进口博览会

中国国际进口博览会（China International Import Expo，简称 CIIE），由中华人民共和国商务部、上海市人民政府主办，旨在坚定支持贸易自由化和经济全球化、主动向世界开放市场。2017 年 5 月，习近平主席在"一带一路"国际合作高峰论坛上宣布，中国将从 2018 年起举办中国国际进口博览会。

首届中国国际进口博览会于 2018 年 11 月 5～10 日在中国国家会展中心（上海）举办。吸引了 58 个共建"一带一路"国家的 1000 多家企业参展，是共建"一带一路"的又一个重要支撑。

中国国际进口博览会作为世界上第一个以进口为主题的大型国家级展会，包括展会和论坛两个部分。展会即国家贸易投资综合展（简称"国家展"）和企业商业展（简称"企业展"），论坛即虹桥国际经贸论坛。国家展是本届中国国际进口博览会的重要内容，共有 82 个国家、3 个国际组织设立 71 个展台，展览面积约 3 万平方米，各参展国展示国家形象、经贸发展成就和特色优势产品。国家展中，印度尼西亚、越南、巴基斯坦、南非、埃及、俄罗斯、英国、匈牙利、德国、加拿大、巴西、墨西哥等 12 个主宾国均设立了独具特色的展馆。作为东道主，中国设立了中国馆，包括港澳台展区。虹桥国际经贸论坛以"激发全球贸易新活力，共创开放共赢新格局"为主题，由开幕式和三场平行论坛组成。

11 月 5 日，在首届中国国际进口博览会开幕式上，习近平主席发表主旨演讲。习近平指出，中国国际进口博览会是迄今为止世界上第一个以"进口"为主题的国家级展会，是国际贸易发展史上的一大创举。这体现了中国支持多边贸易体制、推动发展自由贸易的一贯立场，是中国推动建设开放型世界经济、支持经济全球化的实际行动。

习近平强调，当今世界正在经历新一轮大发展大变革大调整。经济全球化是不可逆转的历史大势。面对世界经济格局的深刻变化，各国都应该拿出更大的勇气，积极推动开放合作，实现共同发展。

首先，各国应该坚持开放融通，拓展互利合作空间。各国应该坚持开放的政策取向，共同建设开放型世界经济；应该加强宏观经济政策协调，合力促进世界经济增长；应该推动构建公正、合理、透明的国际经贸规则体系，促进全球经济进一步开放、交流、融合。

其次，各国应该坚持创新引领，加快新旧动能转换。各国要共同推动科技创新，培育新的增长点，共享创新成果；应该把握新一轮科技革命和产业变革带来的机遇，共同打造新技术、新产业、新业态、新模式。

最后，各国应该坚持包容普惠，推动共同发展。各国应该坚持要开放不要封闭，要合作不要对抗，要共赢不要独占；应该落实2030年可持续发展议程，减少全球发展不平衡，推动经济全球化朝着更加开放、包容、普惠、平衡、共赢的方向发展，让各国人民共享经济全球化和世界经济增长成果。

习近平强调，中国将坚定不移奉行互利共赢的开放战略，将始终是全球共同开放的重要推动者、世界经济增长的稳定动力源、各国拓展商机的活力大市场、全球治理改革的积极贡献者。为进一步扩大开放，中国将在以下几个方面加大推进力度。

第一，激发进口潜力。中国将促进居民收入增加、消费能力增强，培育中高端消费新增长点，持续释放国内市场潜力，扩大进口空间；将进一步降低关税，提升通关便利化水平，削减进口环节制度性成本，加快跨境电子商务等新业态、新模式发展。中国真诚向各国开放市场，中国国际进口博览会不仅要年年办下去，

而且要办出水平、办出成效、越办越好。

第二，持续放宽市场准入。中国已经进一步精简了外商投资准入负面清单，减少投资限制，提升投资自由化水平，正稳步扩大金融业开放，持续推进服务业开放，深化农业、采矿业、制造业开放，加快电信、教育、医疗、文化等领域开放进程。

第三，营造国际一流营商环境。中国将加快出台外商投资法规，完善公开、透明的涉外法律体系，全面深入实施准入前国民待遇加负面清单管理制度；对在中国境内注册的各类企业一视同仁、平等对待；保护外资企业合法权益，坚决依法惩处侵犯外商合法权益特别是侵犯知识产权的行为，提高知识产权审查质量和审查效率，引入惩罚性赔偿制度。

第四，打造对外开放新高地。中国将支持自由贸易试验区深化改革创新，抓紧研究提出海南分步骤、分阶段建设自由贸易港政策和制度体系，加快探索建设中国特色自由贸易港进程。

第五，推动多边和双边合作深入发展。中国一贯主张，坚定维护世界贸易组织规则，支持对世界贸易组织进行必要改革，共同捍卫多边贸易体制。中国愿推动早日达成区域全面经济伙伴关系协定，加快推进中欧投资协定谈判，加快中日韩自由贸易区谈判进程。中国将认真实施2018年中非合作论坛北京峰会提出的"八大行动"，支持二十国集团、亚太经合组织、上海合作组织、金砖国家等机制发挥更大作用。中国将继续推进共建"一带一路"，坚持共商共建共享，为全球提供开放合作的国际平台。

习近平宣布，为了更好地发挥上海等地区在对外开放中的重要作用，我们决定：增设中国上海自由贸易试验区的新片区；在上海证券交易所设立科创板并试点注册制；支持长江三角洲区域一体化发展并将其上升为国家战略。

习近平强调，中国国际进口博览会不是中国的独唱，而是各国的大合唱。希望各位嘉宾深入探讨全球经济治理体系改革新思路，共同

维护自由贸易和多边贸易体制，共建创新包容的开放型世界经济，向着构建人类命运共同体目标不懈奋进，开创人类更加美好的未来。

据介绍，首届中国国际进口博览会的国家贸易投资综合展共有82个国家和世贸组织、联合国工发组织、国际贸易中心等国际组织参展。企业商业展吸引了130多个国家和地区的3000多家企业参展，展览规模大、国别分布广、企业质量优、新产品新技术多、展览展示水平高。展会期间，将举办200场左右形式多样、内容丰富、主题鲜明的各类配套活动。

值得注意的是，首届中国国际进口博览会有来自58个共建"一带一路"国家的1000多家企业参展，占参展企业总数的1/3；参展面积达到4.5万平方米，占参展企业总展览面积的16.5%；参展展品涵盖了农产品、日用消费品、服装服饰等多个门类。

商务部副部长王炳南表示，中国国际进口博览会是迄今为止世界上第一个以"进口"为主题的国家级展会，是共建"一带一路"的又一个重要支撑，是推动全球包容互惠发展的国际公共产品。未来15年，中国预计将进口24万亿美元的商品，中国国际进口博览会必将为包括共建"一带一路"相关国家在内的世界各国扩大对华出口提供新机遇，为各国共享中国发展红利搭建新平台，为世界经济增长注入新动力。

为打造"永不落幕的进口博览会"，"6天＋365天"常年展示交易平台陆续上线。2018年11月13日，"中国国际进口博览会'6天＋365天'常年展示交易平台——绿地全球商品贸易港"正式开港。

四 上合组织青岛峰会

2018年6月9～10日，上合组织成员国元首理事会第十八次会议在山东青岛举行。这是上合组织扩员后举行的首次元首峰会，也是继2012年的北京峰会之后，时隔6年上合组织再次回到中国举行峰会。

6月10日，上海合作组织青岛峰会大范围会谈在青岛国际会议中心举行，中国国家主席习近平主持会议并发表重要讲话。上海合作组织成员国领导人、常设机构负责人、观察员国领导人及联合国等国际组织负责人出席会议。与会各方共同回顾上海合作组织发展历程，就该组织发展现状、任务、前景深入交换意见，就重大国际和地区问题协调立场，达成了广泛共识。

习近平在开幕辞中首先感谢各方一年来对中方担任上海合作组织主席国工作的大力支持和密切配合，指出这次峰会是上海合作组织实现扩员以来举办的首次峰会，具有承前启后的重要意义。欢迎印度总理莫迪、巴基斯坦总统侯赛因首次以成员国领导人身份出席峰会。习近平随后发表了题为《弘扬"上海精神" 构建命运共同体》的重要讲话。习近平指出，上海合作组织成立17年来，走过了不平凡的发展历程，取得了重大成就。我们以《上海合作组织宪章》《上海合作组织成员国长期睦邻友好合作条约》为遵循，构建起不结盟、不对抗、不针对第三方的建设性伙伴关系。这是国际关系理论和实践的重大创新，开创了区域合作新模式，为地区和平与发展做出了新贡献。上海合作组织是世界上幅员最广、人口最多的综合性区域合作组织，国际影响力不断提升，已经成为促进世界和平与发展、维护国际公平与正义不可忽视的重要力量。

习近平指出，上海合作组织始终保持旺盛生命力、强劲合作动力，根本原因在于它创造性地提出并始终践行"上海精神"，主张互信、互利、平等、协商、尊重多样文明、谋求共同发展。当今世界，国际关系民主化已成为不可阻挡的时代潮流，安全稳定是人心所向，合作共赢是大势所趋，不同文明交流互鉴是各国人民的共同愿望。我们要进一步弘扬"上海精神"，提倡创新、协调、绿色、开放、共享的发展观，践行共同、综合、合作、可持续的安全观，秉持开放、融通、互利、共赢的合作观，树立平等、互鉴、对话、包容的文明观，坚持共商共建共享的全球治理观，破解时代难题，化解风险挑战。

习近平强调，"上海精神"是我们共同的财富，上海合作组织是我们共同的家园。我们要继续在"上海精神"指引下，同舟共济，精诚合作，齐心协力构建上海合作组织命运共同体，推动建设新型国际关系，携手迈向持久和平、普遍安全、共同繁荣、开放包容、清洁美丽的世界。

第一，凝聚团结互信的强大力量。我们要尊重各自选择的发展道路，兼顾彼此核心利益和重大关切，不断增强组织的凝聚力和向心力。

第二，筑牢和平安全的共同基础。我们要强化防务安全、执法安全、信息安全合作，促进阿富汗和平重建进程。未来3年，中方愿为各方培训2000名执法人员，强化执法能力建设。

第三，打造共同发展繁荣的强劲引擎。我们要促进发展战略对接，推进"一带一路"建设，加快地区贸易便利化进程。中方将在上海合作组织银行联合体框架内设立300亿元人民币等值专项贷款。

第四，拉紧人文交流合作的共同纽带。我们要扎实推进教育、科技、文化、旅游、卫生、减灾、媒体、环保、青少年等领域交流合作。未来3年，中方将为各成员国提供3000个人力资源开发培训名额，愿利用"风云二号"气象卫星为各方提供气象服务。

第五，共同拓展国际合作的伙伴网络。我们要强化同观察员国、对话伙伴等地区国家的交流合作，密切同联合国等国际和地区组织的伙伴关系，同国际金融机构开展对话，为推动化解热点问题、完善全球治理做出贡献。

习近平最后强调，中方愿同各成员国一道，本着积极务实、友好合作的精神，全面落实本次会议达成的共识，支持下一任主席国吉尔吉斯斯坦的工作，携手创造上海合作组织更加光明、美好的未来。

印度总理莫迪、哈萨克斯坦总统纳扎尔巴耶夫、吉尔吉斯斯坦总统热恩别科夫、巴基斯坦总统侯赛因、俄罗斯总统普京、塔吉克斯坦总统拉赫蒙、乌兹别克斯坦总统米尔济约耶夫、上海合作组织秘书长阿利莫夫、上海合作组织地区反恐怖机构执委会主任瑟索耶夫、阿富汗总统加尼、白俄罗斯总统卢卡申科、伊朗总统鲁哈尼、蒙古国总统巴特图勒嘎、联合国常务副秘书长阿明娜先后发言。他们高度评价中方为推动上海合作组织发展所做的贡献和在担任主席国期间所做的工作，积极评价上海合作组织接收印度、巴基斯坦加入的重要意义。各方一致表示，将继续遵循"上海精神"，不断加强政治、安全、经济、人文等领域的务实合作，完善全球经济治理体系，巩固和发展多边贸易体制，在国际法准则框架内解决地区热点问题，推动构建人类命运共同体。"一带一路"倡议再次受到了广泛欢迎和支持。

会议发表了《上海合作组织成员国元首理事会会议新闻公报》《上海合作组织成员国元首关于贸易便利化的联合声明》《上海合作组织成员国元首致青年共同寄语》《上海合作组织成员国元首关于在上海合作组织地区共同应对流行病威胁的声明》。

中国国务委员兼外交部部长王毅6月10日在青岛接受媒体采访时表示，上合组织的初心就是"共谋稳定、共促发展"，这也是上合组织始终不变的主题。青岛峰会上，各方一致同意要为构建人类命运共同体加强各方面合作，并取得了五方面的重要成果。

一是组织发展有了新规划。"上合大家庭"的规模越来越大，成员越来越多，团结互信是上合组织的优良传统。《上海合作组织成员国元首理事会青岛宣言》重申，各方将进一步发展睦邻友好关系，将共同边界建设成为永久和平友好的边界。青岛峰会通过了《上海合作组织成员国长期睦邻友好合作条约》未来5年实施纲要，提出了一系列重大合作举措，为今后

5 年上合组织发展规划了路线。

二是安全合作推出新举措。青岛峰会批准了打击"三股势力"未来 3 年合作纲要等重要文件。王毅说，这些文件聚焦影响地区安全的主要威胁，符合各方的共同需求，精准发力，切实可行，具有重要的现实意义。

三是经济合作注入新动力。青岛峰会通过多份务实合作文件，涉及贸易便利化、粮食安全、海关协作等众多领域，可以说分量重、覆盖面广，有助于各国间的合作进一步走深走实。尤其是发表关于贸易便利化的联合声明，呼吁维护以世贸组织规则为核心的多边贸易体制，建设开放型世界经济，发出了坚持多边主义、反对保护主义的一致声音。越来越多的国家意识到，关起门来搞建设是行不通的，协同发展是大势所趋。我们高兴地看到，"一带一路"倡议获得越来越广泛的支持，各国发展战略和区域合作倡议对接不断取得新的进展。

四是人文合作取得新成果。王毅说，上合组织高度重视环保问题。成员国领导人共同批准了环保合作构想，确立了致力于维护生态平衡、实现绿色和可持续发展的战略目标。此外，各方还商定继续在文化、教育、科技、卫生、旅游、青年、妇女、媒体、体育等领域开展富有成效的合作。

五是对外交往开辟新局面。上合组织在对外交往上始终秉持开放平等、包容透明的原则，我们的"朋友圈"不断扩大。本次峰会不仅有联合国等长期合作伙伴派负责人与会，还首次迎来欧亚经济联盟、国际货币基金组织、世界银行的高级代表。上合组织秘书处还同联合国教科文组织签署了合作文件。这些都反映出，国际社会高度认同上合组织的合作理念，越来越重视上合组织与日俱增的影响力。

五　2018 年中非合作论坛北京峰会

2018 年中非合作论坛北京峰会于 9 月 3 ~ 4 日在北京举行。各方围绕"合作共赢，携手构建更加紧密的中非命运共同体"主题，谋中非关系未来发展，绘中非合作宏伟蓝图，共同促进了本次峰会的圆满成功。会议发表了《关于构建更加紧密的中非命运共同体的北京宣言》（以下简称《北京宣言》），通过了《中非合作论坛——北京行动计划（2019—2021 年）》（以下简称《北京行动计划》），唱响了新时代中非合作共赢、共同发展的主旋律，彰显了发展中国家团结协作的强大力量。

9 月 3 日下午，中非合作论坛北京峰会在人民大会堂举行开幕式，习近平主席发表重要的主旨讲话，全面阐述中国加强对非关系的新理念、新主张，宣布中国对非务实合作的新行动、新举措，会议重点聚焦中非在产业发展、基础设施、贸易投资、人力资源开发、科教文卫、生态环保以及和平安全等领域的合作。这些新的重要举措更加契合非洲各国经济转型发展的现实需要，具有更强的时效性、普惠性和鲜明的时代特色，不仅会推动中非合作加速提质增效，也会为中非全面战略合作伙伴关系发展注入新的动力。

习近平指出，中非双方基于相似遭遇和共同使命，在过去的岁月里同心同向、守望相助，走出了一条特色鲜明的合作共赢之路。在这条道路上，中国始终秉持真实亲诚理念和正确义利观，同非洲各国团结一心、同舟共济、携手前进。中国在合作中坚持真诚友好、平等相待，坚持义利相兼、以义为先，坚持发展为民、务实高效，坚持开放包容、兼收并蓄。中国坚持做到"五不"，即不干预非洲国家探索符合国情的发展道路，不干涉非洲内政，不把自己的意志强加于人，不在对非援助中附加任何政治条件，不在对非投资融资中谋取政治私利。中国希望各国都能在处理非洲事务时做到这"五不"。

习近平强调，非洲发展不可限量，非洲未来充满希望，中非友好合作前景广阔，中非全面战略合作伙伴关系发展大有可为。中国永远是非洲的好朋友、好伙伴、好兄弟。中非合作好不好，只有中非人民最有发言权。任何人都不能破坏中非人民的大团结，任何人都不能阻挡中非人民振兴的步伐，任何人都不能以想象和臆测否定中非合作的显著成就，任何人都不能阻止和干扰国际社会支持非洲发展的积极行动。

习近平指出，和平与发展是当今时代的主题，也是时代的命题。面对时代命题，中国愿同世界各国携手构建人类命运共同体；愿同国际合作伙伴共建"一带一路"，把"一带一路"建设成为和平之路、繁荣之路、开放之路、绿色之路、创新之路、文明之路；将积极参与全球治理，推动全球治理体系更加平衡地反映大多数国家特别是发展中国家的意愿和利益；将坚定不移坚持对外开放，坚定维护开放型世界经济和多边贸易体制。

习近平强调，中国是世界上最大的发展中国家，非洲是发展中国家最集中的大陆，中非早已结成休戚与共的命运共同体。我们愿同非洲人民共筑更加紧密的中非命运共同体，为推动构建人类命运共同体树立典范。

第一，携手打造责任共担的中非命运共同体。我们要加强在涉及彼此核心利益和重大关切问题上的相互理解和支持，密切在重大国际和地区问题上的协作配合，维护中非和广大发展中国家的共同利益。

第二，携手打造合作共赢的中非命运共同体。我们要用好共建"一带一路"带来的重大机遇，使"一带一路"建设同落实非洲联盟《2063 年议程》、联合国《2030 年可持续发展议程》以及非洲各国发展战略相互对接，开拓新的合作空间，发掘新的合作潜力。

第三，携手打造幸福共享的中非命运共同体。我们要把增进民生福祉作为发展中非关系的出发点和落脚点。

第四，携手打造文化共兴的中非命运共同体。我们要促进中非文明交流互鉴、交融共存，拉紧中非人民的情感纽带。

第五，携手打造安全共筑的中非命运共同体。中国坚定支持非洲国家和非洲联盟等地区组织以非洲方式解决非洲问题，支持非洲国家提升自主维稳维和能力。

第六，携手打造和谐共生的中非命运共同体。中国愿同非洲一道，倡导绿色、低碳、循环、可持续的发展方式，加强生态环保领域交流合作。

习近平宣布，中国愿以打造新时代更加紧密的中非命运共同体为指引，在推进约翰内斯堡峰会确定的中非"十大合作计划"基础上，同非洲国家密切配合，未来 3 年和今后一段时间重点实施好产业促进、设施联通、贸易便利、绿色发展、能力建设、健康卫生、人文交流、和平安全"八大行动"。习近平指出，为推动"八大行动"顺利实施，中国愿以政府援助、金融机构和企业投融资等多种方式，向非洲提供 600 亿美元支持。

9 月 4 日举行的中非领导人圆桌会议一致通过了《北京宣言》以及《北京行动计划》这两个重要的峰会成果文件，为中非关系未来发展指明了方向。《北京宣言》全面体现了中非对当今世界重大问题达成的共识，彰显了中非团结友好、共享机遇、共迎挑战的决心。《北京行动计划》则对未来 3 年和今后一段时间中非各领域务实合作进行了规划，描绘了中非合作共赢、共同发展的新蓝图。习近平主席开幕式讲话以及峰会两个成果文件的通过表达了未来中非将精诚团结，合力发展。中国将以更大的战略定力、更足的发展底气、更坚强的毅力决心和更多的发展举措来进一步推动中非合作和推动构建中非命运共同体。

这是中非合作论坛继 2006 年北京峰会和 2015 年约翰内斯堡峰会之后，中非友好大家庭的又一次大团圆，也是中国 2018 年举办的规模最大、外国领导人出席最多的主场外交。

六　长三角区域一体化上升为国家战略

2018 年长三角区域一体化发展之势振奋人心，同时 2018 年也是长三角区域更高质量一体化发展的启动之年。

（一）长三角区域合作办公室挂牌成立

由上海、浙江、江苏、安徽三省一市联合组建的长三角区域合作办公室在上海正式挂牌成立。办公室主要职责是负责研究拟订长三角协同发展的战略规划，以及体制机制和重大政策建议，协调推进区域合作中的重要事项和重大项目，统筹管理合作基金、长三角网站和有关宣传工作。

长三角区域合作办公室2018年主要任务是研究制定《长三角地区一体化发展三年行动计划（2018—2020年）》（以下简称《三年行动计划》）并制订2018年长三角合作工作计划，着力协调解决省际合作重大问题，开展协同创新路径研究，推动改革试点经验复制共享等。

长三角区域合作办公室的成立虽是长三角区域新一轮合作机制建立进程的一小步，却是长三角区域一体化进程的一大步。

（二）长三角地区主要领导座谈会在上海召开

2018年6月1日，长三角地区主要领导座谈会在上海召开。会议深入学习贯彻习近平总书记对长三角区域一体化发展的重要批示精神，以"聚焦高质量，聚力一体化"为主题，审议并原则同意《三年行动计划》，沪苏浙皖对长三角区域更高质量一体化发展进行了再谋划、再深化，取得了丰硕而务实的成果。

第一，以习近平总书记重要指示精神为引领，进一步增强了推进长三角区域一体化发展的思想自觉和行动自觉。大家一致认为，以习近平同志为核心的党中央高度重视长三角区域一体化发展，习近平总书记对长三角区域一体化发展做出一系列重要指示，特别是做出的重要批示，为新时代长三角区域一体化发展指明了方向、提供了实践遵循。

第二，以《三年行动计划》编制完成为标志，进一步明确了长三角区域一体化发展的任务书、时间表和路线图。《三年行动计划》编制和内容主要有三个特点。一是体现各方需求，汇聚各方智慧。《三年行动计划》是开门编制的，三省一市的多个层面、各个方面都积极参与其中，共提出了180余项合作需求和工作建议，在三轮征求意见过程中，各方面又提出了360多条反馈意见。二是聚焦关键领域，确定重点任务。《三年行动计划》的内容，覆盖12个合作专题，并拓展到产业合作和民生工程方面。同时进一步聚焦交通互联互通、能源互济互保、产业协同创新、信息网络高速泛在、环境整治联防联控、公共服务普惠便利、市场开放有序等7个重点领域，形成了一批项目化、可实施的工作任务。三是展现共同愿景，明确节点目标。到2020年，长三角地区要基本形成世界级城市群框架，基本建成枢纽型、功能性、网络化的基础设施体系，基本形成创新引领的区域产业体系和协同创新体系，绿色美丽长三角建设取得重大进展，区域公共服务供给便利化程度明显提升，全国新一轮改革开放排头兵地位更加凸显，更加有效的区域协调发展新机制基本建立，在此基础上，再经过一段时间的努力，把长三角地区建设成为全国贯彻新发展理念的引领示范区，成为全球资源配置的亚太门户，成为具有全球竞争力的世界级城市群。

第三，以保障工作落实为重点，进一步构建更加务实有效的合作协调机制。明确了三条原则，即统筹协调要更加有力、合作机制要更加完善、政策措施要更加有效。

（三）习近平支持长江三角洲区域一体化发展上升为国家战略

2018年11月5日，习近平在首届中国国际进口博览会开幕式上发表主旨演讲时指出，支持长江三角洲区域一体化发展并上升为国家战略。着力落实新发展理念，构建现代化经济体系，推进更高起点的深化改革和更高层次的对外开放，同"一带一路"建设、京津冀协同发展、长江经济带发展、粤港澳大湾区建设相互配合，完善中国改革开放空间布局。

将长江三角洲区域一体化发展上升为国家战略，并不令人意外。南京大学长江产业经济研究院院长刘志彪对"界面新闻"表示，习近平此番讲话充分肯定了长江三角洲区域一体化发展在我国新时代建设现代化国家中的作用。刘志彪指出，长三角区域一体化发展对国家发展战略理念和目标有三大方面的作用：一是作为先行发展区，要加快落实新发展理念，为全国高质量发展做出榜样；二是作为生产力高度发达地区，要为构建现代化经济体系做出标准和示范；三是作为改革开放的前沿地带，要率先推进更高起点的深化改革和更高层次的对外开放，在这方面要做标兵。

俄罗斯

一 欧亚经济联盟的新发展

（一）中国与欧亚经济联盟正式签署经贸合作协定

2018 年 5 月 17 日哈萨克斯坦阿斯塔纳经济论坛期间，中国商务部国际贸易谈判代表兼副部长傅自应与欧亚经济委员会执委会主席萨尔基相及欧亚经济联盟各成员国代表共同签署了《中华人民共和国与欧亚经济联盟经贸合作协定》（以下简称《协定》）。12 月 6 日，欧亚经济最高理事会会议在俄罗斯圣彼得堡召开，会议决定，2018 年 5 月 17 日签署的《中华人民共和国与欧亚经济联盟经贸合作协定》正式生效。

《协定》涵盖海关合作和贸易便利化、知识产权、部门合作以及政府采购等 13 个章节，包含了电子商务和竞争等新议题。双方同意通过加强合作、信息交换、经验交流等方式，进一步简化通关手续，降低货物贸易成本。《协定》旨在进一步减少非关税贸易壁垒，提高贸易便利化水平，为产业发展营造良好的环境，促进中国与欧亚经济联盟及其成员国经贸关系深入发展，为双方企业和人民带来实惠，为双边经贸合作提供制度性保障。

根据《协定》，双方将不断加强贸易联通和便利方面的合作，在贸易便利化和海关程序方面，双方承诺将努力简化通关手续，提高法律法规透明度，实施预裁定制度，采用信息技术手段，便利低风险货物通关，加快合法货物放行，同时将进一步实施单一窗口制度，协调边境管理。此外，双方海关将进一步开展有关合作，有效提高货物通关速度和贸易便利化水平。

在知识产权领域，充分考虑到中国和欧亚经济联盟成员国知识产权规则的差异性和发展现状。《协定》涉及了著作权集体管理、遗传资源、传统知识和民间文艺等新内容。

双方同意就各自法律法规和电子化采购开展信息交换，并就电子化采购进行经验分享。同时，双方要求彼此在政府采购中提高透明度，依据各自政府采购法律法规，在互联网上公布各自的法律法规、普遍适用的管理规定以及政府采购招投标信息，如采购招标公告、采购文件和采购结果，在切实可行的范围内确保公众可获取上述信息。此外，双方还同意通过设立联络点的方式开展合作。

在电子商务方面，《协定》鼓励双方企业间的商务交流和合作，并鼓励其共同开展电子商务项目，为企业开拓新市场提供较大的便利，这也有利于企业提质增效，促进双边贸易进一步发展。

2015 年 5 月，习近平主席与俄罗斯总统普京在莫斯科签署《关于丝绸之路经济带建设和欧亚经济联盟建设对接合作的联合声明》，宣布启动中国与欧亚经济联盟经贸合作方面的协定谈判。自 2016 年 10 月首轮谈判以来，双方通过五轮谈判、三次工作组会议和两次部长级磋商，于 2017 年 10 月 1 日实质性结束谈判。

欧亚经济联盟成立于 2015 年，成员国有俄罗斯、哈萨克斯坦、白俄罗斯、吉尔吉斯斯坦和亚美尼亚，均是"一带一路"建设重要合作伙伴。中国与欧亚经济联盟及其成员国经济互补性强，贸易合作潜力大，2017 年我国与欧亚经济联盟成员国贸易额达 1094 亿美元。《协定》是中国与欧亚经济联盟在经贸方面首次达成的重要制度性安排，标志着中国与该联盟及其成员国经贸合作从项目带动进入制度引领的新阶段，对于推动"一带一路"建设与欧亚经济联盟建设对接合作具有里程碑意义。

欧亚经济联盟建设与"一带一路"建设的对接，使得中国企业对欧亚经济联盟的出口潜力得到进一步释放，欧亚经济联盟和欧盟边界的物流、仓储和相关服务发展潜力巨大，也将一定程度上为中国企业对欧盟出口提供便利。我国出口产品将进一步立足欧亚经济联盟成员国市场，并辐射欧盟及其他独联体国家市场。《协定》签署后，双方将抓紧履行国内程序，力争 2019 年初《协定》生效实施。

（二）欧亚经济联盟与伊朗签署自贸区协定

2018 年 5 月 17 日，欧亚经济联盟与伊朗在阿斯塔纳经济论坛期间签署了临时自贸区协定。协定涉及双方贸易商品的 50% 左右，将于 2019 年初生效，为期 3 年。3 年期满后预计转为全面自贸区协定，该协定将涉及全部商品。此后，俄罗斯国家杜马（议会下院）批准了关于在欧亚经济联盟和伊朗之间建立自由贸易区的临时协定。欧亚经济委员会董事会主席萨格希安称，在签署协定的所有国家的批准程序完成后，预计该协定于 2019 年生效。

俄罗斯总统普京于 11 月末签署协定，支持伊朗和欧亚经济联盟建立自由贸易区。12 月，在圣彼得堡召开的欧亚经济联盟最高理事会会议上，通过了 2018 年 5 月 17 日伊朗与欧亚经济联盟及其成员国签署的建立自由贸易区的临时协定。

这项备受期待的协定将加速推进伊朗加入这个由俄罗斯领导的区域经济集团的进程。克里姆林宫发表的一项声明显示，该协定在普京批准后成为联邦法律，并被转交给相关机构执行。此项协定除了批准在伊朗和欧亚经济联盟之间建立自由贸易区，还支持双方在广泛的经济和商业领域内合作。

根据临时协定，欧亚经济联盟享受农产品、糕点、金属、化妆品和某些机械设备的关税优惠。别国进口伊朗蔬菜、水果、建材、器皿、地毯和一些有色金属产品的关税也会降低。伊朗进口工业产品的关税从 22.4% 降至 15.4%，欧亚经济联盟国家从 8% 降至 4.7%，伊朗进口农产品关税从 32% 降至 13.2%，欧亚经济联盟国家从 9.6% 降至 4.6%。

专家表示，他们积极评价欧亚经济联盟与伊朗自贸区的前景。他们认为，成立自贸区有利于双方，尤其是在美国对俄罗斯和伊朗实施制裁的背景下，促使两国在经贸领域相互靠近。

据中国国际广播电台驻俄罗斯记者李洁介绍，俄罗斯高等经济学校专家伊戈尔·科瓦廖夫认为，该协定的签署对于正处在制裁中的俄罗斯以及有可能恢复制裁的伊朗来说都是利好消息。俄罗斯作为后苏联空间一体化进程的积极推动者，在该协定的签署中发挥了重要作用。欧亚经济联盟与伊朗之间尚未建立起紧密联系，各方需要时间协调关系，以更快成立自贸区。伊朗驻莫斯科前经济专员米尔扎哈尼表示，伊朗与欧亚经济联盟签署部分自由贸易协定，标志着伊朗经济进入了地区经济合作的新阶段，"协定为伊朗经济与地区连接奠定了基础"。

（三）欧亚经济联盟与印度或于2019年至2020年上半年签署自贸区协定

2018 年 11 月 26 日，在圣彼得堡举行的第一届俄罗斯 - 印度战略经济对话期间，俄罗斯经济发展部部长奥列什金表示，欧亚经济联盟与印度或于 2019 年至 2020 年上半年签署自由贸易区协定。

奥列什金指出:"我们正与一系列国家稳步推进(自贸区谈判),我们将更加积极工作。不久前我们在新加坡与其讨论了自由贸易协定问题,明年中期将就基本条款达成一致。而印度则需要更多时间,有可能在 2019 年,也可能在 2020 年上半年达成协议。"奥列什金补充表示,除达成自由贸易协定以外,各国还应对一些协议进行升级,"这涉及有关双重征税的协议,也涉及服务贸易和投资的协议。而欧亚经济联盟与印度间的自由贸易区协定恰好属于上述协议范畴"。

二 《中俄在俄罗斯远东地区合作发展规划(2018—2024年)》

2018 年 9 月,在俄罗斯符拉迪沃斯托克(海参崴)举行的第四届东方经济论坛上,俄罗斯远东发展部与中国商务部签署了《中俄在俄罗斯远东地区合作发展规划(2018—2024年)》(以下简称《规划》),并在 11 月举行的中俄总理第 23 次定期会晤期间正式批准。这是指导两国在俄罗斯远东地区开展合作的纲领性文件,将成为两国地方和企业合作的行动指南。

《规划》全文近 1 万字,共分为 7 个部分,重点归纳了俄罗斯远东地区在地理位置、能矿资源、农林水产、交通运输、航空船舶制造等方面,对于中国投资者的合作优势;详细介绍了俄远东地区支持外国投资者的国家政策以及为中国投资者提供的机遇,涉及税收优惠、重点引资的地域和领域、基础设施和资金配套支持政策、电子签证等内容;通过事实和数据阐释俄远东地区对华经贸合作情况;推介在俄远东地区开展中俄经贸合作的 7 个优先领域,包括天然气与石油化工业、固体矿产、运输与物流、农业、林业、水产养殖和旅游等;详细介绍俄远东地区中俄战略合作项目和基础设施项目;全面阐释了远东地区中俄经贸合作发展机制。

(一)俄远东地区支持外国投资者的国家政策以及为中国投资者提供的机遇

第一,俄方在俄罗斯远东地区实施特殊的国家政策,旨在提高外商投资项目的收益率,降低项目风险。通过设立和发展跨越式发展区、符拉迪沃斯托克(海参崴)自由港,向投资者提供基础设施建设资助,并借鉴国际先进经验,采取其他措施支持外商投资。

第二,远东地区已设立了 20 个跨越式发展区,为投资者发展新产业提供独立平台。由国家出资在区内为投资者修建必要的基础设施,以简化方式提供税收优惠和必要的行政服务。在跨越式发展区内,对俄和外国投资者提供以下优惠政策:

——自开始赢利起 5 年内,企业利润税为 0%;

——企业前 5 年的财产税和土地税为 0%;

——统一社保费率,以 7.6% 取代 30%;

——降低矿产开采税率,10 年内为 0% ~ 0.8%;

——采用自由关税区的海关程序;

——加快出口产品增值税退税;

——加快签发建设许可证和项目投运许可证;

——缩短国家环保鉴定期限;

——简化外国公民就业手续;

——采取特殊保护机制,避免检查和监督机构的不合理监督。

第三,俄方建议中国投资者在以下跨越式发展区实施项目。

"阿穆尔—兴安岭"跨越式发展区(犹太自治州):与黑龙江跨境铁路桥运输相关的物流项目。

"巨石"跨越式发展区(滨海边疆区):与建设俄最大的民用船厂——"红星"相关的项目。

"山区空气"跨越式发展区(萨哈林州):冬季休闲和豪华旅游项目。

"堪察加"跨越式发展区（堪察加边疆区）：四季休闲和旅游项目，建造旅游基础设施、交通物流、水产养殖加工项目。

"共青城"跨越式发展区（哈巴罗夫斯克边疆区）：木材深加工、航空和船舶制造、农业、旅游等项目。

"米哈伊洛夫斯基"跨越式发展区（滨海边疆区）：生产农业原料、商品和食品项目。

"阿穆尔河畔"跨越式发展区（阿穆尔州）：与黑龙江跨境公路桥运输相关的物流项目。

"自由"跨越式发展区（阿穆尔州）：与建设亚太地区最大天然气加工厂相关的天然气化工及其配套项目。

"别洛戈尔斯克"跨越式发展区（阿穆尔州）：生产加工、农产品加工、建材生产、林业加工等项目。

"哈巴罗夫斯克"跨越式发展区（哈巴罗夫斯克边疆区）：生产技术、农业和物流项目。

"南区"跨越式发展区（萨哈林州）：渔业资源深加工和物流领域的项目。

"南雅库特"跨越式发展区［萨哈（雅库特）共和国］：与大型焦煤矿开发相关的项目。

中国投资者也可研究在其他跨越式发展区和领域实施项目。

第四，如中国投资者计划在远东地区尚未设立跨越式发展区的地点新建项目，俄方将研究扩大某一现行跨越式发展区边界或新设跨越式发展区的可行性。

如中国投资者在俄远东地区的跨越式发展区实施项目需要修建专门的交通、工程或其他基础设施，在不违反俄联邦法律的情况下，俄方将研究国家出资建设相应基础设施的可能性，国家出资额不超过项目投资金额的10%。在俄法律规定条件下，俄方资源可无偿提供给投资者，用于建设其项目所需的基础设施。

第五，俄远东地区已设立符拉迪沃斯托克（海参崴）自由港，其是由21个市政区域组成的自由经济区，是分布于日本海和鄂霍次克海沿岸的主要港口。中国投资者在符拉迪沃斯托克（海参崴）自由港实施项目，可以得到与跨越式发展区同样的优惠政策，但符拉迪沃斯托克（海参崴）自由港没有由国家出资为投资者修建基础设施的政策。符拉迪沃斯托克（海参崴）自由港政策如下：

——24小时通关制（个别口岸除外）；

——一站式服务，缩短货物清关时间，货物电子申报；

——简化外国公民入境签证（8日有效电子签证）；

——"free port"模式，用于存储奢侈品、艺术品、古董。

俄方计划逐步扩大符拉迪沃斯托克（海参崴）自由港区域，将其政策推广至其他有意吸引俄本国和外国投资的周边地区。

第六，俄方欢迎中国投资者在适用符拉迪沃斯托克（海参崴）自由港政策的以下市政地区实施投资项目：

——滨海边疆区的符拉迪沃斯托克（海参崴）、阿尔乔姆、纳霍德卡、乌苏里斯克、哈桑区、娜杰日金区等10个地区：海港及无水港、滨海1号和2号国际交通走廊、面向亚太地区出口的生产企业；

——堪察加边疆区的堪察加－彼得罗巴甫洛夫斯克市：渔业深加工、无水港、旅游业，以及供应瓶装饮用水项目；

——哈巴罗夫斯克边疆区的瓦尼诺区和苏维埃港区：海港基础设施、货物转运码头建设、渔业加工等领域项目，以及建立出口导向型产业；

——萨哈林州的科尔萨科夫和乌格列戈尔斯克市：渔业深加工、货物转运码头建设项目。

中国投资者不受上述项目及领域限制。在自由港区内，可以实施俄罗斯法律不禁止的任何投资项目，投资金额在500万卢布及以上。

第七，俄方将为中国投资者在跨越式发展区和符拉迪沃斯托克（海参崴）自由港实施的所有项目提供配套服务，以降低项目实施风险，提高收益率。对中国投资者的项目通过统一的信息系统提供服务，该系统由远东吸引投资和出口支持署运营。

第八，俄方将考虑中国投资者对改善跨越式发展区和符拉迪沃斯托克（海参崴）自由港投资环境和业务发展条件提出的建议。俄方已从法律上确定，跨越式发展区和符拉迪沃斯托克（海参崴）自由港区内投资项目前10年内税收优惠政策保持不变。

第九，俄方指出，如果在萨哈（雅库特）共和国、楚科奇自治区、马加丹州、萨哈林州、堪察加边疆区实施项目，俄法律规定对投资项目采用不高于俄平均费率的电价。

第十，俄方在法律框架内为中国投资者免费提供大部分远东开发机构的基本服务。

——远东吸引投资和出口支持署：提供投资项目全周期的一站式服务，协助其产品出口。

——远东人力资源开发署：提供人力资源引进服务。

——远东发展集团：提供土地租赁和基础设施接通服务。

（二）在俄远东地区开展中俄经贸合作的优先领域

1. 天然气与石油化工业

首先，俄方指出，俄远东地区有俄最大的天然气和石油化工集群，也是亚太地区最大的集群之一，经过确认的私人投资额超过350亿美元。

其次，俄方欢迎中方投资者实施以下项目：

——阿穆尔州阿穆尔天然气处理厂附近的聚乙烯与甲醇处理生产；

——滨海边疆区纳霍德卡矿物肥料厂附近的醋酸生产；

——哈巴罗夫斯克边疆区二甲苯生产；

——滨海边疆区聚乙烯薄膜生产；

——阿穆尔州聚乙烯管生产；

——滨海边疆区注塑成型塑料产品生产；

——符拉迪沃斯托克（海参崴）自由港组装生产用于制造、储存、运输和卸载液化天然气的设备。

俄方将推动落实有利的投资政策和措施，消除中国投资者在远东地区遇到的投资壁垒。

2. 固体矿产

首先，俄方指出，远东地区集中了亚太地区最多的固体矿产（含贵金属），开发工作将为地区经济发展奠定基础。俄方计划实现远东地区经济多元化，提高非原材料产业比重，同时继续为固体矿产开发领域的投资项目提供全面支持。

其次，俄方欢迎中国投资者根据俄外国投资法和俄矿产资源法在俄远东地区实施以下项目：

——开发萨哈（雅库特）共和国"秋楚斯"金矿；

——开发堪察加边疆区"库姆洛奇"与"罗德尼科"金矿；

——开发哈巴罗夫斯克边疆区"康德尔"白金矿；

——开发萨哈（雅库特）共和国"丘利马坎"与"杰尼索夫斯基"煤矿；

——开发楚科奇自治区"阿玛姆"煤矿；

——开发滨海边疆区"苏城"煤田；

——开发阿穆尔州"库恩—曼尼"硫化镍矿；

——开发马加丹州"奥罗耶克"矿区铜矿；

——开发滨海边疆区的"阿达姆索夫"煤矿，在纳杰日金区建设煤炭切割和采矿选矿厂；

——开发哈巴罗夫斯克边疆区"普拉沃尔米"锡矿，建造"诺尼"采矿选矿综合体和采矿选矿厂；

——开发萨哈（雅库特）共和国"季列赫佳赫溪流"锡矿。

最后，双方将通过互联网向中方投资者公布远东地区上述领域相关引资信息和投资推介资料。

3. 运输与物流

首先，双方欢迎联合实施国际运输走廊项目，通过滨海边疆区港口，实施中国东北部省份货物运输，以及一系列跨境界河桥梁建设。

其次，俄方欢迎中方投资者在远东地区实施以下投资项目：

——萨哈（雅库特）共和国勒拿河公路大桥建设工程；

——东方港港口装煤综合体建设工程；

——纳霍德卡海港改造工程；

——雅库茨克国际机场改造工程；

——马加丹国际机场改造工程；

——哈巴罗夫斯克国际机场改造工程；

——滨海边疆区阿尔乔姆市货车生产和配送厂。

4. 农业

双方一致认为，扩大远东地区对华出口农业原料、产品和粮食，以及丰富农业深加工产品对华出口种类是中俄在远东地区经贸合作的优先方向。

双方拟举行一系列洽谈，就解决俄远东地区和中国东北地区农业原材料、商品和粮食相互贸易中的疫病管理区域化以及市场准入等问题进行探讨。

双方支持中方企业在俄远东地区开展农业全产业链合作，并将举办系列洽谈，以加大对俄远东地区农业生产的投资。

双方支持中方企业在滨海边疆区实施养殖综合体项目，并将在检疫和通关方面提供必要协助。

俄方希望中方投资者在俄远东地区实施以下项目：

——由 Rusagro 与 Mercy Agro 滨海公司参与的滨海边疆区养猪综合体建设工程；

——滨海边疆区本地甜菜制糖业与甘蔗加工厂现代化改造工程；

——一次性储量为 5 万吨的滨海边疆区农产品批发集散中心建设工程。

俄方将根据俄现行法律提供所需土地与融资优惠政策，为中国投资者参与的农业领域项目提供必要保障。

5. 林业

双方认为，在俄远东地区开展经贸合作的优先方向是增加自远东地区对华木材出口量，增加深加工产品以实现出口产品多元化。双方将支持两国企业在木材深加工领域开展合作。俄方欢迎中国投资者在南雅库特、阿穆尔州和萨哈林州建设木材加工综合企业。

6. 水产养殖

双方支持举办俄远东地区水产养殖合作的系列研讨会。俄方欢迎中方投资者在俄远东地区实施水产养殖项目，并为项目提供必要支持。

7. 旅游

俄方欢迎中国投资者在远东地区实施旅游合作项目。双方鼓励为中国公民举办包括有关使用电子签证制度在内的远东地区旅游宣传活动。

（三）远东地区中俄经贸合作发展机制

协调俄远东地区中俄经贸合作发展的主要政府间机制是中国东北地区和俄罗斯远东及贝加尔地区政府间合作委员会。

中国东北地区和俄罗斯远东及贝加尔地区政府间合作委员会框架内设立理事会，由中俄相关企业家组成，旨在促进项目实施并对改善俄远东地区投资和营商环境提出建议。

在俄远东地区实施本规划和发展中俄经贸合作，中方由中国商务部具体负责，俄方由俄罗斯远东发展部具体负责。

中国国家开发银行参与规划制定，并对其后续实施提出建议。

双方认为，东方经济论坛是中俄在俄远东地区发展经贸合作的重要平台。俄方每年将在东方经济论坛框架内举办中俄经贸合作有关活动。

双方将支持中俄博览会发展，将其作为加强中俄在俄远东地区经贸合作的平台。

俄方将继续在远东地区举办"中国投资者

日"活动。在此期间，中国公司将有机会与负责俄远东发展问题的联邦副总理进行直接对话。中方将为在俄远东地区成功举办"中国投资者日"活动提供协助。

双方商定签署中国商务部和俄罗斯远东发展部关于互设投资促进机构代表处的谅解备忘录。

双方在协商一致的情况下，可对本规划进行增补和修订。

双方将就签署其他合作文件保持密切沟通协调。

三 《中国东北地区和俄罗斯远东及贝加尔地区农业发展规划》

2018 年 11 月 7 日，俄罗斯农业部部长帕特鲁舍夫与中国农业农村部部长韩长赋在北京举行的俄中总理定期会晤期间签署了《中国东北地区和俄罗斯远东及贝加尔地区农业发展规划》，将共同发展两国边境地区的农业合作。

该规划是指导两国边境地区开展农业合作的系统性文件，目的是改善上述地区的农业基础设施和提高设备保障水平，发展农业科技，提高主要作物产量。中俄双方计划在关键方向开展合作。该规划规定，双方将共同建设一系列粮食、油料加工、畜牧和渔业综合体。两国将共同促进大豆、水稻生产，发展蔬菜种植、畜牧养殖以及养猪和养鸡业，共同建设牲畜和渔业养殖场，以及共同生产高附加值产品。此外，双方还将共同建设农产品物流设施，采用农业创新技术和科研成果。俄农业部部长帕特鲁舍夫指出，农业合作是中俄两国合作的重要方向。中国在俄农业投资占其海外该领域全部投资的 13%，这些资金大多用于俄远东开发。

中国农业农村部部长韩长赋指出，中俄两国农业各具特色，互补性强，合作潜力大。近年来，双方在中俄总理定期会晤委员会农业合作分委会机制下，就农产品贸易、农业投资、动植物检疫、渔业、农业科技等领域开展了良好合作，取得了良好成效，为双边农业合作的进一步发展奠定了坚实基础。他表示，中方愿与俄方一道，创新合作方式，落实好双方国家领导人达成的共识和要求，将双方签署的《中国东北地区和俄罗斯远东及贝加尔地区农业发展规划》落实到具体行动计划上，进一步加强两国在农产品加工、仓储物流等领域的合作，推动两国农业合作再上新台阶。

帕特鲁舍夫高度评价俄中农业合作取得的成效，并完全赞同韩长赋关于加强双边农业合作的意见。帕特鲁舍夫表示，俄罗斯农业发展条件好，农产品质量高，两国农业合作具有美好前景，期待与中方共同推动两国农业务实合作不断取得新的进展。

四 《2024年前俄联邦国家发展目标和战略任务》

2018 年 5 月 7 日，俄罗斯联邦新一届总统普京在克里姆林宫宣誓就职，开始其第 4 个总统任期。随后普京颁布新的"五月命令"，签署总统令，规划了 2024 年前俄罗斯联邦的发展目标和战略任务——2024 年俄罗斯要进入全球五大经济体行列，在维持宏观经济稳定的同时保证经济增速高于世界平均水平。

俄罗斯政府未来 6 年优先发展的国家项目包括以下 12 个方面：人口、医疗、教育、住房、安全优质的公路、劳动生产率和支持就业、生态、数字经济、中小企业经营和支持个人创业、国际合作和出口、科学、文化。

总统令内容主要包括：政府在 2024 年以前须将俄罗斯贫困人口减少 1/2，保证居民收入稳定增长，退休金的增长幅度要高于通货膨胀率，到 2024 年要将俄罗斯人的平均寿命提高到 78 岁，未来 6 年每年新增或改造住房需满足 500 万户家庭的需要，而实现技术创新的机构数量应占总机构数量的 50%。

根据总统令，俄罗斯要加快科技发展，大力推动数字技术在经济及社会领域的应用，同时应保持宏观经济稳定发展，使俄罗斯成为全球五大经济体之一，经济增长要超过全球平均增长水平，通胀率不高于 4%，在一些基础领域建立一种高效的出口导向型经济。

根据《2024 年前俄联邦国家发展目标和战略任务》，俄政府应在 2024 年前确保俄加工工业、农业和服务业等非原料领域具备国际竞争力，出口总额占 GDP 比重不少于 20%。该命令同时规定，2024 年前俄非原料非能源出口额应增至 2500 亿美元/年，服务出口额增至 1000 亿美元/年。

《2024 年前俄联邦国家发展目标和战略任务》提出，将"加速俄联邦技术发展，增加技术创新机构数量，使其占全国科研机构总数的 50%"确立为九大国家发展目标之一。

在科学领域，提出 2024 年前应实现的 3 个具体目标，包括：①确保俄罗斯在《俄联邦科学技术发展战略》总统令确定的智能制造、机器人系统、新材料、清洁能源、碳氢化合物原料生产与深加工、能源运输、个性化医疗、药物合理利用、生态农业、农产品储存与加工、智能运输系统、光电系统、智能电信系统、航空航天技术、海洋和北极开发与利用等科技优先发展领域进入全球五强；②确保俄罗斯对本国和外国的首席科学家和青年研究人员具有足够吸引力；③提高科学研究投入占国内生产总值的比重。

《2024 年前俄联邦国家发展目标和战略任务》提出 2024 年前应解决 5 个方面的问题：①建造先进的科研基础设施，包括高通量中子束流反应堆 PIK、强子对撞机 NICA、电子－正电子对撞机 Super Charm – Tau、极端光场国际研究中心 CIES、托卡马克核聚变反应堆 IGNITOR 和第四代同步辐射光源 ISSI – 4 等具有本国特色的大科学装置；②现有科研仪器设备更新半数以上，保障科学研究和发展；③建立世界一流的科学中心，包括国际数学中心和基因组研究中心网络；④在高校、科研机构以及与其有合作的经济实体的基础上，成立 15 个以上世界一流科学教育中心；⑤制定科学及科教人员培育和成长体系，为青年科学家开展科学研究和发展提供条件，建设科学实验室，组建有竞争力的团队。

命令内容还涉及医疗服务出口、房屋按揭贷款、新建住宅规模、教育水平、环境治理、经济结构调整等。

此外，普京要求政府保证在经济和社会领域加快采用数字技术，以及在经济基础行业创造"依托现代化技术和高水平人才发展"的高效出口导向型部门。

普京责成政府在 2018 年 10 月 1 日前确定 2024 年以前的主要工作方向，以完成提出的目标，同时预测俄在这个时期的社会经济发展。

五　"向东看"战略新发展

（一）中俄全面战略协作伙伴关系深入发展

2018 年 6 月，在开启新一届总统任期 1 个月之际，普京总统对中国进行国事访问。两国最高领导人在会谈后发表中俄联合声明，双方重申，将继续把中俄关系作为各自外交政策的关键、优先方向之一，共同使之提升到新的更好水平。习近平主席在人民大会堂授予普京总统中国国家对外最高荣誉勋章——友谊勋章。该勋章授予在中国社会主义现代化建设和促进中外交流合作、维护世界和平中做出杰出贡献的外国人。普京总统是该勋章首位获得者。这不仅是对普京总统为发展中俄关系所做重大贡献的褒奖，还是当前两国深厚友谊的最新证明。

9 月，习近平主席出席在符拉迪沃斯托克（海参崴）举行的第四届东方经济论坛，这是习近平担任中国国家主席以来第七次出访俄罗斯，也是中国国家主席首次出席东方经济论坛，释放了中方高度重视俄远东地区开发、积极参与俄远东地区建设的信号，为两国关系发展添加新动力。访问期间，习近平主席同普京总统规划了下阶段两国务实合作方向，商定继续深入推进"一带一路"建设和欧亚经济联盟建设对接,重点加强能源、农业、科技创新、金融等领域合作,稳步推进战略性大项目,积极打造合作新增长点。习近平主席邀请普京总统2019年来华出席第二届"一带一路"国际合作高峰论坛,普京总统当场欣然接受。

11月,李克强总理与梅德韦杰夫总理在北京举行会晤,签署联合公报,双方签订了包括投资合作在内的多项文件。

中俄经贸合作加强。两国贸易额保持稳定增长态势,双边贸易额突破1000亿美元,增速在中国前十大贸易伙伴中位列第一。中俄大项目合作不断推进,莫斯科中国贸易中心、长城汽车厂等项目稳步落地,中俄联合研发远程宽体客机、重型直升机等项目进展顺利。中俄能源合作有新进展。2018年1月1日,中俄原油管道第二条支线漠河—大庆管道投入商业运营,中国每年经由中俄原油管道进口俄罗斯原油规模从1500万吨提高到3000万吨。中国企业参与的亚马尔液化天然气项目第三条生产线正式投产。2018年俄罗斯保持中国最大原油供应国地位。中俄东线天然气管道项目顺利推进,将在2019年实现通过该管道向中国供气的目标。

(二)俄日关系不断迈向新高度

2018年俄罗斯和日本首次互办"国家年"活动,俄罗斯与日本加强合作,俄日关系不断迈向新高度。2018年以来俄罗斯与日本高层来往频繁,在各个场合均表示希望加强俄日合作。日本首相安倍晋三、日本外相河野太郎、日本内阁官房长官菅义伟等高层多次表示希望加强与俄罗斯的合作,发展加深日俄关系。俄罗斯也积极回应了日本的合作意向。3月,俄罗斯外长拉夫罗夫访问日本,加强双方联系。4月,日俄外交部副部长级战略对话会议在俄罗斯举行。6月,日俄副外长在日本举行安全问题会议。

日本首相安倍晋三4月底访俄,两国领导人会谈结束后发表了十年来首份联合声明,特别指出,俄、日将基于互信互惠原则在各个领域发展双边关系,在安全保障上扩大合作,加强领导人交流,两国外长每年至少互访一次,双方共设外交和国防部长级(2+2)会议。

6月,俄罗斯和日本在俄日议会间和地区间合作会议上,签署了有关合作的联合备忘录。在6月,俄日双方还举行了边防演习,俄罗斯方面指出,日俄演习是俄罗斯与日本海岸防卫合作、互信和友谊加深的证明。安倍还参加了9月符拉迪沃斯托克(海参崴)的东方经济论坛,半年之内两次访问俄罗斯,俄罗斯在远东开放问题上也对日本寄予期望。

除政治合作、安全合作外,在经济合作方面,俄日发展得很快。2017年俄罗斯和日本的双边贸易额增长14%,日本自俄罗斯进口额达141.25亿美元,增长26.6%;对俄出口额约61.24亿美元,增长21.5%。

(三)与亚太地区其他国家伙伴关系明显发展

5月,普京总统与印度总理莫迪在索契举行非正式会晤,10月,普京访问印度,在访问过程中,双方签订了包括价值50亿美元的S-400防空导弹系统采购协议在内的近30项合作协议。

11月,普京赴新加坡出席第三届俄罗斯—东盟峰会和第十三届东亚峰会,这是俄领导人首次出席东亚峰会和首访新加坡,体现了对东南亚地区的重视,显示了俄作为亚太国家的新形象。在俄罗斯—东盟峰会期间,普京与东盟各国代表就深化贸易、投资、人道主义领域合作以及加强东盟与上合组织和欧亚经济联盟联系等问题进行了讨论。在俄罗斯—东盟峰会期间,俄罗斯与东盟发表了联合声明。声明强调:俄罗斯与东盟继续支持深化区域一体化,鼓励上合组织秘书处与东盟秘书处定期互动。声明表示,要采取措施加大俄罗斯与东盟成员国之间的贸易和投资。普京称:俄罗斯与东盟激活了政治对话。

普京罕见出席东亚峰会并开展东亚外交，凸显了俄罗斯"向东看"步伐正不断提速。"向东看"，始于2015年的东方经济论坛，该论坛由普京亲自倡议举办，旨在通过加大远东地区开发力度为俄罗斯经济注入新的活力。以论坛为平台，俄罗斯加强了与东北亚地区各国的对话和合作，提高了出席东亚系列会议的规格，总理梅德韦杰夫出席了2015年和2017年的东亚峰会。2018年，普京出席东亚系列会议，更是将对东亚的重视程度进一步提升。俄罗斯《独立报》评价：此举是俄罗斯在东南亚外交方向上的突破。

对于俄罗斯加速"向东看"，专家称其强化了与东南亚的合作，双方在政治、经济、军事甚至外交领域合作前景远大。

峰会期间，普京与新加坡总统雅各布和总理李显龙举行了会晤。11月14日，普京还与韩国总统文在寅举行了会晤，双方就对朝"缓解制裁"进行了讨论，包括与缓解制裁相关的条件、现状和氛围等。青瓦台发言人说，普京在会晤中表示，朝鲜半岛无核化如果取得了进展，有关各方需要采取相对应的措施。文在寅则呼吁俄方积极努力，推动朝鲜更果断地采取无核化举措。在提到金正恩访韩计划时，普京表示，俄罗斯和朝鲜正在就金正恩访俄日程进行协商，他本人也十分关注此事。

11月14日下午，日俄领导人会晤也如期举行。这是普京提议不设前提条件缔结和平条约以来的首次正式会谈，也是双方的第23次会谈。会谈中，双方商定以1956年《苏日共同宣言》为基础，加快和平条约谈判进程。多家俄罗斯媒体14日报道说，这一表态说明俄日两国同意按照《苏日共同宣言》"先条约后还岛"的原则推进谈判。安倍在会谈结束后对媒体表示，两国将在信任的基础上解决领土问题，缔结和平条约，他和普京都有强烈意愿终结二战遗留的问题。

日 本

一 2018~2019年度 《综合创新战略》

据《日刊工业新闻》报道，日本政府公布了 2018~2019 年度科学技术政策基本方针《综合创新战略》，其凸显了五大重点措施：大学改革、加强政府对创新的支持、人工智能、农业发展、环境能源。该战略由日本内阁府综合科学技术创新会议下属的创新战略调整会议起草，在 6 月内阁审议通过后，政府各部门将提出本部门的落实措施，并列入 2019 年度的预算中。

（一）关于大学改革

一是引入日本版的弗劳恩霍夫模式（指在政府资助下以企业形式运作、官产学研相结合、公益性地开展应用研究的运营方式），激励大学积极争取民间研究资金；二是提出创立产学官一体的"大学改革支援产学官协议会"。

（二）关于加强政府对创新的支持

各级政府在政府采购和社会保障等相关项目的实施过程中，要把促进新技术应用摆在突出位置，通过政府事业来促进科技创新。

（三）关于人工智能

为解决信息技术及人工智能领域的人才短缺问题，要加速发展 IT 及理工科教育，同时强化大学相关学科的人才培养能力。

（四）关于农业发展

一是强化数据信息共享基础设施建设，构建智慧食物供给链系统，包括自动传感、农业机械自动化、AI 农产品供需对接系统等，力争 2025 年前将数字农业技术推广到农民手中；二是将日本的准天顶卫星技术应用于智慧农业，并出口到亚洲太平洋地区。

（五）关于环境能源

一是制定氢能源推广日程表，降低成本，提出氢能源应用规模的量化目标等；二是提出构建新能源管理系统的技术路线，加强环境能源领域的数据共享基础设施建设。

二 《东京战略2018》

自从 2009 年以来，日本与湄公河流域五国每年都举行一次首脑峰会。2018 年已经是第 10 届。当地时间 2018 年 10 月 9 日，第 10 届"日本与湄公河流域国家峰会"在日本东京赤坂离宫召开，东道主安倍晋三、柬埔寨首相洪森、缅甸国务资政昂山素季、泰国总理巴育、越南总理阮春福以及老挝总理西苏里等人出席。此次"日本与湄公河流域国家峰会"通过了《东京战略 2018》草案，其内容涉及日本与湄公河流域的泰国、缅甸、越南、柬埔寨、老挝等 5 国的合作。草案指出，为实现以人为本的社会，将在湄公河流域"以均衡且可持续发展为目标"，通过教育等携手实现"不落下任何一个人"的社会。此外，为实现绿色的湄公河流域，草案呼吁就区域内气候变化对策、海洋污染对策和水资源保护等展开合作。

草案把湄公河次区域定位为亚洲巨大新兴市场的中心，认为该区域发展前景巨大。从地理位置上看，湄公河次区域连接着各大市场与中国、印度及东盟等亚洲活跃经济体，具有特殊优势。从未来发展上看，湄公河次区域拥有农业生产优势，是世界的稻米生产基地，且正朝着工业化、现代化的方向对经济结构进行调整，拥有巨大潜力。该区域还拥有活跃与年轻的人口，在人力资源上具有巨大优势，是充满潜力的消费市场，拥有成为东盟生产消费中心的潜力，成为全球价值链的重要环节。

实际上，日本政府早在 1993 年就已提出了一整套参与湄公河开发的合作计划，日本内阁还专门成立"大湄公河开发委员会"。自 2009 年起，日本每年都会与湄公河流域五国举行一次首脑或外长峰会，旨在不断扩大在该地区的影响力。在《东京战略 2018》草案出台前，日本政府也曾制定《东京战略 2012》《新东京战略 2015》等，都把高质量基础设施建设作为推进重点，2012～2015 年日本对湄公河流域援助金额为 74 亿美元，日本首相安倍晋三在 2015 年曾宣布 3 年内再向湄公河流域提供约合 60 亿美元的政府开发援助（ODA），借此大力向该地区推销日本高速公路、铁路以及电力设施。

有分析人士认为，日本相关战略的推出，可能预示着中日两国即将在该区域展开新一轮的竞争。但也有观点认为，中日两国在湄公河次区域开展合作有很强的互补性，应该能够获得"双赢"的效果。湄公河流域国家对发展基础设施的需求巨大，十分需要外部的投资资金与合作。中国和日本是对湄公河次区域投资的主要国家，从共建"一带一路"国家、湄公河次区域的现实状况及中日两国经济合作的比较优势来看，中日两国在企业的经营模式、资金、技术等方面有很强的互补性。尤其在当前世界经济面临挑战的背景下，中日更可以通过以湄公河次区域的合作作为切入口，将合作逐渐扩展到整个东南亚地区。

三 印太战略

2007 年 8 月，安倍访问印度，在印度议会发表演讲，首次提出"自由开放的印度太平洋战略"，正如演讲题目《两洋交汇》所示，提出"太平洋和印度洋正成为自由与繁荣之海，带来富有活力的联系，一个打破地理疆界的'更为广泛的亚洲'已经明确出现"。安倍认为日本和印度作为"思维方式相同的民主海洋国家"，应促进"更为广泛的亚洲的自由和繁荣"。根据安倍的观点，这个"更为广泛的亚洲"包括美国、澳大利亚以及其他太平洋国家，可以发展成为一个覆盖太平洋的庞大网络，使人员、商品、资本和知识得以自由流动。

2012 年安倍第二次当选首相后，提出日本重启新一轮的"印太战略"。2012 年 5 月，安倍在《亚洲民主安全的四边形》一文中肯定地指出，日本应当依托与美国传统的盟友关系，加强与澳大利亚及印度的合作，致力于太平洋地区的稳定。这一理念后来被日本外交界扩充为"印太战略"。2016 年 8 月在肯尼亚召开的东京非洲发展国际会议（TICAD）上，安倍继续宣扬"印太战略"，提出"国际社会稳定和繁荣的关键是两洋协同带来的活力，包括飞速增长的亚洲和充满潜力的非洲，两个自由开放的海洋——太平洋和印度洋。日本将两个大陆和两个海洋看作一个一体化地区，在此开辟日本外交活动的新平台"。

2018 年 1 月 22 日在第 163 届国会上，日本外相河野太郎在阐述日本的外交政策时强调："我们将以三个支点来推动印太战略的实施。首先，作为第一个支点，我们将宣传和加强自由航行和法治的原则。其次，我们将通过改善地区间的相互联系致力于经济繁荣，包括推动符合国际标准的、高质量的基础设施建设。再次，我们将通过开发海洋执法能力保障和平与稳定。"

在推行"印太战略"中，日本高度关注马尔代夫共和国。这个国家位于印度洋海上航线的岛链之间，对于日本具有重要的经济意义。2018 年 1 月河野外相访问马尔代夫，日马两国同意在推进"印太战略"基础上展开紧密合作。

2018 年 2 月日本外相河野太郎访问文莱和新加坡，表示东南亚和东盟各国在日本的"印太战略"中占据着重要地位。河野外相表示，日本将推动"印太战略"，并相信这一地区会是"自由的和开放的，不仅将成为日本的也将成为全世界和平和繁荣的基石"。这些言论显然是针对南海形势，直接指向中国。如美国《华盛顿外交官》杂志副主编普拉尚特·帕拉梅斯瓦兰指出，日本的"印太战略"还处于初期阶段，但河野太郎通过访问展示了该战略在更广泛意义上承认东南亚各国的作用。

2018 年 8 月 4 日，第 25 届东盟地区论坛（ARF）在新加坡举行。在日本的敦促下，论坛主席声明写入了所谓的"印太战略"。在声明起草过程中，不少东盟成员国表示"如果是'战略'，则我们难以加入"。于是，日本方面开始探讨修改措辞。日本政府相关人士表示，"战略这个说法有可能令人产生'战胜对方'的感觉"。这是因为"战略"是军事用语。如果成为中国警惕的框架，亚洲各国将顾忌中国，难以表示赞同。

2018 年 10 月 25～27 日，日本首相安倍晋三访华。其间，中日两国在政治、经济、安全、人文交流等领域达成一系列共识。安倍此次访华释放出正面信息，对促进双边关系长期健康稳定发展具有积极意义。双方会谈成果丰硕，两国明确将加强第三方市场的合作，在安倍访华期间举行的首届中日第三方市场合作论坛上，两国就着力将第三方市场打造成双方务实合作的新支柱达成共识。两国地方政府、金融机构、企业之间签署了 50 余项合作协议，金额超过 180 亿美元。复旦大学历史系教授冯玮表示，中日提到的第三方市场的合作，其实就是要共同推动"一带一路"建设。此前，日本曾想与印度一起推动建设一条从亚太延伸到非洲的自由经济走廊，如今日本的态度发生转变，是一件值得关注的事。此外，中日重启双边本币互换协议。

2018 年 11 月 6 日，与马来西亚总理马哈蒂尔举行会谈之际，安倍首次在公开场合将"战略"改称为"构想"。安倍在联合记者会上表示将加大对马来西亚的投资和技术转移，在此基础上说道："这种合作也是推动实现自由开放的印度洋－太平洋构想的重要努力。"

2018 年 11 月 12 日，日本首相安倍晋三在首相官邸召开的政府与执政党联络会议上表示，"为实现自由开放的印度－太平洋构想，希望与参加国携手向国际社会释放强有力的信号"。

2018 年 11 月 14～19 日，日本首相安倍晋三对新加坡、澳大利亚和巴布亚新几内亚进行为期 5 天的访问，其间，出席东盟系列首脑会议并借机宣传相关构想。

2018 年 12 月 4 日，日本《朝日新闻》发表题为《印太构想不应成为对决的框架》的社论称，二十国集团（G20）峰会召开期间，安倍首相、特朗普总统和印度总理莫迪举行了首次日美印首脑会谈。三人确认了日美提出的"自由开放的印太"构想的重要性。

社论指出，这一想法最早是由安倍首相在 2016 年提出的，在第二年与特朗普的会谈中，其成为日美两国共同的外交方针，目的在于牵制从印度洋到太平洋影响力不断上升的中国。但更应当引起重视的或许是在这块全球经济增长的中心地带构建起健全的国际秩序这件事。这样一来，该框架就必须按其字面意思所说，是"自由且开放"的。

社论认为，如果与中国对决的色彩强烈，可能会在域内引发分裂，无异于使构建和平与繁荣的基础坍塌。

社论强调，将"印太构想"视为围堵中国的工具也是错误的。

社论介绍，日本政府将原本的"印太战略"修改为"印太构想"，也是为了让东盟国家更易接受。希望日本可以在坚持日美同盟这一轴线的同时，也与中国保持一定程度的协调，拿出有助于稳定秩序的具体行动。

社论称，同意与日美举行首脑会谈的印度本身也实现了与中国之间的平衡，或许当天印度与中俄的另一场三方会谈就是证明。

社论指出，印度加入了中国主导的亚投行，还在2017年成为上合组织的正式成员。正是由于存在"不结盟"的传统，印度也在努力避免倒向任何一方。

社论称，日本政府在谈到与印度的关系时，强调的也是自由、民主、法治这些共同价值。此外，即便印度在尚未加入核不扩散体制的情况下就研发并拥有了核武器，日本还是与之签署了为日本的核能出口开辟道路的协定。

社论认为，在既有秩序遭到动摇、以本国利益为优先考量的单边主义和威权主义横行的今天，重视国际协调与多边主义的姿态就显得更为重要。

可以看到，意在从一定程度上对在亚洲加大基础设施投资和提出海洋战略的中国形成牵制的"印太战略"已经正式变更为"印太构想"（见表1）。

表1　"印太战略"概念演变时间轴

2016年8月	安倍晋三提出"印太战略"
2017年6月	安倍晋三表示，"印太战略"可与"一带一路"倡议合作
2017年11月	特朗普访日，美日确认推进"印太战略"
2018年5月	美国将"太平洋司令部"更名为"印太司令部"
2018年7月	美国宣布成立印度太平洋地区基础设施建设基金
2018年10月	安倍晋三访华
2018年11月	马哈蒂尔访日，安倍修改"印太战略"为"印太构想"

四　区域合作战略

全面推进区域经济合作，抢占区域合作战略先机，是"安倍经济学"在对外层面的主攻方向，也是安倍政府对外经贸战略的优先选项。

（一）日本与欧盟的经济合作协定（日欧EPA）

2018年7月17日下午，日本与欧盟在日本东京的首相官邸签署了经济合作协定（日本简称其为"日欧EPA"）以及日本欧盟战略伙伴关系协定（SPA）。其后安倍首相与欧洲理事会主席图斯克、欧盟委员会主席容克共同出席记者会，在记者会上安倍首相说："这次签署EPA和SPA是一项历史性成就，随着保护主义运动在世界范围内蔓延，日本和欧盟希望成为自由贸易的旗帜而引领世界。"日本政府在谈到日欧EPA的意义时认为：该协定是基于自由、公正的规则而制定的，将成为21世纪经济秩序的典范，是"安倍经济学"成长战略的重要支柱。

日欧EPA主要的内容是日欧双方大幅度下调关税，最终日本出口至欧盟99%的产品将会免除关税，欧盟销往日本94%的产品（其中农林水产品82%，工业品等100%）将被免除关税。减免关税方面分为食品、工业品，主要有：农产品与食品；葡萄酒、奶酪与加工食品；水产品、林产品；含汽车、汽车零部件和电气产品在内的工业制品、纤维/皮革制品；捕鲸与违法采伐等。其中在农产品上采用"地理标志保护制度"（GI）以此保护特定的农产品，提升区域性品牌的价值。在日欧双方认可的农产品地理标识品牌中，日本为48个，欧盟为71个。

日欧EPA另一个重点是消除非关税壁垒，其中涉及汽车、医疗器械、纤维制品标识、药品/化妆品、卫生植物检疫等；在服务贸易方面也提供双方均等的竞争机会，如邮政、快递服务、电气通信、国际海上运输服务、金融服务、网购等；员工流动、国有企业、公共行业的参与、知识产权、个人数据保护、可持续发展等，特别是针对中小企业，设立专门的联络窗口，以期让中小企业在日欧 EPA 框架内获益。

2018 年 12 月底，欧盟方面含英国在内的 28 个国家已对协定内容达成共识。

（二）《全面与进步跨太平洋伙伴关系协定》不断推进

自从 2017 年 1 月美国总统特朗普执意退出《跨太平洋伙伴关系协定》（TPP）后，日本成为 TPP 中第二大经济体和唯一完成协定国内批准程序的国家，日本政府内部要求日本带头维护贸易自由化的呼声渐高。日本政府希望积极挽救这一协定。由日本主导、其他 10 国参与的《全面与进步跨太平洋伙伴关系协定》（CPTPP）在不断推进。

2018 年 3 月 8 日，11 国代表在南美洲国家智利首都圣地亚哥签订《全面与进步跨太平洋伙伴关系协定》。签署 CPTPP 的国家有日本、加拿大、澳大利亚、智利、新西兰、新加坡、文莱、马来西亚、越南、墨西哥和秘鲁。根据协议这一协定将在得到 6 个成员国立法机构批准的 60 天后生效。

2018 年 5 月 24 日，根据墨西哥《经济学家报》报道，墨西哥总统府于近日发表官方公报，正式通过《全面与进步跨太平洋伙伴关系协定》，成为该协定 11 个成员国中首个承诺履行协定规则的国家。

2018 年 6 月 29 日，日本参议院全体会议投票通过 CPTPP 相关法案，这意味着日本参与 CPTPP 的国内手续已经基本完成，日本也成为 11 国当中继墨西哥后第二个完成国内立法程序的国家。

2018 年 7 月 19 日，新加坡通过了该贸易协定，成为继墨西哥和日本之后第三个批准该协定的国家。

2018 年 10 月 25 日，新西兰贸易部部长戴维·帕克在访问渥太华和华盛顿期间被批准加入 CPTPP，新西兰成为第 4 个被批准加入该协定的国家。

2018 年 10 月 29 日下午，加拿大多元化国际贸易部部长詹姆斯·戈登·卡尔（Jim Carr）会见了新西兰驻加拿大高级专员丹尼尔·梅尔索普（Daniel Mellsop），宣布加拿大已正式批准《全面与进步跨太平洋伙伴关系协定》。新西兰是负责监督和记录该协定进展的国家。詹姆斯·戈登·卡尔表示，加拿大已经完成了批准和实施 CPTPP 的必要手续。作为在墨西哥、日本、新加坡和新西兰之后第 5 个批准 CPTPP 的国家，加拿大将成为享受 CPTPP 生效时所带来利益的前 6 个成员国之一。

2018 年 9 月 17 日，澳大利亚众议院以 71：71 票批准《全面与进步跨太平洋伙伴关系协定》。该协定提交澳大利亚参议院审议通过。2018 年 10 月 17 日上午，澳大利亚参议院批准了《全面与进步跨太平洋伙伴关系协定》。这意味着澳大利亚已完成 CPTPP 批准程序。2018 年 10 月 30 日，澳大利亚总理斯科特·莫里森通报该国已批准《全面与进步跨太平洋伙伴关系协定》。斯科特·莫里森说："澳大利亚是批准 CPTPP 的第 6 个国家，意味着该协定可能将于 2018 年 12 月 30 日生效。"澳大利亚批准 CPTPP 使该协定进入正式生效和首轮调降关税倒计时 60 天的阶段。

2018 年 11 月 12 日下午，越南国会以 96.7% 的赞成率通过关于批准《全面与进步跨太平洋伙伴关系协定》的决议，国会要求政府、最高人民法院、最高人民检察院及有关组织机构在自己权限范围内对各相关法律草案进行核查，并提议职能机构修改补充相关法律，确保法律的系统性，按路程兑现 CPTPP 各项承诺。

截至 2018 年 11 月 12 日，已经有加拿大、日本、墨西哥、新西兰、新加坡、澳大利亚和越南批准了 CPTTP，澳大利亚于 2018 年 10 月 31 日成为第 6 个批准国，该协定于 2018 年 12 月 30 日（澳大利亚批准后 60 天）生效。越南于 2018 年 11 月 12 日成为第 7 个批准 CPTPP 的国家。文莱、智利、马来西亚和秘鲁等签署国尚未批准 CPTPP。

五　人工智能发展战略

2018 年 5 月，日本经济产业省公布《新产业构造蓝图》，将视角由技术研发转向应用与产业化，提出利用人工智能及物联网等技术，普及自动驾驶汽车及建立新医疗系统。为进一步提升人工智能技术及产业的国际竞争力，日本正在努力促进政府和行业的联合发展。在政府层面建立完整的研发机制，由总务省、文部科学省和经济产业省主管的三大研究所共同成立"人工智能综合研究中心"，共同制定人工智能发展战略及共同发声。同时，该中心将于东京站设立研究基地，扶持理化学研究所、丰田汽车、NEC 等 20 多家研究机构及企业研发应用于制造、医疗等领域的人工智能技术。日本人工智能研发重点聚焦于汽车、机器人、医疗等产业强项领域，并以老龄化社会对智能机器人的迫切需求，以及超智能社会 5.0 建设等为主要拉动力，突出以硬件带动软件、以创新社会需求带动产业发展等特点，在产业布局方面具有非常显著的目标性和针对性。

韩 国

一 《韩美自由贸易协定》
修订谈判

美国与韩国在 2012 年签署《韩美自由贸易协定》，规定：两国需在 3 年内逐步取消近 95% 的消费品和工业产品的贸易关税，韩国将取消 2/3 的美国农产品进口关税，美国则取消排气量小于 3 升的韩国汽车进口关税。特朗普上任以来，不满美国前任政府在《韩美自由贸易协定》之中做出了所谓的"过多让步"，认为韩国在一些领域没有做到有效开放，致使在美韩贸易中美国出现过多逆差。2017 年 6 月 30 日美国单方面宣布重谈《韩美自由贸易协定》，甚至表示可退出《韩美自由贸易协定》。韩美两国 2017 年 10 月 4 日在第 2 次韩美自由贸易协定共同委员会特别会议中，就举行《韩美自由贸易协定》修改谈判达成了共识。

2018 年 1 月 5 日《韩美自由贸易协定》第一轮修改谈判在美国华盛顿举行。韩方代表团团长、产业通商资源部通商政策局长俞明希与美国助理贸易代表迈克尔·比曼进行了会谈。第一轮谈判中双方主要明确了各自关心的领域和敏感领域。美国指出韩国在汽车进口方面存在的问题，要求取消非关税壁垒，韩国则要求美国改进"投资者—国家争端解决机制"（IS-DS），并谈到了美国刚采取的进口限制措施。

2018 年 1 月 31 日至 2 月 1 日，《韩美自由贸易协定》修改谈判第二轮协商在首尔进行。俞明希和迈克尔·比曼代表双方带团在首尔乐天酒店进行了协商，双方就各方在 5 日第一轮谈判中提出的事宜进行具体磋商。美方代表就韩美贸易逆差中占比最大的汽车和汽车配件产品领域提出相关诉求，韩方则重点强调美国紧急进口限制措施等贸易救济问题。

2018 年 3 月 15 日，《韩美自由贸易协定》第三轮修改谈判在美国华盛顿举行。俞明希和迈克尔·比曼分别率团出席会议。美方将重课钢铁关税与自贸谈判挂钩，韩方则要求豁免钢铁关税，并强调现行《韩美自由贸易协定》本身已经达成利益平衡。俞明希指出，美方继针对韩国洗衣机和光伏产品采取进口限制措施后，又计划征收 25% 的进口钢铁关税，加大力度限制进口的做法是不正当的。迈克尔·比曼所率美方谈判团继续要求韩方消除汽车及其零部件的贸易壁垒，加强原产地规制，但与前两轮谈判相比，抛出重磅关税炸弹的美方立场更趋强硬，试图迫使韩方在自贸协定方面做出让步。第三轮谈判中，双方还就韩国豁免钢铁关税问题展开谈判。钢铁关税措施将于 3 月 23 日正式生效，韩国政府提出具体的统计数字，向美国主张不应对韩征收高关税，强调应将韩国列为豁免对象。此外，韩国还将提出"投资者—国家争端解决机制"方面的问题，美国投资者依据该条款，得以要求韩国政府进行损失赔偿。

2018 年 3 月 26 日，韩国青瓦台国民沟通首席秘书尹永灿在记者会上就《韩美自由贸易协定》修订谈判结果及韩产钢铁获美国关税豁免表示欢迎。尹永灿表示，在《韩美自由贸易协定》修订与钢铁关税谈判中，韩国农业得到了保护，同时谈判寻求韩美两国利益平衡。尹永灿还指出，韩美就钢铁关税迅速机警地达成协议，韩国在据美国《贸易扩展法》第 232 条征收钢铁关税的 12 个国家中第一个获得豁免，两国经贸和投资不确定性因素得以减少，值得赞赏。

2018 年 9 月 4 日，韩国产业通商资源部公布了《韩美自由贸易协定》修订案的定稿。此次公开的修订案内容与 2018 年 3 月两国政府公布的重修《韩美自由贸易协定》协商结果无太大出入，目的是将协商结果更加具体化。按照修订案，若纠纷案件已根据其他双边或多边协议在其他地方进行审查，则将禁止私人投资公司就同一事件再度向政府提起诉讼。有观察指出，这是整个修订案当中最为重要的一条规定，将限制美国私人投资公司对韩国政府滥用诉讼权，减少外国投资者与政府之间的纠纷。在备受关注的汽车进出口政策调整方面，修订案规定，韩国将进一步向美国开放汽车市场：韩国从美国进口的符合美国安全标准（FMVSS）的汽车配额增加一倍，每家美国车企每年最多向韩国出口汽车的数量增加到 5 万辆，且符合美国安全标准的汽车出口韩国无须符合韩国的安全标准。对于美方关注的创新药物定价制度和原产地验证问题，双方商定朝着符合《韩美自由贸易协定》精神的方向改善制度；对于韩方要求改善的"投资者—国家争端解决机制"问题，双方商定新增防止滥用投资者诉讼权、保障政府行使正当政策权限等内容。

2018 年 9 月 18 日，韩国政府召开国务会议，表决通过《韩美自由贸易协定》修订案，主要内容包括将原定于 2021 年 1 月 1 日到期的韩国皮卡出口关税（25%）延长适用至 2041 年 1 月 1 日等。

2018 年 9 月 23 日，韩国总统文在寅启程前往纽约出席第 73 届联合国大会。韩国产业通商资源部通商交涉本部部长金铉宗（长官级）和美国贸易代表莱特希泽，于 24 日在举行韩美首脑会谈的纽约乐天酒店签署了重新修订的

《韩美自由贸易协定》，之后，韩国总统文在寅和美国总统特朗普签署了《韩美自由贸易协定共同声明》。声明再次确认了两国紧密的同盟关系和国民之间稳固、互惠的贸易、经济关系的重要性。

二 九桥战略规划

2017 年韩国总统文在寅在出席东方经济论坛时首次提出"九桥战略规划"，该规划旨在加强韩俄九大领域（汽油、铁路、电力、港湾、北极航道、造船、就业、农业、水产）合作，实现互利双赢。

2018 年 9 月 10 日起，韩国国务总理李洛渊对俄罗斯进行为期三天的访问。访俄期间，李洛渊出席在符拉迪沃斯托克（海参崴）举行的第 4 届东方经济论坛，并拜会俄罗斯总统普京，就 2018 年 6 月韩俄首脑会谈的具体落实情况进行评估，并对文在寅提出的"九桥战略规划"落实方案及实现半岛和平方案等深入交换意见。

2018 年 9 月 12 日，以第 4 届东方经济论坛为契机举行的对话主题是"九桥战略规划，建立韩俄合作平台"，韩国国务总理李洛渊等两国政府官员和企业家 200 余人出席，探讨韩国新北方政策和俄罗斯新东方政策对接方案，两国企业对"九桥战略规划"合作范例进行交流。李洛渊在发表主旨演讲时指出，为了加强韩俄面向未来的关系，需加大韩国企业对远东地区的投资力度，在造船、汽车等制造业及未来产业、韩朝俄三方合作等领域积极开展合作。活动上，韩国移动运营商 KT 社长具铉谟介绍了基于第五代移动通信的安保、健身、智能农场服务，现代重工业社长贾三铉介绍了与俄罗斯远东红星造船厂（ZVEZDA）合作建造 3 艘货轮的经验。此外，韩国蔚山市市长宋哲镐提出了通过北极航道、海上风电、造船枢纽创造附加值及工作岗位的方案，浦项市市长李康德则提出了开通豪华邮轮及客滚船定期航线，制

订环东海旅游带计划。

2018 年 9 月 12 日，正在俄罗斯访问的韩国国务总理李洛渊拜会俄罗斯总统普京，就韩俄合作事宜进行商讨。李洛渊表示，根据文在寅提出的韩俄关系发展目标，韩方争取到韩俄建交 30 周年的 2020 年将双边贸易额增至 2018 年的 150%，把人员交流增至 200%。李洛渊还转达了文在寅对普京的亲切问候，并邀请普京在不久的将来访问韩国。普京表示，韩俄双方一直很重视经贸合作，2017 年俄罗斯对韩贸易增长 27% 左右，2018 年上半年增长了 8%。普京表示，两国政府间联合委员会运行效率较高，正在研究总统文在寅提出的"九桥战略规划"具体落实方案。

2018 年 9 月 12 日，韩总理李洛渊出席东方经济论坛。他指出，希望远东地区和半岛以"九桥"相连，韩国"新北方政策"、俄罗斯"新东方政策"、中国"一带一路"倡议、蒙古国"发展之路"战略、日本"八大领域经济合作"规划协调推进。

李洛渊评价称，汽油、铁路、电力、港湾、北极航道、造船、就业、农业、水产九大领域近一年来取得"虽不够充分但有意义的成果"，并提议先在造船、就业、港湾、北极航道方面开展合作取得成果。李洛渊表示，韩国和俄罗斯政府在本次论坛期间对"九桥战略规划"行动计划的文本进行了协商，期待双方早日签署行动计划并有系统地落实。

三 新北方政策

2018 年 1 月 16 日，正在韩国访问的蒙古国总理乌赫那·呼日勒苏赫出席在首尔乐天酒店举行的韩蒙商务论坛。呼日勒苏赫在致辞时表示，对韩蒙推进的韩蒙经济伙伴协定（EPA）抱有极大期待。韩蒙 EPA 的推进有望成为双方开拓市场的良机。

他表示，两国缔结 EPA 后，蒙古国有望进军东亚和太平洋，韩国则可进军中亚和欧洲。

据分析，蒙古国曾于 2014 年提出"草原之路"倡议，即实现中国、俄罗斯和蒙古国铁路、公路、电力互联互通建设，而呼日勒苏赫的上述发言意味着韩蒙若签署 EPA，蒙方就能积极与韩方提出的"新北方政策"对接，开展相关合作。

2018 年 1 月 16 日，韩国国务总理李洛渊在首尔政府大楼会晤蒙古国总理呼日勒苏赫，并在总理公馆为其举行欢迎晚宴。会上，双方商定共谋大气污染应对之策，并就半岛无核化及和平解决朝核问题的必要性达成共识，决定保持紧密合作以解决地区及国际问题。李洛渊表示，继 2017 年 9 月韩蒙领导人在第 3 届东方经济论坛期间举行首脑会谈以来，蒙古国总理此行访韩进一步加深了两国高层的交流。韩方愿向蒙方介绍韩国政府的"新北方政策"，并同蒙方在资源、能源、交通、基础设施等领域加强合作。呼日勒苏赫表示，韩国的"新北方政策"同蒙古国的"乌兰巴托对话"（东北亚安全协议）有相互关联性，今后将继续探讨两国具体合作方案。

在李洛渊和呼日勒苏赫的见证下，韩国企划财政部第二次官（副部长）金勇进和蒙古财政长官库伦巴托共同签署了《韩蒙对外经济合作基金基本条款》，商定到 2019 年前韩国向蒙古国提供 7 亿美元的对外经济合作基金援助。韩国雇佣劳动部部长金荣珠和蒙古劳动与社会保障部部长钦卓里格共同签署了《韩蒙雇佣劳动领域合作谅解备忘录》（MOU），并更新了《韩蒙雇佣许可制劳务合作谅解备忘录》。

2018 年 2 月 2 日，韩国经济副总理兼企划财政部部长金东兖在北京与中国国家发改委主任何立峰举行第 15 次韩中经济部长会议，双方商定改善在本国发展的对方国家企业经营环境。双方决定，将对接韩方"亚欧倡议"与中方"一带一路"的谅解备忘录修改为对接"新北方政策"和"新南方政策"与"一带一路"倡议。发展政府、研究机构和企业共同参与的政策对话，并制定重点项目清单，共同开拓第三国市场。此外，双方将启动韩国北方经济委员会和中国国家发改委司局级别工作协商，探讨在东北三省建设韩中国际合作及自由贸易示范区。加强在韩中合作产业园区项目的合作，加强人员互派交流，促进农村产业融合发展。

2018年2月13日，韩国和乌兹别克斯坦政府在塔什干举行首次经济副总理会议，就参与乌兹别克斯坦压缩天然气（CNG）项目的韩企面临的难题以及落实两国首脑会谈成果的具体合作方案进行了协商。金东兖在当天会议上致辞表示，乌兹别克斯坦作为韩国的战略伙伴非常重要。韩国政府为了加强与亚欧大陆国家的合作，推进"新北方政策"，乌兹别克斯坦是其中最为核心的伙伴，希望通过此次会议将两国合作关系推向新阶段。

2018年4月5日，韩国产业通商资源部表示，正在制定经贸新政，争取于2022年赶超日本成为全球第四大出口强国。为此，韩国将降低对中美两国的出口依存度，通过推进"新北方政策""新南方政策"，不断开拓新兴市场。在对美贸易政策方面，韩国将在经修改的《韩美自由贸易协定》的基础上，鼓励两国相互投资、扩大就业，在能源与第四次工业革命方面加强面向未来的合作。在对华贸易政策方面，政府将积极推动韩中自由贸易区服务投资后续谈判，为韩国服务业进军中国市场打好基础，通过签署两国城市间自由贸易协定，增进互信。欧亚经济联盟作为"新北方政策"的一环，韩政府将推进与其签署自由贸易协定，为韩国与欧亚地区扩大贸易提供支撑，并把其当作开拓北极航道的机会。在对东盟、印度等南方国家贸易政策方面，政府将推进签署《区域全面经济伙伴关系协定》（RCEP），为韩国进军南方国家营造有利环境。

2018年6月22日，正在俄罗斯进行国事访问的韩国总统文在寅在莫斯科克里姆林宫同俄罗斯总统普京举行会谈。双方对韩朝首脑会谈、朝美首脑会谈等围绕韩半岛的外交安全形势发生的变化给予积极评价，并就韩半岛无核化以及构建永久和平机制、为亚欧共同繁荣进行合作的方案等深入交换意见。普京对文在寅的访问表示欢迎，并表示期待通过对接韩国的"新北方政策"和俄罗斯的"新东方政策"，深化两国合作关系。另外，为实现到2020年两国贸易额达300亿美元、人员交流达100万人次的目标，双方商定构建创新平台并通过高端科技及ICT领域合作等扩充未来增长动力；加强以"九桥战略规划"为中心的亚欧、远东开发合作；通过增加国民福利及加强文体领域的交流增加交流成果。两国将为启动服务和投资自由贸易协定谈判着手准备。

2018年11月20日，韩国国务总理李洛渊在首尔新罗酒店出席博鳌亚洲论坛首尔会议并发表主旨演讲时表示，和平将为半岛乃至整个亚洲经济注入新活力，为亚洲带来更多的机会和可能性。李洛渊提议，亚洲应坚持创新、开放、包容、合作、和平这五大精神，努力克服挑战，充分发挥潜力。在合作方面，韩方力推"新南方政策"，争取到2020年将韩国与东盟的贸易额提升至2000亿美元，还将通过"新北方政策"与俄罗斯等国家在交通、物流、能源、基础设施方面开展合作。李洛渊还强调，韩方的上述政策如能与中国的"一带一路"倡议、印度和俄罗斯的"新东方政策"、日本的"印太构想"对接，将能发挥更大的协同作用，但若各国政策不能有效挂钩，效果将减半。

2018年12月12日，直属韩国总统的北方经济合作委员会举行第三次会议，检视"新北方政策"的成效，检查6月第二次会议确定的16个重点课题和56个小课题的落实情况。其中，蒙古国环保型能源城建设工程已经完成。能源城将有助于扭转开采矿物造成的污染形势，还能利用风力和太阳能发电。韩国政府计划在2022年前建立1亿美元的韩国－亚欧合作基金，用于加强基础设施合作，支持北方地区投资开发型项目。

在卫生医疗合作方面，盆唐首尔大学医院为了争取2022年在莫斯科建立专门医院进行准备，门诊领域包括癌症、心脏病、关节炎、康复和体检。在人员和文化交流方面，韩方将在哈萨克斯坦和乌兹别克斯坦举行韩国留学博览会，支持韩流文化内容出口。

为了促进韩半岛物流网络、电网与北方对接，2018年3月和8月韩方区块列车分别在横跨中国大陆和俄罗斯的铁路上投入运行。韩国境内京义线电气化工程已经启动韩朝铁路连接区段联合考察。俄罗斯斯拉夫扬卡港开发可行性调查正在进行，韩中日俄北极航道联合研究已经启动。

另外，受国际社会对朝鲜制裁的影响，罗津港综合开发、大图们倡议（GTI）等小规模多边合作课题遇阻。政府还将扩大对北方地区环境产业和农副产品的出口，具体包括在2018～2022年将环境产业出口额增至1万亿韩元（约合人民币61亿元），在2022年前实现农业设备出口1亿美元，储备100万吨粮食。

2018年12月，韩国对外经济政策研究院（KIEP）院长李载荣在首尔接受韩联社记者专访时指出：韩国对中美的经济依赖度较高，需要实现出口多元化，分散风险。韩国正推行"新北方政策"和"新南方政策"，其中也有降低依赖度、分散风险的考虑。韩国面临低增长、老龄化、低生育、家庭债务等诸多问题，需大力发展新技术引领第四次工业革命，发挥IT强国优势，借"新北方政策"和"新南方政策"打造新的发展平台。"新北方政策"可与中国推进的"一带一路"倡议对接并与中国东北三省开展协作，韩方正积极参与大图们倡议等相关项目，打造将中国、蒙古国等国的铁路与韩半岛铁路对接的铁路网等。此外，韩中双方还可在半岛物流基础设施建设领域进行合作，如建设和连接超级电网。

四　新南方政策

2018年2月1日，韩国防长宋永武在泰国会晤泰国副总理兼国防部部长巴维·翁素万，就两国军工产业合作事宜深入交换意见。韩泰防长会谈结束后，宋永武拜会了泰国总理巴育·詹欧差。宋永武表示，韩国政府将推进"新南方政策"，全面加强与东盟的合作。巴育回应称，泰方支持韩方的政策。

2018年3月8日，韩国外长康京和与新加坡外长维文举行会谈，双方就韩半岛问题、"新南方政策"、两国深化合作方案等交换了意见。康京和表示，政府为了深化韩国与东盟在各领域的合作关系，正积极推进"新南方政策"，望新加坡对此积极配合。维文对此表示欢迎，对"新南方政策"表示期待。双方还商定扩大在航空自由化、韩国—新加坡自贸协定等领域的实质性合作。会面后，康京和拜会了新加坡总理李显龙，就朝韩半岛问题和"新南方政策"进行了交流。

2018年3月23日，正在对越南进行国事访问的韩国总统文在寅在位于河内的主席府同越南国家主席陈大光举行首脑会谈，就迎来建交25周年的两国关系发展远景、合作方案进行深入讨论。在会谈中，文在寅表示期待此行将使"韩越战略合作伙伴关系"更上一层楼。陈大光欢迎文在寅对越南进行国事访问，并表示愿在韩国"新南方政策"的推动下使两国关系得到深入发展。

2018年6月4日，韩国总统文在寅在青瓦台会见到访的菲律宾总统罗德里戈·杜特尔特。杜特尔特表示菲方欢迎韩方的"新南方政策"，愿同韩方开展密切合作，共同谱写韩菲合作、友谊和伙伴关系的历史新篇章。会后文在寅在联合声明中表示，韩菲首脑会谈进一步增进了两国人民和领导人之间的传统友谊，杜特尔特总统的此次访韩将成为进一步加深两国友好合作关系的重要契机。菲律宾是韩方重点推进"新南方政策"的核心合作伙伴国，双方将为此开展密切合作。

2018年7月9日，正在对印度进行国事访问的韩国总统文在寅接见印度外长斯瓦拉杰，向印方介绍了韩国政府正在推进的"新南方政策"。文在寅表示，韩印关系正通过不断交流实现稳步发展。印度是韩国"新南方政策"的重要伙伴，愿此次访问进一步增进与印度的特别战略合作伙伴关系。韩方愿全力挖掘两国合作潜力，不断拓宽两国关系未来发展领域。斯瓦拉杰表示，印度政府和人民热烈欢迎文在寅来访。韩国是印度经济发展的典范和重要合作伙伴，印方愿积极加强同韩方的合作。斯瓦拉杰表示，文在寅推进的"新南方政策"在印度国内也受到关注。

2018年7月10日，韩国总统文在寅与印度总理莫迪在新德里举行首脑会谈，讨论深化经贸交往和共建和平机制。文在寅表示，印度是韩国政府"新南方政策"的核心伙伴国，并提出以人民（People）、繁荣（Prosperity）、和平（Peace）为宗旨的"3P+"合作愿景。莫迪表示，印度也希望在"东进政策"下大幅加强与韩国的各领域合作。两人同意，加快全面经济合作协定升级谈判，促进双边贸易，共抗贸易保护主义。

2018年7月16日，韩国总统文在寅在青瓦台主持召开首席秘书官和辅佐官会议时表示，日前结束的印度和新加坡巡访推动韩国"新南方政策"步入正轨，该政策将成为引领韩国走向繁荣的国家发展核心战略和国家新经济版图的重要支柱。

文在寅表示，政府将加强体系建设，全面推进"新南方政策"，迅速落实通过首脑外交达成的事项，让发展成果惠及全体国民和企业。文在寅还说，"亚洲时代"即将到来，印度和东盟将成为"新南方政策"的两大支柱。印度即将成为世界第一人口大国，有望与美、中并肩跻身"G3"，东盟是韩国的第二大贸易伙伴和韩国游客最多的地区，新加坡是2018年的东盟轮值主席国。此访为提升韩印关系、韩－东盟关系、韩国与周边四国（中美日俄）关系的水平奠定了坚实基础，在韩国外交多元化、延伸外交地平线方面取得了富有意义的成果。

访问印度期间，文在寅同印方确立了到2030年实现双边贸易额500亿美元的目标。两国商定共同应对第四次工业革命，划时代地发展特别战略伙伴关系，将"新南方政策"与印度的"东进政策"相结合，共同创造以人为本的和平与繁荣共同体。

访问新加坡期间，文在寅为韩企深入参与新加坡交通、基础设施建设项目打下坚实基础。两国商定在智慧城市、金融科技、生物医疗等尖端技术领域合作，共创未来新增长动力。此外，两国还就和平解决朝核问题、实现韩半岛永久和平以及支持朝鲜成为国际社会的一员等加强合作达成共识。

2018年7月22日，韩国副总理兼财长金东兖在布宜诺斯艾利斯出席二十国集团财长会议期间同中国财政部部长刘昆举行会谈，并呼吁中方关注韩企在华经营遇到的各种难题。金东兖向中方说明了韩企因韩国产电池被排除在中国电动汽车补贴政策之外而面临的困难，希望中方对此予以协助。据悉，金东兖还提出希望中方对赴韩国旅游、乐天玛特门店出售等问题予以关照。刘昆表示中方将努力解决这些问题，并对韩国作为2018年的东盟与中日韩（10＋3）会议共同主席国积极改善制度、努力增强《清迈倡议》的实效性给予了高度评价。双方一致同意，将韩国政府推进的"新北方政策"和"新南方政策"与中国的"一带一路"倡议对接，促进两国企业携手共同开拓第三国市场。此外，双方还就通过韩中自贸协定的服务和投资后续谈判进一步开放市场、推动两国共同研究早日取得成果达成共识。

2018年8月28日，韩国正式成立"新南方政策"特别委员会，着力推进"新南方政策"落实。

2018年9月10日，韩国总统文在寅在首尔昌德宫为到访的印度尼西亚总统佐科·维多多举办欢迎仪式。外国领导人欢迎仪式在昌德宫举行尚属首次。文在寅选择在此举办欢迎仪式，一方面反映出他对历史的高度重视，另一方面体现出政府在推进"新南方政策"中重视印度尼西亚的外交政策基调。青瓦台在提前发布的新闻稿中称，印度尼西亚是文在寅就职以来第一个两国领导互访的国家，因此以最高级别的礼遇招待贵宾而在昌德宫举办欢迎仪式。

2018年10月19号，韩国总统文在寅在比利时布鲁塞尔出席以"欧洲和亚洲全球伙伴应对全球挑战"为主题的第12届亚欧首脑会议（ASEM），并提出"构建韩半岛和平，实现欧亚大陆共同繁荣"的目标。文在寅在第一次小组会议上表示，有必要借东亚铁路共同体加强亚欧互通互联，还介绍了对此有推助作用的"新南方政策"和"新北方政策"。他强调，各方应共同面对收入不平等与两极分化加深、多边贸易秩序脆弱、生态环境破坏与气候变化等挑战，用新思维倡导美好未来，在经济、社会等所有领域实现包容性增长，并介绍了韩国的包容性规划目标以及应对第四次工业革命的有关政策。

2018年11月13日，韩国总统文在寅抵达新加坡，出席第20次东盟与韩国（10＋1）领导人会议、第21次东盟与中日韩（10＋3）领导人会议和第13届东亚峰会（EAS）。

2018年11月14日，文在寅当天出席第20次东盟与韩国（10＋1）领导人会议，全面推进韩国与东盟的关系以及韩国政府的"新南方政策"。

2018年11月14日，为出席东盟系列峰会，正在新加坡访问的韩国总统文在寅同文莱苏丹哈吉·哈桑纳尔·博尔基亚举行会谈，双方就加强两国合作及韩国与东盟关系发展等进行了讨论。文在寅高度评价文莱作为"东盟与韩国对话关系协调国"在双方对话中发挥的重要作用，并呼吁文莱支持韩国的"新南方政策"，推动韩国与东盟关系划时代发展。文在寅表示，韩国将继续加强与东盟国家的紧密沟通与合作，确保明年在韩国举行的韩国－东盟领导人特别会议取得成功。双方还一致同意加强合作，促进韩国的"新南方政策"与文莱的长期开发计划和发展政策发挥协同效应，继续扩大两国在

基础设施建设、ICT和青少年交流等领域的交流与合作。

2018年11月15日，韩国总统文在寅在午宴上向各国介绍了韩国正在推进的"新南方政策"，并强调各国应携手捍卫自由贸易秩序，共同应对第四次工业革命等全球性问题。

2018年12月2日，韩国总统文在寅抵达新西兰，进行为期三天的国事访问。12月4日韩国总统文在寅与新西兰总理杰辛达·阿德恩举行首脑会谈，双方重点讨论让"新南方政策"辐射大洋洲，与新西兰的"新太平洋政策"对接，形成协同效应。

2018年12月20日，韩国青瓦台表示，涵盖外交、统一、国防等领域政府政策方向的《国家安全战略指南》公开版本当天正式面世。在外交方面，指南阐明韩国将继续巩固与中美日俄周边四国的传统外交，同时将积极与欧洲、中东、东盟等地区发展多边外交，用外交推动半岛乃至世界实现和平与繁荣，还将积极推进"新北方政策"和"新南方政策"。

五　韩半岛新经济地图构想

2018年1月19日，韩国统一部向国务总理李洛渊汇报2018年工作计划，并提出三项政策课题，包括制定"韩半岛新经济地图构想"具体方案，为订立"韩朝统一国民公约"营造环境，建立脱北者定居援助体系。统一部部长赵明均在报告中表示，将为落实"韩半岛新经济地图构想"营造环境，与国际社会一道分阶段推进合作项目，并引导朝鲜响应。

"韩半岛新经济地图构想"将韩朝经济版图重新整合划分为环东海、环西海和半岛中部（DMZ）三大经济圈，争取对接"北方经济圈"，成为东北亚经济合作的中心。以此促进韩朝关系发生变化，奠定韩朝经济一体化基础，同时挖掘韩国经济新增长点，进而建设东北亚和平经济共同体。

统一部计划综合考量韩朝协议、对朝制裁

等多种因素，上半年编制"韩半岛新经济地图构想"综合规划，并在不抵触对朝制裁的范围内，在韩国境内推进合作项目，例如京元线（首尔至元山）铁路韩方路段修复项目、非军事区（DMZ）生态和平安全旅游区开发等。

统一部将谋求"韩半岛新经济地图构想"与中国"一带一路"倡议、俄罗斯"新东方政策"对接的方案，借韩朝对话之机向朝鲜介绍"韩半岛新经济地图构想"，并通过国际学术活动、民间交流向朝传递相关信息。

另外，统一部在报告中指出争取在2020年前签署"统一国民公约"，确立不受政府换届影响的可持续的对朝政策原则。为此，从下半年起实施民调听取民众对朝鲜政策的意见。

2018年3月9日，韩国统一部表示，政府举行韩朝合作基金管理审议委员会第123次会议，决定拨款1.3亿韩元（约合人民币77.17万元），为朝鲜参加平昌冬残奥会提供援助。另外，政府还决定从韩朝合作基金中划拨1亿韩元，用于落实"韩半岛新经济地图构想"和举办非军事区和平合作论坛。

2018年4月4日，韩国青瓦台高官在接受记者采访时表示，目前看来韩朝首脑会谈讨论经济领域合作的可能性不大，半岛无核化与和平将成为会谈主要议题。他提出各方已经具备集中讨论核心议题的条件，若韩朝、美朝首脑会谈进展顺利并取得成果，进而获得联合国和国际社会支持的话，双方将有可能在此后讨论经济合作问题。他还表示，韩朝首脑会谈筹委会未设经济部门，核心议题如能顺利开展，届时经济很可能成为筹委会的重点。该高官表示，韩国虽有文在寅总统在柏林发表的"韩半岛新经济地图构想"等内部构想，但仍需与国际社会协调并取得联合国的支持。

2018年7月29日，旨在推进政府提出的"韩半岛新经济地图构想"的常设组织——"韩朝经济交流特别委员会"正式成立，HDC集团会长郑梦奎为首任委员长。在以平昌冬奥会为契机形成的韩朝和朝美对话氛围快速升温的情况下，全国经济人联合会从2018年4月起推进将旗下的统一经济委员会扩大重组为韩朝经济交流特别委员会。委员会由韩国企业、国内外朝鲜专家等50余人组成。

朝　鲜

一　经济建设与核力量建设并举的战略路线

自 2013 年 3 月金正恩正式提出推进经济建设与核力量建设并举的战略路线以来，朝鲜顶住巨大的外部压力，一直将核力量建设作为抵御外部冲击的重要抓手。

2018 年 1 月 6 日，《劳动新闻》发表署名文章列举资料表示，2017 年在国际舞台上不断发生因支配主义势力粗暴的侵害主权行为和内政干涉活动，国际法和国际关系的基本准则公然被无视，世界多国的主权惨遭蹂躏的严重事态。但是，在世界最大的热点地区——朝鲜半岛没有发生世人担忧的核战争，那是因为正义之核完全压制了霸道之核。朝鲜跃居拥有原子弹、氢弹和洲际弹道火箭的世界核强国、火箭强国的地位，使朝鲜军民更加确信高举党提出的新的并举路线、千方百计地加强核遏制力是正确的，是必须走到底的道路。

2018 年 4 月 20 日，朝鲜劳动党第七届中央委员会第三次全体会议在平壤举行。金正恩指出，由于 2017 年宣布完善国家核力量后朝鲜主动采取的行动和努力，全盘形势在朝着有利于朝鲜革命的方向发生剧变。并通报，在朝鲜半岛和地区形成趋向缓和与和平的新气流，国际政治格局正在发生急剧的变化。金正恩强调，在不到 5 年的短暂期间内完美无缺地实现国家核力量建设——这一历史大业的奇迹般的胜利，是朝鲜劳动党的并举路线的伟大胜利，也是唯

有英雄的朝鲜人民才能成就的光辉胜利。通过贯彻并举路线的全党、全国、全民性的斗争，在经济建设中也取得了进展。会上，金正恩自豪地宣布，党中央 2013 年 3 月全会提出的关于经济建设与核力量建设并举的战略路线的各项历史性任务圆满完成。

金正恩提出，由于党的并举路线取得胜利，朝鲜人民为拥有维护和平的强大宝剑勒紧腰带艰苦奋斗的斗争圆满结束，我们的后代有了能够过上世上最具尊严而且幸福的生活的可靠保证。由于科学地、依次进行核开发的整个工序，科学地进行运载打击手段的开发工作，核武器兵器化完结得到了检验。在此情况下，朝鲜不再需要进行任何核试验和中远程、洲际弹道火箭试射，于是北部核试验场也结束了自己的使命。金正恩还提出党要在自己的力量提升到自己要求的水平、能够可靠地保证国家和人民安全的基础上，根据人类共同的愿望和志向，为建设无核武器世界做出积极贡献的爱好和平的立场。

金正恩说，在经济建设与核力量建设并举的战略路线提出的历史性任务得到光辉实现的今天，党面临着满怀胜利的信心、进一步加快革命的前进速度、早日迎来社会主义事业最后胜利的重大革命任务。

朝鲜劳动党中央政治局常委崔龙海，朝鲜劳动党中央政治局常委、内阁总理朴凤柱，朝鲜人民军总政治局局长金正角在会上发言。会议就此议题一致通过多份决议。决议书《关于宣布经济建设与核力量建设并举路线的伟大胜

利》阐明了以下内容：

第一，庄严宣布在贯彻党的并举路线的斗争过程中，亚临界核试验、地下核试验、核武器小型化和轻量化、开发超大型核武器和运载手段工作依次完成，从而可靠地实现了核武器兵器化；

第二，自主体107从2018年4月21日起停止核试验和洲际弹道火箭试射。为了透明地保证停止核试验，将废弃北部核试验场；

第三，停止核试验是为实现全世界核裁军的重要过程，朝鲜将汇合争取全面停止核试验的国际性的志向和努力；

第四，只要不受到核威胁或核挑衅，朝鲜将绝不使用核武器，在任何情况下都不会转移核武器和核技术；

第五，将集中一切力量动员国家的全部人力和物力资源，开展建设强大的社会主义经济、划时代地提高人民生活水平的斗争；

第六，为营造有利于进行社会主义经济建设的国际环境、维护朝鲜半岛和世界的和平与稳定，积极同周边国家和国际社会密切联系和进行对话。

二　新战略路线

2018年4月20日，朝鲜劳动党第七届中央委员会第三次全体会议在平壤举行。朝鲜劳动党委员长金正恩出席并指导会议。朝鲜劳动党中央政治局常委，政治局委员、候补委员，党中央委员会委员、候补委员，党中央检查委员会委员参加会议。

金正恩提出，在朝鲜稳定地跃居世界一流政治思想强国、军事强国地位的当前阶段，全党全国集中一切力量进行社会主义经济建设，这就是我们党的战略路线，应大力开展革命的总攻、经济建设大进军。

为实现新的战略路线的斗争，当前目标是在国家经济发展五年战略执行期间，所有工厂、企业有力地响起生产正常化的轰隆声，每个农场田野迎来大丰收，使人民的笑声响彻全国。从长远看，要在高水平上实现国民经济的主体化、现代化、信息化、科学化，使全体人民享受无所羡慕的富裕文明的生活。

金正恩就在党和国家的全盘工作中优先重视经济工作、为经济发展全部动员国家的人力、物力和技术潜力、切实贯彻落实党的新的战略路线等提出了任务和途径。

所有部门、所有单位要坚持"自力更生、自给自足"，切实依靠科学技术不断增强实力，掀起生产高潮，实现飞跃。

金正恩说，为切实贯彻"集中一切力量进行社会主义经济建设"的新战略路线，要决定性地提高党组织的地位。内阁等经济指导机关要站稳经济工作的主人位置，为实现经济快速发展，搞好部署和指挥。各部门、各单位要无条件服从内阁为贯彻党的经济政策的统一指挥。

会议对新战略路线进行了决议。决议书《适应革命发展到新的更高阶段的要求，集中一切力量进行社会主义经济建设》阐明了以下内容：

第一，使党和国家全盘工作指向社会主义经济建设，为此集中一切力量；

第二，在集中一切力量开展社会主义经济建设的斗争中，增强党和群众团体组织、政权机关、法律机构、武力机关的作用；

第三，各级党组织和政治机关要经常掌握和总结党的七届三中全会决议执行情况，保证决议彻底贯彻落实；

第四，最高人民会议常任委员会和内阁要为贯彻落实党中央全会决议提出的任务，采取法律、行政及工作措施。

2018年4月30日，朝鲜在平壤举行"切实贯彻最高领导人金正恩在朝鲜劳动党七届三中全会上提出的党的新的战略路线"党、国家、经济和武力部门干部联席会议。朝鲜党中央政治局常委、国务委员会副委员长、党中央副委员长崔龙海和党中央政治局常委、国务委员会副委员长、内阁总理朴凤柱主持会议。

会议就切实贯彻党中央 4 月全会提出的集中一切力量进行社会主义经济建设的新的战略路线和在科学教育工作中带来革命性转变的纲领性任务的议题进行了探讨。

朴凤柱具体分析了当时的国家经济情况和科学教育工作情况，并就到 2018 年底要完成的任务和远景目标做了报告。

他在关于第一个议题的报告中指出，金正恩同志在党的七届三中全会上提出的一切力量集中于社会主义经济建设的新的战略路线是最正确地反映革命发展的合乎规律的要求和朝鲜人民的志向的科学的切实可行的路线。他分析和总结了要在执行国家经济发展五年战略中发挥先驱作用的部门不能打开突破口进而影响全盘的缺点及其原因。他强调，要优先致力于使国民经济先行部门——基础工业部门进入正常轨道的工作，无条件完成执行国家经济发展五年战略第三年——2015 年的战斗目标，并就在高水平上实现国民经济主体化、现代化、信息化和科学化提出了各部门和重要单位要完成的任务。

朴凤柱就第二个议题做报告时指出，遵循金正恩同志的旨意，要在科学教育工作中带来革命性转变，开创经济强国建设的康庄大道，把朝鲜建设成教育强国、人才强国。

就第一个议题和第二个议题进行讨论时，崔龙海、朴凤柱等主席团成员给有关同志指点主要缺点，并强调要着重采取措施的问题。会议结束时，崔龙海进行了发言。

2018 年 5 月 5 日，朝鲜《劳动新闻》发表社论呼吁，全体军民要坚持朝鲜劳动党的新的战略路线，集中一切力量进行社会主义经济建设，从而光辉地实现构想与决心，社论内容如下。

"集中一切力量进行社会主义经济建设，进一步加快我国革命的前进！"就是如今我们要坚持的战斗口号。

集中一切力量进行社会主义经济建设的新的战略路线，是凝聚我们党满怀对社会主义事业胜利的信心，英明领导革命和建设的非凡且睿智的战略决策的革命路线。

在领导革命的整个期间，提出建设自主而繁荣的社会主义国家的宏伟目标，并进行了顽强的斗争。

进一步加快革命的前进速度，开创繁荣的康庄大道，让人民早日过上无可羡慕的富裕而文明的生活，是党的坚定意志。

经济建设大进军集中体现了朝鲜革命的迫切要求和人民的志向，反映了社会主义建设的合乎规律的要求。

党的宏伟构想一旦实现，朝鲜将会更加繁荣昌盛，《世上无所羡慕》的歌声将永远响遍全国。

为顺利贯彻新战略路线、实现建设经济强国的目标，朝鲜近年来陆续对经济体制进行一系列调整，实施允许土地承包和主张企业扩权等措施，在允许出售的工业品和经商人员年龄等方面也放宽了许多限制。近年来，朝鲜颁布了多项政令，设立了新的经济开发区。朝鲜共设立了 22 个经济开发区，涵盖工业、农业、旅游业、出口加工、高新技术等不同行业，显示出朝鲜推动经济发展、改善人民生活的迫切愿望。新战略路线实施以后的近半年间，朝鲜全国各地掀起增产突击运动新高潮，经济发展已初见成效。

三 推动自主统一的《板门店宣言》

自 2000 年以来，朝韩首脑会晤（朝鲜称"北南首脑会晤"）一共举行了 5 次。2000 年 6 月 13 日至 15 日，朝鲜领导人金正日和韩国总统金大中在平壤举行了历史性会晤，这是朝鲜半岛分裂 55 年后朝韩最高领导人的首次会晤，双方签署了《北南共同宣言》。在《北南共同宣言》中，两位领导人同意进行互访。金大中还因为促进朝鲜半岛和平等方面做出的努力而获得当年的诺贝尔和平奖。

2007 年 10 月 2 日，卢武铉在青瓦台发表对国民讲话后，乘专车从青瓦台出发，之后徒步跨过军事分界线，抵达平壤人民文化宫殿。2007年10月3日上午，韩朝举行第一轮首脑会谈，下午举行了第二轮首脑会谈。第二次韩朝首脑会谈的成果，主要体现于卢武铉和金正日2007年10月4日共同签署的《韩朝关系发展与和平繁荣宣言》即《10.4韩朝共同宣言》中。《10.4韩朝共同宣言》由8项主要内容和2项其他内容构成。包括落实《北南共同宣言》；建立互尊互信关系；互不干涉内部事务；积极推进议会等各领域的对话与接触；等等。此外，双方还商定促进经济发展；缓和军事紧张局势，结束停战机制，建立持久的和平机制；在国际舞台上加强合作，以维护民族利益和海外同胞的权益；等等。

2018年2月9日，朝鲜高级代表团团长、最高人民会议常任委员会委员长金永南在第23届冬季奥林匹克运动会开幕式前进行的欢迎仪式上，会见韩国总统文在寅。金永南同文在寅互致亲切问候，并合影留念。金永南在欢迎仪式上还会见了前来出席冬奥会开幕式的一些国家元首和政府首脑。

2018年4月27日，韩国总统文在寅和朝鲜最高领导人金正恩举行了第三次首脑会晤，而金正恩也成为韩战以后首位跨过三八线来到南边的朝鲜领导人。从上午9点29分两位领导人第一次握手到晚上9点28分文在寅总统夫妇欢送金正恩委员长夫妇，整个活动持续了近12个小时。两位领导人共同检阅了韩军仪仗队，进入"和平之家"合影，金正恩还留下了"新的历史从现在开始"的题词。之后，双方在军事分界线附近共同移栽了一棵松树，这棵松树始于1953年，正是韩战停战协定签署的那一年。移栽完这棵"和平树"后，两人在没有任何人的陪同下走过"徒步桥"，在桥上，两人"亲密交谈"了约30分钟。下午6点，两位领导人共同签署发表了《为实现半岛和平、繁荣和统一的板门店宣言》（以下简称《板门店宣言》），宣言包括了举行离散家属团聚活动、年

内结束战争状态、努力促成多方会谈等目标。当晚的欢送仪式上，两国领导人共同观看了"同一个春天"的主题视频，在一片温暖平和的氛围中结束了这次会谈。

朝鲜对于此次会晤给予了高度评价，朝鲜媒体认为，"4·27"《板门店宣言》是继承"6·15"共同宣言和"10·4"宣言的我们时代的自主统一纲领，是向全世界宣布北方和南方同心协力开辟民族和解与团结、和平繁荣的新时代的民族自主、民族大团结宣言。僵化了10多年的北南关系开始缓和，两国正在打开民族和解、团结与和平繁荣的新篇章。

2018年5月5日，据朝鲜最高人民会议常任委员会政令，改定的平壤时间从5日起正式使用。根据将平壤时间改为以东经135°为标准子午线的时区（东9区）时间（比以前的时间早30分钟），4日23时30分改为5日0时。这样，朝鲜统一了北南双方的标准时间。这是历史性的第三次北南首脑会晤以来，实现民族的和解与团结，北南双方合成一个整体、互相配合的过程中的第一步实际措施。

2018年5月7日，朝鲜《劳动新闻》发表署名文章说，坚持民族自主的原则，是按照民族的志向和愿望，实现祖国自主统一的根本途径，文章内容如下：

坚持民族自主的原则，是关系朝鲜民族的命运和北南关系前途的生死攸关的问题。

从本质上来说，祖国统一是再次连接由于外来势力被分割成北方和南方的民族血脉，在全民族范围内实现民族主权的事业。

依靠分裂的主谋、统一的妨碍者——外来势力，无法解决国家的统一问题。

只要北方和南方排斥外来势力，由我们自己来同心协力，就能按照民族的意愿、要求和共同利益顺利解决面临的一切问题。

只要北方和南方本着民族自主的原则携手起来，就没有克服不了的困难和障碍。

《板门店宣言》是以"由我们自己来"的理念、民族自主的原则为核心的。

乞求外国解决北南关系问题得不到结果，反而只会给居心不良的外来势力以干涉的口实。

朝鲜民族正在要求彻底排斥"事大主义"和依赖外来势力，高举民族自主的旗帜，推动和平、繁荣和统一。

任何困难和考验也都阻挡不了朝鲜民族高举民族自主的旗帜，在广阔疆土上建成全世界仰望的富强繁荣的统一强国的斗争。

2018 年 5 月 11 日，朝鲜《劳动新闻》发表署名文章指出，《板门店宣言》是北南双方放出的庄严的信号弹，也是连接被切断的民族血脉并开创自主统一新时代的历史性里程碑，文章内容如下。

通过《板门店宣言》，我们有了推动自主统一新时代的纲领，充满信心地更加奋起投入实现祖国统一的爱国斗争。

《板门店宣言》是以"由我们民族自己来"的理念、民族自主的原则为核心，符合全民族的意志和愿望，也是符合"希望朝鲜半岛和平与统一"的国际社会的志向的最切实可行、合理的民族共同的纲领。

《板门店宣言》是继承金正日同志促成的"6·15"共同宣言和"10·4"宣言的新的历史时代、金正恩时代的自主统一纲领。

《板门店宣言》是向全世界宣布北方和南方同心协力，开创民族团结的新历史、共同繁荣的新时代的历史性宣言。

北方和南方联合力量是实现祖国统一的先决条件，而自主统一与和平繁荣都离不开它。

《板门店宣言》是在朝鲜半岛消除战争危险，缓和军事紧张局势，给盼望和平与安全的全民族带来新春的伟大宣言。

的确，《板门店宣言》是为保障朝鲜半岛乃至东北亚、世界和平与安全打开新的突破口，引起国际政治潮流巨大变动的重大宣言。

诚实地履行《板门店宣言》，是发展北南关系、实现朝鲜半岛和平与自主统一的关键所在。

2018 年 5 月 14 日，《劳动新闻》发表署名文章指出，朝鲜最高领导人金正恩在朝鲜劳动党第七次代表大会上阐明了大力鼓舞全民族投入结束民族分裂的悲剧、成就祖国统一历史事业的斗争的路线和方针。

文章表示，金正恩同志在党的七大上阐明的主体的统一路线和方针是他要实现金日成同志和金正日同志毕生的意志和愿望，交给民族一个统一了的祖国这一坚定不移的意志的结晶，是适应民族一致的志向和要求摧毁对抗的壁障、开创祖国统一康庄大道的令人鼓舞的旗帜。

主体的统一路线和方针凝聚着朝鲜劳动党要动员全民族投入统一爱国斗争，在这片疆土上早日建设富强繁荣的统一强国的钢铁意志、坚定信念和卓绝伟人崇高的热爱民族情怀，作为照亮民族光明未来的辉煌灯塔、完成祖国统一事业的里程碑熠熠生辉。

维护并一丝不苟地继承金日成同志和金正日同志为实现祖国统一的不朽领导业绩，早日争取祖国的自主统一，是金正恩同志坚定不移的决心和意志。

文章强调，只要跟随金正恩同志的英明领导奋勇前进，祖国统一的历史事业就一定能成就，民族繁荣的大全盛期将展现在这片疆土上。

2018 年 5 月 26 日，第四次朝韩首脑会晤在板门店朝方一侧的统一阁闪电式地举行。会谈前，文在寅在统一阁留言簿上题词，写到"韩半岛的和平与繁荣，同朝鲜民主主义人民共和国金正恩委员长一起"。会谈中，双方就迅速履行《板门店宣言》，实现朝鲜半岛无核化和地区和平稳定繁荣过程中要解决的一些问题，以及当前北南双方面临的问题和召开朝美峰会的问题，深入交换了意见。双方于 6 月 1 日召开北南高级别会谈，随后就快速推进军事当局会谈、红十字会谈等各部门会谈的问题达成了一致。并表明为实现朝鲜半岛无核化共同努力的立场，同意今后随时见面，积极进行对话，汇集智慧和力量。

2018 年 6 月 1 日，履行历史性的《板门店宣言》的北南高级别会谈在板门店南侧"和平之家"举行。以朝鲜祖国和平统一委员会委员长李善权为团长的朝方代表团和以统一部部长赵明均为首席代表的南方代表团参加了会谈。

在会谈中，双方确认在履行《板门店宣言》中的原则立场，就采取实际措施的各项问题进行认真的协商，并通过了联合新闻公报。

公报涉及在开城工业园区设立北南共同联络办事处，探索有意义地纪念"6·15"共同宣言发表18周年的方案并以交换文件方式进行协商等内容。

公报还提到北南将领级军事会谈、体育会谈、红十字会谈的日期和地点。此外，公报包含以交换文件方式就讨论"10·4"宣言商定的连接和现代化改造东西海线铁路和公路的小组会议，朝鲜艺术团赴南方进行演出有关的工作会谈等的日期和地点进行协商，并定期进行推动履行《板门店宣言》的北南高级别会谈的内容。

2018年6月11日，在朝鲜半岛发生历史性转变的具有重大意义的时期，朝鲜民族感怀万千地迎接"6·15"共同宣言发表18周年。朝鲜媒体提出：由于金正日同志坚定的民族自主精神和统一意志，在民族分裂史上首次发表的"6·15"共同宣言，是排斥外来势力、由我们自己同心协力争取祖国统一的不朽的自主统一大纲。"10·4"宣言是在重新确认"6·15"共同宣言基本精神的基础上，明确提出全面履行宣言的实践任务的自主统一时代的行动指针。贯穿"6·15"共同宣言和"10·4"宣言的"由我们民族自己来"，是彻底的民族自主、民族团结的理念，其正确性和生命力已被充分验证。

朝鲜国务委员会委员长金正恩顺应新的历史时代要求，进一步继承和发展凝聚着金正日同志崇高的自主统一意志的两份北南宣言，在祖国统一运动史上建树了永放光芒的不朽业绩。

发表《板门店宣言》，为朝鲜民族实现民族的团结和统一的前进道路竖立了新的里程碑。

朝鲜民族要走的前进道路，无论是过去、现在还是未来，都是民族自主、民族团结的道路。诚实履行《板门店宣言》，就是北南关系发展、朝鲜半岛和平与自主统一的关键所在。

北方、南方和海外的全体同胞不管形势如何变化、环境如何改变，要为切实坚持和履行民族共同的统一大纲、和平繁荣的里程碑——北南宣言积极开展斗争。

2018年6月14日，为切实履行历史性《板门店宣言》的北南将领级军事会谈在板门店朝方一侧的统一阁举行。以朝鲜人民军陆军中将安益山为团长的北方代表团和以金道均少将为首席代表的南方代表团参加会谈。会谈中，双方就改善朝鲜半岛军事紧张状态，切实消除战争危险的各项事宜认真地进行协商，并发表了联合公报。

公报指出，北南双方就停止提供军事冲突原因的一切敌对行为，把西海热点水域变成和平海域，军事上保障北南合作与交流、来往和接触，作为试点实现板门店共同警备区非军事化等问题充分交换了意见。

公报还提到，双方就切实履行2004年6月4日达成的关于防止西海海上冲突的北南军方会谈协议、完全恢复东西海地区军方通信渠道达成共识，并决定将继续协商解决在此次会谈中讨论的各项问题。

2018年6月21日至22日，为履行历史性《板门店宣言》的实践，"6·15"共同宣言民族共同委员会北方、南方和海外委员长会议在平壤举行。以朴明哲为团长的北方委员会代表团，以常任代表李昌福为团长的南方委员会代表团，以孙衡根委员长为团长的海外委员会代表团参加会议。

会议上，三方一致强调，2000年6月举行的民族分裂以来首次北南首脑会晤和"6·15"共同宣言的发表，是给不信任和对抗的历史画上句号，打开民族的和解与团结、和平与统一的新时代的民族史上的大事件。

三方认为当今时代是"6·15"统一时代的新的更高阶段，表示决心将积极开展履行

《板门店宣言》的运动，并就下列问题达成了协议。

第一，"6·15"民族共同委员会将彻底坚持"6·15"共同宣言及继承它的《板门店宣言》作为民族共同的统一里程碑，果敢地开展为履行宣言的全民族性运动，从而积极促进民族的和解与团结。将在改善北南关系、实现祖国统一的所有活动中始终坚持朝鲜民族的命运由朝鲜民族自己决定的民族自主原则；将积极展开在朝鲜半岛缓和军事紧张、消除战争危险的活动，坚决反对妨碍践行《板门店宣言》的一切行径。

第二，"6·15"民族共同委员会将与海内外的全体朝鲜民族一起，开展支持和履行《板门店宣言》的全民族性运动。为提升全民族履行《板门店宣言》的气氛，将在"10·4"宣言发表11周年等民族共同的纪念日隆重举办民族共同庆典，积极促进北方、南方和海外的各阶层、各部门和各地区团体之间的来往、接触和声援活动；关于"8·15"民族共同庆典，将视形势进行协商；为促成全民族性统一盛会做出一切努力；为促使日本当局保障旅日同胞的民族权益，清算对朝鲜民族犯下的一切罪恶，共同进行强有力的应对。

第三，"6·15"民族共同委员会将顺应新历史时代的要求，进一步扩大和加强组织。"6·15"民族共同委员会认为有必要在章程里补充履行《板门店宣言》问题，决定将提交实践"6·15"共同宣言民族共同委员会会议通过。将于每年年初定期召开"6·15"民族共同委员会会议，就统一运动方向进行协商。

2018 年 6 月 22 日，为切实履行历史性《板门店宣言》的北南红十字会谈在金刚山举行。以祖国和平统一委员会副委员长朴勇一为团长的朝方代表团和以"大韩红十字社"会长朴庚绪为首席代表的南方代表团参加会谈。会谈中，双方同意在"8·15"之际在金刚山举行离散家属会面，并就相关的技术性问题进行协商，决定继续进行必要的红十字会谈和工作

接触。会谈中发表了联合公报。

2018 年 6 月 26 日，根据为履行历史性《板门店宣言》的北南高级别会谈协议，朝鲜北南铁路合作小组会谈在板门店南方一侧"和平之家"举行。以铁道省副相金润赫为团长的朝鲜代表团和以国土交通部次官金正烈为首席代表的南方代表团参加了会谈。双方就连接并现代化改造和运营东西海线铁路有关的实质性问题进行协商，并发表了联合公报。

2018 年 6 月 28 日，根据为履行历史性《板门店宣言》的北南高级别会谈协议，北南公路合作小组会谈 28 日在板门店北方一侧统一阁举行。以国土环境保护省副相朴浩英为团长的北方代表团和以国土交通部次官金正烈为首席代表的南方代表团参加了会谈。双方决定，根据"同时并行"原则推进东、西海线公路现代化工作，为此协商实践方案，并发表了联合公报。

2018 年 7 月 31 日，为履行历史性《板门店宣言》的北南将领级军事会谈在板门店南方一侧"和平之家"举行。以朝鲜人民军陆军中将安益山为团长的北方代表团和以金道均少将为首席代表的南方代表团参加会谈。会谈就在朝鲜半岛缓和军事紧张和消除战争危险有关的迫切问题进行了认真讨论，并同意继续协商解决必要的问题。

2018 年 8 月 13 日，为履行历史性《板门店宣言》的第二次北南高级别会谈在板门店北方一侧统一阁举行。以朝鲜祖国和平统一委员会委员长李善权为团长的朝方代表团和以统一部部长赵明均为首席代表的南方代表团参加会谈。会谈中，双方检点《板门店宣言》履行情况，就进一步积极付诸实践的一些问题认真进行磋商，同意将于 9 月在平壤举行北南首脑会晤和会谈。

2018 年 8 月 20 日，作为履行历史性《板门店宣言》的一个实质性措施，北南离散家属会面活动在金刚山开始。在从 20 日至 22 日的第一次会面活动期间，北方家属会见南方的亲人，在亲热的家庭气氛中进行交谈。当天，朝

鲜红十字会为北南离散家属举行了宴会。北南离散家属第二次会面活动将于 24 日开始。

2018 年 9 月 18 日 8 时 40 分（北京时间 7 时 40 分）许，韩国总统文在寅搭乘的空军一号从首尔机场起飞，总统专机绕飞黄海直抵平壤。2018 年 9 月 18 日下午，金正恩与文在寅在朝鲜劳动党中央委员会总部大楼举行朝韩第五次会晤，双方主要商讨推动双边关系发展、半岛无核化进程和重启陷入僵局的朝美对话等共同关心的问题。

2018 年 9 月 19 日上午，朝鲜最高领导人金正恩与韩国总统文在寅会谈并签署《9 月平壤共同宣言》。双方共同举行联合记者会。金正恩表示，将积极努力将朝鲜半岛变成没有核武器的和平之土，并将尽快访问韩国首都首尔。文在寅表示，双方商定消除半岛所有地区的军事威胁，南北双方首次就无核化方案达成协议。文在寅还在记者会上表示，韩朝将共同申办 2032 年夏季奥运会。

2018 年 10 月 12 日，《劳动新闻》发表署名文章指出，在第五次北南首脑会晤和会谈中签署的《9 月平壤共同宣言》，是适应全民族一致的愿望和要求，开创自主统一的时代、和平繁荣的新时代的历史性实践纲领；是承诺北方和南方齐心协力，用我们自己的双手开拓朝鲜民族命运的民族自主宣言；也是为在履行《板门店宣言》的成果基础上，把北南关系发展到更高阶段，从而实现统一，指明途径的我们时代的统一纲领。

文章说，只有诚实地履行历史性 "4·27" 宣言和《9 月平壤共同宣言》，才能实现北南关系划时代进展、朝鲜半岛永久和平、民族共同的繁荣和自主统一。

朝鲜从时代和民族所赋予的崇高使命感出发，为给朝鲜民族早日带来更好的结果，做出一切可能的努力。

要在自主统一的旗帜下实现民族的大团结，彻底履行 "4·27" 宣言和《9 月平壤共同宣言》，从而把新的和平轨道、和解合作轨道延续到统一。

文章强调，履行开创自主统一与和平繁荣之路的 "4·27" 宣言和《9 月平壤共同宣言》，不能有北方、南方和海外之分。凡是要为改善北南关系、实现国家和平与祖国统一做出贡献的人，不管他是谁都应珍惜民族共同的协议，投入履行协议的民族历史的潮流。

蒙古国

一　"发展之路"国家战略规划与"一带一路"倡议对接新动向

蒙古国于 2000 年提出"千年路计划",计划构建贯穿全国的公路网络,2010 年,蒙古国推出"新铁路项目计划",计划分三个阶段建设全国铁路网。2013 年,蒙古国议会颁布《关于蒙古国经济社会 2014 年发展计划》,确定建设连接中蒙俄三国的铁路、公路、石油、天然气、电力五大通道。2014 年 9 月,蒙古国正式将"五大通道"建设升级为"草原之路"战略。

2018 年 4 月 8 日至 12 日,蒙古国总理乌赫那·呼日勒苏赫出席博鳌亚洲论坛 2018 年年会并对中国进行正式访问,习近平主席、李克强总理、栗战书委员长分别同其会见或举行会谈。双方同意密切高层交往和各层级往来,抓住"一带一路"倡议同蒙方"发展之路"倡议对接带来的重要机遇,拓展各领域合作。

2018 年 5 月 31 日至 6 月 1 日,中国外交部副部长孔铉佑访问蒙古国。访问期间,孔铉佑分别会见蒙古国总统巴特图勒嘎、外长朝格特巴特尔,并同蒙古国外交部国务秘书达瓦苏伦举行会谈。双方就中蒙关系及共同关心的国际地区问题交换了意见。

2018 年 6 月 9 日至 10 日,蒙古国总统巴特图勒嘎赴华出席上海合作组织青岛峰会,习近平主席同其会见,这是巴特图勒嘎当选蒙古国总统后两国元首首次会晤。双方同意推动中蒙全面战略伙伴关系不断发展,开创两国合作新局面。峰会期间习近平主席还同俄罗斯总统普京、蒙古国总统巴特图勒嘎共同举行中俄蒙三国元首第四次会晤。

2018 年 7 月 3 日至 7 日,内蒙古自治区党委书记、人大常委会主任李纪恒率代表团访问蒙古国。访问期间,李纪恒分别会见了蒙古国总统巴特图勒嘎、总理呼日勒苏赫、国家大呼拉尔副主席桑吉米亚特布和政府办公厅主任、外长、矿业与重工业部部长、食品农牧轻工业部部长以及乌兰巴托市议长、色楞格省省长、东戈壁省主要领导。双方同意积极落实两国领导人有关共识,发挥好地缘优势,积极推进内蒙古自治区与蒙古国交流合作。

2018 年 8 月 23 日至 25 日,应蒙古国外长朝格特巴特尔邀请,王毅国务委员兼外长对蒙古国进行正式访问。访问期间,王毅分别会见蒙古国总统巴特图勒嘎、国家大呼拉尔主席恩赫包勒德、总理呼日勒苏赫并同外长朝格特巴特尔举行会谈。双方同意落实好两国元首和政府首脑会晤达成的有关共识。会谈后双方签署了中蒙政府关于纪念两国建立外交关系 70 周年的谅解备忘录和中蒙外交部 2019～2020 年合作计划,并共同会见了记者。王毅还同蒙古国总理呼日勒苏赫共同出席乌兰巴托污水处理厂建设进程启动仪式。王毅国务委员兼外长访问蒙古国期间,两国外长共同宣布乌兰巴托成吉思汗国际机场"一带一路"特别通道正式开通。该通道将有助于提高通关效率,方便共建"一带一路"国家商旅往来,助力两国发展战略对接。这一成功经验还将在中蒙边境其他口岸逐步推广。

2018 年 8 月 23 日至 25 日，蒙古国副总理恩赫图布辛赴重庆出席首届中国国际智能产业博览会，韩正副总理同其会见。9 月 19 日，恩赫图布辛副总理赴南京出席"世界和平日"纪念活动，王岐山副主席同其见面。9 月 17 日，恩赫图布辛副总理同中国商务部部长钟山共同主持中蒙经贸联委会第 15 次会议，胡春华副总理同其会见。双方商定加快落实务实合作项目，加强经贸交流合作，将双边关系打造成邻国间合作的典范。

2018 年 9 月 12 日，习近平主席在符拉迪沃斯托克（海参崴）出席东方经济论坛期间会见蒙古国总统巴特图勒嘎。两国元首同意把握好中蒙关系正确方向，以实际行动维护好政治基础，大力推动"一带一路"倡议同"发展之路"倡议对接。

2018 年 10 月 21 日至 24 日，中共中央政治局委员、中共天津市委书记李鸿忠率中国共产党代表团访问蒙古国。访问期间，李鸿忠分别会见了蒙古国人民党主席和政府总理呼日勒苏赫、国家大呼拉尔主席恩赫包勒德、政府副总理恩赫图布辛和政府办公厅主任、外长和民主党主席等。双方同意一道筑牢双边关系政治基础，加强政党间互学互鉴，促进天津与蒙古国交流合作，更好地造福两国人民。

2018 年 11 月 4 日至 6 日，蒙古国外长朝格特巴特尔率团出席首届中国进口博览会，蒙古国企业踊跃参展，收获满满，中蒙经贸合作迈上新台阶。

二 "第三邻国"新发展

自苏联解体、冷战结束以来，蒙古国制定了《对外政策构想》，形成"不结盟"、"等距离"、"全方位"和"多支点"的对外战略，即"第三邻国"战略。20 多年来，"第三邻国"的内涵在变化、领域在拓展。"第三邻国"从美国等大国发展到所有向蒙古国提供援助的国家，如日本、韩国、印度，甚至进一步发展到多边组织。蒙古国与"第三邻国"的关系也不仅限于传统的军事、政治内容，而是全面扩大到经济、文化、科技等多领域。

蒙古国总理乌赫那·呼日勒苏赫 2018 年先后对韩国、美国以及日本等"第三邻国"进行了正式访问，并签署了促进社会、经济发展的大型协议和协定。

2018 年 1 月 15 日至 17 日，总理乌赫那·呼日勒苏赫对韩国进行正式访问。在国际货币基金组织（IMF）计划框架内，双方签署了韩国向蒙古国提供 5 亿美元优买贷款的总协定。

2018 年 6 月 22 日，使用印度政府提供的 10 亿美元优买贷款在东戈壁省阿勒坦希勒苏木建设炼油厂的工程正式启动。从塔玛萨克矿年均加工 150 万吨石油以满足国内燃料需求的该炼油厂将于 2022 年投入使用。

2018 年 9 月，总理乌赫那·呼日勒苏赫对美国进行正式访问。其间，双方在美国向蒙古国提供 3.5 亿美元无偿援助的协议上签字。

2018 年 12 月 8 至 9 日，朝鲜外务相李勇浩正式访问蒙古国。其间，李勇浩与蒙古国外长朝格特巴特尔就开展社会、经济等各个领域合作以及使朝鲜半岛无核武器等问题展开讨论。

2018 年 12 月 12 日至 15 日，总理乌赫那·呼日勒苏赫对日本进行正式访问。在 IMF 计划框架内，蒙古国获得"财政、社会和经济改革发展政策贷款"的第二期融资。

三 区块链战略

区块链已成蒙古国的振兴希望。蒙古国政府表示，会依托其矿产、黄金等高净值资源实行单元价值参考机制，为发展新蒙古国新经济铺开康庄大道。蒙古国大举投入区块链产业，或为整合其基础资源，加快促进经济复苏。

2018 年 1 月 25 日，蒙古国总理呼日勒苏赫在接受记者采访时第一次公开表态对区块链业务的支持与扶持。2018 年初，蒙古国政府曾划拨大量土地，用于建立区块链产业园，并配套高压军用电缆，为园区提供持续、优质、廉价的电力。通过一系列政策引导及补贴，大力吸引资本进入该国区块链市场。

2018年3月，蒙古国政府召开全国区块链重大政策工作会议，绘制了"建设新蒙古，新经济起航，拥抱区块链"的发展蓝图，并清晰搭建了国家级数字资产交易平台的框架，同时委任蒙古国政府高层，加快组建国际级顶尖区块链技术和管理营运团队，建立蒙古国国家区块链数字资产交易所（MDEX），以国家最高规格筹划和落实，由蒙古国总理呼日勒苏赫先生领航。

2018年3月13日，蒙古国政府召开区块链工作会议，政府中央办公厅主任赞登沙特尔表示，未来蒙古国87%的公共服务将数字化，蒙古国在新的发展阶段，改革将从最先进的政策和信息技术开始，数字化转型将为蒙古国带来新的信息技术以及无腐败的服务。同时，赞登沙特尔领导成立了蒙古国区块链工作小组，并担任组长。

2018年3月29日，世界上诞生第一家以国家命名的区块链数字资产交易所——蒙古国国家区块链数字资产交易所（MDEX）。MDEX也是蒙中"一带一路"贸易发展促进委员会直属单位、拥有蒙古国政府背书的国家性交易所。同时，MDEX将发行交易所平台分红币——蒙贝（MNDC），并与宝格达银行进行战略合作，力图稳定波动剧烈的蒙图市场。来自中国的120名政界领导、知名企业家、学界精英参与大会，共同见证了全世界第一家以国家命名的区块链数字资产交易所的成立，并获得了国内外媒体的广泛报道。

2018年4月8日，蒙古国总理呼日勒苏赫首次访问中国，受到中国政府高规格接待。呼日勒苏赫表示，蒙方支持"一带一路"倡议，愿加强蒙中发展战略对接及各领域合作。蒙方高度赞赏中方为维护朝鲜半岛及东北亚地区和平稳定做出的重要贡献。

这是蒙方第一次官方提到"一带一路"倡议。早在2017年12月，蒙中"一带一路"贸易发展促进委员会就在乌兰巴托成立，MDEX则是蒙中"一带一路"贸易发展促进委员会直属企业。

2018年4月，中国—蒙古国商务论坛召开，在蒙古国总理见证下，由蒙中"一带一路"贸促会发起成立了蒙中"一带一路"数字资产交易所（MBRE）。MBRE是拥有蒙古国政府背书的国家性交易所，将实现蒙古国国家银行法币和虚拟货币间的兑换。

2018年4月24日，全球区块链技术应用国际论坛在蒙古国首都乌兰巴托举办，论坛由蒙古国政府、蒙中"一带一路"贸易发展促进委员会主办，教育、科技、文化、体育等各部部长为大会致辞发言。同时MDEX作为大会总赞助商，在会上同时举行与多家区块链上币上链企业战略合作签约仪式。在本次全球区块链技术应用国际论坛上，有蒙古国电视台等多家媒体进行直播，并对全世界主流媒体进行信号同步。与此同时，作为全球首家以国家命名的区块链数字资产交易所，MDEX以主冠名商的身份赞助了由蒙古国总统主办的第52届亚洲健身健美国际锦标赛。

2018年5月，中国区原众股网全球版ZG.TOP宣布获得蒙古国区块链交易牌照，并入驻GBC蒙古国高新科技产业园。原众股网是中国地区排前5名的多币种交易平台，2015年3月成立。ZG.TOP在全资收购众股网后，导入了原众股网用户并且启动全新顶级域名ZG.TOP，同时推动平台全球化运作。GBC全球区块链研究中心是一家由中蒙两国政府主导成立的区块链领域的独立科研机构。GBC的主要业务板块，包括区块链数字资产交易所、矿场矿机托管服务、资本管理以及区块链相关产业经营牌照等。

2018年5月，矿世云旗下"共识资本"领投的区块链项目——"AAcoin"交易平台与蒙古国政府就建立"AAcoin蒙古国交易所"一事达成合作意向并签订相关协议，"AAcoin"正式"登陆"蒙古国。蒙古国总统府佐官旭鸠山、蒙古国活能源集团公司 CEO AEkhaan 代表蒙方参加签约仪式。

2018 年 8 月，蒙古国萨纳杜矿业公司称，其在蒙古国南戈壁省发现的扎拉铜矿或将成为世界级矿床，国际大宗商品价格持续上涨。同时，蒙古国国家区块链数字资产交易所上线，一举轰动了整个区块链行业。MDEX 是全球唯一以国家命名、由政府做背书认可的区块链数字资产交易所，拥有全球独有国家背书并被赋予国家金融牌照、双链式高安全系数交易数码

模式和高含金量的交易平台币。MDEX 在蒙古国政府的最高授权下，发布了 MDEX 的平台币，又称蒙图币（Mongolia National Token，MNT），总量为 100 亿枚。因为具有国家的信用背书，已成功获得多家世界级区块链资本的青睐。

可以说，2018 年以来，蒙古国区块链行业得到了政府的大力扶持，在政策利好频出的情况下，MDEX 已经站上了蒙古国国家战略的风口。而与此同时，在 MDEX 仅仅成立不到一个月的时候，蒙古国中央政府即将举办一届区块链全球性大会，将蒙古国区块链推向高潮。

东北亚各国招商引资情况

2018年中国招商引资情况

一 招商引资概况

2018年中国外商直接投资（不含银行、证券、保险领域）新设立企业60533家，同比增长69.8%，实际使用外商直接投资8856亿元，同比增长0.9%。其中，共建"一带一路"国家对华直接投资新设立企业4479家，同比增长16.1%；对华直接投资424亿元，同比增长13.2%。全年高技术制造业实际使用外资898亿元，同比增长35.1%。

受贸易保护主义抬头等因素影响，2018年全球跨境投资表现不佳，在此情况下中国吸收外资规模创历史新高，外资大项目快速增长，合同外资额在5000万美元以上的大项目同比增长23.3%，表明全球投资者对华投资信心不减。据世界银行2018年报告，中国为中小企业改善营商环境实施的改革数量创下年度纪录，营商环境全球排名升至第46位，较上年提升32位。在数量扩张的同时，中国吸收外资的质量也在提升。从行业看，制造业吸收外资额猛增。2018年中国制造业吸收外资额所占比重超过30%，较上年提高近5个百分点；高技术制造业吸收外资额同比增长35.1%。从吸收外资来源看，发达经济体对华投资增长较快。2018年欧盟28国对华投资额增长超过20%，英国、德国对华投资额同比分别增长150.1%和79.3%；美国对华投资额增长7.7%。

2018年1~12月，全国外商投资企业进出口总值为19681亿美元，同比增长7.0%，增幅低于全国平均水平5.5个百分点，占全国进出口总值的42.6%。其中，外商投资企业出口额为10360亿美元，同比增长6.0%，增幅低于全国平均水平3.9个百分点；进口额为9321亿美元，同比增长8.2%，增幅低于全国平均水平7.6个百分点。投资项下进口自用设备金额达34亿美元。

二 招商引资新政策

（一）推进实施负面清单制度，促进投资自由化

中华人民共和国国家发展和改革委员会、中华人民共和国商务部发布的《外商投资准入特别管理措施（负面清单）（2018年版）》和《自由贸易试验区外商投资准入特别管理措施（负面清单）（2018年版）》分别于2018年7月28日和2018年7月30日起施行，全国的负面清单限制措施缩减近1/4，在金融、交通、汽车、船舶制造等22个领域放宽了外资准入限制，自由贸易试验区负面清单在文化、资源、种业、电信等领域进一步扩大开放，为外国投资者提供了更加广阔的投资空间。

（二）大幅放宽外商投资农作物种业市场准入

农作物种业是中国的战略性基础性核心产业，是保障国家粮食安全的根本。扩大种业对外开放是构建国家全面开放新格局的重要组成

部分，体现了中国主动扩大对外开放的坚定决心。扩大种业对外开放是深化农业供给侧结构性改革的客观需要，有利于加快引进国外名特优新品种，加快特色作物产业快速发展，满足广大人民群众对特色农产品的需要。2018年6月中国发布的2018年版全国和自由贸易试验区两个外商投资准入负面清单进一步扩大种业对外开放，大幅放宽种业外商投资准入限制，大幅提升种业对外开放水平。

在禁止领域，两个负面清单规定完全相同，主要包括两项：禁止投资中国稀有和特有的珍贵优良品种的研发、养殖、种植以及相关繁殖材料的生产，包括种植业、畜牧业、水产业的优良基因；禁止投资农作物、种畜禽、水产苗种转基因品种选育及其转基因种子（苗）生产。种植业领域的稻、大豆现阶段仍属禁止外商投资领域。在限制领域，两个负面清单对外商投资股比要求不同，全国版负面清单将外商投资种业的作物限制范围由"农作物"缩减为"小麦、玉米"，要求中方控股（中方持股比例不低于51%）。自由贸易试验区版负面清单将外商投资种业的作物限制范围由"农作物"缩减为"小麦、玉米"，要求中方持股比例不低于34%。根据《中华人民共和国种子法》和外商投资等有关法律法规规定，外商投资玉米、小麦种业领域，须进行准入许可；稻、大豆种业禁止外商投资，暂不受理申请。同时，外商投资种业企业从事种子生产经营活动，无论是玉米、小麦还是其他作物，皆需办理"农作物种子生产经营许可证"，许可证申请由省级农业主管部门受理审核，报农业农村部核发。

（三）自由贸易试验区为外商创造更好的投资环境

中国自由贸易试验区制度改革创新成效显著，多项改革试点经验在全国复制推广，带动全国营商环境持续优化。2018年10月16日，《中国（海南）自由贸易试验区总体方案》正式发布，这是中国扩大对外开放、积极推动经济全球化的又一重大举措。该方案中明确了中国（海南）自由贸易试验区将在加快构建开放型经济新体制、加快服务业创新发展、加快政府职能转变等方面开展试点。医疗卫生、文化旅游、生态绿色发展等成为特色试点内容。为创造更好的投资环境，海南将更注重打造法治化、国际化、便利化的营商环境和公平、开放、统一高效的市场环境。中国（海南）自由贸易试验区将构建开放型经济新体制，推出更高层次、更宽领域、更大力度的开放举措，例如，在现代农业、高新技术产业、现代服务业等领域进一步放宽外资准入限制，取消新能源汽车制造外资准入限制，放宽人身险公司外资股比限制至51%等。这些措施连同"互联网＋政务服务"模式的推进，将大幅提高海南的国际投资自由化便利化水平，营造开放、自由、便利的营商环境，更好地吸引外商来投资。

（四）中国加强区域贸易与投资合作

《区域全面经济伙伴关系协定》（RCEP）第6次部长级会议于2018年10月13日在新加坡举行。东盟10国、中国、澳大利亚、印度、日本、韩国、新西兰等16方经贸部长或代表出席会议。中国商务部副部长兼国际贸易谈判副代表王受文代表钟山部长出席会议。会议就货物贸易、服务贸易、投资、卫生和植物卫生措施、标准技术法规和合格评定程序、电子商务、竞争政策等议题进行了深入讨论，推动各方完成年底一揽子成果，并实质性结束谈判。会议发表了《联合新闻声明》，表示在当前全球贸易面临单边主义挑战等诸多不确定性的情况下，尽快完成RCEP谈判有利于增强和完善区域供应链和价值链，对维护地区贸易自由化和便利化、支持全球自由贸易具有重要意义。

（五）中国国际投资贸易洽谈会推动双向投资协调发展

2018年9月8日第二十届中国国际投资贸易洽谈会在中国福建省厦门市召开。20多年来，中国国际投资贸易洽谈会致力于打造双向投资促进、权威信息发布和投资趋势研讨三大平台，已发展成为全球最具影响力的国际投资盛会之一。在各方共同努力下，中国国际投资贸易洽谈会架起了中国与世界各国加强合作、共谋发展的桥梁，也成为中国改革开放的重要窗口。中国改革开放 40 年来始终坚持对外开放基本国策不动摇，持续优化投资软硬环境，吸收外资和对外投资均保持了良好的发展势头。中国双向投资的发展，不仅促进了中国经济的持续增长，也对世界经济增长发挥了积极作用。境外产品、服务、技术、资本在巨大的中国市场找到了共赢之路，中国制造、中国建设、中国资本也不断给国际市场带来新的活力。中国国际投资贸易洽谈会以双向投资促进为主题，精耕细作，打造国际化、专业化、品牌化的精品，将成为新一轮高水平对外开放的重要平台，为推动形成全面开放新格局、建设开放型世界经济发挥积极作用。

（六）建立中国各地外商投资企业投诉工作机制

中国高度重视外商投资环境和保护外资合法权益相关工作，坚持积极有效地利用外资和不断优化营商环境，督促各地方开展外商投资企业投诉工作，采取各种切实有效措施努力营造良好的投资环境。2018 年 7 月 23 日全国外商投资企业投诉机构工作会在北京市召开，会议对建立健全各地外商投资企业投诉工作机制作出部署，宣布建立全国外商投资企业投诉机构联系机制。做好外商投资企业投诉工作，及时协调解决外国投资者反映的问题，一方面有利于让外国投资者了解中国改善营商环境的决心，让更多的外国投资者愿意来、方便进、留得住、经营好、有钱赚，让外资企业主动宣传中国的营商环境，进而形成"以商招商"的国际竞争新优势；另一方面有利于中国各级政府与外国投资者之间加强沟通、增进理解，从而降低国际投资争端风险。

（七）中日韩自贸区谈判推进贸易投资自由化

中日韩自贸区谈判是中国正在推动的经济体量最大、占中国外贸比重最高的自贸区谈判之一。2018 年 5 月在日本举行的第七次中日韩领导人会议发表联合宣言，重申将进一步加速中日韩自贸区谈判，力争达成全面、高水平、互惠且具有自身价值的自由贸易协定。2018 年 11 月 5 日，中国国家主席习近平出席中国国际进口博览会开幕式发表主旨演讲时提出，要加快中日韩自贸区谈判进程。2018 年 12 月 7 日，中日韩自贸区第十四轮谈判首席谈判代表会议在北京举行。中国商务部副部长兼国际贸易谈判副代表王受文与日本外务省外务审议官山崎和之、韩国产业通商资源部部长助理俞明希分率各方代表团出席。三方一致同意推进落实三国领导人共识，加快推进中日韩自贸区谈判。三方均认为，随着三方共同参加的《区域全面经济伙伴关系协定》（RCEP）谈判取得实质性进展，中日韩自贸区谈判提速基础已经具备，三方将在 RCEP 已取得的成果基础上探讨通过中日韩自贸区进一步提高贸易投资自由化水平。

三　外资企业管理新制度与新办法

（一）外商投资企业商务备案与工商登记"单一窗口、单一表格"受理

为加强商务、工商部门间信息互联互通、数据共享，优化外商投资企业申请设立程序，减少办理时间，降低企业成本，自 2018 年 6 月 30 日起中国在全国推行外商投资企业商务备案与工商登记"单一窗口、单一表格"受理，这是中国进一步深化外商投资领域"放管服"改革、持续推进商事制度改革、构建"互联网＋政务服务"管理新模式的重要举措，对于优化营商环境、释放市场活力，提升外商投资便利度具有重要意义。

中国各地商务、工商部门将在"多证合一"改革框架下，结合政务服务平台建设工作，以减轻企业负担、提高政府效能为目标，科学合理地制定方案，整合优化企业和投资者办事流程，将外商投资企业商务备案受理纳入"多证合一"备案事项整合范围。申请人可通过各地工商部门的"单一窗口"申请办理商务备案和工商登记。将外商投资企业申请商务备案时采集的个性化信息项目列入《"多证合一"政府部门共享信息表》，形成"单一表格"。各地工商部门将按要求改造完善工商登记网上受理平台，允许申请人自行勾选填报，登记系统自动提示申请人准确填报信息。鼓励自由贸易试验区继续探索"单一窗口、单一表格"新模式。

中国各地商务、工商部门将畅通部门间信息交换传递和数据共享渠道，加快信息管理系统升级改造，做好外商投资数据信息采集、传输、接收和导入等工作，加大互联互通力度，在各省级商务、工商部门间实现外商投资数据信息高效、及时双向流动；建立规章制度、丰富技术手段，加强对共享外商投资数据信息的安全管理，明确信息使用部门的使用原则和监管责任，确保数据信息的合理使用与安全传输、共享、存储；以数据信息共享为依托，提高政务服务水平，创新政务服务方式，增强对外商投资企业和投资者的服务科学性、针对性和有效性；以共享数据信息为基础，建立完善事中事后协同监管工作机制；推动监管方式改革创新，开展监管风险的跨部门综合分析与联合研判，提高风险识别能力和防控能力。

（二）修改《外商投资企业设立及变更备案管理暂行办法》

为优化外商投资企业设立备案程序，进一步提升外商投资便利化水平，中国商务部决定对《外商投资企业设立及变更备案管理暂行办法》（商务部令2017年第2号）作如下修改：全体投资者（或外商投资股份有限公司董事会）指定的代表或共同委托的代理人在向工商

和市场监督管理部门办理设立登记时，应一并在线报送外商投资企业设立备案信息；由于并购、吸收合并等方式，非外商投资企业转变为外商投资企业，属于本办法规定的备案范围的，在向工商和市场监督管理部门办理变更登记时，应一并在线报送外商投资企业设立备案信息；备案机构自取得工商和市场监督管理部门推送的备案信息时，开始办理备案手续，并应同时告知投资者；备案机构取得外商投资企业设立或变更备案信息后，对填报信息形式上的完整性和准确性进行核对；外商投资企业或其投资者应于5个工作日内就同一设立或变更事项向备案机构另行申请补充备案信息等。

（三）外商在中国境内投资非禁止项目和领域暂不征收预提所得税

为进一步鼓励境外投资者在华投资，2018年9月29日中国出台政策规定，对境外投资者从中国境内居民企业分配的利润，用于境内直接投资暂不征收预提所得税政策的适用范围，由外商投资鼓励类项目扩大至所有非禁止外商投资的项目和领域。境外投资者以分得利润进行的直接投资，包括境外投资者以分得利润进行的增资、新建、股权收购等权益性投资行为，但不包括新增、转增、收购上市公司股份（符合条件的战略投资除外）。境外投资者分得的利润属于中国境内居民企业向投资者实际分配已经实现的留存收益而形成的股息、红利等权益性投资收益。境外投资者用于直接投资的利润以现金形式支付的，相关款项从利润分配企业的账户直接转入被投资企业或股权转让方账户，在直接投资前不得在境内外其他账户周转；境外投资者用于直接投资的利润以实物、有价证券等非现金形式支付的，相关资产所有权直接从利润分配企业转入被投资企业或股权转让方，在直接投资前不得由其他企业、个人代为持有或临时持有。

（四）外商投资证券公司出台相关管理办法

为适应证券市场对外开放的需要，加强和

完善对外商投资证券公司的监督管理，明确外商投资证券公司的设立条件和程序，经国务院批准，2018 年 4 月 28 日中国证券监督管理委员会公布《外商投资证券公司管理办法》（中国证券监督管理委员会令第 140 号），自公布之日起施行，《外资参股证券公司设立规则》同时废止。《外商投资证券公司管理办法》中所指的外商投资证券公司包括三类：境外股东与境内股东依法共同出资设立的证券公司；境外投资者依法受让、认购内资证券公司股权，内资证券公司依法变更的证券公司；内资证券公司股东的实际控制人变更为境外投资者，内资证券公司依法变更的证券公司。中国证券监督管理委员会负责对外商投资证券公司的审批和监督管理。外商投资证券公司的名称、组织形式、注册资本、业务范围、组织机构的设立及职责以及股东、董事、监事、高级管理人员等，应当符合公司法、证券法等法律法规和中国证监会的有关规定。按照该办法规定，境外投资者可以依法通过证券交易所的证券交易持有上市内资证券公司股份，或者与上市内资证券公司建立战略合作关系并经中国证监会批准持有上市内资证券公司股份。境外投资者依法通过证券交易所的证券交易持有或者通过协议、其他安排与他人共同持有上市内资证券公司 5% 以上股份的，应当符合规定的条件并遵守有关规定。

（五）中国境内汽车投资项目实行备案管理

中国不断完善汽车产业投资项目准入标准，加强事中事后监管，规范市场主体投资行为，引导社会资本合理投资。严格控制新增传统燃油汽车产能，积极推动新能源汽车健康有序发展，着力构建智能汽车创新发展体系。国家发展和改革委员会于 2018 年 12 月 10 日发布《汽车产业投资管理规定》，自 2019 年 1 月 10 日起施行。《政府核准的投资项目目录（2016 年本）》中新建中外合资轿车生产企业项目、新建纯电动乘用车生产企业（含现有汽车企业跨类生产纯电动乘用车）项目及其余由省级政府核准的汽车投资项目均不再实行核准管理，调整为备案管理。该规定适用于各类市场主体在中国境内的汽车投资项目。汽车整车和其他投资项目均由地方发展改革部门实施备案管理。其中，汽车整车投资项目由省级发展改革部门备案。

参考文献

商务部官方网站，http://www.mofcom.gov.cn/。

《2018 年国民经济和社会发展统计公报》，国家统计局官方网站，2019 年 2 月 28 日，http://www.stats.gov.cn/tjsj/zxfb/201902/t20190228_1651265.html。

《2018 年中国吸收外资额创历史新高》，中国新闻网，2019 年 1 月 14 日，http://www.chinanews.com/cj/2019/01-14/8728642.shtml。

《2018 年 1～12 月外商投资企业进出口简况》，中国投资指南网，2019 年 1 月 15 日，http://www.fdi.gov.cn/1800000121_33_11808_0_7.html。

2018年俄罗斯招商引资情况

一 俄对外国在俄投资的相关政策

（一）投资主管部门

俄罗斯主管国内和国外投资的政府部门有经济发展部、工业贸易部、国家资产委员会、司法部国家注册局、反垄断署、联邦政府外国投资咨询委员会、中央银行、财政部、联邦金融资产管理署、联邦政府外国投资者监管委员会等。

（二）鼓励的行业

俄罗斯政府鼓励的外商直接投资领域大多是传统产业，如石油、天然气、煤炭、木材加工、建材、建筑、交通和通信设备、食品加工、纺织、汽车制造等行业。

（三）限制的行业

根据普京2008年5月批准的《外资进入对国防和国家安全具有战略性意义行业程序法》（简称《战略领域外国投资法》），13类42种经营活动为战略性行业：国防军工、核原料生产、核反应堆项目的建设运营、武器和军事技术生产所必需的特种金属和合金的研制生产销售、宇航设施和航空器研究、密码加密设备研究、天然垄断部门的固定线路电信公司、联邦级的地下资源区块开发、水下资源、覆盖俄罗斯领土一半区域的广播媒体、发行量较大的报纸和出版公司等。2017年8月，普京签署总统令，将俄罗斯电网公司纳入战略性行业清单。此外，禁止外国投资者参加航空业股东大会和董事会的管理工作。

（四）禁止的行业

赌博业、人寿保险业。

（五）银行和保险业限制

允许外资在俄投资成立银行，或者收购现有的俄罗斯银行，但禁止外国银行在俄境内设立分行；对单个银行的外资资本不限，但外资在俄整体银行体系中占比不超过50%。禁止外国保险公司参与其强制险（强制汽车责任保险除外）方案及政府采购保险。

（六）跨国并购限制

有外国政府背景的外资对联邦级地下资源公司的控股权不得超过5%，对其他部门战略性公司的控股权不得超过25%~50%。外资企业在具有战略意义的相关公司或地下资源区块项目中取得10%以上的控股权，必须向相关全权机构（俄联邦反垄断局）提交申请，并经由联邦安全会议牵头组成的跨部门专门委员会审核。俄罗斯自然垄断行业限制外资进入。

（七）劳务限制

在外资信贷机构中，俄籍雇员数量不能少于雇员总人数的75%；在产品分成项目中，俄籍雇员数量应不少于雇员总人数的80%。按协议进行的工程初期或俄罗斯国内缺乏相应专业技术工人和专家的情况下，允许聘用外国工人和专家。

（八）投资优惠政策

根据《俄罗斯联邦外国投资法》规定，在外国投资者对俄罗斯联邦政府确定的优先投资项目（主要涉及生产领域、交通设施建设和基础设施建设项目）进行投资且投资总额不少于10 亿卢布时，将根据《俄罗斯联邦海关法典》和《俄罗斯联邦税法典》的规定对外国投资者给予相应的进口关税和税收优惠。

减免利润税：外商投资俄鼓励的优先发展领域项目，投资额不低于 1000 万美元且占项目投资总额的 30% 以上，前 2 年免缴利润税，第 3 年缴纳 40% 的利润税，第 4 年缴纳 50% 的利润税。

其他税费：根据《俄联邦产品分成协议法》，协议有效期内，投资者免缴除企业所得税、资源使用税、俄籍雇员社会医疗保险费和俄居民国家就业基金费以外的其他税费。

海关税费：对实施优先发展领域项目的外商提供海关税费优惠。

（九）企业注册程序

1. 企业注册受理机关

法人（子公司）：联邦税务局及其在各联邦主体的分支机构。

企业代表处或分公司：俄联邦司法部国家注册局或俄工商会。

2. 注册程序

企业向有关主管部门提交经公证和使领馆认证的必要文件和信息，由各主管部门进行审核并在规定时间内予以答复。

（十）相关税收优惠

第一，根据 2016 年 5 月 23 日颁布的税法修正案，3 年内在俄远东地区投资额达 5000 万卢布或 5 年内达 5 亿卢布的企业，可享受利润税优惠（2017 年 1 月 1 日生效）和矿产资源开采税优惠（2016 年 7 月 1 日生效），投资额自 2013 年 1 月 1 日算起，优惠政策有效期至 2028 年 12 月 31 日。汽车、摩托车等消费品生产企业和油气开采企业除外。

利润税：投资者自首次获得利润之日起，联邦财政利润税（税率 2%）前 10 年免缴；地方财政利润税前 5 年税率为 0%～10%，后 5 年不低于 10%（正常情况下利润税税率为 18%）。

矿产资源开采税：前 2 年免缴矿产资源开采税，后 8 年优惠幅度每 2 年减少 20%。

第二，根据普京签署的《俄罗斯联邦税法典修订案》，自 2018 年 1 月 1 日起至 2022 年 12 月 31 日，远东地区旅游休闲行业企业和机构（包括外国投资者）免缴利润税 5 年。

第三，根据普京签署的《俄罗斯联邦税法典修订案》，2022 年底前，对俄远东地区锡矿开采企业免征矿产资源开采税。

（十一）自由港制度

自《符拉迪沃斯托克自由港法》出台之日（2015 年 10 月 12 日）起 3 年内，在自由港区域注册的企业，可享受以下优惠政策。

增值税退税：实行 15 日内办理增值税退税的简便快捷办法。

利润税：自获得首笔利润起，前 5 年免缴联邦财政利润税，地方财政利润税税率不高于 5%，后 5 年地方财政利润税税率不低于 10%；3 年内未获得利润，则自第 4 年开始享受优惠。

社会保险费：前 10 年执行 7.6% 的费率。

财产税和土地税：前 5 年财产税为 0，后 5 年为 0.5%；前 5 年土地税为 0。

劳务政策：入驻企业引进和使用外国员工无须办理许可；为外国务工人员办理入境邀请函和工作许可无配额限制；招收员工时俄公民优先。

口岸监管：目前仅在符拉迪沃斯托克（海参崴）自由港相关口岸实行由海关和边检统一监管的"一站式"机制。

自由关税区制度：对自由港内建有海关监

管区的项目所在地实行自由关税区制度。

（十二）跨越式发展区

2015年3月，俄跨越式发展区相关联邦法律正式生效，入驻企业可享受以下优惠政策。

增值税退税：实行15日内办理增值税退税的简便快捷办法。

利润税：自获得首笔利润起，前5年免缴联邦财政利润税，地方财政利润税税率不高于5%，后5年地方财政利润税税率不低于10%；3年内未获得利润，则自第4年开始享受优惠。

社会保险费：前10年执行7.6%的费率。

矿产资源开采税：获得利润之前免征矿产资源开采税；自开始享受利润税优惠税率起10年内，享受矿产资源开采税优惠：头2年为0，第3~4年为标准税率的20%、第49~82个月为标准税率的40%、第83~96个月为标准税率的60%，第8~10年为标准税率的80%。

土地税和财产税优惠：前3年土地税为0，前5年财产税为0，可享受不动产租金优惠。

劳务政策：入驻企业引进和使用外国员工无须办理许可；为外国务工人员办理入境邀请函和工作许可无配额限制；招收员工时俄公民优先。

自由关税区制度：在设有海关监管区的跨越式发展区内实行自由关税区制度。

2017年11月，普京签署关于延长跨越式发展区和符拉迪沃斯托克（海参崴）自由港内大型投资项目实施企业利润税优惠期限的法律。法律规定，投资额超过5亿卢布的企业，自入驻之日起5年内未获得利润，自第6年开始享受优惠税率；投资额超过10亿卢布的企业，自入驻之日起6年内未获得利润，自第7年开始享受优惠税率；投资额超过1000亿卢布的企业，自入驻之日起9年内未获得利润，自第10年开始享受优惠税率。

（十三）简化签证制度

自2017年8月1日起，中国、新加坡、日本、文莱等18国公民经符拉迪沃斯托克（海参崴）自由港入境俄罗斯时，可免费获得为期8日的电子签证。签证申请审批时间为4个工作日，自签发之日起30日内有效。

签证简化制度首先在符拉迪沃斯托克（海参崴）市海港和克涅维奇机场2处口岸执行，2018年1月1日起增加了滨海边疆区波格拉尼奇内、哈桑和马哈林诺铁路口岸、波尔塔夫卡和图里罗格公路口岸、扎鲁比诺和波西耶特海港、堪察加边疆区的彼得罗夫巴甫洛夫斯克海港和萨哈林州的科尔萨科夫海港等9处口岸，未来拟推广至实行自由港制度的所有远东州区及国际空港。

自2018年1月1日起，远东地区旅游休闲行业企业和机构免缴利润税5年，中国投资者也可享受该优惠政策。同时，投资者还可享受跨越式发展区和自由港制度规定的优惠政策。

二 招商引资动态

（一）法国公司拟在俄罗斯斯摩棱斯克州投资亚麻生产加工产业

2018年1月，俄罗斯斯摩棱斯克州政府新闻处发布消息称，法国 Dehondt Technologies Developpement 公司创始人迪奥特在与该州州长奥斯特洛夫斯基会谈时表示，法国公司拟在斯摩棱斯克州投资建立亚麻收割装备组装合资企业，推广亚麻长纤混纺技术。斯摩棱斯克州是唯一获得俄政府亚麻产业扶持的联邦主体，亚麻产量在俄中央联邦区6个联邦主体中排名第一，在全俄18个有亚麻种植产业的联邦主体中排名第二。

（二）外商评价俄经商环境已恢复至危机前水平

2018年2月，外商评价俄经商环境已恢复至2013年危机前水平，俄罗斯工业企业家联盟和福莱国际传播咨询公司调查显示，33%的受访者认为俄经商环境积极向好。

（三）外国投资者对俄股权投资锐减

2018 年初以来外国投资者对俄股权投资案共 32 起，金额为 30350 万美元，同比减少近 90%，为 2005 年以来新低。同期，俄对外股权投资 500 万美元，为 1999 年以来新低。相比之下，俄国内股权交易创 6 年来最高纪录。有专家称，外国投资者对俄股权投资锐减，主要与俄美关系恶化、俄总统大选以及俄前国家情报人员在英被毒案有关。

（四）第三届"中国投资者日"举行

第三届"中国投资者日"活动于 2018 年 4 月 24 日在哈巴罗夫斯克市举行。

（五）远东成为俄吸引投资的主要区域

2017 年俄远东联邦区固定资产投资增长 17.1%，为同期全俄平均水平的 4 倍。其中 9% 的增幅来自跨越式发展区、符拉迪沃斯托克（海参崴）自由港入驻企业，以及俄政府在基础设施建设领域的补贴对象。2017 年，远东吸引外商直接投资占全俄的 26%，仅次于中央联邦区。中国是俄远东的重要合作伙伴，中俄远东合作项目总投资额约 35 亿美元，其中的大型项目包括哈巴罗夫斯克纸浆厂项目、中粮集团瓶装饮用水厂项目以及滨海 1 号、2 号国际交通走廊项目。俄远东发展部部长加卢什卡表示，俄有关法案已提交国家杜马，即 2025 年 12 月 31 日前入驻跨越式发展区和符拉迪沃斯托克（海参崴）自由港的企业 10 年内享受 7.6% 的统一社会保险费率。此外，根据普京总统在第三届东方经济论坛上的指示，俄政府拟在税法中增加"祖父条款"，确保未来 10 年税收优惠条件不会变差。

（六）俄希通过吸引外资来改变自身经济结构

2018 年 5 月，俄总统普京在圣彼得堡国际经济论坛期间出席俄法商务对话会时表示，当前俄政府的任务是创建具有吸引力的投资环境，希望通过吸引外资来改变俄自身经济结构，吸引外资是俄经济发展的关键方向之一，力争使经济具备创新型特征。普京强调，俄目前宏观经济稳定，2017 年通胀率是 2.5%，为历史最低。

（七）海尔在鞑靼斯坦共和国启动工业园建设工作

鞑靼斯坦共和国投资发展局局长称，中国海尔与俄罗斯鞑靼斯坦共和国于 2018 年 5 月 28 日在卡马河畔切尔尼启动工业园建设工作。Haier Rus 工业园规划用地 124.9 公顷。项目投资额达 10 亿美元，主要用于为创新型中小企业提供基础设施。按照规划，工业园将有 12 家工厂入驻，包括洗衣机厂、电视厂、高新家电厂等。早在 2016 年 4 月，海尔即在卡马河畔切尔尼开设了在俄第一家冰箱厂，总投资额达 5500 多万美元。这被海尔视为在俄本土化的第一步。

（八）外国投资者重返俄罗斯市场

根据俄央行数据，美国公布对俄新制裁措施后，外国投资者的恐慌情绪持续不久，仅 3 周即恢复了其在俄有价证券市场投资额的 60%。2018 年 4 月初，非居民从债券市场抽出资金 190 亿卢布，4 月底资金回流达 120 亿卢布。专家认为，这是石油价格上涨和制裁效果弱化的结果。如果没有外部影响，外国投资者对俄资产的需求仍会增长，并主要青睐于联邦债券、主权欧洲债券及油气领域企业的股票。

（九）沙特向俄最大科技园投资 1 亿美元

沙特阿拉伯主权基金（PIF）向俄"图什诺"（TUSHIINO）科技园投资 1 亿美元。据报道，沙特阿拉伯主权基金加入由俄直接投资基金、俄中投资基金与中东主要基金组成的财团，共同投资莫斯科西北部在原"图什诺"机场位置修建的综合开发项目。按计划，该项目地表建筑面积为 26.2 万平方米，总投资额超过 900 亿卢布。

（十）俄卡尔梅克共和国主席表示愿与中国开展全方位合作

2018 年 7 月，俄卡尔梅克共和国主席表示愿与中国开展全方位合作。

俄罗斯卡尔梅克共和国主席奥尔洛夫称，"一带一路"经济合作正在并将持续快速发展，卡尔梅克共和国希望参与中俄两国所有领域的合作，并愿为开展合作创造良好的条件和机遇。他表示，卡尔梅克共和国是农业地区，动物养殖业产值超过地方生产总值的 1/3，该地区还拥有丰富的矿产资源，具有很大的国际合作潜力。他还表示，无论项目投资额大小，均热烈欢迎。为吸引外国投资者，该共和国为企业提供了税率优惠期、优惠使用基础设施、简化许可发放手续等各类优惠政策。

（十一）俄将精准支持远东投资项目

俄总理梅德韦杰夫在联邦政府远东和贝加尔地区社会经济发展委员会会议上指出，国家将精准支持远东地区投资项目落实，但不会为所有生意买单和承担风险。2018 年 8 月，梅德韦杰夫指出，目前远东地区有 30 多个大型投资项目，包括天然气、石油化工、造船、金矿和煤矿开采、动物养殖综合体及货物转运中心等。其还表示，在发展大项目的同时，应关注贸易和服务领域的企业，特别要支持中小企业。

（十二）俄克麦罗沃州将建立组装大巴车的中俄合资企业

2018 年夏天克麦罗沃州代表团访问了中国，并与许多中国企业的代表进行了会谈，探讨了在克麦罗沃州发展汽车制造、煤炭开采、选矿厂设备生产等问题。克麦罗沃州已经开始与一家中国公司落实合资项目。合作伙伴是世界上最大的客车制造公司——郑州宇通客车股份有限公司。他们已经在列宁斯克－库兹涅茨基境内选出了一个地块，办理了相关手续，2018 年该公司的第一批大巴车在库兹巴斯组装。

（十三）中俄两国合作开发克柳切夫斯科耶金矿

2018 年 9 月，中俄总理定期会晤委员会工业合作分委会在云南省昆明市举行。在该分委会框架下，俄罗斯"西部－克柳奇"矿业公司与中国黄金集团公司就俄罗斯外贝加尔边疆区克柳切夫斯科耶金矿项目正式实施举行签约仪式。根据签约文件，中国黄金集团将自印度私营投资集团 SUN Group（该集团业务主要分布于独联体国家、亚洲国家及非洲大陆）购入"西部－克柳奇"矿业公司（拥有克柳切夫斯科耶金矿开采许可证）70% 的股份。中方投资额约为 4.2 亿美元，印度 SUN Group 投资额约为 6500 万美元。金矿可年产黄金 6.5 吨，创造就业岗位约 2500 个，俄当地就业人员不少于一半。

（十四）俄远东发展集团负责人称远东离岸投资者应积极参与俄罗斯岛建设

2018 年 10 月 30 日，俄远东发展部、经济发展部、财政部和联邦税务局代表在莫斯科召开专题研讨会，探讨海外公司在特别行政区迁移注册问题（根据此前普京批准的关于成立特别行政区的法令，入驻法人必须在其他国际金融中心注册过）。俄远东地区的支柱性银行东方银行的主要股东之一——Finvision Holdings 公司是俄罗斯岛特别行政区的第一家，也是唯一一家入驻企业。该公司此前注册于塞浦路斯离岸中心。

俄远东发展集团主要负责俄罗斯岛特别行政区跨国公司再注册、区内基础设施建设，以及为入驻企业提供金融和法律服务等。据该集团负责人季霍诺夫消息，目前，集团正与其他 4 家离岸公司研究在俄特别行政区迁移注册的可能性。季霍诺夫称，整个注册过程非常简单，只需要 7 天。首先由申请人提交申请，2 日内，若经研究，申请符合法律要求，则申请被提交至联邦税务局。3 日后，该机构成功注册为入驻特别行政区的国际公司。俄远东发展集团将通知申请人并与其签订协议，通过协议规定入驻法人的义务。季霍诺夫表示，投资俄罗斯岛建设是入驻企业履行入驻义务的最佳方式。一旦入驻企业参与俄罗斯岛的投资建设，该企业及其子公司将获得符拉迪沃斯托克（海参崴）自由港入驻地位，在利润税、财产税、土地税、社会保险费等方面享有充分优惠。

（十五）俄外贝加尔边疆区或实行自由港制度

俄罗斯外贝加尔边疆区政府拟向俄联邦远东发展部提议，将符拉迪沃斯托克（海参崴）自由港制度推广至赤塔市和外贝加尔斯克镇（毗邻俄中边境，俄中最大口岸所在地）。此前，俄总统普京于 2018 年 11 月 3 日签署关于将布里亚特共和国和外贝加尔边疆区从西伯利亚联邦区纳入远东联邦区的总统令。外贝加尔边疆区代理州长奥西波夫曾向塔斯社表示，总统令为该地区的社会经济发展提供了有效工具，包括建立新的跨越式发展区和推广符拉迪沃斯托克（海参崴）自由港制度。

（十六）日韩两国将投资数字化基础设施"石油管道运输—电信"项目

2018 年 11 月，在巴布亚新几内亚举行的亚太经合组织领导人峰会期间，俄罗斯直接投资基金主席、本届工商领导人峰会俄方主席德米特里耶夫证实，日本和韩国合作伙伴有意参与投资数字化基础设施"石油管道运输—电信"（TRANSNEFT – TELECOM）项目。此项目将在俄罗斯、日本和韩国之间铺设约 1000 公里长的海底高速通信电缆，并与现有的"石油管道运输—电信"线路相连，后者长达 16000 多公里，并覆盖俄全部国土。项目竣工后，将建成经由俄罗斯连接欧、亚两洲的"最短通信距离""数字桥"，将信息传输速度提高到当前的几倍。项目一期将耗资几十亿卢布（约合几亿元人民币）。

（十七）穆巴达拉收购俄罗斯 WORLD CLASS 健身俱乐部集团

阿联酋《宣言报》2018 年 11 月 29 日报道，穆巴达拉投资公司与其投资伙伴俄罗斯直接投资主权基金联手从 VTB Capital（一家俄罗斯投资银行）手中收购了俄罗斯 WORLD CLASS 健身俱乐部集团 22.5% 的股份。该集团是俄罗斯最大的健身俱乐部管理公司，在俄罗斯 34 个城市拥有 39 家俱乐部并通过代理管理着 46 家健身俱乐部。

（十八）签署议定书

2018 年 11 月 12 日，约旦计划和国际合作大臣玛丽·卡瓦尔和俄罗斯农业部部长 Dmitry Patrushev 在莫斯科签署了两国发展、贸易、经济、科技合作部长级委员会第四次会议议定书。签字仪式前两国举行了部长级会议，专门讨论了两国在经贸与投资、农业、能源、工业、运输、信息通信技术、海关、教育、文化旅游、卫生健康等多领域的务实合作

参考文献

中华人民共和国驻俄罗斯联邦大使馆经济商务处，http：//ru. mofcom. gov. cn/index. shtml。

俄罗斯政府官方网站，http：//government. ru/en/。

IMF 官方网站，https：//www. imf. org/en/Countries/RUS#countrydata。

2018年日本招商引资情况

为了吸引优秀海外人才，促进人才雇用和创新，日本政府将促进对日直接投资作为重要的发展战略，制定了到2020年对日直接投资总额达到35万亿日元的目标。

吸引外国企业和稳定国内市场是提高国际竞争力、优化商务环境的重要方面，为此，日本政府以"建立商务环境世界最优国家"为目标，近年来提出了各种各样的对策。

2018年6月，内阁会议确定了新的发展战略，即"未来投资战略2018"，以此政策为中心，推出了改善商业环境，吸引外商投资的各类政策。

一 项目型"沙箱制度"

2018年6月6日，为了提高生产率特别措施的施行，政府在内阁官房内设立日本经济复兴综合事务局，用于事前商谈、申请受理。

项目型"沙箱制度"，对关于技术和商务模式创新（限制参加者和时间），以及不拘泥于现有规定而进行的环境整治制度改革数据，也就是实证进行收集归纳。由经营者提出实证计划，由专家组成的委员会听取后提出意见，最后由主管大臣进行确认。与"灰色区域消除制度""新事业特例制度"不同，该制度是在"先做做再看"思想下，为改善制度而收集数据，是为了"与市场对话"而提出的特殊制度。在实证收集完毕后，制度管理大臣根据实证数据对制度进行改革。

各国在制度革新方面，大多以科技领域制度革新为中心，日本也在产业类别、申请者和企业规模、日本与外国法人等其他方面扩大了申请范围。

日本政府为了加快科学技术和商务模式的创新，把握商务机遇，加快相关手续的办理速度。在政府的一站式窗口中，申请认定流程将会更迅速。与此同时，通过与经营者沟通，将各项制度分摊，由各主管部门进行事前调节、制作申请书。

JETRO（日本贸易振兴机构）作为面向外国企业、外资企业的窗口，作为政府的一站式综合窗口，向国外介绍该制度，并进行联系协调。

此过程由内阁官房部门进行。主要分三步：第一，对各项制度进行适当分配；第二，各主管部门进行事前调整；第三，制作申请书，其中包括新技术的适用性确认、实证内容具体化、主管大臣的确认、规定法律的确认。

二 改善世界银行商务环境的排名

在世界银行的商务环境排名中，日本以2020年进入发达国家前3位为目标，制定了成长战略绩效指标。然而，2019年日本在发达国家中排第25位，在全世界排第39位。

为了改善这个排名，政府设立了"经营环境改善相关部门联络会议"制度，在讨论改善各领域经营环境的同时，对国际上评价较低的领域，即法人设立手续网络化/一站式化、审判手续自动化、贸易手续最便利化，着重进行探讨和改善。以下进行详细介绍。

（一）改善法人设立手续——到2019年中期，24小时内完成设立

日本法人设立领域的评价低，主要是由于需要的手续过多、时间过长。2017 年 9 月的"法人设立手续网络化/一站化研讨会"对设立手续进行了改善，如活用门户网站，实现一站式服务；网上法人设立手续 24 小时内处理；公司设立章程认证合理化；印章申报自愿化。至此，法人设立登记申请处理时间需要 7 日，到 2018 年 3 月原则上缩短为 3 日以内。随着审查业务的电子化推进，2019 年中期网上设立登记将实现 24 小时以内完成。到 2020 年中期，在网上申请服务方面，将实现多个海外一站式申请窗口，并且可 1 次申请完成设立登记的 12 道手续。

法人设立手续的网络化/一站式化，是政府推进数字化的先锋。如果该计划实现，法人设立手续将会实现"1 道手续、1 日完成"，从而改善商务环境、提高排名。

（二）促进审判手续自动化

在世界银行商务环境排名的评价项目中，日本审判手续自动化的相关指标评价较低。为了改善这一情况，日本政府在 2017 年 10 月设立了"审判手续自动化商讨委员会"，商讨审判手续自动化的改革政策。

结果是，在尊重司法部门裁判的前提下，民事诉讼相关的审判手续全面自动化，在审判中增加网络会议的使用。

（三）改善贸易手续、港口物流

日本被评价为"实物货物边境处理时间较长，成本较高"，对此，政府在 2017 年 10 月设立"贸易手续相关官民协商会"进行了货物滞留时间缩短化的商讨。讨论的结果是，缩短集装箱码头的货物搬入截止时间，政府、港口管理者、港口相关者、使用者共同进行港口货物

滞留时间的缩短。同时，对贸易信息的电子化、相关者数据共享等方面进行商讨。

（四）为改善经营环境的相关部门联络会议

政府在 2017 年 12 月设立了"为改善经营环境的相关部门联络会议"制度，确定了统一的会议地点。

根据这次会议的协商，为了打造世界最高水平的商务环境，提出法人设立手续网络化/一站式化，审判手续自动化，改善贸易手续、港口物流，不动产交易服务数字化，建筑相关手续网络简便化，税务、社保相关手续简便化、网络化、一站式化等。

世界银行的评价是总结各国调查，根据相关部门联络会议，调查结果与日本现行法律和商务状态有所不同。对此，日本政府为世界银行的调查推荐了问卷调查者以及积极的经济信息，从而使调查能够更加客观地反映日本商务环境。

三 行政手续成本削减两成

政府为了减轻经营者的行政手续负担，提高其生产率，在 2017 年 3 月的制度改革推进会议上，决定到 2020 年 3 月行政手续成本（经营者时间成本）削减 20%，实现简便化三原则（行政手续彻底电子化、同样的信息只提供一次、格式统一）。日本各相关部门根据此决定，从 2017 年 3 月开始制定对策。

为了商讨各相关部门制定的目标，制度改革推进会议中的行政手续改革推进会议 2017 年 8 月设立了 2 个检查组，进行 7 个月的集中检查。

对对中小企业影响较大的领域和事项进行探讨，如社会保险和补助金等。同时，根据"行政服务 100% 电子化""附件文件废除"等一系列决定，在政府的 IT 综合战略部门会议中，简便化、电子化成为焦点。各相关部门根

据这些讨论、检查的结果，到2018年3月制定出基本方案。

2018年6月，根据"制度改革的三次回复——向着应该来的未来"，对营业许可、社会保险、补助金等重点领域的手续进行削减前，每年行政手续成本为8341亿日元。通过行政成本数字化可对行政手续进行定量，从而对削减效果进行定量的衡量。行政手续简化后，将削减1860亿日元行政手续成本，削减效果还会每年递增。如果此计划实现，将对日本的商务环境改善有较大贡献。

四　扩大外国人才的接收

（一）扩大外国创业者的接收——为了筹备创业，可在日本滞留1年

政府在2017年4月制定了"日本版高级外国人才绿卡"，扩大高级外国人才的接收。在"未来投资战略2018"中，为了进一步吸引外国创业者，新的"启动程序"政策开始实施。

通常来说，外国人在日本创业需要"经营、管理"滞留资格、开设办事处、雇用2名以上日常通勤者以及500万日元的资金。

在现行的国家战略特区（东京都、福冈市等）的创业人才特例中，根据地方自治体的事业计划审查规定，通常在登录时要求取得在留资格的必要条件，登录后6个月以内满足就行，并允许入境。

"启动程序"是将国家战略特区一部分地域的创业人才特例在全国范围内开展，将原来的为了准备创业的6个月滞留延长为1年。

（二）以工作为目的，创设新的在留资格

日本中小规模经营企业人手不足情况日益严重，外资企业也存在留住人才困难的问题。对此，政府在"未来投资战略2018"中，决定扩大引进有一定专业性技能的外国人才，并推出新的在留资格政策。

根据"经济财政运营和改革基本方针2018"，技能水平和日语能力需要通过考试确认，技能实习超过3年者可免除考试。同时，在留资格的上限为5年，不允许携带家属。但是，如果在留期间通过考试达到更高的专业技能水平，可以转为新的专业技能在留资格，这一决定还在讨论中。人手不足的行业有建筑业、农业、看护业、住宿业、造船业等。

（三）在留资格手续网络化

在留资格手续通常需要在入境管理局的窗口办理，手续较为繁杂，耗费时间长。为了实现手续办理的迅速化，2018年日本开始商讨网络化办理手续。

在"未来投资战略2018"中，从2018年开始，在留资格申请由网络化代替原有的必须由本人进行办理。

五　税制改革动向

（一）促进信息合作投资的税制（连接式工业税制）创设

2018年3月28日，所得税法的改革，使法人课税得到了各种相关的改革。此次税制改革，加入了网络安全内容，为提高生产率加入了必要的系统性支持。

具体来说，对于经营者提出、主管部门认定的经营计划设备投资，给予3%的税额扣除（租赁的情况下为5%）。同时，最低投资额为5000万日元，设备为数据收集器、数据分析自动化机器、数据连接分析系统等。

该制度在税制方面促进了技术创新，提高了企业生产率和竞争力，适用于从2018年6月6日起至2021年3月31日购入的该事业所用设备。

（二）外国人出国后的继承税等纳税义务的改革

无日本国籍者长期滞留日本，并接受继承、

赠予的情况下，需缴纳继承税、赠予税，继 2017 年改革后，2018 年又进行了税制改革。

在 2017 年的税制改革中，持有在留资格的外国人，在日本作为继承人或被继承人，如果继承人没有日本的住所，国内外财产可作为征税对象。

在 2018 年的税制改革中，不再将国外资产作为征税对象，此规定适用于 2018 年 4 月 1 日后进行的继承和赠予。

六　加强上市企业管理

上市企业管理的加强能够使日本企业提高收益，使投资者看到日本企业的魅力，从而增加对日投资的可能性。

东京证券交易所在 2018 年 6 月 1 日公布了《加强企业管理指南》修订版，该指南作为企业管理理想方式的指南，于 2015 年 6 月发布，

本次是首次进行修订。

该修订旨在进一步深化政府成长战略，推进企业管理改革，根据金融厅和东京证券交易所事务局的"管理代码的跟踪会议"提出建议。

具体的修订重点为：上市公司关于缩减持有股票的方针、想法等需进行披露；关于 CEO 解职的客观性、适时性、透明性的手续需进行确立；积极利用独立公司外董事；应构成国际化、性别多元化、规模适当的董事会；经营需准确把握本公司资本成本等。

参考文献

《JETRO 对日投资报告 2018》（ジェトロ对日投资報告 2018），https://www.jetro.go.jp/invest/ijre.html。

2018年韩国招商引资情况

一 韩国招商引资概况

（一）韩国招商引资的历史

韩国利用外资始于1962年，主要采用贷款方式，用来发展国家的基础设施建设。推行吸引外商直接投资的政策始于20世纪80年代，这一时期利用外商直接投资（FDI）较少，外商投资环境较差。

1997年遭受亚洲金融危机重创后，韩国对其外资政策进行了大幅调整，于1998年11月开始实施新《外国人投资促进法》，大幅放宽了投资领域限制，提高了优惠幅度，延长了法人税和所得税的减免期限，为大规模引资实行指定外国人投资区制度，允许外国企业对韩国企业进行敌对性并购等，对外商在韩直接投资实行全面自由化和鼓励政策。

2000年以后，韩国引进外资政策逐步向提高招商引资的质量转变，外商投资领域除少数行业之外全面对外开放，同时放宽指定外国人投资区的条件，改善包括外国人生活环境在内的外国人整体投资环境，进一步加大对吸引外资的支持力度，鼓励外商向高新技术及关联产业投资。

（二）2018年韩国吸引外资情况

根据韩国产业通商资源部统计，2018年韩国吸引外商直接投资269亿美元，连续4年突破200亿美元，并创下历史新高。中国对韩投资同比增长238.9%，创下历史最大增幅。欧盟和美国的投资同比分别增长26.9%和24.8%，日本则同比减少29.4%。

从投资来源地来看，欧盟对韩投资规模最大，达89.2亿美元，其后依次为美国（58.8亿美元）、中国（27.4亿美元）和日本（13亿美元）。

从投资领域来看，对制造业投资为100.5亿美元，同比增长38.9%；对服务业投资同比增长1.4%，达155.8亿美元。在投资类型中，用于购买土地新建工厂的绿地投资同比增长27.4%，达到200.1亿美元，投资规模创下历史最高纪录；用于收购合并的投资同比减少4.9%，为68.9亿美元。

从韩国国内来看，韩国政府积极通过修订《外国人投资促进法》，废除了限制外资发展的陈旧制度，并配合元首外交活动举办投资说明会，宣传韩国政府积极的引资政策，产生了积极效果；从外部环境看，韩欧、韩美FTA生效，继而与中国签署了自贸协定，上述国家（地区）投资更加便利。

截至2018年，韩国共有8处经济自由区，总面积达488平方公里。其中，已经完工并投入使用的区域仅为46.4平方公里，仍有超过249平方公里的地块尚未破土动工。入驻企业大部分为韩国本土企业，外企数量仅占6.9%。

二 韩国对外国投资合作的法律法规

《对外贸易法》是韩国政府管理和振兴对

外贸易的基本法，与《外汇交易法》、《关税法》、为保护扶植特定贸易的各项"振兴法"和与贸易有关的个别行政法规等构成了韩国对外贸易管理体制的基本框架。韩国颁布了《外国人投资促进法》等多部法律法规和部门规定，形成了较为完备的外资法律体系。

（一）《对外贸易法》

《对外贸易法》是韩国产业通商资源部于2001 年 2 月 3 日发布，涵盖服务贸易在内的所有对外贸易的基本法律规范。该法制定的目的是振兴对外贸易，确立公正的交易秩序，谋求国际收支的平衡和通商的扩大，以为发展国民经济作出贡献。主要包括对外贸易振兴、战略物资出口、产业设备出口、原产地标识、进出口限制措施、维护进出口贸易秩序等内容，但未涉及服务贸易相关规定。

（二）外商投资相关法令

韩国与投资相关的基本民商经济、行政及争议解决法律制度基本健全。外商投资相关法令有基本法令和其他法令，主要如下。

1. 基本法令

《外国人投资促进法》（见下文）、《外国人投资促进法施行令》、《外国人投资促进法施行规则》；

《关于外商投资与技术引进的规定》（知识经济部通告）；

《外商投资综合公告》（知识经济部通告）；

《关于外商投资等的赋税减免规定》（企划财政部通告）；

《赋税特例限制法》（第 5 章关于外商投资等的赋税特例）、《赋税特例限制法施行令》、《赋税特例限制法施行规则》。

2. 其他法令

外汇、用工、税收、合同、土地、知识产权等分别在相应专门法律中作出规定，如《外汇交易法》（有关外商投资的外汇及对外交易的事项）、《出入境管理法》、《劳动基准法》、

《国税法》、《关税法》、《商法》、《关于资本市场和金融投资业的法律》、《外国人土地法》、《知识产权基本法》、《专利法》、《商标法》等。

争议解决法律：《民事诉讼法》《民事执行法》《民事调解法》《仲裁法》《律师法》《行政诉讼法》《行政审判法》等。

其他相关法律：《关于指定及运营自由贸易区的法律》《关于指定及运营经济自由区的法律》《关于资本市场与金融投资业的法律》等。

（三）《外国人投资促进法》

《外国人投资促进法》于 1998 年制定，为改善、补充制度在实行中出现的缺陷，经过多次修订。《外国人投资促进法》是韩国涉及外商投资的基本法律，对外商投资企业设立的条件、形式、审批内容、投资领域、鼓励政策等作出了规定，部分内容以行政规则、地方条例形式作出具体规定。其下级法令规定了包括由该项法律委任的事项及法律施行所需事项，即《外国人投资促进法施行令》、《外国人投资促进法施行规则》以及《关于外商投资与技术引进的规定》。

若《外国人投资促进法》对外国投资商的外汇及对外交易等事项无特殊规定，则依据《外汇交易法》执行。关于外国投资商的赋税减免事项须依据《赋税特例限制法》、《赋税特例限制法施行令》、《赋税特例限制法施行规则》以及《关于外商投资等的赋税减免规定》执行。

另外，外资企业同样须依据韩国国内法律设立国内法人，即使通过了《外国人投资促进法》所规定的各项程序，也要遵守各个别法有关国内法人的规定。因此，若个别法规定了必须通过认、许可程序时，则须通过该认、许可方可营业。

需要特别说明的是，除与外国人投资有关的法律有规定以外，由于在韩国投资的外资企业也是韩国当地企业，同等适用于各项韩国国内法，如韩国国内法规定需要向政府报批的事项，外资企业需向有关部门报批。

（四）2018年相关法律修订情况

1.《外国人投资促进法》修订情况

该法于2018年12月31日进行部分修订，于2019年4月4日实施。修订的理由是现行法律提供各种类型的援助信息，包括制定外国投资促进政策、外国投资免税、现金支持和建立外国投资支持中心，但是在申请外国投资时，有必要反映外国投资对国内经济的影响，如创造就业机会，而现行法律没有依据对外商投资企业的就业情况进行调查。因此，贸易、工业和能源部将每3年对外商投资企业的就业情况进行一次调查，以便更有效地制定和实施外国投资促进政策和支持外国投资。

该法修订内容如下。

在第一条中，新增第4.3条如下：

第4.3条（外商投资企业就业状况调查）

①贸易、工业和能源部部长应对外商投资企业的就业情况进行为期3年的调查，以便更有效地制定和实施促进政策，支持外商投资。必须每次都进行。

②根据第①款进行的状况调查应包括以下事项：

按地区、行业、工种分类的外商投资企业就业情况和特点；

外商投资企业人力需求变化情况；

外商投资企业工资等工作条件事项；

其他外商投资贸易、工业和能源部部长认为有必要处理的与企业的就业状况有关的事项。

③贸易、工业和能源部部长根据第①款进行必要实际情况调查时，根据《公共机构运作法》，可以要求相关中央行政机构负责人、省长、公共机构理事（以下简称"公共机构"）提交数据或意见。在这种情况下，除非有特殊原因，否则应遵守请求。

2.《关于指定和运营经济自由区域的特别法》修订情况

该法于2018年4月17日进行部分修订，于2018年10月18日实施。修订的原因是自2000年以来，人们越来越担心自由贸易区因工业环境的变化而逐渐停滞不前。特别是在山地型自由贸易区，过去5年中平均每家公司的员工人数减少了35%，许多在国内市场经营的外商投资企业只在国内市场经营而没有出口业绩，运营状况很差。如果进入海外的韩国公司已经返回韩国，只要符合一定的要求就可以进入自由贸易区，外商投资企业只有具备一定的出口竞争力才能进入自由贸易区。目的是通过调整租赁要求来提高自由贸易区的竞争力。

3.《关于指定和运营经济自由区域的特别法实施令》修订情况

本实施令于2018年10月10日进行部分修订，于2018年10月18日实施。修订的理由是《关于指定和运营经济自由区域的特别法》的修正案包括允许韩国公司在满足某些要求时迁入自由贸易区，并允许外商投资企业在具有一定的出口竞争力时进入自由贸易区。

三 韩国对外国投资合作的政策

（一）税收和税收减免制度

税收减免范围包括法人税、所得税（国税）和取得税、登录税、财产税、综合土地税（地方税）。税收减免对象，主要包括高科技产业467种以及配套服务业111种。另外，外国人投资区内的企业、自由贸易区内的企业所从事的制造业及物流业以及关税自由区内的物流业也属于税收减免对象。法人税、所得税（国税）减免对象项目，自2005年开始，从最初赢利的年度起5年内100%免征，之后2年内按50%征收（2005年前为免7减3）。外国人投资区、自由贸易区、经济自由区（包括济州国际自由城市）内的外资企业的法人税、所得税税收优惠为免3减2。分红的法人税和所得税的减免期限和比例与法人税和所得税标准相同。符合前述条件的外商投资企业的土地、建筑物的取得税、登录税、财产税、综合土地税（地方税）从运营开始日起最长 15 年内享受税收减免优惠，其间享受减免的期限和比例由地方政府根据地方条例调整规定，可 100% 免征，也可按不同时段不同比例减免。外国人投资企业增资时，当年增资部分与最初投资一样享受有关税收（包括关税）减免优惠。《税收特例限制法》规定，直接用于法人税和所得税减免对象项目中的机械、器具、器材、零配件等产业设施以及其他原料、备用品，仅限于以新股发行方式进行投资时，其进口关税、特别消费税及增值税免征。此种情况下，企业应依据关税法在自外国人投资申告之日起 3 年之内完成进口申告，特殊情况经由财政经济部长官同意可再延长 3 年。技术进口税收减免，韩国国民或法人自外国进口能够提升本国产业竞争力的重要高新技术时，技术提供者所接受的技术转移费自当年合同规定的费用支付日起 5 年内免缴法人税和所得税。

（二）现金支持制度

根据《外国人投资促进法》的规定，为鼓励外资设立高科技企业及 R&D 中心，韩自 2004 年起引入 "CASH GRANT" 现金支持制度，即向投资者以现金返还最少 5% 以上投资额的制度。其条件是外资比例占总投资的比例超过 30% 的绿地型投资（新建或扩建）工厂，行业仅限于支持制造业等其他产业发展的服务业（111 种）、高科技产业（467 种）和零部件、基础材料业。上述行业的外商投资总额达到 1000 万美元以上的大型投资可享受返还。为吸引上述服务业和高科技产业的研发中心，投资总额在 500 万美元以上，且正式雇用的专业研究人员超过 20 人的研发中心也可享受现金返还。此外，跨国企业设立地区本部、投资地方战略产业并对地方经济有巨大影响的情况下，即使不符合投资金额等标准，如能促进国内经济发展，通过外商投资委员会的审议后，也可以获得现金支持。

（三）产业用地支持

根据《外国人投资促进法》的规定，韩国政府为符合一定条件的外商投资企业无偿或低价提供不同于国内产业园区的用地。该类用地分个别型外商投资区、复合型外商投资区、自由贸易区和经济自由区等。

2014 年，庆尚北道政府规定，中国企业来庆尚北道的园区投资，可以免费使用土地并享受税收优惠。

（四）财政支持

外商投资比例超过 30% 或外商为最大出资股东时，政府提供各种财政支持，包括教育培训补助、雇佣补助以及协助改善外商投资地区基础设施和生活环境等。

（五）外商投资地区制度

确定外商投资地区的条件：依据《外国人投资促进法》的规定，外商投资地区制度是韩国为吸引大规模外资，对外商投资者设立工厂的区域进行事后指定的制度。凡符合下列条件的外资企业，如提出申请，其工厂所在区域即可被指定为外商投资地区，除享受前述税收优惠和国有土地租费全免外，还可在通往企业的道路、自来水、供电等基础设施方面得到财政支持。设立制造业企业时外商投资额超过 5000 万美元，外资比例超过 50%，新雇用的正式员工超过 1000 人；在国家、地方工业园区内投资超过 3000 万美元，新雇用正式员工超过 300 人；在旅游业（旅游饭店业和水上宾馆业）、国际会议设施业投资超过 2000 万美元，在综合休养业、综合游园设施业投资超过 3000 万美元；在物流业设立新的设施，包括货物综合物流中心、消费品物流配送中心、港湾设施及港区背后腹地投资的物流项目，外资超过 3000 万美元；两个以上外商投资企业属同一产业分类或有上下游配套关系，或所在地块属同一国家、地方工业园区或紧临时。符合上述任何一项条件的企业，除实行前述的"国税免5减2、地税免3减2"的最基本税收优惠政策外，还免除其租赁国有土地的租金和其他个别行政收费，对进入工厂的道路、自来水、供电设施等基础设施给予财政支持，并视情支持兴建医疗、教育、住宅等生活设施。此外，外商投资地区不受部分法律的约束，主要为外商投资地区内的土地分割时不受《国土利用管理法》《都市规划法》《地域均衡开发及中小企业培育法》《山林法》等部分条款的约束；外商投资地区内的外资企业视为已进行贸易申告的企业；限制从事中小企业的固定业种、指定品种须委托中小企业加工及雇用国家有功者等的规定不适用于上述企业。

（六）服务支持制度

大韩贸易投资振兴公社专门设有外国人投资支援中心（1999年设立），是韩国负责吸引外商投资的国家公共机关，由95名外国人投资专门职员和产业通商资源部、财政经济部、文化观光部、环境部、京畿道等政府部门派遣人员组成，向外国投资者提供包括投资手续在内的一站式免费咨询服务。

四 韩国禁止和限制外商投资的行业

（一）禁止外商投资的行业

韩国对涉及公共性的60个行业，如影响国家安全或公共秩序的领域、不利于国民健康的领域以及违反其国内法律的领域，禁止外商投资（见表1）。

表1 韩国禁止外商投资的领域

序号	领域名称
1	邮政业
2	中央银行
3	个人共济业

续表

序号	领域名称
4	公司共济业
5	年金业
6	金融市场管理业
7	其他金融支援服务业
8	立法机关
9	中央最高执行机关
10	财政及经济政策行政
11	其他一般性公共行政
12	政府机关一般性辅助行政
13	教育行政
14	文化及旅游行政
15	环境行政
16	保健及福利行政
17	其他社会服务管理行政
18	劳动行政
19	农林水产行政
20	建设及运输行政
21	通信行政
22	其他产业振兴行政
23	外交行政
24	国防行政
25	法院
26	检察院
27	教导机关
28	警察
29	消防署
30	其他司法及公共秩序行政
31	社会保障行政
32	幼儿教育机关
33	小学
34	初中
35	一般高中
36	商业及信息产业高中
37	工业高中
38	其他技术及职业高中
39	专门大学
40	大学
41	大学院
42	特殊学校
43	终身教育设施

续表

序号	领域名称
44	其他未分类的教育机关
45	演出艺人
46	非演出艺人
47	产业团体
48	专家团体
49	劳动组合
50	佛教团体
51	基督教团体
52	天主教团体
53	民族宗教团体
54	其他宗教团体
55	政治团体
56	环境运动团体
57	其他市民运动团体
58	其他协会及团体

续表

序号	领域名称
59	驻韩外国公馆
60	其他国际及外国机关

资料来源：韩国产业通商资源部。

（二）限制外国投资的行业

韩国对限制类领域采取许可方式，而且有股权限制。主要的限制领域包括农业、畜牧业、渔业、出版发行、运输、输电和配电等领域。需要说明的是如果外国人拟投资的企业是兼有禁止和限制行业的企业，不得投资；如果该韩国企业有两个以上限制行业，则投资时其最高股比不得超过投资比例较低的那个行业的投资比例（见表 2）。

表 2　韩国限制外商投资的行业

行业名称（标准产业分类）	外商投资比例规定（给予许可）
谷物及其他粮食作物种植业	水稻及大麦种植除外
肉牛饲养业	外商投资比例低于 50% 时
沿海及近海渔业	
其他基础无机化学物质制造业	制造、供给核电站燃料的业务除外
其他有色金属提炼、精炼及合金制造业	制造、供给核电站燃料的业务除外
原子能发电业	未开放
水力发电业	外商从韩国电力公司买入的发电设备总和低于韩国国内全部发电设备的 30% 时
火力发电业	
其他发电业	
输电及配电业	外商投资比例低于 50%，外方持有表决权股份低于韩方第一大股东时
放射性废弃物收集搬运及处理业	韩国《放射性废弃物管理法》第九条规定的放射性废弃物管理项目除外
肉类批发业	外商投资低于 50% 时
内港旅客运输业 内港货物运输业	仅限于韩国朝鲜间旅客或货物运输且与韩国船舶公司合作、外资比例低于 50% 时
国际航空运输业	外资比例低于 50% 时
韩国国内航空运输业	
小型航空运输业	
报纸发行业	外资比例低于 30% 时
杂志及定期刊物发行业	外资比例低于 50% 时
无线电广播业	未开放

续表

行业名称（标准产业分类）	外商投资比例规定（给予许可）
短波段电视广播业	未开放
节目供应业	外资比例不超过49%时（但其中进行综合编辑的广播频道使用业外资比例须低于20%，专业报道编辑广播频道使用业外资比例应低于10%）（节目供应业指韩国《广播法》规定的"广播频道使用业"）
有线广播业	综合有线广播业外资比例不超过49%时（但中转有线广播业外资比例应低于20%）
卫星及其他广播业	外资比例低于49%时（但如涉及综合编辑或从事专业报道编辑的网络多媒体广播内容，外资比例须低于20%）
有线通信业	外国政府或外商个人（包括外国政府或个人是最大股东，其持有股份占总股份15%以上的非营利法人）持有股份（限于有表决权的股份，包括股份托管证书等有表决权股份的等价物及出资持股）之和不超过股份总额的49%时（外商不得成为韩国电信的最大股东，其持股应低于5%）
无线通信业	
卫星通信业	
其他电子通信业	
新闻提供业	外资比例低于25%时
国内银行	仅限商业银行及地方银行（特殊银行、农水畜协未开放）

资料来源：韩国法制处《外国人投资以及技术引进规定》。

2018年朝鲜招商引资情况

2018年朝鲜周边局势逐步改善，朝鲜积极开展招商引资工作，开设贸易投资官网，优先发展旅游业。朝鲜已建立了与外国投资者共同投资设立现代企业所需的一些经济基础，具备了引进外国最新技术、设立现代化企业的条件，并且拥有在不久的将来必将迅速扩大的市场和能够承担外国投资的经济潜在力量。

朝鲜已具备了必要的人力资源条件。朝鲜实行普遍的11年制义务教育，所有成年人都受到了中等以上的教育，普通劳动者的素质较高，将近数百万名具有大专毕业生水平的科技人员在各部门从事重要工作，管理人员和技术人员资源丰富，具备了引进国外最新管理模式和技术所需要的国内人才和人力条件。

朝鲜已建立了与投资有关的法律体系。1984年，朝鲜公布了有关鼓励外国人投资企业的合营法，开始建立与外国投资有关的法律体系，到2005年2月，朝鲜已制定公布了40多项有关外国投资的法规。朝鲜已经在法律上明确了与在朝鲜成立的合营、合作和外国企业的关系，营造了外国投资者能够享受法律保护、放心投资的法律环境。朝鲜已经实行了较低标准的最低工资制。最低工资标准是每月30欧元，各企业可以根据自己的情况进行适当的调整。这一最低工资标准在世界各国中是比较低的，不仅比发达国家的标准低得多，也比许多发展中国家如印度（每月55美元）、印度尼西亚（每月66美元）、泰国（每月81美元）、菲律宾（每月97美元）等都要低。

一 《朝鲜民主主义人民共和国外国人投资法》相关规定

《朝鲜民主主义人民共和国外国人投资法》（简称《外国人投资法》）的使命与地位：《外国人投资法》有助于鼓励外国投资者向朝鲜投资，并保护他们的合法权益。本法是外国投资关系方面的基本法。

设立外国人投资企业和外国投资银行：外国投资者可以在朝鲜境内设立和经营外国人投资企业和外国投资银行，但必须得到投资管理机关的批准。投资管理机关是指有关中央机关和经济特区管理机关。

保护外国投资者的合法权益，保障经营活动条件：国家保护外国投资者的合法权益，保障外国人投资企业和外国投资银行的经营活动条件。

投资人：外国法人和个人可以在朝鲜境内投资。旅外朝侨也可以根据本法投资。

投资领域与投资方式：外国投资者可以以各种方式向工业、农业、建设、运输、通信、科技、旅游、流通、金融等行业投资。

鼓励投资的部门：国家特别鼓励对高新技术等现代技术、生产具有国际竞争力的产品的部门、基础设施建设部门、科学研究和技术开发部门的投资。

优待投资鼓励部门：对于在投资鼓励部门设立的外国人投资企业，减免所得税等各种税款，提供有利的土地使用条件，优先提供银行贷款等优惠待遇。

在经济特区保障优惠的经营活动条件：国家保障设立在经济特区内的外国人投资企业在物资购买和搬运、产品销售、人员录用、税款缴纳、土地利用等各领域中优惠的经营活动条件。

保障外国投资者出入境：国家责令为向朝鲜投资的外国投资者出入境制定方便的手续程序和方法。

禁止或者限制的投资项目：妨碍国家安全、居民健康和健康的社会道德生活的项目，以资源出口为目的的项目，不符合环境要求的项目，经济效益不高的项目。

投资财产和产权：外国投资者可以现金、实物、工业产权等财产和产权进行投资。投资的财产和产权的价值，以当时的国际市场价格为基础，由当事人评议商定。

设立分公司、办事处、经理处：外国人投资企业、合营银行、外国投资银行可在朝鲜境内或者境外设立分公司、办事处、经理处等分支机构以及子公司，并同外国公司联合。

法人资格对象：外国人投资企业、合营银行、外国投资银行为朝鲜的法人，在朝鲜境内的外国企业的分公司、办事处、经理处、外国银行分行不能作为朝鲜的法人。

土地的租期：国家为外国投资者和外国人投资企业、外国投资银行出租必要的土地。租期最多为 50 年。经土地租赁机构批准，租地可以在租期内向第三者转让或者抵押。

录用人员：外国人投资企业和外国投资银行应当录用朝鲜职工。经同投资管理机关协议，也可以录用外籍职工作为管理人员、特殊工种的技术员和技工。

缴纳税款：外国投资者、外国人投资企业、外国企业和外国投资银行应当按规定缴纳企业所得税、交易税、财产税等。

利润的再投资：外国投资者将分得的部分或者全部利润用于在朝鲜境内再投资时，可以对再投资的利润申请退还已缴纳的部分或者全部所得税。

保护投资财产：国家对外国投资者、外国人投资企业和外国投资银行的财产不实行国有化或者征收。在不得不实行国有化或征收时，要事前通知，并依照法律程序给予充分补偿。

利润等其他收入汇往国外：外国投资者通过经营企业或者银行业务获得的合法利润以及其他收入、清算企业或者银行后剩余的资金，可以无限制地汇往国外。

保障经营秘密：国家依法保守外国人投资企业和外国投资银行的有关经营活动的秘密；未经同外国投资者协议，不公开秘密。

解决争议：与外国人投资有关的争议，通过协商解决。协商不成的，通过调整、仲裁、审判的方法解决。

二 朝鲜对外国人投资企业的税收优惠

朝鲜适用于外国人投资企业的税种有企业所得税、交易税或营业税、地方税三种。

企业所得税的税率是结算利润的 25%。在朝鲜的经济特区，企业所得税税率是结算利润的 14%。

鼓励投资部门的企业所得税的税率是结算利润的 10%，鼓励投资部门的投资企业经营期在 10 年以上的，从开始获利之年起的第 1 年至第 3 年免征企业所得税，第 4 年和第 5 年减半征税。

投资总额为 3000 万欧元以上的基础设施建设部门的外国人投资企业，从开始获利之年起的第 1 年至第 4 年免征企业所得税，其后 3 年减征 50% 的企业所得税。

外国人投资企业用从企业取得的合法利润在朝鲜境内再投资，经营期 5 年以上，属于基础设施建设部门的，可以退还其在先期投资部分已经缴纳的全部所得税，属于其他部门的可以退还 50% 的所得税。

分配所得、利息所得、租赁所得、专利权

使用费等的所得税的税率为 20%。

外国人投资企业在朝鲜境内进行企业活动而取得的分配所得，免征税款。

交易税是适用于生产部门的税。交易税的税率为产品销售额的 1% ~15%。在朝鲜的经济特区，交易税税率为产品销售额的 0.5% ~7.5%。

朝鲜按交易商品适用不同的交易税税率：电器制品适用的交易税税率是 4% ~10%，矿物制品适用的交易税税率是 4% ~5%，金属制品适用的交易税税率是 4% ~7%，化工制品适用的交易税税率是 2% ~6%，建材制品适用的交易税税率是 2% ~10%，纤维制品适用的交易税税率是 5% ~9%，食品适用的交易税税率是 10% ~20%，白酒和啤酒适用的交易税税率是 50%，海产品适用的交易税税率是 4% ~10%，农产品适用的交易税税率是 3% ~10%，畜产品适用的交易税税率是 2% ~5%，奢侈品适用的交易税税率是 16% ~50%。

出口产品免征交易税。根据国家需要，在朝鲜境内销售的部分商品也可以免征交易税。

营业税是适用于服务部门或建设部门的税。营业税的税收范围为交通运输、动力、商业、贸易、金融、保险、旅游、广告、旅馆、给养、娱乐、卫生服务等部门的服务收入金额和建设部门的建筑物交付收入金额，税率为收入金额的 2% ~10%。

在朝鲜的经济特区，营业税的税率为收入金额的 1% ~5%（商业、给养业、娱乐业不减征营业税）。

地方税包括城市使用税和汽车使用税。城市使用税是企业每月工资总额的 1%。汽车使用税是每年对每辆汽车征收 10 ~110 美元。

关于关税：属于投资部分的固定资产，免征进口关税；属于投资部分的原料、材料和经营物资，免征进口关税。

关于外汇汇款：合法所得的外汇可以免税汇往朝鲜国外。在外国人投资企业工作的外国人，可以将工资和其他合法收入所获外汇的 60% 汇往朝鲜境外或者带出朝鲜。

朝鲜规定，在朝鲜境内获取所得的外国人应缴纳个人所得税。个人所得包括劳动报酬所得，分配所得，提供工业所有权、技术秘诀和著作权所得，利息所得，租赁所得，出售财产所得，馈赠所得，个人企业所得。

三 经济开发区

朝鲜最高人民会议常任委员会 2013 年 5 月 29 日发布政令，宣布出台经济开发区法，规定经济开发区为根据朝鲜特别制定的法规给予特殊优惠的特别经济区。同年 11 月 21 日，朝鲜最高人民会议发布政令，宣布朝鲜各道将建经济开发区。2015 年初，朝鲜制订了发展经济特区的蓝皮书计划，旨在设立更多开发区吸引外资，增进国际往来与合作，而且该计划已经被朝鲜最高人民会议通过，涉及全国，覆盖经济、工业、旅游、农业发展以及出口制造等领域。朝鲜法律规定，特殊经济区是指国家根据特别制定的法律，在投资、生产、贸易、服务等经济活动中保障特殊优惠的地区。对设立于特殊经济区的外国人投资企业在物资购买、进出口、产品销售、劳动力雇佣、税收、土地使用等多个领域保障特别优惠的经营活动条件。朝鲜已宣布设立 9 个中央级经济开发区和 18 个地方级经济开发区。其中，中央级经济开发区包括 2013 年以前设立的罗先经济贸易区、黄金坪和威化岛经济区、开城工业园区、金刚山国际旅游特区以及 2013 年以来新设的新义州国际经济区、元山－金刚山国际旅游区、康翎国际绿色示范区、恩情尖端技术开发区和镇岛出口加工区；地方级经济开发区包括平安北道鸭绿江经济开发区、慈江道满浦经济开发区、慈江道渭原工业开发区、黄海北道新坪旅游开发区、黄海北道松林出口加工区、江原道舰洞工业开发区、咸镜南道兴南工业开发区、咸镜南道北青农业开发区、咸镜北道清津经济开发区、咸镜北道渔郎农业开发区、咸镜北道稳城岛旅游开发区、两江道惠山经济开发区、南浦市卧牛岛出口加工区、平安南道清南工业开发区、平安南道肃川农业开发区和平安北道青水旅游开发区、两江道茂峰国际旅游特区和咸镜北道庆源经济开发区。

四 招商引资项目

2018 年朝鲜在朝鲜的贸易网站详细介绍了 14 个投资项目。有 6 个是翻新改造项目，包括东明酒店、木兰馆、松涛园酒店、通川水电站、海岸酒店和元山—金刚山铁路。还有 8 个是新建项目，包括元山健康运动馆、洞庭湖酒店、元山商业街、侍中酒店、丛石亭酒店、侍中湖海鲜餐厅、风力发电站和元山酒店。投资项目中酒店最多，有 7 个。而投资规模最大的项目是元山—金刚山铁路改造，项目资金达 3.235 亿美元。14 个投资项目全部位于元山－金刚山国际旅游区。朝鲜最高人民会议常任委员会于 2014 年 6 月发布政令，设立元山－金刚山国际旅游区。目前通过公路、铁路、海上和航空交通工具发展旅游区和观光业的基础和法律环境已全部具备。该旅游区有朝鲜名山金刚山及历史文物、天然纪念物、海滨浴场、自然湖水、温泉等多种旅游资源。

2018 年 9 月，韩国总统文在寅带领 200 人的庞大商贸团队访问朝鲜，包括三星集团李在镕、现代集团会长玄贞恩、LG 集团会长具光谟、SK 集团会长崔泰源在内，他们和朝鲜各阶层官员展开了密集的会面和商讨，评估在朝鲜设厂建设新工业园区的可能性。朝鲜和韩国于 2018 年 10 月 15 日在板门店韩方一侧"和平之家"举行高级别会谈。双方当日就 2018 年 11 月末至 12 月初举行铁路、公路对接及现代化工程启动仪式达成一致。

2018 年 9 月 17 日，朝鲜秋季国际商品展览会开幕。该展览会是朝鲜目前规模最大、贸易效果最好的国际性展览会，同时也是朝鲜打开国门、迎接国际合作的重要平台。

2018 年 11 月，朝鲜金刚山国际旅行社官网刊登投资公告。朝鲜计划在江原道高城郡温井里新建占地面积为 20 万平方米的大型水上乐园——金刚山游泳馆。该项目采取合作经营或合资经营的方式，建设工期为 6 个月，运营期为 10 年。室内外水上乐园的占地面积分别为 5 万平方米和 15 万平方米，建筑面积分别达 1.5 万平方米和 8 万平方米，将为游客提供更加丰富多彩的娱乐休闲服务。

朝鲜还发布了金刚山旅游特产展区和内金刚医院的建设投资公告。特产展区旨在将金刚山土特产发展为旅游商品，吸引更多游客前来选购，从而搞活金刚山国际旅游。其经营方式为合作经营或外商独资经营，因而备受关注。内金刚医院旨在为游客提供医疗服务，其经营方式与水上乐园相同，建设工期为 1 年，运营期为 10～20 年。

2018年蒙古国招商引资情况

一 蒙古国吸引外资的政策和法律

蒙古国与投资合作相关的主要法律包括《投资法》、《海关法》、《税务总法》、《关税法》、《特别税法》、《增值税法》、《公司法》、《矿产法》、《劳动法》、《土地法》和《自由区法》等。1993年7月，蒙出台了《外国投资法》，对相关法律进行了补充修改。蒙古国国内的主要经济部门是农牧业和采矿业，其中外国对蒙投资的85%都集中在矿业领域。矿业投资法律有1991年的《石油法》《石油法实施细则》、1997年的《矿产资源法》、2006年的《蒙古国矿产法》、2009年的《核能法》等。

蒙古国矿产资源丰富，部分大矿储量在国际上处于领先地位，矿业是蒙古国经济的支柱产业。为吸引国内外资金尽快开发利用矿产资源，1997年蒙古国国家大呼拉尔通过第一部《矿产资源法》，并进行了修改、完善。2001年6月27日，蒙政府通过了第140号决定，确定了《引进外资的重点行业目录》。2002年1月3日，《外国投资法》的补充修改案中增加了鼓励投资大项目的条款。按该条款规定，为向投资200万美元以上的投资者营造稳定的经营环境提供法律保障，负责税务政策问题的政府成员可以代表蒙古国政府与外商签订《税收稳定经营合同》。首次投资额达200万~1000万美元或与其价值相等的当地货币的项目，签订《税收稳定经营合同》的期限为10年；投资额

达1000万美元以上或与其价值相等的当地货币的项目，期限为15年。经过修改、完善，2006年蒙古国颁布了新版《矿产法》。2006年的《矿产法》是目前蒙古国矿业管理法律体系的主要法规。适用于除水、石油、天然气以外的其他矿产资源勘查勘探、开采关系的协调。该法规定蒙古国对矿产资源的勘探、开发采用特别许可制度，分别为勘探特别许可和开采特别许可。特别许可的授予遵循先申请原则。如存在多个申请人，颁发给最先提出申请且符合要求的法人。在环境保护方面，进行勘探和开采活动前，须先取得自然环境机关的书面批准。为了加快基础设施和能源项目的进一步建设，促进政府公共部门和私营部门间的合作，推动基础设施建设，公私合作伙伴关系（PPP）模式在蒙古国得到了积极推广和应用。2009年10月，蒙古国政府出台公私合作伙伴关系国家政策，鼓励私营部门参与各领域项目建设。2010年1月，蒙古国议会通过《特许经营法》，该法于2010年3月1日生效。2012年蒙古国经济发展部成立，其下设立创新和公司合作司，专门负责特许经营项目实施协调等。受蒙古国国家大呼拉尔选举影响，2012年6月4日蒙古国国家大呼拉尔通过了《战略领域外国投资协调法》，将矿产资源、金融、媒体通信列为关系国家安全的战略性领域，并对外国投资者尤其是外国国有投资或含国有成分的投资者设置了更严格的投资限制。外国投资者在投资蒙古国战略部门的企业时，如果所占股份超过49%并且投资金额超过1000亿图格里克（约合7600

万美元），必须得到蒙古国政府及议会的批准。《战略领域外国投资协调法》生效后，严重影响了外国投资者对蒙投资信心，导致蒙古国接受外国直接投资额出现大幅下降。从2011年的16亿美元锐减至2012年的6.3亿美元，对蒙经济增长产生了严重影响。

迫于经济增长压力，为恢复外商对蒙投资的信心，蒙古国政府着力提高投资政策的稳定性和延续性，强化与国际金融组织的联系。2013年，蒙古国对《外国投资法》进行了修改，以期吸引更多企业入蒙投资建设，并对一些项目提供进口材料免关税的优惠政策。2013年9月，蒙古国国家大呼拉尔通过新《投资法》，并废止《战略领域外国投资协调法》。2013年11月1日正式实施新《投资法》。主管外国投资事务的国家行政机关是外国投资局。根据该法，蒙古国为外商提供国民待遇，除蒙古国法律法规禁止从事的生产和服务行业以外，都允许外商投资。蒙古国法律明确禁止的行业是麻醉品、鸦片和枪支武器生产等，除此之外没有其他禁止投资的行业。新《投资法》对外国投资者和蒙本土投资者实行统一待遇，并简化了企业投资注册程序，企业可在蒙古国国家登记注册局办理"一站式"企业注册相关手续。新《投资法》取消了对外国私营投资者的投资领域限制，进一步放宽了外商投资比例的审批路径，如基础设施和矿业的投资股份占比在高于33%的情况下，只要通过蒙古国主管政府部门批准即可，无须提交议会审批。

同时《外国投资法》中也规定了一系列税收优惠政策，用以调整和改进外商企业在蒙的投资方向，如西部地区或者山区的外商投资优惠期可以达到11~13年。新《投资法》的生效虽然对恢复外国投资者信心发挥了一定的积极作用，但受近年来国际市场大宗矿产品价格持续走低等外部因素影响，2013~2015年，蒙古国吸收外国直接投资规模连续3年大幅下降。2014年吸收外国直接投资约5.08亿美元，2015年已跌至1.21亿美元，2018年增长至2.15亿美元。

针对环境保护问题，蒙议会和政府通过了一系列法律法规，对矿产资源开发行业矿区环境保护和恢复、矿区附近水源和森林地保护等进行了严格规范。2006年蒙古国《矿产法》规定，只有取得自然环境机关书面批准同意后才能进行勘探和开发活动。根据蒙古国《环境保护法》与《环境影响评估法》的规定，矿山开发及与其相关的建设项目（如公路、铁路等）均需进行环境评估。因此，需聘请蒙古国具有环境评估资质的公司，对开发矿山及其相关建设项目会对环境造成的影响进行评估，并将环境评估报告提交蒙古国自然环境部审批。

2014年的《矿产法》修订草案主要包括两大方面的修改内容，一是恢复发放新勘探特别许可证；二是构建健全长期、稳定的矿产领域投资开发法律环境。为维护投资者权益、处理投资者投诉、预防潜在风险、优化法律环境，2016年12月蒙古国成立投资者权益保护委员会。2017年2月2日，蒙古国议会通过《企业所得税法》修订案，决定对部分行业实施税收优惠，范围包括食品、服装、纺织、建材及农业部分领域。

二　蒙古国外国投资相关规定

（一）外国投资种类

外国投资者（包括外国法人和自然人）可进行以下种类的投资：自由外汇、利润（可以是投资所得的收入）再投资；动产和不动产及与其相关的财产权；知识与工业产权。

（二）外国投资实施方式

蒙古国的外国投资企业是指按蒙古国法律注册成立，外国投资人持有股份达25%或以上且每个外国投资人的投资额超过10万美元或等额图格里克的企业。在蒙古国，投资设立企业的形式包括公司代表处、分公司、有限责任公司和股份公司等。

在蒙古国的外国投资按下列方式实施：投资人单独或与其他投资人合作成立企业；投资人购买股票、债券或其他有价证券；通过并购、合并公司的方式进行投资；签署租让权、产品分成、市场营销、经营管理合同和其他合同；融资租赁和专营权形式的投资；法律未禁止的其他形式。

目前外商在蒙投资的主要方式是以现汇和机械设备进行直接投资，具体做法如下。第一，石油天然气开发项目主要采取国际通用做法，投资商与蒙古国政府签订产品分成合同。产品的具体分成比例为向蒙古国政府缴纳资源开发费的 12.5%，剩余的 87.5% 中的 40% 用于投资者偿还成本，而后所剩部分由双方平均分成。第二，独资经营。一是在矿产开发行业，直接购买勘探、开发权进行独资开发（雇用部分蒙古国技术人员合作）；二是自己购买或租用厂房建立独资企业，只让当地部分人员参与管理有关涉外工作（许多服装厂采取此方式）。第三，合资经营。合资经营有三种方式：一是双方按比例投资，共同经营；二是以合资名义注册，实际完全由外商投资和管理，蒙方只负责个别与有关部门的协调工作，按利润或产量给予一定的提成；三是使用部分贷款开采矿产资源等较大的项目，采取蒙方以矿产权入股，外商以设备和现汇入股方式的合作，基本上是先还贷款，后按投入比例分成利润。

（三）外国投资安全审查

根据《投资法》的规定，外国国有资产法人在矿业、金融、新闻通讯领域开展经营活动且其持股比例达到 33% 或以上的，须报主管外国投资事务的国家行政机关（即外国投资局）进行审批。

（四）反垄断审查

蒙古国《竞争法》规定，具有支配地位的商业实体意图通过合并、兼并或收购 20% 以上普通股或 50% 以上优先股的方式，改组与其在市场上销售同一产品的竞争企业或合并、兼并相关商业实体的竞争企业，需要向蒙古国公平竞争和消费者保护局进行申报。

具有支配地位是指一个商业实体单独或与其他商业实体或关联企业共同在相关产品市场中的市场份额超过 1/3。

公平竞争和消费者保护局审查认为交易将对经济环境产生限制竞争影响的，可以否决交易，注销已经完成的企业。但如果能够证明交易本身给国家经济带来的利益超过限制竞争的损害，该交易将不被否决。

（五）外资企业获得土地的规定

蒙古国相关法律法规不允许外资企业获得土地所有权，但外资企业可依法获取土地占有和使用权。同时，《投资法》规定，外国投资者可以以合同行使占有、使用土地最长 60 年，并可将该期限按原有条件延期最长 40 年。

（六）外资参与农业投资合作的规定

蒙古国允许外资企业投资农业领域，对外资企业和蒙古国本土企业给予相同待遇。蒙古国土地资源丰富，大部分土地处于待开发阶段，土地价格非常低廉。蒙古国水资源分布不均，西部和南部地区气候干燥、降雨量少，因此农业种植主要分布在北部和东部等区域。2017～2018 年，赴蒙古国投资农业的中资企业数量快速增长，它们在蒙古国从事小麦、油菜籽、牧草、温室蔬菜种植等。外资企业在蒙古国经营农业，主要以租赁方式获取土地，同蒙古国私有土地所有者签订长期土地租赁合同。

（七）外资参与林业投资合作的规定

蒙古国允许外资企业投资林业领域。蒙古国境内部分领土为草原和戈壁地貌，森林规模较小，且多被划入国家自然保护区，大部分森林仍处于待开发阶段。外资企业在蒙古国参与的林业投资开发项目较少。

（八）外国公司承包当地工程的规定

按蒙古国法律规定，外国承包商在蒙古国承包工程需在蒙古国注册公司并获得蒙古国建筑与城市建设部颁发的"建筑工程许可证"，项目开工时，要到国家技术监督总局办理"建设开工许可证"。国际招标的大型综合性工程需根据招标方要求执行。

蒙古国不允许外国自然人在当地承揽工程承包项目。目前蒙古国法律还未明文规定哪些领域禁止外国承包商承包工程项目，但承包工程需经过政府建设部门和技术监督部门审查许可。

（九）外国企业参与当地证券交易规定

根据蒙古国法律，外国企业可以用自由外汇或投资所得的收入购买蒙古国企业的股份、股票和其他有价证券，其中包括依照蒙古国财产私有化法凭投资权证书出售的股份、股票和其他有价证券。

（十）对当地金融业投资准入的规定

按照蒙古国相关法律，外资银行可以在蒙古国开设全资外资银行，但从实际看，受政治因素和来自部分蒙古国本地银行的阻力等因素影响，蒙古国政府始终未批准向外资银行发放经营性机构牌照。目前，中国银行、中国工商银行已在蒙古国成立代表处，并积极申请和筹建经营性机构。

三　蒙古国对外国投资的优惠

根据2013年的《投资法》，为鼓励外商投资，蒙古国对投资提供的扶持由税收扶持和非税收扶持组成。

（一）对投资的税收扶持

蒙古国政府向投资者提供下列税收扶持：免税；减税；加速核减纳税收入中的折旧费；

从未来收入中核减纳税收入中的亏损；从纳税收入中核减员工培训费用。

下列情况下免除进口机器设备在安装过程中的关税并且可将增值税税率降至0：建设建材、石油、农牧业加工和出口产品工厂；建设纳米技术、生物技术和科技创新产品工厂；建电厂及铁路。此外，还可按税法调整向投资者提供的上述两大类扶持。

蒙古国对吸引外资的重点领域的税收扶持如下：电力热力站、电力热力输送网、公路、铁路、航运及其工程建设项目、通信网络等基础设施建设行业10年内免征所得税，后5年减税50%；石油及固体燃料的开采和加工、冶金、化学、金属、机械制造、电子行业5年内免征所得税，后5年减税50%；产品的50%以上出口的项目（不包括羊绒羊毛的洗、梳，皮革初级加工项目），3年内免征所得税，后3年减税50%；农业开发项目，其生产所得收入减征应交所得税的50%。

（二）对投资的非税收扶持

蒙古国政府按下列形式对投资提供非税收扶持：允许以合同占有、使用土地最长60年，并可按原有条件将该期限延长最长40年；向自由贸易区、工业技术园区的投资者提供扶持，简化注册登记和检验通道手续；扶持基础设施、工业、科技、教育建设项目，增加引进外国劳务及技术人员数量，免除岗位费，简化相关许可的审批；扶持科技创新项目的融资，向生产出口型创新产品的融资提供担保；依法向在蒙古国投资的投资者及其家人发放多次往返签证及长期居住许可；法律规定的其他扶持。或者按土地法、自由贸易区法、工业技术园区地位法、科技创新法、劳务输出与劳务及技术人员输入法以及其他相关法律调整对投资的非税收扶持。

（三）稳定税收比例

为增强外国投资者信心，蒙古国《投资

法》规定稳定税收比例（税率），向符合条件的投资者授予稳定证书，按稳定证书在其有效期内稳定下列税费的课征率：企业所得税、关税、增值税、矿产资源补偿费。投资法人在蒙古国实施的项目符合一定条件则授予稳定证书，但对生产、进口、销售烟和酒精饮料的经营行为不提供税率稳定。投资法人在蒙古国实施的项目完全符合下列条件则授予稳定证书：商业计划、可行性研究规定的投资总额达到规定的额度；已做法律规定的自然环境影响评估；创造稳定的就业岗位；推广新技术工艺。

（四）行业鼓励政策

蒙古国目前没有特别针对行业的鼓励政策，但是在税收稳定等方面，对矿业开采、重工业、基础设施领域有一定的政策倾斜。2017 年 2 月，为促进经济增长，蒙古国议会通过了《企业所得税法》修正案，决定对部分行业实施税收优惠，包括食品、服装、纺织、建材及部分农业领域。在上述行业中，年营业收入低于 15 亿蒙图（约合人民币 415.8 万元）的企业可享受低至 1% 的企业所得税优惠税率。税收优惠到 2021 年 1 月 1 日结束。

（五）地区鼓励政策

蒙古国目前没有特别针对地区的鼓励政策，但是在税收稳定等方面，对中部地区（戈壁苏木贝尔省、东戈壁省、中戈壁省、达尔汗乌拉省、南戈壁省、色楞格省、中央省）、杭爱地区（后杭爱省、巴彦洪戈尔省、布尔干省、鄂尔浑省、前杭爱省、库苏古尔省）、东部地区（东方省、苏赫巴托尔省、肯特省）和西部地区（巴彦乌列盖省、戈壁阿尔泰省、扎布汗省、乌布苏省、科布多省）有一定的政策倾斜。

（六）特殊经济区域的规定

2002 年 7 月，蒙古国议会通过了《关于建立自由贸易区法》。2015 年 2 月，蒙议会通过新的《自由区法》，为下一步加快推进自由区建设提供了法律基础。目前蒙古国经济区事务由蒙古国工业部负责，工业部下设自由区处，负责推进国内和跨境经济区建设与合作。

2002 年，蒙内部曾通过建设四大自由经济区的计划，但由于缺少资金、地理位置偏远、交通不便等原因，建设进程缓慢。蒙古国建设四大自由经济区的计划出台后，中国、俄罗斯及欧盟各国予以支持并增加了对蒙古国的投资。四大自由经济区投入使用后将增加大量工作岗位，增加国民经济收入，提高国民生活水平。蒙古国利用口岸自由经济区的优势，吸引投资，带动口岸城市的发展，同时不断扩大与中国、俄罗斯及欧盟各国的经贸合作。

2018 年 8 月 18 日，中蒙双方签署《中蒙二连浩特—扎门乌德跨境经济合作区圆桌会议备忘录》，推动中蒙跨境经济合作区建设。

四　蒙古国与中国投资合作

1991 年 8 月 26 日，中蒙两国签署了《中华人民共和国政府和蒙古人民共和国政府关于鼓励和相互保护投资协定》《中华人民共和国政府和蒙古人民共和国政府关于对所得避免双重征税和防止偷漏税的协定》，为发展两国的经济合作和友好关系，在相互尊重主权和平等互利原则的基础上开展投资合作创造了良好的条件。

中蒙两国还签署了多项其他投资贸易协定，如 1985 年的《中蒙边境贸易议定书》、1991 年的《中蒙政府贸易协定》、1994 年的《中蒙友好合作关系条约》、2008 年的《中国与蒙古国经济贸易合作中期发展纲要》、2013 年的《中蒙战略伙伴关系中长期发展纲要》、2014 年的《中华人民共和国政府与蒙古国政府经贸合作中期发展纲要》和《中华人民共和国与蒙古国经济技术合作协定》等。2014 年 8 月，中国商务部和蒙古国经济发展部签署了《关于研究建立中蒙经济合作区谅解备忘录》；2015 年 11 月

9日至11日，中蒙双方发表《中华人民共和国和蒙古国关于深化发展全面战略伙伴关系的联合声明》；2015年7月9日，中俄蒙三国元首批准了《中俄蒙发展三方合作中期路线图》，三国有关部门签署了《关于编制建设中蒙俄经济走廊规划纲要的谅解备忘录》等重要文件；2016年6月23日，中俄蒙三国元首见证了《建设中蒙俄经济走廊规划纲要》和《中华人民共和国海关总署、蒙古国海关与税务总局和俄罗斯联邦海关署关于特定商品海关监管结果互认的协定》等合作文件的签署；2017年5月，中国与蒙古国签署《中华人民共和国商务部和蒙古国对外关系部关于启动中国—蒙古国自由贸易协定联合可行性研究的谅解备忘录》，宣布启动自贸协定可行性联合研究，正式开启双边自贸区建设进程。

联合国贸发会议发布的《2018世界投资报告》显示，2017年，蒙古国吸收外资流量为14.94亿美元；截至2017年底，蒙古国吸收外资存量为180.19亿美元。

据蒙方统计，1990～2017年，共有112个国家和地区的1.3万余家外资企业对蒙古国进行了直接投资，2017年蒙古国吸收外国投资上升至14.94亿美元。中国是蒙古国最大的贸易伙伴国和主要的投资来源地，来自中国的投资占蒙古国吸收外国直接投资总额的近30%。除中国外，荷兰、韩国、加拿大、俄罗斯、英国、美国、日本等国家也是蒙古国的主要投资来源地。外国公司在蒙古国的主要投资领域有地质矿产勘探开采（包括石油）、房地产开发、贸易、餐饮等行业。

据中国商务部统计，2017年中国对蒙古国直接投资流量为－0.2789亿美元。截至2017年末，中国对蒙古国直接投资存量为36.23亿美元。投资主要分布在矿产、能源、建筑、金融、畜产品加工、餐饮服务等行业。

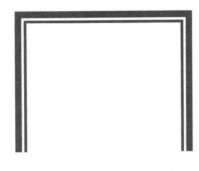

东北亚时事动态

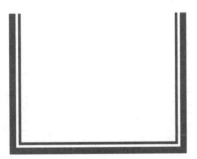

东北亚政治

中 国

环保税法实施　绿色发展提速

2018 年 1 月 1 日起，《中华人民共和国环境保护税法》施行。实施好这部税法，是深入贯彻落实党的十九大精神，树立和践行绿水青山就是金山银山的理念、打好污染防治攻坚战的重要举措，对于保护和改善环境、减少污染物排放，实现高质量发展具有十分重要的意义。

中共十九届二中全会在京举行

中国共产党第十九届中央委员会第二次全体会议，于 2018 年 1 月 18 日至 19 日在北京举行。

出席这次全会的有中央委员 203 人、候补中央委员 172 人。中央纪律检查委员会常务委员会委员和有关方面负责同志列席会议。党的十九大代表中部分基层同志和专家学者也列席会议。

全会由中央政治局主持。中央委员会总书记习近平作了重要讲话。全会审议通过了《中共中央关于修改宪法部分内容的建议》，张德江就《建议（草案）》向全会作了说明。

中共十九届三中全会在京举行

中国共产党第十九届中央委员会第三次全体会议，于 2018 年 2 月 26 日至 28 日在北京举行。中央委员会总书记习近平作重要讲话。

出席这次全会的有中央委员 202 人、候补中央委员 171 人。中央纪律检查委员会副书记和有关方面负责同志列席会议。

全会听取和讨论了习近平受中央政治局委托作的工作报告。全会审议通过了中央政治局在广泛征求党内外意见、反复酝酿协商的基础上提出的拟向十三届全国人大一次会议推荐的国家机构领导人员人选建议名单和拟向全国政协十三届一次会议推荐的全国政协领导人员人选建议名单，决定将这两个建议名单分别向十三届全国人大一次会议主席团和全国政协十三届一次会议主席团推荐。全会审议通过了《中共中央关于深化党和国家机构改革的决定》和《深化党和国家机构改革方案》，同意把《深化党和国家机构改革方案》的部分内容按照法定程序提交十三届全国人大一次会议审议。

全会强调，深化党和国家机构改革是一个系统工程，各级党委和政府要把思想和行动统一到党中央关于深化党和国家机构改革的决策部署上来，增强“四个意识”，坚定“四个自信”，坚决维护以习近平同志为核心的党中央权威和集中统一领导，把握好改革发展稳定关系，不折不扣抓好党中央决策部署贯彻落实，依法依规保障改革，增强改革的系统性、整体性、协同性，加强党政军群各方面机构改革配合，使各项改革相互促进、相得益彰，形成总体效应。

全会号召，全党全国各族人民要紧密团结在以习近平同志为核心的党中央周围，统一思想，统一行动，锐意改革，确保完成深化党和国家机构改革的各项任务，不断构建系统完备、科学规范、运行高效的党和国家机构职能体系，为决胜全面建成小康社会、加快推进社会主义现代化、实现中华民族伟大复兴的中国梦而奋斗！

全国政协十三届一次会议在京开幕

中国人民政治协商会议第十三届全国委员会第一次会议 2018 年 3 月 3 日下午在人民大会堂开幕。

政协第十二届全国委员会常务委员会向大会作的工作报告提出：中共十九大描绘了决胜全面建成小康社会、夺取新时代中国特色社会主义伟大胜利的宏伟蓝图，进一步指明了党和国家事业的前进方向。人民政协要把学习贯彻中共十九大精神作为重大政治任务，把习近平新时代中国特色社会主义思想作为统揽政协工作的总纲，把坚持和发展中国特色社会主义作为巩固共同思想政治基础的主轴，把为决胜全面建成小康社会、夺取新时代中国特色社会主义伟大胜利献计出力作为工作主线，坚持稳中求进工作总基调，坚持新发展理念，坚持以人民为中心的发展思想，坚持团结和民主两大主题，围绕统筹推进"五位一体"总体布局、协调推进"四个全面"战略布局，认真履行政治协商、民主监督、参政议政职能，为全面建成小康社会、全面建设社会主义现代化国家作出新的贡献。

十二届全国政协主席俞正声代表政协第十二届全国委员会常务委员会，向大会报告过去五年的工作。报告中从牢牢把握正确的政治方向、聚焦党和国家中心任务、贯彻以人民为中心的发展思想、推进政协协商民主建设、加强和改进民主监督工作、充分发挥统一战线组织作用、广泛开展对外友好交往、大力加强自身建设等 8 个方面回顾了十二届全国政协的工作，并总结了坚持中国共产党的领导、坚持人民政协性质定位等 6 条规律性认识和体会，还对今后工作提出了深入学习贯彻习近平新时代中国特色社会主义思想等 5 点建议。

受政协第十二届全国委员会常务委员会委托，万钢向大会报告十二届政协的提案工作情况。他说，十二届政协期间，政协委员、政协各参加单位和各专门委员会，紧扣推进供给侧结构性改革、司法体制改革、培育和践行社会主义核心价值观、脱贫攻坚、气水土污染防治等重大问题，提出提案 29378 件，经审查，立案 23975 件。截至 2018 年 2 月 20 日，99% 的提案已经办复。大多数提案的意见建议得到采纳或正在逐步落实中。

中共中央、全国人大常委会、国务院有关部门负责同志应邀列席开幕会。各国驻华使节、新闻官和海外侨胞等应邀参加开幕会。

全国政协十三届一次会议闭幕

中国人民政治协商会议第十三届全国委员会第一次会议在圆满完成各项议程后，2018 年 3 月 15 日上午在人民大会堂闭幕。会议号召，人民政协各级组织、各参加单位和广大政协委员，更加紧密地团结在以习近平同志为核心的中共中央周围，以习近平新时代中国特色社会主义思想为指导，同心同德、扎实工作，为决胜全面建成小康社会、夺取新时代中国特色社会主义伟大胜利、实现中华民族伟大复兴的中国梦而努力奋斗。

汪洋宣布，政协第十三届全国委员会第一次会议应出席委员 2158 人，实到 2142 人，符合规定人数。

会议通过了政协第十三届全国委员会第一次会议关于常务委员会工作报告的决议、政协第十三届全国委员会第一次会议关于中国人民政治协商会议章程修正案的决议、政协第十三届全国委员会第一次会议提案审查委员会关于政协十三届一次会议提案审查情况的报告、政协第十三届全国委员会第一次会议政治决议。

汪洋在讲话中说，政协第十三届全国委员会第一次会议，是在全国各族人民深入学习贯彻习近平新时代中国特色社会主义思想和中共十九大精神，决胜全面建成小康社会、开启全面建设社会主义现代化国家新征程的重要时刻召开的。在中共中央高度重视下，在各有关方面大力支持下，经过全体委员共同努力，圆满完成各项议程。

汪洋说，新时代呼唤新作为，人民政协要以共同目标寻求最大公约数，以大团结大联合画出最大同心圆，以协商民主凝聚强大正能量，以改革创新激发工作新活力，努力把不同党派、不同民族、不同阶层、不同信仰的海内外中华儿女凝聚起来，形成致力于实现祖国统一和中华民族伟大复兴中国梦的最广泛的爱国统一战线。

闭幕会后，习近平等党和国家领导人与出席会议的全体政协委员合影留念。

十三届全国人大一次会议在京开幕

第十三届全国人民代表大会第一次会议2018年3月5日上午在人民大会堂开幕。开幕会有四项议程：听取政府工作报告、审查计划报告、审查预算报告、听取关于宪法修正案草案的说明。

十三届全国人大一次会议应出席代表2980人。5日上午的会议，出席2970人，缺席10人，出席人数符合法定人数。

根据会议议程，李克强代表国务院向大会作政府工作报告。报告共分三部分：过去五年工作回顾、2018年经济社会发展总体要求和政策取向、对2018年政府工作的建议。

十二届全国人大一次会议以来的五年是中国发展进程中极不平凡的五年。报告从九个方面对过去五年的工作进行了全面回顾。报告提出了2018年发展主要预期目标：国内生产总值增长6.5%左右；居民消费价格涨幅为3%左右；城镇新增就业1100万人以上，城镇调查失业率5.5%以内，城镇登记失业率4.5%以内；居民收入增长和经济增长基本同步；进出口稳中向好，国际收支基本平衡；单位国内生产总值能耗下降3%以上，主要污染物排放量继续

下降；供给侧结构性改革取得实质性进展，宏观杠杆率保持基本稳定，各类风险有序有效防控。

李克强说，做好2018年工作，要认真贯彻习近平新时代中国特色社会主义经济思想，坚持稳中求进工作总基调，把稳和进作为一个整体来把握，注重以下几点：一是大力推动高质量发展；二是加大改革开放力度；三是抓好决胜全面建成小康社会三大攻坚战。

李克强说，2018年要扎实做好九项工作：一是深入推进供给侧结构性改革；二是加快建设创新型国家；三是深化基础性关键领域改革；四是坚决打好三大攻坚战；五是大力实施乡村振兴战略；六是扎实推进区域协调发展战略；七是积极扩大消费和促进有效投资；八是推动形成全面开放新格局；九是提高保障和改善民生水平。

李克强还就加强政府自身建设，民族、宗教和侨务工作，国防和军队建设，香港、澳门发展和两岸关系，以及中国外交政策作了阐述。

根据会议议程，大会审查2017年国民经济和社会发展计划执行情况与2018年国民经济和社会发展计划草案的报告及2018年计划草案、2017年中央和地方预算执行情况与2018年中央和地方预算草案的报告及2018年全国预算草案。

会议听取了十二届全国人大常委会副委员长兼秘书长王晨作的关于中华人民共和国宪法修正案草案的说明。

在说明中央修宪建议和宪法修正案草案的形成过程后，王晨从十一个方面介绍了宪法修正案草案的具体内容：确立科学发展观、习近平新时代中国特色社会主义思想在国家政治和社会生活中的指导地位；调整充实中国特色社会主义事业总体布局和第二个百年奋斗目标的内容；完善依法治国和宪法实施举措；充实完善我国革命和建设发展历程的内容；充实完善爱国统一战线和民族关系的内容；充实和平外交政策方面的内容；充实坚持和加强中国共产

党全面领导的内容；增加倡导社会主义核心价值观的内容；修改国家主席任职方面的有关规定；增加设区的市制定地方性法规的规定；增加有关监察委员会的各项规定。

十三届全国人大一次会议选举产生新一届国家领导人

十三届全国人大一次会议2018年3月17日上午选举习近平为中华人民共和国主席、中华人民共和国中央军事委员会主席。

会议同时选举栗战书为第十三届全国人民代表大会常务委员会委员长，选举王岐山为中华人民共和国副主席。

上午9时，十三届全国人大一次会议第五次全体会议在人民大会堂举行。

习近平、李克强、栗战书、汪洋、王沪宁、赵乐际、韩正等出席会议。

会议应出席代表2980人，出席2970人，缺席10人，出席人数符合法定人数。

会议首先表决通过了十三届全国人大一次会议关于国务院机构改革方案的决定，批准了这个方案。大会要求，国务院要坚持党中央集中统一领导，精心组织，周密部署，确保完成国务院机构改革任务。

会议表决通过了十三届全国人大一次会议选举和决定任命的办法。

9时23分，选举正式开始。监票人首先对设置在会场的28个电子票箱、电子选举系统进行了检查。接着，工作人员开始分发选票。4张不同颜色的选举票分发到每一位代表手中。选举票用汉文和7种少数民族文字印制。

会场后区设有秘密写票处。

根据选举和决定任命的办法，中华人民共和国主席，中华人民共和国中央军事委员会主席，第十三届全国人民代表大会常务委员会委员长、副委员长、秘书长，中华人民共和国副主席进行等额选举。

在国家主席、中央军委主席选举中，习近平均获得全部2970张赞成票。

习近平同志当选为中华人民共和国主席。

栗战书同志当选为第十三届全国人民代表大会常务委员会委员长。

王岐山同志当选为中华人民共和国副主席。

王晨、曹建明、张春贤、沈跃跃、吉炳轩、艾力更·依明巴海、万鄂湘、陈竺、王东明、白玛赤林、丁仲礼、郝明金、蔡达峰、武维华同志当选为第十三届全国人民代表大会常务委员会副委员长。

杨振武同志当选为第十三届全国人民代表大会常务委员会秘书长。

根据十三届全国人大一次会议主席团关于宪法宣誓的组织办法，全体会议各项议程进行完毕后，举行中华人民共和国第十三届全国人民代表大会第一次会议宪法宣誓仪式。

伴随着主席出场号角，新当选的国家主席、中央军委主席习近平从主席台座席起身，健步走到宣誓台前站立。

习近平左手抚按宪法，右手举拳，庄严宣誓。

"我宣誓：忠于中华人民共和国宪法，维护宪法权威，履行法定职责，忠于祖国、忠于人民，恪尽职守、廉洁奉公，接受人民监督，为建设富强民主文明和谐美丽的社会主义现代化强国努力奋斗！"

铿锵有力的宣誓声响彻人民大会堂。

随后，新当选的全国人大常委会委员长栗战书、新当选的国家副主席王岐山分别进行宪法宣誓，新当选的全国人大常委会副委员长、秘书长进行了集体宣誓。

十三届全国人大一次会议2018年3月18日上午在人民大会堂举行第六次全体会议，根据国家主席习近平的提名，经过投票表决，决定李克强为中华人民共和国国务院总理。国家主席习近平签署第一号主席令，根据大会决定，任命李克强为国务院总理。

习近平、李克强、栗战书、汪洋、王沪宁、赵乐际、韩正、王岐山等出席会议。

会议应出席代表2980人，出席2966人，缺席 14 人，出席人数符合法定人数。

会议由大会执行主席、主席团常务主席沈跃跃主持。大会执行主席于伟国、车俊、石泰峰、孙志刚、杜家毫、李纪恒在主席台执行主席席就座。

这次会议的议程是根据中华人民共和国主席习近平的提名，决定中华人民共和国国务院总理的人选；根据中华人民共和国中央军事委员会主席习近平的提名，决定中华人民共和国中央军事委员会副主席、委员的人选；选举中华人民共和国国家监察委员会主任；选举最高人民法院院长；选举最高人民检察院检察长；选举第十三届全国人民代表大会常务委员会委员。

习近平提名国务院总理的人选，中央军委副主席、委员的人选后，各代表团进行了酝酿。根据各代表团的酝酿意见，主席团会议决定提请这次全体会议决定任命。

会议宣读了习近平关于国务院总理人选的提名信，关于中央军委副主席、委员人选的提名信。

国家监察委员会主任的人选、最高人民法院院长的人选、最高人民检察院检察长的人选、十三届全国人大常委会委员的人选，主席团提名后，各代表团进行了酝酿协商。根据多数代表的意见，主席团会议确定了正式候选人名单，提请这次全体会议进行选举。

9 时 15 分，总监票人、监票人检查电子票箱和电子选举系统后，工作人员开始分发选票。每位代表拿到 6 张颜色不同的选票。

根据大会选举和决定任命的办法，决定国务院总理人选和中央军委副主席、委员人选用表决票，选举国家监察委员会主任、最高人民法院院长、最高人民检察院检察长、十三届全国人大常委会委员用选举票。

经过写票、投票、计票，10 时 44 分，工作人员开始宣读表决、选举计票结果。

主持人宣布：李克强同志为中华人民共和国国务院总理。

许其亮、张又侠同志为中华人民共和国中央军事委员会副主席。

魏凤和、李作成、苗华、张升民同志为中华人民共和国中央军事委员会委员。

杨晓渡同志当选为中华人民共和国国家监察委员会主任。

周强同志当选为中华人民共和国最高人民法院院长。

张军同志当选为中华人民共和国最高人民检察院检察长。

159 位候选人当选为第十三届全国人民代表大会常务委员会委员。

根据大会主席团关于宪法宣誓的组织办法，全体会议各项议程进行完毕后，国务院总理李克强、国家监察委员会主任杨晓渡、最高人民法院院长周强、最高人民检察院检察长张军，分别进行了宪法宣誓；中央军委副主席、委员，全国人大常委会委员，分别进行了集体宣誓。

十三届全国人大一次会议在京闭幕

中华人民共和国第十三届全国人民代表大会第一次会议，在圆满完成各项议程，产生新一届国家机构组成人员后，2018 年 3 月 20 日上午在人民大会堂闭幕。

大会号召，让我们更加紧密地团结在以习近平同志为核心的党中央周围，高举中国特色社会主义伟大旗帜，深入学习贯彻习近平新时代中国特色社会主义思想，全面贯彻落实党的十九大和十九届一中、二中、三中全会精神，勠力同心，锐意进取，为完成本次会议确定的任务，为决胜全面建成小康社会、夺取新时代中国特色社会主义伟大胜利、实现中华民族伟大复兴的中国梦而努力奋斗。

中共中央总书记、国家主席、中央军委主席习近平在会上发表重要讲话。他表示："这次大会选举我继续担任中华人民共和国主席，我对各位代表和全国各族人民给予我的信任，表示衷心的感谢！担任中华人民共和国主席这一崇高职务，使命光荣，责任重大。我将一如既往，忠实履行宪法赋予的职责，忠于祖国，忠于人民，恪尽职守，竭尽全力，勤勉工作，赤诚奉献，做人民的勤务员，接受人民监督，决不辜负各位代表和全国各族人民的信任和重托！"

习近平强调，一切国家机关工作人员，无论身居多高的职位，都必须牢记我们的共和国是中华人民共和国，始终要把人民放在心中最高的位置，始终全心全意为人民服务，始终为人民利益和幸福而努力工作。

十三届全国人大常委会委员长、副委员长、秘书长担任大会执行主席，并在主席台前排就座。他们是栗战书、王晨、曹建明、张春贤、沈跃跃、吉炳轩、艾力更·依明巴海、万鄂湘、陈竺、王东明、白玛赤林、丁仲礼、郝明金、蔡达峰、武维华、杨振武。

李克强、汪洋、王沪宁、赵乐际、韩正、王岐山等党和国家领导人出席会议。

张德江、俞正声、张高丽等在主席台就座。

会议应出席代表2980人，出席2962人，缺席18人，出席人数符合法定人数。

闭幕会由大会执行主席、十三届全国人大常委会委员长栗战书主持。

会议经过表决，通过了关于政府工作报告的决议。决议指出，会议高度评价过去五年中国经济社会发展取得的历史性成就、发生的历史性变革，充分肯定国务院过去五年的工作，同意报告提出的2018年经济社会发展总体要求、政策取向和对政府工作的建议，决定批准这个报告。

会议经表决，通过了监察法，国家主席习近平签署第三号主席令予以公布。

会议表决通过了关于2017年国民经济和社会发展计划执行情况与2018年国民经济和社会发展计划的决议，决定批准关于2017年国民经济和社会发展计划执行情况与2018年国民经济和社会发展计划草案的报告，批准2018年国民经济和社会发展计划；表决通过了关于2017年中央和地方预算执行情况与2018年中央和地方预算的决议，决定批准关于2017年中央和地方预算执行情况与2018年中央和地方预算草案的报告，批准2018年中央预算。

会议表决通过了关于全国人大常委会工作报告的决议、关于最高人民法院工作报告的决议、关于最高人民检察院工作报告的决议，决定批准这三个报告。

中国国家主席习近平任免驻外大使

中华人民共和国主席习近平根据全国人民代表大会常务委员会的决定任免下列驻外大使：

一、免去马朝旭的中华人民共和国常驻联合国日内瓦办事处和瑞士其他国际组织代表、特命全权大使职务；

任命俞建华为中华人民共和国常驻联合国日内瓦办事处和瑞士其他国际组织代表、特命全权大使。

二、免去刘结一的中华人民共和国常驻联合国代表、特命全权大使职务；

任命马朝旭为中华人民共和国常驻联合国代表、特命全权大使。

三、免去马明强的中华人民共和国驻孟加拉人民共和国特命全权大使职务；

任命张佐为中华人民共和国驻孟加拉人民共和国特命全权大使。

四、免去孙立杰的中华人民共和国驻乌兹别克斯坦共和国特命全权大使职务；

任命姜岩（女）为中华人民共和国驻乌兹别克斯坦共和国特命全权大使。

五、免去魏瑞兴的中华人民共和国驻立陶宛共和国特命全权大使职务；

任命申知非为中华人民共和国驻立陶宛共和国特命全权大使。

六、免去张卫东的中华人民共和国驻冰岛共和国特命全权大使职务；

任命金智健为中华人民共和国驻冰岛共和国特命全权大使。

国务院机构改革方案

（2018 年 3 月 17 日第十三届全国人民代表大会第一次会议通过）

第十三届全国人民代表大会第一次会议听取了国务委员王勇受国务院委托所作的关于国务院机构改革方案的说明，审议了国务院机构改革方案，决定批准这个方案。

会议要求，国务院要坚持党中央集中统一领导，精心组织，周密部署，确保完成国务院机构改革任务。实施机构改革方案需要制定或修改法律的，要及时启动相关程序，依法提请全国人民代表大会常务委员会审议。

改革后，除国务院办公厅外，国务院设置组成部门 26 个：

①中华人民共和国外交部；

②中华人民共和国国防部；

③中华人民共和国国家发展和改革委员会；

④中华人民共和国教育部；

⑤中华人民共和国科学技术部；

⑥中华人民共和国工业和信息化部；

⑦中华人民共和国国家民族事务委员会；

⑧中华人民共和国公安部；

⑨中华人民共和国国家安全部；

⑩中华人民共和国民政部；

⑪中华人民共和国司法部；

⑫中华人民共和国财政部；

⑬中华人民共和国人力资源和社会保障部；

⑭中华人民共和国自然资源部；

⑮中华人民共和国生态环境部；

⑯中华人民共和国住房和城乡建设部；

⑰中华人民共和国交通运输部；

⑱中华人民共和国水利部；

⑲中华人民共和国农业农村部；

⑳中华人民共和国商务部；

㉑中华人民共和国文化和旅游部；

㉒中华人民共和国国家卫生健康委员会；

㉓中华人民共和国退役军人事务部；

㉔中华人民共和国应急管理部；

㉕中国人民银行；

㉖中华人民共和国审计署。

根据国务院组织法规定，国务院组成部门的调整和设置，提请全国人民代表大会审议批准。

中华人民共和国国家监察委员会举行揭牌和宪法宣誓仪式

中华人民共和国国家监察委员会 2018 年 3 月 23 日揭牌，举行新任国家监察委员会副主任、委员宪法宣誓仪式。

中共中央政治局常委、中央纪委书记赵乐际出席揭牌和宪法宣誓仪式，并在中央纪委国家监委机关干部大会上讲话。他强调，要以习近平新时代中国特色社会主义思想为指导，全面贯彻党的十九大和十九届二中、三中全会精神，贯彻落实全国"两会"精神，增强"四个意识"，坚定"四个自信"，不忘初心、牢记使命，忠实履行党章和宪法、监察法赋予的重要职责，坚定不移推动全面从严治党向纵深发展，夺取反腐败斗争压倒性胜利。

赵乐际指出，在以习近平同志为核心的党中央坚强领导下，在党的十九大精神指引下，深化国家监察体制改革取得重大成果。十三届全国人大一次会议通过宪法修正案和监察法，产生中华人民共和国国家监察委员会及其领导人员，标志着中国特色国家监察体制已经形成。

赵乐际要求，广大纪检监察干部要深入学习贯彻习近平新时代中国特色社会主义思想，忠于党和人民，勤于学思践悟，勇于改革创新，善于团结协作，严于正身律己，更好担当起党和人民赋予的光荣使命。各级纪检监察机关要强化自我监督，自觉接受人民监督，在行使权力上慎之又慎、在自我约束上严之又严，对违纪违法的坚决查处、失职失责的严肃问责，坚决防止"灯下黑"。要坚持严管与厚爱结合，建设忠诚干净担当的纪检监察队伍，营造同心同德、同心同向、共同奋斗的好环境好氛围。

中共中央政治局委员、中央纪委副书记、国家监察委员会主任杨晓渡主持。

上合组织防务合作迈上新台阶

2018年4月23日，习近平主席集体会见上海合作组织成员国国防部部长。4月24日，上合组织扩员后的首次国防部部长会议在北京举行。8月22日至29日，"和平使命－2018"联合反恐演习在俄罗斯举行，演习以陆军、空军及新型作战力量为主，总兵力超过3000人。扩员后的上合组织，在防务安全领域务实合作的空间进一步扩大。"和平使命－2018"是历次联演中动用兵力装备和运用新型作战力量最多的一次，也是印度和巴基斯坦独立后首次同时参加军事演习。

中央全面深化改革委员会第三次会议

习近平总书记2018年7月6日下午主持召开中央全面深化改革委员会第三次会议并发表重要讲话。他强调，党的十九大以来，党中央在深化党的十八大以来改革成果的基础上，不失时机推进重大全局性改革，全面深化改革取得新的重大进展。继续推进改革，要把更多精力聚焦到重点难点问题上来，集中力量打攻坚战，激发制度活力，激活基层经验，激励干部作为，扎扎实实把全面深化改革推向深入。

会议审议通过了《关于支持河北雄安新区全面深化改革和扩大开放的指导意见》、《关于建设新时代文明实践中心试点工作的指导意见》、《关于规范校外培训机构发展的意见》、《关于学前教育深化改革规范发展的若干意见》、《关于全面实施预算绩效管理的意见》、《关于完善促进消费体制机制进一步激发居民消费潜力的若干意见》、《完善促进消费体制机制实施方案（2018—2020年）》、《关于建立健全基本公共服务标准体系的指导意见》、《关于加强文物保护利用改革的若干意见》、《关于推进政府购买服务第三方绩效评价工作的指导意见》、《防范和惩治统计造假、弄虚作假督察工作规定》、《关于浙江等地深化"最多跑一次"改革需要中央层面解决的事项清单及工作建议》、《关于开展县以下事业单位管理岗位职员等级晋升制度试点工作的实施意见》、《关于推进军民融合深度发展若干财政政策的意见》、《关于增设北京互联网法院、广州互联网法院的方案》和《关于设立最高人民检察院公益诉讼检察厅的方案》。

纪念全民族抗战爆发81周年仪式在京举行

纪念全民族抗战爆发81周年仪式2018年7月7日上午在中国人民抗日战争纪念馆举行。中共中央政治局委员、北京市委书记蔡奇主持纪念仪式。

卢沟桥畔，细雨纷纷。中国人民抗日战争纪念馆巍然矗立、庄严肃穆。10时许，在全场高唱国歌声中，仪式开始。首都学生代表饱含深情地集体朗诵了《王雨亭家书》《王孝慈家书》两封抗战家书，首都志愿者合唱团合唱了《黄河大合唱》第四乐章《黄水谣》、第七乐章《保卫黄河》，表达了年轻一代弘扬伟大抗战精神、传承革命英烈理想的坚定信念。

随后，各界代表缓步拾级而上，依次来到抗战馆序厅，手捧由红色石竹、黄色菊花、绿色小菊组成的花束，敬献在象征着中华民族团结抗战的大型浮雕《铜墙铁壁》前，并向抗战英烈鞠躬致敬。各界代表还一同参观了"伟大抗战 伟大精神——纪念全民族抗战爆发81周年主题展览"。

中央有关部门、北京市和中央军委政治工作部负责同志，参加过抗日战争的老战士代表、抗战烈士遗属代表、首都各界群众代表等约500人参加仪式。

"伟大抗战 伟大精神"主题展览举办

在全民族抗战爆发81周年之际，中国人民抗日战争纪念馆联合全国21家抗战类纪念馆于2018年7月7日开启"伟大抗战 伟大精神"主题展览。展览共展出照片120余幅、文物

281 件，其中国家一级文物 27 件（套），通过文物、照片、抗战家书、图表等表现手法，讲述中华民族浴血抗战的历程，体现伟大的抗战精神。

展览分为"天下兴亡、匹夫有责的爱国情怀""视死如归、宁死不屈的民族气节""不畏强暴、血战到底的英雄气概""百折不挠、坚忍不拔的必胜信念"四个部分。民兵战士段满青和母亲英勇杀敌、滇西 20 万民众用血肉之躯修筑滇缅公路等故事，突出表现了全体同胞保卫国家、共赴国难的爱国情怀。在展台前，观众或聆听抗战歌曲，或专注地观看抗战文物，共同回顾抗战历程，感受抗战精神。

中办国办印发《全国扫黑除恶专项斗争督导工作方案》

为深入贯彻落实习近平总书记有关重要指示和党的十九大精神，按照中共中央、国务院《关于开展扫黑除恶专项斗争的通知》部署，中共中央办公厅、国务院办公厅于 2018 年 7 月 7 日印发《全国扫黑除恶专项斗争督导工作方案》。该方案明确，主要对各省（自治区、直辖市）党委和政府及其有关部门开展督导，并下沉至部分市地级党委和政府及其有关部门。对涉及的重点案件，直接到县乡村进行督导，对存在突出问题的地方等进行重点督导。

习近平主持召开中央全面依法治国委员会第一次会议

中共中央总书记、国家主席、中央军委主席、中央全面依法治国委员会主任习近平 2018 年 8 月 24 日上午主持召开中央全面依法治国委员会第一次会议并发表重要讲话。他强调，全面依法治国具有基础性、保障性作用，在统筹推进伟大斗争、伟大工程、伟大事业、伟大梦想，全面建设社会主义现代化国家的新征程上，要加强党对全面依法治国的集中统一领导，坚持以全面依法治国新理念新思想新战略为指导，坚定不移走中国特色社会主义法治道路，更好

发挥法治固根本、稳预期、利长远的保障作用。

会议审议通过了《中央全面依法治国委员会工作规则》《中央全面依法治国委员会 2018 年工作要点》，审议了《中华人民共和国人民法院组织法（修订草案）》《中华人民共和国人民检察院组织法（修订草案）》，研究部署了委员会近期工作。

中国军队首次参加俄军战略演习

2018 年 9 月 11 日至 15 日，在俄罗斯"东方－2018"战略演习中，中俄两军参演官兵在俄外贝加尔边疆区楚戈尔训练场，共同组织联合战役行动演练。这是中国军队首次参加俄军战略演习，共出动 3200 多名官兵、900 多台武器装备和 30 架固定翼飞机和直升机参演，是历史上派兵出境参加演习人数最多、规模最大的一次。

中国庆祝改革开放40周年大会举行

2018 年 12 月 18 日，庆祝改革开放 40 周年大会在人民大会堂隆重举行，中共中央总书记、国家主席、中央军委主席习近平在大会上发表重要讲话。习近平强调，40 年的实践充分证明，改革开放是党和人民大踏步赶上时代的重要法宝，是坚持和发展中国特色社会主义的必由之路，是决定当代中国命运的关键一招，也是决定实现"两个一百年"奋斗目标、实现中华民族伟大复兴的关键一招。习近平指出，建成社会主义现代化强国，实现中华民族伟大复兴，是一场接力跑，要一棒接着一棒跑下去，每一代人都要为下一代人跑出一个好成绩。会上，党中央、国务院决定，授予于敏等 100 名同志改革先锋称号，颁授改革先锋奖章；向阿兰·梅里埃等 10 名国际友人颁授中国改革友谊奖章。

俄罗斯

俄罗斯军队计划重建总政治部

俄罗斯国防部公共委员会副主席亚历山大·

坎申 2018 年 2 月 5 日在接受国际文传电讯社采访时表示，俄军计划重新建立总政治部。

坎申介绍说，新建立的俄军总政治部将在现有的国防部工作人员管理局基础上形成，并被赋予足够的权力，以便在俄军陆海空等各军种建立垂直结构管理。

坎申说，在全球信息心理战中，军队的政治统一性愈加重要，俄罗斯有必要对武装部队进行根本性结构调整和职能加强，立足俄罗斯国内社会政治局势，提升部队思想精神建设，巩固国防战备能力。

据悉，苏联武装力量机构一直保持总政治部这一建制，直至 1991 年军队体制编制调整才被撤销。

俄罗斯举行总统选举

俄罗斯 2018 年总统选举投票于 3 月 18 日正式开始。根据规定，各地区投票点将于当地时间 8 时开放，20 时关闭。

根据俄罗斯中央选举委员会公布的数据，俄为此次总统选举共设立 9.7 万多个境内投票站，其中在首都莫斯科设有 3605 个，投票站多选择在学校、医院、火车站、机场、度假场所等周边。据统计，俄境内外符合选举条件的选民约有 1.1 亿人，其中莫斯科注册选民为 720 万人。

为确保俄总统选举期间投票站安全，莫斯科投入超过 1.7 万名警察、国民警卫队员和安保公司保安等力量参与安保工作，并在投票站内安装了约 7000 个摄像头。

共有 8 名候选人参加此次总统选举，其中包括俄现任总统普京、俄联邦共产党推荐的格鲁季宁、俄自由民主党主席日里诺夫斯基等。

根据俄总统选举规则，在选举中获得 50% 以上选票者当选总统。如果候选人有两名以上，而其中任何一人都未能当选，中央选举委员会将宣布对得票领先的两名候选人进行第二轮投票，在第二轮投票中得票高者当选总统。

普京赢得俄罗斯总统选举

俄罗斯中央选举委员会当地时间 2018 年 3 月 19 日公布了对俄总统选举 99.84% 选票的统计结果，现任总统普京以 76.66% 的得票率大幅领先其他 7 名候选人，实际上已赢得本届总统选举。这一结果创下俄总统选举历史最高得票率。

普京当天在莫斯科红场附近对参加庆祝活动的民众表示感谢，他说，"俄罗斯将努力应对所有挑战，解决国家所面临的各类问题"。普京在其竞选总部举行的记者会上对各国记者表示，俄罗斯愿与世界各大洲的国家积极发展关系并由此开启解决国际问题的新进程。普京表示，中国是俄罗斯的战略伙伴，俄罗斯非常珍视对华关系并将扩大与中国的合作。

普京任命梅德韦杰夫为俄罗斯新政府总理

俄罗斯总统网站 2018 年 5 月 8 日发布公告说，俄总统普京当天签署命令，正式任命梅德韦杰夫为新一届政府总理。根据俄罗斯法律，梅德韦杰夫应在一周内组建新政府。

另据俄罗斯国家杜马（议会下院）网站消息，在普京签署命令前，国家杜马在全体会议上以 374 票赞成、56 票反对的表决结果，批准了普京就梅德韦杰夫出任新一届政府总理的提名。

普京在国家杜马全体会议上说，过去 6 年来，梅德韦杰夫领导政府成功应对解决了国家面临的突发问题，在确保俄罗斯发展前景的同时，不断拓展国家中长期发展机遇。

梅德韦杰夫在会上阐述了新政府的工作方向。他表示，新政府的任务是将普京总统确定的 2024 年前俄罗斯国家发展目标和战略任务具体化并付诸实施。2018 年 10 月前，政府将完成制定政府工作方向、2024 年前俄罗斯社会经济发展预测以及 12 个国家级优先发展项目等文件。

2018 年 5 月 7 日，普京在克里姆林宫宣誓就任俄罗斯联邦新一届总统，当天他向国家杜马提名梅德韦杰夫为新一届政府总理。梅德韦杰夫自 2012 年 5 月起担任俄罗斯政府总理。

俄罗斯举行红场阅兵庆祝卫国战争胜利 73 周年

5 月 9 日是俄罗斯的卫国战争胜利纪念日。73 年前，苏联军民历经 4 年的浴血奋战，以牺牲 2700 万人的沉重代价最终战胜德国法西斯，赢得了战争的胜利。为铭记历史、缅怀英烈，俄罗斯当天在红场举行盛大阅兵式。

阅兵式上，33 个徒步方队高呼口号，阔步走过红场，接受检阅。随后，150 多辆新式坦克、战车和装甲运输车，组成 16 个机械化方队，隆隆驶过。紧接着，70 多架各类直升机、轰炸机、运输机和战斗机等列队飞过红场上空。其中，几款无人机、无人直升机和机器人扫雷车等新式装备首次亮相红场，引人注目。

普京总统在阅兵仪式上致辞说："无数英勇的先烈们在卫国战争中为保卫祖国流尽最后一滴血，付出了巨大牺牲，方才迎来胜利。他们将永远活在我们心中，'5·9'胜利日已将英勇先辈的后代们团结在一起。"

普京表示，全世界都应意识到和平来之不易，唯有和平稳定，才能使人们相互倾听，互相尊重。

当天，除莫斯科外，圣彼得堡、叶卡捷琳堡和哈巴罗夫斯克等 26 个俄罗斯城市也举行了不同规模的阅兵式。许多城市还在阅兵式后举行了"不朽军团"纪念游行，卫国战争烈士及战士的亲友后代，手捧先辈的照片走上街头游行，以此缅怀先辈。

俄罗斯将在地中海长期部署装备有巡航导弹的舰艇

俄罗斯总统普京 2018 年 5 月 16 日在索契举行的高级别防务会议上表示，装备有"口径"巡航导弹的俄罗斯舰艇将在地中海实施常备执勤。

俄罗斯通讯社引述普京的话报道说，采取

这一措施的原因是"叙利亚境内的国际恐怖分子袭击威胁仍然存在"。

普京肯定了俄罗斯海军在叙利亚军事行动中的表现，称俄海军战备状态良好、行动高效，沉重打击了恐怖分子。他表示，俄海军应继续提高战斗力，展开远海航行和演习，俄海军舰艇按计划将在 2018 年展开 102 次海上行动。

"口径"巡航导弹射程约为 2500 公里，可从海上对敌方水面舰艇和陆上目标实施远程精确打击。2015 年 10 月，俄里海舰队舰艇首次发射"口径"巡航导弹打击叙利亚境内目标，导弹飞行 1500 多公里后准确击中目标。

俄罗斯新一届政府组建完毕

俄罗斯总统普京 2018 年 5 月 18 日签署命令，批准了由总理梅德韦杰夫提名的新一届政府名单。

据克里姆林宫网站发布的消息，西卢安诺夫任俄新政府第一副总理兼财政部部长，特鲁特涅夫任副总理兼总统驻远东联邦区全权代表。绍伊古任国防部部长，拉夫罗夫任外交部部长，科洛科利采夫任内务部部长，科兹洛夫任远东发展部部长。

普京 5 月 15 日签署命令，批准总理梅德韦杰夫提交的新政府架构方案。根据该方案，俄新政府共设 10 名副总理，包括新设 1 名第一副总理，第一副总理同时兼任财政部部长。此外，俄教育科学部一分为二，分为教育部、科学和高等教育部两个部门。通信和大众传媒部更名为数字发展、通信和大众传媒部。

根据俄罗斯法律规定，外交部、国防部、内务部、紧急情况部、司法部 5 个部门由总统直接领导。

俄罗斯和蒙古国举行反恐演习

根据俄罗斯东部军区新闻处 2018 年 10 月 11 日发布的公告，从当日起俄罗斯和蒙古国武装力量在俄罗斯布里亚特共和国境内开始进行反恐演习。

公告说，由俄蒙两国武装力量组成的联合部队已经开始进行反恐实弹演习。演习课目包括两国联合部队搜寻恐怖分子、阻断恐怖分子的破坏行为、机降并对其进行歼灭。

参加此次演习的两国兵力约 1000 人，双方动用各型武器装备约 200 件。

独联体国家加紧打造统一反导系统

独联体成员国国防部理事会在白俄罗斯首都明斯克举行第四十九次国防问题协调委员会会议，制订了打造独联体国家统一反导系统的行动计划。2018 年 8 月 15 日，俄罗斯、白俄罗斯两国还在明斯克举行了一年一度的反导演习。

俄罗斯、亚美尼亚、白俄罗斯、哈萨克斯坦、吉尔吉斯斯坦、塔吉克斯坦、乌兹别克斯坦七国国防部代表团，集体安全条约组织联合参谋部代表，俄罗斯军工企业代表，独联体成员国防空问题研究基层组织负责人出席了会议。会议还讨论了 2018 年国防问题协调委员会的工作成果、举办 2019 年独联体国家统一反导系统战役和作战训练联合活动事宜、空防领域的重要研究，以及其他一系列完善和发展统一防空系统的问题。与会各方在此次会议上讨论了关于发展统一反导系统的 10 个问题，并制订了共同打造独联体统一反导系统的行动计划。

独联体国家于 1995 年签署了关于建立独联体成员国联合防空系统的协议。2013 年，俄罗斯与哈萨克斯坦签署了建立分析系统的协议。2017 年 9 月，独联体国家代表团还在俄罗斯阿斯特拉罕州举行了联合航空演习，使用了俄 S－300、S－400 以及"铠甲－S"防空系统。俄罗斯与白俄罗斯在该领域合作最有成效，成果将推广到其他国家。

俄罗斯在地中海举行大规模军演

俄海军与空天军于 2018 年 9 月 1 日至 8 日在地中海举行大规模军事演习，将有超过 25 艘舰船和约 30 架飞机参加演习，俄海军总司令科罗廖夫负责指挥。这是俄罗斯自 2015 年参与在叙利亚境内打击极端武装以来，在地中海部署的最强大的海军力量。俄正在释放明确信号：反对别国侵略叙利亚，反对美国及其他北约成员国可能以"化武"为借口对叙利亚政府军实施军事打击。

日 本

日本前众议长批评安倍修宪企图

日本前众议院议长河野洋平 2018 年 1 月 26 日在东京都举办的共同通信加盟社研讨会上发表演讲，公开批评日本首相安倍晋三计划在和平宪法第九条中加入有关自卫队内容的修宪企图。

河野当天指出，日本国民中没有要求修改宪法第九条的呼声。"明确规定日本放弃战争、不拥有战争力量的日本宪法第九条，既是我们的决心、觉悟，也是我们的理想，为理想而奋斗是每个政治家的使命。"

2018 年 1 月 22 日，安倍在日本国会发表施政演说，要求各政党就修改宪法提出具体方案，试图推动众参两院宪法审查会关于修宪的讨论进程。

安倍因"地价门"遭在野党追责

日本参议院预算委员会 2018 年 3 月 19 日集中审议财务省篡改森友学园"地价门"相关审批文件一事，在野党向财务省及首相安倍晋三追责，要求安倍内阁辞职。

在野党对安倍当天在集中审议中的表现以及执政党的拖延战术十分不满。立宪民主党干事长福山哲郎表示，安倍的答辩没有任何证据，没有说服力，难以令国民信服。在野党当天还要求安倍内阁辞职，安倍则回绝说他作为首相有责任查明真相。

日本参议院预算委员会当天未能决定传唤篡改森友学园"地价门"审议文件的关键人

物——时任财务省理财局局长佐川宣寿到国会作证，在野党对此表示抗议，并要求参议院预算委员会 20 日作出决定。

日本政府通过未来5年海洋政策

日本政府 2018 年 5 月 15 日召开内阁会议，通过了作为日本今后 5 年海洋政策方针的《海洋基本计划》。据日媒报道，该计划将往年以海洋资源开发及保护等为主的经济发展基调，向安保、领海及离岛防卫等方向倾斜。

日本《海洋基本计划》2008 年首次制定，每 5 年修改一次。

民进党与希望之党组建新党国民民主党

2018 年 5 月 7 日下午，国民民主党在东京举行建党大会，原希望之党党首玉木雄一郎与原民进党党首大塚耕平当选为共同临时党首。此次合并是以民进党作为存续政党、希望之党以解散和被吸收的方式成立的。国民民主党组建时，拥有 39 个众议院席位、23 个参议院席位，为日本国会第二大在野党。

日本通过《民法》修正案 成人年龄将下调至18岁

2018 年 6 月 13 日上午日本参议院全体会议上，执政党等以多数赞成票通过了《民法》修正案，将成人年龄从 20 岁下调到 18 岁。新法案从 2022 年 4 月 1 日开始实施。成人的定义改变，可能会对国民生活带来较大影响。出于对健康的考虑，维持了"未满 20 岁禁止饮酒和吸烟"的规定。新法案如果实施，将是自 1876 年（明治 9 年）以来，时隔 146 年成人年龄首次变更。随着少子高龄化的发展，调低成人年龄有助于促进年轻人的自立，为社会带来活力。随着《民法》的修改，不是以年龄而是以"成年""未成年"来区分的约 130 部法律，将会自动把区分的基准变成 18 岁。关于资格和许可等相关的法律也会受到影响。例如，在新法案施行后，18 岁时也可以从事医生、公认会

计师、司法书士等工作。但是，实际上也有大学毕业等的要求和考试的限制，影响是有限的。

安倍赢得自民党总裁选举 将成日本史上最长在位首相

日本首相安倍晋三 2018 年 9 月 20 日在自民党总裁选举中击败该党前干事长石破茂，成功当选自民党总裁。

安倍晋三以 553 票对 254 票的优势获胜，再获 3 年任期，这也意味着安倍将成日本在位时间最长的首相。

安倍晋三曾于 2006 年 9 月当选自民党总裁和日本首相，2007 年 9 月因身体原因突然宣布辞职，2012 年 9 月击败 4 名竞选对手当选自民党总裁，2015 年连任自民党总裁。自民党总裁由该党国会议员和党员投票选举产生，任期 3 年。

未来 3 年，安倍预计将继续推行"安倍经济学"，推动社保改革，加强军备，修改"冰封"超 70 年的和平宪法，明确自卫队模糊的政治地位。

日本民众集体起诉日本新安保法违宪

143 名日本民众 2018 年 8 月 2 日就日本新安保法涉嫌违反宪法向名古屋地方法院提起集体诉讼。

原告方在向法院递交的起诉书中说，新安保法允许行使集体自卫权，使日本卷入战争和恐怖袭击的风险上升，这侵害了原告方的和平生存权，给原告方带来不安和恐惧等精神伤害。原告方要求国家赔偿每人 10 万日元（约合人民币 6143 元）的损失费。此次原告方共计 143 人，分别来自日本爱知县、岐阜县和三重县等地，年龄跨度从 30 岁到 80 岁。日本诺贝尔物理学奖得主益川敏英也是原告之一。

此次集体诉讼是响应日本"安保法制违宪诉讼会"呼吁进行的集体诉讼之一。此前日本民众已在 21 个地方法院就新安保法违宪提起集体诉讼。

2015 年 9 月 19 日，安倍政府强行通过新安保法，重启日本主动参与战争的可能。根据新安保法，自卫队可在全球范围内活动，为美国等盟国的军事活动提供支援。这也意味着战后日本"专守防卫"的安保政策发生质变。

日本明仁天皇在"8·15"战败日表示深刻反省

日本明仁天皇 2018 年 8 月 15 日参加日本政府在东京日本武道馆举行的"全国战殁者追悼仪式"致辞时表示，对过去的历史深刻反省，祈祷战争灾难不再上演。

明仁天皇在 2015 年战败 70 周年"全国战殁者追悼仪式"讲话中增加了"深刻反省"的字眼，此后一直沿用至今。明仁天皇将于 2019 年 4 月退位，这将是他最后一次在战败日出席追悼仪式。在此回顾历史，深刻反省的同时殷切期盼战争灾难不再重演。

韩　国

韩国法院批准逮捕前总统李明博

韩国首尔中央地方法院 2018 年 3 月 22 日晚批准逮捕韩国前总统李明博。

韩国首尔中央地方检察厅 19 日向法院提请逮捕韩国前总统李明博。根据检方向法院提交的逮捕令申请，李明博共涉嫌 12 项罪名，包括收受贿赂、挪用公款、逃税漏税、滥用职权等。

检方表示，李明博涉嫌收受贿赂 110 亿韩元（约合 1035 万美元）、通过实际控制的汽车零部件制造企业 DAS 公司设立了约 350 亿韩元（约合 3293 万美元）的秘密基金。

李明博于 2008 年至 2013 年担任韩国总统。他成为继全斗焕、卢泰愚、朴槿惠之后，韩国宪政史上第 4 位因涉嫌腐败被批捕的前总统。

韩国前总统朴槿惠一审被判24年有期徒刑

因"亲信干政"事件被逮捕的韩国前总统朴槿惠 2018 年 4 月 6 日被韩国首尔中央地方法院一审判处有期徒刑 24 年，并处罚金 180 亿韩元（约合 1.06 亿元人民币）。

韩国首尔中央地方法院一审认定，韩国检方此前起诉朴槿惠的 18 项罪名中有 16 项成立，包括收受贿赂、滥用职权、胁迫企业等多项核心罪名。法院在判决书中指出，被告人滥用国民赋予的总统职权，造成国家政治运行秩序混乱，成为韩国宪政史上首位被弹劾罢免的总统，被告人对此负主要责任。

法院认定朴槿惠存在与崔顺实共谋胁迫企业向财团捐款、向大企业索贿、泄露青瓦台文件、制定"文艺界黑名单"等违法犯罪行为。当天的庭审全程在韩国进行了电视直播，朴槿惠没有出席审判。

公布反腐倡廉五年综合规划　成立高官调查机构　韩国政府重拳出击整治腐败

2018 年 4 月，韩国政府公布《2018—2022 年反腐倡廉五年综合规划》，为整治长期困扰韩国社会的腐败问题绘制中长期路线图。

据韩联社报道，新出台的反腐倡廉五年综合规划由民众全程参与，适用范围也拓宽至民间领域。韩国政府将制定出共同清廉、廉洁公职社会、透明经营环境、实践清廉四大战略以及 50 个课题，由韩国国民权益委员会定期监测课题贯彻执行情况并向民众汇报政府工作成果，力争 2022 年前让廉洁文化融入社会各个领域。

腐败一直是韩国社会的毒瘤，许多政客都难逃腐败"魔咒"。因此，韩国总统文在寅将反腐作为执政期间的首要任务之一。根据新公布的反腐倡廉五年综合规划，韩国政府将成立独立调查高级官员及其家人腐败行为的"高官犯罪调查处"。针对受贿、贪污等五项重大腐败行为，政府将加大处罚力度，定期公开相关统计资料。政府还将设立"举报日"，鼓励民众积极举报腐败行为，并将面向公务员展开廉洁教育，同时与国际社会展开反腐合作。

此外，文在寅还要求加强针对私营企业的

反腐力度。为营造透明的经营环境，韩国政府将对外部董事等进行监督，对企业会计和税务状况进行定期抽查。从 2019 年起，政府将对建筑业、金融业、流通业、制造业等行业进行清廉指数的调查，并向社会公开。

韩国透明国际指出，韩国在 2018 年应着力预防高层腐败问题，重建廉政风险预控机制。为此，政府应成立反腐败机构，严惩财阀和高层腐败，严格执行反腐败法，加强廉洁教育等。通过此次新制定的反腐举措，韩国政府计划在 2018 年将韩国在透明国际的年度清廉指数排名提升至前 40 位，到 2019～2020 年提升至前 30 位，2021～2022 年提升至前 20 位。

韩国第七届地方议员和地方政府各级领导选举

韩国第七届地方议员和地方政府各级领导选举（地选）2018 年 6 月 13 日在全国范围内进行，执政党共同民主党在 17 个市道广域行政区首长竞选中赢得 14 个选区，取得压倒性胜利。第一大在野党自由韩国党候选人只在 2 处获胜。这是韩国 1995 年实施地方选举民选制度以来，共同民主党取得的历史上的最大胜利，自由韩国党则遭遇史上最大惨败。在首尔市长、仁川市长、京畿道知事（省级行政区首长）选举中，共同民主党候选人朴元淳、朴南春和李在明当选，由此共同民主党首次实现首都圈全胜。在被认为此次地选最大热门选区的釜山市、蔚山市、庆尚南道，共同民主党候选人均取得胜利。鉴于共同民主党系列政党一直在这些地区屡遭冷门，此次大获全胜可谓倍添惊喜。

韩朝高级别会谈达成多项协议

韩朝双方 2018 年 10 月 15 日在板门店韩方一侧"和平之家"举行高级别会谈。韩朝双方当日就 11 月末至 12 月初举行铁路、公路对接及现代化工程启动仪式达成一致。

本次高级别会谈的韩方代表团首席代表由韩国统一部长官赵明均担任，朝方代表团团长由朝鲜祖国和平统一委员会委员长李善权担任。双方铁路、公路、体育等相关部门负责官员参加了会谈。

为推动南北铁路、公路对接及现代化工程启动仪式按上述日期顺利举行，双方决定分别从 10 月下旬和 11 月初开始，对京义线、东海线两条铁路进行联合现场勘察，并以交换文件的形式确定东、西海线公路的联合勘察日期。

韩朝双方还决定，尽早召开南北将军级军事会谈，商讨落实《〈板门店宣言〉军事领域履行协议》内容，在非军事区等双方对峙区域内结束军事敌对事宜，以及南北军事共同委员会的组成和运作等问题。

双方商定，通过文件交换的形式，就修复金刚山地区的离散家属会面所，推动离散家属实现视频通话、交换视频家书等问题进行磋商，并商定 11 月在金刚山地区举行韩朝红十字会会谈，商讨离散家属会面所施工事宜。

韩朝拟撤出共同警备区内哨所和武器装备

2018 年 10 月 22 日，韩朝双方军事部门与"联合国军司令部"，在韩朝边境板门店韩方一侧的"自由之家"举行会议，决定 10 月 25 日前从板门店共同警备区内撤出哨所、军队及武器装备，之后将进行为期两天的共同检查。

三方确认板门店共同警备区内排雷作业正式结束，并就共同警备区内哨所和武器的撤离日程、警备执勤人员的调整方案以及对武装解除进展情况的共同检验等问题进行了磋商。

10 月 16 日，韩朝双方与"联合国军司令部"正式启动三边协商机制，讨论解除板门店共同警备区武装事宜。三方分别于 16 日及 22 日举行两轮会议。

韩国总统批准韩朝《9 月平壤共同宣言》及相关军事协议

韩国总统府青瓦台 2018 年 10 月 23 日确认，总统文在寅当天批准了韩朝首脑 9 月签署的《9 月平壤共同宣言》及相关军事协议。

韩国国务会议当天审议并通过韩朝《9月平壤共同宣言》及双方军事领域协议，文在寅随后签字批准。文在寅在会上表示，南北关系发展和军事紧张的缓解有助于推动实现半岛彻底无核化。

按照程序，宣言将在韩国政府公报上刊登，而军事协议需先由韩朝双方互换文本再刊登在政府公报上。韩朝尚未确定互换军事协议文本的时间。

《9月平壤共同宣言》尚未经韩国国会批准，文在寅批准宣言的做法引起在野党批评。韩国法制处的研究结论显示，按照相关法律规定，文在寅可以批准《9月平壤共同宣言》。

朝 鲜

朝鲜举行阅兵式庆祝建军70周年

朝鲜2018年2月8日在平壤金日成广场举行庆祝朝鲜人民军建军70周年阅兵式，朝鲜最高领导人金正恩出席并讲话。他向全体官兵表示节日祝贺，对支持军队建设的全体人民表示感谢。他还称赞了军队在维护地区和平稳定与保证社会主义建设中发挥的重要作用。金正恩说，在美国坚持对朝敌视政策、搅乱半岛局势的情况下，军队更要切实履行保家卫国的使命。

朝鲜人民武力相朴永植受命检阅了部队。分列式中，朝鲜人民军陆海空军及特种兵、战略军等徒步方阵及武器装备方阵等陆续经过金日成广场主席台，现场展示了坦克、装甲车、火炮、"火星"系列导弹等武器装备。空军编队组成"70"字样飞过广场。在阅兵式进行的同时，广场上的群众还不断变换出"2·8""团结一心"等字样。金永南、崔龙海、朴凤柱等朝鲜党和政府领导人，以及朝鲜军方将领出席了当天的阅兵式。朝鲜劳动党中央委员会政治局2018年1月22日发布决定，将2月8日定为朝鲜人民军建军节，以纪念1948年2月8日金日成组建朝鲜人民军。

黄炳誓被免去朝鲜国务委员会副委员长职务

据朝中社2018年4月12日报道，黄炳誓在11日举行的第十三届最高人民会议第六次会议上被免去朝鲜国务委员会副委员长职务。

报道说，根据朝鲜国务委员会委员长金正恩的提议，免去黄炳誓代议员的国务委员会副委员长职务，免去金己男代议员、李万建代议员、金元弘代议员的国务委员会委员职务，同时补选金正阁代议员、朴光浩代议员、太宗秀代议员、郑京择代议员为国务委员会委员。

在第十三届最高人民会议第四次会议上，国防委员会被改编为国务委员会。金正恩被推举为国务委员会委员长，并根据金正恩提议，选举黄炳誓、朴凤柱、崔龙海为国务委员会副委员长，选举金己男、朴永植、李洙墉、李万建、金英哲、金元弘、崔富日、李勇浩为国务委员会委员。

11日的会议还讨论了其他组织问题。内阁总理朴凤柱就内阁2017年工作情况与2018年工作任务作报告，财政相奇光豪就2017年国家预算执行情况与2018年国家预算作报告，会议通过了内阁工作报告和决算报告及国家预算。

最高人民会议是朝鲜最高权力机关，其代议员每五年选举一次。最高人民会议每年举行会议，讨论通过前一年度国民经济预算执行情况和当年度的预算，并讨论人事问题。

朝鲜内阁总理强调改善人民生活

朝鲜内阁总理朴凤柱2018年4月11日在第十三届最高人民会议第六次会议上作报告时强调，改善人民生活水平是今年工作的中心任务之一。

据朝中社12日报道，朴凤柱11日在会上就内阁2017年工作情况与2018年工作任务作报告时表示，2017年是在最高领导人金正恩领导下，击退严峻挑战、取得国家经济巨大进展的"伟大胜利之年"。2018 年朝鲜要打开盘活经济的突破口，把加强国民经济的自立性和主体性、改善人民生活水平作为中心任务狠抓，完成国家经济发展五年战略第三年的战斗目标。

朴凤柱在报告中提出了 2018 年国民经济各部门的工作任务，其中包括内阁要在 2018 年的轻工业、农业和水产战线掀起生产高潮，在改善人民生活中带来转变。

此外，财政相奇光豪当天在会议上就 2017 年国家预算执行情况与 2018 年国家预算作报告时表示，2017 年朝鲜国家预算支出总额的 15.8% 用于加强国家军事力量，47.7% 用于发展国民经济。2018 年国家预算支出预计比 2017 年增长 5.1%，其中国民经济投资比 2017 年增长 4.9%，以加强国民经济自立性和主体性、改善人民生活，为加强自卫国防力量的开支将占支出总额的 15.9%。

朝鲜召开劳动党七届三中全会全力发展经济

朝鲜劳动党于 2018 年 4 月 20 日召开第七届中央委员会第三次全体会议，并在会上"讨论和决定新阶段的政策问题"。

报道说，当天会议上通过的多项决议内容还包括为保证中止核试验的透明性，朝鲜将废弃北部核试验场。决议还说，中止核试验是为实现世界核裁军而进行的重要步骤，朝鲜将会为实现全面中止核试验的国际目标而努力。

决议说，在未受到核威胁或核挑衅的情况下，朝鲜绝不会使用核武器，朝鲜在任何情况下都不会转移核武器与核技术。

会议还决定，要对朝鲜的人力物力资源进行总动员，集中全力投入发展社会主义经济和提高人民生活水平的斗争。而为了能够为社会主义经济建设创设有利的国际环境、为维护朝鲜半岛和世界和平与稳定，朝鲜将积极与周边国家以及国际社会进行密切联系与对话。

朝鲜决定从2018年5月5日起调整标准时间

据朝中社 2018 年 4 月 30 日报道，朝鲜最高人民会议常任委员会为统一北南时间，于 30 日发布《关于修改平壤时间》的政令，将平壤时间改为以东经 135 度为基准子午线的东九区标准时间（比现在的时间早 30 分钟），并从 5 月 5 日开始使用修改后的时间。

朝鲜最高领导人金正恩在第三次北南首脑会晤期间，同韩国总统文在寅讨论了统一北南标准时间的问题。金正恩说，看到北南峰会现场挂着显示平壤时间和首尔时间的两个挂钟时心里很难过。"让我们首先统一北方和南方的时间。"金正恩表示，北南要做一个整体，并不是什么抽象的概念，而就是这样把双方不同的和分离的东西合二为一、互相配合的过程。作为实现民族和解与团结的第一步实际措施，首先要统一目前在朝鲜半岛存在的两个时间。

根据金正恩关于国内有关部门审批这个问题的建议，朝鲜最高人民会议常任委员会通过了《关于修改平壤时间》的政令。

朝鲜废弃丰溪里核试验场

2018 年 5 月 24 日朝鲜对位于朝鲜东北部吉州郡的丰溪里核试验场的多条坑道进行爆破，并拆除相关设施，正式宣布废弃这座核试验场。

朝鲜当天先后对曾在 2009 年至 2017 年进行过 5 次核试验的二号坑道以及其他两条可用于核试验的坑道进行了爆破，并炸毁了观测所、警备部队营房等 10 多处地面附属设施，宣布相关爆破和拆除活动取得成功。

由来自中国、俄罗斯、美国、英国、韩国的 10 家海外媒体记者组成的国际记者团在现场对爆破拆除活动进行了采访。

金正恩赴桧仓向中国人民志愿军烈士陵园敬献花圈

2018 年 7 月 27 日，朝鲜祖国解放战争胜利 65 周年之际，朝鲜最高领导人金正恩前往位于平安南道桧仓郡的中国人民志愿军烈士陵园敬献花圈，并对志愿军的丰功伟绩和朝中友谊予以高度评价。

以金正恩名义敬献的花圈和以朝鲜劳动党中央委员会、朝鲜劳动党中央军事委员会、朝鲜民主主义人民共和国国务委员会共同名义敬献的花圈，被安放在志愿军烈士塔以及毛岸英墓前，金正恩默哀凭吊。

金正恩瞻仰了志愿军烈士墓。他表示，朝中关系并不只因地理上靠近，而且因互相献出鲜血和生命凝成的战斗友谊和真诚信赖而紧密结合在一起，发展成为特殊而巩固的友好关系。无论是过去还是现在，朝鲜人民为有中国这样可靠的兄弟国家、伟大的朋友而感到骄傲。

金正恩表示，世世代代永远相传中国人民志愿军官兵的丰功伟绩，是我们应尽的责任和崇高使命。他还强调要进一步修建好、保存好、管理好全国各地的志愿军烈士墓。

第五届全国老兵大会 2018 年 7 月 26 日在平壤举行，朝鲜劳动党中央政治局常委、国务委员会副委员长、党中央委员会副委员长崔龙海在会上作报告时表示，向与朝鲜人民军并肩浴血奋战的中国人民志愿军烈士和老兵们致以崇高敬意。

朝鲜举行阅兵集会庆祝建国70周年

2018 年 9 月 9 日，朝鲜在平壤金日成广场举行盛大阅兵式和群众花车游行，热烈庆祝建国 70 周年。

朝鲜最高领导人金正恩率党政军领导人出席活动，来自世界各地的数百名外宾、各国驻朝使节、海外朝鲜人代表参加。

阅兵式开始前，朝鲜最高人民会议常任委员会委员长金永南致辞。他表示，近年来，在金正恩同志的领导下，朝鲜在经济建设等领域取得了巨大成就。全体人民要紧密团结在劳动党的周围，贯彻 2018 年 4 月七届三中全会提出的集中一切力量进行经济建设的战略路线，并为世界和平与半岛的自主统一作出贡献。

朝鲜人民军海陆空三军以及工农赤卫队、学生兵、女兵等数十个方阵接受检阅依次通过主席台，装甲车、坦克、火炮、多管火箭炮等武器装备也相继亮相阅兵式。朝鲜战机进行空中表演，15 架飞机在天空中组成 "70" 图案，5 架飞机喷出朝鲜国旗红白蓝三色彩烟，以示庆祝。

阅兵式结束后，朝鲜群众或手持彩旗，或手舞花束，簇拥着花车通过金日成广场。花车上矗立着金日成和金正日的雕像及赞扬朝鲜社会主义建设成就的装饰，表达贯彻党中央 4 月会议决定的决心和期盼实现祖国统一的愿望。

此外，朝鲜还举行了各种活动庆祝建国 70 周年。9 月 8 日，朝鲜最高领导人金正恩下达命令，晋升 40 余名人民军指挥员军衔。9 日凌晨，金正恩前往锦绣山太阳宫，向金日成和金正日同志的铜像表示崇高敬意，并瞻仰两位领袖的遗容。9 日晚，朝鲜举行了 "辉煌的祖国" 大型团体操表演。10 日，朝鲜还将举行青年火炬游行。

朝鲜掀起 "增产突击运动" 迎接国庆

2018 年为迎接 9 月 9 日朝鲜民主主义人民共和国成立 70 周年纪念日、贯彻朝鲜劳动党七届三中全会精神，朝鲜国内掀起了一场 "增产突击运动"，并取得阶段性成果。

朝鲜最高领导人金正恩在 2018 年新年贺词中指出，"要发起全民的总攻，将朝鲜各方面实力提升到新的发展阶段"，并在朝鲜劳动党七届三中全会上提出了 "集中一切力量进行社会主义经济建设" 的新战略路线。

《劳动新闻》在社论中号召全国人民全力投入 "增产突击运动"，呼吁全国人民都要有为事业负责到底的态度。

"增产突击运动" 展开后，朝鲜各行各业的人们都加班加点，尽可能多地创造经济建设成果。黄海制铁联合企业和千里马制钢联合企业的工人们，依靠朝鲜的力量和技术，完成了冷拔钢管生产工厂的现代化改造；平壤无轨电车工厂完成改建，并构建综合生产体系，使生产设备的国产化率达到92%以上；平壤书包工厂、大同江食品工厂等日用品和食品工厂积极投入生产，完成了年度经济计划。朝鲜全国各地已有1240余个单位提前完成年度经济计划，为推动经济发展和提高人民生活水平作出了巨大贡献。

韩朝签署《9月平壤共同宣言》

韩国总统文在寅2018年9月19日在平壤与朝鲜国务委员会委员长金正恩举行第二轮会谈。会谈结束后，双方签署《9月平壤共同宣言》，就早日推动半岛无核化进程、加强南北交流与合作达成一致。

根据韩方发布的宣言文本，朝方表示，如果美国根据6月12日签署的朝美联合声明的精神采取相应措施，朝鲜有意采取诸如永久废弃宁边核设施等追加措施。朝方还决定，将率先在相关国家专家的参与下废弃东仓里导弹发射台和发动机试验场。

蒙古国

蒙古国两名前总理涉嫌经济问题被拘留

蒙古国反贪局2018年4月11日证实，蒙古国两名前总理巴亚尔和赛汗比勒格因涉嫌经济问题被拘留。

蒙古国乌兰巴托市检察部门说，蒙古国反贪局确认，巴亚尔政府在2009年与有关企业签订协议时存在让国家遭受重大损失的嫌疑，赛汗比勒格政府与有关国家签订合作协议时存在失职渎职嫌疑。

巴亚尔2007年至2009年任蒙古国总理，因健康原因辞职。赛汗比勒格2014年至2016年任蒙古国总理。

另据蒙古国总统网站报道，蒙古国总统巴特图勒嘎11日签署命令，宣布2018年至2019年为"蒙古国反腐败之年"。

"可汗探索－2018"多国维和军演在蒙古国举行

为期两周的"可汗探索－2018"多国维和军事演习2018年6月14日在蒙古国举行。来自26个国家的1400多名官兵参演。

蒙古国总统兼武装力量总司令巴特图勒嘎在开幕式上致辞表示，蒙古国维和官兵过去在世界各地出色地完成了维和任务，今后蒙古国将继续为维持世界和平作出自己力所能及的贡献。

6月28日持续2周的"可汗探索－2018"多国维和军事演习在蒙古国闭幕。蒙古国总理呼日勒苏赫出席闭幕式并致辞。

呼日勒苏赫表示，蒙古国历届政府十分重视参加联合国维和行动，本届政府也一如既往地支持并参与联合国维和行动。

军演期间，各国军人互相学习，多方面提高维和能力并推介本国文化，其间，他们还为蒙古国上千名牧民实施医疗援助。

蒙古国主办的"可汗探索"军事演习从2003年起每年举行一次，从2006年起拓展为多国维和军事演习。近年来，"可汗探索"军事演习已经成为地区各国军事合作交流的重要平台之一。

蒙古国议会投票决定总理呼日勒苏赫留任

蒙古国国家大呼拉尔（议会）2018年11月30日举行例行大会，投票决定蒙古国总理呼日勒苏赫留任。

19日，蒙古国国家大呼拉尔27名委员以政府数名部长利用职务之便牟取不正当利益等为由，提议解除呼日勒苏赫的总理职务。

蒙古国国家大呼拉尔政权建设常设委员会27日举行专题会议，以10票赞成6票反对的结果，作出解除呼日勒苏赫总理职务的提议，提交国家大呼拉尔例行大会进行讨论。

国家大呼拉尔例行大会30日进行投票表决，在参加大会的73名国家大呼拉尔委员中，有 40 名反对政权建设常设委员会关于解除呼日勒苏赫总理职务的提议。

蒙古国"一带一路"便捷通道正式开通

据人民网乌兰巴托 2018 年 8 月 29 日报道，中国国务委员兼外交部部长王毅近日在访问蒙古国期间，与蒙古国外交部部长朝格特巴特尔共同宣布了乌兰巴托成吉思汗国际机场"一带一路"便捷通道正式开通，具体举措包括为共建"一带一路"国家政府和商务人员提供落地签证待遇，蒙古国驻外使领馆为共建国家商务人员发放多次入境加急签证等内容。

据蒙古国外交部领事司参赞宾巴道尔吉介绍，中国 2013 年提出"一带一路"倡议以来，蒙古国一直予以大力支持。中蒙俄经济走廊建设为蒙古国"发展之路"与中国"一带一路"倡议实施对接提供了条件。

2018 年 4 月，朝格特巴特尔批准了"一带一路——旅行便利化倡议"计划，目前已经或即将在多个口岸开通便捷通道，包括已经开通的乌兰巴托成吉思汗国际机场，蒙中边境扎门乌德—二连浩特口岸，以及即将开通的蒙俄边境阿拉坦布拉格—恰克图口岸等。

东北亚外交

中　国

全国人大常委会委员长张德江会见蒙古国国家大呼拉尔副主席恩赫阿木格楞

全国人大常委会委员长张德江2018年2月6日在人民大会堂会见出席中蒙议会定期交流机制会议的蒙古国国家大呼拉尔副主席恩赫阿木格楞。

张德江说，中蒙山水相依，中蒙友好符合两国和两国人民的根本利益。习近平主席高度重视发展中蒙全面战略伙伴关系。中国全国人大愿与蒙古国国家大呼拉尔一道，用好定期交流机制平台，着力加强交流合作，尊重彼此核心利益和重大关切，夯实两国关系政治基础；分享治国理政和立法经验，完善务实合作的法律保障，扩大两国友好的社会基础，为双方更好把握方向、抓住机遇、面向未来，实现中蒙关系更快更好发展作出贡献。

恩赫阿木格楞说，蒙古国国家大呼拉尔愿加强与中国全国人大的友好交往，助力两国关系发展。

（《张德江会见蒙古国家大呼拉尔副主席恩赫阿木格楞》，《人民日报》2018年2月7日，第1版）

中国国家主席习近平同金正恩三次举行会谈

应中共中央总书记、国家主席习近平邀请，朝鲜劳动党委员长、国务委员会委员长金正恩于2018年3月25日至28日对中国进行非正式访问。

双方通报了各自国内形势。习近平表示，中共十九大制定了全面建设社会主义现代化强国的宏伟蓝图，2020年全面建成小康社会，2035年基本实现社会主义现代化，到21世纪中叶把中国建设成为富强民主文明和谐美丽的社会主义现代化强国。我们党将带领全国各族人民锐意进取，埋头苦干，为实现中华民族伟大复兴的中国梦继续努力奋斗。我们注意到，近年来委员长同志带领朝鲜党和人民，在发展经济、改善民生方面采取了一系列积极举措，取得了许多成果。我们希望朝鲜政治稳定、经济发展、人民幸福，支持以委员长同志为首的朝鲜劳动党带领朝鲜人民沿着社会主义道路不断前进，支持朝鲜同志为发展经济、改善民生所作的积极努力。

金正恩表示，中共十八大以来，以习近平同志为核心的中共中央发挥巨大的政治勇气和高度责任感，提出新思想新理念并加以落实，解决了很多长期没有解决的难题和大事，充分证明了中国党的路线是符合国情的正确路线，特别是总书记同志提出党要管党、全面从严治党，极大地加强了党的建设，实现了党对各项工作的全面领导。当前，我们党也在加大力度，同逞威风、耍官僚、搞腐败的行为作斗争。衷心祝愿中国在全面建成小康社会、建设社会主义现代化强国的进程中不断取得新的伟大成就。

双方领导人就国际和朝鲜半岛形势深入交

换意见。

习近平指出，2018 年以来，朝鲜半岛形势发生积极变化。朝方为此作出了重要努力，我们对此表示赞赏。在半岛问题上，我们坚持实现半岛无核化目标、维护半岛和平稳定、通过对话协商解决问题。我们呼吁各方支持半岛北南双方改善关系，共同为劝和促谈作出切实努力。中方愿在半岛问题上继续发挥建设性作用，同包括朝方在内的各方一道努力，共同推动半岛形势走向缓和。

金正恩表示，当前朝鲜半岛形势开始向好发展。我们主动采取了措施缓和紧张局势，提出了和平对话建议。按照金日成主席和金正日总书记的遗训，致力于实现半岛无核化，是我们始终不变的立场。我们决心将北南关系转变为和解合作的关系，举行北南首脑会晤，愿意同美方对话，举行朝美首脑会晤。如果韩国和美国以善意回应我们的努力，营造和平稳定的氛围，为实现和平采取阶段性、同步的措施，半岛无核化问题是能够得到解决的。在这一进程中，我们希望同中方加强战略沟通，共同维护协商对话势头和半岛和平稳定。

金正恩表示，朝中友谊弥足珍贵。我愿同总书记同志一道，遵循老一辈领导人的崇高意志，继承和发展历经风雨仍保持本色的朝中友好关系，并在新的形势下推向新的高度。

金正恩还参观了"率先行动 砥砺奋进——十八大以来中国科学院创新成果展"。他对中国在科技发展和创新方面取得的成就表示钦佩，并在参观结束后题词留念。

2018 年 5 月 7 日至 8 日，中共中央总书记、国家主席习近平同朝鲜劳动党委员长、国务委员会委员长金正恩在大连举行会晤。

两党两国最高领导人就中朝关系及共同关心的重大问题全面深入交换意见。

习近平指出，委员长同志在当前朝鲜半岛局势深刻复杂演变的关键时刻，时隔 40 多天再次专程来华同我举行会晤，体现了委员长同志和朝党中央对中朝两党两国关系的高度重视，

对两党两国战略沟通的高度重视，我予以高度评价。我同委员长同志首次会晤以来，中朝关系和朝鲜半岛形势均取得积极进展，我对此感到高兴，愿同委员长同志再次举行会晤，共同为推动中朝关系健康稳定发展、实现朝鲜半岛长治久安、促进地区和平稳定繁荣作出努力。

金正恩表示，2018 年 3 月以来，朝中友谊和朝鲜半岛形势都取得了富有意义的进展，这是我同总书记同志历史性会晤的积极成果。在当前地区形势快速发展的关键时期，我再次来到中国同总书记见面并通报情况，希望同中方加强战略沟通和合作，推动朝中友谊深入发展，促进地区和平稳定。

习近平强调，2018 年 3 月，我同委员长同志在北京实现了历史性首次会晤，进行了长时间深入交流，就发展新时代中朝关系达成了四方面原则共识。第一，中朝传统友谊是双方共同的宝贵财富，发展好中朝友好合作关系是双方坚定不移的方针，也是唯一正确选择。第二，中朝同为社会主义国家，双边关系具有重大战略意义，要加强团结合作、交流互鉴。第三，两党高层交往对于引领双边关系具有不可替代的重大作用，双方应保持经常往来，加强战略沟通，增加理解互信，维护共同利益。第四，夯实民间友好基础是推进中朝关系发展的重要途径，应通过多种形式，加强两国人民交流往来，为中朝关系发展营造良好的民意基础。在双方共同努力下，各项共识正在得到良好的贯彻落实。在一个多月的时间内，我同委员长同志两度会晤，保持着密切沟通。我愿同委员长同志一道，继续指导双方有关部门落实好我们达成的共识，推动中朝关系不断向前发展，造福两国和两国人民，为本地区和平稳定作出积极贡献。习近平还对朝鲜发生重大交通事故造成中朝两国公民伤亡后金正恩的高度重视和真诚态度表示诚挚谢意。

金正恩表示，朝中两党两国老一辈领导人同志式的相互信任和情义，是朝中传统友谊的亲密纽带和坚实根基。我同总书记同志继承这

一良好传统，举行卓有成效的历史性会晤，推动朝中关系迎来了前所未有的活跃发展。相信时隔一个多月的再次会晤将加深彼此互信，推动朝中友好合作关系顺应新时代的要求，取得更为密切的全面发展。

谈到朝鲜半岛形势时，习近平指出，我同委员长同志首次会晤时就此深入交换了意见，达成重要共识。近段时间，委员长同志在推动半岛对话缓和方面作出了积极努力，取得了积极成果。在有关各方的共同努力下，半岛对话缓和势头正不断巩固，朝着有利于推动政治解决的方向发展。中方支持朝方坚持半岛无核化，支持朝美对话协商解决半岛问题，愿继续同有关各方一道，为全面推进半岛问题和平对话解决进程、实现地区长治久安发挥积极作用。

金正恩高度评价习近平总书记的远见卓识，感谢中方长期以来为实现半岛无核化、维护地区和平稳定作出的重要贡献。他表示，实现朝鲜半岛无核化是朝方始终如一的明确立场。只要有关方面消除对朝敌视政策和安全威胁，朝方没有必要拥核，无核化是可以实现的。希望通过朝美对话建立互信，有关各方负责任地采取分阶段、同步性的措施，全面推进半岛问题政治解决进程，最终实现半岛无核化和持久和平。

金正恩向习近平通报了近期朝鲜国内发展和党的建设情况。

习近平指出，朝鲜劳动党七届三中全会提出了全党全国集中一切力量进行社会主义经济建设的战略路线，宣布停止核试验和洲际弹道导弹试射、废弃北部核试验场，体现了委员长同志对发展经济、改善民生的高度重视和维护地区和平稳定的坚定意志。我们对此表示赞赏，支持朝方战略重心转向经济建设，支持朝鲜同志走符合本国国情的发展道路。

2018年6月19日，中共中央总书记、国家主席习近平同当日抵京对中国进行访问的朝鲜劳动党委员长、国务委员会委员长金正恩举行会谈。

两国领导人就当前中朝关系发展和朝鲜半岛局势坦诚深入交换了意见，一致表示要维护好、巩固好、发展好中朝关系，共同推动朝鲜半岛和平稳定面临的良好势头向前发展，为维护世界和地区和平稳定、繁荣发展作出积极贡献。

习近平指出，我们高兴地看到，金正恩委员长同志同特朗普总统在新加坡举行重要会晤，就实现半岛无核化、建立半岛持久和平机制达成原则共识，取得积极成果，中方对此高度评价。金正恩委员长同志专程来华访问，体现了对中朝两党两国战略沟通的高度重视，我对此高度评价。

习近平强调，在不到3个月的时间内，我同委员长同志3次会晤，为两党两国关系发展指明了方向，开启了中朝关系发展新篇章。中国党和政府高度重视中朝友好合作关系，无论国际和地区形势如何变化，中国党和政府致力于巩固发展中朝关系的坚定立场不会变，中国人民对朝鲜人民的友好情谊不会变，中国对社会主义朝鲜的支持不会变。我愿同委员长同志一道，继续落实好双方达成的重要共识，推动中朝关系长期健康稳定发展，造福两国和两国人民。

习近平指出，2018年是中国改革开放40周年。改革开放以来，中国人民立足国情、放眼世界，勇于自我革命、自我革新，探索出一条符合自身国情的发展道路。我们高兴地看到，朝鲜作出了将工作重心转向经济建设的重大决定，朝鲜社会主义事业发展进入新的历史阶段。我们支持朝鲜经济发展、民生改善，支持朝鲜走符合本国国情的发展道路。

金正恩表示非常高兴时隔不久再次见到习近平总书记。他强调，中国是我们伟大的友好邻邦，习近平总书记同志是我们非常尊敬和信赖的伟大领导人。感谢习近平总书记同志和中国党、政府、人民一直以来对我本人和朝鲜党、政府、人民的真挚友好情谊与宝贵支持。我将带领劳动党全体党员和朝鲜人民认真落实好我同总书记同志所达成的重要共识，把牢不可破的朝中关系提升到新的水平。

习近平指出，一段时间以来，在有关各方的共同努力下，半岛问题重新回到对话协商解决的正确轨道，半岛形势朝着和平稳定的方向发展。金正恩委员长同志为实现半岛无核化、维护半岛和平作出了积极努力。这次朝美首脑举行会晤，迈出了半岛核问题政治解决进程的重要一步。希望朝美双方落实好首脑会晤成果，有关各方形成合力，共同推进半岛和平进程。中方将一如既往发挥建设性作用。

金正恩表示，前不久举行的朝美首脑会晤取得符合各方利益和国际社会期待的积极成果。如果双方能一步步扎实落实首脑会晤共识，朝鲜半岛无核化将打开新的重大局面。朝方感谢并高度评价中方在推动半岛无核化、维护半岛和平稳定方面发挥的重要作用，希望同中方及有关各方一道，推动构建朝鲜半岛持久牢固和平机制，为实现半岛持久和平共同努力。

（《习近平同朝鲜劳动党委员长金正恩举行会谈李克强王沪宁王岐山参加有关活动》，《人民日报》2018年6月20日，第1版）

中国国家主席习近平出席博鳌亚洲论坛2018年年会开幕式并发表主旨演讲

2018年4月10日上午，博鳌亚洲论坛2018年年会在海南省博鳌开幕。中国国家主席习近平出席开幕式并发表题为《开放共创繁荣创新引领未来》的主旨演讲，强调各国要顺应时代潮流，坚持开放共赢，勇于变革创新，向着构建人类命运共同体的目标不断迈进；中国将坚持改革开放不动摇，继续推出扩大开放新的重大举措，同亚洲和世界各国一道，共创亚洲和世界的美好未来。

开幕式上，博鳌亚洲论坛理事长福田康夫致欢迎辞，与会外方政要和企业家代表也分别致辞。他们表示，中国改革开放取得了举世瞩目的伟大成就，不仅推动中国自身经济社会快速发展，也给世界各国发展带来巨大机遇。中国推出的一系列扩大开放的政策举措令世界感到振奋，表明未来中国将继续坚定推进改革开放，这对中国和世界各国人民都是一个福音，将有力推动全球共同发展繁荣。

中共中央政治局委员、中央书记处书记、中央办公厅主任丁薛祥，中共中央政治局委员、国务院副总理刘鹤，中共中央政治局委员杨洁篪，中共中央政治局委员、中央书记处书记、中宣部部长黄坤明，国务委员兼外交部部长王毅，全国政协副主席何立峰等参加上述活动。

博鳌亚洲论坛2018年年会于4月8日至11日举行，主题是"开放创新的亚洲，繁荣发展的世界"。来自多个国家和地区的领导人、国际组织负责人以及政界、工商界人士、专家学者等2000多人参加。

（《习近平博鳌2018主旨演讲：思想光辉照亮美好未来》，人民网，http://politics.people.com.cn/n1/2018/0410/c1001-29917696.html）

中国国家主席习近平会见蒙古国总理呼日勒苏赫

中国国家主席习近平2018年4月10日在海南省博鳌国宾馆会见蒙古国总理呼日勒苏赫。

习近平指出，中方始终将中蒙关系放在周边外交重要位置。我们将推动建设人类命运共同体，继续按照亲诚惠容理念和与邻为善、以邻为伴的周边外交方针，深化同蒙古国的关系。当前，中蒙关系处在新的历史阶段。双方要本着互信、合作、共赢原则，抓住机遇，推动中蒙全面战略伙伴关系向前发展。

习近平强调，双方要切实尊重和照顾彼此核心利益。中方一贯尊重蒙古国的独立、主权、领土完整，尊重蒙古国人民自主选择的发展道路。中方愿同蒙方密切高层交往和各层级往来，抓住"一带一路"倡议同蒙方"发展之路"倡议对接带来的重要机遇，拓展各领域合作和人文交流。中方欢迎蒙方积极参与上海合作组织活动及发展。

呼日勒苏赫表示，习近平主席今天上午发表的重要演讲给人留下深刻印象，您倡导开放包容的发展为包括蒙古国在内的各国带来更广阔的机遇。加强对华合作是蒙对外政策的优先方向。蒙方赞同相互尊重是两国关系的政治基础，坚定奉行一个中国原则，坚定认为台湾、西藏是中国不可分割的一部分，台湾问题、西藏事务是中国内政。蒙方支持"一带一路"倡议，愿加强蒙中发展战略对接及各领域合作。蒙方高度赞赏中方为维护朝鲜半岛及东北亚地区和平稳定作出的重要贡献。

丁薛祥、刘鹤、杨洁篪、王毅、何立峰等参加会见。

（《习近平会见蒙古国总理呼日勒苏赫》，《人民日报》2018年4月11日，第2版）

中国国家主席习近平同俄罗斯总统普京举行会谈

2018年6月8日，中国国家主席习近平在人民大会堂同俄罗斯总统普京举行会谈。两国元首一致同意，秉持世代友好理念和战略协作精神，拓展和深化各领域合作，推动新时代中俄关系在高水平上实现更大发展。中共中央政治局常委、国务院副总理韩正参加会谈。

习近平再次祝贺普京开始新一届总统任期，赞赏普京选择中国作为新任期首个进行国事访问的国家。习近平指出，中俄全面战略协作伙伴关系成熟、稳定、牢固。无论国际形势如何变幻，中俄始终坚定支持对方维护核心利益，深入开展各领域合作，共同积极参与全球治理，为推动建设新型国际关系、构建人类命运共同体发挥了中流砥柱作用。中方愿同俄方一道努力，久久为功，巩固高水平互信，拓展各领域合作，深化人文交流互鉴，密切国际协调配合，把中俄世代友好理念一代代传承下去，不断充实两国协作战略内涵，推动中俄关系与日俱进，与日俱新，造福两国人民。

习近平强调，在双方共同努力下，当前中俄各领域合作保持强劲势头，利益融合不断深化，"一带一路"建设同欧亚经济联盟对接取得重要早期收获。双方要认真研究各领域合作新思路新举措，将两国高水平政治关系优势转化为更多实际合作成果。要加强两国人文合作，增进人民友谊。

习近平指出，中俄同为联合国安理会常任理事国，坚定维护以《联合国宪章》宗旨和原则为核心的国际秩序和国际体系，倡导国际关系民主化，促进热点问题政治解决进程，继续为维护世界和平和国际战略稳定发挥积极作用。中方愿同包括俄方在内的上海合作组织各成员国一道，以青岛峰会为契机，进一步弘扬"上海精神"，确保上海合作组织继续健康稳定发展。

普京表示，深化俄中全面战略协作伙伴关系是俄罗斯外交的优先方向。俄中双方相互照顾彼此核心利益和重大关切，积极推进政治、经济、人文各领域对话合作，密切在国际事务中沟通协调。双方关系达到了历史最好水平，成为当今世界国与国关系的典范，为维护国际和平、安全与稳定发挥了重要作用。俄方愿同中方加强经贸、投资、能源、基础设施合作。俄方赞赏中方担任上海合作组织主席国为推动成员国合作所作的努力，支持中方成功举办青岛峰会，愿密切双方在国际和地区事务及联合国、金砖国家、二十国集团等多边框架内的协调合作。

两国元首听取了中俄各领域合作委员会负责人及两国外长的汇报，并就朝鲜半岛局势、伊朗核问题等共同关心的问题深入交换了意见。

（《习近平同俄罗斯总统普京举行会谈》，中国人民政府网，http://www.gov.cn/xinwen/2018 - 06/08/content_ 5297229. htm）

中国国家主席习近平和俄罗斯总统普京共同出席中俄地方领导人对话会

中国国家主席习近平 2018 年 9 月 11 日在符拉迪沃斯托克（海参崴）和俄罗斯总统普京共同出席中俄地方领导人对话会。

两国元首在听取双方代表汇报本次对话会情况和中俄地方合作情况后，分别致辞。共同表示中俄互为最大邻国和最重要的全面战略协作伙伴，拥有广泛共同利益。双方加强合作，深化利益交融，有利于携手化解外部风险和挑战，促进共同发展振兴。俄中双方要以地方合作交流年为契机，提升互联互通水平，推进贸易和投资自由化便利化，增进民间友好，推动两国地方合作取得更多惠及两国人民的成果。

本次对话会的主题是"新时代的中俄地方合作"。来自中国内蒙古自治区、辽宁省、吉林省、黑龙江省、江苏省、浙江省、山东省、四川省、广东省等 9 个省、自治区的负责人和俄罗斯滨海边疆区、哈巴罗夫斯克边疆区、阿穆尔州、犹太自治州、外贝加尔边疆区、鞑靼斯坦共和国、下诺夫哥罗德州、伊尔库茨克州、莫斯科州、斯维尔德洛夫斯克州、雅罗斯拉夫尔州、图拉州、车臣共和国等 13 个联邦主体的负责人参加对话会。

（《习近平同俄罗斯总统普京举行会谈》，《人民日报》2018 年 9 月 12 日，第 1 版）

中国国家主席习近平会见俄罗斯总统普京

布宜诺斯艾利斯当地时间 2018 年 11 月 30 日，中国国家主席习近平在布宜诺斯艾利斯会见俄罗斯总统普京。

两国元首充分肯定了 2018 年以来，中俄双方共同努力，推动各领域合作取得的一系列新成果。双边贸易迅速增长，制造业、高科技、农业领域合作稳步推进，大项目顺利实施，在国际和地区事务中有效协调。2019 年是中俄建交 70 周年，这将是两国关系发展的主线，届时要举办隆重热烈、丰富多彩的庆祝活动，推动各领域务实合作取得更多实实在在的成果。双方表示中俄要继续保持元首年度互访的传统。要加强"一带一路"建设同欧亚经济联盟对接，深化经贸、金融、能源、科技等合作。要完善两国地方合作机制布局，为两国地方合作不断注入新的动力。要密切在二十国集团、金砖国家等多边机制内的协调，推动各方坚定维护多边主义，维护世界贸易组织的核心价值和基本原则，支持贸易自由化、便利化，反对保护主义和单边主义。深入推进各领域务实合作，继续密切协调，为维护全球和平与安全、建设开放型世界经济共同努力。

两国元首还就当前重大国际和地区问题交换了意见。

（《习近平会见俄罗斯总统普京》，新华网，http://www.xinhuanet.com/politics/leaders/2018-12/01/c_1123793724.htm）

中国国家主席习近平会见蒙古国总统巴特图勒嘎

中国国家主席习近平 2018 年 6 月 10 日在青岛会见蒙古国总统巴特图勒嘎。

习近平指出，中蒙是山水相连的近邻。中蒙关系发展符合两国人民根本利益。我赞赏总统先生就任后多次表示重视中蒙关系，愿推动中蒙全面战略伙伴关系不断发展。中方愿同蒙方一道，本着互信、合作、共赢原则，把握机遇，排除干扰，扎实开展各领域交往和合作，丰富中蒙全面战略伙伴关系内涵，开创两国合作新局面。

习近平强调，双方要从战略高度和长远角度把握好两国友好合作关系正确方向，在涉及彼此核心利益和重大关切的问题上相互理解和尊重。双方要保持高层交往势头，加强各领域各层级往来，增进政治互信。要结合各自优势开展互利合作,发挥好大项目合作对两国务实合作的带动和引领作用,加快推动"一带一路"倡议同"发展之路"倡议对接落实。要加强人文交流,办好2019年中蒙建交70周年纪念交流活动。

习近平指出,蒙古国是上海合作组织首个观察员国,中方支持蒙方提升同上海合作组织的合作水平。中方愿同蒙古国、俄罗斯一道,落实好《建设中蒙俄经济走廊规划纲要》,推动三方合作取得更多进展。

巴特图勒嘎表示,祝贺中方成功举办上海合作组织青岛峰会。蒙方愿努力提升与上海合作组织的合作水平。我感谢习近平主席亲自关心、推动蒙中关系发展,高度赞赏中方为维护东北亚地区和平稳定作出的重要贡献。发展对华友好关系和互利合作是蒙古国外交优先方向。蒙方坚持奉行一个中国原则,认为台湾和西藏事务都是中国的内政,将本着上述原则妥善处理涉台、涉藏问题。蒙方希望同中方保持高层交往,密切各领域交流合作,增进民间友好。

2018年9月12日,中国国家主席习近平在符拉迪沃斯托克(海参崴)会见蒙古国总统巴特图勒嘎。

两国元首同意把握好中蒙关系正确方向,以实际行动维护好政治基础,大力推动"一带一路"同"发展之路"对接,发挥好大项目对两国务实合作的带动和引领作用,积极支持两国边境毗邻地区扩大交流合作。特别加强在贸易、电力、农牧业、基础设施建设等领域的合作,推进中蒙俄经济走廊建设,促进本地区国家共同发展。

(《习近平会见蒙古国总统巴特图勒嘎》,《人民日报》2018年6月11日,第2版)

中国国家主席习近平多次会见日本首相安倍晋三

2018年9月12日,中国国家主席习近平在符拉迪沃斯托克(海参崴)会见日本首相安倍晋三。

两国元首充分认识到中日作为世界主要经济体和地区重要国家,应该共同担负起责任,为维护世界和地区和平稳定与发展繁荣发挥建设性作用。"一带一路"倡议为中日深化互利合作提供了新平台和试验田。中日双方要始终恪守和遵循中日四个政治文件,巩固政治基础,把握正确方向,建设性管控分歧,特别是日方要妥善处理好历史、台湾等敏感问题,积极营造良好气氛,不断扩大共同利益。2018年是中日和平友好条约缔结40周年。在双方共同努力下,中日关系正步入正常轨道,面临改善发展的重要机遇。双方继续相向而行,保持改善向好势头,推动中日关系稳中有进,得到新的更大发展。

2018年10月26日,中国国家主席习近平在钓鱼台国宾馆会见来华进行正式访问的日本首相安倍晋三。

中日作为世界主要经济体和有重要影响力的国家,中日关系长期健康稳定发展,符合两国人民根本利益,也是本地区和国际社会普遍期待。2018年是中日和平友好条约缔结40周年。1978年,两国老一辈领导人缔结和平友好条约,以法律形式确定了两国持久和平友好大方向,为双方开展互利合作、谋求共同发展以及妥善处理历史、台湾等敏感问题提供了坚实遵循和保障。双方要遵循中日四个政治文件确立的各项原则,坚持和平友好大方向,持续深化互利合作,推动中日关系在重回正轨基础上得到新的发展。

两国元首共同表示,双方要开展更加深入的战略沟通,发挥好两国多层次、多渠道的对话机制作用,准确把握对方的发展和战略意图,切实贯彻践行"互为合作伙伴,互不构成威胁"的政治共识,加强正面互动,增进政治互信。要开展更高层次的务实合作,充分释放合作潜力。共建"一带一路"为中日深化互利合作提供了新平台和试验田。要开展更加广泛的人文交流，增进相互理解，鼓励两国各界特别是年轻一代踊跃投身中日友好事业。要开展更加积极的安全互动，构建建设性的双边安全关系，共同走和平发展道路，维护地区和平稳定。要开展更加紧密的国际合作，拓展共同利益，推动区域经济一体化，共同应对全球性挑战，维护多边主义，坚持自由贸易，推动建设开放型世界经济。

布宜诺斯艾利斯当地时间 2018 年 11 月 30 日，中国国家主席习近平在布宜诺斯艾利斯会见日本首相安倍晋三。

中日两国领导人对不久前达成的各项共识正在逐步落实，中日关系进入新阶段表示赞许。双方要建设性地把握好中日关系发展方向，在中日四个政治文件原则基础上，共同开辟两国关系新前景。中日加强高层交往，双方要充分发挥互补优势，拓展合作广度和深度。要争取早日谈成区域全面经济伙伴关系协定和中日韩自由贸易协定。要发扬民间友好传统，加强人员交流，夯实中日关系社会和民意基础。要按照双方就构建建设性双边安全关系达成的原则共识，不断增进战略安全互信。双方要切实妥善处理好一些重大敏感问题，确保两国关系不再受到干扰。中方支持日方办好 2019 年二十国集团领导人峰会。

（《习近平会见日本首相安倍晋三》，新华网，http://www.gov.cn/xinwen/2018 - 09/12/content_5321306.htm）

第七次中日财长对话在北京举行

第七次中日财长对话 2018 年 8 月 31 日在北京举行。中国财政部部长刘昆和日本副首相兼财务大臣麻生太郎携双方财政部、央行及金融监管高级官员出席，展开面对面对话交流。

对话中，双方举行了四场专题会议，就中日宏观经济形势与政策及结构性改革、中日财政合作、中日金融合作以及中日在 G20、"10 +

3"等多边框架下的财金合作等议题进行了深入讨论，取得多项合作共识。

双方一致认为，任何国家都不能从保护主义中受益，同意共同维护和促进自由、开放和基于规则的多边贸易体系，充分发挥 G20、"10 + 3"等多边机制以及亚洲开发银行、世界银行等多边开发机构的作用，加强基础设施领域合作、推动减贫与发展事业、深化区域财金合作、维护区域经济金融稳定。双方还就开展中日第三方市场合作交流了看法，并将探讨未来合作的可能性。

（《第七次中日财长对话在北京举行》，《人民日报》2018 年 9 月 1 日，第 11 版）

中日第五次高级别政治对话在苏州举行

中共中央政治局委员、中央外事工作委员会办公室主任杨洁篪 2018 年 9 月 25 日在江苏苏州同日本国家安全保障局长谷内正太郎共同主持中日第五次高级别政治对话。双方同意加强战略沟通，推动中日关系沿着正常轨道持续健康稳定向前发展。

2018 年是中日和平友好条约缔结 40 周年。对话双方都倍加珍惜并维护两国关系积极向好发展势头，共同规划运筹好下阶段高层交往等各方面工作，切实遵循中日四个政治文件确立的各项原则和精神，确保中日关系沿着正常发展轨道行稳致远。进一步树立正确的相互认知和战略互信，明确两国互为合作伙伴、互不构成威胁的基本定位，充分挖掘互补优势和潜力空间，推动经贸合作提质升级。加强两国民间交往，不断增进两国民众友好感情。推动亚洲和平稳定发展繁荣和国际多边合作，共同维护自由贸易和多边主义，推动国际秩序和全球治理体系朝着更加公正合理的方向发展。加强高层交往，巩固政治互信，深化各领域合作，共同维护现有国际秩序，携手应对地区及全球性挑战。

双方还就共同关心的国际和地区问题交换意见。

（《中日第五次高级别政治对话在苏州举行》，《人民日报》2018年9月26日，第3版）

中国国家主席习近平会见俄罗斯总理梅德韦杰夫

中国国家主席习近平2018年11月5日在上海会见俄罗斯总理梅德韦杰夫。

习近平在会见中指出，中俄正处在国家发展振兴的关键阶段，保持中俄关系高水平运行、保持密切高层交往，巩固中俄战略协作极为重要。全面落实两国元首就深化两国务实合作达成的重要共识，是双方下阶段工作的重中之重。双方要不断深化能源、农业、金融、科技创新等领域的合作，扩大地方和人文交流，办好2018年和2019年中俄地方合作交流年。

习近平欢迎俄罗斯作为主宾国参加首届中国国际进口博览会，希望俄方通过进口博览会充分展示俄方优质特色产品。

梅德韦杰夫表示，很高兴来华出席首届中国国际进口博览会，感谢中方邀请俄罗斯以主宾国身份参加，这体现了中方对发展俄中经贸关系的高度重视，今后俄方每年都会积极参加。俄中关系正在前所未有的高水平上继续向前发展。俄方愿同中方共同努力，落实好两国元首重要共识，拓展各领域务实合作，密切在国际事务中协调协作，维护国际规则，维护世界和平与稳定。双方要以2019年庆祝两国建交70周年为契机，深化友谊，推动俄中全面战略协作伙伴关系深入发展。

（《习近平会见俄罗斯总理梅德韦杰夫》，《人民日报》2018年11月6日，第2版）

中国国家主席习近平会见韩国总统文在寅

中国国家主席习近平2018年11月17日在莫尔兹比港会见韩国总统文在寅。

习近平肯定了两国各项共识正得到有效落实，两国关系稳步改善和发展。习近平指出，双方要不断深化中韩战略合作伙伴关系，共同为促进地区持久和平和繁荣作出积极贡献。双方要继续发挥好高层引领作用，尊重彼此核心利益和重大关切，加强沟通，建立和巩固互信，继续妥善处理好敏感问题。过去一年，朝鲜半岛形势出现积极变化。半岛问题总体上回到对话协商的正确轨道。中韩要加强沟通，协调推进半岛无核化和建立半岛和平机制的进程；要重点推进共建"一带一路"，加快两国自由贸易协定第二阶段谈判，推动双边互利合作优化升级；要加强在亚太经合组织、二十国集团、中日韩等多边框架内的协调和合作。

（《习近平会见韩国总统文在寅》，人民网，http://cpc.people.com.cn/n1/2018/1118/c64094-30406667.html）

中国国家主席习近平出席中俄印领导人非正式会晤

布宜诺斯艾利斯当地时间2018年11月30日，国家主席习近平在布宜诺斯艾利斯出席中俄印领导人非正式会晤。习近平同俄罗斯总统普京、印度总理莫迪就新形势下中俄印合作深入交换意见。三国领导人一致同意加强三方协调，凝聚三方共识，增进三方合作，共同促进世界的和平、稳定、发展。

中国、俄罗斯、印度都是有重要影响力的大国，互为重要战略合作伙伴。三国拥有广泛共同利益和相似发展目标，对地区和世界未来负有重要责任。当前形势下，中俄印三国的共同发展和密切合作，成为世界格局演变中越来越重要的稳定性和确定性力量。

三国领导人共同表示要推动贸易投资自由化、便利化，促进开放型世界经济，旗帜鲜明地反对保护主义、单边主义，共同捍卫多边贸易体制，维护新兴经济体和发展中国家利益。要积极倡导共同、综合、合作、可持续的安全观，加强国际和地区反恐合作，推动热点问题的政治解决进程，在维护国际和地区和平与安全方面发挥更大作用。三国还要致力于建设更加公平、公正的国际体系，促进世界和平与稳定，加强在经济和金融领域包括二十国集团议程上的合作，推进欧亚经济联盟和"一带一路"建设对接。

三国领导人一致同意进一步加强中俄印合作机制。

（《习近平出席中俄印领导人非正式会晤》，《人民日报》2018年12月1日，第1版）

中国国家主席习近平会见朝鲜外相李勇浩

中国国家主席习近平2018年12月7日在人民大会堂会见朝鲜劳动党中央政治局委员、外相李勇浩。

习近平请李勇浩转达对金正恩委员长的诚挚问候。2018年金正恩委员长三次访华，两国领导人就深化中朝友好合作、促进地区和平稳定发展等重大问题全面深入交换意见，双方达成的各项重要共识得到有效落实。双方要以2019年办好中朝建交70周年纪念活动为契机，推动双边关系长期健康稳定发展。中方支持朝鲜人民在金正恩委员长领导下，探索符合本国国情的发展道路。朝鲜半岛形势发生积极变化，半岛问题重回政治解决的正确轨道。中方将一如既往支持北南双方改善关系，推进和解合作。两国外交部门要继续加强沟通，为发展中朝关系、推进半岛问题政治解决进程共同作出努力。

（《习近平会见朝鲜外相李勇浩》，《人民日报》2018年12月8日，第1版）

俄罗斯

俄拒绝违反联合国决议的朝鲜船只入港停泊

俄罗斯远东城市符拉迪沃斯托克（海参崴）海关2018年2月6日表示，鉴于日前在符拉迪沃斯托克（海参崴）附近海域搁浅的朝鲜货船违反了联合国安理会对朝制裁相关决议，符拉迪沃斯托克（海参崴）海关不允许其在俄港口停泊。

符拉迪沃斯托克（海参崴）海关当天发布新闻公告说，1月31日朝鲜一货船在符拉迪沃斯托克（海参崴）附近海域搁浅，随后电力耗尽并发出求救信号。该货船上载有动物饲料和30名船员。俄边防部门和海关部门对朝鲜货船进行了补给，但由于该船违反联合国安理会第2397号决议，俄相关部门禁止该船在符拉迪沃斯托克（海参崴）港口停泊。

针对朝鲜2017年11月底不顾国际社会反对再次进行洲际弹道导弹试射，联合国安理会2017年12月22日一致通过第2397号决议，决定对朝鲜实施更严厉的制裁措施。决议规定，朝鲜不得从其领土、由其国民、使用悬挂其国旗的船只或飞机直接或间接供应、销售或转让粮食和农产品、机械、电气设备等。

目前，符拉迪沃斯托克（海参崴）与朝鲜首都平壤之间有定期空中航线，与朝鲜清津港之间有定期海上航线。

（《俄拒绝违反联合国决议的朝鲜船只入港停泊》，"新华社"百家号，https://baijiahao.baidu.com/s？id=1591638515107947231&wfr=spider&for=pc）

中俄商务论坛推动两国经贸合作

第三届中俄商务论坛2018年2月22日在圣彼得堡举行，来自中国和俄罗斯的企业家共同探讨在"一带一路"框架下推动两国经贸合作等问题。

俄罗斯外交部驻圣彼得堡代表扎别瓦洛夫在论坛上表示，中俄两国商务合作日趋走向务实，两国政府间投资合作委员会2017年确定了新一批共73个合作项目清单，部分项目正按计划实施。

中国驻圣彼得堡总领事郭敏说，2018年是中俄地方合作交流年，也是两国围绕"冰上丝绸之路"建设密切合作的一年。

(《第三届中俄商务论坛推动两国经贸合作》，"新华网客户端"百家号，https://baijiahao.baidu.com/s? id=1593173397206875155&wfr=spider&for=pc

俄罗斯总统普京向中国国家主席习近平发贺电

2018年3月17日，俄罗斯总统普京向中国国家主席习近平发贺电，热烈祝贺习近平当选中华人民共和国主席。

普京在贺电中表示，衷心祝贺您当选中华人民共和国主席。中国全国人民代表大会作出的这一决定再次证明了您的崇高威望，也是对您为推动贵国经济社会快速发展、在国际舞台上捍卫国家利益所作贡献的肯定。在很大程度上，正是得益于您的亲自推动，俄中关系近年来达到前所未有的高度，成为大国之间发展平等互利合作的真正典范。我将非常高兴同您举行新的会晤。相信在双方的共同努力下，我们一定能进一步巩固俄中全面战略协作伙伴关系，并赋予其新的内涵。这无疑将增进友好的俄中两国人民的福祉，促进欧亚大陆和全世界的安全与稳定。衷心祝愿您身体健康，万事如意，在国家主席这一重要的岗位上不断取得新成就。

《俄罗斯总统普京向国家主席习近平发来贺电》，"新华社"百家号，https://baijiahao.baidu.com/s? id=1595152903006942360&wfr=spider&for=pc

俄罗斯总统普京会见中国国务委员兼外交部部长王毅

2018年4月5日，俄罗斯总统普京在莫斯科克里姆林宫会见习近平主席特使、国务委员兼外交部部长王毅。

王毅再次转达习近平主席对普京当选连任的诚挚祝贺。王毅表示，中俄互为彼此唯一的全面战略协作伙伴，两国拥有最高水平的政治互信，关系连续迈上新台阶，这不仅得益于两国元首着眼世界大势作出的英明政治决策，更是基于两国自身发展的长远内在需要。当前两国刚刚顺利结束各自国内重要政治议程，习近平主席欢迎普京总统6月赴华出席上海合作组织青岛峰会并进行国事访问，双方应加紧筹备，确保此访及年内两国元首一系列重要会晤取得丰硕成果，开辟中俄务实合作新前景，开启中俄关系的新时代。双方应通过更加紧密、更深层次的沟通协作，更好维护本国安全和利益，维护地区和世界和平稳定。

普京请王毅转达对习近平主席再次全票当选的衷心祝贺，并再次祝贺中国全国两会成功举行，表示相信两会取得的重要成果将对中国未来发展产生深远影响，中国必将更加稳定繁荣。普京表示，俄中关系非常好，两国是邻国，也是天然伙伴，双方成为全面战略协作伙伴，不是权宜之计，而是彼此深思熟虑的选择。我期待2018年6月再次访华并利用各种多、双边场合与习近平主席继续保持密切沟通。希望俄中关系取得更大发展，这对两国和世界都有利。

王毅还向普京通报了中方对当前国际和地区热点问题的看法。

同日，王毅同俄罗斯外长拉夫罗夫举行会谈并共同会见记者。

(《俄罗斯总统普京会见王毅》，《人民日报》2018年4月6日，第3版)

俄罗斯强调俄日和平条约应确定日本承认二战结果

俄罗斯总统助理乌沙科夫 2018 年 5 月 23 日表示，在俄日未来可能签署的和平条约中，应确定日本承认二战结果并将南千岛群岛（日称北方四岛）移交俄的合法性。

乌沙科夫说，应俄罗斯总统普京邀请，日本首相安倍晋三将于 5 月 25 日至 26 日对俄进行正式访问并出席圣彼得堡国际经济论坛，其间普京可能和安倍就签署和平条约问题交换意见。俄方认为，俄日和平条约应以二战后的现实为基础，确定日本承认二战结果、承认南千岛群岛（日称北方四岛）根据战后国际条约移交俄罗斯的合法性、承认战后至今俄方对南千岛群岛（日称北方四岛）的主权。

千岛群岛位于俄远东堪察加半岛与日本北海道之间。群岛南部的齿舞、色丹、国后和择捉四岛被俄称为南千岛群岛，日本则称之为北方四岛。二战结束后，四岛由俄方实际控制。俄认为日本要求归还南千岛群岛（日称北方四岛）是要求重新定义二战战败结果。由于争议严重，两国至今未能缔结和平条约。

（《俄罗斯强调俄日和平条约应确定日本承认二战结果》，新华网，http://big5. xinhuanet. com/gate/big5/www. xinhuanet. com/world/2018 – 05/24/c_1122881371. htm）

俄罗斯总统普京会见中国国家副主席王岐山

当地时间 2018 年 5 月 24 日，俄罗斯总统普京在圣彼得堡会见中国国家副主席王岐山。

王岐山首先转达了习近平主席对普京的诚挚问候和良好祝愿。他说，习近平主席高度重视中俄关系，珍视与普京总统的友谊，期待着同你再次会晤，共同规划中俄关系和上海合作组织下一步发展。

王岐山表示，两国元首为中俄合作倾注了大量心血，注入了强劲活力，引领两国关系不断向前发展。中俄全面战略协作伙伴关系对两国和世界都意义重大。双方相互尊重，彼此信任，平等合作，在重大国际问题上相互理解和支持，为当今世界大国关系树立了典范，也为维护全球战略稳定、推动建设新型国际关系和构建人类命运共同体作出了重要贡献。

普京请王岐山转达他对习近平主席的亲切问候和良好祝愿，相信习近平主席带领中国人民一定会在国家建设中继续取得新成就。普京期待再次访华并同习主席会晤。他说，俄中关系持续保持高水平发展，两国政治互信日益加深，务实合作不断加强，经贸结构明显改善，大项目合作加快推进，人文及地方交流与合作日趋活跃。两国在重大地区和国际问题上密切沟通协调和相互支持，是国际社会的重要稳定因素。俄方愿同中方一道，进一步深化全方位合作，加强在国际事务中的相互理解和支持，不断将俄中全面战略协作伙伴关系提升到新高度。

当地时间 5 月 25 日，王岐山出席了第二十二届圣彼得堡国际经济论坛。本届论坛以"建立信任经济"为主题，王岐山发表了题为《增进信任，携手合作，共同发展》的致辞。

在俄期间，王岐山还会见了俄罗斯石油公司总裁谢钦、俄中友协主席梅津采夫等友好人士，并考察了"波罗的海明珠"综合社区项目。

（《俄罗斯总统普京会见王岐山副主席》，《人民日报》2018 年 5 月 27 日，第 1 版）

俄总统普京会见习近平主席特使孙春兰

当地时间 2018 年 6 月 14 日下午，俄罗斯总统普京在莫斯科会见了应邀出席第二十一届世界杯足球赛开幕式的习近平主席特使、国务院副总理孙春兰。

孙春兰首先转达了习近平主席对普京总统的亲切问候和良好祝愿，祝贺俄罗斯举办世界杯足球赛，表示两国元首不久前在北京会晤，就进一步深化中俄全面战略协作伙伴关系深入交换意见，在新的历史起点上为中俄关系发展规划出新蓝图。中方愿同俄方切实落实两国元首达成的重要共识，推动双方人文领域合作深入发展。

孙春兰表示，俄罗斯人民正以最饱满的热情迎接世界杯体育盛事。相信俄罗斯将为全世界呈现一届精彩赛事，并向世界展现国家经济社会发展成就。预祝本届世界杯取得圆满成功，俄罗斯队取得佳绩。

普京请孙春兰转达对习近平主席的亲切问候，对孙春兰作为习近平主席特使出席世界杯足球赛开幕式表示感谢，表示这充分体现了中方对俄罗斯主办体育盛事和国际足球运动的重视和支持，俄方愿同中方加强体育等人文领域的交流。

在俄罗斯期间，孙春兰还会见了俄罗斯副总理戈利科娃、戈洛杰茨，国际足联主席因凡蒂诺，亚足联主席萨尔曼，考察了中共六大会址常设展览馆、俄联邦卫生部妇产围产学中心、莫斯科大学孔子学院并观看了中俄青少年足球友谊赛。

（《俄总统普京会见习近平主席特使孙春兰》，《人民日报》2018年6月15日，第3版）

俄韩就铺设途经朝鲜的天然气管道恢复磋商

据俄新社2018年6月15日报道，俄罗斯天然气工业股份公司已与韩国有关方面就铺设从俄罗斯途经朝鲜通往韩国的天然气管道恢复磋商。

报道说，俄罗斯天然气工业股份公司副董事长马尔克洛夫15日在圣彼得堡表示，该公司已与韩国伙伴就这一问题恢复磋商。

据马尔克洛夫介绍，俄罗斯天然气工业股份公司曾在2011年分别与朝韩方面磋商铺设天然气管道相关事宜，并与韩国天然气公司绘制了项目规划路线图。根据设想，这一天然气管道全长1100公里，其中有700公里位于朝鲜境内。后因朝韩关系恶化，关于该项目的进一步磋商中止。

俄罗斯国家能源安全基金副主任格里瓦奇当天也表示，铺设这条天然气管道是朝方获取能源、发展经济的良机，也有助于韩方实现天然气来源多样化，朝韩联合实施能源项目也有助于促进双方合作。

（《俄韩就铺设途经朝鲜的天然气管道恢复磋商》，"新华网客户端"百家号，https：//baijia-hao. baidu. com/s？id = 1603404396981263020&wfr = spider&for = pc）

俄韩总统：两国愿密切合作推动解决朝鲜半岛问题

俄罗斯总统普京与韩国总统文在寅2018年6月22日在莫斯科举行会谈。双方表示，两国愿密切合作，以推动实现朝鲜半岛无核化，维护半岛持久和平。

据克里姆林宫网站发布的消息，普京在会谈中表示，近一段时间以来，半岛局势逐渐好转。在朝韩恢复接触后，双方已准备落实令人鼓舞的若干协议。此外，朝美通过对话和谈判解决危机有助于缓解半岛紧张局势。

普京强调说，俄韩旨在解决朝核问题的立场在很大程度上是一致的，俄方愿继续为解决半岛所有争端作出力所能及的贡献。

文在寅在会谈中表示，韩俄两国在半岛无核化、维护半岛持久和平等议题上有共同目标，双方将为实现这些目标密切合作。

会谈后发表的俄韩联合声明说，俄总统欢迎朝韩发表旨在实现半岛和平、繁荣和统一的《板门店宣言》，韩国总统高度评价俄方在推动解决半岛问题中发挥的建设性作用。俄韩欢迎朝美领导人在新加坡会晤期间取得的积极成果，并期望这些成果能促使半岛最终实现无核化与持久和平。"俄韩愿共同努力，推动半岛无核化，维护半岛和东北亚地区的持久和平稳定。"

应俄总统普京邀请，韩国总统文在寅于2018年6月21日抵达莫斯科进行为期3天的国事访问。

（《俄韩总统：两国愿意密切合作推动解决朝鲜半岛问题》，"新华社"百家号，https://baijiahao. baidu. com/s？id＝1604012161928430274&wfr＝spider&for＝pc）

俄罗斯总统普京会见中共中央政治局委员、中央外事工作委员会办公室主任杨洁篪

俄罗斯总统普京2018年8月15日在索契会见中共中央政治局委员、中央外事工作委员会办公室主任杨洁篪。

普京表示，俄中关系正按着双方设定的方向不断向前发展。上个月，我同习近平主席在出席金砖国家领导人会晤期间就两国关系和国际形势深入交换看法，达成新的重要共识。俄中关系对两国、对世界都十分重要。俄方愿同中方进一步加强战略沟通，推进两国全面战略协作伙伴关系，深化各领域务实合作，密切在国际地区事务中的协调配合。我期待同习近平主席再次会面。

杨洁篪表示，2018年是中俄关系发展史上具有里程碑意义的一年。习近平主席同总统先生两次会晤，为两国下阶段合作指明了方向。在习近平主席和总统先生的战略引领下，中俄全面战略协作伙伴关系保持强劲发展势头，为推动建设相互尊重、公平正义、合作共赢的新型国际关系树立了典范。中方愿同俄方一道，全面落实两国元首重要共识，保持高水平战略协作，推动国际秩序朝更加公正合理的方向发展，为中俄关系发展开辟更加广阔的前景。

同日，杨洁篪同俄罗斯联邦安全会议秘书帕特鲁舍夫在莫斯科共同主持中俄第十四轮战略安全磋商，就中俄关系和共同关心的国际和地区问题深入交换意见，达成广泛共识。

2018年10月18日，俄罗斯总统普京在索契会见出席瓦尔代年会的中共中央政治局委员、中央外事工作委员会办公室主任杨洁篪。普京请杨洁篪转达对习近平主席的亲切问候并表示，俄方高度赞赏并衷心感谢习近平主席9月出席东方经济论坛。中俄元首会晤达成的各项重要共识正在落实。俄方高度评价俄中全面战略协作伙伴关系的高水平，愿同中方一道，保持各层级密切交往，深化各领域务实合作。面对复杂多变的国际形势，俄中要进一步加强协调合作，维护和促进两国共同利益及世界和平与发展。

杨洁篪向普京转达习近平主席的亲切问候。杨洁篪表示，习近平主席9月成功出席第四届东方经济论坛，同总统先生举行了富有成果的会晤，就中俄关系下一阶段发展和国际形势深入交流，达成重要共识。中方愿同俄方一道，全面落实好两国元首达成的共识，特别是要深化能源、农业、高科技、创新、地方等领域的务实合作。2019年是中俄建交70周年，我们要精心设计安排好各项高层交往和有关庆祝活动，以此为契机，推动两国关系在这一重要年份取得新成果，再上新台阶，更好地造福两国人民和世界人民。

（《俄罗斯总统普京会见杨洁篪》，新华网，https://baijiahao. baidu. com/s？id＝1608919718658630425&wfr＝spider&for＝pc）

俄罗斯总理梅德韦杰夫对中国进行正式访问

应国务院总理李克强邀请，俄罗斯联邦政府总理德米特里·阿纳托利耶维奇·梅德韦杰夫于2018年11月5日至7日对中国进行正式访问。李克强总理同梅德韦杰夫总理举行中俄

总理第二十三次定期会晤。在华期间，梅德韦杰夫还出席了首届中国国际进口博览会。

（《俄罗斯总理梅德韦杰夫今起对我国进行正式访问》，《人民日报》2018 年 11 月 5 日，第 3 版）

日 本

中日和平友好条约缔结40周年纪念会举行

由中国驻日本大使馆和日中友好七团体联合举办的中日和平友好条约缔结 40 周年纪念会 2018 年 2 月 8 日晚在东京举行，中日两国各界 800 余人出席纪念会。

中国驻日本大使程永华表示，2018 年是中日和平友好条约缔结 40 周年，两国关系改善发展继续面临重要机遇。中日友好的根基在民间，中日关系的前途掌握在两国人民手中。希望两国各友好团体积极发挥作用，不断加深两国民众的相互了解和友好感情，不断夯实两国关系改善发展的社会基础。

日中友好协会会长丹羽宇一郎、日本国际贸易促进协会会长河野洋平、日中文化交流协会会长黑井千次、日中经济协会会长宗冈正二、日中协会会长野田毅、日中友好会馆会长江田五月等日中友好七团体负责人先后致辞，表示将努力促进日中民间交流，为改善两国关系贡献力量。

（《中日和平友好条约缔结 40 周年纪念会举行》，《人民日报》2018 年 2 月 9 日，第 21 版）

中共中央政治局委员、国务委员杨洁篪同谷内正太郎会谈

中共中央政治局委员、国务委员杨洁篪 2018 年 2 月 23 日在北京同日本国家安全保障局长谷内正太郎举行会谈。

杨洁篪表示，2018 年是中日和平友好条约缔结 40 周年。中方注意到日方一段时间以来在对华关系上的积极姿态，愿同日方共同努力，推动双边关系改善和发展，推进双方各层级交往和务实合作。希望双方在中日四个政治文件和四点原则共识基础上不断增进战略互信，妥善处理重大敏感问题，维护两国关系政治基础。同时希望双方顺应时代潮流，谋求互利共赢，共同致力于促进亚洲的和平、合作与发展。

谷内正太郎表示，日方愿同中方共同努力，在四个政治文件和四点原则共识基础上，推动两国关系持续稳定改善和发展。

（《杨洁篪同谷内正太郎会谈》，《人民日报》2018 年 2 月 24 日，第 3 版）

第二次中日韩教育部长会议在日本召开

第二次中日韩教育部长会议 2018 年 3 月 21 日在日本东京召开。中国教育部部长陈宝生、日本文部科学大臣林芳正、韩国副总理兼教育部长官金相坤出席了会议。会后，三国教育部长共同签署了《第二次中日韩教育部长会议联合公报》。

会上，三国教育部长认为，中日韩三国同为亚洲重要国家，面临共同的机遇和挑战。自三国部长首次会议于 2016 年在韩国召开以来，中日韩三方共同努力，扎实推进落实机制下有关合作倡议，三国教育合作总体进展顺利，成绩斐然，为促进三国人文交流、促进地区关系改善发挥了重要作用。三方将继续着力推动学生与青少年交流，拓展实施"亚洲校园"项目，并加强三国在多边框架下合作。

（《第二次中日韩教育部长会议在日本召开》，新华网，https://baijiahao.baidu.com/s? id =15955536670580106 22&wfr = spider&for = pc）

纪念中日和平友好条约缔结40周年音乐会举行

纪念中日和平友好条约缔结40周年音乐会2018年4月1日在日本名古屋市举行，约180名中日两国艺术家和二胡爱好者演奏了多首脍炙人口的中日两国曲目，通过音乐传递中日民间友好情谊。

中国驻名古屋总领事邓伟在致辞时表示，2018年是中日和平友好条约缔结40周年，中日关系改善发展迎来重要机遇。名古屋作为1971年中美"乒乓外交"的发祥地和日本制造业中心，具有深厚的对华友好传统和巨大的合作潜力。期待此次活动成为纪念中日和平友好条约缔结40周年、促进中日友好交流合作的一抹亮色，进一步增进中日民众相互理解，在两国民众心中架起友谊之桥。

名古屋市副市长广泽一郎说，名古屋市重视并支持开展对华民间友好和文化交流活动，期待通过举办此次二胡音乐会，增进两国民众亲近感，推动日中文化交流和地方民间友好向前发展。

音乐会上，中日两国艺术家和二胡爱好者演奏了《我的祖国》《北京的金山上》《达坂城的姑娘》《樱花》等多首在两国脍炙人口的曲目。整场音乐会旋律优美感人、高潮迭起，赢得近3000名当地观众的阵阵掌声。

（《纪念中日和平友好条约缔结40周年音乐会举行》，《人民日报》2018年4月2日，第22版）

日本首相安倍晋三会见中国国务委员兼外交部部长王毅

2018年4月16日，日本首相安倍晋三在东京会见中国国务委员兼外交部部长王毅。

王毅表示，中日互为重要邻国。近年来两国关系历经波折，各领域交流合作受到影响。首相先生2017年以来多次就改善中日关系发出积极信息，中方对此予以重视。希望在双方共

同努力下，此次应邀访日能够成为两国关系重回正常轨道的重要一步。中日关系改善势头来之不易，值得珍惜。只要把中日关系改善好、稳定住，双方就可以开展更密切的交往和更广泛的合作，这符合两国人民和地区各国的共同利益。为此，要严格遵循中日四个政治文件确定的各项原则，妥善处理涉及两国关系政治基础的敏感问题，把互为合作伙伴、互不构成威胁的共识落到实处，并使之成为日本社会各界的共识。要挖掘经贸合作新动能，实现中日经贸关系在新起点上提质升级。中方重视首相先生就"一带一路"建设作出的积极表态，日方参与共建"一带一路"将为中日经济合作开辟新的空间。我们愿同日方探讨参与的适当方式和具体途径。双方要加强沟通协调，反对保护主义，维护以世界贸易组织为核心的全球自由贸易体系，构建开放型世界经济。

安倍晋三表示，日方高度重视对华关系，愿以日中和平友好条约缔结40周年为契机推动两国关系全面改善，实现高层交往，在战略互惠关系框架下开展更广泛的合作。日方高度关注习近平主席在博鳌亚洲论坛2018年年会开幕式上宣布的中国扩大开放新举措，相信这一举措将有利于促进日中经济关系。我十分期待并欢迎李克强总理赴日本出席中日韩领导人会议并正式访问日本。期待"一带一路"建设能够有利于地区经济的恢复和发展。日本同样重视世界贸易组织规则，主张按世贸组织规则处理经贸问题。

双方就朝鲜半岛形势等地区问题交换了看法。

王毅2018年4月15日至17日应邀访问日本并同日本外相河野太郎共同主持第四次中日经济高层对话。访日期间，王毅还会见了日本内阁官房长官菅义伟，同外相河野太郎举行会谈，并会见自民党干事长二阶俊博等政要及日中友好七团体和日本经团联负责人。

（《日本首相安倍晋三会见王毅》，新华网，http：//www.xinhuanet.com/world/2019 - 11/25/c_1125271809.htm）

中日韩三国合作国际论坛在东京举行

中日韩三国合作国际论坛 2018 年 4 月 18 日在日本东京举行。

三国合作秘书处秘书长李钟宪在致开幕辞时说，加强合作是三国长期以来追求的愿景，三国应不断努力，通过交流加深相互理解，并积极推动三国关系进一步发展。

中国驻日本大使程永华表示，三国应妥善处理双边关系中的有关问题，树立互利共赢理念和人类命运共同体意识，扩大相互开放，深化三国合作，反对贸易保护主义，引导好经济全球化走向，使其朝着更加开放、包容、普惠、平衡、共赢的方向发展。

日本自民党副总裁高村正彦说，三国间相互支持、增进合作不仅对自身有益，对东亚地区乃至整个世界都具有重要意义。

中国前国务委员戴秉国发表主旨演讲时说，新形势下，中日韩三国应建立新的战略信任，打造新的合作亮点，创造更好的民意氛围，维护更加和平稳定的地区环境。

三国合作国际论坛由三国合作秘书处主办。本次论坛主题为"开启三国合作新篇章：十年回首，十年展望"，300 多名中日韩三国各界人士出席。

2008 年 12 月，中日韩三国领导人首次在东盟"10 + 3"框架外单独举行会议，确立了三国伙伴关系，并将三国领导人单独举行会议机制化。

(《中日韩合作论坛在东京举行 友好合作是共同追求》，人民网，http://world. people. com. cn/ n1/2018/0419/c1002 - 29935355. html)

中国国务院总理李克强抵达东京出席第七次中日韩领导人会议并对日本进行正式访问

当地时间 2018 年 5 月 8 日晚，应日本首相安倍晋三邀请，中国国务院总理李克强乘专机抵达东京羽田国际机场，出席第七次中日韩领导人会议并对日本进行正式访问。

出席中日韩领导人会议期间，李克强同韩、日两国领导人共同会见记者，出席中日韩工商峰会并发表演讲，会见韩国总统文在寅。

访日期间，李克强会见日本天皇明仁，同安倍晋三首相举行会谈，出席中日和平友好条约缔结 40 周年纪念活动，并广泛接触日本各界人士。李克强还赴北海道参观访问，与安倍晋三首相共同出席中日省长知事论坛等活动。

全国政协副主席、国家发展和改革委员会主任何立峰等陪同人员同机抵达东京。

(《李克强抵达东京出席第七次中日韩领导人会议并对日本进行正式访问》，《人民日报》2018 年 5 月 9 日，第 1 版)

日本首相安倍晋三访华

应国务院总理李克强邀请，日本首相安倍晋三于 2018 年 10 月 25 日至 27 日对中国进行正式访问。这是日本首相时隔 7 年正式访华，正值中日和平友好条约缔结 40 周年重要节点。访问期间，中国领导人同安倍首相举行会见会谈，就改善发展中日关系及共同关心的国际和地区问题交换意见。双方还举行了纪念中日和平友好条约缔结 40 周年招待会和首届中日第三方市场合作官民论坛。

(《日本首相安倍晋三将于 10 月 25 日至 27 日访华》，人民网，http://world. people. com. cn/ n1/2018/1012/c1002 - 30338080. html)

日俄首脑会谈 安倍：希望任期内解决争议领土问题

当地时间 2018 年 11 月 14 日下午，日本首相安倍晋三在新加坡与俄罗斯总统普京举行会谈。双方约定，以 1956 年《日苏联合宣言》为基础，加速推动和平条约缔结谈判。

（《日俄首脑会谈 安倍：希望任期内解决争议领土问题》，海外网，https://baijiahao. baidu. com/s？id＝1617161246140652816&wfr＝spider&for＝pc）

日本自民党总裁、首相安倍晋三会见宋涛

2018 年 10 月 11 日，日本自民党总裁、首相安倍晋三在东京会见中联部部长宋涛。

不久前习近平主席与安倍首相会晤，确认了两国关系发展的原则和方向。此次中日执政党交流机制第八次会议在日召开，就是要落实双方领导人达成的共识，进一步发挥好党际交流对中日关系的政治引领作用，维护好两国关系发展的政治基础，建设性管控分歧，共同促进双方在"一带一路"框架下的务实合作。

中日执政党之间的交流对两国关系发展至关重要，日方愿与中方进一步密切党际交流，加强政治互信，共同推动日中关系得到不断改善和发展。

（《日本自民党总裁、首相安倍晋三会见宋涛》，新华网，http://big5. xinhuanet. com/gate/big5/www. xinhuanet. com/world/2018 － 10/11/c_1123546552. htm）

安倍与普京会谈就加快《日俄和平条约》谈判达成共识

日本首相安倍晋三当地时间 2018 年 11 月 14 日在新加坡与俄罗斯总统普京举行了长约一个半小时的会谈。双方就以 1956 年《日苏联合宣言》为基础，加快《日俄和平条约》谈判达成共识。《日苏联合宣言》明确写明在和平条约签署后，将南千岛群岛（日称北方四岛）中的齿舞群岛和色丹岛归还日本。

安倍计划最早在 2019 年伊始访问俄罗斯。会谈结束后，安倍表示"决心在此次共识的基础上，不断推动和平条约谈判"。

安倍强调，"将在不断加强信任关系的基础上解决领土问题，缔结和平条约"。安倍还表示，"和普京总统完全共享了不将问题留给下一代、一定通过我和普京总统的手画上终止符这一强烈意志"。

在会谈中，针对在南千岛群岛（日称北方四岛）的共同经济活动，双方一致同意加快促使项目早日实施的工作。双方还确认为实现朝鲜无核化，今后将紧密展开合作。

（《安倍与普京会谈 就加快〈和平条约〉谈判达成共识》，环球网，https://baijiahao. baidu. com/s？id＝1617171609623107531&wfr＝spider&for＝pc）

韩 国

韩国就《韩日慰安妇协议》宣布后续措施

韩国政府 2018 年 1 月 9 日就《韩日慰安妇协议》宣布后续措施。韩国外交部部长康京和表示，韩日两国 2015 年 12 月 28 日签署的《韩日慰安妇协议》无法真正解决问题，但韩方不要求日方重新谈判。

康京和表示，2015 年的协议没有切实体现受害方意愿，无法真正解决日军"慰安妇"问题。但该协议是两国官方协议，这不能否认。鉴于此，政府不会就该协议要求日方重新谈判。希望日方主动遵循国际社会共识，正视历史真相，为恢复受害人的名誉、尊严和疗愈心灵伤痛继续付出努力。"慰安妇"受害老人始终期待日本主动和真正的道歉。

（《韩国就〈韩日慰安妇协议〉宣布后续措施》，《人民日报》2018 年 1 月 10 日，第 21 版）

韩国向朝鲜提议2018年1月15日举行朝方代表团参奥实务会谈

韩国统一部 2018 年 1 月 12 日说，韩国政府当天向朝方提议 15 日 10 时（北京时间 9 时）在板门店韩方一侧的"和平之家"举行有关朝方代表团参加平昌冬奥会的实务会谈。

韩国政府当天下午通过板门店联络渠道向朝方通报了这一提议，并通知朝方将派以统一部次官千海成为首席代表的 3 人代表团参加会谈。韩方同时向朝方递交了有关朝方代表团参加平昌冬奥会及相关文化活动的立场材料。

韩国和朝鲜 9 日晚在板门店结束高级别会谈。双方发表共同声明，就朝方参加平昌冬奥会、双方举行军事部门会谈等事项达成一致。双方强调，双方还将举行各领域会谈，通过对话协商解决问题。

（《韩国向朝鲜提议 15 日举行朝方代表团参奥实务会谈》，《人民日报》2018 年 1 月 13 日，第 11 版）

韩国总统文在寅将会见朝鲜高级别代表团

韩国总统府青瓦台 2018 年 2 月 8 日宣布，韩国总统文在寅将于 10 日会见到访的朝鲜最高人民会议常任委员会委员长金永南率领的高级别代表团并共进午餐。

青瓦台发言人金宜谦在当天举行的例行记者会上还宣布，朝鲜高级别代表团将参加 9 日的平昌冬奥会开幕式。

韩国统一部当天早些时候宣布，朝鲜高级别代表团将于 9 日乘专机从平壤出发，抵达韩国仁川国际机场。

朝中社 5 日报道，金永南将率朝鲜高级别代表团访韩，出席平昌冬奥会开幕式。另据韩国统一部消息，代表团成员包括朝鲜劳动党中央委员会第一副部长金与正、国家体育指导委员会委员长崔辉、祖国和平统一委员会委员长李善权。

第 23 届冬季奥运会于 2018 年 2 月 9 日至 25 日在韩国平昌举行。

（《韩国总统文在寅将会见朝鲜高级别代表团》，新华网，http://www.xinhuanet.com/world/2018-02/08/c_129808794.htm）

韩国总统文在寅：日本不应主张"慰安妇"问题已解决

韩国总统文在寅 2018 年 3 月 1 日表示，作为加害国，日本政府不应主张"慰安妇"问题已得到解决，战争时期反人道罪行不应被"了结"一词所掩盖。

文在寅在出席当天举行的纪念"三一运动"99 周年大会时作出上述表态。文在寅指出，越是不幸的历史越应该被铭记，认真学习那段历史才是真正的解决之道。他强调，日方应正视历史，直面正义，希望日本能与受害邻国实现真正和解，共走和平共存和繁荣之路。

文在寅同时强调，韩国不会对日本提出特别要求，希望日本以史为鉴，真诚反省、和解，与韩国共走未来之路。韩国舆论分析认为，这反映了文在寅政府有关发展韩日关系的基调，即历史问题和面向未来合作要区别对待。

1919 年 3 月 1 日，在首尔塔谷公园，33 位独立运动家聚集在八角亭，宣读《独立宣言》，朝鲜半岛人民掀起了反抗日本殖民统治、争取国家独立的运动。

（《韩国总统文在寅——日本不应主张"慰安妇"问题已解决》，《人民日报》2018 年 3 月 2 日，第 21 版）

中韩自贸协定第二阶段首轮谈判在首尔举行

中国—韩国自由贸易协定第二阶段首轮谈

判 2018 年 3 月 22 日在韩国首尔举行。中国商务部副部长兼国际贸易谈判副代表王受文和韩国产业通商资源部部长助理金荣三分别率团出席。

双方对中韩自贸协定第一阶段实施情况感到满意。按照协定规定，双方将对服务和投资领域的市场准入进行谈判。双方将协商确定《中韩自贸协定第二阶段谈判职责范围文件》。

下一步，双方将落实好两国领导人的重要共识，积极推进中韩自贸协定第二阶段谈判，推动达成互利共赢的协定，不断提升两国贸易投资合作水平。

（《中韩自贸协定第二阶段首轮谈判在首尔举行》，新华网，http://www.xinhuanet.com/2018 – 03/22/c_1122577849.htm）

中国教育部部长陈宝生会见韩国副总理兼教育部长官

2018 年 3 月 26 日，中国教育部部长陈宝生访问韩国教育部，与韩国副总理兼教育部长官金相坤举行会谈。

陈宝生积极评价中韩两国教育交流取得的成果，表示希望双方加强沟通协调，通过推进高等教育政策对接、职业教育合作、青少年体育等领域交流，传承中韩世代友好。

金相坤欢迎陈宝生到访，表示韩方愿与中方相向而行，携手进一步深化两国教育合作。

随后，两国教育部部长见证了中国教育部考试中心与韩国教育课程评价院合作协议的签署。

在韩期间，陈宝生还访问了汉阳大学，接受该校名誉博士学位，面向该校师生发表了题为《携手共进 谱写中韩教育合作新篇章》的演讲，并考察全球首家孔子学院——首尔孔子学院。

（《中国教育部长陈宝生会见韩国副总理兼教

育部长官金相坤》，"新华社"百家号，https://baijiahao.baidu.com/s? id = 1596066415706996162&wfr = spider&for = pc）

朝韩商定2018年4月27日举行领导人会晤

2018 年 3 月 29 日，朝韩在板门店朝方一侧的统一阁举行高级别会谈，双方商定于 4 月 27 日在板门店韩方一侧的"和平之家"举行朝韩领导人会晤。

根据双方发布的联合新闻稿，朝韩双方就会晤日期达成一致；双方商定于 4 月 4 日在板门店就礼宾、警卫、新闻报道等事宜进行实务会谈；双方还将通过文件互换形式就其他具体问题继续磋商。

当天，朝鲜祖国和平统一委员会委员长李善权和韩国统一部长官赵明均作为首席代表出席了高级别会谈。

这将是朝韩第三次举行领导人会晤。2000 年 6 月，时任韩国总统金大中访问朝鲜，与时任朝鲜最高领导人金正日发表《6·15 共同宣言》，开辟了南北和解合作的新时期。2007 年 10 月，时任韩国总统卢武铉访朝，与金正日签署并发表《南北关系发展与和平繁荣宣言》。

（《韩朝商定 4 月 27 日举行领导人会晤》，《人民日报》2018 年 3 月 30 日，第 21 版）

韩朝就履行《板门店宣言》具体方案达成一致

韩国和朝鲜 2018 年 6 月 1 日在板门店韩方一侧的"和平之家"举行高级别会谈，就履行《板门店宣言》的具体方案和后续措施达成一致。

根据双方发布的联合公报，双方商定于 6 月 14 日在板门店朝方一侧的统一阁举行将军级军事会谈，于 18 日在板门店韩方一侧的"和平之家"举行体育部门会谈，于 22 日在朝鲜金刚山举行南北红十字会会谈。双方还同意定期举行高级别会谈，对《板门店宣言》的履行情况进行督查。

（《韩朝就履行〈板门店宣言〉具体方案达成一致》，新华网，http://www.xinhuanet.com/world/2018-06/01/c_1122925993.htm）

韩朝商定2018年8月举行离散家属团聚活动

韩国与朝鲜代表团 2018 年 6 月 22 日在朝鲜金刚山举行红十字会会谈，商定双方将于 2018 年 8 月 20 日至 26 日在金刚山举行离散家属团聚活动。

根据韩方公布的会谈联合公报，韩朝将各自组织 100 名离散家属参加本次团聚。双方计划首先在 7 月 3 日和 7 月 25 日交换并确认离散家属相关信息，8 月 4 日最终确定并交换参与本次活动的离散家属名单。

联合公报说，为保障活动顺利进行，双方将修缮离散家属会面场所。双方还商定，通过交换文件的形式就彼此提出的问题保持磋商，同时双方有意继续通过红十字会会谈或实务对话等形式，协商解决包括离散家属团聚在内的人道主义问题。

这将是韩朝自 2015 年 10 月之后，时隔 2 年多再次举行离散家属团聚活动。自 2000 年 8 月至 2015 年 10 月，韩朝先后举行了 20 次离散家属团聚活动。

（《韩朝商定 8 月举行离散家属团聚活动》，《人民日报》2018 年 6 月 23 日，第 11 版）

韩国总统文在寅访问朝鲜

韩国总统文在寅 2018 年 9 月 18 日上午乘专机抵达朝鲜首都平壤，朝鲜最高领导人金正恩偕夫人李雪主到机场迎接。文在寅此次访问持续到 20 日，朝韩双方领导人在此期间举行 2018 年以来的第三次会晤。

金正恩在机场为文在寅举行欢迎仪式，两位领导人共同检阅三军仪仗队。机场上，数千名朝鲜民众身着盛装，手持花束、朝鲜国旗和朝鲜半岛统一旗，热烈欢迎文在寅。

在摩托车队护卫下，文在寅与金正恩共同乘车进入位于平壤市区的百花园迎宾馆。沿途数万名朝鲜民众高呼"祖国统一"口号，挥舞手中花束、朝鲜国旗和朝鲜半岛统一旗，朝韩领导人一起向欢迎群众挥手致意。

朝鲜《劳动新闻》当天在头版醒目位置刊发消息说，此次历史性的北南首脑会晤是对《板门店宣言》的实践，将成为进一步加快北南关系发展的重大契机。

文在寅是继金大中、卢武铉之后第三位访问平壤的韩国总统。随同文在寅访问的还有韩国政府官员、艺术家和企业家等近 200 人。

（《韩国总统文在寅访问朝鲜》，《人民日报》2018 年 9 月 19 日，第 21 版）

韩国总统文在寅同俄罗斯总统普京举行会谈

为出席东盟系列峰会正在新加坡访问的韩国总统文在寅 2018 年 11 月 14 日在香格里拉酒店同俄罗斯总统普京举行会谈，双方就推动朝鲜半岛和平进程和加强两国各领域合作等事宜交换了意见。

韩国青瓦台发言人金宜谦表示，文在寅向普京介绍了近期韩朝首脑会谈的成果和半岛局势，并感谢普京在韩方改善韩朝关系和实现半岛和平繁荣方面给予关注和支持。普京高度评价了文在寅和韩国政府为实现半岛和平与稳定付出的努力和取得的巨大进展。

金宜谦介绍，普京认为有关各方应在朝鲜无核化取得进展时采取相应措施。文在寅就此呼吁俄方发挥积极作用，促进朝鲜更加果敢地采取无核化措施。两国领导人就（缓解对朝制裁的）条件、现状和氛围等进行了广泛讨论，并就当前的半岛局势进行了坦诚沟通与评价。

在提到朝鲜国务委员会委员长金正恩访韩计划时，普京表示，俄朝目前正就金正恩访俄日程进行协商，他本人也十分关注此事。

文在寅表示，俄罗斯联邦委员会（议会上院）主席瓦莲京娜·马特维延科上月访韩，韩俄两国高层交往频繁，令人欣慰。首届韩俄地方合作论坛上周在韩举行，感谢普京为论坛发来贺词，这次论坛有效加强了俄罗斯远东地区与韩国地方政府之间的合作。

文在寅还表示，目前两国在经贸、人文、各级政府交流合作以及朝鲜半岛和平合作等各方面取得令人满意的进展，期待到韩俄建交30周年的2020年，双边贸易额增至300亿美元，人员往来增至100万人次。同时希望这次会晤进一步推动两国战略合作伙伴关系取得实质性进展，为双方深入探讨朝鲜半岛和东北亚和平繁荣方案创造良机。

普京表示，两国在国际舞台上紧密合作，在解决半岛问题方面有许多共同话题。韩国是俄罗斯在亚太地区最大的贸易伙伴国之一，双边贸易额不断增长。普京还对文在寅提出的"东亚铁路共同体"构想表示支持，并承诺俄方将为实现这一目标积极合作。

（《韩国总统文在寅同俄罗斯总统普京举行会谈》，海外网，http://news. haiwainet. cn/n/2018/1115/c3541093 - 31437831. html？nojump = 1）

朝　鲜

朝鲜高级别代表团将访韩出席冬奥会开幕式

据朝中社2018年2月5日报道，朝鲜高级别代表团将访问韩国，出席平昌冬奥会开幕式。

报道说，朝鲜高级别代表团以朝鲜最高人民会议常任委员会委员长金永南为团长，此行是为"出席第二十三届冬季奥林匹克运动会开幕式"。

2018年1月9日，朝韩在板门店举行高级别会谈后发表共同声明，就朝方参加平昌冬奥会、双方举行军事部门会谈等事项达成一致。朝方表示将派遣高级别代表团和民族奥林匹克委员会代表团参加平昌冬奥会。

（《朝鲜高级别代表团将访韩出席冬奥会开幕式》，新华网，http://big5. xinhuanet. com/gate/big5/m. xinhuanet. com/2018 - 02/05/c_1122367 124. htm）

韩国特使团抵达平壤开始访问朝鲜

据朝鲜中央电视台2018年3月5日报道，韩国总统文在寅派遣的特使团当天抵达平壤，开始对朝鲜进行访问。

报道说，以韩国青瓦台国家安保室室长郑义溶为团长的特使团5日抵达平壤，朝鲜祖国和平统一委员会委员长李善权等在平壤国际机场迎接代表团一行。

据报道，韩国特使团成员还包括国家情报院院长徐薰、统一部次官千海成、国家情报院第二次长金相均和青瓦台国政状况室室长尹建永，另有5名工作人员随行。韩方称此次访问是对平昌冬奥会之际朝鲜最高领导人金正恩派遣特使访韩的回访。

2018年2月9日，朝鲜最高人民会议常任委员会委员长金永南率领的高级别代表团乘专机抵达韩国，出席当晚举行的平昌冬奥会开幕式。次日，文在寅在青瓦台会见朝鲜高级别代表团并共进午餐。金与正作为朝鲜最高领导人金正恩的特使向文在寅转交了金正恩关于改善朝韩关系的亲笔信，并转达了金正恩对文在寅访问朝鲜的口头邀请。

(《韩国特使团抵达平壤开始访问朝鲜》，新华网，http://www.xinhuanet.com/world/2018-03/05/c_1122491302.htm)

朝鲜最高领导人金正恩会见韩国特使团成员

朝鲜最高领导人金正恩会见 2018 年 3 月 5 日抵朝的韩国特使团成员，在听取特使团转达的韩国总统文在寅有关首脑会晤的意愿后，交换了意见并达成满意共识。

(《朝鲜最高领导人金正恩会见韩国特使团成员》，新华网，http://www.xinhuanet.com/2018-03/06/c_1122492170.htm)

朝韩美三方代表在芬兰举行非正式会谈

朝鲜、韩国、美国三方非正式会谈 2018 年 3 月 20 日至 21 日在芬兰南部城市万塔举行，三方代表就朝鲜半岛局势等共同关心的问题交换意见。

3 月 21 日朝韩美三方非正式会谈结束后，芬兰外交部官员基莫·拉赫德维尔塔在万塔会谈现场外，代表三方向媒体宣读一份声明。

声明强调，此次会谈是"多年来为探讨建立信心和缓和朝鲜半岛局势而举行的一系列学术会议之一"，"早在朝鲜半岛事态出现转机之前就已筹备好"。

声明指出，朝韩美三方代表在"积极的气氛中建设性地交换了意见"。

声明未提及此次会谈的更多细节。拉赫德维尔塔拒绝回答媒体相关提问。

据芬兰媒体报道，朝韩美三方各有 6 名代表参加在万塔举行的闭门会谈，来自联合国和欧洲的观察员也参加了会谈。报道说，此次会谈可能为或将于 4 月举行的朝韩首脑会晤以及或将于 5 月举行的朝美首脑会晤做准备。

(《朝韩美三方代表在芬兰举行非正式会谈》，新华网，http://www.xinhuanet.com/2018-03/22/c_1122572244.htm)

朝鲜最高领导人金正恩2018年4月27日上午在板门店跨过军事分界线　与韩国总统文在寅会晤

朝鲜最高领导人金正恩 2018 年 4 月 27 日上午在板门店跨过军事分界线，与韩国总统文在寅会晤。

在传统仪仗队的护送下，两位领导人从军事分界线徒步走到介于"自由之家"和"和平之家"之间的板门店广场。金正恩检阅了韩军传统仪仗队，仪仗队演奏民族传统歌曲《阿里郎》。两位领导人检阅韩军传统仪仗队后，双方随行人员互致问候，欢迎仪式由此结束。

欢迎仪式后，两位领导人步入"和平之家"，会谈于韩国当地时间 10 时 30 分开始。

(《金正恩跨过军事分界线 与韩国总统文在寅会晤》，新华网，http://www.xinhuanet.com/world/2018-04/27/c_1122750386.htm)

朝鲜最高领导人金正恩会见中国国务委员兼外交部部长王毅

朝鲜劳动党委员长、国务委员会委员长金正恩 2018 年 5 月 3 日在党中央总部会见了正在朝鲜访问的中国国务委员兼外交部部长王毅。

王毅首先转达了习近平主席对金正恩委员长的亲切问候。王毅表示，不久前委员长同志成功访华，习近平总书记同委员长同志举行历史性会晤，达成一系列重要共识，揭开了中朝关系的崭新篇章，共同规划和引领中朝关系进入新的发展阶段。

王毅表示，朝方审时度势，果断决策，引

导朝鲜半岛局势出现积极变化。中方支持和祝贺北南领导人成功会晤并发表划时代的《板门店宣言》。会晤为半岛问题政治解决带来了有利契机。中方支持半岛终止战争状态、实现停和机制转换，支持朝方战略重心转向经济建设，支持朝方在推进无核化进程中解决自身正当安全关切。中方愿就此同朝方保持沟通，加强协调。

金正恩请王毅转达他对习近平主席的亲切问候。金正恩表示，朝中友谊是两国老一辈领导人留下的宝贵遗产，弥足珍贵。巩固和发展朝中友好合作是朝方坚定不移的战略方针。不久前我对中国进行了历史性访问，同习近平主席广泛深入交流，达成重要共识，取得丰硕成果。朝方愿同中方一道，推动朝中友好关系迈向新的更高阶段。朝方高度评价中方为朝鲜半岛和平稳定所作出的积极贡献，愿同中方加强战略沟通。金正恩说，实现半岛无核化是朝方的坚定立场。一段时间以来，半岛局势出现的积极变化是有意义的，有利于半岛问题的和平解决。朝方愿通过恢复对话，建立互信，探讨消除威胁半岛和平的根源。

应朝鲜外相李勇浩邀请，王毅于5月2日至3日访问朝鲜。访问期间，王毅同李勇浩举行了会谈。

（《朝鲜最高领导人金正恩会见中国国务委员兼外交部长王毅》，《人民日报》2018年5月4日，第3版）

朝鲜宣布中止2018年5月16日朝韩高级别会谈

朝中社2018年5月16日凌晨报道说，鉴于韩国与美国近日开展针对朝鲜的大规模联合军演等挑衅与对抗行为，朝鲜不得不中止原定于5月16日举行的朝韩高级别会谈，而美国也应对提上日程的朝美首脑会晤的命运三思。

报道说，韩美从5月11日开始在韩国全境开展了大规模联合空中作战演习。此次演习是对《板门店宣言》的"挑战"，是与朝鲜半岛形势背道而驰的"军事挑衅"。

报道说，在韩国采取盲目的侵朝战争演习和对抗做法的险恶形势下，朝鲜不得不中止原本预计于5月16日举行的朝韩高级别会谈。刚迈出第一步的北南关系面临困难和障碍，责任完全在于韩国政府。美国也应对提上日程的朝美首脑会晤的命运三思。朝鲜将密切关注美韩今后的态度。

2018年4月27日，朝韩领导人在板门店举行会晤并签署《板门店宣言》，就改善双边关系、实现半岛无核化与持久和平达成共识。美国总统特朗普5月10日宣布，他与朝鲜最高领导人金正恩的会晤将于6月12日在新加坡举行。

（《朝鲜宣布中止16日朝韩高级别会谈》，新华网，http://www.xinhuanet.com/world/2018-05/16/c_1122841039.htm）

金正恩会见俄罗斯外长拉夫罗夫

朝鲜最高领导人金正恩2018年5月31日在平壤会见俄罗斯外长拉夫罗夫时表示，朝鲜对半岛无核化的意志是"不变、一贯和坚定的"，希望分期解决朝美关系和半岛无核化问题。

报道说，金正恩表示，为了使问题得到解决，各方需"通过高效、富有建设性的对话与协商不断见到实效"。希望在新时期、新形势下，用新方法摸索充分满足各方利益的解决方法，分期解决朝美关系和半岛无核化问题。

拉夫罗夫表示，俄罗斯希望看到一个和平、稳定和繁荣的朝鲜半岛以及东北亚，俄方对此前朝鲜与韩国签署的《板门店宣言》表示赞赏，并愿为该宣言的履行贡献力量。俄罗斯期待与朝韩双方进一步加强经济合作。

双方还就发展新时期朝俄战略和传统关系、在2018年两国建交70周年开展高级别往来及各领域交流合作、实现朝俄领导人会晤等方面达成共识。金正恩对俄方发展两国关系的立场和双方建立新的政治战略互信表示满意。

会谈中，拉夫罗夫还向金正恩转达了俄罗斯总统普京的亲笔信。

（《金正恩会见俄罗斯外长拉夫罗夫》，新华网，http://www.xinhuanet.com/world/2018 - 06/01/c_1122923768_3.htm）

中共中央政治局常委、全国政协主席汪洋出席朝鲜驻华使馆国庆70周年招待会

中共中央政治局常委、全国政协主席汪洋2018年9月6日晚在京出席朝鲜驻华使馆国庆70周年招待会并致辞。

汪洋受习近平总书记委托，代表中国共产党、中国政府和人民热烈祝贺朝鲜建国70周年。在金日成主席、金正日总书记、金正恩委员长和朝鲜劳动党领导下，朝鲜人民坚决捍卫祖国独立，在社会主义建设事业中取得重大成就。在实施朝鲜劳动党七届三中全会上提出的调整战略路线，集中一切力量发展经济后，朝鲜社会主义事业将迎来新的光明前景。2018年以来，两国最高领导人三次举行重要会晤，掀开中朝关系新篇章。中方愿同朝方一道维护好、巩固好、发展好中朝关系，更好地造福两国和两国人民，为地区和平与稳定作出新的贡献。朝鲜驻华大使池在龙表示，发扬光大朝中传统友谊是朝鲜党和政府坚定不移的立场，朝方愿同中方携手努力，推动两党、两国关系取得新的更大发展。

（《中共中央政治局常委、全国政协主席汪洋出席朝鲜驻华使馆国庆70周年招待会》，《人民日报》2018年9月7日，第3版）

韩朝发表《9月平壤共同宣言协议》

韩朝首脑2018年9月19日表示，"双方一致认为应当将半岛打造为没有核武器与核威胁的和平基地，为此需要尽快取得实质进展"。

韩国总统文在寅和朝鲜国务委员长金正恩当天在平壤百花园迎宾馆结束首脑会谈后，签署了《9月平壤共同宣言》并达成了以上协议。

协议内容中指出，"朝方将在相关国家专家的参与下永久废弃东仓里导弹发射台和发动机试验场"，表明将持续采取追加措施的意向。

此外，协议中还决定金正恩委员长将应文在寅总统的邀请于近期访问首尔。

对于缓解军事紧张方面，韩朝决定以结束在包括非军事区等对峙地区的军事敌对关系来逐步消除半岛全境实质战争威胁和解除根本性敌对关系。

关于发展韩朝关系，双方决定2018年内为连接东海、西海线铁路及公路举行开工仪式，并就首先实现开城工业园区和金刚山观光项目正常化的问题达成协议。

为根本解决离散家属问题，双方将尽早成立常设会面所，努力解决视频会面、视频书信交换问题。

为增进文化及艺术领域交流，双方将就平壤艺术团的首尔演出、韩朝联合举办2032年夏季奥运会合作、10·4宣言11周年纪念活动及"三一运动"100周年纪念活动等展开工作协商。

（《韩朝签署〈9月平壤共同宣言〉》，"新华网客户端"百家号，https://baijiahao.baidu.com/s? id = 1612031253221839177&wfr = spider&for = pc）

中共中央政治局常委、全国人大常委会委员长栗战书访问朝鲜并出席朝鲜建国70周年庆祝活动

2018年9月8～10日，应朝鲜劳动党中央

委员会和朝鲜民主主义人民共和国政府邀请，中共中央政治局常委、全国人大常委会委员长栗战书作为习近平总书记、国家主席的特别代表率中国党政代表团访问朝鲜，并出席朝鲜建国70周年庆祝活动。

9月8日下午，栗战书会见了朝鲜最高人民会议常任委员会委员长、朝鲜劳动党中央政治局常委金永南。会见后，栗战书和金永南共同出席了朝方为中国党政代表团举行的欢迎招待会，并观看了朝方为各国代表团和平壤市民举办的音乐舞蹈综合演出。栗战书前往锦绣山太阳宫，向金日成主席和金正日总书记塑像敬献了花篮。

9月9日，中共中央总书记、国家主席习近平特别代表，中共中央政治局常委、全国人大常委会委员长栗战书在平壤会见了朝鲜劳动党委员长、国务委员会委员长金正恩，转达了习近平对金正恩的亲切问候并转交亲署函。

朝鲜建国70年以来，在金日成同志、金正日同志和金正恩同志坚强领导下，朝鲜党和人民奋力推进社会主义建设事业，取得了不平凡的成就。2018年对于中朝关系是具有特殊重要历史意义的一年。习近平总书记和金正恩委员长三次会晤，共叙中朝传统友谊，共商发展中朝关系大计，推动和引领中朝关系迈入新的历史阶段。无论国际和地区形势如何变化，中国党和政府致力于巩固发展中朝关系的坚定立场不会变，中国人民对朝鲜人民的友好情谊不会变，中国对社会主义朝鲜的支持不会变。朝鲜党、政府都将坚定不移地传承并尽全力发展朝中友谊。当前朝鲜正在实施新战略路线，集中精力发展经济，进一步拓展各领域交流合作，共同推动两国的社会主义事业发展。

栗战书应邀出席朝鲜建国70周年庆祝活动，与金正恩等朝鲜党和国家领导人以及平壤各界群众一起，上午在金日成广场观看了庆祝活动游行，当晚共同观看了大型团体操表演

《辉煌的祖国》，共庆佳节，共享喜悦。随后，栗战书出席了朝鲜劳动党中央副委员长崔龙海代表朝方举行的国庆招待会。

9月10日上午，栗战书率中国党政代表团参谒了中朝友谊塔，敬献花篮并在留言簿上题词，深切缅怀在抗美援朝战争中牺牲的中国人民志愿军烈士。栗战书还参观了平壤教员大学，同师生们亲切交谈。栗战书说，今天是中国的教师节，向平壤教员大学的老师们表示慰问，希望学校教职员工做中朝友谊的友好使者，为中朝友谊世代传承作贡献。

（《中共中央政治局常委、全国人大常委会委员长栗战书访问朝鲜并出席朝鲜建国70周年庆祝活动》，《人民日报》2018年9月11日，第3版）

朝鲜纪念《朝中经济及文化合作协定》签署65周年

朝鲜2018年11月22日在平壤举行纪念《朝中经济及文化合作协定》签署65周年招待会，朝鲜内阁副总理李龙男、党中央国际部副部长李昌根、对外经济省副相李光根等朝方官员及中国驻朝鲜大使李进军和使馆外交官等中方人士出席了招待会。

1953年11月23日，朝鲜领袖金日成与中国的周恩来总理共同签署了具有历史意义的《朝中经济及文化合作协定》，确立朝中经济与文化合作的基本框架和发展方向。过去65年来，朝中两国在经济和文化的多个领域加强友好交流与合作，增进了两国人民间的友谊。

李进军在致辞中说，2019年中朝双方将迎来建交70周年，中方愿以此为契机，秉持《中朝经济及文化合作协定》精神，不忘初心，携手前进，进一步深化两国各领域交流合作，加强两国人民友好交流往来，为中朝友好合作关系的持续健康稳定发展谱写更加

辉煌的篇章。

（《朝鲜纪念〈朝中经济及文化合作协定〉签署65周年》，《人民日报》2018年11月26日，第21版）

韩朝决定共同申办2032年奥运会

2018年11月2日，韩朝双方在开城韩朝共同联络事务所举行体育会谈，采纳通过了3个项目的联合公报。

会议决定向国际奥林匹克委员会（IOC）转达共同举办2032年夏季奥运会的书函，并决定2019年1月在德国柏林举行的世界手球锦标赛中组成韩朝联队。韩朝计划持续进行合作，共同推进在2020年东京奥运会、首届世界手球锦标赛中组成韩朝联队。

在会谈结束之后，韩方代表、文化体育观光部第二副部长卢泰刚表示，"这些事宜虽然没有包含在协议中，但双方进行了具体的讨论，将逐一实行。如果有必要，可以通过韩朝联合联络事务所交换文件，也可以直接见面"。

（《韩朝决定共同申办2032年奥运会》，央视新闻，http://m.news.cctv.com/2018/11/02/ARTIfPPX07fuviWDoYikkbXf181102.shtml）

朝鲜外相李勇浩访华

应中国国务委员兼外交部部长王毅邀请，朝鲜外相李勇浩2018年12月6~8日对中国进行为期3天的访问。

12月6日，李勇浩如期抵达北京。12月7日，中国国务委员兼外交部部长王毅在北京同李勇浩举行会谈。包括过境北京在内，这是朝鲜外相李勇浩年内第7次造访中国，此次两国外长会面也是中朝外长年度的第五次会面。

（《朝鲜外相李永浩访华》，新华网，http://

www.xinhuanet.com/politics/2018 - 12/04/c_1123806896.htm）

蒙古国

蒙古国总理呼日勒苏赫

蒙古国总理乌赫那·呼日勒苏赫于2018年4月8~12日出席博鳌亚洲论坛2018年年会并对中国进行正式访问。

呼日勒苏赫1968年6月生于乌兰巴托。1989年毕业于蒙古国防大学政治学专业，1994年毕业于国家行政管理学院国家管理学专业，2000年毕业于蒙古国国立大学法律专业，政治学硕士学历，懂俄语。曾三次当选蒙古国国家大呼拉尔委员（议员），历任蒙古国民主社会青年联盟主席、人民党总书记、部长等职，并于2014~2015年、2016~2017年两次出任副总理。2017年10月出任总理，11月当选人民党主席。

（《蒙古国总理呼日勒苏赫》，新华网，http://www.xinhuanet.com/world/2018 - 04/07/c_1122646057.htm）

蒙古国批准国际公路运输中俄蒙三国政府间协议

蒙古国国家大呼拉尔（议会）全会2018年4月12日批准国际公路运输中蒙俄三国政府间协议，标志着中蒙俄经济走廊框架内的中央公路通道项目已具备在蒙古国境内全面启动的法律基础。

2016年6月通过的《建设中蒙俄经济走廊规划纲要》将促进交通基础设施发展及互联互通作为三方合作重点领域；同年12月，三国签署国际公路运输中俄蒙三国政府间协议。

中央公路通道蒙古国段自东戈壁省扎门乌

德县起，经首都乌兰巴托市，再到蒙俄边境的阿拉坦布拉格小镇，全长 1000 余公里。该高速公路项目中标单位为蒙古国成吉思汗集团公司，预计投资金额超过 100 亿美元。

（《蒙古国批准国际公路运输中俄蒙三国政府间协议》，《人民日报》2018 年 4 月 14 日，第 7 版）

中国帮助蒙古国保护濒危"国熊"

2018 年 4 月 18 日，中国驻蒙古国大使馆临时代办杨庆东和蒙古国自然环境与旅游部副部长巴特巴雅尔分别代表中蒙两国，正式签署了中国政府援助蒙古国戈壁熊保护技术项目实施协议，标志着该项目正式启动。这是中国政府首个野生动物保护技术援外项目，旨在为保护蒙古国的"国熊"——戈壁熊及其生存环境提供技术援助与支持。

根据中蒙两国政府 2017 年 5 月 12 日换文，中方将提供无偿援助资金，在蒙古国巴彦洪戈尔省开展为期 3 年的戈壁熊栖息地管理和技术援助项目，包括栖息地生态环境质量评价研究、栖息地食用植物种群动态研究、栖息地生物多样性监测、戈壁熊种群数量研究、培训保护区技术和管理人员、提供保护区专用设备、野外补食等一揽子援助内容。中国林业科学研究院负责执行实施该项目。

2013 年 10 月，戈壁熊保护合作被列入中蒙两国签署的《中华人民共和国和蒙古国战略伙伴关系中长期发展纲要》。2016 年 9 月，中国林科院派专家组赴蒙实地考察援助蒙古国戈壁熊保护技术项目的可行性。2017 年底，该项目由中国商务部正式立项。

扎米扬夫认为，中国在大熊猫保护方面积累了丰富经验，蒙古国在保护戈壁熊方面可以学习中国的经验。他完全相信这个计划能够顺利实施，并取得很好的成效。

巴特巴雅尔表示，蒙古国戈壁熊极度濒危。

应蒙方要求，中方及时伸出援手，向蒙方提供了帮助，蒙方对此深表感谢。蒙方将与中方全力配合，确保戈壁熊保护技术援助项目顺利实施，为下一步恢复戈壁熊种群数量、改善保护区生态环境奠定良好基础。

（《中国帮助蒙古国保护濒危"国熊"》，《人民日报》2018 年 4 月 19 日，第 22 版）

蒙古国总统巴特图勒嘎会见中国国务委员兼外交部部长王毅

2018 年 8 月 23 日，蒙古国总统巴特图勒嘎在乌兰巴托国家宫会见中国国务委员兼外交部部长王毅。

巴特图勒嘎请王毅转达对习近平主席的亲切问候和良好祝愿。他表示，蒙方钦佩中国的发展成就，重视中国的国际地位，始终将对华关系作为蒙外交的优先方向。2019 年是蒙中建交 70 周年，蒙方愿同中方一道，精心设计安排纪念庆祝活动，以此为契机推动两国友好更加深入人心、两国全面战略伙伴关系迈上新台阶。蒙古国幅员广阔，资源丰富，正处在国家发展建设的重要阶段，愿同中方进一步加强农业、畜牧业、经贸、旅游、基础设施建设等领域的合作，助力自身发展，造福两国人民。

王毅转达习近平主席对巴特图勒嘎的亲切问候。王毅表示，中蒙是山水相连的友好邻邦。中方始终尊重蒙古国的独立、主权和领土完整，相信蒙方也会支持中方维护自身核心利益的努力。中方愿以 2019 年两国建交 70 周年为契机，同蒙方共同规划双边关系未来发展蓝图。

同日，王毅还会见了蒙古国国家大呼拉尔主席恩赫包勒德，并同蒙古国外长朝格特巴特尔举行会谈。

（《蒙古国总统巴特图勒嘎会见王毅》，外交部网站，https：//www. fmprc. gov. cn/web/wjbzhd/t1587724. shtml）

蒙古国总理呼日勒苏赫访问中国、韩国、美国和日本

蒙古国总理呼日勒苏赫 2018 年对四个国家进行正式访问，并签署了促进社会、经济发展的大型协议和协定。

2018 年 1 月 15 日至 17 日，蒙古国总理呼日勒苏赫对韩国进行正式访问。在国际货币基金组织（IMF）计划框架内，双方签署了韩国向蒙古国提供 5 亿美元优买贷款的总协定。4 月 8 日至 12 日，蒙古国总理呼日勒苏赫访问中国。通过双方商定，蒙古国获得 3 亿美元优买贷款，用于中央污水处理厂工程。9 月，蒙古国总理呼日勒苏赫对美国进行正式访问。其间，双方在美国向蒙古国提供 3.5 亿美元无偿援助的协议上签字。12 月 12 日至 15 日，蒙古国总理呼日勒苏赫对日本进行正式访问。在 IMF 计划框架内，蒙古国获得"财政、社会和经济改革发展政策贷款"的第二期融资。

（《蒙通社评出 2018 年蒙古国十大要闻》，凤凰新闻网，https://ishare.ifeng.com/c/s/7jABmyaL4no）

中国国务委员兼外交部部长王毅、俄罗斯国防部部长谢尔盖·绍伊古、朝鲜外相李勇浩访问蒙古国

2018 年蒙古国接待中国国务委员兼外交部部长、俄罗斯国防部部长、朝鲜外相、土耳其总理、德国国防部部长、印度内务部部长等各国高官。其中，中国国务委员兼外交部部长王毅、俄罗斯国防部部长谢尔盖·绍伊古和朝鲜外相李勇浩访问的意义重大。

8 月 23 日至 25 日，中国国务委员兼外交部部长王毅对蒙古国进行正式访问。其间，王毅视察了使用中国政府 3000 万美无偿援助在乌兰巴托建设的残疾儿童发展中心项目工程和使

用 3 亿美元优买贷款建设的乌兰巴托中央污水处理厂工程进程。

10 月 18 日，俄罗斯国防部部长谢尔盖·绍伊古对蒙古国进行正式访问。其间，双方在发展两国国防部关系和军事合作长期计划上签字。此外，俄罗斯向蒙古国无偿提供军用设备。

12 月 8 日至 9 日，朝鲜外相李勇浩正式访问蒙古国。其间，李勇浩与蒙古国对外关系部部长朝格特巴特尔就开展社会、经济等各个领域的合作以及使朝鲜半岛无核武器等问题展开讨论。

（《蒙通社评出 2018 年蒙古国十大要闻》，凤凰新闻网，https://ishare.ifeng.com/c/s/7jABmyaL4no）

中国藏文化交流团访问蒙古国

由中国国务院新闻办公室派出的中国藏文化交流团从 2018 年 9 月 15 日起对蒙古国进行访问。

交流团与蒙古国专家学者、藏传佛教界代表人士以及媒体等进行了交流，通过介绍西藏和云南迪庆地区经济社会发展、藏传佛教情况以及中国为保护和发展藏文化所采取的政策措施等，加深了蒙古国各界对中国藏文化的理解。9 月 16 日，中国藏文化交流团与蒙古国佛教界进行了广泛的接触和交流，分别参观了位于乌兰巴托市的达希乔依林寺、曼巴达仓寺、赛音诺门寺等寺庙，并与寺庙堪布喇嘛进行了交流。

9 月 17 日，中国藏文化交流团在中国驻蒙古国大使馆举行座谈交流会。中国驻蒙古国大使馆临时代办杨庆东、中国社会科学院学部委员郝时远、蒙古国大库伦寺堪布喇嘛桑吉道尔吉、蒙中友协秘书长其米德策耶以及蒙古国佛教、学术、智库、媒体等各界人士 50 余人参加。中国驻蒙古国大使馆政务参赞高凤英主持座谈交流会。

杨庆东在致辞中说，此次中国藏文化交流

团对蒙古国的访问是中方落实两国领导人共识、推进双方人文交流的具体举措。相信今天的活动，一定能够增进蒙古国学术界、媒体界以及普通民众对中国的了解，增进两国人民的友谊。

（《中国藏文化交流团访问蒙古国》，新华网，http://www.xinhuanet.com/world/2018-09/17/c_1123443951.htm）

蒙古国蒙古人民党主席、政府总理呼日勒苏赫和国家大呼拉尔主席恩赫包勒德会见中共中央政治局委员、天津市委书记李鸿忠

2018年10月22日，蒙古国蒙古人民党主席、政府总理呼日勒苏赫和国家大呼拉尔主席恩赫包勒德在乌兰巴托分别会见中共中央政治局委员、天津市委书记李鸿忠。

李鸿忠表示，中国党和政府高度重视中蒙关系，始终将中蒙关系放在周边外交重要位置。习近平主席2014年成功访蒙，将中蒙关系提升为全面战略伙伴关系，为中蒙关系发展指明了方向。2018年以来，两国领导人多次会晤，就深化中蒙关系达成一系列重要共识，双方政治互信持续增强，发展战略对接进一步提速。中方愿全面贯彻亲诚惠容理念，同蒙方一道落实好两国领导人达成的重要共识，推动中蒙全面战略伙伴关系迈上新台阶。

呼日勒苏赫和恩赫包勒德高度评价中共十八大以来以习近平同志为核心的党中央带领全党全国人民奋斗取得的巨大成就，表示近年来蒙中关系发展顺利，各领域交流合作成果丰硕。蒙方愿同中方一道筑牢双边关系政治基础，深入对接两国发展战略，促进双方各领域务实合作，更好造福两国人民。

应蒙古国政府办公厅邀请，李鸿忠率中共代表团于10月21日至24日访蒙。其间，李鸿忠还分别会见了蒙古国政府副总理恩赫图布辛、政府办公厅主任赞丹沙塔尔、外长朝格特巴特尔和民主党主席额尔登，并同蒙方领导人共同见证了有关合作项目签约仪式。

（《蒙古国蒙古人民党主席、政府总理呼日勒苏赫和国家大呼拉尔主席恩赫包勒德会见中共中央政治局委员、天津市委书记李鸿忠》，《人民日报》2018年10月24日，第3版）

东北亚经济

中 国

全球森林资源 中国增长最多 林业总产值首破7万亿元

党的十八大以来，中国成为同期全球森林资源增长最多的国家。2017年全国林业总产值首次突破7万亿元。

国家林业局局长张建龙介绍，党的十八大以来，中国林业改革发展取得全方位、开创性成就。其中，国土绿化稳步推进。5年造林5.08亿亩，森林覆盖率达到21.66%，森林蓄积量达到151.37亿立方米，成为同期全球森林资源增长最多的国家。森林质量得到普遍重视，建设和划定国家储备林4766万亩，国家储备林制度初步建立。5年累计治理沙化土地1.5亿多亩，绿进沙退的趋势进一步巩固。森林城市建设上升为国家战略，国家森林城市增加到137个。

林业资源保护全面加强。全面停止天然林商业性采伐，天然林保护范围扩大到全国，19.44亿亩天然乔木林得到有效保护，每年减少资源消耗3400万立方米，天然林生态功能逐步恢复。全国湿地保护率由43.51%提高到49.03%，启动了湿地生态效益补偿、退耕还湿试点，共恢复湿地350万亩，安排退耕还湿76.5万亩。全国林业自然保护区达2249处，总面积达18.9亿亩，占国土面积的13.14%。

2017年，我国林业一二三产业比例为32:

48:20，第三产业比重较2012年提高8个百分点，林业产业结构不断优化。全国林业主要产业带动5200多万人就业。林业新产业新业态蓬勃发展，其中2017年森林旅游业成林业产业最大增长点，年接待游客14亿人次，社会综合产值1.15万亿元。

东北振兴金融合作机制成立

2018年1月5日在国家发改委等部门推动下，由国家开发银行、国家开发投资公司牵头联合40余家金融机构共同发起的东北振兴金融合作机制在北京成立。这40余家金融机构包括工商银行、中国人保、中国人寿、中国太保、中国信保、辽宁省社保基金、北京首钢基金等。

东北振兴金融合作机制旨在搭建连通政府部门、金融投资机构与东北各级地方政府以及各类企业之间的桥梁，打造开放式信息共享平台和投融资服务合作平台，汇聚金融资源，助力东北老工业基地振兴。合作机制在现行金融监管体制下规范运作，主动接受一行三会等监管部门指导。国家发改委副主任林念修说，当前东北地区经济筑底回稳的迹象逐步显现，积极因素不断积聚。合作机制要为推动东北经济转型发展打造助力器，为防范化解重点领域风险构建安全阀，为优化东北金融生态环境提供新途径。

2017年底中国外汇储备3.14万亿美元

2018年1月中国人民银行公布的外汇储备规模数据显示，2017年12月末，中国外汇储备规模为 31399 亿美元，较 11 月末上升 207 亿美元，升幅为 0.66%，连续第 11 个月出现回升。

国家外汇管理局有关负责人表示，2017 年 12 月，中国跨境资金流动和境内外主体交易行为进一步趋于稳定和平衡。国际金融市场总体小幅波动，主要非美元货币汇率上涨和资产价格上升，推动外汇储备规模出现上升。

从 2017 年全年来看，外汇储备规模自 1 月降至 29982 亿美元后稳步回升，年末较年初上升 1294 亿美元，升幅为 4.3%。2017 年，中国宏观经济运行总体平稳，保持稳中向好的态势，推动跨境资金流动更加稳定平衡。国际收支形势稳健为外汇储备规模连续稳步回升提供了保障。

中国2017年完成快递业务量401亿件

2018 年 1 月 8 日，2018 年全国邮政管理工作会议通报的数据显示，2017 年全国完成快递业务量 401 亿件，同比增长 28%；业务收入完成 4950 亿元，同比增长 24.5%；消费者申诉处理满意率达到 98.2%。

"我国快递业务量已连续 4 年稳居世界第一，"国家邮政局党组书记、局长马军胜说，"我国包裹快递量已超过美、日、欧等发达经济体，对世界增长贡献率超过 50%，成为世界邮政业的动力源和稳定器。"

基础筑得更牢。截至 2017 年底，全国快递专业类物流园区超过 230 个，行业运营全货机达 96 架。快递"上机上车"工程取得新突破，邮政快递包裹占到航空货邮运输量的 40%，高铁快递示范线建设、铁路场站设施综合利用等顺利推进。

2017 年，中国快递业还有许多新变化、新亮点。快递企业迎来上市潮。截至 2017 年底，7 家企业陆续上市，已形成 6 家年收入超 300 亿元的大型企业集团。

马军胜说，党的十九大提出建设交通强国，作为现代综合交通运输体系的重要组成部分，

国家邮政局提出分两步走，到 21 世纪中叶，将全面建成现代化邮政强国。

中国经济总量突破80万亿元

2018 年 1 月 18 日，国家统计局对外公布，初步核算，全年国内生产总值（GDP）为 827122 亿元，中国经济总量首次站上 80 万亿元的历史新台阶。

2017 年中国经济的名义增量约为 8.4 万亿元，这意味着中国一年的经济增量相当于 2016 年全球第十四大经济体的经济总量。

按可比价格计算，2017 年中国 GDP 同比增长 6.9%，实现了自 2011 年以来的首次增长加速，改变了多年来经济增速单向放缓的状况。在增长保持平稳的同时，中国城镇新增就业人数超过 1300 万人，CPI 上涨 1.6%，外汇储备年末近 31400 亿美元……中国经济运行在合理区间，稳的格局更加巩固。

结构在改革中优化。随着供给侧结构性改革深入推进，2017 年，中国服务业增加值占 GDP 的比重为 51.6%，对经济增长的贡献率为 58.8%，服务业为经济第一拉动力；最终消费支出对经济增长的贡献率达到 58.8%，比资本形成总额高 26.7 个百分点，消费成为中国经济的首要引擎。

效益在改革中提升。2017 年 1～11 月规模以上工业企业利润同比增长 21.9%，规模以上服务业企业利润增长 30.4%，增长好于预期。

新动能在加速孕育。工业机器人产量同比增长 68.1%，新能源汽车产量同比增长 51.1%。2017 年，中国高技术产业和装备制造业增加值分别比上年增长 13.4% 和 11.3%，增速分别比规模以上工业高 6.8 个百分点和 4.7 个百分点；全国新登记企业 607.4 万户，比上年增长 9.9%，日均新登记企业 1.66 万户。航空航天、人工智能、深海探测、生物医药等领域涌现出一批重大科技成果，经济运行中的新力量不断增强。

钱包更鼓。2017 年，全国居民人均可支配

收入为 25974 元，同比实际增长 7.3%，人均收入增速继续跑赢人均 GDP。恩格尔系数从 2016 年的 30.1% 降到 2017 年的 29.3%，居民消费结构进一步改善。

环境更好。2017 年，全国 338 个地级及以上城市的 PM2.5 浓度都下降了，2017 年全国单位 GDP 能耗下降 3.7%，超额完成年度目标。

对世界贡献更大。据测算，中国对世界经济增长的贡献率在 30% 左右，仍是举足轻重的稳定器与压舱石。国际货币基金组织（IMF）第一副总裁戴维·利普顿表示："中国已成为全球供应链的中心，是商品出口的巨大磁铁以及全球重要的需求来源。"

海关总署18条措施促跨境贸易便利化

2018 年 3 月，海关总署会同口岸管理各相关部门出台《提升我国跨境贸易便利化水平的措施（试行）》，提出 18 条针对性举措，进一步优化口岸营商环境，提升中国跨境贸易便利化水平。其中，在优化通关流程方面，推出取消海运提单换单环节、加快实现报检报关"串联"改"并联"、加大担保制度推广力度、深化国际贸易"单一窗口"建设、推进跨部门一次性联合检查 5 项措施。

在降低口岸收费方面，包括规范和降低口岸检查检验服务性收费、治理口岸经营服务企业不合理收费、继续开展落实免除查验没有问题外贸企业（失信企业除外）吊装移位仓储费用试点工作 3 项措施。

在建立完善管理机制方面，主要采取建立口岸通关时效评估公开制度、建立口岸收费公示制度、建立口岸通关意见投诉反馈机制 3 项措施。

首台国产主轴承再制造盾构机应用成功

中国首台使用国产主轴承的再制造盾构机 2018 年 3 月 30 日圆满完成合肥轨道交通三号线掘进任务，标志着中国盾构机再制造水平和盾构机主轴承自主研制取得重大突破。

该盾构设备首次研发使用了国产主轴承。新制主轴承能满足直径 6~7 米盾构机连续工作 1.5 万个小时以上，标志着中国已经掌握了盾构机核心技术，打破了少数国外公司的技术垄断。中铁隧道局有关负责人表示，盾构机作为一种短使用周期、高价值成本设备，实施再制造具有显著的社会和经济效益。

海南全境建设自贸区并探索实行自由贸易港政策

2018 年 4 月 14 日，《中共中央 国务院关于支持海南全面深化改革开放的指导意见》发布，要求坚持全方位对外开放，按照先行先试、风险可控、分步推进、突出特色的原则，在海南全境建设自由贸易试验区，赋予其现行自由贸易试验区试点政策，探索实行符合海南发展定位的自由贸易港政策。作为当今世界最高水平的开放形态，自由贸易港在海南的首发落地，不仅意味着海南拥有了大胆试、大胆闯、自主改的更大权限，更意味着中国在打造高水平开放形态上迈出了坚实一步。

中共中央总书记、国家主席、中央军委主席习近平 4 月 13 日在庆祝海南建省办经济特区 30 周年大会上宣布，党中央决定支持海南全岛建设自由贸易试验区，支持海南逐步探索、稳步推进中国特色自由贸易港建设，分步骤、分阶段建立自由贸易港政策和制度体系。

10 月，国务院批复同意设立中国（海南）自由贸易试验区并印发《中国（海南）自由贸易试验区总体方案》。

《乡村振兴战略规划（2018—2022年)》出台

中共中央政治局 2018 年 5 月 31 日召开会议，审议《乡村振兴战略规划（2018—2022年)》和《关于打赢脱贫攻坚战三年行动的指导意见》。9 月，中共中央、国务院印发了《乡村振兴战略规划（2018—2022 年)》，并发出通知，要求各地区各部门结合实际认真贯彻落实。

乡村振兴战略规划部署了一系列重大工程、重大计划、重大行动。这是中国出台的第一个全面推进乡村振兴战略的五年规划，是统筹谋划和科学推进乡村振兴战略这篇大文章的行动纲领。

中国成为全球第二大外资流入国

总部位于日内瓦的联合国贸易和发展会议（贸发会议）2018年6月6日发布报告表示，2017年中国已成为全球第二大外资流入国和第三大对外投资国，并继续成为发展中国家中最大的外资流入国和对外投资国。

当天发布的《2018世界投资报告》显示，与2017年全球经济和贸易加速增长形成鲜明对比的是，2017年全球外国直接投资（FDI）比2016年下降23%至1.43万亿美元。

报告称，2017年，中国吸收外资1360亿美元，成为全球第二大外资流入国。中国的对外投资降至1250亿美元，但仍是全球第三大对外投资国和发展中国家中最大的对外投资国。贸发会议投资和企业司司长詹晓宁表示，近来中国宣布了一系列投资便利化以及招商引资的措施，在此推动下未来流入中国的FDI有望继续保持在高位水平。

国地税合并启幕 税制改革提速

2018年6月15日，按照党中央、国务院统一部署，全国各省（自治区、直辖市）级以及计划单列市的国税局、地税局正式宣告合并，36个省级新税务机构统一挂牌，标志着国税地税征管体制改革迈出阶段性关键一步。

2018年以来，税制改革提速。1月，《中华人民共和国环境保护税法》正式施行。3月，国务院常务会议提出进一步深化增值税改革，推出将17%和11%两档增值税税率分别下调1个百分点、统一增值税小规模纳税人标准等三项深化增值税改革的措施。8月，十三届全国人大常委会第五次会议表决通过了关于修改个人所得税法的决定，完成个税法自1980年出台

以来的第7次大修。

首届中国幸福企业建设战略研讨会在京召开

2018年7月6日，清华大学和中铁四局合作举办的"首届中国幸福企业建设战略研讨会"在清华大学召开。研讨会探讨了新时代国企发展的新思路及幸福企业建设新路径。

研讨会希望通过对"国企如何创造中国特色的企业发展战略和管理经验"等议题进行交流，总结出一套具有中国特色的社会主义国企在企业管理和发展方面的全新思路和路径，在世界管理体系中构建中国话语体系。研讨会由清华大学社会科学学院、清华大学社会治理与发展研究院主办，清华大学心理学系承办，有关方面负责人和专家学者等130余人参加。

中国保险业推出首个保单全口径查询通道

2018年"7·8全国保险公众宣传日"新闻发布会7月8日在京举行。会上，中国保险行业协会发布首个消费者保单统一查询通道，即可贯穿保险服务全链条的公益性网络平台——中国保险万事通。该系统具有保单查询、专业咨询、产品展示、需求分析、理赔指引五大功能，消费者下载手机软件就能随时随地查询。

该平台目前汇集了全国166家保险公司的1500余位客服人员，为消费者提供有针对性的产品服务咨询。平台选取多个保险机构不同维度的智能模型，对消费者意外险、普通寿险、健康险以及家庭理财等多方面的需求、消费能力和风险承受能力进行评估与匹配。已经投保的消费者，可通过该平台查询保单状态并管理保单信息。

中俄特大型能源合作项目首船亚马尔液化天然气运抵中国

中俄能源合作重大项目——亚马尔液化天然气项目向中国供应的首船15.9万立方米液化天然气（LNG）通过北极东北航道运抵中国石

油旗下的江苏如东，2018 年 7 月 19 日上午 11 点，首船亚马尔 LNG 入港仪式在如东 LNG 接收站隆重举行。

亚马尔项目是中国提出"一带一路"倡议后在俄罗斯实施的首个特大型能源合作项目，项目位于俄罗斯境内的北极圈内，是目前全球在北极地区最大的液化天然气工程。项目的天然气可采储量达到 1.3 万亿立方米，凝析油可采储量达 6000 万吨；将建成 3 条年产量 550 万吨的 LNG 生产线，全部建成后每年可生产 1650 万吨 LNG、120 万吨凝析油，其中第一条生产线已于 2017 年 12 月投产。

根据签署的长期购销协议，在亚马尔项目第二条、第三条 LNG 生产线投产后，中国石油将从 2019 年起，每年进口 300 万吨 LNG。亚马尔项目作为中俄在北极圈的首个全产业链合作项目，将带动俄罗斯能源产业和边疆地区发展，还能丰富中国清洁能源供应，加快推进中国能源结构的优化。

中国马铃薯种植面积世界第一

中国农业科学院国家薯类作物研究中心揭牌仪式 2018 年 8 月 1 日在京举行。中国主要薯类作物年种植面积超过 1.5 亿亩，占全国可用耕地的 8% 左右。其中，马铃薯和甘薯的种植面积和总产量均居世界第一位。薯类作物是我国粮食作物的重要组成部分，其产业发展对促进我国种植业调整，支持农业发展具有重要意义。

国家薯类作物研究中心是在整合农科院在马铃薯和甘薯领域研究力量的基础上建立的国家级薯类作物研究公共平台。建立该中心旨在有效整合薯类作物科技资源，探索建立新形势下高效农业科技协同创新的组织模式，建成具有世界先进水平的薯类作物研发与成果展示平台。

中国·二连浩特中蒙俄经贸合作洽谈会举办

2018 年 8 月 22 日，第十届中国·二连浩特中蒙俄经贸合作洽谈会在内蒙古自治区二连浩特市闭幕。本届洽谈会主题为"推进'一带一路'建设，拓展开放发展空间"，历时 5 天，举办了商品展洽会、中蒙俄政府间和工商界区域合作高峰论坛等活动。

本届洽谈会共有中蒙俄路桥沿线地区政府、商会、企业 3500 余人参加，签订合作协议 11 个，协议资金达 83.18 亿元。其中，商品展洽会参展企业达 700 多家，主要来自中国、蒙古国、俄罗斯、韩国等国家和地区，展出的商品有新能源、人工智能、珠宝玉器、服装服饰、民族工艺品、食品等 8 类 100 多个品种。本届洽谈会共邀请中蒙俄官方代表 180 人、论坛推介会代表 340 人，在跨境经济合作区、特色产业、旅游合作等方面达成多项合作共识。本届洽谈会由内蒙古自治区人民政府、蒙古国乌兰巴托市政府、蒙古国东戈壁省政府、俄罗斯联邦布里亚特共和国政府、俄罗斯联邦伊尔库茨克州政府主办。

个税起征点上调

2018 年 8 月 31 日，十三届全国人大常委会第五次会议通过关于修改个人所得税法的决定，个税起征点上调为每月 5000 元，从 2018 年 10 月 1 日起实施。这是自 1980 年个税立法以来的第 7 次修改，距上次修改时隔 7 年。此次修改的最大亮点在于开启了从分类税制向综合与分类相结合的个人所得税制的改革，把以前的工资薪金所得、劳务报酬所得、稿酬所得、特许权使用费所得作为综合所得，按照统一的超额累进税率进行征税。纳税人总体上税负都有不同程度的下降，特别是中等以下收入群体税负下降明显，有利于增加居民收入、增强消费能力。

中国国家主席习近平出席第四届东方经济论坛全会

2018 年 9 月 12 日，第四届东方经济论坛全会在符拉迪沃斯托克（海参崴）举行。中国国家主席习近平、俄罗斯总统普京、蒙古国总统巴特图勒嘎、日本首相安倍晋三、韩国总理李洛渊等出席。

习近平发表了题为《共享远东发展新机遇 开创东北亚美好新未来》的致辞，强调中方愿同地区国家一道，维护地区和平安宁，实现各国互利共赢，巩固人民传统友谊，实现综合协调发展，促进本地区和平稳定和发展繁荣。

习近平指出，在普京总统亲自倡议下，东方经济论坛已经成功举办3届，成为各方凝聚智慧、共商合作的重要平台。中国一直是俄罗斯远东合作的积极支持者和参与者。双方合作地缘优势独特，政治基础牢固，政策保障有力，机制完备高效。在双方共同努力下，近年来，中方参与俄罗斯远东合作成果显著。今明两年是我和普京总统确定的中俄地方合作交流年，为双方远东合作开辟了更加广阔的空间。中方愿同俄方一道努力，优势互补，互利共赢，推动中俄远东合作取得更多成果。

东北亚中医药暨康养产品博览会举行

2018年9月14～16日，由吉林省贸促会、吉林省科技厅、吉林省中医药管理局等单位联合主办的东北亚中医药暨康养产品博览会日前在吉林长春举行。本次博览会共设置六大特色展区，涵盖了中医药产业上下游产品及辐射行业，吸引了来自泰国、马来西亚等10多个国家和地区的企业协会组团参展。

本次博览会展览面积近3万平方米，设860个国际标准展位，展示内容涵盖中医药生产研发企业、中医药器械及生产设备、医疗机构和康养机构、非物质文化遗产等多个领域，并以图片、音像视频等形式，多方位、多角度展示中医药文化、吉林省中医药资源及中医药产业发展成就等内容。

广深港高铁全线开通运营

2018年9月23日，广深港高铁香港段正式开通运行，两列首发列车先后从深圳北站和香港西九龙站对开，这标志着广深港高铁全线开通运营，香港连通全国高铁网进入高铁时代，也标志着香港正式接入国家高铁网络。广深港高铁香港段的开通，大大缩减了来往粤港的时间。

习近平在东北三省考察

2018年9月25～28日，习近平总书记在东北三省考察，主持召开深入推进东北振兴座谈会并发表重要讲话。

习近平总书记分别在黑龙江省委书记张庆伟、省长王文涛，吉林省委书记巴音朝鲁、省长景俊海，辽宁省委书记陈求发、省长唐一军陪同下，深入黑龙江农垦建三江管理局和齐齐哈尔市、吉林松原市、辽宁辽阳市和抚顺市，实地了解东北振兴情况。

他在座谈会上强调，要认真贯彻新时代中国特色社会主义思想和党的十九大精神，落实党中央关于东北振兴的一系列决策部署，坚持新发展理念，解放思想、锐意进取，瞄准方向、保持定力，深化改革、破解矛盾，扬长避短、发挥优势，以新气象新担当新作为推进东北振兴。习近平总书记站在国家发展大局的高度，深刻阐释东北振兴的重大意义，着眼"全面振兴、全方位振兴"的目标任务，提出6个方面的明确要求，为新时代东北振兴提供了行动指南。

中俄首座跨界河铁路大桥中方段主体工程全部完成

2018年10月13日，中俄同江—下列宁斯阔耶铁路桥（简称"同江中俄铁路大桥"）重要组成部分——黑龙江特大桥中方最后一吊钢梁安装到位，标志着同江中俄铁路大桥中方段主体工程全部完成。

同江中俄铁路大桥于2014年2月26日奠基，是中俄首座跨界河铁路大桥，设计铁路年过货能力2100万吨。大桥全长7193.71米，其中跨江大桥主桥全长2215.02米，中方境内1886.45米，俄方境内328.57米。大桥建成通车后，将使中国国内铁路与俄远东地区至西伯利亚铁路相连，增加一条连俄通欧国际大通道，对加强中俄经贸往来、推动"一带一路"建设、助力新时代东北振兴发挥重要作用。

《东北亚能源互联网规划研究报告》和《东南亚能源互联网规划研究报告》发布

2018 年 10 月 16 日，由全球能源互联网发展合作组织主办的能源互联网发展论坛在北京召开，并首次发布了《东北亚能源互联网规划研究报告》和《东南亚能源互联网规划研究报告》，为相关地区清洁能源开发与电网互联，解决能源供给形势严峻、化石能源比重过高和跨国输电能力不足等问题提供了综合方案。

当天发布的《东北亚能源互联网规划研究报告》提出，东北亚地区清洁能源需要进行跨国跨区大范围配置以满足能源生产消费需求，预计到 2030 年左右，东北亚的清洁能源装机占比将超过化石能源，成为地区主力电源。

中国85个贫困县（市、区）摘帽

国务院扶贫办 2018 年 10 月 17 日宣布，陕西延长县等 85 个贫困县（市、区）已达到脱贫标准，经国务院扶贫开发领导小组同意，由相关省区人民政府宣布脱贫摘帽。这是中国打响脱贫攻坚战以来第四批宣布脱贫摘帽的贫困县，也是数量最多的一批，至此，四批脱贫摘帽县总数达到 153 个。

中国民营企业座谈会召开

2018 年 11 月 1 日，中共中央总书记、国家主席、中央军委主席习近平主持召开民营企业座谈会并发表重要讲话。他强调，非公有制经济在中国经济社会发展中的地位和作用没有变，我们毫不动摇鼓励、支持、引导非公有制经济发展的方针政策没有变，我们致力于为非公有制经济发展营造良好环境和提供更多机会的方针政策没有变。在全面建成小康社会、进而全面建设社会主义现代化国家的新征程中，

中国民营经济只能壮大、不能弱化，而且要走向更加广阔的舞台。习近平总书记明确提出了大力支持民营企业发展壮大的六个方面的政策举措，为保持民营经济良好发展势头注入了强大动力，为民营经济走向更加广阔的舞台注入了坚定信心。

2018 年全国粮食总产量65789 万吨（13158亿斤）

2018 年中国粮食生产保持稳定，总产量达到 65789 万吨（13158 亿斤），尽管比 2017 年减少 371 万吨（74 亿斤），下降 0.6%，但仍处于高位水平，又是一个丰收年。

2018 年中国粮食播种面积为 17.56 亿亩，比上年减少 1428 万亩，下降 0.8%。因播种面积减少，粮食减产 107 亿斤。豆类播种面积增加，薯类种植面积稳定。粮食种植结构调整效果明显。

中国粮食单产水平继续提高。谷物、豆类、薯类三大类粮食单产水平均有所提高。2018 年，中国粮食作物单产 375 公斤/亩，每亩产量比上年提高 0.9 公斤，增长 0.2%。其中，谷物单产增长 0.3%，豆类单产增长 2.7%，薯类单产增长 2.0%。因单产提高，粮食增产 33 亿斤。

中俄最大核能合作项目二期工程全面投产

2018 年 12 月 22 日，中核集团田湾核电 4 号机组 100 小时满功率运行考核试验结束。至此，中俄最大的核能合作项目——田湾核电二期工程（3、4 号机组）全面投产。

田湾核电站位于江苏省连云港市。田湾二期工程两台机组按期全面投产后，一年发电量大约可供 1000 万户中国家庭使用一年，预计每年减排效益相当于在长江三角洲地区种植了超过 3.5 万公顷的绿色森林。

中国东北地区和俄远东及贝加尔地区政府间合作委员会第二次会议召开

中国国务院副总理胡春华 2018 年 8 月 21

日在大连与俄罗斯副总理兼总统驻远东联邦区全权代表特鲁特涅夫共同主持召开中国东北地区和俄罗斯远东及贝加尔地区政府间合作委员会第二次会议。

加强中国东北和俄罗斯远东及贝加尔地区的合作，是习近平主席和普京总统达成的重要共识，有助于丰富中俄全面战略协作伙伴关系的内涵。委员会第一次会议以来，两国有关部门和地方积极落实会议成果，推动合作取得新的进展。

此次会议的主要任务是落实两国元首的重要共识，推动解决存在的问题，拓展合作的广度和深度，取得更多务实的成果。双方举行了富有成效的会谈，一致同意加强沟通交流，加大工作力度，进一步完善委员会机制，加强对合作的规划引领，优化营商环境，提升通关便利化水平，推进互联互通建设，在基础设施、农业、林业等领域推动实施了一批新项目，为扩大港口物流、资源开发、现代农业、装备制造等领域的投资合作创造条件，为中俄经贸合作不断注入新动力。

全国国有企业改革座谈会召开 突出抓好混合所有制改革

全国国有企业改革座谈会 2018 年 10 月 9 日在京召开。中共中央政治局委员、国务院副总理、国务院国有企业改革领导小组组长刘鹤出席会议并讲话。

会议要求，突出抓好中国特色现代国有企业制度建设，加快形成有效制衡的法人治理结构；突出抓好混合所有制改革，夯实基本经济制度的重要实现形式；突出抓好市场化经营机制，充分调动企业内部各层级干部职工积极性；突出抓好供给侧结构性改革，加快高质量发展步伐；突出抓好改革授权经营体制，推动国有资本投资、运营公司试点取得实效；突出抓好国有资产监管。

港珠澳大桥正式通车运营

2018 年 10 月 24 日，港珠澳大桥正式通车运营。港珠澳大桥总长约 55 公里，是"一国两制"下粤港澳三地首次合作共建的超大型跨海交通工程。这是世界总体跨度最长、钢结构桥体最长、海底沉管隧道最长的跨海大桥，也是公路建设史上技术最复杂、施工难度最大、工程规模最庞大的桥梁。大桥在设计理念、建造技术、施工组织、管理模式等方面进行了一系列创新，标志着中国隧岛桥设计施工管理水平走在了世界前列。大桥建成将极大便利居民通行，大桥成为连接粤港澳大湾区东西两岸的重要枢纽。

中国国家主席习近平出席首届中国国际进口博览会开幕式并发表主旨演讲

首届中国国际进口博览会 2018 年 11 月 5 日在上海开幕。国家主席习近平出席开幕式并发表题为《共建创新包容的开放型世界经济》的主旨演讲，强调回顾历史，开放合作是增强国际经贸活力的重要动力；立足当今，开放合作是推动世界经济稳定复苏的现实要求；放眼未来，开放合作是促进人类社会不断进步的时代要求。各国都应该积极推动开放合作，实现共同发展，开创人类更加美好的未来。中国推动更高水平开放的脚步不会停滞，推动建设开放型世界经济的脚步不会停滞，推动构建人类命运共同体的脚步不会停滞。

本次会议强调共建创新包容的开放型世界经济，宣布中国扩大开放新举措，宣布增设中国上海自由贸易试验区新片区。在上海证券交易所设立科创板并试点注册制，支持长江三角洲区域一体化发展并将其上升为国家战略。

11 月 5 日至 10 日，以"新时代，共享未来"为主题的首届中国国际进口博览会，吸引了 172 个国家、地区和国际组织参会，3600 多家企业参展，超过 40 万名境内外采购商到会洽谈采购，展览总面积达 30 万平方米。此次博览会首次进入中国的展品多达 5000 余件，按一年计，累计意向成交额达 578.3 亿美元。这是迄今为止世界上第一个以进口为主题的国家级展会，是国际贸易发展史上的一大创举。

第二届中韩省长知事会议在京举行

由中国人民对外友好协会、北京市政府和韩国市道知事协议会共同主办的第二届中韩省长知事会议 2018 年 11 月 27 日在京举行。两国地方政府代表围绕"推动文化旅游产业的交流与合作""加强气候环境领域的保护与应对"等双方共同关心的议题进行了广泛交流。

双方会后发表《共同宣言》，在加强地方政府环保合作、旅游合作和人文交流方面达成共识，并决定第三届中韩省长知事会议于 2020 年在韩国举行。

中俄能源商务论坛在北京开幕

中俄能源商务论坛 2018 年 11 月 29 日在钓鱼台国宾馆开幕。中共中央政治局常委、国务院副总理韩正出席开幕式，宣读习近平主席贺信并致辞。

举办中俄能源商务论坛，是中俄两国元首达成的重要共识。中国国家主席习近平和俄罗斯总统普京对本次论坛高度重视，都专门发来贺信。能源合作是中俄全面战略协作伙伴关系的重要组成部分，是中俄务实合作中分量最重、成果最多、范围最广的领域之一。在两国元首的亲自关注下，经过两国政府和企业的共同努力，中俄能源合作持续积极发展，取得了丰硕的成果。

中俄同为具有重要全球影响力的大国，承担着合作保障全球能源安全、推动全球能源可持续发展的重要使命。中俄两国能源合作具有显著的互补优势和协同优势，是长期、稳定、深入的合作。

本次中俄能源商务论坛的主题为"进一步深化中俄能源贸易、投资及金融的全方位合作"，来自中俄双方有关部门和近 90 家企业的

400 余人参加开幕式。

庆祝改革开放40周年大会召开　作出深化改革开放新部署

庆祝改革开放 40 周年大会 2018 年 12 月 18 日上午在北京人民大会堂隆重举行。中共中央总书记、国家主席、中央军委主席习近平在大会上发表重要讲话。

"将改革开放进行到底，不断实现人民对美好生活的向往，在新时代创造中华民族新的更大奇迹！"在大会上，习近平总书记发表重要讲话，回顾改革开放 40 年的光辉历程，总结改革开放的伟大成就和宝贵经验，作出了坚定不移全面深化改革、扩大对外开放等一系列战略部署。会上，党中央、国务院决定，授予于敏等 100 名同志改革先锋称号，颁授改革先锋奖章；向阿兰·梅里埃等 10 名国际友人颁授中国改革友谊奖章。

俄罗斯

中俄天然气管道东线第二条穿国界江底隧道成功打通

2018 年 5 月 30 日 11 点 58 分，中俄东线天然气管道黑龙江盾构第二条隧道顺利贯通。至此，中国石油管道局工程有限公司承建的黑龙江盾构两条隧道全部实现贯通，为中俄东线天然气管道的按期建成投产奠定了坚实基础。

据悉，黑龙江盾构穿越工程横跨中俄两国界河黑龙江，是连接中俄东线天然气管道中国境内段和俄罗斯境内段的"咽喉要道"，也是施工风险和难度最大的控制性工程。第二条盾构隧道比计划进度提前 36 天，为后续隧道内管道安装施工赢得了宝贵时间。

中俄东线线路起自黑龙江省黑河市中俄边境，途经 9 个省区市，止于上海市，新建管道 3371 公里，工程于 2015 年 6 月开工。建设中俄东线天然气管道工程是中国石油构建我国四

大能源运输通道，服务"一带一路"倡议，持续推进世界一流综合性国际能源公司建设的重大举措。

中俄"品牌合作"渐入佳境

2018 年 7 月 2 日，在莫斯科红场的俄罗斯国家百货商店的金色大厅，俄罗斯—中国国家品牌合作中心正式揭牌。中国驻俄罗斯大使李辉、俄罗斯总统经济顾问格拉济耶夫、俄罗斯中国总商会及俄中实业家理事会和两国企业家共 200 余人出席了仪式。当天"一带一路"中俄国家品牌合作论坛正式开幕。这是继 2017 年 11 月"莫斯科中国品牌商品境外营销中心"项目启动后，中俄两国在品牌建设方面的又一重要举动。伴随着论坛上《俄罗斯—中国国家品牌合作计划——莫斯科宣言》的发布，中俄经贸合作也进入提质升级的"品牌合作"时代。俄罗斯—中国国家品牌合作中心将积极致力于打造优质品牌和服务，为"一带一路"倡议与欧亚经济联盟战略对接贡献力量。

第五届中俄博览会

2018 年 7 月 12 日，为期 4 天的第五届中俄博览会在俄罗斯叶卡捷琳堡市落下帷幕。由中国商务部、黑龙江省人民政府、俄罗斯联邦经济发展部、俄罗斯联邦工业贸易部主办的中俄博览会，是目前我国唯一与其他国家共办的机制性展会。叶卡捷琳堡国际展览中心是乌拉尔地区最大的展馆，也是俄罗斯最大、最现代化的展馆之一。展会期间，还举行了"首届中俄地方合作论坛""首届中俄科技合作学术会议""中俄农业地方合作远景展望圆桌会"等活动。

本届博览会以"新起点、新机遇、新未来"为主题，吸引了 203 家来自中国和俄罗斯的企业参展，创造了中俄博览会参展规模的新纪录。作为中俄两国层次最高、规模最大的综合性展会，本届博览会为中俄共谋合作、创造商机搭建了良好平台，展现了中俄双方深化经贸、地方合作的巨大潜力和光明前景。

世界杯助力俄罗斯提振经济

7 月 15 日，2018 年俄罗斯世界杯足球赛在莫斯科卢日尼基体育场落下帷幕。世界杯期间，来自世界各地的游客数量出现了井喷式增长，带火了俄罗斯住宿和零售等消费市场。

世界杯期间，俄罗斯举办城市接待游客超过 500 万人，平均每座城市增长 74%。世界杯开赛仅一周，莫斯科公共餐饮业 POS 机交易活跃度就增加了 1 倍。世界杯最后一周，圣彼得堡和莫斯科的旅店订满率达 74%。俄罗斯本地球迷在 4 周的赛程中消费高达 1200 万美元。世界杯期间，各国球迷在俄的消费超过 20 亿美元，仅客流就可能给俄罗斯经济带来 0.2% 的增长。

从俄罗斯世界杯组委会发布的《2018 年俄罗斯世界杯对经济、社会和环境领域的影响》报告能够看出，俄罗斯希望摆脱过度依赖能源出口的经济体系，把世界杯视为提振国家经济的一个重要契机。

俄罗斯逾12万人申请"远东1公顷"土地

据俄罗斯远东发展部 2018 年 7 月 28 日发布的数据，共有 12.05 万名俄罗斯人在俄远东地区申请 1 公顷土地，其中 4.28 万人已成功通过相关审核获得土地。

俄政府目前对"远东 1 公顷"土地上有发展前景的产业实行财政支持和补贴政策，已有 1569 名土地获得者从俄政府获得了 2.57 亿卢布（约合 408 万美元）的资金。"远东 1 公顷"土地政策促进了俄合作社经济的发展，在已分发的土地上正计划成立 1.57 万个合作社。

俄罗斯远东发展部指出，"远东 1 公顷"土地政策带动了俄远东地区新居民点的出现。俄政府 2020 年前将拨款 119 亿卢布（约合 1.89 亿美元）用于支持在这些地区新建道路等基础设施。

俄罗斯总统普京 2016 年 5 月签署《远东 1

公顷土地法》，吸引俄人口落户俄远东地区以促进远东开发。从 2017 年 2 月 1 日起，俄所有公民都有权在俄远东联邦区一次性无偿获得至多 1 公顷土地的使用权。根据法律，俄公民可获得土地 5 年无偿使用权，土地可用于个人住宅、农业开发、旅游或其他目的，到期后在土地得到开发利用的情况下可继续租用或获得土地产权。

日　本

日本计划提高可再生能源比例

2018 年 5 月，日本经济产业省披露了预计在 2018 年夏季的内阁会议上通过的《能源基本计划》草案。该草案首次明确将推动太阳能和风力等可再生能源成为"主力电源"。据统计，2016 年日本可再生能源发电占比仅为 15.3%。根据日本 2015 年制定的一项目标，到 2030 年要让可再生能源占比升至 22% ~ 24%，核电控制在 20% ~ 22%，化石燃料降至 56%。此次草案维持之前的方针不变，没有提出新的数值目标。

火力发电依然是现在日本的核心电源。作为人口超过一亿的发达经济体，日本能源消耗量巨大，化石燃料缺乏导致其严重依赖进口。能源安全是至关重要的问题。

日本《能源基本计划》草案认为，进一步制定支持太阳能的政策很重要，可以让太阳能发电企业或自己用太阳能发电的业主有足够动力，继续进行太阳能发电。此外，为了推动海上风力发电，日本将完善海域利用规则。草案还提出要加强利用氢气能源，把多余电力转换为氢能加以储存，以对输出功率不稳定的可再生能源形成补充。

在这份草案中，核电被定位为"重要的基荷电源"。以往，日本的能源战略一直以核电为中心。有分析指出，一贯重视核电与煤炭火力发电的日本，在太阳能和风力发电领域起步较晚，要迎头赶上并非易事。鉴于日本政府一直以来的能源方针，除冲绳电力公司外的日本各大电力公司都拥有核电站，对发展可再生能源并不积极。不过科技进步让可再生能源的发电成本大幅下降，为把可再生能源作为"主力电源"提供了技术支持。日本媒体指出，要把可再生能源变为日本的"主力电源"，日本能源界需要来一场彻底的意识改革。

日本举办"一带一路"研讨会

多名日本学界、法律界、经济界等领域专家 2018 年 5 月 24 日在东京举办"一带一路"研讨会，认为日中关系改善将为两国开展"一带一路"合作创造有利条件，呼吁日本政府抓住机遇、积极参与合作。

日本名古屋市立大学特任教授中川十郎认为，"一带一路"令中国成为推动欧亚大陆贸易、投资、物流等发展的重要动力。在英国"脱欧"及美国贸易保护主义抬头的背景下，"一带一路"将为全球化经济合作带来新机遇，日本应积极加入亚投行，积极参与"一带一路"合作，实现共赢。

日本政府和业界探讨加快促进汽车电动化

日本经济产业省和企业界联合举办的第二次新时代汽车战略会议 2018 年 7 月 24 日在东京举行。会议提出，到 2050 年力争实现日本汽车厂商在全球销售的新车全部为电动车。

会议表示，日本政府和企业界将加强合作，加快普及包括全电动、混合动力以及氢燃料电池动力在内的各类电动汽车。

会议还决定，在 2018 年秋天邀请世界各国的电动车行业标准制定机构来日本开会，商讨关于制定电动汽车充电国际标准的问题。

"2018 年中日海洋对话会"在东京举行

由中国南海研究院和日本笹川和平财团海洋政策研究所共同主办的"2018 中日海洋对话会"于 2018 年 7 月 30 日至 31 日在日本东京举

行，中日专家围绕中日两国海洋政策的最新动向、中日两国的蓝色经济发展现状和中日两国海洋合作可开展领域等议题进行了坦诚深入的交流。

此次对话会是在中日和平友好条约缔结40周年、中日关系向好发展的背景下举行的。海洋的安全、环境保护以及和平利用是中日两国共同关切的问题，中日两国政府间存在海洋问题磋商机制。中日两国应该面向未来，就重要的涉海问题及海洋经济合作领域等主题展开积极的讨论。此次中日两国智库的对话成果能为政府间磋商发挥积极作用。

日本劳动力市场供不应求

日本厚生劳动省2018年7月31日发布的数据显示，日本正式员工有效求人倍率6月升至1.13倍，创2004年11月开始统计这项指标以来的新高。

数据显示，经季节调整后，包括兼职等在内的6月整体有效求人倍率为1.62倍。

另一方面，完全失业率出现4个月来的首次上升。日本总务省日前发布的劳动力调查数据显示，6月完全失业率为2.4%，环比上升0.2个百分点。统计显示，完全失业率升高的原因是主动离职的人数增加了7万人。

日本总务省认为，劳动力市场供不应求的状态持续，为寻求更好条件而换工作的人增加了，整体就业形势仍在改善。在人手普遍短缺的情况下，企业为吸引人才，也增加录用待遇更优的正式员工。

区域全面经济伙伴关系协定部长级会议在东京举行

2018年6月30日至7月1日，区域全面经济伙伴关系协定（RCEP）第五次部长级会间会在东京举行。东盟10国、中国、澳大利亚、印度、日本、韩国、新西兰等16国经贸部长或代表出席会议。中国商务部副部长兼国际贸易谈判副代表王受文代表钟山部长参会，国家发改委、工业和信息化部、财政部、农业农村部和海关总署派员参会。

与会各方就货物贸易、服务贸易、投资和规则领域等相关问题进行了深入讨论。会议发表了《联合新闻声明》，表示在当前全球贸易面临单边主义挑战的背景下，尽快结束RCEP谈判至关重要。部长们重申将共同努力，取得突破，致力于完成一个惠及各方的区域一体化协定。

日本品牌畅销中国电商年中购物节

据新华社东京2018年6月24日报道，中国电商巨头阿里巴巴集团日前在东京发布的数据显示，在刚刚结束的天猫"618"年中购物节中，日本品牌夺得跨境电商国别销售额冠军。

数据显示，在此次天猫购物节中，日本品牌销售额比去年同期增加80%，其中天猫国际日本品牌销售额同比增加225%。在各类日本商品中，美容产品和婴儿用品人气最高，其中化妆水销售额是2017年的8倍以上，纸尿裤销售额是2017年的两倍。

在阿里巴巴集团新零售战略推动下，2018年天猫年中购物节一改往年以线上为中心的模式，实现线上和线下融合，数码设备、化妆品、食品、服装等销售额大幅增长。

中日韩三国工商界研讨交流会在东京举行

由中日韩三国合作秘书处主办的中日韩三国工商界研讨交流会2018年7月3日在东京举行，来自三国的支持创新创业的公共部门、主要商协会、大型企业及初创企业的约百名人士参加。与会人士围绕跨境创新、创业合作展开讨论，期待三国合作为亚洲和全球经济提供新发展动能。本次研讨交流会的主题是"发展中日韩跨境创业"。

日本车企扩大中国市场产能

2018年8月，《日本经济新闻》多篇报道指出，日本车企纷纷看好中国市场，竞相扩大在华产能。

2018 年日本车企在中国的销量将超过 500 万辆，首次超过日本国内市场。对于日系车企来说，中国市场的重要性进一步增强。2018 年，中国汽车市场规模达到 3000 万辆，而美国是 1750 万辆左右，中国早已超越美国成为全球最大的汽车市场。日本汽车品牌的全球销量中有近三成来自中国市场。

丰田汽车 2018 年在中国的销售量预计同比增长 9%，达到创纪录的 140 万辆。目前丰田汽车在中国的年产能为 116 万辆，今后将在天津和广州的两处合资工厂投资约 1000 亿日元，使纯电动汽车和插电式混合动力车等车型的产能分别增加约 12 万辆。本田汽车计划 2019 年把在华汽车产能从 108 万辆提升至 132 万辆。

在互联汽车领域，本田汽车与阿里巴巴集团旗下的地图信息企业高德地图就多功能车载导航仪系统展开了合作。在自动驾驶领域，本田汽车已决定与具有图像识别技术的新创企业商汤科技展开共同研究。在汽车销售、生产和研发层面，中国变得越来越重要。

日产汽车将在今后 5 年内投入约 1 万亿日元，用于提高中国合资企业的产能及研发纯电动汽车等。目前日产汽车在中国的年产能为 160 万辆左右，正在武汉、常州等地新建工厂或扩大生产线，将成为首家在华年产能超过 200 万辆的日本车企。

"'一带一路'与中日合作模式"研讨会在东京举行

以"'一带一路'与中日合作模式"为主题的研讨会 2018 年 11 月 3 日在东京举行。与会专家学者认为，中日经济互补性强，合作领域前景广阔，两国应抓住"一带一路"建设这一契机加强合作。

日本富士通总研首席研究员金坚敏表示，"一带一路"倡议提出 5 年以来，中国与共建"一带一路"国家合作范围不断扩大，深度不断加深，"一带一路"倡议正成为加速推动经济全球化发展的重要平台。

日本双日株式会社海外业务部中国事务专员林千野说，两国企业已在第三方市场开展了一些合作项目。中日企业各有所长，两国企业加强合作可以取长补短，更好地在第三国开展相关业务。

本次研讨会由日本华人教授会和上海交通大学日本研究中心共同主办。

中国改革开放 40 周年研讨会在日本举行

由中国驻日本大使馆和日本最大的经济团体——经济团体联合会共同主办的"纪念改革开放 40 周年和中日经济合作研讨会"2018 年 12 月 3 日在东京举行。中日两国各界人士共同回顾改革开放 40 年来中国经济发展的历程和成就，并就中国今后的改革开放政策以及中日经济合作新方向展开探讨。

这 40 年中国发生了翻天覆地的变化，成为经济大国。在目前世界局势不安定因素增加的背景下，稳定中日关系越发重要，日中推进合作关系将给东亚乃至世界带来正面影响。

韩 国

韩国 2018 年 7 月起实行 52 小时周工时制

据韩国亚洲经济中文网 2018 年 6 月 27 日报道，近日，韩国修正的《劳动标准法》（以下称《劳动法》）将 68 小时周工时制改为 52 小时周工时制。按照之前的法律规定，一周法定工作时间为 40 小时，加上延长工作时及周末工作时间，劳动者一周工作时间不超过 68 小时。但是在《劳动法》修正案中，劳动者一周法定工作时间为 40 小时，延长工作时间最多为 12 小时，合计 52 小时。

工作时间不受限工种也从原来的 26 个缩减为 5 个。原本的 26 个工种中，社会福利服务业、研究开发、电视广播等 21 个工种将从 2019 年 7 月开始实施《劳动法》修正案。剩余

5 个工种（陆路运输业、水上运输业、航空运输业、其他运输服务业、保健业）必须保障至少连续 11 个小时休息时间。未满 18 岁的劳动者周工作时间从 46 小时缩短为 40 小时（法定 35 小时，延长 5 小时）。

员工人数在 300 人以上的企业、政府机构、公共机关将于 2019 年 7 月 1 日起正式实施新的《劳动法》。规模在 50～300 人的企业将于 2020 年 1 月 1 日开始实施；规模在 5～49 人的企业将于 2021 年 1 月 1 日开始实施。

以 2016 年为准，韩国人的年均工作时间为 2052 个小时，在经合组织（OECD）成员国中排在第 2 位，仅次于墨西哥。韩国政府的目标是到 2020 年，将韩国人年均劳动时间缩短为 1800 个小时。

政府缩短劳动时间不仅仅是让国民能够兼顾家庭和工作，同时也是为了通过缩短劳动时间创造更多的就业机会。300 人以上的企业在招聘新入职员时，政府计划将原本一人每月 40 万韩元的补贴上涨为 60 万韩元。

韩国总统文在寅表示，52 小时周工时制虽然有工资减少和经营负担加重等担忧，但如果这项规定分阶段落实，首先在员工数在 300 人以上的企业实施，韩国社会足以承受。他说，缩短工时将给韩国社会带来巨大变化，让全体工薪阶层享受有休息的生活，也会成为企业通过创意和创新提高生产力的重大契机，并为劳动市场创造新的工作岗位。据韩联社报道，超过五成的韩国人赞成 52 小时周工时制。

韩国政府再推楼市新政　限按揭降温炒房

韩国金融委员会、企划财政部、国土交通部等部门 2018 年 9 月 13 日发表了重磅楼市降温举措。根据该楼市新政，持有一套住房者无法在限购地区以所持住房为抵押买房，在限购区申请房屋出租人贷款时，贷款金额和抵押品价值的比例不得超过 40%，远低于此前的 80%～90%，而与住房抵押贷款的贷款价值比相同。

同时，持有 2 套以上住房的家庭将无法用住房抵押贷款在限购区购房，持 1 套房的家庭仅在有搬家、赡养服务等实际居住需求的情况下可以在限购区按揭买房。即使无房产，若非出于实际居住目的，也不得按揭购买限购区内公示价格超过 9 亿韩元（约合人民币 548 万元）的住房。

近期房价猛涨的韩国首尔市、世宗市全境和釜山市、京畿道部分地区持有 2 套以上住房的房主将最高被课以 3.2% 的综合不动产税，税负上限也由 150% 升至 300%。持有 1 套住房的房主的综合不动产税起征点由公示价格 9 亿韩元降至 6 亿韩元。不动产税的征收范围和力度都大增。

第十九届世界知识论坛在首尔举行

第十九届世界知识论坛 2018 年 10 月 10 日在首尔开幕。爱沙尼亚总统卡柳莱德、联合国前秘书长潘基文、美国联邦储备委员会前主席珍妮特·耶伦等 250 余名各国政要、知名经济学者、商界精英、全球著名企业集团领导人作为演讲者参加此次论坛。

本次论坛为期 3 天，主题为"集体智慧：克服全球混乱的钥匙"。论坛包括五大主题，共 110 余场会议。与会者围绕如何解决当今世界面临的各种问题和挑战，就当今国际秩序、世界经济形势、第四次工业革命带来的技术革新等主题进行讨论，以期通过集体智慧寻找睿智的解决方案。

世界知识论坛由韩国每日经济新闻报社于 2000 年创办，旨在通过分享知识来促进世界经济均衡发展和各国共同繁荣。每日经济新闻会长张大焕在开幕式上表示，当前世界在政治、经济和社会等领域都面临前所未有的挑战，曾经被人们无条件接受的全球秩序如今正在崩塌。因此，通过集体智慧解决当前局面十分关键。希望参加此次论坛的全球学者及各领域精英能够为带领世界迈向共同繁荣建言献策。

韩朝举行铁路及公路连接工程动工仪式

韩国和朝鲜于 2018 年 12 月 26 日上午 10 时左右在位于朝鲜开城市的板门站举行京义线和东海线铁路及公路连接工程动工仪式。

动工仪式包括韩朝代表致辞、轨道对接、揭牌仪式、合影留念等环节。韩国统一部长官赵明均、韩国国土交通部长官金贤美和朝鲜祖国和平统一委员会委员长李善权、朝鲜铁道省副相金润革等韩朝各约 100 名官员和相关人士出席仪式。这次动工仪式显示出韩朝为铁路和公路连接及现代化升级事业积极合作的意愿，具有重要意义。

朝　鲜

朝鲜加快冶金工业技术创新

朝鲜最高领导人金正恩在 2018 年新年贺词中指出，冶金工业部门要进一步完善炼铁、炼钢技术，提高钢铁生产能力，同时切实提高金属材料的质量，以满足国民经济对钢铁材料的需求。近年来，在朝鲜党和政府的领导下，朝鲜钢铁企业奋发图强，齐心协力，在钢铁冶金领域掀起技术创新高潮，取得了可喜的成就。

千里马炼钢联合企业采用微合金化技术，利用现有生产设备，夯实了既能节约合金元素又能生产机械性能高的合金钢的基础。该厂还积极推进无缝钢管生产工序现代化工程，这是采用已经在实践中得到验证的无烟煤煤气化的高温空气燃烧技术，来加强冶金工业自立性和独立性的一项重要工程。这项工程完工后，企业将可以不再依赖进口的重油，凭借国内丰富的燃料正常生产无缝钢管，同时生产操作系统的技术水平也将大大提高。该企业在完成加热炉改造设计后，在很短的时间内又完成了废热锅炉拆卸作业。现在，企业还在继续大力推进炼钢工艺的技术创新，重新制作和安装连铸器，加紧推进轴承钢、合金钢等高性能产品的技术创新。

朝鲜的富宁铁合金厂大量生产多种高品位铁合金，是一家为发展朝鲜冶金工业作出很大贡献的全国知名企业。该厂继成功开发新的铁合金产品后，加紧建立自主开发的铁合金生产工序。该厂集中力量加快建立锰铁和硅铁生产工序，以期将铁合金生产能力提高三倍。为此，该厂在短期内完成炉内的耐火砖砌砖工程后，正在推进供电系统的现代化工序。此外，富宁铁合金厂正在有条不紊地推进建立利用各种合金元素制作多元铁合金和改良剂的生产工序，并与朝鲜国家科学院中央矿业研究所合作，努力实现在选矿工艺流程中获取高品位合金元素等技术创新。

此外，金策钢铁联合企业集中力量制造电磁搅拌技术设备。黄海钢铁联合企业加紧建立全新的锰铁生产工序，并与有关部门科技工作者同心协力努力解决提高钢铁质量的技术问题。

金正恩要求朝鲜军队为经济建设提供保障并发挥作用

据朝中社 2018 年 5 月 18 日报道，朝鲜最高领导人金正恩日前要求朝鲜军队继续在社会主义经济建设中发挥革命先锋队和主力军的作用。

报道说，金正恩是在出席朝鲜劳动党第七届中央军事委员会第一次扩大会议时作上述表示的。金正恩强调，全军要为全民贯彻落实朝鲜劳动党七届三中全会决议提供切实保障，确立革命军风，狠抓党的训练革命方针、思想革命方针和军队现代化方针，改善军人生活。为进一步加强军队建设并改善国家总体防卫事业，此次会议就相关举措进行了讨论并作出决定。会议进行了军方高层人事调整。

2018 年 4 月召开的朝鲜劳动党七届三中全会提出了集中一切力量进行社会主义经济建设的新战略路线。

第二十一届平壤春季国际商品展举行

朝鲜第二十一届平壤春季国际商品展于 2018 年 5 月 21 日至 25 日在位于平壤市内的三大革命展览馆举行。

朝鲜国际展览社课长金日革 5 月 23 日接受记者采访时说，本届展会共有来自朝鲜、中国和伊朗等 15 个国家的 260 多家企业参加，涉及电子、机械、建材、运输、卫生、轻工业和食品日用品工业等多个领域。2018 年展会的规模与 2017 年相比有所扩大，三大革命展览馆内部的展位已经有些不足，有些展位安排在了室外。金日革还表示："2018 年中国企业参展热情很高，占到所有外国参展企业的 70% 左右。随着朝中友谊不断深化，相信朝中经济合作关系也会越来越紧密。"

平壤国际商品展览会由朝鲜国际展览社主办，是朝鲜目前规模最大的国际性展会。该展会始创于 1998 年，每年举办一届，自 2005 年起改为每年春秋各举办一次。

金正恩视察朝鲜海滨旅游区建设项目

据朝中社 2018 年 5 月 26 日报道，朝鲜最高领导人金正恩日前在视察东部元山市时表示，朝鲜要建设世界一流的海滨旅游区，以造福人民。

金正恩视察了元山葛麻海岸旅游区建设工地，对当地建设者在不到几个月的时间内完成许多工程表示赞赏。金正恩还就抓紧推进元山葛麻海岸旅游区建设中面临的一系列问题进行了探讨，要求切实可行地制订建设日程计划，在所有项目建设中严格遵守设计、施工标准和工程施工法要求，以最高水平保证建筑物的质量。他同时指示，要在 2019 年春天完工元山葛麻海岸旅游区建设。

位于元山天然良港附近的葛麻海岸旅游区是朝鲜政府制定的 2018 年重点建设项目之一。

朝鲜人均国民总收入146万韩元

146 万韩元（朝鲜）和 3363 万韩元（韩国）分别是 2017 年朝鲜和韩国人均国民总收入（GNI）。朝鲜维持了 2016 年（146 万韩元）的水平，韩国在同等时间内人均国民总收入从 3212 万韩元增长到 3363 万韩元，韩朝间的差距逐渐扩大。经济增长率和贸易总额等主要统计指标大部分如此。这些资料来自韩国统计厅 2018 年 12 月 19 日发布的 "2018 朝鲜的主要统计指标"。

统计结果显示，2017 年朝鲜的国民总收入为 36.631 万亿韩元，仅为韩国（1730.4614 万亿韩元）的 2.1%。朝鲜人口为 2501 万人，接近韩国（5145 万人）的一半。朝鲜人均国民总收入为 146 万韩元，仅为韩国（3363 万韩元）的 1/23。

朝鲜的经济增长率在 2016 年增加至 3.9%，在 8 年后又一次超过韩国。但是在 2017 年又重新回到了负值（-3.5%）。这是自 1997 年（-6.5%）后朝鲜经济增长率时隔 20 年来的最大降幅。韩国开发研究院（KDI）副研究委员金圭哲（音）表示，"由于 16 年来最严重的干旱及美国强硬的对朝经济制裁，2017 年中朝贸易减少，韩朝间经济差距进一步拉大"。

朝鲜的贸易总额为 55.5 亿美元，是韩国（1.0521 万亿美元）的 0.53%。朝鲜与 2016 年（65.32 亿美元）相比有所减少，韩国在同时期内贸易总额由 9016.19 亿美元增加至 1.0521 万亿美元，两国的差距逐渐拉大。在主要贸易国家中，朝鲜对中国的出口占 93%，进口占 95%，严重依赖中国。然而韩国对华贸易比重出口为 24%，进口为 20%。

朝鲜比韩国领先的是粮食作物和地下资源的生产。朝鲜 2017 年粮食作物生产总量为 470 万吨，超过韩国（447 万吨）。朝鲜的大米生产量（219 万吨）超过韩国（397 万吨）的一半，救荒作物玉米的生产量为 167 万吨，比韩国（7 万吨）多很多。朝鲜煤炭的生产量为 2166 万吨,是韩国(149 万吨)14.5 倍;朝鲜铁矿石的生产量是 574 万吨,是韩国(31 万吨)的 18.5 倍。

蒙古国

蒙古国经济进入稳定增长期

为期两天的蒙古国经济会议 2018 年 5 月 22 日在首都乌兰巴托国家宫闭幕。会议公布了名为《三个支柱发展政策》的未来三年投资规划基础文件,期待为蒙古国经济发展注入新的活力。

据悉,会议在"团结力量"口号下举办了 4 场大会和 12 场分会,蒙古国总统、总理、国家大呼拉尔(议会)主席分别致辞,蒙政府各级官员、议员、私企代表、外国驻蒙使节、国际组织驻蒙代表以及经济学专家千余人共同讨论了蒙古国经济发展面临的问题及未来发展方向。

此次经济会议期间,蒙政府办公厅主任赞登沙塔尔向与会者介绍了《三个支柱发展政策》,这将成为该届政府未来三年投资规划的基础文件。简单说,三个支柱是指蒙古人、好政府、蒙古国资源,具体内容包括多支点经济发展政策,建设公正、有纪律、负责任、稳定的政府,以及以人为中心的社会政策等三大战略 27 个目标。

"根据最新经济指标判断,蒙古国经济开始复苏,逐渐进入稳定增长期",22 日蒙古国总理呼日勒苏赫在经济会议闭幕式讲话中如是说。蒙古国 2017 年国内生产总值(GDP)增长 5.3%,2018 年第一季度 GDP 增长 6.1%,经济发展势头稳中向好。外贸收入增加,外汇储备由 2016 年的 11 亿美元增加到 2018 年 5 月的 32 亿美元。

蒙古国前驻外大使巴亚尔呼认为,蒙古国经济最大的问题是过分依赖矿业,国际大宗商品价格变化直接影响经济增长水平。蒙政府提

出的《三个支柱发展政策》如能顺利实施可有效改变经济结构单一的状况,其中的多支点经济发展政策专门提出了加强农牧业发展,发展矿业和重工业,加大建设基础设施力度等目标。蒙古国应借中国"一带一路"倡议与蒙古国"发展之路"对接之机,推动本国公路、铁路、能源等基础设施建设,为本国经济发展注入新的活力。

分析人士认为,蒙政府应该从根本上重视建立良好的投资环境,保障在蒙外国企业的合法权益;同时要尽量保持国内执政的稳定性,在政党选举正常更迭的过程中,应保持各项政策的延续性。如果能做到这一点,蒙古国经济实现稳定增长并非难事。

蒙古国提出扩建东北亚超级能源网建议

蒙古国总统哈·巴特图勒嘎 2018 年出席了四大国际论坛,即上海合作组织成员国元首理事会第十八次会议、在瑞士日内瓦举行的世界投资论坛、9 月 11 日至 13 日在俄罗斯符拉迪沃斯托克(海参崴)举行的第四届东方经济论坛、10 月 18 日至 19 日在比利时布鲁塞尔举行的第十二届亚欧峰会。其间,总统哈·巴特图勒嘎介绍了蒙古国提出的几项倡议,总理访问了中国、东北亚超级能源网联合工作组。

蒙古国"一带一路"便捷通道正式开通

2018 年 8 月 23 日至 25 日,中蒙两国外长共同宣布乌兰巴托成吉思汗国际机场"一带一路"便捷通道正式开通。具体举措包括蒙方为共建"一带一路"国家政府和商务人员提供落地签证待遇,驻外使领馆为共建国家商务人员发放多次入境加急签证以及开通便捷通道等内容。

该通道将有助于提高通关效率,方便共建"一带一路"国家商旅往来。这一成功经验还将在中蒙边境其他口岸逐步推广。

中企承建蒙古国首座互通式立交桥竣工通车

由中国中铁二十局承建的蒙古国首座互通式立交桥——乌兰巴托市雅尔玛格立交桥2018年11月2日竣工通车。中国驻蒙古国大使馆临时代办杨庆东、经济商务参赞孙维仁、中铁二十局集团五公司总经理高永吉、蒙古国乌兰巴托市长巴特包勒德、市议长阿木尔赛汗、副市长巴雅尔呼、市公路局长陶和陶和巴雅尔等中蒙两国政府官员，以及大桥项目施工人员百余人出席通车仪式。

雅尔玛格立交桥位于乌兰巴托市区前往机场的必经之路上，大桥南北横跨图拉河，项目全长4312.2米，主桥长250.2米，双向四车道，桥梁设计使用寿命不低于100年。2017年5月开工，2018年7月主桥通车，项目总投资约3026万美元，全部使用中方优买贷款。

该立交桥是蒙古国首座互通式立交桥，其建成对乌兰巴托市政建设具有开创性的历史意义。

炼油厂建设工程已启动

2018年6月22日，使用印度政府提供的10亿美元优买贷款在东戈壁省阿勒坦希勒苏木建设炼油厂的工程正式启动。从塔玛萨克矿年均加工150万吨石油，满足国内燃料需求的该炼油厂将于2022年投入使用。

东北亚科技文化

中 国

中国科学家研制成功新型铝—石墨烯电池

2018 年 1 月，浙江大学高超团队研制出新型铝—石墨烯电池，短短几秒便可充电完成，循环充放 25 万次后依然电力十足，并展现出耐热、抗冻、反复弯折不影响性能等优异特性，显示出广泛的应用前景。

新型铝—石墨烯电池的正极是石墨烯薄膜，负极是金属铝。把两片电池串联在一起，就能点亮一组 LED 灯。经过测试，石墨烯正极的比容量达到 120mAh/g（毫安时每克），在 25 万次充放电循环后仍能保持 91% 的容量；同时其倍率性能优异，快速充电可 1.1 秒内充满电，仍具有 111mAh/g 的可逆比容量。

同时，这种电池可以在零下 40℃ ~ 120℃ 的环境中工作，可谓既耐高温，又抗严寒。在零下 30℃ 的环境中，这种新型电池能实现 1000 次充放电性能不减，而在 100℃ 的环境中，它能实现 4.5 万次稳定循环。这种新型电池是柔性的，将它弯折 1 万次后，容量完全保持，而且即使电芯暴露于火焰中也不会起火或爆炸。

首只体细胞克隆猴诞生

2018 年 1 月，中国科学院神经科学研究所宣布，他们利用体细胞核移植技术，在国际上首次实现非人灵长类动物的体细胞克隆，培育出两只克隆猴"中中""华华"。

研究者们选择了猴胎儿的成纤维细胞作为需要移植的体细胞核，去除卵细胞的细胞核之后，将取出的体细胞核注入卵细胞内，这样的卵细胞就会受到体细胞核内信息的指示，产生和体细胞具有一模一样遗传信息的下一代。

体细胞克隆猴的成功，将推动中国率先发展出基于非人灵长类疾病动物模型的全新医药研发产业链，促进针对阿尔茨海默病、自闭症等脑疾病以及免疫缺陷、肿瘤、代谢性疾病的新药研发进程。

中国文化产业新年论坛举办

2018 年 1 月 6 ~ 7 日第十五届中国文化产业新年论坛在北京大学举办。论坛由北京大学主办，北京大学艺术学院、北京大学文化产业研究院、国家文化产业创新与发展研究基地承办。论坛以"新时代：美好生活与文化使命"为主题，探讨在社会主义文化强国建设进程中文化体制机制的改革创新以及文化产业发展的新模式、新业态，以及如何在实践创造中进行文化创造。

论坛上，与会嘉宾围绕传统文化的继承、文化产业的定位、文化的新使命、文化产业发展趋势等话题进行了交流。此外，青年学者学术研讨会上，青年学者围绕传统文化创新与发展、文化空间与创意营造、"一带一路"与文化产业、互联网数字创意与影视产业等主题进行了专题发表和探讨。

新华社推出日本专线

新华社 2018 年 1 月 31 日在东京举行日

专线说明会。日本专线将于 2018 年 2 月 1 日正式上线，为日本用户提供文字、图片、音视频等多种形态的日文新闻产品。

新华社社长蔡名照在说明会上致辞时说，日本专线是新华社继中文、英文、法文、俄文、西班牙文、阿拉伯文、葡萄牙文 7 个语种发稿线路后开设的第 8 个语种发稿线路，也是新华社第一条全媒体国别发稿线路，在新华社发展历程中具有重要意义。这条线路的开通，使新华社第一次拥有了日语供稿平台，也为日本用户更便捷地获取中国新闻提供了新渠道。

日本前首相福田康夫在说明会上致辞时表示，2018 年既是中日和平友好条约缔结 40 周年，也是中国改革开放 40 周年。新华社此时推出日本专线具有重要和特殊意义。中国的发展很快、变化很大，报道中国的新闻多多益善。新华社的日本专线有助于日本社会及国民了解中国，增进日中相互理解，促进日中友好，推进日中关系积极发展。

日本共同社新闻数字株式会社和共同社新闻影像株式会社将在日本市场代理日本专线产品。

中国首颗教育共享卫星 "少年星一号"成功发射

2018 年 2 月 2 日，中国首颗教育共享卫星"少年星一号"搭载长征二号丁运载火箭在酒泉卫星发射中心成功发射升空。

"少年星一号"是一颗 3U 结构的立方体纳卫星，由中国科学院西安光学精密机械研究所投资项目"九天微星"负责整体研制和检测，主要功能是无线电存储及转发，并进行空间成像试验、物联网用户链路验证等。

据悉，完成在轨测试后，"少年星一号"将面向建有卫星测控分站的中小学校和教育机构开放卫星通信资源，服务于全国中小学生，是深化中国梦教育、推动中国中小学航天科普教育实践的全新支点。

中国"一箭双星"成功发射两颗北斗卫星

2018 年 2 月 12 日 13 时 3 分，中国在西昌卫星发射中心用长征三号乙运载火箭（及远征一号上面级），以"一箭双星"方式成功发射第 28、29 颗北斗导航卫星。这两颗卫星属于中圆地球轨道卫星，是中国北斗三号工程第 5、6 颗组网卫星。

经过 3 个多小时飞行后，卫星进入预定轨道。后续将进行集成测试与试验评估，并与此前发射的 4 颗北斗三号导航卫星进行组网运行。

此次发射的北斗导航卫星和配套运载火箭（及远征一号上面级）由中国航天科技集团有限公司所属的中国空间技术研究院和中国运载火箭技术研究院分别抓总研制。这是长征系列运载火箭的第 267 次飞行。

中国发明专利申请量连续七年位居世界第一

2018 年 2 月，中国科学技术协会主席万钢表示，2017 年中国研发经费投入世界第二，全时研发人员数量世界第一，发明专利申请量连续七年全球第一。

党的十八大以来，中国知识产权创造量质齐升。国家知识产权局此前发布的数据显示，截至 2017 年底，中国国内（不含港澳台）发明专利拥有量共计 135.6 万件，每万人口发明专利拥有量达 9.8 件。

专家分析认为，近年来中国国内发明专利拥有量稳步增长，尤其是京津冀地区和长江经济带覆盖省市等国家重点区域专利布局态势良好。此外，中国申请人向外专利申请增势稳定。

欧洲专利局称中国递交申请数量创新高

欧洲专利局 2018 年 3 月 7 日在布鲁塞尔召开的年度新闻发布会上表示，中国在 2017 年递交专利申请数量再创新纪录，中国企业华为首次位居欧洲专利局专利申请公司排名的榜首。

欧洲专利局称，2017 年，欧洲专利局共收到 16.6 万份国际专利申请，比 2016 年增长 3.9%；中国递交的专利申请数量高达 8330 项，比 2016 年增长 16.6%，中国首次取代瑞士成为欧洲专利局五大申请国家之一，仅次于美国、德国、日本和法国。

欧洲专利局指出，中国已经跃升为欧洲专利局十大专利申请国中发展最强劲的国家，并持续成为推动欧洲专利局发展的领头羊。

中国科学家张弥曼获"世界杰出女科学家奖"

2018 年度"世界杰出女科学家奖"颁奖典礼 2018 年 3 月 22 日晚在巴黎联合国教科文组织总部举行。中国科学院院士、中国科学院古脊椎动物与古人类研究所研究员张弥曼与另外 4 位女科学家获颁这一奖项。

联合国教科文组织在此前发布的评奖消息中说，张弥曼创造性的研究工作为水生脊椎动物向陆地的演化提供了新观点。

张弥曼现年 82 岁，是蜚声世界的古鱼类学家。她长期从事比较形态学、古地理学、古生态学及生物进化论的研究。她在泥盆纪总鳍鱼类、肺鱼和陆生脊椎动物关系领域的创新性研究结果，对传统观点提出了质疑。2016 年，她曾获得国际古脊椎动物学界最高奖"罗美尔—辛普森终身成就奖"。

据了解，"世界杰出女科学家奖"每年授予从全球各大洲遴选出的 5 名为科学进步作出卓越贡献的女性，旨在表彰女科学家的杰出成就，并为她们的科研事业提供支持。

中国建成首台散裂中子源

中国散裂中子源 2018 年 3 月 25 日通过了中国科学院组织的工艺鉴定和验收。建成后的中国散裂中子源成为中国首台、世界第四台脉冲型散裂中子源，填补了国内脉冲中子应用领域的空白，为中国材料科学技术、生命科学、资源环境、新能源等方面的基础研究和高新技术开发提供了强有力的研究手段，对满足国家重大战略需求、解决前沿科学问题具有重要意义。

中国散裂中子源建在广东省东莞市，是中国"十一五"国家重大科技基础设施。工艺鉴定验收专家委员会评价：中国散裂中子源性能全部达到或优于国家发展和改革委员会批复的验收指标。装置整体设计科学合理，研制设备质量精良，调试速度快于国外的散裂中子源。靶站最高中子效率达到国际先进水平。

中国散裂中子源就像一台"超级显微镜"，用于研究物质微观结构，在材料科学和技术、生命科学、物理学、化学化工、资源环境、新能源等诸多领域具有广泛应用前景。

通过自主创新和集成创新，中国散裂中子源在加速器、靶站、谱仪方面取得了一系列重大技术成果。设备国产化率超过 90%，显著提升了中国在磁铁、电源、探测器及电子学等领域相关产业的技术水平和自主创新能力，使中国在强流质子加速器和中子散射领域实现了重大跨越，技术和综合性能进入国际同类装置先进行列。例如：国内首次研制成功 25Hz 交流谐振励磁的大型二极和四极磁铁及电源，交流磁场精度达到同类装置国际领先水平；自主研制成功液氢慢化器，通过靶—慢化器—反射体紧凑耦合的物理和工程设计，保证靶站高中子效率等。

中国散裂中子源建成后，将充分发挥一期三台谱仪在材料科学、生命科学、凝聚态物理和化学等领域的作用，为用户提供国际先进的研究平台。

中国研制出新型隔热防火材料

钢筋混凝土结构在受热 350℃ 以上时强度会迅速下降，从而引起坍塌。据新华社 4 月 1 日报道，近期，中国科学技术大学俞书宏教授课题组研制出一种具有双网络结构的酚醛树脂/二氧化硅复合气凝胶材料，可将 1300℃ 高温"隔热"为 300℃ 左右，在提高建筑安全及节能等方面具有应用前景。

这种双网络结构的复合气凝胶，具有树枝状的微观多孔结构，纤维尺寸在 20 纳米以内。这种气凝胶可承受 60% 的压缩而不破裂，具有良好的机械强度和可加工性；两组分间具有很强的相互作用，协同其多孔性，从而产生很好的保温隔热效果。

据了解，这种新型材料优异的防火阻燃和耐火焰侵蚀性，可避免火灾时建筑物承力结构的失效，为人员撤离争取时间。隔热材料的使用可以提高建筑物的能量利用率，降低能耗。

中国科学家研发出可视化"心脏芯片"

东南大学生物医学工程学院生物电子学国家重点实验室赵远锦教授课题组，研发出一种可变色的"心脏芯片"，可以在体外模拟心肌细胞的跳动和收缩，将为药物筛选以及单细胞生物学研究等提供新平台。

据介绍，"器官芯片"是要在微流控芯片上仿生构建微器官来替代生物体，进行药物评估和生物学研究等。作为构建未来新药评价体系的重要发展趋势，"器官芯片"对于支撑我国创新药物研发以及转化医学的发展具有重大战略意义。心脏是人体最重要的器官，因此，构建具有心肌细胞传感功能的"心脏芯片"是"器官芯片"开发的重要内容。

据了解，该技术在心肌相关的新药评价和疾病研究中具有独特优势，与常规的临床试验相比更经济、更快速而且无创伤性，既是临床和理论基础之间一种有机的融合，也是多学科交叉的研究成果。

该研究成果于 2018 年 3 月 29 日发表在国际顶级期刊《科学·机器人学》杂志上，这也是中国学者独立完成的首篇《科学·机器人学》子刊。

中国5.5亿亩农作物应用绿色防控技术

从农业农村部召开的中国农作物病虫绿色防控推进落实会获悉：截至 2017 年底，中国主要农作物绿色防控面积达到 5.5 亿亩，绿色防控覆盖率达到 27.2%，比 2014 年提高 7.2 个百分点。农业农村部种植业管理司会同全国农技中心总结提炼出 28 套适合不同地区、不同作物的全程绿色防控技术模式，将在各地进一步验证后，尽快上升为行业标准。

农业农村部种植业管理司司长曾衍德表示，进一步推进病虫绿色防控，要强化绿色植保和公共植保"两个理念"，突出粮食生产功能区、果菜茶优势区和农产品品牌基地"三个重点"。要大力推行绿色防控替代化学防治，集成组装成熟的可复制、可推广、农民乐意接受的绿色高效技术模式，构建病虫绿色防控的长效机制，增加绿色优质产品的供给。

袁隆平团队在沙漠种植水稻初获成功

2018 年 5 月 26 日，在来自印度、埃及、阿联酋等国专家的参与下，中国工程院院士袁隆平带领的青岛海水稻研发中心团队对在迪拜热带沙漠地区实验种植的水稻进行测产，其中一个水稻材料产量超过 500 公斤，两个水稻材料产量超过 400 公斤，在沙漠里种植水稻初获成功。迪拜将于 6 月下旬组织正式收割测产，根据测产结果，将从试种水稻中选取优势水稻材料，研发适合当地气候环境的杂交水稻品种。

据悉，袁隆平海水稻研发团队此次选取了全球范围内包括耐盐碱水稻品种在内的不同类型水稻品种，在迪拜开展了在高温、低湿、地下水盐度高水位高的沙漠条件下进行品种试种实验，目的是初步掌握水稻在沙漠极端环境下的生长规律和水肥施用条件，为大规模、低成本地利用沙漠地下半咸水推广种植水稻做准备。

青岛海水稻研发中心副主任张国栋介绍，迪拜当地种植水稻最大的挑战是沙漠土壤有机质含量低，无法保墒，地下 7.5 米处多为海水。当地淡水宝贵，主要依靠海水淡化，普通的灌溉方式行不通。该团队利用其独创的"四维改良法"土地改良技术提供了技术保障。其中，要素物联网模组是最关键的核心技术。

根据规划，袁隆平海水稻研发团队与迪拜双方将在 2018 年下半年启动 100 公顷的"海水稻实验农场"，在 2019 年扩展到 100 公顷，并从 2020 年开始快速复制扩大种植面积，双方将以 10 平方公里的"人造绿洲"为单元，打造"绿色迪拜"和"生态迪拜"，大幅提升阿联酋粮食自给能力和粮食安全，并有效改善当地生态环境。

弘扬条约精神，深化中日友好合作

2018 年 8 月 11 日，纪念中日和平友好条约缔结 40 周年国际学术研讨会在北京举行。来自中日双方的友好人士、专家学者及媒体代表等百余人与会。与会代表就两国关系发展的历史经验以及未来合作前景进行了总结与探讨，为推动中日关系重回正轨并长期健康稳定发展建言献策。

第十次中日韩文化部长会议召开

2018 年 8 月 30 日，第十次中日韩文化部长会议在哈尔滨召开。中国文化和旅游部部长雒树刚、韩国文化体育观光部长官都钟焕、日本文部科学大臣林芳正共同出席会议并发表讲话。

会议上，三方共同梳理近年来中日韩文化交流的发展与成果，并就未来进一步深化务实合作交换意见。会后三方发表了《中日韩文化部长会议——哈尔滨行动计划（2018 年至 2020 年）》，规划了未来三年三国重要合作领域与重点项目。中国西安市、韩国仁川市和日本东京都丰岛区被授予 2019"东亚文化之都"称号。

会议期间还举行了中韩、中日、日韩双边会谈，并举办中日韩联合音乐会、"文化之都"论坛等文化活动。

中日韩文化部长会议是三国重要的政府间协商机制。三国已轮流主办了三轮会议，本次会议开启了中日韩第四轮文化对话与合作，推动中日韩文化合作进入了深化务实的新阶段。

中国实现18个量子比特纠缠

2018 年中国科学技术大学潘建伟教授及其同事陆朝阳、刘乃乐、汪喜林等通过调控 6 个光子的偏振、路径和轨道角动量 3 个自由度，在国际上首次实现 18 个光量子比特的纠缠，刷新了所有物理体系中最大纠缠态制备的世界纪录。该成果以"编辑推荐"的形式发表在《物理评论快报》上。该成果可进一步应用于大尺度、高效率量子信息技术。

中国产水下滑翔机"海翼"首次应用于北极科考

2018 年 7 月 28 日，中国第九次北极科学考察队在"雪龙"号上安排布放中国自主研发的"海翼"号水下滑翔机。这是中国自主研发的水下滑翔机首次在白令海布放，也是首次应用于中国北极科考。水下滑翔机是一种新概念水下机器人，它能够通过调节自身浮力和姿态，实现在水中滑行并对水体信息进行收集，其能源利用效率高、噪音低，具有能开展大范围、长时间连续海洋环境观测的优势。此次布放水下滑翔机主要用于测量海洋的温度、盐度和深度。

中国国家主席习近平对首个"中国医师节"作出重要指示

2018 年 8 月 17 日在首个"中国医师节"即将到来之际，中共中央总书记、国家主席、中央军委主席习近平作出重要指示强调，长期以来，中国广大医务人员响应党的号召，弘扬敬佑生命、救死扶伤、甘于奉献、大爱无疆的精神，全心全意为人民健康服务，在疾病预防治疗、医学人才培养、医学科技发展等方面发挥了重要作用并取得了丰硕成果，涌现出一大批医学大家和人民好医生。特别是在面对重大传染病威胁、抗击重大自然灾害时，广大医务人员临危不惧、义无反顾、勇往直前、舍己救人，赢得了全社会高度赞誉。

将每年 8 月 19 日设立为"中国医师节"，体现了党中央对卫生健康工作的高度重视，对广大医务人员优秀业绩的充分肯定。

《全宋笔记》历时十九年编撰完成

历时 19 年，全 10 编，共计 102 册约 2266 万字的《全宋笔记》，7 月在上海师范大学首发。

《全宋笔记》编纂整理与研究是国家社科基金重大项目。宋人笔记是宋代文献的重要组成部分，数量庞大。现存宋人笔记有 500 余种，内容几乎涉及宋代社会的各个领域，对宋代历史和文化研究具有重要价值。20 世纪 80 年代后期，上海师范大学古籍整理研究所在全国高等学校古籍整理研究工作委员会的支持下，尝试开展对宋人笔记进行系统检索，在试点整理 20 种宋人笔记的基础上，逐渐扩大到所有现存宋人笔记，从而全面承担起《全宋笔记》的校点整理工作。

《全宋笔记》由大象出版社出版，2003 年完成第一编，至 2018 年完成第十编。《全宋笔记》为中国古籍整理事业的一项重大成果，也是宋代历史资料整理工作中具有划时代意义的大事。古代笔记是传统文化宝库中的一颗璀璨明珠。笔记既有对社会重大事件的记录，也有对微观生活的具体生动叙述，蕴含着丰富的社会文化信息，内容极为广博，保存了大量正史不屑记载的科技、文化、社会史等方面的珍贵资料，是了解中国古代文化和社会生活的第一手资料，具有其他文献不可替代的研究价值。

目前学术界和出版界已对一批主要的宋代史籍和诗文进行了整理，出版有《全宋文》《全宋诗》《全宋词》，到《全宋笔记》整理完成，宋代文学的文献数呈现一个完整的概貌。

哈尔滨工程大学代表队获国际水下机器人竞赛冠军

第二十一届国际水下机器人竞赛于北京时间 2018 年 8 月 6 日在美国圣迭戈落幕，哈尔滨工程大学 E 唯代表队作为中国唯一参赛队伍夺得冠军，这也是中国高校首次在该竞赛中夺冠。

该赛事由国际无人系统联合会和美国海军装备研究院共同主办，是水下机器人领域最高级别赛事，被誉为该领域的"世界杯"。本届比赛要求机器人能够在水下自主完成投币出发、自主巡线、发射鱼雷、投掷标记物、抓取目标物、水声定位、定点上浮等任务。哈尔滨工程大学 E 唯代表队出色完成了各项任务，并在最终"兑现"任务中，定位、抓取 6 个球，在 47 支参赛队伍中脱颖而出夺得冠军。哈尔滨工程大学鼓励学生创新并通过参加各项竞赛提升能力。本次参赛的 E 唯代表队就是由该校一群有志于机器人研究与创新的学生自发组织成立的创新团体。

首艘"中国造"极地破冰船下水

中国第一艘自主建造的极地科学考察破冰船 2018 年 9 月 10 日在上海下水，并正式命名为雪龙 2 号，标志着中国极地考察现场保障和支撑能力取得新的突破。

雪龙 2 号建造工程由自然资源部所属的中国极地研究中心组织实施，中国船舶工业集团第七〇八研究所设计，江南造船（集团）有限责任公司承担建造。设计船长 122.5 米，船宽 22.3 米，吃水 7.85 米，排水量约 13990 吨，航速 12～15 节，续航力 2 万海里，自持力 60 天，载员 90 人，能以 2～3 节的航速在冰厚 1.5 米 +0.2 米雪的环境中连续破冰航行。

雪龙 2 号是一艘满足无限航区要求、具备全球航行能力，能够在极区大洋安全航行的具备国际先进水平的极地科学考察破冰船。该船可实现极区原地 360 度自由转动，并可突破极区 20 米当年冰冰脊，船舶机动能力大幅提升。

新船将于 2019 年上半年交付使用，执行中国极地考察任务。

中国国象首次加冕奥赛"双冠王"

2018 年 10 月 5 日晚，在格鲁吉亚巴统进行的第四十三届国际象棋奥林匹克团体赛上，中国男队、女队双双逼平对手，最终均凭借小分优势携手夺冠，这是中国国象队首次加冕奥赛"双冠王"，也是国际象棋奥林匹克团体赛自1986年以来首次迎来"双冠"。

国际象棋奥林匹克团体赛是世界上规模最大、水平最高、影响力最广泛的国际象棋团体赛。本届奥赛于9月23日开幕，共有100多个国家和地区的300多支队伍、上千名棋手参赛。

中国产大型水陆两栖飞机 AG600 水上首飞成功

中国自主研制的大型灭火／水上救援水陆两栖飞机 AG600，2018年10月20日上午在湖北荆门漳河机场成功实施首次水上试飞任务。中共中央总书记、国家主席、中央军委主席习近平致电表示热烈祝贺。

AG600 飞机是中国首次按照中国民航适航规章要求自主研制的大型特种用途飞机，也是目前世界上在研最大的水陆两栖飞机。AG600 飞机具有执行森林灭火、水上救援、海洋环境监测与保护等多项特种任务的能力，是国家应急救援重大航空装备，对于填补中国应急救援航空器空白、满足国家应急救援和自然灾害防治体系能力建设需要具有里程碑意义。2016年7月，AG600 飞机总装下线，2017年12月在珠海成功实现陆上首飞。作为中国大飞机"三兄弟"之一的大型水陆两栖飞机 AG600，是继中国自主研制的大型运输机运20实现交付列装、C919 大型客机实现首飞之后，在大飞机领域取得的又一个重大突破，填补了中国大型水陆两栖飞机的研制空白，为中国大飞机家族再添一名强有力的"重量级选手"。

中俄举办"科技创新日"聚焦协同创新发展

在中俄地方合作交流年框架下，由中国科学技术部、俄罗斯联邦科学和高等教育部联合主办的中国—俄罗斯科技创新日暨第三届中俄高技术论坛2018年10月11日在哈尔滨举行，加强中俄协同创新发展成为与会人士的焦点话题。

在中国唯一以对俄合作为主题的国家级新区——哈尔滨新区，已集聚国家和省级研发机构161个、高等院校23所、专业科技孵化器42个，有国家认定的高新技术企业425户。哈尔滨立足地缘优势，建立了丰富稳固的对俄合作渠道，构建起对俄创新服务体系，正逐渐成为中国开展对俄科技合作的窗口和前沿。深度融入"一带一路"建设，打造国际科技合作新高地，为中俄科技合作注入新活力。中国近年来不断同俄罗斯加强科研合作，在国际研发及创新成果转移转化等环节取得成效。加快中俄科技创新合作，是两国全面战略协作伙伴关系的重要组成部分。

中国—俄罗斯科技创新日活动近期还将在莫斯科举行。

首届东北亚文化艺术博览会开幕

2018年11月24日，在"一带一路"倡议提出5周年之际，首届东北亚文化艺术博览会在黑龙江省哈尔滨市开幕。展会吸引了来自全国21个省区市的268家参展商。来自韩国、日本、俄罗斯、朝鲜、蒙古国等国家的多家知名文创企业参展。展览为期5天。

本届博览会以"新时代、新形象、新成果"为主题，展会总面积约1.5万平方米，共设置三大展区，即文化产业综合展区、数字文化展区、艺术精品展区。内容涵盖文化创意、文化科技、工艺美术、非物质文化遗产等。

博览会发挥哈尔滨对俄合作中心城市和深圳国家对外文化贸易基地平台作用，进一步促进东北亚区域文化交流合作。举办首届东北亚文化艺术博览会，是哈尔滨市与深圳市着眼于推动东北亚地区经济和文化交往的重大举措，符合共商共建共享"一带一路"倡议。

中国"藏医药浴法"正式列入联合国非遗名录

2018 年 11 月 28 日，中国"藏医药浴法"被正式列入联合国教科文组织人类非物质文化遗产代表作名录，这也是中国第 40 个入选《保护非物质文化遗产公约》名录的遗产项目。

"藏医药浴法"，藏语称"泷（lóng）沐"，是藏族人民以土、水、火、风、空"五源"生命观和隆、赤巴、培根"三因"健康观及疾病观为指导，将全身或部分肢体浸泡于药物煮熬的水汁中，然后卧热炕发汗，使腠理开泄，祛风散寒、化瘀活络，调节身心平衡，达到治病目的的一种疗法。

藏医药浴疗法有上千年的历史，目前在临床上仍广泛使用。现代医疗设备检验证明，藏医药浴疗法对治疗风湿、类风湿性关节炎、骨性关节炎等病症效果明显。藏医经典《四部医典》中，列有专章讲述药浴疗法。

全球首艘极地凝析油船交付使用

《人民日报》2018 年 12 月 14 日报道，由中国船舶工业集团有限公司建造的全球首艘"极地凝析油船"在广州交付使用，标志着中国成为首个掌握"极地凝析油船"建造技术的国家。

该船历时 2 年建造，载重为 4.45 万吨，是按照俄罗斯船级社商用运输船最高冰区 7 级标准的破冰能力设计，其船艏和船艉都安装了由特种材料制成的冰刀，在零下 50℃的极地严寒条件下，不需要破冰船的引航，艏部可破 1.8 米厚的冰层、艉部可破 1.5 米厚的冰层，也可实现艏艉双向破冰。它没有舵，转向、前进和后退都靠安装在艉部的 2 个全球最大的"吊舱式推进器"，能够保持 2 节以上的航速。

该船交付后将服务于全球最大的"亚马尔"液化天然气项目。

中国首款全复材多用途无人机首飞成功

2018 年 12 月 23 日 16 时 32 分，随着现场飞行总指挥"放飞"指令，翼龙 I－D 无人机开始滑跑、加速，在空中飞行 30 分钟后，按计划圆满完成首次飞行任务。翼龙 I－D——中国首款全复材多用途无人机首飞成功。

翼龙 I－D 无人机系统是以翼龙系列无人机系统为基础研制出的一款全复合材料结构、高性能、中空长航时、多用途无人机系统。翼龙 I－D 无人机通过采用全复合材料结构、优化气动布局、换装大功率发动机等措施，在起飞重量、通信、内部装载和外挂能力等方面都有大幅提升。翼龙系列无人机经历了各种严苛环境的考验，实现了大强度常态化使用，打造了具有完全自主知识产权的"翼龙"无人机品牌。翼龙 I－D 无人机的首飞成功，增强了翼龙系列无人机在国际多用途高端无人机市场的竞争力。

北斗导航系统开始服务全球

北斗三号基本系统完成建设，于 2018 年 12 月 27 日，开始提供全球服务。标志着北斗系统服务范围由区域扩展为全球，北斗系统正式迈入全球时代。

北斗系统是中国自主建设、独立运行，与世界其他卫星导航系统兼容共用的全球卫星导航系统，可在全球范围内，全天候、全天时为各类用户提供高精度、高可靠的定位、导航、授时服务。包括共建"一带一路"国家和地区在内的世界各地，均可享受到北斗系统服务。

北斗系统建设，突破四大类百余项关键技术，确保亚太区域服务稳中有升，完成全球服务核心星座组网建设，实现中国航天能力整体跃升。

北斗系统已成为中国实施改革开放 40 年来取得的重要成就之一。目前，北斗系统已在中国国民经济、国防安全、百姓生活等方面得到广泛应用，产生显著的经济和社会效益。中国愿与世界各国共享北斗系统建设成果，北斗将以更强的功能、更优的性能，服务全球，造福人类。

嫦娥四号探测器成功发射

2018 年 12 月 8 日 2 时 23 分，中国在西昌卫星发射中心用长征三号乙运载火箭成功发射嫦娥四号探测器，开启了月球探测的新旅程。嫦娥四号探测器后续将经历地月转移、近月制动、环月飞行，最终实现人类首次月球背面软着陆，开展月球背面就位探测及巡视探测，并通过已在使命轨道运行的"鹊桥"中继星，实现月球背面与地球之间的中继通信。

中国首次人工创建单染色体生物

中国科学院植物生理生态研究所在国际上首次人工创建了单条染色体的真核细胞。这是合成生物学领域具有里程碑意义的突破，打开了"改造"生命的大门。

以覃重军研究组为主的研究团队完成了将单细胞真核生物酿酒酵母天然的 16 条染色体人工创建为具有完整功能的单条染色体。这意味着，天然复杂的生命体系可以通过人工干预变得简约，自然生命的界限可以被人为打破，甚至可以人工创造全新的自然界不存在的生命。

该研究成果是通过经典分子生物学"假设驱动"与合成生物学"工程化研究模式"来探索解析生命起源与进化中重大基础科学问题的一个新范例。对天然复杂的酵母染色体实施人工改造，赋予其全新的简约化形式，是继原核细菌"人造生命"之后的一个重大突破。

单染色体酵母的"诞生"，意味着中国学者再一次利用合成科学策略，回答生命科学领域一个重大的基础问题，即建立原核生物与真核生物之间基因组进化的桥梁，为人类对生命本质的研究开辟了新方向。

港珠澳大桥开通创多项工程纪录

建筑史上里程最长、投资最多、施工难度最大的跨海大桥——港珠澳大桥创造了一连串世界纪录。

全长 55 公里：世界最长跨海大桥。

15 公里的全钢结构钢箱梁：世界最长钢铁大桥。钢材用量相当于 60 座埃菲尔铁塔。

海底沉管隧道全长 6.7 公里：世界最长海底隧道。

沉管隧道每节长 180 米，重约 8 万吨：世界最大沉管隧道。

隧道最深处在海平面以下 48 米，也是世界纪录。

跨越伶仃洋的港珠澳大桥，东接香港，西接珠海和澳门，总长 55 公里，它集桥、岛、隧于一体，从设计到建设前后历时 14 年，攻克了一系列难题。比如大桥设计东西两个人工岛，用海底沉管隧道连接。隧道由 33 个巨型沉管组成。沉管在海平面以下 13 米至 48 米无人对接，误差控制在 2 厘米内，精准程度史无前例。

一连串极限施工保证了设计实现：世界最大起重船，单臂固定起吊 1.2 万吨；全世界最大深水碎石整平装备，全自动化铺设碎石基床；世界首创的深插钢圆筒快速筑岛，221 天成岛。

港珠澳大桥的设计寿命长达 120 年，打破了中国国内大桥的"百年寿命惯例"。钢管桩确保在海泥中 120 年不损坏，是一个工程奇迹。它还能抗 8 级地震、16 级台风。2018 年几次超强台风丝毫未撼动它。

另外，港珠澳大桥是"积木"搭出来的。工厂预制桥墩、桥面、钢箱梁和钢管桩，风平浪静时现场组装，首次在如此大的工程中实现这一模式。

俄罗斯

俄罗斯加紧布局高科技产业

据《人民日报》2018 年 1 月 24 日报道，俄罗斯日前出台了《俄罗斯高科技产业发展国家报告》，重点介绍俄当前高科技产业发展现状。这份报告由俄罗斯国民经济和国家服务研究院、俄罗斯创新地区协会及国际文传电讯社共同推出，旨在寻找更多潜在的经济增长点，为政府决策提供帮助。

高科技产业在俄罗斯国民经济中占有重要地位。据介绍，俄罗斯国内生产总值中的 20%由高科技产业创造，高科技产品出口额占俄出口总额的 15%。目前俄罗斯大约有 1500 万名高科技产业从业者，高科技产业就业人数约占俄全部就业人数的 1/3。

俄罗斯总理梅德韦杰夫近日表示，俄罗斯将在 2018 年继续加大对高科技产业的支持力度。梅德韦杰夫称，虽然近年来俄罗斯经济出现剧烈波动，但 2017 年政府对民用科技的资金支持仍然增加了 20%。2018 年，俄罗斯将继续加大在这一领域的投入，规模可能达几千亿卢布（1 卢布约合人民币 0.11 元）。他强调，高科技领域将成为财政投入的优先选择方向，因为"科技精英的创意让国民的生活更舒适、更幸福、更有保障"。

俄罗斯工业和贸易部部长曼图罗夫透露，在经受了国际油价低迷和西方制裁后，俄非能源工业领域反而赢得了发展动力和扩大出口的机遇。化学、制药、机械制造等行业对经济起到了明显的拉动作用。俄罗斯企业使用本国设备的比例也大大提高，其中表现最明显的是汽车工业，2017 年前 11 个月生产量增加 12%，并开始出口到古巴、阿尔及利亚等市场。

俄罗斯的传统技术产业强项如国防、飞机制造、核电等工业门类，近年来还加强了与中国的合作。2017 年，中俄共同主办首届中俄创新对话，旨在推动中俄双方创新发展机构、科技型中小微企业、科技园区、创业孵化器等领域的务实合作。2017 年底，中国科技部与俄经济发展部签署《中俄高科技中心框架协议》，两国将在莫斯科附近的斯科尔科沃创新中心打造高科技产业合作基地。

俄密封飞行服完成模拟测试

据《人民日报》2018 年 3 月 29 日报道，

目前的太阳能飞机难以做到机舱完全密封，如果要像大型客机那样进入平流层飞行，飞行员会在高空面临低压低温带来的危险。俄科研人员为此研制了一种密封飞行服，瑞士探险家拉法埃尔·多米扬 27 日穿着这种飞行服首次接受了模拟测试。

按计划，多米扬将于 2020 年驾驶名为"阳光平流层"的太阳能飞机首次试飞。预计该飞机制成后长约 8 米，翼展达 24.8 米，飞机外表面覆盖着总面积约为 22 平方米的太阳能电池板。按试飞计划，该飞机将在距地 2.5 万米高的大气平流层中飞行 15 分钟。

俄研究用新方式改善基因疗法效果

使具有治疗作用的遗传物质顺利穿过靶细胞的内外膜，并且躲避细胞器的分解，是基因疗法成功的关键。俄罗斯科研人员发现，用一种蛋白质制作"密封船"运送少量遗传物质，有望获得更佳疗效。

将核糖核酸（RNA）或脱氧核糖核酸（DNA）等外源性遗传物质植入细胞的过程名为"转染"。此前研究发现，用特定的小干扰 RNA 转染靶细胞可抑制其细胞核内的"问题基因"，使这类基因无法指导生成有害物质。为使小干扰 RNA 顺利穿透靶细胞的内外膜并发挥功效，研究人员尝试制成多种能包裹这种遗传物质并可生物降解的"密封船"——阳离子脂质体，但转染效果并不稳定。

俄联邦医学生物局下属莫斯科免疫研究所的专家 2018 年 6 月在荷兰期刊《胶体与表面 B 辑：生物界面》上发表论文说，为探究上述转染效果的优劣，他们用氨基酸分子数不同且含有荧光物的胶原蛋白二胜肽、三胜肽、四胜肽，分别制成"密封船"，并向其内部填充不同数量的小干扰 RNA，然后用这种复合体转染由人胚胎肾细胞衍生出的一种细胞。结果显示，三胜肽是最高效的材料，其转染效率是四胜肽脂质体的 20 倍。

研究人员说，上述脂质体"密封船"内的

小干扰 RNA 需保持较少填充量。如果填充量过多，就会有大量小干扰 RNA 难以及时脱离脂质体内壁，因而影响穿透力，且更容易被细胞器分解。

俄罗斯新型核潜艇一次齐射4枚弹道导弹

据新华社符拉迪沃斯托克（海参崴）5 月 23 日报道，俄罗斯北方舰队"北风之神"级战略核潜艇"尤里·多尔戈鲁基"号 22 日一次性成功齐射 4 枚"布拉瓦"洲际弹道导弹。这是该级核潜艇首次齐射如此多数量的弹道导弹。

俄北方舰队新闻处发布公告说，22 日"尤里·多尔戈鲁基"号核潜艇从俄罗斯西北部的白海水下向位于俄远东地区堪察加半岛的靶场一次性齐射了 4 枚"布拉瓦"弹道导弹，导弹成功覆盖预定目标，所有预定任务成功完成。

公告说，此次发射检验了"布拉瓦"导弹的战术性能，证明了该导弹的可靠性。

"北风之神"级核潜艇是俄罗斯研制的最新型战略核潜艇，每艘可携带 16 枚"布拉瓦"洲际弹道导弹。目前，俄海军装备 3 艘"北风之神"级核潜艇，其中，1 艘在北方舰队，2 艘在太平洋舰队。"布拉瓦"洲际弹道导弹射程可达 8000 公里，能够携带 6～10 个高超音速分导核弹头。

第二十一届世界杯足球赛在莫斯科开幕

当地时间 2018 年 6 月 14 日晚，第二十一届世界杯足球赛在俄罗斯首都莫斯科开幕。国际足联世界杯是世界足坛竞技水平最高、知名度最高的一项赛事。这是俄罗斯历史上首次承办世界杯足球赛，也是世界杯首次在东欧国家举行。未来 32 天里，32 支球队将通过 64 场赛事争夺代表世界足球最高荣誉的"大力神杯"。除东道主队外，来自亚洲、欧洲、非洲、北中美及加勒比地区、南美洲五个赛区的 31 支队伍在历时两年多的预选赛后锁定世界杯决赛圈名额。

2018 年世界杯足球赛期间，俄罗斯共接待外国球迷约 300 万人。

俄罗斯副总理戈洛杰茨参加相关工作会议时透露，俄罗斯在世界杯期间共为 80.6 万人办理球迷护照，来俄外国球迷共约 300 万人。

戈洛杰茨说，俄罗斯为举办本届世界杯共修建了 269 项基础设施，并会在世界杯后继续使用。其中包括 12 座体育场和 95 个训练场地，而作为世界杯遗产的一部分，其中 64 个训练场地将用于发展儿童足球。

俄罗斯世界杯赛 2018 年 7 月 15 日落幕。在决赛中，法国队 4：2 战胜克罗地亚队，第二次捧起"大力神杯"。

俄总统普京在世界杯决赛后宣布，目前持有俄罗斯世界杯球迷护照的外国游客，2018 年可免签多次入境俄罗斯，并希望外国游客利用好这一机会。

"北京日"系列活动在莫斯科举行

2018 年 7 月 26 日至 30 日，由北京市和莫斯科市共同举办的"北京日"系列活动先后在莫斯科、圣彼得堡拉开帷幕，将北京风貌通过多个维度，原汁原味地带到了莫斯科。

吴裕泰、盛锡福、内联升……这些国人熟悉的北京老字号品牌出现在俄罗斯首都莫斯科市中心的特维尔广场上，吸引了不少当地市民和游客。"北京日"系列活动内容丰富，包括老字号展卖、旅游推介、都市轨道交通可持续发展论坛、城市建设论坛、图片展、书画展、文艺演出等多项内容。"北京日"还举行了俄中企业经贸论坛等活动，两市政府官员、企业家和学者进行了深入交流，诞生了许多领域的合作项目。

北京与莫斯科自 1995 年起结为友好城市。2017 年冬天，莫斯科为北京市民送去了"莫斯科日"。互办城市日，不仅为两国民众带来更多文化体验，也丰富了中俄地方合作交流年活动内涵，体现出两国人民对中俄关系世代友好的期盼。

俄罗斯开始研发液化气飞机

为加强环保，俄罗斯研究人员正在设计"背着"液化气罐的飞机，并进行风洞实验。

俄中央空气流体动力研究所的研究人员在飞机风洞模型的背部从前到后安装了两个托架，将一个圆柱形气罐水平安装到托架上，再把模型放入低速风洞中，检测气罐对飞机尾部方向舵、垂直尾翼或 H 型尾翼功效的影响。

与航空煤油相比，液化气燃烧后的排放物对环境影响相对更小，但液化气必须低温保存在隔热的气罐中，如何使气罐与飞机性能相匹配是关键课题。

研发目标是在确定液化气飞机的最佳空气动力布局后，将其发展成客货运输机。一架这样的飞机可载 50 名乘客飞行约 1500 公里，或将 6 吨货物运到相距约 1000 公里的地方，其巡航时速可达 480 公里。如果计划顺利，这种液化气飞机有望替代俄用于支线运输的安－24 和安－26 涡轮螺旋桨飞机。

俄罗斯小学生暑假很充实

对于俄罗斯学生而言，暑假并不意味着完全的放松和玩耍。放假前，学校一般会给学生开出相应年级的书单。暑假生活还有一个重头戏——夏令营。

俄罗斯冬季漫长，夏日短暂，所以在暑假，学校和家长都会鼓励学生抓紧时间，多亲近大自然。在俄罗斯，夏令营是一种非常流行的青少年假期休闲方式。这种夏令营文化是在苏联时代的少先队夏令营的基础上发展而来的，最早的一批夏令营创建于 20 世纪 20 年代。每到暑假，俄罗斯各地中小学生都会参加各种主题的夏令营活动。俄罗斯的夏令营一般规模大、专业性强、配套设施齐全。有以娱乐休养为主的休闲度假营地，有进行网球、足球等训练的体育夏令营，有学习电脑编程、机械设计的科技主题夏令营，还有军事夏令营等。2008 年汶川地震发生后，俄罗斯几个夏令营还专门接待

了时任俄罗斯总统梅德韦杰夫邀请的数百名来自中国灾区的儿童。

日 本

丰田等7家公司成立联盟分享知识产权日企加速研发电动汽车

据《中国日报》2018 年 1 月 3 日报道，2017 年底，日本铃木、斯巴鲁以及丰田集团大发工业和日野汽车 4 家公司，决定加入由丰田汽车公司主导的电动汽车研发新公司，与原有的丰田、马自达和电装成立 7 公司联盟，分享知识产权，加速构建电动汽车基础技术。

最近几个月以来，丰田在向电动车转型的道路上明显提速。先是宣布到 2030 年左右把集团目前约占 15% 的电动汽车全球销量提高到50%，在 2030 年前投资 1.5 万亿日元用于开发车载电池。接着又与松下公司携手，合作开发电动汽车电池业务。

作为全球汽车业的领军者之一，丰田以往对电动汽车并不积极，而是将主要精力投入混合动力车及下一代氢能源汽车的研发。此次向电动汽车的大幅迈进，被认为主要出于两个原因。一是其主要竞争对手大众集团在"排放门事件"后，加快了电动汽车的开发，到 2025 年前将投放 80 款电动汽车车型；二是全球都在强化汽车环保限制。英国宣布 2040 年全面禁售燃油车。全球最大的汽车市场中国也提高了电动车的销售比例，并将禁售燃油车提上议事日程。

丰田之前不看好电动车是因为车载电池技术存在瓶颈，现有液体电池在安全性和能量密度上无法满足长距离行驶的需求。因此，未来谁能在电池技术上取得突破，谁就能掌握电动车市场的关键。

丰田选择的合作伙伴松下在电池开发上具有领先优势，是美国特斯拉汽车的供应商。松下社长津贺一宏近日表示，将与丰田合作开发下一代全固态电池，可能需要 5 ~ 10 年的时间

才能完成向全固态电池的过渡。

全固态电池的正极、负极和电解质均为固态，不存在漏液问题，安全性较高；只需几分钟就能完成充电，与目前主流的锂离子电池的数十分钟相比，可大幅缩短时间；电池容量扩大，可延长单次充电的行驶距离。

日本一位资深汽车行业咨询师告诉《中国日报》记者，电动汽车战略对丰田及日本车企是个不小的挑战。与传统燃油汽车需要 2 万个左右零部件相比，电动汽车只需 1 万个左右零部件，且在运营方式上更类似于 IT 和电子行业，也就是零部件接口的标准化和即插即用。这将打破日本车企擅长的与众多零部件企业协调的现有优势。此外，电池占到电动汽车成本的 60% 左右，日本车企现有的价值链将面临较大调整。

丰田社长丰田章男日前呼吁，日本车企携手制定电池的统一规格，以对抗海外同行的竞争。

在电动汽车的三大核心技术——电池、电机和电控上，日本目前仍具有一定优势，但欧美和中国正在迎头赶上。大众公司宣布在 2018～2022 年投入 340 亿欧元（约合 4.5 万亿日元）开发电动技术。咨询师认为，电动汽车行业需要大手笔投入，如果日本车企仍固守常规思维，或将错过机会。

不过，丰田会长内山田竹志认为，纯电动汽车的续航里程、电池寿命等需要解决的课题还很多，汽车全部自动化尚待时日，混合动力车和插电式混合动力车仍将长期成为主流。

日企拟用量子计算机缓解交通拥堵

丰田汽车集团零部件巨头电装和丰田通商已在泰国启动应用量子计算机缓解交通堵塞的实证试验。实证试验通过约 13 万辆出租车和卡车的车载装置收集位置信息，使用连接至网络云平台的量子计算机进行解析，其中包括研发瞬间算出躲避拥堵路线的软件。

该服务使用与丰田通商合作的加拿大企业"D–Wave Systems"的量子计算机，其被视为能以相当于以往类型计算机 1 亿倍以上的速度处理信息。

试验成果将力争在 2019 年前后投入使用。研究者认为，这项成果将来还能运用于自动驾驶所使用的人工智能。

中日智库媒体高端对话会在东京召开

由中国公共外交协会主办、中国驻日本大使馆协办，以"新时代中日关系的机遇与挑战"为主题的中日智库媒体高端对话会 2018 年 4 月 24 日在东京召开。

日企发明"一键停车"技术

据《人民日报》2018 年 5 月 24 日报道，客车司机突发急病会威胁整车乘客的安全，为防止这种事故，日本一家车企发明了一键停车技术，在突发情况下司机或乘客可按键紧急停车。

丰田旗下的卡车和客车制造商日野汽车公司日前发布消息说，他们发明出一套"紧急状况停车系统"，可在司机突发急病等紧急状况下通过一个按钮让客车自动减速停车。这种紧急按钮设有多个，司机座位上方、最前排左右乘客座位上方各有一个。

据介绍，在司机突然因故不能正常驾驶车辆时，司机或乘客都可以按下紧急按钮让客车缓慢停下，同时车内和车外都将自动打开报警灯、发出报警音，提醒乘客和其他车辆。日野汽车公司说，这一系统将于 2018 年夏天配置到该公司旗下的一款大型观光巴士上。

日本研究人员发明"生物合成机器人"

据新华社东京 2018 年 6 月 1 日报道，日本东京大学一个研究小组最近利用大鼠肌肉细胞和树脂材料做出一个小型"生物合成机器人"。对这个融合了生物组织的机器人施以电刺激，它能够像人的手指一样活动。

东京大学生产技术研究所日前发布公报说，

该所教授竹内昌治等人利用大鼠肌肉细胞，在树脂制成的"骨骼"上成功培养出两块可相互牵拉的"骨骼肌肉组织"，组成一个大小只有约3厘米的"生物合成机器人"。将其放在特殊溶液中，给肌肉施以电刺激，这个迷你机器人能够弯曲"手臂"搬起一个小圆环。

研究人员说，拥有这种"骨骼肌肉组织"的"生物合成机器人"比以往利用独立肌肉组织进行收缩运动的构造更为耐久，克服了独立肌肉组织容易僵硬的缺点，关节部位的活动范围也更大。

研究人员认为，这一技术今后或可用于研发更好的假肢，以及用于研究与运动有关的疾病的疗法等。相关论文发表在美国《科学·机器人学》杂志网络版上。

日本发明新的癌症光动力学疗法

日本甲南大学2018年6月11日宣布，该校研究人员发明了一种新的癌症光动力学疗法，可有效消灭癌细胞。

据介绍，在很多种癌细胞中会有一种名为"NRAS蛋白质"的物质被激活，它能促进癌细胞增殖和转移，并能减缓癌细胞死亡。因此，研究人员一直在尝试研发一种能阻碍这种蛋白质发挥作用的物质，但由于其构造稳定，其他物质难以与之结合，尚未有这样的药物问世。

光动力学疗法通过向癌细胞加入化学物质并进行特殊光照射，使其产生可消灭癌细胞的效果。甲南大学研究人员发现了一种锌化合物ZnAPC，实验显示，将它加入癌细胞并进行光照后，大幅减少了"NRAS蛋白质"的数量，并且几乎完全消灭了癌细胞。

这项研究目前还处于实验室阶段，相关论文已发表在英国《自然·通讯》杂志网络版上。研究人员说，在其基础上有望开发出可临床应用的治疗癌症的新方法。

日本大力研发全固态电池

据新华社东京2018年6月16日报道，日本新能源产业技术综合开发机构日前宣布，该国部分企业及学术机构将在未来5年内联合研发下一代电动车全固态锂电池，力争早日应用于新能源汽车产业。

该项目预计总投资100亿日元（约合5.8亿元人民币），丰田、本田、日产、松下等23家汽车、电池和材料企业，以及京都大学、日本理化学研究所等15家学术机构将共同参与研究，计划到2022年全面掌握全固态电池相关技术。

日本新能源产业技术综合开发机构称，下一代汽车（含清洁柴油车、混合动力车、电动汽车等）是全球汽车业的未来发展方向。日本众多厂商已纷纷推出纯电动汽车及插电式混合动力汽车的大规模销售计划，更高效的车载电池也因此备受关注。

全固态锂电池结构里没有气体和液体，所有材料都以固态形式存在，高密度性、高安全性等性能使其与传统液态电池相比更具优势，在新能源汽车领域应用前景广阔。

日本借人工智能技术识别早期胃癌

据新华社东京2018年7月27日报道，日本研究人员借助人工智能技术开发出一种胃癌识别方法，能以较高的准确率发现早期胃癌。

日本理化学研究所日前发布公报介绍，分辨早期胃癌与胃炎并不容易，专科医生也未必能通过内窥镜图像做出准确判断。为此，该机构研究人员和日本国立癌症研究中心的研究人员决定利用人工智能深度学习技术来识别早期胃癌图像。

计算机深度学习通常需要数十万至数百万张图像用作学习数据。由于大量收集早期胃癌的高质量图像较为困难，研究人员选取了早期胃癌图像和正常图像各大约100张，并对其进行随机截取和数据扩展处理，生成了大约36万张图像。

计算机深度学习大量图像数据后，研究人员用约1万张未用于学习的图像进行测试，检验计算机能否准确诊断早期胃癌。结果发现，在判断为胃癌的病例中，准确率为93.4%；在判断为正常的病例中，准确率也达到83.6%。此外，计算机在深度学习后除能判断是否患癌外，还能指出癌变部位。

研究人员说，这项研究成果将有助于早期胃癌的发现与治疗，他们接下来将研究如何进一步提高计算机识别的准确率。

日本公开国内最大恐龙化石

据新华社东京2018年9月5日报道，日本北海道大学近日宣布完成了日本国内最大恐龙骨骼化石的发掘工作，并正式公开了体长8米的"鹉川龙"全貌，发掘出如此完整的大型恐龙骨骼化石在日本尚属首次。

"鹉川龙"化石最早于2013年在北海道鹉川町被发现，从化石出土的海相地层判断，该恐龙生活在约7200万年前的白垩纪晚期。

经过北海道大学和当地博物馆随后5年的发掘工作，发掘的骨骼化石数约占到全身骨架的60%，而化石体积约占到全身骨架的80%。研究小组说，这么完整的大型恐龙骨骼化石是世界级的标本。

"鹉川龙"属于鸭嘴龙科，是一种大型草食性恐龙，从骨骼化石特征来看有可能是一种新种恐龙，研究小组将继续进行骨骼化石的修复、分类以及生态研究等工作。

"中日小大使"播撒友谊种子

中国驻日本大使馆2018年7月17日晚举办了"中日小大使"交流活动10周年纪念招待会。约有600名本届和往届的中日两国"小大使"代表观看了交流活动10周年纪念短片，共同回顾了过往交流中的点点滴滴，展望了中日友好的美好未来。

日本首相安倍晋三当天也在首相官邸会见了200名来自中日两国的本届和往届"中日小大使"代表。他表示，期待"小大使"们通过交流活动建立友谊，为日中两国加深理解发挥

作用。希望两国"小大使"们未来能够在各个领域搭建两国友好的桥梁。

"中日小大使"交流活动由北京市政府和日本永旺集团于2009年联合发起，组织中日两国高中生互访交流，受到了中日两国政府、企业、学校及社会各界的大力支持。10年来，共有超过1300名中日高中生参加过"中日小大使"交流活动。两国青少年通过课堂交流、体验民宿、传统文化、环保和科技等活动，增进相互了解和友谊。

冈崎嘉平太纪念展览在东京开幕

2018年7月24日由清华大学和日本全日空公司共同举办的"冈崎嘉平太与那个时代——日中友好的掘井人"展览在东京开幕，中国驻日本大使程永华、日本前众议长河野洋平、冈崎嘉平太后代等中日各界人士出席活动。

冈崎嘉平太为开展中日民间交流、促进两国经贸往来付出了毕生心血。20世纪六七十年代，冈崎嘉平太和高碕达之助、松村谦三同中方开创的两国备忘录贸易在中日交往史上留下了一段传奇经历。两国实现邦交正常化后，冈崎嘉平太还以高度的远见卓识大力推动两国青年交流。周恩来总理称赞冈崎嘉平太是"中日友好的掘井人"。这次展览能够带动更多人重温两国复交缔约初心，铭记中日和平友好的意义和真谛，更加积极努力地把中日关系不断推向前进。

中日青少年友好交流大会在福冈举办

2018年8月1日为纪念中日和平友好条约缔结40周年，由中国驻福冈总领馆主办的中日青少年友好交流大会在福冈市举行。来自中日两国的近700名青少年参加。

中日友好基础在民间，未来在青少年。举办友好交流大会，就是要把各地区、各团体的力量汇聚在一起，共同发出推进中日世代友好的坚定信念。日中两国发展友好交流合作符合两国国民共同利益。此次活动为两国青少年提

供了友好交流的平台，非常有意义，两国青少年在交流中深化相互理解，增进友谊，当好日中友好事业的桥梁。

中日举行政府间科技合作联委会第十六届会议

2018 年 8 月 23 日中日政府间科技合作联委会第十六届会议在日本东京召开。中国科学技术部部长王志刚和日本文部科学大臣林芳正出席了会议，并签署了共建联合科研平台合作的谅解备忘录。

中日政府间科技合作联委会根据 1980 年签署的《中日科技合作协定》设立，由中国科技部和日本外务省及文部科学省共同牵头，两国有关政府部门参与。联委会原则上每两年召开一届会议，磋商中日双边科技创新合作政策，回顾合作情况，并商定未来合作方向。本届会议上两国签署了《中华人民共和国科学技术部与日本国文部科学省关于共建联合科研平台合作的谅解备忘录》。

来自中国科技部、外交部、教育部、工信部、商务部、中科院、国家自然科学基金委等部门的中方代表和来自日本外务省、文部科学省、内阁府、总务省、经济产业省、农林水产省的日方代表共同出席了会议。

日本启动全球首例 iPS 细胞治疗帕金森试验

2018 年 9 月 7 日，日本京都大学研究团队宣布正式启动一项临床试验，将人类的诱导多能干细胞（iPS 细胞）培养成多巴胺神经前体细胞并将其移植到帕金森病患者脑部，以此验证该细胞对于治疗帕金森病的安全性和有效性。该临床试验计划已获得日本政府批准，这是全球首例利用 iPS 细胞治疗帕金森病的临床试验。

帕金森病是脑内产生神经传导物质多巴胺的神经细胞减少，导致身体僵硬和手足颤抖的疑难病症。传统医学目前尚无根治方法。此次

临床试验计划将 iPS 细胞制成的约 500 万个多巴胺神经前体细胞通过类似注射针头的器具植入患者大脑两侧，以修补生成多巴胺的神经细胞。每名患者的观察期预计为两年。首例临床试验主要确认细胞移植后脑内是否出现肿瘤等。

2012 年 1 月，京都大学教授高桥淳的团队宣布，从人的 iPS 细胞中制造出多巴胺神经前体细胞，并将其植入患有帕金森病的猴子的大脑后发现，由神经前体细胞分化而成的神经细胞至少存活了半年并生成了多巴胺。这被认为是将 iPS 细胞应用于人体的研究向前迈出了一步。

2017 年 8 月底，高桥淳团队在英国《自然》杂志网络版上发表了一项研究成果，称用人的 iPS 细胞制作成多巴胺神经前体细胞，移植到 8 只患有帕金森病的食蟹猴脑中，结果显示，不仅这些猴子的手足颤抖状况得到改善，经过最长两年时间的观察，没有出现可能癌变的肿瘤等。该团队据此确认了该方法的有效性和安全性。

中日艺术家在日本京都共话两国民间友谊

为纪念中日和平友好条约缔结 40 周年，"魅力上海之夜"——中日艺术交流对话会 2018 年 10 月 12 日晚在日本京都音乐厅举行。

当晚，中国京剧表演艺术家尚长荣、日本能乐国宝级艺术家坂井音重等 8 位艺术家携手登台，通过对话交流及精彩表演表达对两国民间深化交流、增进友谊的期许和祝愿。

本次活动由上海市政府新闻办公室、上海广播电视台等单位共同主办，吸引近 500 名观众到场。主办方当日下午还在京都举办民间传统艺术上海金山农民画展，向当地观众展示生活气息浓厚、韵味十足的江南文化。

韩　国

朝鲜艺术团在韩举行首演 观众反响热烈

正在韩国访问的朝鲜艺术团 2018 年 2 月 8

日晚在韩国江原道江陵艺术中心举行了首场艺术演出。令人耳目一新的表演引来现场观众阵阵掌声。

演出在江陵艺术中心一间可容纳近千人的大厅举行，其中 560 张演出门票采用网上抽签的方式免费送出。据韩国文体部发布的消息，本场演出门票申请中签率接近 1∶140，可谓一票难求。

当天的演出场面火爆，观众反应热烈。演出以一曲韩朝民众都非常熟悉的朝鲜老歌《见到你很高兴》拉开帷幕。朝鲜演员们身着粉白相间的传统服装，伴着欢快的曲调在舞台上载歌载舞，让人耳目一新。

韩国平昌冬奥会圆满成功　开启韩朝对话之窗

2018 平昌冬奥会于 2 月 9 日至 25 日在韩国江原道平昌、江陵、旌善地区举行。这是韩国自 1988 年举办汉城（现首尔）奥运会以来时隔 30 年再次举办奥运。凭借此前举办奥运积累的经验，韩国将本届平昌冬奥会打造成一届和平奥运、经济奥运、安全奥运和 ICT 奥运，获得各方大赞。朝鲜参加平昌冬奥会更是缓和了一度紧张的半岛局势，打开了韩朝对话局面，进而实现了三次韩朝首脑会谈，使本届冬奥会成为名副其实的和平冬奥。韩国在本届奥运会上摘得 5 金 8 银 4 铜，位列综合奖牌榜第 7 名。

第十二届冬季残奥会开幕

第十二届冬季残疾人奥林匹克运动会于 2018 年 3 月 9 日在平昌拉开帷幕。平昌冬季残奥会组委会主席李熙范表示，赛事各项准备工作已经就绪。

李熙范说："平昌冬残奥会将会激励、教育和感动全世界。我们有世界上最优秀的运动员，世界级的设施，数千名热情的观众会在现场一起见证冰雪运动的伟大，未来的 10 天必将令我们终生难忘。"

本届赛事成为历史上规模最大的冬季残奥会，共有来自 49 个国家和地区的 570 名运动员报名参赛，有超过 6000 名志愿者为赛事服务。比赛共分高山滑雪、单板滑雪、越野滑雪、冬季两项、轮椅冰壶和雪橇冰球 6 个大项，金牌总数也创历届之最——达到 80 枚，比 2014 年索契冬季残奥会的 72 枚多 8 枚。其中，雪上项目将决出 78 枚金牌，冰上项目有 2 枚金牌。

第十二届冬季残奥会闭幕

第十二届冬季残疾人奥林匹克运动会 2018 年 3 月 18 日在韩国平昌闭幕。当晚举行的闭幕式上，中国轮椅冰壶队队员王海涛擎着五星红旗进入平昌奥林匹克体育场。第 5 次参加冬季残奥会的中国代表团在平昌实现奖牌和金牌零的突破，中国轮椅冰壶队 17 日夺冠，这也是中国在历届冬季残奥会上夺得的首枚奖牌。郑鹏 11 日在越野滑雪男子坐姿 15 公里比赛中获第 4 名，创中国代表团冬季残奥会个人项目最好成绩。

奖牌榜上，美国代表团以 13 金 15 银 8 铜位居榜首，俄罗斯代表团和加拿大代表团分列第 2 位和第 3 位，中国代表团与哈萨克斯坦代表团并列第 20 位。

闭幕式上，北京市市长、北京冬奥组委执行主席陈吉宁从国际残奥委会主席帕森斯手中接过国际残奥委会会旗，标志着冬季残奥会正式进入"北京周期"。

随后，中国残疾人艺术团的听障女演员献上了名为"2022 我要飞"的精彩表演。继上月底的平昌冬奥会"北京 8 分钟"之后，这场由中国著名导演张艺谋执导的演出，又一次向全世界发出了中国人民的诚挚邀请——2022 年相约北京！

韩国建军70周年取消阅兵游行　安排艺人演出

2018 年 10 月 1 日是韩国建军 70 周年纪念日，韩国国防部邀请了歌手鸟叔和女生组合参加建军节纪念仪式的演出。韩国国防部表示，"2018 年是第一次邀请艺人在正式的建军节纪念仪式上进行演出"。此外，空军"黑鹰"特种飞行团将首次在首尔市中心举行夜间飞行表演。

韩国每五年就会在建军节动员大规模军人和坦克等装备在南大门、光化门和德黑兰路举行一次市区游行。2018 年这样安排活动是希望广大官兵能够以主人公身份享受节日的祝贺。

韩朝联队将出战东京奥运会三个项目

继 2018 年 2 月平昌冬季奥运会和 8 月雅加达巨港亚运会后，韩朝将再次以联队形式出战 2020 年东京奥运会。韩国文化体育观光部长官都钟焕 12 月 23 日在接受《中央日报》采访时表示，"近期，韩朝通过体育会谈决定在女子篮球、皮划艇、赛艇等至少三个项目上组建联队"。

韩朝在 2018 年 2 月平昌奥运会上组建了女子冰球联队，在 8 月雅加达巨港亚运会上又以联队形式出战了女子篮球、皮划艇、赛艇等三个项目。都钟焕表示，"双方正在就今后除了这三个项目外是否有可能在乒乓球和柔道等其他项目上组建联队展开讨论"，"我们计划与运动员们达成协议后再开始讨论组建联队，不会推进违背运动员们意愿的联队"。

都钟焕随后表示已与韩国国防部兵务厅达成协议，将就目前仅提供给体育运动员和部分艺术项目要员的兵役特殊待遇进行全面重新讨论。都钟焕补充称，"我们正在研究积分制、累积分数制等各种方案"，"我们将收集社会各界各层的意见、探索合理的方案。同时也在考虑废除兵役特殊待遇的方法"。

另外，对于江原道江陵的速滑竞技馆和平昌的阿尔卑西亚（Alpensia）滑行中心等举行平昌冬季奥运会的竞技馆之后的使用方案，都钟焕表示，"目前韩国开发研究院（KDI）的调查正在进行中。我们计划在该调查结束后以奥运会收入成立运营财团，负责竞技馆继续使用

及管理"。其随后称，"对于曾举行过高山滑雪的江原道旌善加里王山坡道，我们原则上将进行恢复"，"山林厅也正在与江原道方面讨论恢复方法"。

韩国成功研发舰对空导弹"海弓"

韩国的防御导弹"海弓"技术开发完成。该武器用于拦截向韩军舰艇飞来的敌方导弹、飞机等。"海弓"为了实现国产化，自 2011 年推出第一个计划表后经过开发中断和恢复开发，终于收获了 7 年的研究成果。

据韩国防卫事业厅 2018 年 12 月 24 日透露，"海弓"用国内技术自主开发来替代从美国雷神公司引进的对舰导弹防御导弹（RMA）。2011 年，在国防科学研究所（ADD）的主导下，LIG Nex1 和韩华 Defense 参与开发。

原本计划最早在 2015 年完成开发并依次搭载在韩国型驱逐舰上。但由于该拦截导弹在试验评价中命中率较低，因此延长了开发时间。"海弓"预计经过 2019～2020 年的量产，将从 2021 年开始依次搭载在海军护卫舰和登陆舰等 20 余艘舰艇上。

韩国防卫事业厅评价"海弓"称，"与国外类似的武器体系相比，（海弓）是在防御能力方面毫不逊色的对空诱导武器"。"海弓"将斜角发射的现有 RMA 技术提高，使其能够垂直发射。除对舰导弹和飞机外还能够在发生紧急情况时应对敌方舰艇。另外，韩国防卫事业厅还解释说，搭载双重探索机，可以在恶劣天气下发射，还可以应对各种威胁目标。据悉，"海弓"可以拦截飞来的最大射程 20 公里以内 2.0 马赫（音速的 2 倍）以上的敌方对舰导弹。

《中日韩共用汉字词典》出版仪式在首尔举行

2018 年 8 月 16 日，中日韩三国合作秘书处在首尔举行《中日韩共用汉字词典》出版仪式，正式发布了这一中日韩语言文化交流最新

成果。

《中日韩共用汉字词典》以 2014 年东北亚名人会第九次会议发布的《中日韩共同常用八百汉字表》为基础，由三国合作秘书处组建的专家学者团队历时两年编撰，注释了 600 多个中日韩常用汉字在三国语言中相似或不同的发音及含义。

汉字是有悠久历史的文字体系，《中日韩共用汉字词典》的出版一方面有助于三国民众增进相互理解，另一方面也能促进三国之间的沟通交流，夯实三国相互理解的基础，使中日韩共享汉字文明迈出新的一步，更加密切了中日韩人文沟通、促进了文化领域的交流合作。

中韩媒体围绕创新和环保等议题展开对话

2018 年 10 月 11 日，第十届中韩媒体高层对话在韩国首尔举行，20 多家两国主流媒体的代表及部分专家学者与会讨论。

中宣部副部长、中国国务院新闻办公室主任徐麟和韩国文化体育观光部长官都钟焕出席此次对话。《人民日报》、新华社、中央广播电视总台等中方媒体代表，《中央日报》、韩国联合通讯社、KBS 电视台等韩方媒体代表，以及韩国科学技术院、西江大学等高校和科研机构的相关专家，就"科技创新与两国经贸发展""生态环保产业发展中的媒体角色"等议题，进行了对话交流。

中韩媒体高层对话在促进两国人民相互了解和增进友谊方面，发挥了积极作用。两国媒体应深化交流合作，传播理性声音，为两国关系的健康平稳发展贡献力量。

第六届"首尔·中国日"活动在韩国举办

2018 年 10 月 21 日第六届"首尔·中国日"活动在韩国首都首尔举行，活动旨在进一步加深中韩间的相互交流与合作。

首尔中国文化中心、韩国中国商会、中国驻首尔旅游办事处和众多中资机构、友好社团布置了近 60 个文化体验展台，古筝演奏、中国少数民族服饰试穿、中国书法试写、皮影及京剧脸谱涂色等活动吸引了不少韩国民众争相参与。

"首尔·中国日"活动是中韩人文交流与经贸合作的集中体现，已经成为促进中韩友好、推进交流合作的重要品牌。"首尔·中国日"活动，向首尔市民展示中国的社会经济发展面貌，呈现丰富多彩的民族风俗与文化旅游资源，推动中韩两国民众彼此深入了解、互学互鉴，为夯实中韩友好关系基础、丰富两国交流内涵发挥了积极作用。

朝　鲜

朝鲜第31届"四月之春"友谊艺术节闭幕

朝鲜第 31 届"四月之春"友谊艺术节 2018 年 4 月 17 日在朝鲜首都平壤落下帷幕，参加本次艺术节的中国艺术团获得包括"团体特别奖"在内的多个重要奖项。

闭幕式上首先举行颁奖典礼，来自中国、俄罗斯、蒙古国、西班牙等多个国家的个人、团体或节目获奖。中国艺术团的多名艺术家获得个人奖，芭蕾舞剧《红色娘子军》《吉赛尔》获得金奖，中国中央芭蕾舞团被授予"团体特别奖"。

艺术节组委会委员长、朝鲜文化相朴春男致闭幕词。他向艺术节获奖者和所有参演人员表示热烈祝贺，并代表组委会向用精湛演出给朝鲜人民带来欢乐的全体艺术节参演人员表示感谢。

随后，参加本届艺术节的多国艺术家们进行了舞蹈、歌唱、杂技等形式多样的精彩表演。中国艺术代表团的艺术家们以歌曲《长江之歌》、芭蕾舞剧《天鹅湖》选段等节目把演出气氛推向高潮，赢得全场观众长时间热烈鼓掌和欢呼。

金正恩要求加强朝鲜化学工业发展

据朝中社 2018 年 6 月 30 日报道，朝鲜最高领导人金正恩在视察朝鲜西端的平安北道薪岛郡时表示，要把薪岛郡建设成化学纤维原料基地，并强调这是进一步加强朝鲜化学工业自立性的一项重要工作。

报道说，金正恩在视察薪岛郡芦苇综合农场时表示，搞活以芦苇为原料的化学纤维生产工作，就要建设好薪岛郡这一大规模芦苇生产基地，实现芦苇栽培的科学化和现代化，提高单位产量，解决芦苇运输问题，以满足工厂对纤维原料的需求。

金正恩还要求农场积极实现农业生产工序的机械化，并对薪岛郡的医院、学校、交通等民生建设保障工作进行了部署。

报道说，朝鲜劳动党中央委员会干部黄炳誓等人陪同参加了上述视察活动。

中朝文艺工作者联合演出在平壤举行

2018 年 11 月 5 日上午，中朝文艺工作者联合演出在平壤举行。演出前，中国文艺工作者代表团团长、文化和旅游部部长雒树刚会见了观看演出的朝鲜劳动党中央政治局候补委员崔辉。

中国文艺工作者代表团访朝是落实两党两国最高领导人重要共识的具体行动，将有力促进中朝文化交流，深化中朝传统友好关系。

朝方高度重视中国文艺工作者代表团访朝，访问将进一步加强朝中两国人民的友好感情，推动朝中关系长期健康稳定发展。

蒙古国

蒙古国中央省举办"中国文化周"活动

为期 3 天的"中国文化周 2018"活动 2018 年 6 月 5 日起在蒙古国中央省举办。中国驻蒙古国大使邢海明和蒙古国中央省有关领导出席

了开幕式。

邢海明在致辞中说，中蒙两国是山水相连的好邻居、好朋友、好伙伴，两国友好关系源远流长。当前，政治互信、务实合作和人文交流已经成为中蒙关系发展的三驾马车，地方交流也在全面战略伙伴关系精神指引下快速发展。2018 年将是中蒙关系大发展的一年，不久前蒙古国总理呼日勒苏赫成功访华，蒙古国总统巴特图勒嘎也即将赴华出席上合组织青岛峰会，相信中蒙关系发展将会不断迎来新的机遇。

巴·冈嘎玛登上乔戈里峰

2018 年 7 月 21 日，蒙古国功勋运动员、国际山地运动大师、登上七大洲七个高峰的蒙古国公民巴·冈嘎玛成功登上世界第二高峰——乔戈里峰。她是登上乔戈里峰的首位蒙古人。

乔戈里峰海拔 8611 米，高度仅次于珠穆朗玛峰，但其攀登难度远远高于珠穆朗玛峰，乔戈里峰被称为野蛮巨峰，其一直以攀登死亡率超过 27% 的概率高居登山榜首。

才华横溢的蒙古人

近年来，蒙古国著名艺人享誉世界。其中，值得提到的有蒙古国功勋演员嘎·阿荣巴特尔、额·阿木尔图布辛、其·巴达尔拉、额·安哈巴亚尔等。2018 年 7 月其·巴达尔拉参加由意大利知名的 CHIGIANA 音乐学院举办的"2018CHIGIANA 国际声乐比赛"，获得冠军，即获得"2018 金星奖"。2018 年 12 月 13 日至 19 日，蒙古国歌剧歌手额·安哈巴亚尔参加了以俄罗斯著名作曲家里姆斯基－科萨科夫命名的国际声乐比赛。他在歌剧歌曲和浪漫歌曲两个项目中获得冠军。

"一带一路"中国工艺美术作品展在蒙古国举行

2018 年 7 月 25 日"一带一路"中国工艺美术作品展之"丽水三宝"走进蒙古国活动在

乌兰巴托中国文化中心举行。来自浙江省的27位工艺美术大师创作的龙泉青瓷、龙泉宝剑、青田石雕等32件艺术精品在此间展出。

展览由浙江省丽水市人民政府、蒙古国首都人民代表会议（议会）共同举办，旨在积极响应"一带一路"倡议，以传承千余年的"丽水三宝"为载体，借助传统工艺美术文化，促进中蒙两国文化交流，推动两国工艺美术文化产业融合发展。

中国驻蒙古国大使邢海明、蒙古国首都公民会议主席阿木尔赛罕、蒙古国教科文部国务秘书尼亚木敖其尔、浙江省丽水市政府代表及各界人士百余人出席活动。

蒙古国举行"检测治疗肝炎"主题宣传活动

2018年7月28日是第八个世界肝炎日，由世界卫生组织和蒙古国政府共同举办、主题为"检测治疗肝炎"的宣传活动在蒙古国首都乌兰巴托市苏赫巴托广场举行。蒙古国肿瘤研究中心、肝病中心等各大医院派出医务人员为民众答疑解惑、免费检测肝炎病毒，志愿者现场发放各种预防和治疗肝炎的宣传材料等。

蒙古国副总理恩赫图布辛出席活动并表示，"蒙古国政府与世卫组织签署了2015～2021年中期合作战略，目标是提高传染病检测、诊断、治疗的比例。"政府为全国40～65岁共35万人提供了病毒检测，75%的病毒携带者接受了治疗。计划下一步将15～39岁和65岁以上的共180余万人纳入检测范围。

世界卫生组织西太平洋区域主任申英秀高度评价了蒙古国政府在肝病预防和治疗方面取得的成效。2018年选择在蒙古国举办世界肝炎日纪念活动，目的就是向世界宣传和推广蒙古国的做法和经验。

蒙古国发现回纥汗国首都

窝鲁朵八里的古井科学院历史与考古研究所和蒙古国国立大学考古与人类学系、德国考

古研究所自2007年以来共同实施的"鄂尔浑"项目框架内发现了8～9世纪时期回纥汗国首都窝鲁朵八里的古井。窝鲁朵八里城堡位于该地区东南角，在大约14米高、60米×70米的巨大土层上。此次新发现对蒙古国中期历史与考古研究、中亚古代建筑研究意义重大。这也是首次从蒙古国境内发现与这一帝国相关的历史遗迹。

中国内蒙古文化旅游周在蒙古国举行

中国内蒙古自治区政府新闻办公室2018年8月22日在蒙古国首都乌兰巴托举行新闻发布会宣布，"感知中国"——中国内蒙古文化旅游周活动于2018年9月4日至8日在乌兰巴托举行。

内蒙古自治区政府新闻办公室主任韩昀祥表示，举办此次文化旅游周活动的目的是让蒙古国民众亲身感知中华文化，推动中蒙两国人文交流，增进两国人民的了解和友谊。

此次文化旅游周期间将举行展览展示、文艺演出、电影展映、蒙医义诊、图书出版、旅游推介、校际交流、体育联谊、媒体交流等数十项活动。

"感知中国"——中国内蒙古文化旅游周由中国国务院新闻办公室、中国驻蒙古国大使馆、中国内蒙古自治区政府，蒙古国教育、文化、科学和体育部共同主办。

蒙古国中部发现疑似匈奴统治中心遗址

中国与蒙古国联合考古队人员2018年9月9日发布消息说，在蒙古国中部地区发现距今约2000年的疑似匈奴单于庭"龙城"遗址，即匈奴人的统治中心和重要礼制性场所遗址。

日前，由中国内蒙古博物院与蒙古国游牧文化研究国际学院考古人员组成联合考古队，对蒙古国后杭爱省匈奴时期和日门塔拉三连城址进行第5次考古发掘，发现了大型祭祀性建筑台基和环绕四周巨大的柱洞遗迹。

考察发现，这座大型祭祀性建筑台基遗迹

系用特殊的红土夯筑而成，建筑结构为向上略有收分的二层方台，四棱体形状。下层边长35.8米，上层边长23.5米，通高2.75米。建筑台基顶部平整光滑，有人类频繁活动的踩踏面，在踩踏面上发现了摆放整齐的羊头、羊肢骨和匈奴时期的陶器碎片。另外，在台体周围共发现36个大型圆形柱洞，开口直径最大1.05米，深达1米左右。

清理后的这个土台建筑外形酷似美洲玛雅金字塔的基座，在中心土台西南侧还环绕有4座小型建筑台基，在城内其他地区未发现另外的建筑遗迹，较为空荡。

中蒙考古队中方领队、中国内蒙古博物院院长陈永志据此推断说："和日门塔拉三连城址为非定居生活类城址，也不具备军事防御功能，而是具有特殊性质与功能的匈奴时期城市遗址。"

和日门塔拉三连城是蒙古草原腹地规模最大的匈奴城市遗址。城内单一的祭祀性建筑台基及祭祀品的发现，进一步印证了漠北匈奴人在单于庭"龙城"进行的"春夏秋"三季祭祀活动。因此初步推断，蒙古国和日门塔拉三连城址，即是《史记·匈奴列传》《后汉书·南匈奴列传》中记载的单于庭"龙城"遗址。

东北亚社会

中　国

新《国家湿地公园管理办法》实施

2018 年 1 月 2 日国家林业局重新制定印发了《国家湿地公园管理办法》（以下简称《办法》），规定国家湿地公园的湿地面积原则上不低于 100 公顷，湿地率不低于 30%。

《办法》指出，国家湿地公园范围与自然保护区、森林公园不得重叠或者交叉。国家湿地公园应当按照总体规划确定的范围进行标桩定界，任何单位和个人不得擅自改变和挪动界标。禁止擅自征收、占用国家湿地公园的土地。确需征收、占用的，用地单位在征求省级林业主管部门的意见后，方可依法办理相关手续，由省级林业主管部门报国家林业局备案。《办法》自 2018 年 1 月 1 日起实施，有效期至 2022 年 12 月 31 日。

中央财政投资399亿元支持中医建设 21省份备案129个中医诊所

"经初步梳理，5 年来中央层面的文件中涉及中医药的有 80 余份，31 个省份出台促进中医药发展的专门文件达 110 多份，充分表明中医药'五种资源'的定位得到广泛认可。"在 2018 年全国中医药工作会议上，国家卫生计生委副主任、国家中医药管理局局长王国强说，中医药战略地位跃上新高度。

中医药法治建设实现新跨越。中国首部中医药专门法律《中华人民共和国中医药法》颁布实施。印发《关于全面推进中医药法治建设的指导意见》，制定《完善中医药政策体系建设规划（2015—2020 年）》，组建中医药改革发展专家咨询委员会，建立法律顾问制度，深化中医药标准体系建设，印发《关于加强中医药监督管理工作的意见》，编制《中医药监督工作指南》，中医药法治体系初步建立。《中医诊所备案管理暂行办法》《中医医术确有专长人员医师资格考核注册管理暂行办法》经国家卫生计生委审议后颁布实施，已有 21 个省份备案 129 个中医诊所。

中医药服务能力有了新提升。中央财政投资 399 亿元支持中医药系统基础设施和服务能力建设，截至 2016 年，中医类医院达 4238 所、实有床位 87.73 万张，分别比 2012 年增长 24.76%、42.97%。中医药人才队伍建设呈现新局面。截至 2016 年，中医执业（助理）医师数 48.16 万人，比 2012 年增长 34.98%。

中国注册志愿者超7000万人

根据中国慈善联合会的统计，2016 年，中国全社会慈善捐赠总额达 1393 亿元；截至 2017 年底，中国社会组织达 77.3 万个，其中经民政部门认定登记的慈善组织 3165 个；中国注册志愿者总人数达 7259.08 万人。

中国慈善联合会还对 30 多家参与"善行罗霄山"脱贫攻坚联合行动以及其他有突出贡献的慈善组织、爱心企业进行了通报表扬。慈善组织和爱心企业代表们一起发布了脱贫攻坚联合倡议，号召所有慈善力量行动起来，深入扶贫一线，为群众做实事、解难事，为打赢脱贫攻坚战不懈奋斗。

渝贵铁路开通运营　打通西南地区对外快速铁路通道

重庆（渝）至贵阳（贵）铁路 2018 年 1 月 25 日正式开通运营，打通中国西南地区至华南及华东地区的快速铁路通道，为整个西南内陆的对外开放打开新格局。据介绍，渝贵铁路全长 347 公里，初期最高运营时速 200 公里。渝贵铁路开通后重庆至贵阳、广州、昆明最快列车的运行时间由原来的约 9 小时、12 小时、19 小时，分别缩短至 2 小时 2 分、7 小时 10 分和 4 小时 40 分。

中国农村贫困人口2017年再减少1289万

据《人民日报》2018 年 2 月 6 日报道，国家统计局日前对外公布，2017 年中国农村贫困人口比 2016 年减少 1289 万人，贫困发生率下降 1.4 个百分点，贫困地区农村居民收入加快增长，与全国农村平均水平的差距进一步缩小。

党的十八大以来，在以习近平同志为核心的党中央坚强领导下，各地区各部门深入贯彻落实精准扶贫、精准脱贫基本方略，脱贫攻坚战取得显著成果。2017 年，据对全国 31 个省（自治区、直辖市）16 万户居民家庭的抽样调查，按现行国家农村贫困标准测算，2017 年末，全国农村贫困人口 3046 万人，比 2016 年末减少 1289 万人；贫困发生率为 3.1%，比 2016 年末下降 1.4 个百分点。

分三大区域看，2017 年东、中、西部地区农村贫困人口全面减少。东部地区农村贫困人口 300 万人，比 2016 年减少 190 万人；中部地区农村贫困人口 1112 万人，比 2016 年减少 482 万人；西部地区农村贫困人口 1634 万人，比 2016 年减少 617 万人。在贫困人口明显减少的同时，贫困地区农村居民收入加快增长。

2013～2017 年，全国农村贫困人口累计减少 6853 万人，贫困地区农村居民人均可支配收入年均名义增长 12.4%，扣除价格因素，年均实际增长 10.4%，实际增速比全国农村平均水平高 2.5 个百分点。2017 年贫困地区农村居民人均可支配收入是全国农村平均水平的 69.8%，比 2012 年提高 7.7 个百分点，与全国农村平均水平的差距进一步缩小。

中国农产品质量安全合格率达97.8%

2017 年，全国农产品质量安全例行监测总体合格率达 97.8%，同比提高 0.3 个百分点，农产品质量安全保持稳中向好态势。在全国推进质量兴农绿色兴农品牌强农工作会议上，2018 年农业质量年行动正式启动，推出生产标准化推进行动、农业品牌提升行动、生产经营主体能力提升行动等一系列举措。下一步还将研究制定和实施国家质量兴农战略规划，强化评价考核，推动地方将质量兴农关键指标纳入政府绩效考核评价内容。其中，政策创设要从增产导向转向提质导向，考核方式要从考核总量转向考核质量效益。

中俄友好、和平与发展委员会地方合作理事会会议举行

中俄友好、和平与发展委员会地方合作理事会会议 2018 年 2 月 6 日在哈尔滨举行。黑龙江省委书记、省人大常委会主任，中俄友好、和平与发展委员会地方合作理事会中方主席张庆伟主持会议并作总结发言。

在上午的中方成员会议上，北京市、天津市、内蒙古自治区等地方代表先后发言，认为对俄合作潜力巨大，将积极落实两国元首达成的共识，推动"一带一路"建设与俄欧亚经济联盟对接，在国家总体外交大局下，抓住"中俄地方合作交流年"机遇，加强与俄地方政府间的交流，积极参与、大力支持中俄友好、和平与发展委员会及地方合作理事会工作，拓宽经贸合作领域，深化人文交流，促进民心相通，为深化中俄全面战略协作伙伴关系夯实基础。

在下午的双方会议上，黑龙江省委副书记、省长陆昊就黑龙江对俄合作情况作介绍发言。俄罗斯州区代表和中国多个省份代表发言，表示将积极把握"中俄地方合作交流年"机遇，进一步深化中俄地方间务实合作。代表们围绕推进发展战略对接、完善地方合作交流机制、密切友城关系、加快国际通道建设、提升经贸层次、加强投资合作、深化人文交流等方面积极发言，提出了合作建议。

逾13.5亿人参保　中国织牢全球最大基本医疗保障网

中国基本医疗保险参保人数超过13.5亿人，参保率稳定在95%以上，中国正在织密织牢全球最大规模的基本医疗保障网。2017年中国城乡居民基本医疗保险人均财政补助标准提高到450元；医保目录新增375种药品，保障范围不断扩大，报销比例不断提升。

"在基本医保普惠的基础上，建立城乡居民大病保险制度，覆盖10.5亿人，大病患者合规医疗费用报销比例平均提高12个百分点左右。"国家卫生计生委副主任、国务院医改办主任王贺胜说，基本医保、大病保险、医疗救助、疾病应急救助、慈善救助、补充医疗保险和商业健康保险紧密衔接，构成多元化多层次全民医保体系。其中，2013年启动建立的疾病应急救助制度已累计救助近70万人次。

大力实施健康扶贫工程。农村建档立卡贫困人口医疗费用个人自付比例从2016年的43%下降到2017年的19%。已启动农村贫困人口大病专项救治工作，截至2018年2月12日，已累计救治食管癌、终末期肾病、儿童白血病等大病的患者47.6万人次，救治率达到85.6%。

全面推开公立医院综合改革，公立医院全部取消药品加成。国家正推动建立现代医院管理制度，不断完善公立医院治理机制和内部科学管理体制，进一步加强党的领导。在30个省区市的68个城市全面启动公立医院薪酬制度改革试点工作，并不断扩大试点范围。

"光明扶贫行动·白内障复明"项目启动

为实现建档立卡贫困白内障患者得到免费救治，国务院扶贫办、国家卫生计生委联合发起的"光明扶贫行动·白内障复明"项目2018年3月7日在京启动。碧桂园集团与国务院扶贫办主管的中国扶贫志愿服务促进会签署协议，率先在启动仪式上捐赠1亿元，支持项目实施。

据介绍，"光明扶贫行动·白内障复明"项目是一个全国性的健康扶贫项目，政府部门加强组织领导、定点医院提供充足救治力量保证救治效果、社会各界爱心人士持续关注并鼎力支持，三者缺一不可。

据了解，全国建档立卡贫困户中约有60万名白内障患者需要手术救治，整个项目需要救治资金18亿元。项目实施相关信息将通过官方网站及时公示，接受社会各界监督。

中国完成造林730余万公顷

全国绿化委员会办公室2018年3月11日发布的《2017年中国国土绿化状况公报》显示，中国国土绿化事业取得了新成绩，2017年全国共完成造林736.2万公顷，森林抚育830.2万公顷。

该公报称，2017年全民义务植树扎实推进，各级领导率先垂范，尽责形式进一步创新丰富。各地开展了各类主题突出、形式多样、内容丰富的义务植树活动。国土绿化行动大规模推进，各地组织开展了一系列绿化宣传，深入广泛发动，形成全社会参与国土绿化的浓厚氛围。

同时，林业生态工程稳步实施。全国国有天然林均纳入天然林保护范围，对天保工程外有天然林资源分布的16个省区市的部分集体和个人所有商品林实行停奖政策，基本实现天然林保护政策全覆盖。京津风沙源治理工程完成造林18.5万公顷、工程固沙0.7万公顷。重点推广了"两行一带""草方格固沙""封造结合"等治理模式，成效显著。

2017 年，中国乡村绿化建设步伐加快，各地采取多种措施，加大乡村绿化力度，乡村绿化覆盖率进一步提高，绿化水平不断提升，改善了农村地区人居环境。防沙治沙稳步推进，全国共完成沙化土地治理面积 221.3 万公顷。森林质量精准提升向纵深发展，林木种苗、竹藤花卉与森林公园建设持续向好，森林、草原资源保护全面加强。

两岸各界纪念孙中山逝世93周年

2018 年 3 月 12 日上午，首都各界人士会聚北京中山公园中山堂，举行简短而庄严的仪式，纪念孙中山先生逝世 93 周年，深切缅怀这位伟大的民主革命先行者。

上午 11 时 30 分，参加仪式的各界人士在孙中山先生塑像前肃立默哀并三鞠躬。全国政协副主席王家瑞代表中国人民政治协商会议全国委员会，全国人大常委会副委员长、民革中央主席万鄂湘代表中国国民党革命委员会中央委员会，中央统战部副部长戴均良代表中共中央统战部，北京市副市长卢彦代表北京市政府，民革中央副主席、民革北京市委会主委王红代表中国国民党革命委员会北京市委员会，向孙中山先生像敬献了花篮。

纪念仪式由民革中央常务副主席郑建邦主持。万钢、齐续春、何鲁丽、许嘉璐、周铁农以及全国人大、全国政协、中共中央统战部、民革中央、北京市等方面负责同志，部分在京参加十三届全国人大一次会议和全国政协十三届一次会议的代表、委员等出席仪式。

台湾的一些政团、各界人士等纷纷举行纪念活动，深切缅怀孙中山。3 月 12 日上午，中国国民党主席吴敦义、台湾当局前领导人马英九等先后来到台北的孙中山纪念馆献花致敬。台湾中华民族致公党、全民幸福政党大联盟等政团负责人、成员及台湾民众也来到纪念馆缅怀孙中山先生。

中国人工林保存面积居世界首位

据《人民日报》3 月 28 日报道，目前中国森林覆盖率由新中国成立初期的 8.6% 提高到 21.66%，森林面积达到 2.08 亿公顷，人工林保存面积达 6933 万公顷，居世界首位。

国家林业局副局长彭有冬介绍，中国政府一直高度重视森林恢复，经过多年的不懈努力，中国森林恢复取得了举世瞩目的成就。中国还将继续推进森林恢复和可持续发展，提升生态系统质量和稳定性，加快构建以林草植被为主体的生态安全体系。

亚太地区森林恢复国际会议暨亚太森林组织 10 周年回顾活动于 2018 年 3 月 26 日在北京举行。来自亚太地区 30 多个经济体的部长、国际组织高官、外交使节及国内外代表 300 多人出席了会议。本次大会以"分享森林恢复经验，协调区域林业发展"为主题，分析和总结了亚太地区的森林恢复经验及亚太森林组织 10 年来在森林恢复领域所做的探索。会上还启动了澜湄流域跨境野生动物保护机制和中国—东盟林业科技合作机制。这两个机制是由亚太森林组织发起建立的区域合作机制，将分别致力于推动跨境野生动物保护及林业科研方面的合作。

央企扶贫基金募资超150亿元

央企扶贫基金已完成二期募资，两期募资规模共达 154 亿元；股东扩大到国资委监管的全部中央企业和部分财政部履行出资人职责的中央企业，共 104 家。

央企扶贫基金公司董事长张华介绍，央企扶贫基金经过一年多的运作和探索，已投资项目 41 个，投资金额达 86 亿元，已投资决策及立项项目遍布全国 26 个省（自治区、直辖市），实现 14 个集中连片特殊困难地区全覆盖，"这些投资项目完全投产后，预计可带动 20 万贫困人口直接或间接就业，年均为贫困人口提供收入 12.6 亿元"。

中国老年教育机构达6.2万所 框架体系已基本形成

2018年4月11日至12日在上海举行的2018年老年教育国际学术交流活动介绍，面对老龄化的不断加剧，各国在老年教育的发展路径与管理方式上呈现不同的模式。中国老年教育已逐渐走出了一条由政府为社会提供公共服务、党政职能部门成为老年大学办学主体的独特发展之路。

2017年，中国已经成为世界上老年人口最多的国家，60岁及以上人口2.4亿人，占总人口的17.3%。据悉，目前覆盖全国的老年教育框架体系已基本形成，有810多万名老年人在6.2万多所老年教育机构学习，上千万名老年人通过社区教育、远程教育等各种形式参与老年教育。仅上海一地，参加各类老年大学（学校）学习的60周岁及以上学员总数就达50余万人。随着老年教育不断向基层社区延伸，上海还有60万名老年人参与了各类学习团队活动。由于教学内容以人为本，学习环境不断改善，上海老年学校在校学生持续增加。到2020年，全市将有1/5的老年人成为老年教育学员。

中国新增两处世界地质公园

2018年4月17日，联合国教科文组织正式批准中国提交申报的四川光雾山—诺水河地质公园、湖北黄冈大别山地质公园成为联合国教科文组织世界地质公园。这也是中国第三十六、第三十七个世界地质公园。

光雾山—诺水河世界地质公园位于四川巴中境内，地质遗迹资源丰富多样。黄冈大别山世界地质公园位于湖北黄冈境内、大别山南麓，保留了自太古代以来地球演化所产生的多期变质变形作用和种类丰富的岩浆活动地质遗迹。

全国生态环境保护大会召开

2018年5月18日至19日，全国生态环境保护大会在北京召开。中共中央总书记、国家主席、中央军委主席习近平出席会议并发表重要讲话，明确提出加强生态文明建设必须坚持的重要原则，对加强生态环境保护、打好污染防治攻坚战作出了全面部署，是建设生态文明、建设美丽中国的根本遵循，对于动员全党全国全社会一起动手，推动中国生态文明建设迈上新台阶，具有重大现实意义和深远历史意义。截至2018年12月6日，第二批中央生态环境保护督察"回头看"5个督察组全部完成督察进驻工作。环保督察在全国大范围展开，对推动美丽中国建设产生深远影响。

2017年中国社会组织达80.3万个 增速创十年新高

由中国社会科学院主办的《中国社会组织报告（2018）》蓝皮书发布会暨研讨会在北京召开。会议以"新时代的中国社会组织：新定位与新发展"为主题，围绕"社会组织自身定位以及与政府关系""社会组织和社会创新""中国社会组织走出去的定位与挑战"等内容进行了研讨。来自全国社会组织、高校、科研单位的100余人参加了本次会议。

根据民政部和中国社会组织网公布的相关数据，2017年中国社会组织已达80.3万个，较2016年增长14.3%，增速创10年新高。据《中国社会组织报告（2018）》执行主编蔡礼强教授介绍，2017年社会组织快速增长主要得益于三个方面：一是社会组织直接登记政策得到了更广范和更大程度的执行；二是社会组织领域"放管服"改革的持续深入，优化了社会组织的发展环境；三是社会对社会组织的认可度、接受度以及需求程度的持续提升。

17种抗癌药被纳入医保

国家医疗保障局2018年10月10日发布《关于将17种抗癌药纳入国家基本医疗保险、工伤保险和生育保险药品目录乙类范围的通知》，公布了新纳入医保报销的12种实体肿瘤药和5种血液肿瘤药。将阿扎胞苷等17种药品纳入《国家基本医疗保险、工伤保险和生育保险药品目录（2017 年版）》乙类范围，并确定了医保支付标准。

本次纳入药品目录的 17 种药品中包括 12 种实体肿瘤药和 5 种血液肿瘤药，均为临床必需、疗效确切、参保人员需求迫切的肿瘤治疗药品，涉及非小细胞肺癌、肾癌、结直肠癌、黑色素瘤、淋巴瘤等多个癌种。17 种谈判药品与平均零售价相比，平均降幅达 56.7%，大部分进口药品谈判后的支付标准低于周边国家或地区市场价格，平均低 36%。

这次纳入目录的抗癌药都是近几年新上市的药品，专利的存续期还比较长，通过医保对这些优质创新药的战略性购买，可以促进和推动医药企业加大研发投入，研制更多更好的创新药，惠及广大患者。

中日养老服务业合作论坛举行

2018 年 10 月 23 日，由国家发改委和日本经济产业省联合主办的首届中日养老服务业合作论坛在北京举办。本次论坛适逢中日和平友好条约缔结 40 周年，对于进一步加强中日养老服务业政策沟通和交流，推进企业间开展务实合作具有重要意义。

当前中国人口老龄化呈现三个特点：一是总量大。2017 年中国 60 岁以上老年人口已超 2.4 亿。二是增速快。2000～2017 年，世界 60 岁以上老年人口比重提高约 3 个百分点，而同期中国老年人口比重提高了约 7 个百分点，是世界平均水平的 2 倍多。三是不平衡。中国最早和最迟进入人口老龄化的两个省份之间相差 36 年。

未来中国将主要从以下几个方面推进养老服务业高质量发展。一是加强政策落实力度。二是推动改革创新。三是加大多元投入力度。同时，支持社会资本通过公建民营、发行养老产业专项债券等方式积极参与，持续扩大有效供给，满足多层次、多样化的养老服务需求。

2018 中国网络诚信大会举行

2018 年 12 月 10 日，2018 中国网络诚信大会在北京举行。本次大会由国家互联网信息办公室、商务部、国家市场监督管理总局指导，中国网络社会组织联合会、中国互联网发展基金会联合主办，人民网、人民视频承办，以"网络诚信 美好生活"为主题，旨在进一步凸显网络诚信理念，加强互联网行业自律，大力营造依法办网、诚信用网的网络环境。大会首次发布了《中国电子商务诚信发展报告》，展示了中国网络诚信大会 Logo、公益主题海报、短视频征集活动优秀作品并为作者颁发了证书。来自政府机构、互联网企业、网络社会组织等的 200 余人参会。

与会企业代表和专家围绕"电子商务诚信与平台责任""电子商务诚信与商业模式创新"两个主题，展开了深入讨论与交流。中国网络诚信大会系首次举办，2018 年主要聚焦电子商务领域诚信。今后将聚焦不同领域，每年举办一次，持续发力推进网络诚信，助力网络强国建设。

改革开放 40 年 中国个体工商户增长 500 多倍 农村贫困发生率从 97.5% 下降至 3.1%

改革开放 40 年，中国个体工商户增长 500 多倍。1978 年中国个体经营者只有 14 万人，私营企业在允许登记后的 1989 年，总数也不过 9.05 万户。到 2018 年 10 月底，中国实有个体工商户 7137.2 万户、私营企业 3067.4 万户，分别增长了 500 多倍和 338 倍。改革开放后发展壮大的个体私营经济，为中国经济社会发展发挥了重要作用。从 2015 年 8 月开始，中国个体劳动者协会连续开展了 14 次针对 14 万户小微企业的抽样调查。调查结果显示：中国百县万家新设小微企业周年活跃度为 71.1%，其中高活跃度和中活跃度占 43.0%，户均吸纳就业人员 7.50 人。

改革开放 40 年来，中国农村 7 亿多贫困人

口摆脱贫困，贫困发生率由 1978 年的 97.5%
下降到 2017 年底的 3.1%，创造了人类减贫史
上的中国奇迹。

俄罗斯

俄最新民调显示中国最得俄民众好感

俄罗斯民调机构列瓦达中心 2018 年 2 月
12 日发布了对本国民众就国家好恶主题进行的
最新民调结果。结果显示，中国最受俄民众喜
爱，有 70% 的民众对中国持积极评价。而美国
是得到俄民众差评最多的国家，多达 52% 的民
众表示不喜欢美国。

在好评榜单上，名列第二与第三的国家分
别是以色列和格鲁吉亚，好感比例分别是 59%
和 52%，而对于曾经亲如手足而今势同水火的
乌克兰，俄民众评价呈两极分化，有 35% 对其
有好感，47% 则消极看待乌克兰。

据列瓦达中心官网信息，该民调结果是 1
月 19 日至 23 日对全俄 48 个地区的 1600 名成
年居民进行入户调查得出的。

俄罗斯商场火灾敲响安全警钟

2018 年 3 月 25 日，俄罗斯西伯利亚南部
城市克麦罗沃一家名为"冬季樱桃"的购物中
心发生重大火灾。据俄紧急情况部 26 日发布的
最新消息，此次火灾已造成 64 人死亡，50 多
名伤者送医。

搜救和废墟清理工作正在进行中，但因结
构坍塌和浓烟等原因进展缓慢。俄联邦侦查委
员会发言人彼得连科表示，消防和刑侦专家正
调查引发火灾的各种线索，目前可能性最大的
原因是违反安全用电规章，导致电网负荷过大，
电线短路起火。也有观点认为，是一名在此游
玩的儿童用打火机引燃了弹簧床的海绵垫。克
麦罗沃州已宣布为火灾死难者举行为期 3 天的
哀悼。

当地献血中心门前排起了长队，数百名当
地居民参加了献血活动，很多群众在火灾地点
附近献花并摆放各种儿童玩具表示哀悼。俄联
邦侦查委员会克麦罗沃州调查机关已就火灾进
行刑事立案，并将刑事案转交给俄联邦侦查委
员会中央机构。目前，调查小组已经从莫斯科
出发前往克麦罗沃。彼得连科对俄新社表示，
已经有 4 名涉案人员被拘留，包括公司经理及
购物中心承租人等，据推测，后者当时位于着
火的中心点。

火灾还引起了俄罗斯各界对公共场所消防
安全的重新审视。目前，克麦罗沃地区等多地
都在对所有儿童活动场所进行安全检查。俄总
统儿童权利全权代表库兹涅佐娃在其社交媒体
上写道："要对事件进行彻查。因为当孩子受
难的时候，有过错的总是大人。"

俄罗斯多地民众悼念克麦罗沃火灾遇难者

2018 年 3 月 28 日，莫斯科市民自发来到
政府在红场旁的马涅什广场设立的悼念会场，
聚集在一块大型悼念板前，向克麦罗沃火灾遇
难者献上花束和玩具。悼念板上写着"克麦罗
沃，2018.3.25，我们与你同在"字样。当天
为俄罗斯全国哀悼日，全俄范围内降国旗致哀，
取消一切娱乐活动，文化机构和电视广播公司
取消娱乐活动和节日。

2018 年 3 月 27 日，包括莫斯科、布良斯
克州、坦波夫州、雅罗斯拉夫尔州、弗拉基米
尔州等俄罗斯许多地区就举行了悼念火灾死难
者的活动。在莫斯科市参加悼念活动的就有
1.2 万人。

日 本

日本2017年交通事故死亡人数创历史新低

2018 年 1 月 4 日警视厅公布，2017 年日本
全国交通事故死亡人数为 3694 人，是 1948 年
实施统计以来的最低值。此前历史最低纪录是
68 年前的 1949 年，为 3790 人。

20岁新成人占总人口比例连续8年不到1% 日本社会揪心少子老龄化

据日本总务省公布，截至 2018 年 1 月 1 日，日本 20 岁新成人为 123 万人，连续 8 年占日本总人口的比例不到 1%，仅占 1.266 亿人的 0.97%。这一数据让人们的视线再次集中到日本的人口问题上。

日本的少子老龄化及国内人口减少问题正在加速发展，41 个道府县的人口均少于上年，继续向东京圈集中。这一日益严重的不良发展趋势，正成为日本社会揪心的难题。截至 2017 年 9 月，日本 65 岁以上老人达 3514 万人，占总人口的比例达 27.7%，高居全球第一位。另据日本厚生劳动省 2017 年 12 月 22 日公布的人口动态统计预测，2017 年，日本国内出生的婴儿为 94.1 万人，是自 1989 年开始统计以来的最低值。与此同时，2017 年日本人口自然减少（死亡人口减去出生人口）40.3 万人，连续 11 年减少。此外，日本总务省发布的全国总人口估算结果显示，截至 2014 年 10 月，年满 65 岁的人口首次超过了 14 岁以下人口的两倍，少子老龄化现象愈发显著。

"人口减少作为蚕食日本社会经济发展的结构性问题尚未得到解决。个人、企业和政府都应该强化对日本人口减少的危机感。"一家日本主流媒体近日刊发社论，表达了对少子老龄化问题的强烈担忧。不仅如此，日本政客在国会选举中也把少子老龄化称为日本面临的"国难"。

日本大学创业公司集中在信息行业

日本帝国数据银行发布的调查报告显示，截至 2018 年 2 月，日本共有大学创业公司 1002 家，许多企业集中在软件开发、人工智能、机器人、医疗健康等领域。从行业细分情况看，与信息技术相关的企业数量众多，其中软件开发业以 119 家居首位。

日本拟引进更多外国人才

据《人民日报》2018 年 2 月 27 日报道，日本政府日前成立了一个跨部门小组，专门研究"专业技术领域外国人才"获取日本在留资格事宜，希望更多有一技之长的外国人以工作为目的赴日，解决日本面临的日益严重的劳动力不足问题。

目前，日本劳动力短缺现象严重。1997 年，日本 15 岁至 64 岁的劳动年龄人口达到顶峰的 8699 万人，此后迅速减少，减少速度之快远超其他国家。日本共同社曾于 2017 年 6~7 月，从日本 47 个都道府县各选取一家当地智库及金融机构进行调查，结果显示，回答人手不足"成为"和"在一定程度上成为"发展障碍的机构占比超过 90%。

此前，日本政府推出措施，希望充分发挥女性和老年人的作用，让他们更多地参与社会劳动，来解决劳动力不足问题。虽然日本整个社会全力以赴，但 2012 年至 2017 年，这项措施的效果并不如预期，劳动力仅增加了 306 万人，与社会需求相比依然存在巨大缺口。在这一背景下，日本政府意识到吸引更多外国人来日工作已迫在眉睫。

据悉，日本政府将探讨扩大《出入国管理及难民认定法》规定的"专业技术领域"在留资格对象，推出获取在留资格便利化措施等。预计人力严重短缺的护理和农业领域是讨论的重点，建筑、运输、服务、零售等也有可能被纳入专业技术领域。

日媒称，日本政府将以新成立的跨部门小组的调研成果为基础，争取把引进外国人才事项纳入 2018 年 6 月的经济财政运营基本方针。如果进展顺利的话，最快会在 2018 年秋季举行的临时国会上修改《出入国管理及难民认定法》。

日本首相安倍晋三曾表示"不考虑采用移民政策"解决劳动力不足问题，将设定在留期上限，且原则上不允许家属陪同。据悉，日本政府很有可能将在留期间的上限设置为 5 年。然而，有专家指出，在世界各国人才竞争日趋激烈的背景下，日本能否有足够的魅力吸引"专业技术领域外国人才"来日本工作，是一个很大的未知数。

韩日积极推广移动支付

据《人民日报》2018 年 3 月 26 日报道，移动支付在改变中国人消费方式的同时，在境外也受到越来越多商家和消费者的追捧。近来，韩国和日本都在加紧向中国市场学习移动支付的经验。

为了适应中国游客的消费习惯，两国商家纷纷开通移动支付功能。特别是在中国游客密集的景点、免税店、餐馆等地，都能看到商家摆出支持各类移动支付方式的标识。

罗森是日本规模最大的连锁便利店之一，从 2017 年 1 月起在日本全国范围内推行支付宝付款方式。2018 年 2 月 1 日，日本最大零售集团之一永旺集团旗下 320 多家店铺也开始支持微信和支付宝支付方式。与此同时，日本企业也在研发本土的二维码支付系统。日本三大移动通信运营商之一都科摩通信公司将从 2018 年 4 月起提供二维码结算服务；三菱日联、瑞穗、三井住友等日本三大银行集团将在智能手机结算方面开展合作。三大银行将统一支付二维码标准，争取在 2019 年正式投入使用。《日本经济新闻》分析称，这将推动日本加速实现无现金化社会，并帮助银行提升业务效率。

有分析认为，推广移动支付不仅可以简化支付流程、促进消费，还有助于削减银行成本，提升业务效率，助力当地银行的结构性改革。据美国波士顿咨询集团估算，日本的现金结算比例为 65%，是发达国家平均水平的两倍左右。日本每年为现金结算所支付的清点、运送、保管、回收等费用达 2 万亿日元（1 元人民币约合 16.8 日元），而无现金结算则有助于减少柜台人员和自动取款机的数量，切实降低相关成本。

日本民众集会抗议政府强推修宪

2018 年 5 月 3 日是日本宪法实施 71 周年纪念日。当天，约 6 万日本民众聚集在东京临海广域防灾公园，反对日本政府试图修改宪法第九条。

日本宪法第九条规定：日本永远放弃以国权发动战争、武力威胁或行使武力作为解决国际争端的手段，为达此目的，日本不保持陆、海、空军及其他战争力量，不承认国家的交战权。这是日本战后走和平发展道路的重要保证。

2018 年 3 月下旬，执政的日本自民党基本敲定了宪法修正案，将自卫队明确写入第九条，力争最快于年内由国会提议修宪并在 2020 年实施修改后的宪法。民调显示，62% 的日本民众反对自民党的宪法修改计划。日本政府恐怕难以在年内完成由国会提议修宪。

集会结束之后，抗议民众分两条路线开始游行。他们高喊着"反对篡改宪法第九条""请保护宪法"等口号，表达捍卫和平的态度。值得一提的是，除了《朝日新闻》《东京新闻》等媒体 3 日刊发反对修改宪法第九条的社论外，日本主要在野党也纷纷发表反对日本政府修改宪法第九条的声明。

日本大阪发生6.1级地震　已造成4人死亡

据日本气象厅消息，当地时间 2018 年 6 月 18 日上午 7 时 58 分，日本大阪府发生里氏 6.1 级地震。截至记者发稿时，地震已造成 4 人死亡、370 多人受伤。

此次地震震中位于大阪府北部，震源深度约 13 公里，并没有引发海啸。当天还发生了多次余震。大阪、京都、奈良等关西地区有强烈震感。此次地震给日本民众生活带来巨大影响，大阪府 17 万户家庭遭遇停电，11 万户家庭遭遇天然气停止供应，多条铁路停运，80 多个航班取消。

中国驻大阪总领事馆在地震发生后第一时间发布通知，提醒领区内中国公民注意安全，密切关注电视、广播、手机等发布的地震警报，并采取必要的安全防范措施。

日本民间团体举办活动纪念"七七事变"81周年

2018年7月7日下午，日本4个民间友好团体在埼玉县埼玉市共同举办纪念"七七事变"81周年活动，反思日本侵略罪行，呼吁日本政府和民众正确认识侵略历史，呼唤日中民间友好。这4个民间团体分别是"日中友好8·15之会""抚顺奇迹继承会""不战士兵市民之会"和"关东日中和平友好会"，它们长期积极参与和开展日中民间友好活动，从1988年开始每年都在7月7日前后共同举办反省侵略战争的集会。

集会开始之后，主办方先播放了纪录片《烽火1937——从日本档案解密卢沟桥事变》。中国驻日本大使馆公使郭燕在致辞中表示，中国政府和人民一直区别对待军国主义分子和普通的日本人民，日本人民也是那场战争的受害者。牢记历史的目的不是延续仇恨，而是要铭记战争教训，珍视今天的和平，防止悲剧重演，更好地开创未来。4个民间团体的代表纷纷表达了日中友好的根基在民间，日中关系前途掌握在两国人民手里。希望更多的人坚定信念，不断播撒友谊的种子，让日中两国人民世世代代友好下去。日本人应正确了解"七七事变"等历史事实，以史为鉴，避免悲剧重演。

日本遭遇30多年来最严重暴雨灾害

日本西部地区连日来发生持续大范围暴雨，导致多地发生道路房屋灌水、泥石流、河流泛滥等次生灾害。据2018年7月17日日本警察厅发布的信息，暴雨已造成222人死亡，17人失踪。这场暴雨是30多年来日本发生的最严重的暴雨洪水灾害。

此次暴雨造成如此严重伤亡的主要原因在于暴雨严重程度超出民众预期，一些地方政府的防灾预案准备严重不足。日本多地目前的降

雨量已达到常年7月月均降雨量的2~4倍，河流泛滥速度异常迅猛，导致多地交通中断，不少民众错失避难时机，政府也难以开展救援工作。

日本首相安倍晋三7月16日在首相官邸召开"非常灾害对策本部"会议。政府决定提供相关援助，全力帮助从事农林渔业的受灾群众和中小企业经营者恢复经营。日本多地灾区交通依然受阻、物资紧缺，约16.7万户居民自来水供应中断，约5000人被迫在避难所生活，此次暴雨给日本农林水产业造成了约481亿日元（约合28.6亿元人民币）的损失，灾害造成的影响仍在持续。

福岛核事故处理再添新问题 净化后核污水仍检出多种放射性物质

2018年8月20日，日本东京电力公司福岛第一核电站净化后的核污水中不仅含有放射性物质氚，其他放射性物质也仍有残留。测定结果显示，部分污水放射性物质含量超过法定标准值，其中还检测出半衰期长达约1570万年的物质。

2017年度使用"多核素去除设备"净化后的测定结果显示，半衰期约1570万年的碘129放射性活度为每升最大62.2贝克勒尔，超出了法定标准值9。此测定结果为核污水处理工作增添了新的不确定性。

从含氚水中去除氚非常困难。由于地下水流入核反应堆厂房，放射性物质活度较高的污水不断增多，但核电站内几乎没有空间增设贮存处理水的储罐。如何处理这些污水，对于东京电力公司和日本政府来说都是一个不小的问题。

日本政府8月底将围绕福岛第一核电站持续积聚的含氚水问题举行国民意见听证会，但对于如何处理氚以外的放射性物质几乎没有讨论。此次被曝净化后的核污水中还含有其他放射性物质，让原本就困难重重的福岛核污水处理再添新问题。

北海道地震致41人遇难

2018 年 9 月 6 日，日本北海道发生里氏 6.7 级强震，余震也在相继发生。9 月 10 日，北海道政府统计的遇难者人数为 41 人，所有失联者均已找到。厚真町出现大规模塌方，多人被困。地震还导致北海道数百万户家庭停电，机场航班取消，列车无法运行。北海道内为应对电力供应不足，已开始实施较平时削减 2 成电力的节电措施，但实现目标困难。北海道电力公司因供电能力无法达到震前需求峰值时水平，也在探讨实施计划性停电。

日本民众集会抗议新安保法

2018 年 9 月 19 日，日本民众举行集会，呼吁废除日本安倍晋三政府 3 年前强行通过的新安保法。

19 日傍晚，近 5000 人在东京日比谷公园内参加反对新安保法集会。自新安保法通过以来，日本自卫队被赋予多项新任务，行动接连升级。集会主办方代表高田健呼吁政府立即废除新安保法，并停止自卫队与朝鲜半岛和平趋势背道而驰的各种行为。

立宪民主党干事长福山哲郎在集会现场说，安倍政府强行通过有违宪争议的新安保法是对立宪主义精神以及和平宪法的轻视和背弃。对于众多反对新安保法的人们来说，战斗从 3 年前开始，今后也将继续下去。

除东京之外，日本民众当天在北海道、新潟县、山形县、鹿儿岛县等地也举行了多场不同规模的抗议集会。

韩　国

韩国青年失业率攀高

据《人民日报》2018 年 2 月 22 日报道，在世界主要国家经济回暖、就业情况有所好转的整体趋势下，韩国就业形势仍不容乐观，尤

其是青年失业率不断攀高。据韩国统计厅日前发布的数据，2017 年韩国失业总人数为 102.8 万人，整体失业率为 3.7%，与 2016 年持平。其中 15 岁至 29 岁青年失业人数为 43.5 万人，青年失业率高达 9.9%，创有统计以来的新高。而经合组织日前发布的数据显示，2017 年第三季度，韩国青年人口失业率为 10.2%。

韩国年轻人从放弃恋爱、结婚、生育的"三抛世代"到进一步放弃人际关系、购置房产、梦想和希望的"七抛世代"，甚至到"N抛世代"，这一社会现象的背后，青年人陷入就业寒冬是主要原因之一。

不少青年人在就业难面前并不甘屈就。韩国中国经济金融研究所所长全炳瑞在接受记者采访时表示，很多青年人在经历过长期且昂贵的大学教育后，希望在大企业找到一份体面的工作，甚至宁愿失业也不愿到小企业工作。

多数年轻人向往在大企业就职，而大企业和公共机构通常把工作交由非正式员工和实习生，以缩减薪资开支。在多家大企业反复实习的情况也不在少数，韩国甚至出现了"部长级实习生"等说法。与此相反，中小企业却经常出现"用工荒"。

韩日积极推广移动支付

据《人民日报》2018 年 3 月 26 日报道，移动支付在改变中国人消费方式的同时，在境外也受到越来越多商家和消费者的追捧。近来，韩国和日本都在加紧向中国市场学习移动支付的经验。

为了适应中国游客的消费习惯，两国商家纷纷开通移动支付功能。特别是在中国游客密集的景点、免税店、餐馆等地，都能看到商家摆出支持各类移动支付方式的标识。

当前，韩国有几家较大的移动支付平台，竞争十分激烈。韩国媒体认为，韩国在移动支付领域"远远落后于潮流"。资料显示，韩国 2017 年移动支付总额约为 15 万亿韩元（约合 885 亿元人民币），而截至 2017 年 10 月底中国

移动支付规模达到近 150 万亿元人民币。韩国商家在看到这一巨大市场机遇后，决定与支付宝等中国企业合作，加快推广移动支付。2017 年 1 月，蚂蚁金服宣布与韩国 Kakao Pay 公司达成战略合作协议，向 Kakao Pay 投资两亿美元。Kakao Pay 将统一整合支付宝在韩国的数万家合作商户。届时，中国游客可以在 Kakao Pay 的合作商户使用支付宝消费，支付宝合作商户和阿里巴巴旗下购物平台也将接受 Kakao Pay 支付方式。

韩国实施52小时周工时制

根据新修订的韩国《劳动基准法》，包括加班在内，每周劳动时间上限从 68 小时缩短为 52 小时。从 2018 年 7 月 1 日起，员工人数在 300 人以上的企事业单位和公共机构率先实施 52 小时周工时制。韩国社会朝着工作与生活的平衡迈出重要一步，其影响力不业于 2004 年立法实施的周 5 天工作制。

该制度的实施并不顺利，管理方以准备不足为由要求政府延后实施该制度，政府决定给予 6 个月的过渡期，而管理方又提出延长过渡期的要求。但韩国社会已对摆脱"过度工作"形成共识，52 小时周工时制顺利扎根形势乐观。从 2019 年 7 月开始，公交运输等此前被排除在该制度适用对象之外的特殊行业也将实施 52 小时周工时制。

韩国多地刷新高温纪录

韩国疾病管理本部 2018 年 8 月 1 日发布的统计数据显示，韩国多地当天刷新高温纪录。由于持续多日的高温天气，2018 年 5 月 20 日至 7 月 31 日，韩国已有 29 人因患温热病死亡。

据韩国气象厅发布的数据，首都首尔当天气温一度达到 39.6℃，刷新了自 1907 年当地有气象观测记录以来的最高值。此前首尔最高气温纪录是 1994 年 7 月 24 日的 38.4℃。

此外，江原道洪川郡当天气温飙升至 41.0℃，创下韩国有气象观测记录以来的最高值。韩国气温上一次突破 40℃ 是在 1942 年 8 月 1 日的大邱。

持续高温天气导致中暑和死亡病例不断增加。数据显示，2018 年 5 月 20 日到 7 月 31 日，韩国共有 2355 例温热病病例，远超 2017 年夏天的 1574 例。

韩国细化"国家示范城市项目"

韩国政府 2018 年 8 月宣布，计划于 2021 年将行政首都世宗市和港口城市釜山市打造为智慧城市，以尖端信息技术将城市主要公共功能联网。韩国政府计划将网络传感器、面部识别系统、无人驾驶汽车等一系列创新技术引入世宗市和釜山市的部分城市区域。

2018 年 1 月，韩国政府进一步细化正在推进的"国家示范城市项目"，提出探索未来智慧城市先导模式的新目标，即把产业革命相关新技术灵活运用于待发展的城市区域，打造体现创意商业模式的创新产业生态体系。

韩国总统文在寅执政以来，一直积极鼓励发展无人驾驶技术、人工智能、金融科技等，并将这些领域视作新的增长动力。韩国政府于 2018 年 8 月成立统筹规划团制订智慧城市落实计划，于 2019 年 7 月投入 1.7 万亿韩元（1 韩元约合 0.006 元人民币）用于两座智慧城市的建设。

韩国政府还希望通过成功打造示范城市积累经验，将智慧城市的建设经验应用于其他城市。

首尔房价飞涨 政府重磅出击降温炒房

2018 年 1～11 月首尔公寓价格较 2017 年底上涨 8.22%，涨幅为 2017 年的近 2 倍。蔚山、庆尚南道等地方城市公寓价格平均下滑 2.49%，与此相比，首尔房价飞涨可谓超乎寻常。面对这种情况，韩国政府重拳出击，在 2017 年 8 月 2 日推出房产新政后时隔 1 年于 9 月 13 日再推新政，为楼市降温。具体包括提升对多套房产持有者的综合不动产税率；加强贷款管制，限制持有一套住房者不得在限购地区以所持住房为抵押买房；在限购区申请房屋出租人贷款时，贷款金额与抵押品价值之比不得超过40%，远低于此前的80%～90%。

韩国进入"老龄社会"

韩国统计厅2018年8月公布的2017年人口普查数据显示，截至2017年11月1日，韩国总人口为5142万人，其中韩国65岁及以上人口占总人口的14.2%，这标志着韩国正式进入"老龄社会"。

根据联合国定义，当一个国家或地区65岁及以上老年人口数量占总人口比例超过7%时，就意味着这个国家或地区进入了"老龄化社会"；比例超过14%就进入了"老龄社会"；比例达20%则进入"超老龄社会"。

据韩联社报道，2018年8月韩国65周岁及以上人口达711.5万人，占总人口的14.2%；100岁及以上人口为3908人，较上年增长12.1%。韩国于2000年进入"老龄化社会"后，仅时隔17年便进入"老龄社会"。分析认为，韩国从"老龄化社会"到"老龄社会"的转换速度为全球最高水平。据推算，韩国大约会在2026年步入"超老龄社会"。预计到2050年，韩国的老龄人口所占比重将位列世界第二。随着韩国史无前例的超高速老龄化进程的加快，过去数十年间促进经济增长的"人口红利"消失将成为韩国经济最大的风险因素。

与老龄人口数量不断增加形成鲜明对比的是，韩国新生儿的出生数量在不断下降。韩国2017年出生的婴儿数量仅为35万名，总和生育率跌落至1.05，下降到史上最低水平。

与此同时，韩国的劳动年龄人口也首次出现减少。韩国统计厅发布的数据显示，韩国15至64岁的劳动年龄人口仅为3620万人，占人口总数的72.5%，与2017年的3631万人相比首次出现减少。

韩国人口结构变化也直接影响到了家庭结构的变化。尽管韩国的家庭数目呈现高速增长趋势，但是韩国的单人和两人家庭数量正在大量增加。2017年，韩国单人家庭数量达到561.9万个，占全体家庭总数的28.6%。

朝　鲜

朝鲜东部新跨海铁路大桥举行通车仪式

2018年5月30日，朝鲜东部江原道新修建的库岩－沓村铁路大桥举行通车仪式。

朝鲜社会主义保健制度惠及民众

近年来，朝鲜每年都会修建一所现代化医疗服务基地，不断完善社会主义保健制度，为朝鲜人民生命和健康提供全方位保障。位于平壤大同江区的柳京眼科综合医院就是在这一背景下建设完成的。柳京眼科综合医院于2016年落成，朝鲜最高领导人金正恩在医院建设过程中多次到现场进行视察并指出，柳京眼科综合医院是治疗眼疾的专门医院，也是提供眼镜制造服务的多功能性综合医疗服务基地。

朝鲜确立了社会主义保健制度，国家实施免费医疗制度。朝鲜从中央到地方建立了一个拥有儿童医疗服务网、妇女医疗服务网、高丽医疗服务网等的完整医疗服务体系，不管年龄、住处和职业如何，人人都平等地接受治疗。朝鲜还实行医生分区负责制，医生会上门服务。随着朝鲜建立覆盖全国的远程医疗服务体系，远离平壤的偏僻山区的患者也可以在中央一级优秀医疗团队的帮助下迅速得到治疗。

朝鲜举行祭奠中国人民志愿军烈士活动

2018年7月27日，朝鲜在平壤友谊塔举行祭奠活动，深切缅怀中国人民志愿军烈士。朝鲜最高人民会议常任委员会副委员长杨亨燮、内阁副总理李龙男等朝党政军干部，中国驻朝鲜大使李进军及使馆外交人员、旅朝华侨、在朝留学生、驻朝机构和媒体等共同凭吊中国人民志愿军烈士。正在朝鲜访问的中国外交部副部长孔铉佑也率团参加祭奠活动。

友谊塔前，朝鲜最高领导人金正恩敬献的花圈庄重地摆放在塔基上，缎带上写着"光荣属于中国人民志愿军烈士"。

上午10时许，祭奠活动正式开始，中朝双方参加人员在塔前整齐肃立。朝鲜人民军军乐队奏响中朝两国国歌。伴随着《献花曲》响起，双方代表抬起以朝鲜劳动党中央委员会、最高人民会议常任委员会和内阁联合名义敬献的花圈，以及以朝鲜人民武力省、中国驻朝鲜大使馆、中国外交部代表团等名义敬献的3个花圈，并将其整齐地摆放在塔基上。杨亨燮、李进军和孔铉佑缓步上前，轻轻整理花圈上的缎带。随后，全体参加人员鞠躬默哀，向中国人民志愿军先烈致以崇高敬意和深切哀思。

韩朝离散家属再团聚

韩朝第21次离散家属会面活动2018年8月20日开始在朝鲜金刚山景区举行。这是双方时隔2年10个月再度举办这一活动，也是双方落实两国领导人2018年4月27日板门店会晤时签署的《板门店宣言》的重要一步。此次是韩朝领导人签署《板门店宣言》后首次推进的离散家属团聚活动，具有重要的意义。

当地时间2018年8月20日8时30分许，89名韩方人员从韩国江原道束草出发，前往朝鲜金刚山，与分离60余载的朝方亲人会面。本次离散家属团聚活动在金刚山分两轮举行。20日至22日，89名韩方人员将与他们在朝鲜的亲人重逢。24日至26日，83名朝方人员将与他们在韩国的亲人团聚。

在每轮3天的团聚时间内，韩朝离散家属将参加集体见面、欢迎晚宴、单独会面、客房午餐、告别见面和集体午餐等活动，每个家庭会面总计约11个小时，其中包括两三个小时的单独会面环节。参加此次团聚活动的离散家属大多年事已高，韩方离散家属中年龄最长者已经101岁。

1953年朝鲜战争停战后，朝鲜半岛一直处于分裂状态。韩国统一部数据显示，截至2018年5月末，韩国有超过13.2万人注册为离散家属，其中超过7.5万人已经离世。健在者中有九成超过70岁，1/5的人已年逾九旬。

韩朝两国于2000年签署《6·15共同宣言》。至2015年10月，两国先后共举行过20次离散家属团聚活动和7次视频团聚活动，促成韩方4677个离散家庭的约2.3万人得以与朝方亲人重逢。

蒙古国

蒙古国牲畜头数达到史上最高

据蒙古国国家统计委员会公布的数据，截至2017年底，蒙古国牲畜头数达到历史上最高的6620万头只，人均拥有牲畜头数在世界上名列前茅。这个草原国家再度证明自己"畜牧业王国"的地位。

数据显示，蒙古国通常指的"五畜"——牛、马、骆驼、绵羊和山羊数量均比2016年大幅增加，其中，绵羊和山羊的增幅较大。统计官员表示，国际市场对羊绒的需求直接刺激和影响了该国牧民养山羊的积极性。

但是，随着牲畜头数的迅速增加，蒙古国草牧场已不堪重负，草原荒漠化已成为严峻的问题。畜牧业专家呼吁政府尽早采取措施，控制牲畜头数，加强畜牧业的集约化经营。

中蒙最大铁路口岸货运量创新高　开通中欧班列线路22条

2018年4月2日从二连浩特铁路口岸获悉：第一季度二连浩特铁路口岸进出口运量实现314.2万吨，同比增长44.2%，其中进口运量达283.5万吨，同比增长43.6%，创历史新高。中欧班列开行261列，同比增长307.8%。

二连浩特是中蒙俄经贸物流重要国际通道，是中蒙最大的铁路口岸及中欧班列"中通道"

的唯一出境口岸。2018 年以来，二连浩特口岸优化口岸运输业结构，原油、铁矿石、煤炭等多类大宗货物运输多头并进。二连浩特"一关两检"等部门建立口岸班列 24 小时通关机制，确保中欧班列运输组织工作开行顺畅。截至 2018 年 4 月，二连浩特已开通中欧班列线路 22 条。

2018 年亚洲减灾部长级会议在蒙古国举行

2018 年 7 月 3 日，2018 亚洲减灾部长级会议在蒙古国首都乌兰巴托国家宫会议大厅开幕。来自 50 余个国家和地区以及国际组织、民间团体的共 3000 余人齐聚草原之国，共商亚洲地区减灾大计。联合国秘书长古特雷斯通过视频录像对会议顺利举行表示祝贺。

蒙古国总理呼日勒苏赫在开幕式上致辞。他表示亚洲减灾部长级会议已成为地区国家就减灾问题交流经验、共同合作的重要机制。蒙古国政府支持联合国通过的《仙台减灾框架》《2030 年可持续发展议程》《气候变化巴黎协定》等一系列文件。为进一步落实上述文件，蒙政府制定实施了《蒙古国至 2030 年可持续发展方针》。联合国秘书长特使水鸟真美在开幕式讲话中指出，近几年亚洲地区因自然灾害死亡的人数总体呈下降趋势，但仍占全球一半以上。这表明本地区国家应该更加积极地执行《仙台减灾框架》，以减少自然灾害造成的损失。

此次会议最终通过《实施仙台减灾框架亚洲地区 2018—2020 年计划》《乌兰巴托宣言》《参与方自愿声明》等文件。

50 个余国家和地区代表在乌兰巴托市互相借鉴减灾经验

2018 年 7 月 3 日至 6 日，蒙古国政府与联合国减少灾害风险办公室、蒙古国紧急情况总局在乌兰巴托共同举办亚洲减灾部长级会议。来自 50 余个国家和地区、国际和非政府组织的 3000 余名代表出席，共商亚洲地区减灾大计。与会者商讨关于减灾方面所获得的成就和面临的困难，并通过了《乌兰巴托宣言》、《实施仙台减灾框架亚洲地区 2018—2020 年计划》及《参与方自愿声明》等文件。

上述文件范围内，到 2020 年时，所有国家有义务通过减灾战略计划，增加减灾财政储备，提高地区和跨境灾害风险控制能力。

蒙古国禁止行人过马路打手机

2018 年 8 月经修订的《蒙古国交通安全法实施条例》规定，从 2018 年 11 月 1 日起，行人在戴耳机、打手机等状态下不得过马路，以减少交通事故的发生。

为保障行人自身安全，减少交通事故，蒙古国政府重新修订并通过了《蒙古国交通安全法实施条例》。修订后的条例将于 2018 年 11 月 1 日正式生效，条例内容更加具体，可操作性更强。

条例规定，禁止将 10 岁以下的孩童单独留在机动车内，不到 10 岁的孩童乘坐机动车必须采取安全措施，对违规的成年人将进行处罚。另外，在人员聚集区域行驶的车辆，其速度必须保持在每小时 20 公里以内。

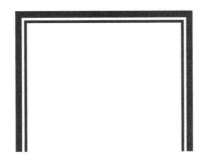

东北亚地区主要会议

东北亚地区主要会议

2018中日韩公共外交论坛（韩国　首尔）

2018 年 10 月 18 日，2018 中日韩公共外交论坛在韩国首尔举行。中国前国务委员戴秉国、日本自民党参议院议员松川瑠衣、韩国前外交通商部长官金星焕出席会议，并就如何通过地方政府交流、媒体间对话和青年间的交流来增强三国人民间的理解、友谊，为东北亚地区未来和平与发展积蓄力量发表了主旨演讲。

戴秉国在开幕式上指出，本次论坛时值国际地区形势快速深刻演变、东北亚地区形势出现转机的重要时刻，可谓正当其时，很有意义。"中日韩在地理、历史、文化等方面有着相似的基因和紧密纽带，三国应用好这一优势，在增进民间友好感情上下大功夫。"改革开放让中国走上加速发展的快车道，一个更加开放、发展的中国，对中日韩合作、东北亚共同繁荣意味着更多更大的机遇。

在看到朝鲜半岛和本地区形势新的重大变化和历史性机遇的同时，我们也要清醒地看到，朝核问题和半岛局势走向仍存在难以预测的不确定性，中日关系改善势头仍需精心加以维护和巩固，东北亚区域合作的巨大潜力有待多方下大功夫进一步释放。中日韩三国人口占世界的22%，国内生产总值（GDP）合计超过 18 万亿美元，超过欧盟，占全球经济总量的约1/5。这样一支庞大的力量，携起手来能干多少大事、好事?! 我们三国如何顺应时势、携手并肩、加强合作，精心维护和巩固好东北亚积极向好的势头，让本地区变得更稳定、更和平、更繁荣，是摆在我们面前的重大课题，也是我们肩负的共同责任。

首先，我们要携手维护地区持久和平，绝不允许生乱生战。历史证明，武力不能消除分歧，战争只会导致灾难，以邻为壑、结盟对抗只能加剧矛盾，唯有对话协商才是正途。作为命运相连、前途相系的邻居，我们有千万个理由搞好相互关系，激发区域合作的动能，共同维护地区持久和平，促进亚洲整体复兴，将一个稳定和平繁荣的地区留给子孙后代。虽然本地区安全问题复杂敏感，各方的安全利益和关切各不相同，但我们应该心系东北亚这个共有的家园，坚持和平共处五项原则，坚持共同、综合、合作、可持续的亚洲安全观，照顾彼此关切，坦诚沟通对话，增进互信协作，走出一条共建、共享、共赢的亚洲安全之路。

东北亚的发展繁荣，没有朝鲜半岛的和平稳定是不可想象的。在半岛打破坚冰的历史关头，我们一定不能再次错失这一难得的和平机遇，一定要牢牢抓住。解决半岛问题，一方面要坚定不移推动无核化。我们鼓励和欢迎韩朝、朝美领导人就半岛无核化与和谈进程达成重要共识。同时朝方的善意举措应该得到应有回应。另一方面也要坚定推进停和机制转换。半岛仅有停战协定是不够的，我们一定要抓住机遇将停战协定转化为和平协定，结束战争状态。无核化和建立和平机制相当于车之两轮。只有两个轮子一起转，半岛和平的车子才能平稳前进，半岛才能真正成为没有核武器与核威胁的和平家园。六方会谈为此发挥了重要作用，我们要继续用好这一平台，均衡解决各方合理关切，实现东北亚持久和平。

其次，我们要携手促进地区共同繁荣发展。邓小平同志说过，"发展才是硬道理"。中国改革开放40年的成功实践证明，发展是解决一切问题的总钥匙。半岛和东北亚要腾飞，安全和发展就是一双翅膀，缺一不可。我们要加强发展战略对接和政策沟通协调，促进优势互补，形成合力。我们要提升跨境基础设施互联互通、贸易和投资自由化便利化水平，共同推动更多项目落地，更好造福各国人民；要继续做大做强中日韩合作，加快中日韩自贸区谈判进程。我们要加强创新合作，大力推动大数据、人工智能等领域合作，释放并汇聚各自增长活力。我们还要坚定支持多边主义，反对单边主义、保护主义和霸权主义，共建开放型世界经济。

最后，我们要携手推进人文交流。友谊、理解和信任，都是通过人传递的。三国友好的根基在民间，三国关系的前途掌握在人民手里。坦率地讲，当前中日韩人文交流虽然热络，每年人员往来超过2700万人，但民众相互好感欠缺，彼此相互认知、民意基础仍显薄弱。中日韩在地理、历史、文化等方面有相似基因和紧密纽带，三国应用好这一优势，在增进民间友好感情上下大功夫。要咬定青山不放松，持之以恒、坚持不懈做民心相通工作，抓住基层和青年两个工作重点，扎实推动教育、科技、文化、体育等领域的交流，织密各领域、各层级、各地方交流网络。要通过互办文化年、旅游年、艺术节等，增进民众相互了解和友好感情，培育和塑造和平、友好、合作的东北亚价值理念，打造区域命运共同体意识。媒体朋友们要发挥积极作用，客观、全面报道对方国家的真实情况，营造良好的舆论和民意环境。

韩国前外交通商部长官金星焕表示：虽然三国间关系经历了起起落落，但三国持续加强合作的趋势不变；三国应进一步加强民间交流，构建良性友好关系。日本自民党参议院议员松川瑠衣说，三国关系的未来是光明的，我们每一个人都可以在东北亚的共同发展中发挥作用。如果可以凝聚每一个人的力量，就可以跨越文化障碍和历史偏见，为世界和平贡献力量。

中日韩三国合作国际论坛（International Forum for Trilateral Cooperation，IFTC）是中日韩三国合作秘书处举办的标志性活动之一，论坛每年在三国轮流举行。中日韩三国合作国际论坛为三国合作提供智力支持，增强对三国合作的民众意识，凝聚力量发展面向未来的三国伙伴关系，促进东北亚地区和平与繁荣。同时，论坛还就三国间政治关系、经济合作以及社会文化交流等议题进行沟通，向三国政府提出具体政策建议。中日韩三国合作国际论坛旨在回顾中日韩合作历史，展望未来三国合作愿景，为三国合作汇聚新思路和新建议。

第二十次中日韩环境部长会议（中国苏州）

第二十次中日韩环境部长会议于2018年6月23在中国苏州举行，中国生态环境部部长李干杰、日本环境省大臣中川雅治、韩国环境部部长金恩京分别率团出席会议，分别就本国最新环境政策和全球及区域热点环境问题发表主旨演讲。

李干杰以"推进生态环境保护与可持续发展，建设清洁美丽世界"为主题在开幕式上做了主旨发言。他指出，过去一年，中国政府在理念引领、顶层设计、法治保障、体制改革等四个方面对生态文明建设和生态环境保护作出重要决策部署，推动生态环境保护取得突破性进展。一是，2017年10月召开的中国共产党第十九次全国代表大会对生态文明建设和生态环境保护作出新的顶层设计。二是，创新、协调、绿色、开放、共享的新发展理念，生态文明和建设美丽中国的要求写入《中华人民共和国宪法修正案》，进一步强化了生态环境保护依法行政、依宪行政的法治基础。三是，2018年5月召开的全国生态环境保护大会，正式确立了习近平生态文明思想，作为新时代生态文明建设和生态环境保护的根本遵循。四是，组建生态环境部，将原环境保护部全部职责和其他六个部门相关职责进行整合，统一行使生态和城乡各类污染排放监管和行政执法职责。在习近平生态文明思想指引下，中国以前所未有的决心和力度加强生态环境保护，推动形成绿色发展方式和生活方式，全力推进大气、水、土壤污染防治三大行动，推动生态环境质量明显改善。

李干杰强调，在推动国内生态环境质量改善的同时，中国也积极参与全球环境治理。中国已批准加入 30 多项与生态环境有关的多边公约或议定书，推动"一带一路"绿色发展国际联盟和生态环保大数据服务平台建设，积极参与应对气候变化的国际合作。

日、韩部长也分别做了主旨发言，日本着重介绍了第五个基本环境计划、污染防治进展、促进可再生能源和气候变化适应法案，以及生物多样性保护措施等，韩国则主要介绍了有关可持续发展与提升生活质量、细颗粒物防控等国内环境政策以及应对气候变化、生物多样性与自然保护、化学品与环境健康等国际环境合作。

三国部长听取了中日韩环境合作回顾与展望报告的介绍，听取了企业圆桌会、化学品管理政策对话会、可持续发展和绿色金融研讨会、沙尘暴研讨会、青年论坛五个分论坛的成果报告。三国部长为中国环境监测总站和北京大学胡敏教授、日本可持续发展论坛首席执行官后藤敏彦先生和名古屋大学井村秀文教授、韩国汉斯·赛德尔基金会和韩国国立釜山大学金哲熙教授颁发了"中日韩环境合作 20 年特别贡献奖"。三国部长还对中日韩环境合作的发展前景和未来方向进行了展望和探讨，通过并签署了《第二十次中日韩环境部长会议联合公报》。

在会后举行的新闻发布会上，李干杰表示，中日韩环境部长会议是三国领导人会议框架下的重要合作机制，环境合作是三国合作中起步最早、时间最长、成果最丰的领域之一。20 年

来，三国环境部门始终坚持落实领导人会议精神，频繁开展环境政策对话与交流，强化优先领域务实合作，共同应对区域和全球环境挑战，先后实施两期《环境合作联合行动计划》，在大气污染治理、生物多样性保护、环境宣传教育等多个领域取得丰硕成果。2018 年 5 月召开的第七次中日韩领导人会议，对三国环境合作给予积极评价，对继续深化合作作出战略规划。

李干杰介绍了他与中川雅治大臣、金恩京部长就未来三国环境合作达成的三点共识。一是应全面落实好三国领导人会议精神和倡议，推动合作更加聚焦和务实；二是应更加关注区域和全球环境议题，在落实《2030 年可持续发展议程》、推动气候变化《巴黎协定》实施、筹办《生物多样性公约》第 15 次缔约方大会等方面加强交流与合作；三是应创新"中日韩＋"环境合作模式，与更多国家分享三国环境合作的经验和成果，共同推动区域可持续发展。

在回答记者关于打好污染防治攻坚战和《蓝天保卫战三年作战计划》具体部署的提问时，李干杰说，打好污染防治攻坚战是当前中国生态环境保护的一项重大任务。中国将以提高生态环境质量为核心，以打赢蓝天保卫战，打好柴油货车污染治理、城市黑臭水体治理、渤海综合治理、长江保护修复、水源地保护、农业农村污染治理等七场标志性重大战役为重点，加快补齐生态环境短板。打好污染防治攻坚战，重中之重是打赢蓝天保卫战。他还详细介绍了打赢蓝天保卫战的总体思路和方法。

会前，李干杰分别与日本环境省大臣中川雅治和韩国环境部部长金恩京举行了中日、中韩双边会谈，李干杰部长与中川雅治大臣共同签署了《中华人民共和国生态环境部与日本环境省关于合作开展改善大气环境相关研究与示范项目的备忘录》。

中日韩环境部长会议开始于 1999 年，旨在落实三国首脑会议共识，探讨和解决共同面临的区域环境问题，促进本地区可持续发展。会议每年召开一次，在三国轮流举行。2018 年是

中日韩环境部长会议20周年。

2018年中日经济合作会议（日本　北海道）

2018年10月29日，由辽宁省人民政府、吉林省人民政府、黑龙江省人民政府、内蒙古自治区人民政府、中日东北开发协会、日中经济协会主办，由日本经济产业省北海道经济产业局、札幌市、北海道经济联合会、北海道商工会议所联合会、北海道经济同友会、北海道观光振兴机构、日本贸易振兴机构北海道贸易情报中心、北海道国际商贸中心协办的"2018年中日经济合作会议"在日本北海道札幌市札幌京王广场酒店隆重举行。中日经济合作会议是中日东北开发协会、日中经济协会自2000年开始每年与中国东北三省一区（辽宁省、吉林省、黑龙江省、内蒙古自治区）共同举办的国际性会议。此次会议以"加强中日经济合作创造新型商业合作"为主题，来自中国与日本的政界、产业界和大学等研究机构的400多名代表参会，共同探讨社会问题，发表商业意见，就中日在环境、老年人福利、农业、观光等多领域的现状、发展情况，根据过去积累下来的实绩进行关于今后经济合作方向的讨论，同时以目前中国东北地区所遇到的环境、老年人福利等领域的问题为中心展开对应的经济措施。大会在会议备忘录签订仪式、洽谈会、中日个别面谈等诸多环节均取得丰硕成果。

在会议第一个主题"今后中日经济合作的意见与建议"中，来自中国的各个省份纷纷提出"一带一路"相关的经济战略方案，希望在工业园区、新区的建设等方面能够与日本展开经济合作。此外，部分企业还提出了希望能在高端制造业、农畜产品深度加工、知识产权、观光等方面进行中日合作的建议。日本方面则强调了中日人民交流的重要性，并提出希望在农产品、水产品的安全确保体制方面能够通过第三国展开中日经济合作。

在会议第二个主题——环境与老年人福利

的"关于各领域中日合作"中，中国方面希望能够参考日本智能农业、环境保护、老年人福利、旅游观光等领域的技术与经验，进行中日之间的合作。来自日本的企业则表示，希望能够在应对寒冷天气的环境关联技术、老年人福利、工业基盘的重铸计划、"智能城市"的构思等领域展开中日合作。

2018年是北海道作为舞台陆续举行多个重要中日经济交流活动的特别的一年。在2018年5月到访日本的李克强总理视察北海道之际，他与日本首相安倍晋三一同出席了第三届中日知事省长论坛，在寒暄时指出了今后中日经济交流的关键。首先，在发展创新的合作中，中国应与日本构成相辅相成的合作关系，为崭新的成长创造动力；其次，中国多地都拥有很强的开放经济合作的自主权，应鼓励与日本各个城市展开产业高端化合作，同时对于日本来说，中国是个庞大的市场，从而构成中日企业双赢的合作关系。

2018年是《中日和平友好条约》缔结40周年。随着中日关系的回暖，中国各大城市，特别是东北地区的主要城市与日本之间的经济交流日渐活跃。为加强中日企业经济交流合作，中日经济合作会议安排了中日企业对接会，以便落实具体经济合作项目。基于双方提出的建议，中日双方将通过企业之间的联系与合作，推动环境、老年人福利、农业、观光旅游等领域的发展，达成中日企业共同发展的统一目标。

另外，北海道知事在会上表示："北海道地震后已完全恢复正常，没有受任何影响。欢迎中国游客来北海道观光！"通过此次重要的合作会议，中日双方在推动贸易、投资的合作上达成了一致意见。2019年的中日经济合作会议将于黑龙江省举行。

2018中日韩三国合作国际论坛（日本东京）

2018中日韩三国合作国际论坛于2018年4月18日在东京东急凯彼德大酒店举行。开幕式由中日韩三边合作秘书处秘书长李钟宪主持，日本外务副大臣中根一幸、中国驻日本大使程永华、韩国驻日大使李洙勋分别代表各自政府致辞。在开幕式致辞的还有中国内蒙古自治区主席布小林、中国人民日报出版社秘书长兼社长特别代表乔永清。内蒙古自治区是中日韩三边经济合作重要的参与者、推动者和受益者，《人民日报》则多次主办中日韩三国记者和媒体对话会，对促进东亚三国信息交流与媒体合作做出了重要贡献。本次论坛的主题是"开启三国合作新篇章：十年回首，十年展望"，来自三国政治经济、文化和教育等各界的知名人士就三国政治环境、经济合作以及社会文化交流等议题进行沟通，发表真知灼见，还向三国政府提出具体政策建议。日本自民党副总裁高村正彦、中国前国务委员戴秉国、韩国国会议员文喜相等3人做了基调演讲。

戴秉国指出，发展中大国集体崛起，正在和发达国家相互成为各自发展的机遇；而全球化正在面临前所未有的挑战，国际治理也陷入低潮。中国不会是20世纪的苏联，中国的血脉里没有征服世界的基因，中国的领导人一心只想把本国的事情办好。三国需要特别重视三边合作、不断加强互信、不断排除各种困难，真正将三国合作变成三国共同的"习惯"。

在当日上午和下午，分别进行了三个专题论坛讨论，中日韩三国学者、大学教授、研究人员、前政府官员等分别就东亚三国地区和平与发展、经济合作及文化和人员交流展开讨论。南京大学中国南海研究协同创新中心执行主任朱锋教授、日本政策研究院大学校长田中明彦教授、日本佳能国际事务研究所所长宫家邦彦、韩国首尔国立大学全在盛教授、韩国韩东大学金俊亨教授、日本东洋学园大学朱建荣教授在第一专题分别发言。

宫家邦彦所长一开始就提出了中日韩合作的三大挑战：一是在战略上有没有可能性，二是在价值观和意识形态上有没有相似性，三是三国合作与美国在亚太地区的主导作用如何协调。宫家邦彦对中日韩三国合作的战略前景充满疑虑。

朱锋在发言中，直接针对宫家邦彦所长的这三点疑虑做出了回应。他指出，中日韩合作虽然没有美日韩合作那样的"同盟框架"，但邻国之间不可分离的地缘战略联系仍然大有希望为三国建立伙伴合作的"近邻框架"。中国人的文化传统，就是相信"远亲不如近邻"；至于价值观和意识形态上的相似性，朱锋特别强调，日本千万不要继续通过"价值观外交"的有色眼镜来看待中日韩合作。安倍政府第二任期以来推行制衡中国的"价值观外交"，但其出发点狭隘，而且不可能成功；至于三国合作与美国因素，朱锋指出，三国合作就是要在国际事务、地区和全球治理以及维护三国共同利益等问题上建立和提升"东亚声音"。今天特朗普的美国，贸易政策自私和充满经济民族主义情绪，中日韩三国都受到了特朗普贸易政策的打击。中日韩三国合作并非要挑战美国在亚太的优势存在，而是三国为了自己和国际社会的共同利益来"制衡美国"。2018年正值中日韩单独举行三国领导人会议十周年。2017年1月特朗普上台以来，华盛顿所推行的经济民族主义政策给世界政治和经济带来了重大影响。东亚作为全球经济的二大支柱之一，在维护和捍卫全球化、自由贸易以及国际重大问题规则等方面存在共同利益。

中日韩三国合作国际论坛（IFTC）是三国合作秘书处举办的年度标志性活动之一，为中日韩三国合作提供智力支持，凝聚力量发展面向未来的三国伙伴关系，促进东北亚地区和平与繁荣。三国合作秘书处是经中国、日本和韩国三国政府批准建立的国际组织，旨在促进三国之间的和平与共同繁荣。根据三国政府共同签署并批准的协议，中日韩三国合作秘书处于2011年9月在首尔正式成立。本次中日韩三国合作国际论坛，在一定程度上相当于三国即将于2018年5月恢复的东亚首脑峰会的"热身会"，三国政府都予以高度重视。

2018中日海洋对话会议（日本　东京）

由中国南海研究院和日本笹川和平财团海洋政策研究所共同主办的"2018中日海洋对话会议"于2018年7月30日在日本东京举行，中日专家围绕中日两国海洋政策的最新动向、中日两国的蓝色经济发展现状和中日两国海洋合作可开展领域等议题进行了坦诚深入的交流。中国南海研究院和日本笹川和平财团是会议的实施主体，中方9名专家和日方13名专家，以及约40名观察员出席了会议。此次对话会是在《中日和平友好条约》缔结40周年、中日关系向好发展的背景下举行的。海洋的安全、环境保护以及和平利用是中日两国共同关切的问题，通过此次对话，双方认识到建立一个相对稳定和可持续交流的平台非常有必要，并希望这一对话机制存续下去。

会议包括三个环节：一是中日两国海洋政策动向，日方介绍了日本海洋基本计划的修订情况，中方介绍了当前中国海洋政策以及国家机构改革中相关行政体制调整，并认为相互说明，彼此沟通尤为必要；二是中日两国的蓝色经济发展，双方围绕蓝色经济这一新思路、新概念，介绍了各自国家的政策、措施和发展状况，对蓝色经济的定义进行了讨论；三是中日两国渔业养殖技术开发，日方介绍了渔场环境问题及对策，中方介绍了新型海洋牧场的建设。

日本笹川和平财团海洋政策研究所所长、内阁科技与创投政策参与角南笃指出：此次是双方的第三次对话会议。第一次于2016年6月在东京举办，第二次于2017年11月在海南省海口市举办。2018年恰逢《中日和平友好条约》缔结40周年，日本外务省将此次对话会作为相关纪念事业加以实施。两机构一致认为海洋是人类共同的财产，同时围绕如何本着中日和平友好条约的精神面向未来，以及中日在海洋方面有何领域可以合作等方面，提起了各种话题并进行讨论。两国政府层面每年举行两次针对海洋领域问题的磋商会议，两国智库之间考虑将对话会议作为二轨机制，提出、沟通彼此各种想法，并通过两国政府间谈判，向各自政府提出此次对话的成果，发挥二轨作用。

中国南海研究院院长吴士存在发言中表示，本次对话是在特殊的背景下召开的。2018年5月4日，中国国家主席习近平和日本首相安倍晋三举行了首次电话会谈，就两国关系和共同关心的问题，以及朝鲜半岛事务进行了坦诚沟通。随后，中国国务院总理李克强访问了日本。这是中国国务院总理时隔8年之后访问日本，其间两国签署了10多项合作的文件和备忘录。可以说，两国关系已回到正常轨道上。良好的两国关系为本次对话成功举行奠定了良好的基础。本次对话虽然是民间学术机构之间的对话，但是两国官方都给予了应有的关注，日本外务省、中国外交部、中国驻日本大使馆都给予了积极支持。海洋安全、海洋环境保护以及海洋和平利用属于中日两国的共同关切。学术机构、学者之间互通交流，了解彼此的立场和关切，向各自政府提出政策建议，是发起对话会议这个二轨机制的重要考虑。有关本次会议，吴士存有三点明显的感受，即"气氛友好、互动热烈、聚焦合作"。此次对话探讨的合作领域所涉及的范围非常广泛，在海洋环保、海洋治理、海上搜救等三个方面，中日之间有很多共同点，有很多事情需要做。

吴士存最后表示，"通过本次会议，我感觉这个机制是必要的，应该继续下去，继续聚焦合作"。实际上，中日最初并没有考虑要实施第二次乃至第三次会议。现在实施三次之后，双方认为这个机制非常有必要继续坚持下去，并把它构建成为相对稳定的可持续交流的平台。

日本笹川和平财团海洋政策研究所海洋政策研究部部长古川惠太在发言中指出，经过对话、信息共享和意见交换，双方分享了全部会议情况，并就今后工作提出三点展望：一是推进旨在确立海洋治理的研究，特别是有关海上搜救的研讨；二是确立蓝色经济发展模式和范例，从渔业到以广泛的海洋产业为对象的研究是必要的；三是确认中日共享各自的最佳范例与举措，培养人才，积极促进双方互动。

中国南海研究院海洋法律政策研究所副所长闫岩介绍了会议所取得的有关海洋治理方面的共识和成果。

闫岩说，中日双方专家首先确认了一项原则，即在专业领域的合作，特别是在生命救助方面，应该超越争议。双方专家在海上合作方面确定了五项长期目标：一是中日两国应该通过开展海上合作，增强政治互信；二是把东海当成双方的共同财产，进行共同保护；三是把东海建成和平、友好、合作的共同家园；四是中日双方在合作的时候要有长远眼光，有一些海洋问题或课题会威胁或涉及陆地，需要一并考虑陆地与海洋之间的关系；五是作为长期目标，希望建立全覆盖的非传统领域危机管控机制。双方专家围绕具体行动计划的八个方面进行了讨论，提出相关看法。一是在政府层面，需要建立一个两国政府共同参与的海洋治理机制；二是在专业领域也可由两国有关部门建立具体的沟通机制，比如在涉及海上搜救的相关部门之间建立沟通机制；三是中日双方应该共同研究、确认现有国际机制和国际条约，把握哪些领域可运用现有机制加以解决，哪些领域需要由中日双方共同讨论并进行补充；四是希望尽快签署中日海上搜救协定，智库层面可向政府提出建议，发挥推动作用，两机构可以开展相关工作；五是希望共同确认海洋搜救享有最高优先性，即确保生命救助，这是最关键、最重要的；六是共同研究和借鉴现有其他争议海域的海上合作成功案例与经验；七是中日双方可共建一个信息共享平台，分享海洋的航行、气候、水温等信息，确保海洋安全；八是海洋治理人才的共同培养，可由两机构共同探讨设立海洋治理人才培训班，由中日双方涉海机构和年轻人参与，为共同海洋治理培养人才。

中日海洋对话会议是中国南海研究院与日本笹川和平财团海洋政策研究所于2016年共同发起的学术交流机制，至2018年已连续举行3

届。对话会旨在为两国涉海研究机构和学者提供稳定、机制化的沟通与交流平台，推动中日双方在海洋安全、海洋治理、海洋开发与利用等领域的协调与合作。

纪念中国改革开放40周年和中日经贸合作研讨会（日本　东京）

2018年12月3日，中国驻日本大使馆和日本经济团体联合会共同主办的"纪念改革开放40周年和中日经贸合作研讨会"在东京举行，中日两国经济界、智库学者、友好团体、华侨华人代表等250余人出席。中日两国各界人士共同回顾改革开放40年来中国经济发展的历程和成就，并就中国今后的改革开放政策以及中日经贸合作新方向展开探讨。日本外务大臣河野太郎出席并致辞。研讨会上，中国人民外交学会名誉会长、外交部前部长李肇星及日本前首相福田康夫分别发表主旨演讲，中国驻日本大使程永华、日本前首相大平正芳外孙女渡边满子等分别致辞。

中国驻日本大使程永华在致辞中表示，中国改革开放与中日两国缔结和平友好条约这两件大事不期而遇，造就了中日关系与改革开放密切联系、相互促进。中国人民在改革开放历史进程中戮力同心、砥砺奋进的40年，也是中国发展建设日新月异、成就瞩目的40年。从中国经济快速发展的足迹中可以看到中日互利合作持续深入发展的历史脉络。中国正站在新的历史方位，习近平主席发出了将新时代改革开放不断推向前进的明确信息，中国同包括日本在内的世界各国深化合作将面临更多机遇，存在更多可能。中日关系已重回正常发展轨道并呈现积极向好势头，中国欢迎日本继续积极参与新时代改革开放，在科技创新、节能环保、养老医疗、财政金融等领域开拓两国互利共赢新格局，共同用好共建"一带一路"的新平台，将第三方市场合作打造为两国务实合作的新支柱和新亮点。

日本前首相福田康夫和中国人民外交学会

名誉会长、外交部前部长李肇星分别作了主旨演讲。福田康夫说，短短40年，中国发生了巨大变化，而我们就是见证者，如今中国已发展成为世界第二大经济体。福田表示，中日关系的稳定发展对整个亚洲乃至世界都有重大影响，期待今后两国民众能在更广的领域拓展交流，加深理解。在目前世界局势不安定因素增加的背景下，稳定中日关系越发重要，中日推进合作关系将给东亚乃至世界带来正面影响。中国的改革开放还处在成功发展的道路上，希望今后能取得更大的成果。另外，鉴于迄今为止的改革开放40年成果，中日两国国民心中期待友好相处，朝着同一方向前进。为了两国更好合作发展，增进民众互相理解是十分重要的。

李肇星强调，改革开放是决定当代中国命运的关键抉择，是中国发展进步的必由之路。它既深刻改变了中国，也深刻影响了世界。当前中日两国都进入新的发展阶段，双方应共同推动两国经贸合作提质升级，共同推进第三方市场合作，共同引领亚太区域一体化进程，共同维护自由贸易体系，进一步造福两国人民，携手为本地区和世界的和平繁荣做出应有贡献。中日两国能够走出战争的历史阴影，超越冷战时代的"零和对抗"，取得互利合作的巨大成就，归根到底在于我们把握住了和平与发展的时代潮流，将彼此的发展视为自身的机遇，走出了一条和平友好、合作共赢的正确道路。当前中日两国都进入新的发展阶段，两国领导人达成的一系列重要共识正逐步得到落实，两国关系呈现令人欣喜的新气象。

新日铁住金社长、日本经济团体联合会副会长进藤孝生在接受采访时表示，在中日两国的不断努力下，两国关系重新回到良好的轨道上。日本期待在"一带一路"框架下，与中方开展第三方市场合作，为加强中日战略互惠关系做出努力。

研讨会分为两个阶段，第一阶段回顾了改革开放和中日经贸合作历史，重温中日各领域务实合作与改革开放同行的不平凡历程；第二阶段展望新时代中国改革开放和两国合作方向。国务院发展研究中心副主任张来明、国家发改委副秘书长任志武作为中方发言嘉宾，介绍了新时代改革开放政策思路，表示面向未来，中国致力的是创新发展、协调发展、绿色发展、开放发展、共享发展，将建设更高层次的开放型经济，加快新旧动能转换，着力补齐民生短板，为提升中日务实合作水平创造机遇、明确方向、拓展空间。

研讨会还专门设置纪念中国改革开放40周年和中日经贸合作图片展以及雄安新区宣介活动，让与会人士对中国改革开放有更加直观的感受。

第四届东方经济论坛［俄罗斯　符拉迪沃斯托克（海参崴）］

2018年9月11～13日，第四届东方经济论坛在俄罗斯符拉迪沃斯托克（海参崴）远东联邦大学举行。中国国家主席习近平、俄罗斯总统普京、蒙古国总统巴特图勒嘎、日本首相安倍晋三、韩国总理李洛渊等出席。

习近平发表了题为《共享远东发展新机遇　开创东北亚美好新未来》的致辞，强调中方愿同地区国家一道，维护地区和平安宁，实现各国互利共赢，巩固人民传统友谊，实现综合协调发展，促进本地区和平稳定和发展繁荣。习近平指出，在普京总统亲自倡议下，东方经济论坛已经成功举办3届，成为各方凝聚智慧、共商合作的重要平台。中国一直是俄罗斯远东合作的积极支持者和参与者。双方合作的地缘优势独特，政治基础牢固，政策保障有力，机制完备高效。在双方共同努力下，近年来，中方参与俄罗斯远东合作成果显著。2018年、2019年是习近平主席和普京总统确定的中俄地方合作交流年，为双方远东合作开辟了更加广阔的空间。中方愿同俄方一道努力，优势互补，互利共赢，推动中俄远东合作取得更多成果。

习近平强调，新形势下，我们要携手并肩，加强合作。

第一，增进互信，维护地区和平安宁。一个和睦、互信、团结、稳定的东北亚符合各国利益和国际社会期待。中方始终努力营造和睦友好的周边环境，以建设性姿态参与地区合作，致力于推动各国交流对话，愿继续同各方一道，探索维护东北亚持久和平安宁的有效途径，为实现本地区的和平、稳定与发展不懈努力。

第二，深化合作，实现各国互利共赢。要积极开展发展战略对接，加强政策沟通和协调，把握合作大方向；重点加强跨境基础设施互联互通，提升贸易和投资自由化、便利化水平，共同建设开放型区域经济；大力推动小多边合作、次区域合作，推动更多实实在在的项目落地实施，给地区人民带来更多实惠。

第三，互学互鉴，巩固人民传统友谊。要拓宽交流渠道，创新合作形式，努力为各国、各年龄段民众开展交流创造便利，打造平台。

第四，着眼长远，实现综合协调发展。要积极探讨建立东北亚地区协调发展新模式，加快科技创新，转变发展理念，加大环境综合治理力度，形成节约资源、保护环境的产业格局和生活方式，携手应对共同面临的区域性环境问题。

习近平强调，中方愿继续同地区国家一道，抓住历史机遇，顺应时代潮流，加强与俄罗斯远东、东北亚地区合作，推动实现本地区多元化、可持续发展，不断做大共同利益蛋糕，使本地区人民共享合作机遇和发展成果，携手开创远东和东北亚更加美好的明天！

普京感谢习近平主席和有关国家领导人出席第四届东方经济论坛，称赞中俄在俄远东地区合作发展势头良好。普京表示，远东是俄罗斯发展的优先方向。当前，远东地区经济增长、吸引外资速度都超过俄罗斯全国平均水平。远东发展是开放的发展，俄罗斯政府欢迎各国企业前来投资兴业，分享远东发展机遇。俄方愿同地区各方深化务实合作，实现互利共赢，推动东北亚地区合作取得更加丰硕的成果。其他与会领导人表示，俄罗斯远东地区开发成效显著。各方愿积极参与远东地区开发，并共同促进东北亚地区合作，造福各国人民。在互动交流环节，习近平还就共建"一带一路"、朝鲜半岛局势等问题回答了全会主持人提问。全会后，与会各国领导人共同出席第三届"远东杯"国际帆船拉力赛第一赛段颁奖仪式。

本届论坛以"远东：更多机遇"为主题，聚焦地区经济发展与合作，与会方规格、洽谈规模及推介设置等均超往届，吸引了60多个国家数千名代表参会。论坛期间，俄罗斯、中国、印度、韩国、日本以及东南亚、中东和欧洲部分国家的经贸团体举行了议题广泛的商务洽谈。来自企业和分析评估组织的代表围绕"投资者支持机制""远东优先领域""为改善民生创造条件""全球的远东：国际合作项目"四大专题，讨论俄远东跨越式发展区和符拉迪沃斯托克（海参崴）自由港建设前景，以及如何保护投资者权益；磋商东北亚地区林业、农业、渔业、油气加工业、旅游业及港口基础设施建设开发项目；研讨东北亚人口、卫生、科教、民生、文化及城市发展等问题；分析俄罗斯与周边国家经济合作前景和发展远东运输走廊对亚太地区的重要意义。

本届论坛首次设立"创新疆域"活动版块，推介各国青年创业者的经贸项目开发计划，帮助他们寻找合作伙伴和风险投资。此外，各国经贸团体将在论坛展馆内展示其研发经营新成果，这些成果涉及油气、冶金、电力、农产品加工、食品、信息技术、运输物流、贸易、金融服务等50多个经济领域。

为加强同亚太地区国家的关系，依据俄罗斯总统普京的倡议，俄罗斯从2015年起每年在符拉迪沃斯托克（海参崴）举办东方经济论坛。该论坛在俄罗斯实施远东开发战略中扮演了重要角色，并已逐渐成为亚太地区深化经济合作、探讨国际和地区问题的新平台。

第十四届北京－东京论坛（日本 东京）

由中国外文局（中国国际出版集团）和日

本言论 NPO 共同主办的第十四届北京－东京论坛于 2018 年 10 月 14 日在日本东京举行。本届论坛的主题为"深化互信与合作，共担亚洲及世界和平与发展责任——思考中日和平友好条约的现实意义"。出席论坛开幕式的中日各界人士达 600 余人，参加论坛全部活动的达 2000 余人次。来自中日两国政治、经济、学术等领域的百余位嘉宾围绕政治互信、经贸合作、安全保障等重要议题深入交换意见。中央宣传部副部长、国务院新闻办公室主任徐麟，日本前首相福田康夫出席开幕式并发表主旨演讲与特别演讲。中国驻日本大使程永华、日本内阁官房副长官西村康稔、中国外文局副局长方正辉、联合国原副秘书长明石康出席并致辞。中国外文局副局长高岸明出席 2018 年中日关系舆论调查结果发布会，对中国调查结果进行说明，出席闭幕式并代表中国主办方致辞。

中央宣传部副部长、国务院新闻办公室主任徐麟在论坛开幕式的演讲中指出，2018 年是《中日和平友好条约》缔结 40 周年，也是中国改革开放 40 周年。这两个"40 周年"内涵丰富且相互关联，为把握当今的中日关系提供了很多弥足珍贵的启示。其中最重要的启示是：和平、友好、合作必须是中日关系发展始终要牢牢把握的大方向。和平、友好、合作是民心民意所向，是中日两国利益所在，是时代潮流所趋。和平、友好、合作这三大中日关系的关键要素也被赋予了新的时代内涵。迄今为止，中日等亚洲国家都在现有秩序下实现了发展，维护和完善这一秩序符合亚洲乃至全世界的利益，中日两国应携手努力肩负起这一责任。

徐麟强调，和平、友好、合作是两国利益所在。40 年来，在中国改革开放的重大历史进程中，日本作为友好邻邦，向中国的现代化建设提供了宝贵的支持和帮助，也获得了前所未有的发展空间和实际利益。改革开放带来的互惠互利告诉我们，两国利益决定了中日之间必须和平发展、友好相处、互利合作。和平、友好、合作是时代潮流所趋。40 年后的今天，国

际形势正在发生深刻复杂变化，中国和日本有责任共同发出反对单边主义和保护主义、维护多边主义和自由贸易的声音，为世界经济进一步复苏发展提供稳定预期。国际形势变化催生的时代命题告诉我们，中日两国的和平、友好、合作不仅与两国各自的国家利益密切相关，也与世界的和平稳定和发展繁荣密切相关。本届论坛要为步入正常轨道的中日关系描绘更加美好的未来。中日双方要借鉴历史智慧、把握正确方向，凝聚互信共识、巩固政治基础，深化务实合作、推动互利共赢，增进国民感情、传承友好信念。

日本前首相福田康夫在开幕式的演讲中说，目前，包括经济全球化在内的现有国际秩序出现了动荡。中国在现有国际秩序形成的过程中发挥了重要作用，当前，世界政治、经济、安全等框架机制正在发生变化，为加强与完善现有秩序，中日应共同努力，重返和平友好条约的原点，建立面向未来的友好关系。

中国驻日本大使程永华在致辞中指出，中日关系对双方而言都是最重要的双边关系之一，特别是在当今形势下，中日关系早已超越双边范畴，日益对本地区乃至世界的和平、稳定与繁荣产生重要影响。当前，中日关系出现积极改善势头，双方保持高层交往，各领域交流合作不断加强。两国领导人一致同意要巩固两国关系的政治基础，积极营造良好气氛，不断扩大共同利益，为中日关系未来发展进一步明确了方向。积累政治安全互信、建设性管控分歧、加强交流合作、维护多边主义是发展中日关系需要重视的课题，希望双方嘉宾为两国关系长期健康稳定发展、为促进亚洲及世界和平与发展积极建言献策。

日本内阁官房副长官西村康稔在致辞中表示，中日两国相互投资额已达到 1 万亿日元，日本在华投资企业和机构达 3 万家。在经济领域，中日之间存在不可分割的纽带。2018 年 5 月，李克强总理访日期间，中日两国强调并确认了今后在第三国开展合作的意向。日本政府

期待并支持中日企业携手并肩，共同制定并确立新的国际规则与项目。

中国外文局副局长方正辉在致辞中指出，论坛举办 14 年来的经验告诉我们，广泛与深入的民间对话与交流，始终是中日友好的基础。希望双方嘉宾围绕中日两国社会普遍关注的"中日关系未来""新型中日经济产业合作""中日为实现东北亚和平应发挥的作用""中日媒体的作用与责任""中日在数字经济领域的合作"等一系列重大课题展开深入讨论，为促进中日两国构建政治互信、完善安全机制、提高合作水平、携手维护亚洲与世界的和平发展提供新思维，探索新路径。

联合国原副秘书长明石康在致辞中回顾了《中日和平友好条约》缔结的来龙去脉。他表示，时至今日，《中日和平友好条约》依然具有极为重要的意义。当前，中日在社会福祉、医疗、老龄化、全球气候变暖等方面面临共同的新课题，两国应尽早探索出互通的政策。对于正在世界范围内蔓延的反全球化趋势，他强调，中日应形成合力，从全人类的视角，在亚洲甚至全球问题方面达成共识，共同参与解决全球性课题。

论坛期间，两国与会嘉宾通过热烈并务实的探讨在政治、经贸、媒体、安全等多个领域达成合作共识。中日两国的主办方在闭幕当天共同发表的《东京共识》中指出，两国应共同维护区域和平、繁荣、稳定发展，进一步推动双边及多边经贸合作；双方还应继续拓展民间交流，为促进两国关系持续改善发挥积极作用。百余位来自中日两国政治、经济、企业、学术、传媒等领域的嘉宾围绕政治互信、经贸合作、安全保障、媒体责任、数字经济等议题展开讨论。开幕式后，在国务院新闻办公室原主任赵启正和原日本驻华大使宫本雄二的主持下，商务部原副部长魏建国、中共中央对外联络部原副部长刘洪才、中国军控与裁军协会理事朱成虎、日本原外相川口顺子、日本众议院议员石破茂、日本前财务官山崎达雄围绕论坛主题进行了对话。

"北京－东京论坛"创办于 2005 年，每年一次，在北京与东京轮流举办，至今已举办十三届。论坛已成为两国间层次较高、规模较大的官民互动交流平台，在促进中日关系发展、增进民众相互理解与互信方面发挥了重要作用。

中蒙俄智库国际论坛2018（蒙古国　乌兰巴托）

2018 年 9 月 17 日，由中蒙俄智库合作联盟主办，蒙古国国立大学、蒙古国科学院承办的"中蒙俄智库国际论坛 2018"年会在蒙古国首都乌兰巴托市举办。蒙古国国立大学校长亚·特木尔巴特尔博士致开幕辞。中国内蒙古自治区发展研究中心主任杨臣华研究员，蒙古国科学院副院长格·朝轮巴特尔院士，俄罗斯联邦科学院西伯利亚研究中心蒙古学、佛学、藏学研究所所长巴扎罗夫院士三位嘉宾，以及中国驻蒙古国大使杨庆东、蒙古国外交部邻国事务司副司长德·哈萨尔、俄罗斯驻蒙使馆商务参赞维克多洛维奇三国外交部代表出席了论坛开幕式并致辞。

本届论坛以"中蒙俄经济走廊：开放、创新、共同发展"为主题，以主论坛主旨演讲、平行论坛及企业合作圆桌会议交流方式开展。三场平行论坛主题分别为"中蒙俄利用能源和资源合作""中蒙俄综合交通运输体系合作""教育、文化、科技、社会经济等多边合作"。参加本次论坛的有来自中国、俄罗斯、蒙古国三方智库以及政府及企业界代表 90 余人。中方提供 30 多篇论文，参与学术交流。三国专家、学者、企业界代表围绕三大议题进行了深入研讨和交流，为务实推进中蒙俄经济走廊建设建言献策。

中国内蒙古自治区发展研究中心主任杨臣华在主旨演讲中指出，当前，随着三国发展战略对接合作进程不断深入，共建中蒙俄经济走廊已经站在了一个新的起点上，需要切实发挥三方智库的先行作用，要在深化服务三国政府提出的合作目标上下功夫，要在充分做好政府与民间、企业及政府间的联通工作上下功夫，要在坚持问题导向上下功夫。

与会专家们一致认为，开放、创新、共同发展契合了中蒙俄三国人民要发展、要合作、要和平生活的时代潮流。三国要立足"一带一路"、中蒙俄经济走廊建设新起点和远东合作新机遇，共同发挥好智库的桥梁纽带作用，继续在推进"一带一路"同"发展之路"和"欧亚经济联盟"对接合作上培育增量。专家们建议，中蒙俄三国合作发展离不开三国智库的智力贡献，要强化三国的智库交流合作，注重发挥智库支撑和引领作用；积极落实三国领导人既定的合作方案，真正把《建设中蒙俄经济走廊规划纲要》中的内容落到实处。在充分尊重各方意愿的前提下，积极促成蒙古国成为上海合作组织全权成员；聚焦三国合作发展中的难点和热点问题，以基础设施项目建设和产能合作等作为三国重点合作领域，着力解决重大项目、金融支撑、投资环境、风险管控、安全保障等落地实施过程中的关键问题；完善国际合作的顶层设计和管理架构，探索创新三国合作新机制、新方式。着眼三方合作的共同利益，完善通道建设的合作机制。发挥三方比较优势，建立健全有利于全要素流通的合作机制。在成熟的双边合作领域推动三方合作机制建设；充分做好三国间政府、企业、民间的联通工作，让企业项目早日落地生根，积极参与到中蒙俄经济走廊建设中。

论坛期间，三国还召开了"中蒙俄智库合作联盟"第一届共同理事长第四次会议。杨臣华主任在回顾中蒙俄智库国际论坛举办三年来的成就和经验时表示，2018年是中国推进"一带一路"建设工作五周年，也是中蒙俄智库国际论坛和智库联盟成立三周年。三年来，围绕共建中蒙俄经济走廊的目标，中蒙俄智库国际论坛先后在蒙古国、中国、俄罗斯成功举办了三届，论坛成果丰硕，对推动三国智库界、企业界和政府间的合作与交流，促进三国间政策

沟通、民心相通意义十分深远。他强调，要认真总结中蒙俄智库国际论坛举办以来取得的成绩和经验，深入探索发挥智库先行作用的内在规律和实现途径，为"一带一路"和共建中蒙俄经济走廊提供更有力的智力支撑。

论坛期间，三国成立了第二届理事会共同理事长机构，新增了中国黑龙江省人民政府发展研究中心、蒙古国国家发展局、俄罗斯科学院远东历史考古民族研究所三家共同理事长单位；发布了《中蒙俄智库合作联盟乌兰巴托共同行动宣言》；修订了《中蒙俄智库合作联盟章程》；签署了《中蒙俄智库合作联盟共同理事长机构战略合作框架协议》；并商定下届论坛将在中国举办等事宜。

闭幕式上，杨臣华主任说，三年来，中蒙俄智库国际论坛坚持"联合发起、平等参与、共建共享、稳步推进"的原则，以服务"一带一路"和中蒙俄经济走廊建设为核心，先后在蒙古国、中国、俄罗斯成功举办了三届智库国际论坛，共邀请500余名专家学者，积极为深化三国政策对接、经贸合作和民心相通，以及共建中蒙俄经济走廊提供智库支持，业已成为三国智库广泛肯定的交流合作平台。与往届论坛相比，本届中蒙俄智库国际论坛呈现新的亮点，新增了中蒙俄企业合作专题圆桌会，探讨推进企业互利合作方式，更加务实地致力于助推中蒙俄经济走廊建设走深、走实，尤其是企业合作分论坛上三方企业的加入实现了论坛成果从研究到实践的转化，这不仅是一个新的尝试，也具有很强的现实性和操作性。同时他希望每届论坛的成果能在下一届有及时反馈，有效提高论坛成果的实践性和引领性。

第十四届中俄蒙工商论坛（中国 阿尔山）

2018年6月13日，第十四届中俄蒙工商论坛在内蒙古自治区阿尔山市举行。本次论坛由中国国际贸易促进委员会、俄罗斯联邦工商会、蒙古国工商会、内蒙古自治区人民政府主办，由内蒙古自治区贸促会、内蒙古自治区兴

安盟行政公署承办。中国国际贸易促进委员会副会长陈洲，内蒙古自治区政协副主席常军政，俄罗斯联邦工商会驻上海代表处首席代表布雷金，俄罗斯联邦工商会检验鉴定联盟副主席阿列克谢，蒙古国工商会总秘书长奥云特格西，兴安盟盟委委员、阿尔山市委书记高长胜，兴安盟盟委委员、副盟长夏云海出席会议并参加启动仪式。来自中国、俄罗斯、蒙古国三国从事金融、电子商务、旅游发展、商事法律等行业的近 200 名代表参会。

中国贸促会副会长陈洲、内蒙古自治区政协副主席常军政出席论坛开幕式并致辞。常军政在致辞中表示，中俄蒙工商论坛自 2005 年创建以来，坚持工商对话，聚焦经贸合作，在助推中俄蒙次区域经贸往来、深化三国毗邻地区友好交流等方面发挥了重要作用，取得了丰硕成果，已经成为中俄蒙工商界开展交流合作的重要机制和平台。本届论坛以"共建共享　合作共赢"为主题，围绕中蒙俄经济走廊建设，将开展经贸旅游项目对接、商事法律研讨、合作备忘录签署等一系列活动，内容丰富、主题突出，必将进一步提升中俄蒙合作交流水平。陈洲副会长积极评价多年来中俄蒙工商论坛机制对促进中俄蒙次区域经贸交流发挥的重要作用。他指出，中俄蒙三国经济互补性强，中方的"丝绸之路经济带"倡议与俄方的"欧亚经济联盟"、蒙方的"发展之路"战略高度契合；三国商协会应携手努力，搭建更多经贸交流平台，提升贸易投资便利化水平，共同推动工商界参与中蒙俄经济走廊建设，加强国际区域产能合作和互联互通，把中俄蒙次区域经贸合作提升到更高水平。

俄罗斯联邦工商会驻上海代表处首席代表布雷金表示，当前中俄蒙经贸合作进入快速增长的新阶段，基础设施、工业园区、旅游等领域合作成为推动中俄蒙次区域发展的动力。相信出席本届论坛的三国工商界代表通过共同研讨，将提出进一步深化区域经贸合作的多样化贸易投资方案。

蒙古国工商会总秘书长奥云特格西表示，多年来，中俄蒙工商论坛机制对促进区域经贸合作发挥了重要作用，建议三国工商界人士继续推动政府开展建立自由贸易区谈判，提升贸易投资自由化、便利化水平，加强在食品、文化、旅游等重点领域的合作。

本届工商论坛主要围绕中国"一带一路"、蒙古国"草原之路"和俄罗斯"欧亚经济联盟"建设，以"共建共享　合作双赢"为主题，以推动中俄蒙工商会和企业务实合作为目标，通过产品推介、贸易洽谈、高峰论坛等形式，深挖合作潜力，充实务实合作内容，进一步推动中蒙俄经济走廊建设，共同发展，共创美好未来。中俄蒙三国 200 多位参会代表围绕"深化多双边合作机制，共同参与中蒙俄经济走廊建设；合作双赢，共同推动中俄蒙区域内贸易投资便利化；提升地区旅游合作档次，推进中俄蒙跨境旅游业发展；扩大生态建设，促进环保领域合作；优化贸易结构，加快跨境合作区建设"等 5 个议题进行讨论。论坛期间还举办了中俄蒙经贸项目推介对接会、中俄蒙旅游项目推介对接会、中俄蒙商事法律研讨会，三国工商会（贸促会）签署了《合作备忘录》。

在中俄蒙经贸项目推介对接会、中俄蒙旅游项目推介对接会、中俄蒙商事法律研讨会上，与会代表紧紧围绕"深化多双边合作机制，共同参与中蒙俄经济走廊建设；合作双赢，共同推动中俄蒙区域内贸易投资便利化；提升地区旅游合作档次，推进中俄蒙跨境旅游业发展；扩大生态建设，促进环保领域合作；优化贸易结构，加快跨境合作区建设"等议题展开讨论，三国工商会（贸促会）签署了《合作备忘录》，为促进中俄蒙三国在贸易、旅游、招商、科技信息等方面的融合发展提供了更加有力的支撑和保障，成为落实中国"一带一路""向北开放"的重要举措，进一步提升内蒙古尤其是阿尔山市的城市品牌影响力，提升城市知名度，为旅游业的发展带来巨大的商机和动力。

中俄蒙工商论坛是中国贸促会与俄罗斯联

邦工商会、蒙古国工商会共同创办的中俄蒙工商对话交流的机制性平台，是推动三国工商界务实合作的重要载体。自 2005 年创建以来，中俄蒙工商论坛已成功举办了十三届，在推动中俄蒙区域经贸务实合作、深化三国毗邻地区经贸往来、协助三国地方商协会开展更多交流、为中俄蒙企业搭建交流与合作的平台等方面发挥了重要的推动作用。本届论坛的召开将进一步深化中俄蒙三国在能源资源、基础设施、旅游、物流、科技、教育、文化、生态环境等方面的交流合作，加强在维护贸易秩序、促进和保护投资、推动口岸通关便利化等方面的协作，开创新的发展局面，为巩固和发展中俄、中蒙战略合作伙伴关系做出积极的贡献。

第七次中日韩领导人会议（日本　东京）

2018 年 5 月 9 日上午，中国国务院总理李克强在东京迎宾馆与日本首相安倍晋三、韩国总统文在寅举行了第七次中日韩领导人会议，会后三人联合召开了记者会。这次中日韩领导人会议吸引了全世界的关注，不仅因为这个三方会议是时隔两年半后第一次重启，而且对中国国务院总理李克强和韩国总统文在寅来说，这都是他们上任后第一次访问日本。随着特朗普加大对中日的贸易压力，中日韩领导人会议提供了加强地区团结的机会，此次峰会表明亚洲有这种统一阵线。朝鲜半岛的局势无疑成为此次三方会谈中的重要内容。但媒体普遍认为，对日本首相安倍晋三而言，此次三方会议的最重要意义在于它担当了"中日关系正常化的铺路石"，因为这是中国国务院总理时隔 8 年后首次对日本进行正式访问。

李克强在记者会上强调自由贸易的重要性，希望打造"经济上开放融通的中日韩合作"，加快中日韩自贸区谈判。作为地区重要国家、世界主要经济体和开放型世界经济的受益者，中国、日本、韩国的合作正积攒新的动能，各方有责任促进地区稳定与发展，以加快《区域全面经济伙伴关系协定》（RCEP）谈判的实际

行动，维护自由贸易和以规则为基础的多边贸易体制，推进东亚经济共同体建设和区域一体化进程，打造地区持续稳定的经济增长极。当前，中日关系出现改善势头，正站在重返正常发展轨道的路口。未来去向何处？应该做何选择？历史既能给人启迪，也能给人警示。他强调，中日四个政治文件共同构成了中日关系的政治基础。实践证明，只要这四个政治文件的原则和精神得到恪守，中日关系就能顺利发展，反之就会遭遇挫折。英国《金融时报》称，面对美国关税打压和要求重新协商贸易协议的威胁，中国正树立全球贸易体系维护者的形象。

在会谈中，安倍晋三对习近平主席在朝鲜问题上给予的协助表示敬意。文在寅表示，三国一致认为全面实现半岛无核化、建立永久和平机制、改善韩朝关系对半岛乃至东北亚地区和平与繁荣至关重要。会议当天发表的第七次中日韩领导人会议联合宣言称："我们致力于半岛完全无核化，重申维护半岛和东北亚和平稳定是我们的共同利益和责任，强调只有通过国际合作，并根据联合国安理会有关决议全面解决各方关切才能为朝鲜半岛光明未来奠定基础。中韩领导人希望日朝之间的绑架问题通过对话尽快得以解决。"宣言还称，定期举行三国领导人会议意义重大。

9 日，安倍首相与李克强总理签署了一份协议，约定在 30 日之内建立高级国防官员热线，在涉及双方海军船只或军用飞机的事件中进行沟通。除了热线外，协议内容还包含双方国防官员定期会晤，并建立双方海军舰艇海上交流机制，避免发生海上误判。安倍首相和李克强总理还将签订货币互换、在第三方市场开展经济合作、给予日方合格境外投资者更多额度等协议。对中日关系来说，李克强总理此访是一次历史性突破。安倍首相希望将此次峰会作为其访华的跳板，最终促成习近平主席访日。

9 日下午，李克强总理在东京单独会见了文在寅总统。李克强表示，希望韩方继续妥善

处理好"萨德"问题。文在寅表示,在朝美首脑会晤、实现半岛和平过程中,希望继续得到中方的通力支持。他还邀请习近平和李克强2018年访问韩国。据美国有线电视新闻网(CNN)报道,文在寅在与李克强会晤后离开东京回国。临行前他表示:"整个世界都在密切关注朝鲜半岛和东北亚地区,相信三国之间的密切合作将为该地区创造和平与繁荣。"

在与文在寅会晤后,李克强展开对日本为期两天的正式访问。自安倍首相上台以来,中日之间一直未能实现首脑互访,这让安倍政权感到焦虑。日本外务省国际报道课官员9日对《环球时报》记者说,此次日本政府为了表达对中日关系的重视,决定以"公宾"待遇招待李克强。"公宾"是仅次于给国家元首的"国宾"礼遇。访日期间,李克强将会见日本天皇明仁。之后,李克强还将与安倍共同出席在北海道举行的中日省长知事论坛。

2008年12月,中日韩三国领导人首次在东盟与中日韩(10+3)框架外单独举行会议,决定建立面向未来、全方位合作的伙伴关系,同时将这一会议机制化,每年在三国轮流举行。近年因种种原因,中日韩领导人会议一度停滞,此次会议是时隔两年半再次召开。中国外交部发言人华春莹介绍,中日韩合作启动19年来,建立了以领导人会议为核心,21个部长级会议和70多个工作层磋商为支撑的全方位合作体系,成立了中日韩三国合作秘书处。三国在经贸、财金、交通、文化、教育、环境、卫生以及灾害管理等领域的交流与合作成果丰硕,签署了《中日韩投资协定》,举行了13轮中日韩自贸协定(FTA)谈判。2017年中日韩三国间贸易额将近6700亿美元,人员往来超过2800万人次。在未来亚太经济一体化、建立亚太自由贸易区(FTAAP)的问题上,中日是有战略共识的,但在实现路径上存在一定分歧。中日韩领导人如果能在构建FTAAP的问题上达成共识,对未来亚太经济一体化毫无疑问能产生巨大的促进作用。

"一带一路"与日本战略国际论坛(日本 东京)

2018年6月24日,由国际亚洲共同体学会、"一带一路"日本研究中心与亚洲联合大学院机构联合主办,日本华人教授会议、日本商务精英会议、中日友好协会、国际贸易研究所协办的2018年大会暨纪念《中日和平友好条约》缔结40周年·ASEAN结成51周年国际会议——"中日韩首脑峰会后的'一带一路'与日本战略"在东京成功举办。约百名"一带一路"的中日专家学者、和平友好知名社会人士等会聚一堂,开启了一场政治经济、历史、文化等多元化学术论坛盛宴。尽管目前日本大众尚未充分关注中国提倡的"一带一路"倡议,然而一群长年致力于世界和平、中日友好事业的专家学者们,从各自的专业领域深入理解"一带一路"倡议的重要性并以"一带一路"为中心纷纷进行了精湛解读,发表了客观见解。

大会共分为以下几部分:青年学者报告会、历史文化部会、冈仓天心奖特别讲演——"21世纪全球化与中日美关系"、中日韩首脑峰会后的ASEAN与东亚、中日韩首脑峰会后的"一带一路"构想,以及东亚、全球化转移与兴起的亚洲及朝鲜半岛。国际亚洲共同体学会理事长及日本大学教授朽木昭文、庆应义塾大学教授大西广、富山大学教授岩内秀德、立命馆大学教授周玮生、横滨国立大学名誉教授萩原伸次郎依次担任了分部主持。

会场充满了年轻学者的学术热情与长者智慧的友好碰撞。创价大学讲师岩木秀树、广东海洋大学讲师刘鹏、筑波大学环境学博士及GALA研究员朝格吉拉图、武藏野大学教授村石惠照、首尔宣言会事务局负责人井上良一、名古屋大学名誉教授坂本雅子、横滨市立大学名誉教授矢吹晋分别围绕"宗教""中国农业""中日环境领域合作""丝绸之路与亚洲文化""日韩交流""超越空洞化与属国化""现代中国走向"等发表了最新研究成果。福井县立大学教授唱新从"ASEAN 与中印关系"视角提出了中国 – 东亚 – 印度的新亚洲三角发展模式。拓殖大学教授棰野幸平则围绕"ASEAN 与巨大FTA"介绍了信息化时代中东南亚诸国的 FTA 现状并阐释了亚洲服务规则与电子商务交易市场所面临的问题。

东京外国语大学教授渡边启贵从"水上丝绸之路与日本"阐释了亚欧洲地政学的重要性，并表示"一带一路"是中国致力于"地球命运共同体"的多国友好协作倡议，日方应大力支持与推进。专修大学副教授徐一睿以客观数据详细分析了亚欧洲运输基础设施与中日合作之道，指出 PPP 是一种多国间合作的有力模式，"一带一路"不仅有利于中日政治经济的深入交往，更是两国优势互补的双赢之路。福岛大学副教授朱永浩则基于实地考察，图文并茂地论述了"'一带一路'与东北亚洲物流"的关系，从历史与现实多视角阐明了"一带一路"的可能性与发展性，并揭示了其所面临的问题。此外，庆应义塾大学教授樱川昌哉从"政治秩序的变化"剖析了当今全球化对中日美间关系的影响作用。鹿儿岛大学教授木村朗则围绕"朝鲜半岛和解的动力"，指出日本应超越"中国威胁论"，与中国合作共筑新东亚的和平共生。东洋学园客座教授、原多边投资担保机构（MIGA）长官井川纪道表示，不应狭隘地看待的"一带一路"，需超越"中国威胁论"，从亚洲基础设施投资银行（AIIB）的成功事例论述了"一带一路"的独特性，认为日本应同其他国家一样积极响应"一带一路"合作大课题，促进中日乃至世界的和平与发展。

闭幕式由国际亚洲共同体学会会长、筑波大学名誉教授进藤荣一主持。恳亲会上，中日学者们更是畅谈了"一带一路"在"中日和平友好"中的重要性。南京师范大学教授林敏洁表示，在一些政治家侧重于强调中国强大对日本产生负面影响的社会背景中，有如此多的日本有识之士重视"一带一路"倡议，并从客观理性视角呼吁日本民众做出促进中日和平友好

的行动；期盼着"一带一路"倡议在中日外交、政治经济等多方面获得更多理解，发挥更大作用，实现东亚乃至世界和平与发展之路。

2018年中日韩青年峰会（韩国　首尔）

为落实中日韩领导人会议决定，继日本和中国分别主办 2016 年和 2017 年"中日韩青年峰会"之后，2018 年 8 月 26 日，由韩国外交部、三国合作秘书处主办的"2018 年中日韩青年峰会"在韩国首尔成功举行。根据惯例，中日韩三国各自推选了 10 名学生代表参会。

在峰会开幕式上，韩国外交部官员安素林、中日韩三国合作秘书处秘书长李钟宪出席并致辞。在致辞中，安素林表达了对青年代表们积极参与峰会的殷切希望以及峰会圆满召开的衷心祝愿。秘书长李钟宪指出，三国应该求同存异，正视存在的分歧，更要积极拓展三边合作的广度和深度。

在正式会议开始之前，主办方还组织了多场讲座，讲座内容包含三国合作秘书处的宗旨和职能介绍、议事规则的讲解和学术指导以及三个委员会的主题讲座等等。讲座内容丰富翔实，主讲人们与参会代表们互动频繁，交流深入，为会议的顺利进行奠定了良好的基础。在为期 6 天的会议中，来自首尔国立大学、东京大学、北京大学、外交学院等多所著名高校的共计 30 名学生分别组成了环境委员会、经济委员会、文化委员会。三个委员会各自包括 1 名主席和 9 名代表。为加强三国青年之间的相互交流与合作，并加深各国代表对其他国家立场和政策的理解，主办方要求各委员会以 3 人为一组分别组成中日韩三方，且每一方皆由 1 名韩国代表、1 名中国代表和 1 名日本代表组成。此外，为保证会议顺利进行，主办方还为各委员会安排了会场指导及其他辅助支持。环境、经济、文化委员会讨论的主要议题分别为加强解决粉尘及环境污染的三方合作、推动中日韩自贸区建设以及加强举办奥运会中的三边合作。围绕这三个议题，各委员会组织召开了两次代

表团会议、五次委员会会议和最终的三国模拟峰会。青年代表们在会上发表了代表本国立场和态度的主旨演讲，进行了多轮核心磋商和非正式辩论，并共同起草和修订了联合声明。

峰会期间，主办方还组织了跨文化辩论和参访韩国 MBC WORLD 电视节目主题公园、朝韩非军事区以及展览馆等一系列文化交流活动。跨文化辩论主题丰富多样，贴近生活，包括学生兼职、求职与就业、亲子关系、社会伦理、旅行、情感与婚姻等议题，代表们选择自己感兴趣的辩题共坐一堂，各抒己见，深入沟通，对邻国的社会生活有了更为确切的认知。丰富的参访活动不仅为代表们领略韩国的流行音乐和影视文化提供了契机，也有助于代表们对朝鲜半岛的历史和现状有更深刻和全面的认识。此外，主办方还组织青年代表们品尝了多种韩国当地的传统美食，进一步加深了青年代表们对韩国文化的认识和了解。

在模拟峰会上，环境、经济、文化委员会依次进行了模拟会议展示，三位委员会会场指导宣读了本委员会一致通过的正式联合声明。模拟会议环节结束后，日本代表团指导老师久保朋子女士对三个委员会的会场表现逐一进行了点评，并对三国青年代表们为进一步推动中日韩三边合作做出的努力表示了高度赞扬。

2018 年 8 月 31 日下午，峰会闭幕式召开。三国合作秘书处韩素京女士、韩国外交部官员及峰会全体青年代表参加了闭幕式。闭幕式上，三国合作秘书处为参会代表奉上了本次峰会精彩的回顾视频，中日韩三国代表团主席分别致闭幕词，对会议进程和参会感受进行了总结汇报。随后，中日韩代表团各自派出代表上台领取参会证书。大会随后颁发了峰会成就奖、峰会各委员会最佳代表团等奖项。

此次活动让三国青年们对国际多边会议的形式与流程有了浸没式的体验，推动了青年代表们对三国合作的思考，促进了三国青年的深厚友谊。

第六届中日韩工商峰会（日本 东京）

由中国国际贸易促进委员会、日本经济团体联合会、韩国商工会议所联合主办的第六届中日韩工商峰会于 2018 年 5 月 9 日在日本东京开幕。中日韩经济界人士就加强三方经济合作关系、在第三国共同投资等方面交换意见，并向出席中日韩领导人会议的中国国务院总理李克强、日本首相安倍晋三、韩国总统文在寅提交会议联合声明。200 余名三国工商界和政府代表出席峰会。

中国国务院总理李克强表示，中日韩既是隔海相望的邻国，也是具有重要影响的世界主要经济体。三国经贸合作具有很强的韧性和活力，合作共赢前景广阔。当前，中日韩经济都呈现较好发展势头，三国领导人会议时隔两年半后恢复举行，来之不易，值得珍惜。我们要努力营造和平稳定的发展环境，坚持走和平发展道路，尊重彼此核心利益和重大关切，妥善处理敏感问题和分歧。

——共同推进经济全球化和维护自由贸易。中日韩都是经济全球化的受益者、支持者，也都经历过贸易保护主义的打压。面对当前保护主义、单边主义抬头的严峻形势，中日韩应坚定站在一起，支持自由贸易，共同维护以规则为基础的多边贸易体系。加快中日韩自贸协定谈判进程，致力于早日达成"区域全面经济伙伴关系协定"，共同促进东亚经济共同体建设。

——扩大投资和产能合作。中日韩各具优势，合作前景广阔。"一带一路"倡议正为三国合作打开新的空间。支持企业按照市场化原则，发挥互补优势，避免恶性竞争，以"中日韩＋X"模式开展合作，共同开拓第四方乃至多方市场。

——加强创新和人文合作。中国愿与日韩一道，加强数字经济、人工智能、环保、医疗卫生等领域的合作，造福各国人民，推动亚洲实现新繁荣。

李克强强调，过去五年，中国经济实现年

均7.1%的增长，对世界经济增长年均贡献率超过30%。中国经济发展的成就得益于我们大力推进改革开放。2018年4月10日，习近平主席在博鳌亚洲论坛2018年年会上向世界发出了中国将坚定不移扩大开放的明确信息，中国开放的大门会越开越大。我们将继续优化营商环境，在深化改革和高水平开放中实现高质量发展。2019年将迎来中日韩合作机制启动20周年。李克强期待三国工商界朋友们携起手来，不仅造福三国，也给世界提供新的发展引擎和动力源泉。

安倍晋三表示，三国领导人会议就开启中日韩合作新起点达成共识，为三国经济发展与互利合作开辟了新机遇。经济界合作是三国关系向前发展的重要引擎。希望加强人员交流，推进在金融、科技、老龄化等领域的合作，共同促进三国经济发展，增强亚洲发展活力，并对牵引世界经济发展发挥积极作用。

文在寅表示，当前朝鲜半岛出现新的重要和平转机，将为工商界带来更多投资兴业机会。希望三国加强在联合研发、能源、医疗、环保、抗灾等领域的合作并取得实质性成果，让三国民众切实体会到三国合作带来的福祉。以三国相继主办奥运会为契机，加强文化、体育等人文交流，并向世界展示东北亚的和平繁荣。

大会向三国领导人提交了《会议联合声明》，声明称，贸易保护主义抬头已成为世界共同关注并担忧的问题，中日韩三国将加强经贸合作，以推进自由贸易发展。此外，中日韩三国还将在人工智能、大数据、机器人等领域展开深入交流与合作。对此，安倍晋三表示，在经济领域，中日韩三国既是彼此重要的合作伙伴，同时也一同引领着世界经济的发展。我们要强烈呼吁公平的竞争环境，进一步推动自由贸易。

中日韩工商峰会在中日韩领导人会议期间举行，是三国经济界最高层次的交流活动，是三国经济界向政府建言献策的有效平台。活动已成功举办五届，峰会旨在进一步巩固三国经济界交流平台。中日韩经济界领袖就三国经贸合作进行探讨，并向三国政府提出意见和建议，寻求三国经贸合作新契机，共同实现可持续发展，维护地区经济繁荣稳定。

第21次东盟与中日韩领导人会议（新加坡）

2018年11月15日，第21次东盟与中日韩（10＋3）领导人会议在新加坡会展中心举行。中国国务院总理李克强、东盟十国领导人以及韩国总统文在寅、日本首相安倍晋三共同出席，新加坡总理李显龙主持会议。

李克强在发言中表示，当前，世界经济复苏态势仍在持续，但不稳定、不确定因素明显增多，出现了一些令人担忧的风险和挑战，保护主义、单边主义突出，经济全球化遭遇波折，以规则为基础的国际秩序和多边贸易体系受到冲击。"10＋3"国家应继承和发扬同舟共济、共克时艰的精神，共迎挑战、化危为机，为维护地区稳定承担更大责任，为促进区域繁荣发展发挥更大作用。要坚定不移推进经济全球化，坚决维护多边主义和自由贸易，推动区域经济一体化，致力于建设开放型世界经济。要抓住新一轮世界科技革命和产业变革带来的机遇，加强创新领域合作，壮大经济发展新动能。在应对亚洲和国际金融危机过程中，东盟各国和中日韩发挥了关键作用。在当前贸易保护主义抬头的背景下，"10＋3"国家应继续坚定维护多边主义和自由贸易。在2018年11月14日举行的第二次《区域全面经济伙伴关系协定》（RCEP）领导人会议上，各方一致同意尽快推进RCEP最后阶段的谈判，最终达成一个现代、全面、高水平、互惠共赢的自贸协定。当前，中日韩自贸区谈判稳步推进。希望各方平衡推进这两项自贸安排，以实际行动对外发出维护基于规则的多边贸易体系的信号，为地区发展提供稳定、自由、法治化环境，共同促进和平、稳定与繁荣。

李克强就下阶段"10＋3"合作提出以下

建议。

——推进东亚经济一体化建设。各方同意将尽快完成 RCEP 谈判，中日韩也将以更积极的姿态推进三国自贸区谈判。建议通过"10＋3"经贸部长会议渠道，各方密切配合，研究东亚经济共同体建设的愿景和推进路径，让这一倡议从理念变成行动。

——强化金融安全。切实提高清迈倡议多边化的可用性、有效性和安全性，支持"10＋3"宏观经济研究办公室提高经济监测能力，强化区域金融风险预防与救助体系。

——开拓创新合作。创新可以成为"10＋3"合作新的增长点。中方倡议 2019 年举办"10＋3"青年科学家论坛，欢迎各方积极参与 2018 年 8 月在中国成立的"10＋3"中小企业服务联盟。

——促进包容发展。"10＋3"成员处于不同发展阶段，发展水平不平衡，要坚持包容普惠发展。积极推进第三方合作，探讨以"中日韩＋X"的方式，优先与东盟国家开展合作。

——拉紧人文纽带。中方倡议在"东亚文化之都"和"东盟文化城市"基础上建立"10＋3文化城市网络"。中方将继续办好"10＋3"大学校长论坛、媒体合作研讨会等项目，营造开放对话、互学互鉴的良好氛围。

李克强强调，"10＋3"国家经济总量达 21.9 万亿美元，占世界的 27%，超过美国和欧盟，在全球经济中具有举足轻重的影响。"10＋3"合作打造了清迈倡议多边化、宏观经济研究办公室、大米紧急储备、东亚论坛等品牌项目，机制化建设日趋成熟。可以说，我们完全有能力、有基础应对各种困难和挑战。中方愿与"10＋3"其他国家一道，以更坚定的决心和更长远的眼光共同擘画东亚合作的未来，推动东亚实现更高水平的融合发展，为世界经济注入新动能。

与会领导人表示，"10＋3"合作作为东亚合作主渠道，是地区最富活力的合作机制之一，发展势头良好。"10＋3"成立以来，地区贸易实现巨大增长，使东亚成为世界上最繁荣的地区之一。展望未来，各方一致同意尽快完成 RCEP 最后阶段的谈判，推进清迈倡议多边化，增加本币使用，拓展"中日韩＋X"、智慧城市、创新、电子商务合作，加强互联互通，加强在金融、教育、文化、农业、减贫、环境、卫生等领域的合作。面对国际形势中的不确定性，各方表示将团结一致，共迎挑战，推进多边主义和基于规则的自由贸易体系，维护地区和平稳定。

2018东北亚地区和平建设会议（中国北京）

2018 年 12 月 2 日至 4 日，由察哈尔学会与全球预防武装冲突伙伴关系（Global Partnership for the Prevention of Armed Conflict, GP-PAC）共同主办的"2018 东北亚地区和平建设"系列会议在北京举行，来自中国、美国、俄罗斯、日本、朝鲜、韩国和蒙古国等多个国家的非政府组织代表参与了本次活动。本次系列研讨会以闭门与公开会议相结合的方式展开，参会各国的国际组织、智库高校和社会团体等 15 家机构 30 余位代表就国际社会对朝鲜半岛、东北亚地区更广泛的和平机制的构建等议题分享了观点和建议。通过三天的讨论，与会代表对东北亚地区局势的最新发展有了进一步的了解，就以"第二轨道"外交促进政府间协议的途径进行了探讨，并就推进东北亚地区和平与稳定达成了一系列共识。察哈尔学会国际咨询委员会联席主席、中央外办原副主任吕凤鼎大使，察哈尔学会高级研究员赵可金、洪源、贺文萍等参加了前两天的闭门讨论。

全国政协外事委员会副主任、察哈尔学会会长韩方明表示，东北亚地区是世界上最为特殊、安全局势最为复杂的地区之一，但在各方努力的基础上，该地区长期安全机制的建立是可期的，这也正是本次对话的重大议题之一。他认为，为了达到该目的，需要加快构建东北亚命运共同体，深刻认知并加深本区域国与国、人民与人民之间不可剥离的历史和文化联结及经济关联；同时积极开展公共外交，要大力发挥人民之间的纽带作用，加深东北亚地区人民之间的认知与了解，大力促进民心相通，大力促进人民共享的二轨外交活动，通过公共外交，为东北亚地区长期安全稳定机制的建立做出贡献。

在此次系列会议的圆桌研讨暨新闻发布会上，GPPAC 执行主任罗德里格斯表示，对于目前朝鲜半岛形势的发展，民间组织做了很多工作和努力，这些成果都是对话赋予的。因此，要形成对话的习惯，要意识到言语的力量，通过对话做出贡献，塑造一个更加和平、繁荣、稳定的朝鲜半岛。东北亚地区的事情不仅对本地区重要，对全球也很重要。

参加 12 月 4 日会议的有察哈尔学会首席研究员、中国前驻乌兹别克斯坦大使于洪君，察哈尔学会国际咨询委员会委员、中国驻俄罗斯大使馆原国防武官王海运少将，联合国教科文组织驻华代表处主任兼驻中、朝、日、蒙、韩五国代表欧敏行，蒙古国前常驻联合国代表、蓝色旗帜组织创始人迦格尔塞汗·恩赫赛汗大使，中国国际问题研究院研究员虞少华，察哈尔学会高级研究员、外交学院外交学系苏浩教授，GPPAC 执行主任达里内尔·罗德里格斯·托雷斯，察哈尔学会秘书长和志耕，GPPAC 东北亚地区代表、日本和平船（Peace Boat）组织创始人吉冈达也，韩国"人民团结参与民主"（PSPD）的组织秘书长朴亭垠，美国公谊服务委员会朝鲜代表琳达·刘易斯，国际妇女争取和平与自由联盟前主席、亚太地区代表秋林梢，俄罗斯涅韦尔斯克国立海洋大学研究员阿纳斯塔西娅·巴兰尼科娃，GPPAC 国际协调员梅丽·乔伊斯等。GPPAC 全球网络的其他组织代表及媒体记者出席了会议。GPPAC 执行主任罗德里格斯与察哈尔学会秘书长和志耕分别致欢

迎辞，在回顾了目前朝鲜半岛缓和局势的基础上，大家都指出要协调大国的作用，兼顾各方利益，争取达成反映最大限度共识的新进展。二人都强调了非政府组织作为对话承载者的重要作用，并希望今后能够展开更多合作。

察哈尔学会秘书长和志耕指出，和平与发展是这个时代的主旋律。东北亚有很多利益相关方，在这一地区发生的任何事情都能带来很大影响，可谓"牵一发而动全身"，因此维持友好合作具有重要意义。全球化进程在不断推进，非政府组织在数量和影响力方面都在增长。东北亚地区的和平发展依靠每个国家人民的努力，也有赖于非政府组织的努力。会议下半场围绕民间和国际社会对东北亚地区和平建设的贡献进行探讨，苏浩教授、罗德里格斯主任、刘易斯女士、秋林梢女士分别发言，对国际秩序的新发展以及各自组织在东北亚地区推进和平与稳定的努力做了介绍，并希望将和平进程坚定不移地推动下去。

GPPAC 是一个由联合国前秘书长安南发起，2005 年正式在联合国总部成立的致力于和平建设与冲突预防的民间社会组织国际网络，也是全球最大的民间和平组织，其全球秘书处设在荷兰海牙，东北亚地区秘书处设在位于日本东京的非政府组织——和平船（Peace Boat）。作为中国非官方的外交与国际关系智库，察哈尔学会长期以来致力于和平学研究与和平实践，并将包括朝鲜半岛在内的东北亚地区作为学术研究、建言献策和公共外交实践的重中之重。此次参与主办东北亚地区和平建设系列会议，探讨人民共享的二轨外交途径，将进一步发挥学会在公共外交和半岛事务领域的既有优势，并拓展与 GPPAC 及其全球网络伙伴组织的合作，为促进中国与周边国家友好关系和东北亚地区和平、稳定与繁荣贡献察哈尔的智慧和力量。

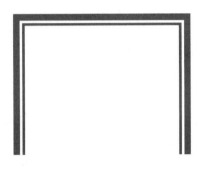

黑龙江省与东北亚各国合作

2018年黑龙江省经济社会发展综述

2018年，黑龙江省积极应对经济下行压力和挑战，把握稳中求进工作总基调，贯彻新发展理念，落实高质量发展要求，以供给侧结构性改革为主线，着力打好"三大攻坚战"，推进"三大攻坚任务"，统筹稳增长、促改革、调结构、惠民生、防风险各项工作，落实稳就业、稳金融、稳外资、稳外贸、稳投资、稳预期总体要求，总体来看，黑龙江省经济运行保持平稳，经济增长新动能不断积聚，经济效益和民生水平持续改善，经济社会发展取得新进步。

一 经济发展

（一）农业

2018年，黑龙江省实现农林牧渔业增加值3079.9亿元，按可比价格计算，比上年增长3.8%。其中，种植业增加值2237.7亿元，增长4.5%；林业增加值97.5亿元，增长5.8%；畜牧业增加值612.9亿元，增长0.6%；渔业增加值52.8亿元，增长7.4%；农林牧渔服务业增加值79.0亿元，增长7.8%。全省粮食产量7506.8万吨，比上年增长1.3%，连续8年位列全国第一。其中，水稻、小麦、玉米和大豆产量分别为2685.5万吨、36.2万吨、3982.2万吨和657.8万吨，水稻、小麦和大豆产量分别下降4.7%、5.0%和4.6%，玉米产量增长7.5%。2018年末，黑龙江省绿色食品种植面积8046.7万亩，比上年增长5.4%；绿色食品认证个数2700个，比上年增长5.5%；绿色食品产业牵动农户131万户。绿色食品加工企业产品产量1790万吨，增长2.9%；实现产值1650亿元，增长2.2%；实现利税98.9亿元，增长0.4%。

（二）工业

2018年，黑龙江省规模以上工业企业增加值比上年增长3.0%。从产品产量看，在重点监测的工业产品中，增长较快的有：生铁695.7万吨，增长58.6%；粗钢774.3万吨，增长53.9%；钢材561.4万吨，增长36.4%；汽车162914辆，增长33.3%。下降较多的有：发动机1795.7万千瓦，下降53.9%；锂离子电池886.3万只，下降37.7%；化肥38.4万吨，下降27.1%；合成氨39.5万吨，下降19.5%。全省规模以上工业企业主营业务收入比上年增长9.5%，利润总额增长22.8%。

（三）固定资产投资、建筑业和房地产开发投资

固定资产投资。2018年，黑龙江省固定资产投资完成额（不含农户）比上年下降4.7%。第一产业投资下降27.6%；第二产业投资增长9.4%，其中工业投资增长9.3%；第三产业投资下降9.4%。民间投资增长10.5%。

建筑业。2018年，黑龙江省实现建筑业增加值852.0亿元，按可比价格计算，比上年下降2.7%。资质等级在三级及以上的建筑业企业实现利润26.7亿元，比上年下降28.9%。全省完成房

屋建筑施工面积 3765.4 万平方米，比上年下降 21.0%。

房地产开发投资。2018 年，黑龙江省房地产开发投资 944.4 亿元，比上年增长 15.8%。商品房销售面积 1913.3 万平方米，比上年下降 15.2%，其中住宅销售面积 1665.6 万平方米，下降 10.8%；商品房销售额 1320.3 亿元，下降 9.6%，其中住宅销售额 1112.3 亿元，下降 2.0%。

（四）国内外贸易和对外经济

消费市场。2018 年，黑龙江省社会消费品零售总额比上年增长 6.3%。按地域分，城镇零售额增长 6.2%，其中城区零售额增长 6.4%；乡村零售额增长 6.8%。从行业看，批发业零售额增长 6.5%，零售业零售额增长 6.1%，住宿业零售额增长 2.7%，餐饮业零售额增长 7.3%。

对外贸易。2018 年，黑龙江省实现进出口总值 1747.7 亿元，比上年增长 36.5%。其中，出口 294.0 亿元，下降 16.7%；进口 1453.7 亿元，增长 57.2%。从贸易方式看，一般贸易进出口 1389.1 亿元，增长 61.5%；边境贸易进出口 186.9 亿元，下降 14.4%；加工贸易进出口 94.2 亿元，下降 38.1%。从企业性质看，国有企业进出口 1028.3 亿元，增长 75.2%；民营企业进出口 579.1 亿元，增长 11.8%；外商投资企业进出口 133.5 亿元，下降 21.4%。

招商引资。2018 年，黑龙江省实际利用外资 59.5 亿美元，增长 1.5%。其中，农林牧渔业比上年增长 94.8%，制造业下降 10.5%，批发和零售业增长 1.7 倍，房地产业增长 28.1%。

（五）交通、邮电和旅游

交通运输。2018 年，黑龙江省各种运输方式共完成货物周转量 2020.4 亿吨公里，比上年增长 9.2%。其中，铁路 885.8 亿吨公里，增长 20.3%；公路 810.7 亿吨公里，下降 11.3%；水运 6.1 亿吨公里，下降 13.8%；航空 2.7 亿吨公里，增长 2.7%；管道 315.2 亿吨公里，增长 65.5%。全年完成旅客周转量 866.6 亿人公里，比上年增长 2.5%。其中，铁路 278.2 亿人公里，增长 1.3%；公路 154.1 亿人公里，下降 13.0%；水运 3631.6 万人公里，下降 4.0%；航空 433.9 亿人公里，增长 10.3%。年末公路线路里程 16.7 万公里，比上年增长 0.7%，其中高速公路 4511.8 公里。

邮政电信。2018 年，黑龙江省完成邮电业务总量 1223.2 亿元，按可比价格计算，比上年增长 80.8%。其中，电信业务总量 1129.5 亿元，增长 89.1%；邮政业务总量 93.7 亿元，增长 18.0%。年末长途光缆线路总长度 5.7 万公里，增长 5.2%。年末固定电话用户 354.4 万户，下降 17.6%；移动电话用户 3833.6 万户，增长 4.8%。全省电话普及率为 110.6 部/百人，比上年增加 2.8 部/百人。固定互联网宽带接入用户 810.7 万户，增长 22.0%；移动互联网用户 2956.4 万户，增长 3.4%。

旅游收入。2018 年，黑龙江省共接待国内、外旅游者 18209 万人次，比上年增长 11.0%；实现旅游业总收入 2244.0 亿元，增长 17.6%。其中，接待国内旅游人数 18100 万人次，增长 11.0%，实现国内旅游收入 2207.8 亿元，增长 17.7%；接待国际旅游人数 109 万人次，增长 5.1%，实现国际旅游外汇收入 5.4 亿美元，增长 12.0%。

二　社会发展

（一）人口状况

据人口抽样调查推算，2018 年，黑龙江省人口出生率为 5.98‰，死亡率为 6.67‰，人口自然增长率为 -0.69‰。2018 年末，常住总人口为 3773.1 万人，比上年减少 15.6 万人；其中城镇人口 2267.6 万人，乡村人口 1505.5 万人。常住人口城镇化率为 60.1%，比上年提高 0.7 个百分点；户籍人口城镇化率为 50.05%，比上年提高 0.13 个百分点。0～14 岁人口占全省总人口的比重为 10.6%，65 岁及以上人口占全省总人口的比重为 12.9%。

（二）就业、人民生活和社会保障

居民收入。2018 年，黑龙江省城镇常住居民人均可支配收入 29191 元，比上年增长 6.4%；城镇居民人均生活消费支出 21035 元，增长 9.2%。农村常住居民人均可支配收入 13804 元，增长 9.0%；农村居民人均生活消费支出 11417 元，增长 8.5%。

社会保障。2018 年，黑龙江省参加企业职工基本养老保险（含离退休）1308.5 万人，比上年增长 8.5%，其中城镇职工（缴费人员）参保 731.7 万人，增长 7.3%；离退休参保 576.8 万人，增长 10.1%。参加基本医疗保险 2908.6 万人，增长 0.6%，其中，职工参保 498.0 万人，城乡居民参保 2052.3 万人。参加失业保险 318.0 万人，增长 0.9%；参加生育保险 350.2 万人，下降 1.4%；参加工伤保险 520.1 万人，增长 0.2%。城镇居民得到最低生活保障人数 74.1 万人，下降 22.3%；农村居民得到最低生活保障人数 89.3 万人，下降 15.1%。

社会福利。2018 年，黑龙江省各类收养性社会福利单位床位 14.9 万张，收养人员 9.0 万人。城镇各种社区服务机构 3361 个，其中，社区服务指导中心 20 个，社区服务中心 622 个，社区服务站 1374 个，其他服务机构 574 个。

（三）教育和科学技术

教育事业。2018 年，黑龙江省共有研究生培养单位 28 所，招生 2.7 万人，在学研究生 7.3 万人，毕业生 1.9 万人。普通高校 81 所，招生 20.6 万人，在校生 73.2 万人，毕业生 20.1 万人。成人高校 20 所，成人高等教育招生 4.3 万人，在校生 9.9 万人，毕业生 3.9 万人。中等职业教育学校 229 所，招生 5.2 万人，在校生 18.0 万人，毕业生 6.9 万人。普通高中 366 所，招生 17.3 万人，在校生 54.8 万人，毕业生 18.1 万人。普通初中 1418 所，招生 27.3 万人，在校生 93.3 万人，毕业生 24.4 万人。普通小学 1469 所，招生 22.2 万人，在校生 131.9 万人，毕业生 27.6 万人。特殊教育学校招生 1450 人，在校生 9981 人。幼儿园 5852 个，在园幼儿 52.2 万人。成人技术学校培训学员 22.8 万人次。

科技研究。2018 年，黑龙江省共取得各类基础理论成果 342 项，应用技术成果 1172 项，软科学成果 68 项。全省受理专利申请 34582 件，比上年增长 11.7%；授权专利 19435 件，增长 6.7%。全年共签订技术合同 3405 份，成交金额 170.1 亿元，增长 12.8%。

（四）文化、卫生

文化产业。2018 年，黑龙江省共有国有艺术表演团体 36 个，文化馆 149 个，公共图书馆 109 个，博物馆 190 个，档案馆 171 个。全省广播综合人口覆盖率 99.0%，电视综合人口覆盖率 99.1%。全省出版报纸 49910 万份，出版杂志 3484 万册，出版图书 8204 万册（张）。

医疗卫生。2018 年，黑龙江省共有卫生机构（含村卫生室）20351 个，其中，医院、卫生院 2081 个，专科疾病防治院（所）95 个，妇幼保健院 145 个。卫生机构床位数 25.0 万张，其中医院、卫生院床位数 23.3 万张。卫生技术人员 23.1 万人，其中执业医师和执业助理医师 8.9 万人，注册护士 9.3 万人。疾病预防控制中心（防疫站）166 个，其卫生技术人员 0.4 万人。卫生监督检验机构 140 个，其卫生技术人员 0.2 万人。乡镇卫生院 972 个，床位 2.4 万张，卫生技术人员 1.9 万人。

（五）环境保护和安全生产

环境保护。2018 年末，黑龙江省有自然保护区 250 个，其中，国家级自然保护区 49 个，省级自然保护区 75 个，市县级自然保护区 126 个；自然保护区面积 778.5 万公顷。

安全生产。2018 年，黑龙江省生产安全事故死亡 631 人，比上年下降 6.9%。亿元 GDP 生产安全事故死亡率为 0.039，比上年下降

7.1%；煤矿百万吨安全事故死亡率为0.355，比上年下降33.8%。

三　黑龙江省经济社会发展展望

2019年是新中国成立70周年，是决胜全面建成小康社会的关键之年，也是推进黑龙江全面振兴、全方位振兴的攻坚之年。黑龙江省坚持稳中求进工作总基调，坚持新发展理念，坚持推进高质量发展，坚持以供给侧结构性改革为主线，坚持深化市场化改革、扩大高水平开放，加快建设现代化经济体系，坚决打好"三大攻坚战"，统筹推进稳增长、促改革、调结构、惠民生、防风险，落实"六稳"要求，深入解放思想，提振市场信心，扬长避短、扬长克短、扬长补短，激发内生动力，重塑投资营商新环境、重聚产业发展新动能、重构协调发展新格局、提升绿色发展优势、提升改革开放水平、提升民生保障能力，全面加强党对经济工作的领导，全力推动经济平稳健康发展和社会大局稳定。综合考虑各方面实际情况，2019年黑龙江省发展主要预期目标是：地区生产总值增长5%以上；居民消费价格涨幅3%以下；城镇新增就业52万人，城镇登记失业率在4.5%以内；城乡居民可支配收入增长与经济增长基本同步；单位地区生产总值能耗下降3%以上。

深入实施乡村振兴战略。毫不放松粮食生产，为"中国饭碗""中国粮食"提供坚强支撑。开工建设三江平原14处灌区田间配套工程，推行工程换水、灌溉节水、休耕停水"三水"措施，新增置换地下水灌溉面积190万亩。合理调整"粮经饲"结构，落实生产者补贴政策，扩大大豆以及蔬菜、鲜食玉米、牧草等种植面积，高值高效特色作物面积达2100万亩。打造寒地黑土、非转基因、绿色有机优势牌，绿色、有机食品认证面积增加到8100万亩。构建长效机制，打好防控非洲猪瘟硬仗。

推行"农村客运＋电商物流＋交邮合作"模式，乡镇物流节点覆盖率超过80%。深入开展农村人居环境整治。实施10个县、59个乡镇、189个村生活垃圾治理试点。完成危房改造7万户以上，改造室内卫生厕所12.8万户。再解决1966个村屯、120万农村人口饮水安全问题，农村自来水普及率提高到90%以上。推进"四好农村路"建设，交工农村公路4000公里，实现750个村通村路硬化。巩固提升绿色发展优势。切实做好大小兴安岭、张广才岭、老爷岭、完达山脉等生态保护和修复。实施好山水林田湖草综合治理国家重大工程。落实黑土地保护措施，推进秸秆综合利用，耕地轮作试点面积900万亩，农业"三减"高标准示范面积4000万亩

落实中央"八字方针"，推动高质量发展。巩固"三去一降一补"成果。持续淘汰落后产能，按照台账年度要求，坚决完成小煤矿关闭和退出落后产能任务，严格按标准检查验收，做到真关真管真淘汰。有效处置"僵尸企业"。落实新一轮"科技型企业三年行动计划"，精准扶持科技型中小企业、高新技术企业、创新型领军企业。注重培育发展新技术、新产业、新业态、新模式。启动实施重大科技专项，推进人工智能、石墨烯、3D打印、轻量化制造、生物疫苗等领域关键共性技术研发，推动高新技术成果省内落地转化与产业化。推进佳木斯、牡丹江国家级高新区创建。支持符合条件的科技企业在科创板等资本市场上市、挂牌。推动互联网、大数据、人工智能和实体经济深度融合，以数字化（智能）车间建设为抓手，大力发展"互联网＋先进制造业"。立足大型军工企业、高校和科研院所在燃气轮机、航空航天、装备制造、新材料等领域的科教及产业优势，在成熟军工技术溢出、民企参军上实现突破。推动北斗导航、遥感及测绘地理信息等军民两用技术产业化。消除民营企业在准入许可、招投标等方面的不公平待遇，提振投资和发展信心，保护和激发企业家精神。多措并举为中小

微企业提供金融服务。鼓励社会资本参与 PPP 项目。加快实施大庆石化炼油结构调整转型升级项目，推动神华宝清电厂一期、沃尔沃平台升级改造、先进直升机等项目投产。力争规上农产品加工企业主营业务收入增长 10% 以上，努力把食品和农副产品精深加工业打造成第一支柱产业。大力发展石墨等矿产资源精深加工。加快发展新一代信息技术、机器人、生物医药等新兴产业。

不断提升服务业有效供给。旅游业要重点发展以中国最北点漠河为代表的北线旅游，以伊春森林、五大连池风景区为代表的中线旅游，以扎龙湿地、林甸和杜尔伯特温泉为代表的西线旅游，以亚布力、雪乡、镜泊湖、兴凯湖、黑瞎子岛为代表的东线旅游，提升必到必游核心景区的影响力和竞争力。通过旅游景区景点串联、重点景区带动周边景点，形成冬夏优势互补、四季均衡发展态势。加快推进智慧旅游，鼓励发展民宿，搭建文化和旅游云平台，利用 App、微信公众号、专业网站等平台建立评星机制，用消费者评价倒逼各类市场主体提高服务质量。发挥旅游诚信基金作用，强化综合监管，进一步规范旅游市场秩序。办好第二届旅发大会。文化产业要以文旅企业梯度成长培育计划和小微企业成长工程为牵引，培育新型业态和消费模式。养老产业要积极培育养老龙头企业和品牌，鼓励发展不同规模、不同层次、覆盖不同群体的多元化养老服务供给模式。体育产业要推进冰雪旅游、冰雪运动、冰雪文化、冰雪装备等寒地冰雪经济融合发展。2019 年黑龙江计划组织开展以"赏冰乐雪"系列活动为代表的省级以上赛事活动百余项。举办好哈尔滨等地系列马拉松、世界斯诺克国锦赛、黑河中俄界江越野汽车挑战赛等赛事。加快地方金融机构改革，基本完成农信社产权制度改革，推进龙江银行混改进程，争取民营银行、金融租赁公司、财务公司等金融牌照，建设龙江金融集聚区。加快发展电子商务、仓储物流、研发设计、检验检测认证和创意产业等现代服务业。

着力保障和改善民生。把稳就业摆在更加突出的位置，实施好促进就业创业十二条政策措施，建成全省统一的公共就业服务平台，突出做好高校毕业生、农民工、退役军人、企业转岗人员等重点群体就业创业工作。发挥大众创业、万众创新对扩大就业的支撑作用，运用"互联网＋"发展新型就业形态。建立保障农民工工资支付长效机制。完善城乡居民基本医疗保险制度和大病保险制度，城乡居民基本医疗保险政府补贴标准由每人每年 490 元提高到 520 元。增加养老服务供给，新增养老床位 1.5 万张。转岗培训 1500 名全科医生，为社区卫生服务中心再招聘 1000 名执业医师。基本公共卫生人均经费补助标准由 55 元提高到 69 元。施行药品安全量化分级管理。持续提升基层中医药服务能力。

参考文献

《2019 黑龙江省政府工作报告》。

《2018 年黑龙江省国民经济和社会发展统计公报》。

2018年黑龙江省与俄罗斯经贸合作状况

2018年，黑龙江省对俄贸易实现平稳增长。黑龙江省宏观经济运行情况数据显示，2018年1~8月，黑龙江省对俄进出口总值747.2亿元，比去年同期增长55.6%。

一 黑龙江省与俄罗斯经贸合作

（一）对俄贸易增速高于全省整体进出口增速

2018年1~8月，黑龙江省进出口总值1054.6亿元，比去年同期增长32.6%，高于同期全国进出口增速23.5个百分点。其中，对俄进出口总值747.2亿元，占同期全省进出口总值的70.9%，同比增长55.6%，高于同期全省进出口增速23个百分点。对俄出口50.8亿元，同比下降31.5%；自俄进口696.4亿元，同比增长71.5%；累计对俄贸易逆差645.6亿元。

（二）自俄原油进口拉动全省外贸进口增长

黑龙江省自俄罗斯原油进口量大幅增加，成为拉动全省外贸增长的主要因素。近年来，在中国官方不断推动"一带一路"建设的大背景下，中俄两国的经贸往来日益频繁，俄罗斯的石油、煤炭和天然气等资源成为中国的"热销商品"。凭借毗邻俄罗斯远东地区的地缘优势，黑龙江积极开展对俄进出口贸易，并成为"一带一路"建设的重要平台。2011年，自俄

远东至大庆的中俄原油管道开通；2018年1月，中俄远东地区第二条原油管道开通。目前，黑龙江省已拥有两条跨境原油管道。俄罗斯是中国原油进口的重要来源地，而黑龙江已成为中国进口俄罗斯原油的重要口岸。2017年1~11月，黑龙江省原油进口总量增加2.9%，进口均价上涨28.1%，进口总值增长31.8%；原油进口总值占同期全省进出口总值的41.5%，占同期全省进口总值的58%。原油进口总值对全省进出口总值增长的贡献率为59.7%，对全省进口总值增长的贡献率为71.1%。原油价格上涨是拉动黑龙江省外贸增长的主要因素，对进出口增长尤其是进口增长影响非常明显。世界银行预测，2017年包括原油、天然气和煤炭在内的能源类大宗商品价格将上涨约24%。在中国官方新一轮东北振兴利好政策的刺激下，中俄原油管道的开通无疑进一步拉动了中国对俄罗斯原油的进口，也极大地缓解了以黑龙江为代表的中国东北老工业基地的转型压力。

（三）与俄农业跨境合作成效显著

黑龙江充分利用国际国内两个市场、两种资源，深入推进农业对俄合作，加快发展对俄农产品出口贸易和对俄境外农业园区建设，促进农业跨境产业链接，并取得明显成效。目前，对俄境外农业开发合作项目主要集中在俄阿穆尔州、滨海边疆区、犹太自治州和哈巴罗夫斯克边疆区四个粮食主产区，并向俄腹地扩展。境外农业投资主体100余家，种植规模10万亩以上的农业合作项目达到20个，合作由粮食种

植向生猪、肉牛和禽类养殖，粮食、饲料加工，仓储、物流运输等领域延伸。农垦牡丹江分局、宝泉岭分局等所属企业从在俄规模种植扩展到粮食加工、仓储、物流。对俄农业合作的不断发展，也带动了对俄劳务输出，拓宽了农民增收渠道，促进了边境地区经济社会稳定发展。黑龙江省每年对俄输出劳务 1.8 万人次，人均劳务收入 3 万元以上，年创劳务收入近 6 亿元，仅东宁市每年对俄输出劳务就达 1 万余人。同时，企业把境外生产的优质非转基因大豆、玉米等粮食运回国内销售，满足国内加工企业需求，促进了进出口贸易发展。黑龙江蔬菜在俄远东地区市场占有率达到 30%。

（四）跨境电商通道建设步伐加快

2018 年，黑龙江省全力推进跨境电子商务健康快速发展，跨境电商产业链条不断延伸，跨境电商通道建设步伐加快，成为转变传统外贸增长方式、培育外贸增长的新动能。一是政府扶持，支撑对俄电商物流大通道发展。二是对俄跨境电商物流大通道的成功运营，加速企业发展。三是充分利用黑龙江省地缘优势和对俄经贸合作优势，积极发展俄罗斯商品的跨境电商进口。四是创新跨境电商金融服务方式，突破"支付难、结算难"瓶颈，吸引跨境电商企业集聚，推动对俄跨境电商发展。2017 年 6 月，黑龙江省跨境电商保税进口业务正式开通。2018 年 1 月，哈尔滨航空口岸跨境电商直购进口业务开通，只要对接了海关跨境电子商务管理系统的电商企业，在《跨境电子商务零售进口商品清单》范围内的商品均可供消费者选择，消费者购买的商品将更加个性化、多样化。而对电商企业来说，这种直购模式将减少商品囤积的风险，降低企业成本。2018 年 6 月，哈尔滨综合保税区跨境电商业务开始上线运营。省内各地也大力发展跨境电商。如绥芬河市围绕销售俄罗斯商品及面向俄罗斯销售国内商品，打造了 6 家电商交易平台。绥芬河市俄商汇电子商务有限公司打造了"乐 e 购平台"，该平台实现了供货、批发、分销、零售等功能，让用户以最低的门槛直接介入商品的批发和零售，面向国内消费者线上批发及零售俄罗斯商品。目前，黑龙江省自建跨境电商平台 19 个，2018 年 1 ~ 7 月完成交易额 2.7 亿元，在俄罗斯建有 19 家海外仓，总仓储面积 17.57 万平方米。

（五）境外合作区建设发展迅速

作为中国对俄经贸大省，黑龙江省也在积极推行境外合作区建设。目前，全国已有 26 家中资企业入驻俄远东跨越式发展区和符拉迪沃斯托克（海参崴）自由港，其中黑龙江省在俄远东推进建设了 18 个境外园区，累计入区企业 146 家，龙跃经贸合作区等 5 个园区入驻俄远东跨越式发展区。2018 年 1 ~ 7 月，黑龙江省边境口岸进出境货运量实现 797.89 万吨，同比增长 4.25%。

（六）对俄投资和承包工程锐减

2018 年 1 ~ 8 月，黑龙江省对俄直接投资（非金融类）和承包工程锐减。中方实际投资 7445.7 万美元，比上年同期减少 2442.2 万美元，同比下降 24.7%；对俄承包工程 306 万元，减少 4003.9 万元，同比减少 92.9%。

二　黑龙江省与俄罗斯经贸合作前景展望

（一）中俄高层及地方领导人往来频繁将夯实经贸合作的政治基础

2018 年 9 月，第四届东方经济论坛上，中俄签署了《中俄在俄罗斯远东地区合作发展规划（2018—2024 年）》，这是指导两国在俄罗斯远东跨越式发展区合作的纲领性文件，将成为两国地方和企业合作的指南。中国商务部还和俄罗斯远东发展部签署了《关于建立中国东北地区和俄罗斯远东及贝加尔地区实业理事会的谅解备忘录》，旨在促进企业间项目对接，为企业提供信息咨询服务并解决合作中遇到的问题。理事会将成为政府间合作机制的有益补充，中国进一步推动东北地区和俄罗斯远东及贝加尔地区的经贸投资合作。2018 年 6 月，中俄首次在哈巴罗夫斯克边疆区举办了国际商务日活动，黑龙江省省长王文涛率代表团出席。中俄商定就开发大乌苏里岛组建联合工作组，双方还就以下问题达成相互谅解，即在岛上应设立客货口岸，而不是客运口岸。目前中俄双方正在就结合建设水利工程商定过境口岸位置坐标问题进行谈判。哈巴罗夫斯克边疆区愿意与中方就联合开发大乌苏里岛展开合作，包括建设客货口岸、联合水利工程，并落实大乌苏里岛开发总体构想内的项目。有了这些国家层面和地方高层的合作规划，未来黑龙江省对俄合作将进入有序发展的轨道。

（二）对俄大通道建设将为黑龙江省与俄罗斯合作带来新契机

黑龙江省应抓住机遇，在基础设施互联互通上深化与俄合作。同时，以国家"一带一路"倡议的重要举措为契机，规划建设东部陆海丝绸之路经济带，灵活运用国家优惠政策，助推黑龙江省的开发开放水平实现新跨越，使其成为区域经济发展新的增长点。万众瞩目的同江—下列宁斯阔耶铁路大桥（又称同江大桥）是跨黑龙江（阿穆尔河）的首座铁路桥，其长度达 7193.71 米，其中 328.57 米位于俄方境内。该项目于 2014 年 2 月 26 日举行开工奠基仪式，6 月份正式动工建设。2016 年大桥中方主体工程已基本完工，此时俄方也开始施工。2017 年，中俄两国签署《关于进一步深化全面战略协作伙伴关系的联合声明》，声明中强调两国将推动包括同江—下列宁斯阔耶铁路大桥在内的交通基础设施项目。此后，大桥进展速度加快。2018 年 10 月，中方主体工程全部完成。10 月 10 日，中国段和俄罗斯段在犹太自治州合拢。该桥将为双线，有俄罗斯和中国标准的轨道，预计整体交付日期是 2019 年 6 月。

大桥开通后，俄基姆坎—苏塔拉采矿选矿厂的铁精矿可通过最短运输路线出口到中国，推动双边贸易关系发展，且能带动汽车旅游业的发展。围绕大桥，同江市将重点实施"128"战略，即开辟一条连俄通欧的国际联运通道，搭建"两区"跨境互动合作平台，培育木材、能源化工、服装轻纺、机电组装等八大进出口产业集群，打造黑龙江省重要的进出口产品加工基地。2017 年以来，国储能源化工、中林集团、盘江物流、天津杨北路木材城等 60 多家国内知名企业、上市公司及商协会纷纷看好同江发展前景，到同江实地考察，对接项目。部分企业与同江市签订了战略合作协议。同江大桥建成后形成的新的国际公路大通道，将实现中俄两国直接互通互联，为"一带一路"中蒙俄经济走廊建设以及"龙江丝路带"建设增添重要跨境基础设施。

（三）与俄中小企业合作前景广阔

两年来，俄罗斯采取进口替代政策支持国内产业发展，以进口替代政策促进本国中小企业成长，加大合资生产和扶持各类合资企业，着力改善营商环境并增强企业活力。在此背景下，黑龙江省与俄罗斯的成长型经济合作能够拓展经贸合作渠道，具有可预见的发展前景。在当前欧美对俄经济制裁尚未取消的现实下，这对于黑龙江省企业来说就是机遇。因此，应把握俄经济转型契机，大力发展与俄中小企业的合作，鼓励中俄中小企业共同建设跨境产业园区和经济合作园区，形成中俄双方以中小企业为主体的境外产业集聚区，推动黑龙江省对俄经贸关系的新发展。

（四）与俄远东超前发展区的合作将得到加强

近年来，俄罗斯加大了对远东地区的开发力度，特别是 2016 年初连续出台优惠政策，设立超前经济社会发展区和符拉迪沃斯托克（海参崴）自由港等。有些优惠政策在远东开发历史上尚属首次，开发力度之大前所未有。2016 年，远东开发所释放出来的积极信号为黑龙江省进一步开展对俄合作提供了难得的发展机遇，尤其在跨境电商合作、跨境产业基地合作、绿色食品基地建设、高新技术、基础设施和农业开发及劳务合作等方面。

（五）文化领域的互联互通将更加密切

人文交流可以起到增信释疑、促进经贸往来的作用。未来，黑龙江省必将加强在人文领域的对俄交流，如旅游、教育、医疗、文体、科技、会展、媒体等。未来可预测，黑龙江省将不断扩展与俄远东等地的合作办学项目，在俄罗斯远东等地建立汉语培训中心，加强对俄人才的培训；建立双方科研专家和科技工作者互访互派机制；深化医疗等项目合作，尝试成立中俄联合医疗机构，试行"一院两地"模式并定期开展医护人员交流；完善中俄边境地区媒体定期交流机制，进一步加强与俄方各大媒体的联系，进行经常性交流互动；利用俄罗斯媒体广泛宣传中俄合作成功范例；此外，双方科研院所也必将进一步加强科研合作，就共同关心的问题组成联合研究队伍，为本国政府提供决策参考。

2018年黑龙江省与日本经贸合作状况

一 2018年黑龙江省与日本经贸合作的简要概述

（一）2018年中国与日本经贸合作概况

作为世界第二大经济体的中国和第三大经济体的日本早已成为重要的贸易伙伴。根据商务部国别数据网统计，2018年，中国与日本双边货物进出口贸易额为3175.3亿美元，比2017年增长6.8%。其中，日本自中国进口1735.4亿美元，增长5.5%，占日本进口总额的23.2%。日本对中国出口1439.9亿美元，增长8.4%，占日本货物出口总额的19.5%，超过美国0.5个百分点。2018年，日本自中国进口的主要商品为机电产品、纺织品及原料和家具玩具，进口额分别为789.0亿美元、218.8亿美元和107.5亿美元，分别增长4.7%、2.0%和1.3%，分别占日本自中国进口总额的45.5%、12.6%和6.2%。2018年，日本对中国出口的主要商品是机电产品、化工产品和运输设备，出口额分别为620.1亿美元、165.2亿美元和139.2亿美元，分别增长10.3%、18.5%和11.7%，分别占日本对中国出口总额的43.1%、11.5%和9.7%。[①]

2019年1~6月，日本与中国双边货物进出口额为1464.1亿美元，同比下降4.8%。其中，日本对中国出口638.7亿美元，下降9.3%；日本自中国进口825.4亿美元，下降1.0%，表明中美贸易摩擦也同样影响着中日之间的贸易。

从中日进出口商品看，位列日本自中国进口的主要商品第三位的家具玩具被贱金属及制品取代，2019年1~6月，进口额达到50.2亿美元，比2018年同期增长2.6%，占日本自中国进口总额的6.1%；日本对中国出口的主要商品没有变化，还是机电产品、化工产品和运输设备居前三位，2019年1~6月，出口额分别为262.7亿美元、82.0亿美元和64.6亿美元，其中机电产品出口下降15.5%，化工产品和运输设备出口分别增长2.8%和0.2%，分别占日本对中国出口总额的41.1%、12.8%和10.1%。[②]

总体来看，中国和日本是本区域内最重要的两个国家，互为重要的经贸合作伙伴和目标市场。从中日经贸合作特点来看，一是中国与日本的贸易规模基本上呈逐步扩大走势；二是贸易逆差有所减少，2018年，日本与中国的贸易逆差为295.5亿美元，比2017年减少131.6亿美元；三是中日贸易结构具有互补性，中国对日本出口商品以低附加值的初级产品、劳动密集型产品为主，日本对中国出口的主要产品是机电产品、化工产品和运输设备等。机电产品互通有无，是双边贸易的主要商品。除此之外，化工产品及运输设备是日本对华多年的拳头产品。中国的家具玩具等木材类产品及劳动密集型产品在日本市场上还是具有较大优势的，如纺织品及原料、鞋靴伞和箱包等轻工产品，

---

① 参见 https://countryreport.mofcom.gov.cn/record/view110209.asp? news_id=62832。

② 参见 https://countryreport.mofcom.gov.cn/record/view110209.asp? news_id=65392。

这些产品在日本进口市场的占有率均在 60% 以上。

（二）2018 年黑龙江省与日本经贸合作的现状及主要特点

1. 贸易额有所下降，所占份额下降

黑龙江省统计局发布的《2018 年黑龙江省国民经济和社会发展统计公报》显示，2018 年黑龙江省实现进出口总值 1747.7 亿元，比 2017 年增长 36.5%。其中，出口金额为 294.0 亿元，下降 16.7%；进口金额为 1453.7 亿元，增长 57.2%。

如表 1 所示，2018 年，黑龙江省与日本的双边贸易额为 3.6 亿美元，继 2016 年和 2017 年连续增长两年后出现下降，比 2017 年下降 17.4%。其中，黑龙江省对日本出口 1.7 亿美元，比 2017 年增长 5.3%；进口 1.9 亿美元，比 2017 年大幅下降 30.5%。黑龙江省与日本的双边贸易额在黑龙江省对外贸易总额中所占比重为 1.4%，占比有所下降。在 2018 年黑龙江省主要对外贸易伙伴国（地区）中，日本居俄罗斯、美国、沙特阿拉伯、巴西、伊拉克、澳大利亚等国家之后，居第 7 位。

表 1 2015～2018 年黑龙江省对日贸易进出口情况统计

单位：亿美元，%

年份	总额	同比增速	出口额	同比增速	进口额	同比增速	占全省比重
2015	3.0	−11.5	1.6	−23.9	1.4	7.6	1.6
2016	3.7	23.6	1.7	9.7	2.0	38.3	2.3
2017	4.3	13.9	1.6	−9.9	2.7	1.9	2.2
2018	3.6	−17.4	1.7	5.3	1.9	−30.5	1.4

资料来源：根据黑龙江省统计局统计年鉴资料整理。

2019 年 1～6 月，黑龙江省实现进出口总值 933.4 亿元，比 2018 年同期增长 21.5%，高于同期全国进出口增速 17.6 个百分点。其中，出口总值 162.8 亿元，增长 22.9%，高于同期全国出口增速 16.8 个百分点；进口总值 770.6 亿元，增长 21.2%，高于同期全国进口增速 19.8 个百分点。[1]

2. 对日出口相对稳定，传统商品仍然是对日出口主要品种

2018 年，黑龙江省对日本的出口呈以下两个特点。一是对日出口金额相对稳定。如表 1 所示，2015～2018 年，黑龙江省对日本出口金额基本保持在 1.6 亿～1.7 亿美元，基本在较低水平徘徊。2018 年，与全国对日出口同比增长 5.5% 相比，黑龙江省对日进出口不增反降 17.4%，因此，黑龙江省应注意解决对日出口规模问题。二是传统商品仍是对日本出口的主

要商品。农副产品、机电产品、家用或装饰用木制品、鞋类服装及衣着附件、锯材、胶合板及类似多层板等传统商品占据较大份额，黑龙江省应提高对日出口产品的科技含量，增加附加值。

3. 自日本进口商品以机电产品及高新技术产品为主，进口额大幅减少

2018 年，黑龙江省自日本进口额为 1.9 亿美元，比 2017 年大幅下降 30.5%。在自日本进口的商品中，位居第一的商品仍为机电产品（含部分高新技术产品），进口额为 1.2 亿美元，占进口总额的 63.2%，其中高新技术产品进口额为 0.6 亿美元。总体来看，在黑龙江省与日本的进口贸易中，进口额在近两年大幅增

---

[1] 《2019 年上半年黑龙江省外贸运行情况分析》，http://harbin.customs.gov.cn/harbin _ customs/467898/ 467900/467901/2574457/index.html。

长，已经超过对日出口额。

二 黑龙江省与日本经贸合作潜力分析

2019年，黑龙江省与日本发展经贸合作具有较多有利因素，也存在诸多不利因素，机遇与挑战并存。

（一）有利因素

一是外贸政策环境不断优化，外贸经营环境将进一步向好。2018年，国家落实和出台了若干稳定对外贸易的政策、措施，如在金融服务方面，加大出口信保、融资信贷等政策支持力度。同时，2018年我国多次下调部分商品的进口关税，总体关税水平由9.8%降至7.5%，平均降幅达23%。另外，完善出口退税政策，提高部分产品出口退税率，积极实施进口促进政策，主动扩大进口，促进对外贸易平衡发展。2019年，中国将加大力度支持先进技术、重要装备和关键零部件进口；加快提升贸易通关便利化水平等。

二是外贸结构调整必将带动外贸稳中提质。当前，我国政府正在全力推动外贸稳中提质。我国经济已经从高速增长阶段向高质量发展阶段转变，坚持新发展理念，推动经济转型升级和调整产业结构。2018年，高技术制造业增加值同比增长11.7%，装备制造业增加值同比增长8.1%，明显高于制造业。产业升级及战略性新兴产业快速发展带动高质量、高技术、高附加值产品出口稳步增长，促进我国外贸出口结构更加优化。2018年，我国机电产品进出口规模创历史新高，达2.4万亿美元，其中，高新技术产品进出口规模达1.4万亿美元，占进出口总额的30.7%[①]，经济的高质量发展为外贸发展奠定了坚实基础。

三是"一带一路"倡议将进一步促进中国与日本等东北亚国家的经贸合作。东北亚地区是"一带一路"倡议的东方起点和重要枢纽，

也是世界最具增长潜力的区域之一。"一带一路"与东北亚国家发展战略对接能为东北亚区域经贸合作注入持久生命力。2019年，第二届"一带一路"国际合作高峰论坛标志着共建"一带一路"已进入全面实施新阶段。积极开展"一带一路"与相关各方发展战略不断融合，已经成为挖掘东北亚区域内部市场潜力，创造更多利益汇合点和优势互补点，构筑东北亚互信互助、合作共赢之路。日本对"一带一路"倡议从开始的抵制、怀疑、观察、有限参与到基本认可和积极参与"一带一路"国际合作高峰论坛，显示出态度的转变，并积极提议中日应加强第三国合作，进一步拓宽中日韩三国经贸合作渠道，为东北亚地区经贸合作提供新平台。截至2019年4月，中日韩自贸区建设谈判已经进行了15轮，在共同参与的《区域全面经济伙伴关系协定》（RCEP）已取得共识的基础上，三方一致同意进一步提高贸易和投资自由化水平，打造"RCEP+"的自贸协定。

四是中日经贸合作日益成熟。日本属于经济发达国家，经济发展水平较高，具有雄厚的资金储备和技术优势；而中国经济发展迅速，技术进口呈扩大趋势，并需资金支持。日本在从中国进口大量价格便宜、品质优良的"中国制造"，如服饰、纺织品、鞋类、家具及零部件等主要传统劳动密集型产品的同时，包括高新技术产品在内的机电产品、化工产品和运输设备等是日本对中国出口的主要产品。以日本为例，2018年日本机电产品、化工产品和运输设备对中国出口额分别为620.1亿美元、165.2亿美元和139.2亿美元，分别占日本对中国出口总额的43.1%、11.5%和9.7%。

五是中日关系明显好转，有利于经贸合作。2017年以来，中日关系的"政冷、经凉、民怨"的局面有所扭转，出现了明显改善迹象。

---

① 《中国对外贸易形势报告》，中华人民共和国商务部网站，2019年5月24日，http://zhs.mofcom.gov.cn/article/cbw/201905/20190502866408.shtml。

2018 年 5 月，日本派特别代表出席中国"一带一路"国际合作高峰论坛，并表示将基于"一带一路"倡议进行合作。2018 年 5 月 9 日，应日本首相安倍晋三邀请，李克强总理出席第七次中日韩领导人会议并对日本进行正式访问，这是中国总理时隔 8 年正式访问日本，日本政府给予了"公宾"最高礼遇。正是在李克强访日后，两国在经贸、科技、教育、人文等领域的事务性交流与合作开始提速。2018 年 7 月 24 日，日本众议院议长大岛理森率团访华。8 月 12 日，李克强与安倍晋三互致贺电，庆祝《中日和平友好条约》缔结 40 周年。8 月 29 ~ 30 日，日本自民党干事长二阶俊博、外务事务次官秋叶刚男、副首相兼财务大臣麻生太郎相继抵达北京，这些访问客观上都在推动中日关系加速回暖。9 月 9 日，由日中经济协会、日本经团联、日本商工会议所组成的多达 200 多人的联合访华团访问北京、浙江等地。9 月下旬，中日在北京举行"一带一路"官民合作机制首次会议，正式启动由中方提出的"第三方市场合作"模式。10 月 25 ~ 27 日，应李克强总理的邀请，安倍晋三首相对中国进行了正式友好访问，分别与国家主席习近平、国务院总理李克强举行了会晤。中日双方在政治、经济、安全及其他国际问题上取得了一系列重要共识，在强化相互信任关系的基础上为两国关系继续向前发展指明了方向。2019 年 6 月，在 G20 峰会期间，习近平主席与日本首相安倍晋三达成十点共识，一致认为，两国应聚焦共识，管控分歧，共同推动两国关系健康发展。

（二）不利因素

一是世界经济和国际贸易增长趋缓影响全球经贸合作。2019 年以来，受国际贸易摩擦频发、全球金融波动加大、地缘政治风险等因素影响，世界经济下行压力加大，国际贸易、投资形势趋紧。国际货币基金组织最新公布的《世界经济展望报告》预计，2019 年世界经济增长率下调至 3.3%，为 2008 年金融危机爆发以来的最低水平，并预计全球 70% 的经济体将面临经济增速放缓的局面。虽然日本经济增长迹象明显，但是全球贸易放缓使日本出口和工业产出疲软，外需不足阻碍日本经济持续扩张，预计 2019 年增速为 0.7%，较 2018 年放缓 0.1 个百分点。

二是区域经贸形势依然充满不确定性。首先是信任问题。国家相互间的信任不够，经济合作就缺乏稳固基础。日本对历史问题、领土问题的错误认识导致中日两国关系始终没有进入正常轨道，给双边贸易带来极大隐患。此外，日本解禁集体自卫权问题、修宪问题等势必引起周边国家的警惕。其次是朝核问题久拖不决及韩国部署"萨德"影响区域经贸合作。继 2016 年之前进行 5 次核试验之后，朝鲜不顾全世界的制裁和反对，于 2017 年 9 月又先后 2 次进行核试验。从经贸合作角度看，朝鲜核试验激化半岛局势，搅乱了东北亚的安全格局，安全形势受到挑战，区域内的贸易合作及投资等均会受到影响。

三是逆全球化趋势及美国的单边主义导致全球经贸摩擦加剧。近年来，以美国为首的西方国家出现了明显的逆全球化倾向。自由贸易理念边缘化，全球多边贸易体制受到阻碍，贸易保护主义在全球蔓延。特别是 2018 年以来，美国频繁单方面挑起经贸摩擦，使得全球贸易蒙上了保护主义的阴影，打击了全球贸易商和投资者的信心，各国的经贸政策纷纷向内倾斜。个别国家利用国家权力强行干预自由市场机制，参与国际发展合作的意愿减退。从经贸角度讲，逆全球化容易引发全球经济衰退和金融贸易风险。逆全球化不仅严重阻碍国家之间的贸易、投资等经济往来，还会导致国家之间的经贸摩擦与冲突，形成新的贸易保护主义壁垒。

四是中美贸易摩擦不利于参与区域经贸合作。2018 年 3 月以来，美国挑起的中美贸易摩擦持续升级。欧盟、澳大利亚、韩国、日本和其他国家出口也受到不同程度的负面影响①，也将间接影响中国同其他国家的经贸合作。

三 挖掘黑龙江省与日本经贸合作潜力的对策建议

（一）加强与日本农业领域合作

黑龙江省的商品粮、绿色有机食品等产量居全国第一位，农业经济在全省经济中具有举足轻重的地位。黑龙江粮食总产量连续 8 年位居中国第一，水稻、大豆及豆制品、玉米、亚麻、乳制品、山特产品产量均居全国前列。而日本在农业领域的资金及技术在粮食及农副产品的精深加工、贩卖等方面具有优势。此外，为借鉴日本现代农业的技术及管理经验，可在省内农业基础条件较好的县（市）设立"中日现代农业示范县（市）"等农业合作大型项目，为长期保持对日农产品出口市场打下基础。

（二）扩大与日本的中小企业合作，以小吸大

吸引跨国公司投资固然能推动一个行业的发展，但跨国公司市场布局受其全球经营战略的制约，招商引资难度相对较大。而中小企业往往为大型企业或跨国公司生产相关配套产品及零部件，而关注其上下游产业或配套产品，也可以带动相应产业和企业的发展。日本有484 万多家中小企业，占日本企业总数的 99%以上，已成为经济主体。黑龙江省应积极吸引日本中小企业投资合作，形成日本企业期待的零部件厂家集群，增强规模集聚效应。各地应根据本地主导和特色产业，制定产业链招商规划，找准主导产业上下游产业链的空白和薄弱点，引导外资投向关联度大的产业。

（三）加强双方在环境产业、旅游业及新兴产业领域的合作

地理及气候因素是制约黑龙江省吸引外来投资的主要因素，对此，黑龙江省应该转变思路，在非制造业方面加大吸引外资的力度。黑龙江省与日本在金融、保险、物流、旅游、文化、服务外包等服务业领域合作还很少。因此，黑龙江省应将招商引资重点从制造业招商向现代服务业招商转变，在金融、保险等方面加强合作，发展第三方物流，加快发展信息、专业咨询、会计师事务所、规划设计、中介服务、物业管理等领域的招商。黑龙江省与日本可以在这些领域找到共同的利益点，并以此为突破口，带动其他经济领域合作。

（四）扩大"一带一路"合作

中国"一带一路"倡议提出 6 年来，为共建国家加强交流合作、形成共赢提供了难得机遇。黑龙江省作为"一带一路"重要组成部分，积极参与中蒙俄经济走廊建设，旨在依托重点口岸、俄罗斯远东港口和本省四通八达的铁路网，已经形成了连接日、韩等东北亚国家和地区的陆海联运大通道。日本作为黑龙江省重要的经贸伙伴，由于两地区地缘上的临近性、经济关系的互补性、人员往来的便利性、资源供求关系的性价比高等天然条件，黑龙江省可以利用与俄罗斯远东地区若干领域的互补性，在打造国际通道、跨境物流和电商、跨境产业链、产业聚集带方面深化合作。

---

① 《社科院：中美贸易摩擦加剧 对中国负面影响大于对美国》，新浪财经网，2018 年 12 月 24 日，http://finance. sina. com. cn/7x24/2018 - 12 - 24/doc - ihqhqcir 9773946. shtml。

2018年黑龙江省与韩国经贸合作状况

一 2018年黑龙江省与韩国经贸合作现状与特点

（一）2018年中国与韩国经贸合作状况

2018年中韩关系趋于回暖，双方经贸合作逐步恢复。据韩国海关统计，2018年韩国与中国双边货物进出口总值为2686.4亿美元，同比增长11.9%。其中，韩国对中国出口1621.6亿美元，增长14.1%；自中国进口1064.8亿美元，增长8.8%，韩国与中国的贸易顺差为556.8亿美元（见表1）。2018年中国仍是韩国主要贸易伙伴中出口总值和进口总值均排名第一的国家。中国出口韩国排名前三位的商品为机电产品、贱金属及制品和化工产品，出口额分别为504.1亿美元、121.7亿美元和114.6亿美元，机电产品出口额同比增长10.3%，贱金属及制品同比下降6.1%，化工产品同比增长26.4%，分别占韩国自中国进口总额的47.4%、11.4%和10.8%。中国进口韩国的主要商品为机电产品、化工产品和光学、钟表、医疗设备，进口额分别为880.4亿美元、223.3亿美元和136.2亿美元，分别同比增长19.2%、14.1%和下降6.3%，合计占韩国对中国出口总额的76.5%（见表2）。据商务部网站国别贸易报告统计，中国的劳动密集型产品如纺织品及原料、家具等在韩国市场仍继续保持较大优势。

表1　2011~2018年中国与韩国对外贸易进出口情况统计

单位：亿美元，%

年份	进出口总值	同比增速	出口额	同比增速	进口额	同比增速
2011	2206.3	17.1	864.3	20.8	1342.0	14.9
2012	2151.1	-2.5	807.8	-6.5	1343.3	0.1
2013	2289.2	6.4	830.5	2.8	1458.7	8.6
2014	2354.0	2.8	900.7	8.5	1453.3	-0.4
2015	2273.8	-3.4	902.4	0.2	1371.4	-5.6
2016	2113.9	-7.0	869.6	-3.6	1244.4	-9.3
2017	2399.7	13.5	978.6	12.5	1421.2	14.2
2018	2686.4	11.9	1064.8	8.8	1621.6	14.1

资料来源：根据中华人民共和国商务部网站国别贸易报告整理。

表 2　2018 年韩国与中国进出口排名前五位的商品构成情况统计

单位：亿美元，%

韩国对中国出口				韩国自中国进口			
商品类别	金额	同比增速	占比	商品类别	金额	同比增速	占比
机电产品	880.4	19.2	54.3	机电产品	504.1	10.3	47.4
化工产品	223.3	14.1	13.8	贱金属及制品	121.7	-6.1	11.4
光学、钟表、医疗设备	136.2	-6.3	8.4	化工产品	114.6	26.4	10.8
塑料、橡胶	115.7	8.3	7.1	纺织品及原料	60.9	6.9	5.7
矿产品	101.3	39.5	6.3	光学、钟表、医疗设备	45.7	2.7	4.3

资料来源：根据中华人民共和国商务部网站国别贸易报告整理。

（二）2018 年黑龙江省与韩国经贸合作主要特点

1. 黑龙江省与韩国对外贸易总体运行稳步增长，对韩出口额增幅明显

据哈尔滨海关统计，2018 年黑龙江省对外贸易进出口总值为 1747.7 亿元（约为 253.9 亿美元），同比增长 36.4%，高于同期全国进出口增速 26.7 个百分点。其中，出口 294.0 亿元（约为 42.7 亿美元），同比下降 16.7%；进口 1453.7 亿元（约为 211.2 亿美元），同比增长 56.5%；贸易逆差为 1159.7 亿元（约为 168.4 亿美元）。2018 年黑龙江省与韩国贸易进出口总值为 156616 万元（约为 2.28 亿美元），与 2017 年增长幅度相比有较大提升，同比增长 18.1%，其中出口总值 109413 万元（约为 1.59 亿美元），同比增长 33.6%，增幅明显（见表 3）。可见，2018 年黑龙江省与韩国对外贸易总体继续呈现增长态势。

表 3　2011～2018 年黑龙江省与韩国对外贸易进出口情况统计

单位：亿美元，%

年份	进出口总值	同比增速	出口额	同比增速	进口额	同比增速	占全省比重
2011	8.56	14.0	7.75	18.1	0.81	-14.7	2.22
2012	7.74	-9.5	6.91	-10.8	0.83	2.5	2.05
2013	4.37	-43.5	3.27	-52.7	1.10	32.5	1.13
2014	4.38	0.2	2.80	-14.4	1.58	43.6	1.13
2015	3.54	-19.2	3.02	7.9	0.52	-67.1	1.70
2016	1.90	-46.6	1.40	-53.6	0.50	-3.8	1.60
2017	1.93	2.1	1.19	-15.0	0.74	48.0	1.00
2018	2.28	18.1	1.59	33.6	0.69	-6.8	0.90

资料来源：根据中华人民共和国哈尔滨海关统计数据整理。

2. 黑龙江省与韩国对外贸易进出口规模有所扩大，但贸易额占比较低

2018 年黑龙江省与韩国对外贸易进出口规模较 2017 年有所扩大，但就合作密切的东北亚区域内的俄罗斯、日本两国同期进出口总值相比，进出口规模仍有待进一步扩大；尤其与黑龙江省重点发展经贸合作的俄罗斯进出口贸易额相比，黑龙江省与韩国进出口贸易额占比较小，在黑龙江省进出口总贸易额中的占比也仍呈现较低态势（见表 4）。

表 4　2015～2018 年黑龙江省与东北亚区域各国对外贸易进出口情况统计

单位：亿美元，%

国家	2015 年		2016 年		2017 年		2018 年	
	进出口总值	占比	进出口总值	占比	进出口总值	占比	进出口总值	占比
俄罗斯	94.7	51.7	91.9	55.6	110.9	58.1	181.9	69.8
日本	2.9	1.6	3.8	2.3	4.3	2.2	3.6	1.4
韩国	3.5	1.7	1.9	1.6	1.9	1.0	2.3	0.9
蒙古国	1.1	0.6	0.8	0.7	0.9	0.5	1.4	0.6

资料来源：根据中华人民共和国哈尔滨海关统计数据整理。

3. 黑龙江省实际利用韩资数量环比大幅增长，但对韩实际投资规模呈下滑趋势

2018 年黑龙江省实际利用外资 58.7 亿美元，新设立外商投资企业 126 家，同比增长 0.6%。其中，实际利用韩资 2.38 亿美元，同比增长 408.2%，增幅创下自 2013 年以来同期最高，占全省实际利用外资总额的 4.1%，占全省比重再创新高。由此可见，黑龙江省吸引境外企业来本省投资的能力还有很大的提升空间，应更积极优化营商环境，吸引外商企业投资黑龙江省，拉动双方经济增长。相较而言，2018 年黑龙江省对韩国实际投资规模呈下滑趋势，占比小，对韩实际投资额 186.9 万美元，同比下降 14.2%，占全省对外实际投资总额的 0.4%。可见，黑龙江省应多拓展回报率较高的对韩跨境合作新项目，扩大对韩投资规模，更好地引领带动黑龙江省经济结构转型升级。

二　黑龙江省与韩国经贸合作存在的问题分析

（一）对韩双边贸易规模占比低，进出口商品结构不合理

近几年，黑龙江省与韩国进出口贸易总额降幅较大。尽管 2018 年双方贸易额占比较 2016 年和 2017 年略有回升，但与 2013～2015 年相比仍呈现下降趋势。同时，从占全省对外贸易总额比重来看，黑龙江省与韩国贸易进出口总额比例仍非常小。因此，黑龙江省亟待寻找符合双方利益的合作项目，进一步扩大双边贸易规模。同时，黑龙江省对韩出口商品结构较为单一，对韩出口商品仍是以农副产品、服装、箱包等低附加值产品和劳动密集型产品等传统贸易商品为主，而从韩国进口商品则多为技术含量较高的化工原料、机电产品、高新技术产品。黑龙江省需要加快产业结构调整，提高产业竞争力，拓展对韩贸易多领域合作，实现一般贸易、技术贸易、服务贸易均衡协调发展，进而带动黑龙江省与韩国经贸合作进入新阶段。

（二）招商引资基础薄弱，引进韩商投资规模小

黑龙江省地处沿边地区，经济发展起步较南方沿海省份滞后，拓展对外开放合作的新理念、新思路、新战略相对薄弱。尽管 2018 年黑龙江省吸引韩国企业投资规模和数量同比增幅明显，但就 2012 年全省实际利用外资占比来说仍呈现下滑态势。为尽快改善招商引资基础薄弱的状况，黑龙江省商务厅于 2018 年 8 月下发《关于进一步加强招商引资工作的通知》，进一步明确招商引资工作主攻方向，其中提到要抓好靶向招商，突出日本、韩国、欧盟等重点国家，创新招商引资工作方式。另外，黑龙江省统计年鉴数据显示，2014 年韩商在黑龙江省投资企业项目数达 21 个，直接投资额为 0.61 亿美元，占外商直接投资总额的 1.2%；2015 年韩商在黑龙江省投资企业项目数达 17 个，直接投资额为 0.48 亿美元，仅占外商直接投资总额的 0.9%，较 2014 年均有所下降；2016 年韩商

在黑龙江省投资企业项目数达 18 个，直接投资额为 0.70 亿美元，占外商直接投资总额的 1.2%；2017 年韩商在黑龙江省投资企业项目数达 16 个，直接投资额为 0.47 亿美元，占外商直接投资总额的 0.8%（见表 5）。韩国企划财政部公布的数据显示，2017 年韩国对外直接投资额为 494.3 亿美元，同比减少 0.4%；实际到位资金为 437.0 亿美元，同比增长 11.8%，创历史新高。对外直接投资主要区域分布在北美（约占 36.1%）、亚洲（约占 28.1%）、中南美（约占 16.0%）、欧洲（约占 15.7%），五大目的地分别为美国（152.9 亿美元，同比增长 12.8%）、开曼群岛（49.8 亿美元，同比增长 11.6%）、中国内地（29.7 亿美元，同比减少 11.9%）、中国香港（29.7 亿美元，同比增长 90.2%）和越南（19.5 亿美元，同比减少 17.5%）。根据以上数值计算得出，韩国对黑龙江省投资额仅占对中国投资总额的 1.6%。对比可见，韩商在黑龙江省投资金额可谓微乎其微。另据分析，韩商投资金额逐年递减的原因之一是黑龙江省投资环境状况堪忧，基础设施配套不到位、政府部门服务效率低等问题必然影响和制约外商来黑龙江省投资的积极性。因此，黑龙江省应将优化环境作为吸引投资的关键措施来抓，要多措并举完善优化自然环境、政务环境、法治环境、金融环境等投资软环境，真正用心营造与投资商"零距离"的招商引资环境，吸引企业和外商来黑龙江省投资。

表 5　2012～2018 年黑龙江省实际利用韩资情况统计

年份	实际利用韩资（亿美元）	占比（%）	项目数（个）
2012	2.27	5.8	7
2013	0.48	1.0	8
2014	0.61	1.2	21
2015	0.48	0.9	17
2016	0.70	1.2	18
2017	0.47	0.8	16
2018	2.38	4.1	25

资料来源：根据黑龙江省商务厅月报及统计局统计年鉴资料整理。

三　2019 年黑龙江省与韩国经贸合作前景展望

（一）借助东北亚地缘形势转圜新契机、新机遇，推动黑龙江省与韩国经贸合作新发展

2018 年，东北亚整体地缘形势发生新变化，也是东北亚局势趋于回暖的一年。中俄关系进入新时代全面战略协作伙伴关系；中韩关系随着韩国总统访华，加之韩国政府推出的"新北方政策"，逐渐升温；美朝、韩朝领导人成功会晤，以及确认"完全无核化"目标的《板门店宣言》的成功签署，东北亚地缘安全风险大大降低；中日关系将进入新时代，并在诸多领域出现明显升温，呈现重回正轨、逐步改善的好势头；第七次中日韩领导人会议时隔两年半后重启，迎来双边及三边合作新局面。综上所述，东北亚区域内双边及多边关系向好发展有利于东北亚各国发挥各自优势，深度挖掘合作潜力，黑龙江省应紧紧抓住新契机、新机遇，推动与韩国经贸合作新发展。

（二）依托跨境电商发展，拉动黑龙江省与韩国经贸转型升级

近年来，我国跨境电商蓬勃发展。黑龙江省作为农业大省，应依托互联网的快速发展形成"互联网 + 农业"的产业新模式。以大米网为例，2016 年，黑龙江省整合全省市县村农产品电商的大米网投入运营。截至 2017 年 7 月，黑龙江省已经有 4 个地市、25 个区县将分散的电商平台引入黑龙江大米网，交易总额达到 2.21 亿元。因此，本文提出以下建议发展跨境农业合作：一是政府要加大宣传力度和支持力度，转变企业销售农产品的传统运营模式，强化农产品出口企业的互联网思维，推动传统农产品企业的转型升级；二是要建立成熟的推广、销售农产品的电子商务平台，实现农产品线上

品牌推广展示、交易、结算及物流配送，拓宽农产品销售渠道，提档升级农产品销售新模式，推进黑龙江省农业产业快速转型；三是打造黑龙江省绿色农产品放心品牌，在韩国设立农产品直营店及海外仓储，减少物流环节，缩短运输时间。另外，黑龙江省应积极打造跨境电商全产业链加速孵化基地。2016 年 12 月 23 日，中俄跨境电商智慧园在绥芬河开业迎客，中国、俄罗斯、乌克兰、朝鲜、韩国、土耳其等众多国家的客商在此入驻，以从个体到产业链、从分散到集约的"抱团"模式发展跨境贸易。中俄跨境电商智慧园区经营面积达 250005 平方米，分为两层：一层为国际商品仓储区、批发区、产品体验区；二层为进口俄货以及对俄商品出口的电商分销区、大学生创业中心、电子商务公共服务平台。园区六大功能区为入园企业提供教育、咨询、孵化、资本对接等服务，商家在园区内可实现一站式仓储、采购、打包、发货，顾客可实现一站式购买，真正实现集约货源、集约平台、集约销售、集约仓储、集约物流五大运营管理模式。通过线上线下销售渠道，开拓进口商品销售市场。中俄跨境电商智慧园的创立，将进一步满足从事"互联网＋"行业的小企业、个体经营者、大学生"创客"在创业过程中必备的仓储、物流、办公、技术培训等一系列需求。可见，跨境电商已成为拉动对外经贸转型升级的"新引擎"。

（三）不断扩大对外开放合作"朋友圈"，深化黑龙江省与韩国多领域务实合作

目前，黑龙江省已经与世界 200 多个国家和地区建立了经贸往来关系，与 30 多个国家和地区建立了国际友好城市关系，"朋友圈"不断扩大，政府间交往日渐频繁，经贸合作成果丰硕，友好交流持续升温，各领域交往更加顺畅。截至 2018 年末，黑龙江省已经与韩国忠清北道、庆尚南道和忠清南道缔结了友好省道关系，同时省内一些城市也相继与韩国一些城市确立了友好城市关系（见表6）。其中，齐齐哈尔市与韩国高阳市自 1998 年确立友好城市关系至今已有 20 年之久，两市高层频繁互访加之民间多方合作，已在农业、食品、电器、美容业、化妆品、旅游等多领域进行了深入的交流与合作，推动两市共同发展、共同繁荣。2015 年 3 月 28 日，两市又举行友好城市交流确认书暨增进友好合作谅解备忘录签字仪式，旨在未来两市在公务员交流、花卉种植、经贸合作、医疗合作、文化教育体育及旅游交流等五方面密切合作，共同推动两市经济发展互利共赢。又如，黑龙江省与韩国忠清北道长久以来一直保持着友好省道关系，2018 年 9 月 8～13 日在哈尔滨举办的"2018 中日韩国际交流美术展"是"一带一路·黑龙江艺术家国际艺术交流项目"重要的组成部分，也是落实双方签署的文化艺术交流协议的具体行动。10 月 26～31 日，黑龙江省美术馆艺术家代表团张玉杰等一行 5 人，赴韩国忠清北道艺术殿堂参加"2018 中·韩艺术文化交流展"。由此可见，通过发展国际友好城市关系，双方可发挥各自优势，找准共同利益和切入点，深化两地在经贸、科教、文化、旅游等方面的务实合作，进而推动双方互惠互利、共创双赢。

表 6　黑龙江省（市）与韩国道（市）缔结友好城市情况统计

黑龙江省（市）	韩国道（市）	确立时间
黑龙江省	忠清北道	1996 年 9 月 18 日
黑龙江省	庆尚南道	2011 年 6 月 14 日
黑龙江省	忠清南道	2015 年 1 月 28 日
哈尔滨市	富川市（京畿道）	1995 年 11 月 28 日
齐齐哈尔市	高阳市（京畿道）	1998 年 4 月 21 日
牡丹江宁安市	堤川市（忠清北道）	2015 年 6 月 25 日
佳木斯市	东海市（江原道）	2011 年 10 月 6 日
鸡西市	三陟市（江原道）	2008 年 5 月 21 日

资料来源：根据黑龙江省人民政府外事办公室友好城市统计表整理，http://www.hljfao.gov.cn/newsshow.php? cid = 57&id = 523&lanmu = 4&zt = 0。

2018年黑龙江省与朝鲜经贸合作状况

一 朝鲜对外贸易现状及外贸政策

（一）对外贸易发展状况

根据大韩贸易投资振兴公社（KOTRA）发布的《2018年朝鲜对外贸易动向》报告，2018年朝鲜对外贸易进出口总值（不包括韩朝贸易）为28.4亿美元，同比下降48.8%。其中，出口2.4亿美元，同比下降86.3%；进口26.0亿美元，同比下降31.2%。贸易逆差为23.6亿美元，同比扩大17.5%（见表1）。在朝鲜对外贸易中，中国仍是朝鲜最大的贸易伙伴，其中，朝中贸易额占比达到有史以来最高值为95.8%，其后依次为俄罗斯、印度、巴基斯坦。从进出口品类来看，矿物性燃料、服装、水产品出口减少近100%，食用果实及坚果类出口也同比大减94.5%；钟表和假发类出口则分别增长1533.7%和159.3%。朝鲜进口规模最大的产品为矿物油，占进口总额的13.7%；电子产品、锅炉及机械类分别减少97.6%和96.9%。在进口规模整体缩小的情况下，动植物油脂进口和从中国进口的化肥分别同比增长27.9%和132.0%。由此分析，联合国安理会实施一系列对朝制裁决议是朝鲜对外贸易进出口规模大幅缩小的主要原因，而全年3次中朝领导人会见和6月份举行的特金会的积极效应还处于发酵期，并未直接带来快速改观。

表1 2014~2018年朝鲜对外贸易进出口情况统计

单位：亿美元，%

年份	进出口总值	同比增速	出口额	同比增速	进口额	同比增速	贸易逆差	同比增速
2014	76.1	3.7	31.6	-1.7	44.5	7.8	12.9	41.0
2015	62.5	-17.9	27.0	-14.6	35.5	-20.2	8.5	-34.1
2016	65.5	4.8	28.2	4.4	37.3	5.1	9.1	7.1
2017	55.5	-15.3	17.7	-37.2	37.8	1.3	20.1	120.9
2018	28.4	-48.8	2.4	-86.3	26.0	-31.2	23.6	17.5

资料来源：根据大韩贸易投资振兴公社（KOTRA）历年发布的《朝鲜对外贸易动向》整理。

（二）对外贸易发展政策

自2011年12月17日金正恩执政以来，朝鲜实施诸多推动对外贸易发展的新政。一是多元化方针和多样化原则。多元化方针涉及给予生产部门出口权，但受到国家分配指标约束，重点放在拓展俄罗斯、东南亚及西欧市场。多样化原则是指开展多样化贸易，如加工贸易等。二是多出口多赚外汇方针。三是发展进口贸易的方针。区分进口产品优先水平，集中使用外汇。四是贸易价格一元化方针,即统一出口价格,防止低价出口。五是增强对外贸易企业的自主权。[①]

二 2018年中国与朝鲜经贸合作现状

(一)中国与朝鲜双边贸易进出口规模呈现"断崖式"下降

2018 年朝鲜最高领导人金正恩三次访华,标志着中朝关系回暖并迈入新的历史时期,也意味着 2019 年双方经贸合作将开启新篇章。中华人民共和国海关总署统计数据显示,2018 年中国对外贸易进出口总值为 3050503639 万元(约 42827.31 亿美元),同比增长 9.7%。其中,出口 1641766763 万元(约 23049.46 亿美元),同比增长 7.1%;进口 1408736876 万元(约 19777.85 亿美元),同比增长 12.9%;贸易顺差为 233029887 万元(约 3271.61 亿美元),同比收窄 18.3%。可见,2018 年中国对外贸易总体运行趋势平稳增长。但数据显示,2018 年中国与朝鲜双边贸易进出口总值为 1609206 万元(约 22.59 亿美元),同比下降 52.4%。其中,中国对朝鲜出口 1467655 万元(约 20.60 亿美元),同比下降 33.3%;自朝鲜进口 141551 万元(约 1.99 亿美元),同比下降 88.0%(见表2);贸易顺差为 1326104 万元(约 18.61 亿美元),同比扩大 21.9%。由此分析,受国际社会对朝鲜制裁措施的影响,2018 年中国与朝鲜双边货物进出口规模出现"断崖式"下跌,双边贸易合作规模大幅缩小。

表2 2014~2018 年中国与朝鲜对外贸易进出口情况统计

单位:万元,%

年份	进出口总值	占比	出口额	占比	进口额	占比
2014	3925026	0.15	2163254	0.15	1761771	0.15
2015	3422746	0.14	1830464	0.13	1592281	0.15
2016	3554673	0.15	1873426	0.14	1681248	0.16
2017	3431624	0.12	2259523	0.15	1172101	0.09
2018	1609206	0.05	1467655	0.09	141551	0.01

资料来源:根据中华人民共和国海关总署统计数据整理。

(二)中国与朝鲜货物进出口贸易额占比偏低,2018年仅为0.05%

由于受到 2016 年以来联合国安理会实施的一系列针对朝鲜核试验作出的制裁措施的影响,中朝两国多领域交流合作在规模和数量上出现骤降。2018 年中国与朝鲜货物进出口贸易额占比仅为 0.05%。同时,与东北亚区域内其他国家货物进出口贸易额相比,中国与朝鲜货物进出口贸易额占比一直呈现"低迷"状态,与中日、中韩货物进出口贸易额相比差距明显(见表3)。但随着 2018 年中朝两国领导人多次会晤及互访,预计 2019 年中朝经贸合作将有所加强,中朝货物进出口规模也会逐渐扩大。

[①] 李光辉:《2018 中国沿边开放发展年度报告》,经济科学出版社,2018,第56页。

表3 2014~2018年中国与东北亚国家对外贸易进出口情况统计

单位：万元，%

国家	2014 年		2015 年		2016 年		2017 年		2018 年	
	进出口总值	占比	进出口总值	占比	进出口总值	占比	进出口总值	占比	进出口总值	占比
日本	192134422	7.27	173058985	7.04	181541823	7.46	205050902	7.38	216154704	7.09
韩国	178389272	6.75	171374730	6.97	166814643	6.85	189779418	6.83	206694163	6.78
俄罗斯	58518893	2.21	42269705	1.72	45939209	1.89	56962531	2.05	70755354	2.32
蒙古国	4491421	0.17	3315916	0.13	3044455	0.13	4312828	0.16	5266707	0.17
朝鲜	3925026	0.15	3422746	0.14	3554673	0.15	3431624	0.12	1609206	0.05

资料来源：根据中华人民共和国海关总署统计数据整理。

（三）中国与朝鲜两国间双向投资大幅缩水

由于中朝关系不断趋紧，两国间相互投资已大幅缩水。中国商务部《对外投资合作国别（地区）指南》统计数据显示，2012 年中国对朝鲜直接投资 10946 万美元，创历史新高，随后逐年下滑，2016 年降到 2844 万美元（见表4），仅占中国对外投资总额的 0.0145%。中国国家统计局统计数据显示，2010 年朝鲜对中国直接投资达 1122 万美元，创历史新高，随后投资金额锐减，2015 年降至最低，为 7 万美元（见表5）。同时，自 2016 年联合国安理会通过对朝制裁决议，可判断近两年中朝两国经贸将再受影响，双向投资也势必进一步减少。

表4 2012~2016年中国对朝鲜直接投资情况统计

单位：万美元，%

年份	年度流量	同比增速	存量
2012	10946	95.6	42236
2013	8620	−21.2	58551
2014	5194	−39.7	61157
2015	4121	−20.7	62500
2016	2844	−31.0	67915

资料来源：根据中国商务部《对外投资合作国别（地区）指南（朝鲜）》统计数据整理。

表5 2013~2015年朝鲜对中国直接投资情况统计

单位：万美元

年份	外商对中国投资总额	朝鲜对中国投资总额
2013	11758620	268
2014	11956156	29
2015	12626555	7

资料来源：根据中国国家统计局 2014~2016 年《中国统计年鉴》统计数据整理。

（四）中国企业在朝鲜承包工程数量逐年下降

受朝鲜半岛问题影响，中国企业在朝鲜承包工程自 2013 年开始逐年下降。据中国商务部统计，2016 年中国企业在朝鲜新签承包工程合同 1 份，新签合同额 8 万美元，完成营业额 292 万美元，同比下降 84.1%；当年派出各类劳务人员 28 人，年末在朝鲜劳务人员 80 人（见表6）。

表6 2011~2016年中国与朝鲜劳务合作情况统计

年份	新签合同（份）	新签合同额（万美元）	承包工程完成营业额（万美元）	派出人数（人）	年末在朝劳务人员（人）
2011	12	462	5610	1458	148
2012	26	5780	10667	1260	295
2013	35	7897	12088	640	350
2014	—	2567	9049	542	704
2015	2	499	1832	311	721
2016	1	8	292	28	80

资料来源：根据中国商务部《对外投资合作国别（地区）指南（朝鲜）》整理。

三　2018年黑龙江省与朝鲜经贸合作现状与特点

（一）国际局势不利环境下黑龙江省与朝鲜对外贸易额下跌趋势仍将延续

受联合国安理会发布的制裁令及东北亚整体地缘政治局势的影响，2018年朝鲜对外贸易总额自金正恩执政以来首次降至最低水平。如表2所示，2018年中国与朝鲜对外贸易总额仅占中国对外贸易总额的0.05%，其中出口占比为0.09%，进口占比仅为0.01%。2018年黑龙江省与朝鲜对外贸易进出口总额难以独善其身，下跌趋势仍将延续。

（二）受联合国制裁令影响，黑龙江省与朝鲜进出口贸易额可能继续下行

据黑龙江省统计局统计，黑龙江省出口朝鲜商品多为农副产品，机电产品，纺织纱线、织物及制品，家具及其零件，高新技术产品；自朝鲜进口商品多为煤炭、水果、变压器、机电产品和农副产品等。2017年，联合国安理会对朝采取经济制裁，全面禁止自朝鲜进口煤炭、金属、矿石、海产品、机电设备及部分粮食和农产品；全面禁止朝鲜出口纺织品。黑龙江省与朝鲜进出口贸易额将继续下行，甚至触底。

四　2019年黑龙江省与朝鲜经贸合作前景展望

（一）朝鲜半岛局势走向缓和，为黑龙江省开展与朝鲜经贸合作提供难得机遇

目前，东北亚地区出现缓和局面，朝、韩、美开展对话接触，在改善相互关系方面取得了一些积极进展。2018年3月以来，朝鲜最高领导人金正恩三度来华访问，中朝两国领导人就双边关系、朝核、半岛局势等问题达成一系列重要共识。4月27日，韩国总统文在寅和朝鲜最高领导人金正恩在板门店会晤并签署《板门店宣言》。6月12日，金正恩与特朗普在新加坡举行历史上首次朝美领导人会晤并签署联合声明，表示将努力"建立新的朝美关系"以及"构建朝鲜半岛持久稳定和平机制"。特朗普承诺为朝鲜提供安全保障，金正恩重申对"朝鲜半岛完全无核化"的承诺。可见，原本箭在弦上的半岛局势得以缓和，东北亚地区和周边国家之间的外交互动日益频繁，整个东北亚地区局势呈现新的气象。在这样的背景下，黑龙江省需抓住有利时机，积极开展与朝鲜的经贸合作。

（二）提升黑龙江省与俄韩朝通道联通水平，扩大中朝货物进出口规模

俄朝两国在2008年签署合作协议，决定改造哈桑至罗津铁路支线，同时在罗津港建造现代化货运终端。2013年，罗津—哈桑跨国铁路已经修建完成并通车，俄罗斯可将货物运送到罗津港并继续运输，可分离车厢前往平壤，将来如果有可能会前往首尔。俄罗斯卫星通讯社于2018年5月31日发布消息称，俄罗斯西伯利亚大铁路运输协调委员会秘书长根纳季·别索诺夫表示，俄方已充分准备好将跨西伯利亚铁路与跨朝鲜半岛铁路干线连通，期待朝韩政府的决定。韩国与朝鲜铁路连接有三条路线可以连接到西伯利亚大铁路或新亚欧大铁路：一是韩国釜山、首尔与朝鲜元山、罗津四座城市的铁路连接；二是韩国釜山、首尔与朝鲜平壤、新义州四座城市的铁路连接，再连接到中国丹东铁路；三是韩国釜山、首尔和朝鲜平壤三座城市的铁路连接然后连接到中国珲春。因此，黑龙江省位于东北亚经济协作区域中心地带，具有良好的区位优势及完备的物流载体，可借助现已开通的"哈欧""哈俄"国际班列和进入常态化运行的中俄韩"哈绥符釜"陆海联运，进一步与俄罗斯合作共同完善与朝鲜半岛的通道连通，扩大中朝货物进出口规模。

（三）积极开拓新兴市场，深化黑龙江省与朝鲜互利合作

2017 年 8 月，一批产自宁安市国家级出口食品农产品质量安全示范区的西瓜和甜瓜出口朝鲜，这是牡丹江市地产水果首次出口朝鲜。此次水果出口朝鲜为宁安示范区产品进一步开拓市场提供了新的道路。因此，在当前诸多因素影响中朝货物进出口规模的情况下，黑龙江省应挖掘国际市场潜力，积极开拓新兴市场，加快推进市场多元化战略，进一步深化与朝鲜互利合作。

（四）大力发挥贸易洽谈会的平台作用，实现双方企业有效对接

2017 年 6 月，朝鲜商业代表团参加了在中国云南举办的 2017 南亚东南亚国家商品展暨投资贸易洽谈会。朝鲜的"外贸法宝"高丽参、熊胆、香烟、安宫麝香、油画等展位魅力较大，受到参观者的关注。黑龙江省哈尔滨市每年都举办很多大型的贸易洽谈会，如中俄博览会（每两年在哈举办一次）、哈尔滨国际经济贸易洽谈会、黑龙江绿色食品产业博览会和哈尔滨世界农业博览会等等。作为中国野山参重要产地之一的黑龙江省，应多借助这些国际博览会加大形象宣传及特有项目推介力度，吸引朝鲜企业与本省合作，吸引东北亚域内国家来本省洽谈合作，实现企业有效对接。

（五）发掘中朝友谊的历史资源，扩大与朝鲜人文、旅游交流

中国和朝鲜两国人民历史悠久的传统友谊和山水相依的睦邻关系，为发展对朝经贸提供了良好的人文和地缘文化环境。2009 年，中朝两国签署了《关于中国旅游团队赴朝鲜民主主义人民共和国旅游实施方案的谅解备忘录》，使两国旅游交流与合作进入新的历史时期。黑龙江省与朝鲜在人文地理等方面具有悠久的历史往来，在这种得天独厚的地缘文化环境下，黑龙江省应该抓住机遇，扩大与朝鲜在贸易、文化、旅游等方面的合作交流。

2018年黑龙江省与蒙古国经贸合作状况

中国连续多年作为蒙古国最大的贸易伙伴，是蒙古国第一大出口目的国和第二大进口来源国。自2014年8月中蒙关系提升为全面战略伙伴关系后，中蒙双边关系迎来历史最好时期。在中国提出"一带一路"倡议背景下，作为与俄、蒙相邻的边境省份，黑龙江省应加快融入中蒙俄经济走廊建设，在保持对俄合作优势的基础上积极发展对蒙古国经贸合作，这有利于中国加强对蒙贸易联系与政治互信，深入丰富"一带一路"倡议内涵。中国是对蒙投资最多的国家，主要投资领域为地矿、轻工、纺织、服装、畜产品加工、建筑等。中蒙建立战略伙伴关系后，双边经贸合作进一步升级。国家之间的良好合作关系为黑龙江省与蒙古国经贸合作奠定了基础。

一 2018年黑蒙经贸合作回顾

（一）黑蒙经济复苏为双方合作奠定基础

近年来，黑龙江省经济形势不容乐观，经济增长较为低迷。在国家宏观调控以及一系列利好政策出台的新形势下，黑龙江省经济保持了平稳向好的态势，经济结构调整、新动能和新增长领域培育初见成效，整体经济趋稳向好的基本面已经初步形成。在黑龙江省外贸出口下行压力较大的情况下，进一步优化出口商品结构，外贸进出口总值呈现稳步增长态势。

2018年，黑龙江省进出口总值为1747.7亿元，同比增长36.4%，高于同期全国进出口增速26.7个百分点。蒙古国自2013年以来经济增速缓中有升。2018年，蒙古国GDP同比增长6.9%，延续了2017年的增长态势，GDP达130.1亿美元，比上年的114.34亿美元，美元名义下增长13.8%。随着黑龙江省外贸进出口形势平稳趋好，蒙古国经济增长也出现复苏迹象，有利于黑龙江省与蒙古国进一步开展经贸合作。

（二）黑蒙贸易已经呈现增长趋势

作为黑龙江省非传统贸易伙伴，受多种因素影响，黑蒙贸易起伏不定。近年来，黑蒙贸易额稳步回升，截至2018年12月，黑蒙进出口贸易总额为96374万元，同比增长52.4%。其中，出口20322万元，同比下降52.1%；进口76052万元，同比暴增264.6%（见表1），这也凸显了黑蒙贸易的不确定性。黑龙江省对蒙古国出口商品中数额较大的是机电产品、钢材、汽车、通断及保护电路装置和成品油。随着黑蒙经济的复苏，在保持传统领域合作的基础上，黑蒙经贸关系有望进一步发展。尽管黑龙江省与蒙古国的贸易在全省对外贸易中占比较小，仅为5%左右，增长形势却比较乐观。黑龙江省对蒙经贸关系依然是重振本省经济的有利增长点。

表1 2015～2018 年黑龙江省对蒙古国贸易进出口情况统计

单位：万元，%

年份	总额	同比增速	出口额	同比增速	进口额	同比增速
2015	75308	-10.8	51688	-12.1	23620	-7.8
2016	49959	-33.7	22155	-57.1	27805	17.7
2017	63249	26.6	42390	91.3	20859	-25.0
2018	96374	52.4	20322	-52.1	76052	264.6

资料来源：根据哈尔滨海关数据整理。

（三）黑蒙间贸易具有较强互补性但并未充分发挥互补优势

黑龙江省与蒙古国双边贸易以劳动密集型产品和工业制成品出口居多，以能源资源型产品进口为主，双边贸易互补性较强。黑龙江省作为中国的农业大省，耕地面积占全国耕地总面积的1/9，是中国最大的商品粮生产基地。黑龙江省有着先进的农耕机械和巨大的农业人才优势，这些正是蒙古国所缺少的。同时，畜牧业作为蒙古国的传统基础产业，其牲畜肉类加工市场广阔。而在黑蒙进出口贸易中，粮食和肉食品所占比重甚小，双方并未充分发挥互补优势。

二 2019年黑蒙经贸合作困境与机遇

2019年，黑龙江省对外贸易总额稳中有升，全年完成进出口总额1865.9亿元，同比增长6.7%。而黑蒙经贸却出现下滑，2019年黑蒙双边贸易为62581万元，同比减少35.1%。长期以来，经贸合作的不稳定性成为黑龙江省发展对蒙贸易合作的一大困境。黑龙江省与蒙古国双方多年来并没有形成一个确定的、具有可持续性的经贸关系，这是双方都亟待解决的一个难题。在当前中国提出"一带一路"倡议的背景下，黑龙江省应灵活运用国家政策，坚持发展外向型经济，进一步拓宽合作领域，积极融入中蒙俄经济走廊建设；加大对本省出口具有一定竞争力的机电产品和高新技术产品的

扶持力度，提升具有高附加值产品的出口比重；增加对能源和原材料的进口比重，抓住区域内产业转移的时机，利用好境外的资源与市场，建立具有黑龙江省特色的资源加工基地，从而加快黑龙江省对外贸易结构的转型升级。通过稳定黑蒙双边贸易结构，找到黑蒙经贸关系发展的突破口，在政策红利刺激下，黑蒙间贸易也将向趋好发展。

（一）抓住蒙古国经济复苏机遇，加大对蒙古国商品出口

由于中国对蒙古国的矿产存在巨大的需求，矿业是蒙古国经济增长的强大引擎。出口商品中，矿产品、贵金属、化妆品、钱币、畜产品及其制品占出口货值的98.6%。可以看出，蒙古国的经济增长充分利用了本国的矿产资源与畜牧业资源，使黑蒙矿产开发合作和畜牧肉食品加工等领域的投资合作前景光明。随着蒙古国经济的复苏，居民生活水平不断提高，全体蒙古国公民也享受到了矿业兴国所带来的实惠。2018年，蒙古国人均名义GDP折合4015美元，同比增长11.6%，已经接近2014年人均水平，属于中等收入国家。随着蒙古国经济高速增长，人均收入大幅提高，蒙古国居民对进口商品的需求将会大幅增长，对进口商品的质量要求也会逐步提高。

（二）蒙古国加快基础设施建设，促进黑龙江省对蒙工程承包及劳务合作

蒙古国基础设施相当薄弱，严重制约着矿产资源开发战略。受国际金融危机的影响，蒙

古国建筑领域也遭受重创。为此蒙古国道路交通建筑城建部与投资局共同研究加大对基础设施建设领域的投资，拟在该领域实施若干大项目，其中包括 10 万套住宅项目、连接中俄两大邻国的 990 公里亚洲公路项目、首都 350 公里道路改造项目、立交桥项目（7 座）、连接蒙古国东西部和首都的 1284 公里横向公路项目、南戈壁矿区到赛音山达 920 公里铁路项目、建设水泥厂和钢筋厂项目。为实现这些目标，蒙古国迫切需要先进的建筑和筑路技术、人才及资金。黑龙江省在建筑工程承包方面具有优势，又有在外国承包工程的丰富经验，这将有利于促进与蒙古国在建筑领域的合作，有利于全省对外劳务输出的发展。

（三）资源蕴含量大，黑龙江省加大对蒙境外投资，促进贸易规模扩大

蒙古国是资源大国，世界经济的复苏给蒙古国经济发展创造了良好的环境。矿产业是蒙古国经济发展的重要支柱产业。2018 年，蒙古国工业产值达到 15.7 万亿图（约合 59 亿美元），较上年增长 21.7%，同比减少了 8.6 个百分点。其中，矿业产值增加 1.8 万亿图，同比增长 19.6%，成为经济整体增长的关键驱动因素。矿产资源开发在蒙古国经济中的优先地位不会动摇，矿业兴国战略在较长时期内得到坚持。而矿产资源的精深加工，创造更高的附加值则成为未来蒙古国矿业发展的趋势。黑龙江省属于资源类省份，其开采煤炭、石油等地下资源的人员、技术、设备都处于全国领先的地位。抓住蒙古国大力开采矿产资源的机遇，可推动黑龙江省对蒙境外投资。

（四）蒙古国通信业及服务业的快速发展为相关产品出口带来机遇

蒙古国通信基础设施包括 7500 多公里光缆网、2500 公里数字无线电话线、220 多个卫星通信 VSAM 站、30000 多个空架线，已经形成跨越 88 个县连接 21 个省会的光缆网，仅乌兰巴托的地下光缆就长达 300 公里，特别是互联网技术可能为蒙古国带来生机。因此，在黑龙江省对蒙古国传统出口商品中，可进一步扩大通信设备、自动数据处理设备及其部件等高附加值商品的出口额。

（五）蒙古国与黑龙江省在农业领域合作前景广阔

蒙古国土地广阔，农业发展水平却很低，仍以粗放型农业为主。粮食产量勉强能满足本国需求，面粉自给率仅为 20% 左右。私有化以来，由于经济衰退及投入不足，生产力大幅度倒退。蒙古国现有耕地 130 万亩，由于农业劳动力缺乏，其中的 97% 弃耕抛荒。黑龙江省作为中国的农业大省，省内有高水平的农业专家队伍。黑龙江省与蒙古国在粮食合作、土地开发、农业现代化以及高科技种植业等领域有着非常广阔的合作空间。

三　黑蒙经贸合作发展前景研判

黑蒙间贸易额在黑龙江省对外贸易总额中占比较低，影响双方贸易的不确定因素较多。要扭转这种局面，黑龙江省应以双方较强的经济互补性为依托，发挥自身人才、资金、技术等方面的优势，积极参与到蒙古国的开发战略中去。

（一）加强高层互访，推进经贸合作

以对俄经贸合作为借鉴，积极推动对蒙合作，由政府牵头，把黑龙江省企业推向对蒙合作前台。定期召开相关形式的国际研讨会，以此促进双方的了解并为双方的经贸合作搭建平台，创造有利条件，达到加强经贸合作、共同发展的目的。黑龙江省应加快深度融入中蒙俄经济走廊建设，依托黑龙江省对俄经贸合作优势，利用哈尔滨市每年 6 月举行的"中俄博览会"，加大力度邀请蒙古国政府的领导和相关企业家参会，洽谈可以广泛涉及能源、轻工业、

贸易等领域，坚持实行"引进来、走出去"的外向型经济发展战略。

（二）积极参与蒙古国畜牧肉类加工领域

畜牧业是蒙古国的传统产业，牛、羊肉也是国民的主要肉食，仅乌兰巴托市每天的牛、羊肉消费量就在 190～220 吨。由于蒙古国国内肉食加工厂的设备比较落后，肉产品加工满足不了国内市场及出口需求。对此，黑龙江省企业可有两个选择：一是可投资兴建牲畜肉类加工企业，提供包括牲畜养殖、牲畜交易、肉类交易、检验检疫、肉类及皮毛生产加工交易等服务；二是可以提供资金支持，黑龙江省企业可注资支援蒙古国中小企业扩建，提供资金优化蒙古国肉食品加工厂的设备，使之增强市场竞争力，从而获取回报。

（三）积极参与蒙古国矿产资源开发与基础设施建设

黑龙江省属于资源型省份，其开采煤炭、矿产、石油等地下资源的人员、技术、设备都处于全国领先地位。黑龙江省政府也应加大对矿业企业的支持力度，积极为企业搭建合作交流的平台，在能源供应、石油勘探开发、矿产深加工等领域进行更深层次的合作。同时黑龙江省在建筑工程承包和技术人才方面具有优势，有利于促进黑蒙在基础设施建设领域的合作。抓住蒙古国实施矿业兴国战略和加快基础设施建设的机遇，积极参与其中，可以明显推动黑龙江省对蒙古国的境外投资，提升黑蒙合作层次。

（四）积极参与蒙古国环境保护事业

蒙古国是一个环保型国家，全国土地面积的 10% 为各类自然保护区。但是其矿业兴国战略和环境保护之间势必形成尖锐的矛盾。铀、磷矿的开发以及大型焦煤和冶炼项目都会造成严重的环境污染。目前蒙古国缺乏资金和技术力量以很好地控制和解决这一问题。黑龙江省企业应积极利用资金优势与技术优势，抢先进入蒙古国环境保护这一至关重要的行业。

（五）扩大对蒙医药行业投资

黑龙江省的医药行业无论在技术、品牌、品种、效益还是市场占有率方面，均居全国前列。目前，黑龙江省对蒙古国出口医药制品企业仅有 2 家并且出口规模不大。在蒙古国经济日渐发展、逐步走向开放和加大改革力度初期，在医药制造业相对落后的情况下，黑龙江省医药企业积极、主动进军蒙古国市场，增加对蒙古国出口的同时，不断拓展投资空间，向众多的在蒙外资企业、外国机构以及蒙古国国内市场提供一个优越、便利、实效的服务，这能促进黑龙江省医药企业的国际化发展战略，并借开拓国际市场之机，获得新的经济增长点，这对于黑龙江省医药行业的发展必将有重大的推进作用。

此外，黑龙江省应积极调整产业结构，充分发挥在东北亚经贸合作中的区位优势，不断拓展黑龙江省与蒙古国在众多领域的合作空间，提升合作水平，实现互利双赢、共同发展。

重要文件

上海合作组织成员国国防部长会议联合公报

上海合作组织成员国国防部长会议（以下称"会议"）于 4 月 24 日在中华人民共和国北京市举行。

印度共和国国防部长尼·希塔拉曼、哈萨克斯坦共和国国防部长萨·扎苏扎科夫上将、中华人民共和国国务委员兼国防部长魏凤和上将、吉尔吉斯共和国武装力量总参谋长拉·杜伊申比耶夫少将、巴基斯坦伊斯兰共和国国防部长库勒姆·汗、俄罗斯联邦国防部长谢·绍伊古大将、塔吉克斯坦共和国国防部长舍·米尔佐上将和乌兹别克斯坦共和国国防部长阿·阿济佐夫少将（上述防务部门领导人简称"部长们"）参加了会议。白俄罗斯共和国国防部长安·拉夫科夫中将作为主席国嘉宾列席会议。

上合组织副秘书长努·阿科什卡洛夫、上合组织地区反恐怖机构执行委员会副主任朱·吉约索夫参加了会议。

部长们在坦诚、友好的气氛中，就当前国际和地区安全形势、进一步加强上合组织成员国在防务安全领域的务实合作，及其他共同关心的问题深入交换了意见，达成广泛共识。

部长们指出，和平与发展仍然是时代主题，同时世界面临的不稳定性不确定性突出，打击恐怖主义、极端主义、分裂主义，维护和加强地区和平、安全与稳定是上合组织成员国优先任务。

部长们肯定防务安全合作作为上合组织健康发展基石发挥的特殊重要作用，强调各成员国防务部门应继续高举"上海精神"旗帜，持续增进军事互信，加强对话沟通，秉持协商一致原则，维护本组织的团结，不断提高本组织的行动力。

部长们指出，加强本组织防务安全合作应树立共同、综合、合作、可持续的安全观，致力于为各国发展战略对接营造良好的安全环境，支持推动构建人类命运共同体，建设公平的、稳定的多极世界格局。

部长们表示，支持本组织成员国防务部门进一步发展和完善合作，拓展新的合作领域，探索新的合作形势，强调落实《上海合作组织成员国国防部 2018－2019 年合作计划》的重要性，指出上合组织上述领域活动不针对第三方。

部长们欢迎上合组织新成员国融入防务合作，表示相信上合组织各成员国间合作将继续顺利发展，现有伙伴关系和坦诚对话将继续加强，上合组织影响力将不断提升。

部长们积极评价俄罗斯打击叙利亚阿拉伯共和国境内"伊斯兰国"、"征服沙姆阵线"等恐怖组织主要力量的努力，指出上合组织成员国向叙利亚人民提供人道主义援助的努力卓有成效。

部长们支持日内瓦和谈、阿斯塔纳进程及为促进叙利亚问题政治解决创造良好条件的切实努力，指出索契叙利亚全国对话大会为推动叙政治进程作出重要贡献。

部长们指出，必须进一步集各成员国之力，共同应对恐怖主义、极端主义、分裂主义，以及毒品走私等威胁的扩散。

各国防务部门将与本国职能部门进一步加强协作，共同打击上合组织责任区的恐怖主义，继续举行"和平使命"联合反恐军事演习。

部长们指出，"和平号角"上合组织军乐节是增进各成员国军事文化交流的重要平台，有力促进了各成员国军队的相互了解，深化了友谊，应保持和进一步发展。

部长们宣布成立上合组织成员国国防部长会议专家工作组，并将支持工作组各项工作，不断完善上合组织军事领域合作。印度和巴基斯坦等新成员国出席了专家工作组第一次会议。

部长们认为俄方在叙利亚打击国际恐怖组织的先进经验，对筹划"和平使命－2018"联合反恐军事演习等联合训练活动是有益的。

部长们高度评价中华人民共和国国防部为准备和成功举行此次会议付出的巨大努力，感谢中方的盛情接待和提供的良好工作条件。

部长们决定，2019 年上合组织成员国国防部长会议在吉尔吉斯共和国举行。

中日韩领导人关于2018朝韩领导人会晤的联合声明

2018年5月9日，国务院总理李克强、日本首相安倍晋三、韩国总统文在寅在日本东京共同出席了第七次中日韩领导人会议。会议发表了《中日韩领导人关于2018朝韩领导人会晤的联合声明》。全文如下：

一、中日韩三国领导人赞赏国际社会迄今为止为半岛局势积极变化所做的努力。中日领导人赞赏和欢迎文在寅总统和金正恩委员长于2018年4月27日举行具有历史意义的会晤，签署《实现半岛和平、繁荣和统一板门店宣言》，确认朝鲜半岛完全无核化和建立永久和平机制的共同目标。

二、我们强烈希望，在朝韩领导人会晤基础上，有关各方继续努力，特别是通过即将举行的朝美领导人会晤，为全面解决各方关切，维护地区和平稳定做出贡献。

三、我们重申维护朝鲜半岛和东北亚地区和平稳定是我们共同的利益和责任，并将继续为此共同努力。

上海合作组织成员国边防合作协定

上海合作组织成员国（以下简称各方），遵照二〇〇六年六月十五日签署的《关于合作查明和切断在上海合作组织成员国境内参与恐怖主义、分裂主义和极端主义活动人员渗透渠道的协定》，遵照公认的国际法原则和本国法律，为加强各方在保卫国界和维护边境地区安全领域里的合作，从采取有效措施应对边防威胁的共同利益出发，达成协议如下：

第一条

本协定涉及的术语如下：

（一）边防行动：指各方主管机关按照本国法律保卫国界，以及对出境入境人员、交通工具、货物和动植物进行验放活动。

（二）边境地区：指各方毗邻国界（包括界河、界湖及其他界水、滨海）依各方法律进行边防活动的区域，以及跨国界的口岸。

第二条

一、落实本协定的主管机关（以下简称主管机关）如下：

哈萨克斯坦共和国：哈萨克斯坦共和国国家安全委员会，中华人民共和国：中华人民共和国公安部，吉尔吉斯共和国：吉尔吉斯共和国国家边防局，俄罗斯联邦：俄罗斯联邦安全局，塔吉克斯坦共和国：塔吉克斯坦共和国国家安全委员会，乌兹别克斯坦共和国：乌兹别克斯坦共和国国家安全总局。

二、各方主管机关如有变化，应及时通过外交渠道通知协定保存方。

三、上海合作组织地区反恐怖机构负责协调各方主管机关的合作。

第三条

各方出于共同利益考虑，根据公认的国际法原则、准则和本国法律法规开展合作，目的是：

（一）确保各方边境地区安全；

（二）提升各方主管机关在保卫国界领域的能力；

（三）协调各方主管机关努力在边境地区预防、发现和制止违法行为；

（四）打击边境地区恐怖主义、极端主义和分裂主义，非法贩运武器、弹药、爆炸物和有毒物品及放射性材料，走私麻醉药品、精神药物及前体，以及非法移民和其他跨国犯罪活动；

（五）加强各方边防合作条约法律基础。

第四条

本协定框架内各方合作方向如下：

（1）计划和实施联合边防行动；

（二）情报交流；

（三）根据国际协定开展主管机关干部专业培训和进修；

（四）各方主管机关共同感兴趣且与各方国内法不抵触的其他活动。

第五条

本协定框架内的各方合作形式如下：

（一）各方主管机关在本国边境地区采取经各方商定的行动；

（二）交流边境地区形势，包括准备或者已实施的破坏国界管理制度以及边境地区其他违法犯罪活动的情报信息；

（三）交流有关维护国界管理制度、边境地区管理制度以及口岸管理制度的经验；

（四）交流各方法律法规、出入各方国境的证件式样以及应对边境地区威胁的方法；

（五）举行会见、会议、研讨会及其他工作会晤。

第六条

为协调落实本协定，召开各方主管机关边防部门领导人或其副职会议。

该会议每年举行不少于一次，由上海合作组织地区反恐怖机构理事会轮值主席方主持。

根据一方主管机关提议可举行非例行会议。

在例行会议闭会期间，视情举行各方主管机关专家工作会晤。为有效开展协作，各方主管机关确定责任单位和联系方式，并将此通报上海合作组织地区反恐怖机构执行委员会。

第七条

通过上海合作组织地区反恐怖机构执行委员会交流本协定框架下的情报。

交流情报信息可通过各方主管机关领导人会议和专家会议、公函和其他技术手段进行。

各方主管机关在落实本协定框架内所获取的情报信息在未经提供方书面同意的情况下

不得转交第三方。

情报信息的密级由提供方主管机关确定。

本协定框架内的情报信息传递和保密应符合二○○四年六月十七日签署的《上海合作组织地区反恐怖机构框架内秘密情报保护协定》的有关规定。

第八条

如各方无其他约定，落实本协定的费用由各方自行承担。

第九条

如解释或适用本协定条款时出现争议，由各方通过磋商和谈判解决。

第十条

本协定框架内进行合作时，各方工作语言为中文和俄文。

第十一条

经各方同意，可以签署单独议定书的方式

对本协定进行修改和补充。

第十二条

本协定保存方为上海合作组织秘书处，由其将核对无误的协定副本发送给各方。

第十三条

本协定长期有效，自保存方收到第四份关于完成国内生效程序的书面通知之日起第30天生效。

对于协定生效之后完成国内生效程序的国家，协定自保存方收到通知之日起对其生效。

任何一方可退出本协定。退出协定方应在退出之日前不少于6个月将书面通知提交保存方。保存方在收到通知之日起30天内通知其他方。

退出协定一方退出本协定不影响依据协定正在行使的权利和承担的义务。

第十四条

本协定生效后，成为上海合作组织成员国的国家可加入本协定。

对于加入国，本协定自保存方收到加入书之日起第30天对其生效。

保存方通知各方本协定对加入国生效的时间。

本协定于二○一五年七月十日在乌法市签订，正本一式一份，分别用中文和俄文写成，两种文本同等作准。

哈萨克斯坦共和国总统　努尔苏丹·阿比舍维奇·纳扎尔巴耶夫（签字）

中华人民共和国主席　习近平（签字）

吉尔吉斯共和国总统　阿尔马兹别克·阿坦巴耶夫（签字）

俄罗斯联邦总统　弗拉基米尔·弗拉基米罗维奇·普京（签字）

塔吉克斯坦共和国总统　埃莫马利·拉赫蒙（签字）

乌兹别克斯坦共和国总统　伊斯兰·阿卜杜加尼耶维奇·卡里莫夫（签字）

第七次中日韩领导人会议联合宣言

第七次中日韩领导人会议联合宣言，全文如下：

2018 年 5 月 9 日，我们，中华人民共和国、日本国和大韩民国的领导人，在日本东京举行第七次中日韩领导人会议。

我们赞赏 2015 年 11 月首尔第六次中日韩领导人会议发表联合宣言以来，三国各领域合作取得的积极进展。我们认识到三国合作有利于构建地区和平合作平台。鉴此，我们重申将致力于进一步深化和拓展三国合作。

我们认识到三国对确保地区及世界和平稳定肩负共同责任。三国国内生产总值之和超过世界总量的 20%，应为增进世界繁荣发挥重要作用。我们重申携手应对地区和全球挑战。

我们赞赏并重申中日韩合作秘书处对推进三国合作的作用，支持秘书处加强能力建设并更广泛地参与三国合作。我们重申启动三国合作基金有助于实施三国合作项目。

三国合作

我们一致认为，定期举行三国领导人会议意义重大，将为三国政治、经济、社会和可持续发展等各领域合作与对话提供政治动力。我们重申三国之间有着过去的历史和长久的未来，将基于 2015 年三国领导人会议达成的共识继续合作。

我们高度评价上次领导人会议以来三国举办卫生、教育、环境、金融、交通、物流、文化、体育、经贸和灾害管理等各领域部长级会议，这些会议显示了我们在各领域协调政策、开展合作的政治意愿。我们欢迎 2016 年 8 月在东京举行的第八次三国外长会，会议就共同关心的战略问题交换了意见，为三国领导人会议奠定了基础。

我们注意到定期举行三国外长会议对促进三国合作的重要性。

我们认识到促进人员往来对扩展和巩固三国合作基础至关重要。

为此，并根据《平昌宣言》，我们期待以三国举办奥运会和残奥会为契机加强文化、体育等领域交流合作，即已成功举办的 2018 平昌冬季奥运会和残奥会，将要举办的 2020 东京奥运会和残奥会及 2022 北京冬季奥运会和残奥会。

我们重申三国扩大旅游交流的重要性，将努力实现到 2020 年三国人员往来达到 3000 万人次的目标，并通过"游历东方"活动进一步提高三国吸引力。我们大力支持青年交流，鼓励三国青年峰会等合作项目。

我们认识到"东亚文化之都"项目对三国文化交流具有重要意义，祝贺当选 2018 年"东亚文化之都"的城市，期待历年当选城市加强文化交流。我们认识到教育合作对加深相互了解的重要意义，赞赏三国致力于通过扩展"亚洲校园"项目促进高等院校学生交流，期待进一步提升该项目。

考虑到公共外交对三国民众增进了解、深化友谊的重要作用，我们欢迎继续就中日韩公共外交论坛进行磋商。

我们支持三国人文交流项目，如青年领导

人圆桌会议和中日韩文化巴士。

我们重视开展三国领事合作，愿研究建立三国领事磋商机制，通过分享最佳经验、探索合作计划，加强长期机制性合作。

我们致力于构建开放型世界经济。我们认识到自由开放的贸易和投资对于经济增长的重要性，将坚守承诺，继续致力于经济自由化，反对一切形式的保护主义，改善营商环境。我们将共同努力，加强基于规则、自由开放、透明、非歧视、包容和以世界贸易组织为基础的多边贸易体系，欢迎世界贸易组织就电子商务、投资便利化和中小微型企业等当今国际贸易挑战进行的讨论。我们强调双边、区域和诸边贸易协定对补充和强化多边贸易体系的重要性。我们重申三国自由贸易协定是深化经贸合作、推动东亚地区贸易投资自由化与便利化的重要路径，符合三国共同利益。我们重申将进一步加速三国自由贸易协定谈判，力争达成全面、高水平、互惠且具有自身价值的自由贸易协定。我们也重申加快《区域全面经济伙伴关系协定》谈判，以期尽快达成现代、全面、高质量和互惠的协定，注意到市场准入和规则方面的谈判需取得进展。我们将共同努力在各个领域取得高质量并具有商业意义的成果。

我们认识到为保持经济持续增长繁荣，有必要建立重视创意、促进公平竞争的知识产权体系。我们认为三国知识产权合作，包括知识产权局长政策对话，对推进区域知识产权体系建设具有重要作用，期待三国就此进一步加强合作。

我们认识到工业部门产能过剩的负面影响，将共同应对这一问题。

我们认识到加强区域联通的重要性，决心通过三方对话磋商加强区域互联互通和基础设施合作，促进东亚整体发展。我们将进一步加强经贸关系，深化利益融合。为此我们将在供应链互联互通、电子商务、内容产业和标准化等领域加强经济合作，提升竞争力。我们重申三国能源合作对实现东北亚可持续发展和共同

繁荣的必要性。我们决定适时达成三国合作谅解备忘录，以增进东北亚液化天然气市场透明度和流动性。

考虑到电子商务对创造新经济价值的重要性，我们一致认为在互利互惠的基础上开展电子商务合作对三国有利。

我们认识到，三国在海关和交通领域的合作对确保贸易便利化和安全具有重要意义。作为未来几年奥运会和残奥会等大型国际活动的主办国，我们特别重申在促进货物和人员合法流动的同时加强边境保护的重要性，欢迎2017年11月在东京举行的三国海关领导人会议关于加强信息交流、分享经验的决定。

当前全球经济面临着跨境一体化进程倒退、金融环境超预期收紧等风险，在这种不确定性下，中日韩三国将继续通过深度交流与协调应对可能的金融波动。我们将加强区域金融合作，提高清迈倡议多边化（CMIM）的可用性和有效性，加强东盟与中日韩宏观经济研究办公室（AMRO）的监控和组织能力建设，以充分发挥其作为独立、可信、专业的国际组织的使命，促进亚洲债券市场倡议（ABMI）的发展。为此，我们欢迎CMIM首次定期评估取得的积极进展，并期待其顺利完成。这将有助于通过延长与国际货币基金组织（IMF）贷款挂钩部分的贷款支持期限，强化融资支持；与IMF建立更好的协调机制，促进联合融资；以及在启动CMIM时加强与有关方沟通，维护市场信心，加强CMIM作为区域金融安全网的作用。我们赞赏AMRO继续为CMIM运行提供支持，以及在建立和扩展与地区、全球伙伴关系上取得的成就，祝贺其获得联合国大会永久观察员地位。我们欢迎各方2017年12月决定向"区域信用担保与投资基金"增资。

我们强调携手应对卫生和老龄化等关乎人类安全的共同挑战具有重要意义，认识到强化公共卫生事件紧急预案和应对、解决抗菌素耐药性、实现全民健康覆盖的重要性，将持续在这些领域开展合作。我们还将加强入境检验检

疫合作。

此外，我们将扩大在卫生服务产业和远程医疗方面的合作，加强相关信息和人员交流，减少严重威胁人类健康的癌症等非传染性疾病和传染性疾病。我们将积极分享信息和交流政策，应对人口老龄化，推动健康老龄化，致力于持续开展三国老龄化政策对话。我们将推动辅助器具、物理和信息通信技术（ICT）可用性和资源分享，使残障人士参与快速发展的互联网经济，显著提升他们参与经济和社会活动的水平和质量。我们将努力充分利用科学与ICT的优势，如脑科学、应对气候变化的技术、残疾辅助技术、物联网、大数据和人工智能等，促进经济增长和社会福利发展，应对全球性问题。此外，我们认识到在5G移动通信、全球漫游等通信领域加强协作有助于促进相互交流合作。我们将在三国信息通信部长会议机制下推动该领域的联合研究、技术合作、信息共享和人力资源交流。我们也欢迎并鼓励企业界、学术界、智库等相关实体在这一领域进行合作。

我们将进一步加强三国在打击网络犯罪、恐怖主义和暴力极端主义等领域的政策磋商。我们致力于维护共同受益的安全ICT环境，重申集体应对ICT安全问题的重要性。我们欢迎并支持联合国信息安全政府专家组在信息通信领域国际安全方面的历次报告。报告认为国际法、特别是《联合国宪章》对于维护国际和平与安全，推动构建开放、安全、稳定、无障碍、和平的信息通信环境是适用且不可或缺的。针对本地区面临的安全挑战，我们将加强三国在裁军与防扩散领域的沟通与合作，并将继续在核安全监管高官会机制下开展核安全合作。

基于我们对"联合国2030年可持续发展议程"的承诺，我们将进一步加强经济、社会和环境合作，实现可持续发展。我们欢迎在三国环境部长会议机制下取得的进展，重申将继续共同努力，防止空气污染和海洋垃圾，促进循环经济发展，提高资源使用效率。我们期待中日韩环境污染防治技术合作网络建设取得进展。

我们强调应在农业、跨境动物疾病、林业以及生物多样性领域开展合作，包括外来入侵物种管理和海洋生物资源可持续利用。我们重申将在加强应对气候变化方面做出不懈努力，坚定支持全面落实《巴黎协定》。我们支持2017年6月第二轮中日韩北极事务高级别对话在东京通过的联合声明，重申三国在北极事务尤其是科学研究方面开展合作的重要性。

我们重申根据2011年第四次中日韩领导人会议通过的灾害管理合作原则和措施，致力于加强减灾合作，注意到三国灾害管理部门部长级会议、灾害管理桌面推演等机制取得进展。

我们认识到有效执行《仙台减灾框架2015－2030》对于大幅降低灾害风险和生命损失、保障民生和健康的重要性。我们将进一步努力，提升公众意识，欢迎在世界海啸日召开的高中生峰会并发表《黑潮宣言》。

我们愿共同探讨"中日韩＋1"合作模式，包括加强三国对话磋商，分享发展经验，深化各领域务实合作，促进地区内外可持续发展。

国际地区形势

我们致力于半岛完全无核化，重申维护半岛和东北亚和平稳定是我们的共同利益和责任，强调只有通过国际合作，并根据联合国安理会有关决议全面解决各方关切才能为朝鲜半岛光明未来奠定基础。中韩领导人希望日朝之间的绑架问题通过对话尽快得以解决。

我们认识到在地区和国际机制中开展合作的重要性，将合作推动东盟与中日韩（10＋3）、东亚峰会（EAS）、亚太经合组织（APEC）和二十国集团（G20）等机制取得具体成果，包括将于2019年在日本举办的G20峰会。我们注意到10＋3框架下《第二东亚展望小组报告》有关建议取得的进展，包括2020年实现东亚经济共同体的愿景。

我们期待在中方担任主席国期间召开下一次会议。

附件：2015年11月以来举行的三国会议

第一部分：部长级会议

第8次卫生部长会议（2015年11月29日，日本）

第7次文化部长会议（2015年12月20日，中国）

第1次教育部长会议（2016年1月30日，韩国）

第18次环境部长会议（2016年4月26 - 27日，日本）

第16次财长和央行行长会议（2016年5月3日，德国）

第6次运输及物流部长会议（2016年7月28日，中国）

第8次外长会（2016年8月24日，日本）

第8次文化部长会议（2016年8月28日，韩国）

第1次体育部长会议（2016年9月22 - 23日，韩国）

第11次经贸部长会议（2016年10月29日，日本）

第9次卫生部长会议（2016年12月4日，韩国）

第17次财长和央行行长会议（2017年5月5日，日本）

第10次文化产业论坛（2017年6月28日，日本）

第19次环境部长会议（2017年8月24 - 25日，韩国）

第9次文化部长会议（2017年8月26日，日本）

第5次灾害管理部门部长级会议（2017年9月7日，中国）

第10次卫生部长会议（2017年11月12日，中国）

第6次海关领导人会议（2017年11月30日，日本）

第3次水资源部长会议（2018年3月19日，巴西）

第2次教育部长会议（2018年3月21日，日本）

第18次财长和央行行长会议（2018年5月4日，菲律宾）

第二部分：政府间磋商与合作

1. 政治领域

1）高官会

第1次外交培训机构负责人会议（2016年4月27日，韩国）

第1次北极事务高级别对话（2016年4月28日，韩国）

第11次外交高官磋商（2016年8月21日，日本）

第4次反恐磋商（2016年11月15日，韩国）

第2次北极事务高级别对话（2017年6月8日，日本）

第2次外交培训机构负责人会议（2018年5月23日，中国）

2）司局级会

第9次拉美事务磋商（2015年12月11日，日本）

第1次警方工作会晤（2015年12月23日，中国）

第4次灾害管理桌面演练（2016年6月22日，韩国）

第2次警方工作会晤（2016年11月23日，韩国）

第10次拉美事务磋商（2017年1月25日，中国）

第3次网络事务磋商（2017年2月10日，日本）

第3次警方工作会晤（2017年11月14 - 16日，日本）

第11次拉美事务磋商（2018年3月7日，韩国）

3）工作组会

中日韩伙伴关系交流项目（2016年1月25 - 29日，中国）

中日韩伙伴关系交流项目（2017 年 4 月 17－20 日，韩国）

2. 经济领域

1）领导人会

《区域全面经济伙伴关系协定》（RCEP）领导人会议（2017 年 11 月 14 日，菲律宾）

2）部长级会

第 4 次 RCEP 部长级会议（2016 年 8 月 5 日，老挝）

第 2 次 RCEP 部长级会间会（2016 年 11 月 3－4 日，菲律宾）

第 3 次 RCEP 部长级会间会（2017 年 5 月 21－22 日，越南）

第 5 次 RCEP 部长级会议（2017 年 9 月 10 日，菲律宾）

第 4 次 RCEP 部长级会间会（2018 年 3 月 3 日，新加坡）

3）高官会

中日韩自贸区第 9 轮谈判首席谈判代表会议（2016 年 1 月 18－19 日，日本）

中日韩自贸区第 10 轮谈判首席谈判代表会议（2016 年 6 月 27－28 日，韩国）

中日韩自贸区第 11 轮谈判（2017 年 1 月 9－11 日，中国）

中日韩自贸区第 12 轮谈判（2017 年 4 月 10－13 日，日本）

中日韩自贸区第 13 轮谈判（2018 年 3 月 22－23 日，韩国）

4）司局级会

第 14 次泛黄海经济技术交流会议（2015 年 11 月 3－5 日，韩国）

第 14 次 IT 局长开源软件会议（2015 年 11 月 17 日，日本）

第 15 次知识产权局局长政策对话会（2015 年 11 月 17 日，中国）

中日韩自贸区谈判第 9 轮谈判司局级磋商（2015 年 12 月 14－18 日，日本）

第 11 轮 RCEP 谈判（2016 年 2 月 15－19 日，文莱）

中日韩自贸区谈判第 10 轮谈判司局级磋商（2016 年 4 月 4－9 日，韩国）

第 12 轮 RCEP 谈判（2016 年 4 月 24－29 日，澳大利亚）

中日韩财政国际司局长会议（2016 年 5 月 30 日，中国）

第 13 轮 RCEP 谈判（2016 年 6 月 12－18 日，新西兰）

2016 标准合作常委会会议（2016 年 7 月 12 日，日本）

第 15 次泛黄海经济技术交流会议（2016 年 7 月 12－13 日，中国）

RCEP 首席谈判会议（2016 年 7 月 18－19 日，印度尼西亚）

第 14 轮 RCEP 谈判（2016 年 8 月 15－19 日，越南）

第 15 轮 RCEP 谈判（2016 年 10 月 17－21 日，中国）

第 15 次 IT 局长开源软件会议（2016 年 11 月 15 日，韩国）

第 16 轮 RCEP 谈判（2016 年 12 月 6－10 日，印度尼西亚）

第 16 次知识产权局局长政策对话会（2016 年 12 月 8 日，日本）

第 17 轮 RCEP 谈判（2017 年 2 月 27－3 月 3 日，日本）

第 18 轮 RCEP 谈判（2017 年 5 月 2－12 日，菲律宾）

2017 标准合作常委会会议（2017 年 7 月 4 日，韩国）

RCEP 首席代表会议（2017 年 7 月 6 日，菲律宾）

第 19 轮 RCEP 谈判（2017 年 7 月 18－28 日，印度）

第 20 轮 RCEP 谈判（2017 年 10 月 17－28 日，韩国）

三国财政和央行国际司局长会议（2017 年 11 月 6 日，韩国）

第 21 轮 RCEP 谈判（2018 年 2 月 2－9 日，

印度尼西亚）

第 16 次 IT 局长开源软件会议（2017 年 11 月 16 日，中国）

第 16 次泛黄海经济技术交流会议（2017 年 11 月 30 日，日本）

第 17 次知识产权局局长会（2017 年 12 月 6 日，韩国）

第 22 轮 RCEP 谈判（2018 年 4 月 28 日 – 5 月 8 日，新加坡）

5）副司局级会

第 12 次最高审计机关工作层会议（2016 年 7 月 26 – 28 日，中国）

第 13 次最高审计机关工作层会议（2017 年 7 月 10 – 12 日，韩国）

6）工作组会

第 6 次海关领导人会议（TCHM）工作组会（2016 年 4 月 20 日、6 月 14 – 15、15 – 16、21 – 22 日，日本）

跨境动物疫病合作指导委员会第 1 次会议（2016 年 7 月 21 日，日本）

第 6 次 TCHM 海关指导小组会议（2017 年 6 月 9 日、11 月 17 日，日本）

3. 可持续发展领域

1）司局级会

第 11 次沙尘暴合作司长会（2016 年 3 月 24 日，日本）

第 6 次健康老龄化政策对话会（2016 年 7 月 5 – 6 日，日本）

第 3 次林业司局级会（2016 年 9 月 7 – 8 日，日本）

第 6 次临床实验合作司局级会（2016 年 11 月 22 日，韩国）

第 19 次环境部长会议司长会（2017 年 3 月 24 日，韩国）

第 12 次沙尘暴合作司长会（2017 年 3 月 24 日，韩国）

第 19 次环境部长会议司长会（2017 年 4 月 26 日，韩国）

第 4 次林业司局级会（2017 年 7 月 18 – 19

日，中国）

第 7 次健康老龄化政策对话会（2017 年 11 月 12 – 13 日，中国）

第 8 次健康老龄化政策对话会（2018 年 7 月 14 – 15 日，韩国）

2）工作组会

第 9 次化学品管理政策对话会（2015 年 11 月 9 – 11 日，中国）

第 9 次良好物质循环社会/循环经济/3R 和电子废弃物越境转移研讨会（2015 年 12 月 3 日，韩国）

第 3 次空气污染政策对话会（2016 年 2 月 23 – 24 日，日本）

第 1 次农村环境政策对话会（2016 年 3 月 10 日，中国）

第 3 次生物多样性政策对话会（2016 年 4 月 13 日，中国）

公众环境意识提高项目磋商会（2016 年 6 月 16 日，韩国）

第 10 次化学品管理政策对话会（2016 年 10 月 31 日 – 11 月 2 日，日本）

第 10 次良好物质循环社会/循环经济/3R 和电子废弃物越境转移研讨会（2016 年 11 月 8 日，中国）

第 18 次环境部长会议工作组会（2016 年 12 月 20 日，日本）

第 18 次环境部长会议工作组会（2017 年 2 月 15 日，韩国）

第 2 次沙尘暴联合研究第一二工作组联合研讨会（2017 年 2 月 16 日，韩国）

第 11 次沙尘暴合作指导委员会会议（2017 年 2 月 17 日，韩国）

第 4 次空气污染政策对话会（2017 年 2 月 23 – 24 日，中国）

第 19 次环境部长会议工作组会（2017 年 7 月 16 – 18 日，韩国）

第 4 次生物多样性政策对话会（2017 年 8 月 31 日 – 9 月 1 日，日本）

第 11 次化学品管理政策对话会（2017 年

10 月 30 日－11 月 3 日，日本）

第 1 次应对气候变化政策对话会（2017 年 12 月 12 日，中国）

第 11 次良好物质循环社会/循环经济/3R 和电子废弃物越境转移研讨会（2017 年 12 月 26－27 日，日本）

第 5 次空气污染政策对话会（2018 年 2 月 6－8 日，韩国）

4. 其他领域

1）高官会

第 9 次核安全监管高官会（2016 年 11 月 29 日，中国）

第 10 次核安全监管高官会（2017 年 12 月 5 日，日本）

2）司局级会

第 16 次东北亚港湾局长会（2015 年 11 月 2－3 日，日本）

第 10 次科技政策研讨会（2015 年 11 月 9－10 日，日本）

第 9 次文化产业论坛（2016 年 6 月 16 日，韩国）

第 11 次科技政策研讨会（2016 年 10 月 17－18 日，韩国）

第 9 次国家博物馆馆长会议（2016 年 11 月 4 日，中国）

第 17 次东北亚港湾局长会（2016 年 11 月 3－4 日，韩国）

第 12 次科技政策研讨会（2017 年 10 月 19－20 日，中国）

第 18 次东北亚港湾局长会（2017 年 11 月 7－8 日，中国）

第 6 次大学交流合作促进委员会会议（2017 年 11 月 23 日，韩国）

第 8 次人事政策网络司局级会（2017 年 12 月 12－13 日，中国）

3）工作组会

第 7 次运输及物流部长会议第 1 次局长会（2017 年 3 月 23 日，韩国）

第 1 次体育工作会议（2017 年 7 月 6－7 日，韩国）

第 7 次运输及物流部长会议第 2 次局长会（2017 年 12 月 19 日，中国）

第 7 次运输及物流部长会议第 3 次局长会（2018 年 5 月 15－16 日，日本）

金砖国家外长会晤新闻公报

一、巴西联邦共和国、俄罗斯联邦、印度共和国、中华人民共和国和南非共和国外长于2018年6月4日在南非比勒陀利亚举行金砖国家外长会晤。

二、外长们认为，今年正值金砖国家领导人会晤十周年，具有重要意义，是金砖国家紧密合作的见证。外长们重申致力于落实历次领导人会晤成果和共识，欢迎南非接任主席国，期待举行以"金砖国家在非洲：在第四次工业革命中共谋包容增长和共同繁荣"为主题的金砖国家领导人第十次会晤，承诺为领导人约翰内斯堡会晤取得丰硕成果共同努力。

三、外长们忆及金砖国家将合作扩展至其他发展中和新兴经济体伙伴的传统。为此，外长们欢迎南非将在领导人会晤期间分别举行金砖国家同非洲国家对话会和"金砖＋"对话会。

四、外长们感谢南非举办金砖国家外长会晤，为金砖国家合作作出积极贡献。外长们就当前政治、安全、经济、金融和可持续发展等领域具有全球意义的重要议题以及金砖国家合作进行了深入交流。

五、外长们重申对联合国的支持。联合国作为具有普遍代表性的多边组织，肩负维护国际和平与安全、推动全球发展、促进和保护人权的授权，旨在为人类命运共同体开辟更加光明的未来。

六、外长们回顾2005年世界首脑会议成果文件，重申需要对联合国包括其安理会进行全面改革，使之更具代表性、效力和效率，增强发展中国家代表性，以应对全球挑战。中国和俄罗斯重申重视巴西、印度和南非在国际事务中的地位和作用，支持其希望在联合国发挥更大作用的愿望。

七、外长们强调应当持续作出努力，增强联合国履行授权的效率和效力，承诺金砖国家将就联合国行政和预算问题加强对话，以加强联合国作用，并保持会员国主导。

八、外长们支持金砖国家在共同关心的领域继续合作，包括开展常驻多边机构代表团定期会晤等。

九、外长们重申致力于全面落实2030年可持续发展议程，倡导公平、包容、开放、全面、创新和可持续发展，平衡协调推进经济、社会、环境三大领域。外长们强调支持联合国包括其可持续发展高级别政治论坛在协调、评估全球落实2030年可持续发展议程方面的重要作用，认为有必要通过改革联合国发展系统，增强其支持会员国落实2030年可持续发展议程的能力。外长们敦促发达国家全面及时履行官方发展援助承诺，向发展中国家提供更多发展资源。

十、外长们重申致力于应对气候变化问题，欢迎反映共同但有区别责任及各自能力原则的《巴黎协定》在《联合国气候变化框架公约》（下称《公约》）下生效，希望在第24次《公约》缔约方大会完成巴黎协定工作计划。外长们强调加强合作应对气候变化挑战至关重要，为此需要资金支持和技术转让。外长们敦促发达国家履行相关承诺。

十一、外长们重申金砖国家坚持多边主义，

维护基于规则的国际秩序，为此重申联合国、世界贸易组织和国际法的核心作用。外长们承诺支持增强全球治理代表性，加大新兴市场和发展中国家参与全球决策。

十二、外长们强调建设开放包容的世界经济对于让所有国家和人民分享经济全球化的益处具有重要作用。外长们强调将坚定致力于自由贸易，将以世界贸易组织为代表、基于规则、透明、非歧视的多边贸易体制置于核心地位，反对违背世贸组织规则、损害全球贸易和经济增长的保护主义和单边措施新浪潮。外长们重申世贸组织争端解决机制意在增强国际贸易的安全性和可预见性，是多边贸易体制基石。

十三、外长们重申决心构建更加高效、反映当前世界经济版图的全球经济治理架构，增加新兴市场和发展中国家的发言权和代表性。外长们重申致力于推动国际货币基金组织于2019年春会前完成第15轮份额总检查，包括形成一个新的份额公式。外长们将继续推动落实世界银行股权审议。外长们欢迎新开发银行机构发展，包括即将在巴西圣保罗设立的美洲区域中心，该中心将同非洲区域中心一起帮助新开发银行强化在上述两大洲的存在。

十四、外长们强烈谴责持续发生的恐怖袭击，包括在部分金砖国家发生的恐怖袭击。外长们谴责一切形式和表现的恐怖主义，无论在何地点，由何人实施。外长们敦促在联合国主导下，在坚实的国际法基础上，共同努力打击恐怖主义，坚信有效反恐必须坚持综合施策。外长们忆及所有国家都有在本国领土内防止恐怖主义网络融资及恐怖行为的责任。外长们高度评价2018年4月18日至19日在内尔斯普雷特举行的金砖国家反恐工作组第三次会议。外长们呼吁加快在联合国大会上通过《全面反恐公约》。

十五、外长们对中东地区的持续冲突和高度紧张局势，尤其是巴以局势表示关切。外长们重申应在联合国相关决议、马德里原则、阿拉伯和平倡议以及此前双方达成的协议基础上，加大外交努力，通过谈判公正、持久和全面地解决巴以冲突问题，建立一个与以色列和平、安全共处，独立、稳定和领土完整的巴勒斯坦国，以实现中东地区和平稳定。外长们重申耶路撒冷地位应由巴以最终地位问题谈判决定。

十六、外长们重申五国对联合国近东巴勒斯坦难民救济和工程处的支持，赞赏工程处为530万巴勒斯坦难民提供卫生、教育和其他基础服务方面发挥的重要作用，强调工程处为地区带来稳定，需要确保为其提供更为充足、可预期和可持续的资金。

十七、外长们进一步关切也门国内持续冲突，已引发重大人道危机。外长们敦促各方全面遵守国际法，停止敌对行动，重回联合国斡旋下的和平谈判，以期达成由也门人民主导的包容性对话，政治解决也门冲突。

十八、外长们重申支持"阿人主导、阿人所有"阿富汗民族和解进程。外长们对阿富汗安全形势恶化，特别是针对阿富汗国家安全部队、阿政府和平民的恐怖袭击数量和密度增加表示关切。外长们呼吁国际社会协助阿富汗政府和人民稳定阿安全形势，支持重启和谈，以期实现国家和平，开启包容性政治进程。外长们欢迎将于2018年10月举行的阿富汗议会选举和将于2019年举行的总统大选。

十九、外长们重申致力于根据联合国安理会第2254（2015）号决议，并考虑到在索契召开的叙利亚全国对话大会结果，通过"叙人主导、叙人所有"的包容性政治进程，推动政治解决叙利亚冲突，确保叙主权、独立和领土完整。外长们重申支持日内瓦和谈进程及联合国斡旋，以及阿斯塔纳进程，强调上述两倡议相互补充。外长们表示支持俄罗斯推进叙全国对话的努力。外长们重申致力于叙问题和平解决。外长们表示反对违背联合国宪章及安理会权威、无助于推进政治进程的作法。外长们强调在全面遵守安理会决议基础上团结一致打击叙恐怖组织的重要性。外长们重申强烈谴责任何人、出于任何目的、在任何情况下使用化学武器。

外长们呼吁对所有指称事件进行全面、客观、独立、透明调查。外长们呼吁加大对叙人民提供必要人道救援的努力，注意到叙紧迫的重建需求。

二十、外长们回顾伊朗核问题《联合全面行动计划》（下称《全面协议》）所有相关方全面履行义务，确保全面、有效落实《全面协议》以促进国际和地区和平与安全的重要性。

二十一、外长们欢迎近期为实现朝鲜半岛全面无核化及维护东北亚和平与稳定所取得的进展。外长们重申致力于通过和平、外交和政治手段解决半岛问题。

二十二、外长们重申在联合国框架下制定信息安全负责任国家行为规则、准则和原则的重要性。

二十三、外长们对滥用信息通信技术犯罪增长表示关切，重申在联合国主导下制定打击使用信息通信技术犯罪的国际法律文书。外长们赞赏根据《金砖国家网络安全务实合作路线图》或其他共同同意的机制加强合作取得的进展。外长们赞赏俄罗斯关于金砖国家信息安全政府间合作协定的倡议，希望即将在德班举行的金砖国家安全事务高级代表会议对此予以讨论。

二十四、外长们赞赏非洲国家和非盟签署非洲大陆自由贸易区协议，这向推进非洲经济一体化、释放非洲内部巨大贸易潜力以及应对社会经济挑战迈出了重要一步。外长们重申支持非盟《2063 年议程》，努力促进非洲一体化和发展。

二十五、外长们强调即将在德班举行的金砖国家安全事务高级代表会议至关重要，强调支持金砖国家中东和北非事务副外长或特使会议，以进一步增进金砖国家的对话。

二十六、外长们期待将于 2018 年第 73 届联合国大会期间举行金砖国家外长会晤。

中华人民共和国和俄罗斯联邦联合声明

应中华人民共和国主席习近平邀请，俄罗斯联邦总统弗·弗·普京于2018年6月8日对华进行国事访问。两国元首在北京举行会谈，访问天津并于2018年6月9日至10日在青岛出席上海合作组织成员国元首理事会第十八次会议。

中华人民共和国和俄罗斯联邦（以下称"双方"），声明如下：

一

在双方多年共同努力下，中俄全面战略协作伙伴关系已成为内涵丰富，战略意义突出的一组大国关系，为促进两国各自发展振兴、捍卫世界和平与稳定作出重要贡献。中俄关系建立在政治领域高度互信、相互尊重、平等，相互支持和照顾彼此核心利益，尊重主权和领土完整及对方选择的发展道路，互不干涉内政、不以意识形态划线，恪守国际法等原则基础上。两国和两国人民发展世代友好和互利合作的愿望坚定不移，为双边关系健康稳定发展提供了强大动力。双方重申，将继续视中俄关系为各自外交政策的关键优先方向之一，共同致力于将两国关系提升至新的更高水平。

双方强调，2001年7月16日签署的《中华人民共和国和俄罗斯联邦睦邻友好合作条约》是中俄关系现阶段和长期发展的理念基础。双方高度评价中俄边境地区的友好合作氛围，两国边界线已成为双方和平与多领域合作的纽带，这为中俄平等信任的战略协作伙伴关系持续稳步发展提供了保障。

双方将继续发展和深化各领域合作，为此将开展具有战略意义和高度互信的高层对话，进一步完善双方政府、立法机关、政党、各部门、地区间合作机制。

双方强调，两国元首的密切交往是双边关系高水平的标志，将继续保持两国元首互访惯例，延续在各类国际会议框架内举行两国元首会晤的传统。

中俄双方认为，两国总理定期会晤及其框架下的5个政府间副总理级委员会、相应分委会和工作组的工作富有成效，将致力于深化该机制发展，提高工作效率。

中俄高度评价中共中央办公厅和俄联邦总统办公厅之间开展的合作，支持两办及相关部门在两办合作议定书框架内保持定期交往，以便确保高质量筹备两国元首定期会晤，落实两国元首达成的各项共识。

在世界面临的不稳定不确定性突出的背景下，双方将继续深入开展战略安全磋商，保持两国外交部密切沟通，加强在各相关国际平台的协调配合。

双方将充分利用中俄执法安全合作机制，进一步加强执法安全合作，共同维护两国安全与稳定。

中俄双方愿继续加强两军战略沟通协调，完善两军现有合作机制，拓展军事和军事技术领域务实合作，携手应对地区和全球安全挑战。

二

双方相信，中俄务实合作为巩固两国关系基础作出了实质性贡献，并指出上述合作在多个领域取得显著进展，诸如双边贸易额持续提升，贸易结构不断优化，高科技等领域大型合作项目推进落实，两国科技、教育、卫生健康、大众传媒、体育、文化、旅游领域合作和人员往来不断扩大。

根据两国元首达成的共识，中俄于 2018 – 2019 年举办地方合作交流年。这一新的大型合作项目延续了两国举办主题年的传统，有利于促进中国各省、自治区、直辖市和俄罗斯各联邦主体间加强互利交往。双方将在地方合作交流年框架内举办投资推介会，贸易、工业和农业展，研讨会，艺术节以及考察参观等数百项活动。此外，圣彼得堡国际经济论坛、东方经济论坛、中俄博览会也将为两国各地方提供积极交流平台。

双方强调，应继续共同努力，以确保两国务实合作真正具有全面性。双方商定落实下列任务：

（一）巩固中俄贸易增长势头，进一步优化贸易结构，深化服务贸易合作，支持跨境电子商务发展，探索两国经贸合作的新增长点和新合作形式。

（二）持续深化两国投资合作，充分发挥中俄投资合作委员会统筹协调作用，加强两国经济和具体领域发展战略、规划和措施协调，为两国企业营造良好的外部环境，按照"企业主体、市场导向、商业运作、国际惯例"的原则共同推动重大项目，不断提升两国投资合作规模和水平。

（三）继续加强中俄金融领域合作，推动增加本币在贸易和投融资领域的比重，在支付系统、保险等领域开展合作。

（四）密切两国在新开发银行、亚洲基础设施投资银行等多边开发机构内的合作，为两国境内的基础设施建设和现代化改造吸引资金。

（五）进一步加强会计审计合作，为跨境发行债券提供便利，并积极推进会计审计互认。

（六）深化在油气、煤炭、电力、可再生能源、能源设备和能效、资源型城市转型等领域的合作。

（七）根据两国总理发表的联合声明，本着互利互惠和利益均衡原则，继续在和平利用核能领域开展合作。

（八）推动在工业及高科技领域的合作，重点落实大型合作项目，建立稳固的产业链。

（九）在《中华人民共和国国家航天局与俄罗斯联邦国家航天集团公司 2018 – 2022 年航天合作大纲》框架下深化双方协作，共同推动金砖国家开展航天合作。

（十）加大在知识产权保护和执法方面的合作力度，防止和减少知识产权侵权，为两国创新者和知识产权制度用户提供更好的创新环境。

（十一）在消费维权领域交流信息，加强双方主管部门在该领域的沟通合作。

（十二）支持两国高校、研究机构及企业在科技优先领域开展密切科技交流，包括落实联合科研项目。

（十三）充分利用中俄创新对话机制，深化在创新领域的互利合作。

（十四）扩大两国在信息和通信技术、数字经济等方面的交流，提升信息通信基础设施互联互通水平，加强无线电频率和卫星轨道资源管理领域合作。促进两国信息网络空间发展，深化两国在网络安全领域的互信。

（十五）深化两国在农业领域的合作，逐步相互开放农产品市场，加强在检验检疫领域的合作，确保动植物卫生和食品安全。鼓励和支持企业参加在两国举办的各类农业展会和论坛活动，积极推动在农业投资、农产品贸易与加工、渔业、农业科技等方面的务实合作，共同编制好《中国东北地区与俄罗斯远东及贝加尔地区农业发展规划》。

（十六）新建和改造现有跨境交通基础设施，推进通关便利化。加大从中国经俄罗斯的过境运输量，发展经过两国境内的国际运输线路和走廊。

（十七）加强中俄北极可持续发展合作，包括支持双方有关部门、机构和企业在科研、联合实施交通基础设施和能源项目、开发和利用北方海航道潜力、旅游、生态等方面开展合作。

（十八）提升在灾害防治和紧急救灾领域，包括自然灾害和生产事故后续处理方面合作的水平和质量。

（十九）通过共同实施2018年5月17日在阿斯塔纳签署的《中华人民共和国与欧亚经济联盟经贸合作协定》等，继续推进"一带一路"建设和欧亚经济联盟对接；将在开放、透明和考虑彼此利益的基础上，探讨构建"欧亚伙伴关系"，促进地区一体化进程。

双方欢迎签署关于完成欧亚经济伙伴关系协定联合可行性研究的联合声明，期待有关后续工作尽快取得积极进展。

（二十）保持两国尤其是两国边境地区在环境和生态保护方面的沟通协作。

（二十一）继续扩大并提升两国人文交流至新水平，巩固两国关系的社会基础，深化两国人民的相互理解和友谊，落实中俄人文合作行动计划。

（二十二）推动两国在教育、文化、卫生、体育、电影、大众传媒、旅游、青年和档案等领域的合作和相互配合。

（二十三）提高地方合作在两国经贸、科技、人文和其他各领域总体合作中的分量；推动中国东北地区和俄罗斯远东及贝加尔地区政府间合作委员会及中国长江中上游和俄罗斯伏尔加河沿岸联邦区地方合作理事会框架下相关工作。

（二十四）为进一步促进人员相互往来创造便利条件，全方位支持提升旅游服务质量和安全性。

（二十五）继续致力于落实"上海－圣彼得堡"双边馆舍问题两国政府间协议，尽早向对方移交建馆用地；推动中国驻喀山总领馆尽快全面履行职能、俄罗斯驻哈尔滨总领馆尽快开馆。

（二十六）推动两国在社会组织、社会救助、养老服务、社会福利、社区治理等领域的交流与合作。

中方邀请俄方积极参与首届中国国际进口博览会，为双边贸易发展创造新机遇。

双方支持尽快召开中俄能源合作论坛，讨论深化两国能源领域具体合作。

双方相信，即将在俄罗斯开幕的世界杯足球赛将成为全世界的体育盛会和各大洲运动员的友谊联欢。双方认为，国际体育赛事和活动不应受非体育因素的干扰。

俄方愿为中方筹备2022年北京冬季奥运会提供必要支持。

三

中俄伙伴关系是当今国与国关系的典范，中俄协作是维持世界战略平衡与稳定的关键因素。当今世界冲突高发，地缘政治矛盾激化，建设性协作空间压缩，经济保护主义抬头。

双方主张坚定维护以《联合国宪章》宗旨和原则为核心的国际秩序和国际体系，推动建设相互尊重、公平正义、合作共赢的新型国际关系，推动构建人类命运共同体，在各国平等参与全球治理、遵循国际法、保障平等和不可分割的安全、相互尊重和考虑彼此利益、摒弃对抗和冲突的基础上，促进更加公正合理的世界多极秩序的形成。

面对复杂多变的国际形势，中俄将进一步加强双方在国际事务中的战略协作，深入探讨广泛的国际和地区问题，将两国外交部门协作和在国际事务中的相互支持提升至新水平。

鉴此，双方将：

（一）坚持多边主义，捍卫联合国作为最具普遍性、权威性和代表性国际组织在全球治理中发挥的核心作用。

（二）为提高联合国及其安理会的运转效率，根据《联合国宪章》，协同支持对联合国及其安理会进行必要、合理的改革，以更好地履行《联合国宪章》。继续将通过广泛、民主的磋商作为探讨改革的唯一方式，在不人为设置时限和强推不成熟方案前提下，寻求兼顾各方利益和关切的"一揽子"解决方案。安理会改革应优先增加发展中国家的代表性和发言权,使广大中小国家有更多机会轮流进入安理会并参与决策。

(三)主张维护联合国安理会对维护世界和平与安全承担的主要责任,反对任何国家在未获得联合国安理会相应授权或未经一国合法政府同意的情况下在该国境内采取单边军事行动。

(四)在地区和全球范围内,积极参与构建平等和不可分割的安全架构,不使用或威胁使用武力、不干涉别国内政、完全通过政治外交手段解决国际争端。

(五)高度关注保障全球和地区战略平衡与稳定,特别是考虑到,某些国家以所谓导弹威胁为借口,单方面发展并在欧洲和亚太地区部署反导系统,严重损害包括中俄在内的域内国家战略安全利益,为国际和地区战略平衡与安全稳定带来消极影响。

(六)考虑到在外空部署武器的威胁正在上升,将破坏战略稳定,损害国际安全,欢迎第72届联合国大会通过《防止外空军备竞赛的进一步切实措施》决议,在中俄《防止在外空放置武器、对外空物体使用或威胁使用武力条约》新草案基础上,推动制定有关法律文书。

(七)充分重视拟在第73届联合国大会上讨论的"外空作为可持续发展的驱动因素"议题,支持联合国和平利用外层空间委员会工作朝着加强国际外空法及其适用、规范管理外空事务方向发展,确保由联合国主导在真正的国际基础上对外空事务进行全球治理。

(八)支持国际社会共同应对恐怖主义、极端主义及其他传统和新威胁、新挑战。重申中俄两国决心开展反恐合作,摒弃政治化和"双重标准",主张建立国际反恐统一战线,坚持国际社会应巩固联合国及其安理会的核心协调作用,严格遵守《联合国宪章》及国际法准则和原则,包括各国主权平等和不干涉纯属别

国内政的事务。

(九)根据2016年6月25日签署的《中华人民共和国和俄罗斯联邦关于促进国际法的声明》,要求所有国际关系参加者全面遵守国际法准则及坚持所有国家一律平等原则,反对诉诸武力或以武力相威胁。

(十)反对绕开联合国安理会采取单边经济制裁,反对破坏公平诚信竞争原则和损害世界经济的讹诈、施压。

(十一)共同采取措施,促进世界经济可持续增长,确保全球金融体系稳定,促进贸易和投资自由化便利化,反对单边主义和一切形式的贸易保护主义,维护和巩固以世界贸易组织为核心的多边贸易体制,在世贸组织框架下坚持和完善兼顾各方利益的非歧视多边规则,保障国际金融机构的合法性与有效性,提升发展中国家和新兴市场国家的代表性和发言权,保持国际货币金融体系改革动力。

(十二)共同推进落实《变革我们的世界:2030年可持续发展议程》,加强全球发展伙伴关系,支持联合国在全球落实进程中发挥核心作用,推动联合国发展领域改革取得积极成果,继续支持扩大新兴市场和发展中国家共同发展。

(十三)通过多边及双边合作加强全球能源、粮食安全。

(十四)尊重彼此在第三国、世界各地及国际组织的利益。当双方利益冲突时,从两国关系的特殊性出发,通过对接双方利益,找到彼此都能接受的解决方案。

(十五)为进一步发展中俄共同参与的地区及国际组织而努力,特别是上海合作组织、金砖国家、中俄印机制、东亚峰会、二十国集团、亚太经合组织。为此,要加强双方在上述机制框架下的配合与协调。

(十六)推动深化金砖国家战略伙伴关系,共同支持南非办好金砖国家领导人第十次会晤,促进金砖合作第二个"金色十年"良好开局,继续通过"金砖+"模式同其他新兴市场和发展中国家及其所在一体化组织扩大共识合作。

（十七）加强两国在解决地区热点问题上的协调与务实协作，包括：

——共同主张应维护叙利亚领土完整，尊重叙利亚主权，在联合国支持和日内瓦和谈、阿斯塔纳进程平台促进下，并考虑到 2018 年 1 月 30 日在索契召开的叙利亚全国对话大会成果，推动叙利亚人民自主实现国内和解进程；为保证叙利亚冲突后有效重建，中俄就有关计划和具体措施开展协调。

——就和平全面解决朝鲜半岛问题继续协作努力。

——就促进阿富汗国内和平进程和国家重建同本地区其他国家开展协作，并对加强打击阿境内恐怖主义和毒品贩运给予持续关注。

——美国单方面退出伊朗核问题全面协议令人失望，为此要尽全力维护全面协议，注意到维护各方同伊朗经贸合作利益免受单边长臂管辖制裁极其重要。

双方表示将继续深化在双边各领域的中俄全面战略协作伙伴关系，大力提升双方在国际事务中的协作和相互支持水平。双方呼吁世界其他国家，在不对抗、相互尊重、平等和遵守国际法准则基础上，同中国与俄罗斯就地区及全球问题开展建设性对话。

中华人民共和国主席
俄罗斯联邦总统
二〇一八年六月八日于北京

上海合作组织成员国元首理事会会议新闻公报

（2018年6月9日至10日，青岛）

2018年6月9日至10日，上海合作组织成员国元首理事会会议在中国青岛举行。

印度共和国总理莫迪、哈萨克斯坦共和国总统纳扎尔巴耶夫、中华人民共和国主席习近平、吉尔吉斯共和国总统热恩别科夫、巴基斯坦伊斯兰共和国总统侯赛因、俄罗斯联邦总统普京、塔吉克斯坦共和国总统拉赫蒙和乌兹别克斯坦共和国总统米尔济约耶夫出席会议。

会议由中华人民共和国主席习近平主持。

上合组织秘书长阿利莫夫、地区反恐怖机构执委会主任瑟索耶夫参加会议。

阿富汗伊斯兰共和国总统加尼、白俄罗斯共和国总统卢卡申科、伊朗伊斯兰共和国总统鲁哈尼、蒙古国总统巴特图勒嘎，以及联合国常务副秘书长阿明娜、独联体执委会主席列别杰夫、集体安全条约组织秘书长哈恰图罗夫、东南亚国家联盟秘书长林玉辉、亚洲相互协作与信任措施会议秘书处执行主任宫建伟、欧亚经济委员会执委会主席萨尔基相、世界银行副行长克瓦、国际货币基金组织亚太部主任李昌埔与会。

成员国领导人讨论了2017年阿斯塔纳峰会决议落实情况和在国际政治和世界经济矛盾日益凸显的背景下上合组织下一步发展的首要任务。各方的一致立场体现在青岛宣言中。

各成员国坚定秉持上合组织宪章所规定的宗旨和原则，遵循"上海精神"，逐步完成《上合组织至2025年发展战略》规定的各项任务。成员国强调，印度共和国和巴基斯坦伊斯

兰共和国加入后上合组织合作潜力不断扩大，已成为独一无二、极具影响力和威信的地区组织。

各方重申继续加强政策沟通、设施联通、贸易畅通、资金融通、民心相通，发展安全、能源、农业等领域合作。青岛峰会批准《〈上合组织成员国长期睦邻友好合作条约〉实施纲要（2018－2022年）》。

成员国领导人就当前重大国际和地区问题交换意见，强调应继续共同致力于维护上合组织地区的安全与稳定，推动建设新型国际关系，确立构建人类命运共同体的共同理念。

成员国一贯支持在公认的国际法准则和原则框架内调解阿富汗、叙利亚、中东地区、朝鲜半岛局势和其他地区冲突。指出持续落实伊朗核问题全面协议十分重要。

成员国重申坚决支持联合国为维护世界和平与安全所做的努力，指出应以协商一致方式通过联合国关于打击国际恐怖主义的全面公约，肯定哈萨克斯坦关于在联合国框架内制定实现和平、无恐怖主义世界行为准则的倡议。

成员国注意到吉尔吉斯共和国和塔吉克斯坦共和国竞选联合国安理会非常任理事国席位的愿望。

上合组织将继续在有效应对安全挑战和威胁方面保持协调。峰会通过的《上合组织成员国打击恐怖主义、分裂主义和极端主义2019年至2021年合作纲要》将进一步推动成员国加强该领域务实合作，上合组织地区反恐怖机构应

发挥更大作用。

成员国高度评价 2018 年 5 月 3 日至 4 日在杜尚别举行的打击恐怖主义和极端主义国际会议成果，会议为各方开展上述领域合作提供了重要平台。

成员国领导人支持开展针对青年人理想信念教育的一揽子工作，防止其参加破坏性活动。鉴此，峰会通过了《上合组织成员国元首致青年共同寄语》及其实施纲要。支持乌兹别克斯坦共和国提出的关于在联合国大会通过《教育与宗教的包容》特别决议的倡议。

成员国将根据上合组织禁毒战略及其落实行动计划、预防麻醉药品和精神药品滥用构想等文件，继续推动打击非法贩运毒品领域的合作。

上合组织将进一步为在保障信息安全领域开展广泛互利合作作出贡献，制定综合性的信息空间负责任国家行为国际规则、原则和规范。

成员国重申联合国在推动落实全球可持续发展议程中的核心作用。强调完善全球经济治理体系、坚持巩固和发展以世界贸易组织为核心的多边贸易体制、建设开放型世界经济十分重要。

上合组织致力于为贸易投资创造有利条件，共同推动贸易便利化，促进电子商务合作，发展服务业和服务贸易。继续支持中小微企业发展，推动交通运输、能源、农业等领域合作。

支持关于在乌兹别克斯坦举行首次上合组织成员国铁路部门负责人会晤的倡议。

为加大环境治理力度，成员国通过了《上合组织成员国环保合作构想》。继续磋商《上合组织成员国粮食安全合作纲要》草案。

成员国高度评价塔吉克斯坦共和国关于联合国大会通过的 2018－2028 年"水促进可持续发展"国际行动十年的倡议，以及欢迎将于 2018 年 6 月 20 日至 22 日在杜尚别举行的该主题联合国框架内高级别国际会议。

哈萨克斯坦共和国、吉尔吉斯共和国、巴基斯坦伊斯兰共和国、俄罗斯联邦、塔吉克斯坦共和国和乌兹别克斯坦共和国重申支持中华人民共和国提出的"一带一路"倡议，肯定各方为共同实施"一带一路"倡议、促进"一带一路"和欧亚经济联盟对接所做的努力。

成员国领导人支持利用地区国家、国际组织和多边合作机制的潜力，在上合组织地区构建广泛、开放、互利和平等的伙伴关系。

成立上合组织地方领导人论坛将促进地区间合作。各方肯定关于 2018 年在俄罗斯联邦车里雅宾斯克市举办论坛首次会议的愿望。

成员国指出应充分挖掘上合组织实业家委员会和银联体的潜力。

成员国支持进一步加强金融领域务实合作，将继续研究建立上合组织开发银行和发展基金（专门账户）问题的共同立场。

成员国领导人重申，人文合作对深化人民之间的相互理解、信任和友谊发挥着作用，支持在文化、教育、科技、卫生、旅游、体育等领域开展多层次合作。

成员国强调愿同观察员国、对话伙伴及国际和地区组织开展全方位合作。

峰会发表了成员国领导人关于《上海合作组织成员国元首关于贸易便利化的联合声明》、《上海合作组织成员国元首关于在上海合作组织地区共同应对流行病威胁的声明》。有关部门签署了《2019－2020 年落实〈上合组织成员国旅游合作发展纲要〉联合行动计划》、《上海合作组织成员国经贸部门间促进中小微企业合作的谅解备忘录》、《上海合作组织成员国海关关于利用莫斯科地区情报联络中心案件数据库执法平台渠道全天候联络站开展信息互助的规程》、《上海合作组织成员国海关关于交换跨境运输消耗臭氧层物质信息合作的备忘录》等文件。

成员国领导人听取并批准了上合组织秘书长关于上合组织过去一年工作的报告和地区反恐怖机构理事会关于地区反恐怖机构 2017 年工作的报告。

元首理事会通过了关于任命诺罗夫（乌兹

别克斯坦共和国）为上合组织秘书长、吉约索夫（塔吉克斯坦共和国）为上合组织地区反恐怖机构执行委员会主任的决议，其任期为2019年1月1日至2021年12月31日。

2017年6月8日至9日上合组织阿斯塔纳峰会之后，上合组织举行了成员国政府首脑（总理）理事会会议（2017年11月30日至12月1日，索契）、安全会议秘书会议（2018年5月21至22日，北京）、外交部长理事会非例行会议（2017年9月20日，纽约）和例行会议（2018年4月24日，北京）、国家协调员理事会会议（2017年8月至2018年6月，扬州、莫斯科、北京）、地区反恐怖机构理事会会议（2017年9月17日，北京；2018年4月5日，塔什干）、边防部门领导人会议（2017年6月29日，大连）、紧急救灾部门领导人会议（2017年8月24日至25日，乔蓬阿塔）、司法部长会议（2017年10月20日，塔什干）、最高法院院长会议（2017年10月25日至27日，塔什干；2018年5月25日，北京）、卫生防疫部门领导人会议（2017年10月31日，索契）、

经贸部长会议（2017年11月15日，莫斯科）、总检察长会议（2017年11月29日，圣彼得堡）、科技部长会议（2018年4月18日至21日，莫斯科）、上合组织论坛（2018年5月4日至5日，阿斯塔纳）、旅游部长会议（2018年5月7日至11日，武汉）、国防部长会议（2018年4月24日，北京）、文化部长会议（2018年5月15日，三亚）、禁毒部门领导人会议（2018年5月17日，天津）、上合组织妇女论坛（2018年5月15日至17日，北京）、上合组织媒体峰会（2018年6月1日，北京）、实业家委员会理事会会议（2018年6月6日，北京）、银行联合体理事会会议（2018年6月5日至7日，北京）及其他各级别活动。

成员国领导人高度评价中华人民共和国担任上合组织轮值主席国期间所做的工作，对中方在青岛峰会期间给予的热情接待和周到安排表示感谢。

上合组织下任轮值主席国将由吉尔吉斯共和国担任。上合组织成员国元首理事会下次会议将于2019年在吉尔吉斯共和国举行。

上海合作组织成员国元首理事会青岛宣言

上海合作组织（以下称"上合组织"或"本组织"）成员国领导人于 2018 年 6 月 10 日在中国青岛举行元首理事会会议，并发表宣言如下：

当今世界正处在大发展大变革大调整时期，地缘政治版图日益多元化、多极化，国与国相互依存更加紧密。

同时，世界面临的不稳定性不确定性因素不断增加，世界经济形势明显向好，但仍不稳定，经济全球化进程遭遇贸易保护主义、单边主义等更多挑战，部分地区冲突加剧、恐怖主义、非法贩运毒品和有组织犯罪、传染性疾病、气候变化等威胁急剧上升引发的风险持续增加。国际社会迫切需要制定共同立场，有效应对上述全球挑战。

上合组织遵循"互信、互利、平等、协商、尊重多样文明、谋求共同发展"的"上海精神"，经受住国际风云变幻的严峻考验，不断加强政治、安全、经济、人文等领域合作，成为当代国际关系体系中极具影响力的参与者。

上合组织在睦邻、友好、合作、相互尊重成员国文化文明多样性和社会价值观、开展信任对话和建设性伙伴关系的基础上树立了密切和富有成效的合作典范，致力于以平等、共同、综合、合作、可持续安全为基础构建更加公正、平衡的国际秩序，根据国际法准则和原则维护所有国家和每个国家的利益。

成员国重申恪守《上合组织宪章》宗旨和任务，遵循《上合组织至 2025 年发展战略》，继续加强政策沟通、设施联通、贸易畅通、资金融通、民心相通，发展安全、能源、农业等领域合作，推动建设相互尊重、公平正义、合作共赢的新型国际关系，确立构建人类命运共同体的共同理念。

一

成员国将继续深化旨在促进上合组织地区和平稳定与发展繁荣的全方位合作。为此，成员国支持中亚国家为加强政治、经济、人文等领域合作所作努力，欢迎 2018 年 3 月 15 日在阿斯塔纳举行的首次中亚国家元首峰会成果。

成员国指出，上合组织吸收印度共和国、巴基斯坦伊斯兰共和国加入后各领域合作迈上新台阶。成员国将在严格遵循上合组织国际条约和文件基础上，进一步挖掘本组织各项工作潜力。

成员国愿在互利平等基础上，深化同上合组织观察员国和对话伙伴的合作，扩大上合组织同联合国及其专门机构及其他国际和地区组织的交流合作。

二

成员国主张恪守《联合国宪章》宗旨和原则，特别是关于平等、国家主权、不干涉内政、相互尊重领土完整、边界不可侵犯、不侵略他国、和平解决争端、不使用武力或以武力相威胁等原则，以及旨在维护和平与安全、发展国家间合作、巩固独立、保障自主决定国家命运和政治、经济社会和文化发展道路的权利等其他公认的国际法准则。

成员国重申恪守 2007 年 8 月 16 日在比什凯克签署的《上合组织成员国长期睦邻友好合作条约》规定，在共同关心的领域进一步发展睦邻友好关系，包括将共同边界建设成为永久和平友好的边界。

成员国重申坚定支持联合国作为综合性多边组织在维护国际和平与安全、推动全球发展、促进和保护人权方面所作的努力，支持巩固《联合国宪章》规定的联合国安理会作为维护国际和平与安全主要机构的关键作用。

成员国注意到吉尔吉斯共和国和塔吉克斯坦共和国竞选联合国安理会非常任理事国席位的愿望。

成员国将继续在裁军、军控、和平利用核能、利用政治外交手段解决防扩散机制面临的挑战等问题上开展协作。

作为《不扩散核武器条约》缔约国的成员国，支持恪守条约规定，全面平衡推进该文件中规定的各项宗旨和原则，兼顾影响全球稳定的全部因素，加强国际核不扩散体系，推进核裁军进程，促进和平利用核能领域平等互利合作。

成员国认为，《中亚无核武器区条约》议定书尽快对所有签署国生效将为维护地区安全、巩固国际核不扩散体系作出重要贡献。

成员国重申，个别国家或国家集团单方面不受限制地发展反导系统，损害国际安全、破坏世界局势稳定。成员国认为，实现自身安全不能以损害他国安全为代价。

成员国指出，应维护外空非武器化，支持采取切实措施防止外空军备竞赛，欢迎联大裁军与国际安全委员会通过《防止外空军备竞赛的进一步切实措施》决议，成立政府专家组，就防止外空军备竞赛特别是防止在外空部署武器的具有法律约束力的国际文书进行审议并提出建议。

成员国支持旨在恪守《禁止化学武器公约》、提高禁化武组织权威及巩固《禁止生物武器公约》规范的努力和倡议。

成员国强烈谴责一切形式和表现的恐怖主义，认为必须努力推动建立联合国发挥中心协调作用、以国际法为基础、摒弃政治化和双重标准的全球反恐统一战线。重申国家及其主管机构在本国境内打击恐怖主义、分裂主义和极端主义及在上合组织和其他国际机制框架内合作问题上的关键作用。

成员国主张在《联合国宪章》等联合国文件基础上以协商一致方式通过联合国关于打击国际恐怖主义的全面公约。强调反恐应综合施策，促进和平解决国际和地区冲突，加大力度打击恐怖主义及其思想，消除恐怖主义和极端主义滋生因素，标本兼治。不能以任何理由为任何恐怖主义和极端主义行径开脱。成员国欢迎哈萨克斯坦关于在联合国框架内制定实现和平、无恐怖主义世界行为准则的倡议。

成员国强调不允许以打击恐怖主义和极端主义为名干涉别国内政，不允许利用恐怖主义、极端主义和激进团伙谋取私利。

成员国指出，必须有效执行联合国安理会相关决议，加强多边合作打击一切形式的恐怖主义融资和物质技术支持，包括查处与恐怖分子有经济联系的自然人和法人。

鉴于当前西亚北非地区形势，成员国指出外国武装恐怖分子返回原籍国或在第三国寻找栖息地以在上合组织地区继续实施恐怖和极端活动的威胁上升。成员国将完善此类人群及其潜入潜出的情报交换机制，根据上合组织成员国国家法律实施更快捷的外国武装恐怖分子引渡机制，加强政治层面和情报部门间的国际合作。

成员国欢迎乌兹别克斯坦共和国在 2017 年 9 月于纽约举行的联合国大会第 72 次会议上提出的关于通过《教育与宗教包容》联大特别决议的倡议。

成员国肯定上合组织地区反恐怖机构在共同打击恐怖主义、分裂主义、极端主义"三股势力"和维护地区安全方面的特殊作用，将挖掘主管机关在上述领域的合作潜力。成员国指出，进一步完善上合组织地区反恐怖机构工作，包括研究建立监测和应对全球信息空间潜在的威胁系统问题，十分重要。

成员国将重点关注落实《上合组织成员国打击恐怖主义、分裂主义和极端主义2019年至2021年合作纲要》，认为推动2017年6月9日在阿斯塔纳签署的《上合组织反极端主义公约》尽快生效十分重要。

成员国高度评价2018年5月3日至4日在杜尚别举行的打击恐怖主义和极端主义国际会议成果，会议为各方开展上述领域合作提供了重要平台。

成员国将继续定期举行包括"和平使命"军事反恐演习在内的联合反恐演习，进一步扩大防务和安全领域、大型活动安保和人员培训合作，提高各方武装力量和主管机关实战能力。

成员国对大规模杀伤性武器落入恐怖组织之手的危险表示担忧，主张巩固打击该威胁的国际法律基础，支持在裁军谈判会议上制定打击生化恐怖主义行为国际公约的倡议。

成员国将进一步加强协作，打击利用互联网传播和宣传恐怖主义思想，包括利用互联网公开洗白恐怖主义、为一系列恐怖组织招募成员、教唆和资助实施恐怖主义行径并指导实施方法。各方充分肯定2017年在中国举办的"厦门-2017"网络反恐演习成果。

成员国指出，国际社会应合力打击旨在吸收青年参与恐怖主义、分裂主义、极端主义团伙活动的企图。鉴此，成员国通过了《上合组织成员国元首致青年共同寄语》，强调上合组织框架内将在青年教育、精神和道德培养方面开展综合性工作。

成员国对毒品制贩和滥用增多、"以毒资恐"加剧引起的威胁上升表示担忧，强调必须在打击毒品及易制毒化学品非法贩运包括网上贩运问题上制定共同平衡立场。

为此，成员国肯定本次峰会通过《2018-2023年上合组织成员国禁毒战略》及其落实行动计划和《上合组织预防麻醉药品和精神药品滥用构想》。

成员国重申继续执行以国际法准则和原则、联合国相关公约和上合组织文件为基础的现行国际禁毒体系。在此背景下，成员国积极评价上合组织与联合国毒品与犯罪问题办公室2018年3月12日在维也纳联合举办的"上合组织与联合国打击毒品犯罪：新威胁与联合行动"活动。

成员国强调将继续完善上合组织成员国禁毒部门领导人、高官、专家工作组合作机制，定期开展联合行动打击非法贩运麻醉药品、精神药品及其前体，采取有效措施防止合成毒品及新精神活性物质扩散。高度评价2018年5月17日在天津举行的成员国禁毒部门领导人会议成果。

成员国将遵循2015年7月10日在乌法签署的《上合组织成员国边防合作协定》规定，继续通过实施有效边境管控，交换涉恐人员信息，对跨国恐怖组织犯罪开展联合调查，防范外国恐怖分子和恐怖团伙活动和潜入潜出。

成员国呼吁国际社会努力构建和平、安全、开放、合作、有序的信息空间，强调联合国在制定各方可普遍接受的信息空间负责任国家行为国际规则、原则和规范方面发挥核心作用，认为有必要在联合国框架内根据公平地域分配原则建立工作机制，以制定信息空间负责任国家行为规范、规则或原则并以联合国大会决议形式确定下来。

成员国认为所有国家应平等参与互联网的发展和治理。互联网核心资源的管理架构应当国际化、更具代表性和更加民主。

成员国将继续在2009年6月16日在叶卡捷琳堡签署的《上合组织成员国保障国际信息安全政府间合作协定》基础上加强务实合作，共同应对信息空间威胁与挑战，包括在打击使用信息和通信技术从事有害活动特别是从事恐怖主义及犯罪活动方面深化国际合作，呼吁在联合国主导协调下，制定打击使用信息和通信技术实施犯罪行为的国际法律文书。

成员国指出，一切形式的腐败对国家和地区安全构成威胁，导致国家治理效率低下，对投资吸引力产生消极影响，阻碍经济社会可持续发展。成员国主张进一步开展包括经验和信息交流在内的反腐败领域全面国际合作。

成员国重申愿通过就司法鉴定经验与方法交流、提高司法专家职业水平形成共同立场，开展法律、司法及司法鉴定领域的务实合作。成员国主张通过签署上合组织相关公约在上合组织框架内制定的条约法律基础，就包括商事在内的民事、刑事等案件向个人及法人提供法律帮助，上合组织观察员国亦可在承担公约义务的前提下加入。

成员国认为加强立法机关、政党间交流与合作，开展治国理政和发展经验交流十分重要。

成员国高度评价上合组织派观察员团观察有关国家总统、议会选举和全民公决方面所进行的实践。

三

成员国支持在国际法基本准则和原则框架内采取政治外交手段解决世界各地区冲突，以实现普遍安全与稳定。

成员国支持阿富汗伊斯兰共和国政府和人民为维护安全，促进经济发展，打击恐怖主义、极端主义、毒品犯罪所作努力，认为阿富汗的和平与稳定以及经济复兴将促进本地区安全和可持续发展。成员国强调，政治对话和"阿人主导、阿人所有"的包容性和解进程是解决阿富汗问题的唯一出路，呼吁在联合国发挥中心协调作用下加强合作，实现该国稳定与发展。

成员国肯定2017年10月11日在莫斯科和2018年5月28日在北京举行的"上合组织－阿富汗联络组"会议成果，支持"莫斯科模式"等阿富汗调解对话与合作机制进一步积极开展工作。

成员国认为2018年3月27日在塔什干举行的"和平进程、安全合作与地区互联互通"阿富汗问题高级别国际会议为阿富汗和平重建

进程作出积极贡献，对其成果表示欢迎。

成员国重申化解叙利亚危机的唯一出路是根据联合国安理会第2254号决议条款精神，在维护叙利亚主权、独立和领土完整的基础上，推进"叙人主导、叙人所有"的包容性政治进程。

成员国支持联合国主导的日内瓦和谈，指出阿斯塔纳进程的有效性，呼吁冲突各方采取切实措施，落实建立冲突降级区备忘录，为政治调解叙利亚局势创造有利条件。鉴此，成员国欢迎2018年1月30日在索契举行的叙利亚全国对话大会成果，视其为推动叙利亚政治进程的重要贡献。

成员国反对任何人、在任何地点、在任何情况下、出于任何目的使用化学武器，支持根据《禁止化学武器公约》规定对化武袭击展开全面、公正、客观调查，并基于确凿可信证据得出经得起检验的结论。

成员国指出持续履行伊朗核问题全面协议十分重要，呼吁协议参与方恪守义务，确保全面协议得到完整、有效执行，促进全世界和地区和平与稳定。

成员国主张只能通过对话协商以政治外交方式解决朝鲜半岛问题，支持包括中国和俄罗斯在内的国际社会为缓和朝鲜半岛局势、促进半岛无核化、维护东北亚地区持久和平提出的和平倡议。

为此，成员国支持朝韩、朝美对话接触，呼吁所有相关方积极促进对话进程。

成员国重申应在尽早全面执行2015年2月12日明斯克协议基础上政治解决乌克兰危机。

四

成员国支持完善全球经济治理体系，发展经贸和投资合作。成员国认为，世界贸易组织是讨论国际贸易议题、制定多边贸易规则的重要平台，支持共同构建开放型世界经济，不断巩固开放、包容、透明、非歧视、以规则为基础的多边贸易体制，维护世贸组织规则的权威

性和有效性，反对国际贸易关系的碎片化和任何形式的贸易保护主义。

成员国主张遵循《上合组织宪章》，推动贸易和投资便利化，以逐步实现商品、资本、服务和技术的自由流通。为此，通过了上合组织成员国元首关于贸易便利化的联合声明。

成员国认为，在上合组织框架内加强电子商务合作、发展服务业和服务贸易、支持中小微企业发展对于发展经济、提高就业、增进人民福祉意义重大，支持进一步巩固本领域法律基础。

成员国重申支持联合国在推动落实全球可持续发展议程方面的核心作用，呼吁发达国家根据此前承担的义务，为发展中国家提供资金、技术和能力建设支持。

成员国指出，深化区域经济合作，特别是利用联合国亚太经社理事会在交通、能源、信息通信、贸易等重要方向的潜能，对促进成员国经济社会持续发展十分重要。成员国强调，应落实旨在发展区域经济合作的上合组织框架内有关文件。

成员国欢迎2018年6月6日在北京举行的有成员国、观察员国和对话伙伴实业界和商界代表参与的上合组织工商论坛成果，支持将于2018年11月在上海举办的中国国际进口博览会。

成员国认为，开展上合组织成员国经济智库间合作十分重要。

成员国支持进一步深化金融领域务实合作，研究扩大本币在贸易和投资中使用的前景。成员国指出，加强金融监管交流，在宏观审慎管理和金融机构监管等方面进行合作，为金融机构和金融服务网络化布局提供便利的准入安排和公平监管环境具有现实意义。

成员国将加强在上合组织银联体、亚洲基础设施投资银行、新开发银行、丝路基金、中国－欧亚经济合作基金等本地区现有多边银行和金融机构框架下的合作，为本组织合作项目提供融资保障。成员国将继续研究建立上合组织开发银行和发展基金（专门账户）问题的共同立场。

成员国强调，通过新建和升级国际交通线路中的路段，发展包括高铁在内的公路和铁路交通，建设多式联运物流中心，引进先进创新技术，简化和协调货物通关时边境、海关和检疫程序，提升自动化建设水平，落实基础设施合作项目等方式，发展交通、扩大过境运输潜力和区域交通运输潜能等领域的多边合作十分重要。

成员国指出有必要切实落实2014年9月12日在杜尚别签署的《上合组织成员国政府间国际道路运输便利化协定》，继续就制定《上合组织成员国公路发展规划》开展工作。

成员国支持乌兹别克斯坦关于举行首次上合组织成员国铁路部门负责人会晤的倡议，以提升交通通达性和互联互通。

成员国欢迎上合组织与联合国亚太经社理事会2017年11月23日在曼谷共同举办的"向地区交通互联互通前行"高级别活动。

成员国欢迎建立上合组织地方领导人论坛，开展地区间合作，注意到关于2018年在俄罗斯联邦车里雅宾斯克市举办论坛首次会议的建议。

成员国指出，在相互尊重、平等互利原则基础上协调旨在上合组织地区推进经济可持续发展方面合作，扩大投资规模、拓展交通联系、提升能源合作、发展农业、促进创新和保障就业的国际、地区、国家发展项目和发展战略拥有广阔前景。

哈萨克斯坦共和国、吉尔吉斯共和国、巴基斯坦伊斯兰共和国、俄罗斯联邦、塔吉克斯坦共和国和乌兹别克斯坦共和国重申支持中华人民共和国提出的"一带一路"倡议，肯定各方为共同实施"一带一路"倡议，包括为促进"一带一路"和欧亚经济联盟对接所做的工作。各方支持利用地区国家、国际组织和多边合作机制的潜力，在上合组织地区构建广泛、开放、互利和平等的伙伴关系。

成员国强调，发展并深化互利合作，在包

括数字经济在内的信息和通信技术领域开展知识、信息及先进实践方法的交流具有重要意义，有利于成员国经济社会发展。

成员国基于维护上合组织地区生态平衡、恢复生物多样性的重要性，为居民生活和可持续发展创造良好条件，造福子孙后代，通过了《上合组织成员国环保合作构想》。

成员国高度评价塔吉克斯坦共和国倡议的、联合国大会2016年12月21日通过的2018–2028年"水促进可持续发展"国际行动十年的第71/222号决议，并欢迎将于2018年6月20日至22日在杜尚别举行该主题的高级别国际会议。成员国支持为推动第73届联合国大会通过关于旨在实现水资源可持续发展目标与任务中期综述的决议草案所作的努力。

成员国将在跨境动物疫病防控、农产品准入政策和质量安全、卫生检疫等领域开展交流与合作，以保障粮食安全。成员国指出有必要在这方面采取包括制定相关合作纲要在内的具体措施。

成员国支持加强创新领域合作，指出成员国就创新领域政策，包括在建立创新生态环境、技术平台、创新产业群、高科技公司及落实创新合作项目等方面协调立场十分重要。成员国指出，进一步深化在海关、农业、电信、中小微企业等领域的合作十分重要。

成员国将致力于进一步发挥上合组织实业家委员会和银行联合体潜力，推动落实金融、高科技、基础设施互联互通、能源、投资等领域合作项目。鉴此，成员国欢迎上合组织银联体在吸收新成员方面所作努力。

五

成员国将继续在文化、教育、科技、卫生、旅游、民族手工艺、环保、青年交流、媒体、体育等领域开展富有成效的多边和双边合作，促进文化互鉴、民心相通。

成员国将在2007年8月16日在比什凯克签署的《上合组织成员国政府间文化合作协定》基础上继续促进发展上合组织框架内的文化联系，巩固人民之间的相互理解，尊重成员国的文化传统和习俗，保护并鼓励文化的多样性，举办国际艺术节和竞赛，深化在音乐、戏剧、造型艺术、电影、档案、博物馆及图书馆领域的合作，开展包括古丝绸之路沿线在内的本地区文化与自然遗产研究与维护领域的合作。

鉴此，成员国欢迎2018年9月在吉尔吉斯共和国举办第三届世界游牧民族运动会。

成员国指出，在上合组织秘书处举办的"上合组织–我们共同的家园"框架下的活动，以及有青年参与的开放日活动、研讨会和圆桌会议具有重要意义。

成员国欢迎上合组织秘书处与联合国教科文组织签署合作谅解备忘录，认为该文件反映了两组织在人文领域发展建设性合作的愿望，包括为宣传文化及其成就以及上合组织成员国历史遗产所开展的工作。

成员国欢迎2017年7月2日至4日在新西伯利亚举办的上合组织与金砖国家妇女论坛和2018年5月15日至17日在北京举办的上合组织妇女论坛，强调开展该领域合作前景广阔。

成员国将鼓励发展媒体领域合作，支持举办上合组织媒体峰会。

成员国指出，体育作为促进民间对话的有效因素具有重要意义，应脱离政治。成员国坚信，即将于2018年在俄罗斯举办的国际足联世界杯足球赛、2018年5月18日至19日在重庆举办的上合组织武术散打比赛、定期举办的上合组织马拉松赛和一年一度的国际瑜伽日将促进友谊、和平、包容与和谐。

成员国将继续积极落实《上合组织成员国政府间教育合作协定》，扩大教学科研人员交流规模，联合培养高素质人才。成员国将本着相互尊重原则，积极推动在师生交流、联合科研、学术访问、语言教学、职业教育、青少年交流等领域开展务实合作。

成员国指出应积极开展卫生应急、居民卫

生防疫保障、打击假冒医疗产品、防止传染病扩散、慢性病防控、传统医药、医学教育与科研、落实促进国际发展的合作纲要、医疗服务、医务人员交流、保障食品安全及质量等领域合作，共同维护居民健康，促进卫生发展和创新合作。

成员国高度评价 2017－2018 年中方主席国工作，其成果巩固了上合组织成员国人民之间的相互理解与信任、富有成果的建设性合作和睦邻友好关系。

成员国将继续开展建设性对话，扩大并深化伙伴合作，旨在有效解决地区和全球问题，

促进政治和经济稳定，构建公正、平等的国际秩序。

印度共和国总理　莫迪

哈萨克斯坦共和国总统　纳扎尔巴耶夫

中华人民共和国主席　习近平

吉尔吉斯共和国总统　热恩别科夫

巴基斯坦伊斯兰共和国总统　侯赛因

俄罗斯联邦总统　普京

塔吉克斯坦共和国总统　拉赫蒙

乌兹别克斯坦共和国总统　米尔济约耶夫

2018 年 6 月 10 日于青岛

金砖国家领导人第十次会晤约翰内斯堡宣言

(南非约翰内斯堡,2018年7月25日至27日)

当地时间 2018 年 7 月 26 日，金砖国家领导人第十次会晤约翰内斯堡宣言全文如下：

一　序言

1. 我们，巴西联邦共和国、俄罗斯联邦、印度共和国、中华人民共和国和南非共和国领导人于 2018 年 7 月 25 日至 27 日在南非约翰内斯堡举行金砖国家领导人第十次会晤。本次会晤是金砖合作历史上具有里程碑意义的一次会晤，主题是"金砖国家在非洲：在第四次工业革命中共谋包容增长和共同繁荣"。

2. 我们在纳尔逊·曼德拉百年诞辰之际相会，认可他为全人类服务的价值观、原则和奉献精神，以及他为国际民主运动和全球和平文化推广所作的贡献。

3. 在科技驱动工业化和经济增长的背景下，我们对南非将约堡会晤主题聚焦发展、包容和共同繁荣表示赞赏。

4. 我们对金砖合作在过去十年所取得的成就表示满意。这些成就是金砖合作追求和平、和谐、共同发展和共同繁荣的有力体现。我们并详细讨论了如何进一步巩固金砖合作。

5. 我们重申秉持互尊互谅、主权平等、民主包容的原则，继续深化金砖合作。在历次领导人会晤的基础上，我们将继续致力于深化金砖战略伙伴关系，推动和平和更加公平的国际秩序，实现可持续发展和包容增长，巩固经济、政治安全和人文交流"三轮驱动"的合作格局，造福五国人民。

6. 我们重申致力于世界和平与稳定，支持联合国的核心作用和《联合国宪章》宗旨和原则，尊重国际法，促进民主和法治。我们重申支持多边主义，共同落实 2030 年可持续发展议程，推动国际政治经济秩序朝着更具代表性、民主、平等、公平和公正的方向发展。

7. 我们重申将携手加强多边主义和国际关系法治化，推动国际秩序更加公平、公正、平等、民主、更具代表性。

8. 我们重申支持多边主义和联合国在国际事务中的核心作用，推动国际秩序朝着更加公平、公正和平等的方向发展，坚定维护《联合国宪章》的宗旨和原则，尊重国际法，推动国际关系民主化法治化，共同应对传统和非传统安全挑战。

9. 我们欢迎在约堡会晤期间举行金砖国家领导人同非洲国家以及新兴市场和发展中国家领导人的第二次"金砖 +"对话会。

10. 我们对已举行的各领域部长级会议成果表示满意，期待其他在 2018 年将举行的会议。

二　加强多边主义，推进全球治理改革，应对共同挑战

11. 我们重申对《联合国宪章》宗旨和原则的支持，支持联合国作为具有普遍代表性的多边组织，承担起维护国际和平与安全、推动

可持续发展、促进和保护人权和基本自由的职责。

12. 我们重申对联合国的支持。联合国作为具有普遍代表性的政府间组织，承担着维护国际和平与安全、推动全球发展、促进和保护人权的职责。

13. 我们重申将致力于强化全球治理的多边机构，确保它们能够全面应对全球性挑战。

14. 我们认识到区域合作倡议是对更广泛的多边体系目标的强力支持。

15. 我们重申《联合国宪章》所规定的普遍集体安全体系的中心地位。我们认识到构建以《联合国宪章》为基础，基于国际法的国际体系，以及促进多极化秩序下合作与稳定的重要性。我们注意到确保非洲国家在联合国特别是和平与安全事务中的充分代表性，是一项尚未完成的重要任务。

16. 解决国际挑战需要我们的携手合作，为促进全人类的共同福祉，我们重申致力于推动国际秩序朝着更加公平、公正、更具代表性的多极化方向发展，坚持全面禁止使用武力，反对任何在《联合国宪章》框架之外采取单边主义措施的行为。我们强调和平与安全不可分割，并重申任何国家都不应以牺牲别国安全为代价促进自身安全。

17. 我们回顾2005年世界首脑会议成果文件，重申需要对联合国包括其安理会进行全面改革，使之更具代表性、效力和效率，增强发展中国家代表性，以应对全球挑战。中国和俄罗斯重申重视巴西、印度和南非在国际事务中的地位和作用，支持其希望在联合国发挥更大作用的愿望。

18. 我们强调应当持续作出努力，增强联合国履行授权的效率和效力。我们鼓励金砖国家在联合国行政和预算事务方面开展进一步合作，保证其获得充足资源，维护会员国主导，确保更有效的监督并加强其作用。

19. 我们支持金砖国家在共同关心的领域继续合作，包括开展常驻多边机构代表团的定期会晤等。

20. 我们重申致力于全面落实2030年可持续发展议程，平衡协调推进经济、社会和环境三大领域的公平、包容、开放、全面、创新和可持续发展。我们支持联合国包括其可持续发展高级别政治论坛，在协调评估全球落实2030年可持续发展议程方面发挥重要作用，认为有必要通过改革联合国发展系统增强支持会员国落实2030年议程的能力。我们敦促发达国家按时足额履行官方发展援助承诺，为发展中国家提供更多发展资源。

21. 关于气候变化，我们欢迎制定《巴黎协定》工作计划所取得的进展，将同《巴黎协定》缔约方继续建设性开展工作，争取于2018年12月在波兰卡托维兹举行的《联合国气候变化框架公约》第二十四次缔约方大会上完成相关磋商。我们呼吁所有国家基于《联合国气候变化框架公约》确定的"共同但有区别的责任"原则和各自能力原则，充分落实《巴黎协定》，并敦促发达国家向发展中国家提供资金、技术和能力建设支持，增强发展中国家减缓和适应气候变化的能力。

22. 我们致力于加强金砖国家能源合作，尤其是向环境可持续型能源体系转型，以支持全球可持续发展议程，平衡的经济增长，以及人民的经济社会整体福利。我们将继续努力实现能源普遍可及、能源安全、能源可负担，减少污染，保护环境。我们重申，包括可再生能源和低碳能源在内的能源供应多元化、能源和能源基础设施投资、能源产业和市场发展以及金砖国家间主要能源可及性合作，将继续是五国能源安全的主要支撑。我们认识到在运输、供暖和工业用能等领域加快能源转型的重要性。

23. 我们认识到提升能源使用效率和推广高能效的生活方式将在维护能源安全、提高工业竞争力、减少排放、促进经济增长、创造就业等方面作出贡献。

24. 我们注意到金砖国家能源部长同意建立金砖国家能源研究平台并制定相关工作章程，

以及正在进行的有关讨论。

25. 我们重申支持 2016 年印度倡议的金砖国家农业研究平台，认为研发创新对提升全球可持续发展能力和竞争力具有重要作用。我们致力于加强金砖国家农业研究合作网络建设，以加强农业和食品体系应对气候变化的韧性。我们认识到继续落实农业研究平台的目标宗旨的必要性，将致力于在金砖国家农业研究平台和农业信息交流系统等机制下深化金砖国家合作。

26. 我们认可第四次金砖国家环境部长会议围绕"加强金砖国家在可持续消费和生产背景下的循环经济合作"主题所取得的成果，注意到循环经济在减少浪费、构建更加环境友好型的生产过程、促进经济多元化等方面具有巨大潜力，同时有助于经济增长和创造就业。

27. 我们认可历次金砖国家环境部长会议取得的成果，包括环境友好技术平台、清洁河流保护伞项目以及环境可持续城市伙伴关系倡议。我们注意到金砖国家环境友好技术合作平台的建设进展，该平台为合作伙伴、科学机构、民间团体、私营部门及金融机构合作提供了务实、结果导向性的平台。

28. 我们欢迎在可持续发展框架下，全面统筹加强水资源领域合作，应对水资源可及性、防洪、干旱管理、供水和卫生、水和气候、水污染防治、河流和湖泊生态系统恢复与保护、水资源管理等问题。

29. 我们注意到在布法罗市举行的金砖国家灾害管理机构负责人会议通过了 2018－2020 年行动计划，以及联合工作组第一次会议，上述会议进一步加强了相关合作。

30. 我们重申加强金砖国家在生物多样性保护，可持续利用、公平获取和分享生物资源领域的合作，并将采取行动，促进国家公园管理部门在濒危物种等生物多样性国际公约和国际论坛方面的合作。

31. 我们认识到金砖国家在海洋经济合作上的巨大潜力，包括海洋运输、造船、近海石油勘探、水产养殖、港口开发、研究和技术合作、海洋资源保护和可持续利用、滨海和海洋旅游、金融和保险服务以及沿海工业区开发等战略领域。

32. 我们承诺继续落实 2014 年人口部长会议通过的《2015－2020 年金砖国家人口问题合作议程》。金砖国家人口年龄结构快速变化在带来挑战的同时也伴随着机遇，特别是在性别平等，妇女权利，青年发展、就业和未来劳动治理，城镇化，移民和老龄化等方面。

33. 我们谴责持续发生的恐怖袭击，包括在部分金砖国家发生的恐怖袭击。我们谴责一切形式和表现的恐怖主义，无论在何地点，由何人实施。我们敦促在联合国主导下，在坚实的国际法基础上，共同努力打击恐怖主义，坚信有效反恐必须坚持综合施策。我们重申所有国家都有在本国领土内防止恐怖主义网络融资及恐怖行为的责任。

34. 我们呼吁国际社会建立一个真正广泛的全球反恐联盟，支持联合国在这方面的中心协调作用。我们强调打击恐怖主义必须依据包括《联合国宪章》、国际难民法和人道主义法在内的国际法，尊重人权和基本自由。我们重申致力于加强联合国反恐体系的有效性，包括加强联合国相关机构的协调合作、将恐怖分子和恐怖组织列名以及向会员国提供技术援助等。我们呼吁联合国大会加快达成并通过《全面反恐公约》。

35. 为应对化学和生物恐怖主义的威胁，我们支持并强调需要启动包括裁军谈判会议在内的国际反化学和生物恐怖主义公约多边谈判。

36. 我们坚信所有策划、组织和支持恐怖主义的行径都必须被追责。我们呼吁所有国家综合施策打击恐怖主义，包括反极端化，打击外国恐怖作战人员的招募与流动；切断恐怖主义融资渠道，包括洗钱、武器供应、贩毒及其他犯罪等有组织犯罪；摧毁恐怖组织基地；打击恐怖主义实体滥用包括社交媒体在内的最新信息通信技术。

37. 我们重申在联合国主导下制定负责任国家行为规则、准则和原则对确保信息和通信技术的安全使用的重要性。

38. 我们欢迎信息和通信技术发展带来的无可争辩的福利和新发展机遇，特别是在第四次工业革命的背景下。然而，这些发展同时也带来新的挑战与威胁，滥用信息通信技术从事犯罪活动不断增长，国家和非国家行为体恶意使用信息通信技术日益严重。为此，我们强调应加强国际合作，打击滥用信息通信技术恐怖主义和犯罪活动，并重申应在联合国框架下制定各方普遍接受的打击信息通信技术犯罪的法律文书。我们认可根据《金砖国家网络安全务实合作路线图》或其他共识机制推进合作取得的进展。我们同时认为应建立金砖国家网络安全合作框架，为此金砖国家将继续考虑制定相关政府间合作协定。

三 加强和巩固金砖国家国际政治安全合作

39. 我们重申致力于共同努力通过政治和外交手段和平解决争端，认可联合国安理会负有维护世界和平与安全的首要责任。

40. 我们对中东地区的持续冲突和紧张局势表示关切，坚信在任何冲突中都不应非法使用武力或进行外部干预。只有通过广泛包容的，充分尊重地区各国家的独立、领土完整和主权的民族对话，才能实现持久和平。我们一致认为，在该地区特别是在当前巴以局势中每个国家的公民都享有追求公民、政治、经济、社会和文化权利及各项基本自由的合法愿望。

41. 我们同意，中东北非其他地区冲突不应成为长期冲突，特别是巴以冲突解决的障碍。我们重申应在联合国相关决议、马德里原则、"阿拉伯和平倡议"以及此前双方达成的协议基础上，通过谈判实现巴以冲突的公正、持久和全面解决，建立一个与以色列和平共处，独立自主、经济自立、领土完整的巴勒斯坦国，

以实现中东地区和平稳定。我们重申耶路撒冷地位属于应由巴以谈判决定的最终地位问题之一。考虑到当前加沙形势，我们重申支持并呼吁全面执行联合国大会关于保护巴勒斯坦平民的决议（A/RES/ES－10/20）。

42. 我们重申金砖国家对联合国近东巴勒斯坦难民救济和工程处（UNRWA）的支持，赞赏工程处为530万巴勒斯坦难民提供卫生、教育和其他基础服务方面发挥的重要作用，强调工程处为地区带来稳定，需要确保为其提供更为充足、可预期和可持续的资金。

43. 也门的持续冲突及重大人道危机令人关切，我们呼吁在也门全境确保人道援助不受阻碍地准入，敦促国际社会尽快提供必要帮助。我们敦促各方全面遵守国际法，停止敌对行动，并重回联合国斡旋下的和平谈判，以达成由也门人民主导的包容性对话，实现冲突的政治解决。

44. 我们呼吁当前海湾地区外交危机所有直接当事方通过对话解决争端，欢迎科威特在这方面所作的努力。

45. 我们重申支持"阿人主导、阿人所有"的阿富汗全国和平与和解进程，对阿境内形势恶化特别是针对阿国家安全部队、阿政府和平民的恐怖袭击数量和密度增加表示关切。我们呼吁国际社会协助阿政府和人民实现和平的目标。我们欢迎将于2018年10月举行的阿议会选举和将于2019年举行的总统大选。

46. 我们重申致力于根据联合国安理会第2254号决议，并考虑在索契召开的叙利亚全国对话大会结果，通过"叙人主导、叙人所有"的包容性政治进程，推动政治解决叙冲突，确保叙主权、独立和领土完整。我们重申支持日内瓦进程及联合国斡旋，以及取得积极进展的阿斯塔纳进程，强调上述两倡议相互补充。我们重申致力于叙问题和平解决，反对违背《联合国宪章》及安理会权威、无助于推进政治进程的做法。我们强调在全面遵守安理会相关决议基础上，团结一致打击叙恐怖组织的重要性。

我们再次强烈谴责任何人、出于任何目的、在任何情况下使用化学武器，再次呼吁对所有指称事件进行全面、客观、独立、透明调查。我们呼吁加大对叙人民提供必要人道救援的努力，注意到叙紧迫的重建需求。

47. 我们回顾伊朗核问题全面协议，呼吁所有各方全面履行义务，确保其得到全面、有效执行，促进国际和地区和平与安全。

48. 我们欢迎近期为实现朝鲜半岛完全无核化及维护东北亚和平与稳定所取得的进展，重申致力于通过和平、外交和政治手段解决半岛问题。

49. 我们对外空军备竞赛和外空成为军事对抗舞台的可能性表示严重关切。我们重申，防止外空军备竞赛，包括在外空放置武器，将使国际和平与安全避免出现严重危险。我们强调严格遵守和平利用外空相关现行法律制度至关重要。我们还重申，有必要巩固和加强这一制度。我们欢迎新成立的联合国政府专家组讨论关于防止外空军备竞赛，包括防止在外空放置武器的具有法律约束力文书的可能内容。我们强调，切实的透明和建立信任措施也有助于防止在外空放置武器。我们重申，裁军谈判会议作为唯一多边裁军谈判论坛，在谈判防止外空军备竞赛的多边协定中发挥主要作用。

50. 我们欢迎南非于 2018 年 6 月 4 日在比勒陀利亚举办金砖国家外长会晤。外长们就共同关心的重大国际政治、安全、经济和金融问题，深化金砖合作交换意见，我们期待将于第 73 届联合国大会期间举办的金砖国家外长联大会晤。

51. 我们欢迎于 2018 年 6 月 28 日至 29 日在德班举行的第八次金砖国家安全事务高级代表会议，赞赏会议就全球安全环境、反恐、网络安全、重大国际和地区热点、跨国有组织犯罪、维和行动、国家安全和发展的关系等问题增进共识。

52. 我们强调联合国维和行动对维护国际和平与安全的重要作用，认识到金砖国家在这方面所作贡献。我们认识到金砖国家有必要在联合国就维和事务进一步加强沟通合作，以及南非设立金砖国家维和工作组的倡议。

53. 我们赞赏非盟在解决和管理非洲冲突方面的作用，欢迎加强联合国安理会同非盟和平与安全理事会之间的合作。我们赞赏非盟为实现"2020 年平息非洲枪声"倡议所作努力，支持加强非洲和平与安全体系的努力。

四 推动金砖国家关于全球经济复苏、全球经济金融治理机构改革，以及第四次工业革命的伙伴关系

54. 我们欢迎世界经济增长继续改善，同时注意到增长分化加大，下行风险犹存。主要表现为一系列挑战，包括不断升级的贸易冲突、地缘政治风险、大宗商品价格波动、私人和公共债务高企、社会不平等以及经济增长不够包容。我们认识到以更加包容的方式分享增长成果至关重要，强调有利的外部环境对全球贸易的可持续增长具有重要作用。

55. 金砖国家继续支持世界经济扩张和增长前景。我们倡导继续共同采取财政、货币和结构性改革等政策工具，以实现强劲、可持续、平衡和包容增长。主要发达经济体宏观经济政策措施的外溢效应导致新兴市场经济体经济和金融市场波动，并对其增长前景产生负面影响，我们对此表示关切。我们呼吁主要发达经济体和新兴市场经济体继续在二十国集团、金融稳定理事会和其他机制下保持政策对话和协调，应对潜在风险。

56. 我们高度评价建立金砖国家新工业革命伙伴关系，这是金砖国家工业部长会和科技创新部长会的重要成果，契合本次金砖国家领导人会晤对第四次工业革命的重视。我们将启动新工业革命伙伴关系的全面运作，成立由五国工业部门及有关部门代表组成的咨询小组。作为先期工作，咨询小组将根据第四次工业革命的重点领域，制定伙伴关系任务大纲和工作

计划提交主席国。新工业革命伙伴关系旨在深化金砖国家在数字化、工业化、创新、包容、投资等领域合作，最大程度把握第四次工业革命带来的机遇，应对相关挑战。伙伴关系将发挥五国各自比较优势，促进经济增长和转型，增强可持续工业生产能力，建立科技园和技术企业孵化器网络，支持中小技术企业的发展。我们相信建立金砖国家科技园、技术企业孵化器和中小企业网络将是落实伙伴关系的积极步骤。

57. 我们认识并注意到互联网在促进全球经济、社会和文化发展中的重要积极作用。为此，我们致力于继续通过现有机制共同努力，在各国平等参与互联网演进、运行及治理的基础上，促进安全、开放、和平、合作、有序使用信息通信技术。同时，我们注意到使相关利益攸关方根据各自作用和职责参与其中的必要性。

58. 我们认识到金砖国家科技创新以及企业合作与交流对促进可持续发展、推动包容性增长具有重要作用。我们欢迎金砖国家在科技创新领域的强劲合作势头，高度重视共同推进相关工作。我们认为落实金砖国家科技项目有助于发挥金砖国家科技创新潜力，更好应对第四次工业革命挑战。

59. 我们赞赏金砖国家知识产权合作取得的进展，认识到包括对发展中国家的技术发展和转让，对于促进长期、可持续、平衡的全球增长的重要性。我们强调加强金砖国家知识产权合作的重要性，这不仅有助于创新，更有助于促成造福全社会新科技的出现。

60. 我们坚信贸易和科技是实现包容性增长的关键源泉，能够促进一体化并通过持续、平等方式整合全球价值链。技术进步将对商品生产、服务和人民收入产生广泛影响，需要采取适当措施确保发展中国家从技术进步中受益，避免在新技术早期应用中落伍。采取有效政策对弥合数字鸿沟至关重要，包括支持人民学习和应用新技术、建立有效的技术转移机制等。

61. 全球经济日益由技术和知识驱动，对新技能提出要求，这同大量工人只掌握旧技能的错配日益突显。世界经济变化速度之快、规模和范围之广，使解决这一问题更加艰巨。我们强烈意识到技能培训至关重要，为此支持《二十国集团促进高质量学徒制倡议》和《金砖国家技能脱贫减贫行动计划》中提出的政策建议，将进一步促进职业培训、终身学习以及与世界经济和劳工环境快速变化相适应的培训。

62. 我们重申以世界贸易组织为代表、以规则为基础、透明、非歧视、开放、包容的多边贸易体制的核心地位，认识到发展内涵的重要作用，并将尽一切努力加强多边贸易体制。

63. 我们认识到多边贸易体制面临前所未有的挑战，强调建设开放型世界经济的重要性，让所有国家和民众分享经济全球化的益处。推动其包容并支持所有国家的可持续发展和繁荣。我们呼吁所有成员遵守世贸组织规则，信守在多边贸易体制中的承诺。

64. 我们忆及世贸组织争端解决机制是多边贸易体制的基石，旨在增强国际贸易的安全性和可预见性。我们关切地注意到，世贸组织上诉机构成员遴选进程陷入僵局可能导致争端解决机制瘫痪，损害所有成员的权利与义务。我们敦促所有成员将此作为优先事项，以建设性姿态携手解决这一挑战。

65. 我们认为需要维护世界贸易组织的谈判功能，同意进一步建设性地参与，在世贸组织内进一步完善现行多边贸易体制的法律框架，并考虑所有世贸组织成员特别是发展中成员的关切和利益。

66. 我们认识到推动非洲基础设施建设、互联互通的重要性，认同非盟在确定和应对非洲大陆基础设施挑战方面的进步，特别是在非洲发展新伙伴计划、非洲基础设施发展规划上所作的努力。我们支持在互惠基础上鼓励基础设施投资，以支持非洲发展工业、创造就业、开发技能、食品和营养安全、消除贫困、促进可持续发展。我们重申支持非洲基础设施可持续发展，包括解决基础设施融资赤字。

67. 我们充分意识到实现非洲工业化、落实非盟《2063 年议程》的必要性，赞赏非洲国家和非盟签署非洲大陆自由贸易协定。非洲大陆自贸区是迈向非洲经济一体化、释放区域内贸易潜力、应对社会经济挑战的重要一步。为此，我们重申支持非盟《2063 年议程》及促进非洲一体化和经济发展的努力。

68. 我们支持构建强有力的全球金融安全网，其以资源充足、基于份额的国际货币基金组织为中心。为此，我们重申致力于推动国际货币基金组织于 2019 年春会、不迟于 2019 年年会前完成第 15 轮份额总检查，包括形成一个新的份额公式，同时保护最贫穷国家的发言权。国际货币基金组织治理改革亦应增强包括撒哈拉以南非洲国家在内的最贫困成员的发言权和代表性。

69. 我们欢迎并祝贺南非储备银行行长卡尼亚戈就任国际货币与金融委员会主席。

70. 我们注意到金砖国家应急储备安排在提高可操作性方面采取的举措，并对应急储备安排机制"脱钩"部分成功试运行的完成表示欢迎。我们鼓励应急储备安排同国际货币基金组织开展合作。

71. 我们对建立金砖国家本币债券基金的进展感到满意，并期待该基金成立运营。

72. 我们同意进一步强化债券发行领域的会计准则趋同和审计监管领域合作，并继续推进相关领域合作。

73. 我们欢迎签署《在数字经济发展背景下开展分布式记账技术和区块链技术联合研究的谅解备忘录》。我们相信这有助于深化合作，更好适应不断发展的互联网经济。

74. 基础设施、投资和国际发展援助项目是可持续经济发展与增长的基石，能够提高生产率，促进一体化。我们强调基础设施建设和联通对密切经贸关系的重要性。

75. 我们强调多边发展银行尤其是新开发银行在促进私人部门投资于公共基础设施方面发挥的重要作用。

76. 我们对新开发银行对金砖国家社会、经济、环境发展提供资源方面的贡献感到满意，期待项目准备基金早日投入运营。我们欢迎在巴西圣保罗成立美洲区域办公室，该办公室将同非洲区域中心一道，扩大新开发银行在这些地区的影响。我们注意到 5 月 28 日至 29 日在中国上海举行的第三届新开发银行理事会年会就创新发展融资路径进行了深入探讨，为银行在不断变化的全球环境中实现未来发展提出建议。

77. 我们强调，加强金砖国家金融合作对更好服务实体经济，满足金砖国家发展需求十分重要。为此，我们重申将在遵守各国现有监管框架和世贸组织服务贸易总协定义务的基础上，继续致力于通过促进金融机构和金融服务网络化布局，以便利金砖国家金融市场融合，同时加强金融监管部门的交流与合作。我们将继续在遵循各国央行法定职能的前提下加强货币合作，并探索更多合作方式。我们还将发展绿色金融，促进金砖国家可持续发展。

78. 我们重申支持国际合作打击非法资金流动，包括在金融行动特别工作组和世界海关组织框架下的合作。为此，我们强调加强相互交流和数据共享的重要性。我们强调，维护和支持金融行动特别工作组的宗旨十分重要，将加强合作落实并完善金融行动特别工作组关于反洗钱、反恐怖融资和反扩散融资的国际标准。

79. 腐败是全球挑战，将产生长期影响，包括破坏国家的法律体系。腐败还威胁经济增长，妨碍一国的当地和外国投资。我们重申致力于根据《联合国反腐败公约》第四章内容开展国际合作，为此致力于在金砖国家反腐败工作组框架下加强国际合作。我们将根据本国法律体系，开展反腐执法、追逃追赃以及其他涉及反腐败的刑事和非刑事合作，并呼吁国际社会拒绝为腐败人员和资产提供"避罪天堂"。我们认为促进反腐败信息交流和经验分享对增进金砖国家相互理解和反腐合作至关重要，并将在此前基础上继续共同努力。我们将建立信息交流平台并探索在多边平台增进共识，以更好支持彼此落实《联合国反腐败公约》。我们欢迎非洲联盟将2018年作为反腐败年。

80. 在推动实施《金砖国家经济伙伴战略》方面，我们欢迎金砖国家第八次经贸部长会议在经贸联络组支持下所取得的积极成果。我们也欢迎在落实《金砖国家经贸合作行动纲领》方面取得的良好进展。我们鼓励采取措施，维护工业发展政策空间，支持我们的企业特别是工业和农业企业以及中小微企业更大程度参与全球价值链、增加附加值并向价值链高端攀升。我们认识到金砖国家成员间增值贸易的重要性，赞扬经贸部长启动经贸联络组下的贸易促进工作组和电子商务工作组。我们欢迎对既有金砖国家增加值贸易联合研究进行更新。我们欢迎金砖国家第八次经贸部长会议在知识产权、电子商务、服务贸易等方面的积极成果，并将进一步加强电子商务、标准和技术规则、中小微企业和示范电子口岸等合作。

81. 我们欢迎签署《金砖国家区域航空伙伴关系谅解备忘录》，认为这是加强金砖国家在互联互通和基础设施领域合作的重要里程碑。

82. 我们赞赏五国海关部门落实《海关合作战略框架》的成果，并对致力于实现长期目标表示欢迎，包括早日完成《金砖国家海关行政互助协定》并尽早生效、2022年底前运行授权经济运营商计划、相互承认控制和经济运营商等。我们欢迎《金砖国家海关行动计划》，该计划明确了金砖国家海关部门为实现既定目标将采取的短、中、长期集体行动，以及建立金砖国家海关培训中心。我们认识到金砖国家海关合作委员会大有可为，期待在金砖国家之间和相关多边论坛框架下加强贸易便利化、执法、先进信息技术应用和能力建设等方面合作。

83. 我们赞赏五国税务部门一贯支持致力于实现公平和普遍透明的全球税收体系的所有国际倡议，将继续应对数字经济对国际税收的影响，确保国际税收体系公平，特别是防止税基侵蚀和利润转移，开展自动和基于需求的税务情报交换，加强发展中国家急需的能力建设。我们欢迎建立金砖国家税务部门能力合作建设机制。

84. 我们认可金砖国家工商理事会及其第五份年度报告，以及金砖国家工商论坛在促进基础设施、制造业、能源、农业经营体、金融服务、区域航空、技术标准、技能开发等方面的贡献。我们欢迎在金砖国家工商理事会框架内建立数字经济工作组。

85. 我们认识到旅游业在促进可持续经济和社会发展方面的巨大潜力，欢迎建立旅游业工作组的倡议，促进金砖国家经济合作和人文交流。金砖旅游合作渠道将在旅游贸易、航空互联互通、旅游基础设施、文化和医疗旅游、消除市场壁垒、旅游安全及其金融、保险和医疗支持等方面加强经验交流，分享最佳实践。金砖国家间旅游市场在全球经济衰退时仍保持增长，我们对此感到满意。

五　人文交流合作

86. 我们强调金砖合作应该将人民置于中心地位，赞赏金砖国家在体育、青年、电影、文化、教育和旅游等领域交流与合作取得稳步进展。

87. 我们重申坚持以人为本、促进全行业共同发展的包容发展观。

88. 我们注意到第八届世界水论坛在巴西利亚举行。这一世界主要以水为主题的活动首次在南半球举行，将有助于在全球层面提升对水问题的重视程度。

89. 我们强调金砖国家在外空事务中开展合作的重要性，并确认支持深化该领域现有合作倡议。

90. 我们致力于加强金砖国家在疫苗研发领域的合作，欢迎建立金砖国家疫苗研发中心。

91. 我们欢迎2017年在莫斯科举行的"在可持续发展时代开展多部门遏制结核病行动首

届世界卫生组织全球部长级会议"及其成果，强调即将举行的联合国大会终止结核病第一次高级别会议、预防和控制非传染性疾病第三次高级别会议的重要性。

92. 我们认识到文化作为第四次工业革命驱动力之一的重要性和作用及其蕴藏的经济机遇。

93. 我们赞赏第三届金砖国家电影节的举行，并认识到在此领域继续深化合作的必要性。我们欢迎南非提出关于制定金砖国家合拍影片协议的倡议，将进一步推进合作，展示金砖国家文化多元性。

94. 我们强调《落实〈金砖国家政府间文化合作协定〉行动计划（2017–2021年）》对金砖文化合作创新和可持续发展的指导作用，注意到各国文化专家提出的活动倡议。

95. 我们注意到2018年在约堡举行的第二届金砖国家治国理政研讨会，以及巴西将于2019年举行第三届研讨会，邀请来自所有金砖国家的多元化学术机构和智库积极参加。

96. 我们满意地注意到金砖国家在加强人文交流合作方面的进展，包括通过智库理事会、学术论坛、民间社会组织论坛、青年外交官论坛、青年峰会和青年科学家论坛等机制开展的交流活动。

97. 我们注意到南非提出的关于建立金砖国家外交部发言人论坛的倡议。

98. 我们欢迎南非举办的第三次金砖国家运动会，并注意到建立金砖国家体育理事会取得的进展。

99. 我们强调金砖国家议会交流，包括女性议员间交流的重要性，期待在此方面进一步开展合作。

100. 我们强调妇女在促进包容性发展方面的作用，注意到建立金砖国家妇女论坛和女企业家联盟的进展。

101. 巴西、俄罗斯、印度和中国赞赏南非作为2018年金砖国家主席国所做工作，对南非政府和人民在约堡主办金砖国家领导人第十次会晤致以诚挚谢意。

102. 俄罗斯、印度、中国和南非将全力支持巴西担任2019年金砖国家主席国并举办金砖国家领导人第十一次会晤。

金砖国家外长联大会晤新闻公报

（2018年9月27日，美国纽约）

1. 2018年9月27日，金砖国家外长在第七十三届联合国大会期间举行例行会晤。2019年金砖国家候任主席国巴西主持会议。外长们就当前政治、安全、经济、金融和可持续发展等领域具有全球意义的重要议题以及金砖国家"三轮驱动"战略合作进行了深入交流。外长们对南非于2018年7月25日至27日在约翰内斯堡成功举办主题为"金砖国家在非洲：在第四次工业革命中共谋包容增长和共同繁荣"的金砖国家领导人第十次会晤深表感谢。外长们欢迎在约翰内斯堡举行纪念金砖国家领导人会晤10周年非正式会议。外长们重申致力于全面落实约翰内斯堡会晤及往届金砖国家领导人会晤成果。

2. 外长们欢迎在约堡会晤期间举行金砖国家领导人同非洲国家以及新兴市场和发展中国家领导人的第二次"金砖+"对话会。

3. 外长们强调金砖国家合作在过去十余年中取得积极进展，特别是领导人会晤促进了金砖国家全方位、包容性的合作。外长们对金砖国家在经济、金融、和平、稳定和人文交流领域卓有成效的合作表示满意，特别是成立新开发银行及其在南非约翰内斯堡的非洲区域中心，建立应急储备机制，制定《金砖国家经济伙伴战略》、《金砖国家经贸合作行动纲领》，建立金砖国家农业研究平台。外长们欢迎建立金砖国家能源研究平台，即将在圣保罗成立新开发银行美洲区域办公室，建立金砖国家新工业革命伙伴关系和金砖国家疫苗研发中心等。外长

们期待早日全面启动上述所有金砖国家合作倡议。

4. 外长们重申通过包括金砖国家外长会晤和安全事务高级别代表会议等进行政治安全合作的重要性。

5. 外长们重申致力于世界和平与稳定，支持联合国的核心作用和《联合国宪章》宗旨和原则，尊重国际法，促进民主和法治。外长们为此回顾1970年《关于各国依联合国宪章建立友好关系及合作之国际法原则之宣言》。外长们重申支持多边主义，共同落实2030年可持续发展议程，推动国际政治经济秩序朝着更具代表性、民主、平等、公平和公正的方向发展。解决国际挑战需要外长们的携手合作，为促进全人类的共同福祉，外长们重申致力于推动国际秩序朝着更加公平、公正、更具代表性的多极化方向发展，坚持全面禁止使用武力，反对任何在《联合国宪章》框架之外采取单边主义措施的行为。外长们强调和平与安全不可分割，并重申任何国家都不应以牺牲别国安全为代价促进自身安全。外长们注意到确保非洲国家在联合国特别是和平与安全事务中的充分代表性，是一项尚未完成的重要任务。

6. 外长们欢迎联大于2018年9月24日召开曼德拉和平峰会，纪念纳尔逊·曼德拉百年诞辰和他的一生。外长们欢迎与会领导人通过政治宣言，重申纳尔逊·曼德拉代表的价值观，承诺会员国将加倍努力建立一个公正、和平、繁荣、包容和公平的世界。外长们注意到纳尔

逊·曼德拉代表的正是《联合国宪章》中承载并得到金砖国家支持的价值观。

7. 外长们回顾 2005 年世界首脑会议成果文件，重申需要对联合国包括其安理会进行全面改革，使之更具代表性、效力和效率，增强发展中国家代表性，以应对全球挑战。中国和俄罗斯重申重视巴西、印度和南非在国际事务中的地位和作用，支持其希望在联合国发挥更大作用的愿望。

8. 外长们强调应当持续作出努力，增强联合国履行授权的效率和效力，承诺金砖国家将就联合国行政和预算问题加强对话，以加强联合国作用，并保持会员国主导。外长们支持金砖国家在共同关心的领域继续合作，包括开展常驻多边组织代表团定期会晤等。

9. 外长们强调联合国会费比额现行计算办法包含的要素不容谈判，但这并不包括会费比额上限，因为这违背支付能力原则，是造成会费比额出现严重扭曲的根本原因。

10. 外长们重申金砖国家坚持多边主义，维护基于规则的国际秩序，为此重申联合国、世界贸易组织和国际法的核心作用。外长们承诺支持增强全球治理代表性，加大新兴市场和发展中国家参与全球决策。

11. 外长们强调建设开放包容的世界经济对于让所有国家和人民分享经济全球化的益处具有重要作用。外长们强调将坚定致力于自由贸易，将以世界贸易组织为代表、基于规则、透明、非歧视的多边贸易体制置于核心地位，反对违背世贸组织规则、损害全球贸易和经济增长的保护主义和单边措施新浪潮。外长们重申世贸组织争端解决机制意在增强国际贸易的安全性和可预见性，是多边贸易体制基石。

12. 外长们重申支持落实非盟《2063 年议程》，赞赏非洲国家和非盟签署非洲大陆自由贸易协定。非洲国家对大陆自由贸易协定的巨大支持，非盟通过非洲人员自由流动协议以及非洲单一航空运输市场启动，都代表着非洲经济一体化迈出重要步伐。这有利于减少非洲对外部的依赖，提高非洲政治和经济影响力。

13. 外长们强调有必要继续在裁军、防扩散、防止外空军备竞赛及通过政治和外交手段应对全球和平稳定面临的挑战等领域开展合作。

14. 外长们强烈谴责持续发生的恐怖袭击，包括在部分金砖国家发生的恐怖袭击。外长们谴责一切形式和表现的恐怖主义，无论在何地点，由何人实施。外长们敦促在联合国主导下，在坚实的国际法基础上，共同努力打击恐怖主义，坚信有效反恐必须坚持综合施策。外长们忆及所有国家都有在本国领土内防止恐怖主义网络融资及恐怖行为的责任。外长们高度评价 2018 年 4 月 18 日至 19 日在内尔斯普雷特举行的金砖国家反恐工作组第三次会议。外长们呼吁加快在联合国大会上通过《全面反恐公约》。为应对化学和生物恐怖主义的威胁，外长们支持并强调需要启动包括裁军谈判会议在内的国际反化学和生物恐怖主义公约多边谈判。

15. 外长们重申支持国际合作打击非法资金流动，包括在金融行动特别工作组和世界海关组织框架下的合作。为此，外长们强调加强相互交流和数据共享的重要性。外长们强调，维护和支持金融行动特别工作组的宗旨十分重要，将加强合作落实并完善金融行动特别工作组关于反洗钱、反恐怖融资和反扩散融资的国际标准。

16. 外长们重申在联合国主导下制定负责任国家行为规则、准则和原则对确保信息和通信技术的安全使用的重要性。

17. 外长们对滥用信息通信技术犯罪增长表示关切，重申在联合国主导下制定打击使用信息通信技术犯罪的国际法律文书。外长们赞赏根据《金砖国家网络安全务实合作路线图》或其他共同同意的机制加强合作取得的进展。外长们同时认为应建立金砖国家网络安全合作框架，为此金砖国家将继续考虑制定相关政府间合作协定。

18. 外长们同意，中东北非其他地区冲突不应成为长期冲突，特别是巴以冲突解决的障碍。外长们重申应在联合国相关决议、马德里原则、"阿拉伯和平倡议"以及此前双方达成的协议基础上，通过谈判实现巴以冲突的公正、持久和全面解决，建立一个与以色列和平共处，独立自主、经济自立、领土完整的巴勒斯坦国，以实现中东地区和平稳定。外长们重申耶路撒冷地位属于应由巴以谈判决定的最终地位问题之一。考虑到当前加沙形势，外长们重申支持并呼吁全面执行联合国大会关于保护巴勒斯坦平民的决议（A/RES/ES-10/20）。

19. 外长们重申金砖国家对联合国近东巴勒斯坦难民救济和工程处（UNRWA）的支持，赞赏工程处为 530 万巴勒斯坦难民提供卫生、教育和其他基础服务方面发挥的重要作用，强调工程处为地区带来稳定，需要确保为其提供更为充足、可预期和可持续的资金。

20. 外长们重申致力于根据联合国安理会第 2254 号决议，并考虑在索契召开的叙利亚全国对话大会结果，通过"叙人主导、叙人所有"的包容性政治进程，推动政治解决叙冲突，确保叙主权、独立和领土完整。外长们重申支持日内瓦进程及联合国斡旋，以及取得积极进展的阿斯塔纳进程，强调上述两倡议相互补充。外长们重申致力于叙问题和平解决，反对违背《联合国宪章》及安理会权威、无助于推进政治进程的做法。外长们强调在全面遵守安理会相关决议基础上，团结一致打击叙恐怖组织的重要性。外长们再次强烈谴责任何人、出于任何目的、在任何情况下使用化学武器，再次呼吁对所有指称事件进行全面、客观、独立、透明调查。外长们呼吁加大对叙人民提供必要人道救援的努力，注意到叙紧迫的重建需求。

21. 外长们重申支持"阿人主导、阿人所有"的阿富汗全国和平与和解进程，对阿境内形势恶化特别是针对阿国家安全部队、阿政府和平民的恐怖袭击数量和密度增加表示关切。外长们呼吁国际社会协助阿政府和人民实现和平的目标。外长们欢迎将于 2018 年 10 月举行

的阿议会选举和将于 2019 年举行的总统大选。

22. 外长们对也门人道局势已发展为重大人道危机表示关切，呼吁各方全面遵守国际法，停止敌对行动，以期重启联合国支持的、由秘书长特使主持的谈判。

23. 外长们回顾伊朗核问题《联合全面行动计划》（下称《全面协议》），呼吁所有各方全面履行义务，确保全面、有效落实的《全面协议》，以促进国际和地区和平与安全。

24. 外长们欢迎近期为实现朝鲜半岛完全无核化及维护东北亚和平与稳定所取得的进展，重申致力于通过和平、外交和政治手段解决半岛问题。

25. 外长们重申致力于全面落实 2030 年可持续发展议程，平衡协调推进经济、社会和环境三大领域的公平、包容、开放、全面、创新和可持续发展。外长们支持联合国包括其可持续发展高级别政治论坛，在协调评估全球落实 2030 年可持续发展议程方面发挥重要作用，认为有必要通过改革联合国发展系统增强支持会员国落实 2030 年议程的能力。外长们敦促发达国家按时足额履行官方发展援助承诺，为发展中国家提供更多发展资源。

26. 关于气候变化，外长们欢迎制定《巴黎协定》工作计划所取得的进展，将同《巴黎协定》缔约方继续建设性开展工作，争取于 2018 年 12 月在波兰卡托维兹举行的《联合国气候变化框架公约》第二十四次缔约方大会上完成相关磋商。外长们呼吁所有国家基于《联合国气候变化框架公约》确定的"共同但有区别的责任"原则和各自能力原则，充分落实《巴黎协定》，并敦促发达国家向发展中国家提供资金、技术和能力建设支持，增强发展中国家减缓和适应气候变化的能力。

27. 外长们欢迎各方根据 2016 年《难民和移民问题纽约宣言》达成《移民问题全球契约》，并推进《难民问题全球契约》正式磋商进程。

28. 外长们重申致力于加强金砖国家在全

球卫生治理领域特别是在世界卫生组织和联合国中的作用。欢迎联大于 2018 年 9 月 26 日和 27 日举行终止结核病问题高级别会议和预防和控制非传染性疾病问题第三次高级别会议。外长们强调创建金砖国家结核病防治研究网络的重要性，这有助于研发新疫苗，提供安全、可承付的诊断和治疗制度，尤其是有助于多重耐药结核病的发现和治疗。为此，外长们欢迎世卫组织第一届终止结核病全球部长级会议"在可持续发展时代终止结核病：多部门合作"于 2017 年 11 月 17 日在莫斯科举行。这些倡议表明金砖国家在诸如艾滋病等其他卫生问题上有很大潜力推进合作项目。

29. 外长们认识到可承付药物（包括仿制药）对于让更多人获得可承付的多重耐药和泛耐药肺结核病的治疗极其重要。外长们重申最大程度使用经修订的世界贸易组织《与贸易有关的知识产权协议》（《TRIPS 协定》）和《TRIPS

协定与公共健康多哈宣言》有关条款的权利，后者承认解读和实施知识产权的方式应有助于支持会员国保护公共健康特别是推动所有人都能获得药物。

30. 外长们重申金砖国家人文交流对于促进共同发展、加强人民之间相互了解、友谊与合作的重要性。外长们赞赏金砖国家在体育、青年、电影、文化、教育、旅游、治国理政等领域交流与合作取得稳步进展。外长们支持金砖国家进一步加强人文交流与合作，使金砖伙伴关系在金砖国家人民中产生有意义的共鸣。

31. 外长们讨论了在第 73 届联大期间相互支持彼此所提倡议的可能性。

32. 外长们听取了巴西担任 2019 年金砖国家主席国的办会设想。南非、俄罗斯、印度和中国全力支持巴西 2019 年主办金砖国家领导人第十一次会晤。

上海合作组织成员国政府首脑（总理）理事会第十七次会议联合公报

当地时间 2018 年 10 月 11 日至 12 日，上海合作组织成员国政府首脑（总理）理事会第十七次会议在塔吉克斯坦共和国杜尚别举行。会议发表联合公报，全文如下：

2018 年 10 月 11 日至 12 日，上海合作组织（以下简称"上合组织"）成员国政府首脑（总理）理事会第十七次会议在塔吉克斯坦共和国杜尚别举行。印度共和国外交部长斯瓦拉杰、哈萨克斯坦共和国总理萨金塔耶夫、中华人民共和国国务院总理李克强、吉尔吉斯共和国总理阿布尔加济耶夫、巴基斯坦伊斯兰共和国外交部长库雷希、俄罗斯联邦政府总理梅德韦杰夫、塔吉克斯坦共和国总理拉苏尔佐达、乌兹别克斯坦共和国总理阿里波夫出席会议。

塔吉克斯坦共和国总理拉苏尔佐达主持会议。

上合组织秘书长阿利莫夫、上合组织地区反恐怖机构执行委员会主任瑟索耶夫、上合组织实业家委员会理事会主席陈洲和上合组织银行联合体轮值主席代表、中国国家开发银行副行长刘金出席会议。

上合组织观察员国代表阿富汗伊斯兰共和国首席执行官阿卜杜拉、白俄罗斯共和国总理鲁马斯、蒙古国副总理恩赫图布辛、伊朗伊斯兰共和国外交部第一副部长萨尔马迪，以及独联体执委会副主席兼副执行秘书斯马古洛夫、亚洲相互协作与信任措施会议秘书处执行主任米尔佐耶夫、联合国亚太经社会北亚和中亚次区域办事处负责人户田博人出席会议。

塔吉克斯坦共和国总统拉赫蒙会见了上合组织成员国代表团团长。

会议期间，各代表团团长在建设性的气氛中就当前国际和地区经济发展问题广泛交换意见，讨论了深化上合组织框架下经济和人文合作的前景与措施，以进一步巩固成员国人民相互理解与传统友谊。

各代表团团长指出，积极落实 2018 年 6 月 10 日在青岛举行的上合组织成员国元首理事会会议共识具有重要意义，强调应进一步挖掘上合组织扩员巨大潜力，深化各领域合作。

各代表团团长指出，世界经济形势虽有所好转，但仍不稳定，经济全球化进程遭遇单边主义和保护主义抬头、发展速度减缓、金融市场波动等问题及国际贸易其他挑战。

此外，国际恐怖主义、地区冲突加剧、传染性疾病、气候变化和自然灾害引发的风险对世界经济前景造成负面影响。

各代表团团长指出，要恪守《上合组织宪章》宗旨和任务，遵循《上合组织至 2025 年发展战略》，继续加强政治、安全、贸易等领域合作，推动建设相互尊重、公平正义、合作共赢的新型国际关系，确立构建人类命运共同体的共同理念。

各代表团团长重申联合国在推动落实 2030 年可持续发展议程方面的核心作用，呼吁发达国家根据此前承担的义务，向发展中国家提供资金、技术和能力建设支持。

各代表团团长认为，上合组织成员国共同

努力的优先方向是创造便利条件扩大经贸和投资合作，发展高科技产业，促进工业产业现代化，实施过境和交通物流、能源、农业、信息和通信及其他基础设施项目，提升各成员国经济竞争力，克服各国技术差距，提高人民生活水平和质量。

各代表团团长重申，经济合作是上合组织地区经济社会发展与稳定的重要保障，必须在该领域采取共同有效措施。

各代表团团长支持进一步完善全球经济治理体系，发展经贸和投资合作，认为世界贸易组织仍是各国讨论国际贸易议题和制定权威、有效多边贸易体制规则的重要平台，应进一步为共同构建开放型世界经济深化合作，不断巩固开放、包容、透明、非歧视、以规则为基础的多边贸易体制，反对任何形式的单边主义和贸易保护主义。

各代表团团长主张遵循《上合组织宪章》，推动贸易和投资便利化，以逐步实现商品、资本、服务和技术的自由流通。

为此，应落实 2018 年 6 月 10 日在青岛发表的《上合组织成员国元首关于贸易便利化的联合声明》，考虑到共同努力支持和巩固以世界贸易组织规则为基础的多边贸易体制的重要性，继续就达成本区域内贸易便利化目标的相关路径开展工作。

各代表团团长强调，逐步落实《上合组织成员国多边经贸合作纲要》及其落实措施计划、《〈上合组织至 2025 年发展战略〉2016 – 2020 年行动计划》和《2017 – 2021 年上合组织进一步推动项目合作的措施清单》十分必要。同时指出，制定新版《上合组织成员国多边经贸合作纲要》对指导上合组织区域经济合作持续稳定发展具有重要意义。

各代表团团长指出，进一步发展区域经济具有重要意义，包括落实上合组织成员国多边合作倡议，以促进本地区互利伙伴合作，加快经济发展，扩大交通和能源领域合作，提升投资规模，促进创新技术应用和保障居民就业。

各代表团团长认为，电子商务在促进经济和贸易增长、产业升级等方面发挥着重要作用，表示愿进一步深化该领域合作。

各代表团团长强调，加强服务业和服务贸易合作有利于进一步深化各成员国经贸合作，挖掘经济增长潜力。团长们支持继续就《上合组织成员国服务贸易合作框架》开展工作，以建立上合组织服务贸易合作的工作机制。

哈萨克斯坦共和国、吉尔吉斯共和国、巴基斯坦伊斯兰共和国、俄罗斯联邦、塔吉克斯坦共和国和乌兹别克斯坦共和国重申支持中华人民共和国提出的"一带一路"倡议，肯定各方为共同实施"一带一路"倡议，包括为促进"一带一路"倡议和欧亚经济联盟对接所做的工作。各方支持利用地区国家、国际组织和多边合作机制的潜力，在上合组织地区构建广泛、开放、互利和平等的伙伴关系。

各代表团团长肯定 2018 年 9 月 19 日在杜尚别举行的上合组织成员国经贸部长第十七次会议成果。会议就继续为成员国的经济活动参与者营造便利环境，并继续就上合组织服务贸易和电子商务领域的相关合作文件开展工作进行了讨论。

各代表团团长强调，应继续深化交通运输领域多边合作，包括新建和升级现有国际公路和铁路交通线路及多式联运走廊，实施旨在有效释放成员国过境运输潜力的其他基础设施合作项目。

各代表团团长认为，为实现上述目标，应建立统一高效的过境系统，包括电子单据运转、担保机制和货物跟踪。

各代表团团长指出，应进一步切实落实 2014 年 9 月 12 日在杜尚别签署的《上合组织成员国政府间国际道路运输便利化协定》，并继续就《上合组织成员国公路发展规划》草案开展工作。

各代表团团长欢迎白俄罗斯共和国加入《上合组织成员国政府间国际道路运输便利化协定》的决定。

各代表团团长积极评价 2018 年 9 月 19 日在塔什干举行的首次上合组织成员国铁路部门负责人会议成果，包括关于建立相关工作组的决定。

各代表团团长责成主管部门继续研究制定《上合组织成员国政府间建立和运行交通运输一体化管理系统协定》和上合组织铁路合作构想草案。

各代表团团长欢迎 2018 年 9 月 20 日至 21 日在塔什干举行的"国际运输走廊体系中的中亚：战略前景和潜力"国际会议成果，指出该会议为推动建立和发展上合组织地区交通走廊多边对话作出重要贡献。

各代表团团长认为，继续在能源领域开展全方位互利合作具有重要意义，包括利用可再生能源，支持更加广泛地使用各类经济效益高的清洁能源，减少对环境的不利影响，促进节能经济。

各代表团团长强调，本地区现有和在建的水电设施等能源基础设施对于实现可持续发展目标具有重要意义，愿加强在该领域的合作。

各代表团团长支持加强金融领域务实合作，为发展贸易和投资合作创造良好条件。成员国将继续探寻关于建立上合组织项目融资保障机制的共同立场，包括研究建立上合组织开发银行和发展基金（专门账户）的问题。

各代表团团长支持在相互贸易中进一步扩大使用本币结算。

各代表团团长指出，上合组织实业家委员会和银行联合体在深化成员国实业界和金融界协作，发挥观察员国和对话伙伴的潜力，发展本组织务实、贸易和投资合作方面发挥着重要作用。

各代表团团长积极评价巴基斯坦哈比银行加入上合组织银行联合体和上合组织银行联合体扩员进程。

各代表团团长支持继续开展农业领域合作，特别是在农产品加工和贸易、农业科研、落实各项联合项目等方面开展合作。

各代表团团长强调，2018 年 9 月 19 日在比什凯克举行的上合组织成员国农业部长会议成果及有效落实《〈上合组织成员国政府间农业合作协定〉2018－2019 年落实措施计划》具有重要意义。

各代表团团长重申，将加强在预防和应对跨境动物疫病、优质农产品准入和卫生检疫等领域的交流与合作，保障粮食安全。为此，团长们对通过《上合组织成员国经授权的主管部门间跨境动物疫病联合防控和检疫技术合作备忘录》和《上合组织成员国粮食安全合作纲要》表示欢迎，支持上合组织与联合国粮农组织开展合作。

各代表团团长重申支持中小企业发展十分重要，必须采取进一步措施落实 2018 年 6 月 10 日在青岛签署的《上合组织成员国经贸部门间促进中小微企业合作的谅解备忘录》，欢迎 2018 年 10 月 18 日至 19 日在乌法举行第四届上合组织和金砖国家地区小企业论坛。

各代表团团长指出，落实设立上合组织地方领导人论坛的倡议具有重要意义，欢迎 2018 年 12 月 4 日至 6 日在车里雅宾斯克市举行上合组织成员国地方领导人首次会晤。

各代表团团长支持制定《上合组织成员国地方合作发展纲要》的建议，主张尽快商定并通过该文件。

各代表团团长支持继续深化海关合作，切实落实 2007 年 11 月 2 日在塔什干签署的《上合组织成员国政府间海关合作与互助协定》，指出落实 2018 年 6 月 10 日在青岛签署的《上合组织成员国海关关于交换跨境运输消耗臭氧层物质信息合作的备忘录》和《上合组织成员国海关关于利用莫斯科地区情报联络中心案件数据库执法平台渠道全天候联络站开展信息互助的规程》具有重要意义。

各代表团团长强调，进一步深化在文化、卫生、教育、科技、旅游、民间手工艺、环保、青年交流、媒体和体育等领域合作具有重要意义，将为上合组织成员国人民带来更多福祉。

各代表团团长指出，应继续积极落实 2006 年 6 月 15 日在上海签署的《上合组织成员国政府间教育合作协定》，以扩大学术科研交流，联合培养高端人才。团长们指出，即将于 2018 年 10 月 16 日至 17 日在阿斯塔纳举行的上合组织成员国教育部长会议及 2018 年 11 月 22 日至 23 日在杜尚别举行的上合组织"教育周"活动具有重要意义。

各代表团团长支持继续开展文化交流，共同举办各项活动，促进成员国人民相互理解，保护本地区包括丝绸之路沿线文化和自然遗产。团长们高度评价 2018 年 5 月 17 日在三亚举行的上合组织成员国文化部长会议成果，认为其有助于扎实落实 2007 年 8 月 16 日在比什凯克签署的《上合组织成员国政府间文化合作协定》。

各代表团团长支持逐步落实 2018 年 6 月 10 日在青岛发表的《上合组织成员国元首致青年共同寄语》及其实施纲要，高度评价 2018 年在中国举行的上合组织成员国中小学生夏令营。

各代表团团长肯定上合组织在促进青年团结方面所做的积极工作，包括上合组织青委会开展的活动、上合组织秘书处倡议举行的面向中学生和大学生的"上合组织开放日"、"模拟上合组织"和"21 世纪领袖"等活动。

各代表团团长欢迎上合组织秘书处于 2018 年 11 月 8 日至 12 日在东方市举行主题为"上合组织青年反对恐怖主义和极端主义"的上合组织国家青年代表大会的建议。

各代表团团长肯定 2018 年 5 月 16 日至 17 日在北京举行的上合组织国家妇女论坛成果，支持吉尔吉斯共和国于 2019 年举办下届论坛的建议。

各代表团团长欢迎在撒马尔罕市成立丝绸之路旅游大学，支持该大学与上合组织成员国相关高校和机构开展合作。

各代表团团长指出，切实落实 2018 年 6 月 10 日在青岛签署的《上合组织秘书处与联合国教科文组织合作谅解备忘录》十分重要。

各代表团团长高度评价吉尔吉斯共和国作为世界游牧民族运动会创始国为推广古代游牧文明和传统所发挥的作用，指出 2018 年 9 月 2 日至 8 日第三届世界游牧民族运动会在乔蓬阿塔市成功举行。

各代表团团长认为，民间外交机制在加强上合组织成员国互相理解和人文文化交流方面发挥着重要作用，欢迎乌兹别克斯坦共和国设立乌兹别克斯坦上合组织民间外交中心。

各代表团团长积极评价 2018 年 4 月 17 日至 18 日在莫斯科举行的上合组织成员国科技部长会议成果，共同批准了《上合组织成员国 2019 – 2020 年科研机构合作务实措施计划（路线图）》，以落实 2013 年 9 月 13 日在比什凯克签署的《上合组织成员国政府间科技合作协定》，加强科技和创新合作。

各代表团团长强调，应深化卫生应急、人民卫生防疫保障、制药和打击假冒医疗产品、防止传染病扩散、非传染性疾病防控、医学教育与医疗人员交流、科研、落实促进国际发展的合作纲要、保障食品安全及质量等领域多双边卫生合作，共同维护人民健康，促进创新合作。

各代表团团长指出，应加快制定《上合组织成员国卫生领域合作主要活动计划（2019 – 2021 年）》。

各代表团团长欢迎在《阿拉木图宣言》发表 40 周年之际，在保障卫生服务全面覆盖及实现可持续发展目标行动框架内于 2018 年 10 月 25 日至 27 日在阿斯塔纳举行全球初级医疗会议。

各代表团团长支持不断完善上合组织地区传染病大规模暴发卫生应急和传染性疾病扩散预警领域合作。为此，团长们指出，应切实落实 2018 年 6 月 10 日在青岛发表的《上合组织成员国元首关于在上合组织地区共同应对流行病威胁的声明》。

各代表团团长认为，加强上合组织成员国媒体间交流与合作十分重要，有必要继续就制定该领域政府间合作协议草案开展工作。

各代表团团长支持进一步扩大旅游合作，坚持落实 2016 年 6 月 24 日在塔什干签署的《上合组织成员国旅游合作发展纲要》，肯定 2018 年 5 月 9 日在武汉举行的上合组织成员国旅游部长会议成果，指出落实《2019－2020 年落实〈上合组织成员国旅游合作发展纲要〉联合行动计划》、加强上合组织与世界旅游组织合作具有重要意义。

各代表团团长高度评价为商签《上合组织成员国环保合作构想》所做工作，支持落实该文件，认为应举行上合组织成员国环保部门领导人首次会议。

各代表团团长高度评价 2018 年 6 月 20 日至 22 日在杜尚别举行的"水促进可持续发展 2018－2028"国际行动十年高级别国际会议成果，同意继续努力推动第 73 届联大通过关于该行动中期全面报告的相关决议，以促进水资源领域可持续发展目标和任务的实现。

各代表团团长指出，保障上合组织地区辐射安全具有重要意义，欢迎在第 73 届联大期间推动通过《关于国际社会在预防中亚地区辐射威胁方面作用的决议》。

各代表团团长高度重视加强预防和紧急救灾领域的合作，指出应继续切实落实 2005 年 10 月 26 日在莫斯科签署的《上合组织成员国政府间救灾互助协定》及其 2018－2019 年落实行动计划。

各代表团团长积极评价 2018 年 5 月 25 日在北京举行的上合组织成员国最高法院院长会议成果，认为其有利于深化成员国司法领域的交流与合作。

各代表团团长强调，应完善上合组织条约法律基础，肯定了 2018 年 8 月 24 日在乔蓬阿塔市举行的上合组织成员国司法部长会议成果，认为其有利于进一步发展司法鉴定和司法服务方面的多边合作。

各代表团团长高度评价 2018 年 9 月 20 日在杜尚别举行的上合组织成员国总检察长会议成果，肯定会议为保障地区安全稳定、应对恐怖主义和极端主义所作的重要贡献。

各代表团团长重申，愿在平等互利基础上扩大同上合组织观察员国和对话伙伴的合作，扩大上合组织同联合国及其专门机构、其他国际和地区组织的交流合作。

各代表团团长通过了《上合组织秘书处关于〈上合组织成员国多边经贸合作纲要〉落实情况的报告》。

会议批准了上合组织 2019 年预算，并就上合组织常设机构的一系列财务和组织问题签署决议。

各代表团团长对塔方的热情接待和上合组织成员国政府首脑（总理）理事会会议高水平的组织工作表示感谢。

上合组织成员国政府首脑（总理）理事会下次会议将于 2019 年在乌兹别克斯坦共和国举行。

印度共和国外交部长　斯瓦拉杰
哈萨克斯坦共和国总理　萨金塔耶夫
中华人民共和国国务院总理　李克强
吉尔吉斯共和国总理　阿布尔加济耶夫
巴基斯坦伊斯兰共和国外交部长　库雷希
俄罗斯联邦政府总理　梅德韦杰夫
塔吉克斯坦共和国总理　拉苏尔佐达
乌兹别克斯坦共和国总理　阿里波夫

第十二届亚欧首脑会议
"全球伙伴应对全球挑战"

主席声明

引言

1. 第十二届亚欧首脑会议于 2018 年 10 月 18 日至 19 日在比利时布鲁塞尔举行。会议由欧盟主办,欧洲理事会主席唐纳德·图斯克主持。来自 51 个亚欧国家的元首、政府首脑、高级别代表以及欧盟委员会主席、东盟秘书长出席会议。

2. 本次会议主题为"全球伙伴应对全球挑战"。领导人讨论了亚洲和欧洲在加速变化的世界中所面临的主要机遇与挑战。强调亚欧会议对亚洲和欧洲加强对话、深化合作和维护多边主义、共同应对全球挑战的主平台作用。重申非正式性、灵活性、相互尊重、协商一致、平等合作、互利共赢等亚欧会议的主要原则,强调将致力于保持亚欧会议进程的开放性,进一步改进亚欧会议职能,并提升其在亚欧民众中的影响力和能见度。

3. 领导人强调,国际形势的最新发展凸显了亚欧会议作为维护有效的多边主义机制和以国际法为基础、以联合国为核心的国际秩序组成部分的重要作用。决心共同努力,在遵守国际法基础上,推动实现和平、安全、可持续的发展与繁荣,包括根据《联合国宪章》、《世界人权宣言》及相关国际人权法、人道法等条约、法规促进和保护人权。强调维护开放型世界经济和以规则为基础、以世界贸易组织为核心的多边贸易体制至关重要。强调将遵守世界贸易组织规则,通过合作提高争端解决机制效力,加倍努力推进世界贸易组织改革。

4. 领导人对第十一届亚欧首脑会议(乌兰巴托,2016 年 7 月)以来在经济(首尔,2017 年 9 月)、交通(巴厘岛,2017 年 9 月)、外交(内比都,2017 年 11 月)、教育(首尔,2017 年 11 月)、文化(索菲亚,2018 年 3 月)、财政(索菲亚,2018 年 4 月)领域举行的部长级会议取得的成果表示赞赏。注意到近期举办的亚欧会议官方系列活动和倡议,以及即将举行的部长级会议,这展现出亚欧会议框架所带来的重要附加值。

5. 领导人强调将致力于全面落实 2030 年可持续发展议程和可持续发展目标、以及亚的斯亚贝巴行动议程,以实现消除贫困、打造包容与可持续的共同命运。在这一过程中,任何人都不会落下,同时聚焦扶持最弱势群体。强调青年人在促进可持续发展方面的作用,各利益攸关方在推动包容性社会经济发展、构建可持续性社会、打造以人民为中心的发展方面的作用,以及公共私营部门合作的重要性。强调科技创新合作对以可持续方式实现 2030 年可持续发展议程和应对全球挑战具有重要意义。

6. 领导人表达了对消除自然环境所面临的日益严峻威胁的决心,认为需要通力协作,加大保护力度。支持开展区域合作,如参照多瑙河和湄公河流域合作模式,将跨界水资源管理及食品安全挑战转化为可持续发展机遇。

7. 领导人重申，性别平等及妇女、女童赋权对可持续发展至关重要，应充分纳入亚欧会议三大支柱领域（政治、经济金融、社会文化）。认为妇女赋权事关实现所有人的人权，并且有利于推动增长、减少贫困。重申将继续努力消除一切针对妇女、女童的暴力，包括人口贩卖和其他形式的剥削。同意倡导女性领导权，推动妇女赋权，确保女性全面参与政治和其他决策进程。

8. 领导人强调亚欧互联互通与实现 2030 年可持续发展议程关联性。强调在亚欧会议三大支柱领域加强亚欧可持续互联互通符合各成员利益，将使国家、人民和社会更加紧密相连。

领导人欢迎第十三届亚欧外长会议通过的亚欧会议互联互通范畴，忆及其主要要素，包括坚持市场原则和相关国际规则、规范和标准。欢迎各方为促进亚欧互联互通所作努力，包括在业已完成授权的亚欧互联互通工作组框架下开展的工作。决定下阶段互联互通工作应以工作组最终报告为主要基础，并授权在高官会框架内继续发挥作用。领导人注意到欧盟发布的亚欧可持续互联互通门户网站、亚欧会议互联互通清单，作为其对推进亚欧会议在该领域工作的建议。

9. 领导人认识到气候变化带来的严峻挑战以及在世界范围的重大影响，各国有必要根据联合国气候变化框架公约下通过的《巴黎协定》采取迅速、有效的行动。注意到联合国政府间气候变化专门委员会特别报告的有关内容，该报告明确认了全球变暖的不利影响。领导人对当前全球努力不足以实现《巴黎协定》气温目标表示深切担忧。强调缓解和适应气候变化是当前紧迫和优先事项。重申坚定支持《巴黎协定》，在今年波兰卡托维兹第二十四届联合国气候变化框架公约缔约方会议上快速落实《巴黎协定》并完成工作日程——协定落实应体现公平，同时考虑到不同国家国情，遵循共同但有区别责任及各自能力原则。

领导人同意在清洁能源（包括可再生能源、能效及其他低排放技术领域）、工业、交通、农林业、创新、资金募集、防止森林砍伐、去沙漠化、水资源匮乏、恢复力、灾害管理和风险防控等方面展开有力行动，以共同应对气候变化挑战。

10. 领导人强调致力于维护全球核不扩散体系，确保全面落实相关国际文书和联合国安理会决议规定的义务。强调核能安全的重要性。

11. 领导人强调朝韩关系改善、朝鲜半岛实现完全无核化和建立和平机制，对东亚及世界的和平、安全和稳定具有重要意义。欢迎韩国为实现无核武器的朝鲜半岛实现持久和平与稳定所作的努力，以及其他合作伙伴为此提出的外交倡议。欢迎半岛局势的最新进展，尤其是三次朝韩领导人会晤和美朝领导人会晤。支持全面快速落实《板门店宣言》和《平壤共同宣言》以及《美朝联合声明》。上述文件确认了实现半岛完全无核化和建立永久和平机制的共同目标。

领导人呼吁朝鲜根据联合国安理会决议，完全、可核查、不可逆地销毁全部核武器和其他大规模杀伤性武器、弹道导弹及相关项目和设施。呼吁朝鲜履行实现完全无核化的承诺。承诺支持通过外交方式寻求全面解决办法，全面执行联合国安理会决议，包括其中的限制性措施。

领导人敦促朝鲜尽快重返《不扩散核武器条约》和国际原子能机构监督保障体系，并同监督体系开展合作。

领导人认为当前为解决朝鲜相关问题进行的外交努力也应有助于改善朝鲜人权和人道局势，包括绑架问题。

12. 关于伊朗，领导人重申共同支持外交对话和联合国安理会 2231 号决议核可的"伊朗核问题全面协议"，该协议正在发挥有效作用并在实现其目标，即确保伊核项目仅具有和平性质。认识到除伊朗全面有效履行核问题相关承诺外，解除制裁及其带来的后果也是伊核协议的重要部分。维护伊核协议，事关对国际协议的尊重，事关维护国际安全、和平与稳定。

13. 领导人也就在各方共同关心和关切的和平安全问题上加强合作交换了看法，包括阿富汗、叙利亚、中东和北非、乌克兰（联合国安理会 2202 号决议）。领导人重申完全支持联合国安理会 2166 号决议。

14. 领导人欢迎 2018 年 4 月 25 日至 28 日在新加坡举行的第 32 届东盟峰会取得的成果，赞扬东盟为扩大与各方合作所作的努力，欢迎亚欧会议欧洲成员通过东盟主导的进程加大同该地区的联系。

支柱一：应对政治与安全挑战的全球伙伴

15. 领导人承诺在国际法适用规定和关于负责任国家行为原则的普遍规范、规则和原则的基础上，通过增强互信，深化在信息通讯技术和数字互联互通领域的合作。强调需要建设开放、安全、稳定、易接入、和平的信息通讯环境。强调既要应对网络安全威胁，防止通过信息通讯技术开展犯罪或恐怖主义活动，也要保护网络自由与人权，遵守个人隐私和数据安全相关国内与国际法规。

16. 领导人强调，一切形式的恐怖主义均对国际和平与安全构成严重威胁。无论动机、时间与恐怖分子身份，恐怖主义行为都是毫无道理可言。强调有必要平衡、综合执行《联合国全球反恐战略》。承诺在亚欧会议框架下加强协作，共同应对导致暴力的激进化、恐怖主义融资、恐怖组织滥用网络、恐怖分子招募、外国恐怖作战分子及跨国犯罪。强调预防与打击恐怖主义和滋生恐怖主义的暴力极端主义至关重要。打击恐怖主义的行动应符合国际法规定的国家义务，特别是国际人权法、难民法和人道主义法。认为女性在其中可发挥重要作用。呼吁推进《联合国全面反恐公约》谈判。

17. 领导人强调移民潮是全球性挑战，需要多层面应对。强调安全、有序和常规移民能够有效促进来源国、中转国和接收国的经济增长和可持续发展。强调抑制非常规移民需要国际社会综合施策、团结一致、共担责任、协调行动，各国有义务接收本国公民返乡，并在尊重国家能力基础上以各方认可的常规途径接收移民。领导人对亚欧地区由非常规移民、被迫流离失所者、移民和人口偷渡和贩卖引起的人道危机表示担忧，表示愿加强合作、共同应对。强调有必要解决非常规移民问题产生的根源。要促进和充分尊重所有移民的人权，并确保对难民和被迫流离失所者的保护。注意到联合国框架下对该问题的讨论，尤其是《全球促进安全、有序和正常移民契约》和《全球难民契约》，这有助于增强国际社会应对移民潮和难民问题的能力。

18. 领导人强调应着眼若开邦问题产生根源，重在寻求全面、持久的解决方案，并赞赏孟加拉国对避乱民众的安置。期待缅孟双方于 2017 年 11 月 23 日签署的若开邦避乱民众遣返协议及缅甸和联合国难民署、开发署于 2018 年 6 月 6 日签署的谅解备忘录得到执行。强调需要为避乱民众提供安全、自愿、有尊严、可持续的返回并融入当地社会的有利条件。领导人强调问责的重要性，并注意到国家和国际层面作出的相关努力。表示将继续支持若开邦实现和平、稳定和法治，支持不同族群间实现民族和解，确保若开邦可持续、公平发展。

19. 领导人强调将致力于构筑伙伴关系，完善全球海洋治理，推动可持续蓝色增长，以实现海洋清洁和可持续管理。将坚持应对气候变化和不可持续的海洋生物资源利用带来的海洋治理挑战，包括非法、不报告和不管制捕鱼问题对经济和环境的不良影响。领导人对海洋塑料垃圾快速增长表示关切，强调应按照联合国框架下的共识，停止向海洋排放垃圾和微塑料。同意将防止废弃物产生及其管理作为国际合作重点，打造高效、可持续航运。

20. 领导人重申致力于维护和平稳定，确保海上安全、航行和飞越自由，充分按照国际法打击海盗行为。领导人强调根据国际法，特别是《联合国宪章》及《联合国海洋法公约》解决争端，避免使用武力或威胁使用武力，避免采取违反国际法特别是《联合国海洋法公约》的单边行动，以及采取增进互信举措和保持克制的重要性。

支柱二：应对经济与金融挑战的全球伙伴

21. 领导人重申强烈支持维护和加强以规则为基础、以世贸组织为核心的多边贸易体制。重申第七届亚欧经济部长会议的结论，包括贸易与投资便利化部分。强调共同致力于推动开放、自由和非歧视的贸易，认为这是实现长期增长与繁荣的前提条件之一。重申有必要进一步加强和改革世贸组织，以帮助迎接新挑战，并且改进其透明度、监督、争端解决机制和规则制订功能。承诺确保在公平竞争环境下推行自由和开放贸易，反对各种形式的保护主义，包括单边措施和不公平贸易作法，以应对新挑战。强调世贸组织成员实施和执行世贸组织义务的重要性，包括正在进行的《贸易便利化协定》实施工作。

22. 领导人同意第十三届亚欧财长会议意见，赞同由强劲内外需求拉动的全球稳定同步增长的重要性。重申应对以下全球经济主要新增风险的决心：跨境一体化倒退、金融脆弱性以及结构性经济低迷。强调全球气候变化对经济增长的影响。强调亚欧会议在跨境贸易和投资领域开展合作的重要性，特别是在促进青年体面就业和可持续应对全球挑战方面的重要作用。为了实现更好的亚欧互联互通，领导人强调发展并完善交通系统和基础设施的重要意义。这些交通系统和基础设施应价格合理、可及、遵循国际标准，符合环境、社会和财政可持续性及融资可行性。鉴此，领导人同意推动透明、公平竞争和创新的融资机制。

23. 领导人强调在区域和全球范围内继续结构性努力，对推动实现更深层次的经济一体化具有重要意义。强调应推动区域经济一体化进程，促进各地区经济互动。强调有必要确保

公共和私营部门债务可持续，并采取措施推动私营部门债务去杠杆。强调地区金融机构间合作以确保经济可持续增长。

24. 领导人强调，中小微企业在亚欧地区推动平衡和包容性增长，促进创新和低排放经济发展中发挥积极作用。赞同第七届亚欧经济部长会议意见，强调应把握技术变革和第四次工业革命带来的机遇。强调应为中小微企业提供更好的数字基础设施，支持其参与区域和全球价值链。

25. 领导人强调亚欧会议在推动妇女经济赋权方面发挥的作用，尤其是通过制定有效政策及适当法律条款。承诺通过包括倡导女性领导权、培养女性企业家精神、提高女性金融知识水平及最大化利用新技术等方式消除歧视，推动妇女更好地融入劳动力市场与全球经济，不断缩小并在 2030 年前彻底消除在政治、经济、企业和公共生活中的性别鸿沟。

26. 领导人强调发展数字经济的好处，包括降低准入门槛、减少交易成本、提高生产力等。认识到有必要共同应对数字经济和技术变革快速扩张带来的挑战，尤其是打击逃税、避税、漏税。重申第十三届亚欧财长会议的承诺，致力于应对国际税收和国内资源流通相关挑战。认识到有必要审查现有税收模式的两个关键方面，即利润分配和规则对接，以使税收与价值创造相符合。亚欧各国领导人将参与联合国、二十国集团和经合组织的全球性讨论，期待各方在 2020 年前协商一致形成有雄心且有效的解决方案，应对经济数字化对国际税收体系的影响，并在 2019 年更新进展。

支柱三：加强社会和文化联系的全球伙伴

27. 领导人认可接受优质教育是一项基本人权，也是提高公民责任意识、促进经济繁荣、增强社会韧性的工具，并再次确认第六届亚欧教育部长会议的共识。认识到将商业产业与公立教育相结合以及加强在教学中使用数字工具的价值。指出职业教育、人力资源发展等终身

学习能提升个人技能，更好适应全球化、数字化要求，从而确保个人就业能力。对伊拉斯谟项目、玛丽居里奖学金和 ASEM – DUO 奖学金计划等交流项目表示认可。

28. 领导人重申，亚欧会议教育进程旨在建立全面、面向所有人的教育体系以实现包容与平等。领导人强调绝不让任何一个人掉队，将致力于满足所有人特别是残疾人、社会经济弱势群体、移民以及最具天赋学习者的需求。

领导人承诺实现性别平等和妇女赋权，为此将支持全民优质教育，制定考虑性别因素的变革性政策以解决妇女和女童所面临的多种挑战，包括各种歧视、经济社会机会受限、医疗保健等基本服务缺失等。为推动 2030 年可持续发展议程，支持在符合各国国情的情况下为女童接受 12 年优质教育提供更多机会。强调女性参与科学技术工程和数学研究的重要性。

29. 领导人强调，可持续旅游对促进人文交流、经济合作和高质量就业具有促进作用。承诺促进和加强亚欧可持续旅游合作，包括通过分享最佳实践和专业知识、开展培训和能力建设，保护和管理文化及自然遗产、环境和生物多样性。

30. 领导人重申文化外交的重要性，认为文化合作是社会和经济发展的引擎，特别是通过促进城市间合作，充分利用第八届亚欧文化部长会议提及的欧洲文化首都、东亚文化城市、东盟文化城市和其他类似倡议的机遇。欢迎于第十二届亚欧首脑会议期间举行主题为"欧洲遇见亚洲，亚洲遇见欧洲"的亚欧文化节（10 月 18 日至 30 日，布鲁塞尔）。领导人欢迎在亚欧首脑会议和外长会议期间，经常性举行亚欧文化节，以加强亚欧会议成员间的文化对话，包括推动文艺工作者互访，促进交流互鉴。注意到促进不同宗教间对话对推动亚欧互联互通的重要意义。

31. 领导人对亚欧基金（设于新加坡）的工作表示赞赏，认为其活动促进人文交往、聚焦公民社会尤其是青年，与政府主导的亚欧会议进程相辅相成。呼吁亚欧基金继续将其活动与亚欧会议优先议题紧密结合。强调通过亚欧会议信息网站及其社交平台提高亚欧基金和亚欧会议能见度的重要性。

领导人对主席和主办方为布鲁塞尔第十二届亚欧首脑会议取得圆满成功所作努力及其向与会各方给予的热情周到安排表示感谢。期待将于 2020 年在柬埔寨金边举行的第十三届亚欧首脑会议。

中俄总理第二十三次定期会晤联合公报

应中华人民共和国国务院总理李克强邀请，俄罗斯联邦政府总理德·阿·梅德韦杰夫于2018年11月5日至7日对中华人民共和国进行正式访问。

访问期间，中华人民共和国主席习近平会见了梅德韦杰夫总理，李克强总理同他举行了中俄总理第二十三次定期会晤。全国人大常委会委员长栗战书会见了梅德韦杰夫总理。梅德韦杰夫总理还应中方邀请出席了在上海举行的首届中国国际进口博览会。

一

两国总理（以下称"双方"）强调，中俄全面战略协作伙伴关系在各领域快速发展，内涵不断丰富。中俄关系是新时期国家间开展建设性对话的典范，符合两国人民的根本利益，是维护世界政治和经济稳定的重要因素。

双方重申，中俄合作建立在传统睦邻友好、相互尊重和相近的历史使命基础上，双方对开展相互合作给予高度重视，将之视为长期和战略选择。

双方重申，愿就"一带一路"建设与欧亚经济联盟对接继续积极协作，将在开放、透明和考虑彼此利益的基础上，探讨构建"欧亚伙伴关系"，促进地区一体化进程。

双方确认将在所有重大双边和国际问题上相互坚定支持，为实现本国繁荣及维护世界和平、安全、发展开展紧密协作。

二

双方高度评价中俄总理定期会晤机制为推动务实和人文合作发挥的作用。

2018年至2019年是中俄地方合作交流年，两国地方政府和各界团体在此框架下举行多项活动，两国地方交流合作蓬勃发展。中国东北地区和俄罗斯远东及贝加尔地区政府间合作委员会、中国长江中上游地区和俄罗斯伏尔加河沿岸联邦区地方合作理事会有效运行。

双方指出，两国贸易增长势头强劲，相互投资稳步增长，民用航空、交通基础设施、能源、核能、科学技术、航天、农业等领域合作取得积极进展。双方确认将充分挖掘中俄总理定期会晤及其框架下的5个副总理级合作委员会、相应分委会和工作组潜力，拓展北极交通通道及基础设施建设、电子商务、服务贸易等合作新领域。双方表示愿共同努力，巩固现有的良好合作态势，充分挖掘双边经贸合作潜力，提升合作质量和水平。为此，双方商定：

——寻找经贸合作新"增长点"，吸引两国领先的科研中心参与；

——支持和发展跨境电子商务、服务贸易等新型贸易方式。发挥中俄电子商务合作机制作用，促进两国电子商务发展和交流合作；

——加强技术贸易促进合作，扩大技术贸易规模；

——改善贸易结构，鼓励两国企业在机电产品生产领域开展产业合作，扩大高技术产品在双边贸易中的比重；

——扩大相互投资和经济技术合作，推进战略性大项目实施；

——创造良好贸易和投资环境，发展贸易

和投资融资；

——充分发挥中俄贸易投资障碍磋商机制作用，定期就消除双边贸易和投资合作中的障碍问题交流信息，视情就相关议题举办研讨会，推动提高便利化水平；

——推动中国各省、自治区、直辖市与俄罗斯各联邦主体间及两国城市之间建立和开展友好交往，以此深化地方间经贸合作；

——积极发展两国投资合作，重点推动中俄投资合作委员会第五次会议确认的重大投资项目，积极拓展在高新技术产业等领域的投资合作，加强项目实施情况信息共享，就双边投资统计口径和方法开展交流，持续提升两国投资合作的规模和水平；

——支持中方企业赴俄经济特区和各类园区投资；

——加强中俄创新合作协调委员会作用，促其成为推动两国创新中心合作的高效平台；

——加强监管机构合作交流，加快食品农产品准入进程，以进一步扩大两国农产品贸易规模，推动实施农工综合体领域投资和基础设施合作项目；

——继续就制定双方感兴趣的农产品清单和具有出口潜力的主要农产品和食品生产企业清单开展建设性合作；

——促进中小企业发展，就涉及该领域的法律法规、融资、信贷交流经验；

——支持 2019 年 6 月 15 日至 19 日在哈尔滨共同举办第六届中俄博览会。完善在会展领域的合作，用好中国国际进口博览会等重点展会平台，加强政策和项目落实，促进两国地方和企业交流合作；

——就支持和发展基于世界贸易组织规则的多边贸易体制继续开展协作；

——积极利用二十国集团、金砖国家、上海合作组织、亚欧会议、亚太经合组织等机制，协调各成员国立场，支持多边贸易体制、反对单边主义和保护主义；

——在金砖国家经济伙伴战略基础上，全面加强经贸领域合作；

——切实落实生效后的《中国与欧亚经济联盟经贸合作协定》，加强经贸政策协调；

——支持构建欧亚经济伙伴关系，在履行国内必要程序后尽快启动"欧亚经济伙伴关系协定"谈判；

——在上海合作组织框架内就经贸合作问题加强立场协调，以《上海合作组织成员国多边经贸合作纲要》为基础，开展经济投资合作；

——加强中俄北极可持续发展合作，推动北极航道开发利用、北极地区资源、基础设施现代化、科研、环保等领域合作；

——在落实 1996 年 4 月 25 日签署的《中俄关于反不正当竞争与反垄断领域合作交流协定》框架内，继续发展两国在反垄断政策，反不正当竞争立法和执法以及广告立法领域的有效合作；

——着手制定中华人民共和国政府与俄罗斯联邦政府在反垄断政策领域合作的新协议，以完善相关法律基础，使两国在反垄断政策领域的合作方向和方式更加符合现实要求；

——进一步深化两国主管部门在知识产权保护领域的合作，加强双方在多边、地区和双边机制下的沟通协调；

——全面加强两国海关合作，继续落实双方战略合作项目，简化中欧货运班列和经俄罗斯返程班列的通关手续，推动国际物流通道建设；

——优化完善现有的海关便利化合作项目，推动相互承认"经认证的经营者"，继续推动贸易便利化合作；

——加强共同打击跨境走私核材料和其他放射性物质合作，保障双边贸易安全；

——开展海关数据分析和风险管控合作，有效应对贸易风险；

——加强跨境电子商务海关监管和数据核算领域的合作；

——支持中俄地方间海关合作，加强海关

监管领域区域协作，加强地方间经贸联系；

——保持中俄交通基础设施数字化进程的积极趋势，采用货物跟踪数字系统，发掘两国地面交通潜力，吸引对两国国内交通基础设施的投资；

——继续推广创新科技，包括在铁路运输中采用电子运单、在俄罗斯铁路网上使用高载货量的创新性敞车；

——推动已签署的《中华人民共和国政府与俄罗斯联邦政府国际道路运输协定》实施；

——继续加强基于北斗－格洛纳斯卫星导航系统的中俄国际道路运输监督系统建设合作；

——推动完成同江－下列宁斯阔耶铁路桥、黑河－布拉戈维申斯克公路桥及索道建设，高度评价两国有关部门在推动商签《中华人民共和国政府与俄罗斯联邦政府关于建设东宁（中国）－波尔塔夫卡（俄罗斯）瑚布图河（格拉尼特纳亚河）界河桥协定》方面所开展的工作，将尽最大努力准备其签署；

——继续积极开展中俄边境口岸建设合作，提高口岸通行能力；

——就确定使用电子铅封开展跨境运输货物监督合作的机制和原则开展协作；

——继续加强中哈俄、中蒙俄过境运输，扩大集装箱货物通行量；

——继续发展"滨海1号"和"滨海2号"国际交通运输走廊过境运输合作，进一步采取措施以优化货运安排的法律法规基础及商务技术条件，建立全天候运行的国家监管机关，吸引更多集装箱货运使用"滨海1号"和"滨海2号"国际交通运输走廊，共同研究确定基础设施建设方案；

——继续采取相关措施，推动"双西公路"建设；

——在实施"大科学"级别科研项目方面，加强双多边互利合作；

——推动完善中俄联合科研项目的选拔配套机制；

——支持两国举办包括"中俄科技创新日"在内的科技领域专题会展、圆桌会议、学术研讨会、论坛等活动；

——对中俄航天领域合作表示满意，认为该领域发展对增强双边互信关系起到重要作用，符合两国创新、科技及社会经济发展任务，支持基于《2018－2022年中俄航天合作大纲》的实施，拓展并深化两国在航天领域的长期互利合作，包括运载火箭及发动机、月球与深空探测、对地观测、卫星导航、航天电子元器件、空间碎片监测、低轨卫星通信等领域的大项目合作，以符合两国工业、科技及高技术产业进一步发展的利益；

——继续就债券发行、会计审计、国库系统、国际税收、财金领域多边合作等开展广泛对话；

——在审计监管领域加强债券发行监管合作，为中俄企业跨境发债提供制度保障，以促进两国资本市场互联互通；

——进一步加强信贷、保险机构及金融市场参与方的合作，推动两国银行卡清算系统深入合作，扩大发行银联－MIR双标卡，就各自央行支付系统的运行保持沟通；

——促进本币结算、扩展代理网络、畅通银行间业务运行，为中俄经贸合作保驾护航；

——加强双方在亚洲基础设施投资银行等多边机构内的合作，加大吸引私人资本，促进基础设施建设；

——扩大金融情报机构间信息交流，发现并化解洗钱和恐怖融资风险；

——与中方代表团在反洗钱金融特别行动工作组（FATF）和类似的区域组织内继续积极开展合作，完善反洗钱和反恐怖融资国际标准；

——继续加强在监管方面的交流与合作，在两国现行法律框架内为对方金融机构进入本国市场及开展金融服务业务提供有效的组织安排和公平的营商环境。俄方欢迎中国银行业机构在俄扩大业务范围和领域，中方欢迎俄罗斯的商业银行在华扩大业务范围和领域；

——进一步发展中俄对口部门、机构和企

业在通信与信息技术领域的合作。基于平等互利原则，加强电信领域合作，继续提升亚欧陆缆传输通道竞争力。加强中俄数字经济合作，积极推动签署主管部门间数字发展合作文件，打造合作增长点。继续加强移动通信和广播电视等无线电频率的协调工作；

——继续就 5G 技术推广及如何采取必要措施保障 DNS 系统顺畅运行交换意见；

——继续将工业合作分委会作为有效形式，开展民用航空、装备、机械、汽车、船舶及海洋工程装备、化工、有色金属等领域良好合作，研究落实有前景的新项目；

——中国将以主宾国身份参加莫斯科 2019 年航空航天展；

——在互利和商业原则基础上，继续 CR929 远程宽体客机和重型直升机项目合作，基于政府间协议和前期共识，推进 CR929 远程宽体客机项目研制工作，并尽快完成重型直升机项目合作合同签署准备工作；

——继续在合理利用和保护跨界水、保护生物多样性、跨界自然保护区、环境灾害应急联络等领域开展合作。深化环保领域合作，推进在金砖国家、上海合作组织等框架内的密切协作；

——进一步扩大在油气、电力、煤炭、核能、可再生能源、能效等领域的全面合作；

——基于相互尊重、互利共赢和经济可行原则，实施能源协调政策；

——推动能源领域现有合作项目和政府间协议逐步落实；

——根据 2018 年 6 月 8 日中俄元首见证签署的七份核领域"一揽子"合作文件积极推动项目实施工作；

——本着利益均衡和互利互惠原则，按照 2016 年 11 月 7 日《中俄政府首脑关于深化和平利用核能领域战略合作的联合声明》中确定的合作方向，继续研究开展其他有可能的合作项目；

——利用跨越式发展区和符拉迪沃斯托克

自由港优势，并借助俄罗斯远东发展部与远东吸引投资和出口促进署举办的"中国投资者日"投资者扶持平台，扩大中国对俄远东联邦区的项目投资规模；

——批准中国商务部和俄罗斯远东发展部编制的《中俄远东地区合作发展规划（2018－2024 年）》；

——继续开展《中俄关于在俄罗斯贝加尔地区合作发展规划》编制工作；

——支持成立中国东北地区和俄罗斯远东及贝加尔地区实业理事会，以发展上述地区间的经贸和投资合作；

——继续研究设立"绥芬河－波格拉尼奇内"跨境经济合作区的可能性；

——促进中俄黑瞎子岛发展对接，包括环保问题、推进黑瞎子岛防洪设施建设、发展旅游业、落实投资项目、综合基础设施及口岸建设等一系列安排；

——定期互办中俄文化节等大型文化活动；

——落实中国作为嘉宾国参加第 8 届圣彼得堡国际文化论坛；

——基于 2016 年至 2017 年成功举办"中俄媒体交流年"的经验，继续加强两国在媒体领域合作，重点推动政策对话、新闻报道、节目互播、联合制作、新媒体等方面交流合作。包括举办大型和地方媒体交流活动，推广各自电影广播电视作品；

——扩大包括儿童康复和疗养在内的教育领域合作；

——推动建设和发展深圳北理莫斯科大学，为推进"一带一路"建设与欧亚经济联盟对接培养高水平专业人才；

——在汉语和俄语研究领域开展合作，巩固在中俄两国开展俄语和汉语教学的基础，将继续研究并完善《关于在俄罗斯联邦建立并运行孔子学院（课堂）和在中华人民共和国建立并运行俄语中心的谅解备忘录》，继续在协商一致的基础上互设孔子学院和俄语中心。继续支持在俄罗斯举办全俄中小学生汉语奥林匹克竞赛、在中国举办俄语奥林匹克竞赛；

——支持中俄工科、经济、师范、交通、医科、艺术、文化、新闻、综合、农业等10个同类大学联盟及中国东北地区与俄罗斯远东西伯利亚地区大学联盟、中国长江中上游地区和俄罗斯伏尔加河沿岸联邦区高校联盟积极开展合作；

——继续积极参与对方定期举办的中国国际教育展和莫斯科国际教育沙龙等国际教育交流活动；

——提升青年领域合作水平，继续开展百名青年代表互访活动，支持进一步发展中俄青年创业孵化器交流项目；

——不断扩大和深化双方在灾害医学、预防和治疗慢性病、传染病等领域的相互协作，加强医学人才的培养和交流；

——继续加强在卫生和流行病学领域的协作，推动开展药品和医疗器械流通监管合作。支持两国专业医疗机构建立伙伴关系和合作机制，开展生物医学、肿瘤学、眼科学、生殖医学等领域的现代技术应用合作；

——高度重视卫生防护区域及传染病防控工作；

——按照现有共识合办体育赛事，推动两国在运动科学及冬季体育项目领域的合作；

——针对双向旅游人数增长，加强两国主管部门间协作，维护游客合法权益；

——以举办中俄地方合作交流年为契机，支持两国地方间沟通，促进旅游推广、旅游人才培养，主题游和跨境游等领域合作，拓展合作领域，丰富合作内涵；

——双方通过研究制定保护消费者权益的基础性文件，加强消费者权益保护领域的合作；

——加强档案合作，推动落实举办历史文献展、出版档案文献汇编、档案信息交流等合作项目。

三

双方认为，当今世界正处于大发展大变革大调整的转型过渡期，面临百年未有之大变局。大国关系深入调整，世界经济格局面临深刻演变，国际安全挑战更加复杂多元，各种文明交流互鉴加深，不同思想相互激荡十分突出。

双方主张坚定维护以《联合国宪章》宗旨和原则为核心的国际秩序和国际体系，推动建设相互尊重、公平正义、合作共赢的新型国际关系，推动构建人类命运共同体，在各国平等参与全球治理、遵循国际法、保障平等和不可分割的安全、相互尊重和考虑彼此利益、摒弃对抗和冲突的基础上促进更加公正合理的世界多极秩序的形成。

双方强调，两国认识到多边贸易体制面临前所未有的严峻挑战，重申支持以世贸组织为核心、以规则为基础、透明、非歧视、开放、包容的多边贸易体制，强调建设开放型世界经济的重要性，反对单边主义和一切形式的保护主义。

四

中俄总理第二十三次定期会晤期间签署了以下文件：

——《中俄投资合作委员会第五次会议纪要》；

——《中俄能源合作委员会第十五次会议纪要》；

——《中俄人文合作委员会第十九次会议纪要》；

——《中俄总理定期会晤委员会第二十二次会议纪要》；

——《中国东北地区和俄罗斯远东及贝加尔地区政府间合作委员会第二次会议纪要》；

——《中华人民共和国政府和俄罗斯联邦政府关于和平使用北斗和格洛纳斯全球卫星导航系统的合作协定》；

——《中国东北地区和俄罗斯远东及贝加尔地区农业发展规划》；

——《中华人民共和国商务部和俄罗斯联邦经济发展部关于服务贸易领域合作的谅解备

忘录》；

——《中华人民共和国海关总署和俄罗斯联邦海关署关于规范国际电子商务框架下进出境货物通关监管秩序的备忘录》；

——《中华人民共和国海关总署与俄罗斯联邦兽医和植物卫生监督局关于中俄乳品双向贸易的兽医和公共卫生条件议定书》；

——《中华人民共和国海关总署与俄罗斯联邦兽医和植物卫生监督局关于俄罗斯和中国进出口冷冻禽肉的检验检疫和兽医卫生要求议定书》；

——《中华人民共和国国家航天局与俄罗斯联邦国家航天集团公司关于在空间碎片监测和数据应用领域合作的协定》。

双方商定，中俄总理第二十四次定期会晤将于 2019 年在俄罗斯举行，具体时间将通过外交渠道另行商定。

中华人民共和国政府总理　李克强

俄罗斯联邦国务院总理　德·阿·梅德韦杰夫

2018 年 11 月 7 日于北京

二十国集团领导人布宜诺斯艾利斯峰会宣言 为公平与可持续发展凝聚共识

1. 在二十国集团领导人首次峰会召开 10 周年之际，我们于 2018 年 11 月 30 日至 12 月 1 日相聚阿根廷布宜诺斯艾利斯，通过以人民为中心、具有包容性和前瞻性的会议议程，为公平与可持续发展凝聚共识。

2. 今年我们在二十国集团议程中聚焦未来的工作、面向发展的基础设施、可持续的粮食未来三大重点议题，并纳入性别平等主流化战略。

3. 我们利用会议议程促进对话并寻求共识。凝聚共识需要全社会的承诺。同利益攸关群体的联系沟通丰富了我们的讨论。

4. 我们对全球经济强劲增长表示欢迎，同时认识到各国经济增长的同步程度进一步下降，金融部门脆弱性和地缘政治问题等关键风险已部分显现。我们也注意到当前的贸易问题。我们重申将使用所有政策工具实现强劲、可持续、平衡和包容性增长，同时通过加强对话和行动来提振市场信心，防范下行风险。货币政策将继续支持经济活动，保持价格稳定，与中央银行职责相一致。财政政策应当在必要时重建缓冲，灵活运用，促进增长，同时确保公共债务保持在可持续水平。继续落实结构改革将提升增长潜力。我们重申财长和央行行长们今年 3 月作出的汇率承诺。我们核可《布宜诺斯艾利斯行动计划》。

5. 我们重申将共同改善以规则为基础的国际秩序，以便有能力高效应对当今世界变局。

6. 技术转型有望带来巨大经济机会，包括更高质量的新型工作和更高生活标准。然而，这一转型会为个人、企业和政府带来挑战。政策应对和国际合作将有助于确保技术转型使民众广泛受益。我们核可《未来的工作政策选项清单》，该清单可在考虑各国国情的情况下：利用技术促进增长和提高生产力，为过渡期中的群体提供帮助并应对分配挑战，保障可持续税收制度，确保为我们的决策尽可能提供最好的参考信息。

7. 我们继续致力于促进体面劳动、职业培训和技能开发，帮助劳动者学习新技能，改善各种就业形式的劳动条件，并认识到包括数字平台工作在内的劳动领域社会对话的重要性。重点关注基于各国不同法律和国情，促进劳动正规化并加强社会保障体系及其可转移性，从而打造包容、公平、可持续的未来工作。我们将继续培育认知、数字和创业技能，鼓励收集和分享良好实践。我们将提高包括残疾人在内的边缘和弱势群体的劳动参与率。我们将根据"二十国集团安塔利亚青年目标"，落实旨在改善青年人就业状况的政策。我们将采取培育可持续供应链等措施消除劳动世界中的童工、强迫劳动、人口贩运和现代奴役制。我们将根据《二十国集团包容性商业筹资呼吁》，通过诸如包容和可持续增长影响力投资等创新性金融机制和伙伴关系，为公共、私营、多边资源动员进一步创造条件。

8. 受教育权是一项人权，是建设更加包容、繁荣与和平社会的战略性公共政策领域。

我们强调女童教育的重要性。为使我们的公民从社会和技术创新中获益，我们将加强就业同公平、高质量教育之间的政策协调，以便制定全面战略，在始于婴幼儿时期的终身学习过程中提升学习技能、基础技能和数字技能等关键竞争力。我们认识到需要为各层次教育开发以实证为基础的创新性教学方法和方式。

9. 为最大限度发挥数字化和新技术对创新型增长和生产力提升的积极作用，我们将采取措施助力中小微企业和创业者，缩小数字性别鸿沟并增进数字包容性，支持消费者保护，改善数字政府、数字基础设施和数字经济测度。我们重申应对信息通信技术应用安全问题的重要性。在遵守相关法律并努力获得消费者信任、保护隐私、数据和知识产权的基础上，我们支持信息、思想、知识自由流动。我们欢迎二十国集团数字政策库，以此分享和鼓励应用创新型数字经济商业模式。我们认识到贸易和数字经济之间的关系的重要性。我们将继续推进人工智能、新技术和新商业平台方面的工作。

10. 基础设施是推动经济繁荣、可持续发展和包容增长的关键动力。为解决持续存在的基础设施融资缺口，我们重申将致力于吸引更多私人资本投资基础设施。为此，我们核可《推动基础设施成为独立资产类别的路线图》和《二十国集团基础设施项目筹备阶段原则》。我们正在采取行动推进更大程度的合同标准化，解决数据缺口并改进风险缓释工具。根据上述路线图，我们期待2019年就高质量基础设施投资取得进展。

11. 根据"二十国集团粮食安全和营养框架"，我们重申应对粮食安全挑战的承诺，这对世界消除饥饿和各种形式营养不良至关重要。我们认识到各国自愿支持可持续土壤、水和河岸管理的重要性，将在兼顾家庭和小农特殊需求的情况下促进乡村振兴和可持续农业。我们鼓励自愿使用并分享创新和传统农业实践与技术。我们强调公共和私营利益攸关方协作的重要性，以加强风险管理，提升对环境变化的适应能力，保护生物多样性，并提供有效降低极端天气对农业影响的措施。我们将加大同私营部门、科学界以及所有其他相关方的合作力度，提升农业增加值、生产力、效率、可持续性，向农业—粮食全球价值链的上游移动，并鼓励减少粮食损失和浪费的倡议。

12. 性别平等对经济增长、公平和可持续发展至关重要。我们在实现"布里斯班承诺"方面正在取得进展，但也有更多工作要做。该承诺旨在到2025年将男女劳动参与率差额减少25%。我们将继续推动旨在结束对妇女和女童的一切形式歧视和针对女性的暴力的倡议。我们承诺促进妇女经济赋权，包括同私营部门合作改善所有人的劳动条件，例如通过获得高质量、可负担的护理基础设施和育婴假、缩小性别薪酬差距。我们还承诺提升妇女担任管理和决策岗位的比例，培养妇女和女童的数字技能，提升她们对科学、技术、工程、数学和高科技行业的参与。我们欢迎继续落实妇女创业融资倡议，并感谢女性企业领袖专题工作组的工作。以此为基础，将研究如何在二十国集团放大女性企业家的声音。

13. 动员可持续融资、加强普惠金融对全球增长非常重要。我们欢迎《2018年可持续金融综合报告》，为支持动员可持续的私营部门资金提供了自愿性政策选项。我们核可《二十国集团普惠金融政策指南》，在考虑各自国情的同时，就促进数字金融服务提供了自愿性政策建议。我们核可《全球普惠金融合作伙伴路线图》，概述了如何简化全球普惠金融合作伙伴的工作计划和组织结构。

14. 我们启动《二十国集团儿童早期发展倡议》。我们愿同所有利益攸关方一道，促进高质量、具有可持续融资的儿童早期项目，采取多维度方式，培养人力资源，打破代际和结构性贫困的循环，减少不平等，在该循环中婴幼儿是最脆弱的群体。

15. 我们欢迎世界卫生组织同其他相关方合作，制定行动计划落实2030年可持续发展议程卫生相关目标。国际社会依据"一体化卫生"方针，在制定和落实抗菌药物耐药性国家和区域行动计划方面取得进展，我们对此表示赞赏。我们认识到需要进一步采取多部门行动，以减少抗菌药物耐药性的传播，这愈发成为一项全球性责任。我们注意到全球抗菌药物耐药性研发中心所做工作，以此为基础，我们期待进一步研究可行的市场激励措施。我们将通过国别的、依托社区的、多利益攸关方的协同方式解决营养不良问题，并特别关注儿童超重和肥胖。我们重申需要加强卫生系统，提供符合成本效益并以证据为基础的治疗措施，以更好获得卫生保健并提升其质量及可负担性，从而结合各国国情和优先领域实现全民健康覆盖。适当情形下，这可能包括经科学验证的传统医学和补充医学，以确保医疗服务的安全、质量和有效性。我们将继续按照《国际卫生条例》（2005）加强预防、发现和应对突发公共卫生事件的核心能力，并认识到世界卫生组织在此方面发挥的关键作用。我们承诺消灭艾滋病、结核病和疟疾，期待2019年全球基金第六轮筹资取得成功。

16. 我们注意到经合组织同国际劳工组织、国际移民组织、联合国难民署联合发布的《2018年二十国集团国际移民和流离失所趋势及政策年度报告》。我们将考虑如何在下一届主席任期内继续就这些问题进行对话。

17. 难民的大规模移动是一个涉及人道主义、政治、社会和经济后果的全球性问题。我们强调，共同行动对解决导致流离失所的根本原因以及应对增长的人道主义需求非常重要。

18. 我们重申致力于在可持续发展转型进程中发挥引领作用，支持将2030年可持续发展议程作为推进这一目标和二十国集团行动计划的框架。《布宜诺斯艾利斯进展》列举了二十国集团为实现2030年议程而采取的集体和具体行动，认识到南南合作和三方合作在落实该议程中的重要作用。我们强调将持续支持二十国集团对非洲伙伴关系，包括对非投资倡议及其

他有关倡议。我们重申将致力于解决非法资金流动这一损害国内资源动员的问题，并将盘点有关工作进展。我们核可《二十国集团通过区域规划促进可持续人居高级别原则》。

19. 强劲经济和健康地球相得益彰。我们注意到最新发布的关于全球变暖1.5℃影响的联合国政府间气候变化专门委员会特别报告。我们认识到全面适应战略的重要性，包括对能适应极端天气的基础设施的投资。为此，我们支持在发展中国家开展的行动与合作，尤其是在那些最容易受到气候变化不利影响的国家，包括小岛屿国家和加勒比地区。我们讨论了长期低温室气体排放增长战略及引导国际气候资金流向该领域的需要。在承认每个国家可以通过各自途径实现低排放未来的前提下，我们分享了国别经验，研究了2018－2019年适应工作计划。我们期待《联合国气候变化框架公约》第24次缔约方会议取得成功，并推进"塔拉诺阿对话"。

20. 参与汉堡行动计划的《巴黎协定》签字国重申该协定不可逆转，将致力于在共同但有区别的责任原则和各自能力原则以及考虑不同国情基础上予以完全落实。我们将继续应对气候变化，并促进可持续发展和经济增长。

21. 美国重申其退出《巴黎协定》的决定，并强调将坚定致力于促进经济增长、保证能源可及性和能源安全，在使用所有能源来源和技术的同时保护环境。

22. 我们认识到能源对助力构建人类命运共同体至关重要。我们鼓励将经济增长与建立以降低温室气体排放为目标的、更加清洁、灵活、透明体系以及能效方面合作相结合的能源转型。我们认识到对更加清洁和可持续能源来源（包括可再生能源）、清洁能源技术和基础设施增加投资，可以给创新、增长和创造就业带来的机遇。在能源转型方面，我们认可所有能源来源和技术的作用，认识到通过不同的国别方案来实现更加清洁的能源体系。认识到实现低排放未来的能源类型和技术进步具有多样

性，我们将促进能源的安全、可持续、韧性、效率、价格合理、稳定。我们通过消除能源贫困，合作向流离失所、受灾和偏远地区人口提供能源、进一步落实二十国集团区域计划，继续提高全球能源可及性。

23. 强劲且有效的国际金融机构有助于支持增长和可持续发展。我们重申进一步增强以强劲的、以份额为基础的、资源充足的国际货币基金组织为核心的全球金融安全网。我们承诺在 2019 年春季会议之前、至晚不超过 2019 年年会完成国际货币基金组织第十五次份额总检查，包括制定新的份额公式。我们呼吁国际货币基金组织和世界银行同借款人和债权人一道开展工作，改善公共和私人债务的记录、监测及透明报告。我们期待国际货币基金组织对其贷款条件和债务上限政策进行审议。

24. 我们将继续监测跨境资本流动并加深对可用政策工具的理解，在管理风险和增强韧性的同时利用跨境资本流动带来的益处。我们将继续采取措施，通过支持公共债务和财政管理的能力建设，加强国内政策框架，解决低收入国家债务脆弱性问题。我们将致力于提升债务透明度和可持续性，改进官方和私人债权人及借款人可持续融资实践，其中包括基础设施融资。我们支持国际货币基金组织、世界银行集团和巴黎俱乐部就低收入国家债务方面正在进行的工作，支持巴黎俱乐部持续吸纳更多新兴债权国。我们欢迎二十国集团全球金融治理名人小组的最终报告。

25. 一个开放、具有韧性且基于已议定国际标准的金融体系对支持可持续增长至关重要。我们继续承诺全面、及时和一致地落实并完成已议定的金融部门改革议程，并评估效果。我们将继续监测，并在需要时应对金融体系中的新风险和脆弱性；同时通过持续的监管合作，应对市场分割。我们期待在实现更具韧性的非银行金融中介方面不断取得进展。我们将加快努力确保金融部门中技术的潜在益处得以实现，同时防范风险。我们将按照反洗钱和打击恐怖主义融资目标、根据金融行动特别工作组标准，对加密资产进行反洗钱和反恐怖主义融资方面的监管，并在必要时考虑其他的应对措施。我们感谢马克·卡尼先生在任职金融稳定理事会主席期间所做工作，欢迎任命兰德尔·奎尔斯先生为主席、克拉斯·诺特先生为副主席。

26. 我们将特别基于税收协定和转移定价规则，继续在全球范围内建设公平、可持续和现代化的国际税收体系，欢迎国际合作以推进支持增长的税收政策。在全球范围内落实经合组织/二十国集团税基侵蚀和利润转移方案仍然十分重要。我们将继续合作，于 2019 年完成报告更新，在 2020 年前完成最终报告，以找到以共识为基础的解决方案，应对经济数字化对国际税收体系的影响。我们对启动金融账户信息自动交换表示欢迎。我们认可经合组织对实施税收透明度标准落实不力辖区制定的强化标准。我们将考虑对列入名单的辖区采取防御性措施。所有辖区都应签署并批准《多边税收行政互助条约》。我们继续支持提升发展中国家税收确定性和税收能力建设，包括通过税收合作平台开展工作。

27. 国际贸易和投资是增长、生产力、创新、创造就业与发展的重要引擎。我们认识到多边贸易体制为此做出的贡献。目前，该体制尚未完全实现其目标，还有完善的空间。因此，我们支持对世贸组织进行必要改革，以使其更好发挥作用。我们将在下一次峰会上审议进展情况。

28. 忆及杭州和汉堡峰会共识，我们欢迎钢铁产能过剩全球论坛在经合组织协助下制定的具体政策方案，呼吁所有论坛成员落实论坛柏林和巴黎部长级会议的建议和承诺。我们期待 2019 年 6 月前形成一份实质性报告。

29. 我们继续致力于预防和打击腐败并以身作则。我们同意新的行动计划（2019 - 2021），核可《国有企业预防腐败和确保廉洁高级原则》和《公共部门预防和管理利益冲突高级原则》。这将促进公私部门的透明度与廉洁。我们将继续开展务实合作以打击腐败，包括落实二十国集团既有承诺。我们将进一步探索腐败与其他经济犯罪的联系以及应对方式，包括根据国际职责和有关国内法律体系就追逃追赃开展合作。我们要求相关国际组织在明年主席任期内向我们报告上述事项。我们呼吁所有二十国集团成员国有效落实《联合国反腐败公约》，包括将贿赂外国公职人员入罪，并注意到视情遵守《经合组织关于打击国际商业交易中行贿外国公职人员行为的公约》的有关努力。

30. 我们重申强烈谴责一切形式的恐怖主义。我们承诺全面落实《二十国集团领导人汉堡峰会反恐声明》。我们将加大力度打击恐怖和扩散融资以及洗钱。我们敦促数字产业共同打击利用互联网和社交媒体实现恐怖主义目的的行为。

31. 我们感谢阿根廷担任二十国集团主席国并成功主办布宜诺斯艾利斯峰会，期待 2019 年在日本、2020 年在沙特再次相会。

附录

致谢

我们感谢国际组织的报告及建议为二十国集团讨论作出的宝贵贡献。这些国际组织包括国际清算银行、金融稳定理事会、金融行动特别工作组、国际劳工组织、国际货币基金组织、联合国、世界银行、世界卫生组织、世界贸易组织、经济合作与发展组织、美洲开发银行及拉美开发银行。

我们注意到二十国集团配套活动所做的宝贵工作，包括工商会议、民间社会会议、劳动会议、科学会议、智库会议、妇女会议和青年会议。

一、部长会宣言或公报：

1. 第一次财长和央行行长会议公报（3月19日）

2. 能源部长会公报（6月15日）

3. 第三次财长和央行行长会议公报（7月22日）

4. 农业部长宣言（7月28日）

5. 数字经济部长宣言（8月24日）

6. 教育部长宣言（9月5日）

7. 教育和劳工就业部长联合宣言（9月6日）

8. 劳工就业部长宣言（9月7日）

9. 贸易和投资部长声明（9月14日）

10. 钢铁产能过剩全球论坛部长报告（9月20日）

11. 卫生部长宣言（10月3日）

二、工作组文件：

12. 《布宜诺斯艾利斯行动计划》（2018年11月）

13. 《2018年落实发展承诺年度评估报告》

14. 《二十国集团未来的工作政策选项清单》

15. 《二十国集团包容性商业筹资呼吁》

16. 《将基础设施作为独立资产类别的路线图》

17. 《二十国集团基础设施建设项目准备阶段原则》

18. 《二十国集团通过区域规划促进可持续人居高级原则》

19. 《国际金融架构工作组最终报告》

20. 《二十国集团关于数字化和非正规经济的普惠金融政策指引》

21. 《普惠金融全球合作伙伴工作计划和结构：通向2020年的路线图》

22. 《二十国集团路线图：关于对被迫流离失所者可持续和负责任金融包容的自愿行动总结》

23. 《2018年国别汇款计划进展报告》

24. 《普惠金融全球合作伙伴2018年进展报告》

25. 《二十国集团儿童早期发展倡议》

26. 《二十国集团落实2030年议程行动计划布宜诺斯艾利斯进展》

27. 《二十国集团国有企业预防腐败和确保廉洁高级别原则》

28. 《二十国集团公共部门预防和管理利

益冲突高级别原则》

29. 《2018年反腐败工作组主席报告》

30. 《2018年二十国集团可持续金融综合报告》

31. 《二十国集团气候及能源领域国家实践》

32. 《二十国集团气候可持续工作组适应工作计划（2018 – 2019）》

金砖国家领导人布宜诺斯艾利斯
非正式会晤新闻公报

1. 我们，巴西联邦共和国、俄罗斯联邦、印度共和国、中华人民共和国、南非共和国领导人，于2018年11月30日二十国集团峰会期间，在阿根廷布宜诺斯艾利斯举行一年一度的金砖国家领导人非正式会晤。我们祝贺并支持阿根廷作为2018年二十国集团主席国的工作，对阿方的热情招待表示感谢。

2. 我们就国际政治安全、全球经济金融以及可持续发展面临的挑战等议题交换了意见。我们重申致力于世界和平与稳定，支持联合国的核心作用和《联合国宪章》的宗旨和原则，尊重国际法，促进民主和法治。我们再次承诺共同加强多边主义，推动公平、公正、平等、民主、更具代表性的国际秩序。

3. 我们谴责持续发生的恐怖袭击，包括针对部分金砖国家的恐怖袭击。我们谴责一切形式和表现的恐怖主义，无论在何地点，由何人实施。我们敦促在联合国主导下，在坚实的国际法基础上，共同努力打击恐怖主义。我们呼吁所有国家综合施策打击恐怖主义，这些措施包括《约翰内斯堡宣言》中提到的所有相关要素。

4. 我们重申全力支持以世贸组织为代表、以规则为基础的多边贸易体制，以确保透明、非歧视、开放和包容的国际贸易。我们愿与其他世贸组织成员进行坦诚的、成果导向型的讨论，以完善世贸组织的功能。

5. 单边主义和保护主义措施与世贸组织的精神和规则背道而驰。我们呼吁所有成员反对此类与世贸组织规则不符的措施，恪守其在世贸组织中做出的承诺，并撤销此类具有歧视性和限制性特征的措施。

6. 我们支持为改进世贸组织而开展工作，以增强其相关性和有效性，应对当前和未来挑战。此项工作应维护世贸组织的核心价值和基本原则，反映所有世贸组织成员特别是发展中成员的利益。

7. 争端解决机制对世贸组织的平稳运行至关重要。该机制的有效运行将为成员参与世贸组织的未来谈判提供必要的信心。因此，我们敦促立即启动上诉机构成员遴选程序，这是世贸组织争端解决体系稳定和有效运行的至关重要的前提。

8. 我们承诺加强沟通和合作，并与其他成员携手开展工作，共同推动世贸组织与时俱进，推动包容性增长和各国参与国际贸易，并在全球经济治理中发挥有意义的作用。

9. 我们欢迎二十国集团主席国阿根廷将"为公平与可持续发展凝聚共识"作为二十国集团峰会主题，将"未来的工作"、"面向发展的基础设施"和"可持续的粮食未来"作为关注重点。

10. 我们认识到面向发展的基础设施的重要性，承诺通过各国和共同行动调动包括新开发银行在内的资源，开展可持续和抗灾型基础设施建设，弥合全球基础设施鸿沟。

11. 我们支持构建强有力的全球金融安全网，并以资源充足、基于份额的国际货币基金组织为中心。为此，我们重申致力于推动国际货币基金组织于 2019 年春会、不迟于 2019 年年会前完成第 15 轮份额总检查，包括形成一个新的份额公式，确保有活力的经济体和发展中经济体提高发言权，体现其对世界经济的贡献，同时保护最不发达国家的发言权。

12. 我们重申致力于落实 2030 年可持续发展议程及可持续发展目标，平衡协调推进经济、社会和环境三大领域的公平、包容、开放、全面、创新和可持续发展，推动实现到 2030 年消除贫困的最终目标。我们敦促发达国家按照《亚的斯亚贝巴行动议程》按时足额履行官方发展援助承诺，并为发展中国家提供额外发展资源。

13. 全球经济持续增长，但增长并不平衡，下行风险上升。我们对主要经济体政策正常化造成的负面外溢效应表示关切，这已成为近期一些新兴经济体经济动荡的重要原因。我们呼吁所有经济体秉持伙伴精神，加强在二十国集团等框架内的政策沟通协调，避免潜在风险扩散。

14. 关于气候变化，我们重申全面落实基于《联合国气候变化框架公约》的"共同但有区别的责任"和各自能力等原则的《巴黎协定》，敦促发达国家为发展中国家提供资金、技术和能力建设支持，增强发展中国家减缓和适应气候变化的能力。我们呼吁所有国家在《联合国气候变化框架公约》第二十四次缔约方大会上就《巴黎协定》实施细则达成平衡成果，实现《巴黎协定》的运转和落实。我们强调对绿色气候基金进行首次成功和富有雄心注资的重要性和紧迫性。

15. 我们再次赞赏南非于 2018 年 7 月 25 日至 27 日在约翰内斯堡成功举办金砖国家领导人第十次会晤，重申致力于深化金砖战略伙伴关系，造福五国民众。我们对南非担任主席国期间，金砖经贸财金、政治安全、人文交流三大领域取得的合作成果表示满意，包括建立金砖国家新工业革命伙伴关系、疫苗研发平台、能源研究平台以及新开发银行在圣保罗设立美洲区域办公室。我们重申致力于全面落实约翰内斯堡会晤及历次领导人会晤成果。

16. 我们期待巴西于 2019 年举办金砖国家领导人第十一次会晤，将对巴西担任下任主席国提供全力支持。

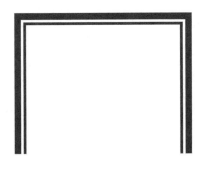

东北亚国家政界、学界观点

国家政要发言

中华人民共和国主席习近平同上海合作组织成员国领导人共同会见记者时的讲话（2018年6月10日，中国青岛）

新华网：http://www.xinhuanet.com/politics/leaders/2018–06/10/c_1122964503.htm。

上海合作组织成员国、观察员国领导人以及有关国际和地区组织负责人齐聚美丽的黄海之滨，共同描绘上海合作组织进入历史新阶段的发展蓝图，并就重大国际和地区问题深入交换意见，达成广泛共识。

这次峰会期间，我们充分肯定印度、巴基斯坦加入以来本组织取得的新发展，共同发表了《上海合作组织成员国元首理事会青岛宣言》、《上海合作组织成员国元首关于贸易便利化的联合声明》等文件，批准了《上海合作组织成员国长期睦邻友好合作条约》未来5年实施纲要。我们商定，恪守《上海合作组织宪章》宗旨和原则，弘扬互信、互利、平等、协商、尊重多样文明、谋求共同发展的"上海精神"，坚持睦邻友好，深化务实合作，共谋地区和平、稳定、发展大计。

我们一致认为，当今世界正处在大发展大变革大调整时期，世界多极化、经济全球化深入发展，国与国相互依存更加紧密。世界经济复苏艰难曲折，国际和地区热点问题频发，各国面临许多共同威胁和挑战，没有哪个国家能够独自应对或独善其身。各国只有加强团结协作，深化和平合作、平等相待、开放包容、共赢共享的伙伴关系，才能实现持久稳定和发展。

我们一致主张，安全是上海合作组织可持续发展的基石。各方将秉持共同、综合、合作、可持续的安全观，落实打击"三股势力"上海公约、反恐怖主义公约、反极端主义公约等合作文件，深化反恐情报交流和联合行动，加强相关法律基础和能力建设，有效打击"三股势力"、毒品贩运、跨国有组织犯罪、网络犯罪，发挥"上海合作组织－阿富汗联络组"作用，共同维护地区安全稳定。

我们一致指出，经济全球化和区域一体化是大势所趋。各方将维护世界贸易组织规则的权威性和有效性，巩固开放、包容、透明、非歧视、以规则为基础的多边贸易体制，反对任何形式的贸易保护主义。各方将继续秉持互利共赢原则，完善区域经济合作安排，加强"一带一路"建设合作和发展战略对接，深化经贸、投资、金融、互联互通、农业等领域合作，推进贸易和投资便利化，打造区域融合发展新格局，为地区各国人民谋福祉，为世界经济发展增动力。

我们一致强调，各国悠久历史和灿烂文化是人类的共同财富。各方愿在相互尊重文化多样性和社会价值观的基础上，继续在文化、教育、科技、环保、卫生、旅游、青年、媒体、体育等领域开展富有成效的多边和双边合作，促进文化互鉴、民心相通。

我们一致认为，上海合作组织扩大国际交往和合作十分重要。各方愿在平等互利基础上，深化同观察员国、对话伙伴等地区国家的合作，扩大同联合国及其他国际和地区组织的对话和交流，共同致力于促进世界持久和平和共同繁荣。

中华人民共和国主席习近平在金砖国家领导人约翰内斯堡会晤大范围会议上的讲话（2018年7月26日，南非约翰内斯堡）

新华网：http://www.xinhuanet.com/world/2018-07/26/c_1123182586.htm。

首先，我要再次感谢拉马福萨总统和南非政府为这次会晤所作的热情周到安排。阔别5年之后，金砖国家领导人会晤再次走进非洲，是一件值得庆祝的事情。

这次会晤的主题是"金砖国家在非洲：在第四次工业革命中共谋包容增长和共同繁荣"，很有现实意义。从18世纪第一次工业革命的机械化，到19世纪第二次工业革命的电气化，再到20世纪第三次工业革命的信息化，一次次颠覆性的科技革新，带来社会生产力的大解放和生活水平的大跃升，从根本上改变了人类历史的发展轨迹。

如今，我们正在经历一场更大范围、更深层次的科技革命和产业变革。大数据、人工智能等前沿技术不断取得突破，新技术、新业态、新产业层出不穷。各国利益和命运紧密相连，深度交融。同时，世界经济新旧动能转换尚未完成，南北失衡等深层次、结构性问题还未消除。地缘政治冲突此起彼伏，保护主义和单边主义愈演愈烈，直接影响到新兴市场国家和发展中国家发展外部环境。

时代大潮奔腾不息，不以任何人的意志为转移。金砖国家要把握历史大势，深化战略伙伴关系，巩固"三轮驱动"合作架构，让第二个"金色十年"的美好愿景变为现实，携手迈向人类命运共同体。

第一，释放经济合作巨大潜力。加强经济合作、实现共同发展是金砖合作的初衷和主线，也是潜力最大、内容最丰富、成果最集中的领域。我们要加强贸易投资、财金、互联互通等领域合作，把合作蛋糕做大做实。要在联合国、

二十国集团、世界贸易组织等框架内，坚定维护基于规则的多边贸易体制，推动贸易和投资自由化便利化，旗帜鲜明反对保护主义。

我们要坚持创新引领，通过建设新工业革命伙伴关系，加强宏观经济政策协调，实现发展战略深度对接，在相互砥砺中加速新旧动能转换和经济结构转型升级。下阶段，中方将实施10期人力资源开发合作项目，邀请五国专家共同规划新工业革命合作蓝图，提升金砖国家及广大新兴市场国家和发展中国家竞争力。

第二，坚定维护国际和平安全。政治安全合作是金砖战略伙伴关系的重要内容。我们要继续高举多边主义旗帜，维护联合国宪章宗旨和原则，敦促各方遵守国际法和国际关系基本准则，以对话解争端，以协商化分歧。要充分发挥外长会晤、安全事务高级代表会议、常驻联合国代表会晤等机制作用，发出金砖声音，提出金砖方案，共同构建相互尊重、公平正义、合作共赢的新型国际关系。

第三，深入拓展人文交流合作。金砖五国孕育出各自灿烂文明，彼此交相辉映，人文交流合作大有可为。去年和今年，金砖人文交流明显提速。我们要继续以民心相通为宗旨，广泛开展文化、教育、卫生、体育、旅游等各领域人文大交流，筑牢金砖合作民意基础。中方建议举行金砖博物馆、美术馆、图书馆联盟联合巡展等活动，加强文化创意产业、旅游、地方城市等领域合作，讲述更多精彩动人的金砖故事，不断增进五国人民相互了解和传统友谊。

第四，构建紧密伙伴关系网络。金砖机制成立伊始，我们就共同确定了走开放包容之路的正确方向。厦门会晤更确立了"金砖+"合作理念，其要义是在不断强化五国团结协作内核，提升金砖向心力、凝聚力的同时，持续扩大金砖"朋友圈"，同广大新兴市场国家和发展中国家实现共同发展繁荣。我们要在联合国、二十国集团等框架内拓展"金砖+"合作，扩大新兴市场国家和发展中国家共同利益和发展空间，推动构建广泛伙伴关系，为世界和平与

发展作出更大贡献。

金砖的未来掌握在五国人民自己手中。让我们同国际社会一道，共同建设一个持久和平、普遍安全、共同繁荣、开放包容、清洁美丽的世界。

中华人民共和国主席习近平在第四届东方经济论坛全会上的致辞［2018年9月12日，俄罗斯符拉迪沃斯托克（海参崴）］

新华网：http://www.xinhuanet.com/politics/leaders/2018－09/12/c_1123419947.htm。

在普京总统亲自倡议下，东方经济论坛已经成功举办3届，成为各方凝聚智慧、共商合作的重要平台。本届东方经济论坛宾朋满座，盛况空前。我谨代表中国政府和中国人民，并以我个人的名义，向普京总统和俄方朋友表示热烈的祝贺！

"东方风来满眼春。"昨天一下飞机，我就被符拉迪沃斯托克的崭新面貌吸引。碧波荡漾的金角湾舳舻相接，俄罗斯岛大桥飞架南北，让我们感受到符拉迪沃斯托克快速发展的景象。

符拉迪沃斯托克取得的发展成就，是近年来俄罗斯远东地区快速发展的缩影。正如本届东方经济论坛的主题——"远东：更多机遇"，远东地区展现出勃勃发展生机，为各方来这里投资兴业、开展合作提供了新契机。

中国一直是俄罗斯远东合作的积极支持者和参与者。中俄互为最大邻国，合作地缘优势独特。中俄互为全面战略协作伙伴，两国关系处于历史最好时期，合作政治基础牢固。中国实施区域协调发展战略，加快东北等老工业基地振兴步伐，俄罗斯将远东发展纳入国家发展战略，合作政策保障有力。两国成立中国东北地区和俄罗斯远东及贝加尔地区政府间合作委员会，组建中国东北地区和俄罗斯远东及贝加尔地区实业理事会，举行中俄地方领导人对话会，合作机制完备高效。

在双方共同努力下，近年来，中方参与俄罗斯远东合作成果显著。2017年，中国同俄罗斯远东联邦区贸易额超过77亿美元。中方参与远东跨越式发展区和自由港项目30余个，规划投资超过40亿美元。中国已经成为俄罗斯远东地区第一大贸易伙伴国和第一大外资来源国。中方已设立首期100亿元、总规模1000亿元人民币的中俄地区合作发展投资基金，愿同俄方一道支持运营好基金，推进重大项目落地，将其打造成为中俄地区合作的重要平台。随着中俄原油管道、东线天然气管道、同江铁路桥、黑河公路桥等一批大项目顺利推进，中俄远东合作将迎来丰收季。

今明两年是我和普京总统确定的中俄地方合作交流年，为双方远东合作开辟了更加广阔的空间。中方愿同俄方一道努力，拓展基础设施建设、能源、农业、旅游等重点领域合作，广泛调动中小企业积极性，努力提高双方合作技术含量和产品附加值，实现优势互补，互利共赢，推动中俄远东合作取得更多成果。

新形势下，我们要携手并肩、加强合作，共同促进本地区和平稳定和发展繁荣。我愿提几点看法同大家交流。

我们要增进互信，维护地区和平安宁。当前，国际形势深刻复杂变化，强权政治、单边主义、保护主义抬头。东北亚地区六国人口占全球人口23%，国内生产总值占全球经济总量19%。一个和睦、互信、团结、稳定的东北亚符合各国利益和国际社会期待，对维护多边主义、推动国际秩序朝着更加公正合理的方向发展也具有重要意义。

作为东北亚地区一员，中方始终秉持和平发展理念，努力营造和睦友好的周边环境；始终本着相互尊重的精神，以建设性姿态参与地区合作；始终注重考虑和照顾各方关切，致力于推动地区各国交流对话。中方愿继续同各方一道，不断巩固团结，增进互信，共同探索维护东北亚持久和平安宁的有效途径，为实现本地区和平、稳定、发展不懈努力。

我们要深化合作，实现各国互利共赢。东北亚地区能源资源丰富，具有世界领先的科技研发能力，资金和人力资源充足，各国经济发展各具优势，特点鲜明，互补性强。当前，地区形势稳定向好，地区国家完全有能力、有条件充分发挥各自优势，开展各领域、深层次合作。

我们要积极开展发展战略对接。根据我同普京总统达成的共识，中俄正在积极开展"一带一路"建设和欧亚经济联盟对接，已经取得重要早期收获。中方愿在这一基础上同各方对接发展战略，加强政策沟通和协调，形成合力，把握合作大方向。我们要重点提升跨境基础设施互联互通、贸易和投资自由化便利化水平，促进各国市场、资本、技术流动，优化资源配置和产业结构，共同建设开放型区域经济，努力构建东北亚经济圈。我们要大力推动小多边合作、次区域合作。中日韩、中俄蒙等三方合作都已取得良好成效。中方对有利于促进地区稳定、发展、共赢的多边合作均持开放态度，愿同各方深入研究开展其他多边和次区域合作的可能性，推动更多实实在在的项目落地实施，给地区人民带来更多实惠。在这方面，中方支持亚洲基础设施投资银行、丝路基金发挥更大作用，提供项目资金保障。

我们要互学互鉴，巩固人民传统友谊。东北亚各国地缘相近，文化相融，民心相通，各国人民在长期交往中结下深厚友谊，涌现了许多感人故事。符拉迪沃斯托克"海洋"全俄儿童中心曾经接待900多名中国四川汶川地震灾区儿童疗养，中国孩子们在这里受到无微不至的关怀，同俄罗斯结下深厚情缘。其中一名叫席浚斐的儿童许下心愿，希望长大后来俄罗斯读书。装有他心愿的漂流瓶在大海漂流几个月后回到"海洋"儿童中心工作人员手中。现在他的愿望成真，在远东联邦大学就读。这个故事是本地区人民友好往来的生动例证。

未来，各国可以在现有基础上，拓宽交流渠道，创新合作形式，巩固和深化旅游、青年、教育、文化产业等传统领域合作，同时在文化遗产、共同创作、知识产权保护等领域加强互学互鉴，努力为各国、各年龄段民众开展交流创造便利，打造平台。

我们要着眼长远，实现综合协调发展。东北亚地区各国发展模式和水平不尽相同，经济增速快，合作项目多，更需要立足现实，着眼长远，加强统筹协调，实现经济和社会、资源和环境、人与自然协调可持续发展。

中方愿同地区各国一道，积极探讨建立东北亚地区协调发展新模式，加快科技创新，转变发展理念，加大环境综合治理力度，形成节约资源和保护环境的产业格局和生活方式，携手应对共同面临的区域性环境问题。

中方愿继续同地区国家一道，抓住历史机遇，顺应时代潮流，加强在俄罗斯远东及东北亚地区合作，推动实现本地区多元化、可持续发展，不断做大共同利益蛋糕，使本地区人民共享合作机遇和发展成果，携手开创远东和东北亚更加美好的明天！

中华人民共和国主席习近平在亚太经合组织第二十六次领导人非正式会议上的发言（2018年11月18日，巴布亚新几内亚莫尔兹比港）

新华网：http://www.xinhuanet.com/world/2018－11/18/c_1123730304.htm。

很高兴同大家相聚在美丽的莫尔兹比港。亚太经合组织成员领导人首次在太平洋岛国地区聚首，围绕"把握包容性机遇，拥抱数字化未来"的主题，回顾合作历程，共商亚太愿景。我谨对巴布亚新几内亚政府特别是奥尼尔总理为筹备本次会议付出的努力，表示衷心的感谢！

当今世界，发展和变革风起云涌。新科技革命和产业变革深入发展，全球治理体系深刻重塑，国际格局加速演变。同时，全球发展深层次矛盾突出，保护主义、单边主义思潮抬头，多边贸易体制受到冲击，世界经济整体发展环境面临诸多风险和不确定性。

"智者顺时而谋。"站在历史前进的十字路

口,我们应该认清世界大势,把握经济脉动,明确未来方向,解答时代命题。

第一,坚持推进区域经济一体化,构建开放型亚太经济。我们应该持续推进贸易和投资自由化便利化。通往亚太自由贸易区的路途不会平坦,但我们要始终朝着这个大方向、大目标迈进。对各类自由贸易安排,我们应该坚持开放、包容、透明原则,促进彼此协调,实现良性互动。我们应坚定维护以规则为基础的多边贸易体制,旗帜鲜明抵制保护主义。世界贸易组织正在探讨新一轮改革,改革的目的应该是让其更好发挥作用,坚持多边贸易体制的核心价值和基本原则,而不是推倒重来。我们应该引导经济全球化朝着更加开放、包容、普惠、平衡、共赢的方向发展。

今年是中国改革开放40周年。中国将坚定不移全面深化改革,加快完善社会主义市场经济体制,建设现代化经济体系。中国将坚持对外开放基本国策,大幅度放宽市场准入,加大保护知识产权力度,创造更具吸引力的投资和营商环境。一周前,首届中国国际进口博览会在上海成功举行,吸引了172个国家、地区和国际组织,3600多家企业参展,40多万名境内外采购商到会洽谈采购,成交额达到578亿美元。4500多名各界知名人士出席虹桥国际经贸论坛。这再次表明,中国支持自由开放贸易、主动向世界开放市场的决心不会有任何动摇。

第二,坚持创新驱动,培育增长新动能。数字经济是亚太乃至全球未来的发展方向。我们应该牢牢把握创新发展时代潮流,全面平衡落实《互联网和数字经济路线图》,释放数字经济增长潜能。同时,我们应该加强数字基础设施和能力建设,增强数字经济可及性,消弭数字鸿沟,让处于不同发展阶段的成员共享数字经济发展成果,让亚太地区人民搭上数字经济发展快车。

中国正在大力建设"数字中国",在"互联网+"、人工智能等领域收获一批创新成果。

分享经济、网络零售、移动支付等新技术新业态新模式不断涌现,深刻改变了中国老百姓生活。中国愿同亚太各方深化数字经济合作,培育更多利益契合点和经济增长点,为亚太经济注入强大新动能。

第三,坚持完善互联互通网络,促进包容联动发展。互联互通是实现包容联动发展的基础。我们应该深入落实互联互通蓝图,让联通的网络覆盖太平洋沿岸的每一个角落。我们应该以2030年可持续发展议程为引领,采取更多务实举措,让发展更加均衡、增长更可持续、机会更加平等、社会更加包容。

中国高度重视互联互通建设。经过5年努力,共建"一带一路"正进入深入发展新阶段。明年4月,中国将主办第二届"一带一路"国际合作高峰论坛。中国将同各国一道,坚持共商共建共享,高质量、高标准、高水平建设"一带一路",为亚太和世界各国人民创造更大发展机遇。

第四,坚持深化伙伴关系,携手应对共同挑战。亚太经合组织走过近30年合作历程,互信、包容、合作、共赢的伙伴关系已经成为我们的共同财富。亚太各国国情千差万别,有分歧并不奇怪。关键是要坚持共谋发展这个公约数,发扬伙伴精神,协商处理分歧,探索解决共同挑战。我们应该立足多样性实际,尊重彼此选择的发展道路,在开放包容的基础上交融互鉴,在良性竞争的同时互利合作,共同构建亚太命运共同体。

中国坚持以人民为中心的发展思想,践行创新、协调、绿色、开放、共享的新发展理念。过去几十年,中国7亿多人口摆脱贫困,将在2020年实现全面脱贫。中国经济对世界经济增长的贡献率一直保持在30%以上。同时正在加快从高速增长转向高质量发展。今年,消费对中国经济增长的贡献达到78%。中国经济长期稳定向好的总体势头会继续保持下去。

作为亚太地区领导人,我们有责任登高望远,规划好亚太经合组织2020年后的合作愿景。我们应该顺应经济全球化发展大势，不为一时的困难所阻挡，继续秉持推动区域经济一体化宗旨，把握构建开放型世界经济大方向，努力保持亚太合作势头，稳步迈向更高水平。

中国是亚太合作的积极倡导者和坚定践行者。中国的发展离不开同亚太各方的紧密合作，也为亚太发展拓展了广阔空间。中国将深入参与亚太合作进程，加大投入，同各方深化务实合作，为亚太地区发展繁荣作出新贡献！

中华人民共和国主席习近平在二十国集团领导人峰会第一阶段会议上的发言（2018年11月30日，阿根廷布宜诺斯艾利斯）

新华网：http://www.xinhuanet.com/politics/leaders/2018－12/01/c_1123792375.htm。

今年是国际金融危机发生10周年，也是二十国集团领导人峰会10周年。尽管世界经济整体保持增长，但危机的深层次影响仍未消除，经济增长新旧动能转换尚未完成，各类风险加快积聚。新一轮科技革命和产业变革引发深刻变化，贫富差距和社会矛盾压力不断增加。世界经济再一次面临历史性的选择。

"以史为鉴，可以知兴替。"二十国集团要从历史大势中把握规律，引领方向。人类发展进步大潮滚滚向前，世界经济时有波折起伏，但各国走向开放、走向融合的大趋势没有改变。产业链、价值链、供应链不断延伸和拓展，带动了生产要素全球流动，助力数十亿人口脱贫致富。各国相互协作、优势互补是生产力发展的客观要求，也代表着生产关系演变的前进方向。在这一进程中，各国逐渐形成利益共同体、责任共同体、命运共同体。无论前途是晴是雨，携手合作、互利共赢是唯一正确选择。这既是经济规律使然，也符合人类社会发展的历史逻辑。面对重重挑战，我们既要增强紧迫感，也要保持理性，登高望远，以负责任态度把握世界经济大方向。

保持世界经济稳定发展的共同需要催生了二十国集团。10年来，我们同舟共济、勠力同

心，推动世界经济走出衰退深渊，走上了复苏增长的轨道。10年后，我们应该再次拿出勇气，展示战略视野，引领世界经济沿着正确轨道向前发展。

第一，坚持开放合作，维护多边贸易体制。5年前，我第一次出席二十国集团领导人峰会，呼吁共同维护和建设开放型世界经济。现在看，这一任务更加迫切。二十国集团成员间月均新增贸易限制措施比半年前翻了一番，2018年全球货物贸易量增速可能下滑0.3%。我们应该坚定维护自由贸易和基于规则的多边贸易体制。中方赞成对世界贸易组织进行必要改革，关键是要维护开放、包容、非歧视等世界贸易组织核心价值和基本原则，保障发展中国家发展利益和政策空间。要坚持各方广泛协商，循序推进，不搞"一言堂"。

第二，坚持伙伴精神，加强宏观政策协调。伙伴精神是二十国集团最宝贵的财富。无论遇到什么困难，二十国集团成员都应该团结一致，共克时艰。各方应该坚持财政、货币、结构性改革"三位一体"的政策工具，努力推动世界经济强劲、平衡、可持续、包容增长。加强政策协调，既是世界经济增长的客观需要，也是主要经济体理应担负的责任。发达经济体在采取货币和财政政策时，应该更加关注并努力减少对新兴市场国家和发展中国家的冲击。国际货币基金组织第十五轮份额总检查应该按期完成，国际货币体系应该继续朝着多元化方向迈进，要构筑更加牢固的全球金融安全网。

第三，坚持创新引领，挖掘经济增长动力。世界经济数字化转型是大势所趋，新的工业革命将深刻重塑人类社会。我们既要鼓励创新，促进数字经济和实体经济深度融合，也要关注新技术应用带来的风险挑战，加强制度和法律体系建设，重视教育和就业培训。我们既要立足自身发展，充分发掘创新潜力，也要敞开大门，鼓励新技术、新知识传播，让创新造福更多国家和人民。为更好引领和适应技术创新，建议二十国集团将"新技术应用及其影响"作

为一项重点工作深入研究，认真探索合作思路和举措。

第四，坚持普惠共赢，促进全球包容发展。当今世界面临的很多问题，归根结底都和发展问题相关。发展也是实现公平公正的强有力支撑。我们要坚持以人民为中心的发展思想，将人民的获得感、幸福感、安全感作为工作出发点和落脚点。要继续把发展问题置于全球宏观政策协调的突出位置，落实好2030年可持续发展议程，为联合国框架内有关工作提供有力支持。要维护发展中国家发展利益和空间，支持世界经济真正公平发展。要继续支持非洲发展，帮助非洲加强基础设施建设和互联互通，推进新工业化进程。

今年是中国改革开放40周年。40年来，在国际社会支持下，中国人民通过不懈奋斗，取得了历史性发展成就。国际金融危机发生以来，中国经济对世界经济增长贡献率超过30%。中国下决心将减贫进行到底，到2020年彻底消除现行标准下的绝对贫困，这个目标一定会实现。中国得益于改革开放，中国将坚定不移沿着这条路走下去。前不久，中国成功举办首届国际进口博览会，赢得国际社会广泛赞誉。中国将继续深化市场化改革，保护产权和知识产权，鼓励公平竞争，主动扩大进口。今后，我们将每年举办中国国际进口博览会，向世界进一步敞开中国市场。在世界银行最新《营商环境报告》中，中国排名较前一年上升32位。我们将继续朝着这一方向不懈努力。中方希望各国共同营造自由、开放、包容、有序的国际经济大环境。

中华人民共和国国务院总理李克强在第六届中日韩工商峰会上的致辞（2018年5月9日，日本东京）

新华网：http://www.xinhuanet.com/politics/leaders/2018-05/10/c_1122808984.htm。

中日韩既是隔海相望的邻国，也都是具有重要影响的世界主要经济体。三国经贸合作具有很强的韧性和活力，合作共赢的前景广阔。2017年，三国间贸易额超过6400亿美元，比上一年增长11%。今年一季度，中日、中韩双边贸易都保持10%以上的增长。日韩是中国主要外资来源国，两国在华设立企业总数超过10万家，日本累计对华投资约1100亿美元，韩国也超过700亿美元。经贸合作持续发展，给三国人民带来了福祉，给工商界提供了更多发展机遇。

当前，中日韩经济都呈现较好发展势头，三国领导人会议时隔两年半后恢复举行，来之不易，为深化经贸合作提供了有利条件。刚才，三国领导人进行了坦诚深入的会谈，达成了不少共识。

——我们要努力营造和平稳定的发展环境。历史和现实反复证明，稳定的双边关系，和平安宁的地区环境，是三国合作持续健康发展的保障。摩擦增多、局势紧张的时候，三国合作面临的困难和阻力就会增大。正视历史、面向未来，坚持走和平发展道路，是三国应始终坚持的正确方向。尊重彼此核心利益和重大关切，妥善处理敏感问题和分歧，才能使三国间关系保持稳定、健康发展。

——我们要共同推进经济全球化和维护自由贸易。当前世界经济出现近几年难得的整体复苏，全球贸易回升，值得倍加珍惜。中日韩作为世界重要经济体，有责任维护世界经济来之不易的向好局面。我们三国都是经济全球化的受益者、支持者，也都经历过贸易保护主义的打压。面对当前保护主义、单边主义抬头的严峻形势，中日韩应坚定地站在一起，支持自由贸易，共同维护以规则为基础的多边贸易体系。中方对日韩贸易长期存在逆差，去年超过1000亿美元，如果加上旅游等服务贸易，逆差就更大。但中方不搞贸易保护，而是着眼通过扩大相互开放做大共同利益"蛋糕"，逐步消化和解决存在的问题。中方愿与日韩一道，加快中日韩自贸协定谈判进程，力争尽早达成一份全面、高水平和互惠的自贸协定。三国都表示，将致力推动早日达成"区域全面经济伙伴关系协定"，共同促进东亚经济共同体建设。

——我们要扩大投资和产能合作。中日韩在装备、技术、资金、市场、施工能力等方面各具优势，合作前景广阔。"一带一路"倡议正为三国合作打开新的空间，我们支持企业按照市场化原则，以"中日韩＋X"模式开展国际产能合作，共同开拓第四方市场。中方一如既往欢迎日韩企业赴华投资，扩大节能环保、高端制造、现代服务业等领域合作。

——我们要加强创新和人文合作。三国都重视科技创新。中国愿与日韩一道，加强数字经济、人工智能、物联网、智慧交通等领域合作，推动亚洲实现新繁荣。我们愿意加强中国"世界一流大学和一流学科"建设与日本"超级国际化大学计划"、韩国"世界一流大学建设计划"对接，举办"中日韩青年创客大赛"。中日韩都面临人口老龄化问题，中方愿意与日韩加强"银发经济"合作，继续办好中日韩人口老龄化论坛。三国相继举办奥运会或冬奥会，可以此为契机，加强体育产业合作，促进"奥运经济"发展。

过去五年，中国经济实现年均7.1%的增长，对世界经济增长年均贡献率超过30%。今年一季度国内生产总值同比增长6.8%，保持中高速增长。4月份采购经理人指数达51.4%，持续位于扩张区间。今年前四个月货运量、全社会用电量增速分别为6.3%和10.1%，税收收入增速超过16%，经济延续稳中向好发展态势。

中国经济发展的成就得益于我们大力推进改革开放。前不久，习近平主席在博鳌亚洲论坛2018年年会上发表重要讲话，向世界发出了中国将坚定不移扩大开放的明确信息，中国开放的大门不会关闭，只会越开越大。这是中国作出的战略抉择。下一步，我们将继续全面深化改革，进一步扩大开放，努力打造国际一流的营商环境。继续优化经济结构，加快发展新动能。我们将在深化改革和高水平开放中实现高质量发展。

明年将迎来中日韩合作20周年。我期待三国工商界朋友们携起手来，锐意进取，推动中日韩合作走向更加美好的明天！

中华人民共和国国务院总理李克强在第十二届亚欧首脑会议上的发言（2018年10月19日，比利时布鲁塞尔）

中国政府网：http://www.gov.cn/premier/2018－10/20/content_5332925.htm。

当今世界是一个复杂变化、充满不确定性的世界。一方面，人类实现进步的能力和手段前所未有；另一方面，对未来的担忧和疑虑也前所未有。促进世界和平与发展面临新的机遇，但风险挑战不容忽视。当前，经济全球化遭遇波折，单边主义、保护主义明显抬头，地缘政治热点、恐怖主义此起彼伏，既有国际秩序和多边贸易体制受到严重冲击，开放合作与封闭对抗的较量关乎人类前途与未来。

面对错综复杂的国际形势，习近平主席提出共同构建人类命运共同体的理念，得到了国际社会广泛认同。各国应加强对话合作，尊重彼此选择各自发展道路的权利，通过谈判协商政治解决各种分歧，共同维护和平与稳定的大环境。同时，各国应通过结构性改革促进经济稳定增长，以大力度创新加快新旧动能转换，遵循包容普惠原则推动经济全球化实现再平衡，共同维护世界经济复苏的好势头。这些都需要开展紧密的全球合作，建立强有力的全球伙伴关系。

亚洲和欧洲是世界两大稳定力量，也是世界两大经济板块。亚欧会议有53个成员，大家走到一起，顺应了世界多极化、经济全球化、区域一体化的时代潮流；大家坐在一起，代表着近六成的世界人口和一半的世界经济总量，在全球政治经济版图上举足轻重。亚欧合作基础深厚，潜力巨大，前景广阔。本次会议的主题确定为"欧洲和亚洲：全球伙伴应对全球挑战"，现实针对性很强，既反映出各国面临的迫切任务，也是对亚欧关系定位的最好诠释。

面对新形势下的新挑战，亚欧国家作为全球伙伴，应担负起维护世界和平、促进繁荣发展的重要责任，共同推动构建人类命运共同体。亚欧各方要以开放的胸襟、包容的气度、协调的行动，打造开放、联动、合作、共赢的新格局，为世界发展增添力量、注入信心。我愿提出以下几点建议：

第一，为维护多边主义发挥引领作用。我们处在各国利益交融、命运休戚与共的新时代，各国只有携手合作，践行多边主义，才能更好把握全球性机遇，应对全球性挑战。亚欧会议的成立与发展始终秉持多边主义理念，在应对亚洲金融危机和国际金融危机过程中发挥了重要作用，这正是多边合作的成功实践。亚欧会议的多边主义传统来源于亚欧国家的多样性，不同的民族、文化、宗教、经济社会发展水平没有成为合作的障碍，反而成为互学互鉴的源泉和优势互补的基础。亚欧会议的多边主义内涵体现在亚欧国家相互尊重、平等相待，在重大问题上能够求同存异、协商一致，实现共同发展、互利共赢，为亚欧关系行稳致远、构建新型国际关系提供有力支撑。

当前形势下，亚欧国家都面临单边主义的严重冲击。我们要加强协商合作，坚定维护以规则为基础的国际秩序，坚定维护联合国权威，坚定维护联合国宪章的宗旨和原则。对于国家间出现的分歧，应该在双边或多边框架内依据国际法协商解决。对于国际社会面临的共同挑战，应该致力于寻求多边解决方案，遵守业已达成的国际协议。作为多边主义的倡导者和受益者，亚欧国家也应该成为多边主义的捍卫者和引领者。

第二，致力于构建开放型世界经济。世界经济复苏的势头来之不易，其中很重要的一条经验，就是在应对国际金融危机中加强政策协调、坚持开放合作，避免了上个世纪大萧条重演。世界经济要进入持续增长的轨道，仍然需要坚持伙伴精神，坚持开放发展的大方向，不断推动贸易和投资自由化便利化，促进全球分工合作向更加普惠、平衡的方向发展。那种采取保护主义、挑起贸易摩擦的做法，不仅解决不了本国发展中遇到的问题，还会加剧全球市场动荡，影响各国人民福祉，殃及世界和平与发展的前景。

亚欧国家各具资源禀赋和比较优势，互补性强，完全可以通过加强各领域务实合作，实现多赢共赢。我们要坚决反对一切形式的保护主义，维护以规则为基础的多边贸易体制，巩固经济全球化和自由贸易的基石。对现行世贸组织规则进行适当调整完善是可以的，但不能"另起炉灶"，必须坚持自由贸易等基本原则，充分照顾各方的利益关切，特别要重视保障发展中国家的权益。我们既要促进全球经济增长与繁荣，也要致力于缩小南北差距。中方支持对世贸组织进行必要的改革，已同欧盟成立世贸组织改革联合工作组，保持沟通协商。中方倡议继续推进亚欧经济部长会议进程，推动海关等领域加强合作，为深化亚欧贸易便利化拿出切实举措，以实际行动支持经济全球化和自由贸易。

建设开放型世界经济，推动全球经济稳定增长，离不开创新的支撑。新一轮科技革命和产业变革方兴未艾，大数据、云计算、物联网、人工智能等前沿技术不断突破，使跨越国界的产业链深度合作成为大势所趋。中国愿与亚欧各方积极推进科技创新和新经济合作，包括开展数字经济、智慧城市、车联网等领域合作。中方将于明年举办以创新发展为主题的高级别对话会，希望各方积极参与，共同促进世界开放创新深入发展。

第三，以互联互通推动亚欧联动发展。亚欧国家山水相连，开展互联互通合作具有天然条件，也是亚欧各国民心所向。我们要加大公路、铁路、航空、光纤等基础设施方面的"硬联通"，以点带面、从线到片，充分整合亚欧大陆的资源禀赋、人口红利、产能优势等要素，打造亚欧大交通、大产业、大物流格局，完善供应链、产业链、价值链，充分释放亚欧发展的巨大潜力。同时，要加强制度、政策、规则和标准等方面的"软联通"，激发资本、技术、服务和数据等要素的活力。一旦欧洲的新技术和亚洲的大市场能够在更高水平上结合起来，不仅将为亚欧发展注入新动力，也能为世界经济持续增长提供新机遇。亚欧会议互联互通工作组为深化这一重大合作搭建了有效平台，我们要共同支持工作组发挥好统筹协调作用，使有关规划尽早落地。

"一带一路"倡议源自中国，属于世界，重点是亚欧大陆。我们愿意与各方一道，秉持共商共建共享原则，加强发展战略对接，打造开放、透明的合作平台，坚持高水平、高标准、高质量推进合作项目，实现共同发展和繁荣。明年中方将举办第二届"一带一路"国际合作高峰论坛，欢迎亚欧各方积极参与。

第四，通过人文交流为亚欧合作注入更大活力。亚欧大陆孕育过东西方交流的历史佳话，也正在书写不同文明对话合作的新篇章。人文交流是亚欧会议机制的重要支柱，也应该成为政治、经济合作的带动力量和有力依托，值得更大投入。我们要加强各国议会、社团、智库、高校、媒体的往来，不断增进人民间的了解和友谊，进而促进政治互信。公共卫生、教育、老龄化、旅游、残疾人、妇女、青年等领域合作关乎民生福祉，是实现包容发展的重要内容。亚欧各国应加强经验分享、深化交流合作，共同推进社会公平正义，让各国人民更好享受发展成果。我们将继续开展亚欧框架下的残疾人合作，让平等、包容的理念深入人心。中方建议亚欧会议探讨建立相应机制，为推动落实联合国2030年可持续发展议程作出积极贡献。

亚欧会议机制已经迈入第三个十年，成为促进亚欧对话合作的重要平台。我相信，只要我们齐心协力、同舟共济，就能为亚欧人民创造更多福祉，为世界和平与发展作出更大贡献。

中华人民共和国国务院总理李克强在第21次东盟与中日韩领导人会议上的讲话（2018年11月15日，新加坡）

新华网：http://www.xinhuanet.com/politics/leaders/2018－11/15/c_1123720544.htm。

今年是一个特殊的年份，国际金融危机爆发至今已有10年、亚洲金融危机爆发也已过了20年。这两次危机都对亚洲产生了深远影响。我们之所以能够经受住考验，持续成为全球经济增长的重要引擎，东盟和中日韩发挥了中流砥柱作用，为应对危机而诞生的10+3合作机制功不可没。

当前，世界经济复苏态势仍在持续，但不稳定不确定因素明显增多，出现了一些令人担忧的风险和挑战，保护主义、单边主义突出，经济全球化遭遇波折，以规则为基础的国际秩序和多边贸易体制受到冲击。10+3国家应继承和发扬同舟共济、共克时艰的精神，共迎挑战、化危为机，为维护地区稳定承担更大责任，为促进区域繁荣发展发挥更大作用。我们要坚定不移推进经济全球化，坚决维护多边主义和自由贸易，推动区域经济一体化，致力于建设开放型世界经济。我们要抓住新一轮世界科技革命和产业变革带来的机遇，加强创新领域合作，壮大经济发展新动能。

10+3国家经济总量达21.9万亿美元，占世界的27%，超过美国和欧盟，在全球经济中具有举足轻重的影响。10+3合作打造了清迈倡议多边化、宏观经济研究办公室、大米紧急储备、东亚论坛等品牌项目，机制化建设日趋成熟。可以说，我们完全有能力、有基础应对各种困难和挑战。中方愿与10+3其他国家一道，以更坚定的决心和更长远的眼光共同擘画东亚合作的未来，推动东亚实现更高水平的融合发展、为世界经济注入新动能。

今年是10+3合作进入第二个20年的开局之年。各方应以此为新起点，发挥好10+3合作作为东亚合作主渠道的作用，加大力度推进区域经济一体化进程，朝着东亚经济共同体的方向共同努力。我愿就下阶段 10 + 3 合作提几点建议：

扎实推动东亚经济共同体建设。东亚经济共同体有利于提高区域内各领域合作水平，将为各国发展提供有力的依托，对我们破解现实难题、引领 10 + 3 未来合作具有重要意义。去年，我倡议推进东亚经济共同体建设，得到与会各方积极回应。为加快推动本地区经济一体化，在此我建议各国领导人指示经贸部长们密切配合，通过 10 + 3 经贸部长会渠道，研究东亚经济共同体建设的愿景和推进路径，让这一倡议从理念变成行动。

加快自贸区建设。东亚是世界上经济最具增长活力的地区之一，各国普遍奉行自由贸易和市场开放政策，区内贸易潜力巨大。10 + 3 国家区域内贸易额已达到 4.7 万亿美元，占对外贸易总额接近 50%。本地区自贸安排蓬勃发展。东盟已建成经济共同体，中日韩也已分别与东盟建立自贸安排，"区域全面经济伙伴关系协定"（RCEP）涵盖范围广，符合地区发展实际，兼顾不同国家利益关切，是实现东亚经济一体化的重要基础。今年以来，RCEP 谈判取得显著进展，增强了我们尽快完成谈判的信心。中方愿与各方一道，尽快解决 RCEP 谈判遗留问题，最终达成一个现代、全面、高水平、互惠共赢的自贸协定。我们要加强 10 + 3 供应链互联互通研究与合作，完善地区供应链和价值链，增强发展韧性。同时，以更积极姿态推进中日韩自贸区谈判，为东亚经济共同体建设注入新活力。

强化金融安全。财金合作是 10 + 3 起步最早、成果最实的领域。面对国际资本市场不确定性增加、地区金融风险上升的形势，我们应切实提高清迈倡议多边化的可用性、有效性和安全性，研究本币出资。支持 10 + 3 宏观经济研究办公室提高经济监测能力，强化区域金融风险预防与救助体系。中方将向区域信用担保与投资基金增资，愿与地区国家共同推进本币债券市场发展，增强地区金融稳定。

开拓创新合作。新一轮世界科技革命和产业变革方兴未艾，大数据、物联网、人工智能等新技术、新产业迅猛发展，给地区国家带来新的发展与合作机遇。中日韩都是创新大国，东盟正积极建设智慧城市网络。创新可以成为 10 + 3 合作新的增长点。各方应加强创新政策沟通与对接，广泛开展产学研创新合作，促进创新人力资源开发与网络建设。中方倡议明年举办 10 + 3 青年科学家论坛，欢迎各方积极参与今年 8 月在中国成立的 10 + 3 中小企业服务联盟，打造地区创新交流合作平台。

促进包容发展。10 + 3 成员处于不同发展阶段，发展不平衡不充分仍较突出。如何让地区发展成果更多惠及各国人民，是我们面临的重要课题。共建"一带一路"倡议为促进包容普惠发展提供了新平台。中方愿加强共建"一带一路"倡议与东盟互联互通总体规划深入对接，推进地区更大范围的互联互通，加强在交通、能源、信息等领域的基础设施建设，促进经济发展，缩小地区发展差距。中日韩正探讨以"中日韩 + X"的方式，在产能、生态环保、灾害管理、卫生、减贫等领域优先与东盟国家开展合作，促进地区可持续发展。

拉紧人文纽带。10 + 3 国家民间友好往来源远流长、基础深厚，成为地区合作不断深化的有力保障。我们应进一步加强文化、教育、旅游、媒体、青年等领域合作，扩大民众间交流，增进相互了解与信任。中方倡议在"东亚文化之都"和"东盟文化城市"基础上建立"10 + 3 文化城市网络"。开拓在青年领域的合作，实施好《10 + 3 旅游合作备忘录》，开展联合办学、学分学历互认等教育合作，用好 10 + 3 合作基金，推动人文交流。继续发挥好东亚论坛、东亚思想库网络等平台作用，为东亚合作建言献策。中方将继续办好 10 + 3 大学校长论坛、10 + 3 媒体合作研讨会、"了解中国"等项目，营造开放对话、互学互鉴良好氛围。

当前朝鲜半岛形势总体延续对话缓和势头。

有关各方保持对话互动，半岛问题政治解决既面临机遇，也存在挑战。中方一贯坚持实现半岛无核化，坚持维护半岛和平稳定，坚持通过对话协商解决问题。中方一直致力于劝和促谈，推动实现半岛无核化和持久和平。作为半岛近邻，中方愿继续为实现半岛及本地区长治久安作出应有努力。

今年以来，中国经济保持总体平稳，主要指标保持在合理区间。前三季度，国内生产总值同比增长 6.7%，全国城镇新增就业超 1100 万人，城镇调查失业率稳定在 5% 左右，居民消费价格温和上涨，外汇储备保持在 3 万亿美元以上。经济结构加快调整，消费和服务作为经济增长主动力的作用进一步增强，高技术产业、装备制造业、信息技术服务业快速增长，规模以上工业企业利润保持两位数增长，新设企业平均每天超过 1.8 万户，新动能对经济增长的贡献率超过 30%。当前中国经济的基本面是健康的。

受外部环境明显变化等因素影响，中国经济增长也面临一些突出矛盾和问题。但中国经济发展的内生动力在不断增强，发展韧性、潜力和回旋余地大。新型工业化、信息化、城镇化、农业现代化同步发展，拥有 9 亿劳动力、1.7 亿多受过高等教育或拥有专业技能的人才，人力资本优势突出，13 亿多人口的消费市场升级加速，中等收入群体日益扩大，宏观调控手段和政策储备依然充足。我们有条件、有能力应对各种风险挑战，实现经济社会发展的预期目标，推动中国经济实现高质量发展。

今年是中国改革开放 40 周年。40 年来，中国不仅实现了自身的快速发展，也为世界各国提供了发展机遇。中国对外贸易额年均增长 14.5%，多年对世界经济增长贡献超过 30%，已成为世界大多数国家的主要贸易伙伴。我们将深入推进简政放权、放管结合、优化服务等改革，提高政策透明度，实行公平公正监管；进一步放宽金融等服务业、制造业等领域外资市场准入限制，降低商品进口关税，加强知识产权保护，打造公平竞争的市场环境和国际一流的营商环境。

前不久，首届中国国际进口博览会在上海成功举办。这是中国政府推进新一轮高水平对外开放的重大行动，也是中国支持经济全球化、促进自由贸易的重大举措。进博会期间，中国与东盟 10 国和日韩达成意向成交额 109 亿美元，日本、韩国是参展企业数最多的两个国家。预计未来 15 年，中国进口商品和服务将分别超过 30 万亿美元和 10 万亿美元，为世界各国企业进入中国市场提供更大更多机遇，进而为推动地区和世界经济发展作出积极贡献。

10+3 合作正处于发展壮大的关键阶段，面临加快推进的难得契机。中方愿与各方一道，凝聚共识，密切协作，深化各领域务实合作，推动东亚经济共同体建设不断前进，共创地区美好未来。

国务委员兼外交部部长王毅在外交部黑龙江全球推介活动上的致辞（2018年11月12日，中国北京）

中华人民共和国外交部网站：https://www.fmprc.gov.cn/web/wjbz_673089/zyjh_673099/t1612356.shtml。

今天蓝厅推介的主角是黑龙江。黑龙江是中国最早迎来日出的地方，是一片令人神往的土地。这里曾经创造过辉煌的历史，今天正在迎来更加光明的未来。

人们不会忘记，在新中国成立后的困难时期，黑龙江人战天斗地，把"北大荒"变成"北大仓"，为解决人民的温饱问题作出重要贡献；大庆油田的胜利开发，让中国在很长一段时期实现石油自给自足；包括黑龙江在内东三省老工业基地的建成，为中国后来成为享誉世界的制造业大国和强国打下了坚实基础。

进入新时代，黑龙江省委省政府在党中央坚强领导下，全面贯彻落实老工业基地振兴战略，在经济社会等领域又取得一系列新的成就。不久前，习近平总书记在东北三省考察，就新时代全面振兴东北作出重要部署,强调以新气象新担当新作为推进东北振兴。按照总书记重要指示精神,黑龙江正在坚持创新引领,加快新旧动能转换,以改革形成发展新动力,以开放建设对外合作新高地,努力走出一条新的全面振兴之路,这必将为黑龙江的发展开辟出更加广阔和光明的前景。

上星期,首届中国国际进口博览会成功举办,这是中国着眼推动新一轮高水平对外开放的重大举措。"相通则共进,相闭则各退"。正如习近平主席在博览会主旨演讲中所郑重宣示:中国将始终是全球共同开放的重要推动者,始终是世界经济增长的稳定动力源,始终是各国拓展商机的活力大市场,始终是全球治理改革的积极贡献者。在中国新一轮对外开放中,黑龙江拥有独特优势。黑龙江是中国的东北门户,与日韩俄蒙毗邻,拥有国家一类口岸25个、11个边境互市贸易区。这有助于黑龙江更为积极主动地参与"中蒙俄经济走廊"建设,把自身打造为东北亚经贸合作的重要枢纽。同时,黑龙江也将以更开阔的视野参与"一带一路"建设,通过开通中欧班列等举措连接欧亚大陆,加强与沿线各国的互利合作。在此,我真诚呼吁各位使节以及你们代表的国家把握住中国深化改革开放的新机遇,与中国携手同行,与黑龙江携手同行,一起开创互利互惠、合作共赢的美好未来。

黑龙江对我个人来说,也始终有着一份特殊感情。将近50年前,我作为百万知青中的一员,投身"北大荒"的开发建设,在那里度过了8年激情燃烧的岁月。黑龙江已经成为我和我的战友们的第二故乡。今天,在黑龙江"走振兴新路、约世界同行"的行列中,请允许我和我的知青伙伴们,也作为其中的一份子,与你们一路同行!

日本首相安倍晋三在中日韩工商峰会上的致辞(2018年5月9日,日本东京)

在刚刚结束的日中韩峰会上,我与李总理、文总统面向未来开展了讨论,日中韩的合作由此翻开了新的篇章。今年,正值日中韩峰会单独召开10周年、《日中和平友好条约》缔结40周年,以及《日韩伙伴关系联合声明》发表20周年,可喜可贺。在这值得纪念的年份里,三国首脑汇聚一堂,加强合作、向前发展,可以说是迈出了具有跨时代意义的一步。

经济领域方面,日中韩三国彼此都是十分重要且强劲的合作伙伴,经济发展,机遇互享。我们应该通过加强人员交流、金融以及尖端科技领域的合作,推动三国经济的增长。日中韩三国的GDP占全球的1/5以上,我们应成为牵引世界经济增长的动力。我们要强烈呼吁,确保公平的竞争环境、进一步强力推动自由贸易。

去年年末,我国与欧盟达成了经济合作协定(EPA)框架协议;今年3月,签署了由11国参加的《跨太平洋伙伴关系协定》(TPP11)。由此,表明了日本向世界推广基于自由公正规则的21世纪世界经济秩序的决心。

今天,我也与两位首脑就加快《日中韩自由贸易协定》(FTA)、《区域全面经济伙伴关系协定》(RCEP)的谈判合作达成了一致。希望由此加强三国之间的经济关系,吸收亚洲作为世界增长中心的活力,实现进一步的发展。

此外,我们三国都面临着少子老龄化问题。针对这一共同的国家难题,我的回答是开展工作方式改革。工作方式改革本身就是增长战略。我希望这种模式能在日本获得成功,并向包括中韩在内的国家和地区提出可行性解决方案。为此,经济界各位的鼎力合作不可或缺。我希望能与各位共同实现这一目标。

经济界的交流,是推动三国经济关系向前发展的真正动力。政府方面也会认真接受大家的建议,促进日中韩经济关系的进一步发展。最后,衷心祝愿各位工商界领袖事业发达、鹏程万里;衷心祝愿日中韩合作更上一层楼。我的发言到此结束。谢谢。

日本首相安倍晋三在《区域全面经济伙伴关系协定》（RCEP）第5次部长会议上的演讲（2018年7月1日，日本东京）

"Asia is one"（亚洲是一个整体）。这是我国明治时代著名思想家冈仓天心在1903年撰写的著作《东洋理想》中的第一句话。但是，当时的亚洲太大，还无法被称为一个整体。那时，在印度孟买满载棉花的船只，从印度洋途经新加坡进入太平洋，然后经由香港抵达日本神户，需要1个月的时间。

百年后的今天，从东京乘坐飞机，只要9个小时就能抵达印度。而且，在互联网的世界里，所需时间几乎为零。在广袤的亚洲，无论身处何方，都可以面对面地洽商，瞬间完成电子支付。

所以，现在我想说："Asia is one。"亚洲，定能成为一个整体。不，放眼未来，亚洲必须成为一个整体。所有的一切，都取决于我们的意志和行动。

RCEP16国合起来，总人口占到世界的一半，GDP占了世界经济的三成，拥有巨大的潜力。只要能充分挖掘并发挥这些潜力，我们就能共享进一步的繁荣。其中的关键，就是自由贸易。必须建立自由公正的规则，使本地区的人员、物资和资金交流产生飞跃性的增长。在全球对保护主义的担忧加剧之时，我们亚洲地区能否团结一致、能否继续高举自由贸易主义旗帜，全球对RCEP谈判的关注程度较以往更高。让我们团结一致，共同在本地区，创建基于自由规则的公正市场。

请各位想象一下，RCEP带来的亚洲光辉未来。那不仅仅是废除关税、物资往来更加活跃，而是极具野心的未来蓝图。我们要制定与电子商务相关的自由规则。这么一来，在仰光街头向游客售卖椰子油的小公司，也可以有机会通过互联网拥有35亿人口的大市场。我们要完善切实保护知识产权的规则。这么一来，谁都可以使用由澳大利亚开发、最先进的血液检测套件，实现快速、简单、准确的诊断，这定能为提高35亿人的医疗质量做出巨大贡献。而且，只要集结35亿人的智慧，也有可能掀起新一轮的创新浪潮。此外，定会有许多来自全球的投资和前程似锦的优秀人才聚集到我们亚洲。亚洲作为世界增长中心的稳固地位，定能持续到我们的子孙后代。

实现亚洲地区可持续包容性经济增长的巨大基石，就是RCEP。

我国引领《跨太平洋伙伴关系协定》（TPP11）的谈判，此前已经获得了国会的通过。去年年末，我国与欧盟达成了经济合作协定（EPA）框架协议。日本作为自由贸易的旗手，竭尽全力向全球推广基于自由公正规则的经济圈。

下一步就是RCEP了。我决心与今天相聚一堂的各位一同齐心协力，在亚洲建立起基于自由公正规则的21世纪经济新秩序。在这一决心之下，本次我国首次主办超级FTA的部长会议。听说这是第一次在东盟（ASEAN）以外国家举办RCEP部长会议。但是请大家不用担心，担任联合主席的是世耕大臣，他频繁往来亚洲各国，与各国都有着深入的交流，能够充分理解各位的想法。希望大家能与世耕大臣敞开心扉，各抒己见。

至今为止，我每次与各位的国家领导人举行首脑会谈时，都会确认为早日签署高质量的RCEP，加快谈判进程而加强合作。听说东盟决心为今年年内缔结RCEP进行谈判。日本也决心切实着眼亚洲的未来，与各位一同实现高质量的RCEP。

为早日实现RCEP的缔结，希望参加本次会议的各国部长能承借这一大好形势，齐心合力，使讨论大有进展。

我要再次强调，"Asia is one"。

日本首相安倍晋三在第一届中日第三方市场合作论坛上的致辞（2018年10月26日，中国北京）

日本与中国，一千多年以来彼此互相影响。

5 世纪，中国的汉字传到了日本。6 世纪，从中国传到日本的佛教对日本人的思想影响巨大。8 世纪，遣隋使、遣唐使在中国学习了社会制度、城市建设等。长久以来，中国一直是日本学习的榜样。

时至今日，日本高中生在语文课上依旧要学习汉文，也就是中国的古文，想必在场不少人高中时就曾因此烦恼。但其实，深奥的汉文也丰富了日语的词汇和语义，我现在也认为学习汉文受益匪浅。

19 世纪，日本大量吸收西方技术，运用中国的汉字翻译西方思想。"哲学""经济"等那时创造的新单词传入中国后使用至今。

早在 20 世纪 80 年代，日本就开始支持中国，日本政府与企业开展对华投资，与中国一同推动现代化发展。能够看到中国今日的发展，日本也感到十分骄傲。

如今，发展的中国和日本终于迎来了共同为世界做贡献的时代。

今天，能与李克强总理以及各位一同站在这个历史的转折点上，我感到非常高兴。

日中合作的主体是企业。今天，日中两国企业领导干部等千余人在人民大会堂欢聚一堂，这是一场具有历史意义的盛会。这次，相聚在这里的日中两国企业和相关机构签署了 50 余项合作协议，都集中在基础设施、物流、保健、金融等极具潜力、值得期待的领域。今天，我们拉开了日中关系新时代的序幕。

我们所在的亚洲，是世界增长的中心。根据估算，直至 2030 年亚洲每年基础设施需求高达 1.7 万亿美元，然而目前的实际投资仅有 9000 亿美元。而且，亚洲本身就十分多元，商务环境各不相同，所以应掌握当地习惯和国际标准，根据当地消费者对品质和成本的要求，与当地伙伴共同推动项目的顺利发展。无论在哪里，企业总会遇到诸多问题，如此巨大的需求，如此多样的问题，绝不是一国企业能够简单解决的。

今天在场的企业人士都具有不同的非凡能力。两国企业之间不应仅有竞争关系，也应该彼此协调、携手合作，提高满足市场需求和解决问题的可能性。例如，在电力基础设施领域，由于不少国家需要大规模的投资，日中企业至今开展了十分激烈的竞争。然而最近，出现了两国企业在技术、价格、网络等方面发挥各自优势，以合作方式开展工作的实例。刚才就有企业用图板为我们介绍了成功案例。相信今后，两国通过建设高质量的电力基础设施定能为当地发展做出巨大贡献。

开展此类合作，就需要共同的想法，也就是需要共同的思想基础。基础设施投资方面，关键在于基于开放、透明、经济效益以及第三方市场的财政健全等国际标准进行项目开发。例如，泰国正在东部经济走廊（ECC）开展地区开发项目。今天，日中以及泰国企业启动了东部经济走廊智能城市开发项目，在那里计划建设所有人都能使用的公共基础设施，广泛开展国际性招商引资并确保开放与透明。

1999 年，哈萨克斯坦的炼油厂现代化项目启动。这个项目一开始，就是由日本出资、日本企业策划运作的。从 2006 年完工交付至今，连续 12 年保持顺利运转，是一个高质量的基础设施。2009 年开始的第 2 期项目，哈萨克斯坦在中国政府提供的风险资金帮助下，度过了雷曼危机后的困境。2011 年开始的第 3 期项目，日中两国联手组成了最强阵容。两国的政府金融机构和民间金融机构都在资金方面给予了大力支持，确保该基础设施在经济效益和财政健全方面获得成功。哈萨克斯坦的这个成功案例，使两国企业今后的合作扩展到世界各地。相信遍布全球的日本和中国企业都会以此为经验，为全球的可持续发展做出贡献。

就像这样，根据国际标准开展的项目，性价比高、可持续性强，还能获得良好的评价，所以也更容易获得在该国以及其他国家开展进一步合作与投资的机会。此外，亚洲开发银行等国际金融机构、民间投资人也更容易参与合作。这不仅是日本和中国企业的意愿，也是接受合作的第三方市场所希望看到的结果。日中企业根据国际标准开展的商务性可持续项目，可能成为各国效仿的典范。日本与中国，希望在这方面为各国提供帮助。我也听到中国政府有关基于开放、透明等国际标准建设高质量基础设施的发言，感到十分高兴。

致辞开头，我提到了日本使用源于中国的汉字发明的新词后来也为中国所用。其实这些词汇不仅用于日中两国，还用于越南等国。由此可见，日中的第三方市场合作从19世纪就已经开始了。这一举动并非政府强制，而是汉字作为当时的国际标准与西方文化相融合，自然形成的。

今天的论坛，就是我们的新起点。让我们携起手来，根据国际标准开展也有利于第三国市场的三赢项目。日本政府决心与中国政府一同成为这些项目的坚强后盾。

衷心期待今天在此汇聚一堂的日中企业能通过本届论坛创造出更多商机，成功案例层出不穷，日中携手为世界经济发展做出卓越贡献。

韩国总统文在寅在朝鲜五一体育场观看大型团体操表演时发表的讲话（2018年9月19日，朝鲜平壤）

我们民族共生5000年，分别70载，我提议韩朝彻底消除过去70年来的敌对，朝着统一与和平迈出一大步。我和金正恩委员长将携手韩朝8000万同胞建设新的祖国，让我们一起走向新的未来。

今年4月27日，我和金正恩委员长在板门店热情拥抱，向朝鲜民族同胞和全世界宣布朝鲜半岛不会再有战争，新的和平时代已经开启。我们确认了民族命运自己决定的自主原则，还商定推动韩朝关系全面和划时代发展，重续民族血脉，尽早迎来共同繁荣和自主统一的未来，今天我也履约到平壤访问。

今天我和金正恩委员长就彻底消除战争恐惧和军事冲突风险的措施达成一致，承诺将韩朝美好的江山建设为永远没有核武器和核风险

的和平家园留给子孙后代，还商定尽快制定根本消除离散家属痛苦的措施。

我看到了平壤惊人的变化，也看到了金正恩委员长和朝鲜同胞想要建设什么样的国家，是多么渴望民族和解与和平，以及在困难时期仍坚守民族自尊心努力自强的不屈勇气。我们民族是优秀的，是坚强的，是热爱和平的。

蒙古国总统巴特图勒嘎在第四届东方经济论坛上的发言［2018年9月12日，俄罗斯符拉迪沃斯托克（海参崴）］

一年一度的东方经济论坛是对亚太地区国家指明合作方针，具有重大意义的平台。可持续发展与邻国——中国和俄罗斯的睦邻合作关系、加入地区政治与经济一体化是蒙古国外交政策优先方针。

蒙古国计划通过两个邻国国土进行铁路运输，用邻国海口进入世界市场，为此，2010年蒙古国国家大呼拉尔批准铁路新政策并正顺利取得落实。今年6月与俄罗斯签订"蒙俄政府间关于进行铁路跨境运输条件协定"是一件很大的成就。此外，蒙古国已与中国建立"蒙古国通过中国领土出海以及进行跨境运输协定"、"蒙中政府间关于跨境运输合作协定"等重要文件。

蒙方愿使俄罗斯至中国的天然气管道经过蒙古国领土方面开展合作。我对俄罗斯总统普京支持该建议表示谢意。相信中国主席习近平也会给予支持。蒙方准备在这个问题上构建一个安全的法律环境。蒙古国于2015年与日本签订"经济伙伴协定"以进一步扩展与贸易和投资主要伙伴国家合作关系，营造更有利的投资环境。同时，关于与大韩民国签订同样协定的联合研究工作已完成。

蒙古国经济衰退已停止，并开始进入稳定态势。蒙古国政府正致力于减少经济对矿产业的依赖性与脆弱性。我国坚持增加与主要伙伴国家的贸易额，其中增加蒙古国非矿产品出口政策。

我想在这一讲台上证实,蒙古国将积极奉行与地区国家发展双边和多边经贸合作政策。为促进经济互利合作,在此想提出具体的建议,呼吁大家尽快共同启动满足东北亚国家能源网、共担电力高峰时段负荷、利用资源最佳方案——"东北亚超级能源网"项目。

我想在此,高兴地宣布蒙古国和中国正共同启动能源综合体以及高压线建设项目。该综合体能源来源为太阳、风力、煤炭,由每站具备 5350 兆瓦特功能的发电站组成。此外,还创建蒙古国至中国的 1500 公里高压输电线路工程。该综合体调研工作和可研筹备工作已就绪,建设工程即将开工。东北亚超级能源网是为地区国家开辟合作、发展新机遇的同时将成为加强地区国家互信的重要步骤。

中国地方领导发言

黑龙江省委书记张庆伟在黑龙江省旅游工作推进会上的讲话（2018年9月6日，黑龙江哈尔滨）

人民网：http://hlj.people.com.cn/n2/2018/0907/c220024 - 32026185.html。

当前和今后一个时期，全省要深入贯彻落实习近平总书记对我省重要讲话精神，按照高质量发展要求，依托绿水青山和冰天雪地两大核心优势，着眼打造"新字号"重点支柱产业，坚持以旅游供给侧结构性改革为主线，以全域旅游为抓手，聚焦夏、冬两季，深度推进市场开发、加快补齐硬件短板、着力优化服务环境，全面推进龙江旅游特色化、精品化、规范化、产业化发展，努力开创旅游强省建设新局面。

要进一步统一思想，充分认识到加快发展旅游产业是落实习近平总书记对我省重要讲话精神的具体举措，是发挥龙江比较优势培育新增长点的现实路径，是推进经济高质量发展的必然选择，是提高龙江人民生活品质的重要抓手，切实增强发展旅游产业、建设旅游强省的责任感和紧迫感。要优化产品供给，强化规划引领，打造旅游精品，加强市场营销，促进产业融合，推动全省旅游产业提档升级。要强化基础配套，优化全省旅游交通体系，加快智慧旅游全面覆盖，完善景区景点设施配套，不断完善旅游公共服务体系。要优化旅游环境，加强旅游市场综合监管，加大惩戒力度，严守旅游安全红线，全面提升旅游服务质量，合力打

造旅游好环境，树立"北国好风光，尽在黑龙江"新形象。要加强组织领导，落实落靠工作职责，创新旅游管理体制，强化工作督查考核，确保旅游强省建设扎实推进。

要深刻认识大力发展旅游产业，是贯彻落实习近平总书记对我省重要讲话精神、奋力走出龙江振兴发展新路子的重要举措，是做好"三篇大文章"推进转方式调结构的重要发力领域，抓旅游就是抓发展、就是抓生态安全和国防安全、就是抓民生保障、就是抓干部作风转变。要明确目标，努力把旅游产业打造成战略性支柱产业。要突出重点，切实解决好旅游产业发展中的短板和难点问题。要狠抓落实，以实际行动推动旅游强省建设。

黑龙江省委书记张庆伟接受《人民日报》采访时的讲话（2018年11月14日，黑龙江哈尔滨）

中国共产党新闻网：http://cpc.people.com.cn/n1/2018/1114/c64102 - 30399027.html。

习近平总书记在民营企业座谈会上发表重要讲话，作出支持民营企业发展壮大的重要部署，为新时代民营经济健康发展注入了强大动力、指明了前进方向。

作为国家老工业基地，黑龙江省将如何贯彻落实习近平总书记的重要讲话精神，打造良好营商环境，支持民营经济发展，推进全面振兴全方位振兴？记者采访了中共黑龙江省委书记张庆伟。

问：习近平总书记强调"我国民营经济只

能壮大、不能弱化"，黑龙江近两年在解决民营经济偏弱问题上作了哪些努力，下一步总体考虑是什么？

张庆伟：我省民营经济偏弱，弱就弱在企业数量不多、整体规模较小、管理方式粗放、技术创新不强。这两年，我们大力实施非公有制经济发展三年行动计划和黑龙江企业家发展计划，推动民营经济发展取得新进展。2017年，民营经济增加值占全省 GDP 的 51.8%，民间固定资产投资占全省 71.4%，税收占全省51.6%，民营科技型企业占全省 92.9%。今年前三季度，新增各类市场主体 33.1 万户、企业6.7 万户，民间投资增长 11.5%。但我们清醒认识到，民营经济偏弱问题还没有有效破解。我们要用最大力度、最强举措、最优政策支持民营企业发展，在增总量、上规模、拓市场、提质效上下功夫，使民营经济成为振兴发展最具活力的经济增长点。

一是稳住大的。多措并举帮助大企业稳市场、稳订单、稳生产，支持以兼并、收购、联合等方式做大做强，形成一批主业突出、核心竞争力强的民营集团和龙头企业。

二是提升小的。深入实施民营企业梯度成长培育计划和小微企业成长工程，采取技术创新、与大企业协作配套、利用资本市场增资扩股等方式，分层次推进小转股、股升规、规上市，打造一批专精特新的"单项冠军"和"小巨人"企业。

三是扭转亏的。分类梳理生产经营情况，逐户查找剖析困难原因，实行一企一策、专人专班，有针对性地进行帮扶，推动一批亏损关停企业重新焕发生机活力。

四是培育新的。围绕新产业新产品新业态，加大招商力度，积极引进增量，发展一批促进经济增长、扩大消费、拉动就业的"新字号"企业。

问：习近平总书记强调"实质性降低企业负担"，黑龙江在这方面要采取哪些新举措？

张庆伟：这是民营企业高度关注的问题。

我们采取一系列措施降低实体经济成本，但企业综合成本仍然较高、盈利空间缩减，一些企业也普遍反映成本上升是经营困难的主要原因。

我们将坚持问题导向，精准发力、去病除弊、减压降负，降低企业成本，让民营企业轻装上阵。

一是降低融资成本。围绕企业需求创新金融产品，降低企业杠杆率，积极用好置换债券、企业债等金融工具，推动金融机构贷款加权平均利率和政府性、政策性融资担保机构年化担保费率控制在较低水平。

二是降低税费成本。落实各项减税降费政策，对小微企业、科技型初创企业实施普惠性税收免除，推进涉企行政事业性收费零收费。

三是降低用电成本。深化电力体制改革，放宽用电企业进入市场条件，推进风电等清洁能源参与市场交易，推动大用户直供电，进一步降低一般工商业电价。

四是降低物流成本。加强集疏运体系建设，落实国家"铁路货运增量行动"规划，推广公铁联运、铁海联运等多式联运模式，降低企业生产经营成本。

五是降低用人成本。围绕民营企业急需的管理人才、科研人才和技术骨干，通过完善政策、优化环境、发展事业、加强激励等途径，支持民营企业引进用好各类人才。

问：习近平总书记强调"要不断为民营经济营造更好发展环境"，黑龙江在整顿作风优化营商环境上打出一套组合拳，还有哪些新打算？

张庆伟：黑龙江营商环境一直被外界关注，我们把优化营商环境牢牢抓在手上，与作风整顿相结合，明确每年春节上班第一天召开整顿作风优化营商环境大会，在这次机构改革中设立了省营商环境建设监督局，正在研究制定《优化营商环境条例》，目的就是以钢牙啃硬骨头的意志和决心，为包括民营企业在内的所有市场主体营造良好投资营商环境。下一步，我们将集中精力解决制约民营经济发展的突出问题。

一是全面清理涉企税费项目。全力深化"放管服"改革，组织开展民营企业税费政策落实情况检查，深入整治违法违规行为，完善中小企业公共服务体系，打造高效便捷的政务环境。

二是着力解决融资难融资贵问题。推动"银政企保"合作，适当提高中长期贷款比例，开展无还本续贷业务和供应链融资，扩大直接融资渠道，奖励主板上市企业，打造优惠宽松的金融环境。

三是坚决破除市场不公障碍。对所有市场主体一视同仁、平等对待，推进反垄断、反不正当竞争执法，推进产业政策向普惠化、功能性转变，打造公平竞争的市场环境。

四是严肃处理违反产权保护案件。加强知识产权保护，严厉打击侵权假冒等违法犯罪行为，维护企业合法权益，打造诚信有序的创新环境。

五是依法查处破坏发展环境反面典型。经常性开展机关作风整顿优化营商环境警示教育，以案为鉴、强化震慑，坚决打破各种各样的"卷帘门""玻璃门""旋转门"，打造规范透明的法治环境。

问：习近平总书记强调"构建亲清新型政商关系"，黑龙江将如何让民营企业和民营企业家吃下定心丸、安心谋发展？

张庆伟：构建亲清新型政商关系是支持民营企业发展的一项重要任务。构建新型政商关系，"亲""清"一个都不能少，一个也不能偏废。我们要实打实落实，既清白交往、守住底线、把好分寸，更亲近交流、积极主动、贴心服务，营造尊商、重商、亲商、安商的社会氛围，让民营企业家安心安身安业。

一是主动靠前服务。把民营企业和民营企业家当作自己人，建立领导干部联系民营企业制度，主动回应企业诉求，积极帮助解决困难。对企业反映的问题，引导干部不能老想着"这不行、那不行"，而要依法依规研究"怎么能

行、怎么能办就怎么办"。

二是优化政策供给和执行。以民营企业需求为导向，多加油门、少踩刹车，及时出台解渴、管用的政策措施，提高政策精准度协调性有效性。完善政策执行方式，不搞一刀切、避免简单化，推动政策落地落细落实，让民营企业增强获得感。

三是保护企业家人身和财产安全。规范涉企司法执法行为，在办理涉企案件过程中慎用强制措施，不轻易传唤企业负责人，不轻易冻结企业账户，不轻易查封企业账册，不轻易扣押企业财产，不轻易开警车进企业办案，保障企业正常生产经营。

黑龙江省省长王文涛在黑龙江省政府与国家能源局举行的会谈上的讲话（2018年8月15日，黑龙江哈尔滨）

人民网：http://hlj. people. com. cn/n2/2018/0816/c385908 - 31938883. html。

黑龙江作为国家重要的老工业基地和能源基地，肩负着保障国家能源安全的使命，担负着借助能源发展助力龙江走出振兴发展新路子的重任，多年来，在国家发改委、国家能源局的大力支持指导下，既有力保障了全国经济发展的能源需求，也有效推动了全省经济社会发展。当前，黑龙江正在努力做好"三篇大文章"，特别是围绕油头化尾、煤头电尾、煤头化尾、农头工尾推动能源工业优化升级，取得初步进展。希望国家能源局一如既往支持龙江能源领域改革发展，在重大项目布局、政策支持等方面给予倾斜，推动龙江传统能源产业实现转型发展。

黑龙江将按照国家能源局的要求就玉米燃料乙醇项目建设，做好投资主体确定、建设地点布局选择、交通运输条件保障、原料供应等相关工作；研究谋划好哈尔滨东－天津南1000KV交流特高压输电通道建设，寻求经济可持续发展的有效路径；加快推动神华宝清2×60万千瓦煤电项目；积极参与国家电力普遍

服务基金试点;加快背压机热电联产项目在我省的覆盖面,抓紧谋划四煤城光伏领跑基地建设项目以及生物质发电和秸秆综合利用;抓住中俄东线天然气管道北段明年底建成的有利时机,组建省天然气管网公司,统筹省内天然气干支线建设,争取集中建设储气基地。

黑龙江省省长王文涛在黑龙江省旅游产业发展大会旅游推介会上的讲话(2018年9月5日,黑龙江哈尔滨)

人民网:http://hlj.people.com.cn/n2/2018/0905/c220024-32020208.html。

当前我们正在深入贯彻落实习近平总书记对黑龙江重要讲话精神,践行"绿水青山就是金山银山、冰天雪地也是金山银山"的理念,依托原生态的资源禀赋和极富特点的旅游产品来吸引天下游客。我们要把保护好原始生态与发展旅游产业结合起来,在确保国家生态安全前提下推进旅游深度开发,将旅游业打造成战略性支柱产业,加快龙江转方式调结构,推动老工业基地振兴发展。

我省拥有得天独厚的良好生态环境,这是我省发展旅游产业最大的优势。抓旅游就是扬优势,抓旅游就是抓发展,抓旅游就是保生态。我们要加快旅游业发展战略提升,重点打造亚布力、五大连池、伊春等旅游板块,发展以中国最北点漠河为代表的北线旅游,以伊春森林为代表的中线旅游,以扎龙湿地为代表的西线旅游,以亚布力、雪乡、镜泊湖为代表的东线旅游,通过旅游景区景点串联,形成大珠小珠落玉盘的格局、冬季夏季优势互补四季均衡发展的态势。我们还将加大旅游基础设施建设,解决航空、铁路、公路、通信等瓶颈问题,发展更有特点的民宿,开展智慧旅游提供便利精准服务;加快组建具备产业投资功能的文旅集团吸引更多社会资金投入我省旅游开发。要用好市场化"无形的手"和政府"有形的手",共同抓好旅游市场建设、监管和执法,用消费者评价倒逼各类市场主体改进服务质量。

吉林省省长景俊海、黑龙江省省长王文涛在吉林省-黑龙江省经济合作交流座谈会上的讲话(2018年11月24日,吉林长春)

吉林省人民政府网站:http://www.jl.gov.cn/sz/wdgz/201811/t20181125_5255993.html。

景俊海说,近年来,黑龙江省深入贯彻习近平总书记关于黑龙江工作的重要讲话指示精神,转变思想观念,激发内生动力,转换发展动能,培育新增长点,改革发展取得了新成就,值得吉林学习借鉴。当前,吉林正在学习贯彻习近平总书记在深入推进东北振兴座谈会上的重要讲话精神,立足"三个五"发展战略和"中东西"三大板块战略,推进"一主、六双"产业空间布局,深入对接黑龙江、辽宁、内蒙古三省区,实施产业转型升级"四大工程",深化开放发展"五个合作",奋力走出振兴发展新路。这次吉林与黑龙江签署"1+11"战略合作协议,标志着双方全面建立多层次战略合作关系。我们应坚持政府主导、企业主体、全面合作、市场推动,解放思想,抱团取暖,同频共振,实现差异化、互补型、常态化合作,在互动合作中活跃经济、抓住机遇、产生增量。大力推动区域协调发展,制定区域互动规划,谋划推进经济圈建设,加快哈长城市群发展,构建四通八达交通网络。持续优化营商环境,全面加强重点产业合作,让传统产业更新、新兴产业更大、服务业更强、产业结构更优。强化重点开发区合作,打通对俄借港出海新通道,更好服务对外开放合作。共同推进生态环境治理,加强能源、水利、交通、旅游等领域合作,在新时代东北全面振兴、全方位振兴进程中不断取得新成果。

王文涛在讲话时指出,习近平总书记在深入推进东北振兴座谈会上的重要讲话,为推进东北全面振兴、全方位振兴指明了方向、提供了遵循。我们要把吉林与黑龙江两省合作,放在维护国家"五个安全"、形成对国家重大战略的坚强支撑的战略定位上,放在深度融入

"一带一路"建设、共同面向东北亚开放的大背景下，放在国家对东北全面振兴、全方位振兴的总体部署中来思考和谋划，以更强烈的使命担当、更务实的工作举措，把习近平总书记的重要讲话精神转化为实际行动。我们要以解放思想为引领，在思想和思路层面破题方面加强交流合作，以思想解放推动改革开放创新，共同开启两省合作新局面。要在培育壮大新动能、构建协调发展新格局、巩固提升绿色发展优势、建设开放合作高地、补齐民生领域短板等方面寻求务实合作。从两省产业优势和发展机遇看，合作空间大、合作范围广、合作题材多，下一步要建立起交流合作机制，落实一批合作项目，形成紧密合作关系，共同答好习近平总书记布置的新时代东北振兴的考卷。

吉林省委书记巴音朝鲁在第三届全球吉商大会上的发言（2018年7月26日，吉林长春）

人民网：http://jl.people.com.cn/n2/2018/0727/c349771-31864952.html。

两年来，广大吉商踏实地做投资、上项目，累计投资近2000亿元，重德重义的道德品格日益彰显，敢闯敢为的实践脚步铿锵有力，善融善创的创新潜能加速释放，思源思报的家国情怀淋漓尽展，以实际行动为吉商精神作出了最完美的诠释。今天的吉商，以其鲜明的精神特质和商业智慧成为我国商界舞台上迅速崛起的后起之秀，成为纵横四海、创富国家、回报桑梓的重要力量，是吉林最可宝贵、最有潜力的战略资源，为吉林全面振兴发挥了不可替代的重要作用。

两年来，吉林人民坚持以习近平新时代中国特色社会主义思想为指导，扎实工作、努力奋斗，吉林发生了许多令人可喜的变化。营商环境变得更好，生态文明理念树得更牢，创新发展氛围更浓，高质量发展初见成效。站在新时代新起点，吉林正焕发着勃勃生机、涌动着磅礴力量。广大吉商建功新时代，正当其时、

正得其势，必将大有可为、大有作为。希望大家要做新发展理念的实践者，坚持"实业报国、实业兴邦"，更加注重自主创新、品牌建设、生态环保、人才管理。要做改革创新的先行者，注重传统产业改造升级，加大科技研发投入，大力发展新经济新业态新模式。要做数字吉林建设的生力军，运用数字思维和数字技术推动企业转型发展，抢占竞争发展制高点。要做聚才聚商的带头人，带头投资吉林、贡献吉林，带头为家乡广聚八方贤才、揽四海名企。省委、省政府将一如既往地秉持亲商富商安商理念，积极构建"亲""清"新型政商关系，全力打造便利高效公平公正的营商环境，让广大吉商投资放心、创业安心、发展顺心，共同谱写新时代吉林全面振兴的新篇章。

吉林省委书记巴音朝鲁在中俄地方领导人对话会上的发言［2018年9月11日，俄罗斯符拉迪沃斯托克（海参崴）］

人民网：http://jl.people.com.cn/n2/2018/0912/c349771-32044950.html。

吉林省与俄罗斯滨海边疆区山水相连，是"一带一路"向北开放的重要窗口。近年来，在两国元首的战略指引下，吉林与俄罗斯地方政府间合作交流亮点纷呈。友好交往开创新局面，与俄罗斯12个地区结为友好省州、友好城市，与滨海边疆区、哈巴罗夫斯克边疆区等建立定期互访机制。互联互通取得新进展，"滨海2号"、扎鲁比诺港升级改造、陆海联运航线等项目扎实推进，珲春－扎鲁比诺港－宁波舟山港跨境内贸外运航线9月14日即将实现首航。务实合作实现新突破，俄罗斯已成为吉林第一大境外投资目的国和第四大贸易伙伴。本次论坛期间，一汽集团、吉林森工等在俄重大投资项目将签署实施。人文交流迈上新台阶，2017年经珲春口岸出入境的游客达到35.7万人次，俄罗斯已经成为吉林第二大入境旅游客源国，远东地区也是吉林公民出游的重要目的地。

当前，中俄关系正步入发展新时代。我们要全面贯彻落实两国元首达成的共识，深度融入"一带一路"建设，积极参与打造"冰上丝绸之路"，全面加强与俄罗斯地方政府间交流合作；进一步拓展对俄合作"朋友圈"，与更多俄罗斯地区建立友好关系；进一步推动珲春－哈桑跨境经济合作区、珲春－符拉迪沃斯托克高铁、高速等重大项目，促进互联互通；进一步加强汽车制造、木材加工、矿产开发、农业种植、港口物流等领域合作，实现共赢发展；进一步深化旅游、文化、教育等领域合作，推动民相亲、心相通。潮平岸阔新风劲，正是扬帆圆梦时。我们要全面落实好此次中俄地方领导人对话会议达成的共识，推动与俄罗斯地方政府间合作全面深化、更上层楼，为巩固两国关系发展、加深两国人民友谊贡献力量。

吉林省委书记巴音朝鲁在第四届东方经济论坛分会上的发言［2018年9月12日，俄罗斯符拉迪沃斯托克（海参崴）］

人民网：http://jl. people. com. cn/n2/2018/0913/c349771 - 32049348. html。

在俄罗斯－中国商务对话会上，巴音朝鲁说，中俄关系进入了新时代。习近平主席和普京总统在本届论坛会晤期间达成的重要共识，为促进两国地方政府间交流合作指明前进方向。吉林省与俄远东地区地缘相接、人缘相亲，在资源禀赋、产业结构、基础设施、人力资源等方面高度互补。长期以来，吉林省高度重视与俄远东地区各领域务实合作，特别是近年来在两国元首的战略引领和推动下，两地交流合作发展迅速，远东地区已成为吉林省在俄罗斯8个联邦管区中最重要的合作伙伴。建议双方抢抓历史性机遇，加强合作机制创新，以"中俄地方合作交流年"为契机，深挖合作潜力、提升合作水平，努力将省区间地缘毗邻优势、经济互补优势转化为合作发展新优势；加快推进中俄珲春－哈桑跨境经济合作区建设，赋予该区域金融税收、投资贸易、产业发展等方面优

惠政策，全面构建特色鲜明、生态优良、资源互补、竞争自由的中俄经济合作新平台；加快推动"滨海2号"国际交通走廊建设，优先实施一批公路、铁路、港口、航线等互联互通基础设施建设项目；携手打造中俄沿边区域新的经济增长极，积极发展国际贸易、保税物流、跨境电商、服务贸易、跨境旅游等新经济新业态，为中俄沿边地区实现融合性经济增长打造新引擎、新动力。

在"数字交通－大欧亚的未来"分论坛上，巴音朝鲁说，"滨海2号"国际运输走廊是"一带一路"北向通道的一个非常重要的节点，对于推动互联互通、加强区域经济合作具有十分重要意义。随着互联网、大数据等现代科技的蓬勃发展，数字化大潮正在朝我们呼啸而来。建议"滨海2号"建设，注重发挥数字化、信息化对通关效率的提升作用，积极运用电子信息技术，简化跨境运输手续，加快货物通关办理效率和运转速度，打造快捷高效的国际交通走廊；注重发挥信息技术重要支撑作用，谋划应用前沿技术，开展智慧铁路、智慧公路、智慧港口、智慧物流供应链等国际智慧交通网建设探索，建设智慧"滨海2号"。我们愿同各方一起努力，把"滨海2号"项目打造成数字交通的领先品牌，为促进中俄经济发展、推动全面开发开放发挥重要作用。

吉林省省长景俊海在第二十三届东北亚地区地方政府首脑会议上的讲话［2018年10月30日，俄罗斯符拉迪沃斯托克（海参崴）］

吉林省人民政府网站：http://www. jl. gov. cn/sz/wdgz/201810/t20181031_5204983. html。

今年9月，习近平主席在出席第四届东方经济论坛时提出要共同建设开放型区域经济、努力构建东北亚经济圈的主张，为新形势下的东北亚地区合作绘制了美好蓝图。遵循这一主张，东北亚地区合作必将迸发勃勃生机，取得累累硕果。当前，东北亚地区形势稳定向好，各友好地区完全有能力、有条件充分发挥各自

优势，开展各领域深层次合作。一是深入开展战略对接，围绕农业、能源、旅游、环保、汽车、电子信息等重点领域，深化投资贸易往来。二是全面加强平台建设，共同建设经贸合作园区、产能合作示范基地等。三是加快推进项目建设，加强产业衔接、企业对接、项目链接。四是不断完善合作机制，巩固放大合作成果。五是提升互联互通水平，共同打造海陆空立体综合交通网。今年是中国改革开放40周年。吉林作为中国"一带一路"倡议向北开放的重要窗口，将进一步扩大开发开放，强化交流合作。相信在各方共同努力下，东北亚区域合作一定会迎来更加美好的未来。欢迎各方政府和企业参与明年举办的第十二届中国－东北亚博览会。

在与俄罗斯滨海边疆区代州长科热缅科会谈时，景俊海说，多年来，吉林省与滨海边疆区深入合作，成果丰硕。希望双方共同落实两国元首在第四届东方经济论坛期间达成的重要共识，找准战略契合点，推动珲春－哈桑跨境经济合作区建设，加快"滨海2号"国际运输走廊和珲春－扎鲁比诺港－宁波跨境运输项目建设，强化基础设施，提高通关便利化，搞好重点项目合作，实现互惠共赢。

在与蒙古中央省省长巴特扎尔格勒会谈时，景俊海说，今年5月，中央省代表团访问吉林，双方签署了建立友好省关系协议书，开启了两省交流合作新篇章。希望双方进一步扩大经贸等方面交流，建立旅游合作机制，推动合作迈上新台阶。

在与日本鸟取县副知事野川聪会谈时，景俊海说，日前，吉林省与鸟取县签署了ADAS·EV项目合作备忘录，为双方进一步合作奠定了良好基础。希望双方进一步加强通道建设，开展旅游合作，扩大人员往来，充分发挥各自在智能网联和新能源汽车领域优势，促进技术和产业合作，务实推进项目落地。

在与韩国江原道经济副知事郑万昊会谈时，景俊海说，今年6月，吉林省代表团访问江原道，就相关合作事宜进行了深入探讨。希望双

方结合吉林"一主、六双"产业空间布局，深化在医药健康、冰雪产业、旅游等领域投资合作，开辟陆海联运航线，推动中韩（吉林）国际示范区建设，争取更多合作成果。

辽宁省委书记陈求发在辽宁县域经济工作推进会议上的讲话（2018年8月2日，辽宁沈阳）

中华先锋网：http://www.zhxf.cn/info/2015/349202.htm。

今年以来，全省各市、县（市）以习近平新时代中国特色社会主义思想为指导，全面贯彻党的十九大精神，按照省委、省政府的具体安排，深入实施县域经济发展三年行动计划，突出抓工业、促增收，加快推进县乡财政管理体制改革，各项工作取得了新进展、新成效，上半年全省县域经济保持了稳中向好的发展态势。事实证明，县域经济抓与不抓大不一样，抓得紧与不紧大不一样，抓得得法与不得法大不一样。

要对照县域经济发展三年行动计划目标，认真查找差距，加强领导、强化担当，苦干实干、狠抓落实，铆足劲、加油干，确保完成全年任务。一是要抓项目兴产业，加大招商引资力度，下大力气发展农产品加工业，狠抓基础较好、带动力较强的制造业、原材料精深加工、劳动密集型等项目，大力发展旅游、电商、医养等现代服务业，促进财政增收、群众致富。二是要抓改革增动力，充分释放改革红利。进一步解放思想、统一思想、严肃纪律，推进县乡财政管理体制改革，尽快实现乡镇金库设立全覆盖。扎实推进事业单位改革，选好配强班子特别是一把手，发挥事业单位的保障和支撑作用。加快园区改革，实行扁平化管理，充分释放园区潜力和创造力。统筹抓好各项农村改革，激发乡村振兴活力。三是要狠抓精准脱贫，因地因人施策，突出抓好产业扶贫，下足"绣花"功夫，确保脱贫攻坚每一项工作都做精细、做扎实，坚决杜绝弄虚作假和数字脱贫，

确保"脱真贫、真脱贫",经得起历史检验。四是要防风险保稳定,防范化解重大风险。加强政府债务管理,切实减存量、遏增量,坚决杜绝违规举债。统筹资金安排,确保基础养老金调整顺利实施,确保按时足额发放到位。抓好安全生产,严格落实"三个责任",特别是牢牢扭住企业安全生产主体责任这个"牛鼻子",层层压紧压实责任。抓好防汛工作,严格落实防汛责任制,进一步完善预案,确保全省安全度汛。五是要抓党建聚人才,加强农村基层组织建设,抓好中央巡视反馈意见整改落实,推动基层党组织全面进步、全面过硬。推进全面从严治党向基层延伸,坚决整治"微腐败"问题。严格管理、严格考核,用好选派干部,切实做好人才工作,进一步优化人才政策,为实施乡村振兴战略和推进县域经济发展提供组织和人才保障。六是要正确处理改革、发展、稳定的关系。发展是硬道理,稳定也是硬道理,改革是促进发展的硬措施,要切实处理好三者关系,务必统筹推进、协调推进、科学推进、精心推进,切不可顾此失彼。

辽宁省委书记陈求发在中俄地方领导人对话会上的发言〔2018年9月11日,俄罗斯符拉迪沃斯托克(海参崴)〕

人民网:http://cpc.people.com.cn/n1/2018/0912/c117005 - 30289014.html。

辽宁地处中国对接东北亚、沟通欧亚大陆桥的前沿地带,是"一带一路"的重要节点省份,是中国重要的工业基地,基础设施完备,科教事业发达,人才资源丰富。辽宁高度重视发展与俄罗斯的经贸合作与人文交流,双方在资源开发、装备制造、港口物流、现代农业等领域开展了广泛合作。中俄地方领导人对话会的成功举行,为辽宁深化与俄罗斯有关方面的合作提供了新的重大机遇,必将开启双方合作共赢的崭新篇章。

当前,辽宁正在全面贯彻习近平新时代中国特色社会主义思想和中国共产党第十九次全国代表大会精神,深入落实习近平主席关于辽宁的一系列重要指示精神,与东北地区的兄弟省区共同打造具有国际竞争力的先进装备制造业基地、重大技术装备战略基地、国家新型原材料基地、现代农业生产基地、重要技术创新与研发基地,加快建成全国重要的经济支撑带。辽宁将认真落实中俄两国元首达成的共识,建立省州合作机制,密切地方政府高层往来,进一步拓展合作新空间、提升合作新层次,努力实现互利双赢、共同发展。一是积极推进经贸合作,推动辽宁自贸试验区和俄罗斯远东跨越式发展区对接,促进相互投资、扩大贸易规模,加快推进营口港与俄铁公司合作的物流中心建设,加强能源、矿产等领域合作,建设深加工基地,使之成为双方合作的新平台。二是积极推进营商环境建设,以辽宁自贸试验区制度创新为牵引,积极复制推广投资和贸易便利化的政策措施,努力为双方企业合作和人员往来创造良好条件。三是积极推进人文交流,广泛开展科技、教育、文化、旅游等领域合作,促进双方人民加深了解、增进友谊。

辽宁省省长唐一军在辽宁省投资贸易推介会上的发言(2018年5月9日,日本东京)

辽宁省人民政府网站:http://www.ln.gov.cn/zfxx/zfld/tyj01/hdbd/201805/t20180510_3243785.html。

辽宁是开放门户、工业大省、文明之地、和美之域,一代又一代的辽宁人,以海纳百川的胸怀、生生不息的奋斗,在这片土地上书写了中华文明的灿烂篇章。当前,辽宁坚持创新、协调、绿色、开放、共享的新发展理念,以高水平开放推动高质量发展,以全面开放引领全面振兴,努力打造面向东北亚开放的重要桥头堡。

中国改革开放40年来,辽宁抓住机遇、迎接挑战,敞开大门搞建设,一心一意谋发展,经历了大发展、发生了大变化,折射出中国改革开放的伟大进程。我们坚信,在习近平主席的领导下，再经过几年努力，一个富有实力、充满活力、独具魅力的新辽宁将展现在世人面前。一是高高举起开放的旗帜，努力打造发展环境最优省份，着力形成以创新为引领的现代化经济体系和新发展方式，让改革开放成为辽宁最鲜明的时代特征。二是坚持把创新驱动发展作为核心战略，实施一系列人才培养引进计划，努力聚天下英才而用之。三是以建设辽宁自由贸易试验区为契机，大力推进投资贸易便利化、自由化，以更加开放的胸襟和昂扬的姿态敞开大门、拥抱世界。四是着力建设发展环境最优省份，着力推进环境建设现代化、国际化，积极创造公平竞争的市场环境、公正透明的法治环境、高效廉洁的政务环境、宜居宜业的生活环境，努力打造创新沃土、创业天堂。

今年是《中日和平友好条约》缔结40周年，中日睦邻友好是两国人民的共同心愿。辽宁与日本一衣带水、隔海相望，我们真诚期望辽宁与日本进一步深化合作内涵，拓展合作领域，提升合作层次，实现共赢发展；真诚欢迎日本各界朋友来辽参观考察、投资兴业。我们将不断提高制度供给、政策供给、服务供给的质量、效率和水平，让所有选择辽宁的企业家都享有安全舒心的创业环境、安定舒适的生活环境。

辽宁省省长唐一军在第四次中国—中东欧国家地方领导人会议上的发言（2018年10月20日，保加利亚索非亚）

辽宁省人民政府网站：http://www.ln.gov.cn/zfxx/zfld/tyj01/hdbd/201810/t20181022_3325829.html。

辽宁作为中国—中东欧国家地方省州长联合会中方15个创始会员之一，一直积极支持和参与"16+1地方合作"。今年是"16+1地方合作年"，共同的理念、共同的愿景、共同的追求、共同的目标，把我们紧紧地联系在一起。当前，辽宁全省上下正在深入贯彻落实习近平主席在深入推进东北振兴座谈会上的重要讲话

精神，以新气象新担当新作为，奋力谱写全面振兴新篇章。辽宁将加大与中东欧国家地方合作的力度，与中东欧国家各界朋友一道，坚持开放共赢，勇于改革创新，共享辽宁新时代改革开放和振兴发展的重大机遇和巨大红利，共创更加光明美好的未来。

"16+1合作"是中国与中东欧国家友好合作的创新之举、务实之举，在各方共同努力下，地方合作不断推进，渐入佳境，是"16+1合作"机制最重要、成果最丰硕的领域。今年是"16+1地方合作年"，在大家的信任和支持下，辽宁荣幸接任联合会中方主席省，我们一定尽最大努力、不辱使命、不负重托，接好接力棒、当好东道主，尽力搭好平台载体、当好桥梁纽带、做好服务保障，推动"16+1地方合作"脚踏实地、行稳致远。希望大家积极支持，踊跃参与，共襄盛举。我们郑重承诺，一定尽心尽责、全力以赴做好联合会各项工作，为推动"16+1地方合作"作出积极贡献。

内蒙古自治区党委书记李纪恒在全区促进民营经济高质量发展大会上的讲话（2018年12月13日，内蒙古呼和浩特）

新华网：http://www.nmg.xinhuanet.com/2018-12/15/c_1123857871.htm。

党的十八大以来，以习近平同志为核心的党中央高度重视民营经济发展。习近平总书记多次就民营经济发表重要讲话、作出重要指示，特别是在前不久召开的民营企业座谈会上，再次重申党和国家支持民营经济发展的一贯立场，为民营企业吃下"定心丸"、注入"强心剂"、指明"方向标"。我们要切实把思想和行动统一到习近平总书记重要讲话精神上来，把推动民营经济发展摆在更加突出位置，全力以赴支持民营企业发展壮大，用实际行动和成效践行"四个意识"和"两个维护"。

要采取务实举措解决制约我区民营经济发展的突出问题，深入推进放管服改革，切实减轻企业负担，着力提高资金、土地、人才等要

素保障水平，强化政策执行，大力优化营商环境，激发和保护企业家精神，推动民营经济实现高质量发展。要强化责任落实，强化考核激励和统计监测，强化舆论宣传引导，强化民营企业党建工作，在全区上下形成支持民营企业发展的良好局面。广大民营企业要顺应形势、练好内功，在党委和政府的大力支持下，努力跨越市场的冰山、融资的高山、转型的火山，坚定不移走高质量发展路子。

各地区各部门要落实支持民营经济发展各项政策，发挥好政策的叠加效应，让民营企业真正有获得感。要营造公平竞争环境，清理废除违反公平、开放、透明市场规则的政策文件，防止和清除事实上妨碍公平的做法，为民营企业发展创造充足市场空间。要主动及时了解民营企业诉求和需求，帮助解决发展中的困难和问题，依法保障企业合法经营。要加强对优秀企业家的宣传报道，推动形成崇尚创新创业的良好环境。

内蒙古自治区主席布小林在第二届中韩省长知事会议上的发言（2018年11月27日，中国北京）

内蒙古自治区人民政府网站：http://www. nmg. gov. cn/art/2018/11/29/art_1253_ 241539. html。

内蒙古与韩国地缘相近，双方在许多领域保持密切的交流合作，首尔市冠岳区、庆尚北道庆山市是内蒙古多年的友好城市，许多大学之间建立了合作关系。长期以来，韩中文化青少年协会等团体及许多韩国友人，参与内蒙古的防沙治沙和生态建设，留下了许多感人的故事。

内蒙古始终坚持和恪守人与自然和谐共生，坚持绿水青山就是金山银山，把良好的生态环境作为最普惠的民生福祉，加快完善生态文明制度，用最严格制度最严密法治保护生态环境。加快传统产业升级和绿色化改造，持续优化能源结构，积极发展绿色低碳产业，探索出类型多样的产业化防沙治沙模式，最大限度地降低经济发展对生态环境的影响，推动了山川增绿、企业增效、农牧民增收。

保护生态、应对气候变化，是构建人类命运共同体的重要责任，需要世界各国共同努力。中韩作为近邻，在保护生态环境、推动绿色发展方面有条件进行广泛、深入的合作。内蒙古愿意与韩国加强交流、扩大合作，共同促进生态文明建设，共同保护人类的绿色家园。

内蒙古自治区主席布小林在第二届蒙商大会上的讲话（2018年8月23日，内蒙古鄂尔多斯）

人民网：http://nm. people. com. cn/n2/ 2018/0823/c196689-31969939. html。

今年是改革开放40周年。我们脚下的这块土地鄂尔多斯，历史上曾经是丝绸之路的重要节点，内蒙古第一个"包产到户"乡村在这里诞生，第一家中外合资企业在这里设立。去年在这里召开了联合国防治荒漠化公约第十三次缔约方大会，库布其沙漠治理模式被联合国称为全球治沙样本。还是在这里，今年8月10日举办的首届内蒙古国际能源大会，取得丰硕成果，形成"内蒙古共识"。鄂尔多斯是内蒙古改革开放的一个缩影。自治区经济社会的每一个进步，无不饱含着大家的智慧、力量和真情付出。凡是过去，皆为序章。现在，内蒙古正处在全面建成小康社会的决胜阶段，按照总书记要求，我们自觉践行新发展理念，扎实推进经济高质量发展，扎实推进脱贫攻坚，扎实推进民族团结和边疆稳固。我们坚持把创新作为引领发展的第一动力，致力于建设创新内蒙古；坚持"绿水青山就是金山银山"，致力于建设绿色内蒙古；坚持和弘扬社会主义核心价值观，致力于建设文明内蒙古；坚持以人民为中心，致力于建设美丽内蒙古，实现人的全面发展，社会全面进步，人与自然和谐共生，人民生活更加幸福。

"内蒙古"三个字已经成为品牌，"内蒙古

能源""内蒙古乳业""内蒙古旅游""内蒙古音乐""内蒙古影视""内蒙古味道"等，让每个家乡人都感到骄傲，需要我们更加精心建设、用心呵护，让"内蒙古"品牌享誉世界。我们深知，越是美好的未来，越需要付出艰辛的努力；人世间的美好梦想，只有通过诚实劳动才能实现；生命里的一切辉煌，只有通过不懈奋斗才能铸就。新时代是奋斗者的时代。内蒙古充满着希望和机会，是实现梦想的地方。蒙商是一个优秀的群体，是时代的筑梦者、追梦者，是建设家乡的重要力量。希望大家把个人的理想、追求融入内蒙古的发展，宣传家乡，建设家乡，让更多的人了解内蒙古，走进内蒙古。草原是鸿雁的故乡。鸿雁之所以能够穿越风雨、行稳致远，关键在于结伴成行，相互借力。让我们携起手来，守望相助、团结奋斗，共同建设美丽内蒙古，共同建设新时代模范自治区。

著名专家观点

中国驻日本大使程永华在2018年"中日韩合作国际论坛"上的发言

中国国家主席习近平日前在博鳌亚洲论坛2018年年会开幕式上发表主旨演讲，深刻剖析了当今世界和平合作、开放融通、变革创新的时代潮流，提出下一步推动构建人类命运共同体的五大路径，并宣布中国继续扩大开放的四项重大举措，在国际社会引起强烈反响。

今年是单独举行中日韩领导人会议10周年，明年将迎来三国合作正式启动20周年。三国合作已建立全方位、多层次、宽领域的合作体系，取得了不少实在的成果，为增进三国人民福祉，为东北亚地区和平、稳定与繁荣做出了重要贡献，也为东亚经济一体化不断向前发展发挥了巨大推动作用。过去20年三国合作发展历程一再证明，三国合作不仅顺应了三国人民求和平、谋发展、要合作的强烈意愿，也抓住了经济全球化和区域经济一体化带给我们的重要机遇。

当前经济全球化遭遇逆风，贸易保护主义抬头。个别国家把国内问题的原因转嫁于经济全球化，转嫁于自由贸易，企图通过挑起贸易战谋求自身利益最大化。这种以邻为壑的做法不仅害人害己，还冲击世界经济复苏和全球贸易发展，损害以世界贸易组织（WTO）为基础的全球贸易体制和秩序。中日韩三国同为贸易和制造业大国，经济总量和贸易总量占全球的比重超过20%，在维护自由贸易秩序、推动世界经济保持开放等方面都面临共同挑战，拥有

共同利益。三国应妥善处理双边关系中的有关问题，充分发挥东方智慧，树立互利共赢理念和人类命运共同体意识，秉持共商、共建、共享的原则，扩大相互开放，深化三国合作，反对贸易保护主义，引导好经济全球化走向，使其朝着更加开放、包容、普惠、平衡、共赢的方向发展。

（2018年4月18日，日本东京，http://www.china‐embassy.or.jp/chn/sgxxs/t1552901.htm）

中国前国务委员戴秉国在2018年"中日韩合作国际论坛"上的发言

中日韩三国处在世界的东方，是世界的重要组成部分。在探讨三国合作未来的时候，我们不能不尽可能客观审视一下我们所处的世界。放眼世界，无须讳言，当今世界的矛盾、问题、麻烦、困难、挑战很多，天下还很不太平，很不公平。比如：世界上大战未打，但小战不断，冲突不止，种种纷争频发，有些地方乱象不止，老百姓无辜受苦受难。国际形势和许多国家内部的发展变化呈现出少见的不确定性、意外性，许多国家、许多人忧心忡忡，不知所措。各国执政者面临的新问题、新挑战层出不穷，官越来越不好当了，治党治国能力面临巨大挑战；各种不同的社会制度都经受着严峻的、现实的考验，全球治理颇为艰难。国际关系中冷战思维、霸权主义、单边主义依然顽固表现，不肯退去，甚至变本加厉，实际上破坏着业已形成

的国际秩序和通行的国际规则，开历史的倒车。科学技术的快速发展特别是人工智能等新技术的广泛应用点燃了人们对美好生活的新的希望，但也带来了诸多的焦虑和不安。人们关心如何让科技发展始终被人类所驾驭、服务于人类而不是威胁人类自身的生存和发展。贫困、疾病、环境污染、气候变化、恐怖主义、民粹主义等仍然困扰着许多国家和地区，让人类都过上安宁美好的生活还有很长很长的路要走。

但历史地、宏观地看，人类社会的发展可能进入了一个新的历史时期：

第一，世界多极化、经济全球化、社会信息化，特别是科学技术的迅速发展加速度地改变着人类社会的生产方式、思想观念、生活方式和行为模式等等，推动人类社会在新的更高水平上向前发展。第二，世界呈现着历史上未曾有过的发展中大国群体性崛起，发达国家、新兴国家和其他发展中国家在不同水平上共同发展、互为发展机遇的新局面，深刻地影响和改变着世界的面貌。第三，历史没有终结，社会主义在经历了曲折和改革之后获得了质的飞跃和进步，焕发出新的勃勃生机和活力，进入一个同资本主义长期和平相处、相互借鉴、合作共赢的新时期。第四，我们全人类共居的这个星球的各个部分，各个国家之间的利益交融、相互依存发展到了前所未有的广度和深度。人类面临的共同性、全球性问题在范围、规模、程度上都达到了前所未有的地步。人类的结盟意识在淡化，自主决定本国命运、平等相处、合作共赢、和平解决纷争的愿望空前上升，利益共同体意识上升了，构建人类利益和命运共同体成为我们星球上越来越多人的共识和奋斗目标。第五，大国关系呈现一个超级大国美国同中国、俄罗斯、印度、欧盟和日本等群雄合作竞争、各显神通而又没有哪一个国家可以独霸天下、为所欲为的局面，加上堆积如山的核武器制约着战争的冲动，世界大战再起并不容易。人类70多年没打世界大战了，应该继续共同努力，共建新型大国关系，把世界大战从人

类生活中排除出去。第六，如今，人类创造的财富之巨大、丰富和享用这些财富的人数之多、地域分布之广都远远超过了几十年前。再也不是当年几亿人独享高水平生活，而是数十亿人已经或将要过上有尊严、富裕的好日子。减少和消除贫困成为人类的重要奋斗目标。归纳起来看：人类虽然面临的问题很多，充满挑战，但进步很大，充满希望，必将有更大进步。天下虽不太平，但不会大乱，道路曲折，前途光明。如果有人硬是想开历史倒车、搞乱世界，那么历史前进的车轮将无情地将他们碾碎。我们中日韩三国认清世界大势，顺应历史发展的潮流，对于发展好各自的国家，发展好我们三国之间的关系和合作，是很有必要的。

中日韩三国中，中国发展水平最低，但中国块头最大，发展速度较快，其战略意图往往容易被人误解误判。因此，客观理性认识中国，放心放手地发展同中国的合作，对于中日韩三国合作未来发展的速度和质量，广度和深度是颇为重要的。那么，究竟怎么看待当今的中国？在这里，我不展开谈，只想强调以下几点：

首先，中国总体上仍是发展中国家。不错，自1949年新中国诞生以来，靠我们自己的努力，加上广泛的国际合作，我们取得了巨大的发展成就，可以说我们中国人创造了人类历史上的奇迹，应当为之自豪。中国的发展惠及了中国人民，也惠及了全世界。但是，我们深知，中国各方面的发展水平特别是发展的质量同发达国家相比在不少方面还存在不小差距。比如，就人均GDP而言，我们比日本在数量和质量上还差很多。人的素质的全面提升任务艰巨。诚然，我们的沿海地区比较发达了，中国并非什么都落后了，但依我看，中国在许多方面都还呈现出她的发展中国家的特征。中国站起来、富起来、强起来是一个长期的历史发展过程。即便2049年实现了我们党的十九大确定的奋斗目标，那时中国也只是诸多强国中的一个。由于我们还是一个发展中国家，发展仍是我们的第一要务。今后一个时期，将是中国继续深化

改革、扩大开放、实现更大更好发展的新时期，在更新、更高水平上起跑和发展的新时期，自然也是日韩等国可以更加放手地发展同中国合作的新的大好机遇期。总之，我想告诉各位，我们的目标是坚定的，头脑是清醒的，耐心是充足的。如果有人不相信中国是发展中国家，请去我的家乡贵州省黄果树那里看看。

（2018 年 4 月 18 日，日本东京，https://www.en84.com/5121.html/1）

中国前国务委员戴秉国在2018年"中日韩公共外交论坛"上的发言

中日韩在地理、历史、文化等方面有着相似的基因和紧密纽带，三国应用好这一优势，在增进民间友好感情上下大功夫。改革开放让中国走上加速发展的快车道，一个更加开放、发展的中国，对中日韩合作、东北亚共同繁荣意味着更多更大的机遇。

在看到半岛和本地区形势新的重大变化和历史性机遇的同时，也要清醒地看到，朝核问题和半岛局势走向仍存难以预测的不确定性，中日关系改善势头仍需精心加以维护和巩固，东北亚区域合作巨大潜力有待多方下大功夫进一步释放。中日韩三国人口占世界的 22%，国内生产总值（GDP）合计超过 18 万亿美元，超过欧盟，占全球经济总量约 1/5。这样一支庞大的力量，携起手来能干多少大事、好事?! 我们三国如何顺应时势、携手并肩、加强合作，精心维护和发展好东北亚积极向好的势头，让本地区变得更稳定、更和平、更繁荣，是摆在我们面前的重大课题，也是我们肩负的共同责任。

第一，要携手维护地区持久和平，绝不允许生乱生战。历史证明，武力不能消除分歧，战争只会导致灾难，以邻为壑、结盟对抗只能加剧矛盾，唯有对话协商才是正途。作为命运相连、前途相系的邻居，我们有千万个理由搞

好相互关系，激发区域合作的动能，共同维护地区持久和平，促进亚洲整体复兴，将一个稳定和平繁荣的地区留给子孙后代。虽然本地区安全问题复杂敏感，各方的安全利益和关切各不相同，但我们应该心系东北亚这个共有的家园，坚持和平共处五项原则，坚持共同、综合、合作、可持续的亚洲安全观，照顾彼此关切，坦诚沟通对话，增进互信协作，走出一条共建、共享、共赢的亚洲安全之路。

东北亚的发展繁荣，没有朝鲜半岛的和平稳定是不可想象的。在半岛打破坚冰的历史关头，我们一定不能再次错失这一难得的和平机遇，一定要牢牢抓住。解决半岛问题，首先要坚定不移推动无核化。我们鼓励和欢迎韩朝、朝美领导人就半岛无核化与和谈进程达成的重要共识。同时朝方的善意举措应该得到应有回应。另一方面，也要坚定推进停和机制转换。半岛仅有停战协定是不够的，我们一定要抓住机遇将停战协定转化为和平协定，结束战争状态。无核化和建立和平机制相当于车之两轮。只有两个轮子一起转，半岛和平的车子才能平稳前进，半岛才能真正成为没有核武器与核威胁的和平家园。六方会谈为此发挥了重要作用，我们要继续用好这一平台，均衡解决各方合理关切，实现东北亚持久和平。

第二，要携手促进地区共同繁荣发展。邓小平先生说过，"发展才是硬道理"。中国改革开放 40 年的成功实践证明，发展是解决一切问题的总钥匙。半岛和东北亚要腾飞，安全和发展就是一双翅膀，缺一不可。我们要加强发展战略对接和政策沟通协调，更好地优势互补，形成合力。我们要提升跨境基础设施互联互通、贸易和投资自由化便利化水平，共同推动更多项目落地，更好造福各国人民。要继续做大做强中日韩合作，加快中日韩自贸区谈判进程。我们要加强创新合作，大力推动大数据、人工智能等领域合作，释放并汇聚各自增长活力。我们还要坚定支持多边主义，反对单边主义、保护主义和霸权主义，

共建开放型世界经济。

第三，要携手推进人文交流。友谊、理解和信任，都是通过人传递的。三国友好的根基在民间，三国关系的前途掌握在人民手里。坦率地讲，当前中日韩人文交流虽然热络，每年人员往来超过 2700 万人，但民众相互好感欠缺，彼此相互认知、民意基础仍显薄弱。中日韩在地理、历史、文化等方面有相似基因和紧密纽带，三国应用好这一优势，在增进民间友好感情上下大功夫。要咬定青山不放松，持之以恒、坚持不懈做民心相通工作，抓住基层和青年两个工作重点，扎实推动教育、科技、文化、体育等交流，密织各领域、各层级、各地方交流网络。要通过互办文化年、旅游年、艺术节等，增进民众相互了解和友好感情，培育和塑造和平、友好、合作的东北亚价值理念，打造区域命运共同体意识。媒体朋友们要发挥积极作用，客观、全面报道对方国家的真实情况，营造良好的舆论和民意环境。

（2018 年 10 月 18 日，韩国首尔，http://www.china－embassy.org/chn/zgyw/t1606008.htm）

中国南海研究院院长吴士存在2018年"中日海洋对话会议"上的发言

本次对话是在特殊的背景下召开的。前不久，中国国家主席习近平和日本首相安倍晋三举行了首次电话会谈，就两国关系和共同关心的问题，以及朝鲜半岛事务进行了坦诚沟通。随后，中国国务院总理李克强访问了日本。这是中国国务院总理时隔 8 年之后访问日本，其间两国签署 10 多项合作的文件和备忘录。可以说，两国关系已回到正常轨道之上。良好的两国关系为本次对话成功举行奠定了良好的基础。虽然是民间学术机构之间的对话，但是两国官方都给予了应有的关注，日本外务省、中国外交部、中国驻日本使馆都给予了积极支持。

中国要走和平发展、和平崛起之路，也是因应世界大势，遵循客观规律使然。冷战已结束二十年。一部冷战史，深刻揭示了经济社会的发展规律。社会主义，可以在不发达国家建立，不可能在不发达国家立足。社会主义，不仅以意识形态论优劣，更要以生产力发展水平论高低。近代大国经济的发展，大都涉及对煤、石油等不可再生资源的大量需求。其崛起过程中为满足这种需求，往往靠坚船利炮、圈占土地、奴役他人来掠夺，"以霸强国"，自然"国强必霸"。中国的发展，必须避免也不可能再走这条路。中国正走出一条与以往大国崛起不同的、新的和平发展道路，坚持把发展的基本点放在主要依靠自身力量和内需拉动上，同时多层次全方位宽领域对外开放，充分利用国际国内两个市场、两种资源；坚持中国的发展与世界的发展相统一，顺应全球化发展趋势，努力实现与各国的互利共赢、共同发展、可持续发展。中国坚持的社会主义，不是冷战时期那种与西方世界不共戴天的对手，而是顺应经济发展趋势，融入世界市场体系，在经济全球化进程、世界多极化趋势中，致力于世界不同领域、不同层次扩大和深化利益汇合点，构建利益共同体，从而为自身争取和平发展的外部环境，又以自己的发展促进世界和平的社会主义，当然不是与谁冷战的社会主义。

中日双方专家首先确认了一项原则，即在专业领域的合作，特别是在生命救助方面，应该超越争议。双方专家在海上合作方面确定了五项长期目标：一是中日两国应该通过开展海上合作，增强政治互信；二是把东海当成本地区的共同财产，进行共同保护；三是把东海建成和平、友好、合作的共同家园；四是中日双方在合作的时候要有长远眼光，有一些海洋问题或课题会威胁或涉及陆地，需要一并考虑陆地与海洋之间的关系；五是作为长期目标，希望建立全覆盖的非传统领域危机管控机制。双方专家围绕具体行动计划的八个方面进行了讨论，提出相关看法。一是在政府层面，需要建立一个两国政府共同参与的海洋治理机制；二是在专业领域也可由两国有关部门建立具体的沟通机制，比如在涉及海上搜救的相关部门之间；三是中日双方应该共同研究、确认现有国际机制和国际条约，把握哪些领域可运用现有机制加以解决，哪些领域需要有中日双方共同讨论并进行补充的；四是希望尽快签署中日海上搜救协定，智库层面可向政府提出建议，发挥推动作用，两机构可以开展相关工作；五是希望共同确认海洋搜救享有最高优先性，即确保生命救助，这是最关键、最重要的；六是共同研究和借鉴现有其他争议海域的海上合作成功案例与经验；七是中日双方可共建一个信息共享平台，分享海洋的航行、气候、水温等信息，确保海洋安全；八是海洋治理人才的共同培养，可由两机构共同探讨设立海洋治理人才培训班，由中日双方涉海机构和年轻人参与，为共同海洋治理培养人才。

通过本次会议，我感觉这个机制是必要的，应该继续下去，继续聚焦合作。实际上，我们最初并没有考虑要实施第二次乃至第三次会议。现在实施三次之后，双方认为这个机制非常有必要继续坚持下去，并把它构建成为相对稳定的可持续交流的平台。

（2018 年 7 月 30 日，日本东京，https://baijiahao.baidu.com/s? id = 1607651327450205336&wfr = spider&for = pc；http://news.cyol.com/yuanchuang/2018 - 08/02/content_17440842.htm)

中国驻日本大使程永华在第十四届"北京 - 东京论坛"上的发言

中日关系对双方而言都是最重要的双边关系之一，我相信这是在座各位的一致共识。特别是当今形势下，中日关系早已超越双边范畴，日益对本地区乃至世界的和平、稳定与繁荣发挥重要影响。本届论坛以"深化互信与合作，共担亚洲及世界和平与发展责任——思考中日和平友好条约的现实意义"为主题，可谓切中

两国关系历史脉络，也契合当前的时代背景。

今年是《中日和平友好条约》缔结 40 周年，40 年来中日关系总体沿着条约确立的和平、友好的大方向发展，给两国人民带来了实实在在的利益，也为地区乃至世界的稳定与发展做出积极贡献。40 年后的今天，和平友好条约对中日关系依然具有重要的现实意义。中日两国社会制度不同，也存在一些矛盾和分歧，但只要能够铭记条约精神，信守中日四个政治文件和四点原则共识，两国关系就不会偏离正确发展方向。

当前中日关系出现积极改善发展势头，双方保持高层交往，各领域交流合作不断加强。特别是今年 5 月李克强总理成功访问日本，推动中日关系重回正常发展轨道，中日和平友好合作事业实现再起航。不久前习近平主席在符拉迪沃斯托克会见安倍首相，两国领导人一致同意要巩固两国关系政治基础，建设性管控分歧，积极营造良好气氛，不断扩大共同利益，为中日关系未来发展进一步明确了方向。日前双方刚刚发布消息，安倍首相将于 10 月 25 日启程访华，这是日本首相时隔七年正式访问中国，目前中日双方正在进行访华相关的筹备工作。

当今世界正在经历百年未有之大变局，面临着深刻复杂的变化。世界多极化和经济全球化深入发展，全球治理体系和国际秩序变革加速推进，各国命运从未像今天这样紧密相连。与此同时，国际环境中不稳定不确定因素明显增多，逆全球化倾向抬头，保护主义和单边主义愈演愈烈，世界经贸环境发生明显变化。

本届论坛恰逢这样一个重要时期召开，衷心希望大家充分交流思想，凝聚共识，为两国关系长期健康稳定发展、为促进亚洲及世界和平与发展积极建言献策。借此机会，我也愿提出几个发展中日关系需要思考和重视的课题，希望能为大家的交流讨论提供参考。

一是积累政治安全互信。这其实是近年双方多次提及的一个课题，也是中日关系能否保

持正确方向的关键所在。归根结底，双方要客观理性地认识对方，找准符合时代发展的相互认知和定位。新时代中国特色社会主义思想明确中国将始终不渝走和平发展道路，奉行互利共赢的开放战略，推动构建新型国际关系和人类命运共同体。希望日方能从新视角认识快速发展变化的中国，持之以恒践行两国"互为合作伙伴，互不构成威胁"，"相互支持对方的和平发展"的重要共识，同时也能同中方一道，将各自谋求发展的愿望相对接，同本地区发展的前景相对接，共同为维护地区乃至世界的和平稳定与发展繁荣发挥建设性作用。

二是建设性管控分歧。中日关系发展到今天，在一些问题上难免存在矛盾分歧。我们回想46年前双方在战后长期隔绝的历史条件下实现邦交正常化，40年前双方克服重重困难缔结和平友好条约，都是在两国老一辈领导人立足中日关系长远和大局，发挥高度的政治智慧妥善处理矛盾分歧的情况下实现的。过去这些年中日关系因未能管控好矛盾分歧走过的歧路殷鉴不远。我们必须从中吸取教训，切实遵循中日四个政治文件和四点原则共识精神，妥善处理敏感问题，管控好矛盾分歧，夯实中日关系健康稳定发展的政治基础，避免出现新的反复。

三是加强交流合作。前几年两国民众对对方国家存在很多误解和疑虑，因此我们大力推动两国民众之间的交流，积极主张两国社会由交流增进相互认识，通过认识加深相互理解，在理解的基础上建立相互信赖，从而巩固两国关系发展的社会基础。希望两国各界进一步发掘地理相近、文化相通、友城渠道众多等独特资源和优势，积极扩大人文交流。与此同时，双方也应结合两国经济联系紧密、互补性强的特点，进一步拓展两国合作的广度和深度，重点挖掘节能环保、高端制造、财政金融、共享经济、医疗养老等领域的合作潜力，加强创新合作，共同开拓第三方市场，实现互利共赢。

四是维护多边主义。经济全球化是不可逆转的时代潮流，中日作为全球第二大、第三大经济体，是经济全球化的受益者、维护者，不能坐视保护主义恶化全球经贸环境，破坏全球产业链和价值链，阻碍全球经济复苏。国际金融危机爆发至2017年底，中国贸易进口额增长了5800多亿美元，占世界贸易增量的近20%，成为全球贸易复苏的重要拉动力量，为维护经济全球化、贸易自由化做出了自己的努力和贡献。日本也是对外贸易大国，希望日方和中方一道，发出坚持自由贸易、反对保护主义的一致声音，共同推动全球经济可持续包容性增长，维护多边主义和多边贸易体制，为促进世界经济复苏和稳定增长营造良好环境。

（2018年10月14日，日本东京，http://www.china-embassy.or.jp/chn/zrgx/rbsg/t1604327.htm）

中国国务院新闻办公室主任徐麟在第十四届"北京－东京论坛"上的发言

16年来，作为中日两国高层次官民互动交流的重要平台，"北京－东京论坛"凝聚了一批批不忘友好初心，共谋合作发展的有识之士，他们为增进两国民心相通、促进中日关系改善发展做出了重要贡献。当前，新冠肺炎疫情仍在全球蔓延，以线上线下结合的方式如期举办论坛，体现了双方希望进一步沟通交流、增进理解的真诚愿望。

徐麟说，当前，世界正经历百年未有之大变局，新冠肺炎疫情全球大流行使国际形势加速演变，单边主义、保护主义上升，国际格局深刻调整，不稳定不确定因素明显增多。在此背景下，如何推动两国关系沿着正确轨道持续向前发展、构建契合新时代要求的中日关系，是值得深思的时代命题。

徐麟指出，形势越复杂严峻，越要认清时代大势，以人类命运共同体理念规划新时代中日关系。不确定因素越多，越要共担责任，推动新时代中日关系良性互动。单边主义、保护主义越甚嚣尘上，越要拓展共同利益，为新时代中日关系发展增添动力。对此，他提出五点建议：要增进政治互信，夯实两国关系发展基础；推进抗疫合作，共建人类卫生健康共同体；坚持扩大开放，拓展两国更高层次互惠合作；推进人文交流，厚植两国友好土壤；奉行互利共赢，推动建设开放型世界经济。

徐麟表示，双方应加强对两国关系内在价值的新发现、新思考，以地区和国际视野看待两国关系，增强对其战略意义的认识，不断充实新时代中日关系的内涵。要构建两国建设性安全关系，把中日"互为合作伙伴，互不构成威胁"的政治共识，有效转化为两国民众广泛共识，切实反映到两国政府具体政策中去，不断提高双方的互信水平。

中日两国应继续携手抗击疫情，及时交流信息，开展医疗药物方面合作，维护两国民众健康，推进全球疾病大流行防范应对，共同构建人类卫生健康共同体。要以共同应对疫情、促进经济复苏为契机，积极推动中日经济合作提质升级，抓住新一轮科技革命和产业变革机遇，推动双方在数字经济、电子商务、智慧城市、节能环保、医疗康养、第三方市场等广泛领域开展合作。要从促进文明交流、互学互鉴的高度，继续为增进相互了解和友好感情多做实事，聚沙成塔，积水成渊，持之以恒地推进人文交流工作。

中日作为世界第二和第三大经济体，应着眼于后疫情时代，加强沟通协调与合作，坚持共商共建共享的全球治理观，坚定捍卫多边主义，维护以世界贸易组织为基石的多边贸易体制，反对滥用国家安全之名行保护主义之实，引领亚洲区域合作和经济一体化进程，共同为推动建设开放型世界经济、推动全球化朝着更加开放、包容、共赢方向发展继续做出应有贡献。"中国愿同包括日本在内的世界各国一道，在危机中育先机，于变局中开新局，在开放中创造机遇，在合作中破解难题，携手创造人类

更加美好的明天。"徐麟说。

（2018 年 10 月 14 日，日本东京，https：//baijiahao. baidu. com/s？id = 1684760115136648675&wfr = spider&for = pc）

中央财经领导小组办公室主任刘鹤在"2018年冬季达沃斯论坛"上的发言

中国未来几年经济政策的顶层设计，是围绕上述目标而制定的，关键就是要实施好"一个总要求"、"一条主线"和"三大攻坚战"。

"一个总要求"就是中国经济已由高速增长阶段转向高质量发展阶段。今后几年中国的宏观经济政策、结构政策、改革政策、社会政策都将围绕这个总要求展开。从高速增长向高质量发展的转变，是经济发展的内在要求，中国正处于从人均收入 8000 多美元向 1 万美元、进而向更高水平迈进的历史阶段。在这种情况下，高质量发展的主要内涵，就是从总量扩张向结构优化转变，就是从"有没有"向"好不好"转变。这是在开放状态下探索新的发展模式，将为诸多新产业的发展创造巨大的空间，比如与消费升级相关的制造业和服务业，与新型城市化相关的节能建筑、智能交通、新能源等诸多绿色低碳产业，这些不仅为中国，而且为全球企业创造着新机会。当然，实际关联的产业远远不止这些，因为这是整个经济体系现代化的过程。事实上，转变已经发生。中国经济内需稳步扩大，目前中国消费对经济增长贡献率达到 58.8%，比 5 年前提高了近 4 个百分点。服务业增加值占 GDP 比重达到 60%，比 5 年前提高了 5 个多百分点。过去 5 年，又有 8000 多万农业转移人口成为市民，常住人口城镇化率达到 58.52%，比五年前提高了近 6 个百分点。同时，能耗强度已经下降 23.9%。

"一条主线"，就是要以推进供给侧结构性改革为主线。从中国的实际出发，经济发展的主要矛盾在于供给体系难以适应需求体系的变

化，供求之间存在结构性偏差，需要及时调整。因此，通过改革提高供给体系的质量，是我们实现高质量发展的基本路径。供给侧结构性改革的阶段性重点是"三去一降一补"，就是在生产过剩的领域"去产能"在房地产领域去掉多余的库存，降低过高的杠杆率，在全社会降低成本，在整个经济结构中补上公共服务、基础设施和制度性短板，全面提升供给体系的适应力和创新性。中国推进供给侧结构性改革，已经取得了阶段性成效 2016 年以来，中国已减少钢铁产能超过 1.15 亿吨，取缔 1.4 亿吨"地条钢"产能，减少煤炭产能超过 5 亿吨。我们通过市场出清调整了供求关系，带动了部分领域的价格回升，全要素生产率增速在 2016 年出现了由降转升的拐点，这件事已经产生全球的正面外溢效应。这项工作，我们将继续坚定不移地做下去。

"三大攻坚战"，就是中国决定打好防范化解重大风险、精准脱贫、污染防治三大攻坚战。按照"木桶原理"，"三大攻坚战"就是补齐我们发展中的三个最突出的短板，从而确保全面建成小康社会。

一是继续打好防范化解重大风险攻坚战。在中国经济面临的各类风险中，金融风险尤为突出。我们将坚持稳中求进工作总基调，针对影子银行、地方政府隐性债务等突出问题，争取在未来 3 年左右时间，使宏观杠杆率得到有效控制，金融结构适应性提高，金融服务实体经济能力增强，系统性风险得到有效防范，经济体系良性循环水平上升。我们对打赢这场战役充满信心，思路也非常明确。从战略上看，我们要坚持在改革和发展中解决前进中的问题。从战术上看，我们要抓住突出矛盾，解决重点问题。我们有诸多有利条件：中国经济出现企稳向好态势，基本面长期向好的趋势没有改变；中国未来发展有巨大的潜能，既包括城市化的潜能，也包括改造传统产业和创新发展的潜能等；中国金融体系总体健全，储蓄率较高。我们已经开始妥善处置一系列风险因素，从去年

四季度开始，中国的宏观杠杆率增速已经有所下降，这是个好迹象。另外，各方面的风险防范意识正在强化，"刚性兑付"和"隐性担保"的市场预期正在改变，这对我们防控金融风险创造了重要的心理条件。需要指出的是，中国金融风险的形成有特定的国际背景，其应对也与外部市场变化密切相关，化解金融风险是稳定全球经济的重要组成部分，我们欢迎国际社会的参与和合作。

二是继续打好精准脱贫攻坚战，大规模减少贫困人口。过去五年，在习近平主席的领导下，中国打响了力度前所未有的脱贫攻坚战，农村贫困人口数量从约 1 亿人减少到 3000 万左右。未来三年，我们的任务是基本消灭绝对贫困，实现现行标准下农村贫困人口全部脱贫。今年，我们将减少 1000 万绝对贫困人口，其中包括实现易地搬迁减贫的 280 万人。我们认为，这是对国民收入分配格局的重大调整，也是中国人权观的具体体现，将为全球减贫事业做出新贡献。

三是继续打好污染防治攻坚战。推动绿色低碳发展是中国人民的强烈愿望，也是对传统增长方式的调整。未来三年，我们将加大污染防治力度，使主要污染物排放总量大幅减少，资源消耗强度降低，生态环境质量总体改善，绿色发展水平明显提升，重点是打赢蓝天保卫战。事实上，我们所做的这件事，就是在采取具体行动信守应对气候变化的承诺，落实好《巴黎协定》。我们将坚定不移地把这件事做下去，也希望和国际社会全面加强合作。

（2018 年 1 月 24 日，瑞士达沃斯－克洛斯特斯，https：//www. jiemian. com/article/1903423. html）

中国国资委主任肖亚庆在"2018年冬季达沃斯论坛"上的发言

去年十九大为中国的未来新时代指明了方向，也提出了新的奋斗目标。其中，中国经济

的发展会在原来高速增长的基础长向高质量发展迈进。

我们在座的各位，国有企业，中央企业一样，他们正在转型，正在调整结构。这个转型对内就是要不断扩大混合所有制的范围，广度和深度，和国内很多企业合作。对外就是开放，更开放了。和世界上的著名的公司、企业一起合作，在中国，在世界开拓新的业务。

包括在座各位央企，在基础设施建设在这些问题上，我们过去的十年，过去的五年，它的设计理念，技术水平，制造水平已经发生了根本性的变化。我们很多企业在世界同行业当中是排在前列的。像去年世界500强有48家中央企业，我们在座的舒总（舒印彪）所领导的国家电网公司，还有像中石化这些企业都排在了前列。应该说，他们在走出去过程中带来了不仅仅是一些可见的装备，一些设施，更把他们在国际化过程中，在走出去过程中一些经验和一些对未来的设想带到了所投资的国家和地区。所以对当地经济方面影响力和带动力，对社会贡献的影响力和带动力都在不断增强。这些就是走出去过程当中，带来的一些新的一些变化。

"一带一路"是中国提出来的，但是"一带一路"应该是世界的。这样的话，就是说"一带一路"不仅仅是中国的企业参与，全世界都应该参与，这样带来的好处应该也是全世界的。第二个我觉得"一带一路"应该是一个长期的战略，而不是一个短期的战略。所以我们从基础设施，现在缺乏从其他共建，共享内容还没有完全充实进去。是因为我们看"一带一路"不能从短期来看，而且相当长的时间，它会对推动世界的经济发展，会对通过参与"一带一路"的企业发展甚至会产生一些新的更好的市场机会，我觉得应该从长期以来看这个问题。

我们这么多中央企业到达沃斯来，他们想利用这个平台和世界顶级的企业进行交流，和大家交换一些思想，交换一些概念。这个创新

首先思路上要创新，我们虽然是国有企业，但是不意味着国有企业是僵化的，肯定要在活力上要进一步的增强。第二个这个创新，仅仅是产品的创新，还是机制的创新，还是一个寻求更多新机遇的模式的创新。第三个我觉得创新的过程应该是一个开放的过程，也应该是一个全球化的过程，单靠一个企业创新，单靠一类企业创新都是有局限性的。所以我们所，特别是中国的国有企业在创新过程中本身就是一个开放的过程。在创新的过程当中，本身就是一个改革的过程。改革、开放、创新完美地结合起来，这样会产生出新的一些事情。

新时代中国带给全球的机遇就是发展、繁荣。这个发展、繁荣的机遇刚才大家讲的，应该是共建、共享。这个机遇里面我还要特别讲，中国的思想讲和为贵，和气生财。与其说我们更容易学会竞争的话，竞争在当今时代和未来的时代，应该再加上两个字——合作，没有合作的思想，没有合作的基础，我们很难去竞争，很难去取得一些进步，所以未来新的时代我想在合作上应该更加大力度。

（2018年1月24日，瑞士达沃斯－克洛斯特斯，https：//baijiahao. baidu. com/s？ id = 1590535914951520760&wfr = spider&for = pc）

中央财经办原副主任杨伟民在"中国新型城镇化论坛2018"上的发言

党的十八大特别是十八届三中全会对城镇化改革做了详细部署，专门阐明城镇化相关领域的改革，改革意义上的城镇化开始起步。但总体上看，改革落实还有很多障碍，要继续把推进城镇化放在经济工作的重要位置，真刀真枪抓好以下几项改革的深化。

一是加快农业转移人口市民化。中央已经确定到2020年落户1亿人的目标，按照目前的进度这个目标很可能难以完成。在户籍制度改革的问题上，对白领和蓝领、对大学生和农民

工要平等对待、一视同仁。有关部门应对一些地区不符合这种公平原则的积分制落户进行检查、责令修改。

二是加快建立多主体供给、多渠道保障、租购并举的住房制度。中国必须面对城镇化的大势重启住房制度改革。这次住房制度改革的重点与 20 世纪 90 年代不同，主要是面对城市化的大趋势，解决进入城市的新市民的住房问题。现在 2 亿多农村转移人口已经长期在城市工作居住，城市已经离不开他们了，他们中的绝大多数已经不会回到农村了，他们在农村的住房常年处于空置状态。城市给他们提供了就业岗位，但并没有同步为这 2 亿多人口准备好买得起、租得起的住房。多主体供给、多渠道保障、租购并举的住房制度，可以增加居住用地和商品房、租赁房的供给主体。多主体，意味着破除垄断，意味着竞争，竞争意味着可能降低居住用地的价格，意味着可能降低商品房和租赁房的价格。

三是建立城乡统一的建设用地市场。这项改革先是在部分县市分头进行农村土地征收、集体经营性建设用地入市、农村宅基地的改革试点，现在已经改为"三块地"在这些县市同步推进，改革试点取得了不少成效。但我们完全可以在思想上再解放一点，在不改变农村建设用地集体所有的前提下，通过所有权与使用权分置的产权制度改革解决城乡建设用地的市场分割问题，实现同国有土地同等入市、同权同价。

农村集体建设用地可以不改变其所有权进入城市建设用地市场。这至少有利于解决城中村改造难问题。有的地区，原村民集体经济组织自建、合建房即城中村提供的住房占住房总量的很大比重，大大超过商品房的数量。若通过拆迁改为国有用地、再招拍挂建设商品房，成本相当高，房价很难降下来，而且拆迁难度极大。若不改变其土地或部分房子的集体所有性质，不改变部分房子的个人所有产权，要求原村民集体经济组织或个人，按照城市规划和城市设计规范进行改造或重建，允许其改造或重建的住宅进入房地产市场，他们的积极性就会提高，因为他们没有失掉产权，而且改造后还会增加收入。这实际上是政府让利，不再获取土地出让金，也是把原来属于房地产企业的利润转移给农村集体经济组织和购房人、租房人。

四是建立透明规范的城市建设投融资机制。十八届三中全会提出了两条改革举措，一是允许地方政府通过发债等多种方式拓宽城市建设融资渠道，二是允许社会资本通过特许经营等方式参与城市基础设施投资和运营。

地方政府发债的改革已经通过预算法的修改得以落实。但具体做法有待完善，还是自上而下的分配发债指标，地方政府无权根据自身需要和财力自主决定发债规模，这恐怕也是目前地方政府隐性债务产生的土壤之一。应该按照三中全会确定的"规范透明"原则，赋予城市政府发行法定债务的自主权，上级部门的任务是进行规范和透明，让市场决定城市政府债务的风险、收益。

五是以城市群为主体构建大中小城市和小城镇协调发展的城镇格局。这是十九大提出的任务，看起来是一个城镇化发展的途径问题，但真要形成城市群，不改革是不行的。这里的改革任务有很多。如，如何通过规划体制改革，实现规划的一体化，制定"多规合一"的空间规划。改革规划的审批体制，由立法机关而不是行政机关审定，形成具有法律约束力的规划，违反规划就是违法，这样才能实现一张蓝图干到底。如何打破地区封锁，实现市场的一体化，招商引资政策的均等化。如何实现人口、资金、土地、科研成果等在城市群自由流动、市场化配置。如何实现交通一体化和网络化，统一标准建设交通基础设施，这就要改革以行政区为界限的规划交通的体制。如何打通断头路，很多城市群硬件上建成了一小时交通圈，但因各种各样的行驶限制，硬件上的一小时交通圈实际上变成了实际行驶时的二小时、三小时交通圈。如何实现生态环境保护一体化，统一各城市污染物治理和生态修复的规划、标准、监测、执法，建立统一的环境准入和退出机制。如何建立和完善跨区域的城市发展协调机制，这也是三中全会提出的改革任务，现在的一些跨地区的协调机制，还是临时性的，缺乏权威性，难以有效解决城市群发展中各种矛盾。

六是简化行政层级和改革建制市设置模式。我国目前实行的市管县体制是 1983 年以来逐渐形成的，一定程度上发挥了城乡合治、以市带县的功能，但增加了管理层次，加重了财政负担，降低了行政效率。应该推进减少行政区划层级改革。

(2018 年 11 月 28 日，中国北京，http：∥www. 71. cn/2018/1128/1025752. shtml)

中国科学院副院长、中国科学院院士李树深在"2018东亚海洋合作论坛"上的发言

依托中国科学院海洋研究所筹建的中国科学院大科学中心，已落户青岛西海岸新区。中国科学院以高起点、大格局、全链条、新机制的思路来总体规划设计大科学中心，支撑服务"一带一路"建设，构建由"海洋科考船队、开放支撑平台、核心科研单元和交叉研究集群"组成的综合框架体系，为中国加快建设海洋强国和提升海洋资源发掘能力发挥科技支撑作用。通过海洋大科学研究中心建设，将整合凝聚中科院海洋领域相关优势和研究力量，组织开展前沿研究，聚焦近海健康海洋示范工程和海洋生命过程认知与生物资源发展三大研究方向，以及"一带一路"海洋科技合作，打造海洋工程装备、海洋资源利用、海洋灾害防控等领域的交叉研究集群，助推山东海洋强省建设。

放眼世界各海洋强国在海洋科技方面的创新发展，我们可以看到，都在着力发展智能造船、深海无人技术、海洋机器人技术、海洋监测通信技术等方面。例如，英国和日本造船企

业均开始了实时数据下一代传播监测、深海无人潜航器，中国科学家成功进行了首个海水量子实验。这些海洋科技创新方面的发展让我们看到了未来，中国在发展过程中离不开东亚国家与东南亚相关国家的理解和支持，正是怀着谋求共同发展、合作共赢的目标，各位嘉宾齐聚在东亚海洋合作平台青岛论坛，共建海洋合作、共谋发展，将会引领我们共同探索海洋科技。

构建蓝色伙伴关系，开创东亚海洋合作的新未来。海洋是人类社会生存和发展的共同家园，中国和东亚各国都是世界海洋可持续发展的推进者、实践者和受益者，中国愿与东亚各国构建开放包容、具体务实、互利共赢关系，充分利用这一平台，围绕保护海洋生态环境、合理利用资源、发展海洋事业，进一步加强对外磋商，拓展交流合作，强化成果共享，共同参与全球海洋治理，携手共创东亚海洋合作的新未来。

完善平台机制建设，巩固东亚海洋合作的新模式。在尊重各自经济社会发展模式前提下，欢迎东亚各国产学研等各界代表参与平台建设，通过平台建设和运行不断深化对接，加强各国在地区海洋事务中的协调配合，以平台为依托，打造立足东亚、辐射亚太的区域性国际海洋事务合作组织，不断提高海洋的生态价值、经济价值、人文价值。

扩展交流合作，形成东亚海洋合作新格局。以东亚海洋合作平台为载体，为金融机构和产业协会搭建沟通渠道，鼓励各国在海洋知识和技术以及专业人才等方面开展全方位交流合作，推进政府间、企业间、民众间互访交流，充分规划好未来在海洋产业发展、海洋科技创新、海洋防灾减灾、海洋科学调查等重点领域的常态化合作，优势互补、互利共赢，共同塑造新格局。

(2018 年 9 月 6 日，中国青岛，http：∥qingdao. sdnews. com. cn/qdlt/201809/t20180907_2443821. htm)

专题报告与专题论文和论文摘要

以人类命运共同体理念促进国际
开放与合作

笪志刚

中国国家主席习近平倡导的人类命运共同体理念一经提出就受到广泛的欢迎与肯定。经过五年的完善和发展，人类命运共同体理念实现了内涵与外延的完善化、体系化与思想化，不仅实现了中国在外交、政治、法律进程中的崭新定位和得到全民语境的支持，巩固了其在中国国家交往和多边外交中的核心地位，也日益得到国际社会的理解与支持，成为引领全球发展与推进和平事业的开放理念。有着全球视野、战略高度、区域广度、政策深度和推广价值的人类命运共同体理念，以其展现的中国特色、中国智慧、中国力量、中国方案、中国愿景，必将在推动形成人类命运共同体的世界合作理念、世界解决方案、世界共赢体系、世界沟通桥梁、世界发展蓝图上更具魅力、更有作为，以"共商、共建、共享"为引领，在大发展、大变革、大调整的新国际格局中，人类命运共同体无疑将引领并推动中国进一步扩大国际交流与合作。

一　人类命运共同体的提出
与确立

（一）　人类命运共同体意识的提出

习近平主席首次提出人类命运共同体理念是在 2013 年 10 月 24～25 日北京举行的中国周边外交工作座谈会上，指出"要让命运共同体

意识在周边国家落地生根"。2014 年 11 月 28 日，在中央外事工作会议上习近平主席指出，"要切实抓好周边外交工作，打造周边命运共同体，秉持亲诚惠容的周边外交理念，坚持与邻为善、以邻为伴，坚持睦邻、安邻、富邻，深化同周边国家的互利合作和互联互通"。人类命运共同体从意识到理念的进一步完善和成形体现在习近平主席于 2015 年 9 月 28 日在第 70 届联合国大会一般性辩论上。他指出："我们要继承和弘扬《联合国宪章》的宗旨和原则，构建以合作共赢为核心的新型国际关系，打造人类命运共同体。"并提出"要建立平等相待、互商互谅的伙伴关系；要营造公道正义、共建共享的安全格局；要谋求开放创新、包容互惠的发展前景；要促进和而不同、兼收并蓄的文明交流；要构筑尊崇自然、绿色发展的生态系统"五个方面的要求。这些要求指出了构建人类命运共同体需要秉承的原则、追求的目标等内容，构成了习近平主席关于人类命运共同体理念的基本内涵。[①] 2017 年 1 月 18 日，习近平主席在联合国日内瓦总部的演讲中，再次对人类命运共同体理念做了进一步的阐释、深化和完善，从构建人类命运共同体的目标、路

[①]　金永明：《习近平"人类命运共同体"完整内涵提出一周年：人类命运共同体理念是如何提出与发展的》，上观新闻，2018 年 1 月 25 日，http://www.shobserver.com/news/detail? id =78077。

径、方法出发，向世界宣示了中国的多边外交及国际发展观。至此，人类命运共同体形成完整体系，成为习近平主席系列重要讲话和治国理政新思想、新观点、新战略的重要组成部分。

（二）人类命运共同体理念的确立

经过中共十八大、十九大和第十三届全国人大对人类命运共同体的外交解释、写入宪法等政治和立法完善，人类命运共同体理念正式被确立为中国共产党的使命和国家追求的国际战略目标。习近平在中共十八大报告中明确提出，"要倡导人类命运共同体意识，在追求本国利益时兼顾他国合理关切，在谋求本国发展中促进各国共同发展"。这是中国通过执政党的最高文件形式展现的新的国际发展观。习近平在十九大报告中再次提出，"坚持和平发展道路，推动构建人类命运共同体"。他说："中国共产党始终把为人类做出新的更大的贡献作为自己的使命。"[①] 这也是首次将构建人类命运共同体上升为执政党追求的崇高使命。2018年3月11日，第十三届全国人民代表大会第一次会议通过的宪法修正案，将宪法序言第十二自然段中"发展同各国的外交关系和经济、文化的交流"修改为"发展同各国的外交关系和经济、文化交流，推动构建人类命运共同体"。[②] 人类命运共同体由"意识"到"概念"，由"概念"到"理念"，由"理念"到"思想"，由"思想"到"使命"，完成了中国共产党和中国政府重大世界性理念向重大思想及使命的蜕变。

二　依托人类命运共同体
提升全球合作

如果说西方价值观左右了19世纪乃至20世纪的思想领域、国际关系、全球秩序和发展趋势的话，21世纪，随着中国等发展中国家的全面崛起及相应涉及区域和全球治理理念的提出，发展中国家的新型合作观、义利观、思想观不仅将会对西方价值观提出挑战，还将引领人类新一轮

的和平与发展潮流。人类命运共同体的理念因其全球视野、战略高度、区域广度、政策深度和推广价值，无疑将具有21世纪的新的全球意义。

（一）构建人类命运共同体的全球视野

人类命运共同体理念的突出特点是其具有宏大的全球视野。人类命运共同体从提出就不是中国自顾自地单打独斗和独自受益的狭隘观点，而是站在全球233个国家和地区、70多亿人口如何更好发展的立场，思考从兼顾国与国的双边命运共同体，到区域内的多边命运共同体，再到人类命运共同体的宏大课题。5年来，习近平主席上百次提及人类命运共同体，展现出中国领导人面向世界和未来的长远眼光、博大胸襟和历史担当。

（二）构建人类命运共同体的战略高度

基于全球视野的人类命运共同体理念从战略高度回答了中国究竟要构建怎样的人类命运共同体的问题。在联合国日内瓦总部发表的题为《共同构建人类命运共同体》的主旨演讲中，习近平主席明确了中国旨在建设一个持久和平的世界、一个普遍安全的世界、一个共同繁荣的世界、一个开放包容的世界和一个清洁美丽的世界。[③] "五个世界"的演讲使中国推动构建人类命运共同体的战略高度呼之欲出，中国解决方案既与现行国际秩序原则相融合，也与联合国和平与可持续发展等崇高事业全面对接，凸显了中国理念的深邃、战略的高远，也为国际社会提供了新的价值取向，自然地产生广泛的世界性影响。

---

① 《习近平提出，坚持和平发展道路，推动构建人类命运共同体》，新华网，2017年10月18日，http://www.xinhuanet.com/politics/19cpcnc/2017-10/18/c_1121821003.htm。

② 《中华人民共和国宪法修正案》（两会授权发布），新华网，2018年3月11日，http://www.xinhuanet.com/politics/2018lh/2018-03/11/c_1122521235.htm? baike。

③ 《习近平：构建人类命运共同体，实现共赢共享》，新华网，2017年1月20日，http://www.xinhuanet.com/mrdx/2017-01/20/c_135998532.htm。

（三） 构建人类命运共同体的区域广度

人类命运共同体理念还体现了重视周边和大区域的区域广度。众所周知，中国不仅地处亚洲，也是亚洲稳定、和平与发展的基石。人类命运共同体由理念到实践，亚洲既是"试金石"也是"压舱石"。中国率先在亚洲致力于构筑"亚洲命运共同体"，积极联络周边，打造"周边命运共同体"，并努力推动"亚洲命运共同体"向形成"亚洲共识"演变，向能在世界其他国家和地区复制努力。人类命运共同体的区域广度还体现在中国重视同非洲、拉美、阿拉伯世界共同打造"休戚与共的命运共同体""携手共进的中拉命运共同体""中阿利益和命运共同体"等多个层次上，以次区域命运共同体推动大区域命运共同体，以大区域命运共同体推动洲际命运共同体乃至人类命运共同体的终极目标。①

（四） 构建人类命运共同体的政策深度

人类命运共同体理念的政策深度也是其能行稳致远、稳步推进的重要保证。如果说从理念和政策层面，"建设持久和平、普遍安全、共同繁荣、开放包容、清洁美丽的世界"是人类命运共同体理念的核心的话，从政治、安全、经济、文化、生态等五个方面"五位一体"推动构建人类命运共同体就是该理念的政策抓手。② 政治上相互尊重、平等协商，走对话而不对抗、结伴而不结盟的国与国交往新路。安全上坚持以对话解决争端、以协商化解分歧，统筹应对传统和非传统安全威胁，反对一切形式的恐怖主义。经济上同舟共济，促进贸易和投资自由化、便利化，推动经济全球化朝着更加开放、包容、普惠、平衡、共赢的方向发展。文化上尊重世界文明多样性，以文明交流超越文明隔阂、文明互鉴超越文明冲突、文明共存超越文明优越。生态上坚持环境友好，合作应对气候变化，保护好人类赖以生存的地球家园。这"五位一体"的政策不仅具有理论和战略高度，还具有实践广度和厚度，对完善全球治理，

夯实人类命运共同体构建基础具有全球意义上的理论支撑和实践引领作用。

（五） 构建人类命运共同体的推广价值

人类命运共同体理念不仅得到国际社会的广泛理解与支持，也产生了巨大的全球推广价值。2017年2月10日，联合国社会发展委员会第55届会议通过"非洲发展新伙伴关系的社会层面"决议，"构建人类命运共同体"理念首次被写入联合国决议。2017年3月17日，联合国安理会通过关于阿富汗问题的第2344号决议，"构建人类命运共同体"理念首次被载入安理会决议。2017年3月23日，联合国人权理事会第34次会议通过关于"经济、社会、文化权利"和"粮食权"两个决议，"构建人类命运共同体"理念首次被载入联合国人权理事会决议。③ 上述国际社会的共识，既诠释了人类命运共同体理念的全球推广与国际普遍意义，也彰显了中国理念乃至路径对全球治理现代化的重要贡献。

三 依托人类命运共同体促进国际合作

与迄今为止对世界贡献的关注更多聚焦于物质和产品的发明及创造相比，未来对世界贡献的评价则更多体现在思想创新和文化软实力等方面。习近平主席提出的人类命运共同体理念的国际贡献则体现为首次以中国特色诠释世界合作理念，首次以中国智慧提供世界解决方案，首次以中国力量构筑共赢体系，首次以中

① 刘畅：《让人类命运共同体理念深入人心——简评〈人类命运共同体——全球治理的中国方案〉》，红网综合，2017年10月27日，http://zt.rednet.cn/c/2017/10/27/4458042.htm。
② 杨洁篪：《人民日报：推动构建人类命运共同体》，人民网，2017年11月19日，http://opinion.people.com.cn/n1/2017/1119/c1003-29654654.html。
③ 陈须隆：《望海楼：人类命运共同体成全球共识》，人民网，2017年12月28日，http://theory.people.com.cn/n1/2017/1228/c40531-29732754.html。

国答案赢得世界响应，首次以中国愿景嫁接世界发展蓝图，这些思想和体系的贡献不仅是中国的，更是世界的宝贵财富。

（一）体现中国特色的世界合作思想

人类命运共同体理念的国际贡献首先是向全球呈现了中国特色的世界合作思想。《共担时代责任、共促全球发展》和《共同构建人类命运共同体》是习近平主席2017年初先后参加达沃斯世界经济论坛2017年年会、联合国日内瓦总部会议时，全面系统阐述构建人类命运共同体新理念的重要演讲，在引起巨大反响后，"构建人类命运共同体"的理念多次被写入国际重要决议之中。在全球经济复苏还存在诸多不确定性及下行风险、逆全球化、贸易保护主义肆虐、地缘局势复杂多变及民粹主义日益抬头的背景下，作为综合影响力和政治外交影响力不断提升的中国提出体现中国特色的思想智慧、全球治理理念乃至多边解决方案，无疑得到了来自全球的热烈响应，人类命运共同体理念中的世界合作思想的感召力、亲和力和影响力也注定成为引领世界和平与发展的散发思想光芒的国际贡献。①

（二）凝聚中国智慧的世界解决方案

人类命运共同体理念是习近平主席凝聚中国智慧的现代演绎。如果说人类命运共同体理念是凝聚中国智慧的世界合作与发展的解决方案，那么为这个解决方案提供最有效路径的就是提出"一带一路"倡议和大力推动依托"一带一路"的"五通"和"共商、共建、共享"原则。"一带一路"从促进共同发展、实现共同繁荣的合作共赢之路，增进理解信任、加强全方位交流的和平友谊之路的角度为人类命运共同体提供了"中国主张"和"中国方案"，其开放、合作、共赢的理念为世界发展注入正能量，为人类命运共同体奠定基础。②"一带一路"倡议带动的"中国梦"与人类命运共同体代表的"世界梦"的对接形成的世界解决方案将推动全球形成"一荣俱荣"的利益共同体，

从而为打造人类命运共同体提供融合的平台。

（三）依托中国力量的世界共赢体系

人类命运共同体理念呈现了依托中国崛起力量构筑世界共赢体系。5年来，人类命运共同体理念并没有止步于理念和概念，而是从理念变为行动，进行了诸多富有成效的实践。首先是提出"一带一路"倡议为构建人类命运共同体开辟实施路径。成立亚投行、丝路基金，召开"一带一路"国际合作高峰论坛，2014年至2016年，中国同共建"一带一路"国家贸易总额超过3万亿美元，投资累计超过500亿美元。2016年与各国实现进出口额6.3万亿元人民币，约占进出口贸易总额的25.9%。2017年，与各国贸易额7.4万亿元人民币，同比增长17.8%，增速高于全国外贸增速3.6个百分点，对共建国家直接投资144亿美元，在共建国家新签承包工程合同额1443亿美元，同比增长14.5%。截至2017年底，中国已在沿线20多个国家建设75个境外经贸合作区，为有关国家创造大量税收和20多万个就业岗位。③"一带一路"的"共商、共建、共享"理念深入人心，"一带一路"合作红利惠及各国，"一带一路"成为有关各国实现共赢发展的巨大合作平台，也展示了中国为构建人类命运共同体所做的巨大贡献。其次是召开二十国集团领导人杭州峰会，通过《创新增长蓝图》，召开金砖国家领导人厦门峰会，通过《金砖国家领导人厦门宣言》，金砖国家步入下一个发展的"金色10年"。高水平和高起点的峰会为国际社会从顶层推动人类命运共同体构建创造了条件。再

① 《构建人类命运共同体：一个大国的思想贡献》，中青在线（北京），2018年1月28日，http://money.163.com/18/0128/16/D98I7EC4002581PP.html。
② 《构建人类命运共同体的伟大探索和实践》，新华网，2017年4月20日，http://www.xinhuanet.com/politics/2017-04/20/c_1120841241.htm。
③ 《商务部：2018年将从四个方面推进"一带一路"建设》，中国一带一路网，2018年1月26日，http://www.duost.com/20180126/150731.html。

次是首次将发展问题纳入全球宏观政策框架，并制订了行动计划。最后是积极推动和加快落实《巴黎协定》，在 2017 年 11 月举行的《联合国气候变化框架公约》第 23 次缔约国大会上，中国在气候应对方面取得的成绩、启动的碳交易市场、加强"南南合作"等进一步凸显了中国在全球气候治理中不可替代的引领者作用。诸多事实证明，中国不仅是国际体系的受益者，也是建设者和推动者。尤其是在逆全球化沉渣泛起的今天，中国为世界推动贸易和投资自由化、便利化，积极主动与各种保护主义做斗争。为世界共赢做贡献的中国开始引领世界发展潮流。

（四）展示中国答案的世界沟通桥梁

人类命运共同体理念是展示中国答案的世界沟通桥梁。长期以来，在冷战以及后冷战时期，画地为牢、几方垄断的全球治理和模式输出成为常态，极大地制约了世界政治公平发展、全球经济均衡增长。人类命运共同体的理念立足和平与发展，面向世界与多边，既让中国增长惠及世界与区域，又承诺不输出中国模式或将发展模式强加于人。尊重他国国情和社会阶段，开放包容、多方沟通成为人类命运共同体沟通区域和世界的纽带。如果说"一带一路"倡议是构建人类命运共同体的重要桥梁和纽带，是开创人类文明互鉴和互利共赢的有效路径和支撑的话，人类命运共同体理念则是沟通世界文明、倡导开放包容、摒弃零和思维、实现互利共赢的思想桥梁和方案纽带。

（五）传播中国愿景的世界发展蓝图

人类命运共同体理念在传播中国愿景的同时，向全球展现了世界发展的蓝图。习近平主席强调，推动构建人类命运共同体首先要把中国自己的事情做好，这本身就是对构建人类命运共同体的贡献。作为世界最大的发展中国家，改革开放以来，中国不仅实现了自身的经济发展，城乡差距不断缩小，脱贫人口不断增加，对全球经济增长的贡献也不断增加，2017 年中国实现 GDP 增长 6.9%，总量超过 12 万亿美元，对世界经济增长贡献率突破 30%，中国经济增长为中国发展模式注入信心，为构建人类命运共同体提供支撑。与此同时，人类命运共同体理念也为世界发展描绘了宏伟蓝图。习近平在党的十九大报告中指出："世界各国人民应该秉持'天下一家'理念，张开怀抱，彼此理解，求同存异，共同为构建人类命运共同体而努力。"他还进一步指出，"我们要继续做全球治理变革进程的参与者、推动者、引领者，推动国际秩序朝着更加公正合理的方向发展"。行重于言，知易行难，在国际大变革趋势和潮流中，"中国因素"和"中国概念"的日益凸显，既是中国愿景服务和贡献世界的开始，也是世界发展蓝图的日益呈现，中国发展离不开世界，世界发展需要中国助力，这也是构筑人类命运共同体的世界大同理念的集中体现和最好诠释。

构建人类命运共同体已成为国际社会的共识，也是人类未来和平与可持续发展的巨大动力。中国奉献思想和智慧，贡献行动和力量，中国发展将继续为世界带来机遇，习近平主席在 2017 年 5 月"一带一路"国际合作高峰论坛的"工商界领导人峰会"上表示，"未来 5 年，中国将进口 8 万亿美元的商品，吸收 6000 亿美元的外来投资，中国对外投资总额将达到 7500 亿美元，出境旅游将达到 7 亿人次"。① 中国的庄严承诺是对"世界好，中国才能好；中国好，世界才更好"的务实诠释。这样的承诺也是对国际社会携手努力，共同担当，同舟共济，共渡难关，构建让世界更美好、让人民更幸福的人类命运共同体的神圣宣言。

作者简介

笪志刚，黑龙江省社会科学院东北亚研究所所长、研究员、世界经济专业硕士生导师。

---

① 张红：《人类命运共同体：中国方案激荡世界》，新华网，2018 年 1 月 27 日，http://www.xinhuanet.com/world/2018-01/27/c_129800250.htm。

俄罗斯远东开发新举措及黑龙江省对俄合作新机遇*

马友君

独立以来，俄罗斯一直致力于对远东的开发。从叶利钦执掌政权到普京回归，俄罗斯相继出台了一系列开发远东政策，只是由于时势条件所限，远东实质开发进展缓慢。

一 俄罗斯远东开发新举措

2018 年以来，俄罗斯远东开发步伐加快，"向东看"政策已经成为俄罗斯振兴经济的重要举措。普京打出一系列"组合拳"，使远东开发不仅在战略上超前谋划，而且在具体措施方面布局合理，其所蕴含的潜能随着东北亚地区局势趋于稳定将逐渐显现。

（一）远东超前区建设取得积极进展，为远东开发增添活力

《俄联邦超前社会经济发展区联邦法》实施 4 年来，取得了积极成效。如果与之前叶利钦总统和普京自己的上一任期相比，远东超前区建设进展迅速。这也是俄罗斯独立以来，在开发远东政策实施方面取得成效最明显的法律和法规。

一是超前区建设规模和数量如其所愿。2014 年 12 月 29 日，普京总统签署《俄联邦超前社会经济发展区联邦法》，该法确立了在俄罗斯远东地区设立超前社会经济发展区（以下简称超前区）的法律机制以及国家扶持措施，

涉及简化投资程序和税收优惠等。至 2018 年 10 月，远东超前区已经增加到 18 个，其中已有 17 个启动运营。根据超前区法律规定，该法实施的前三年只能在远东地区设立超前区，对所有实践活动模式、法案实施机制、执法实践工作进行检验。两至三年以后，再做出将其扩展到俄罗斯全境的决定，这意味着远东开发对全俄具有试验和引领的作用。

二是超前区建设效果和经验有目共睹。为有效实施超前区发展战略，俄罗斯政府在机制建设方面给予了充分保证。首先成立远东发展部，在此基础上，又成立了专门机构，具体负责"一区一港"的招商、园区管理、人才引进及资金支持等。截至 2018 年 10 月，获批入驻"一区一港"的企业达到 1275 家，申请投资总额为 28500 亿卢布，可能提供 10.9 万个工作岗位。核准入驻"一区一港"的企业以俄罗斯本土企业为主，外资企业为 76 家，占比为 6%，计划投资 2532 亿卢布，提供 1633 个工作岗位。其中，中国企业 40 家，计划投资总额为 1930 亿卢布，占外资企业的一半以上，其次是日本、韩国。纳杰日金斯基发展区是目前发展规模最大的发展区，基础设施建设已接近尾声，2018

* 本文系国家社科基金项目"俄罗斯远东开发与中国东北振兴区域合作研究"（15BGJ032）和黑龙江省社科基金项目"'一带一路'框架下影响我省对俄合作非经济因素研究"（17GJB027）阶段性研究成果。

年底将彻底实现"三通一平"。至 2018 年 10 月，43 个投资项目已经得到批准，其中 12 个处于建设阶段。2018 年底将完成建筑主体工程建设，1 个项目已经落成投产。哈巴罗夫斯克设立了 3 个超前区，在每个超前区里又根据产业设定了若干个片区，基础设施建设化整为零，优先开通"三通一平"以努力快速服务入驻企业。截至 2018 年，哈巴罗夫斯克发展区注册企业有 32 家。

三是超前区吸引外资的条件诚意尽显。俄罗斯之所以建设超前区，是因为希望借鉴中国改革开放后成功吸引外资的经验，特别是中国沿海特区开放的经验。长期以来，俄罗斯吸引外资遭受的最大诟病就是外商认为远东吸引外资条件不尽如人意，换句话说也就是远东外资政策没有得到外商认可。但超前区对外资进入做出了特殊规定，如国家和地方对个别种类例行检查，应由国家和市政监管机构以联合检查的方式进行。例行检查的持续时间不超过 15 个工作日。对于同一家小型入驻企业，接受例行检查总时间不超过 40 小时/年，小微企业不超过 10 小时/年。如进行检查的国家和市政监管机构官员提出有必要进行复杂和（或）持久的专项调查和鉴定，可适当延长检查时间，但针对小企业的延长检查时间不超过 10 个工作日，针对小微企业的延长检查时间则不超过 10 小时。在税收方面，新建的超前区将享有更多的优惠。超前区的入驻者将无须缴纳增值税、工程和服务等商品税。列入联邦预算的所得税为零，列入地方预算的所得税在 10 个税收期内将为 5%，此后增长率将不超过 10%。此外还将免征财产税，在特别经济区，列入联邦预算的所得税税率为零，列入地方预算的所得税税率为 13.5%。免征财产税，免征土地税，各地区可自行设定交通税。此外，远东发展部还坚持为超前区的入驻者设定 7.6% 的保险费率。

（二）积极打造与世界沟通合作的平台，为远东开发营造良好氛围

远东地区为吸引世界各国前来投资，积极改善自身投资环境。特别是与周边国家联合举办各种形式的活动，为远东开发营造良好氛围。

一是地方合作交流年成效显著。中俄两国基于开展区域合作的目的，确定了 2018～2019 年为中俄地方合作交流年。根据两国高层谋划，中俄地方合作交流年涉及远东地区在中国建立的 25 个友好省区和城市，设立地方交流年的活动，使远东发挥俄罗斯对外合作前沿的作用，吸引包括中国在内的外资落户俄罗斯远东超前区。为配合地方合作交流年的活动，俄罗斯远东创新对外合作交流机制，如实行电子签证制度等，向投资者提供税收、进出口、行政审批等优惠和便利，致力于改善远东地区投资环境。2018 年，中企投资"一区一港"项目数增长 1/3，达到 28 个。双方设立地方合作交流年的目的是一致的，即通过广泛交流，以全方位合作促进经贸合作健康发展。中国海关总署发布的最新数据显示，2018 年 1～10 月，中俄两国贸易额达到 872.46 亿美元，同比增长 28.2%。其中，中国对俄罗斯出口总额为 392.72 亿美元，同比增长 13.0%；中国自俄罗斯进口总额为 479.74 亿美元，同比增长 44.0%。据乐观预测，2018 年中俄贸易额突破 1000 亿美元大关几乎没有过多悬念。据俄方统计，2018 年 1～8 月远东地区对华贸易额达 58.65 亿美元。① 从贸易结构看，双方进出口贸易呈现互补态势。俄方期盼改善贸易投资失衡现状，优化对华商品出口结构。俄方统计数据显示，2013～2016 年，中国对俄出口产品附加值不断提升，其中工程机械产品比例从 59% 提高到 65%，纺织制鞋等轻工业产品比例从 18% 下降到 12%。为扭转失衡现状，俄方希望中国加大对俄投资，帮

---

① 俄罗斯远东海关网站。

助俄经济发展摆脱资源出口依赖模式，实现对外出口结构质的提升。俄方的期待，亦是中方所愿。中国也愿意看到对俄投资由量的增长过渡到"质量并举"。俄远东地区得天独厚的区位优势、丰富的自然资源都为两国实施机械制造、生物医药等高附加值投资奠定了基础。当然，这些合作愿景实现的前提是双方相向而行的共同努力，合作应建立在互利共赢和遵循市场经济原则的基础上，为此俄方需要进一步改善营商环境，推动开发优惠政策有效落地，保障投资者合法权益。①

二是东方经济论坛吸引世界目光。2018年9月6～7日，第四届东方经济论坛如期在符拉迪沃斯托克（海参崴）召开，作为俄罗斯重要的对外合作论坛，东方经济论坛的影响力不断增强，已经形成了与瓦尔代会议齐头并进之势。每年的论坛会集俄罗斯和亚太地区国家的政府机关代表、大型投资人、企业代表和各领域的专家。黑龙江省作为我国对俄合作前沿省份，也是我国"一带一路"北向发展的重要支撑，特别是在俄罗斯不断加大远东开发力度的背景

下，对接远东经济论坛，谋划对俄合作新思路、新路径，是保证黑龙江省实施"一窗四区"的重要途径之一。更重要的是，俄罗斯受到西方经济制裁的形势并未改善，而美国对华贸易摩擦力度不断加大，双方深刻认识到中俄合作重要意义，把外部压力变成深化中俄两国地方合作的契机。

三是俄罗斯吸引外资的愿望强烈。俄罗斯投资环境不佳的局面由来已久。如表1所示，2016年远东吸引外资115.95亿美元，仅占全俄的8.5%。2016年，远东吸引外资额在全俄处于第3位。在远东联邦区中，萨哈林州吸引外资额最多，占远东吸引外资额的71.5%，高出第2位的萨哈（雅库特）共和国69.48亿美元。从2011～2016年可以看出，整个俄罗斯吸引外资大体呈下降趋势，6年间下降了40.7%，下降的幅度很大，而远东联邦区大体呈上升趋势。远东联邦主体除了堪察加边疆区、阿穆尔州、马加丹州、犹太自治州和楚科奇自治区下降外，其他主体都有不同程度的增长，其中增幅最大的就是萨哈（雅库特）共和国。

表1　2011～2016年俄罗斯各主要联邦区及远东联邦区各主体吸引外资情况

单位：百万美元

	2011年	2012年	2013年	2014年	2015年	2016年
全俄	231008	158512	189076	128316	134106	137006
中央联邦区	172635	95403	121078	89990	79509	78575
西北联邦区	16240	20773	20650	16503	14418	22971
南部联邦区	2420	2254	2821	2152	2458	2101
北高加索联邦区	222	144	67	184	581	388
伏尔加联邦区	5261	5252	5936	5026	6556	3351
乌拉尔联邦区	21027	22997	15742	16966	14753	10683
西伯利亚联邦区	4975	4162	14965	4147	4179	7342

① 廖伟径：《地方合作为中俄关系培基固本》，《经济日报》2018年9月11日。

续表

	2011 年	2012 年	2013 年	2014 年	2015 年	2016 年
远东联邦区	8228	7527	7817	8248	10576	11595
萨哈（雅库特）共和国	704	1383	379	228	964	1347
堪察加边疆区	13	17	13	47	6	2
滨海边疆区	485	565	369	717	700	872
哈巴罗夫斯克边疆区	322	75	1070	108	65	544
阿穆尔州	802	717	762	1005	633	360
马加丹州	297	27	761	0	758	7
萨哈林州	4771	4662	4421	5825	7197	8295
犹太自治州	114	1	0	63	49	19
楚科奇自治区	720	80	42	255	204	149

资料来源：俄罗斯国家统计局。

近年来，俄罗斯远东地区对外合作的愿望逐渐强烈，招商的力度也逐渐加大，合作态度也由被动变为主动。2018 年在哈尔滨举办中俄博览会期间，仅滨海边疆区就拿出 20 多个项目对外招商，涉及农业、能源、矿产、教育和环保等方面。提出的口号就是，只有肯投资，一切都可以谈。无论税收减免问题，抑或劳务许可等问题，都说明它们在远东开发上心情迫切。其他各主体也表现出急于吸引外资的态度。在中俄合作方面，一般都是中方积极，俄方被动。现在是中方积极，俄方也在积极运作。2018 年 9 月，随着黑河大桥建成通车，黑河市政府组织相关专家提出中俄共建跨境产业合作区，得到了俄方积极回应。

（三）远东经济发展持续看好，为远东对外合作提供契机

对外经济是远东经济发展重要支柱，尤其在苏联解体的最初几年，远东通过加强对外合作，艰难地度过了苏联解体后的困难时期。近年来，虽然世界地缘政治和世界格局的变化明显，但对外贸易在远东经济发展中的作用并没有减弱，只是联系的范围更加广阔。

一是远东对外贸易增长强劲。进入 2018 年以来，远东逐渐摆脱世界金融危机对经济的影响，社会经济各方面都出现良好的发展势头，

尤其在对外经贸合作方面表现突出。如表 2 所示，2018 年前 8 个月远东对外贸易额为 204.87 亿美元，比 2017 年同期 182.06 亿美元增加了 22.81 亿美元，增长了 12.5%。其中与中日韩等主要国家的贸易也出现了不同程度的上涨。与中国的贸易额由 2017 年的 47.74 亿美元增长到 2018 年的 58.65 亿美元，其中远东对中国出口额由 30.56 亿美元增长到 37.46 亿美元，进口额由 17.74 亿美元增长到 21.19 亿美元。处于第 2 位的韩国与远东的进出口贸易出现变数。总体贸易额 2018 年比上一年增长了 4.3%，贸易额与中国差距不大。但远东对韩国进口额下降了 51.5%。日本在 2017～2018 年度进出口额变化不大，最高的是 2018 年出口额，增长了 24%。从总的贸易额来看，远东对外贸易"三驾马车统天下"的局面并没有改变，中日韩三国贸易额占远东对外贸易额的 74.7%，比上一年只减少了 0.2 个百分点。但近年来，来自欧洲的一些国家对远东的贸易额有所提升，如 2018 年从比利时进口贸易比 2017 年增长了 69%，只是贸易额还不高，2018 年进口额只有 1421 万美元，只占远东进口中国贸易额的 1.9%。2018 年远东自中国进口贸易额占整个远东进口额的 52.8%。亚洲另一个人口大国印度与远东的贸易额并不大，每年都保持在 5 亿

美元左右，只占远东进出口总额的 2.6%。虽然独联体国家在苏联时期大多数为统一的国家，但苏联解体后，独联体国家与俄罗斯各个地区的经济联系渐行渐远。独联体国家与远东的贸易额占比徘徊在 0.36% 和 1.06% 之间，说明两方之间的经济互补性不强。

表 2　2017 年 1~8 月与 2018 年 1~8 月俄罗斯远东对外贸易

单位：亿美元

	2017 年 1~8 月		年度总额	2018 年 1~8 月		年度总额
	进口	出口		进口	出口	
中国	17.18	30.56	47.74	21.19	37.46	58.65
韩国	7.75	42.76	50.51	3.76	48.96	52.72
日本	3.76	30.83	34.59	3.51	38.23	41.74
比利时	0.08	16.58	16.66	0.14	16.12	16.26
印度	0.19	5.11	5.30	0.28	5.12	5.40
独联体	0.81	1.12	1.93	0.52	0.22	0.74
总额	42.36	139.70	182.06	40.14	164.73	204.87

二是人口状况得到了极大的改善。2018 年 9 月 13 日，普京在参加符拉迪沃斯托克（海参崴）东方经济论坛时指出，远东的经济形势好于全俄。工业增速比全俄高出 16.6 倍，投资项目每年处于增长的态势。20 多年来，远东人口首次出现了正增长，而且增长率已连续三年超过死亡率。远东人口主要集中在南部滨海边疆区、阿穆尔州和哈巴罗夫斯克边疆区等，这些地区人口总和占远东人口 80% 以上。2018 年 1~9 月萨哈（雅库特）共和国出生 10086 人，其中城市 6173 人，农村 3913 人，死亡 5897 人，死亡人口占出生人口的 58.47%，与 2017 年相比，高出 2.38 个百分点。自然增长 4189 人，结婚 4968 对，离婚 2999 对。每千人出生 14 人，死亡 8.2 人。说明出生率在缓慢回升。阿穆尔州 2018 年 1~8 月出生 5975 人，比上一年同期减少 402 人，死亡 7232 人，比 2017 年减少了 21 人，结婚 3943 对，比上一年减少了 88 对，离婚 2740 对，比上一年增加了 149 对。这一时期，阿穆尔州人口流动性也比较大，2018 年 1~9 月迁入 19407 人，比 2017 年同期减少了 59 人，迁出 20957 人，比 2017 年增加了 879 人。① 滨海边疆区是俄罗斯远东经济发展最快

的地区之一，也是远东人口密度最大的地区。2018 年 1~9 月，该边疆区出生 15048 人，比上一年同期减少了 659 人，死亡 19440 人，同比增加 353 人。迁入 56744 人，比上一年增加了 2257 人，登记注册 19056 人，比上一年增加了 989 人。从远东各州区人口发展状况来看，总体形势看好，但人口增长的速度缓慢，而且各州区发展的情况也不尽相同。人口变化趋势与地区经济发展水平有直接联系，对经济发展的影响也较大。

三是远东中小企业发展迅速。近 10 年来，由于俄罗斯开发远东的步伐加快，更主要的是远东吸引外资的力度加大，俄罗斯中小企业数量比 21 世纪初大幅度增加。2000 年远东中小企业的数量为 4.1 万家，2016 年达到了 10.9 万家，2005~2016 年远东中小企业数量增长了 4.3%，而这一时期全俄中俄小企业数量仅象征性地增加了 520 家。2016 年远东中小企业数量比相邻的西伯利亚联邦区高出 38.1%，在全俄增长的速度也是最快的。在远东联邦区内，中小企业数量最多的是滨海边疆区和哈巴罗夫斯

① 根据俄罗斯远东海关统计数据整理。

克边疆区，2016 年二者之和占远东联邦区的 58.7%。数量最少的楚科奇自治区，全区只有 1091 家中小企业，而且呈连年下降的趋势，2016 年比 2005 年下降了 42%。远东联邦区每万人企业雇员人数 2015 年比 2011 年增长了 1.3 倍，与全俄增长指数持平。平均雇员人数同一时期增长了 1.03 倍，如表 3 所示，2015 年远东联邦区达到了 45.6 万人，占全俄的 4.6%。营业收入 2015 年比 2010 年增长了 2.3 倍，2015 年实现了 1.85 万亿卢布，占全俄的 4.2%，占远东 GDP 的 52.1%。

导致远东各地区中小企业发展不平衡、中小企业分布不均的客观原因主要是区域间经济发展水平差距很大。特别是北部少数民族地区接受国家发展小企业的政策不及时，导致小企业发展缓慢。还有一个原因就是运输问题制约，劳动力缺乏，资源开发的能力有限，经济发展受到自然条件的限制过多。从产值数量来看，中小企业发展最好的是批发零售业，之后是建筑业，房地产、工业和运输通信业，最后是科研领域，其产值是批发零售业的 1.56‰。

表 3　2010 年和 2015 年俄罗斯各主要联邦区及远东联邦区各主体中小企业数据统计

	中小企业数量（万家）		每万人中小企业数量（家）		平均雇员人数（不包括外来兼职）（万人）		中小企业营业（服务）收入（亿卢布）	
	2010 年	2015 年	2010 年	2015 年	2010 年	2015 年	2010 年	2015 年
全俄	164.4	222.2	115.1	151.7	979.0	1037.8	189338	441243
中央联邦区	48.5	64.3	126.0	164.4	285.5	307.8	7058.8	164127
西北联邦区	22.1	29.4	162.7	212.3	116.2	133.8	24715	69332
南部联邦区	13.5	20.0	97.7	122.3	85.4	92.6	13252	30598
北高加索联邦区	4.2	5.0	43.7	51.0	23.5	22.8	3752	7004
伏尔加联邦区	30.1	42.5	100.8	143.2	211.1	211.9	3070.8	69735
乌拉尔联邦区	14.8	20.9	122.5	169.5	83.6	92.9	17072	36704
西伯利亚联邦区	23.2	30.0	120.4	153.7	129.9	130.4	21042	45219
远东联邦区	8.1	10.5	128.1	169.2	43.9	45.6	8202	18516
萨哈（雅库特）共和国	1.0	1.2	105.2	121.9	4.5	4.3	797	1555
堪察加边疆区	0.5	0.6	154.1	192.7	2.6	2.2	556	890
滨海边疆区	3.0	3.9	151.7	201.0	15.4	15.8	3049	7927
哈巴罗夫斯克边疆区	1.9	2.6	139.1	196.8	9.7	11.5	1869	4301
阿穆尔州	0.58	0.9	69.9	109.2	4.8	4.9	700	1453
马加丹州	0.23	0.3	147.2	173.4	1.3	1.1	314	492
萨哈林州	0.75	0.9	150.9	179.8	4.5	4.6	775	1654
犹太自治州	0.13	0.15	71.5	91.8	1.0	0.93	111	163
楚科奇自治区	0.03	0.03	64.5	69.1	0.12	0.21	30	81

资料来源：Малое предпринимательство，регионы россии，социально - экономические показатели 2017，Статистический сборник，федеральная служба государственной статистики，Москва，2017。

二　黑龙江省对俄远东地区合作面临新机遇

2018 年 9 月，习近平在考察东北期间，针对东北地区对外开放的形势，明确指出，要以构建对外开放新高地作为未来发展目标。黑龙江省第十二届四次全会决议指出，要深度融入共建"一带一路"，加强开放合作平台建设，提升对外贸易质量效益，提高跨境基础设施互联互通水平，建设开放合作高地。

（一）夯实对俄合作基础，构建对俄开放新格局

黑龙江省具有对俄合作的有利条件和地缘优势，在对俄合作中发挥了重要作用。俄罗斯在远东新一轮的开发中，黑龙江省不仅要发挥已有的优势和潜力，更主要的是利用"一带一盟"合作历史机遇，夯实对俄合作基础，开展全面合作，构建对外开放新格局。

一是打造东北地区对俄开放新高地，促进经济全面发展。苏联解体以来，东北地区在对俄合作方面，一直处于引领地位。2018 年 1~8 月，中国与俄罗斯远东地区的贸易额为 58.65 亿美元，占远东地区对外贸易额的 28.6%，同期增长 22.9%，在远东对外贸易中处于第 1 位。中国也是俄罗斯远东超前区最大的项目参与国和投资国。2017 年中国投资远东超前区 40 亿美元，涉及项目 30 多个。截至 2017 年底，黑龙江省在俄从事农业开发的企业 162 家，占对俄投资企业的 45%，投资额 14.64 亿美元。在俄境内拥有耕地 960 万亩。自 2018 年初以来，在国际地缘政治发生重大变化的背景下，特别是美国贸易保护主义抬头，为中俄两国农业合作提供了发展契机。减少美粮的进口不仅是技术问题，也是战略问题。2017 年俄粮已经成为继俄能源之后最大出口商品，而同年出口中国的粮食仅有 50 万吨，占俄罗斯出口粮食份额不足 1%，其中大豆占中国进口大豆的

0.5%。俄罗斯也瞄准了中国巨大的粮食需求市场，加大了对农业的投资力度，希望借此调整中俄进出口商品结构。以农业合作带动相关产业合作，实现境内外产业联动，促进东北经济全面发展。

二是加快"一窗四区"建设的步伐，促进区域合作发展。2018 年以来，根据对俄合作新形势及黑龙江省对俄合作新特点，省委、省政府在适时提出对接"一带一路"的基础上，构建"一窗四区"战略格局。其核心就是通过构建交通物流枢纽区，建设跨境合作区、重点开发试验区，最终实现建设中俄自贸区。通过"一窗四区"建设，打造对俄合作产品加工进出口基地，实现区域规划有效对接。利用自身优势和潜力，加强与京津冀、长三角、珠三角、港澳台地区产业对接，培育和壮大企业主体，提高科技创新能力，推进重点产业项目建设。

三是进一步深化"一带一盟"对接合作，实现共赢开放格局。习近平指出："中俄正在积极开展'一带一路'建设和欧亚经济联盟对接，已经取得重要收获。中方愿在这一基础上同各方对接发展战略，加强政策沟通和协调，形成合力，把握合作大方向。"[①] 国际合作需要相向而行，还需要找出利益相同点，这样对接合作才有生命力，才能实现双方互利共赢。东北地区与俄罗斯远东地区山水相连、气候接近、人文合作密切，多年来的紧密合作已经形成了良好的发展环境，为中俄两国的合作创造了有利的环境。以"五通"为发展理念，加强与俄罗斯"一带一盟"合作是实施对俄全面合作重要途径。"一带一盟"对接是新时期中俄区域合作创新模式，需要双方重点谋划，顶层设计，在具体合作项目上超前谋划，以此提高中俄合作水平。

---

① 习近平：《共享远东发展新机遇　开创东北亚美好新未来——在第四届东方经济论坛全会上的致辞》，《新华每日电讯》2018 年 9 月 13 日。

（二）双方区域开发政策措施，为合作提供了政策支撑

中俄两国区域合作已经成为全面合作的重要内容，进入21世纪以来，两国连续出台了促进两国区域合作发展的政策措施。2018年11月5日上海召开中国进口博览会，习近平主席在接见梅德韦杰夫总理时特别强调，要加强中俄两国合作，其中农业合作已经成为继能源领域之后的第二大合作领域，黑龙江省是对俄农业合作大省，在新的对俄合作中，其所发挥作用的潜力将逐步显现。

一是两国区域政策支撑为两国合作带来发展机遇。苏联解体以来，中俄两国经济关系得到了全面的发展，但两国的区域合作程度还很低，地方合作远远落后于国家间的合作，特别是地方缺少大项目合作的支撑。从中俄经济合作发展的趋势来看，发展区域合作是促进两国全面合作健康发展的重要支撑，否则只有国家项目，而地方项目发展缓慢不利于两国经济合作。中俄两国在发展经济合作的同时，还应该继续进行科技、人文等领域的合作，进而推动中俄整体合作的发展。① 中俄间已经有68对省、自治区与俄罗斯各联邦主体、州区建立了友好合作关系，其中东北地区建立的友好州、友好城市占全国的50%。两国为发展区域合作都制定了详尽的发展规划，如中国于2007年出台的东北地区振兴规划和国家为了支持东北地区而实施的中蒙俄经济走廊规划。俄罗斯自2015年以来，也相继出台了远东超前区和符拉迪沃斯托克（海参崴）自由港政策，这些政策的出台为适时调整贸易合作方式提供了难得的发展机遇。

二是加强与东北亚区域内各国的合作为地区合作带来机遇。自乌克兰危机以来，俄罗斯承受来自欧美国家的压力，经济发展受到了很大限制，而且在短期内没有看到改变的可能。因此"向东看"不仅是俄罗斯的既定国策，也是未来俄罗斯重拾"大国梦"的重要依托。而且东北亚地区又逐渐成为世界经济发展中心，其贸易额占世界贸易额60%以上。2016年中国与东北亚地区五国贸易额合计约6059亿美元，占中国整体对外贸易的16.4%。而2016年俄罗斯对外贸易总额仅为4712亿美元，仅占中国与东北亚国家贸易额的77.8%。东北亚国家又是世界经济发展最快的地区之一。加强与中日韩等东北亚国家的合作，是俄罗斯振兴远东、扩大贸易规模的重要举措。

三是俄方合作态度转变为合作升级带来机遇。俄罗斯投资环境不佳一直是各国投资俄罗斯难以逾越的障碍，也是远东吸引外资不足的主因之一。2016年远东吸引外资115.95亿美元，仅占全俄的8.4%。远东联邦区与中央联邦区相比，吸引外资额仅占14.7%。但2016年，远东吸引外资额在全俄处于第3位。在远东联邦区中，萨哈林州吸引外资额度最大，占远东吸引外资额的71.5%，高出第2位的萨哈（雅库特）共和国69.48亿美元。从2011~2016年可以看出，整个俄罗斯吸引外资呈下降趋势，6年间下降了41.4%，下降的幅度很大。只有西伯利亚联邦区和远东联邦区呈上升趋势，其中西伯利亚联邦区6年间增长了1.4倍，基本上与远东联邦区增长的速度持平。但远东联邦区吸引外资总额是西伯利亚联邦区的1.6倍。远东联邦主体除了堪察加边疆区、阿穆尔州、马加丹州、犹太自治州和楚科奇自治区下降外，其他主体都有不同程度的增长，其中增幅最大的就是萨哈（雅库特）共和国，6年间增长了1.9倍。

（三）区域内基础设施建设稳步推进，为合作提供便捷通道

俄罗斯远东地区和中国东北地区近年来都加强了区域内基础设施建设，特别是远东地区

---

① 戚文海：《后金融危机时期中俄地区合作协调推进工作机制的建立》，《俄罗斯中亚东欧市场》2010年第10期。

先后实施的滨海一号和滨海二号项目，对于促进远东地区的通道建设具有重要作用。

一是黑龙江省以高铁为主的交通网正在形成。黑龙江省打造的环高铁经济圈已经初步形成。在哈大齐高铁通车两年之后，2018年10月，哈尔滨至佳木斯高铁已经开通，哈尔滨至牡丹江高铁也预计于2019年顺利通车。届时，以哈尔滨为中心呈辐射状的高铁网将初步形成，将对沿边地区形成巨大的支撑。黑龙江省沿边地区2014年被国家确定为全国最大的开放带，但这些年发展不尽如人意主要原因就是沿边地区人口少，产业发展能力不强，中心城市对沿边地区支撑弱。"一两小时高铁经济圈"建成以后，将对黑龙江省沿边地区产生强有力的全面支撑作用，特别是对2018年黑龙江省提出的"一窗四区"中的欧亚物流枢纽区建设将起到强有力的推动作用。2018年，黑龙江省已经初步形成了东出西进贸易通道，向东通过"哈绥俄亚"陆海联运与俄罗斯远东及日韩等东北亚国家合作，向西通过哈欧班列，畅通连接欧洲贸易大通道。目前，已开行哈尔滨至汉堡、俄罗斯的中欧班列，以及经由符拉迪沃斯托克（海参崴）抵达韩国釜山的"哈绥俄亚"陆海联运中亚班列。通过"一带一路"北向重要支撑点，横跨欧亚大陆、连接太平洋与波罗的海沿岸国家的跨境运输体系框架已基本形成。

二是俄罗斯远东基础建设项目进展顺利。俄罗斯在2015年公布的《2025年前远东和贝加尔地区经济社会发展战略》中，对于远东地区交通基础设施进行了详尽的规划，在铁路、公路和水运和航运方面都制定了发展规划，力图通过加强基础设施建设，带动远东经济发展，从而实现远东经济搭上中国快车。与俄罗斯的其他地区相比，远东和贝加尔地区的交通基础设施十分落后。远东铁路密度不足俄罗斯平均值的30%，在辽阔的远东区域内，北部州区，如楚科奇自治区、马加丹州、堪察加边疆区甚至没有铁路连通，严重制约了当地经济的发展。

远东和贝加尔地区的主要交通干线——西伯利亚大铁路和贝加尔—阿穆尔干线需要提高运输能力，因为2010年之后90%的铁路运载能力将达到警戒水平。根据规划，首先付诸实施的是滨海边疆区的滨海一号和滨海二号项目，分别连接绥芬河口岸和珲春口岸。由于受到世界金融危机的影响，其他的通道项目没有得到很好的落实，但滨海一号和滨海二号正在建设中。两个项目完成后，黑龙江省至纳霍德卡港、吉林省至扎鲁比诺港的交通走廊将使中国东北地区企业显著减少运输时间和成本，而俄方将获得巨大的货流，也必将有力地推动东北地区与俄罗斯合作进程。除此之外，对于远东贝加尔—阿穆尔干线及跨西伯利亚铁路建设，俄罗斯计划投资60多亿美元，希望到2023年，使该铁路货运量接近2亿吨。中俄双方加强交通基础设施建设的合作对沿边开发开放先导带建设和特色产业、现代产业集群形成具有重大的支撑作用，其不仅是黑龙江省实施的"一窗四区"的有力保障，也是东北地区与俄罗斯远东超前区合作的前提条件。

三是中俄沿边通道建设取得积极进展。黑龙江省沿边地区一直是我国对俄合作前沿，也是对俄合作的晴雨表。在20世纪90年代，沿边地区对俄贸易额一度占黑龙江省对俄贸易额80%以上。近年来，随着电商和产业发展需要，黑龙江省沿边地区对俄通道建设也取得积极进展。2019年3月21日，中俄同江大桥顺利合拢，这意味着中俄两国界江无桥将永远成为历史。另外，黑河大桥也正在建设中，预计2019年10月完成。届时，中国的北疆将同时出现两座连通中俄的大桥，这对于促进黑龙江省对俄货物运输和建设"一窗四区"无疑具有重要的现实意义。同时，东线天然气黑龙江江底隧道在10月也成功地跨越了中俄黑龙江中心线，2019年12月2日投产通气。2017年11月12日，941公里中俄原油管道二线工程全线贯通，2018年1月1日顺利投产，实现年输送量由1500万吨增加到3000万吨的目标。其他基础设施项目也在有序推进，应该说，2018 年是中俄交通基础设施建设丰收年，也是中俄务实合作的重要年份。

三　黑龙江省对俄远东地区合作路径选择

中国"一带一路"倡议的提出以及中俄两国领导人达成的"一带一路"与"欧亚经济联盟"对接等重大决策，为黑龙江省对俄合作进入转折期提供了难得的机遇，也使地方合作向更加务实、更加高效发展。

（一）实施贸易与产业发展并重，适度向产业合作倾斜

长期以来，中俄贸易一直以商品贸易为主，商品贸易额一度占中俄两国贸易额的 80% 以上。近年来，随着中俄产业结构调整，中俄贸易结构也发生了根本性变化。2018 年 1~9 月，黑龙江省对俄贸易额 867 亿元（不包括管道原油部分），同比增长 53.8%，占全省对外贸易额的 70.8%，其中进口额增长迅速，达到了 809.5 亿元，增长 74.5%，出口额下降了 31.4%。但出口加工贸易增长了 4.23 倍，是 2018 年前 9 个月对俄出口最大的亮点。未来黑龙江省对俄合作中，在大力发展对俄贸易的同时，应不失时机地向产业合作转移，实现贸易产业共同发展。2018~2020 年，随着黑河大桥和同江大桥建成通车，中俄界江 300 年无桥的历史将彻底改变，两国的合作形势也将发生重大变化。两国规划设立的黑河大桥桥头经济区和同江大桥哈鱼岛桥头经济区将相继建成，以产业合作为主题的桥头经济区将成为黑龙江省沿边地区对俄产业合作试点区域。同时自 2009 年至今，黑龙江省利用国家"走出去"战略，已经在俄罗斯建设了 18 个境外园区，涉及贸易、农业、林业加工、机电合作、矿产开发及物流合作等方面。这些园区的建立无疑对促进中俄两国产业合作具有巨大作用。

（二）扩大投资规模，拓宽投资领域，推动产业合作健康发展

截至 2016 年底，中国对俄罗斯投资额累计为 330 亿美元。即使在远东地区，中国对俄投资规模也处于日本和韩国之后。中国对俄罗斯投资不足严重影响了中俄间产业合作，尤其是能源和资源类的产业合作。近年来，由于受到西方的金融制裁，俄罗斯吸引外资的渠道有限，这就为两国的投资合作提供了极大的商机。亚马尔项目的成功运作就是两国投资合作最好的证明，它是我国提出"一带一路"倡议后，在俄罗斯实施的最大的投资项目，也是全球最大的北极 LNG（液化天然气）项目。在该项目中，中国企业承揽了全部模块建设的 85%，中国向俄罗斯提供了 120 亿美元的贷款，中国丝路基金也出资 14 亿美元收购了该项目 9.9% 的股份。作为中俄在北极圈合作的首个全产业链合作项目，亚马尔项目成为"冰上丝绸之路"的重要支点。这不仅将带动俄罗斯能源产业和边疆地区发展，还能够丰富我国清洁能源供应，加快推进我国能源结构优化，对中国海外能源合作、提升中国在世界能源市场话语权具有重要意义。

（三）壮大对俄产业合作主体，推动两国大项目有序发展

长期以来，对俄合作主体以中小企业为主，占中国对俄合作主体的 95% 以上。国有大型企业的缺位对于提升两国的贸易额和水平产生了较大的影响，尤其在产业合作方面，私营企业在资金和技术方面都严重不足，同时，这些企业都存在急功近利的思想，没有长远打算，导致很多对俄合作项目的寿命很短。私营企业主要从事餐饮、林业加工和农业开发等项目，但由于规模小、科技含量低，难以形成规模化生产，对俄产业合作陷入企业多、效益低，场面大、规模小的怪圈。此种现象也遭到了俄罗斯有关方面的诟病。未来黑龙江省对俄产业合作要积极引导国企和央企参与，开展项目合作，使两国

产业合作真正实现历史性的突破，造福两国人民。

（四）发挥沿边中小企业的作用，实施金融支持政策

中俄的中小企业是两国产业合作的基础。鉴于中俄产业合作的现状，国企和央企的介入应是市场行为，政府不应该过多干预。因此在现有的条件下，政府对中小企业在管理和支持上应给予一定的倾斜。一方面对同类企业进行规范管理，防止出现恶性竞争现象，如建立行业联盟；另一方面在资金使用和风险保障方面给予政策倾斜，争取使中小企业做大做强。沿边地区对俄产业合作既有合作的基础，也有合作的意愿，是中俄产业合作优先发展的地区。2014~2016年国务院在支持东北地区振兴的意见中，多次提出在有条件的沿边地区开展产业合作，"支持省（区）毗邻地区探索合作新模式，鼓励开展协同创新，规划建设产业合作园区"。

（五）以冰雪为主题开展国际合作，打造对外开放的冰雪产业

中国是冰雪产业大国，但不是冰雪产业强国。对于长期以来以农业为主的发展中国家而言，冰雪产业还是一个新兴的事物，无论在发展方式还是发展理念上，都需要一个全新的改变，把冰雪产业确立为发展经济的支柱产业，还需要做出极大的努力。2015年习近平在视察黑龙江省时提出，要把冰山雪山变成金山银山。2017年底，中俄两国领导人确定了发展"冰上丝绸之路"的理念，为两国未来以冰雪为主题的合作提供了良好的发展契机。普京在2017年5月参加"一带一路"国际合作高峰论坛期间就明确指出，"希望中国能利用北极航道"，把北极航道同"一带一路"连接起来。在2017年7月4日，习近平主席在莫斯科访问期间，也正式提出了"要开展北极航道合作，共同打造'冰上丝绸之路'"。

作者简介

马友君，黑龙江省社会科学院东北亚战略研究院首席专家，犹太所所长，主要从事俄罗斯经济及中俄区域合作研究。

"一带一路"倡议与"经济新常态"下黑龙江省的发展现状和展望

南川高范

一 引言

为了顺应"经济新常态",中国各地正在试行多种政策,以实现从高速增长到可持续发展、提升创新能力、改善民生和保持稳定增长等目标。与此同时,"一带一路"建设正在稳步推进。一般认为,"一带一路"倡议主要包括基础设施投资建设以及对外贸易合作两方面。其中基础设施投资建设受到更多关注。本文认为"一带一路"倡议中的基础设施投资建设不应该按照以往的模式进行,而是应该针对各方需求有选择地进行必要的基础设施投资建设。

本文将导入评估各省、区、市可持续发展程度的三项指标:(1)评估创新能力提升程度的指标,主要是指全要素生产率(Total Factor Productivity, TFP),从生产函数中推算该指标和资本;(2)评估社会高度结构化(Sophistication of Social Structure, SSS)的指标,对其进行主成分分析,合成一个由人均生产总值、人口老龄化比例、第三产业比重和外资企业投资组成的新指标;(3)评估经济增长的动力的指标,该指标主要是增加值生产中的消费—投资比,如果该数值较大,则意味着经济增长的主要动力是消费,若该数值较小,则意味着经济增长的主要动力是投资。

根据上述三项指标,笔者将在下文对黑龙江省的可持续发展程度进行评估论证,并对今后黑龙江省将如何接轨"一带一路"、推行适合本省发展的政策提出相关建议和意见。

二 "一带一路"倡议和步入"经济新常态"时代的中国

中国的经济增长率从2000年至2007年持续高速上升,但美国次贷危机的爆发以及随之带来的全球经济不景气导致中国经济的增长速度有所放缓。中国政府认为产生这一现象的原因并不是全球经济不景气,而是中国经济已步入"经济新常态"。"经济新常态"强调中国经济从超高速增长转为中高速增长,从扩大实物生产量转变为提高生产质量,这与实现可持续发展的理念极为贴近。然而,地方政府要做到对所有领域的情况同时进行改善是不现实的。比如说,国有企业改革或者环境保护方面的问题存在明显的地区性差异。作为"一带一路"倡议的两个重要组成部分,基础设施投资建设和对外贸易合作可能对实现可持续发展的三要素,即创新能力的提升、民生改善和稳定增长等产生深刻的影响。如果三要素受到负面影响的话,黑龙江省应该及时制止这一不良影响的扩大。

三　数据来源和采用方法

本文采用的是由中国国家统计局公布的数据。其中包括各行政区划人均生产总值、投资、劳动者报酬等（见表1）。对上述三要素进行分析，分别导入 TFP、SSS、消费—投资比。TFP 表示各年度的创新能力提升程度，SSS 表示各省、区、市的发达程度，消费—投资比显示的是经济增长的动力及其是否可持续。

TFP 是指在生产函数中，劳动或者资本以外的（实物生产要素投入以外的）贡献（包括提高技术、研发新材料或开辟新市场等）。按照江崎光男·孙林的方法，可推算出 TFP 的数值。[①] 为了评估社会结构的高度化，本文将对人均生产总值、人口老龄化比例、第三产业比重和外资企业投资组成的新指标进行主成分分析合成相关变量。由于在发达国家这些变量的数值很高，本文将用以上四个变量合成一个评估各省、区、市社会结构高度化的新变量。消费—投资比是以生产消费百分比除以生产投资百分比。

为了显示黑龙江省各项指标和全国平均水平的关系，本文将采用核密度估计法，并以此推定全国各省、区、市的分布，从而更为清晰地阐释黑龙江省的情况，预测黑龙江省的经济发展趋势。中国经济步入"经济新常态"已成事实，理论上说黑龙江省的三要素必须达到"经济新常态"的发展要求。我们可以通过检验与三要素相对应的三项指标的变化来判断黑龙江省经济发展的趋势。

四　实证结果

图 1 表示的是 2003 年以及从 2009 年至 2016 年 TFP 的分布。图的左侧是 TFP 较低的地区，换言之，这些地区在创新方面相对落后，反之亦然。图 1 的上方显示较多的省、区、市在这一范围内。2003 年黑龙江省的 TFP 与全国平均水平几乎持平。2009 年至 2012 年黑龙江省 TFP 在多数情况下高于全国平均值，此后黑龙江省的 TFP 又逐渐低于全国平均水平，但 2015 年至 2016 年出现过一次反弹。总的来说，从图 1 中可以看出黑龙江省在创新领域方面正在不断进行改善和调整。

图 2 表示的是 2006 年和 2009 年至 2016 年的社会结构高度化的分布。图的左侧是指社会结构高度化指标较低的地区，即这些地区社会发展相对落后，反之亦然。黑龙江省的社会发展水平在 2006 年处于较低水平。虽然 2009 年至 2013 年社会发展水平基本保持不变，但从 2013 年起得到迅速改善。社会发展水平改善意味着购买优质产品的倾向逐渐形成，同时产业结构也得到升级。总的来说，图 2 显示黑龙江省的社会发展正逐渐向好。

图 3 表示的是 1998 年和 2009 年至 2016 年的经济增长动力（消费—投资比）的指标。从图中可以看出 1998 年黑龙江省的经济增长的稳定度高于全国平均值。自 2005 年起逐渐低于全国平均水平，并且持续走低。在 TFP 和 SSS 的指标正在逐步改善的情况下，低消费、高投资的情况却并未得到改善。

一般来说，"一带一路"倡议中有两个明显的特点，即基础设施投资建设和对外贸易合作。然而笔者认为为了增加建筑业或重、化工业生产总值而进行基础设施投资建设并不可取，针对各方需求有选择地进行必要的基础设施投资建设才是高效可行之策。在"一带一路"倡议下，如果黑龙江省为拉动建筑业或重、化工业的增长而坚持以基础设施投资建设为主导的经济发展模式的话，黑龙江省的经济增长结构将很难得到改善。从 TFP、SSS 值的提升可以

---

① 江崎光男·孙林根据柯布－道格拉斯生产函数，使用生产总值、劳动力投入、投资额、劳动分配率和固定资产折旧率推定 TFP。本文将用劳动者报酬额和生产总值推算劳动分配率，并且使用 2012 年的投入—产出表的固定资产折旧额和投资额推算固定资产折旧率（假定全省的固定资产折旧率一样）。

看出黑龙江省从生产低附加值产品转变为生产高附加值产品的客观趋势已逐渐形成,因此未来黑龙江省在推进"一带一路"倡议时应该更多地关注高附加值产品的生产。

另外,为提升省内消费者对优质产品的购买意愿,将省外(包括海外)生产制造的高品质产品引进省内,可以作为提升省内经济需求高品质化的有效手段。诸如哈洽会等相对成熟的机制为普通消费者提升对高附加值产品的需求提供了很好的平台。

度化的发展表明黑龙江省正在形成相关产业以及社会基础。这意味着黑龙江省有能力扩大第三产业所占份额并有望将高新技术引进生产现场,由此可以进一步扩大对外贸易并且获得更多外汇。笔者认为应该鼓励以提高产品质量和产业高度化为目的的基础设施投资建设,但基础设施投资建设如果只用于推动建筑业或重、化工业的发展,将不利于可持续发展政策的有效落实。

五　小结

黑龙江省应该寻求经济增长方式的多样化,不能只倚重建筑业或重、化工业。这意味着需要培植出更多的高附加值产业。为此,需要提高消费产品质量或从省外引入高附加值产品后出口至国外。创新能力提升程度和社会结构高

参考文献

江崎光男·孙林「中国经济的增长会计法(1981 – 95 年)」,『工作文件(国际东亚中心宾夕法尼亚大学协同研究设施)』,1998。

Jolliffe, I. T., " Principal Component Analysis," *Springer Series in Statistics*, 2002.

表 1　研究所采用的各项指标

指标	单位
国内生产总值	亿元
地区生产总值	亿元
年末总人口	万人
15～64 岁人口数	人(抽样调查数据)
全社会固定资产投资	亿元
港、澳、台商投资全社会固定资产投资	亿元
外商投资全社会固定资产投资	亿元
劳动者报酬	亿元
居民消费价格指数	—
固定资产投资价格指数	—
人均国内生产总值	元/人
人均地区生产总值	元/人
第三产业增加值	亿元
65 岁及以上人口	人(抽样调查数据)
最终消费率	%
资本形成率	%

资料来源:中国国家统计局,http://data.stats.gov.cn/easyquery.htm? cn＝C01,最后浏览日期:2018 年 5 月 25 日。

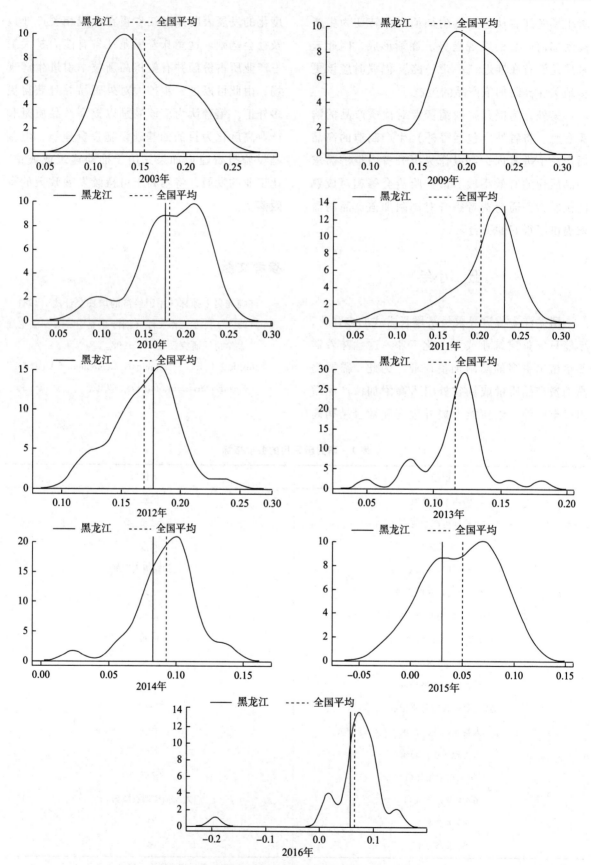

图 1　2003 年以及 2009～2016 年全要素生产率分布情况

说明：2013 年无黑龙江数值，原图如此，疑该年黑龙江全要素生产率与全国平均水平一致。

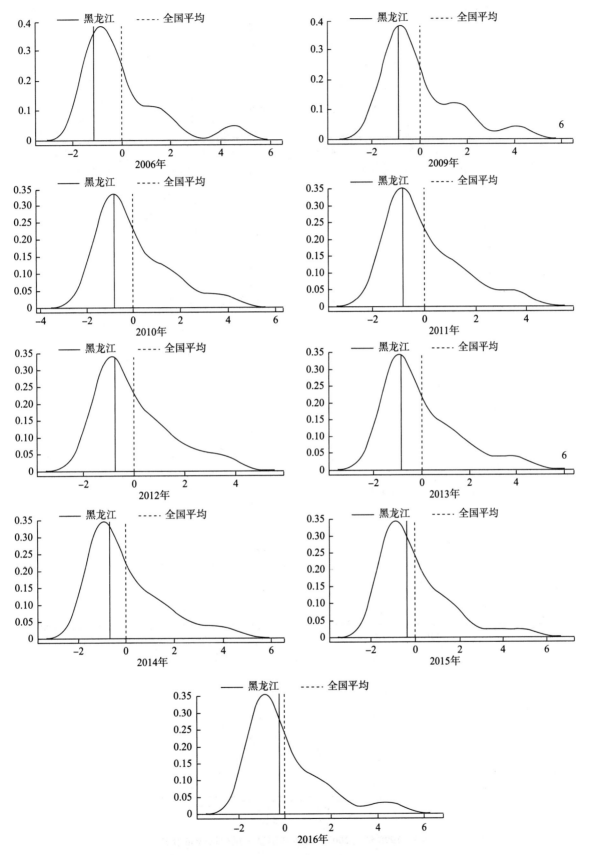

图2 2006年及2009~2016年社会高度结构化情况

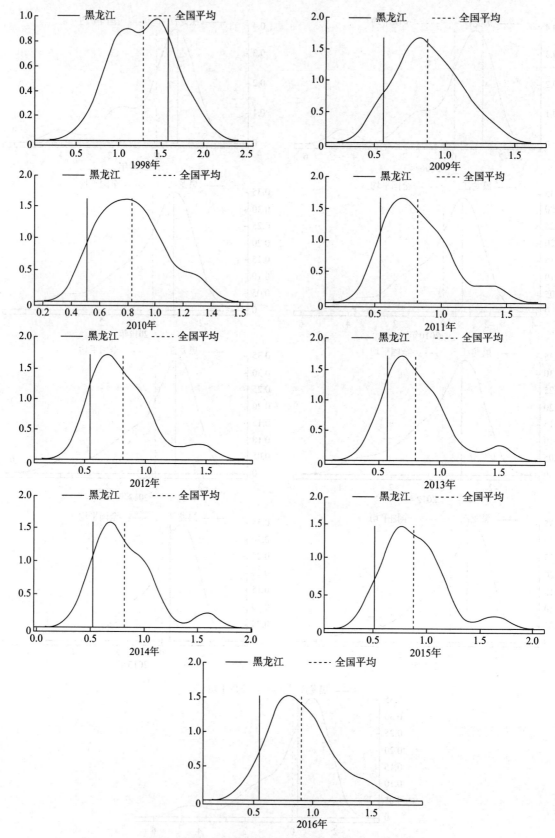

图 3 1998 年及 2009～2016 年消费—投资比分布情况

作者简介

南川高范，环日本海经济研究所调查研究部研究员。

中蒙俄经济走廊的迫切问题

扎·巴雅萨呼

一 引言

根据中华人民共和国提出的"一带一路"倡议，蒙中俄三国元首于 2016 年 6 月 23 日在乌兹别克斯坦首都塔什干会晤时签署了《建设中蒙俄经济走廊规划纲要》，在当今多领域进行合作。

在此框架内，包括发展政治、经济、人文关系等领域的 32 个项目中的 13 个项目与交通运输基础设施走廊有关。

蒙古国科学院国际关系研究院的研究人员 2016 年在"一带一路"项目框架内用英文、俄文、中文、日文、韩文等 5 种语言出版了学术论文集，对大众发行。

二 中蒙俄经济走廊：西部竖轴经济带

《建设中蒙俄经济走廊规划纲要》中具有过境运输与基础设施等重要意义的第三个方案是西部竖轴经济带。

随着作为其中一部分的连接三国旅游与交通运输的高速公路临近运营，西部竖轴经济带的较大矿床的开采工作将展开。在准备阶段，如果在查干淖日自由贸易区的海关通关手续、过境运输－物流中心、旅游与农业集群、科技园区等方面能够解决投融资问题，作为基础设施的西部竖轴经济带不仅对三国而且对整个欧亚地区的发展将发挥重要的枢纽和机制的作用。另外，为西部经济带的发展带来新的曙光，物流与过境运输将迈入新的阶段，从而形成货物、劳动力与资金的自由流动。

区域旅游产业集聚将得以推进，并融入国际旅游产业链。最重要的是，为不同行业和中小企业带来新的发展机遇，这将创造数以千计的稳定的工作岗位，有助于极大缓解西部地区的失业问题。同时，向中心的大迁移将停止并发生离心倾向，为减少西部地区社会经济发展差距注入新的动力。

《建设中蒙俄经济走廊规划纲要》应被纳入全球化这一大的现实背景，将包括铁路、公路、天然气和石油管道、能源网络、高速数据网络、航空空间等诸多领域同欧亚一体化进行对接，并视之为新的发展路径和实施机制。

三 建设中蒙俄经济走廊的重要性

在中华人民共和国提出的"一带一路"倡议框架内，中蒙俄三国元首于 2016 年 6 月 23 日在乌兹别克斯坦首都塔什干市会晤，最终通过了《建设中蒙俄经济走廊规划纲要》。该文件包括了基础建设、人文交流、农业、医疗合作等领域的共 32 个项目，其中 13 个项目与基础设施有关。

总之，蒙古政府正在采取措施，提高乌兰巴托铁路股份公司的运输能力，改善道路基础设施，更新机车部件并展开新铁路建设的可行性研究。然而，"乌兰乌德—乌兰巴托—扎门乌德"铁路的电气化建设及复线铁路建设尚未完成。中俄之间愈加紧密的经贸合作也从侧面提高蒙古国跨境运输的能力。蒙、俄政府正在敦促乌兰巴托铁路股份公司加强其业务能力，完善技术更新。

与此同时，造成中俄货运蒙古过境运输量下降的另一个原因是，二连浩特市政府对经由"扎门乌德—二连浩特"口岸的进出口货物征收了相当于其货物总价值1.5%的费用，使得部分货物选择了"外贝加尔—满洲里"口岸进行运输，增加了1500公里的运输成本。

中、蒙、俄三国领导人对建设三国经济走廊的意见高度一致，其中运输基础设施建设是重中之重。但是，在道路运输领域从事基层工作的公共和个人组织之间提供统一监管的政府机构尚未在俄罗斯和蒙古建立，目前该项工作仍由科研单位承担。

我们相信，在三国经济走廊建设、提高货物转运能力的方式上，以蒙古国现有的运输走廊为基础，可降低三国的建设和运输成本。该项目的开展不仅具有地理优势，顺应三国发展趋势，而且符合亚太地区国家的基础建设需求。中蒙俄三国均可从中获利。

根据研究，我们认为三国经济走廊的建设，在全球化和区域一体化范围内，使得三个国家的公共经济领域联系更加紧密。在这个方面，三国学者在我们共同的职责及合作研究中发挥着重要作用。

四　中蒙俄西部竖轴经济带和依托旅游促进发展

2016年6月23日，中国、俄罗斯以及蒙古国三国领导人在乌兹别克斯坦首都塔什干签订了一项历史性总协议，即《建设中蒙俄经济走廊规划纲要》。

三国领导人对三方合作发展的趋势十分满意，并同意把重心放在建设、协调经济走廊的倡议上。

三国领导人同意实施更为积极的发展计划，在运输基础设施联通、港口建设、产业能力、投资、经贸、人文交流以及环境保护上加强合作，以尽快取得成果。

五　"一带一路"与中蒙俄经济走廊

蒙古国政府于2014年决定实施"草原之路"项目。蒙古国地处中俄两个大国、大市场之间，具有重要的地理位置，通过"草原之路"项目蒙古国可以发展高速公路、铁路、天然气管道、石油管道，还可以为中俄提供过境运输服务。

蒙中俄之间三边经贸合作基础良好。蒙中俄三国地域相连，相互之间在互市贸易、边境经贸合作方面开展不同程度的经济交流与合作。三国经济互补，各有所长，蒙俄两国的资源和中国的技术、资金能够满足彼此的利益需求。蒙中俄三国都是WTO成员方，无论是三边，还是在各国国内都出台了许多有关开展区域合作的发展规划。三国深化合作具有良好的政策环境。在三国的共同努力下，蒙中俄在贸易、投资、对外承包等领域合作发展很快。中国分别是蒙俄两国的最大贸易伙伴和蒙古国的第一大投资合作伙伴，而俄罗斯是蒙古国仅次于中国的第二大贸易伙伴。蒙中俄三国都处于国内经济发展的重要阶段，三国发展互为机遇。蒙中俄三国在矿产开发、联合挖掘国境运输潜力、基础设施建设等领域深化合作的前景广阔。

蒙中两国经贸合作密切，不断向前发展。蒙古国是一个没有出海口的内陆国家，同东北亚各国，其中包括与中华人民共和国全面发展经济合作关系。蒙古国与中华人民共和国的经济贸易合作在平等互利原则的基础上稳定发展。经济合作更加巩固两国已经达到高峰的政治关系。对加深蒙古国、中华人民共和国间的各方面关系的稳定发展中的高层次互相访问具有重大意义。

制家具制造业、日用品制造业、卫生保健与化妆品制造业、餐饮服务业等。

六 蒙中经济合作与中蒙俄经济走廊建设

应中华人民共和国主席习近平的邀请，蒙古国总统查希亚·额勒贝格道尔吉于 2015 年 11 月对中华人民共和国进行了国事访问。访问期间，中华人民共和国主席习近平同额勒贝格道尔吉总统举行会谈。两国就深化发展蒙中全面战略伙伴关系发表了声明。声明中指出，扩大贸易、投资、经济互利合作是深化发展两国全面战略伙伴关系的主要支柱。双方认为，中方"一带一路"倡议和蒙方"草原之路"发展倡议的对接将创造新的合作机遇。双方将加快推进倡议全面对接，积极探讨商签两国政府间关于发展倡议对接的协议。双方支持在落实"一带一路"倡议框架下，蒙方同亚洲基础设施投资银行、丝路基金等金融机构就本地区基础设施建设大型项目融资开展合作。

蒙中经济合作在中蒙俄经济走廊建设中起重要作用。蒙古国是个幅员辽阔、自然资源丰富的国家。蒙古国的牧场在世界上也很有名气。现在已查明的矿藏有 80 余种，其中包括黑色金属、有色金属、磷、萤石、煤炭、石油等。煤炭、石油储量尤为可观，与中国接壤的东、南、西部地区就有较大的油田，而且储量大、油质好。在蒙古国投资开发矿产资源，中国有得天独厚的综合优势，即山水相连的地缘优势。特别是经济发展上的互补互利和中国开发矿产资源的技术、设备、管理经验以及世界上最丰富的劳动力资源等都是其他国家望尘莫及的。蒙中合作开发蒙古国矿产资源是双方的需要，其利益的共同性和需求的互补性决定其具有长远的发展前景，必将成为 21 世纪蒙中经贸合作关系的主旋律。中国是对蒙古国直接投资最多的国家。中国投资的主要项目是矿山业、食品加工业、畜产品加工业、小电器设备制造业、木

七 蒙古国阿尔泰黄金圈

阿尔泰地区景色之美无与伦比、魅力四射、神秘莫测，位于俄罗斯、哈萨克斯坦、中国和蒙古国四国的交界区，该区拥有世界上最大的平原——西西伯利亚平原，阿尔泰山脉亦位于此。

被誉为"蒙古屋脊"的阿尔泰塔弯博格多国家公园位于蒙古国最西面，临近俄罗斯和中国。该公园占地 636200 公顷，最高点为友谊峰，海拔高达 4374 米。阿尔泰塔弯博格多意指阿尔泰、纳兰、乌列盖、布尔格德和马尔欣"五大圣峰"。该公园包括蒙古国内最高峰，其中就包括波塔宁冰川，长达 20 公里，为蒙古最长的冰川。公园里有霍冬湖、库尔干湖以及达扬湖，湖水清澈、波光潋滟。公园内拥有盘羊、悬羊、马拉赤鹿（亦称亚洲红鹿）、石貂、麋鹿、阿尔泰雪鸡以及老鹰等野生动物。

阿尔泰在突厥语中指"黄金山脉"。此名亦与游牧民族拥有无尽宝藏、丰富矿产相关传说有关，象征山脉灵性、原始之美。

阿尔泰山位于蒙古西部以及西南部区域，跨越五省。山脉透出一股庄严气息，由两条巨大的独立山脉组成。其中蒙古阿尔泰山脉绵延 900 公里，戈壁阿尔泰山脉绵延 700 公里。

八 蒙古和欧亚能源一体化

阿尔泰山依托自然景区，拥有丰富的国际生态旅游资源以及文化发展潜力。

俄罗斯旅游部门开发了一个阿尔泰大黄金圈旅游项目以发展区域旅游网络。众多国际研究团队服务于该项目。覆盖蒙古、俄罗斯、中国、哈萨克斯坦领土的"阿尔泰黄金圈旅游项目"预计每年接待游客 1000 万人。

中俄之间最短的输电线路铺设需要经过蒙

古。新西伯利亚地区、克拉斯诺亚尔斯克电力产能过剩，而中国和蒙古西部地区则需要更多电力供应。

九　结论

根据本国历史经验为了利益平衡目的建立"第三邻国"的政策是否成功，同将来如何与俄罗斯、中国的关系不断发展有很大关联。这取决于我们如何对待两个邻国的重要权益。

因此特别指出，蒙古国奉行的蒙古国—各邻国—第三邻国的三支柱外交政策是重要的。

2018 年 9 月国际关系研究院成立 50 周年之际准备出版发行蒙古学者撰写的"有关'中蒙俄经济走廊'方面的论文集"。

作者简介

扎·巴雅萨呼，蒙古国科学院国际关系研究院院长，历史学博士、教授。

"一带一路"与蒙中经济合作新趋势：绿色发展

那·图木尔

蒙中俄三国于 2016 年 6 月 23 日在乌兹别克斯坦首都塔什干签署了《建设中蒙俄经济走廊规划纲要》，标志着"一带一路"国际合作内容之一的多边经济合作走廊项目正式实施。《建设中蒙俄经济走廊规划纲要》明确了经济走廊建设的具体内容，商定了包括生态环境保护在内的合作项目。中蒙俄经济走廊建设需要一个良好的生态环境。生态环境保护合作是蒙中两国经济合作的重要组成部分。生态环境保护的途径之一是再生能源的利用，因此，再生能源领域的合作也是蒙中两国经济合作的重要组成部分。两国在加深自然保护区、湿地保护、森林与草原防火、荒漠化等领域的合作有助于两国经济的发展。蒙中两国在再生能源利用领域的合作前景广阔。两国都具有丰富的风能、太阳能及水资源。

中华人民共和国总理李克强于 2017 年 5 月 12 日会见出席"一带一路"国际合作高峰论坛的蒙古国总理额尔登巴特。李克强总理表示，中方愿意加快"一带一路"倡议同蒙方"发展之路"战略对接，加大对跨境口岸建设和跨境经贸合作的投入，做好中蒙自贸区联合可行性研究相关工作，提升两国经贸合作水平。落实好住宅建设、农畜产品深加工、能源资源利用等领域达成的合作共识，更好实现互利共赢、共同发展。额尔登巴特总理表示，愿同中方对接发展战略，挖掘合作潜力，加强矿产、农牧、住宅建设、跨境贸易口岸建设、环保以及可再生能源等领域的务实合作。

2018 年，蒙古国总理呼日勒苏赫应中华人民共和国总理李克强邀请对中华人民共和国进行正式访问。访问期间两国总理举行会谈，双方签署相关协议。在 2018 年 4 月 9 日举行的会谈上呼日勒苏赫总理指出，"蒙方愿同中方加强政治互信，保持高层互访，深化经贸合作，加强战略对接，拓展在贸易、旅游、产能、农牧业、运输等领域的务实合作，推动蒙中全面战略伙伴关系提质升级"。李克强总理指出，"中蒙面临发展经济、改善民生的重任。中方愿同蒙方发挥经济互补与地理毗邻优势，加强中方'一带一路'和蒙方'发展之路'对接落地，加强产能、投资、农业深加工、能源矿产、过境运输等合作，稳步推进棚户区改造、污染治理、城市及口岸基础设施等民生项目合作，造福两国人民"。会谈后，两国总理共同见证了包括《蒙古国政府和中华人民共和国政府间乌兰巴托新建中央污水处理厂项目互谅备忘录》等经贸、人文、产能、环保多份双边合作文件的签署。

中国政府重视绿色发展与生态环境保护。习近平主席于 2018 年 4 月 10 日出席在海南省博鳌举行的博鳌亚洲论坛，并发表主旨演讲。习近平主席在演讲中强调，"要敬畏自然、珍爱地球、开拓生产发展、生活富裕、生态良好的文明发展道路，为子孙后代留下蓝天碧海、绿水青山"。

蒙中两国经济合作密切，不断向前发展。蒙古国与中华人民共和国的经济合作在平等互利原则的基础上稳定发展。经济合作更加巩固两国已经达到高峰的政治关系。在加深蒙古国和中华人民共和国间各方面关系的稳定发展中，高层次的互相访问具有重大意义。

中华人民共和国主席习近平应蒙古国总统查希亚·额勒贝格道尔吉邀请于2014年8月对蒙古国进行了国事访问。访问期间两国元首签署联合宣言，宣布将两国关系提升为全面战略伙伴关系。《蒙古国和中华人民共和国关于建立和发展全面战略伙伴关系的联合宣言》指出，双方商定，积极展开经济合作，造福两国和两国人民。中方强调，将继续本着互利共赢的原则开展对蒙合作，愿同蒙古国分享发展成果，实现共同发展。蒙方强调，扩大同中国的经贸合作符合蒙古国的利益。双方将继续本着矿产资源开发、基础设施建设、金融合作"三位一体，统筹推进"原则开展全方位互利合作。

应中华人民共和国主席习近平的邀请，蒙古国总统查希亚·额勒贝格道尔吉于2015年11月对中华人民共和国进行了国事访问。访问期间，中华人民共和国主席习近平同蒙古国总统查希亚·额勒贝格道尔吉举行会谈。两国就深化发展蒙中全面战略伙伴关系发表声明。声明中指出，扩大贸易、投资、经济互利合作是深化发展两国全面战略伙伴关系的主要支柱。双方认为，中方"一带一路"和蒙方"发展之路"发展战略对接将创造新的合作机遇。双方将加快推进倡议全面对接，积极探讨商签两国政府间关于发展倡议对接的协议。双方支持在落实"一带一路"倡议框架下，蒙方同亚洲基础设施投资银行、丝路基金等金融机构就本地区基础设施建设大型项目融资开展合作。

蒙古国总统查希亚·额勒贝格道尔吉、中华人民共和国主席习近平、俄罗斯联邦总统普京于2016年6月23日在塔什干举行了蒙中俄元首第三次会晤。额勒贝格道尔吉总统表示，中蒙俄达成经济走廊规划纲要十分重要。蒙方愿同中俄一道，推进交通基础设施建设，加强

边境地区经济合作。蒙方希望加强同中俄在农业、救灾减灾等领域合作。习近平主席表示，三方要落实好《建设中蒙俄经济走廊规划纲要》，推进交通基础设施互联互通、口岸建设、产能、投资、经贸、人文、生态保护等领域合作，协力实施重点项目，推动中蒙俄经济走廊建设尽快取得阶段性成果。三方要积极探讨开展三国跨境经济合作区建设，加强产业对接，推进三国毗邻地区次区域合作，带动三国毗邻地区共同发展。在蒙古国、中国、俄罗斯三国元首的共同见证下，三国有关政府部门于6月23日签署了《建设中蒙俄经济走廊规划纲要》。该纲要明确了经济走廊建设的具体内容、资金来源和实施机制，商定了32个重点合作项目，涵盖了基础设施互联互通、产业合作、口岸现代化改造、能源合作、海关及检验检疫、生态保护、科技教育、人文交流、农业合作及医疗卫生等十大重点领域。

建设中蒙俄经济走廊，一个良好的生态环境是必需的。2016年签署的《建设中蒙俄经济走廊规划纲要》，明确规定了生态环保合作的内容。长期以来，沙尘暴频繁袭击包括蒙古国、中国等相关国家和地区，严重破坏频发地区的交通运输等基础设施并且阻碍经济社会的持续发展，沙尘暴的危害必将影响中蒙俄经济走廊的正常建设。因此，借助"中蒙俄经济走廊"的大好背景，蒙中两国联手俄罗斯进行防治沙尘暴，对根本上消除沙尘暴的危害，对促进三国经济走廊建设具有重要意义。

蒙古国是一个没有出海口的内陆国家，所以同世界各国，其中同中华人民共和国全面发展经济贸易合作关系，引进外资，很好地利用专家和管理方面的经验，挖掘内部潜力，积极参加国际劳动分工是加快蒙古国发展的杠杆。

人类的健康在很大程度上取决于没有污染的自然环境和没有污染的食品等因素。所以当今蒙中两国经济合作的重要组成部分是自然生态环境的保护。例如，蒙古国在治理荒漠化和防治沙尘暴方面需要与中国进行合作。沙尘暴

可称得上是现今最重大的气象和环境灾害之一。因为大风加上浓密的沙尘，其危害非同小可。它除了一般大风破坏，大面积迅速刮蚀农田肥土，吹失吹死幼苗，打落瓜果和经济作物花朵之外，还可大面积沙埋牧场、农田。幸存植物（牧草）的叶片蒙尘之后，其光合作用和呼吸作用大大减弱，严重影响植物（牧草）的生长。发生强沙尘暴时交通事故频发，飞机、火车、汽车常被迫停开。沙尘暴对人体的伤害也很大，特别对呼吸器官、眼睛和皮肤。每年进入春季，蒙古国的一些地方会连续出现几次沙尘天气，有些地区还会发生强烈的沙尘暴。近年来肆虐的沙尘暴给蒙古国、中华人民共和国的一些地区带来了巨大的危害，破坏了生态环境，不利于该地区人民的身体健康。蒙古国位于亚洲内陆，属典型的大陆性气候，每年春季，沙尘暴或沙尘天气影响蒙古国南部戈壁地区。蒙古国的森林面积由于种种原因近年来不断减少，草原荒漠化速度在加快，由于干旱和荒漠化地表水资源也不断下降，这一切都成为沙尘暴频发的主要因素。

蒙古国近年来一直在采取措施防治荒漠化。蒙古国政府于 2005 年制定并通过了"绿色城墙"防护林带建设计划，即从 2005 年开始在 30 年内建成长 3000 公里、宽 500 米到 1000 米的林带。这条林带将横跨蒙古国的 12 个省份，其中包括与中国接壤的 8 个省份。治理荒漠化对蒙古国来说，是一个迫切需要解决的问题。蒙古国在治理荒漠化问题上应该向中国学习。蒙中两国应该在两国边境共同开展防沙治沙工作。蒙中两国有近 5000 公里的边界线，边界两侧多是沙地，两国都受到沙尘暴的危害，需要联合起来防治沙尘暴。蒙古国需要在这方面与中国开展合作，特别是需要中国的专家前来指导造林工程。中国在防沙治沙、退牧还草等方面积累了丰富的经验，有先进的治沙技术。这对蒙古国来说非常重要。"绿色城墙"计划面临最大的问题就是该地区的水源缺乏，需要向中国学习先进的蓄水灌溉技术。

水是人类生存必不可少的条件，特别是水质优良的饮用水对人的身体健康具有重大意义。蒙古国的河流总长为 6.7 万公里。有大小湖泊 4000 多个，泉源 7000 多个，此外还有丰富的地下水资源。蒙古国北部的水资源水质好且没有污染，因此是理想的饮用水来源。蒙古国境内最大的淡水湖库苏古尔湖也是中亚最深的湖泊，其水质与贝加尔湖相同。色楞格河是蒙古国最大的河流，注入贝加尔湖。蒙古国的一些水利专家建议北水南调。因为蒙古北部的水资源比南部的丰富很多。中国实施南水北调的宏伟计划，并且已经取得成果。蒙古国北水南调计划如果实施，需要与中国进行合作、学习经验。蒙古国的北水南调计划完成后，不仅可以解决蒙古国南部各省的用水问题，还可以把优质的水出口给中国北部需要水的地区。

水资源合作是蒙中经济合作的重要组成部分。应中华人民共和国主席习近平的邀请，蒙古国总统查希亚·额勒贝格道尔吉于 2015 年 11 月对中华人民共和国进行了国事访问，发表了《蒙古国和中华人民共和国关于深化发展全面战略伙伴关系的联合声明》。联合声明指出，双方今后将巩固治理荒漠化、应对气候变化、抗击自然灾害和森林草原火灾、水利资源利用和保护等领域的合作。

由中国水电十一局承建的泰西尔水电站于 2008 年建成并发电。水电站位于蒙古国西部地区的戈壁阿尔泰省与扎布汗省交界处。泰西尔水电站建成投产为蒙古国西部地区的经济发展注入新的活力、产生积极的作用，对改善两省人民的居住环境产生影响。由中国上海外经（集团）有限公司在位于科布多省承建的水电站——都日根水电站于 2010 年建成投入使用。该水电站的建成对于改善蒙古国西部地区电力供应具有重要意义。都日根水电站项目成为中国公司在蒙古国承建项目的典范，为科布多省乃至蒙古国经济发展做出贡献。都日根水电站可以基本满足蒙古国西部三省的电力需求。

畜牧业在蒙古国国民经济中占有非常重要

的地位，它不仅是蒙古国的传统基础产业，也是保证国家经济安全的战略产业。蒙古国是完全保留了游牧文化的世界少数国家之一。未受工业污染的草地森林、湖泊、河流是生产完全天然的肉类食品的有利条件。这些绿色产品无疑对人民的身体健康是有益的。蒙中两国除了在发展牧业方面进行合作外，中国可以投资或由蒙中合资建立肉类食品（冷冻鲜肉、肉类罐头等），乳制品（鲜牛奶、鲜马奶酒、奶油、奶粉、奶酪等）等畜产品加工厂，其产品除了在蒙古国国内销售外还可以出口到中国。这些产品一定会受中国消费者的欢迎，因为这些产品是对他们健康有益的绿色食品。

蒙古国与中华人民共和国在种植业方面也有合作的广阔前景。适合种植业的（没有被工业污染，且不需要化肥）肥沃土壤主要分布于蒙古国草原地带，海拔1000～1400米的杭盖、肯特地区和蒙古阿尔泰、鄂尔浑、色楞格、鄂嫩、乌勒兹河谷。这些土壤里约含6%～12%、厚度为40～70厘米的腐殖质。另外还有栗钙土壤分布于森林草原、草原地带，海拔为1000～1200米的地区。栗钙土壤分为腐殖质为3%～5%的黑栗钙土壤和腐殖质为2%～3%的淡栗钙土壤，栗钙土壤可以种植各种农作物，不需要人工灌溉，而且雨水充沛的年份还可以获得丰收。

以上有利条件是发展种植业，特别是对人体健康所需的没有污染、不用化肥的蔬菜种植业的主要因素。中国可以投资或由蒙中合资建立蔬菜种植场，进行对人身体健康有益的、目前在蒙古国还没有开始种植的高档蔬菜的生产。中国的蔬菜种植专家可以帮助蒙古国培训种植蔬菜的技术人员。

为了人民大众的健康，蒙中两国可以进行合作在以下地区建立疗养院和旅游基地。例如位于蒙古国西部的科布多省。该省的南部与中华人民共和国接壤。阿尔泰山脉穿过该省，有科布多、布勒干、布彦特、曾赫尔等大小河流以及哈尔乌斯、哈尔淖尔、多尔根等湖泊。有

丰富的药材和食用野生植物。同时也有丰富的野生动物，其中有盘角羊、野山羊、猞猁、羚羊、豹、野骆驼等。有哈布塔盖、查干布日嘎斯、图尔根、呼和色日瀑布；云德尔特、巴特尔、布里雅斯泰、乌因其、宝敦其、布特高等陡峭的峡谷；色特日毛都、乌兰山峰、诺拉莫特、查黑尔、曾赫日山洞等风景区。位于蒙古国北部的库苏古尔省有可以与贝加尔湖媲美的库苏古尔湖。库苏古尔湖的湖水清澈，水质优良，湖的附近有原始森林，各地风景优美。在库苏古尔省有大大小小50多个矿泉，其中包括温泉。在林区生长有营养价值很高的白木耳之类的多种野生植物，森林面积约占全省面积的30%。库苏古尔省境内有一些珍贵动物：熊、鹿、野猪、水獭、貂、雪鸡等。该省省会距首都乌兰巴托671公里，有定期的航班飞往省会莫伦。位于蒙古国东部的肯特省、东方省、苏赫巴托省等三省具有特别重要的意义，因为这些省具有便利的交通条件。肯特省地处肯特山脉和克鲁伦河、鄂嫩河、乌勒吉河流域。绝大部分面积被森林草原覆盖，拥有广阔的牧场。有古尔班淖尔、阿布拉嘎陶顺、塔尔等温泉。该省8%的面积为针叶和落叶林所覆盖。有丰富的药材和食用野生植物。有鹿、貂、麝、貉等珍奇野生动物及其他动物。呼尔赫格湖、胡塔格山等风景区是吸引众多国内外游客的好地方。肯特省与首都乌兰巴托有航空和公路运输干线相连接，有现代通信联系。东方省位于蒙古国的最东部，东北部与中华人民共和国内蒙古自治区，北部与俄罗斯联邦接壤。该省开展对外经济联系具有优越的地理条件。东方省地势平坦，北部有肯特山脉支脉、东部有大兴安岭山脉支脉延伸，草原土壤植被几乎遍及全境，有良好的牧场。克鲁伦河、鄂嫩河、乌勒吉河提供了水利灌溉的保证。该省有外国游客喜欢的美丽风景：一望无际的大草原，水量丰沛的河流湖泊和享有盛名的飞禽走兽。该省境内有铁路可以通往俄罗斯。苏赫巴托省位于蒙古国的东南部，与中华人民共和国内蒙古自治区接

壤。该省有湖泊 16 个，河流 4 条，具有疗效的温泉多处。该省同时盛产牧草和药材。有狼、狐狸、兔、短尾黄羊、旱獭等丰富的动物资源。苏赫巴托省距首都乌兰巴托 550 公里，有公路运输干线相连接。

我们应尽可能利用以上地区的有利条件，促使蒙中两国在该地区建立疗养院和旅游基地进行投资。任何一个设施投入使用的重要条件之一都是畅通的道路交通。因此我们首先需要发展该地区的道路交通，从而为蒙古国创造增加外国投资和吸引更多外国疗养者、游客等的条件。这一切不仅有利于蒙古国保健业、旅游业的发展，更有利于蒙古国的经济发展。

蒙中两国通过跨境旅游合作，加深两国人民友谊，为两国经济合作发展提供良好机遇。蒙中两国相邻，旅游资源非常丰富，联合发展旅游业可优势互补，共同促进旅游业发展。蒙中两国开展跨境旅游合作，把蒙古国提出的"发展之路"同中国提出的"一带一路"进行对接，有利于蒙古国的经济发展。

作者简介

那·图木尔，博士、教授，蒙古国科学院国际关系研究所首席研究员。

中日韩与俄罗斯远东开发经贸合作研究

张凤林

俄罗斯远东开发不仅是将经济发展的重心转向东方，也是其实现在亚太地区利益的重要战略。从现实来看，远东开发是俄罗斯与东北亚各国合作的最直接、最有效的平台。中国是参与俄罗斯远东开发重要的合作对象。俄日韩在远东地区的经贸合作，各取所需，有较大潜力。然而，区域内国家政治关系不畅、欠缺经贸合作机制及美国对区域经贸合作的干涉等将对区域内双边或多边经贸合作产生不利影响。

一　远东开发为东北亚国家与俄罗斯经贸提供了最佳合作平台

俄远东地区面积为 616.93 万平方公里，占俄罗斯领土面积的 36.4%，截至 2017 年 1 月，该地区人口总数为 618.27 万。人口密度仅为 1.2 人/公里^2，人口总数仅为全俄的 4.6%。近年来，随着俄罗斯战略东移和加大开发力度，该地区日益受到重视，已经成为俄罗斯经济与亚太地区经济合作的重要节点。

为了推动远东地区开发，俄罗斯政府先后制定了一系列发展战略和规划。2009 年 12 月，俄罗斯政府制定了《2025 年前俄罗斯远东和贝加尔地区社会经济发展战略》，并为此采取了一系列重大措施，这意味着俄罗斯远东开发正式拉开帷幕。2012 年 5 月俄罗斯政府增设了远东地区发展部。2012 年 9 月，在远东城市符拉迪沃斯托克（海参崴）举办了亚太经济合作组织第二十次领导人非正式会议，这表明俄罗斯

把远东地区开发与面向亚太地区开放紧密地联系起来。正如普京总统所说，它使"俄罗斯远东地区成为俄罗斯通向广阔的亚太地区的大门，成为亚太地区通向欧洲最快和最划算的通道"。2014 年俄罗斯政府批准了《俄罗斯远东和贝加尔地区社会经济发展国家规划》，更加明确具体地规划了发展目标、任务和达到的预期指标。2014 年 12 月，俄罗斯总统普京签署了《俄罗斯社会经济超前发展区联邦法》，并于 2015 年 3 月正式生效，截至 2018 年，在俄罗斯远东和贝加尔地区已经建立了 18 个跨越式发展区。2015 年 7 月俄罗斯总统签署了《关于符拉迪沃斯托克自由港的联邦法律》。2015 年，在远东城市符拉迪沃斯托克（海参崴）举行了第一届东方经济论坛，主要是邀请亚太地区国家领导人、政府高级官员、国际组织和工商界代表参加会议，至 2017 年已举办三届，已经成为俄罗斯远东地区推动与亚太地区合作的对话和交流平台。俄联邦政府已通过或修订 30 多部有关远东地区开发开放的联邦法律和 150 多项政府法规。普京多次表示发展远东地区是俄罗斯整个 21 世纪的优先方向。从长远看，俄罗斯加大对远东地区的开发开放，利于其经济发展和与东北亚经贸合作。

第一，俄罗斯开发远东是其实现在亚太地区利益的重要步骤。近年来，在美国不断扩大自身在亚太地区的影响力的情况下，直接影响了俄罗斯在亚太地区的利益。在中俄交好之前，由于俄罗斯对远东地区实施固守政策，不仅导

致该地区经济落后，也隔断了其与亚太地区的经济联系。在俄罗斯与西方关系恶化、与欧美外交陷入窘境的背景下，俄罗斯将经济发展的重心转向东方，开发开放远东地区不仅可能带动东部地区的经济发展，还可以为俄罗斯同欧美博弈争取更大的平衡空间。从经济合作角度看，拉近了与亚太地区的距离，有利于俄罗斯与相邻国家开展经贸合作。

第二，远东开发开放是俄罗斯与东北亚各国合作的最直接、最有效的平台。近年来，世界经济复苏乏力，传统的欧盟市场经济发展缓慢，俄罗斯依靠能源出口拉动经济增长的发展模式受到一系列制约。在世界能源资源短缺、俄罗斯招商引资意愿强烈、相邻国家经济与远东互补性强等情况下，东北亚区域的中国、日本、韩国等与其经贸往来的意愿不断增强。俄罗斯远东地区作为俄罗斯与东北亚各国的接触最直接、最有效的平台，通过吸纳东北亚各国资金、技术和劳动力，不仅会促进远东地区自身经济社会发展，也将为俄罗斯整体经济提供动力。俄罗斯总统普京多次表示发展远东地区是俄罗斯整个21世纪的优先方向。

第三，俄罗斯远东地区地理位置优越，资源丰富，与东北亚各国有很强的合作基础。俄罗斯远东地区北临北冰洋，东北部与白令海峡相连，东南濒临日本海，南接中朝，与黑龙江省有3040公里边境线和23个对应开放的口岸。在俄罗斯矿产资源的分布上，约有40%以上分布在远东地区，其中，煤炭储量占俄罗斯的30%，木材占25%，此外，铜、锡、黄金、钼、铀等矿藏也极为丰富。俄罗斯借助远东地区资源优势，深化与中日韩等国家的经贸关系，并带动俄罗斯整体经济复苏与发展。

二 俄罗斯远东地区与东北亚主要国家经贸现状及特点

俄罗斯作为东北亚地区资源比较丰富的国家，与区域内国家开展经贸合作具有比较强的

互补性，其远东地区更是吸引了包括域外国家和地区的关注。中、俄、日、韩是东北亚区域中重要的经贸伙伴。其中，中国作为世界第二大经济体，经济实力与国际地位决定了其为区域内经贸活动的主体，随着中俄关系的深入发展，中俄在远东地区的经贸合作将取得进一步进展；日本、韩国作为区域内的经济发达国家，对外经贸也在其国民经济中占有重要地位，其对外能源需求等客观条件必然使得日韩两国加大与俄远东地区的经贸力度。

从俄罗斯远东地区对主要贸易伙伴的发展来看，苏联时期，远东地区的贸易伙伴以当时苏联的欧洲部分以及其他加盟共和国为主。苏联解体后贸易自由化的发展，再加上俄罗斯逐渐对远东地区的各种扶持，远东地区对外经贸逐渐活跃起来，与远东地区相邻的中国、日本、韩国等成为远东地区重要的经贸伙伴。

如表1所示，在出口方面，2016年韩国、日本和中国是俄罗斯远东地区出口位列前三的贸易伙伴，分别占远东地区出口总额的26.2%、25.7%和20.7%，合计占远东地区出口贸易总额的72.6%。在进口方面，2016年中国、韩国和日本分别列俄罗斯远东地区进口的贸易伙伴的第一位、第三位和第四位（美国名列第二位），进口额分别达到22.81亿美元、6.36亿美元和4.24亿美元，分别占远东地区进口总额的39.4%、11.0%和7.3%，合计占远东地区进口贸易总额的57.7%。从贸易商品看，在远东地区开发初期，来自中国的"大路货"覆盖了远东地区的消费品市场，随着两国经贸关系的深入发展和正常化，近年来，中国产的蔬菜、水果、鞋类、服装、运输机械、电器电子产品等成为中国对远东地区出口的主要商品，韩国和日本的加工食品等对远东地区的出口也呈增加态势。如表2所示，中国、日本和韩国则主要从俄罗斯远东地区进口能源类产品，如矿物原料、化工产品、木材等，远东的鱼类、贝类产品也主要销往日本、韩国。形成现今的局面的主要原因有两点。

（一）中国是参与俄罗斯远东地区开发重要的合作对象，地位稳固

中国是俄罗斯远东地区最大贸易和投资伙伴之一。如表 1 所示，2016 年，中国与俄罗斯远东联邦区进出口贸易总额为 61.31 亿美元，占远东外贸总额的 25.1%。其中，远东地区向中方出口 38.50 亿美元，占远东地区出口总额的 20.7%，仅次于韩国和日本，为远东地区第三大出口目的地国；远东地区从中方进口 22.81 亿美元，占远东地区进口总额的 39.4%，中国为远东地区第一大进口国。2017 年 1~8 月，中国与俄罗斯远东地区的进出口贸易额增加了 33%，达到 48 亿美元。2016 年中国在俄罗斯的 18 个投资于符拉迪沃斯托克（海参崴）自由港的项目增加了 30% 以上。2017 年 11 月，在中俄总理定期会晤期间达成的远东投资合作项目共 28 项，总值达 40 亿美元，相当于两年半来外国在远东地区投资的 85%。

中国在"一带一路"建设框架下与远东地区的经贸合作主要有三个方面，一是加强基础设施建设和发展互联互通。主要是中国东北地区与俄罗斯远东地区积极开展基础设施建设合作，其中包括铁路、公路、港口、航空基础设施和国际运输走廊建设。如中俄同江铁路界河桥项目，把我国东北铁路网与俄罗斯西伯利亚铁路相连接，形成跨亚欧大陆国际铁路运输大通道，预计 2018 年 6 月建成通车。黑河—布拉戈维申斯克（海兰泡）黑龙江公路桥项目，预计将于 2019 年 10 月建成。推动建设"滨海 1 号"和"滨海 2 号"国际交通走廊项目、实施与发展与交通走廊相关的投资项目以及利用俄罗斯西伯利亚大铁路开通到达欧洲的班列项目等。二是发展经济贸易和投资领域合作。如优化贸易结构和投资合作领域，扩大对俄罗斯远东地区公路、铁路、航运等国际交通走廊基础设施项目的投资。三是扩大能源领域的合作。如在斯科沃罗季诺到中国大庆的中俄原油管道一线的基础上，中俄石油管道二线也在 2018 年

1 月 1 日正式投入使用，其将每年向中国出口的石油增加到 3000 万吨；启动实施中俄东线天然气管道项目及亚马尔天然气项目等。

**表 1　2015、2016 年俄罗斯远东联邦区
主要贸易伙伴进出口情况**

单位：亿美元，%

	2015 年	2016 年	
	金额	金额	构成比
出口总额	206.28	186.18	—
韩国	59.36	48.71	26.2
日本	65.27	47.83	25.7
中国	38.83	38.50	20.7
比利时	18.39	22.74	12.2
印度	6.52	8.18	4.4
以色列	4.39	4.63	2.5
进口总额	58.74	57.86	—
中国	25.03	22.81	39.4
美国	6.15	7.29	12.6
韩国	4.45	6.36	11.0
日本	7.17	4.24	7.3
挪威	1.54	2.72	4.7
法国	1.08	2.53	4.4

资料来源：ジェトロ（日本貿易振興機構），ロシア極東連邦管区概況，https://www.jetro.go.jp/ext_images/world/russia_cis/ru/fareastern-20170531.pdf。

**表 2　2015、2016 年俄罗斯远东地区
主要货物进出口情况**

单位：亿美元，%

	2015 年	2016 年	
	金额	金额	构成比
出口总额	206.28	186.18	—
矿产品	130.69	97.04	52.1
燃料及能源制品	125.41	91.36	49.1
食品、农产品	25.30	26.35	14.2
机械、设备、运输机械	5.33	9.50	5.1
木材及制品	8.51	9.09	4.9
金属及制品	3.50	2.97	1.6
进口总额	58.74	57.86	—
机械、设备、运输机械	27.26	30.44	52.6
食品、农产品	8.56	8.31	14.4

续表

	2015 年	2016 年	
	金额	金额	构成比
金属及制品	6.97	5.94	10.3
化工品、橡胶	6.31	5.43	9.4
纤维及制品、鞋靴	2.65	2.23	3.9

资料来源：ジェトロ（日本贸易振兴机构），ロシア極東連邦管区概況，https://www.jetro.go.jp/ext_images/world/russia_cis/ru/fareastern-20170531.pdf。

（二）俄日韩远东经贸合作，各取所需

东北亚区域内，日本、韩国属于经济发达国家，俄罗斯（远东地区）、蒙古国等国经济欠发达，经贸互补程度高，主要呈现以下特点。一是自然资源需求互补。俄罗斯和蒙古国是区域内自然资源丰富的国家，煤、石油、天然气、铁、锰、铜、铅、锌、土地资源、森林资源等在区域内首屈一指，而区域内的日本、韩国自然资源有限。根据统计，2016 年，俄罗斯矿产品出口占俄罗斯出口总值的 57.3%。其中对韩国、日本分别占俄罗斯出口总值的 5.5% 和 5.1%，分别列俄罗斯矿产类产品出口第四位和第五位。[①] 二是技术资金需求互补。区域内的日本、韩国属发达国家，经济发展水平较高，具有雄厚的资金储备和较强的技术优势，而俄罗斯、蒙古国虽然资源丰富，但经济发展乏力，开发技术水平较低，且缺乏大量资金支持。三是贸易结构互补。多年以来，俄罗斯经济以能源为核心，对外出口的绝大部分是资源类产品，特别是石油和天然气等，能源出口带动经济发展已经成为俄罗斯及蒙古国极其重要的发展措施，形成了以出口能源资源为主的贸易结构。日本、韩国在经济结构以出口拉动型为主，又是自然资源尤其是石油和天然气等能源十分匮乏的国家，日韩与俄罗斯、蒙古国进行贸易符合各方需求。

能源合作是日韩俄经贸合作的核心。在俄罗斯远东地区的产业结构中，以石油和天然气为主的资源开采业、出口贸易等占有较大比重，而日本、韩国的国内石油、天然气产量极低，基本依靠进口满足需求。作为日本的能源供应国，俄罗斯远东地区对日本出口原油、天然气逐渐增加，俄罗斯的影响力日益扩大。因此，俄罗斯远东地区与日本具有共同利益。

日俄能源环境对话是日本与东北亚国家在能源合作中形成的比较成熟的合作机制，每年举行一次。会议邀请两国政府相关人士参加，为日本与俄罗斯的能源合作奠定了基础。在 2017 年符拉迪沃斯托克（海参崴）举行的第三届东方经济论坛上，日本首相安倍晋三强调，能源领域是日俄合作的核心项目。韩国总统文在寅提出日韩两国将在发电领域开展合作。俄罗斯总统普京同意今后同日韩两国将持续展开能源领域的合作。

三 俄罗斯远东开发与东北亚区域合作趋势

从有利因素看，首先，俄罗斯远东开发战略与中国东北振兴战略高度契合，中俄关系已经进入历史上最好的阶段。在中国"一带一路"倡议与俄罗斯"欧亚经济联盟"对接框架下，俄罗斯希望通过一系列政策措施加快远东地区的经济发展，使其成为俄罗斯新的经济增长点。而东北振兴战略的目的也是通过进一步的改革，加大政策支持力度，实现东北经济增长。从产业结构看，东北地区和俄远东地区在运输物流、旅游、农业和食品业等领域都有开展密切合作的基础。其次，俄罗斯远东开发开放利于本地区开展经贸合作。在俄罗斯与西方关系恶化、与欧美外交陷入窘境的背景下，俄罗斯将经济发展的重心转向东方是重要的战略之一。2015 年 5 月，中俄两国领导人就"欧亚经济联盟"建设与"丝绸之路经济带"建设对

---

① 商务部国别报告网：https://countryreport.mofcom.gov.cn/record/view110209.asp?news_id=53260。

接达成协议。俄罗斯总统普京于 2016 年 9 月在杭州举行的 G20 峰会上表示，"欧亚经济联盟建设和丝绸之路经济带建设的对接有助于在未来创建大欧亚伙伴关系，这种伙伴关系将对所有感兴趣的国家和一体化成员开放，提供相互协作的可能"。出于各自利益的需要，俄日韩在远东地区的经贸合作还会进一步加强。最后，多边合作意愿较强。除中国与俄罗斯远东地区经济有较强的互补性外，与俄罗斯远东地区毗邻的日本、韩国也有相互合作的愿望。如中俄等推进的"构建经由俄罗斯远东地区的港口连接中国东北地区与日本的陆海联运物流通道项目"、"冰上丝绸之路建设项目"、"跨欧亚大陆交通走廊建设项目"及"远东地区能源资源开发项目"等。其中大部分项目不单参与者（中俄）是受益者，同时相邻的日本、韩国等其他东北亚国家，甚至包括其他地区的国家均可能是受益者。

从不利因素看，首先，区域内国家政治关系不畅影响经贸合作。信任机制是推动双边或多边经贸合作的前提。在东北亚区域中，中、俄、日、韩等政治格局复杂，彼此又缺乏信任。如历史问题、领土争议问题等导致中日、日俄、韩日等国际关系始终没有进入正常轨道，给贸易带来极大隐患，必然会影响到经贸合作。其次，区域内缺乏经贸合作机制影响经贸合作。目前，在本区域内还没有形成一个完整的由区域内国家参与的类似"东北亚自由贸易区协定"或经济合作机制。如，中日韩作为东北亚区域中经贸往来密切的三个最大的经济体，三国间的 FTA（自由贸易协定）自 2012 年 11 月启动谈判以来至 2017 年 4 月，已经进行了十二轮谈判，但是离最终达成三方满意的共识还存在很大差距。从双边的 FTA 和 EPA 来看，截至 2016 年 12 月，除《中韩自由贸易协定》和《日蒙经济伙伴关系协定》外，中俄、中日、日韩、韩蒙等至今还没有达成协议。究其原因，除各国发展水平的巨大差异、市场经济体制等存在诸多制约因素外，历史认知问题、领土纠

纷问题等都形成了阻碍区域内国家双边或多边经贸合作的障碍因素。最后，美国对区域经贸合作影响因素。美国虽然在地理范围上属于美洲国家，但自二战结束以来一直在东北亚拥有广泛的经济利益和军事存在，已经超出地理范畴。美国通过与日本和韩国的结盟达到控制东北亚地区乃至整个亚洲是其长期的战略意图。在东北亚区域内，中国经济在持续快速增长的同时，也与东北亚各国建立了广泛的经济贸易联系，东北亚国家对中国的经济依赖程度不断加深。然而，美国为了遏制中国日益上升的影响力，近年来不断加强与一些区域内国家的军事同盟关系。如 2017 年在韩国部署"萨德"系统就是最好的例证。表面上看，部署"萨德"系统是韩国迫于朝鲜的核导试验威胁引起的，实际上是美国以韩国为跳板，一步步在整个亚太地区部署美国的导弹防御系统。这无疑会破坏东北亚地区的战略平衡，阻碍这一地区经贸合作的进一步发展。

2017 年，中俄全面战略协作伙伴关系继续在高水平运行。中俄两国元首 2017 年已经进行 4 次会晤，双方不断深化政治互信，推进各领域务实合作，俄罗斯远东地区与中国的经贸合作有望取得更多成果。

2017 年是中日邦交正常化 45 周年，也是中韩建交 25 周年。中日韩三国作为东北亚地区经济的中心，在产业、贸易、金融、投资等领域具有较强的相互依赖性，发展经贸合作符合各自国家利益。2017 年下半年以来，中日、中韩关系有所好转。中断的中日韩首脑会晤重新开始，中日韩自贸区谈判稳步推进，在俄罗斯远东地区的多边合作有望取得新进展。

参考文献

邱询立、张志强：《东北亚国际贸易发展的新态势》，《贵州财经学院学报》2010 年第 5 期。

刘清才、齐欣：《"一带一路"框架下中国东北地

区与俄罗斯远东地区发展战略对接与合作》，
《东北亚论坛》2018 年第 2 期。

《习近平会见日本首相安倍晋三》，新华网，2016 年
9 月 5 日，http://news.xinhuanet.com/world/2016 -
09/05/c_1119515029. htm。

作者简介

张凤林，黑龙江省社会科学院东北亚研究
所副所长、研究员。

深化"一带一路"倡议下我国对俄投资合作：外部风险与内部风险

戚文海　师　成

自中俄全面战略合作伙伴关系确立以来，通过提升中俄经贸合作的规模与层次来充实双边关系已成为两国政府高层的共识。2015 年 3 月，中国政府发布了《推动共建丝绸之路经济带和 21 世纪海上丝绸之路的愿景和行动》，标志着对外投资合作成为我国对外经贸合作的重中之重、政府工作的重点内容与企业发展的重要选择。当前中国已成为世界第二大对外投资国。2016 年，我国境内投资者共对全球 164 个国家和地区的 7961 家境外企业进行了非金融类直接投资，累计实现投资 11299.2 亿元人民币（折合 1701.1 亿美元，同比增长 44.1%）。共建"一带一路"国家更是成为我国对外产能输出的重点，因此在这一新形势下我国有必要也有实力通过对俄投资来提升中俄双边的经贸合作规模与层次。2016 年中国企业对俄非金融类直接投资已达 140.2 亿美元。目前，中俄投资合作依旧有很大发展潜力，合作领域需要不断拓宽。但是，俄罗斯并不完全具备西方发达国家那样法制化与制度透明化水平较高的投资环境，目前国际信用评级机构穆迪公司对俄罗斯的主权信用评级为 Ba1 级。按照该机构的评级划分，这一级别为非投资级或不可靠级。对于外国投资者而言俄罗斯市场风险较高，在这一背景下，充分研究俄罗斯市场中的投资风险与防范路径便有了必要性，因此应当从多角度充分分析我国对俄投资企业所面临的风险种类，并针对风险特点为政府与企业分别提出相关的风险防范建议，为我国企业参与对俄投资与政府开展扶持工作提供借鉴与参考，努力实现对俄投资合作的深化发展。

在国际投资行为中，风险因素是指投资主体与投资环境中存在的可能引发风险事件的不确定性因素，是推动风险事件发生的诱因，并且是普遍存在的。以风险因素的不同来源为衡量标准，大体上可分为外部风险与内部风险两大类。中国企业对俄直接投资涉及行业领域较广，以绿地投资为主，主要集中在能源、矿产、建筑、通信、林业、农业、零售等领域。就投资的空间分布而言，中资企业与项目主要集中于莫斯科、圣彼得堡与远东、西伯利亚地区；对俄投资主体则具有多样化特点，不同规模的国企与民营企业兼而有之；投资多采用设立子公司的方式。结合近年来中国对俄投资的行业分布、空间分布、投资主体构成与投资方式，外部风险主要集中于跨文化风险、安全风险与法律风险三个方面；内部风险主要存在于投资主体自身与国家扶持不足方面。

一　中国对俄投资的外部风险

（一）跨文化风险

在国际投资中，跨文化风险源于文化差异，

其强弱程度与文化差异的大小呈正相关关系。中俄两国分属不同的文明体系，文化差异巨大，客观上增大了跨文化风险的发生概率。文化差异，主要表现在来自不同国家、不同民族的投资人、经理人员及其他各种企业从业人员在语言、思维、民族心理、社会习惯、价值观、信念、风俗、宗教、传统、政治思想及整个民族性世界观等方面存在的差异，还表现在上述各个方面综合作用而产生的不确定性，使另一种文化主体在理解和把握上感到困难、费解。而这种来自不同文明体系中人员之间的互相不理解本身就是一种风险因素，在国际投资活动中极易引发为冲突与对抗，从而导致风险事件的发生。在中国对俄投资的活动中，具有较大概率催发风险事件的跨文化风险主要存在于民众互相缺乏了解、语言障碍、思维方式差异和文化禁忌差异这四个方面。

1. 中俄两国民众互相缺乏了解

中俄（苏）关系自20世纪80年代后期实现正常化以来，两国民众一直缺乏互相了解的渠道。中俄媒体彼此均未将对方作为全面了解与报道的对象，导致民众之间甚至连实现最基本的客观了解也没有做到。一方面，对于俄罗斯民众而言，由于90年代以来部分俄国媒体针对中国的片面报道与少数反华派在社会舆论中对中国的刻意抹黑，使俄罗斯民间逐渐形成了对中国人的负面印象。加之部分持"中国威胁论"立场的学者与官员在社会舆情中的影响，导致许多俄罗斯民众对中国国力的提升产生了戒备心理，担忧俄罗斯会成为中国的"能源附庸"，甚至担心中国会收回历史上被俄国侵占的领土，从而对前来俄罗斯投资的中国企业与人员产生了敌视情绪。

另一方面，改革开放以来整整一代中国人成长在国家对外视域转向西方的大环境中，即便是前往俄罗斯开展投资活动的企业家与工作人员，他们当中的绝大多数也对俄罗斯这个国家以及其人民缺乏了解。跨国投资企业的本土化经营本身就包含了风险因素。这种外资企业

人员对本土民众的了解匮乏不利于投资合作的顺利开展，可能导致企业的经营活动不依据对象国民众的生活与工作方式进行调整，易产生误会与纠纷，从而增加了中国企业本土化经营过程中的风险。

2. 语言障碍

俄语、汉语分属不同的两大语系，发音与书写差异巨大，不经过长时间的系统学习难以掌握对方的语言。中国的外语教育自改革开放以来以英语为主，教育系统每年培养出的俄语人才无论从数量和质量上来看都难以满足对俄合作的需要。而俄罗斯外语教育体系中的汉语教育同样长期滞后于其他外语语种，汉语至今仍未列入高校入学考试之中，俄罗斯年青一代中不仅汉语普及度极低，能够学习汉语的渠道也是少之又少。

两国教育体系中的对方语言教育均属薄弱环节，导致了双边投资合作中缺乏足够多与足够好的翻译人员，结果催生了语言障碍这一跨文化风险因素。由于中国企业多采取设立子公司的方式参与对俄投资，性质上属于跨文化企业的子公司的内外部沟通交流都要建立在两种语言的互译之上，但在互译的过程中，翻译人员综合外语水平的欠缺，致使偏差和错误大量出现在跨文化企业的运营中。语言障碍所催发的误解、误判乃至误会严重影响投资合作的顺利开展。

3. 思维方式差异

思维方式是人们观察、分析、解决问题的模式化、程式化的"心理结构"，思维方式的不同会使人们在面对外部世界时运用不同的分析与观察方法对待同样的事物，并在解决同样问题时采取不同的方式。中俄两国的思维方式差异建立在文化差异的基础之上。中国人的思维方式是综合思维和整体优先，即注重事物的整体性、关联性，非常注重总的指导原则，总是在总原则一致的情况下，再去谈具体条款和细节。而俄罗斯人的思维方式是属分析性思维方式，非常注重实证与分析，通过归纳、演绎

推导，强调合同的细节问题而缺乏总体原则。总体而言，中国人的思维方式注重整体而俄罗斯人深入局部，甚至部分情况下存在极端倾向。在投资合作中，中俄思维方式的差异会直接作用于谈判与日常沟通，使双方合作难以在统一的指导性原则下开展。

4. 文化禁忌差异

投资合作中，文化禁忌的不同也会体现在双边跨文化交际中，成为风险因素之一。中俄文化禁忌的差异广泛存在于日常生活、动物喜好、民族心理、数字偏好、送礼习俗、问候语与称谓语之中。例如菊花在中国通常是在葬礼中献给逝者，因此非葬礼场合忌送菊花，但俄罗斯并无此禁忌，在双边商务谈判中俄方将菊花赠给中方代表的情况屡见不鲜。俄罗斯人在工作场合中即便是同级之间较亲近的关系也要互称"您"以示尊敬，但中国人平级同事之间更习惯的"你"这一称呼很容易引起俄罗斯人的反感。这种观念巨大的差异性容易在双边的沟通交流中使得一方无意中冒犯对方，因此也成为双边投资合作中的跨文化风险因素之一。

（二）安全风险

在中国对俄投资的外部风险中，安全风险同样是难以忽视的，对于参与对俄投资的中国企业而言，安全风险是指俄罗斯社会环境中对中资项目与企业人员的人身与财产安全、企业财产安全、对企业经营活动构成威胁的风险因素，就威胁的程度而言，主要风险因素为极端民族主义与恐怖主义。

1. 极端民族主义

俄罗斯极端民族主义思潮出现在20世纪90年代俄罗斯国内严重政治经济危机的背景之下，并存在于俄罗斯各大城市，包括中国投资较为集中的远东与西伯利亚地区以及莫斯科、圣彼得堡。随着2014年西方发起制裁，俄罗斯国内经济社会危机再次加剧，极端民族主义思潮有增强的趋势。作为投资风险而言，主要体现在催生极端民族主义团体与助长民众的排外情绪两个方面。

极端民族主义思潮所催生的极端民族主义团体对外国人的攻击行为直接威胁着在俄中资企业人员的人身与财产安全。

另外，俄罗斯民众原本就具有较强的民族主义情绪，很多人易被极端民族主义思潮煽动从而助长排外情绪，这种排外情绪也会影响民众对外国投资的态度。

2. 恐怖主义

对于投资活动而言，恐怖袭击是能够直接破坏生产经营活动的重大安全风险。而俄罗斯是世界上受恐怖活动威胁程度较高的国家之一。车臣非法武装、"基地"组织以及当今的"伊斯兰国"，均对俄国家安全和社会稳定构成严峻挑战。两次反恐战争后，民族分裂势力由正规战转为"游击战"，从事各种恐怖活动，其中在世界范围内影响最大的就有2004年9月1日别斯兰人质绑架事件。自2015年俄罗斯发起打击"伊斯兰国"的行动以来，俄罗斯本土再次受恐怖袭击的可能性大大增加。

从中国对俄直接投资企业的地区分布来看，主要分布在莫斯科、圣彼得堡等大城市以及西伯利亚和远东地区。而莫斯科与圣彼得堡等大城市在俄罗斯国内均属受恐怖袭击威胁程度较高的地区。莫斯科地铁自2000年以来已三次遭遇恐怖袭击，2002年的莫斯科剧院人质事件曾震惊世界，2011年1月24日莫斯科多莫杰多沃机场爆炸案、2011年3月16日联邦安全总局学院爆炸案均属重大恐怖事件。从近期来看，2017年4月3日圣彼得堡地铁遇恐袭发生爆炸，共造成16人死亡，50余人受伤。2017年9月13日莫斯科遭"电话恐袭"，俄媒称，超过2万人被紧急疏散，包括车站、学校、大型商场、酒店在内的30多栋建筑均遭到"电话恐袭"威胁。

总体而言，当前中国投资较为集中的莫斯科与圣彼得堡受恐怖活动威胁的程度较高，而恐怖活动所造成的巨大破坏与恐慌对中国企业而言则是不可忽视的危险。首先，恐怖袭击所造成的直接破坏会威胁到中资企业人员的人身安全；其次，恐袭所造成的巨大恐慌也极易对中资企业的正常经营活动造成负面影响。

（三）法律风险

投资法律风险因素包含在一国对于外国投资所制定的法律、法规、政策和其他有关措施当中。对参与对俄投资中国企业而言，面对的法律风险因素主要为法律变动风险、外汇管制风险、战略投资审查风险与公司治理结构风险。

1. 法律变动风险

俄罗斯联邦的最高立法机构为俄罗斯国家杜马（以下简称"杜马"），杜马本质上是职业立法机构。杜马对法律的订立、修改与废止程序简单，因此俄罗斯法律存在变动性较大的特点。这一制度特点的优势在于能够及时修改法律中的不合理之处，但缺陷在于其可导致法律变动具有不确定性与频繁性，包括了大量与外资相关的法律。例如，俄罗斯联邦《民法典》自1994年通过以来已经修改了50余次，《矿产品资源法》自1992年至2017年7月已修改60多次，《外国投资法》自1999年到2017年修改了14次。如此频繁的法律变动极大干扰了投资者的判断。

2. 外汇管制风险

外汇管制风险突出表现在"进易出难"这一特点之中，中方投资利润汇回国内较为困难。对于外资而言，投资资金若无法回收就丧失了投资的意义。俄罗斯法律针对外汇的管理过于严格，在贸易过程中，中国投资者若要将利润汇回国内，需要经过相当烦琐的手续，同时各个州针对外汇还有不同的地方规定。这一现状导致中国投资利润回流困难，尤其对于融资与公关能力不足的中小型民营企业而言，严格的外汇管制增加了其投资成本，并使项目失败的风险发生概率上升。

3. 战略投资审查风险

2008年4月俄罗斯通过了针对外资的《战略投资法》，同时在此法基础上俄罗斯修订了

许多针对外资的限制性法律，如《产品分成协议法》等。《战略投资法》规定了42类限制外资进入的行业，主要包括：国防军工、核原料生产、核反应堆项目的建设运营、用于武器和军事技术生产所必需的特种金属和合金的研制生产销售、宇航设施和航空器研究、密码加密设备研究、天然垄断部门的固定线路电信公司、联邦级的地下资源区块开发、水下资源、覆盖俄罗斯领土一半区域的广播媒体、发行量较大的报纸和出版公司等。同时该法还规定在这42类行业的投资中外资持股比例若超过50%，就要报批联邦外国投资监督管理委员会。在经营活动中，即使外资持股超过51%，企业的重大决定依然要先经联邦外国投资监督管理委员会的审查，批准后方可执行。同时，42类行业中部分审批权归地方政府所有，如土地租赁。

近年来中国对俄资源性行业的投资所占比例较大，其中包含在《战略投资法》所限定的42类行业之内的投资项目需要经过严格的联邦或地方审查程序，烦琐的审批手续极大地增加了中国投资项目的阻力。

4. 公司治理结构风险

《战略投资法》对在俄外资企业管理层人员的国籍比例构成有明确规定，目的在于保障公司实际上由俄罗斯公民控制。在中俄双方人员所组成的公司董事会、监事会、股东会与经理层中，如何与外方一起有效运作便成为难以解决的问题。对于中国投资方来说，控制资金与对企业的管理是核心权力，然而长期以来，中方缺乏既精通俄语又熟悉业务的驻俄管理人员，导致中俄合资企业中公司控制权与财务管理权的归属问题突出。

例如，2012年黑龙江紫金矿业公司投资哈巴罗夫斯克市的紫金开采项目，该项目由俄方、黑龙江紫金矿业公司与黑龙江省政府共同投资兴建了合资企业。中方为主要出资方并由中方人员担任董事长，由于合作过程中中方未在俄罗斯常驻企业管理人员，项目开启后不久俄方在未通报中方的情况下召开董事会，免去了中

方董事长的职务，并将中方股份违约转让，使中方完全失去了对该合资企业的控制权，导致项目投资失败。最终向俄地方法院起诉后黑龙江紫金矿业公司仅获得所要求赔偿金的 1/10。

二　中国对俄投资的内部风险

（一）　企业风险

1. 民营企业所面临的风险

我国对俄投资的企业多为以有限责任公司为代表的中小型民营企业，自 2010 年以来占对俄投资企业总数的 70% 以上。对于中小型民营企业而言，缺乏金融支持、管理与决策科学性不足是其主要投资风险。

首先，中小型民营企业对外投资融资难。相比于大型国有企业，民营企业在"走出去"过程中更难获得银行贷款，贷款手续烦琐且限制颇多，导致民营企业投资资金中自筹部分占有很大比例，难以扩大资金规模。这使得民营企业的对俄投资更多倾向于短期投资，希望能够在短期内看到收益，这客观上对资金周转率提出了较高要求，而俄罗斯严格的外汇管制制度却增加了资金回流难度。另外，缺乏资金的民营企业无法和国有企业一样重视人才培养，企业风险管理人才的层次难以达到要求，进而导致企业的投资缺乏有效分析，制定不出长远投资规划。

其次，民营企业缺乏科学的管理与决策机制。民营企业通常内部权力较为集中，投资决策权一般都掌握在企业的所有者手中，投资过程中存在个人主义作风。这种决策机制会导致投资决策缺乏理性分析与科学性，使民营企业的投资决策有可能背离实际情况与实际需要。同时，部分民营企业实行家族式管理，内部责权不清、分工模糊的情况较普遍，降低了管理体系运作的科学性与有效性。

2. 国有企业所面临的风险

国有企业规模大，通常能形成较高的国际产能合作规模，对国际产能合作可以起到良好的稳定作用。在对俄投资合作中，规模庞大、实力雄厚的国企所发挥的"领头羊"作用不可忽视，其包揽了对俄投资合作中主要的大项目。如 2014 年 5 月中国石油天然气集团有限公司与俄罗斯天然气工业股份公司（Gazprom）签订了总额 4000 亿美元、合作期 30 年的天然气"世纪大单"；2015 年 6 月中国中铁股份有限公司旗下的中铁二院集团工程有限责任公司与俄罗斯企业组成的联合体，就中标的莫斯科—喀山高铁项目的勘察设计部分与俄罗斯铁路公司正式签约，金额约 24 亿元人民币，计划于 2018 年开工建设。在一系列大项目签约的同时，对于参与对俄投资的国企而言，风险因素主要体现在长期投资的不可预测性。

国有企业在对俄投资中较多涉及大型基础设施建设与能源合作项目，此类项目投资额大、期限长，这一特点使投资项目的安全性存在较大的不确定性。一方面，国际投资合作的开放性使得中国国有企业不得不在长期项目中警惕可能出现的竞争对手。例如，在莫斯科—喀山高铁项目尚未开工之时，2016 年 7 月由德国西门子公司、德意志银行、德国铁路公司等一系列大公司组成的"德国倡议"财团便提出有意参与莫斯科—喀山高铁第二段的投资建设。另一方面，在长期性投资合作中，东道国政权更迭的风险对于大型外资项目而言其重要性不可忽视。据《中国企业国际化报告（2014）》蓝皮书分析，在 2005 年至 2014 年间发生的 120 起"走出去"失败案例中，有 25% 是政治因素所致，有 8% 的投资项目在审批环节因东道国政治派系的阻挠而失败，还有 17% 是在运营过程中因东道国政治动荡、领导人更替等而遭受损失。当前俄罗斯 2018 年大选在即，为中国国企的在俄投资项目增添了几分不确定性。

（二）　对俄投资支持体系建设滞后风险

较差的投资环境客观上使对俄投资更加需要政府在体制机制层面的扶持以及有效的信息

服务。但与西方发达国家不同，我国在促进对外投资体制机制、公共服务体系的建设方面处于起步阶段，很多具体措施的实行只能够"摸着石头过河"，这一现状极大增加了对俄投资的不确定性。

一方面，当前促进国际投资合作的政策较为分散，没有形成体系，政策支持力度也严重不足。

另一方面，对外投资信息服务体系建设严重滞后，企业难以得到及时有效的风险预警服务。俄罗斯针对外国投资的法律与政策变动频繁，外资所面临的制度不确定性较大。我国商务部门虽有相关的信息服务，但信息相对滞后，不能完全适应复杂多变的市场和产业环境，信息分类粗略，难以服务于企业对外投资决策。另外，我国针对本国跨境投资的统计监测系统尚待进一步健全，政府不能完全做到及时掌握我国在境外的投资经营信息，难以对国际投资合作进行总体部署和决策，难以及时发布投资风险预警。

三　结语

在中国对外投资合作不断深入发展的背景下，对俄投资合作在今后相当长一段时期内依然是中俄扩大经贸合作规模与层次的重要突破口。俄罗斯的投资环境深深植根于俄罗斯独立以来的经济结构、所有制结构与经济发展方式，整体投资环境的改善不会一蹴而就。因此对于通过政府与企业双重层面进行投资风险的防范是一个长期的过程，政府与企业均需要在具体的投资实践中不断深化认知，就具体的防范路径问题得出新的认识，以保障中国对俄投资活动的顺利开展，并更好地服务于"一带一路"框架内的对外投资合作。

参考文献

《2016年我国对外投资同比增长44.1%》，中国政府网，2017年1月17日，http://www.gov.cn/shuju/2017 - 01/17/content_5160475.htm。

《2016年中国企业对俄直接投资超140亿美元》，黑河市人民政府网站，2016年12月30日，http://www.heihe.gov.cn/html/2016 - 12/9 - 27 - 25 - 95167.html。

《俄媒：穆迪将俄主权信用评级展望从负面上调为稳定》，参考消息网，2017年2月21日，http://www.cankaoxiaoxi.com/finance/20170221/1703474.shtml。

胡明：《中国企业对俄投资风险分析及对策研究》，《国际贸易》2016年第8期。

朱南平：《论中俄经济合作的跨文化风险》，《黑龙江社会科学》2009年第6期。

杜萍：《中俄贸易谈判中的跨文化因素研究》，《黑龙江对外经贸》2010年第7期。

赵龙庚：《俄罗斯极端民族主义思潮与"光头党"现象》，《世界民族》2008年第6期。

许福敏：《冷战后俄罗斯民族主义探析》，硕士学位论文，延边大学，2014。

胡向春：《俄罗斯反恐政策与实践》，《现代军事》2015年第10期。

戴艳梅：《俄罗斯反恐机制研究》，《俄罗斯中亚东欧研究》2012年第5期。

高欣：《中俄投资合作问题研究》，博士学位论文，东北财经大学，2011。

《电话恐袭致莫斯科2万余人大规模疏散》，人民网，2017年9月14日，http://world.people.com.cn/n1/2017/0914/c1002 - 29536472.html。

《对俄投资指南》，中华人民共和国驻俄罗斯联邦大使馆经济商务参赞处网站，2014年12月5日，http://ru.mofcom.gov.cn/article/ddgk/ddfg/201412/20141200822824.shtml。

郭宏宇：《国际产能合作背景、特征与发展思路》，《海外投资与出口信贷》2017年第1期。

《企业国际化蓝皮书：中国企业"走出去"呈十大趋势　临八大问题》，中国经济网，2014年10月30日，http://www.ce.cn/cysc/newmain/yc/jsxw/201410/30/t20141030_3811529.shtml。

郭朝先、刘芳、皮思明：《"一带一路"倡议与中国国际产能合作》，《国际展望》2016年第3期。

文记东：《21世纪中俄人文交流与展望》，《中国社会科学院研究生院学报》2016 年第 6 期。

作者简介

咸文海，教育部人文社科重点研究基地黑
龙江大学俄罗斯语言文学与文化研究中心研究

员、欧亚发展研究院院长；师成，黑龙江大学
俄罗斯语言文学与文化研究中心国际政治专业
2016 级在读研究生。

中蒙发展规划对接与双边经贸合作

张秀杰

落实"一带一路"倡议的一个重要路径，就是推动各国发展规划实现对接。作为"一带一路"上重要节点的蒙古国，不仅是中国重要的周边国家，还是中国北部安全的重要支撑。中蒙关系健康发展，经贸合作水平不断提升，为与其他国家共建"一带一路"提供合作典范。用"五通"促进"一带一路"与蒙古国"发展之路"对接，实现经济贸易合作多元化，推动双边合作可持续发展。

一 中蒙发展规划对接的考量

"一带一路"和"发展之路"是中蒙两国扩大开放，加强多边、双边合作的全新规划。"丝绸之路经济带"将实现基础设施建设的互联互通作为核心内容，这与蒙古国"发展之路"的"连接中俄的 997 公里高速公路，1100公里电气线路，扩展跨蒙古铁路、天然气管道和石油管道这 5 个具体项目"形成契合点。加快推动铁路、公路、航空等方面的互联互通，发展双边的资金流、物流、人流和信息流等方面的合作，激活新的经济增长点，已经成为中蒙两国的共识。2017 年 5 月，蒙古国总理额尔登巴特来华出席"一带一路"国际合作高峰论坛期间，两国政府共同将蒙古国"草原之路"改称为"发展之路"，并签署了《中国一带一路倡议与蒙古国发展之路计划对接谅解备忘录》。

以矿业为支柱产业的产业结构决定了蒙古国经济主要依靠矿产品出口，而没有出海口，铁路、公路发展滞后等一直是限制蒙古国扩大矿产品出口的主要因素。作为一个资源出口型国家，在经济发展遇到困难的情况下，蒙古国希望利用连接亚欧陆桥最近通道的地理位置优势，连通欧亚大市场，并通过"发展之路"连通中国、俄罗斯和朝鲜的港口，将矿产品出口输送到亚太其他国家及地区，使其产品市场更加多元化，以运输贸易振兴本国经济。因此，加快通道建设，实现互联互通，乃是促进蒙古经济增长的当务之急。而自蒙古国提出"发展之路"计划之后，苦于缺乏资金和技术，其先期启动的公路、铁路项目的推进都比较缓慢。当前，蒙古国面对长期存在的贸易和财政赤字、新出现的债务到期和外国投资急剧减少等问题，其政府期盼通过"发展之路"与"一带一路"对接，吸引国际资本和技术，带动包括矿业开发在内的产业升级，来摆脱经济增长陷入的困境。

蒙古国在地区经济合作中具有独特价值。20 世纪 90 年代初，蒙古国进入转型时期以后，调整了对外政策。实行多支点、全方位、以经济为中心的开放外交，为蒙古国回归亚洲、参与亚洲地区经济合作提供了有利条件。经过几十年的发展，蒙古国与东盟各国之间的经贸合作取得一定成效，特别是与东北亚地区国家间的经贸合作关系及其发展势头，为蒙古国参与亚太地区合作打下了良好的基础。

蒙古国虽然在政策稳定、经济实力、基础设施等各方面都存在一定差距，但其所拥有的中俄之间的重要地缘政治地位，连接欧亚大陆的过境通道位置，丰富的矿产资源、畜牧业原料、旅游资源，生态环境等优势决定了蒙古国在东北亚乃至亚太区域经济合作中的重要地位。

未来，蒙古国在经济外交化纲领的保障下，在"发展之路"计划实施的引领下，充分发挥自身优势，发展以矿山工业和畜产品加工业为主的支柱产业，建立以出口型市场结构为主导的市场体系，促进传统畜牧业的市场化、集约化进程，以其独特的发展模式在区域经济发展中拥有自己的一席之地。

"一带一路"所秉持的基本原则就是互利共赢，中蒙实现发展规划对接的共同利益就是完善互联互通的基础设施建设，消除瓶颈，扩大双边合作。不仅可以使蒙古摆脱现有的通道困境，还能以此为基础扩大中蒙加工业、农牧业等领域的合作，满足新时期中蒙两国合作发展的共同要求。

二 中蒙经贸合作领域选择空间巨大

自1999年起，中国取代俄罗斯成为蒙古国最大的贸易伙伴。2005年至2014年，中蒙两国贸易10年间增长了8倍，各年占蒙古国对外贸易总额超过50%。2014年，中蒙进出口额达到历史最高的68.41亿美元，占蒙古国对外贸易总额的66.45%。之后，中蒙两国贸易虽略有下降，但占蒙同期对外贸易总额的比重仍然超过了60%。受蒙古国自身资源禀赋影响，中国主要从蒙古国进口铁矿石、铜矿粉、煤炭、原油等矿产品，皮革、羊绒、牧草、纺织原料等畜产品。而中国对蒙古国出口商品以纺织品、工程机械、塑料及其制品、建筑材料、食品等工业制成品和生活用品为主，还有成品油、电力等能源制品。

同时，中国还是蒙古国外国直接投资的主要来源国之一。截至2017年7月底，中国对蒙直接投资存量41.1亿美元，占蒙吸引外资总额比重超过30%，是蒙第二大外资来源国（仅次于荷兰），在蒙注册中资企业约6595家，占蒙外企数的50%。中国对蒙古国的投资接近70%都集中在矿产勘探与开采领域，有20%投入贸易、餐饮服务、建筑、畜产品加工等行业。

近年来中蒙两国在工程承包和劳务领域合作不断扩大，中国企业广泛参与蒙古国道路、热电站改造等项目。截至2017年7月底，在蒙签订工程承包合同额累计156.2亿美元，完成营业额81.1亿美元。中蒙双方共同建设的水泥厂、机场高速公路、热电站等民生项目，为当地经济注入了活力。目前，还承建了奥尤陶勒盖铜矿、西部公路、泰西尔水电站等大型项目。2017年1~7月，中国共向蒙新派遣各类劳务人员1251人，期末在蒙劳务人员达到3308人。

中蒙两国优势互补，经济发展相互促进。蒙古国矿产资源丰富，大力推进"矿业兴国"，采矿业已成为其支柱产业。在中国经济发展进程中，能源资源需求不断增加，中蒙合作为中国能源进口提供充足来源，双边矿业合作大有可为。此外，蒙古国的畜牧产业优势与中国庞大的消费市场互补；蒙古国亟须改善困难民众的居住条件，而中国有优质的富余产能。因此，在农畜产品深加工、住房和基础设施建设等领域合作，也将是中蒙务实合作的方向与亮点。随着《建设中蒙俄经济走廊规划纲要》的签署及正式启动实施，"一带一路"倡议同蒙方"发展之路"计划对接，中蒙两国签署一系列重要经贸合作项目的逐步推进，双方可以开展合作的领域还有很多，前景广阔。

蒙古国不仅拥有丰富的矿产资源，且主要分布在与中国接壤的西部、南部和东部各省，双方具有良好的合作基础。其中，煤炭是蒙古国的第一大资源，也是该国目前出口的第一大商品。据蒙古国能源局统计，其地质预测煤炭储量 1733 亿吨，可开采的总储量约 210 亿吨。目前全蒙有 15 个煤田、85 处煤矿点，开采总量不到 500 万吨。位于南戈壁地区、距离中蒙边境直线距离约 180 公里的塔本陶勒盖煤矿，被认为是世界最大的未全部建成开采的整装焦煤煤田，预计可开采超过 30 年。蒙古国 99% 的矿井是露天开采，开发成本较低。另据蒙古国石油局统计，2012 年，蒙古国石油可能储量 8.7 亿吨，其中，2013 年新增证实储量 3.3267 亿吨。目前，蒙古国未探明场地面积很大，石油储量尚不明确。但蒙方媒体曾报道，与中国接壤的东、南、西部地区就有 13 个比较大的石油盆地，仅东方省塔木察格地区储量就有 15 亿吨，东戈壁省宗巴彦储量为 7 亿多吨，而且油质自流指数比较高。蒙古国政府还确定了朱温巴彦和查干埃尔斯两个石油远景区。

煤炭等矿业生产已经成为蒙古国经济支柱，未来相当长一段时间，矿产资源开发在其经济中的优先地位不会动摇，矿业兴国战略、矿产开发法律和人文环境逐步改善这三项基本国策不会改变。为吸引投资，蒙古国提出《矿产法》2014 年修订案，恢复发放新的勘探许可证，解决矿权证转让混乱现象，以完善健全长期、稳定的投资法律环境。还提出洗煤、选煤等非原煤出口的企业可以免缴 9% 的资源税等优惠政策。随着"发展之路"的推进，蒙古国基础运输设施将不断完善，尤其是现代化铁路的投入使用，将直接降低煤炭出口成本并提升其出口能力。

中国并不缺少煤炭资源，但对于优质焦煤仍然需要进口。近年，中国从蒙古国进口的焦煤量逐年加大，蒙古国甚至曾超越澳大利亚成为中国最大的焦煤进口来源国。随着我国限产政策的逐步落实，将在一定程度上导致国内炼焦煤供应偏紧，加之国内炼焦煤价格的稳中上涨，为蒙古国炼焦煤进入中国增加了空间。大庆油田从 2005 年开始在蒙古国探索产能合作的可能，至今已取得丰硕的经济效益与社会效益，为国家拓展海外石油市场，实现进口渠道多元

化，保障国家能源安全迈出了坚实的一步，中蒙石油合作已步入稳定发展阶段。

继续深化中蒙能源合作，一定要立足于蒙古国的资源赋存，结合我国产业技术、人才优势，与蒙古国在发展煤化、石化工业方面开展合作。例如，建设热电厂、开发煤制气项目、建炼油厂等。采取就地转化加工，减少蒙古国原字号资源出口，不仅可以提高出口产品附加值，消除蒙古国单纯成为中国资源供给地，经济过度依赖中国的担忧，还可以推动蒙古国的产业升级和资源开发，延长蒙古国的国内产业链条，创造更多新的就业机会。中蒙双边能源合作互需互补，合作共赢。

三 用"五通"促进中蒙发展规划对接，实现双边对等发展

2014 年习近平主席访蒙期间，中蒙双方签署了包括铁路过境运输等 26 项合作文件。2016 年李克强总理访蒙之际，两国又签署了 10 多份双边合作文件。所涉及的经济贸易、能源、基础设施、金融、气候变化、广电等领域，完全符合政策沟通、设施联通、贸易畅通、资金融通、民心相通的具体设想。实现"五通"是"一带一路"建设的远大目标，不仅为"一带一路"建设指明了方向、确立了机制、落实了内容，也可成为在"一带一路"与"发展之路"对接过程中逐步化解中蒙经贸合作的不利因素、平衡相互依赖程度、共同维护经济安全的最佳载体。

（一）政策沟通，保驾护航

自中蒙双边关系实现正常化以来，在政策沟通方面的确堪称典范。从 1994 年签订《友好合作关系条约》开始，经过 2003 年、2011 年和 2014 年战略伙伴关系的不断提升，两国关系实现了全面发展。高层互访频繁，2014 年一年内，中蒙两国元首就会见了 5 次。在中蒙俄三国首脑会晤机制框架下，更具有针对性的中蒙

双边会晤机制也得到完善。通过领导人、相关部门、地方政府等各层次进行对话和沟通，求同存异，化解消极因素，达成相关项目的政策共识。2016 年，李克强总理访蒙，带去了免除蒙古国期待已久的历史债务的消息，表明中蒙双方希望有更多的互信，有更多的相互理解，这是一个很重要的基础。中蒙两国在"一带一路"和"发展之路"对接问题上已形成的机制，定将成为未来中蒙经贸合作中沟通问题的有效平台，深入合作前景的明灯。

（二）设施联通，强基固本

目前，中蒙在设施联通方面的合作还处于低端水平，这正是在双边发展规划对接、合作水平提升中需要深化加强的方面。"丝绸之路经济带"的核心要素是基础设施建设，正与"发展之路"的五大通道形成契合点。以道路联通为代表的基础设施的互通是贸易畅通的基础，而在这方面恰恰成为中蒙合作以及未来扩大合作的瓶颈。蒙古政府为了发展经济，有意恢复最大煤矿的生产开发，届时物流运输问题是亟待解决的，这无疑是一个促进蒙古政府加快与中方铁路对接建设的动力源。互联互通除了铁路以外，还包括公路、航空、油气管道、光纤通信等综合在一起的立体、多维的通道。这些都有利于促进蒙古经济多元化发展，经济安全指数得到提升。因此，实现设施联通，也是有利于保障中蒙双方经济安全的有效措施之一。中蒙在保障设施联通的同时，相关制度规则的制定与融合也是重要方面，需要从硬件和软件两方面全面对接。

（三）贸易畅通，重在便利

"贸易畅通"，重点是促进贸易和投资便利化。就目前情况来看，中蒙之间贸易往来的矿产品、机械设备、畜牧产品和日用品都还需要大型的运货车辆或铁路来运输。因此，包括基础设施效率低下、口岸通关不畅在内的贸易投资便利化问题将成为扩大双边合作的关键性问题。[8]改善贸易条件，实现中蒙双边对等发展，提升两国贸易便利化水平是对接工作中的难点。特别是对中方来说，基础设施硬件建设相对容易，而贸易便利化软环境的完善需要下更大的功夫。中蒙双方应继续利用好现有的经贸科技、矿能等沟通合作机制，加强分工与协作，解决存在的问题，促进双边贸易和投资便利化，提升贸易合作的层次与水平。

（四）资金融通，有效支撑

中蒙金融合作已有一定基础。2014 年，中蒙就本币互换签署协议，标志着中蒙两国金融合作关系走上新台阶。实现对接，特别是基础设施的互联互通，投融资是必不可少的，除了继续用好传统的融资渠道外，两国金融机构还应充分利用银团贷款和发行基建债券等方式向基础设施提供融资。还有在2016 年 8 月，蒙古国货币现钞兑换业务在中国境内已经启动，本币互换规模扩大，双边货币流通平衡，对双边贸易往来便利快捷发挥了极大的促进作用。

（五）民心相通，化危为机

"民心相通"是"一带一路"建设的社会根基。实现发展规划对接，提升经贸合作水平，必须加强人民友好往来，增进相互了解和传统友谊，得到人民支持。中蒙人文领域交流有很多优势，也有很好的基础。通过人文交流增进民族感情，化解矛盾、减少冲突。针对当前蒙古国内对中国发展存有戒心、对现实存在的经贸合作不平衡不满，特别是"中国威胁论"等，都需要通过多交流，彼此了解、理解，直至化解。中方国家领导人在出访国演讲、平面媒体发表署名文章阐述中国主张，增信释疑，实效显著。所以说两国的主流媒体也应加强交流，扩大正面、积极的宣传报道，促进民心相通。

尽管在未来中蒙经贸合作的过程中，仍会存在蒙古国对中国持有戒心、域外国家因素的干扰等制约因素，但"一带一路"与蒙古"发展之路"在理念、内容及利益上高度契合，合作的机遇远远大于挑战。中蒙将逐步缩小差距，寻求平衡，实现互利共赢、共同安全、可持续发展。

作者简介

张秀杰，黑龙江省社会科学院东北亚研究所研究员。

黑龙江省参与俄远东开发问题研究

陈秋杰

一　俄远东开发的历史回顾

自沙俄时代起，出于经济利益与地缘政治利益的考虑，俄国在向东方扩张的同时，就一直没有停止对远东开发的脚步。

俄国时期。19世纪中叶，俄国夺取了黑龙江以北、乌苏里江以东的广阔土地，俄国版图扩大到太平洋西岸。为了在新占领土地上站稳脚跟，俄国政府先后实行了两项重大的东部开发政策，一项是向东部地区移民，另一项是修建横贯俄国东西的西伯利亚大铁路。在这两项政策的带动下，远东地区的社会经济获得发展。首先，远东人口数量迅速增长。沙皇将版图扩大到远东地区后，于1861年颁布了《阿穆尔省和滨海省移民法令》，此后又于1882年颁布了《关于向南乌苏里边区官费移民法令》。这两项法令的颁布鼓励了许多欧俄和西伯利亚地区的居民迁移至远东地区，掀起了两次远东移民浪潮。随着越来越多的移民定居远东，远东地区人口迅速增加。1897~1914年，远东人口从90万增加到160万，增长77.8%。[1] 其次，在人口数量增加的同时，他们的居住范围也在不断扩大，大量居民点如雨后春笋般出现。原有的居民点，如哈巴罗夫斯克（伯力）、符拉迪沃斯托克（海参崴）、布拉戈维申斯克（海兰泡）、尼古拉耶夫斯克（庙街）等则得到进一步发展，成为当时远东地区的较大城市。再次，随着人口不断增多，远东的农业、工业、交通

运输业及商业贸易加速发展，远东与俄国其他地区间的经济联系加强，奠定了全俄统一市场日臻完善的基础。

苏联时期。苏联成立后，对远东地区的开发主要限于为国内经济发展服务的自然资源的开发，进而造成了远东地区畸形封闭的经济发展模式。苏联对远东地区的开发可以分为两个阶段：第一阶段为十月革命到第二次世界大战期间，可以称之为缓慢开发时期；第二阶段为第二次世界大战到苏联解体时期，可以称之为有计划、大规模开发时期。

十月革命后，苏维埃政权虽已建立，但根基不稳，根本无暇顾及远东地区。1922年苏联成立后，逐渐把远东开发列入议事日程，远东开发成为国家经济建设五年计划的一部分。在移民方面，苏联政府实行鼓励移民政策，在迁移费用、缴纳税费、延期服兵役等方面实行优惠政策。这时期的移民中以农业移民居多。1926~1927年，在迁居远东的移民中，无地少地农民占74.3%。[2] 在苏联鼓励农业移民政策的感召下，远东农村人口数量大幅增加。1926~1939年每年向远东农村地区迁移的人口占每年远东农村人口总增长的70%左右。[3] 此外，在

---

① 王晓菊：《俄国东部移民开发问题研究》，中国社会科学出版社，2003，第223页。
② 强连红：《苏联时期远东移民开发政策论略》，《黑河学院学报》2016年第6期。
③ 王晓菊：《苏联的远东移民政策与人口增长》，《俄罗斯学刊》2013年第3期。

第一阶段，根据苏联政府的国家经济发展规划，要加快提高远东地区的科技实力。1917 年，远东地区第一家研究机构——植物研究室在滨海边疆区成立。1932 年，苏联科学院远东分院成立，到二战结束前远东分院已经发展成为一个大型的综合性研究机构。此外，远东高等学校在这一时期获得发展，除 1899 年成立的东方学院外，还有远东理工大学、阿穆尔大学等，为远东地区的科研、教育事业发展储备各类人才。

在第二阶段，也就是第二次世界大战后，苏联政府提出优先发展重工业。然而欧俄地区日渐枯竭的资源无法保证重工业发展，出于战略目的和自然资源储备等因素考虑，苏联政府提出了重工业东移政策。相继在远东建立了一大批重工业企业，形成了若干个生产综合体。此外，20 世纪 70 年代修建的贝阿铁路，成为继西伯利亚大铁路后第二条横贯苏联东部地区的钢铁大动脉。远东地区依靠中央政府拨款建设了战略大后方，确立了远东原料基地的地位，煤炭、石油、天然气、金刚石、森林等资源开采型产业是远东开发的重中之重，但也造就了单一的经济发展模式。

苏联解体初期。1991 年苏联解体，俄罗斯联邦成为苏联的合法继承国。在向市场经济转型的过程中，俄罗斯社会动荡，经济发展一度陷入困局。远东地区失去了联邦政府的拨款及各种优惠政策的支持，社会经济发展处于危机之中，与欧俄地区的差距越来越大。特别是人口不断流失，使本就地广人稀的远东地区劳动力短缺、经济不断下滑。在此背景下，俄联邦政府于 20 世纪 90 年代中期出台了《1996—2005 年俄罗斯联邦远东及外贝加尔地区经济社会发展专项纲要》，但纲要的大部分内容没有得到落实。1999 年底，普京从叶利钦手中接过执掌俄罗斯联邦最高权力的接力棒。为使俄罗斯摆脱危机，普京一改之前叶利钦政府向西方"一边倒"的政策，转而实行"双头鹰"政策，力图实现东西兼顾的新型外交方略。

二 远东迎来开发新时期

2004 年 3 月，普京顺利连任俄联邦总统，在他的第二任期内更加重视远东开发。俄罗斯政府基于地区经济平衡和国家安全考量，通过制定一系列战略和规划，加大远东地区开发力度。2007 年 9 月，俄罗斯政府实施新的东部开发战略，出台了《俄罗斯远东及外贝加尔地区2013 年前经济社会发展联邦专项规划》。2010年，俄联邦政府批准《2025 年前远东和贝加尔地区经济社会发展战略》。2013 年 3 月，俄罗斯政府审议批准《俄罗斯联邦远东和贝加尔地区社会经济发展国家规划》，加快了远东开发的步伐。乌克兰危机后，由于西方国家的一再打压，俄罗斯开始"向东转"，远东开发进入一个新时期。普京政府在制定和实施远东发展纲要的同时，一系列远东开发举措相继出台。

第一，增设机构。2012 年俄罗斯远东发展部成立，这是俄罗斯首次成立专门负责对远东地区进行开发的部级机构。远东发展部立足远东，因此总部设在哈巴罗夫斯克边疆区首府——哈巴罗夫斯克市，在莫斯科有代表处。主要负责协调国家计划和联邦目标计划在远东的实施情况、管理联邦财产、监督各联邦主体国家权力机关依法实施联邦权能等。远东发展部实行特殊的国家管理体制，最大限度限制其他联邦层面力量插手远东联邦区事务。[①] 此外，组建远东发展公司，负责港口、道路、通信、机场和地方航线建设，以及自然资源的开发。总部设在符拉迪沃斯托克（海参崴），直接接受总统领导。另外，启动远东和贝加尔地区发展基金，旨在吸引投资、保障实施投资项目，并支持和推动远东地区信息和服务平台建设，以吸引来自国内外的投资。

第二，出台法规。2014 年底，普京签署

---

① 李建民：《普京新时期远东开发的定位和目标》，《国际经济评论》2013 年第 3 期。

《俄联邦社会经济超前发展区联邦法》。这项法令颁布的目的在于通过建立"超前发展区"，使远东更紧密地融入亚太地区。该法计划在远东地区建设多个超前发展区，其中包括 3 个海港、2 个物流枢纽、3 个农工集群等。俄联邦政府通过立法的形式推动"超前发展区"的建立，表明俄罗斯把远东地区的发展与国家的前途命运紧密联系在一起的决心。可以说，这部法令是俄罗斯为实现强国梦和构筑欧亚联盟的重要举措，也是俄罗斯东进亚太地区的战略布局。2015 年 10 月，普京签署的《符拉迪沃斯托克自由港法》正式生效，该项法律旨在以简化签证制度、实行优惠的自由关税区制度为目的改善远东投资环境，提高远东吸引力。2016 年 5 月又相继出台了《俄罗斯远东地区土地免费配发法案》，即《远东一公顷土地法》。这项法案的推出意在鼓励欧俄人口向远东地区流动，促进远东地区的社会经济发展，在巩固领土安全的同时为远东开发提供劳动力资源。

第三，重视宣传。近年来，为了促进远东开发，俄罗斯在其主办或主导的许多国际会议、论坛中都加入了远东元素。2012 年，俄罗斯在符拉迪沃斯托克（海参崴）举办 APEC 论坛，令世人瞩目。自 2015 年起，已经连续四年在符拉迪沃斯托克（海参崴）举办"东方经济论坛"，在扩大远东知名度的同时，还为远东开发获取了大量资金。特别是 2018 年 9 月举办的第四届论坛上，中、日、韩、蒙等亚太国家政要悉数出席。中国国家主席习近平在论坛上致辞并指出，中国一直是俄罗斯远东合作的积极支持者和参加者。相关统计数字显示，在论坛上签署了总额达 440 亿美元的 200 多项投资协议，这些投资将成为未来远东地区社会经济发展的重要资金支持。

三 中俄在远东地区合作面临的新机遇

同为东北亚地区的大国，中国历来重视与周边国家的睦邻友好关系。苏联解体后，中俄关系进入了新的快速发展时期。在叶利钦执政时期，中俄两国从睦邻友好关系、建设性伙伴关系发展到战略协作伙伴关系。普京执政以来，这一战略协作伙伴关系得到不断发展和深化，最终以法律形式固定了下来。特别是两国通过协商、谈判解决了历史遗留的边界问题，还通过签订双边合作条约扩大了合作领域。2012 年，普京在阐述其总统竞选纲领时曾说过："俄罗斯需要一个繁荣稳定的中国，中国也需要一个强大成功的俄罗斯"。2018 年普京再次当选总统后，仍然把中俄关系作为优先发展的方向。当前，中俄两国关系处于历史最好的时期。两国为了加快本国国内经济发展，提升各自国际地位，进一步加强合作是必然趋势。

"一带一路"构想为远东合作勾勒蓝图。自 2013 年习近平主席提出"一带一路"倡议以来，围绕政策沟通、设施联通、贸易畅通、资金融通、民心相通开展的"五通"建设惠及世界，共建"一带一路"国家的互联互通进一步密切。对于中国来说，在"一带一路"建设中俄罗斯恰恰是其中重要的一环，与俄罗斯进行合作有利于我国的资本与经贸利益"走出去"。对于俄罗斯来说，利用"一带一路"搭建的平台，能够进一步开发远东，加强与周边国家的合作，提升亚太地区在国家战略中的地位。

中俄建立地方合作机制为远东合作提供保障。中俄两国为了推动远东合作，建立起相应的合作机制。2015 年 9 月，中国东北地区和俄罗斯远东地区地方合作理事会召开首次会议。2016 年 11 月，两国决定在中俄总理定期会晤机制框架下建立中国东北地区和俄罗斯远东及贝加尔地区政府间合作委员会，以推动中国东北地区和俄罗斯远东地区发展。合作机构的建立，推动中俄远东开发合作取得进展，带动中俄双边贸易额不断增长。2017 年，俄罗斯滨海边疆区与中国的贸易额达到 32.5 亿美元，同比增长 11%，共有 208 家中资企业在当地注册公司。行之有效的政府间合作机制对两国地方合作提供支持和保障。

中俄国家级战略为远东合作保驾护航。进入 21 世纪，中俄先后提出了"振兴东北"和"开发远东"两大战略。在俄罗斯实施的"向东转"战略中与中国合作是重中之重，远东开发成为俄罗斯政府的优先方向。俄罗斯政府不断加大对远东地区的政策扶持和资金支持力度，未来远东可能成为俄罗斯国内发展新的增长极。中国东北老工业基地振兴与俄罗斯远东地区开发的同步实施，为中俄毗邻地区经济的互动发展提供了难得的机遇。中国参与俄远东地区的开发有利于东北地区的振兴，同时中国东北老工业基地振兴战略的实施对俄罗斯远东开发来说也是一次历史性重大机遇。中俄两国应借助地缘、资源禀赋互补等优势，实质性地推动中俄边境地区经济合作。

四　黑龙江省参与远东开发对策建议

随着俄远东地区迎来重大发展机遇，中俄两国在石油、天然气、农业和基础设施建设等方面的合作全面展开，已成为两国地方合作的一张名片。2017 年黑龙江省对俄贸易快速增长，实现进出口总额 109.9 亿美元，增长 19.5%，占全省进出口总额的 58.0%，占中国对俄贸易的 13.1%。① 黑龙江省作为对俄沿边合作大省，应在以下几方面着力推进。

一要继续推进"一窗四区"建设。当前，推进黑龙江省"一带一路"建设的发展定位是"打造一个窗口、建设四个区"。"打造一个窗口"，就是要把黑龙江省打造成我国向北开放的重要窗口，应主动进行"一带一路"倡议同俄远东地区的政策对接，建设对俄合作的枢纽站，加快形成以哈尔滨为中心，以牡丹江绥芬河为先导的对外开放新格局。"建设四个区"：一是建设黑龙江（中俄）自由贸易区，应学习上海等自贸试验区的成功经验，如边检服务掌

上直通车、铁路运输方式舱单归并新模式等，建设中俄深度合作的示范区、"一带一路"面向东北亚地区的重要枢纽和全国新一轮改革开放的先行区；二是建设沿边重点开发开放试验区，应积极探索沿边地区开发开放新途径、新模式，建设联通我国与俄罗斯远东地区的综合性交通枢纽、沿边地区重要的经济增长点、睦邻安邻富邻的示范区；三是建设跨境经济合作示范区，应完善对外开放合作园区体系，建设境内外联动、上下游衔接的跨境产业合作基地；四是建设面向欧亚的物流枢纽区，应推进跨境基础设施互联互通，畅通集铁路、公路、水运、航空、管道、电网、光缆于一体的东出西联国际经贸大通道，培育壮大专业物流园区、物流集团和物流企业，打造现代智能物流产业集群。

二要加强农业合作。自 2018 年 3 月起，随着中美贸易摩擦不断升级，为回击美国对中国加征的一系列商品关税，中国提出对美国大豆等商品加增关税。数据显示，2017 年，我国进口美国大豆 3285.4 万吨，占我国大豆进口量的 34.4%。尽管中美贸易战尚未打响，但我们应未雨绸缪，积极拓宽进口大豆渠道。可以说，远东大豆可以作为一个补充选择。此外，小麦、玉米等也是远东农业的主产粮食作物。黑龙江省应积极参与远东农业开发，原因在于以下几点。第一，远东地区与黑龙江省一衣带水，那里的土地土壤条件优越、气候条件适宜、对外交通便利、农业开发成本较低，这些都与黑龙江省的农业环境类似，为黑龙江省参与远东农业开发提供了得天独厚的便利条件。建议黑龙江省选派经过语言和农业技术培训的中高级农业技师进入远东境内劳作，打破以往赴俄远东劳务层次低、素质不高的窘境。第二，远东地区是俄罗斯重要的大豆、小麦产区，但俄罗斯本身市场规模有限，而中国拥有庞大的消费市

① 《黑龙江省对俄贸易占全国对俄贸易总量 13.1%》，新浪网，2018 年 1 月 23 日，http://news.sina.com.cn/o/2018 - 01 - 23/doc - ifyqtycx2656988.shtml。

场。黑龙江省应利用地缘优势，成为进口俄罗斯农产品和对俄出口生产资料、农机设备的第一大省。第三，加大对俄罗斯农产品的宣传力度，除利用原有的哈洽会、中俄博览会等平台外，还应通过电视、广播、网络等媒体推送俄罗斯农产品的宣传和广告，让更多的中国老百姓能够购买到货真价实的俄罗斯农产品。

三要实施通道建设合作。长期以来，基础设施薄弱一直是困扰俄罗斯远东地区发展的重要因素。随着同江—下列宁斯阔耶铁路桥、黑河—布拉戈维申斯克公路桥、"滨海1号"和"滨海2号"国际交通走廊等互联互通项目的稳步推进，黑龙江省对俄通道建设取得历史性突破。此外，东宁跨境公路大桥、黑瞎子岛陆路口岸建设也取得阶段性成果。航空运输方面，哈尔滨—叶卡捷琳堡货运包机，哈尔滨—新西伯利亚、哈尔滨—叶卡捷琳堡客货混载线路已十分成熟；在铁路运输方面，通过绥芬河、黑河发寄对俄国际包裹，哈欧班列全年发运101班，哈俄班列已实现"周周发"的常态化运营。当前，黑龙江省应适时加密哈欧货运班列班次，开行哈俄班列，推动"哈俄日韩"陆海联运和经黑龙江下游出海的江海联运常态化运行。实现多点对接、互联互通的跨境基础设施建设、立体化的国际大通道建设、安全畅通的跨境运输网络建设。

四要开展人文合作。2018年2月7日，中俄地方合作交流年开幕。黑龙江省积极响应国家号召，在对俄人文交流方面不断拓展合作规模与层次。特别是中俄地方合作交流年黑龙江省系列活动、中俄文化大集、中俄体育交流赛事稳步推进。此外，中俄高校合作进展顺利：哈尔滨音乐学院聘请圣彼得堡音乐学院音乐教师来哈尔滨授课，哈尔滨师范大学与苏里科夫美术学院合办的中俄美术学院揭牌。由哈尔滨医科大学作为中方牵头单位组建的"中俄医科大学联盟"已吸引超百所高校加盟，是两国院校参与最广的联盟。青少年是推动未来中俄合作的中坚力量，建议今后黑龙江省应加强两国青少年的文化交流活动，让两国的孩子们从小就此了解，在他们的心灵中播种友谊的种子。可以开展定期的青少年访学、游学、语言比赛、体育赛事交流、艺术文化交流等活动，让青少年在交流中增加互信和好感。还应组织黑龙江省一些优秀的俄语人才翻译俄罗斯流行歌曲、热播影视剧集、畅销书籍等，让我们的青少年可以通过文化元素逐渐增进对俄罗斯人的民族性格和俄罗斯文化的了解。

作者简介

陈秋杰，黑龙江省社会科学院俄罗斯研究所副研究员。

建设好"一带一路"向北窗口　提升东北亚合作新层级

——绥芬河—东宁重点开发开放试验区升级自由贸易试验区设计方案

孙书林

绥芬河—东宁重点开发开放试验区（以下简称"绥东区"）是我国北部丝绸之路上的"向北窗口"。建设好绥东区，并把绥东区升级为自由贸易试验区（以下简称"自贸区"），对于落实习近平在第四届东方经济论坛致辞中提出的深化东北亚合作的"中国方案"，促进"一带一路"国际对接，实现黑龙江省尤其是东北全面振兴，都具有十分重要的意义。

一　绥东区推进情况分析

绥东区 2016 年 4 月由国务院批复建立。建区后，绥、东两市共同努力，推进工作取得了显著成效，但也存在一些困难和问题。

（一）推进情况

1. 加快集疏运体系建设

推进交通基础设施建设，构建集铁路、公路、海运、航空于一体的现代化交通网络格局，增强综合运输服务体系功能。铁路：牡绥高速全线贯通；哈牡客专预计 2018 年 12 月份开行；牡符高铁项目列入国家发改委东北司与俄罗斯对接远东"滨海一号"通道的重要议题，已签署高铁项目意向书。机场：2017 年 10 月开工建设。公路：国道丹阿公路东宁市绥阳镇过境段改扩建项目已竣工通车；珲春至东宁段改扩

建工程已开工建设。口岸：绥东两地口岸改造累计投入 18.7 亿元，改造后口岸年过货能力由 1420 万吨提升至 3970 万吨。

2. 推进对外贸易转型升级

促进对外贸易由单一经营向综合性、多元化转变，实现一般贸易和加工贸易协调发展，边境贸易、边民互市贸易和旅游贸易有序发展。一是做大做强互市贸易。二是通关环境持续改善。率先在全省推行国际贸易"单一窗口"制度。相继争取获批宝玉石、粮食、食用水生动物、冰鲜水产品、中药材、饲草等商品进口资质。口岸汽车整车进口资质已完成验收，鲜奶回运业务取得实质性进展。

3. 打造内外联动外向型产业体系

一是打造木材全产业链加工基地，实现最大化"过埠增值"。二是叫响对俄绿色食品加工品牌。以"粮头食尾""农头工尾"为抓手，形成三产融合发展的绿色食品产业集群。三是推进现代物流产业发展。四是大力发展旅游业，新建一批景区。五是启动中俄国际会展中心建设，举办中国国际口岸（绥芬河）博览会、东宁宝玉石文化节、黑龙江东宁中俄文化节等活动。

4. 加强对外合作平台建设

一是建设边合区国际实木家居产业园。二是建设综保区俄式绿色食品产业园。三是建设

中俄清洁能源产业园。四是建设中俄跨境农业产业园。五是建设中俄电商产业园。六是建设中俄互市贸易产业园。七是建设中俄跨境经济合作产业园。

（二）成效和经验

1. 推进了改革试点

承接国家、省 9 项先行先试点顺利推进，市场准入、外商投资负面清单、5 项自贸区制度实现复制推广。外国人注册登记制度实现破题，外资企业、外籍自然人可在区内注册经营。境外旅客购物离境退税业务迅猛发展，国家全域旅游示范区建设加快推进。

2. 拉动了双向开放

向外：对接俄远东大开发战略、"冰上丝绸之路"和"滨海1号"国际交通走廊，推动了"哈牡绥俄亚"货运班列常态化运行，全面畅通了黑龙江"出海口"。向内：牡绥高速全线贯通，哈牡客专 2018 年底开行，绥东机场三年内通航。

3. 获得了有力支持

国家每年对绥东区给予 1.4 亿元资金扶持，连续扶持 5 年。省政府出台《支持绥东试验区建设若干意见》《关于进一步支持绥东试验区建设若干措施》。两地获批粮食、食用水生动物、冰鲜水产品、中药材、饲草等商品进口资质，获批东北地区唯一金伯利进程国际证书制度指定口岸。

4. 活跃了新兴业态

互贸区实施了"真边民、真交易、真俄货、真实惠"和"人到、证到、货到、钱到"的全新运营模式。推进全域旅游城市建设，俄公民入境免签实现"一站式"查验放行。

5. 加快了改革进程

推进落实"证照分离""先照后证"改革，推进"三十五证合一"改革。开通企业全程电子化登记平台，实现了企业在线申请、审批。

6. 扩大了人文交流

成功举办中国国际口岸贸易博览会、中俄旅游文化节、宝玉石文化节。推进中俄文艺演出常态化，开展中俄体育交流大会、摄影大赛、彩绘大赛、冰葡萄采摘节、赏冰乐雪等系列活动，促进了中俄经济、文化、教育、体育等领域的全方位交流。

（三）存在的困难和问题

政策落地方面。国务院在设立批复、国家发改委在方案实施过程中都为试验区扩大政策、创造条件，但这些都是原则性意见，缺少具体政策。项目建设方面。事关试验区发展的重大项目受土地规划、城市规划、生态红线等制约明显，有些谋划建设的重大项目在土地利用规划和城市规划圈外。通道通关方面。俄方口岸投入有限，基础设施建设滞后，查验设施落后，查验人员少，通关效率低；俄口岸扩能改造虽已复工但推进缓慢；绥芬河—格罗杰科沃铁路区间既有联运线行车受限，运能不足。民间交流较为熟络，政府之间及绥东区与俄远东自由港和超前发展区之间沟通交流较为保守，定期会晤机制不健全；公职人员因公赴俄交流手续烦琐，审批时间过长，效率不高。人才培养方面。人才政策吸引力小，人才"招不来、留不住"，人才流失严重，试验区建设缺少必要的智力支持。

二 绥东区升级自贸区设计方案

（一）总体思路

绥芬河自贸区建设，以习近平新时代中国特色社会主义思想为指导，以科学发展为主题，以加快转变经济发展方式为主线，紧紧抓住国家实施"一带一路"和沿边开放升级、俄罗斯加入世界贸易组织并日益重视远东地区发展、地区冲突加剧凸显东北亚区域经济合作重要性的重大机遇，牢牢把握改革与开放两大动力，充分发挥各种优势，加强内部合作与资源整合。在体制机制创新、对内对外开放过程中解放思想，先行先试，加快推进综合配套改革，积极探索跨行政区域共建特殊经济发展区进而实现经济一体化的有效模式，将绥芬河自贸区建设成为我国地方管理制度改革的先行区。积极开拓提高沿边开发开放水平的新思路，将自贸区发展成为我国沿边开放开发区建设的引领区。积极拓展对俄经贸合作的新领域、新途径，将自贸区打造成为中俄全面战略协作伙伴关系的核心平台。积极加强与东北亚国家的合作，将自贸区塑造成为区域内生产要素与市场的最佳整合地。

（二）空间布局

绥芬河自贸区在整个辖区内按照科学布局、高效集约的原则，统筹规划。在现有的产业发展、口岸条件以及园区建设的基础上，实施功能跨区域合理布局，以重点领域、重点区域突破带动全局。各功能区协调规划，同一功能实行多点开发、互动发展。绥芬河自由贸易区重点布局以下六大功能区。

1. 国际自由商贸中心

绥芬河市以老城区、西城区和铁北区为主体，规划面积 10 平方公里。国际自由商贸中心重点发展国际贸易、商业服务、会展旅游、金融服务、信息服务、文化娱乐等产业。

2. 国际物流园区

国际物流园区由保税物流园区和非保税物流园区构成。其中，保税物流园区以绥芬河综合保税区为基础。绥芬河综合保税区规划面积 12 平方公里，区内面积 1.8 平方公里，周边配套区规划面积 10.2 平方公里。保税物流园区随着保税业务扩大，可适时申请扩区。保税物流园区重点发展国际物流、国际采购、转口贸易、国际展览、保税研发、保税仓储、保税加工、保税租赁等业务。非保税物流园区依托区内铁路、公路口岸，规划面积 5 平方公里，重点发展现代物流产业。在绥芬河机场建成后，根据需要增设包括保税物流功能在内的航空物流园区。

3. 边境经济合作区

将绥芬河现有的边境经济合作区从市中心置换出来，设立新的边境经济合作区，规划面积 16.5 平方公里。边境经济合作区重点发展对俄的边境贸易、商务服务、仓储物流、会展服务、国际金融和旅游购物等产业。

4. 特色产业开发园区

该园区是依托外部资源的加工区。进口木材加工区以现有工业园区为基础，规划面积 40 平方公里，重点发展木材、能源等进口资源加工业，同时兼顾发展轻纺、食品、电子、机电等产品的出口加工。

5. 国际科技孵化园

整合俄罗斯、日本、韩国等国家的技术、资金，以及国内外市场，建设国际科技孵化园。规划面积 3 平方公里，重点发展面向国内和国际市场的新兴科技研发，提升试验区整体科技创新能力。机场建成后，在机场周边规划增设新的科技孵化园区，促进发展使用轻运输原材料的科技创新业务。

6. 生态旅游示范区

主体包括国家重点生态林保护区、自然保护区、国家森林公园、农业观光旅游区，规划面积 200 平方公里以上，重点发展林业、国际会展旅游业、观光农业、休闲康体娱乐业和城乡一体化成果展示。

（三）主要任务

1. 改革创新管理体制

创新经济管理体制。鼓励民营经济发展，建立促进民营经济发展的长效机制，积极引导民间资本参与试验区建设。除享有国际自由贸易区政策外，还享有《国务院关于鼓励和引导民间资本投资健康发展的若干意见》中提到的先行先试权，出台一系列支持民营经济发展的金融、财税、土地等优惠政策，实行优惠的金融服务政策，科技成果促进产业化发展的政策，人才优厚的政府津贴政策等。鼓励民营企业参与口岸建设和各类园区的开发，最大限度发挥民营经济作用。

创新行政管理体制。根据自贸区建设与发展的现实要求，推进行政管理体制改革。设立绥芬河自贸区管理委员会。管理委员会作为黑龙江省人民政府的直接派出机构，接受省政府及中央主管部门的直接领导和指导，具有相应的行政和经济管理权限。

创新财税管理体制。在自贸区成立之日起1年内组建绥芬河自由贸易区建设专项资金。专项资金来源于新增地方税收、口岸进口环节税一定比例的转移支付、国家拨款，用于口岸扩建和升级、园区基础设施建设、企业信用体系建设、技术创新扶持、边境贸易促进和投资促进、进口资源开发、小企业贷款风险补偿机制等在内的各项支出。

创新土地管理体制。在集约高效使用土地的基础上，积极探索自贸区内土地开发新机制。土地利用年度计划指标安排向自贸区适当倾斜，增加年度新增建设用地指标和占用荒山等未利用地指标，优先安排各功能园区的建设用地指标。允许并鼓励试验区采取土地置换、土地使用权调整、改变土地用途等方式盘活土地资源。

2. 打造开放新格局

深化中俄合作机制。推进中俄绥—波跨境经贸合作区建设。建立中俄合作开发对话新机制，争取国家相关政策支持，拓展经贸合作区功能，形成集商贸、物流、会展、金融、保税仓储、高科技产品生产等功能于一体的跨境经贸合作区。

探索发展沿边地区离岸金融业务。支持自贸区在金融改革创新方面先行先试，建设我国金融业对外开放示范窗口。支持在自贸区内设立资本市场改革发展示范区，设立各类有利于增强市场功能的创新型金融机构，探索推动新型要素交易平台建设，支持自贸区开展以服务实体经济为重点的金融体制机制改革和业务模式创新。

扩大口岸城市开放，减少边境地区居民往来的障碍，参照互市贸易区人员免签政策，对自贸区内的进出境人员实行落地签证后移管理。

推进在俄建立中国商品保税区，帮助有实力的境外投资企业在俄辟建保税仓库，促进在俄经贸投资规模的扩大和境外园区的发展。

依托绥芬河市的中俄电子商务平台，建设自贸区中俄经贸合作双语网络信息平台，完善信息沟通渠道，为企业提供全面、准确的经贸信息，促进信息交流和共享，保障经贸合作信息通畅，节约经贸企业成本。

加强与世界各国，尤其是周边国家的技术合作，建立国际性技术合作联盟，促进中国企业与俄罗斯、日本、韩国等国的科研院所、企业研发中心和风险投资基金建立广泛联系，形成跨国"产学研"网络，开展跨学科、跨领域、跨国界的技术交流与合作。

有针对性地放宽对资源进出口的管制，促进口岸经济发展。进口资源加工复出口项目，列入出口管制例外，在出口时不受出口配额限制，或免征出口税。

3. 健全各类服务体系

完善金融服务体系。打造服务机构多元、融资渠道多样、担保方式灵活的金融服务体系。鼓励国内外各商业银行、证券公司、信托投资公司来试验区设立分支机构。鼓励设立试验区小额贷款机构，国家政策性银行给予业务指导和资金支持。鼓励开设典当行、担保公司、房产经纪公司、投资公司等民营金融中介机构，为区内中小企业的资金融通提供便利；鼓励行业商会的发展，促使其担保功能的开发；允许境内金融机构在经过核实的基础上，开展以企业境外资产为担保的人民币或外币贷款业务。设立中俄贸易金融结算中心，完善人才服务体系。探索在区内开辟建立高素质人才创业园（企业孵化器），搭建创业平台，鼓励和支持企业吸引高层次人才。建立和完善机制健全、运行规范、服务周到、指导监督有力的人才市场体系。完善物流服务体系。以综合保税区为平台，开展国际化供应链物流服务，推动物流与供应链的融合，实现从原材料采购、制造加工、分销配送到产品销售的"一条龙"高效服务。

4. 推进口岸现代化

打造国际一流口岸。建设大通关体系，完善海关、检验检疫、边检、保税区管委会多方联动、高效协同的口岸管理模式。构建精简高效的公共管理和公共服务体系，缩短查验时间，提高通关效率，加快查验速度，促进便捷通关。

完善"电子口岸"建设。发挥网络信息化管理在口岸管理中的作用，加快建设集电子政务平台、电子商务平台于一体的口岸公共信息平台。

建立中俄口岸合作机制。通过双边积极对话，推进中俄海关查验结果参考互认，拓展口岸车检场的 X 光机查验结果参考互认范围，推动人工查验结果参考互认深入发展，简化通关手续，提高货物通关的速度和效率。

创新口岸管理模式。推行以诚信为基础的分类风险管理通关机制，使企业能有效降低出口产品的生产成本，缩短产品出口所需的通关时间。

完善通关检验检疫跨地区合作制度。与内地其他省市检验检疫机构建立通关合作同盟，构建"异地报关、异地报检、口岸放行"的监管体制。

5. 建设和谐宜居的城市

推进城乡一体化，提高社会保障能力，建立健全公共安全体系，加强社会治安管理，维护公平竞争的市场环境。

打造口岸文化名城，依托特有的人文资源、得天独厚的口岸资源等，大力发展文化创意、影视制作、演艺娱乐、文化会展和动漫游戏等各类文化产业，积极培育具有口岸特点和国际特色的文化产业群。

6. 加强生态环境保护

加强水环境治理工程建设，加强大气环境治理工程建设，加强固体废弃物污染防治工程建设。

（四）保障措施

1. 加强组织领导，落实工作责任

建立绥芬河自贸区建设工作领导小组。领导小组组长由省领导担任，组员由省编办、省发改委、省工信委、省科技厅、省公安厅、省边防总队、省外事办、省民政厅、省财政厅、省人保厅、省国土厅、省环保厅、省住建厅、省交通厅、省农委、省水利厅、省林业厅、省商务厅、省文化厅、省卫生厅、省地税局、省统计局、省工商局、省旅游局、省金融办、省外汇管理局、哈尔滨海关、省国税局、省检验检疫局、黑龙江绥芬河市人民政府的工作人员组成。结合各成员分管工作，对实施方案中的主要任务进行合理分配。领导小组下设工作办公室，办公室设在黑龙江省发展和改革委员会，负责组织协调边境自由贸易区的政策落实和建设推进。各部门相互配合，明确工作时序和重点，落实责任主体，积极落实自贸区实施方案中的重点工作、项目和政策。

2. 加强宏观指导，提高建设效率

大力构建部省合作机制，将自贸区作为部省合作的工作重点，加强部省主管部门对自贸区建设的指导和支持。领导小组定期向中央政府主管部门汇报试验区建设的进展情况，积极接受上级主管部门的监督和指导。在自贸区建设过程中，领导小组配合上级主管部门及时进行工作经验总结，及时发现问题，以便更好地解决问题，提高建设效率。

3. 加强跟踪检查，提高公众参与度

建立健全自贸区建设的动态追踪和第三方评估制度，对建设的进展情况进行跟踪检查，定期向社会公布检查结果，并广泛听取公众对试验区建设的改进意见。通过不断完善社会监督机制，鼓励公众积极参与试验区建设的实施和监督。

4. 加强舆论宣传，扩大社会影响

在扎实推进自贸区建设的同时，进行科学合理的形象塑造和特色营销，以多种形式统一加大

对内对外宣传，把握国内外社会舆论导向，努力树立绥芬河——"中国最具开放活力地区"的社会形象，为自贸区建设创造良好氛围。

（五）政策支持

1. 区域内自由

参照国际通行的成功经验，边境自由贸易区运行模式应为"境内关外，一线放开、二线管住、高度开放"。境外的货物可以自由地、不受海关监管进入设定区域，区内的货物也可以自由地、不受监管运出境外；货物从区内进入国内，或者货物从国内进入区内，海关进行依法监管。政策模式基本内容包括以下几点。

一是货物进出自由。境外进入区内的商品及区内商品出口境外免征关税。国内进入区内的商品视为出口，区内商品进入国内视为进口。

二是人员进出自由。国内及境外人员来区内经商、旅游及从事文化教育等活动，进出均不受限制。凡境外人员（包括团队及个人）进区在规定期限内实行免签制度，自由进出。

三是贸易投资自由。凡符合惯例的贸易行为均可进行。除个别受管制货物外，一般货物不受进口配额或其他许可证规定所限。除了酒类、烟草等少数商品外，一般进口货物无须缴付关税或其他进口税（如增值税或消费税等）。除极个别需要管制的行业外，区内放开所有投资领域，投资不受规模、行业、准入限制。

四是金融自由。资金进出区不受管制，各种货币可自由流通兑换。

五是适用原产地规则。即完全在区内获得或生产，或者实质性加工和生产等主要工序在区内进行，其中本地零部件及劳工费用或加工增值达到一定比例以上的产品视为区内原产产品，进入内地免征关税。

六是针对俄罗斯出口结构偏重于原材料和能源化工商品等实际情况，批准绥芬河边境自由贸易区内经核准的企业享有石油、天然气、煤炭、贵重金属等商品的经营权、配额和许可证。

2. 鼓励金融创新

绥芬河边境自由贸易区在金融业务、金融机构准入、金融市场、金融产品等方面进行创新，拓展融资渠道。按照有关管理办法设立自由贸易区股权（产业）投资基金。开展金融产品和服务创新试点。开办和推广知识产权、收益权、收费权和应收账款质押融资，大力发展租赁融资，支持符合绥芬河产业发展规划的行业和企业发展。优化电子支付环境，大力推广非现金支付工具特别是电子支付工具。在加快推进建立统一的法律制度和有效的监管机制背景下，允许绥芬河边境自由贸易区金融机构开展综合经营试点。第一，支持绥芬河在金融改革创新方面先行先试，建设我国金融业对外开放试验示范窗口。第二，支持设立在绥芬河的银行机构发放境外项目人民币贷款。第三，支持在绥芬河注册、符合条件的企业和金融机构在国务院批准的额度范围内，在俄罗斯远东地区发行人民币债券，用于支持绥芬河自贸区开发建设。第四，支持设立"前海股权投资母基金"。第五，支持包括外资股权投资基金在绥芬河自贸区创新发展，积极探索外资股权投资企业在资本金结汇、投资、基金管理等方面的新模式。第六，进一步推进绥芬河金融市场扩大对俄罗斯远东地区开放。第七，支持绥芬河自贸区试点设立各类有利于增强市场功能的创新型金融机构，探索推动新型要素交易平台建设，支持绥芬河自贸区开展以服务实体经济为重点的金融体制机制改革和业务模式创新。第八，支持俄罗斯远东金融机构和其他境内外金融机构在绥芬河自贸区设立国际性或全国性管理总部、业务运营总部，加快提高金融国际化水平，促进绥芬河自贸区金融业和总部经济集聚发展。

3. 给予优惠的税收政策

在国家税制改革框架下，支持前海在探索现代服务业税收体制改革中发挥先行先试作用。首先，在制定产业准入目录及优惠目录的基础上，对绥芬河自贸区符合条件的企业减按15%的税率征收企业所得税。其次，对在绥芬河自贸区工作、符合绥芬河规划产业发展需要的境外高端人才和紧缺人才，取得的暂由绥芬河市人民政府按内地与境外个人所得税负差额给予的补贴，免征个人所得税。最后，注册在绥芬河自贸区的符合规定条件的现代物流企业享受现行试点物流企业按差额征收营业税的政策。

4. 产业和信息化政策

支持绥芬河自贸区发展现代服务业，鼓励实行更加开放的产业和信息化政策。支持设立服务外包园区，承接俄罗斯金融、物流等行业的后台服务。鼓励创新信息化管理模式，绥芬河市与俄罗斯远东地区之间的电信业务采用更优惠的通信资费方案。允许国内电信运营商与俄罗斯远东电信运营商合作，经营增值电信业务。

5. 土地管理政策

支持绥芬河市推进节约集约用地试点工作，创新土地管理方式，增强政府对土地供应的调控能力。根据绥芬河自贸区开发进展的需要，国家适当增加黑龙江省新增建设用地指标，由黑龙江省视具体情况进行安排。

6. 法律事务合作

探索俄罗斯仲裁机构在绥芬河市设立分支机构。进一步密切中俄律师业的合作，探索完善两地律师事务所联营方式，深化落实对俄罗斯的各项开放措施。

7. 人才政策

建立健全有利于现代服务业人才集聚的机制，营造便利的工作和生活环境。创新管理机制，研究制定相关政策措施，为外国籍人才、海外华侨和留学归国人才在前海的就业、生活以及出入境等提供便利。将绥芬河自贸区纳入经国家批准的黑龙江省专业资格互认先行先试试点范围。允许取得俄罗斯执业资格的专业人士直接为绥芬河市企业和居民提供专业服务，服务范围限定在绥芬河市内，具体政策措施及管理办法由行业主管部门制定。允许取得中国注册会计师资格的俄罗斯专业人士担任内地会计师事务所合伙人，在绥芬河市先行先试，具体试行办法由黑龙江省制定，报财政部批准后实施。

绥芬河自贸区通过以上创新开放模式和开发开放政策，在中俄区域合作中形成一个独具吸引力、辐射力和竞争力的特殊经济区。使之成为俄能源、原材料顺畅进口的集散地，支持国内可持续发展的平台；中俄商品、技术、资金深度合作的经贸平台；中俄及其他国家与地区参与俄远东大开发的通道和枢纽；中、俄、日、韩、蒙、朝等东北亚国家进行国际区域合作的试验田；中俄经贸合作战略升级的新尝试。

作者简介

孙书林，黑龙江省绥芬河市战略研究中心研究员。

新形势下中俄能源合作及前景展望

曹志宏

在当前中俄全面战略协作伙伴关系不断深化的形势下，推进两国能源合作具有重要的现实意义。中俄能源合作能够体现两国的经济利益诉求，是中俄贸易和投资最主要的驱动力。无论从经济基础、政治利益出发，还是结合区位因素考量，中俄两国加强能源合作都是双赢的选择。得益于国际能源格局的演变以及区域经济合作与竞争，未来10年，中俄能源合作仍将保持发展态势。从目前看，中俄能源合作虽进一步强化了国际能源合作的多元化，但不会对国际能源格局产生重要影响，未来发展还取决于一系列变量因素的动态发展。

一 中俄能源合作发展现状

在过去的10多年间，俄罗斯对华能源出口占俄能源总出口的比重呈上升态势，并在2012年达到最高点8.4%（见表1）。中国通过石油供应和贷款优先权等方式对俄罗斯能源企业投资超过1000亿美元。[①] 2015年中俄能源战略伙伴关系建立后，在欧洲降低对俄能源依赖、页岩气革命改变世界能源供需结构、全球油气需求向亚太地区转移、乌克兰危机后欧美联合制裁俄罗斯能源企业等多重因素促进下，中俄两国能源合作取得了新突破。两国在能源对话机制、原油贸易、上游勘探开发、油气管道建设、下游油气产品精炼等领域收获颇丰。预计到2035年，俄罗斯对中国的能源出口收入将占俄罗斯能源出口总收入的20%。[②]

表1 2005~2017年俄罗斯对华能源产品出口占俄能源总出口比重

单位：%

年份	2005	2006	2007	2008	2009	2010	2011	2012	2013	2014	2015	2016	2017
占比	4.1	4.3	4.0	3.8	5.4	5.0	6.9	8.4	7.9	7.9	7.8	7.7	7.6

资料来源：根据俄罗斯联邦统计局数据整理。

（一）石油合作

中俄能源合作的主体是石油贸易，进入21世纪，俄罗斯对中国的石油出口呈快速增长趋势，2006年达到1596.5万吨，2007年由于对石油出口价格的分歧，中俄两国石油贸易下降。

2008年受全球金融危机影响，贸易量降至1163.8万吨。随着全球经济复苏，2009年中俄

---

① 商务部网站统计数据。
② 《国际能源署：俄罗斯将继续提高天然气出口量》，中国新闻网，2011年11月10日，https://www.chinanews.com/gj/2011/11-10/3452454.shtml。

石油贸易量迅速上升，达到 1530.3 万吨[①]，接近危机前水平。此后，中国从俄罗斯进口石油量逐年增高。2009 年至 2017 年，俄罗斯对东北亚地区的石油出口比重从 10.45% 升至 27.79%，其中对中国石油出口的占比从 5.37% 增至 16.11%。截至 2017 年底，中国自俄罗斯进口石油同比增长 13.9%，达到 5980 万吨，俄罗斯成为中国最大的石油供应国。[②]

2011 年中俄签署了贷款换石油协议，中国向俄罗斯提供 250 亿美元贷款，俄罗斯以向中国供油形式偿还，在 2011 年至 2030 年期间，按照每年 1500 万吨的规模向中国提供总计 3 亿吨石油，同时，俄罗斯原本每年通过铁路对中国的石油供给不变，并增加至 1500 万吨，这是中俄石油贸易的一个突破性进展。2013 年 6 月，中俄两国签署了一份总价值超过 2700 亿美元的长期对华供油协议。该协议计划在 25 年内每年对华供应约 4600 万吨原油，根据合同，俄罗斯将在东线管道 1500 万吨/年输油量的基础上逐年向中国增加原油供给，到 2018 年达到 3000 万吨/年，合同期限为 25 年，可延长 5 年；通过西线管道的原油供给从 2014 年 1 月 1 日开始增供 700 万吨/年，合同期 5 年，可延长 5 年。同时，俄罗斯还将在天津炼化厂建成运营后，每年向其供应 910 万吨原油[③]，此项协议的签署使中俄石油合作达到了前所未有的高度。

（二）天然气合作

21 世纪以来，随着中国经济的快速增长，天然气消费量也呈现不断增加的态势。2015 年中国天然气消费量超过 1800 亿立方米，成为全球第三大天然气消费国，仅次于美国和俄罗斯。[④] 国家发改委数据预测，到 2020 年和 2040 年，中国天然气消费量将分别突破 4000 亿立方米和 6000 亿立方米，中国将成为继美国之后的全球第二大天然气消费国。相关数据显示，2017 年俄罗斯天然气总产量为 6900 亿立方米，当年出口量为 2250 亿立方米，创 25 年来新

高。[⑤] 从实际情况来看，中俄天然气贸易体量很小。2009～2017 年俄罗斯对东北亚地区的天然气出口比重从 2.9% 增至 6.8%，其中对中国的天然气出口比重 2010 年仅为 0.26%，此后更一度降至 2014 年的 0.09%，2015 年小幅升至 0.12%，远低于出口日本天然气 4% 的平均水平，也低于向韩国天然气出口 1.43% 的平均水平。2017 年 1～11 月，我国天然气进口 6069.6 万吨，其中，自俄罗斯进口 38.4 万吨，同比增长 49.6%，占我国天然气进口总量的 0.63%。

2013 年 11 月乌克兰危机爆发，美国和欧盟国家对俄罗斯能源企业采取经济制裁。这为中俄加强油气合作提供了新机遇，此前一直困扰中俄天然气合作的价格分歧得到解决，两国成功签署了多项合作协议。其中，"西伯利亚力量"项目（又被称为中俄东线管道）是一条年供气量达 380 亿立方米的输气管道项目，原计划于 2020 年完成，预计 2025 年实现运营输气[⑥]；阿尔泰项目（又被称为中俄西线管道）是一条年供气量达 300 亿立方米的输气管道项目。这两个天然气合作项目无论是投资还是供气规模，都堪称世界级项目，借此，中国将超过德国成为俄罗斯最大的天然气出口国。2016 年 3

① 《学习时报评论：广泛的经贸合作是巩固与发展中俄关系的基础因素》，新浪网，2020 年 12 月 11 日，https://finance.sina.cn/china/cjpl/2020 - 12 - 11/detail - iiznezxs6302572.d.html。

② 《超越沙特，俄罗斯连续三年成中国最大原油供应国》，搜狐网，2018 年 1 月 29 日，https://www.sohu.com/a/291411973_803358。

③ 《俄方每年向中俄合资天津炼厂供油 910 万吨》，河北招商网，2013 年 6 月 28 日，https://hebei.zhaoshang.net/2013 - 06 - 28/130892.html。

④ 《中俄天然气合作将改变世界能源贸易的格局》，新浪网，2016 年 6 月 17 日，http://finance.sina.com.cn/money/future/nyzx/2016 - 06 - 17/doc - ifxtfsae5706797.shtml。

⑤ 《2017 年俄罗斯天然气总产量料为 6900 亿立方米》，国际燃气网，2017 年 12 月 6 日，https://gas.in-en.com/html/gas - 2732049.shtml。

⑥ 《俄气："西伯利亚力量"输气管道天然气填充工作正按计划进行》，观察者网，2019 年 10 月 12 日，https://www.guancha.cn/internation/2019_10_12_521022.shtml。

月，中国"丝路基金"以 10.87 亿欧元的价格获得了"亚马尔液态天然气"项目 9.9% 的股权，这成为中俄最大的天然气合作项目，对全球天然气市场的供求格局将产生巨大影响。[①]

（三）其他项目合作

电力合作。1992 年中俄电力合作开始发展，但直至 2005 年合作才全面启动。2013 年国家电网公司与俄罗斯统一电力国际公司签署了《关于开展扩大中俄电力合作项目可行性研究的协议》和《中国国家电网公司与俄罗斯辛特斯集团股份公司合作框架协议》。协议中包括对远东及西伯利亚地区电力资源的扩大开发，建设煤炭水电供电一体化项目，进行输电站建设与改造以及其他电力项目开发等。截至 2014 年，俄罗斯通过 110 千伏布黑线（布拉戈维申斯克变—110 千伏黑河变）、220 千伏布爱甲乙线（布拉戈维申斯克变—220 千伏爱辉变）和 500 千伏阿黑线（500 千伏阿穆尔变—500 伏黑

河换流站）已累计向中国送电 115.13 亿千瓦时，节约境内煤耗 391.44 万吨，减排二氧化碳 1093.74 万吨。[②] 2015 年俄罗斯电力对华出口总量为 32.99 亿千瓦时，2016 年电力对华出口超 30 亿千瓦时。

2015 年 11 月，俄水电公司与中国电力建设集团有限公司、三峡公司分别签署了在俄合作建设蓄水储能电站以及在俄远东地区建造抗洪水电站两项协议。

煤炭合作。俄罗斯煤炭储量丰富，探明可采储量仅次于美国，居世界第二位。蒙古国和澳大利亚一直是中国主要的煤炭贸易伙伴，但近年来中俄煤炭贸易不断增加。2008 年中俄煤炭贸易仅为 76 万吨，到 2011 年已达 1057 万吨，增加近 13 倍。到 2013 年，中俄煤炭贸易规模已扩大至 2728 万吨（见图 1）。2015 年俄罗斯对华煤炭出口出现下滑，出口量为 1360 万吨，2017 年增幅明显，达到 2807 万吨，比 2016 年同比增长 49%。

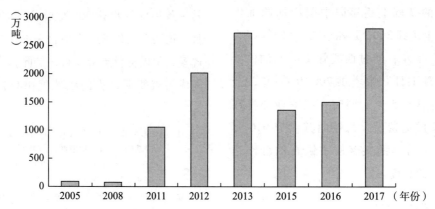

图 1　2005 ~ 2017 年俄罗斯对中国煤炭出口量

资料来源：根据俄罗斯联邦统计局数据整理。

2014 年 4 月俄罗斯审议通过了《2030 年前俄罗斯煤炭工业长期发展规划纲要》[③]，决定要大规模调整东西伯利亚及远东地区煤炭工业发展，扩大国内外销量，修建铁路通过蒙古向中国以及其他亚太国家出口。2014 年 10 月，中俄两国签署煤炭领域合作"路线图"，规定中国大公司可以参与俄罗斯境内的项目。由此，中国神华能源股份有限公司和中国中煤能源股份有限公司与俄罗斯煤炭企业在开发、基础设施建

设等方面达成了诸多合作协议。预计 2015 ~ 2030 年，俄罗斯将提高在亚太地区煤炭市场的

① 《丝路基金收购"亚马尔液态天然气"项目 9.9% 的股权》，希财网，2017 年 1 月 28 日，https://www.csai.cn/jijin/1135321.html。
② 《黑龙江对俄购电累计突破 115 亿千瓦时》，中国新闻网，2014 年 3 月 5 日，https://www.chinanews.com/ny/2014/03-05/5914849.shtml。
③ 《普京规划新建更多燃煤电厂 振兴俄煤炭产业（2）》，北极星电力新闻网，2013 年 9 月 18 日，https://news.bjx.com.cn/html/20130918/460505-2.shtml。

占有额，从6%增加至15%。

核能领域。由俄核物理学家提议修建的田湾核电站，是目前中国所有在建核电站中单机装机容量最大的中俄经济合作工程。当前中俄正探讨于第三国开展核能合作的相关事宜。俄杜布纳联合核子研究所将同中国科学院等离子体物理研究所等科研机构就重离子超导同步加速器（NICA）、先进实验超导托卡马克装置、水堆技术、浮动核热电站及快堆项目等展开合作。① 中国科技部、俄联邦教育科学部、杜布纳联合核子研究所将尽快商讨中国参与实施NICA项目签署补充协议，确定中国参加该项目的路径及费用。同时，双方将进一步扩大杜布纳联合核子研究所及俄联邦其他核物理科研中心同中国有关机构的合作，在强子和轻子对撞机物理、核聚变和等离子体物理、可替代核能等领域开展基础研究和应用研究。

可见，中俄能源合作正在形成集勘探、开采、炼化、装备制造等多领域齐头并进、全价值链式的合作格局。中俄能源相互依存度的不断提升，对开启中俄能源的稳定合作具有促进作用。

二 中俄能源合作中存在的问题

多年来，中俄两国的能源结构互补性与发展水平差异决定了两国能源合作的长期性和必要性。从未来发展角度趋势看，中俄的能源合作势必从现在的以贸易合作为主逐步向贸易与投资、开发与合作并重转变。从中国角度看，必须重视制约和影响中俄能源合作的各种问题。

（一） “中国威胁论” 的影响

中俄两国因在历史上有过若干领土争端问题，现实中存在价值观分歧等客观因素。“中国威胁论”是俄罗斯民族挥之不去的阴影。特别是近年来，随着中国经济的崛起和实力的增长，再加上受到西方反华势力和极端民族主义的煽动，俄罗斯上至国家官员下到普通百姓，一些人心态出现变化，担心中国强大危及俄罗

斯。从中俄资源合作角度看，“中国威胁论”主要体现在有人担心中国控制俄罗斯的能源市场，使俄罗斯成为中国崛起的原料附庸国，主张减少对中国的能源出口，俄罗斯部分官员对与中国的能源合作采取“不积极、不合作”的态度。对此，俄罗斯总统普京多次在不同场合驳斥这种观点。②

（二） 多国参与形成的竞争

随着中国、日本、印度等主要亚洲国家经济持续发展，亚洲地区油气需求快速增长，逐渐取代欧洲和美国成为世界油气需求主力军。2014年，中国、日本、印度分别位列世界第二、第三、第四大原油进口国，日本、中国、韩国分别位列全球第一、第四、第六大天然气进口国。③ 但目前俄罗斯向亚洲地区油气出口份额相对较低，2014年在俄罗斯原油出口总量中，亚太地区的出口份额仅占26%左右，天然气出口份额则不到10%。④ 未来随着俄罗斯向亚太地区油气出口数量的增加，在新增的油气出口分配中，中国不可避免地要面对来自日本、韩国、印度等亚洲主要油气进口国的份额竞争。2016年12月，俄罗斯总统普京对日本进行了访问，两国在政治关系方面虽然取得的成绩不大，但双方出于国家利益的考量，在经贸领域，特别是能源合作达成若干共识，客观上必然会对中俄能源合作产生影响。

（三） 普京政府的能源国有化倾向

自2004年开始，随着俄罗斯经济复苏，出于对经济长期发展战略、能源安全以及政治稳定等多重因素考虑，普京开始通过一系列举措逐步收回之前被私有化的油气资源，加强了俄

---

① 余建华：《全球能源战略格局的可行性演进》，《文汇报》2014年12月5日。
② 《普京反驳“中国威胁论”愿深化俄中合作关系》，搜狐网，2010年9月7日，http://news.sohu.com/20100907/n274761132.shtml。
③ 根据商务部网站数据整理。
④ 根据商务部网站数据整理。

罗斯能源行业的国有化。2012 年 7 月，俄罗斯国家石油公司购买俄罗斯独立天然气生产商 Itera 公司 6% 的股份。2013 年 3 月，俄罗斯国家控股的俄罗斯石油公司分别以 277.3 亿美元、166.5 亿美元加 12.84% 的股份的对价，完成了对秋明—英国石油公司的收购。通过以上种种国有化举措，普京将本国的油气产业牢牢掌握在政府手中，增加了包括中国在内的外资油气企业进入俄罗斯油气市场的难度。

（四）普京政府对于产品分成协议的调整

2003 年 6 月，普京签署《对俄罗斯联邦税法典第二部分补充条款》，这项法律使俄联邦《税法典》第二部分中新的一章——"适用于产品分成协议的税收制度"生效[①]，此次修改使得俄罗斯产品分成协议的条件变得更加苛刻。从法律上讲，俄罗斯仍然保留了实行产品分成协议的可能性，但在实践中，除了法律特别划定的 5 个矿产地外，对于外国投资者来说，签署新的产品分成协议的可能性几近于零。普京政府对于本国矿产地产品分成政策的进一步收紧，会加大中国相关油气企业在此领域的参与难度。[②]

（五）中国能源企业竞争力不强

应该说很多年以前中国就开始重视能源领域，但在具体实施上略显落后。除在专业人才储备、能源项目谈判、企业并购、资本运作等方面存在不足外，中国能源企业在能源开发、勘探、开采、运输等相关领域的技术和管理上与国际先进国家企业还存在明显差距，与发达国家竞争优势不足，出现了许多合作项目流产的现象。从对俄能源合作角度看，对俄罗斯的能源战略、能源法律和政策不甚了然。因此，中国能源企业应从长远的战略眼光着手，注意培养专业人才，积极参与国际能源企业并购重组并积累经验，参与国际大型能源开发、勘探和开采的投招标工作，加大企业在国际能源的竞争力度。

三 国际能源格局深度调整背景下中俄能源合作的前景分析

当前，国际能源市场正在经历深刻和历史性的变化，页岩气革命给世界能源经济结构带来了颠覆性转变，再加上乌克兰危机的地缘政治冲击，俄罗斯认识到必须加快实现出口市场的多元化。这为中俄能源合作带来了新机遇，增强了中国在两国能源合作中的主动性和优势地位。

（一）中俄原油交易价格下降，有利于我国增加国家石油储备

中俄原油贸易合同按惯例采取与国际原油价格挂钩浮动的定价方式，因此，交易价格受国际原油价格影响较大。当国际原油价格出现下跌时，俄罗斯向中国出口的原油价格必须随之下调。以 2014 年 6 月至 2015 年 10 月为例，由于国际原油交易价格下降[③]，中俄原油贸易总额也随之下降，然而，实际上中俄原油贸易从数量上来说是有所上升的。换言之，因为中俄原油贸易采取与国际原油价格挂钩浮动的定价方式，中国购买相同数量的俄罗斯原油付出的货币大量减少，降低了进口成本。根据纽约商品交易所（NYMEX）统计，国际原油价格长期在 43～54 美元/桶徘徊，中国可以利用国际油价上下波动较大的时机进行有步骤操作，加大进口包括俄罗斯的国际原油数量，增加本国的石油储备。

---

① Жить по－человечески: Владимир Путин выступил на расширенном заседании Госсовета. http://www. rg. ru/2008/02/09/putin. html.
② 黄佳音：《创新经济推进中俄油气合作》，《国际石油经济》2013 年第 7 期。
③ 富景筠、张中元：《世界能源体系中俄的结构性权力与中俄能源合作》，《俄罗斯东欧中亚研究》2016 年第 2 期。

（二）俄罗斯对华出口原油意愿增强，提高了中俄石油谈判中中方的议价能力

从俄罗斯的角度看，面对国际油价下跌，俄罗斯很难与石油输出国组织等（世界石油大国）进行协调，以通过降低产量等方式遏制价格下跌。然而，俄罗斯为了保有其在国际原油市场的出口地位，只有保持原有产量甚至增加产量。因此可以说，从国家利益来讲，目前俄罗斯除稳定传统市场外，向更具有地缘优势、更具方便条件的亚太地区，尤其向中国、日本、韩国等增加原油出口的意愿增强。在俄罗斯探求原油出口多元化、为其原油寻找需求稳定而强劲的市场的同时，中国无疑是俄罗斯出口原油的不二选择。

国际原油从卖方市场到买方市场的转变以及国际原油价格波动较大，使中国在与俄罗斯的能源谈判处于主动。也就是说，在国际原油市场上能够从价格、数量来看有更多选择时，俄罗斯向中国出口原油的现状不再是一家独大，中国在中俄能源合作中掌握了更多的谈判筹码，具备了更强的议价能力。

（三）俄罗斯对中国转让上游油气资产的积极性提高，有利于中国油气企业抓住时机"走出去"

从油气开发的上游领域来说，俄罗斯政府一直把控较严，严格控制外资介入且门槛高。①然而，近年来国际油价下跌造成俄罗斯油气企业运营艰难，再加上乌克兰危机导致美国和欧盟等西方国家对俄罗斯的能源企业进行全方位经济制裁以及俄罗斯油气产业发展战略调整的需要，俄罗斯政府对外资进入俄罗斯油气田进行勘探开发的态度有所改变，特别是在中俄全面战略协作伙伴关系的背景下，对于中国油气企业到俄罗斯勘探开发油气田持欢迎态度，主要目的是提高俄罗斯国有能源企业的生产和管理效率。俄罗斯政府认为，在当前国际油价处于低位徘徊、油气出口收入锐减的情况下，适

当引进非国有资本将会缓解本国能源行业的资金紧张。根据目前情况判断，俄罗斯政府有可能加快外资进入油气田进行勘探开发的实施进度，降低外资企业准入门槛。因此，中国能源企业应抓住机会，加快"走出去"步伐，以参股、并购等形式进入俄罗斯上游油气领域。

（四）俄罗斯对中国油气设备进口需求增加，有利于中国油气装备和技术服务打入俄罗斯市场

虽然俄罗斯在油气开采等领域名列世界前茅，但俄罗斯油气装备及技术服务等方面的对外依存度较高的现实并没有改变。近年来国际油价下跌及低位徘徊的状况使俄罗斯油气企业利润减少，导致企业再投资和运营资金紧张状况难以缓解。为改变这种情况，俄罗斯能源企业一方面加快本国油气装备及技术服务等方面的"进口替代"，另一方面开始寻求价格更低、质量更好的油气装备及技术服务。目前，尽管中国的油气装备制造和工程技术服务整体水平与国际先进水平有差距，但海上天然气勘探开发、致密油、测井、大型炼厂工程建设等方面已经具备国际一流技术和研发优势。②从可比价格来讲，与美欧能源企业相比，中国的油气设备和技术服务具有明显的价格优势。

从发展方向上来说，北极大陆架、西伯利亚及远东油气田等是俄罗斯未来油气开发的重中之重。乌克兰危机后，以美国为首的部分西方国家对俄罗斯的油气田勘探开采技术和技术服务等实施了出口禁令，使俄罗斯油气田企业陷入了资金紧张和技术困难的双重窘境。在此情况下，中国能源企业可以凭借自身的技术优势和价格优势，积极推进与俄罗斯油气田企业在油气装备制造及工程技术服务的合作，进入俄罗斯油气装备和技术服务市场。

---

① 郝宇彪、田春生：《中俄能源合作：进展、动因及影响》，《东北亚论坛》2014年第5期。
② 徐洪峰：《普京第三任期以来中俄能源合作新进展及潜在障碍》，《俄罗斯东欧中亚研究》2016年第6期。

四　深化中俄能源合作的对策建议

中俄能源合作以来，从开始的原油贸易、石油炼化等合作，发展到今天的油气管道建设、油气田勘探开发合作。但双方的合作潜力还远远没有开发出来。面对国际能源形势的变化与俄罗斯能源政策的调整，适当改变对俄能源合作思路，探讨中俄能源合作途径更具现实意义。

（一）从战略层面统筹和规划中俄能源合作

能源合作涵盖的规模大、领域多、周期长，与国家战略利益息息相关，因此做好整体的战略规划十分必要。考虑到今后各能源领域还会有大项目上马，须及时制定中俄能源合作的专项规划。根据东北振兴战略、俄罗斯远东开发战略，以及"中蒙俄经济走廊"的建设要求，须对原有布局做出调整和适当补充，既要重视单体大项目的运作，也要做好能源各门类的衔接和整体平衡，在能源合作的大背景下统一布局，分步实施。妥善处理多重关联，既要看到细节需求，也要考虑全局利益；既要把握机遇，也要稀释风险；既要关注中方的利益考量，也要考虑俄方的利益需求。在兼顾中俄双方规划和诉求的基础上，实现两国能源中长期发展规划的对接。深入分析以往规划难以落实的原因，对重点项目的创新合作方式、市场需求、可行性、保障措施和融资规划等进行详细调研，制定有操作性的政策和措施。

（二）完善对俄能源合作的工作机制

中俄能源合作是两国深化全面战略协作伙伴关系的基础之一，事关中俄双方未来经济社会可持续发展。中俄作为双方最大的邻国需要进一步完善双边工作机制。一是要充分发挥两国副总理级能源谈判机制、健全该机制功能；二是组建包括各相关部委领导和企业、智库参与的双边能源合作工作小组，调动和整合经贸、外交、金融等不同部门的资源，形成双边能源合作的整体效应；三是协调能源企业、境内和境外企业的利益，组织和引导智库研究涉及双边的内政、经济、法律和民情等宏观问题；四是设置对俄能源合作代表处，从事协调和落实工作。

（三）创新能源合作形式，深化上下游产业链合作

能源产业链涉及的面广、线长、点多，如上游的勘探开发，中游的运输，下游的炼化与销售等。中俄能源合作已经从开始的能源贸易的初级水平发展到今天的油气田勘探开发合作。目前，中俄之间"贷款换石油"的方式还大量存在，技术含量不高。从经验教训来看，以贸易为主的合作方式比较脆弱，很容易受到国际局势和政治因素的影响。因此，中俄能源合作的方式还有待于从贸易为主向贸易和项目共同投资、合作开发并重转变。共同投资与技术开发更能将双方的利益联系在一起，更能加强合作的稳定性。例如，中俄双方共同出资天津炼化厂及亚马尔气田液化天然气等项目开启了中俄能源上下游产业链的合作。研究认为，中俄能源的下游产业合作，实际上不但为我国留出了更多的产业附加值空间，而且为俄罗斯进一步向我国开放能源上游合作提供机会，并且使我国能够获得长期、稳定和价格合理的能源供给。中俄两国能源的上下游产业链的深入合作，将进一步捆绑双方利益，大大提升中俄能源合作水平。

（四）以合作共赢的理念妥善处理双方利益关系

从最初的合作以来，中俄能源合作可谓一波三折，步履艰难。其中，最大的障碍由双方经济利益诉求难以达成共识所致。而关注对方诉求，寻求双方利益切合点也正是中俄能源合作破解障碍、取得成功的关键点。中俄双方应遵循和坚持"长远全面、市场、互利共赢"三原则，妥善处理利益关系。一是协调中俄能源

价格分歧。价格分歧一直是双方落实政府间协议、扩大贸易规模和能源合作的重要障碍。尽管相关谈判的主体是两国能源企业，但由于双方能源企业基本上为国有或国家控股，两国政府对相关谈判具有很大的影响力。因此，两国政府需要从长计议，致力于推动双方企业达成合理价格共识。从中俄能源进出口来讲，油气价格不仅关系我国巨大经济利益，同时也是影响俄罗斯财政平衡和经济社会稳定的关键因素。在当今世界形势下，俄罗斯的稳定对我国意义重大。因而在价格谈判中双方互谅互让，保持灵活立场符合两国发展利益。二是探索天然气市场化定价机制。中俄两国作为全球天然气生产和消费大国，目前在天然气定价机制上还没有自己的话语权。在美国努力增加天然气出口的当今形势下，中俄两国联手推动天然气定价的市场化机制，对于提升两国在全球能源话语权十分必要，这也将奠定两国在未来全球天然气定价机制基础地位。

（五）加强能源互联互通建设

能源合作离不开运输。目前，中国的"一带一路"倡议及"中蒙俄经济走廊"得到了高度认可，亚投行、丝路基金等机构的成立将为相关国家的互联互通建设提供机遇。从中俄能源运输渠道看，传统的海运已经难以满足两国能源合作需求，而两国间的管道油气运输能力又相对有限。因此，两国应加快推动中俄西部管线建设计划落地，尽快建成中俄东段天然气管线，推动两国达成新的管线建设协议，实现能源运力大幅度提升。建议开展两国间海上油气运输通道建设调研，实现能源运输方式的多元化。

作者简介

曹志宏，黑龙江省社会科学院东北亚研究所副研究员。

黑龙江省对俄跨境电商发展现状及对策建议

宋琳琳

一 黑龙江省打造"网上丝绸之路"的背景

中俄两国之间发展跨境电商在网络消费群体方面具备得天独厚的优势。2012 年，俄罗斯互联网用户超过 7000 万人，超过德国、英国，成为欧洲第一互联网大国。2013 年，中国网民规模达到 6.2 亿，中国成为仅次于美国的世界第二大网购市场。中国作为俄罗斯最重要的在线商品供应国，电子商务已成为新的贸易方式和经济增长点。历史上，相比沿海省份，黑龙江省地理位置偏远、物流费用高、运输时间长，存在先天短板。2014 年以前，跨境邮件骤增和中俄两端处理能力不足，加之通关手续烦琐和运输方式落后，国际小包送达时限长达 40～75 天，远远无法满足实际需求。但由于黑龙江省地处东北亚中心地带，在"一带一路"倡议中被定位为国家向北开放的重要窗口，近年来通过抓住对俄经贸和绿色食品两个关键，积极对接"一带一路"建设，主动参与中蒙俄经济走廊建设，不断完善升级电商发展模式，成功开辟出一条"网上丝绸之路"。

二 黑龙江省打造"网上丝绸之路"的具体举措

（一）对俄电商示范体系初见雏形

当前，黑龙江省这个传统对俄贸易大省开始大力推进"互联网＋贸易"，探索中俄跨境电商业务新模式。哈尔滨、大庆被国家发改委批准成为国家电子商务示范城市；哈尔滨、牡丹江、绥芬河被海关总署批准成为跨境贸易电子商务服务试点城市；哈尔滨经济技术开发区、绥芬河边境经济合作区、大庆电子商务产业园、牡丹江经济开发区电子商务企业园被商务部批准成为国家电子商务示范基地；黑龙江赛格国际贸易有限公司、黑河中机电子商务有限责任公司、黑龙江俄速通国际物流有限公司等对俄跨境电子商务和物流企业先后被商务部批准成为商务部电子商务示范企业。黑龙江省跨境电商示范体系建设成效显著。

（二）电商服务软硬件全面升级

在硬件环境支撑方面，多条便利的传统商贸通道，不断兴起的电商园区、边境仓和冷链物流网络，以中国云谷为代表的专业大数据平台，充分满足了对俄经贸"网上丝绸之路"的基础设施需求。在软件环境支撑方面，海关、检验检疫部门直接进驻仓储物流基地实现一次报关通关、跨境支付、结汇、退税业务办结，并通过全面开放的跨境电子商务综合服务平台不断推进通关便利化；大量精通中俄双语的商业人才也为中俄跨境电商发展带来极大便利。到 2017 年，黑龙江电子口岸开通运行，全省跨境电商服务能力显著提升。绥芬河市开发建设了跨境电子商务通关服务平台、公共服务平台、综合服务平台，并实现"三台联通"。哈尔滨跨境贸易电子商务综合服务平台建成并上线运行。哈尔滨银行打造"中俄跨境电子商务在线支付平台"，开展境外国际卡线上支付收单和俄罗斯境内电子钱包、支付终端机、移动支付业务，有效支撑对俄跨境电商发展。同时，"互联网＋"也正向旅游、教育、文化、装备制造等诸多领域渗透。以旅游为例，与美团、途牛等出行服务类网站巨头相继签约合作，通过客户大数据库使全国游客有机会更加精准地了解黑龙江旅游产品，推介效果大幅提升、推介成本明显降低。

（三）跨境电商平台功能日趋完善，产业园区发展迅速

近年来，跨境网络交易已成为中俄网民生活常态，中俄跨境电子商务也已成为黑龙江省电商的重头戏。2014年初，全省已经自建电子商务平台95家，其中以对俄贸易为主的跨境电子商务平台19家，业务范围涵盖了跨境电子商务产业链条的商品销售、物流、支付、贸易撮合和综合服务等；省内企业和个人在第三方平台开设店铺3.9万家。这些平台和商家仅在2014年一季度就发送对俄国际邮包170余万件，每天平均近2万件货物通过跨境电商平台发向俄罗斯消费者手中。当年"双11"的跨境包裹达到每天20万件的历史高峰，仅中国北方跨境电商物流中心日处理邮件就10万多件，比平时增长4倍。2016年，全省电商平台达到145个，在淘宝网、京东商城等主要电商平台开设44个地方馆，各类店铺4万多家，全省网商数量达10.18万家。2017年初，在全省32个电子商务产业园中，国家级电子商务示范基地有4个，入驻企业1368家。与国内外跨境电商企业合作，共同建设了跨境贸易撮合服务平台、跨境物流平台、跨境支付平台。培育了365商城、中机网、迈远索菲尔、俄速通、东宁达俄通、绥易通、俄品多等一批本土跨境电商平台。省内5家企业在俄罗斯建立12个海外

仓。以俄速通边境仓为例，下单24小时内就可以将提前储备的货品发往俄罗斯。

（四）跨境电商航空运输开辟新通道

互联网时代不仅开启了经济的新纪元，更是传统企业转型的必经之路。随着对俄货运包机开通，黑龙江省中俄跨境电子物流送达平均周期由近2个月缩短到13天（最快4天），这使俄罗斯买家感受到了黑龙江电商速度。2013年12月，俄罗斯乌拉尔航空公司开通哈尔滨至叶卡捷琳堡货运包机，随后，哈尔滨至新西伯利亚航线、哈尔滨至克拉斯诺亚尔斯克航线相继开通，哈尔滨太平国际机场成为远东地区门户机场。海关、边检、卫检等部门开通绿色通道，为航空公司和货主提供便利。对俄货运包机一年间运行超过100班，总载货量达2000吨，货值突破2亿美元，占我国对俄电商物流包裹总量40%。发展到2016年，以货运包机和客货混载方式发寄的对俄国际邮政小包达到878.14万件，货重2182.09吨，货值1.75亿美元。截至2017年末，对俄货运包机已累计发运414个航班，货值10.2亿美元，突破10亿美元大关。随着物流打通，国内近5000家电商和俄罗斯800万网民开始享受高附加值的物流体验，并在交易、贸易服务和金融服务方面极具发展潜力。以黑龙江俄速通国际物流有限公司为例，近期的对俄物流订单以200%的速度增长，占国内对俄出口邮件总数近40%，构筑起跨境物流第一品牌形象。

（五）跨境电商陆路运输拓展新路径

2014年11月，俄罗斯邮政在距离绥芬河仅220公里的符拉迪沃斯托克（海参崴）设立远东分拨中心，俄远东地区买家网上下单后，物流公司通过绥芬河直接将货物运到分拨中心，不再绕行"哈尔滨（或北京）－莫斯科总部－远东分拨中心"线路，运输时间节省一半。2016年，通过绥芬河、黑河陆路运输方式发寄对俄国际邮政包裹70.7万件，货重228吨。同

年，哈欧班列发运 101 班列共 2474 标箱，货值达到 2.09 亿美元；哈俄班列实现"周周发"常态化运营，全年发运 4234 标箱，货值 5614 万美元。高铁运输有时效快、品质优、标准高的特点，并由站到站实现了库到库的服务延伸。2017 年"双 11"，哈尔滨铁路局专门为"双 11"增加货运动车组，8 对动车组预留整节车厢，面向北京、上海、武汉、青岛、郑州等主要城市进行高铁快运，把黑龙江好货运往全国。通过阿里巴巴农村淘宝平台，虎林珍宝岛大米进入国内 16 个城市的天猫商城。

（六）与战略签约电商巨头展开全方位合作

黑龙江省在信息产业"互联网＋"领域具备重要发展潜力。2015 年 10 月，黑龙江省政府与腾讯公司、京东集团在哈尔滨举行战略合作框架协议签约仪式。根据协议，两家企业将与黑龙江省在城市服务、跨境电子商务、绿色食品、旅游、大数据、创新创业、社会民生等领域开展全方位合作，并结合黑龙江省科教人力资源，在微信城市服务、"互联网＋跨境电商"、绿色食品营销，及智慧旅游等方面提供便利化服务，推动黑龙江产业结构升级。2015 年 8 月，黑龙江省对外经贸集团与京东集团签订合作战略框架协议，携手布局远东地区跨境电商业务。2017 年 4 月，东北首家京东云云计算大数据产业基地落户哈尔滨，与哈尔滨中关村基地启动全面战略合作，共同打造区域特色产业发展，促进动能转换、结构升级。基地建立后可搭建支撑平台，帮助接入企业快速部署业务，落实云计算大数据服务、电商平台支撑服务、品牌建设服务、金融服务功能，协助哈尔滨市实现政务管理、民生服务、城市管理等业务领域决策大数据支撑。"阿里巴巴中俄云仓"项目利用绥芬河黄金口岸优势，建立成本低廉、方便快捷、安全高效的电子商务对俄贸易平台，开展网上对俄贸易。

（七）黑龙江省绿色食品借助电子商务平台走向世界

近年来，电子商务在绿色食品营销领域异军突起，先进的设备、便捷的服务、可保证的质量是"互联网＋农业"的明显特征。这一平台可以实现农田间的空气湿度、温度、光照等各方面信息的实时采集，通过无线网络传送到电脑终端，从业者随时可以通过查看电脑数据，进行智能远程控制。搭上"互联网＋农业"快车的绿色农产品是黑龙江的优势，让黑龙江农产品卖上了好价钱。至 2014 年底，黑龙江省绿色有机食品种植面积 7209 万亩，占全国的 1/5，有效使用无公害农产品、绿色食品、有机农产品和地理标志农产品认证的产品数量达到了 1.1 万个，占全国总量 1/8。在首个农业信息服务智能查阅平台"益农信息社"上，农民可以实时更新查询农作物生长情况，获得专家专业指导意见和参加线上线下培训，以及申请农业贷款等。2015 年 2 月，黑龙江农业电子商务平台正式开通，具有网上交易、信息发布、金融服务、农产品溯源和诚信信息查询等功能，为农业新型经营主体和消费者搭建了产销对接渠道。2016 年，整合全省市县村农产品电商的黑龙江大米网投入运营。截至 2017 年 7 月，全省已经有 4 个地市、25 个区县将分散的电商平台引入黑龙江大米网。大米网交易总额达到 2.21 亿元。在 2018 哈尔滨寒地博览会上，哈尔滨电子商务平台上线，交易系统体验馆首次亮相平台，上线企业 30 多家、品种 300 多个，供全国消费者选择。一方面，大量农村绿色农产品通过互联网联通世界；另一方面，黑龙江在俄罗斯建立 17 个跨境货仓，打出跨境电商新品牌。

三 黑龙江省打造"网上丝绸之路"的展望和建议

黑龙江省大力推动"互联网＋"及电子商务发展，特别是在消费领域和农产品销售领域取得积极进展，并逐渐成为拉动经济发展的有效途径。省第十二次党代会提出，"要发展跨境物流和电子商务，建设境内外联动、上下游衔接的跨境产业合作基地，创新农产品生产和营销方式，开辟互联网加农业新路径"。黑龙江省农业发展的机遇在于中国消费者对高品质的乳制品和畜牧产品的消费需求明显上升；优势在于农业基础经多年积累，组织化程度较高，农产品品质好，并有生态保障。所以，农产品自然成为最具黑龙江优势和最适宜在电商平台上销售的产品。预计到 2020 年，全省电子商务交易额将突破 6000 亿元，电子商务已经成为与制造业融合、推动服务业转型升级、催生新业态的加速器。

黑龙江省跨境电商和农产品电商的发展潜力主要体现为三个方面：一是电子商务总需求仍有增长空间，国内外电子商务交易额、网上零售交易额仍保持高速增长，我省应积极参与行业竞争、寻找机会；二是我省绿色有机农产品和林下产品在国内外影响力不断提升，已经成为网络零售交易的品牌；三是新技术变革将继续引发电商经营方式变化。黑龙江省应重点加强以下工作。一是应研究电商平台发展的技术趋势，加强对电商平台运营企业系统培训，组织研究电商平台新模式。二是应研究降低电商物流成本有效方式，通过优化物流配送体系，打通配送最后一公里；农产品加快在主销区建设农产品省外分仓，跨境商品加大海外仓和边境仓的建设力度。三是应加强与上下游企业对接，加强在设计、包装、营销、人才等领域合作。

作者简介

宋琳琳，黑龙江省社会科学院东北亚研究所副研究员。

"一带一路"倡议下东北亚区域环境合作的机遇、挑战和对策

任晓菲

一 引言

2013 年习近平主席提出了"一带一路"倡议，即"丝绸之路经济带"和"21 世纪海上丝绸之路"，"一带一路"的提出开辟了新时代的经济增长点、明确了新时代我国对外开放的决心和新路径、构建了我国与共建国家经济融合、文化包容和政治互信的利益共同体和责任共同体，是顺应国内改革深化和国际经济调整的客观要求。在宏观尺度上，一些学者围绕"一带一路"倡议的重要意义及对区域文化交流、经济发展和合作等领域的带动效应展开了研究，认为这一战略构想有利于促进我国及共建国家的合作和发展。在微观尺度上，各省市为更好地融入"一带一路"积极围绕平台建设、经贸合作及产业对接等角度提出适合本省市的具体策略；鲜有研究涉及"一带一路"倡议下区域环境合作问题尤其是东北亚区域环境合作问题，而现实问题是共建"一带一路"国家生态环境的先天脆弱性（陆上丝绸之路面临的戈壁和沙漠和海上丝绸之路面临的海洋资源竞争性掠夺）使得处理好生态问题成为"一带一路"倡议稳步可持续实施的重要议题。环境合作作为东北亚区域合作的重要内容和关键环节，在"一带一路"倡议背景下如何更好地深化区域内双边和多边合作，借助"一带一路"

平台协调共建国家环境问题的利益并实现共建国家环境共赢既是现阶段东北亚区域环境合作面临机遇也给东北亚区域环境合作带来新的挑战，为此本文将"一带一路"倡议下东北亚环境合作面临的机遇为契机，以在"一带一路"倡议下东北亚区域环境合作面临的挑战为方向。以实现区域环境合作为主线并提出相应的政策建议。

二 "一带一路"倡议下环境保护的内涵和定位

（一）"一带一路"倡议下环境保护的内涵

环境问题本质上也是一个经济问题甚至是社会问题，环境的扩散性和无界性特征使得环境问题的解决需要双边甚至多边主体的合作。"一带一路"作为联结共建国家的重要纽带，在联结产业、经济、文化的同时也把地区的环境联结起来，共建国家的环境问题成为一个共同问题。此外"一带一路"共建国家和地区生态本底较弱，环境污染与生态脆弱并存，再加上工业化期间粗放式的工业发展模式和对海洋资源的掠夺性开发对陆上丝绸之路和海上丝绸之路均造成了严重污染，现如今全球气候变化更加剧了"一带一路"沿线的生态环境问题。

"一带一路"倡议下环境保护的内涵旨在实现可持续发展，"一带一路"倡议的实施将会成为最具发展潜力的经济走廊，但我们应以史为鉴，避免经济走廊充斥污染和破坏，争取这一经济走廊走绿色发展道路，注重生态环境治理和自然资源保护，谋求生态环境治理与保护的区域性合作，实现区域的可持续发展。

（二）"一带一路"倡议下环境保护的定位

对于"一带一路"的提出，很多学者专家甚至地方政府更多侧重于同共建国家的经济合作、文化交流、和平发展等内容，对环境保护不够重视，即环境保护在"一带一路"倡议中的合理定位总是被理论界和实践界所忽略。但实际上环境合作不仅是"一带一路"建设的重要内容，还是"一带一路"经济建设、政治外交和文化交流等内容的重要保障。经济发展不能成为也不会成为共建"一带一路"国家的唯一目标。如果环境问题未得到根本解决，生态保护未得到足够重视，可持续发展问题未能根治，经济发展、文化交流和政治外交等领域都难以高质量发展，明确并提高"一带一路"倡议中环境保护的定位是处理好共建国家经济发展和环境保护的关系基础保障和必然要求。

三 "一带一路"倡议下东北亚区域环境合作的新机遇

（一）有利于环境合作机制由制度化向市场化转移

共建"一带一路"国家和地区存在污染物"空间扩散和转移"的风险，东北亚区域合作的双边机制具有启动早、覆盖广、见效快、保障强等特点，几乎在东北亚主要国家之间实现了全覆盖。中朝、中韩、中蒙等均有不同层面、不同级别、不同约束的环境合作机制，一些机制早已实现了由功能化向制度化的转变。"一

带一路"的建设可依托现有的国际平台进一步完善环境信息公开规则并制定违约制裁标准，将先进的绿色发展理念如环境税收政策、碳交易市场推广到落后的国家和地区并提供一定的技术支持，促进双边环境合作逐渐由制度化机制向市场化机制演变，企业参与或企业主导乃至企业倡议的合作增多，市场化为主导的技术引进和转让增多为双边环境合作的可持续发展和市场化运作做出了很好的尝试。

（二）有利于提高共建国家政府和民众的环境保护意识

"一带一路"共建途经最具经济活力的东亚圈和经济发达的欧洲经济圈，东西方国家和发展中国家在环境保护意识方面的碰撞有利于提高落后地区政府和民众的环境保护意识。发达国家如何就环境问题与发展中国家积极合作，中国作为负责任的大国不断履行摒弃"先发展后治理"的经济发展老路并带领周边国家如朝鲜、蒙古国等国践行可持续发展的道路。"一带一路"的实施有利于发达国家可持续理念的传播，进一步提高共建国家政府和民众的环保意识，为东北亚区域环境合作奠定坚实的政府和民众基础。

四 "一带一路"倡议下东北亚区域环境合作的挑战

"一带一路"的提出和实施为东北亚区域环境合作带来一系列新机遇，但也不能忽视"一带一路"倡议背景下东北亚区域环境合作面临的挑战。

（一）大国博弈等地缘政治紧张阻碍区域深化环境合作

共建"一带一路"国家特殊的地理位置、丰富的能源以及复杂的历史根源使得这些国家成为大国博弈的焦点地区，从而为东北亚区域环境合作带来全新的挑战。美国作为超级大国，

在我国"一带一路"提出的背景下为了平衡亚太地区发展，顺势推出"新丝绸之路计划"试图制衡中国；俄罗斯对"一带一路"倡议心存疑虑有所保留；日本更是通过加大对亚洲其他国家的基础建设投资百般阻挠"一带一路"的顺利开展。此外由于目前"一带一路"正处于实施的初级阶段，东北亚区域环境合作的主体多数情况下为一国政府或地方政府，企业、民众及非政府组织参与的程度和规模有限。这就使包括环境合作在内的诸多合作容易受双边乃至多边政府关系紧张、对立乃至冲突的影响，进而出现难以为继的尴尬。

（二）朝鲜半岛形势恶化破坏环境合作务实氛围

"一带一路"东北亚共建国家存在诸多不稳定因素，导致环境合作不容乐观。朝鲜半岛作为各大国博弈的关节点，其形势的恶化使得大国间及区域战略均势打破，从而导致东北亚区域环境合作遭到破坏和停滞。由于朝鲜进行了被称为"第四次核试验"的氢弹试验和发射光明星卫星的导弹试验，使东北亚区域相对安定的战略局势陡然出现变化，以美日韩为首的区域集团加大了军事威慑，美国战略武器和军备大量调往韩国的现实，使半岛充满了点燃局部冲突抑或引发战争的凝重氛围。朝鲜半岛局势的不稳会进一步使得多边利益严重受损，经贸合作尚无法进行，何谈环境合作的可持续发展。而且核军备的风险、军事冲突的长期化和扩大化，将给区域内带来巨大的生态破坏。可以说，朝鲜半岛危机态势已经构成东北亚区域环境合作的最大挑战。

（三）发达国家和发展中国家的环境认知差异影响合作

"一带一路"沿线各国对环境认识存在差异和不同的国情，使围绕环境进行的国家利益博弈经常会影响甚至干扰双边及多边的环境合作。这些又直接或间接诱发大国间乃至大国主导的同盟集团之间的战略博弈。沿线发达国家和发展中国家的环境合作认知差异也是无法绕过的挑战。对全球气候变暖及环境恶化的风险，国际社会对其认知已趋于一致，即气候变化及带来的环境恶化已经成为国际社会面临的最大挑战，气候变化带来的灾难可能会中断人类的可持续发展进程。环境合作未来一定将是超过国界的，需要国际社会携手努力克服的全人类的问题。但针对环境合作究竟是单纯的环境问题，还是技术问题、经济问题、政治问题，抑或几方面交织的问题，发达国家和发展中国家乃至发达国家之间、发展中国家之间的认知也不尽统一。基于发达国家与发展中国家在环境合作中"共同但有区别的责任"的原则，既要求发达国家承担量化减排义务，也要求发展中国家应采取主动行动，但在减排目标和资金负担，碳排放总量与发展空间增减等方面，认识分歧和矛盾依然存在，博弈已经公开化。围绕自主减排的可衡量、可报告、可核实的"三可"原则，也遭到一些发展中国的拒绝。在东北亚区域内部，中日韩、朝蒙、俄罗斯等国间基于国情不同的认识也不是很统一，这或多或少会影响多边的环境合作进程。

五 "一带一路"倡议下东北亚区域环境合作的对策

"一带一路"倡议下加强东北亚区域环境合作符合历史发展的客观规律，是各国的必然选择。但共建"一带一路"国家由于经济发展水平和意识形态存在区别，导致各国对环境保护的利益诉求也不同。这就要求协调各国环境保护的利益以促进东北亚区域环境合作的顺利开展。具体而言，"一带一路"倡议下东北亚区域环境合作有以下几个具体路径。

（一）各国间互动环保与各国自律环保相结合

"一带一路"倡议下要实现东北亚区域环

境合作的突破就要摒弃大包大揽作风,不要低估其他东亚各国的环保水平,要与东北亚各国商定各国在环境保护中的责任和义务。明确共建"一带一路"国家和地区的环境保护标准并吸引国际第三方机构参与进来,把各国的环境保护战略与"一带一路"倡议进行有效对接。建立东北亚地区环境保护的共同体,环境共同体的主张是东北亚地区最有可能达成共识和取得突破的领域。建议东北亚各国能在整合相关环境合作平台和架构的基础上,尽早夯实环境共同体的制度和利益机制,并最终由政府主导建立相应的秘书处和轮值机制,使环境合作的机制制度化,并使环境合作成为促进形成区域共同体和命运共同体的催化剂。此外"一带一路"共建国家和地区在"一带一路"倡议实施的过程中,企业和政府在实行经贸合作或投资中要以较高的环保标准要求自己,始终树立环境保护的理念,从源头上切断破坏环境的经济行为。

(二) 探索双边多边环境合作的市场化

"一带一路"本身就是一种跨洲、跨国、跨领域的合作机制。要加强共建"一带一路"国家环境合作的首要工作是协调好国家与地区间的环境保护利益的平衡。纵观东北亚区域环境合作不断发展的现实,可以发现,双边和多边环境合作难以取得更多实效的一个瓶颈因素就是双边环境合作的市场化普及程度不够的问题。换言之,在投资大、周期长、回报慢的现实下,在政府主导和推动、企业及民间介入受限的背景下,环境合作项目的市场化交流、商业化技术转换、企业自发投入的氛围远没有形成,严重制约了双边环境合作的市场化步伐和可持续发展进程。因此,对政府主导下的项目合作即使表露了欢迎姿态,但也在技术上留有一手,商业利润空间受限的环保双边合作也出现一些让人遗憾的事情。借"一带一路"倡议进一步推进东北亚各国双边多边合作的市场化有利于借助市场机制平衡利益主体的利益,进

而推动东北亚区域环境合作的顺利开展。

(三)环境合作需要鼓励多元主体共同参与

"一带一路"东北亚共建国家环境的治理从某种程度来讲不仅是一个治理环境污染的简单技术问题,本质上是关乎多国经济发展的社会问题。政府单一的投入不足以从根本上实现对环境的保护,这就需要民间资本、第三方机构甚至非政府组织等共同参与以扩充"一带一路"在环境领域建设的主体核心力量。从东北亚区域环境合作的政府角度出发,政府一方面需要鼓励和重视其他环保群体参与东北亚区域环境保护,并且在民众中要不断倡导绿色发展理念;另一方面通过设立环境合作基金、支持环境合作投融资的金融机构、加强政府间的环境合作项目立项、培养环境合作国际高级人才等推动政府加大投入。从企业和社会组织等民间参与角度出发,鼓励企业通过设备和技术投入、自主创新和国际合作介入环境领域合作商机,政府要对企业加大污染排放的监管力度,实现政府与民间在环境合作上的双赢。

参考文献

叶琪:《"一带一路"背景下的环境冲突与矛盾化解》,《现代经济探讨》2015年第5期。

王洛忠、张艺君:《"一带一路"视域下环境保护问题的战略定位与治理体系》,《中国环境管理》2016年第4期。

李晓西、关成华、林永生:《环保在我国"一带一路"战略中的定位与作用》,《环境与可持续发展》2016年第1期。

作者简介

任晓菲,黑龙江省社会科学院东北亚研究所助理研究员。

韩国文化旅游发展经验对黑龙江省的启示

王力力

韩国国土面积仅有10万多平方公里，旅游资源十分有限。但韩国能够充分利用有限的旅游资源，极尽可能挖掘传统文化，将旅游与独特的韩国民族文化结合，精细化每个旅游项目，制作生产出一批高附加值的文化旅游产品。其中有很多宝贵的经验值得学习与借鉴，对开拓黑龙江省文化旅游产业发展的新思路与新举措具有重要的意义。

一 韩国文化旅游产业发展的主要经验

进入21世纪以后，韩国政府在宏观上将文化旅游产业定位国家战略产业之一，在微观上制订了旅游资源长期开发计划，并且提出利用"韩流"效应带动旅游业发展的战略措施，努力提高韩国文化旅游的全球竞争力。经过多年发展，韩国已经成为国际旅游业比较发达的国家，积累了丰富的经验。主要有以下几个方面。

（一）充分发挥科技与文化对旅游的促进作用

一是利用"韩流"效应带动旅游业发展。韩国开创了一个新的营销模式，即依靠上游链条中的电影、电视、综艺娱乐产业在全球形成的吸引力，根据影视情节包装、推广韩国各个地区的景点。由于具有数年的操作经验，韩国旅游部门与业界各方已形成了一个成熟的运作系统，能够使一个影视旅游景点在启动、发展、

成熟的各个阶段都获得成功。二是开发富有韩国特色的旅游产品。韩国把具有比较优势的、旅游者普遍感兴趣的特色产业进一步发展。如将饮食、服饰、美妆、瓷器等与旅游结合起来，在努力挖掘体现地方特色项目的同时塑造旅游品牌，使有限的旅游资源得到最大限度的利用，凭借其文化特色而获得持久的客源。三是注重文化遗产的保护。文化遗产是旅游资源中的精品。因此，韩国十分重视文化遗产的申报与保护。在并不辽阔的土地上，却有为数不少的文化遗产。

（二）重视并利用好一切宣传手段

韩国的旅游促销方式灵活多样，针对性强。设有专门的旅游促销机构，即韩国观光公社。其下设的海外办事处在世界各地开展业务，负责进行包括韩国整体旅游形象、各地旅游热点、游览项目在内的各种宣传活动。同时，韩国非常重视地方文化节庆对旅游的促销作用。这些旅游节事突出了韩国鲜明的文化旅游形象，既显示了国际化的开放态势，又反映了地方特色。

（三）政府在旅游业的发展中扮演重要角色

韩国政府对旅游业的发展发挥了重要作用。一是韩国政府很早就将旅游业确立为战略产业，努力营造吸引游客的旅游环境。韩国政府认识到提高国民素质是旅游业发展的基础，国民的大力支持和广泛参与是旅游业发展的需要。二

是韩国对旅游业基础设施的建设也非常重视，投入巨资改善交通条件、兴建机场，大力开发旅游新景点，兴建综合旅游度假村，同时旅游住宿的接待规模和档次也不断提升。三是韩国旅游组织机构分工明确，各司其职又互相协作。在机制上保证了旅游业的快速、持续发展。做到了统一规划、全面布局，有序开发利用。同时在法律上提供保障，从发展最初就做到了有法可依、有章可循。四是重视地区旅游合作，加强国际交流。韩国政府重视与周边国家的旅游合作与交流，为了把握国际旅游的发展机遇，韩国政府加入多种和旅游相关的国际组织，如世界旅游组织、亚太旅游协会等，有力地促进本国旅游的对外交流与合作。

二　黑龙江省文化旅游产业发展存在的问题

党的十九大提出要推动文化产业与旅游等产业融合发展。可以说，在由工业经济走向知识经济的当今社会，文化的经济属性与经济的文化属性融合共生，日益成为地区发展的核心竞争力，特别是文化与旅游融合后产生的文化旅游产业，呈现前所未有的生机与活力。黑龙江省政府始终高度重视文化旅游发展，经过多年努力，已经具备一定的规模与实力。但是仍然存在很多问题。

（一）文化旅游产业管理体制不顺

一是事权不统一。旅游工作是"一盘棋"工作，需要政府主导，并配备专门的管理机构实行统一协调管理。文化旅游产业发展存在多部门管理又管理不到位问题。二是责权不清晰。由于事权分散，文化旅游多部门管理难以到位，工作协调难以开展。各部门都按上级要求、规定或者自身的需要对文化旅游景区进行开发，不可避免地造成重复建设、与旅游总体规划相冲突的现象。在管理过程中遇到问题还偶尔会出现权责不清现象，导致在文化旅游产业发展

过程中遇到的问题难以及时解决。

（二）文化旅游产业缺乏深度融合

一是文化旅游产品单一。虽然黑龙江省有丰富的文化旅游资源，但未能进行有效地整合，没有很好地把文化资源优势转化为旅游优势、经济优势、发展优势。黑龙江省最为成熟的景区集中在哈尔滨，主要有冰雪大世界、太阳岛等，其他地区的旅游资源还处在初级开发或尚未开发的状态，整合程度较低，且以观光旅游为主，文化体验性项目较少，旅游的吸引力较弱。而且冰雪旅游的季节性较强，只有短短的几个月时间，市场的竞争力有限。二是文化旅游产业链没有形成。文化旅游是黑龙江省旅游产业发展的重点，但是至今还没有出台文化旅游产业发展总体规划，没有形成文化旅游产品开发体系。没有把文化元素融入旅游的吃、住、行、游、购、娱全过程，文化旅游缺乏深度融合，都是"单打独斗"，更缺乏与其他产业融合，没有发挥出"文化旅游＋"应有的效应。三是文化内涵挖掘不够。黑龙江省有较为深厚的文化底蕴，需要挖掘整理的文化资源众多。然而现在却缺少体现黑龙江文化的大项目和景观小品，文化氛围和项目载体的缺乏，也削弱了"黑龙江流域文明"对一般游客的吸引力和感染力。另外，民族文化、移民文化、民俗文化等还有待进一步挖掘整理。

（三）文化旅游营销宣传水平较低

2013年的《爸爸去哪儿》使深藏在林海雪原的雪乡一夜之间成为全国家喻户晓的冰雪梦幻王国，现今已成为冬季旅游胜地；2017年央视春晚使哈尔滨冰雪大世界惊艳亮相于世界亿万观众面前，并引发了持续的春晚效应。整个春节"黄金周"期间，哈尔滨冰雪大世界累计接待入园游客24万余人次，同比增长20%。春节期间哈尔滨冰雪大世界几乎每天都在全国旅游资讯和搜索中占据排行榜前列。可见，成功的营销对传达黑龙江文化品牌内涵、展示黑

龙江形象魅力具有重要的作用。近年来黑龙江省愈加重视旅游营销，每年拿出近亿元用于旅游的营销推广。但在营销推广方面仍存在市场定位不够精准，营销渠道单一，宣传品内容、制作缺乏创新，新型媒体利用不足，营销策略整体水平较低等问题。

（四）文化旅游基础设施不完善

相对于发达省份，黑龙江投入文化旅游产业的资金较少，文化旅游基础建设和服务相对落后。一是景区基础设施滞后。部分景点美化、供排水、厕所等配套设施建设严重滞后。景区建设项目比较单一，现有景区景点属于观光型的居多，游客参与性、体验性不强，更无法产生更多的旅游消费。高档次、高品位的休闲娱乐项目少、档次偏低，无法满足高端客源市场的需求。同时，旅游淡、旺季分明。二是旅游交通还不完善。黑龙江地处边疆地区，距离多数发达南方省份路途遥远。同时，黑龙江旅游发展起步较晚，境内旅游交通网络不发达。车站、停车场、旅游交通标识等公路配套设施有待完善。三是服务水平有待进一步提高。餐饮、休闲、购物场所档次较低，高档酒店、休闲度假区少，缺乏旅游集散中心、旅客服务中心、散客接待中心以及具有一定规模的购物中心、娱乐中心（城）。重要节假日更是一房难求，接待能力有限，在一定程度上对文化旅游业的健康发展产生了负面影响。缺乏系统的旅游培训机制和机构，整体配套服务水平不高。

三 加快推进黑龙江省文化旅游发展的对策建议

黑龙江省是历史悠久、地域辽阔、多民族聚居的中国北方边疆省份，是中华民族重要的文明发祥地之一，其独特的自然地理环境和社会民族历史创造了多姿多彩、魅力独特的文化。黑龙江省要充分借鉴韩国发展文化旅游产业的相关经验，抓住机遇，变资源优势为竞争优势，促进文化旅游深度融合发展，形成互促互进、互融共赢的发展新态势，着力打造文化旅游强省。

（一）强化文化旅游产业发展的顶层设计

加强顶层设计是发展文化旅游产业的基础。一是建立职能部门整合机制。整合文化部门与旅游部门职能作用，形成统一领导、部门联合、上下联动的协调推进机制。二是强化规划引领作用。编制出台全省文化旅游产业发展规划，进一步突出黑龙江省独特的文化与自然资源禀赋，为文化旅游的融合发展提供更为科学、可行的引导。打破区域行政壁垒，消除地域差异，强调市场消费需求共性，突出文化旅游区域联动发展，形成统一的区域性发展规划，把地方特色明显、文化资源相近的区域进行串联整合，着力打造文化旅游融合的带状优势。三是健全政策扶持机制。对文化旅游两大产业现行政策汇总梳理，制定、颁布和推行实施文化旅游产业融合发展的相关优惠政策与法规，自上而下进行产业布局，降低产业融合壁垒。重点制定投资优惠政策，加大财政扶持力度，吸纳社会资本，建立融合发展的投融资体系。整合文化产业发展专项资金和旅游发展专项资金，拓展文化旅游发展投融资建设。

（二）促进文化旅游资源的深度融合

要进一步丰富旅游产业的文化内涵，把提升文化内涵融入吃、住、行、游、购、娱各环节和旅游业发展的全过程。一是推动地方传统文化与旅游产业结合发展。充分开发利用各种有形文化遗产和无形文化遗产资源，不断丰富旅游产品的民族文化内涵。实施文化旅游创意战略，对文化资源进行再创造、再包装，积极打造特色文化旅游产品，不断提升文化资源的旅游功能和价值。对历史传统、风土人情、民间传说等，要寻求其与自然景观以及游客审美和情感需求的有效对接渠道，实现文化内涵与自然景观的有机交融。要坚持"在保护中开发，在利用中保护"的原则，推动更多的民间艺术、民间技艺、民间艺人进入旅游市场。对民间民俗文化，特别是传统食品的制作、传统手工艺制作、传统婚礼习俗、传统节日文化（如庙会文化、祭祀文化等），可开发成旅游者能够参与的互动型、体验型旅游产品。合理开发文化积淀深厚的北国风光特色旅游开发区，打造成为具有浓厚地域特色的旅游目的地。在哈尔滨、齐齐哈尔、黑河、牡丹江等重点旅游城市开展丰富多彩的群众性文体活动，大力营造浓厚的社会文化氛围。二是推动新兴文化业态与旅游产业融合发展。注重把影视业、演艺业、文化会展业、健康产业、民族手工艺业植入旅游产业发展，开发体现地域特征和地域文化的会展商务、时尚文化旅游等产品，鼓励专业艺术院团与重点旅游目的地有关部门合作，打造特色鲜明、艺术水准高的演艺节目与剧目。充分利用各种休闲健身场所，开发艺术文化休闲等新兴项目，促进传统旅游向文化旅游、休闲旅游转变。利用现有遗址遗迹资源、纪念地资源、名人故里等开发建设一批文化旅游名镇。依托各地自然风光、民族风情、历史文化等大力发展新兴文化业态。三是开发文化旅游创意商品。加强对旅游文化产品的研究和开发，从文化、工艺、特色等方面，以新的理念、新的视角和创意制作符合黑龙江文化特点的文化旅游工艺品。依托地方古玩文物、民间工艺、书画艺术等，大力开发和生产文化创意商品，建设文化旅游艺术产品交易市场。鼓励创作符合地方文化特点的文化旅游工艺品及纪念品，注重知识产权保护。举办全省文化旅游工艺品博览会和全省文化旅游工艺品创意设计大赛。

（三）全力抓好文化旅游品牌的宣传推介

宣传推介是提高文化旅游品牌知名度和美誉度的重要途径。要紧紧围绕黑龙江文化旅游的品牌形象，开展多层次、高水平和全方位的宣传推介营销活动。一是推动与新媒体营销平台的融合。加快互联网和手机客户端营销平台

建设，协调解决营销平台运营中应由政府部门出面解决的问题，尽快扩大线上旅游交易规模。构建包括信息资讯、旅游黄页、新闻娱乐、景点导游、游客投诉、旅游紧急救助、移动短信、租车等在内的目的地信息服务体系。二是加强与传统媒体营销的融合。与广播、电视、报纸等传统媒体合作，根据不同媒体的不同受众群体，分众化推出精品线路、深度报道、权威发布等，策划和鼓励景区参与影视剧拍摄和娱乐节目制作。三是加强与信息服务体系的融合。制定旅游信息化标准，加快智慧景区、智慧旅游企业建设。在重点景区设立旅游信息服务中心，提供旅游咨询、景点介绍、旅游预定、交通集散等服务。四是加强与文化营销的融合。实施旅游商品品牌建设工程，重点开发具有文化内涵和高附加值的旅游纪念品，重视知识产权的保护，培育体现地方特色的旅游商品品牌。将黑龙江独特的历史、文化、艺术、建筑、时尚、美食、冰雪等元素通过不同的产品线路组合，系统展示给游客。借鉴国内外旅游街区先进经验，增强街区的历史文化厚重感，营造浓厚的艺术氛围，丰富旅游产品供给，努力延长游客停留时间。五是加强与重点客源市场旅行企业的融合。鼓励旅游企业积极加强外联、引进全国百强旅游企业，广开旅游客源。强化全省旅游线路设计和产品组合，建立线上线下的立体营销平台，系统全面、有冲击力、有感染力地推介黑龙江经典旅游线路，针对不同目标市场，组织相关部门和企业在东北亚有关国家和国内有关城市系统推介黑龙江旅游产品。

（四）加大完善文化旅游基础设施建设力度

基础设施建设是文化旅游发展的坚实基底。从"食、住、行、游、购、娱"旅游六要素来看，黑龙江文化旅游业发展所需的基础设施不完备，尤其是交通设施与住宿设施，因此必须加大基础设施建设。要高标准规划建设旅游集散中心体系，完善各种公共基础设施。一是加大道路交通建设。着力推进黑龙江境内旅游公

路的改建扩建工作，尽快打通旅游交通的"毛细血管"。包括连接黑龙江与周边区域的外部交通、各大主要景点之间的连接交通（及交通工具）、景区内部的交通设施建设（包括内部交通、停车场、接驳交通工具）等。推行绿色出行，公共自行车、网约车等的推广，也可以缓解交通压力。增加景区指示标示与引导牌，让游客对整个城市与景区有明确的方位认识。二是加大住宿设施建设。探索多种住宿设施发展的可能性并进行有益尝试。如在市区加强星级酒店、主题酒店、连锁酒店建设，在民族地区建设一批具有浓郁地方特色的农家乐、民宿等住宿设施，在林区探索与山林景观高度融合的树屋、营地（包括汽车营地、帐篷营地）等特色住宿，提升黑龙江省文化旅游接待能力。三是完善景点景区配套。要加强旅游公共服务体系建设，完善旅游厕所、停车场、标识系统等要素配套。搞好旅游景点景区周边环境、公路管理、道路标识、市场监管、社会治安等方面的综合整治工作。

作者简介

王力力，黑龙江省社会科学院马克思主义研究所副研究员。

旅游标识与文化

陈　涵

一　引言

随着人民生活水平的提高、假期的弹性政策以及消费观念的转变，越来越多的人有机会旅游。旅游成了大众化、常态化的休闲活动。比起传统的团体旅游，越来越多的游客选择自由行，不再是走马观花而是深入旅游目的地探访，寻求更深层次的旅游价值。因此，游客对旅游目的地基础设施的需求更加强烈。脱离导游的引导，如何安全、快速地到达目的地成了自由行游客的难题。因此，内容完整准确、科学性强的标识可以给游客提供正确的信息，引导游客顺利到达目的地。一个具有当地特色文化的标识不仅可以给游客提供准确的旅游指南，而且还可以给游客留下深刻的印象，对当地旅游的宣传起到积极的影响。通过旅游标识与文化的融合，实现当地旅游的发展，提高当地旅游市场的竞争力。

二　文献考察

世界旅游组织（UNWTO）认为"旅游标识是信息提供者和需求者间交流的媒介"。韩国观光公社根据世界旅游组织的定义，对旅游标识的定义解释如下："旅游标识是为了支持游客的旅游活动在有、无形旅游资源及主要设施上设置的关于位置、方向、说明、注意和禁止等标识，是使用者和目的物之间沟通的方法。"标识在旅游业中被广泛应用，涉及衣食住行等各个领域，旅游景区的标识系统就是通过具有"标记""识别"作用的媒介，例如图片或文字、楹联甚至假山或亭台楼榭等园林小品，协助旅游者在旅游景区更好地完成旅游体验国产，增加对景区自然，历史和文化内涵的了解，是旅游景区环境的重要组成部分。本文在 UNWTO 所给出的定义的基础上扩展定义，认为标识是通过文字、符号、数字等连接信息需求者和提供者的沟通媒介，借此达到传达信息、指引游客的目的。一个完整的标识系统既包括图示标志、文字、数字或符号等标识符号，又包括旅游标识牌、道路标识牌等标识牌。作为沟通媒介，在设计时应从功能性出发，确保给游客提供最准确、最有用的信息。

根据韩国观光公社的划分，旅游标识分为旅游综合指南标识、旅游引导标识、旅游名称标识、旅游解说标识，以及其他等五种标识。综合旅游指南是指为游客提供旅游资源、旅游设施等的位置、方向、到达方法等的综合信息标识。主要分为广域市、市郡区、旅游景点等三类。旅游引导标识是指为游客提供景点、旅游资源、旅游设施等的方向标识，一般用箭头标注到达目的地的距离，主要分为车辆引导，步行引导两种。旅游名称标识是指为了告知游客旅游景点、旅游资源、旅游设施名称的标识，一般设置在旅游资源前方（包括入口）。旅游解说标识是指通过文字或声音向游客提供景点、旅游资源、旅游设施等的特征和使用方法等详细说明的标识，一般设置在需要解说的对象之前。其他标识是指为给游客提供安全，方便的旅游体验设置的关于安全、危险、注意、禁止，及卫生间在内的便利设施标识，一般设置在需要注意的对象之前。

旅游标识的设计需要遵循以下几个原则。

可读性。在设置时需要考虑文字的大小、位置、距离等因素，在最恰当的位置设置。

简单性。旅游标识里包含的信息要尽量做到简明扼要。

统一性。无论是哪种标识，从视觉上或者功能上都要有统一性。

连续性。标识需要在游客需要的位置设置，标识和标识之间需要有连续性和衔接性。

本真性。需要融合当地文化，体现当地的特色。这里的当地文化可以理解为地域文化。所谓地域文化，是指在某个特定的空间特定人群的行为模式和思维模式，不同的地域往往会孕育不同的行为模式和思维模式，从而导致地方之间的文化差异非常大。地理环境和人文环境对地域文化的形成发挥着重要的作用。因此，不同的地域文化造就了不同的旅游标识，这种与众不同的旅游标识不仅可以体现当地文化特色、吸引游客的目光，更能将地方文化发扬光大，通过文化软实力，实现旅游的长久发展。

审美性。旅游标识会成为评价当地的因素，因此需要有积极正面的形象。

环保性。旅游标识不能过度混乱或者危害环境。

三 案例分析

本文以韩国唯一的星星主题洗手间和《吉尼斯世界纪录大全》收录的正东津为例，分析旅游标识与当地文化，以期对中国旅游标识的设计起到借鉴作用。在韩国，庆尚北道的永川市被喻为"星星的首都，星星的城市"，韩国观赏星星的最佳位置位于永川市的

普贤山。普贤山山顶（海拔1124米）有口径1.8米的天文望远镜等专业的观测设备。从2004年开始，每年都会在普贤山，或者星星村举办"星光文化节"，每年的主题不同，不变的是对星星的热爱。因此，永川市将本市最具有代表性的星星文化融入了当地的旅游标识中。

在永川高速服务区（大邱方向）"酒店级"星星主题的洗手间于2016年12月正式对外开放。整个洗手间以星星为主题，在入口处有两个可爱的星星卡通人物欢迎游客。洗手台的整个背景台全是星星，各色设计不同的星星构成了绚烂的星空。在洗手间的各个门上，通过文字和图形向游客展现了十二星以及有关于星座的详细介绍。无论是整体设计还是细节，都紧扣星星主题。浪漫、温馨、有爱，成了游客对永川市的新印象，只要是看到星星标识，游客自然联想到永川市，对永川的旅游起了很好的宣传作用。

如果说永川的旅游标识融入了当地文化，那么在韩国的观看日出名所——正东津，如果没有旅游标识，真的会"迷失"在海边，本真性和旅游标识的功能都得到了体现。正东津是世界上离海最近的火车站，因此被收入《吉尼斯世界纪录大全》。在正东津不仅有清澈的海水，可以观看海上日出，更有特色的是可以乘坐海洋列车将一路海景尽收眼底。因此，正东津站前的旅游标识，以蓝色海洋为底色，以波光粼粼的海面为底。左侧是日出，中间是韩语旅游名称标识，右侧是带有风车的海洋列车标识。在右下方有两个卡通人物乘坐海洋列车的画面。比起冗杂的文字，游客可以通过这个标识，简单迅速地了解正东津的特色文化和代表景点。

四 结语

通过对韩国旅游基础设施和旅游景点的案例分析可以得出以下结论。

（一）旅游标识的设计要充分挖掘地方特色

在进行旅游标识设计之前，一定要充分了解当地的资源、环境，发现文化价值，充分挖掘地方特色，告别千篇一律的复制品。将当地的传统文化与现代融合，创造专属旅游标识，通过旅游标识，爱上一座城。

（二）丰富旅游标识的表现形式

不仅可以通过文字，还可以通过特定的图形来突出当地的特色。比如正东津旅游标识的波浪代表了海，上面的太阳则代表了海上日出。如果说图形、文字的表达还不够让旅游标识与众不同，那么给旅游标识注入不同的色彩，既可以体现当地的风土人情，又可以将文化集中表现出来。比如代表海洋的蔚蓝色，将正东津的特色表现得淋漓尽致。同时，还要考虑到当地人的情感需求，设计游客和当地人都喜欢的旅游标识。

（三）旅游标识设计多样化

不局限于同一种设计、同一种风格，摆脱旅游标识单一的设计，使之具有灵气与活力。比如，在一般人印象中警察是高大、威严的，而韩国首尔地区的警察局前的旅游标识是以可爱和亲民的风格示人，时有外国游客驻足拍照留念。因为与众不同，所以印象更加深刻。

综上所述，旅游标识的设计应充分挖掘地方特色、表现当地文化、丰富表现形式、体现设计多样化，给游客提供更加方便、有趣的旅游体验，提升当地的旅游形象，提高旅游产业竞争力，实现旅游产业的长久发展。

参考文献

刘印：《旅游形象标志设计在地域文化中的影响分析》，《美与时代》（城市版）2015年第8期。

《韩国旅游标识基准》，韩国观光公社，2009。

作者简介

陈涵，大邱大学外籍讲师。

中俄经贸合作发展前景展望

程亦军

近年来，中俄经贸合作顺利发展，不仅惠及两国民众、促进欧亚区域经济繁荣，也为世界经济注入了活力，成为新兴经济体之间相互补充、相互提携、相互推动的典范。经过多年的发展、积累和沉淀，两国双边经贸合作的基础日益厚实和牢固，合作形态正由相对低级的规模速度型向相对高级的质量效益型转变。

一 两国经贸合作取得新进展

（一）双边贸易额逆势增长

2008 年国际金融危机爆发以来，世界各国经济相继遭受严重冲击。为了自救，很多国家采取了经济民族主义政策，贸易保护主义思潮在全球范围内再度泛滥，原有的国际贸易秩序受到严重干扰。由于主要经济体增长乏力，拉动效应明显降低，世界经济增长缓慢，市场需求不旺，石油、铁矿石等大宗商品价格普遍走低。在此背景下，全球总体贸易形势不佳，许多经济体对外贸易出现负增长。世界贸易组织于 2017 年 4 月公布的最新统计数据显示，2016 年全球货物贸易进出口总额同比分别下降了 3.2% 和 3.3%。

2016 年，中俄两国的对外贸易额都出现负增长。中国对外贸易总额为 24.33 万亿元人民币，同比下降了 0.9%。其中，出口 13.84 万亿元，同比下降 2%；进口 10.49 万亿元，同比增长 0.6%。贸易顺差 3.35 万亿元，收窄

9.1%。俄罗斯对外贸易总额为 4677.5 亿美元，同比下降 11.1%。其中，出口 2854.9 亿美元，下降 16.9%；进口 1822.6 亿美元，下降 0.3%。贸易顺差 1032.3 亿美元，下降 35.8%。

尽管中俄双方对外贸易均出现下降，但是两国双边贸易却逆势增长。据中国海关统计，2016 年中俄双边贸易达到 695 亿美元，同比增长 2.2%。其中，中国对俄出口 373 亿美元，增长 7%；自俄进口 322 亿美元，下降 3%。由于统计口径不一，俄方公布的相关数据与中方略有差异。据俄海关统计，中俄双边贸易额为 661.1 亿美元，增长 4.0%。其中，俄对中国出口 280.2 亿美元，减少 2.0%；自中国进口 380.9 亿美元，增长 9.0%。虽然这个增长幅度并不大，而且是在上年度大幅下降 28.6% 的基础上出现的，带有明显的恢复性质，但因其增长背景非同寻常，所以具有特殊意义。这一方面说明中俄两国间的经济联系进一步加深，相互依存度明显提高；另一方面也说明两国经贸合作仍有巨大的发展潜力。进入 2017 年以来，中俄双边贸易出现了几年来少有的快速增长局面。据中国海关统计，2017 年前几个月，中国对俄进出口贸易双双实现两位数增长。

（二）能源合作水平进一步提高

能源合作一直是中俄经贸合作中的重头戏，被普京总统称为"两国商业关系的火车头"。2014 年，中国石油天然气集团公司与俄天然气工业公司签署了为期 30 年、总额达 4000 亿美

元的天然气供销合同。继这个被称为"世纪大单"的协议之后，双方又于2015年签署了俄方自西西伯利亚通过西线（"西伯利亚力量－2"天然气管道）向中方供应天然气的基本条件协议，初步确定供气规模为每年300亿立方米。

2016年以来，这个"火车头"仍在持续加速，在原有的多项能源合作项目之外两国又相继签署了一系列能源合作协议。中国化工集团公司与俄石油公司签署了新的年度石油供应合同，同时就中方公司出资收购俄远东石化公司（VNHK）40%的股权等事项达成协议。中方资金的投入将使远东石化公司的加工能力大幅提升，每年可加工2400万吨石油和680万吨石化原料。俄石油公司总裁谢钦表示："达成该协议标志着在建设现代化远东石化综合体进程中迈出了全新且重要的一步。"俄石油公司与中石化集团公司签署了关于起草东西伯利亚天然气加工和油气化综合体项目的框架协议，计划在新古比雪夫斯克及西西伯利亚地区建造三个油气化工综合体。此外，在两国总理见证下，俄石油公司与北京燃气集团公司签署了天然气业务合作协议，内容包括俄方向中国公司出售上琼斯克石油天然气公司20%的股份。该项目落实后，将形成垂直一体化的合作结构：中方获得东西伯利亚最大油田之一的股份，俄方获得进入中国天然气市场的机会。2017年上半年，俄进一步加大了对华石油出口力度，目前已成为中国最大的石油供给国。

（三）基础设施建设获重大进展

基础设施建设落后长期制约中俄经贸合作和人员交往，在双方共同努力下，近年来有了实质性改善，继连接中国同江口岸与俄下列宁斯阔耶口岸的同江铁路大桥开建之后，又一座现代化跨江（跨界）大桥在黑龙江上游进入施工阶段——连接黑河市与布拉戈维申斯克市（海兰泡）的公路大桥于2016年12月正式开工建设。该项目的前期谈判和准备工作进行得非常艰难，前后持续了20余年，但在后期却出现了戏剧性变化。项目于2016年6月正式签约，12月便开工建设，这个速度在中俄经贸合作史上是少有的。该桥长1283米，宽14.5米，主航道跨径147米，桥型为双车道矮塔斜拉桥。加上引桥线路全长19.9公里，起点位于中国黑河市长发屯，终点位于俄布拉戈维申斯克市（海兰泡）卡尼库尔干村，其中中方境内长约6.5公里，俄方境内长约13.4公里，标准为二级公路。项目概算总投资24.7亿元人民币，计划工期3年，2019年10月交付通车。大桥建成后将形成一条新的国际公路大通道，实现中俄边境两个城市直接互通互联。预计到2020年两岸间客货运输量将分别达到148万人次和309万吨，比目前分别增长2倍和10倍，仅在俄罗斯一方便可创造1400个就业机会。此外，2017年5月在北京召开"一带一路"国际合作高峰论坛期间，酝酿多时的连接中国哈尔滨至俄符拉迪沃斯托克（海参崴）的滨海1号国际运输走廊合作协议正式签署。上述两项重大事件不仅是中俄合作中的盛事，也标志着"中蒙俄经济走廊"区域合作规划取得重大进展。

（四）金融合作成绩斐然

中俄金融合作从最初的双方商业金融机构互设代表处到本币结算、从相互融资到相互参股、从本币互换到以贷款换石油，合作规模不断扩大，合作形式不断创新。不久前，俄中央银行在中国开设了代表处，位于莫斯科的人民币清算中心也正式启动，这说明双方金融合作又上升到一个新的高度，为进一步发掘两国金融合作潜力、扩大合作规模、提升合作水平创造了更加广阔的空间。

中俄金融机构间的资金融通和相互借贷已经常态化。2016年11月，在两国总理会晤期间，中国国家开发银行与俄对外经济银行签署框架协议，前者将向后者提供60亿元人民币的信贷资金，以帮助其补充资金和扩大业务。被俄罗斯媒体称为"债务桥工程"的建设工作在2016年被最终确定。根据两国政府签订的备忘录，俄财政部将获准在俄境内发行以人民币计价的联邦债券，使得俄方又多了一条安全稳定的国际融资途径。俄农业银行开始发行中国银联卡，由此成为中国银联的正式成员，标志着俄金融机构开始借助中国的跨国结算系统进入国际消费市场。这不仅为两国间的商务活动和民众往来提供了便利，也为俄银行拓展业务开辟了广阔的空间，更为重要的是有助于俄摆脱西方的金融制裁，为俄金融安全增加了一道保险。2016年，双边金融合作方面另一重要事件是双方金融机构共同发起组建了"人民币—卢布联盟"。该联盟由中国哈尔滨银行与俄联邦储蓄银行共同发起组织成立，旨在进一步加强和扩大两国在贸易融资、双边本币结算、金融租赁、保险等金融领域的互利合作。目前该联盟成员已经超过50家。多家俄重要金融机构参与其中，例如资产规模名列俄金融企业之首的联邦储蓄银行和名列第十的工业通讯银行，再如俄银行协会、圣彼得堡银行等。中方众多城市商业银行参与其中，覆盖地区相当广泛。

（五）非传统合作领域不断扩大

近年来，中俄双边贸易结构有所改善，不仅贸易领域不断拓宽，交易方式也在创新，彼此间的经济优势和互补性得到越来越恰如其分的反映。在传统贸易领域业务量不断扩大的同时，一些非传统领域的交易也在成倍增长。作为机电生产大国，中国对俄机电产品出口量不断增长，在整个对俄贸易中占比已经超过60%。同时，中国医药产品也在快步进入俄市场。据俄方统计，销往俄罗斯的中国药剂已超过500种，来自中国的制药原料占俄同类商品进口总量的70.5%，俄出口到独联体国家的医药品大约有50%是使用中国的原料药加工生产的。在俄对华出口方面，除了能源产品外，农产品出口种类和数量大幅增加，已成为双边贸易新的增长点。随着俄政府加大对农业的投入以及中国逐步放宽对俄农产品进口的限制，大量俄农产品涌入中国市场。2015年，俄对华谷物出口同比增长了160%。俄产巧克力、矿泉水、冰激凌、葵花籽油、啤酒等商品相继登上中国商场的货架。

伴随着互联网和物联网的快速发展，中俄电子商务合作迅速崛起，并开始在双边贸易特别是民间小额贸易中占据重要地位。中国的阿里巴巴、京东等龙头电商以及俄罗斯相关的跨境电子商家竞相在对方市场布局，抢占商机。根据俄方统计，2015年俄网上零售交易总量约为400亿美元，跨境贸易约为40亿美元，其中中俄跨境贸易约30亿美元，占其跨境贸易总额的75%。

旅游业已逐渐成为中俄经贸合作中的重要内容。过去，旅游业基本呈单边发展态势，即大量俄游客源源不断涌入中国，而赴俄中国游客却寥寥无几。近年来上述情况发生了根本变化。据俄统计，近5年，前往俄观光的中国游客增长了5倍，年度客流量超过100万人次，而且数量还在持续上升。2015年，中国游客在俄消费支出超过25亿美元。

（六）"一带一路"与欧亚经济联盟正在有效对接

"一带一路"和欧亚经济联盟分别是中俄两国的重要国策。自从中国领导人提出"一带一路"倡议以来，俄从不解、怀疑、猜忌，到逐渐认可、支持和积极参与，两国政治互信达到了新高度，经济联系更加密切。目前，双方已经从最初的相互了解、彼此研判转为务实对接、密切合作，这必将有力推动双边全面合作，同时对促进欧亚区域乃至全球经济发展发挥积极作用。

二 双边经贸合作中存在的问题

（一）两国经济发展的不平衡制约着双边经贸合作的发展

20多年来，中俄两国的经济都有了明显增长，但差距却日益扩大。据世界银行统计，

1992 年中国国内生产总值为 4227 亿美元，占全球经济的 1.7%，位居世界第十；俄罗斯国内生产总值略高于中国，为 4602 亿美元，占全球经济的 1.9%，位居世界第九。随后，由于经济发展路径和发展速度的巨大差异，两国经济的量比和在世界经济中的占比均发生了巨大变化。根据 2017 年初世界银行发布的报告，2015 年全球国内生产总值超过 1 万亿美元的经济体共有 15 个，中国和俄罗斯都进入了这个"万亿美元俱乐部"，但并不在一个等量级别上——中国经济总量超过 11 万亿美元，占全球经济的 14.8%，稳居世界第二，所有的预测报告均毫无例外地认为未来中国成为世界第一是必然的。俄经济总量只有 1.3 万亿美元，占全球经济的 1.8%，位居第十三，且面临着多个快速发展经济体的挑战，地位很不稳固。

1992 年，俄对外贸易总额为 966 亿美元，其中出口 536 亿美元，进口 430 美元；中国对外贸易总额为 1655 亿美元，其中出口 849 亿美元，进口 806 亿美元。到了 2015 年，俄外贸总额增加到 5258 亿美元，其中出口 3434 亿美元，进口 1824 亿美元；中国外贸总额则达到 39586 亿美元，其中出口 22765 亿美元，进口 16821 亿美元。

1992～2015 年，俄经济总量增加了 1.8 倍，对外贸易规模增加了 4 倍；而中国经济总量则增加了 25 倍，对外贸易规模增加了 23 倍。同一时期，中俄双边贸易规模从 51 亿美元增加到 681 亿美元，增加了 12 倍多。由此可见，俄经济总量和对外贸易增长幅度已经相当可观，但是却远远落后于中国经济总量和外贸增长幅度。两国经济发展的不平衡已成为发展双边贸易的制约因素，在未来一个时期，双边贸易难以与中国经济发展同步的状况还将持续，这也在一定程度上意味着双边经济合作对中国经济发展的贡献率在下降。

（二）两国企业进入对方市场的意愿不强

企业是市场经济的主体，国内经济发展如此，跨国经济合作亦然。目前，制约中俄经贸合作向更高层次发展的主要因素之一就是两国企业进入对方市场的意愿不强。由于历史原因，相对于中俄合作，两国企业均更多地将目光聚焦于西方发达国家和其他彼此联系更为密切的新兴市场国家，将与这些国家的经济合作放在更为重要的位置，不注重甚至忽略在中俄之间开展合作。俄调查结果显示，愿意与中国企业开展合作、有意愿进入中国市场的企业占比很小，只有 8%。中国方面尚未见到相关统计，但鉴于俄恶劣的投资环境和营商环境等不利因素，多数企业对进入俄市场持负面立场。

（三）贸易结构依然没有充分反映两国的技术优势和科学潜力

贸易结构失衡、不合理是长期困扰中俄双边贸易的老问题，始终没有得到有效解决。这种状况近年来有所改观，突出的例子便是 2016 年俄对华机电产品出口大幅增加。但须指出的是，这种增加是在原来极低的基础上实现的，原材料以及大量低端的初级产品仍然在两国贸易中占据绝对的主导地位，各自所具有的技术优势和科学潜力远未得到充分体现。事实上，双方完全有能力向对方提供更多、更好、技术含量更高的商品。

（四）双方市场还有待进一步相互开放

由于历史原因，中俄之间依然存在部分贸易壁垒，对有些商品的跨境贸易限制过多。这种现象既存在于货物贸易领域，也存在于服务贸易领域。它显然不利于进一步扩大双边贸易规模、加强彼此间的经济联系，也有碍于"一带一路"与欧亚经济联盟的战略对接。为了使双边经贸合作开展得更加顺利和富有成效，双方均有义务在合理保护民族产业的同时，根据当前的形势和市场状况，通过友好协商取消部分过时的、不甚合理的限制，更大程度地向对方开放市场，为对方商品提供更多公平竞争机会，从而丰富合作内容、扩大合作领域、提高合作档次。

三　合作形势分析与预测

（一）中俄经贸合作正由规模速度型向质量效益型转变

2000～2014 年，中俄贸易经历了一个长时间的高速增长阶段，双边贸易额从 80 亿美元猛增到 953 亿美元，扩大了近 11 倍，年均增长幅度超过 70%。2011 年，中国首次成为俄最大贸易伙伴，随后这一地位不断稳固，一直持续至今。2015 年以来，受地缘政治和国际大宗商品行情等多种复杂因素的影响，双边贸易规模出现萎缩。虽然 2016 年出现小幅回升，但仍未达到 2014 年的水平。不过，通过仔细分析可以发现，这一时期的实际货物量并没有减少，其中许多品种还有所增加，只是因为商品价格下跌反映在贸易金额上出现了下降。在某种程度上说，两国经济并没有因为贸易金额的减少而受到明显损失，相反却获得了更多利益，两国企业和消费者也因此得到了更多实惠。同时，特别值得关注的是双边贸易结构在改善，商品的科技含量有所增加。

承接上年度的增长态势，中俄双边贸易在 2017 年上半年继续保持增长，且增长幅度显著扩大，发展势头令人振奋。展望未来，这种恢复性高速增长的趋势还将维持一段时间，之后将进入相对平稳的发展时期，过去 10 余年那种持续的高速增长将难以再现。这主要是由俄经济总量和外贸规模特别是其经济发展现实以及国际大宗商品行情所决定的。多年来，中国在俄对外贸易中扮演着相当重要的角色。目前，中国是俄第一大进口来源国和第二大出口市场，进出口总量位居第一。2016 年，中俄双边贸易在俄外贸总额中的占比达到 14.13%，其中，对华出口占其出口总额的 9.8%，自华进口占其进口总额的 20.9%。客观地说，目前两国双边贸易在俄整个对外贸易中的占比已经相当高，

短期内出现更大幅度提升难度很大。因此，今后几年双边经贸合作重点应由数量转向质量。经过长期合作与磨合，中俄双边合作已经越来越成熟和务实，相互合作中的优势因素正在不断被发掘、积累、聚集和扩大，并且正在开始发挥重要作用，这些因素将引导双边经贸合作从基础的规模速度型向高层次的质量效益型转变。如果说过去 10 余年中俄经贸合作最突出的特点是规模的持续扩大和速度的不断加快，那么，未来 10 余年其突出特点将更多表现在质量和效益的不断提高上。

（二）能源仍将是双边合作的重点领域，但中国对俄能源的依赖程度正在逐渐降低

21 世纪以来，能源合作始终是中俄经贸合作中的重要一环，这是由其在两国经贸合作中所占比重以及其对中国国民经济发展的重要意义所决定的。未来一个时期这种状况不会发生根本变化，能源合作仍将是中俄经贸合作中最有前景的领域之一。不过，中国对俄能源的依赖程度正在逐渐降低，这也是个不争的事实。

首先，能源来源的多样化削弱了俄能源对中国的重要性。近年来，中国能源进口格局正在悄然变化，截至 2018 年，已经构建了多条重要并且稳定的能源通道，未来数十年本国的能源需求已经得到切实保障。不仅如此，由于国际能源供应格局的变化，一些原本并非中国能源传统来源的国家也成为中国的能源供应国。2016 年底，欧佩克成员国和非欧佩克产油国分别达成限产和减产协议，国际市场供应过剩的局面开始发生变化，石油价格也随之显著回升，进而导致迪拜原油（亚洲基准）价格超过了美国原油价格，原本在价格上处于劣势的美国石油商趁此机会扩大出口。截至 2017 年上半年，美国原油出口量已经超过许多欧佩克国家，而中国则是美国石油的最大买家，购买量成倍增长，美国已经成为中国的重要能源供应国。此外，从 2016 年夏季开始，美国还开始向中国供应天然气。与此同时，由于工艺改进和成本降低，液化

天然气大量涌入国际市场。在此背景下，加拿大和澳大利亚加大了对华能源出口力度。

其次，科技进步和生产效率提高减缓了中国能源需求的增长速度，中国能源需求过快增长的趋势已经得到初步遏制，未来一个时期能源需求的增长速度还将进一步下降。

最后，绿色能源的大力开发和利用降低了中国对外部能源的需求。出于能源安全考虑，同时也迫于环境保护压力，中国加大了对绿色能源的开发和利用，其力度超过以往任何时期，也超过同期任何经济体。近年来，中国在大量减少煤炭使用的同时极大加强了对风能、水力和太阳能等绿色能源的投资和采用。目前，中国已是全球最大的风力发电国，在清洁能源方面的人均投资已经超过一向注重清洁能源利用的欧盟。上述变化都直接或间接降低了中国对俄能源的依赖程度，由原先的刚性需求逐渐转变为柔性需求。

（三）对俄贸易已非中国外贸主要方向，但依然是重要方向

历史上，俄罗斯曾是中国第五大贸易伙伴，但近年来其位次不断被其他贸易伙伴所超越。2016 年，在不景气的国际贸易大背景下，中国与美国、日本和韩国的贸易额均出现下降，但总额依然分别达到 5196.1 亿美元、2748.0 亿美元和 2524.3 亿美元。此外，对华贸易额超过 1000 亿美元的国家（或地区）还有 4 个。同一时期，中俄贸易额虽然实现增长，但总额不足 700 亿美元，不仅远远低于中美、中日、中韩、中德贸易额，甚至明显低于中国与很多东南亚国家的贸易额，只排在第 14 位。中俄双边贸易额占比曾达到 3.9%，但目前已下降到 1.9%，并且存在继续下降的可能。

在对中国经济结构和外贸体系进行综合考察的基础上可以得出以下几个结论。第一，单从绝对量和所占比重来看，中俄双边贸易额的小幅升降对中国外贸乃至整体经济发展影响有限。第二，俄罗斯不是中国先进技术、设备、高科技产品、先进理念、先进管理方法的主要来源国，也不是外资的主要来源国，同时更不是中国商品的主要销售市场，这些决定了对俄贸易不是中国对外贸易的主要方向。第三，从贸易结构来看，自俄进口的能源和原材料是中国经济所紧缺的，构成对中国经济的补充，具有战略意义，因而是中国对外贸易的重要方向。如果考虑到维系和发展良好的贸易关系是巩固两国业已形成的战略协作伙伴关系的重要手段，那么这种重要性就显得更加突出。

（四）双边农业合作有望迎来大发展

由于俄联邦政府的大力扶持，加之天公作美，俄罗斯农作物连年丰收，不仅一举成为粮食生产大国，而且还成为粮食出口大国，小麦出口额已经超过美国和加拿大等传统小麦出口大国。在俄对外贸易中，农产品已经成为继能源产品之后的第二大类出口商品。俄对中国的农产品市场寄予很大希望，急于向中国市场大规模销售农产品。不仅如此，俄还希望在粮食销售通道建设中借助中国的资本和设备。俄农业部宣布，联邦政府计划在 2025 年前建成一条通向中国的粮食运输走廊，沿着这条走廊将建设一系列货运站和粮仓，总投资超过 10 亿美元，俄方呼吁中国企业参与建设。

据统计，近 5 年，中国进口食品量平均每年增加 15%，每年进口食品金额均超过 1000 亿美元，就数量而言位居世界第三。美国食品工业协会预测，中国进口食品市场将持续扩大，到 2018 年有望成为全球最大的食品进口国。另据有关方面评估，到 2025 年中国市场主要农产品需求量的 7% 将来自海外。其中，85% 的大豆、25% 的棉花、25% 的奶制品和 10% 的食糖均依赖进口。可见，未来中俄两国的农业合作空间巨大。

（五）大项目、高科技合作将引领中俄经贸合作登上新台阶

俄罗斯是公认的科技大国，还是全球为数

有限的几个科技强国之一，在许多科研领域处于世界领先地位。虽然最近20年其技术力量和科研潜力有所削弱，但其科技强国的地位依然稳固。经过几十年的改革开放，中国的科技水平和科研能力有了极大提高，目前也已进入世界科技大国的行列。两国在不同领域各具优势，这为彼此合作提供了良好基础。双方在航天航空、传统能源清洁利用、新能源新材料开发、高速铁路、环境保护等领域具有广阔的合作空间。至今，中俄双方已经在航天、民用核能等领域进行了富有成效的合作。不久前，双方就共同研发设计新一代宽体远程客机和重型直升机达成协议，计划于2025～2027年投放市场。

这项合作充分体现了双方的技术、材料、金融和市场优势，无论对于中俄双边合作还是对于国际市场均具有重大的历史意义。从两国国情、经济发展现状和发展潜力来看，双方合作的优势领域主要集中于能源、农业、林业、渔业、旅游业、基础设施建设、科技等，而最有潜力、最富前景的领域当是大项目、高科技合作，它将引领两国经贸合作不断登上新的台阶。

（作者系中国社会科学院俄罗斯东欧中亚研究所研究员，该文原载于《西伯利亚研究》2018年第6期，录入本书时有改动）

构建中俄自由贸易区分析

——基于产业视角

陆俊亚　徐永智

一　引言

截至 2018 年，全世界已经建立的自由贸易区有 1200 余个。其中，425 个自由贸易区是由 15 个发达国家建立的，剩余的自贸区是由 67 个发展中国家建立的。我国已把自由贸易区列为促进国内区域经济发展的有利方式，正全力推动自由贸易区的发展。现已同世界上 22 个国家建立了 14 个自由贸易区，另还有 5 个正在推进中。

在区域经济一体化的浪潮下，对于中俄两国来说，构建中俄自由贸易区有利于两国战略协作伙伴关系的进一步深化，符合中国“一带一路”的规划，同时也更有利于金砖国家之间更密切的互帮互助。

中俄贸易结构有很强的互补性，中国的资源禀赋是人口红利，而俄罗斯的资源禀赋则以原油、天然气等原材料为主。反映在两国贸易结构上，中国以劳动密集型产品为出口主导，但随着近年来中国不断创新发展，出口产品结构也有所优化，技术型产品份额也得到发展，而俄罗斯则一直以传统的资源导向型产品为主，其他技术型产品情况并未得到改善，这使得两国在贸易结构上存在巨大的改善空间。

二　基于 GTAP 模型的自由贸易区产业分析

（一）GTAP 模型简介与分析框架构建

全球贸易分析模型（GTAP）是由美国普渡大学开发的模型，始创于 1992 年，其主导人 Thomas W. Hertel 教授旨在使该模型解决多国多部门一般均衡问题。多国多部门一般均衡模型是由单国多部门一般均衡子模型通过国际的商品贸易关系联结而成的，这就可以对多国的政策制定进行一个量化的模拟，设政策变化代表的“对冲”外生变量，利用 RunGTAP 进行求解得出一个新的均衡状态，从而对外生变量影响的社会福利、GDP、进出口变化、部门产出等进行统计分析，为政策制定提供一个定量化的模拟依据。GTAP 模型被广泛应用于贸易自由化和国际区域经济一体化领域。现采用普渡大学的 GTAP 8.01 数据库进行模拟，囊括了 134 个国家共 57 个部门的测算数据。

鉴于中国与俄罗斯主要贸易国的构成情况，对 GTAPAgg 数据库中的 129 个国家和地区进行重新分组。其中分为 10 个新生的群组，分别为俄罗斯、中国、美国、日本、韩国、印度、欧盟（27 国）、东盟、中东及其他国家。根据对中国与俄罗斯的双边贸易中的主要产业进行分析，GTAPAgg 数据库中原有的 57 个产业部门进行重新调整，分成 10 个产业部门组。模拟方案分为四类，关税壁垒降为零基础，技术贸易壁垒依次递减 1%、3%、5%、10%。

（二）模拟结果分析

下面按设计模拟方案一、二、三、四进行模拟计算分析。中国各部门的产出情况呈现以下几种形式，一是随着技术性贸易壁垒的逐渐降低，农业及食品部门的产出呈下降趋势，当技术性贸易壁垒降为 10% 时，部门产出出现负增长，产出减少了 3.12 亿美元。二是随着技术性贸易壁垒的逐渐降低，轻工业及纺织业产出出现了大幅增长，且增长幅度越来越大。三是随着技术性贸易壁垒的逐渐降低，化工业和金属制品部门产出虽然还处于缩减的状态，但产出的缩减值越来越小。四是随着技术性贸易壁垒的逐渐降低，运输设备和公共服务部门产出呈增长趋势，其中公共服务出现了较大幅度的增长。五是随着技术性贸易壁垒的逐渐降低，机电产品、运输与通信服务、商业服务部门都出现了不同程度的产出减少，且下降幅度有扩大趋势。

再看俄罗斯各部门产出情况。一是农业及食品、采矿业、公共服务、运输与通信服务随着技术性贸易壁垒的逐步消减，部门产出呈现增长趋势，其中农业及食品产出出现大幅增长。二是轻工业及纺织品部门产出出现了大幅的减少，受损程度严重。三是化工业、运输设备、商业服务部门随着技术性贸易壁垒的逐步消减，虽产出依然为正，但呈现递减趋势。

三　结论与建议

从两国的产业结构看，自贸区成立后，比较优势产业让两国各类生产要素重新分配、重新汇集，而这种流动随之带来了各部门的产出增加和贸易总额改善，使中俄两国产业部门结构更加优化。具体来看，随着贸易自由化、便利化的程度越来越深，机电产品和商业服务在中俄两国都出现了恶化趋势。所以，在今后中俄自由贸易区对贸易便利化进行谈判的过程中，应把机电产品和商业服务列为特殊部门进行谈判。而对于公共服务行业，两国该部门的产出都出现了增长趋势，这应该成为两国共同鼓励的行业，可以重点扶持。在对结果数据进行进一步研究发现，这些产业的产出中国有增长趋势而俄罗斯有抑制趋势，包括轻工业及纺织品、化工业、金属制品、运输设备、运输与通信服务。还有一些产业产出俄罗斯有增长趋势而中国有抑制趋势，包括农业及食品、采矿业。从俄罗斯的角度，在中俄自贸区谈判中应把轻工业及纺织品行业设为高度敏感性行业。从中国的角度，在中俄自贸区谈判中应把采矿业、化工业设为敏感性行业。这为中俄两国在自由贸易区谈判的过程中各自需要谈判的产业提供了现实依据。

（作者陆俊亚系黑龙江科技大学经济学院硕士研究生，徐永智系吉林大学东北亚研究院教授，该文原载于《北方经贸》2018 年第 10 期，录入本书时有改动）

内蒙古和布里亚特：中蒙俄经济走廊不可或缺的支点

李春林　范丽君

中蒙俄经济走廊建设，顾名思义，是基于中蒙俄三国相互接壤、地跨欧亚的地缘现实以及国际经济区域合作趋势而提出的跨国合作。自 2014 年 9 月，中蒙俄三国首脑首次会晤，对中蒙俄经济走廊建设达成共识以来，三国在双边、三边关系上取得令人瞩目的成绩。首先，经贸合作领域不断扩大，合作质量不断提升，跨境合作、地方合作成为亮点；其次，三边跨境合作逐渐走向制度化、机制化、规范化，"中蒙博览会""中俄博览会"成员增多，逐渐形成以"中蒙俄"为主的博览会；最后，智库交流与合作逐渐频繁，成果丰硕，为中蒙俄经济走廊建设贡献智慧。

不可否认的是，中蒙俄三国合作毕竟是"不同发展阶段，不同意识形态、不同社会制度、不同传统宗教文化之间的合作模式"，存在巨大的文化差异、认同差异以及由此形成的对诸多历史问题的认知差异，从而制约中蒙俄三国具体项目的落实和务实推进。减少认知差异和认同差异，提升互信"执行力"，构建一个符合三方利益的"利益共同体"，实现互利共赢的目的，需要三方以彼此认同和共同关心的项目为合作的着力点、抓手，深化合作。笔者认为，以蒙古民族为主要群体的"游牧民族圈"是一个不可忽视且潜力无限的区域。中国的内蒙古自治区和俄罗斯的布里亚特共和国是这个区域的两个重要支点，具有独特的意义和价值。

一　蒙古国跨境民族群体是中蒙俄经济走廊建设合作中的重要人文资源

从地域分布上看，在中蒙俄经济走廊建设涵盖的区域合作范围内有一个主要契合点，即蒙古国全境、俄罗斯西伯利亚及远东地区和中国东北部、甘肃、新疆以及内蒙古全部在内的"草原游牧文化区"。这一区域的突出特点是，"蒙古语族部落聚集，由此形成的具有蒙古民族基因元素的特色区域"。尽管俄罗斯境内布里亚特人、蒙古国境内喀尔喀人和内蒙古的蒙古族之间在语言、文化、生活习惯方面有了一些变化，但共同的宗教信仰、共同的历史渊源仍然是彼此认同、联系的纽带，对民族历史、文化、宗教、发展理念等领域具有很高的认同感，从而形成了中蒙俄经济走廊建设具有民族特色的"蒙古民族特色发展区"。这是中蒙俄跨境区域合作不可忽视的宝贵资源。

中国内蒙古自治区和俄罗斯布里亚特共和国分别是中俄两国境内蒙古民族最为集中的区域之一，故此以民族名称命名行政区域单位，同时又是中俄两国与蒙古国比邻而居的地区。在中蒙 4700 公里边界线上，4200 公里是内蒙古与蒙古国界段。在俄蒙 3485 公里边界线上，近 1000 公里是布里亚特与蒙古国界段。由此形成中蒙俄三国跨境区域合作得天独厚的资源优势，构成这条走廊上的重要支点和着力点。借助中俄比邻蒙古国地区都是蒙古民族聚集区的人力资源和地缘优势，抓住中俄2018年和2019年"地方合作年"契机，结合内蒙古和布里亚特在中蒙俄经济走廊区域合作中的特殊地缘位置，我们提出"以蒙古跨境民族为支撑，打造跨境民族经济圈"的合作发展思路，以挖掘游牧民族文化、民族文化产业为合作重点，打造具有鲜明民族特色的游牧文化（草原文化）走廊，使其成为地方合作的新亮点，推动中蒙俄经济走廊建设。

二　内蒙古自治区和布里亚特共和国具备开展三边合作的同质性经济条件

中国内蒙古自治区和俄罗斯布里亚特共和国在中俄对外区域合作中具有许多共性特点，发挥的作用也具有同质性，构成中蒙俄经济走廊建设的重要支点。

（一）两地同处在中蒙俄经济走廊"互联互通"的交通"支点"

中国内蒙古横跨东北、华北、西北三个地区，内连黑龙江、吉林、辽宁、河北、山西、陕西、宁夏、甘肃八省区，外接俄罗斯外贝加尔边疆区和蒙古国，是"中欧班列"进入蒙古国、俄罗斯以及走向欧洲的必经通道。中国通往俄罗斯和蒙古国的最大口岸——满洲里和二连浩特都位于内蒙古。呼和浩特、海拉尔、包头、乌海、锡林浩特、赤峰、通辽等城市都是内蒙古四通八达的铁路、公路和航空运输交通网上的枢纽城市，承担内蒙古参与中蒙俄经济走廊区域合作中"工业基地""文化基地""产业工业园区""口岸经济"等不同功能，具有很强的经济、人文发展能力。

布里亚特共和国位于俄罗斯东西伯利亚经济发展区。南接蒙古国，东接外贝加尔边疆区，西连图瓦自治共和国，首府乌兰乌德是俄罗斯

西伯利亚大铁路中东西伯利亚铁路、贝加尔—阿穆尔干线的枢纽。其中东西伯利亚铁路南线就是中蒙俄联运铁路线，经俄罗斯纳乌什进入蒙古国，南下经中蒙边境口岸扎门乌德进入中国二连浩特。自1955年通车以来，这条铁路至今仍服务于中蒙俄经贸和人员往来，是中蒙俄三国关系发展的历史见证。贝加尔—阿穆尔干线通过北洛姆通道贯穿布里亚特全境，是布里亚特对内对外联络的重要通道，也是促进布里亚特经济发展"通道"。

内蒙古自治区首府呼和浩特市和布里亚特首府乌兰乌德市分别是中国和俄罗斯距离蒙古国首都乌兰巴托市最近的边境首府城市。从呼和浩特始发经蒙古国首都乌兰巴托市至乌兰乌德市既有中蒙俄联运铁路通道，也有公路和航空线路，可以成为中蒙俄经济走廊建设中重要的国际航空枢纽之一，同时也是保障中蒙俄乃至其他国家人员往来、航空运输的重要国际中转枢纽。随着中蒙俄跨境旅游业发展，中俄两国已开通内蒙古至布里亚特直航业务。中蒙俄基础设施，尤其是航空业的"互联互通"与"截弯取直"便利了三国人员往来，提高了交流与合作效率。始于中国，横贯欧亚大陆的"中欧"班列，主要是通过中国内蒙古和俄罗斯布里亚特共和国的交通枢纽走向俄罗斯欧洲地区和欧洲各国。内蒙古自治区和布里亚特共和国在中蒙俄经济走廊建设中的重要枢纽地位已经显现。

（二）同属经济欠发达边疆地区，需要通过区域合作盘活地区经济

内蒙古位于中国北部，横跨东北、华北和西北三个发展区，与中国沿海地区比较，上述三个区域都属于需要发展振兴的地区，而内蒙古又在这三个发展区的边缘地区，受地理、气候、环境以及国家经济发展整体布局等诸多因素影响，地区经济总量和人均总量均为全国后列。布里亚特位于俄罗斯东西伯利亚南部，处于"俄罗斯经济最具'中央—地方'辐射分布特点的边缘地区"。

受中俄国内发展政策调整以及世界经济一体化、区域化发展趋势影响，无论是内蒙古，还是布里亚特都在与时俱进、调整思路，制定符合本地区特点和特色的发展规划。在两地的发展规划中都提到加强与周边地区和国家的区域协同发展，同时确立具有民族特色经济的发展思路。两地"不谋而合"的发展理念和思路为中蒙俄经济走廊发展提供的理论基础，是中蒙俄开展区域合作的政策支点。

（三）同属资源富庶地区，高附加值产业发展空间是经济合作的抓手

内蒙古是中国矿产资源富集区，是能源、化工畜牧业等产业基地。世界上已查明的140多种矿产中内蒙古占了128种，其中储量居全国前10位的有56种；探明储量的有78种，有22种列前3位，有7种居全国首位。特别是煤炭处于我国北方露天矿群的集中地带，储量极其丰富。现已查明含煤面积10余万平方公里，累计探明储量2400亿吨，占全国探明储量的25%以上，居全国前列。但是，内蒙古目前仍以传统粗放型产业为主，高附加值产业刚刚开始走进内蒙古，各种新型技术产业园区成为内蒙古对外开放、招商引资的重点领域。

俄罗斯布里亚特共和国同样是俄罗斯的资源富庶区，丰富的森林资源、矿产资源、渔业资源、水电资源是布里亚特产业发展、经济振兴的重要物质基础和保障，但受制于资金和技术人才匮乏，产业和技术升级陷于困境，正如俄专家所言，"布里亚特需要开放金融市场，以灵活的金融政策招商引资，扩大与周边区域的合作，引进高新技术和高科技人才，变资源供应区为高质量产品、商品的加工区和出口区，提高产品附加值，提高竞争力。"这与内蒙古形成同质互补，是两地开展合作的有力抓手，与蒙古国协同共进，推动能源产业转型升级，构建现代化的能源经济，使其成为东北亚能源"互联互通"的供应基地，由此形成"中蒙俄经济走廊"中最具区域特色的"蒙古能源经济走廊"。

（四）俄罗斯专家、学者对布里亚特参与中蒙俄经济走廊建设的共识是合作的学术基础

中蒙俄经济走廊建设倡议实施四年来，中蒙俄三国达成70多项共识性合作协议。俄罗斯学者也在探索其远东和西伯利亚地区的区域协调发展路径和优先发展方向。其中，俄罗斯学者提出"蒙古走廊"建设方案。2018年6月26日至28日在俄罗斯布里亚特共和国首府乌兰乌德市召开了主题为"欧亚互动下蒙古走廊：历史与现实"国际研讨会。从会议主题可以看出，俄罗斯学界认识到了蒙古民族在融通欧亚大陆东西两端所发挥的桥梁作用。发展民族地区特色经济是中俄学者的共识，是开展区域合作的重要抓手。挖掘俄罗斯布里亚特族、蒙古国喀尔喀蒙古族和中国内蒙古自治区蒙古族共有的"蒙古文化基因"，开展区域经济合作，是构建民族特色区域经济的物质基础和人文条件。

三 立新支点，寻新引擎，协同共进促中蒙俄合作

中国内蒙古和俄罗斯布里亚特是中蒙俄开展区域合作最具"资本、市场、技术、人才"要素周转、流动的优势地区。作为中蒙俄经济走廊区域合作的两个重要支点，与蒙古国一起以民族文化为契合点，立足中俄与蒙古国跨境地区的经济利益，深入挖掘中蒙俄区域经济合作中的民族文化共性，挖掘民族历史文化，弘扬"草原丝绸之路"和"万里茶道"精神，发挥技术创新优势，创建面向未来的新产业群、产业链，走出以资源为支柱的传统产业结构，构建开放型产业分工链，创建有活力的新型产业、绿色产业、朝阳产业，打造新经济发展区，探索新发展模式，共筑中蒙俄经济走廊新亮点。

（一）加强中蒙俄三国智库合作，构建三国地方合作机制

20世纪90年代以来，内蒙古自治区与蒙

古国和俄罗斯布里亚特共和国均建立了良好的双边地方合作机制。俄罗斯布里亚特共和国和蒙古国之间的合作关系一直是俄罗斯对蒙古国双边关系的典范，双方已经构建了经贸、人文等领域的合作机制。随着中蒙俄经济走廊建设发展以及内蒙古与布里亚特和蒙古国之间合作关系深入发展，还需要构建三国比邻地方政府首长的会晤机制、地方部门领导的会晤机制和智库之间的合作与交流机制，做好地方合作规划。尤其要使三国地方智库合作朝着制度化、机制化方向发展，这是推动中蒙俄区域合作的政策与法律保障。

（二）加强高校人才合作，着力培养精通中蒙俄语言的高质量综合型人才

精通中蒙俄三国历史文化与合作领域的综合型专业人才，是中蒙俄之间高质量国际合作的重要支撑，也是促进"民心相通"的重要人力资源。没有这一纽带和桥梁，很难突破三国间在技术领域合作的瓶颈，同样难以推动三国科技领域合作朝着"精细化、精准化、高质量化"的方向发展。

高质量的综合人才需要通过教育合作培养。内蒙古自治区、布里亚特共和国和蒙古国高校具备培养符合三国区域合作高质量综合人才的人文基础和地缘优势。在中蒙俄三国教育部门互认学历、学位的机制下，内蒙古和布里亚特两地高校、科研机构与蒙古国高校、科研机构合作，统筹教育资源，制定针对性强、可操作性强的联合培养模式，共同培养高质量的具有跨国文化知识背景的综合型人才，尤其是科技人才。有了高质量综合型人才，才能挖掘出合作的潜力，有了人才，才有合作创新的动力，才能搭建更高水平、更高质量的合作平台。

（三）以挖掘蒙古民族文化为抓手，打造民族文化产业链区

中国内蒙古自治区和俄罗斯布里亚特共和国是中俄两国与蒙古国在人文领域交流与合作最为密切和频繁的地区。20世纪90年代开始，以蒙古国为桥梁，布里亚特和内蒙古之间的人文交流与合作逐渐开展起来，以蒙古学、民族学、民族文化学研究为切入点，将三国蒙古学研究资源整合起来，形成世界蒙古学研究的重镇。

随着中蒙俄经济走廊建设推进以及文化产业的兴起，以民族文化为基础的文化产业引起内蒙古和布里亚特和蒙古国业界关注。"民族文化＋特色跨境产业合作"逐渐热络起来，并呈发展壮大的态势。以挖掘三国民族文化为抓手，打造跨境民族文化产业链区是未来合作空间大、潜力深的领域。在中蒙俄三国不同发展阶段和不同意识形态、不同社会制度、不同传统宗教文化之间巨大的文化差异、认同差异的国际跨境合作中，"蒙古民族区"是彼此认同程度最高、最具利益共同点的区域，应引起三国，尤其是中俄两国地方政府的重视。

蒙古民族文化是世界民族文化园林中一枝奇葩，在历史发展过程中，形成了"一族跨三国"的特色文化格局，其中既有需要发扬光大的产业，也有需要协同发展的领域。例如，蒙古民族医药、蒙古民族音乐、传统节日习俗等都有可挖掘的合作空间。应以共同关心、认同的合作为着力点，在提升合作质量基础上，增添新内涵，构建东北亚地区跨境区域合作新模式，树立东北亚地区多边合作范式。

总之，作为中蒙俄国际区域合作的组成部分，中国内蒙古和俄罗斯布里亚特与蒙古国在地域、人文等各领域、各行业具有合作的优势和互补性。内蒙古和布里亚特的合作支撑起蒙古国参与区域合作的积极性，对中蒙俄经济走廊建设具有十分重要的现实意义。

（作者李春林系内蒙古社会科学院院长，范丽君系内蒙古社会科学院俄罗斯与蒙古国研究所副所长、研究员，该文原载于《北方经济》2018年第10期，录入本书时有改动）

金砖国家合作模式对东北亚区域合作的新启示

熊 涓 王文佳

一 金砖国家经贸合作成果

金砖国家作为世界经济发展的亮点，其影响力及贡献持续增大。金砖国家经济总量占世界经济比重由 2007 年的 13% 上升至 2016 年的 22%，按国际货币基金组织报告，过去 10 年金砖国家对世界经济增长的贡献超过 50%。

在直接投资领域，2016 年金砖国家直接投资流入量占世界 GDP 的 22%，世界直接投资流入量前十大东道国中有四席来自金砖国家，其中中国直接投资流入 1337 亿美元，已经成为世界第三大投资东道国。10 年间，金砖国家直接投资流入量占世界直接投资流入量的 16.63%。金砖国家经济增长潜力世界瞩目，预期未来经济体量将持续上升，良好的投资及发展环境吸引了大量外资流入。作为投资输出国，中国在 2016 年金砖各国中增长尤为明显，其直接投资输出量为 1831 亿美元，由 2015 年的第五位跃升至世界第二大投资输出国。

对外贸易领域，金砖国家在合作的 10 年间对外贸易额总体呈上升趋势，进出口额均在 2014 年达到顶峰，2015 年由于全球经济增长放缓、结构失衡等情况开始出现下降，10 年间金砖国家出口贸易额年均增长率为 4.68%，进口贸易额年均增长率为 5.98%。2015 年金砖国家货物和服务贸易出口额占世界出口总额比重达到峰值 16.63%，于 2016 年降至 15.83%，进口比重在 2013 年达到峰值 16.08%，于 2016 年降至 14.96%。尽管在全球经济增长放缓的大背景下出现了贸易额的短暂下降，但 10 年间金砖国家的贸易增长是显而易见的。金砖国家坚持合作共赢的理念，10 年来丰硕的合作成果为金砖国家增进了未来深化合作的信心，和谐的政治环境稳固了彼此的合作基础。经济、人文等领域的合作，一系列公约协定的制定将促使金砖国家进行更广泛的合作，共同为世界经济发展以及增进新兴国家在国际上的话语权做出努力。

二 金砖峰会对金砖国家未来合作产生的影响

金砖国家过去十年的合作成果引人瞩目，巨大的合作潜力令世界对金砖国家未来发展充满期待，金砖国家第九次厦门峰会的召开为金砖国家开启下一轮合作释放积极信号，《金砖国家领导人厦门宣言》的一致协商通过表明金砖国家对未来继续深化合作的一致愿望和共同发展的美好愿景。

（一）打造创新性"金砖＋"合作模式

此次金砖峰会提出了"金砖＋"的合作模式，目的是实现同其他新兴市场和发展中国家进行更广泛的合作。"金砖＋"合作模式的提出体现了更为包容性的合作，将抱团取暖的方式扩展到更多国家和地区，合作共赢的区域叠加效应为发展中国家提高国际地位和话语权提供了更多机会，有助于发展中国家更加平等地参与世界经济合作。

金砖国家的合作已然成为合作模式的典范，显著的合作成效肯定了金砖国家 10 年来的努力以及不断完善的合作机制，在促进金砖国家内部发展及影响力提升的同时，秉承促进国际社会可持续发展，促进更多不发达经济体实现共同进步的宗旨，《金砖国家领导人厦门宣言》提出了一系列务实性合作，实为扩大金砖成果的溢出效应，以经济合作为基础，在贸易投资等领域不断释放潜力，通过基础设施建设、资金融通等互联互通建设，实现"由点及面"，将金砖内部合作扩展至网状合作，将更多国家纳入多边合作范围，通过互联互通打通贸易渠道，加强要素自由流动，以实现各国优势条件的充分利用及互补性合作，共同打造金砖合作的升级模式。

（二）坚持和深化经济务实合作

金砖国家合作的基础是务实合作。继续坚持和深化经济务实合作是未来金砖国家合作要坚持的基本路径。2016 年金砖国家对外投资中只有 5.7% 发生在金砖国家之间，五国之间对外贸易额仅占各自对外贸易总额的 5%，在体现金砖国家更广泛的平等包容性合作的同时也表明未来金砖国家还有广阔的合作空间。另外，2015 年以来部分指标显示金砖国家的发展态势出现回落，一是全球经济整体疲软，二是各国正处在结构转换期，此时合作无疑是实现可持续发展这一共同目标的最优解，无论是要素禀赋、产业结构互补性还是五国整体和平良好的合作环境都为务实性经济合作创造了条件。金砖峰会同时详细制定了各领域合作纲领性文件和规划，涵盖服务贸易、电子商务、工业、投资便利化等各领域的合作内容，本着共同发展的原则金砖各国必然会在前期合作成果的基础上继续夯实经济合作，升级和强化原有经济合作机制，提升经济务实合作的效率和含金量。

（三）拓展利益汇聚点、巩固战略聚合效应

金砖国家本着合作共赢、共同发展的目标走到一起，使得金砖国家可能超越政治制度差异进行协调与合作，增进战略互信与合作共识是开展合作的前提保障。目前，金砖国家已经形成高层定期沟通和交流机制，金砖国家内部的凝聚力已经逐渐形成，未来的深化合作需要不断挖掘利益汇聚点。此次金砖峰会也期许提升未来金砖合作的含金量，并不断拓展金砖国家的合作潜力。对内实现战略对接，最大化发挥战略聚合效应，对外实行"金砖＋"合作机制，增加合作外部溢出效应。

三 东北亚区域合作的环境及基础

金砖国家因成长前景良好而聚合在一起，从起初的战略层面沟通到如今一系列务实合作，其全球影响力实现了稳步提升，金砖国家合作机制已成为大国合作的样本。东北亚区域在政治及经济发展上均具有一定影响力，然而至今未能如金砖国家一样实现抱团取暖的紧密务实合作。这与东北亚区域复杂的地缘政治密不可分，尽管如此，东北亚国家的互补性及广阔的合作潜力仍旧不容忽视。

（一）政治环境

东北亚区域地缘政治相对复杂，且东北亚区域一直是中、日、美、俄等大国战略利益的交汇点，大国之间的战略博弈增加了区域的不稳定因素。美国地理位置上虽不属于东北亚区域，然而其在东北亚区域的战略影响力及区域事务中的参与程度深刻影响着区域发展走势。朝核问题对东北亚区域和平与安全构成了严重威胁并且已达到非常危险的局势，2017 年 12 月 23 日通过的对朝制裁的新决议仅暂时避免了朝核问题走向极端化。中俄两国一道致力于避免半岛生乱，展现了大国维护区域和平与稳定的决心与意志，美朝两国也亟须打破僵局。区

域和平稳定是发展的根基，然而此时的东北亚区域关系已十分紧张。中美之间竞争与合作并存，中日之间由来已久的历史性争端难以化解，中韩关系由于萨德问题受到严重影响，朝韩问题作为核心要素受到大国政策影响。如此复杂的政治环境严重阻碍了东北亚区域合作的进程，僵持的结果是各方利益受损。各国应当考虑如何在战略博弈中找到最大利益契合点，以共同利益推进区域合作并通过求同存异的合作缓和紧张关系，以求得区域平衡的政治生态和可持续的经济发展。

（二）经济基础

对比 2007 年以来的 10 年发展，东北亚国家 GDP 同比增长率总体低于金砖国家，但在总量上东北亚国家要高于金砖国家，并且 2016 年东北亚国家 GDP 同比增长率为 3.92%，超越金砖国家的 1.9%。在全球经济疲软及结构性转换期间，东北亚区域的经济发展及恢复能力值得肯定。然而 2016 年 19.99 万亿经济体量的东北亚区域却没有实现共识性合作，对比金砖国家的发展，东北亚区域合作空间是广阔的。

从产业层面来看，东北亚区域各国处于全球价值链的不同位置，产业发展阶段和优势的区别足以满足区域间的差异性需求，区域之间可以通过产业承接和转移实现互补性合作，从技术交流和专业化分工角度提升区域产业效率。从要素禀赋来看，东北亚区域各国要素禀赋不同，资源劳动密集型国家与资本技术密集型国家可以进行优势互补，有助于实现产业结构升级。

从贸易投资来看，2007～2016 年的 10 年期间，只有中国的直接投资流入量总体呈上升趋势，年均增长率达到 5.37%，其他国家相对中国直接投资流入量偏少。俄罗斯由于受到制裁等因素影响，2015 年直接投资流入量仅为 118.58 亿美元，达到 10 年间最低值。日本直接投资输出量明显高于流入量，除 2010 年略低外，在 2016 年之前始终高于中国。韩国流入和

输出规模及趋势均比较稳定，蒙古规模则普遍偏小。2016 年东北亚区域直接投资输出总量为 3828.98 亿美元，10 年间年平均增长率为 9.73%，占世界比重为 26.36%，输入总量为 1896.04 亿美元，占世界比重为 10.86%。2016 年，中国与东北亚五国贸易额为 6059 亿美元，占中国对外贸易的 16.4%。在贸易产品结构上，中国在货物贸易领域具有优势，但中间品进口比例较大，出口以资本品和中间品为主，是加工制造大国。日本、韩国在服务贸易领域尤其是文化贸易领域具有比较优势，俄罗斯以资源型产品出口为主，蒙古、朝鲜贸易发展比较缓慢，但随着蒙古积极参与"一带一路"建设及中蒙俄经济走廊建设，并且依靠其矿产资源优势，蒙古对外开放程度将不断提高。目前东北亚区域各国的合作及贸易协定的签署仍然仅停留在双边领域，然而各国比较优势与产业结构差异表明东北亚区域是存在合作基础的，同时由于地缘相近，文化认同和民心沟通上天然的优越性为区域合作提供了更大的可能性。

从利益诉求来看，东北亚区域比较相似，一方面要实现自身经济可持续发展，另一方面要维护东北亚区域和平与发展。2017 年 12 月，韩国和日本相继表示愿与中国就"一带一路"倡议开展对接，一是"一带一路"倡议得到了国际社会更广泛的认同，同时也体现了东北亚国家为实现利益诉求而展现出的积极合作信号。对此韩国提出加强政策对接，将"一带一路"倡议与韩国的"新北方政策""新南方政策"对接，日本希望与中国积极探讨互联互通和"一带一路"框架内的合作。日韩对"一带一路"倡议态度的积极转变为东北亚区域合作创造了良好的条件，区域内部对接合作同时也将产生聚合效应，使单一区域实现政策增值，为东北亚区域更深层次的发展奠定基础。

四 对东北亚区域合作的新启示

金砖国家在过去 10 年的合作中取得了丰硕

的成果，为全球经济发展做出的贡献值得肯定，此次金砖国家第九次厦门峰会的召开为开启金砖国家第 2 个"金色十年"的深层次合作奠定了基础。金砖国家成功的合作模式可以推广，尤其是东北亚区域的发展可以参考此次金砖峰会的成果，通过东北亚区域内各方的一道努力，共同促进东北亚区域政治经济的和谐发展，为推动全球经济发展贡献力量。

（一）开展包容性务实合作

东北亚区域合作应着眼于世界经济发展以及国际格局的改变，以实现各自及区域共同发展为目标，努力实现地区合作机制转变。由于东北亚区域复杂的地缘政治情况，经济合作难以顺利地展开。然而对比金砖国家合作以来取得的成果，东北亚区域略显捉襟见肘，抛开政治因素这一障碍，东北亚区域需要的是寻找更多的利益汇聚点，以共同利益开拓区域经济沟通渠道，将经济作为合作主线，进行宏观政策协调，以经济交流和共同发展为信念稳定区域合作环境。因此东北亚区域首先应当考虑在利益和谐的情况下开展务实合作，以兼顾公平与效益最大化的合作机制，进行区域内部战略对接，加强双边、多边及区域战略的聚合效应。

（二）建立可持续对话交流机制

东北亚区域 2016 年 GDP 占世界的 24.87%，经济体量在金砖国家之上，各国在产业发展水平及资源禀赋上存在明显的互补性，显然存在合作基础。然而由于各方的战略重点无法统一，东北亚区域至今未能达成区域性的统一合作共识。截至目前，东北亚区域仍未形成可持续的

对话交流机制，对比金砖国家峰会从初期战略层面的沟通直至如今第九次峰会探讨的一系列务实性合作，沟通交流为金砖国家带来的是更广阔的互联互通，为今后合作的创新和发展创造机会。因此就东北亚区域当前的环境和形势，对话交流不仅要沟通具体的合作领域和范围，更重要的是利用这样一个可持续的对话交流机制排除各种障碍最终回归到互利共赢的合作局面。

（三）展开"东北亚＋"跨区域合作

东北亚区域务实合作实为实现区域各方的共同利益，此为合作的根基。在坚持东北亚区域互利共赢的理念下，可以借鉴金砖国家合作机制，寻求良性的外部发展环境，进而放大合作优势，实现同其他发达国家及发展中国家的跨区域合作。目前韩国、日本相继表现出就"一带一路"倡议进行合作的意愿，东北亚作为次区域合作与"一带一路"倡议形成互动，将产生点网融合的系统性效应，不但对东北亚国家产生增值效应，共建"一带一路"国家也可从中受益。仅从中国角度来看，东北地区将迎来更多发展机遇，新一轮东北振兴政策和"一带一路"倡议的战略叠加，对地区经济乃至更广阔的区域产生重要影响。"东北亚＋"体现的包容性和共同发展原则以及各方区域战略与国家战略叠加产生的扩大效应将惠及各方。

（作者熊涓系黑龙江大学东北亚经济研究中心教授，王文佳系辽宁大学经济学院博士研究生，该文原载于《北方经贸》2018 年第 6 期，录入本书时有改动）

浅析东北亚区域旅游合作发展新机遇

笪志刚

经过30多年的长足发展，东北亚区域合作取得了令人瞩目的阶段性成果，双边合作机制不断成熟，多边协作机制不断增多。从经贸角度看，中韩FTA（自由贸易协定）的签署为区域双边合作树立了双边自贸合作的示范，《中蒙俄经济走廊规划纲要》的落地不仅是"一带一路"框架内的多边成果，也是东北亚区域合作多边制度性机制的象征。东北亚合作对于区域内各国的重要性与日俱增。2016年中国对东北亚各国贸易额为6059亿美元，占整体的16.4%。其中，中日贸易额为2746亿美元、中韩为2526亿美元、中俄为686亿美元、中朝为54亿美元、中蒙为46亿美元。考虑到同期中国对"一带一路"区域内65个国家的贸易额为1万亿美元上下，东北亚区域对中国区域和国际合作的重要性不言而喻。与此同时，随着世界政治经济格局和大国兴衰的剧烈调整，东北亚地缘局势也面临较大变化，一些地缘摩擦和对立已经走向对抗和博弈。一些双边矛盾已带有集团和同盟化色彩，成为阻滞区域合作的桎梏。在上述阶段性发展与地缘阻碍因素增加的背景下，东北亚区域的双边和多边旅游合作出现了诸多积极变化，成为推动区域双边和多边政治、外交关系不断改善的助推器，弥合国家分歧和舒缓民众之间对立的缓冲阀，稳定区域人文合作、扩大经贸关系的压舱石。其中受地缘、气候、区域、传统影响的东北亚区域旅游成为全球经济缓慢复苏中逆势上扬的新亮点。尤其是依托东北亚各国冰雪资源和优势的冰雪旅游成为旅游合作中特色鲜明、交流便利、拉动明显、潜力巨大的合作领域，在受到区域内民众欢迎的同时，日益引发区域各国重视，利用、开发、交流、合作的呼声不断高涨。东北亚区域旅游合作的"井喷"行情和拥有的巨大潜力为东北亚区域破解现实矛盾、搭建对话平台、寻求合作突破等提供了新契机与新活力。这些结合东北亚区域构建旅游共同体的优势与潜力形成了激活东北亚跨国旅游的新氛围。

一　东北亚区域旅游合作迎来新机遇

（一）国际旅游进入"井喷"时代

2017年11月6日，2017年世界旅游交易会在伦敦召开，会议发布了《世界旅游经济趋势报告（2018）》（以下简称《报告》）。《报告》指出："2017年全球主要国家经济形势逐步趋好，各国消费者信心指数持续提高，各主要经济体旅游需求稳步增长，跨国旅游基础设施不断完善，旅行成本持续降低。因此认为，2018年全球旅游总人次和全球旅游总收入将保持强劲增长势头。"按照该报告的预测，2017年全球旅游总人次（包括国内旅游人次和国际旅游人次）将达到118.8亿人次，为全球人口规模的1.6倍，全球旅游总收入（包括国内旅游总收入和国际旅游总收入）达5.3万亿美元，相当于全球GDP的6.7%。旅游推动全球经济增长的作用更加明显。报告也通过设定经济高速增长、一般性增长、低速增长三档对 2018 年全球旅游经济增长进行了预测（见表 1），即使是低速增长，2018 年全球旅游及旅游经济走势依然呈现井喷的向好走势。

表 1　2018 年全球旅游经济增长预测

增长速度	旅游总人次（亿人次）	增减速（%）	旅游总收入（亿美元）	增减速（%）
高速增长下	128.77	7.8	56593	6.7
一般增长下	126.71	6.7	55696	5.9
低速增长下	124.52	5.5	54809	5.0

资料来源：根据《世界旅游经济趋势报告（2018）》数据整理。

（二）东北亚双边、多边旅游潜力巨大

随着东北亚区域经济的不断发展，以及区域内各国对旅游产业和国际合作的重视与推动，国内旅游和跨国旅游成为东北亚区域诸多合作中的新优势和新亮点。从中日韩等区域内国家旅游产业披露的数据来看，东北亚区域年度国内旅游已超过 35 亿人次，跨国旅游已接近 1.5 亿人次，中日韩之间接近 2500 万人次，中俄日韩朝蒙接近 3000 万人次，日韩两国合计来华人数同期也超过 500 万。近两年中国游客赴日旅游人数呈现高速增长态势，继 2016 年中国访日游客达到 637 万人，在日消费金额达 130 亿美元后，日本国土交通省观光厅 2018 年 1 月发布消息，2017 年访日外国人旅行消费额比上年度增长 17.8%，总额达到 4.4161 万亿日元，连续 5 年创历史新高，也是首次突破 4 万亿日元大关。2017 年每个季度的外国人旅行消费额均为历年最高。访日中国游客消费额占比 38.4%，以 1.6946 万亿日元居首位。其中中国台湾、中国香港消费额和占比分别为 5744 亿日元（13.0%）、3415 亿日元（7.7%）。同期访日外国游客的旅行人均支出为 15.3921 万日元，比 2016 年的 15.5896 万日元减少 1.3%。中国访日游客以人均 23 万日元消费领军，澳大利亚

以 22.6 万日元、英国以 21.5 万日元列二、三位。外国游客的持续增加给日本经济带来了巨大的内需生产和销售空间。

从中韩旅游发展看，虽然两国关系因为"萨德"问题还没有完全恢复，但 2016 年访韩中国游客依然接近 800 万人，占韩国吸引 1741 万名外国游客的 46.0%。2017 年"萨德"临时部署的滞后效应反映较为突出，据韩国观光公社介绍，2017 年中国赴韩游客 420 万人，比 2016 年的 800 万人大幅减少了 48.3%。2017 年 10、11、12 月中国赴韩游客分别比 2016 年同期减少 49.3%、42.1% 和 37.9%，2017 年 12 月仅有 33.25 万人赴韩。但随着中韩关系的逐渐好转，预计中国赴韩游客数量将会恢复常态。

再看中俄游客互访情况，与 2016 年中国游客赴俄 107 万人相比，访华俄罗斯游客为 118 万。不仅日韩、中俄、俄日、中蒙、俄蒙等双边旅游呈现稳步攀升态势，中蒙俄、中日韩、中俄日、中韩俄等多边旅游，尤其是边境地区的跨境旅游也维持了增长态势。北海道大学斯拉夫欧亚研究中心还通过边境地区研究项目策划和推动了在中日俄三国边境城市之间的三边旅游，并已组织了三次试验旅游团，受到了三国地方政府的欢迎。2016 年中国最大在线旅游公司的十大人气旅游目的地中，日韩俄分别列于第一、第三和第七位。中国在日韩俄蒙朝等国的旅游目的地调查中进入前五名，在全球的调查中多数进入前十名。

（三）激活东北亚跨国旅游正当时

面对东北亚区域的复杂地缘形势，强化国际旅游已成为遏制区域局势恶化，推动改善双边和多边关系的重要抓手。从现阶段看，东北亚区域强化旅游合作，侧重跨国旅游的诸多优势开始显现，一些潜力不断得到释放。

一是东北亚双边和多边关系出现积极和正常化改善势头。在中俄全面战略协作伙伴关系继续得到巩固、中蒙关系依托"一带一路"和"发展之路"对接出现明显变化的背景下，中

日关系自 2014 年北京 APEC 峰会首脑实现会谈后出现了诸多正向变化，改善迹象明显，日本政府对"一带一路"的态度也由当初的怀疑、否定转为有条件支持和进一步扩大经济界和企业之间的合作。中韩关系自 2017 年 7 月 6 日德国汉堡 G20 峰会、11 月 11 日越南 APEC 峰会实现首脑会谈后出现了一系列积极变化，如 9 月中旬韩国放弃向 WTO 起诉中国所谓的"萨德"报复，10 月中旬两国延长货币互换协议，10 月 31 日两国外交部门发布的旨在改善关系的新闻稿，以及 12 月 13～16 日文在寅总统的访华，都为中韩进一步朝向解决"萨德"问题、克服阻碍关系改善的瓶颈提供了现实的契机。

二是东亚各国普遍重视旅游及相关产业发展。旅游产业均已成为东北亚各国的政府重视、地方支持、民间欢迎、占 GDP 比重扩大的优先和重点领域。日本从 2003 年出台观光立国战略，制定了访日外国游客 1000 万人目标后，现在这一目标已提升为至东京奥运会期间实现 4000 万人。韩国也利用韩流等文化产业的发展优势，将平昌奥运会作为旅游招徕的主打，并纳入文化和产业发展战略层面加以大力推进，正在向吸引 3000 万外国游客的目标努力。特别是 2018 年 1 月朝鲜代表团决定参加平昌冬奥会成为半岛紧张局势的舒缓阀，未来朝鲜重启金刚山旅游项目、拟在三池渊郡设立国际观光区等将使朝鲜旅游再次被纳入东北亚区域旅游格局之中。

三是中国特色社会主义新时代的外交理念进一步释放了亲诚惠容的理念。中国特色社会主义新时代的外交理念引导下的经略周边、连接区域、融入世界的合作思想、主张、方案和举措不断吸引国际社会目光，尤其是倡导构建人类命运共同体，促进全球治理体系变革等全球化理念引发了全球热议，并得到了越来越多的响应和支持，这些都使中国国际影响力、感召力、塑造力进一步提高，将直接传导、波及国际合作，尤其是双边和多边跨国旅游合作。

四是东北振兴启动新一轮对外开放的机遇。2013 年以来，中国国家主席习近平三次莅临东北指导工作。全国两会期间，四次参加东北三省代表团座谈，共商振兴大业。党的十八大以来，中央政府做出了实施新一轮东北振兴战略的历史性决策，《中共中央 国务院关于全面振兴东北地区等老工业基地的若干意见》（2016 年 4 月 26 日）等一系列重要文件陆续出台并实施，以实现全面振兴为目标的新一轮东北地区振兴不断深化。东北地区位于东北亚腹地，具有推动中俄、中日、中韩、中蒙及中朝等东北亚区域多边旅游合作的地缘、亲缘、人缘和旅游资源优势，在推动东北亚区域四季不同的旅游特色合作融合、旅游与文化嫁接、旅游与人文链接、全域旅游及构建旅游共同体等制度及机制合作上具有明显的区位、通道和平台潜力。

二 构建东北亚旅游共同体面临新契机

（一）为东北亚综合旅游产业发展提供支撑

近年综合旅游产业成为国际旅游界、各国政府关注的新兴产业。综合旅游产业属于大服务产业，涵盖了城市形象、识别系统、城市推销、会展经济、会议机制、交通、餐饮等，其产业模式与多个上下游产业高度关联、深度融合，成为获得经济效应、社会效益、文化反响、旅游地位的产官学研一体化协同合作并发展的朝阳产业。在东北亚区域内，日韩在综合旅游产业方面起步早，研究力量强，实践取得成效大，尤其是韩国在综合旅游产业发展方面已成为世界名列前茅的强国，拥有先进理念，具有领先优势。例如 2016 年韩国举办国际会议，入围 AMEX 评选出的全球十大会议及活动城市。近年韩国注重培养中小地方城市的综合旅游产业的尝试，值得东北亚各国在确立环境友好型发展模式、摸索转型升级新领域、激活区域和国际旅游优势与潜力的努力中借鉴。日本在发展综合旅游产业方面，注重互联互通便利化、连锁服务人文化、产业融合高端化、信息辐射国际化，实现了大旅游产业激活内外需求和培育综合旅游产业服务经济社会总体发展的诉求。从构筑东北亚旅游共同体的未来前景看，综合旅游产业也是中俄日韩蒙朝区域内国家在东北亚区域深化辐射双边合作、增强民众相互理解、拉动地方国际化的重要突破领域。

（二）为东北亚旅游论坛等智库交流提供平台

在东北亚区域合作，和平共同体、经济共同体等机制的构建中，各国各级智库的作用越来越重要，并且也形成了一些具有代表性的智库合作的大型论坛机制、中小型研讨会机制、双边共同研究机制、多边务实合作机制等制度或交流机制。例如，政府层面有中日韩三国旅游部长会议，韩日民间主导的东北亚国际旅游论坛、东北亚国际旅游研讨会，东北亚各国智库推动的中俄韩蒙四国智库联盟、东北亚智库联盟等。这些智库的交流与合作是在推动东北亚区域通过旅游改善双边乃至多边关系，以及通过旅游研讨启迪民智、引导舆论，理论支撑、实践引领，建言献策、畅通渠道等方面做出的诸多有力尝试。中俄、中日、中韩或中日韩、中俄蒙等双边和多边智库在推动双边和多边旅游合作上形成了相对成熟的机制，有了一些较为固定的智库交流模式。今后，依托深化互信、改善关系、弥合分歧和扩大交流，在聚焦进一步构建东北亚旅游智库论坛方面，各国政府、学界、民间的智库在平行推动东北亚经济共同体、能源共同体、金融共同体、文化共同体形成的同时，应进一步挖掘最可能实现、最深得民心、最具操作性的东北亚旅游共同体的优势和潜力，摸索区域内双边和多边乃至次区域之间团结互信、平等互利、包容互鉴、合作共赢的新合作路径与模式。

（三）东北亚旅游共同体的雏形已经形成

不可否认，在东北亚区域各种功能性、制度性机制建设过程中，依然存在政府推动受限、企业启动有限等制约。一些共同体的构建还受双边和多边关系乃至地缘博弈的影响，这也是东北亚区域多年来在相应共同体建设上始终难以克服的瓶颈。从简单易行和较易突破的角度，构建东北亚旅游共同体的基础相对扎实，双边合作机制已经成熟，一些多边机制具有共同体的雏形。

一是中日韩旅游部长会议机制常态化的雏形。2017年1月20日，第16届东盟与中日韩旅游部长会议在新加坡举行，中国、日本、韩国和东盟十国旅游部长出席会议。中日韩旅游部长会议发端于日本北海道，先后在青岛、釜山、名古屋、杭州、福冈等城市举办，在2016年在武汉召开的第八届中日韩旅游部长会议后，该会议改为中日韩与东盟旅游部长会议机制。中日韩旅游部长会议机制推动三国间游客由1300万人次增加至2500万人次。该机制既是政府间旅游合作机制的成功，也是世界上最成功的旅游合作机制之一，对于三国之间增进了解、互通信息、扩大合作、展示风采、打造品牌、扩大知名度以及促进旅游业双边和多边合作做出了诸多奉献，也为东北亚旅游共同体的建立夯实了基础。

二是东北亚旅游多边合作现有机制的雏形。2012年首届东北亚旅游论坛由吉林省旅游发展委员会及联合国"大图们倡议"秘书处（GTI）联合发起，中国、俄罗斯、日本、韩国、蒙古、朝鲜参加。论坛旨在加强东北亚区域，特别是图们江区域的旅游合作，实现东北亚地区旅游合作一体化发展。创办六届以来，在推动东北亚旅游产品推广、东北亚区域旅游走向世界、建立图们江三角洲旅游协作圈、以"一带一路"推进东北亚旅游增长等方面取得了诸多硕果。2017年7月27日，主题为"东北亚区域旅游面临的机遇与挑战"的第六届东北亚旅游论坛在延边自治州珲春市举行，来自联合国开发计划署"大图们倡议"秘书处，联合国世界旅游组织技术合作部，中、俄、蒙、韩等东北亚国家的政府官员、专家学者、旅游企业负责人出席论坛。论坛再次研讨和确认了环日本海旅游、图们江三角洲跨国旅游、大图们东北亚江海游的开发机遇与发展前景等，论坛对东北亚旅游共同体的功能和制度机制发挥了智库探讨和务实推进的作用。

三是东北亚国际旅游城市联盟有序运转的雏形。2015 年 5 月 31 日在威海召开的由发展中国论坛、东北亚城市发展共同体全球联盟组织主办的"东北亚城市文化旅游交往与中韩自贸区发展国际研讨会"上，举行了东北亚国际旅游城市联盟启动仪式，吸收了中国上海、济南、哈尔滨、济宁、德州、日照、潍坊、镇江、渭南，韩国仁川等东北亚区域内的城市为创始成员城市，为东北亚区域城市间以旅游为中心的全面合作、加强联合、资源共享、优势互补、互利共赢和共同发展提供了实践平台，也为构建东北亚旅游共同体做出了积极尝试。珲春市政府所做的"图们江三角洲国际旅游区"规划报告，参与国家涉及东北亚六国，中方预计投资 110 亿元，同时争取吸收东北亚成员国开发商投资，申请亚洲开发银行、亚洲基础设施投资银行贷款。该项目能够使东北亚地区的 3 亿多人从中受益。

三 对构建东北亚旅游共同体的建议

（一）中日韩合力打造儒家文化旅游圈

所谓的儒家文化圈泛指历史上中国及由中国皇帝册封的周边国家或民族，是以中国的汉字文言文作为交流的媒介，通过引进中国的国家制度、政治思想、法律典籍、宗教哲学等形成的有近似文化和价值观的区域。从这个角度，中国周边的日本、韩国、越南等国都曾经是儒家文化圈的覆盖区域。儒家文化圈、基督教文

化圈和伊斯兰教文化圈是世界历史上比肩而立的三大文化圈。作为儒家文化的发源地，儒家文化一直是中国传统文化的主流，中国也一直在儒家文化圈中起着主导和传承作用。在古代，中国儒家文化正向影响日本、韩国是主流，近现代则形成了日本儒学和儒家传统"回流"中国、"韩流"逆袭中国、中日韩互学互鉴的格局。日本是世界儒学传承和研究的重要国家，历史上的遣隋使和遣唐使帮助其形成了日本的儒学世界观，孔子等儒学和儒家传统为日本大化革新等古代和近代改革提供了思想基础。历史上，韩国受儒家文化的影响深远，形成了弘扬、崇尚圣贤，注重家庭、敬天、奉祖、知识，秉承仁、义、礼、智、信、忠、孝、廉、耻、节的儒家文化浸染的文化传统。韩国国民至今仍以本国是世界儒教国家而自豪，还于 2001 年在安东设立了世界首个"儒教节"。作为追求对外开放和贸易立国的外向型国家，中日韩都把旅游和文化输出看成是打造国家软实力、树立良好国家形象、促进与域外文明交融、形成民族亲和力及影响力的重要路径。中日韩合力打造儒家文化旅游圈的历史积淀深厚，现实基础扎实，未来潜力可期。

（二）中日韩参与打造中蒙俄异域旅游交流圈

民族的才是世界的，依托民族的打造特色的，依托特色的打造多元的，依靠多元的打造区域的，依靠区域的打造世界的。英国历史学家汤因比曾将全球文明归结为七大文明，其中以东北亚区域的儒家文化为中心的绵延 5000 多年的中华文明，俄罗斯东正教文化和以欧陆风情为代表的欧亚融合文化，日本中西合璧和借鉴吸收的既多元又单一的岛国文明，朝鲜半岛以韩民族的历史、文化、服饰和饮食等为代表的半岛文化、蒙古国的北方少数民族的游牧文化和草原的自然风光等，都为东北亚依托不同的历史文化、宗教民族、产业规模来打造具有文明互鉴、民族往来、文化包容、旅游融合的

旅游圈、文化圈、交流圈提供了历史、文化和人文积淀，以及实质推进和务实合作的现实支撑。中俄日韩蒙在东北亚区域地缘往来与旅游合作中具有各自的地缘和发展优势，彼此间的地缘和经济关系紧密，民间往来的民意和交流基础优势相对突出，在推动"一带一路"中蒙俄经济走廊建设等多边经济合作机制构建和打造中蒙俄异域旅游交流圈上可以发挥中介、中继和中合作用。

（三）中日韩俄蒙助推打造东北亚冰雪旅游合作圈

在推动东北亚区域旅游双边和多边合作中，冰雪旅游是该区域具有特色、优势和潜力的领域。对于人类社会来说，冰雪活动既旧又新。所谓旧，从1864年瑞士在阿尔卑斯山开展冰雪活动，到1894年加拿大首度报道冰雪活动，再到北欧的挪威、瑞典和芬兰举办首次世界滑雪比赛，欧洲和北美成为冰雪资源和项目的发源地、冰雪活动及其节庆的领跑地、冰雪产业和冰雪经济的催生地。日本在1911年首次引进了滑雪技术和项目，韩国在1975年拥有了与世界接轨的滑雪场。中国是亚洲的后起之秀，现在拥有568座滑雪场，居亚洲首位。所谓新，经过200多年发展，冰雪旅游形成了欧洲领先，北美跟进，东亚赶追的冰雪资源、冰雪旅游、冰雪产业及冰雪经济的"雁型模式"，也推动形成了全球主要的冰雪旅游交流圈的形成。东北亚各国冰雪资源富集，冰雪旅游互补性强，冰雪产业合作前景广阔，具有将冰天雪地打造成金山银山的各种有利因素与现实条件。中俄以全方位战略协作伙伴关系为依托，中日、中韩以改善关系为契机，共同助力打造东北亚冰雪旅游合作圈不仅能开拓新领域、打造新模式，促进双边在冰雪旅游乃至冰雪经济上的合作，还将为东北亚区域旅游合作多边机制的构建，打造冰雪节庆活动，开发更多体验式冰雪旅游合作项目，促进冰雪旅游的"走出去"和"请进来"，摸索多边旅游峰会机制和开发更多各具特色的旅游纪念品等方面的合作提供诸多借鉴和可能性。

（作者系黑龙江省社会科学院东北亚研究所所长、研究员，该文原载于《东北亚经济研究》2018年第4期，录入本书时有改动）

中日韩海运产业合作探讨

杨　静

在 1999 年东盟与中日韩（10 + 3）领导人会议上，中日韩政府正式推动三国间合作。2018 年 5 月，第七次中日韩领导人会议召开，李克强总理提出要共同维护自由贸易，推动区域经济一体化，加快中日韩自贸区谈判进程，早日达成《区域全面经济伙伴关系协定》，打造"中日韩 +"模式，实施联合项目，促进本地区国家间实现更好更快发展。中日韩海运产业合作是"中日韩 +"模式的具体体现，是中日韩区域经济一体化进程的重要组成，能促使海运资源在三国间优化配置，服务全球贸易发展。本文将分析中日韩海运产业合作的必要性和可能性，提出三国海运产业合作的主要内容和推进建议。

一　中日韩海运产业合作的必要性和可能性

（一）　中日韩海运产业合作的必要性

1. 中日韩海运产业合作是各自国际贸易和经济发展的需要

全球商品贸易货物约 80% 以上需通过海运完成。根据世界银行数据，2016 年，中日韩商品贸易占各自国内生产总值的 32.9%、25.3% 和 63.7%，其中出口总额分别为 2.10 万亿美元、0.64 万亿美元、0.50 万亿美元，进口总额分别为 1.59 万亿美元、0.61 万亿美元和 0.41 万亿美元。对外贸易的完成需要海运的运输保障，海运的发展能减少国际贸易时间和运输成本，中日韩进行海运合作，共同保证外贸货物安全和高效的运输，将促进各自国际贸易的提高和本国经济的持续发展。

2. 中日韩三国间贸易规模的扩大，需要三国海运合作强化贸易运输保障

根据中国统计局和韩国银行数据，2016年，中日进出口贸易额为 2750 亿美元、增长 − 1.23%，中韩进出口贸易额为 2527 亿美元、增长 − 8.37%，日韩进出口贸易额为 718 亿美元、增长 0.56%。三国间贸易量巨大，依存度较高，但贸易增长势头趋缓甚至出现负增长，需要加快海运合作，为三国间贸易的扩大添加润滑剂。

3. 中日韩合作是三国海运产业自身发展的需要

海运产业需要全球布点建网，投入大、涉及面广，而单个企业、单个国家能力有限，需要有相关国家、企业共同投入资源，集约使用资源，共建全球海运物流服务体系。

（二）　中日韩海运产业合作的可能性

1. 中日韩地理环境、文化相似，交流历史悠久

日本四面环海，韩国三面环海，中国大陆海岸线长 1.8 万公里，三国的地理环境适合发展海运事业；从地图上看，三国都位于东北亚地区，地理位置的靠近有利于海运合作；在文化上，日本、韩国都受到中国儒家文化的影响，

三国文化同根同源；三国的经济文化交流源远流长，相互积累了较多经验。

2. 中日韩有强大的经济实力和贸易总量为海运合作提供后盾

据世界银行、WTO 数据，2016 年，中日韩的 GDP 分别为 11.2 万亿、4.95 万亿和 1.41 万亿美元，占世界总值的 23.26%；三国出口额占世界的 20.96%，进口额占世界的 16.53%。中日韩经贸规模为海运产业的发展营造了巨大的需求市场，为三国海运合作提供了后盾。

3. 中日韩都是世界级别的海运大国，为海运合作打下了坚实基础

根据联合国贸易和发展会议的研究报告，截至 2016 年，中、日、韩支配船队总运力分别为 1.59 亿、2.29 亿和 0.79 亿载重吨，分别排在世界的第三、第二和第七位，三国运力总量占世界的 26.05%。海运运力规模为三国海运产业合作发展提供了基础。

4. 中日韩在海运产业上已有初步合作，建立了基本的合作促进机制

中日韩领导人会议、东盟与中日韩（10 + 3）领导人会议、中日韩运输及物流部长会议、中日韩海关领导人会议、东北亚港湾局长会议等会议定期召开，中日韩三国合作秘书处成为常设机构，特别是六次中日韩海上运输与物流部长会议的召开为中日韩海运物流合作做出了专门贡献。通过中日韩海上运输与物流部长会议，三国通过了未来工作计划，成立了联合工作组，确立了中日韩"建立无缝物流系统、发展环境友好型物流业、物流安全与高效的平衡"三大运输与物流合作目标，提出了交流信息、消除物理障碍、开展联合技术研究、加强港口合作等 12 项行动计划，建立了东北亚物流信息服务网络（NEAL－NET），签订了《中韩陆海联运汽车货物运输协定》，等等。

二 中日韩海运产业合作的内容

中日韩海运产业合作是必要的和可能的，

围绕三国制定的"建立无缝物流系统、发展环境友好型物流业、物流安全与高效的平衡"的运输与物流合作目标，三方海运产业合作可在以下方面深入展开。

（一）引导和鼓励三国海运企业开展战略、资产、业务、标准合作等

鼓励三国班轮船公司建立班轮运输联盟，共营班轮航线，提高资源利用率，防止运价恶性竞争，增加区域内直航港口。引导不定期船运公司携手合作，规模化、专业化发展，抱团参与区域内外不定期船运市场竞争。引导三国海运公司与区域内外陆地、空运物流公司开展联合运输合作，建立资产、战略联盟，降低运营成本，提高物流效率。三国海运企业还要共同开发港口、投资建设物流基础设施，建立燃油储备、物流集散仓库，共设货代和船代公司，合建全球港口物流网。在继续推广东北亚物流信息服务网络、标准可循环使用托盘的同时，整合三国海运运输网络系统，使三国海运物流体系能够实现信息共享和互动，即来则可以供溯源、去则可以供查验、全程都可监视可控；要实现运输器械、作业工具、操作程序和操作动作的标准化，加强全球定位系统（GPS）、无线射频识别（RFID）、大数据、云计算、区块链、人工智能等信息技术的应用，统一海运船舶能效、清洁能源应用的相关标准。

（二）合作去除国家间藩篱，建立三国间"无缝、通畅"的海陆空联运系统

在三国船运服务、证照查验、船舶检验、船员服务、航海保障、海事管理、口岸管理、船舶通信导航等港口事务、出入境管理方面坚持无歧视原则，设立保通畅、保效率、保公平的联络机制；建立中日韩大通关制度和国际贸易单一窗口，三国优化单证审批、信息共享、协同执法、监管互认、属地申报、口岸验收等。

（三）三国要推动区域内海运各相关产业、部门的合作

建立港口联盟，协调三国港口建设总体规划，整合业务，共享资源，避免同质竞争，提高海运服务水平。将中日韩亚洲校园项目拓展到海运领域，共同培养实务人才。在海运相关科研上合作，出资共建中日韩海运物流技术联合开发中心或共同科研基金，推动船舶制造技术、运输技术、海运系统软件的联合研发，促进海运产业产学研一体化合作。联合建立东北亚海运银行或海运产业投资基金为海运产业发展、船舶购买或运力调节提供资金保障；合建东北亚船东互保联盟，保障海运事业发展。推动三国船级社互认，及时发表三国海运合作政策白皮书、海运产业投资指南、运输统计，联合开展海难救助、污染防止、环境保护、航行安全等海运安全与绿色海运相关工作。建立中日韩贸易与运输仲裁机构等相关机构，联合处理海运纠纷。

（四）合作建立中日韩海运产业发展要素共同市场

建设海运、造船相关技术交易、船舶交易、人才流动等要素市场，开设跨国网站和信息数据库，促进海运造船技术、船舶、人才在三国产业内自由流动，互认船员证书，高效签发和管理船员落地签证，建立海运产业发展要素共同市场。促成中日韩自由贸易区建设，促进三国贸易发展。

三　推进中日韩海运产业合作的建议

基于以上合作内容，建议从以下几方面推进中日韩海运产业合作。

第一，要建立中日韩海运产业合作委员会，下设海运企业战略合作促进部、海运物流政策协调部等相关部门，统一领导、协调三国海运产业合作发展。具体表现在协调三国政府破除不良政策藩篱，组织海运各相关产业、部门开展合作，建设产业发展要素共同市场。促使政府扮演促成者角色，利用合作协商、下放投资审批权、政府采购、银行贷款、专项资金、财政补贴、降低税率、投资优惠、免税优惠、加速折旧等手段，引导海运企业开展战略、资产、业务、标准等方面的合作。

第二，在总体思路上，通过先易后难、试点推广的工作方法，具体推进各项合作。在中日韩海运产业合作委员会的促进下，以先易后难为原则，收集、整理合作内容和相关建议，通过中日韩运输及物流部长会议、中日韩海关领导人会议、中日韩海关手续工作组、东北亚港湾局长会议、中日韩标准化司局级会议、中日韩领导人会议等合作会议，制定相应政策和制度，先行试点，总结经验，推广深化。

第三，要设立阶段性目标，分阶段实施。围绕合作总体目标，制定阶段性目标和实现任务，分步实现中日韩海运产业合作总目标。建议第一阶段引导和鼓励三国海运企业开展战略、资产、业务、标准合作；第二阶段合作去除国家间藩篱，建立三国间"无缝、通畅"的海陆空联运系统、推动区域内海运各相关产业、部门的合作；第三阶段合作建成中日韩海运产业发展要素共同市场。

第四，要紧抓有利机遇，增加合作砝码，破除重重困难。中日韩海运合作还受到历史问题、领土问题、地缘政治、贸易摩擦等重大问题的影响，因此在合作过程中要保持定力，紧握方向，抓住有利时机，从一件件具体合作事项入手，实现具体合作目标，不断增添合作砝码，扩大共赢空间，破除内外困难。

四　结论

中日韩海运产业合作是三国经济、贸易发展的需要，具有现实可行性。要引导和鼓励

三国海运企业开展战略、资产、业务、标准合作，建立三国间"无缝、通畅"的海陆空联运系统，引领区域内海运各相关产业、部门的合作，共建中日韩海运产业发展市场。加强中日韩海运物流产业合作将对区域经济一体化进程、对三国海运和贸易的发展做出重要贡献。

（作者系广东外语外贸大学东方语言文化学院教授，该文原载于《物流技术与应用》2018 年第 11 期，录入本书时有改动）

"东北亚命运共同体"背景下的中国文化选择

张　波　李群群

一　"东北亚命运共同体"的文化渊源

（一）朝贡体制是历史上"东北亚命运共同体"的外在表现形式

历史上，中国历代王朝都奉行所谓的"文化天下"主义。何谓天下？在这里，"天下"有三个基本意义：其一是指中国三元结构"天、地、人"中的"地"，亦即土地，是指我们人类生存和发展的物质基础；其二是指"民心"，这也就意味着"天下"不仅包括物质层面的东西，同时也包含心理层面的；其三则是指我们古人所谓的"四海之内皆兄弟"的一种理想社会，或者说是我们称之为"乌托邦"的一种社会形态，它想象并追求某种世界制度以及由世界制度所保证的一个世界政府。"天下主义"的基本旨趣在于：任何接受中原文化或效忠于华夏统治者均可以视为同族同类，任何在文化上落后的少数族群政权，只要接受儒家学说，便可以入主中原。而且这一基本旨趣是通过"普天之下，莫非王土"观念支配下的"朝贡体制"来得到完整体现的。

我国夏朝时期的五服制度是朝贡体系的雏形。据《尚书·禹贡》所述："五百里甸服：百里赋纳总，二百里纳铚，三百里纳秸服，四百里粟，五百里米。五百里侯服：百里采，二百里男邦，三百里诸侯。五百里绥服：三百里

揆文教，二百里奋武卫。五百里要服：三百里夷，二百里蔡。五百里荒服：三百里蛮，二百里流。"这就是最早的五服制度，由此以天子为中心，形成了中心对周边、上对下的相互掣肘的关系。紧接着，在商朝时期，建立了"越在外服，侯甸男卫邦伯"的内外服制度，内外服制度主要是指在以天子为核心的内服地区设立主要的行政机构，从而对周边的外服区域实施管辖与统治的体系。传说商纣王的叔叔箕子建立了朝鲜史上第一个王朝，在周朝时被封为侯爵，接受周王朝的统领，对周王朝进行朝贡。到了魏晋南北朝时期，当时被称为邪马台国的日本派遣使者造访中国，魏明帝册封当时的邪马台国国王卑弥呼女王为亲魏倭王、安东都督府都督，此后无论中原政权如何更迭，日本国都以中国的臣子自居。

通过朝贡体制，古代的中国与朝鲜半岛、日本地区形成了一种新型社会关系。最初《尚书》记载的"五服制"，体现诸国与中国是一种不对等的上下级关系。其后朝贡体制发生了些许变革，虽然天子仍旧效法五服制，但是此时上对下、中心对周边的关系不再是一种上下级关系，他们之间形成了一种相互掣肘的关系。但是无论是不对等的上下级关系还是相互制约的新型关系都表明诸国与中国之间是休戚与共的，这些关系都是命运共同体的一种外在表现。通过对朝贡体制的践行，东北亚地区形成了一种物化交流、礼尚往来、互通有无的交往关系，尤其到了明清

时期，明清政府对于来朝国家，尤其对朝鲜，实行"厚往薄来"，使东北亚区域人民生存发展和文明进步有了更大的提升，"东北亚命运共同体"也得到了强化。

（二）儒家文化是历史上"东北亚命运共同体"的精神传输纽带

有学者说，儒家学说是东北亚地区文化的最大公约数。"东北亚国家共同的文化根源都来源于儒教文化圈，用共同的文化基础，构成了东北亚文化的主流。"儒家文化自春秋时期诞生以来，不仅逐渐成为中国的正统思想，而且颇受朝鲜半岛国家领导人的青睐，多次成为统治者治国理政的主流思想。

公元4世纪，儒学正式传入朝鲜半岛。此时朝鲜半岛正处于三国鼎立时期，新罗、百济、高句丽三国纷纷向中国学习儒学，并且高度重视儒学。高句丽在三国中最早接受儒学并且设立了专门传播儒家学说的最高学府——"太学"。除此之外，为了更好地学习儒家学说、了解儒家书籍，高句丽还设置了扃堂。不同于太学官方学府的性质，扃堂是一种私立的大学，主要为普通子弟提供学习的场所，扃堂中所教授的内容主要来自《史记》《诗》《书》《礼》《易》《春秋》《三国志》等。在高句丽之后，百济也掀起了一股学习儒学的潮流，到了大约公元4世纪末时，百济也像高句丽一样建立起了完整的儒学教育制度。公元6世纪，高安茂、段相尔等儒家学者将百济的儒家学说带入新罗，并在新罗开始了儒学的传播。因此可以说新罗是三国中最后一个接受儒学思想的国家。到了公元8世纪中期，新罗设置太学监，并且规定《孝经》《论语》为太学监各科博士以及助教所必须学习的内容。并且在唐朝时期，新罗派大量遣唐使去往长安学习中国的先进思想以及文化。公元668年，新罗联合唐朝统一三国后，更加注重对唐朝文化与制度的学习，并于公元682年设立国学。国学的设立标志了新罗对唐朝教育体制的完全接受。由于三国对儒家学说

的重视以及在本土范围内的广泛传播，儒学在三国获得了极大的发展，并且影响着一代又一代朝鲜半岛的居民。其主要表现为：在文化方面，仿照大陆设立儒学教育机构并且将儒家学说作为教授的重点；在道德伦理方面，极其重视"孝"的思想，并且他们把以儒家的"仁"与"礼"结合而成的三纲五常作为道德规范，进而主张"家国一致、忠孝一致"的伦理道德。

日本最早的正史《日本书纪》和《古事记》记载，儒家文化是由百济的阿直岐和王仁传入日本的。公元7世纪，圣德太子进行改革，皇太子亲笔作"宪法十七条"，"宪法十七条"的重点在于"和为贵"，并且广泛引用儒家词条来明确君臣等级观念。"冠位十二阶"同样也是运用儒学的五德来区分官阶的。随后，日本大量向中国输送留学生，并将学成归来的儒士委以重用，建立培养人才的机制，以儒家经典为必备教材，教授儒家思想，经过镰仓幕府和江户幕府时期的发展，儒学在日本越来越兴盛。

儒家学说在朝鲜半岛与日本列岛的广泛传播，使得朝鲜半岛、中国、日本列岛三个地区的联系更加紧密，三个地区的文化基础越来越趋于一致，从而形成了东北亚共同的文化基础，构成了东北亚文化的同质性，因此，儒家文化的传播使得东北亚命运共同体的建立有了共同的精神传输纽带。

（三）丝绸之路是历史上"东北亚命运共同体"的文化交流载体

沟通了不同民族、不同国家之间的交往，同时也促进了国家间、民族间文化的双向交流，是丝绸之路对人类文明最大的贡献。历史上，国家间进行来往的途径大致有两种：一是民间交流，二是官方交流，而丝绸之路的开辟则将这二者进行了完美的结合。丝绸之路最早可追溯至先秦时期，当时中国与诸多国家发展政治外交关系，并且进行经济贸易往来，开辟了多

条对外交往的路线，我们统称为"丝绸之路"。其中最著名的路线有四条：第一条是由我国北方地区通往亚洲中部一些国家和地区的"北方丝绸之路"；第二条则是由中原再经中南部进入南亚的陆上国际交通线，又称为"南方丝绸之路"；第三条是由我国的南方地区通往马来半岛的"东南海上丝绸之路"；第四条是从我国山东半岛出发穿越黄海、渤海、朝鲜海峡，到达朝鲜半岛、日本列岛的"东北亚丝绸之路"。通过丝绸之路，沿线各国密切了往来，沟通了经济、政治和文化，因此丝绸之路的构建对于建立地区命运共同体也起到了至关重要的作用。

西周建立后，经"东北亚丝绸之路"，中国的养蚕、缫丝、织绸技术以及水稻种植技术等传入朝鲜半岛和日本列岛。到了明朝时期，郑和七下西洋使得东亚各国文化得到了更好的交流与碰撞。这一壮举成为中国航海史上最重大的里程碑，由此东北亚地区呈现一种结伴而不结盟、对话而不对抗、干戈化玉帛、铸剑为犁、战马农耕的局面。通过丝绸之路，中原地区的丝绸、建筑行业的建筑技术、农业水利科技、养殖技术、四大发明等都传入东北亚各国和地区，同时东北亚其他国家和地区的一些技术和文化等也传入中原地区。例如，随着日本镰仓时代武士的兴起，刀剑甲胄的制造得到了空前的发展，因此，日本刀剑大量输入宋朝，受到了广大中原地区人民的喜爱。除了刀剑之外，宋代还从日本进口折扇、螺钿工艺品、纺织品等，这些工艺品都以精巧见称，因此也深受国人的喜爱。

在丝绸之路上进行的贸易往来，不仅促进了各国经济的和平发展，同时也促进了各国之间文化的交流与融合，从而极大地推动了东北亚区域的文明进步，"历史上东北亚命运共同体展现在'丝绸之路'外交舞台上是和平、友善、互惠、共生共荣的正能量"。

二 文化因素在构建"东北亚命运共同体"中的战略意义

（一）保证东北亚地区经济进一步发展的战略举措

历史上，东北亚各国通过丝绸之路进行贸易往来，沿线各个地区的经济也得到了飞速的发展。如今，东北亚各国的经济贸易总额超过了历史上任何一个时期，各国经济联系更加紧密。一个国家的外交行为完全取决于该国的经济利益，因此东北亚各国在制定外交政策时一定是以本国的经济利益为核心的。但是从历史经验来看，东北亚各个国家加强合作，促进共同发展，实现共赢，才是东北亚人民的根本利益之所在，也是振兴东北亚的必由之路。

东北亚各国在该地区实现了稳定与和平的发展局面，为了能够进一步增强各国之间的经济贸易联系，从而实现东北亚地区经济的共同繁荣，东北亚各国已达成基本共识，紧迫感也在与日俱增。当前形势下，区域内各国都认识到了加强区域经济合作的重要性以及必要性，都在为把经济合作推向新阶段做出坚持不懈的努力。自20世纪以来，东北亚各国间的贸易往来不再局限于传统的大宗商品，文化产品的贸易在总贸易额中所占的比重越来越大，这是因为文化能采取大众喜闻乐见的方式进行传播，使人们更易于接受。而文化产品的输出以影视产业为主，从而使得韩流席卷东北亚各地区，汉风也吹向了朝韩等地。

东北亚地区地域宽广，几乎囊括了世界上所有的经济政治形态。有以私有制为基础发展资本主义经济的日本、韩国，也有以公有制为基础发展社会主义计划经济的朝鲜，还有从计划经济向市场经济转型发展社会主义市场经济的中国。可见，东北亚各国构成较为复杂，因此在合作中不免会出现多重困难。但是东北亚各国在产业、资源方面具有明显的差异性，因此互补性优势也非常突出，主要体现在三个方面：一是产业结构的互补；二是劳动力资源的互补；三是自然资源的互补。韩国与日本两国陆地面积狭小，土地资源、森林资源、一系列的矿产等资源较为紧缺，但是这两个国家属于发达国家，生产技术比较发达，生产力水平比较先进，适合发展技术密集型与资金密集型的企业。而中国国土面积广阔，地大物博，各项资源较为丰富，特别是人力资源极为丰富，适合发展以人力资源与自然资源为导向的企业。各个国家通过互补使得联系加强，区域经济进一步发展。随着区域经济一体化的加快，中国与日本、韩国的经济已经交织在一起，相得益彰，中日韩经济发展相互间的依赖性越来越强，甚至到了你中有我、我中有你，谁也离不开谁的地步了。"因此东北亚文化共同体的建立，将有利于提高区域内经济贸易相互依存度，有利于突出东北亚的力量和声音；将使该地区内所有国家通过克服排斥性而扩大相互理解，构筑共同生存的环境；将大大提高这个地区在国际政治、经济、文化等诸方面的综合竞争力。"

（二）维护东北亚地区安全的有效途径

当我们谈到东北亚地区安全的积极因素大于消极因素以及强调和平与发展成为这一地区的主流时，并不意味着东北亚地区的安全已经没有任何问题。相反，东北亚地区在通向持久和平的道路上，仍旧存在诸多不确定的要素，甚至从某种意义上还存在一些危险因子。

东北亚地区安全问题集中表现为以下两个方面：一是各国之间的互信度很低，区域的热点安全问题持续升温，各国之间的相互猜忌在增加；二是一些国家在努力加强军事同盟的建设并且某些大国为了重返亚太，重新掌握亚太地区的主导权与控制权，使得民族主义情绪在诸多国家蔓延。另外，冷战及其他历史遗留问题也影响着东北亚的局势。

东北亚地区受儒家和佛家思想影响较大。儒家文化注重和谐并且形成了独具特色的"和合文化"，主张用"君子和而不同，小人同而不和"来化解矛盾纷争，同时也主张"己所不欲，勿施于人"的宽容仁爱的理念，这种和平的处世观念将人类的共同利益指向了和谐世界。而佛陀的创教宗旨就是为了使得这个世界更加和谐美好，拒绝一切杀戮行为。因此，在儒佛思想的指导下，东北亚各国能更加和平共处，实现东北亚地区的和平安稳的局面。对于中韩关系来说，中韩两国自1992年建交以来，交流日渐频繁。然而，在2016年，两国关系跌入谷底，韩国借力美国在韩本土布置"萨德"反导系统，其监控范围可达大半个中国，由此引来了中国政府与民众的不满，双方贸易往来受到极大损失。中日之间也是问题重重，首先是钓鱼岛问题，属于历史遗留问题；其次日本政府不正视侵华历史、参拜靖国神社等行为也一再使得中日关系降至冰点。至于朝鲜，最主要的问题是核试验严重危害了周边地区的安全。除此之外，朝鲜与韩国的民族矛盾等一系列问题与矛盾冲突也在严重威胁着东北亚地区的和平与安全。因此，构建东北亚地区认同感是缓和东北亚地区矛盾的必经之路，而共同的文化基础在构建东北亚认同感时无疑是一个最有效的方法。

（三）推动东北亚区域一体化的必然要求

东北亚地区经济合作的最终目标是区域化。区域化的基础是发展区域共同体并形成一种以区域主义为核心的一整套规范、原则和相应的机制。中国学界普遍对区域化存在明确认知，他们认为区域化是指地理位置相邻的国家为了得到共同的发展机会，在政治、经济、文化、社会等各方面进行的一系列的合作与互动，从而谋求一个以地区为依托的相对稳定的利益共同体。冷战结束以后，世界各地区区域一体化加速整合，东北亚区域一体化也初现端倪。然而，由于美国为了加强对亚太地区的控制制定了亚太战略，韩国亲美离亚，日本急功近利，极力想要摆脱亚洲加入欧美国家行列等行为都为东北亚一体化进程带来了诸多困难。但是这些困难和阻碍并不能完全阻断东北亚区域的一体化进程。

共有文化暗含了共同的行为逻辑、行为方式和目标指向。东北亚地区存在共同的文化基础，因此虽有对立和冲突，但是合作与交流仍然是第一位的。美国著名学者萨缪尔·亨廷顿在《文明的冲突与世界秩序的重建》一文中提道："由于现代化的激励，全球政治正在沿着文化界限重构，文化相似的民族走到一起，文化不同的民族和国家则分道扬镳，以意识形态和超级大国关系确定的结盟让位于以文化和文明确定的结盟。"东北亚地区共同的儒家文化基础使得各国走在了一起，使得东北亚区域一体化进程逐渐加深。1994年3月，中韩两国政府正式签订了《中韩政府文化合作协定》，这一协议的签订真正开启了中韩文化交流的新篇章。2004年，中国在韩国首尔设立驻韩中国文化院，2007年韩国又设立驻华韩国文化院。双方文化的交流与合作，使得"东北亚命运共同体"的进程得到了进一步推进，加快了东北亚区域一体化的发展。

三 中国在"东北亚命运共同体"中的文化选择

（一）坚守爱国主义

爱国主义是我国传承几千年的民族精神的核心，是民族之魂，它与以改革创新为核心的时代精神同为社会主义核心价值体系的重要组成部分。从古到今，爱国主义都是国家间进行外交行为时所要坚持的首要原则。在外交中爱国主义表现为维护国家荣誉和利益，保护其不受损害。

"互相尊重主权和领土完整、互不侵犯、互不干涉内政、平等互利、和平共处。"这是和平共处五项原则的内容，其所要表达的一个核心就是在和平中维护本国的利益。这是一种对和合社会的向往，更是一种伟大的爱国主义情怀。

爱国主义表现在个人身上是一种自愿感性的行为，表现在官方则不仅仅包括政府对内的爱国主义宣传教育，更表现为在进行外交活动时对本国利益的坚决捍卫。爱国主义是一个历史范畴，在不同时期会有不同的内涵。在清末时期，爱国主义的核心内容是"驱除鞑虏、恢复中华"；在新的时期，爱国主义的核心内容则变为调动一切积极因素建设社会主义，为社会主义建设打造一个和平稳定的国际环境，努力实现中国梦。但是无论怎么变，维护中华民族的利益不被损害始终是核心。

（二）遵循仁义原则

仁义原则在我国的外交政策中也得到了较好的体现。仁义思想是孔子最早提出的，并成为儒家思想最核心的内容。所谓"仁"，即人与人之间应当亲密无间，互相爱护。所谓"义"，就是指"道义"。墨子也提倡"万事莫贵于义"，墨子认为义之所以可贵，是因为义是有利于人民的。由此可见，我们先人非常重视仁义的思想，早就形成了"仁民爱物"的人文传统，而且他们素以亲仁善邻、强不执弱、富不侮贫为高尚的品德。这一思想在我国近现代也得到了很好的体现。在朝鲜战争爆发时，作为朝鲜最亲密的邻邦，我国抗美援朝，一方面，是为了维护我国本土的利益；另一方面，又是出于对邻邦兄弟的人道主义援助。

儒家思想非常看重仁义道德，强调对利的追求不仅要合理合法，更要合乎道义。重精神追求而轻物质利益，反对不择手段地谋取利益。在义和利发生冲突时一定会选择义，义高于利，这便是由儒家仁义道德演化而来的义利观。同时这种"舍利取义"的义利观已经内化到我国历代领导者的决策理念之中。朝鲜与中国关系的亲密程度可以说是超过了朝鲜与任何其他国家的关系。这不仅体现在抗美援朝时我国政府的增援，更体现在对朝鲜进行的一系列人道主义援助。金日成访问中国寻求援助时，与中国签署了《中朝经济及文化合作协定》等7个文件，其内容涉及方方面面。官方公布的资料显示，在1950年到1953年底中国对朝鲜的援助金额达72900亿元人民币，并且全部免于偿还。除此之外，中国政府还收容数千名难民儿童，并且承诺抚养这些难民儿童长大成人，像普通中国儿童一样享有接受义务教育的机会。我国目前对于周边国家的外交政策是"亲邻、富邻、睦邻、安邻"，外交政策的确立以及我国对周边国家的实际行动将儒家的仁义观表现得淋漓尽致。

（三）崇尚"和合"思想

"和合"思想是儒家思想最鲜明的特征，同时也成为儒家思想的精髓。沿袭五千多年的中华文明未曾有过中断，"和合"思想作为主线始终贯穿其中。到了春秋时期，"和合"二字开始联合并用为一词。在中国人民大学教授张立文看来，"和"是指和谐、和平，"合"则有联合、合作之意。在外交活动中，"和合"思想表现为：爱好和平，追求合作共赢，最终建立和谐世界。中国的外交实践证明了中国的崇尚和平自主、追求合作共赢的外交理念的正确，证明了中国绝不是世界和平的破坏者和威胁者，而是世界和平的坚定捍卫者。中国在实现自身和平发展的同时，积极奉行独立自主的和平外交政策，坚持与邻为善、以邻为伴，积极落实"亲邻"、"睦邻"、"安邻"与"富邻"政策，与周边国家和地区结成了良好的合作伙伴关系。

"和而解"属于"和合"思想中的一个重要的组成部分，目前也被用来解决国际矛盾冲突。重视"和而解"的思想，不仅体现了一种博大的道德情怀，更体现了一种宽广的气概。把"和而解"作为化解矛盾冲突的一种方式，反映出我国外交中坚持"和合"思想的价值取向。

现今，中国与日本的关系虽然时好时坏，但是我国始终从大局出发，从两国人民的利益出发，在与日本交往时手持和平橄榄枝。在赞扬日本政府有利于两国人民利益的政策的同时，也会谴责日本政府的一些违背仁义道德的行为。针对钓鱼岛问题，2012年，日本政府不顾中方反对，宣布"购买钓鱼岛"。此举一出，引来我国政府的极度不满，我国在发出"钓鱼岛及其附属岛屿历来都是中国的领土"严正声明的同时，也提倡国内民众要理性爱国，虽民众自发提倡购买国货反对日货，但是我国政府在给予日本政府警告的同时并未借机制裁日企或者阻断中日两国的贸易往来。近两年来，中韩关系受萨德问题影响明显。最初针对萨德问题，我国政府坚持协商对话，并对韩国政府一意孤行的做法表示强烈警告，用和平对话的方式解决矛盾，这些都体现了"和合"思想。

（四）践行合作共赢理念

作为首个将合作共赢当作处理国与国关系目标的国家，我国为这一理念的践行付出了诸多努力。2013年，习近平主席访俄期间，呼吁各国应一起推动建立一种新型国际关系，而这种新型国际关系的核心就是合作共赢，号召全世界各国人民应当团结起来共同维护世界的和平与稳定，为共同繁荣发展提供一个相对稳定的国际环境。次年，在中央外事工作会议上，习近平再一次强调，推动建立以合作共赢为核心的新型国际关系，要把合作共赢体现到经济、政治、国防、科技、文化交流等对外合作的各个方面。

合作共赢的新理念不是凭空产生的想法，它是对和平共处五项原则的继承与发扬，也是我国对于当代国际秩序观的重大创新与变革。共赢理念不是一个空洞的口号，它切实体现在我们外交的种种实践中。2014年，在亚太经合组织（APEC）会议上，习近平提出了"亚太梦"。"亚太梦"指出了亚太地区发展的一个大致方向：呼吁亚太各国家地区共同做大做强亚洲发展的蛋糕，携手共同促进亚太地区的繁荣大发展，而这一切的核心都在于合作共赢。中国提出"亚太梦"，展现了我国的发展不是自己一国的事,中国自身的发展是不可能做到独善其身的,中国的发展与亚太地区整体的发展是息息相关的,因此必须互相扶持、共同发展。为了实现亚太地区共同繁荣的局面,我国积极参与六方会谈,推动建立亚太自由贸易区,设立亚投行,为丝路建设提供基金支持等一系列实质性战略举措,这些都彰显我国是一个负责任的大国。东北亚作为亚太地区的一个重要组成部分,亚太的繁荣也就是东北亚的繁荣。

加上势不可当的经济全球化趋势以及欧洲一体化等一些外在因素的刺激,东北亚各国为了谋求发展,开始积极寻求区域合作,文化交融及其张力也在日益加深和彰显。"东北亚命运共同体"的建立是一个不可阻挡的历史发展潮流,而文化在构建命运共同体过程中发挥着举足轻重的作用,深入挖掘东北亚地区共同的文化基础,才能使"东北亚命运共同体"早日建立。

四 结语

随着东北亚各个国家和地区经济、政治、文化的发展以及区域安全合作进程的加快,再

(作者张波系吉林大学马克思主义学院教授,李群群系吉林大学马克思主义学院硕士研究生,该文原载于《东疆学刊》2018年第1期,录入本书时有改动)

后 TPP 时代中日韩 FTA 的机遇与挑战

李天国

在东亚地区错综复杂的经贸网络中，中日韩 FTA（自由贸易协定）是最受关注的经贸机制之一。然而，中日韩三国之间的自由贸易协定一直没有取得重大进展。这一局面与三国的经济规模以及当前区域经济一体化趋势并不相称。2017 年 1 月，中日韩三国进行了第 11 次自由贸易谈判，试图推动裹足不前的中日韩经贸机制。三国均体会到自由贸易协定的重要性，并重新确认了彼此推动谈判进程的意愿。在经济全球化与新区域主义趋势下，中日韩需要加强经济合作，通过机制建设来形成区域内生增长动力。

一 中日韩贸易发展现状与贸易分工格局的变化

2008 年国际金融危机爆发以来，全球市场需求萎缩，对外贸易规模受到较大影响。2016 年全球商品进出口同比只增长 1.2%，增速低于 2015 年的 2%，为 2009 年进出口大幅下降以来的最低增速。中日韩贸易规模尽管也出现了下降，但仍然在全球贸易中占据重要位置。

2016 年，中日双边贸易额达到 2747 亿美元，中国对日本出口额为 1295 亿美元；中韩双边贸易额则达到 2545 亿美元，其中中国对韩国出口额为 957.47 亿美元；日韩双边贸易额达到 718 亿美元，其中韩国对日本出口额为 243 亿美元。在中日韩三国贸易收支方面，中国仍然处于逆差地位。2016 年中国在对日本和韩国的

双边贸易中，分别出现 157 亿美元和 630.06 亿美元的逆差，韩国对日本的双边贸易出现 232 亿美元的逆差。

原先三国的贸易结构主要为由韩国从日本进口资本品后生产中间品出口至中国，再由中国进行组装加工并最终出口到第三市场。但近些年中日韩贸易分工格局正在发生变化，尤其是中国组装与加工的角色逐渐被东南亚国家代替。这使得中韩双边贸易中的交易商品类型发生了改变，交易商品中的技术含量正在提高。

从三国中间品投入结构来看，在各自的进出口商品中，中国本国生产的中间品投入比重不断上升，已经从 2001 年的 57.9% 上升为 2014 年的 62.9%；韩国本国生产的中间品比重也有所上升，但幅度并不大，从 2001 年的 44.3% 上升至 2014 年的 46.8%；日本本国生产的中间品比重呈下降趋势，从 2001 年的 43.5% 下降至 2014 年的 41.1%。整体上，在中国的中间品投入中，进口商品的比重有下降趋势，而日本的进口中间品投入比重呈上升趋势。这表明中国制造业的竞争力在不断提升，中间品国产化进程取得一定成效，而日本和韩国制成品零部件的对外依存度有所上升。中国在区域内贸易中的重要性日趋明显。

在投资领域，中日韩之间的投资规模总体上呈长期上升趋势。尽管三国直接投资因受国际金融危机的影响曾一度出现短暂下滑，但从 2011 年开始又重新恢复增长趋势。三国在区域内直接投资的另外一个特点是，作为直接投资

目的地，中国所占比重仍然较大，而日本则是三国之中最大的投资国家。日本和韩国在中国投资的主要产业均集中在制造业，其不同点在于，在日本的主要投资领域中服务业所占比重有所上升，而韩国则在制造业方面呈现投资比重上升的趋势。

二 中日韩自由贸易战略特征

（一）中国的自由贸易战略特征

中国虽然在自由贸易协定方面起步相对晚，但以多年改革开放的经验为基础推行自由贸易战略，进展与成果都非常显著。中国已经把自由贸易区建设提升为国家重要发展战略，并提出逐步构筑立足周边、辐射"一带一路"、面向全球的高标准自由贸易区网络的目标。自由贸易战略成为新时期中国构建开放型经济新体制的重要内容，也成为中国积极参与全球经济治理，参与国际经济体系变革和规则制定的重要渠道。中国的自由贸易战略有以下几个特征。

第一，自由贸易战略立足周边，全球布点，以点带面，点面结合。中国在加入世界贸易组织（WTO）后，着手研究与周边国家开展便利化贸易的制度安排。2007 年提出自由贸易区战略，2012 年提出"统筹双边、多边、区域开放合作，加快实施自由贸易区战略，推动同周边国家互联互通"的思路。在已经与中国建立贸易关系的 26 个自由贸易协定对象中，东盟、韩国、巴基斯坦、新加坡、印度、尼泊尔等均为周边国家或地区（组织）。从"大周边"的角度看，中亚、西亚与南太平洋等地区也被纳为中国自由贸易战略重要支点，并且不断发挥着重要影响力。此外，中国也面向全球，与冰岛、智利、瑞士、哥斯达黎加、秘鲁等国家建立更加紧密的经济伙伴关系，进一步完善自由贸易战略的布局。

第二，自由贸易战略体现"先易后难、循序渐进"的原则。中国的自由贸易战略起步稍晚，因此把首要谈判对象锁定在最为熟悉的港澳地区。2003 年 6 月和 10 月，中国内地分别与香港和澳门签署《内地与港澳关于建立更紧密经贸关系的安排》（CEPA），并且随着自由贸易谈判经验的不断积累以及现实需求的增多，又陆续签署了补充协议。2015 年中国内地与港、澳地区分别签署《内地与香港 CEPA 服务贸易协议》和《内地与澳门 CEPA 服务贸易协议》，全面开放服务贸易领域。此后，智利、新西兰、巴基斯坦、哥斯达黎加等小型经济体也成为中国签署自由贸易协定的对象。

第三，中国的自由贸易谈判在产业领域体现了能源与其他资源优先的原则。中国在选择签订自由贸易协定的对象方面，非常注重能源、资源禀赋充裕的国家或地区。澳大利亚、新西兰、智利等国家均为重要能源或其他自然资源出口国。这些国家的石油、天然气、林业、矿产、畜牧资源都能够缓解中国相关资源供给不足的局面，从而有效促进中国国内经济持续均衡地发展。

（二）日本的自由贸易战略特征

长期以来，日本的对外贸易政策并未充分重视地区自由贸易和双边贸易，而是把多边贸易体制作为企业打入全球市场的重要手段，并积极参与设计多边贸易机制。20 世纪 90 年代后期，全球多边贸易机制进程受挫，包括美国在内的部分国家随即转向地区保护主义。面对区域性 FTA 的新趋势，日本认识到未来区域主义的发展前景，开始关注并探讨区域经济一体化进程，逐步涉足双边自由贸易协定。然而，日本极力保护本国农产品市场，使得日本的FTA 一直无法得到快速发展。为此，2010 年日本确立了以 EPA（经济伙伴关系协定）为核心内容的自由贸易战略，并对自身 FTA 政策进行调整。日本希望与发达经济体签署自由贸易协定，以改变本国消费萎缩、投资不振的局面，并通过签订高标准自由贸易协定有效抵御来自韩国的竞争。

当前，日本已经建立起以 WTO 为核心的自由贸易体制、特定地区间的经济合作，以及以两国经济合作为主要内容的双边合作等多层次贸易安排并行发展的经贸体系。从目前日本自由贸易战略动向来看，可以将其特征归纳如下。

第一，日本将政策重心从东亚地区扩展至亚太地区。东亚地区逐渐成为日本实现亚太经贸战略的阶段性目标，而非政策终点。根据这一自由贸易政策思路，中日韩 FTA 被排在 TPP（《跨太平洋伙伴关系协定》）的后面。日本的自由贸易战略呈现跨越东亚地区，连接南、北美洲的格局。

第二，日本将 TPP 视为主导亚太贸易机制的重要途径。出于主导亚太经贸规则的战略意图，日本积极参与 TPP 谈判事务，甚至不惜对多年来阻碍日本自由化进程的农业部门进行大刀阔斧的改革。在日本政府的谋划下，TPP 成为日本新 FTA 战略中最重要的内容。

（三）韩国的自由贸易战略特征

韩国较早确立了贸易立国的发展思路，并根据自身在不同发展阶段的状况不断调整对外贸易战略，成功跻身发达国家行列。韩国通过出口导向战略完成了从劳动密集型出口产业主导模式到资本与技术密集型出口产业主导模式的转变。近些年韩国的自由贸易战略呈现以下几个特征。

第一，作为多边主义的坚定支持者，韩国是多边贸易体制的最大受惠者。在长期发展过程中，韩国逐步确立自由竞争的开放型经济体制，并以此推动国内产业结构升级，为长期高速经济增长提供保障。进入 21 世纪以来，为迎合全球范围兴起的区域主义浪潮，韩国确立了构建自由贸易网络的路线，将全球不同国家和地区作为贸易机制合作对象，实行"同步多元化"的自由贸易战略。确保稳定出口市场、扩大外国直接投资、推动经济制度改革等，均是韩国推动自由贸易战略的重要动因。

第二，自由贸易协定谈判对象从贸易小国或中小型经济体逐步转向大型经济体。韩国初期自由贸易谈判的对象皆为秘鲁、智利等贸易小国，这是因为韩国吸取亚洲金融危机的教训，不愿采取过度激进的市场开放模式。然而，随着自由贸易谈判经验不断积累，韩国很快将谈判对象转为大型经济体。在这种思路下，韩国先后与美国、欧盟、中国等大型经济体进行自由贸易谈判，并且成为全球首个同时与美国、欧盟、中国、东盟等大型经济体建立贸易自由化安排的国家。

第三，根据不同贸易对象，采用相应标准与水平的自由化贸易。韩国对美国和欧盟等发达经济体采用高标准自由贸易协定，不仅在关税减让方面开放幅度较大，在服务业、投资等领域也大胆开放。而在与印度等发展中国家进行自由贸易谈判时，则降低标准，遵循低限度开放原则。

三　后 TPP 时代中日韩 FTA 面临的机遇与挑战

特朗普当选美国总统以后，签署行政命令，宣布美国退出 TPP。被称为代表 21 世纪新型贸易规则的 TPP 谈判遭遇挫败，这对亚太国家对外经济政策与经济一体化战略产生了重大影响。后 TPP 时代，中日韩经贸制度化既面临发展机遇，也存在现实挑战。

第一，中日韩经济合作机制化的动因来自提升区域竞争力的战略性需求。后 TPP 时代，中日韩三国构建自由贸易区有助于在汽车、半导体、造船、石化等重化工业领域形成全球重要制造中心，并且通过企业战略合作，整合资源与人才优势，加快产业结构调整，进一步提升国际竞争力。中日韩三方合作进行的研究报告显示，中日韩 FTA 将使韩国 GDP 增长 2.5% ~ 3.1%，使中国 GDP 增长 1.1% ~ 2.9%，使日本 GDP 增长 0.1% ~ 0.5%。而且，比起中韩或者中日等双边贸易协定，中日韩三国 FTA 对三国的经济增长效应更大。中国的服装、农产品、电气电子和食品加工等产业的生产将明显扩大；而韩国在化工、食品加工以及纤维品等产业生产上将获得较大益处；日本则在机械类、纤维品、汽车、电气电子等产业上获得更多生产机会。通过签署中日韩 FTA，区域内的贸易与投资会迅速增加，企业投资与贸易成本也会大幅度降低，三国的居民会有更多更好的就业机会，国家税收也会增长。日本和韩国希望通过提升与中国的经济合作来优化自身的全球对外贸易战略，而加强中日韩合作也会使中国在美国的长期压力下增加经济外交战略的弹性。

第二，TPP 谈判遭遇挫败客观上有利于推进中日韩 FTA 谈判进程。当初，美国之所以推动 TPP 谈判进程，除了多边贸易机制停滞以外，也有将东亚地区纳入亚太合作框架之内，防止中国成为东亚区域合作领导者的意图。TPP 不仅可以避免东亚国家过度依赖中国，也给美国干预东亚经济事务提供了极好的机会。美国的这种战略意图不仅抑制了中国在东亚地区的影响力，对正在进行的中日韩 FTA 谈判也造成很大压力。两种谈判的背后是中国所希望的东亚区域经济整合与美国控制下的亚太经济合作之间的竞争。

然而随着 TPP 的搁浅，亚太经济秩序的主动权很自然地转到中国与其他国家手中。更加值得注意的是，这种主动权的移交并非经过激烈的争夺，而是客观环境导致的自然结果。亚太经济秩序构建的主导权不会属于某一个国家，而将会是一个共享的主导权。TPP 搁浅将减小美国与日本借此围堵中国的压力，也在一定程度上缓解了东南亚国家通过 TPP 挤占中国传统劳动密集型产业市场的意图。TPP 作用的暂时削弱能给中国带来更有利的发展空间，同时也使中国建设自贸区的环境更加宽松，为中日韩 FTA 的推进营造有利的外部环境。

第三，中日韩 FTA 与 RCEP（《区域全面经济伙伴关系协定》）相比具有不可替代的作用。RCEP 是亚太地区另外一个重要的区域贸易安

排，它以东盟自贸区为核心，并使通过东盟十国和中国、日本、韩国、印度、澳大利亚、新西兰等东盟伙伴国进行的贸易制度安排得到进一步整合与提升。因此 RCEP 涉及的不同经济体利益更加复杂，而这种特点客观上对 RCEP 的贸易开放程度形成一定约束，因此 RCEP 能够带给日本的经济利益开始受限。

相比之下，中日韩 FTA 成员较少，且成员间经济发展程度差异更小，具有扩大开放与深度合作的潜力。而且中韩 FTA 的签署与实施对日本会形成一种激励。韩国与日本在国际市场上的竞争关系非常明显，而韩国较早地与美国、欧盟以及中国签订了自由贸易协定。这种局面对于曾把所有希望寄托在 TPP 的日本而言，很难继续容忍下去。日本急于改变当前较为被动的局面，积极寻求高水平经济合作的机会，而中日韩 FTA 具有盘活整个亚太地区贸易一体化的重要功能，有望进一步消除区域内条块分割。因此，尽管中日韩都属于 RCEP 成员国，但中日韩 FTA 的经济效应具有不可替代性。此外，日本也将中日韩 FTA 视为一种政治战略来考虑，这使得中日韩 FTA 的重要性更加明显。

虽然中日韩三国构建自由贸易区具有理论依据和现实基础，但要实现这一目标，仍然受到各种经济与政治因素的阻碍，使得中日韩自由贸易谈判并没有预想的那么顺利。

第一，中日韩三国在贸易与投资自由化问题上存在分歧。如前所述，中日韩在建立高标准自由贸易协定的目标上并没有根本性的分歧，服务业的开放、投资规则、知识产权保护、环境等领域都被列入中日韩 FTA 谈判的重要内容。但日本与韩国的工业水平，尤其在中高端产业，不仅领先于中国，而且在全球范围内都具有很强的竞争力。因此，在三国自由贸易谈判过程中，中国不得不在工业产业的市场开放问题上持相对谨慎的态度，而日本和韩国则在农产品领域开放问题上持较为保守的立场。然而，在三国货物贸易中，工业产品占较大比重，农产品在整个进出口贸易中所占比重很小。因

此，中国在整体自由化问题上不得不采取较为保守的策略，而日本和韩国对自由化水平的要求相对较高。这些都对中国的产业发展与结构调整形成较大压力。中国希望在不同开放领域分别进行讨论，而日本和韩国凭借相对成熟的谈判经验，将货物贸易、服务贸易和投资等不同领域按照统一的目标一起协商和讨论。中日韩三国不同的经济发展水平、产业结构与竞争力使得高标准和高水平自由贸易谈判并不容易达成一致，需要较长的谈判过程。

第二，中日韩三国在政治安全问题上仍然存在一定分歧，这成为中日韩 FTA 无法忽视的阻力。由于历史问题与政治安全问题长期存在，中日、中韩、日韩之间的隔阂可能在一段时间内很难完全消除。中日韩关系紧张的客观原因主要为三国间力量对比的变化。中日韩都需要同时在对外战略与政策上做出调整，理解三国在基本政治制度、社会政治经济结构上的差异。另外，除了中日韩自身因素之外，还存在美国因素的干扰。2016 年美国急于在韩国部署"萨德"系统，引发了东北亚地区更多不稳定因素，使朝鲜半岛局势更加复杂，不利于中日韩之间加强经济合作。美国不断插手东北亚地区事务，搅乱中日韩关系，导致三国都因此付出了较高的外交成本。然而，若想缓和中日韩关系并不容易，特别是日本和韩国都与美国结盟，在安全问题上两国无法彻底摆脱美国因素。

第三，TPP 后续影响还没有完全消失，仍有可能对中日韩 FTA 产生影响。对于美国而言，TPP 并不是奥巴马政府做出的草率决定，而是反映了美国精英阶层对未来全球贸易规则的期望，也是美国社会对全球自由贸易理念的重新诠释。因此，尽管特朗普政府退出 TPP，但这并不等于美国不重视全球贸易规则，或是放弃区域经济一体化过程中的主导权所带来的经济利益。事实上，特朗普政府比奥巴马政府还要关注美国能够获得的收益，并且通过各种反制手段来应对美国的对手。特朗普执政以来，不断强调贸易过程中的"对等"原则，指责贸易伙伴国家的"竞争性"汇率政策，声称通过贸易壁垒严惩所谓的"汇率操纵国家"。这实际上表明了特朗普政府对贸易问题的重视程度，也体现出分毫必争的进攻性贸易政策特征。为了维护美国的对外贸易利益，特朗普政府新成立了"白宫国家贸易委员会"，加强白宫对美国贸易政策的控制权。

另外，TPP 的一些创始国仍然在国内继续推进批准 TPP 的进程。新西兰和日本都在国内批准了 TPP，澳大利亚也希望继续推动 TPP。TPP 的一些参与国也在积极准备各种替代方案。例如，原本积极推进 TPP 的新加坡正试图利用一些机会将 TPP 以另一种形式来推进。TPP 的一些条款已经得到一些成员国家的积极认可与接纳，因此这些条款有可能在不同国家与地区之间的 FTA 谈判中体现。日本是受美国重返亚太战略影响最明显的国家。日本把 TPP 视为推动国内经济改革、实现国内经济复苏的重要手段。从长期角度看，TPP 是日本争夺未来亚太贸易体制话语权、在东亚经济竞争中占领先机并平衡地区力量的抓手，因此日本不太可能轻易地彻底放弃 TPP。至少，日本会试图将 TPP 部分条款应用在中日韩 FTA，从而增加中日韩 FTA 谈判的难度。

四 对中日韩 FTA 进程的展望

经济自由主义曾经盛行数十年，为全球经济带来巨大发展机遇。世界经济曾在全球化的浪潮下实现了生产要素的跨国流动，推动了资源的跨区域配置。贸易投资的便利化与自由化使得国际分工不断深化，相互间形成了全球价值链网络，不同国家和地区的利益交融，为各国经济增长提供了机遇。

然而，近期贸易保护主义思潮开始反击。特朗普当选美国总统并宣布退出 TPP，实际上反映了当前世界经济中的逆全球化形势。逆全球化潮流与贸易保护主义的出现有其客观背景。不仅在发达国家中出现逆全球化的思潮，部分发展中国家也在反思开放本国市场与产业可能带来的后果。世界贸易组织从"多边"转向"诸边"的努力也可能因此受到影响。另外，TISA（服务贸易协定）、EGA（环境货物协定）等均面临考验。特朗普提出的保护主义政策将增加贸易领域的不确定性，降低通过贸易来恢复全球经济的可能性。

在这样的背景下，中国需要坚持经济全球化路线，维护贸易自由主义，强化中国在区域经济一体化中的作用。近些年，东亚经济一体化虽然取得了一定进展，但由于政治、经济以及历史等方面的原因，还有不少现实困难。

中日韩在全球产业链分工中的密切合作是建立三国自由贸易区的现实基础。中日韩自由贸易区的构建是东亚经济一体化乃至亚太自由贸易区进程中的关键环节。如果自贸区建成，其将会与北美、欧盟一同形成重要的全球经济力量。虽然中日韩三方可能无法在短期内从根本上解决分歧，但是有必要通过磋商改善经济联系现状。中日韩只有加强互信合作，才能共同实现东北亚地区的繁荣与稳定。

（作者系中国社会科学院亚太与全球战略研究院助理研究员，该文原载于《东北亚学刊》2018 年第 2 期，录入本书时有改动）

"韩半岛新经济地图""新北方政策"与"一带一路"对接方案研究

〔韩〕李昌株

一 引言

随着发展中国家群的经济发展，尤其是世界金融危机发生以后，世界化的标准从"金融"开放主导的世界化转换为"开发"与"区域合作"主导的世界化。在世界范围内，中国倡导的"一带一路""亚投行""丝绸之路基金"都对实现"区域共同体"的"互联互通"起到推动作用，让现有的发达国家更加积极参与合作与竞争共存的"互联互通"平台。虽然在"一带一路"倡议范围内尚未有具体的东北亚对接方案，但中国政府依然重视"一带一路"与东北亚互联互通的对接，在此情况下，韩国总统文在寅提出的"韩半岛新经济地图""新北方政策"会成为"一带一路"与东北亚互联互通之间重要的桥梁。

二 "韩半岛新经济地图""新北方政策"的概念界定

文在寅当选韩国总统后正式提出了"国政运营五年规划"，同时也发布了"一百大国政课题"，其中第90号是"韩半岛新经济地图构想以及经济统一的实现"，第98号是"东北亚+责任共同体的形成"项目。"韩半岛新经济地图"是针对半岛经济合作与互联互通的政策课题，"东北亚+责任共同体"是针对东北亚+东南亚的合作方案与互联互通，其分为"东北亚和平合作平台""新北方政策""新南方政策"等。"韩半岛新经济地图"是由韩国统一部主管的，"新北方政策"是由总统直属的"北方经济合作委员会"主管的，"新南方政策"是由韩国外交部来主管的。虽然各个政策主管部门不同，但各个政策都基于"互联互通"建设。"韩半岛新经济地图""新北方政策""新南方政策"都可以直接跟"一带一路"对接，尤其是"韩半岛新经济地图""新北方政策"可以直接跟中国国内连接，而且都与东北亚互联互通相关联。韩国提出的"韩半岛新经济地图""新北方政策"事业范围覆盖包括朝鲜的东北亚，所以两项事业成功的关键就是解决包括"朝鲜无核化"的东北亚安全问题。本文先要界定"互联互通""韩半岛新经济地图""新北方政策"的概念，与此同时，解析该项目实现的可能性。

（一）"互联互通"与"五通"

为共建"地区一体化"，不仅仅是"一带一路"，世界各国或者区域经济组织都十分重视"互联互通"。"互联互通"是"一带一路""韩半岛新经济地图""东北亚+责任共同体"的基本机制。"互联互通"是由"设施联通"（Physical Connectivity）、"贸易畅通"（Institutional Connectivity)、"民心相通"(People-to-people Connectivity)组成的。后来,中国国家主席习近平提出了"五通","五通"是在"互联互通"基础上加了两个"通"——"政策沟通"和"资金融通"。

"互联互通"是以国家与国家之间建立内地、海洋、空中等空间的基础设施(设施联通)、改善国与国之间的交流制度(贸易畅通)、扩大民间交流(民心相通)、实现国际地区一体化为重点。在此,加上政策合作平台(政策沟通)与经济合作平台(资金融通),即所谓的"五通"。例如,连接首尔、平壤、丹东、北京的高铁是设施联通,中韩朝之间实行免签是贸易畅通,扩大旅游以及医疗等民间交流是民心相通。但为了实现互联互通,各国需要通过建立双方或多方间的政策沟通平台来解决安全性问题、政治性问题,这些内容是指"政策沟通"。为了建设这些基础设施,而需要金融以及融资合作平台,这是"资金融通"的概念。为了实现这些地区一体化,国家间的相互信赖以及互动是非常重要的。缺乏"相互信赖"与"互动"的设施联通与贸易畅通容易变成殖民母国与殖民地的关系。因此,相互信赖与互动是互联互通的根本,为了相互信赖与互动以及互联互通之间的有机结合,民主性、透明性的"政策沟通"与"资金融通"的作用是十分重要的。

(二)"韩半岛新经济地图"与"新北方政策"的界定

1. 朴槿惠时期与文在寅时期政策概念与可行性比较

韩国总统文在寅提出的"韩半岛新经济地图"与"东北亚+责任共同体"构想的核心内容是基于"相互信赖"与"互动"的"互联互通"。与韩国前总统朴槿惠提出的"欧亚倡议"的最大区别在于"相互信赖",朴槿惠也提出过"韩半岛信赖进程"的口号,其口号的前提是朝鲜的无核化,当时韩国政府主张的内容是

"核试验"的行为等于背叛行为,韩国政府不能容忍朝鲜的挑衅,所以韩美共同举办军事演习与对朝进行经济制裁。在韩美没有保障朝鲜体制存在的情况下,当时的韩国总统提出了"统一大博论",就朝鲜而言这就是基于"朝鲜崩溃论"的统一方案,这种"朝鲜崩溃论"的"欧亚倡议"像空中楼阁似的不切实际,所以也行不通。

文在寅总统提出的"韩半岛新经济地图"与"东北亚+责任共同体"是以"和解统一方案"为核心的"互联互通"构想。文政府把半岛无核化与半岛"和平体系"绑在一起,文政府的国政企划委员会正式提出了"和平体系构建路线图"。文在寅政府继承了金大中前总统的"阳光政策""包容政策"和卢武铉政府的"和平与繁荣"政策,而且2017年7月份文在寅总统访问德国柏林时公开《柏林宣言》提出了"韩半岛和平构想"。当时,文在寅也邀请了金正恩参加2018年平昌冬季奥运会。结果,2018年2月9日朝鲜劳动党中央委员会第一副部长金与正与朝鲜最高人民会议常任委员会委员长金永南率朝鲜代表团到韩国参加了平昌冬季奥运会开幕式,同年2月25日,朝鲜统战部部长金永哲访问韩国并参加了冬奥会的闭幕式,而且作为韩国总统的特使,韩国总统府青瓦台国家安保室长郑义溶3月5日访问朝鲜平壤跟金正恩委员长进行会晤,决定召开韩朝首脑会议。3月9日郑义溶室长与韩国代表团直接去美国华盛顿跟美国总统特朗普进行会晤决定朝美首脑会议,在文在寅总统的支持下,4~5月份朝鲜得以与韩国、美国进行双方首脑会议。金正恩委员长2018年3月26日访华,4月27日访问板门店,中韩朝三国向正常国家外交之路迈进。尤其是4月27日,文在寅总统与金正恩委员长共同签署以及宣布了《为促进朝鲜半岛和平、繁荣、统一的板门店宣言》(简称《板门店宣言》),其主要内容:第一,韩朝全面改善并发展双方关系,将迎接和平繁荣与自主统一的未来;第二,韩朝共同缓和军事紧张

与消除战争风险；第三，韩朝达成共同构建牢固的永久性和平机制，提出完全无核化与年内终战宣言的目标等。在韩朝领导人之间历史性的会见之后，文在寅总统在 4 月 30 日把有关"韩半岛新经济地图"的正式资料直接交给金正恩委员长，以韩朝首脑之间的信赖为基础，"韩半岛新经济地图"与"东北亚＋责任共同体"遇上了千载难逢的时机。

由此可见，"欧亚倡议"与"韩半岛新经济地图""东北亚＋责任共同体"完全不同，而且，推进并实现朝鲜的"韩半岛新经济地图"与"东北亚＋责任共同体"构想的可能性很大。

2. "韩半岛新经济地图"的概念界定

"韩半岛新经济地图"是 2015 年 8 月文在寅任韩国在野党党首时发表的构想，2017 年文在寅当选总统后"韩半岛新经济地图"是文在寅政府的第 90 号国政课题，其构想是由韩国统一部主管的，涉及整个半岛的"互联互通"。"韩半岛新经济地图"由三条经济带组成。一是西海经济带：从韩国木浦—首尔—仁川—开城—南浦—平壤—新义州直接连接到中国环渤海经济圈，以首尔—平壤为重点，西海经济带的主要功能为产业与物流方面，本条经济带是环黄海经济圈的半岛侧腹地。二是东海经济带：从韩国釜山—浦项—江陵—元山—罗先直接连接到俄罗斯远东地区与中国长吉图开发开放先导区，东海经济带的主要功能为能源与资源方面，本条经济带是环东海经济圈的半岛侧腹地。三是以非军事区（DMZ）为枢纽的半岛中央经济带，本地区主要功能为环境、旅游、生态。其三条经济带在半岛上形成"H"形经济走廊框架，每个地方获得新的产业功能，按照"韩半岛新经济地图"构想，以"点—线—面"的方式形成空间网络。以"韩半岛新经济地图"为中心，半岛的北侧以"新北方政策"跟欧亚大陆连接，半岛的南侧以"新南方政策"跟环太平洋经济圈、东南亚连接。

"韩半岛新经济地图"的构想是"一体两翼"模式，"H"形三大半岛经济带是"一体"，"环西海经济带"与"环东海经济圈"是"两翼"，以"韩半岛新经济地图"为枢纽，"新北方政策"与"新南方政策"也从"韩半岛新经济地图"延伸到欧亚大陆与环太平洋经济圈。在韩朝政府信赖的基础上，韩国政府会积极推进建设铁路、公路、港口、园区、电气、电场、天然气与石油管道等的基础设施（设施联通），也会推进改善通关与通商制度（贸易畅通）及搞活韩朝之间的民间交流（民心相通）的韩半岛的"互联互通"。

3. "新北方政策"的概念界定

"新北方政策"是"东北亚＋责任共同体"的一部分，"新北方政策"是由"北方经济合作委员会"主管的构想，韩国"北方经济合作委员会"是总统直属的委员会，相当于中共中央设立的领导小组，其委员长等于国务院副总理级别，其委员会的委员长是宋永吉。文在寅总统 2017 年 6 月 26 日下令建立主管北方经济合作的委员会，8 月 25 日韩国政府确定了有关北方经济合作委员会工作重心。2017 年 8 月 28 日宋永吉委员长被任命为北方经济合作委员会的委员长。北方经济合作委员会主要任务为加强与欧亚大陆等韩国北方地区的经济、社会、文化方面的合作，建立政府间紧密的合作渠道，简单而言，北方经济合作委员会起着"新北方政策"的"政策沟通"平台的作用。

"新北方政策"涉及范围为"中国、俄罗斯、蒙古国、中亚"等国家和地区，在 2017 年俄罗斯东方经济论坛上，文在寅总统提出了"9 个桥梁"政策，"9 个桥梁"是指"天然气、铁路、港口、电力、北极航线、造船、农业、水产、工业园区"等 9 个合作领域。在北方经济合作委员会的论坛上，笔者直接问过宋永吉委员长"9 个桥梁"以外的合作项目部分，北方经济合作委员会准备 2018 年上半年公布"新北方政策"的路线图，而且也准备再加几个"合作桥梁"，例如，与原地居民合作的文化、科学、技术、环境、生态等民间交流的部分。

北方经济合作委员会初期较为重视与俄罗斯远东地区的经济合作，后来文在寅总统于2017年12月访华时提到"一带一路""新北方政策""新南方政策"后，北方经济合作委员会也开始积极探索与中国合作的方案。在严格的对朝经济制裁情况下，北方经济合作委员会难以推进一系列与朝鲜合作项目，然而2018年4月27日韩朝领导人共同发表了《板门店宣言》之后，北方经济合作委员会迎来了前所未有的机会。

总而言之，"韩半岛新经济地图"与"新北方政策"都在东北亚各国信赖的基础上，通过"互联互通"追求"区域一体化"。由此可见，"韩半岛新经济地图"与"新北方政策"的可行性越来越高，而且这些项目逐渐地开拓了与"一带一路"对接的空间。

三 "一带一路"与"韩半岛新经济地图""新北方政策"的对接方案

不少专家以为，"一带一路"只是涉及中国的"西进"与"南下"政策，但是根据2015年3月中国国务院批准的《推动共建丝绸之路经济带和21世纪海上丝绸之路的愿景与行动》（以下简称《文件》）可知，中国推出的"一带一路"倡议是"全方位、多层次、复合型的互联互通网络"，这意味着东北亚也会成为共建"一带一路"的重要部分。《文件》内容明显地指出"一带一路"相关的国家基于但不限于古代丝绸之路的范围，各国和国际、地区组织均可参与，让共建成果惠及更广泛的区域。"一带一路"本身是开放型国际合作平台，而且中国也探索跟各国、各个地区的开发项目或"互联互通"的规划合作以及对接。就中国而言，东北亚经济体是不可缺少的重要的互联互通对象。虽然在《文件》中也提到了"一带一路"的范围是"全方位"的，但实际上"一带一路"与东北亚互联互通之间尚未形成具体的对接方案。笔者认为，文在寅总统提出的

"韩半岛新经济地图"与"新北方政策"可以成为"一带一路"与东北亚互联互通的关键性桥梁。

"一带一路"与"韩半岛新经济地图"和"新北方政策"之间最重要的交叉点是"东北三省"与"俄罗斯远东地区"。根据《文件》，"东北三省"也是"一带一路"重要的"走出去"基地，《文件》中指出，"发挥内蒙古联通俄蒙的区位优势，完善黑龙江对俄铁路通道和区域铁路网，以及黑龙江、吉林、辽宁与俄远东地区陆海联运合作，推进构建北京 - 莫斯科欧亚高速运输走廊，建设向北开放的重要窗口"。由此可见，中国政府公布的文件上，"一带一路"的范围也涉及内蒙古、东北三省、俄罗斯远东地区，但韩半岛与日本属于尚未具体对接的国家。假设韩国跟朝鲜合作能稳定地推进"韩半岛新经济地图"与"新北方政策"，中国也可以用"互联互通"或"五通"机制与它们对接，"一带一路"与"韩半岛新经济地图"和"新北方政策"的对接容易吸引日本的参与。例如，韩中俄蒙四国推进大图们江开发计划（GTI）时，日本与日本参与主导的亚洲开发银行由于政治性的因素没有参与其计划，但韩朝、朝美之间达成"和平协议"后，如果韩国政府积极推进"韩半岛新经济地图"，而且"韩半岛新经济地图"经过"新北方政策"的"政策沟通"平台直接对接"一带一路"的话，日本也一定会参与东北亚互联互通的方案。

2017年12月14日，文在寅总统访华时，在韩中商务论坛上提出了"三大韩中经贸合作方案"："加强制度合作基础、立足两国经济战略推进面向未来的合作、以人为本的合作。"而且又提出了8个韩中合作方向："稳定的经济合作制度基础、贸易领域的多样化和数字贸易、深化针对第四次工业革命的未来新产业合作、扩大风险和创业领域合作、加强能源领域合作、加强环境领域合作、联合进军第三国基建项目、搞活以人为本的民间交流合作。"文在寅总统提到的内容核心部分是以稳定的合作

机制为基础实现互联互通平台、产业以及商贸合作。文在寅总统提出的内容是"一带一路"与"韩半岛新经济地图""新北方政策"的对接方向与实践性方案。"一带一路"与"韩半岛新经济地图""新北方政策"，再加上韩国新北方政策的"9个桥梁"，韩朝中主导的东北亚区域会形成国际通畅的陆海空运输走廊、生产链、价值链、物流链，完全可以建成东北亚经济圈。

除了"三大合作方案"与"八大合作方向"以外，为了实现东北亚的"互联互通"还需要关注"政策沟通"与"资金融通"的部分。"政策沟通"是指国际以及域内政策与经济合作机制，为履行半岛完全的无核化，东北亚各方应积极搞活韩朝美、韩朝中、韩朝中美、韩日等小型多边机制，以及大图们江开发计划与六方会谈等东北亚合作机制，需要形成多边安全与经济合作机制。这些"政策沟通"平台能够给韩中两国提供"稳定的合作机制"与制度。另外，为建立整个东北亚互联互通的"设施联通"，东北亚各国也需要"资金融通"的平台。在东北亚范围内的"资金融通"，就要利用开发银行（中国主导的亚投行、日本主导的亚洲开发银行等）、国际基金（丝绸之路基金、南北韩合作基金）、大图们江开发计划成员国进出口银行联盟等。笔者主张，为综合东北亚范围内的资金机制，韩国也要建立"东北亚开发银行"（NEADB），"东北亚开发银行"同世界银行、亚洲开发银行、亚投行等一样，成为专门给东北亚提供"完成互联互通"的资金合作平台。

总之，最近的韩半岛局面逐渐地打开了东北亚互联互通的大门，"韩半岛新经济地图"

与"新北方政策"实现的可能性也猛涨，以"韩半岛新经济地图"和"新北方政策"为杠杆，与"一带一路"实现东北亚互联互通的对接，实现以中国为"一体"，以"欧亚大陆"与"环太平洋经济圈"为"两翼"的"一带一路"方案。

四　"韩半岛新经济地图"＋"新北方政策"＋"一带一路"等于"东北亚互联互通"

文在寅总统于2017年12月16日在重庆演讲时提到"志同道合"，他的意思是"一带一路"与"韩半岛新经济地图""新北方政策""新南方政策"的理想是一致的，韩中两国的构想可以相互对接。而且他强调"水越汇越多，越流越大，可以流到更远的地方"。"互联互通"的前提是相互之间的"信赖"与"互动"，以此为基础，各方可以实现"设施联通""贸易畅通""民心相通"。为保障各方的相互信赖与"互动"，区域内需要形成"政策沟通"与"资金融通"的合作平台。最近韩朝之间正走向半岛互联互通的阶段，在此情况下，"一带一路"与"韩半岛新经济地图"和"新北方政策"对接的可能性越来越大。而且其可能性越大，就越接近东北亚互联互通的目标。

（作者系韩国世宗研究所客员研究员、韩国北方经济合作委员会专门委员，现就读于复旦大学国际关系与公共事务学院，博士研究生，该文原载于《东北亚经济研究》2018年第4期，录入本书时有改动）

中美新型大国关系中东北亚各国经济外交发展趋势研究

张明清

一 新型大国关系中的主要特征及面临的挑战

"中美新型大国关系"生长期主要特征是战略定力变量集聚、战略关系共识增多、新型大国关系增长点增加。同时，新型大国关系的摩擦系数也在相互碰撞中发生变化，具体表现在以下三个方面。

（一）新型大国关系生长期的主要特征是大国凝聚新的共识

新时代"中美新型大国关系"生长期凝聚共识的理念是"不冲突，不对抗，相互尊重，合作共赢"，以期实现中美共同治理、共同应对、共担责任、共享未来的新型大国关系目标。

1. 共同围绕和平利用空间，深度开发海洋经济，共担经济安全战略定力责任

中美在和平利用太空领域有极其广泛的合作前景，中国正在步入太空舱建设的初期阶段，而美国和俄罗斯在太空建立的空间站已进入成熟发展阶段。中国需要美俄太空建站新技术，以建立自己的空间站。建站不是为了与美国争夺太空，而是为了与美国及俄罗斯和平利用太空创造条件，为人类进入太空时代谋幸福。

中国是一个海洋资源丰富的大国，深度开发海洋经济的进程刚刚起步。美国对海洋资源的开发利用技术先进，中美在共同开发海洋资源技术互补性强，有广泛的合作前景。在太平洋局部海域并不安宁，中国领海、领空的安全多次受到威胁的背景下，在不干涉他国领海、领空主权内政的情况下，实现中美共同开发海洋资源，共同治理不安全的海洋环境，实现海洋蓝色和平发展共担责任。

中国在坚持遵守联合国宪章和国际关系准则以及中国一贯奉行的"和平共处五项原则"的基础上，以邻为伴，长期睦邻友好。中国不希望也不愿意看到自身周边生战生乱，也不愿意看到麻烦事情发生。美国也不可能在损害中国主权和国家安全利益上去刻意违反国际关系准则，固化冷战思维，去做损害中国人民感情的事。一旦有发生这类事情的迹象，中美两国领导人会及时沟通，平息分歧。

2. 共同围绕应对全球性气候变化挑战，共担绿色发展责任

美国已完成后工业化社会高级阶段历史使命，新能源、清洁能源广泛应用到社会生产生活的各个领域，美国70%的碳排放来自生活领域，人均消费电量是中国的7.5倍，这些电能绝大部分来自清洁能源。但美国在应对气候变化与环境保护的选项上出了问题，也就是在处理外生环境变量与内生经济增长变量这对本不矛盾的集数中选择了单项，执意要退出《巴黎协定》。事实上美国共和党保守派奉行的自由主义将任何强制性的减排措施都视为窠臼，无益于挽救美国制造业的颓势，同时，也减少了美国在这一领域就业机会的增加。

中国正处于工业化发展的后期转换阶段，已进入使用新能源和清洁能源的转换期。中国已向联合国递交了《巴黎协定》批准文书，正在履行减少对大气污染的责任和义务。2017年，中国实施深化供给侧结构性改革取得了明显成效，单位 GDP 能耗下降 3.7%，生态保护和环境治理投资增长 23.9%，京津冀地区空气质量明显好转。

3. 共同围绕治理应对非传统领域安全问题，共担排除威胁的责任

目前，在"中美新型大国"关系生长期，共同应对非传统领域安全问题显得尤为重要，中美之间要进一步加强外太空安全合作对话机制建设，适时建立一个由 11 个国家组成的"外太空合作安全组织"，围绕太空利用与反利用、控制与反控制等重大问题进行对话。重点是共同维护网络空间安全，防范网络黑客攻击，防范网络异地犯罪行为。中美两国科学家在开放空间网络安全核心技术上恪守互相不以对方为攻击目标的守信原则，确保太空通信卫星的安全运转和大数据传输的安全，共同治理太空网络安全的共同敌人——太空碎片漂浮物。

（二）中美新型大国关系转换制约因素

"中美新型大国关系"生长期还会遇到冰凌、险滩、急流，也就是困扰"中美新型大国关系"生长期的障碍问题。

1. 不断破除"中美新型大国关系"共同治理的障碍问题

中美新型大国关系生长期，当年第二大经济体——日本是美国构建与中国新型大国关系绕不过去的要素之一。美国是继续维系与日本的战略伙伴关系，还是维系与新崛起的第二大经济体的战略互惠关系，或者二者兼而有之，这将是美国面临的重大问题。如果美国执意坚持冷战思维，与日本联手继续阻挠中国发展，

将会陷入损人不利己的政治陷阱、思维怪圈。二战后，日本依附于美国，从中获得战略利益，对此美国并不满意。中国成为第二大经济体后，发展与美国的新型大国关系并没有排他性，中国仍将继续按照中日友好关系的原则发展与日本的近邻友好关系。中国成为第二大经济体后，美国有危机感，但中美不会走向对抗、冲突、战争之路，相反中国倡导的共享未来命运共同体对美国更有吸引力。

2. 合理解决中美经济贸易摩擦问题

中美新型大国关系生长期，经济关系是压舱石。这种经济战略博弈关系遵循的是市场经济运行轨迹：竞争—合作—再竞争—再合作，这是量子理论在中美新型大国关系的缠绕反映。实际上，美国目前靠金融霸主地位维系其整个经济运行体系，其表象是继续推行高技术垄断和贸易保护主义，在产品倾销与反倾销上打嘴仗，动辄对中国企业实行歧视性制裁。美国在今后一段时间内，在减少对华贸易赤字与限制对华核心技术出口贸易上仍将处于两难境地的选择。党的十九大以后，中国将进一步扩大改革开放，以"中美双边投资保护协议"谈判为契机，将谈判落地成果作为发展中美新型大国关系的金钥匙，减少大国意识形态与大国战略安全对经济贸易领域里的捆绑和纠缠。美国实行新的税收和利率政策改革效应一时还难以预料，虽然税率的降低正在促使美国在华企业利润回流，将促使美国在华企业转回本土，进而减少对华投资，但也为中国民族企业再次振兴发展提供了空间。中美货币之间的利差在投资走向上产生有利于提振美国经济增长的迹象，但影响力一时还难以见分晓。

3. 妥善处理中美彼此核心重大关切问题

首先，在中美新型大国关系生长期，通过建立对话和协商机制达成更多的战略共识，在注重彼此重大安全战略核心利益的框架内，对世界及地区重大问题进行主动沟通和协调，发挥战略安全主导作用，减少战略误判，这是观察中美新型大国关系生长期趋向的主要视角。

其次，中国军队也将坚决履行国家领海领空防御义务，坚持正常的巡航。中国在捍卫国家领土安全方面的意志不容置疑，一旦国家领土、领空、领海受到侵犯，将坚决予以回击，以维护地区的和平与稳定。中国坚持半岛无核化准则，坚持主张通过六方会谈的方式解决半岛问题，任何一方都不要独自妄动，扰乱朝鲜半岛局势，更不能挑起朝鲜半岛二次战争，否则谁都承担不起引燃朝鲜半岛战争的历史责任。

（三）中美新型大国关系新的生长点

中美新型大国关系新的生长点主要表现在以下三个方面。

1. 中美共同追求新的国际环境下经济安全目标生长点

就经济总量（GDP）而言，2016 美国以 18 万亿元美元排第一位，2017 年中国以 12 万亿美元继续排第二位，日本以 4.3 万亿美元排第三位。按人均计算，中国与美国还相差很远，原因是中国人口是美国人口的 4 倍多。随着国际经济安全问题日益突出，大国关系的核心经济安全就显得越来越重要，中美两个新型大国关系的生长点下孕育着机遇和挑战，这种机遇和挑战构成了中美新型大国关系生长期的第一个生长点，即经济安全目标的相关性和一致性。

2. 中美协作研制核心技术成果互用互通双赢目标生长点

近年来，中美两国新技术企业产值增长迅猛，中国量子卫星通信技术、碳纤维应用新技术开始为中国经济总量增长贡献力量。在 2017 年新当选的 61 名中科院中国籍院士和 16 名外国籍院士中，近 1/3 从事世界前沿高精尖技术领域研究。美国人工智能、工业用机器人、生命科学等一批新技术企业已成为美国维系其经济总量增长的突出贡献者。中美两国新技术企业的核心技术成果能否互通互用以实现合作，成为中美新型大国关系生长期第二个生长点，即核心技术安全目标的相关性和协调性。

3. 中美国内经济持续向好的内生动力催生了两国新经济、新业态发展目标生长点

中国连续五年的供给侧结构性改革释放出经济稳增长、结构调整的信号，为实现绿色增长目标付出了艰辛的努力，其成果逐渐显现出来。美国特朗普政府推行美国优先政策，减少和弱化对外合作中承担的各种责任，退出一些国际社会合作组织，即使仍保留的战略合作关系也正促使其战略伙伴承担更大责任，以此修复美国国内的经济。这种美国优先内生发展的机遇给中美两国建立新型大国关系提供了经济战略新机遇，这是中美新型大国关系生长期第三个生长点，即经济优先的同向性和交融性。

总而言之，在未来几年，中美新型大国关系生长期的国际生长环境、生长能力若能适应时代发展的潮流，那么中美新型大国关系就能通过更多的协商和政策协调去达成更多的战略共识，也就能转化成一种新的关系状态。中美新型大国关系生长期的博弈不是简单的大国排序问题，也不是谁吃掉谁的问题，更不是用对抗或者武力能够解决的问题，只能通过共同构建良性的新型大国关系，共同治理全球，享受未来的命运共同体的战略性举措去实现。

二 东北亚各国经济外交战略发展趋势及对策

经济外交战略服务于国家安全战略，经济外交发展的基石是经济竞争力，经济发展强盛才能赢得东北亚各国持久和平与发展。研究中美新型大国关系下的东北亚各国经济外交战略发展趋势是实现东北亚各国命运共同体战略研究的正确突破口。

（一）日本经济外交发展对华转暖趋势明显

中日经济外交转暖取决于中美新型大国关系发展加快，取决于第一、第二、第三经济体变化后新的认知。事实证明，在中日经济贸易快速发展的30年里，中日两国领导人采取的经济外交发展互惠战略是符合两国人民根本利益的，经贸的互补性给两国经济增长带来了历史性的发展成果。如果日本现政府放下"重拾冷战思维"定式，就能够在中美日三大经济体中寻找到日本经济外交新的战略定位。三大经济体中，日本确立中日经济外交发展定位，作为第一大经济体的美国是一个绕不过去的问题。中美两国领导人更加清晰地认识到中美新型大国关系正处于生长期，对于生长期出现的新问题，两国领导人都在做出积极的努力，提出共同应对和解决的办法。日本面对这种经济外交格局的新变化，对华经济外交战略开始转向按照国际经济规则处理与中国的经济外交关系。有迹象表明两国经济外交关系有望重回正轨。日本在东北亚的外交举措始终直接或间接影响美、中、日三国互为对象国的贸易额、投资额的变化。这两项指标是三国经济外交变化的晴雨表。目前，中日共同面向相对转换机遇期，中国雄安新区、粤港澳大湾区以及长吉图开发开放先导区（修编后称图们江跨境自由贸易试验区，或称"长吉图大区"）建设对日本经济界、实业界都将具有强大的吸引力。中日经济外交发展的藩篱应由富有远见卓识的中日两国领导人及高端智库中的资深专家来突破。

（二）俄罗斯对华经济外交优先方向深度展开

在中美新型大国关系生长期内，俄罗斯国力的衰落和对原有国际地位的捍卫和争夺，不可避免地带来大国之间的冲突和矛盾。只有中美建立起稳固的新型大国关系才能平衡国际上各种地方霸权的形成，在中美共识下与其他国家协商共同治理。近20年来，中俄都将对方视为本国外交优先方向，这其中就包括经济外交。如两国以《中俄睦邻友好合作条约》签订15周年和建立中俄战略合作伙伴20周年为契机，中俄两国元首共同签署了《关于丝绸之路经济带建设和欧亚经济联盟建设对接合作的联合声明》，成为"一带一路"倡议在欧亚大陆取得经济外交合作优先方向的一个重大进展成果。2017年底前，中俄东线天然气管道工程竣工，管道可抵御零下40摄氏度严寒，是年输送380万立方米的智能化管理管道。这条管道的开通对日本和韩国经济外交取向也带来了影响，中俄双方还依托中蒙俄交通运输走廊和俄罗斯"滨海一号""滨海二号"基础设施建设项目，积极优先开展经济外交。在美、中、俄三国涉事的东北亚地区安全战略问题上继续发挥中俄经济外交优先取向，将决定中俄经济外交发展的深度延展。

（三）韩国对华经济外交战略新定位更加富有建设意义

韩国一直是美国的战略同盟国，但与中国存在历史的亲缘关系和人文纽带关系。中美新型大国关系生长期必然引起韩国选择困难症，只有在中美新型大国关系的框架下才能使韩国建立起与美国和中国的健康关系。韩国是东北亚大国经济外交争夺的焦点。目前，中韩经济关系正在转向一个良性互动持续发酵的关键节点上，韩国经济外交新战略定位主要围绕以下三个方面展开。一是以经济外交为主要方向，或以安全外交为主要取向，又或者二者并举。美国在韩国部署"萨德"的安全费用支出（主要是地面支撑系统）完全由韩国承担，还是部分由韩国承担。韩国愿意全部承担或者部分承担"萨德"地面支撑系统费用的支出说明韩国是以安全外交取向明显，反之说明韩国以经济外交取向为主。当然，二者不可能截然分开，在韩国部署"萨德"虽有可能增强韩国的军事安全感，解除半岛忧虑意识，但由此造成的经济负担，韩国新一届政府和韩国人民也从内心里不愿意接受。二是围绕深度拓展中韩经济战略互惠大项目展开经济外交，还是仅仅限于经济贸易、旅游业修复性增长项目，回到老型经济外交模式。展开经济外交取决于中韩经济外交制度保障，中韩产业集中度不同，经济发展结构、市场体制还有差异，韩国产业集中在资本和技术密集型，经济发展重心在装备制造业上。在这种经济发展战略格局下来寻找中韩经济合作点，取决于中韩经济外交取向的慧眼和能力。延长中韩货币互换协议，实现人民币、美元计价结算同等地位待遇，加速推进中韩自贸区落地项目成果，让中韩两国人民享受自贸区商品进出零关税待遇。中国就实现上述目标积极开展与韩国的经济外交谈判。三是围绕中韩大企业集团、财团和跨国公司业务拓展战略，与中国的"一带一路"倡议项目对接，风险共担、利益共享是中韩经济外交的主要取向内容。

（四）朝鲜对华经济外交步履蹒跚

美国和朝鲜是朝鲜半岛问题的当事国。朝鲜半岛危机的化解及朝鲜半岛危机未来的走向，最终离不开中美两国的方案。应该在中美新型大国关系的生长期内，尽一切力量避免朝鲜成为干扰新型大国关系形成的因素。为此，需要中美共同拿出解决方案。中国与朝鲜早已不再是血亲关系，国与国之间是正常的外交关系，"继承传统，面向未来，睦邻友好，加强合作"的精神还应继续下去，朝鲜对华的经济外交趋向可以围绕以下三个方面展开。一是创新经济改革开放新模式，党的十九大后中国确立了新时代中国特色社会主义发展方向，也就是同世界所有国家，无论是大国还是小国，无论是邻国还是远域国家，都要在联合国宪章框架内发展友好合作、共享未来的关系。中国方案、中国道路是中国人经历了"站起来、富起来、强起来"三个历史发展时代检验出来的。中国不强求朝鲜及其他任何新兴经济体一定要走中国的道路。朝鲜是坚持发展核武之路做一个拥核国家，还是创新经济改革创新模式走新型经济体发展之路，这是一个选择。试图走"核武建设与经济建设"并进之路不可取。二是选择借鉴韩国经济发展模式。韩国的经济发展模式是战后新型经济体外向型经济发展模式的典范，是"经济发展奇迹"。韩国仅用 10 年到 20 年

的经济发展时间完成了第二次工业发展革命和后工业时代的产业革命。朝鲜也可尝试摒弃旧的经济发展体制，激发市场经济活力，找到像韩国一样的经济体制对接点，实现经济发展模式的转化。经济发展模式转化了，对华经济外交突破的重点方向也就明确了。三是突破对华经济外交的难点问题。中国不想固化冷战后朝鲜半岛利用半岛危机推行经济"讹诈"模式，坚决反对先军政治下的"拥核意志"膨胀等不理性行为和做法。中国倡导的半岛无核化"双暂停"和延续"六方会谈"的生命力都给朝鲜创造了经济外交转化的空间，朝方可以在这个空间里寻找到解决半岛问题的外交战略办法。是继续搞"独头政治"还是多元经济外交，笔者认为后者无疑是朝鲜对华经济外交的必然选择。

（五）蒙古国对华经济外交战略契合度提高

长期以来，蒙古国受俄罗斯经济外交影响较深。伴随着俄罗斯经济的衰退，中美应该在新型大国关系的生长期内，合力推动蒙古国经济发展，阻止地区霸权主义渗透，为蒙古国独立发展创造良好条件。近年来，蒙古国发展与中国的经济外交主要体现在经济发展战略对接上。在地缘经济外交战略上，蒙古国将"草原之路"经济发展战略与中国倡导的"一带一路"对接，对接点主要是：中蒙共同打造新亚欧大陆桥，中蒙俄、中国－中亚－西亚、中国－中南半岛等国家和地区经济合作走廊，对接修建中俄跨境 997 公里高等级公路，1100 公里电气线路项目，扩展跨蒙古铁路通道（锦州－珠恩嘎达布旗、阿尔山－珲春出海跨境铁路）。蒙古国发展对华经济外交现仍处于一种矛盾的心理。草原之路是绿色发展之路，蒙古国有人担心开启跨蒙古国铁路、公路、管道穿越蒙古等重大工程项目会给自身带来环境污染。我们应该看到对于废气、废水、废渣的处理技术发展日新月异，有的污染是可以防控的，且

人类在追求发展与追求高质量生存这对矛盾体中总能找到科学的解决办法，在经济外交上不能短视。随着中国"一带一路"倡议的深入实施，茶马古道将重新焕发生机。

在这样一个分化的世界里，建立稳定的中美新型大国关系显得尤为重要。任何一个国家或经济体都不可能独善其身，唯有在中美新型大国关系不断发展的基础上构建新型的国际关系，才能推动国际社会共同发展。和平发展、多元合作、共享未来是东北亚各国唯一的经济外交战略选择。

（作者系吉林省政府发展研究中心研究员、东北亚经济发展战略资深专家、上海理工大学中国周边经济研究中心特聘教授，该文原载于《东北亚经济研究》2018年第1期，录入本书时有改动）

论文摘要

《竞合主义视角下的东北亚安全局势思考》 储昭根（浙江大学非传统安全与和平发展研究中心研究员）撰，发表于《人民论坛·学术前沿》2018年第9期。文章指出，朝鲜核问题是当前整个东北亚安全格局的核心。围绕朝鲜核问题的竞合，是东北亚战后秩序重组的竞合，同时也是大国间政治及战略的竞合。真正解决朝核问题，必须考虑到半岛内部的力量对比、安全结构及人心向背。面对扑朔迷离、复杂多变的半岛形势，我们需要准确定位中国的国家利益，厘清半岛"玩家"彼此竞合关系。在此基础上，我们才能看清半岛及整个东北亚局势的走向，找到半岛战争的制约因素及维护中国国家利益的着力点，从而实现中国国家利益及安全的最大化，并保障半岛的和平、发展与稳定。

《"冰上丝绸之路"与北极航线开发》 李振福（大连海事大学航运经济与管理学院教授）撰，发表于《人民论坛·学术前沿》2018年第11期。文章指出，北极问题已经成为当今国际事务的核心问题之一，其中，北极航线问题又是北极的焦点问题之一。俄罗斯提出的"冰上丝绸之路"倡议属于俄罗斯国家层面上的重点战略，背后有深远的政治目的和对国家利益的重要考虑。北极航线与"冰上丝绸之路"倡议确有紧密的联系，二者不仅在空间上和本质上都具有明显的共性特征，还存在可交汇融合之处。北极航线使"冰上丝绸之路"的政治性趋于温和、影响范围更大，"冰上丝绸之路"使北极航线建设区域延伸至内陆。"冰上丝绸之路"与北极航线融合后具有战略意义，将在政治、经济、交通、贸易、文化等方面对中国、沿线腹地乃至世界产生多元影响，对推进欧亚经济发展和促进世界互联互通发挥巨大作用。

《"一带一路"下黑龙江省对俄能源合作认同利益建构的博弈分析》 张汝根（黑龙江科技大学经济学院副院长、教授）等撰，发表于《经济研究导刊》2018年第25期。文章指出，中国需要大量的能源，而俄罗斯能源丰富，中俄能源合作对双方都有利。总结"一带一路"给黑龙江省能源产业带来的转型利益，并运用博弈理论分析黑龙江省对俄能源合作"认同"利益的建构，最后提出如何选择黑龙江省对俄能源合作"认同"利益建构的路径。

《构建中俄赫哲－那乃文化旅游廊道研究》 谢维光（佳木斯大学旅游管理学院副教授）、马华泉和谷松（佳木斯大学旅游管理学院教授）撰，发表于《黑龙江民族丛刊》2018年第2期。文章指出，赫哲－那乃是中俄两国跨境民族，他们同根同源，血脉相连。"一带一路"为中俄旅游合作提供难得的机遇，本文提出构建赫哲－那乃文化旅游廊道的构想，并运用SWOT分析法剖析了构建赫哲－那乃文化旅游廊道的条件，并在此基础上提出：完善双边协商机制，统筹规划共同打造品牌，加强旅游产品开发合作，创新发展合作共赢，加快旅游廊道信息化网络化，是构建赫哲－那乃文化旅游廊道的重要策略。

《互补与共生视域下的中俄产业合作对策

研究》 王金亮（黑龙江大学经济与工商管理学院教授）撰，发表于《沈阳工业大学学报》（社会科学版）2018年第6期。文章指出，中俄产业合作已是中俄两国多层次良性互动的必然结果。在国内外环境的多方推动下，中俄产业合作朝着互补与共生的方向不断发展。在互补与共生视域下，通过介绍中俄产业合作的现状，分析出中俄未来可以重点开展双边合作的产业领域，如基础设施建设、高技术产业、农业、能源产业等，进一步厘定互补与共生视域下的中俄双边产业合作关系，即短期内为非对称性关系，长期内为对称性关系。最后，提出互补与共生视域下推动中俄产业深度合作的对策建议。

《中俄"冰上丝绸之路"合作的发展与前景辨析》 张耀（上海国际问题研究院海洋和极地研究中心主任、中国太平洋学会亚太海洋战略研究院特约研究员）撰，发表于《山东工商学院学报》2018年第6期。文章指出，北极正以其日益增长的战略、经济价值获得越来越多的国家的关注。合作建设北极"冰上丝绸之路"显然对中国和俄罗斯具备"双赢"价值，有助于两国战略协作伙伴关系的发展，促进两国在北极地区的全面合作，因此也获得了两国领导人的高度认同。"冰上丝绸之路"倡议不仅有助于北极地区的经济和社会发展、平衡全球运输贸易结构，而且对于缓解资源供需矛盾，实现地区可持续发展也具有积极意义。中国和俄罗斯在相关领域的合作已经取得了较大成就，这种合作也存在一定的国际环境支撑。当然，与任何合作进程一样，中俄两国"冰上丝绸之路"建设中的合作也面临着诸多问题，需要广泛的国际共识和技术合作。总体而言，中俄两国合作推进"冰上丝绸之路"建设拥有足够的发展潜力，在未来也能够吸引更多的相关国家共同参与。

《亚欧中心跨区域合作体制机制比较分析："丝绸之路经济带"、欧亚经济联盟和"新丝绸之路"》 李兴（北京师范大学政府管理学院教授、亚欧研究中心主任）撰，发表于《人文杂志》2018年第9期。文章指出，"丝绸之路经济带"、欧亚经济联盟和"新丝绸之路"是冷战后亚欧中心地区最具影响力的一体化体制机制。中国"丝绸之路经济带"与俄罗斯主导的欧亚经济联盟尽管有很多不同，但二者不仅在客观上存在对接合作的必要性和可能性，而且在主观上两国最高层达成了共识，在实践中取得了早期收获，并在努力继续推进。美国"新丝绸之路计划"尽管名称与"丝绸之路经济带"相似，但二者历史背景、包含区域、具体内容、地缘目标等都很不相同。"丝绸之路经济带"的空间范围、包容性和吸引力都大于"新丝绸之路"。由于三者都在中亚交集，且经济的互联互通是其重要内容，原则上"新丝绸之路计划"与"丝绸之路经济带"、欧亚经济联盟存在合作的空间，但"新丝绸之路"的政治性、排他性、针对性和投机性，互信不足，平行、竞争的一面较明显。且由于特朗普在美国执政后，采取了一系列美国国内优先、全球收缩的政策取向，其竞争对手民主党人希拉里倡议的"新丝绸之路"计划恐怕是前景堪忧。

《黑龙江省对俄冰雪文化创意产业合作研究》 孙浩进（黑龙江省社会科学院经济研究所研究员）、张双（黑龙江省社会科学院硕士研究生）撰，发表于《西伯利亚研究》2018年第4期。文章指出，文化创意产业是现代服务业的重要组成部分，也是黑龙江省实现经济高质量发展的新动能。黑龙江省对俄发展冰雪文化创意产业合作，具有很大潜力。近些年，文化创意旅游逐渐兴起。文化创意旅游是对传统旅游发展模式的创新，是以文化内涵为底蕴，融入文化创意的内涵，目的是满足多种需求的旅游消费。黑龙江省的冰雪文化创意产业经过近几年的发展，已经形成了一定的规模，需要通过对俄合作来促进自身成长。应该通过走内涵式合作发展的道路来更好地促进黑龙江省对俄冰雪文化创意产业合作发展的优势互补、互利共赢。

《"冰上丝绸之路"与"一带一盟"："一

带一路"合作的新亮点》 李兴（北京师范大学政府管理学院教授、亚欧研究中心主任）撰，发表于《贵州省党校学报》2018年第4期。文章从中国大外交视角分析了中俄关系框架下的"一带一路"建设，在"一带一路"和中俄关系框架下阐述了"一带一盟"的对接，以及"一带一盟"视角下的"冰上丝绸之路"合作。以"冰上丝绸之路"上的重点项目亚马尔LNG为案例研究，充分论证了基于中俄两国共同发展、互利合作大战略背景下的"冰上丝绸之路"与"一带一盟"前景广阔，对世界经济发展影响深远。

《中蒙俄自贸区构建的经济制约因素与推进路径》 杨丽花（中国政法大学商学院副教授）、董志勇（北京大学经济学院院长、教授）撰，发表于《中共中央党校学报》2018年第4期。文章指出，中蒙俄自贸区的构建，对新时代中国加快实施自由贸易区战略乃至推动形成全面开放新格局和构建人类命运共同体具有重大现实意义，但面临经济规模和市场规模差异较大、贸易层次较低和结构单一、投资贸易便利化水平较低等诸多经济因素制约。推进中蒙俄自贸区构建的关键，在于坚持"一带一路"建设所提倡的共建共享原则，突破这些制约因素，其基本策略与路径如下：一是加快中蒙俄经济走廊建设，促进三国经济共同繁荣；二是发挥顺向投资产业升级效应，促进三国产业结构共同升级；三是加强基础设施互联互通，促进三国贸易投资共同便利化。

《大国博弈：俄罗斯的朝鲜半岛政策与中俄合作》 刘涛（延边大学外国语学院副教授）撰。发表于《东疆学刊》2018年第3期。文章指出，俄罗斯将朝鲜半岛问题视为俄美全球战略博弈的组成部分，防止因朝鲜半岛问题导致全球战略平衡改变是俄罗斯朝鲜半岛政策的总体战略目标。具体政策主要包括："两手政策"应对"萨德"部署，避免"伤及无辜"，保证俄韩关系正常发展；朝鲜核问题坚持"两个反对"、"一个不触及"和"一个区分"原

则，支持朝鲜和平使用核能，以保障其经济社会稳定发展；与中国在"无核化""维稳""反战"方面保持立场一致。另外，由于俄美关系中存在诸多结构性矛盾，而中俄在东北亚区域合作中安全利益、经济利益、战略目标均具有高度一致性，俄罗斯的朝鲜半岛政策符合我国利益。因此，中国应拓展双方在朝鲜半岛问题上的战略合作，分领域、分层次、有重点、有针对性地开展合作，将朝鲜半岛局势发展引入和平轨道。

《中俄北极可持续发展合作：挑战与路径》 赵隆（上海国际问题研究院全球治理所所长助理、副研究员）撰，发表于《国际问题研究》2018年第4期。文章指出，北极可持续发展合作是中俄合作的新"增长极"。对俄罗斯来说，满足俄属北极地区发展需求，加快海洋安全布局，强化对北方海航道的法律主张和实际管控是其基本战略诉求。丰富新疆区域外交实践、引导北极国际治理并拓展"一带一路"海上合作则是中国的主要目标。在北极合作上，中俄存在利益诉求的一致性和互补性、实现全方位对接的可行性和深化务实合作的必要性，但同时面临多边政治和法律博弈、安全和经济收益平衡、疑虑心态和操作阻碍等因素的制约。在"可持续性"的原则下推动大项目模块化，坚持科学先导和技术支撑是推动中俄北极合作的基本路径。

《中蒙俄经济走廊背景下中俄能源合作进展、驱动力、挑战及对策》 杨洋（中国科学院地理科学与资源研究所博士研究生）、董锁成（中国科学院地理科学与资源研究所研究员）、李泽红（中国科学院地理科学与资源研究所副研究员）撰，发表于《资源科学》2018年第2期。文章指出，中俄能源合作是中俄全面战略协作伙伴关系的重要内容，是意义重大的地缘战略合作。自1996年中俄能源合作拉开序幕以来，虽几经波折，但也取得了较大进展，且随着中蒙俄经济走廊的规划实施，中俄能源合作迎来新机遇。基于此，本文回顾了中俄能

源合作取得的进展，从供求关系、能源政策、国际劳动地域分工、比较优势、区域发展政策、国际地缘环境变迁等角度全面分析了中俄能源合作的内在契合因素和外部推动因素，指出中俄利益诉求的内在契合性是中俄开展能源合作的决定性因素，外部推动因素则加速了中俄能源合作的进程。虽目前中俄能源合作态势良好，但仍面临合作体制机制欠缺、国际地缘环境变迁等诸多挑战。在国际地缘环境日益复杂的新时期，中俄应增强互信，深化中俄能源的地缘战略合作；抓住中蒙俄经济走廊的政策契机，拓宽合作模式与合作领域；制定中俄能源战略长期合作规划，完善中俄能源合作机制；兼顾周边地区，创建区域性能源共同体。

《中国东北四省区与俄罗斯经贸合作现状分析》 陈宪良（哈尔滨师范大学马克思主义学院教授）撰，发表于《西伯利亚研究》2018年第1期。文章指出，中国东北四省区与俄罗斯经贸合作具有天然的地缘优势，双方经贸合作已取得长足发展。该地区对俄贸易占全国对俄贸易额的1/3，尤其是黑龙江省一度超过全国同期对俄贸易额的25%。但该地区对俄贸易无论是从贸易额上看，还是从贸易结构来看，均存在诸多问题。如何充分利用地缘优势和中俄两国发展战略的契合点，响应国家"一带一路"国际合作倡议，进一步提升对俄经贸合作的质与量，是四省区加快经济发展的重要任务。

《中俄打造"冰上丝绸之路"的机遇与挑战》 王志民（对外经济贸易大学全球化与中国现代化问题研究所所长，对外经贸大学习近平对外开放思想研究中心教授）、陈远航（对外经济贸易大学国际经济研究院硕士研究生）撰，发表于《东北亚论坛》2018年第2期。文章指出，"冰上丝绸之路"作为蓝色经济通道已被纳入"一带一路"的总体布局，成为连接欧洲、亚洲及北美洲之间的最短航道，被誉为"国际海运新命脉"。"冰上丝绸之路"目前主要包括北极东北航道和北极开发两个重要支点，其将推动北极国家和近北极国家在海上运输、极地开发和北极治理等领域的全方位合作以实现互利共赢，逐步构建一条"冰上经济走廊"，并极大地拓展"21世纪海上丝绸之路"的地缘空间，创新"一带一路"合作模式与合作理念。同时，"冰上丝绸之路"也面临地缘政治、传统贸易通道及生态环境等方面的制约。中国作为"冰上丝绸之路"的主要倡导者和重要参与者，必须充分挖掘机遇与潜力，正确应对各种挑战。

《"一带一路"背景下中俄关系的发展》 杨雷（南开大学周恩来政府管理学院副教授）撰，发表于《东北亚学刊》2018年第1期。文章指出，中国的"一带一路"倡议对中俄关系的发展产生了较大影响，将促使中俄经济关系走向平衡。中俄经济合作的首要任务是"一带一盟"对接。促进"一带一盟"对接的有利因素有：现有的多边、双边合作机制加强了中俄之间的沟通；稳定的政治关系为经济合作提供了保障；中亚国家的合作意愿刺激了俄罗斯与中国关系的发展。制约"一带一盟"对接的因素有：中国的经济优势明显，致使俄罗斯担心两国关系失衡；欧亚各国尚未找到合作共赢的可行方案；中俄两国间互联互通的障碍还很多。为了推动中俄经济关系深入发展，双方要进一步加强沟通、统一规则，在经济结构上有序分工；加强基础设施领域的合作，实现互联互通；加强科技领域合作，实现创新发展。

《中国的东北亚难题：中日、中韩和中朝关系的战略安全形势》 时殷弘（中国人民大学国际关系学院教授）撰，发表于《国际安全研究》2018年第1期。文章指出，中国和日本都在实行某种总体上对于对方的战略"双轨"方针，一方面谋求在有限程度上改善关系，另一方面继续进行战略对峙和战略预防。中国需要进一步稳定目前的中日关系，继续缓解对抗，防止军事冲突，同时依靠缓解对抗来阻滞日本行进中的解禁集体自卫权进程。美韩两国在韩部署"萨德"反导系统的决定致使中国强烈愤怒，中韩关系随之急剧和显著地恶化。然而，争取和维持韩国对中国的基本友善这个重大利益依然存在,它密切地关系到防止和制止朝鲜半岛成为美国针对中国的战略或军事堡垒。因而中国对韩国应不将任何基本的事情"做绝",尽可能不主动损伤中韩关系多年发展造就的每一项已有的重大成果。中国在朝鲜和朝鲜半岛问题上有六项很经久的核心利益或重大利害,它们都对中国至关紧要,因而总的来说,不能扬此抑彼,更不能舍彼取此。必须估计到,朝鲜问题上对中国总的来说有利的、基本和平地解决问题的时机早已过去,今后该问题的前途对中国来说都严重不详。因而,从长远出发,特别重要的是,对朝决不将任何基本的事情"做绝",防止或阻止朝鲜持对华持久敌视态度;任何情况下都决不容许美国和美韩同盟在军事上控制朝鲜半岛北部。

《日本谋求"战略自主":举措、动因与制约》 吴怀中(中国社会科学院日本研究所研究员)撰,发表于《国际问题研究》2018年第6期。文章指出,安倍重掌政权后,日本加速"正常国家"化,战略自主性显著提升,国家形象乃至政治范式为之一变。安倍政府力促日本战略自主化,背景主要是2017年以来国际环境巨变的综合冲击。日本推进战略自主的举措,突出体现在"同盟之外"的政策经略:在国际战略上主导全球自贸规则与秩序重构,在地缘战略上主推"印太战略"构想,在大国关系上主打"日中协调"倡议。日本谋求战略自主的动作令世界关注,但也面临着日美同盟、地缘政治、安全认同等内外因素的制约,其影响既有消极性,也存积极性,中国对此应积极引导塑造。

《"一带一路"缓解东北亚安全困境:可行性及其路径》 王俊生(中国社会科学院亚太与全球战略研究院副研究员)撰,发表于《国际安全研究》2018年第2期。文章指出,在中国周边次区域中,东北亚地区安全困境最为严重,而该地区对于中国实现和平稳定与繁荣发展具有重大意义。具备区域合作重要属性的

"一带一路"倡议能有效缓解安全困境。东北亚地区之所以成为"一带一路"倡议的缺口,主要由于朝鲜半岛紧张局势居高不下、美国因素的负面影响、中日竞争关系的存在,这些因素的根源又是该地区的"安全困境"。将东北亚地区逐步纳入"一带一路"能在一定程度上缓解该地区的安全困境,并为深化东北亚区域合作提供新的动力,二者有望形成良性循环。俄罗斯、蒙古国和韩国对中国的"一带一路"倡议态度积极,朝鲜也表现出一定的兴趣,日本和美国态度复杂,但已经很难置身事外。在推动东北亚地区纳入"一带一路"倡议时,须先从双边合作入手,争取各国均加入"一带一路"倡议和亚洲基础设施投资银行;然后扩大到中日韩、中俄朝和中朝韩三边合作;进而扩大到多边范围,在亚洲基础设施投资银行下设立"东北亚建设资金",专注于东北亚项目投资;同时激活和利用大图们江开发计划和长吉图国家发展战略。

《安倍政府的朝核政策及其影响》 孟晓旭(国际关系学院国际政治系教授)撰,发表于《国际问题研究》2018年第2期。文章指出,安倍政府通过构筑包围圈、提升威慑力、实施单独制裁等手段,加大施压以应对朝核问题。推动国内政治与安保议题是安倍政府对朝强硬政策的主要原因,同时还有阻止朝鲜核导开发、防止东北亚地缘政治版图发生变动,以及展示日本在维持国际核不扩散体系和地区安全上的引领力等考量。"加大施压"政策不利于朝核问题的解决,或将引发新风险,加剧地区安全困境,动摇美日"矛""盾"关系,损害中日之间的互信。由于日本在朝核问题上的非主导地位及其影响朝核问题的能力与手段不足,其政策自身亦缺陷颇多,安倍政府的朝核政策难有实际效果。

《论中日新型国家关系:形成背景、基本特点与核心理念》 武寅(中国社会科学院前副院长)撰,发表于《日本学刊》2018年第4期。文章指出,《中日和平友好条约》签订40

年后，中日两国的实力对比和双边关系格局发生了新变化，双方进入战略博弈期。中日新型国家关系有两个突出特点：一是双边关系更为复杂，有时甚至面临严峻的考验；二是双边关系一般不会超出"斗而不破"的底线。在新的历史条件下，双方应严格恪守四个政治文件，实现真正的平等、互利、双赢，这是中日新型国家关系的核心理念。

《中日相互认知的现状、问题与对策——兼议中日关系的未来发展》　朱锋（南京大学国际关系研究院教授）撰，发表于《日本学刊》2018年第1期。文章指出，在当代世界政治中，民众的认知因素历来是对国家间关系有重大影响的变量之一。认知因素影响国际关系的重要原因，是国民立场往往可以直接作用于政治人物的政策选择，并构成影响相互关系时最基本的国内政治要素。比较日本人的"自我认知"与中国人的"日本认知"，不难发现二者已出现了重大差异，而日本人的"中国认知"也既复杂又矛盾。中日关系已基本完成了"止损阶段"，今后需要为实质性的改善营造条件，推进中国民众"日本认知"的更新，同时积极塑造和影响日本民众的"中国认知"的改善，并尽可能地让中日关系中的合作与竞争两个领域继续得到发展和管控。

《朝鲜半岛战略自主性的提升及其影响》　凌胜利（外交学院国际关系研究所副教授、北京市对外交流与外事管理研究基地研究员）撰，发表于《当代韩国》2018年第4期。文章指出，2018年以来朝鲜半岛局势的缓和，既与大国朝鲜半岛政策的调整有关，也离不开朝韩双方的政策调整和相向而行。相对而言，朝韩双方对战略自主性的追求促进了朝韩和解，也缓和了朝鲜半岛安全局势，推动了朝鲜半岛战略自主性的提升。基于战略自主性产生的朝韩关系缓和显著体现在确立朝鲜民族自主性、减少朝韩军事对抗、加强朝韩经济合作、促进朝韩民族和解和推动朝鲜半岛无核化等方面。朝韩双方的合作带来了朝鲜半岛战略自主性的提升，将给朝韩关系、朝鲜半岛局势、大国关系和东北亚地区秩序带来复杂影响。不过考虑到朝鲜半岛停和机制的转换离不开相关大国的支持、朝韩双方政策的延续性和美国对朝政策依旧强硬等因素，朝鲜半岛战略自主性提升能否延续仍存在较大的不确定性。

《俄罗斯的东北亚政策及其对中俄关系的影响》　曹英伟（辽宁师范大学马克思主义学院教授）、郎幸（辽宁师范大学马克思主义学院硕士研究生）撰，发表于《西伯利亚研究》2018年第6期。文章指出，由于地缘条件和基因中的"边缘文化"，当俄罗斯在西部面临危机和国内形势紧张时，必然向东寻求出路。乌克兰危机后俄加快了"向东看"的速度，开始重新重视东北亚地区，并推出了积极的东北亚政策。俄罗斯东北亚政策包括加强与东北亚国家的经济合作、积极参与东北亚地区安全事务、重视发展与东北亚国家的双边关系、积极发展与东北亚国家的军事合作等内容。中俄互为最大的邻国、最重要的战略协作伙伴，俄罗斯的东北亚政策对中俄关系势必产生极大影响。对此，中国必须高度关注并提出加强中俄合作的对策，从而实现合作共赢、共同发展，更好地保持和发展中俄战略协作伙伴关系。

《蒙古国"发展之路"与东北亚区域经济合作探析》　范丽君（内蒙古社会科学院俄罗斯与蒙古国研究所研究员）撰，发表于《东北亚学刊》2018年第4期。文章指出，"发展之路"是J. 额尔登巴特担任总理期间蒙古国政府提出的国家经济发展理念。"发展之路"与"一带一路"对接，与中俄发展规划对接，是融入东北亚区域经济合作的一次探索。"发展之路"试图解决蒙古国经济发展的路径和方法问题，搭建蒙古国多元化发展平台。"发展之路"挽救了蒙古国经济，为新一届政府积累了基础。然而，政府的频繁更替影响政策连续性，制约了国家经济发展战略的实施，并屡失区域经济合作的良机。

《推进东北亚区域合作的现实基础与路径

选择》 沈铭辉(中国社会科学院亚太与全球战略研究院研究员)、张中元(中国社会科学院亚太与全球战略研究院副研究员)撰,发表于《东北亚论坛》2019年第1期。文章指出,作为一个整体,东北亚地区至今仍未成为"一带一路"建设的重点合作区域。当前,朝鲜半岛局势出现缓和,东北亚区域合作有望迎来新机遇,但区域内各国仍需要进一步营造合作氛围和条件。推动中国东北地区与俄罗斯、朝鲜、韩国、日本、蒙古共同参与东北亚区域合作,联通中国、朝鲜、韩国、日本、俄罗斯的交通线,并打通与"21世纪海上丝绸之路"和建设中的北冰洋航线间的连接,实现东北亚互联互通和经贸投资的高水平发展。同时,东北亚区域合作也面临着投资环境、基础设施等方面的制约。中国作为东北亚区域合作的重要倡导者和参与者,需要进一步规划合作路径和打造合作重点,推动东北亚地区加速融入全球价值链,共建产业合作走廊。

《东北亚区域国家经贸合作现状与特点分析》 张凤林(黑龙江省社会科学院东北亚研究所副所长、研究员)撰,发表于《商业经济》2018年第12期。文章指出,进入2017年,全球经济继续2016年下半年的走势,在低速增长中前行。但贸易保护主义、朝鲜核导试射等一系列事件,以及区域内诸多制约因素均给东北亚区域经贸合作带来了不确定性。从东北亚各国经贸合作现状及特点看,中国作为世界上贸易量最大的国家,从区域影响力到国际影响力日益凸显,已经成为东北亚区域内引导经贸合作的不可或缺的主力。日本和韩国作为区域内经济大国,其原材料的缺乏和出口导向型经济结构以及地缘优势等,决定了其与区域内国家发展经贸合作的必然要求。俄罗斯和蒙古国作为本区域资源比较丰富国家,其经济发展离不开能源出口,与区域内国家开展经贸合作具有比较强的互补性。中国"一带一路"建设的继续深化,将为区域经贸合作发展提供更加有利的条件。

《基于利益视角下东北亚海洋环境区域合作治理问题研究》 张继平(上海海洋大学海洋文化与法律学院教授)、黄嘉星(上海海洋大学海洋文化与法律学院硕士研究生)、郑建明(上海海洋大学海洋文化与法律学院教授)撰,发表于《上海行政学院学报》2018年第5期。文章指出,近年来东北亚区域海洋环境不断恶化。为改善东北亚区域海洋环境质量,基于利益视角并以"复杂人假设"为前提,对当前该区域存在的海洋环境合作治理利益诱因不足、利益沟通困难以及利益制衡匮乏问题进行研究。运用地缘政治关系、库兹涅茨曲线、文化认同等理论探索问题的根由,进而提出增强国家间政治互信、加强区域内经济交流、提升区域文化认同度与发展海洋环境社会组织等措施以期推进合作治理进程,团结协作提升该区域海洋环境质量。

《日本对"一带一路"倡议的政策:变化、特征与动因分析》 卢昊(中国社会科学院日本研究所副研究员)撰,发表于《日本学刊》2018年第3期。文章指出,自中国提出"一带一路"倡议以来,日本对它的态度经历了由消极到积极的变化过程。日本对"一带一路"的政策可以概括为"有限度对接"和"多角度对冲",即在"一带一路"框架内有限度参与合作,同时在框架外加大针对"一带一路"的对冲。日本转向参与"一带一路"合作,其基本动力源于改善中日关系的"短期需要",以及应对美国对外政策变化以"预留行动空间"的需求。日本在合作中设置多种限制以确保自身利益最大化,反映出中日合作欠缺必要互信的现实。日本强化针对"一带一路"的竞争措施,主要动力来自对华战略竞争的长期目标,以及国际秩序变动期内争取主导权的强烈意识。日本国内支持与反对"一带一路"的力量与观念并存,其复杂态势将影响日本今后对"一带一路"倡议的应对。

《权力转移、相对收益与中日合作困境——以日本对"一带一路"倡议的反应为例》 袁伟华（天津工业大学马克思主义学院副教授）撰，发表于《日本学刊》2018 年第 3 期。文章指出，在无政府状态的国际社会中，国家之间的合作普遍存在，同时一国拒绝与其他国家合作的国际合作困境也比比皆是。依据合作方政策协调程度差异，国际合作可以分为四种类型，每种类型的国际合作实现的条件有所不同。在协调型双边合作中，两个关键因素影响合作方的意愿：一是两国之间的权力差距，二是对于合作领域的认知。2013 年秋中国发出"一带一路"倡议之后，日本并未做出积极回应，是因为日本认为该倡议是战略性的，担忧与中国合作将使中国获得更大收益，加速不利于日本权力转移的进程。

《2018 年东北亚经贸合作形势及发展走向》 杜颖（黑龙江省社会科学院东北亚研究所研究员）撰，发表于《西伯利亚研究》2018 年第 4 期。文章指出，2017 年上半年，受地缘政治因素影响，东北亚双边及多边经贸合作遇到较多困难。经济增长放缓，国际货币基金组织及各国智库也都下调了对各国经济增长的预期。但进入下半年，随着美国总统特朗普访华、APEC 领导人峰会在越南岘港的召开及东北亚主要经济体的有效接触，东北亚经贸合作出现

积极态势。预计在区域内主要国家共识日益增强的背景下，2018 年东北亚经贸发展将呈总体向好态势。但受世界经济增长乏力、地区复杂局势变化影响，2018 年东北亚经贸合作不会一帆风顺。

《深化中俄能源合作的路径研究》 安兆祯（黑龙江省社会科学院俄罗斯研究所研究员）、张梅（黑龙江省社会科学院俄罗斯研究所副研究员）撰，发表于《西伯利亚研究》2018 年第 6 期。文章指出，俄罗斯是世界主要的油气生产与出口大国，在我国能源进口多元化布局中占有举足轻重的战略地位。在国际能源战略格局出现新变化、我国国际合作环境复杂多变的背景下，创新中俄能源合作路径，推动中俄能源合作实现高质量发展，已成为当前亟待解决的战略性课题。为深度融入共建"一带一路"，建设开放合作高地，应科学规划中俄能源大项目合作，携手构建互利共赢的合作关系；注重中俄地方能源项目整体协同，协调推进中俄地方能源合作；加强能源设施互联互通，加快推进北方海路能源合作战略布局；探索中俄能源合作新机制、新模式，积极开拓新的能源合作领域。

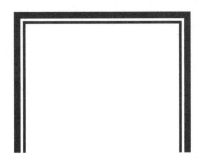

大事记

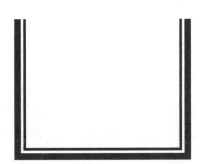

2017年11月~2018年12月大事记

2017年11月

1日 中科院紫金山天文台和中科院南极天文中心消息：南极巡天望远镜 AST3—2 在 2017 观测年度即 3~9 月，成功克服零下 40℃到零下 80℃的极寒、暴风雪等恶劣条件，在南极首次实现了无人值守条件下的越冬观测。这意味着南极光学天文时代的正式来临。

△中华人民共和国主席习近平在钓鱼台国宾馆会见俄罗斯联邦政府总理梅德韦杰夫。习近平欢迎梅德韦杰夫在中共十九大胜利闭幕后随即访华，强调俄罗斯是中国的最大邻国和全面战略协作伙伴，中方发展和深化中俄关系的明确目标和坚定决心不会改变。习近平指出，中俄要充分发挥总理定期会晤机制的统筹协调作用，加强在能源、装备制造、农业、航天等领域合作，继续提升双方合作中的科技创新含量，将大数据、物联网、智慧城市等数字经济领域作为新的合作增长点。要做好"一带一路"建设同欧亚经济联盟对接，努力推动滨海国际运输走廊等项目落地，共同开展北极航道开发和利用合作，打造"冰上丝绸之路"。

△中华人民共和国国务院总理李克强在人民大会堂与俄罗斯联邦政府总理梅德韦杰夫共同主持中俄总理第二十二次定期会晤，会晤后共同会见记者并回答提问。中华人民共和国国务院总理李克强在与俄罗斯联邦政府总理梅德韦杰夫会谈后举行的新闻发布会上称，中国拟于 2018 年举行进口博览会。中方邀请俄罗斯公司、企业家以及客商参加此次进口博览会。中方希望，在即将举行的进口博览会上，俄罗斯商品将在中国寻找到更多消费者，在中国市场占据更大份额。

△中华人民共和国国务院副总理张高丽，中共中央政治局常委、国务院副总理汪洋，国务院副总理刘延东在北京人民大会堂接受俄罗斯联邦政府总理梅德韦杰夫代表俄罗斯政府授予的"友谊"勋章。

△全国人大常委会委员长张德江在人民大会堂会见了俄罗斯联邦政府总理梅德韦杰夫。

△俄罗斯联邦政府总理梅德韦杰夫向俄通社表示，俄中两国正在探讨国家支付系统对接问题，其中包括俄罗斯 MIR 卡与中国支付系统互联互通。梅德韦杰夫称："我们一致同意，在相互结算时使用各自的国家本币卢布和人民币。当然，我们正考虑建立国家支付系统的可行性，其中包括中国银联国家支付系统、我们在 MIR 卡基础上开发的支付系统。"据悉，此前俄罗斯外经银行与中国进出口银行已签署协议，将向基础设施和技术项目提供 30 亿美元融资。

△俄罗斯财政部消息称，2017 年 1~10 月，俄罗斯"乌拉尔"石油均价 51.15 美元/桶，而 2016 年同期为 40.72 美元/桶。同年 10 月，俄罗斯"乌拉尔"石油均价为 56.35 美元/桶，较 2016 年同期上涨 17%。

△俄罗斯的银行可在 2020 年前免费使用统一生物特征数据库中的俄罗斯公民面部和声音的数据，以在为客户提供远程支付服务时对其

进行身份识别。2020 年之后需要缴费使用，费用大约为每百人 1 万卢布，大型银行可能享受较大的价格优惠。

△俄罗斯天然气工业股份公司总裁米勒称，截至 2017 年 10 月末，本公司已铺设 1120 公里长的"西伯利亚力量"天然气管道，到 2017 年底建成的天然气管道长度将达 1340 公里。2014 年 5 月 21 日，俄罗斯天然气工业股份公司与中石油签署合同，规定俄方从 2019 年 12 月 20 日起将向中国出口天然气，每年达 380 亿立方米，为期 30 年，合同总金额达 4000 亿美元。

△中国驻日本大使程永华举行专题记者会，围绕党的十九大报告，向日本媒体重点介绍习近平新时代中国特色社会主义思想、新时代中国特色大国外交等有关内容，并回答记者提问。日本放送协会电视台、共同社、时事社、《朝日新闻》、《读卖新闻》、朝日电视台、日本电视台等日本各主流媒体、网络媒体及在日华文媒体记者等近 40 人参加记者会。

△中国驻蒙古国大使邢海明会见蒙古国扎布汗省省长巴特赛汗，就中蒙地方友好交流与互利合作交换了意见。

2 日　《人民日报》报道：中国科学院郭国平教授研究组与日本科学家合作，首次在半导体柔性二维材料体系中实现了全电学调控的量子点器件。这种新型半导体量子晶体管为制备柔性量子芯片提供了新途径。最新一期国际权威学术期刊《科学·进展》发表了该成果。

△俄罗斯财政部公布的数据显示，2017 年 10 月俄储备基金为 9755.2 亿卢布（约合 171 亿美元），较 9 月缩减 1.13%；国家福利基金为 40138.1 亿卢布（约合 704 亿美元），较 9 月缩减 4.7%。俄储备基金账户余额分别为 76.2 亿美元、67.1 亿欧元、11 亿英镑。

△俄罗斯与乌兹别克斯坦经过政府间会谈签署了一系列能源领域合作文件，其中包括乌兹别克斯坦"利用舒尔坦棉天然气化学联合体企业纯化甲烷进行合成液燃气生产"项目融资

协议、总额为 5 亿美元的"吉扎克州石油炼厂建设"投资项目融资框架协议、俄罗斯出口中心集团与乌兹别克工建银行合作及 4100 万美元贷款协议。除此之外，两国还批准在塔什干州投资建设年产 240 万吨水泥厂项目实施协议。

△俄罗斯旅游署称，2017 年前三季度，免签证前来俄罗斯旅游的中国旅客高达 84 万人，同比增长 24%。来俄旅游的中国游客主要参观的地方有莫斯科、滨海边疆区和阿穆尔州等。俄罗斯旅游署称，来俄旅游的中国游客大幅增长的主要原因是俄罗斯在中国旅游市场上的大力推介、服务水平的提高、旅游产品多元化以及对团体旅客实行免签制度等。

△中国驻蒙古国大使邢海明代表中国驻蒙古国大使馆向达西乔伊琳寺赠送藏语版《大藏经》。达西乔伊琳寺住持丹巴扎布、驻蒙古国大使馆政务参赞高凤英、政治处主任顾一鸣等参加。

△中国驻蒙古国大使邢海明会见蒙古国新任法律内务部部长尼亚木道尔吉，双方就进一步深化两国司法、执法等领域合作交换了意见。

△中国驻蒙古国大使邢海明会见蒙古国矿业与重工业部部长苏米亚巴扎尔，就进一步加强两国矿能领域合作交换意见。

3 日　中国驻蒙古国大使邢海明会见蒙古国新任自然环境与旅游部部长策仁巴特，双方就进一步加强环境保护、旅游合作等深入交换意见。蒙古国自然环境与旅游部行政管理司司长巴特扎尔格勒、环境与自然资源管理司司长尼玛达瓦、驻蒙古国大使馆文化参赞李薇等在座。

4 日　十二届全国人大常委会第三十次会议通过了《关于在中国各地推开国家监察体制改革试点工作的决定》，改革试点由此全面推开。国家监察体制改革，是一项事关全局的重大政治体制改革，对健全中国特色国家监察体制、强化党和国家自我监督具有重大意义。

5 日　《人民日报》报道：2017 年 10 月 18 日，习近平同志在中国共产党第十九次全国

代表大会上所作的报告《决胜全面建成小康社会 夺取新时代中国特色社会主义伟大胜利》的蒙古、藏、维吾尔、哈萨克、朝鲜、彝、壮等 7 个少数民族文字单行本已由中国民族语文翻译局翻译，由民族出版社出版，面向全国公开发行。

△《人民日报》报道：中国共产党第十九次全国代表大会审议通过的《中国共产党章程》的蒙古、藏、维吾尔、哈萨克、朝鲜、彝、壮等 7 个少数民族文字单行本已由中国民族语文翻译局翻译，由民族出版社出版，面向全国公开发行。

△19 时 45 分，中国在西昌卫星发射中心用长征三号乙运载火箭，以"一箭双星"方式成功发射第二十四、第二十五颗北斗导航卫星。这两颗卫星属于中圆地球轨道卫星，是中国北斗三号第一、第二颗组网卫星，开启了北斗卫星导航系统全球组网的新时代。

7 日　中国国家税务总局发布的数据显示，全面推开营改增试点作为供给侧结构性改革和财税改革的重头戏，减税效应持续释放。2016 年 5 月至 2017 年 9 月，已累计减税 10639 亿元，其中，2016 年 5~12 月减税 4889 亿元，2017 年 1~9 月减税 5750 亿元。

△中国驻蒙古国大使邢海明会见蒙古国卫生部部长萨仁格日勒。邢大使祝贺萨仁格日勒履新并表示，10 月 18 日，中共十九大成功举行，为中国未来发展指明了方向，也为包括医疗卫生合作在内的中蒙各领域合作带来了新机遇。中方愿同蒙古国进一步深化医疗卫生领域的合作，在力所能及的范围内向蒙方提供人员培训、医疗设施等方面的支持，帮助蒙古国人民过上幸福生活。萨仁格日勒祝贺中国十九大的胜利召开，并表示，中蒙两国是好邻居、好朋友、好伙伴。中方践行亲诚惠容的理念，为蒙古国医疗卫生事业的发展提供了不少实实在在的支持，蒙方对此深表感谢。蒙古国卫生部愿继续与中方扩展两国在医疗卫生等领域的合作，为蒙古国人民带来更多福祉，为两国关系增砖添瓦。

△中国驻蒙古国大使邢海明会见奥尤陶勒盖铜金矿（OT 矿）首席执行官阿曼德·托雷斯，双方进行了工作交流。

8 日　俄罗斯聚合电商平台"Yandex. Market"推出"中国商品"新专区，用于销售各渠道中国供货商产品。目前，平台已聚合 Gearbest、JD、Umkamall、Intmall 等多家电商平台，各类网店供货信息超过 50 万条。俄罗斯网民可通过"Yandex. Market"直接订购上述产品，并享受俄语支持、免费送货和邮包跟踪等服务。2018 年 9 月末，阿里巴巴互联网公司将天猫电商平台开到了俄罗斯。据俄罗斯电商企业协会数据，截至 11 月初，来自中国的邮包占到俄跨境电商订单的 90%。

9 日　欧盟委员会网站公布，欧盟委员会已将 2017 年俄罗斯 GDP 增速的预期由原来的 1.2% 上调至 1.7%。欧盟委员会在其秋季的预测中，将 2018 年俄罗斯经济增速由春季预测的 1.4% 上调至 1.6%，同时，预测 2019 年为 1.5%。早前，世界银行预测 2017 年俄罗斯 GDP 增速为 1.7%，经济增速加快的主要原因是油价上涨和内部市场需求。

△俄罗斯塔斯社报道称，俄罗斯远东发展部部长加卢什卡在京与中国全国工商联旅游业商会会长王平会见期间称，1~8 月，中国与俄罗斯远东地区贸易额达 48 亿美元，同比增长 33%。加卢什卡指出，自 2018 年 1 月 1 日起的 5 年内，俄罗斯将免除所有在俄罗斯远东地区从事旅游或娱乐产业的企业利润税。俄罗斯希望中国企业积极参与远东地区旅游产业投资，尤其是机场改造等旅游基础设施建设。

10 日　中华人民共和国主席习近平在越南岘港会见俄罗斯总统普京。双方表示要加强在国际和地区热点问题上的沟通，密切在联合国、上海合作组织、金砖国家等多边框架内的协调和配合，密切亚太经合组织等多边机构中的沟通协调，推进亚太自贸区建设。习近平和普京还就朝鲜半岛局势等共同关心的问题深入交换了意见。

△俄罗斯银行称，2017年9月俄罗斯进口额为204.25亿美元，出口额为306.47亿美元，外贸顺差为102.22亿美元，年增长37%。1~10月，俄罗斯外贸顺差由去年同期的629.77亿美元，增至804.09亿美元。

△俄罗斯银行报告称，2017年1~10月，俄罗斯资本净流出增长180%，达238亿美元，其主要原因是各银行加大对外债务偿还力度，而同期其他部门跨境业务总体平稳。

△中国驻朝鲜使馆集中向在朝中国人和驻朝机构宣讲中共十九大精神。张承刚公使、孙洪量参赞、周长亭参赞、沈晓刚参赞等分别为旅朝华侨、驻朝媒体和机构、在朝中资企业人员和留学生举行专场宣讲会，全面展开十九大精神宣讲工作。

11日 中华人民共和国主席习近平在越南岘港会见日本首相安倍晋三。习近平强调，改善中日关系，关键在于互信。希望日方以更多实际行动和具体政策体现中日互为合作伙伴、互不构成威胁的战略共识。在历史、台湾等涉及中日关系政治基础的重大原则问题上，要始终按照中日四个政治文件和双方已达成的共识行事，要以建设性的方式妥善管控两国存在的分歧。双方就提升双边务实合作水平，积极推进区域经济一体化，推动"一带一路"框架内合作尽早落地。双方继续在文化、媒体、青少年等领域加强交流等方面进行了讨论，表示愿意利用两国相继举办奥运会的机会开展奥运合作，增强两国关系发展的民意纽带。丁薛祥、杨洁篪等参加会见。

△中华人民共和国主席习近平在越南岘港会见韩国总统文在寅。习近平重申了中方在"萨德"问题上的立场，强调在事关重大利害关系问题上，双方都应该本着对历史负责、对中韩关系负责、对两国人民负责的态度，做出经得起历史考验的决策。

△中国驻蒙古国大使馆临时代办杨庆东向在蒙中资企业商会负责人宣介中共十九大精神，并围绕中蒙双边关系、中资企业发展等话题与与会代表座谈交流。驻蒙古国大使馆经济商务参赞孙维仁、蒙古国中华总商会会长杨晓琪等在座，在蒙部分国有大型企业代表、蒙古国中华总商会代表及来自内蒙古、黑龙江、福建、新疆、浙江等省区的在蒙区域性商会负责人等共20余人出席活动。

12~16日 应东盟轮值主席国菲律宾总统杜特尔特邀请，中华人民共和国国务院总理李克强出席在菲律宾马尼拉举行的第20次中国—东盟（10+1）领导人会议、第20次东盟与中日韩（10+3）领导人会议和第12届东亚峰会等活动，并对菲律宾进行正式访问。

13日 中华人民共和国国务院总理李克强在菲律宾国际会议中心出席第20次中国—东盟（10+1）领导人会议。东盟十国领导人与会。李克强与菲律宾总统杜特尔特共同主持会议。

△俄罗斯联邦政府总理梅德韦杰夫在东盟峰会上发言时表示，2017年俄罗斯GDP增速将超过2%。梅德韦杰夫称，2017年上半年，外国对俄直接投资增长200%。俄罗斯将继续巩固这一趋势。

△中华人民共和国国务院总理李克强在马尼拉下榻饭店会见日本首相安倍晋三。李克强表示，当前中日关系出现一些积极变化，同时存在敏感因素。希望日方本着以史为鉴、面向未来的精神，与中方相向而行，发挥互补优势，加强经济合作，这对东北亚地区经济发展乃至世界经济复苏具有积极意义。两国应抓住对方发展的机遇，着眼大局加强经贸投资等互利合作，探讨第三方市场合作。共同推动《区域全面经济伙伴关系协定》（RCEP）和中日韩自贸区谈判。加强人文交流，特别是企业界和青少年交流，为中日关系稳定向好发展营造氛围。安倍晋三表示，日方愿基于构建中日战略互惠关系的思路，坚持双方互为合作伙伴，互不构成威胁，加强高层交往，巩固双边关系改善势头。希望双方加强经济对话，探索在"一带一路"框架下的互联互通建设，拓展金融、环保

节能等领域合作，开展第三方市场合作，推进高质量的中日韩合作和 RCEP 谈判进程，加强文化和青少年交流，相互支持对方办好奥运会，进一步扩大互利共赢的合作。双方还就共同关心的地区问题交换意见。

△中华人民共和国国务院总理李克强在马尼拉会见韩国总统文在寅。

△《人民日报》报道：财政部于 2017 年 11 月发布 2017 年 10 月财政收支情况。10 月，全国一般公共预算收入 16234 亿元，同比增长 5.4%。1～10 月累计全国一般公共预算收入 150363 亿元，同比增长 9.2%。其中，全国一般公共预算收入中的税收收入 127293 亿元，同比增长 11.9%；非税收入 23070 亿元，同比下降 3.4%。

△中国驻蒙古国大使馆临时代办杨庆东应邀会见蒙古国财政部部长呼日勒巴特尔，驻蒙古国大使馆经济商务参赞孙维仁以及财政部政策、外资等部门负责人出席。杨庆东与蒙方就进一步深化中蒙双边经贸合作、加快推进落实有关合作项目深入交换意见，并介绍中国共产党第十九次代表大会相关情况，希望蒙方抓住机遇，与中方共同努力，推动中蒙务实合作迈上新台阶。

14 日 中华人民共和国国务院总理李克强在菲律宾国际会议中心出席第 20 次东盟与中日韩（10＋3）领导人会议，东盟十国领导人以及日本首相安倍晋三、韩国总统文在寅共同出席。菲律宾总统杜特尔特主持会议。

△中华人民共和国国务院总理李克强在菲律宾国际会议中心出席第 12 届东亚峰会。东盟十国领导人以及韩国总统文在寅、俄罗斯联邦政府总理梅德韦杰夫、日本首相安倍晋三、印度总理莫迪、澳大利亚总理特恩布尔、新西兰总理阿德恩、美国国务卿蒂勒森等出席。菲律宾总统杜特尔特主持会议。

△中国驻蒙古国大使馆临时代办杨庆东应约会见蒙古国国家大呼拉尔（议会）经济常设委员会新任主席丹巴奥其尔，就进一步推进双边务实合作交换意见。杨庆东首先祝贺丹巴奥其尔履新，并表示，经济常设委是蒙古国议会最大的专门委员会，在中蒙双边经贸合作中发挥着重要作用，中方对此高度重视，愿意与经济常设委进一步加强沟通交流，推动双边政策对接和合作项目落实。丹巴奥其尔表示，中国是蒙古国最重要的合作伙伴，蒙方愿意积极借鉴中方成功经验，推动自身发展。经济常设委希望在大项目与金融合作、双边议会委员会对口交流等方面与中方进一步加强对接，为中蒙务实合作发挥更大作用。

14～15 日 中共中央政治局常委、国务院副总理张高丽在黑龙江调研。张高丽到黑龙江粮食交易市场、哈尔滨惠康食品公司了解粮食生产和销售、粮食产品深加工、政策性储粮去库存等工作；前往哈尔滨飞机工业集团有限责任公司、哈尔滨汽轮机厂了解国有老企业转型升级情况；到黑龙江工业技术研究院成果展示中心，察看哈工大卫星激光通信科技公司等高科技企业产品，了解产学研结合推动创新发展情况。15 日上午，张高丽主持召开部分企业负责人座谈会，认真学习党的十九大精神，听取对经济工作的意见建议。

15 日 俄罗斯铁路客运运输管理司司长布尔采夫在出席联邦委员会圆桌会议时表示，俄罗斯铁路 2018 年拟投入约 200 亿卢布（约合 3.5 亿美元）用于市郊轻轨列车更新改造，其中包括投入 150 亿卢布（约合 2.6 亿美元）用于购买"燕子"列车。

△欧亚经济委员会执委会主席萨尔基相称，欧亚经济联盟各成员国元首在 2017 年 10 月 11 日召开的联盟元首理事会上签署声明，表示将促进《关于〈欧亚经济联盟海关法典〉的条约》尽快在各成员国履行审批签署，保障《欧亚经济联盟海关法典》从 2018 年 1 月 1 日起正式施行。

17 日 俄罗斯塔斯社消息称，俄罗斯通信与大众传媒部日前向政府提出建议，为落实数字经济规划，建议修改 2018 年度预算及 2019～

2020 年预算计划。2018 年拟拨款 370 多亿卢布用于实施规划中的一系列措施。根据 2017 年 7 月批准的俄罗斯 2025 年前数字经济规划，俄罗斯将在关键经济领域推广使用高技术，并实现一系列目标，包括到 2025 年 97% 的家庭用上宽带网络（100 兆比特/秒），所有百万人口城市覆盖稳定的 5G 及以上网络。

18～19 日 中国驻日本大使馆与公益社团法人中日友好协会在静冈县共同举办第 4 次日中友好研修活动。中国驻日本大使程永华出席并发表演讲，使馆有关部门负责人和外交官代表、中日友好协会副秘书长程海波、中日友好协会副会长桥本逸男及来自全国本部和 1 都 9 县地方中日友好协会的代表共 70 余人参加，静冈县知事川胜平太、伊豆市市长菊地丰等出席有关活动。

20 日 日本国会针对首相安倍晋三的施政演说内容进行为期 3 天的各党代表质询。质询首日，安倍即在修宪等问题上遭到在野党批判。

△世界知识产权组织发布的最新报告显示，中国在全球制造业价值链中的地位近年来稳步提升，中国企业正逐步跻身于高技术附加值的上游生产商之列。

△俄罗斯粮食收割已基本结束，播种面积 93.9% 的谷物和豆类已脱粒入仓。据俄罗斯联邦统计局数据，截至 2017 年 11 月 1 日，俄罗斯粮食产量达 1.353 亿吨，创历史新高，同比增长 12.7%。

21 日 中国财政部公布数据显示：1～10 月，全国国有及国有控股企业经济运行稳中有进，国有企业收入和利润持续较快增长，利润增幅高于收入 9.2 个百分点。

△12 时 50 分，中国在太原卫星发射中心用长征六号运载火箭，成功发射吉林一号视频 04、05、06 星。卫星顺利进入预定轨道，发射任务取得圆满成功。

△中华人民共和国国务院总理李克强在人民大会堂会见日本经济团体联合会会长榊原定征、日中经济协会会长宗冈正二、日本商工会

议所会长三村明夫率领的日本经济界代表访华团并同他们座谈。

△中国外交部发言人陆慷在例行记者会上表示，"一带一路"是开放、包容的合作平台，中方乐见日方表现出对"一带一路"合作的积极意愿。

21～23 日 应中国外交部部长王毅邀请，韩国外交部部长康京和对中国进行访问。中国外交部部长王毅与韩国外交部部长康京和就如何确保中韩关系改善和向前发展进行了比较充分的讨论。王毅表示，中韩两国是搬不走的邻居，中韩关系发展是两国人民的共同愿望。中方重视韩方关于不考虑追加"萨德"系统、不加入美国反导体系、不发展韩美日三方军事同盟的表态以及无意损害中方安全利益的表态，希望韩方继续妥善处理"萨德"问题。双方应共同努力，进一步增加相互了解，最大限度地减少分歧，为两国关系全面恢复发展创造条件。希望双方加强各领域各层级交流沟通，加强"一带一路"框架下的战略对接与务实合作，加强在促进区域经济一体化方面的协调配合。双方还就共同关心的朝鲜半岛问题交换了意见。

21 日 蒙古国总理呼日勒苏赫在蒙古人民党第 28 次代表大会上以 63.1% 的得票率当选该党新一任主席。

23 日 中国驻蒙古国大使馆临时代办杨庆东会见蒙古国建筑与城市建设部国务秘书玛格奈苏伦，就进一步推进中蒙合作相关项目交换意见。驻蒙古国大使馆经济商务参赞孙维仁及建筑与城市建设部城建、外事等部门负责人出席。

24 日 中国援外培训武术、太极班蒙古学员交流会在中国驻蒙古国大使馆成功举行，中国驻蒙古国大使馆临时代办杨庆东、蒙古国教育文化科学与体育部部长朝格卓勒玛、乌兰巴托大学校长百格力赛罕等嘉宾出席，驻蒙古国大使馆经济商务参赞孙维仁、武官包玉海、政务参赞高凤英、政务参赞李雁军等在蒙全体馆员及家属、蒙古国国立大学孔子学院代表、乌

兰巴托大学孔子课堂代表、乌兰巴托大学师生代表等参加活动。

△欧佩克和俄罗斯就继续延长石油减产达成一致意见，双方商定石油减产将延长至 2018 年底，并将继续讨论具体的减产计划。

25 日　2 时 10 分，中国在西昌卫星发射中心用长征二号丙运载火箭，成功将遥感三十号 02 组卫星发射升空，卫星进入预定轨道，发射任务获得圆满成功。

△俄罗斯法律信息网站公布了由俄罗斯总统普京签署的媒体"外国代理人"条款修订案。新的法案从公布之日起生效。

27 日　记者从黑龙江省佳木斯同江市海事处获悉，中俄两国界江上的第一条浮箱固冰通道——中国同江至俄罗斯下列宁斯阔耶口岸浮箱固冰通道 2017 年的搭建工作完成。

28 日　《人民日报》报道：中华人民共和国主席习近平近日就旅游系统推进"厕所革命"工作取得的成效做出重要指示。他强调，两年多来，旅游系统坚持不懈推进"厕所革命"，体现了真抓实干、努力解决实际问题的工作态度和作风。旅游业是新兴产业，方兴未艾，要像抓"厕所革命"一样，不断加强各类软硬件建设，推动旅游业大发展。

△《人民日报》报道：经中华人民共和国国务院总理李克强签批，国务院日前印发《关于深化"互联网 + 先进制造业"发展工业互联网的指导意见》。

△由蒙古国乌兰巴托中国文化中心和蒙古国音乐舞蹈大学共同举办、中国大使馆支持的"中蒙友谊之歌"迎新晚会在"合作"酒店成功举行。中国驻蒙古国大使馆临时代办杨庆东、蒙古国教育文化科学与体育部有关负责人嘎日迪、华人华侨代表、媒体界人士等 400 余人出席。

△经济合作与发展组织最新预测显示，2017 年世界经济将增长 3.6%，而该组织先前预测为 3.5%；2018 年世界经济将增长 3.7%，与先前预测一致；2019 年世界经济增长 3.6%。

此外，2016 年，世界经济增长 3.1%。

29 日　俄罗斯总统普京会见中华人民共和国国务院总理李克强。普京总统表示，中俄双方建立了持久、稳定和经常性的联系，这完全符合两国的全面战略协作伙伴关系。普京强调，中俄双边贸易不断发展，2017 年 1 ~ 9 月已达到 616 亿美元，增长十分显著，相信 2017 年将突破 660 亿美元。李克强强调，中方愿同俄方加强在国际事务中的沟通协调，密切在上海合作组织等多边框架内的合作，共同助力地区合作稳中求进，为世界的和平发展注入建设性力量。双方还就共同关心的国际和地区问题交换看法。

△朝鲜宣布成功试射新型洲际弹道导弹"火星 15"。朝鲜方面公布了导弹及发射现场的画面。报道称，"火星 15"系统百分之百利用朝鲜的力量和技术，朝鲜从此拥有了打击美国本土全域的可搭载超大型重型核弹头的又一新型洲际弹道火箭武器系统。

30 日　中共中央政治局召开会议，审议通过《中国共产党党务公开条例（试行）》。习近平主席主持会议。

△《人民日报》报道：中华人民共和国国务院总理李克强日前签署国务院令，公布《国务院关于修改部分行政法规的决定》，自公布之日起施行。

△《人民日报》报道：农业部最新统计显示，截至 11 月底，全国实测承包地面积 15.2 亿亩，已超过二轮家庭承包耕地面积；确权面积达到 11.1 亿亩，占二轮家庭承包耕地账面面积的 82%。

△《人民日报》报道：暗物质粒子探测卫星"悟空"团队日前在北京发布首批科学成果，宣布"悟空"卫星在轨运行的前 530 天共采集了约 28 亿颗高能宇宙射线，其中包含约 150 万颗 25GeV（1GeV = 10 亿电子伏特）以上的电子宇宙射线。基于这些数据，科研人员成功获取了目前国际上精度最高的电子宇宙射线能谱，该能谱将有助于发现暗物质存在的蛛丝

马迹。

△《人民日报》报道：中国新一代静止轨道气象卫星——风云四号 A 星 9 月 25 日正式交付使用，成为世界气象卫星的"领跑"之星。在轨测试期间，风云四号就为精准预警和及时应对台风、暴雨、强对流等灾害天气提供了有力支撑：气象卫星即时捕捉到 2017 年第 16 号台风"玛娃"的踪迹，中国气象局、国家防总、国家减灾委、民政部迅速启动应急行动。台风退去，广东、福建等沿海地区安然无恙。11 月 15 日，中国第二代极轨气象卫星风云三号 D 再次发射成功，璀璨的星空又多了一颗"中国星"。

△中华人民共和国主席习近平在人民大会堂会见来华出席"2017 从都国际论坛"的世界领袖联盟成员。

△俄罗斯财政部聘请中国银行、中国工商银行、俄罗斯天然气工业银行负责其有史以来的首次人民币债券发行，因为俄罗斯联邦政府可能会面临美国在主权债务市场上对俄罗斯实施的制裁。

△中国驻日本大使程永华应邀出席早稻田大学孔子学院成立十周年庆典并在大隈讲堂发表演讲。北京大学副校长田刚和前校长许智宏、驻日使馆教育处公使衔参赞胡志平、早稻田大学总长镰田薰及日本各地孔子学院代表、早稻田大学师生等 150 余人出席活动。

△应俄罗斯联邦政府总理梅德韦杰夫邀请，中华人民共和国国务院总理李克强乘专机抵达索契，出席在这里举行的上海合作组织成员国政府首脑（总理）理事会第十六次会议。与会期间，李克强同上合组织成员国领导人共同签署有关合作文件，举行多场双边会见，并在梅德韦杰夫总理陪同下出席有关人文等活动。

△中国驻蒙古国大使馆临时代办杨庆东会见蒙古国技术监督总局局长查冈呼，双方就进一步加强经贸领域合作进行了工作交流。驻蒙古国大使馆经济商务参赞孙维仁、政治处主任顾一鸣等在座。

△中国同江至俄罗斯下列宁斯阔耶口岸浮箱固冰通道正式开通，标志着同江口岸 2017 年至 2018 年冬季客、货运输季的帷幕正式拉开。据悉，2017 年同江口岸哈鱼岛至俄罗斯下列宁斯阔耶港浮箱固冰通道共搭建 18 节，总长 503 米，自 2007 年开始投入使用，它的建设使两国口岸汽车运输期由原来的 85 天延长到 140 多天，这不仅解决了大吨位车辆冬季界江无法通行的难题，还使得同江口岸实现了四季通关。

11 月 30 日 ~ 12 月 3 日 中国共产党与世界政党高层对话会在北京举行，主题为"构建人类命运共同体、共同建设美好世界：政党的责任"。中共中央总书记、中华人民共和国主席习近平出席开幕式并发表主旨讲话。这是党的十九大后中国举办的首场主场多边外交活动，是我们党首次与全球各类政党举行的高层对话，也是出席人数最多的首次全球政党领导人对话会，在我们党的历史上具有开创性意义，在世界政党史上也具有突破性意义。

2017年12月

1 日 2017 年 1 ~ 11 月，俄罗斯"乌拉尔"原油均价为 52.17 美元/桶，而 2016 年同期为 41.02 美元/桶。同年 11 月，俄罗斯"乌拉尔"原油均价为 61.97 美元/桶，较 2016 年同期上涨 41%。

△截至 2017 年 12 月 1 日，俄罗斯储备基金余额为 9946.4 亿卢布（折合 170.5 亿美元），各币种分别为 76.2 亿美元、67.1 亿欧元、11 亿英镑。同期，俄罗斯国家福利基金余额为 3.9 万亿卢布（折合 669.4 亿美元）。

△中共中央总书记、中华人民共和国主席习近平在人民大会堂出席中国共产党与世界政党高层对话会开幕式，并发表题为"携手建设更加美好的世界"的主旨讲话，强调政党要顺应时代发展潮流、把握人类进步大势、顺应人民共同期待，志存高远、敢于担当，自觉担负起时代使命。中国共产党将一如既往为世界和

平安宁、共同发展、文明交流互鉴做出贡献。

△中华人民共和国国务院总理李克强在索契召开的上海合作组织成员国第十六次总理会议上称，中国建议制订上合组织成员国未来 3 年打击"三股势力"的合作计划，加深人员培训、信息交换以及大型活动安全保障合作。李克强指出，打击各种形式的恐怖活动非常重要，这也是上合组织成员国达成的重要共识，要采取有效措施应对恐怖分子的威胁。为此，中方建议成立上合组织成员国应对威胁和挑战的联合中心。

△中国黑河至俄罗斯布拉戈维申斯克客运浮箱固冰通道开通。为中俄旅客提供了更加便利、快捷的旅贸大通道。通道长 650 米、宽 13 米，有双向车道，由 10 艘驳船连接组成，其中中方安装 6 艘、俄方安装 4 艘大平底船。北京时间每天 7：30~16：30，采取 7 天工作制，无休。受气温、水文等多方面因素影响，2017 年开通时间较 2016 年冬季推迟了 12 天。中方往返车票价格为 128 元。

3 日 第四届世界互联网大会在浙江省乌镇开幕。中华人民共和国主席习近平发来贺信，向大会的召开致以热烈的祝贺，向出席会议的各国代表、国际机构负责人和专家学者、企业家等各界人士表示诚挚的欢迎，希望大家集思广益、增进共识，深化互联网和数字经济交流合作，让互联网发展成果更好造福世界各国人民。

4 日 据俄罗斯经济发展部消息，10 月俄罗斯 GDP 年化增速减缓至 1%，9 月为 2.4%，8 月为 2.7%。俄罗斯经济发展部预测全年俄罗斯经济增长率约为 2%，前 10 个月经济增长率约为 1.5%~1.6%。

△俄罗斯自然资源与生态部部长顿斯科伊在"森林盗伐情况和杜绝非法木材加工及销售会议"上表示，2017 年上半年，俄罗斯境内共发生 7600 起森林非法采伐事件，涉案木材 64.69 万立方米，经济损失达 46 亿卢布。西伯利亚联邦区盗伐现象最为严重，涉案木材

45.97 万立方米，占比达 71%，其中最为严重的州区是伊尔库茨克州，涉案木材 40.71 万立方米，占比 63%。

5 日 截至 12 月 5 日，黑龙江省绥芬河口岸 2017 年进出口货物运量累计达到 1060 万吨，突破千万吨大关，在百年口岸对外开放史上铸就了一座新的里程碑。

△俄罗斯副总理罗戈津在"北极：现在和未来"国际论坛全会上称，俄罗斯近期将成立负责北极航道及附属地域开发的主管部门。在 2017 年 3 月举行的第四届国际北极论坛期间，普京总统责成政府研究组建独立机构的问题，专门负责北极航道及附属地域综合开发，包括基础设施建设、水文地理研究、安全、管理及其他必要的服务。

△第三轮中日企业家和前高官对话 5 日在东京闭幕。会议在共同声明中强调，"一带一路"倡议能提供为两国企业带来活力的平台。4 日，日本首相安倍晋三在会上致辞时表示，日本可以同中国就"一带一路"大力合作。日本《每日新闻》评论说，日本似乎欲通过在"一带一路"上的合作改善日中关系。

6 日 俄罗斯总统普京确认，他将参加 2018 年的大选，寻求连任。此外，曾经担任过俄罗斯总统的俄现任总理梅德韦杰夫已经表示，他将不会参加下次总统选举。

△截至 2017 年 11 月，符拉迪沃斯托克（海参崴）自由港入驻企业实际投资不到申请投资额的 10%。自由港项目实施初期收到超过 470 份入驻申请，批准 323 份，总投资额超过 2560 亿卢布（约合 43.4 亿美元），计划创造 3.1 万个就业岗位，然而实施进度远远落后。根据俄远东发展集团的数据，截至 2017 年 11 月 15 日，只有 25 家企业开始动工，实际投资额为 160 亿卢布（约合 2.7 亿美元），创造就业岗位 1736 个。最主要的问题是土地问题。统计数据表明，只有 15% 有用地需求的投资者可以获得土地。自由港企业支持协会主席表示，这主要是由于项目与规划实施的地块不相符，

现在远东发展部正在制定的《关于将分配地块的权利转交远东发展公司的法案》应当能解决这一问题。此外，现在正对符拉迪沃斯托克（海参崴）总规划、土地使用规定做出的修订中停止了部分已经开始设计的投资项目。

7日 中国驻蒙古国大使馆临时代办杨庆东会见蒙古国民主党外事书记苏赫巴特尔，双方进行了工作交流。驻蒙古国大使馆政治处主任顾一鸣、乌兰巴托巴音郭勒区区长奥登图雅等参加。

△日本防卫省日前透露消息称，防卫省计划从美国购买射程为500公里的机载巡航导弹，目前已将该计划列入2018年的预算之中。日本政府把引进美国的中程巡航导弹的计划，看作对敌方实行先行攻击计划的一部分，除了强化日美同盟关系之外，还将有利于对钓鱼岛等离岛的"防卫"。

8日 中俄萝北名山至阿穆尔捷特浮箱固冰通道顺利搭建完成，展开了今冬五个多月封冰期的口岸客货运输任务。

△中国国家统计局公布的数据显示，2017年中国粮食总产量12358亿斤，比2016年增加33亿斤，增长0.3%。粮食生产再获丰收，属历史上第二高产年。其中玉米总产量4318亿斤，减少73亿斤，下降1.7%；稻谷总产量4171亿斤，增加30亿斤，增长0.7%；小麦总产量2595亿斤，增加19亿斤，增长0.7%；其他粮食作物总产量1274亿斤，增加58亿斤，增长4.8%。

9日 中国国家统计局公布的数据显示，2017年11月，全国居民消费价格同比上涨1.7%。其中，城市上涨1.8%，农村上涨1.5%；食品价格下降1.1%，非食品价格上涨2.5%；消费品价格上涨0.9%，服务价格上涨3.1%。1~11月平均全国居民消费价格总水平比去年同期上涨1.5%。

△朝鲜发布公报介绍联合国负责政治事务的副秘书长杰弗里·费尔特曼近日访朝相关情况。公报表示，在双方会面过程中，朝方强调

朝鲜半岛形势演变至今天这一地步，责任完全在于美国的对朝敌视政策与核威胁恐吓，并表示美韩联合空中军演暴露出美国对朝实施先发制人核打击的企图。

△俄罗斯副外长里亚布科夫表示，俄罗斯再次警告美国，破坏《中导条约》可能沉重打击军控和核不扩散机制，俄罗斯始终严格遵守《中导条约》，但如果美国停止遵守条约，俄方将按照普京总统的指示做出对等回应。

11日 中国外交部部长王毅在印度新德里出席中俄印外长第十五次会晤。王毅表示，中俄印合作机制的建立，顺应了世界多极化走向和国际关系民主化趋势，符合三国、本地区乃至世界的整体利益。中俄印要展现大国担当，发挥引领作用，共同构建开放型世界经济，推动实现全球化的再平衡，推进全球经济治理改革，维护多边贸易体制，推动落实2030年可持续发展议程，致力于欧亚大陆的互联互通。同时，中俄印也应在反恐、禁毒、人文交流等领域开展符合三方需要、发挥三方优势的具体合作。俄罗斯外长拉夫罗夫和印度外长斯瓦拉杰表示，在当前复杂多变的国际形势下，中俄印三国应借助联合国、二十国集团、金砖合作、上海合作组织等多边机制，进一步加强在地区冲突、经济发展、反恐、气候变化、落实2030年可持续发展议程等热点问题和全球事务上的协调与合作，推动建立更加公平、民主的国际秩序。中俄印合作开放透明，不针对第三方，有助于维护新兴市场国家和发展中国家的共同利益，有助于促进世界的和平与发展。会晤结束后三国发表了联合公报。

△中国外交部部长王毅在新德里出席中俄印外长会晤后对记者表示，当前世界面临大发展、大变革、大调整，不稳定性和不确定性明显上升。中俄印三国作为有世界影响的大国和主要新兴市场国家，意识到自身应当承担的国际责任，愿意通过加强战略沟通协调，为稳定国际形势发挥积极作用，为当今世界带来更多的确定性和正能量。

△中国驻蒙古国大使馆临时代办杨庆东会见蒙古国雇主联盟执行主席冈巴特，双方进行了工作交流。驻蒙古国大使馆经济商务参赞孙维仁等在座。

△中国驻蒙古国大使馆临时代办杨庆东会见蒙古国移民局局长牧仁，双方进行了工作交流。

△俄罗斯联邦政府总理梅德韦杰夫日前签署命令，自 2018 年 1 月 1 日起，俄罗斯预算人员工资将上涨 4%。1 月将确定俄罗斯退休金指数。梅德韦杰夫称，退休金指数将超出通胀率水平（预计为 3%或更低）。

△据初步估算，2017 年 1~11 月，俄罗斯私人资本净流出 280 亿美元，同比增加 240%，其主要原因是：各银行继续加大外债偿还力度，而同期其他部门跨境业务总体平稳。

△2017 年 1~10 月，俄罗斯石油出口 2.137 亿吨，价值 769 亿美元，收入同比增长 30.1%，其中俄罗斯对非独联体国家出口 1.987 亿吨，价值 720 亿美元。同期，石油产品出口 1.27 亿吨，价值 487 亿美元，其中汽油产品出口 369 万吨，价值 17 亿美元。

△2017 年 1~10 月，俄罗斯外贸总额 4711 亿美元，同比增长 25%；进口额 1841 亿美元，同比增长 24.3%；出口额 2870 亿美元，同比增长 25.5%；贸易顺差 1029 亿美元，同比增长 27.7%。

△俄罗斯铁路物流股份公司称，该公司从俄罗斯萨马拉州别济米扬卡火车站发运了首列开往北京的集装箱货运列车，主要运载的是面粉。今后，该公司将开通萨马拉—北京集装箱班列运输，单程用时 14 天，将主要向中国出口农产品。

12 日 俄罗斯奥委会在莫斯科召开会议，会上一致支持俄罗斯运动员以中立身份参加将于 2018 年在韩国平昌举行的冬奥会。当地时间 12 月 5 日，国际奥委会执行委员会决定，禁止俄罗斯参加 2018 年韩国平昌冬奥会。但是如果有俄罗斯运动员以个人身份满足了由奥委会制定的标准，那么他们也有资格参加即将来临的平昌冬奥会。但是任何仪式都不会出现俄罗斯国旗和国歌。

△中华人民共和国财政部最新数据显示：2017 年 1~11 月全国累计一般公共预算收入 161748 亿元，同比增长 8.4%，其中税收收入 136072 亿元，同比增长 11.2%，非税收收入 25676 亿元，同比下降 4.5%。

△黑龙江省黑河市的俄罗斯商品街上，各商家门前摆满了俄罗斯产的大龙虾、三文鱼、冰激凌等各种冻货，吸引了很多外地旅游者的目光，成为冬天里的热销商品。

△俄罗斯外贝加尔斯克铁路公司称，2017 年 1~11 月，中俄贸易货物通过外贝加尔斯克铁路运输量达 1490 万吨，同比增长 15.1%。其中，俄罗斯通过该铁路向中国出口的货物达 1340 万吨，同比增长 13.4%；俄罗斯通过该铁路自中国进口的货物达 150 万吨，同比增长 32.6%。

13 日 第四个南京大屠杀死难者国家公祭日，中共中央、全国人大常委会、国务院、全国政协、中央军委在侵华日军南京大屠杀遇难同胞纪念馆隆重举行南京大屠杀死难者国家公祭仪式。中共中央总书记、中华人民共和国主席、中央军委主席习近平出席南京大屠杀死难者国家公祭仪式。

△俄罗斯副总理兼总统驻远东联邦区全权代表尤里·特鲁特涅夫在"俄罗斯可再生能源的未来"国际会议上向俄罗斯纳米技术集团公司（Rusnano）董事长、前第一副总理丘拜斯表示，他支持俄罗斯纳米技术集团公司提出的在远东发展可再生能源的设想，但不同意为远东可再生能源发展设立专项基金。

△俄罗斯财政部数据显示，2017 年 1~11 月，俄罗斯财政收入 13.412 万亿卢布，支出 13.918 万亿卢布，财政赤字 5055 亿卢布（当前汇率为 1 美元约合 59.1 卢布）。俄罗斯财政部预测，俄罗斯 2017 年财政赤字占 GDP 比重为 1.8%~1.9%，将低于预算法规定的财政赤

字占 GDP 比重 2.2% 的水平。

13～16日 应中华人民共和国主席习近平邀请，韩国总统文在寅对中国进行国事访问。这也是文在寅 2017 年 5 月就任韩国总统后的首次访华，而 2017 年也恰好是中韩建交整整 25 年。国务院副总理张高丽 13 日在钓鱼台国宾馆同来华进行国事访问的韩国总统文在寅共同出席了中韩商务论坛。14 日，中华人民共和国主席习近平在人民大会堂同来华进行国事访问的韩国总统文在寅进行会谈。会谈后，两国元首共同见证了经贸、绿色生态产业、环境、卫生、农业、能源、冬奥会等领域双边合作文件的签署。丁薛祥、杨洁篪等参加上述活动。中华人民共和国国务院总理李克强 15 日下午在人民大会堂会见来华进行国事访问的韩国总统文在寅。全国人大常委会委员长张德江 15 日在人民大会堂会见了韩国总统文在寅。

14日 中国驻蒙古国大使馆临时代办杨庆东会见乌兰巴托市议长阿穆尔赛汗，双方就深化地方合作等进行了工作交流。

15日 中国国有大型电信运营商——中国移动通信集团公司在俄罗斯注册中国移动国际俄罗斯公司，将在俄罗斯向中国公司客户提供服务，向当地电信运营商出售欧洲—亚洲线路的数据传输带宽，未来或介入大众传媒市场，向汉语网众提供服务。

△俄罗斯远东发展部副部长克鲁季科夫称，俄罗斯远东吸引投资和出口支持署将于 2018 年在中国、日本、韩国、印度等 4 个国家开设 5 个代表处。克鲁季科夫还称，俄罗斯远东吸引投资和出口支持署已在北京设立了代表处，还将在上海、哈尔滨、东京、首尔和孟买开设代表处。代表处主要任务是推介俄罗斯远东投资潜力和与潜在的外国投资者进行联系。哈尔滨代表处主要针对中国东北的投资者。截至 2017 年 12 月俄罗斯远东共吸引中国资本参与 28 个项目，总投资额达 40 亿美元。

△俄罗斯银行董事会决定将基准利率下调 50 个基点，至 7.75%。俄罗斯银行表示，2018 年上半年仍存在下调基准利率的可能性。俄罗斯银行将继续逐步从适度从紧的货币政策过渡到中性的货币政策。据俄罗斯银行预测，2019 年基准利率可能会降至 6.5%～7.0%。

△俄罗斯出口中心国际贸易促进经理马蒙诺夫称，俄罗斯出口中心计划增加新的铁路运输线路，如果经济上可行的话，将开通由俄罗斯经过中国到越南的铁路运输线路，这也直接体现了丝绸之路经济带与欧亚一体化项目的对接，况且越南与欧亚经济联盟国家的自贸区已开始运作。

16日 中国驻蒙古国大使馆临时代办杨庆东出席中蒙文化教育暨社会发展基金会举办的 2018 年度"暖冬计划"物资发放仪式。

17日 蒙古国中华总商会迎新暨成立十五周年庆祝晚会在乌兰巴托举行。中国驻蒙古国大使馆临时代办杨庆东、经济商务参赞孙维仁、政务参赞高凤英、政务参赞李雁军、驻扎门乌德总领馆副总领事王军以及蒙古国对外关系部领事局局长阿伦包勒德、蒙古国雇主联盟执行主席冈巴特等中蒙嘉宾、在蒙各中资企业商会负责人及蒙古国中华总商会会员企业代表等共 260 余人出席活动。

18日 俄罗斯通信和大众传媒部部长尼基福罗夫表示，在当日政府会议上讨论的"数字经济"纲要融资议题未获得通过，此议题将在下一轮预算规划框架下单独审议。此次会议审议通过的行动计划所提出的融资额约 5200 亿卢布，其中 1500 亿卢布左右将由预算拨款。目前，俄罗斯预算计划拨款额只有 500 亿卢布（当日美元兑卢布汇率约 1∶58.7）。

△俄罗斯内务部数据显示，2017 年，俄罗斯吸引的国外高技能专家主要来自德国、法国、乌克兰、土耳其和中国。俄罗斯内务部还透露，2017 年前 9 个月，俄罗斯总共发放了 2.04 万份吸引高技能专家来俄工作的许可。

△俄罗斯统计局数据显示，2017 年 11 月工业品生产价格指数升幅放缓至 0.9%。同期，煤炭价格上涨 10.4%，原油价格上涨 3.4%，

而铁矿石开采和精选产品价格下跌 10.7%。

△《俄罗斯报》刊登的俄罗斯联邦委员会（议会上院）决议显示，俄罗斯 2018 年总统选举活动 18 日起正式启动。俄罗斯总统普京日前宣布将以独立候选人的身份参选，不过，普京尚未组建自己的竞选总部。

19 日 俄罗斯外交部新闻司发表公报说，美国总统特朗普 18 日发布的《国家安全战略报告》反映出美方不愿放弃谋求单极世界，俄方不接受这份报告的反俄立场。

△俄罗斯联合造船厂总裁拉赫曼诺夫日前表示，2018 年俄罗斯将产出装有无人驾驶系统的轮船，有关技术属于机器人技术领域，目前正在研发中。他认为，无人驾驶系统涉及定位系统、动力系统自动化等诸多方面，不仅应实现船只按照固定路线自动航行，还应做到自动停泊。目前已有一艘无人驾驶轮船下水试验。

△中共中央总书记、中华人民共和国主席习近平《携手建设更加美好的世界——在中国共产党与世界政党高层对话会上的主旨讲话》单行本，已由人民出版社出版，即日起在全国新华书店发行。

20 日 俄罗斯经济发展部部长奥列什金表示，俄罗斯经济正在复苏，消费需求也在恢复。目前俄罗斯劳动力市场状况良好，失业率处于历史最低水平，促进了居民实际工资恢复。据最新数据，2017 年俄罗斯实际工资增幅为 4%~5%，而 2018 年增幅预计在 4% 左右。

△俄罗斯经济发展部部长奥列什金表示，俄罗斯将逐步放弃直接进口替代政策。"未来几年，俄罗斯将转向开放型经济道路。经常有人谈起进口替代政策，的确，在 2015~2016 年，当俄罗斯遇到严重收支平衡危机，需要恢复平衡，以适应暴跌后的石油价格水平时，这一政策曾具有极其重要的意义。从现在开始，直接进口替代政策将逐步转向以增加俄罗斯本国产品附加值的政策上来。"在这一过程中，俄罗斯产品对外出口将起到重要作用。

△俄罗斯总统普京表示，尽管 2017 年俄罗斯经济形势依旧面临挑战，但俄罗斯抵押贷款市场发展势头良好，全年将发放贷款超过 100 万笔，总金额约 2 万亿卢布。目前，抵押贷款债务余额只占俄罗斯 GDP 的 5%，不会产生任何风险（俄罗斯银行当日美元兑卢布汇率为 1∶58.61）。

21 日 俄罗斯工业和贸易部部长曼图罗夫称，2018 年俄罗斯汽车生产同比增长或将达到 10%。曼图罗夫称，2018 年国家将继续支持汽车工业的发展，国家预算支持将有助于维持汽车工业的需求和生产指标。此前欧洲商会曾指出，2017 年前 11 个月，俄罗斯轻型商务车（LCV）的销售量同比增长 11.7%，达到 143 万辆；11 月同比增长 15%。

△韩国联合参谋本部表示，21 日上午 8 时 4 分许，一名朝鲜军人越境南下"归顺"韩国，朝方追击队追至军事分界线附近被韩方识别，韩军发射约 20 发子弹以示警告，目前该人员的人身安全得到韩军保护，有关各方将对其进行调查。

△俄罗斯石油公司负责人称，在 2020 年对鄂木斯克炼化厂改造完毕后，该公司将向中国每年出口 150 万~200 万吨航空煤油。该公司将大举进军东南亚国家市场，力争进入全球能源贸易企业前 20 名。

22 日 俄罗斯能源部部长诺瓦克称，2035 年前俄罗斯液化天然气生产或将占世界的 20%，达到 1 亿吨。诺瓦克指出，2035 年前俄罗斯可以将目前在国际液化天然气市场的占比由目前的 4% 提高到 15%~20%。诺瓦克称，俄罗斯液化天然气主要蕴藏在北部地区，如亚马尔半岛、格丹半岛等地的蕴藏量在 38 万亿立方米以上。此前，占俄罗斯液化天然气三分之二市场份额的诺瓦泰克公司总裁米赫尔松曾表示，2030 年前该公司液化天然气产量将达到 5500 万~5700 万吨，2030 年后将达到 7000 万吨。

23 日 12 时 14 分，中国在酒泉卫星发射中心用长征二号丁运载火箭，成功将陆地勘查卫星二号发射升空，卫星进入预定轨道，发射任务获得圆满成功。该星主要用于开展陆地资源遥感勘查。此次任务是长征系列运载火箭的第 259 次飞行。

△中国外交部发言人华春莹表示，中方希望有关方面能全面、平衡执行包括第 2397 号决议在内的安理会涉朝决议，推进半岛有关问题和平解决。

24 日 中国自主研发生产的 AG600 大型灭火/水上救援水陆两栖飞机在广东珠海金湾机场首飞成功。AG600 是世界上最大的水陆两栖飞机，与运－20 大型运输机和 C919 干线客机并称为中国大飞机的"三剑客"。国务院副总理马凯出席首飞活动并致辞，中共中央政治局委员、广东省委书记李希出席首飞活动。

△第十一届中日节能环保综合论坛在日本东京举行。国家发改委副主任张勇、商务部副部长高燕以及日本经济产业大臣世耕弘成、环境大臣中川雅治、日中经济协会会长宗冈正二出席并讲话。中日两国政府官员、企业家、专家学者等约 900 人参加。

25 日 中华人民共和国国务院总理李克强签署国务院令，公布《中华人民共和国环境保护税法实施条例》，自 2018 年 1 月 1 日起与《环境保护税法》同步施行。

25～26 日 由中国共产党和日本自民党、公明党共同举办的中日执政党交流机制第七次会议在福建厦门、福州举行，会议通过了《中日执政党交流机制第七次会议共同倡议》。

26 日 3 时 44 分，中国在西昌卫星发射中心用长征二号丙运载火箭，成功将遥感三十号 03 组卫星发射升空，卫星进入预定轨道，发射任务获得圆满成功。此次任务是长征系列运载火箭的第 260 次飞行。本次发射成功也标志着中国 2017 年航天发射任务圆满收官。

△针对近期涉及日本军事安全领域动向的相关报道，中国外交部发言人华春莹在例行记者会上表示，中方督促日方坚持走和平发展道路，在军事安全领域慎重行事。

27 日 台媒称，根据英国智库经济和商业研究中心（CEBR）报告，中国大陆将在 2032 年以前超越美国，成为全球第一大经济体。

28 日 中共中央总书记、中华人民共和国主席、中央军委主席习近平在人民大会堂接见回国参加 2017 年度驻外使节工作会议的全体使节并发表重要讲话，充分肯定党的十八大以来外交工作取得的成就，要求使节们深刻领会党的十九大精神和习近平新时代中国特色社会主义思想，正确认识当今时代潮流和国际大势，深入推进中国特色大国外交。

△黑龙江省哈尔滨市正式启用 6 位数新能源专用号牌，首日发放新能源专用号码 8 万个，196 名车主通过车管业务大厅选号和互联网选号的方式选中心仪"靓号"。

△中共中央总书记、中华人民共和国主席习近平在北京会见来华出席中日执政党交流机制第七次会议的日本自民党干事长二阶俊博、公明党干事长井上义久及其率领的代表团。习近平积极评价中日执政党交流机制为推动双边关系发展所发挥的作用，赞赏两位干事长长期不懈努力，致力于推进中日执政党交流，为促进两国务实合作和民间友好做出的努力。希望双方加强党际交往，深化沟通合作，为中日关系改善发挥引领作用。二阶俊博和井上义久衷心感谢习近平拨冗会见，表示日本执政党愿同中国共产党加强交流合作，为推动两国关系发展做出更大贡献。

31 日 中华人民共和国主席习近平和俄罗斯总统普京互致新年贺电。当天，中华人民共和国国务院总理李克强同俄罗斯联邦政府总理梅德韦杰夫互致新年贺电。

△据蒙古国国家统计委员会公布的数据，到 2017 年底，蒙古国牲畜头数达到历史上最高的 6620 万头只，人均拥有牲畜头数在世界上名列前茅。这个草原国家再度证明自己"畜牧业王国"的地位。

2018年1月

1 日　俄罗斯关于实行免税的法案生效。根据该法，非欧亚经济联盟国家公民在离开欧亚经济联盟关境时，一天内在俄罗斯购买不少于 1 万卢布的商品并持有购物小票等单证的，可享受增值税返税。莫斯科、圣彼得堡和索契三座城市的机场将首先设退税点，2018 年 10 月启动运行。2018 年后将在更多城市设置站点。

△自 2018 年 1 月 1 日起，俄罗斯禁止生产和销售酒精含量低于 15% 的功能性饮料（用于出口的产品除外），《俄联邦关于对乙醇、酒精和含酒精类食品实行国家调控及对酒精类产品消费进行限制法》将相应调整。除此之外，乙醇生产能力超过 2000 升的生产设备应进行国家注册登记。

△中俄原油管道二线工程即全长 941.8 公里的漠河—大庆石油管道第二支线正式投入商业运营。这将使得俄罗斯通过管道向中国供应石油增加至 3000 万吨/年。

△由黑龙江省黑河市爱辉区人民政府、云南省腾冲市人民政府和俄罗斯阿穆尔州体育协会共同主办的中国·瑷珲"迎新年　步步高"爱辉—腾冲"一带一路"中俄跨境徒步大会活动正式启动。中国·瑷珲"迎新年　步步高"爱辉—腾冲"一带一路"中俄跨境徒步大会共 3 天，分为中方和俄方两个赛段进行比赛。本次中俄跨境徒步大会充分依托爱辉区地缘优势，宣传展示了爱辉、腾冲两地的气候特点、自然风光和俄罗斯的异域风情等，逐步提升爱辉、腾冲两地的知名度，带动提高全区广大群众冬季冰雪健身运动热情，助力全区冬季旅游经济和文化体育事业繁荣发展。进一步增进了"瑷珲—腾冲"一线、两端、三国（中国、俄罗斯、缅甸）人民的友好往来，让徒步健身与文化旅游高度融合。

2 日　耿爽在例行记者会上表示，中方欢迎并支持朝韩双方近来就缓和相互关系采取的积极举动。长期以来，中方为解决半岛问题做出了不懈努力，自始至终发挥着积极和建设性的作用。

△俄罗斯联邦政府自 2018 年 1 月 1 日起关闭储备基金，将其并入国家福利基金。上述两基金是俄罗斯联邦政府于 2008 年将稳定基金（由油气价格上涨而产生的超额预算收入构成）拆分而来的。据俄罗斯财政部估算，截至 2018 年 1 月 1 日，国家福利基金约 3.7 万亿卢布，其中流动性部分约 2.3 万亿卢布。

△俄罗斯燃料动力综合体中央调度局的报告显示，2017 年俄罗斯出口石油 2.57 亿吨，同比增长 1%；其中对非原苏联加盟共和国出口 2.39 亿吨，同比增长 1.1%；对原苏联加盟共和国出口 1800 万吨，同比减少 0.4%。同期，俄罗斯向国内市场供油 2.87 亿吨，同比减少 0.2%。2017 年，俄罗斯开采石油及凝析油 5.49 亿吨，同比减少 0.1%。

3 日　韩国统一部确认，朝韩当天通过重新开通的板门店联络渠道进行了约 20 分钟通话，主要对通信线路进行了技术检查。

4 日　中国驻蒙古国大使邢海明会见蒙古国总理外事顾问蒙赫金，双方进行了工作交流。

△从 2018 年 1 月 1 日起，俄罗斯石油出口关税从 105.0 美元/吨提高至 111.4 美元/吨。但产自俄罗斯东西伯利亚、里海油田和普里拉兹洛姆油田的石油出口关税仍为零。

△"冰上丝绸之路"远东中俄青少年艺术周暨第六届"冬之韵"活动艺术大赛在黑龙江省哈尔滨市友谊宫举行，中俄青少年通过声乐、舞蹈比赛进行艺术交流，两国民族文化在切磋中交融碰撞。在随后举行的"你好老朋友"中俄青少年相识会上，两国青少年在轻松愉悦的氛围下开展互动交流，增进了解，加深友谊。

5 日　格鲁吉亚农业部官员日前透露，2017 年格鲁吉亚向 53 个国家出口红酒 7600 多万瓶，最大出口目的国为俄罗斯，出口 4780 万瓶，同比增长 76%；其次为乌克兰，出口 850 万瓶，同比增长46%；之后是中国（760万瓶）、哈萨克斯坦（330万瓶）和波兰（270万瓶）。

△牡丹江海关消息，黑龙江省牡丹江市已在通关便利化上取得突破性进展。截至目前，牡丹江市已有百余家企业实现进出口商品全国通关一体化。进入2018年，桦林佳通、恒丰纸业等企业可以在内蒙古满洲里口岸、新疆阿拉山口口岸、辽宁大连口岸等地迅速进口生产原料、出口工业制成品。

△据俄罗斯新闻社报道，俄罗斯新西伯利亚州政府拟通过实施2017年10月专门通过的纲要来加大力度吸引外国投资者。该纲要确定了重点投资国和优先领域，主要吸引意大利、德国、法国、匈牙利、波兰、中国、蒙古国、韩国、越南、哈萨克斯坦和白俄罗斯投资者。报道中表示，外国投资者主要对农业、工业、基础设施等领域感兴趣，尤其是IT技术、生物医学和医疗旅游。新西伯利亚州政府正在制定新的项目吸引外国投资者，比如与蒙古国最大的羊绒制品生产企业 BUYAN LLC 设立合资公司生产羊绒羊毛制品，中俄蒙正就新西伯利亚州加入"万里茶道"国际旅游联盟进行谈判等。

△2018年，俄罗斯担任欧亚经济联盟轮值主席国，也就是说俄罗斯将担任最高欧亚经济理事会（元首级）、欧亚政府间理事会（总理级）、欧亚经济委员会理事会（副总理级）三个机构的轮值主席。这也是联盟从2015年启动以来，俄罗斯首次担任联盟轮值主席国。俄罗斯联邦政府总理梅德韦杰夫称，俄罗斯担任联盟轮值主席国将关注改善联盟国家投资环境、支持出口、创新和开展联盟国际合作等。

△中国驻蒙古国大使邢海明会见蒙古国财政部部长呼日勒巴特尔，就进一步加强双边务实合作交换了意见。

△中国驻蒙古国大使邢海明会见蒙古国交通运输发展部部长巴特额尔登，就进一步深化中蒙两国交通领域合作交换意见。

6日 俄罗斯联邦政府对《能源开发与能源效率》国家规划做出修改，专门补充俄罗斯远东燃料动力综合体章节。规划的主要任务包括将远东电价降至全俄平均水平，发展可再生能源，降低远东用户接入电网的成本，缩短时间，推进远东地区电网建设，将远东气化水平提至全俄平均水平等。

7日 中国人民银行公布的最新外汇储备规模数据显示，2017年12月末，中国外汇储备规模为31399亿美元，较11月末上升207亿美元，升幅为0.66%，已经连续11个月出现回升。

8日 中国驻蒙古国大使邢海明会见蒙古国建筑与城市建设部部长巴德勒汗，双方就进一步加强两国建设领域合作交换了意见。

△为感谢中国大使馆对蒙古国扎布汗省发展提供的支持，扎布汗省与中国大使馆举行了中蒙友好联欢会。中国驻蒙古国大使邢海明、扎布汗省省长巴特赛汗及扎布汗省艺术团和驻蒙古国大使馆全体外交官参加。

△据《人民日报》报道，从国家林业局获悉，中国将启动大规模国土绿化行动，力争2018年完成造林1亿亩以上，到2020年森林覆盖率达到23.04%，到2035年达到26%，到21世纪中叶达到世界平均水平。

△俄罗斯联邦政府总理梅德韦杰夫签署政府决议，对给在优先领域开展项目的中小企业提供贷款的银行予以补贴。俄罗斯联邦政府补贴银行的目的就是要使中小企业从银行贷款的年利率不高于6.5%。其中，俄罗斯联邦政府对银行给小企业贷款年利率贴息达3.5%，对银行给中等企业贷款年利率贴息达3.1%，且对上述企业投资项目贴息期限不超过10年，对为获取流动资金贷款的贴息期限不超过3年。

9日 黑龙江省绥芬河市充分借助区位优势和口岸环境，全面与俄罗斯企业开展深度合作。目前，绥芬河已成为中国沿边重要的俄罗斯商品集散地，激发了全国各地客商的投资热情，为当地经济发展送去"春风"。

△据俄罗斯政府网站消息，俄罗斯通信和大众传媒部、经济发展部等部门将在2018年2

月 15 日前联合提交关于新增"数字经济"工作方向的提案。俄罗斯"数字经济"规划中提出了五大方向，分别为规范管理、人才和教育、形成研究成果和技术储备、信息基础设施和信息安全，此次新增方向是推动具体经济和社会领域的数字化。

△2017 年 1~12 月，俄罗斯"乌拉尔"原油均价为 53.03 美元/桶，而 2016 年同期为 41.90 美元/桶。2017 年 12 月，俄罗斯"乌拉尔"原油均价为 63.61 美元/桶，较 2016 年同期上涨 22%。

△中国驻蒙古国大使邢海明会见蒙古国宪法法院院长奥德巴雅尔，双方进行了工作交流。

△11 时 24 分，中国在太原卫星发射中心用长征二号丁运载火箭，将高景一号 03、04 星发射升空，卫星顺利进入预定轨道，中国航天 2018 年首次发射任务取得圆满成功。

△韩朝高级别代表团在板门店韩方一侧"和平之家"举行会谈，朝鲜官方媒体朝中社发布《北南高级别会谈联合新闻公报》。北南当局就在韩国举行的第 23 届冬奥会和改善北南关系中的原则性问题进行认真的协商，并通过了联合新闻公报。

△韩国政府就《韩日慰安妇协议》宣布后续措施。韩国外交部部长康京和表示，韩日两国 2015 年 12 月 28 日签署的《韩日慰安妇协议》无法真正解决问题，但韩方不要求日方重新谈判。

10 日 中国驻蒙古国大使邢海明会见蒙古国民主党外事书记苏赫巴特尔，双方进行了工作交流。

△中国驻日本大使程永华出席日中经济协会和日本国际贸易促进协会联合举办的新年会。日中经济协会会长宗冈正二、日本国际贸易促进协会会长河野洋平和各友好团体、大型企业负责人、媒体人士等约 600 人参加。

△2017 年 12 月俄罗斯财政部从国家储备基金中划拨 10004.2 亿卢布用于平衡财政亏缺，由此国家储备基金归零，且自 2018 年 2 月 1 日

起将不复存在。

△据俄罗斯联邦国家统计局估算，2017 年俄罗斯通胀率为 2.5%，但该数据仅基于 64 种重要商品和服务种类。2017 年 12 月，俄罗斯物价增长 0.4%，较 11 月提高 0.2 个百分点；俄罗斯联邦 7 个地区（除自治州外）的商品和物价至少增长 0.8%，其中斯塔夫罗波尔边疆区、卡尔梅克和北奥塞梯－阿拉尼亚物价增长幅度较大（0.9%~1%），阿迪格共和国增长幅度较小（0.2%），莫斯科为 0.4%，圣彼得堡为 0.3%。

△中国国家统计局发布的 2017 年 12 月全国居民消费价格指数（CPI）和工业生产者出厂价格指数（PPI）数据显示，CPI 环比上涨 0.3%，同比上涨 1.8%。2017 年，全年 CPI 上涨 1.6%，涨幅比上年回落了 0.4 个百分点。2017 年 12 月 PPI 环比上涨 0.8%，同比上涨 4.9%。2017 年全年 PPI 上涨 6.3%，结束了自 2012 年以来连续 5 年的下降态势。

△中国外交部发言人陆慷在例行记者会上说，中方对朝韩高级别会谈取得的积极成果表示祝贺。

11 日 中华人民共和国主席习近平应约同韩国总统文在寅通电话。习近平指出，中方愿同韩方一道，加强战略沟通，推动务实合作，妥善处理敏感问题，推动两国关系实现更大发展，共同努力促进地区和平稳定。中方支持韩方办好平昌冬奥会，预祝平昌冬奥会取得圆满成功。习近平强调，中方一贯支持韩朝双方改善关系、和解合作；支持双方推进南北对话和交流，逐步推动朝鲜半岛问题解决。希望平昌冬奥会不仅能为韩朝对话带来契机，而且能成为朝鲜半岛形势好转的开端。中方愿同包括韩方在内的各方加强沟通和合作，争取形势进一步向好发展。文在寅通报了近日韩朝高级别会谈成果，表示韩方高度重视中方在朝鲜半岛问题上的重要作用，感谢中方支持南北对话，感谢中方为推动通过对话谈判解决问题、维护朝鲜半岛和平稳定所做出的努力。韩方愿同中方

一道，致力于通过对话谈判解决问题，维护本地区和平稳定。

△中国政府援助蒙古学校项目（三期）实施纪要在驻蒙古国大使馆正式签署。中国驻蒙古国大使邢海明和蒙古国教育文化科学与体育部部长朝格卓勒玛见证签署并进行了工作交流。经济商务参赞孙维仁与蒙古国教育文化科学与体育部国务秘书策都苏伦代表中蒙双方签署实施纪要。文化参赞李薇、政治处主任顾一鸣以及蒙古国教育文化科学与体育部财务、外事等部门负责人出席签字仪式。

△由中国黑龙江省体育局、哈尔滨市人民政府主办的第十八届中国·哈尔滨国际冬泳邀请赛在黑龙江省大庆市举行。本届比赛，为期两天，设25米蛙泳和25米自由泳两种泳姿比赛。来自俄罗斯、美国和国内56支代表队约650名冬泳运动员齐聚冰城参赛，规模和参赛人数均超往届。

△据日本放送协会电视台报道，日本政府相关部门在香川县死亡的肉食鸡中检测出H5型禽流感病毒。这是日本四国岛首次出现禽流感疫情，也是2018年日本发现的首例禽流感疫情。

△中国驻蒙古国大使邢海明参加蒙古国领导人举行的使团新春团拜会。其间，蒙古国总统巴特图勒嘎、议长恩赫包勒德、总理呼日勒苏赫、外长朝格特巴特尔分别与邢大使就中蒙关系发展进行了友好交谈。

12日 中国驻蒙古国大使邢海明会见蒙古国自然环境与旅游部部长策仁巴特，双方进行了工作交流。

△据中国海关统计数据，2017年，中俄贸易额840亿美元，同比增长20.8%。其中，中国向俄罗斯出口429亿美元，同比增长14.8%；自俄罗斯进口412亿美元，同比增长27.7%。

△中国人民银行发布的数据显示，2017年12月末，中国广义货币（M2）余额167.68万亿元，同比增长8.2%，增速分别比上月末和上年同期低0.9个和3.1个百分点。

12日 韩国统一部说，韩国政府向朝方提议15日10时（北京时间9时）在板门店韩方一侧的"和平之家"举行有关朝方代表团参加平昌冬奥会的务实会谈。

13日 中蒙文化教育暨社会发展基金会举行2018年度工作会议和新年招待会。中国驻蒙古国大使邢海明参加会议并致辞。

△中国外交部副部长、中国政府朝鲜半岛事务特别代表孔铉佑和俄罗斯外交部副部长、六方会谈俄方团长莫尔古洛夫在莫斯科举行磋商，就朝鲜半岛问题深入交换意见。双方表示将继续坚持无核化目标，维护半岛和平稳定，致力于通过对话协商解决问题。

△韩国统一部表示，韩国同意朝鲜方面的提议，双方将于15日在板门店朝方一侧的"统一阁"进行有关朝方派艺术团参加平昌冬奥会的务实接触。

15日 朝韩双方代表在板门店朝方一侧的"统一阁"举行会晤，双方就平昌冬奥会和冬残奥会之际朝方派艺术团赴韩演出一事达成一致。

△中国驻蒙古国大使邢海明和蒙古国质检总局局长查冈呼共同出席中国大使馆向蒙古国质检总局物资援助仪式。

△据俄罗斯经济发展部预测，2018年俄罗斯经济将继续保持增长势头，联邦预算将实现盈余，盈余额约占同期GDP的1%，国家福利基金将增加约500亿美元。截至2018年1月1日，俄罗斯国家福利基金存量为3.75万亿卢布（2017年12月30日俄罗斯银行美元兑卢布汇率为1:57.6）。

△俄罗斯银行消息称，截至2018年1月1日，俄罗斯国际（黄金外汇）储备为4327亿美元，同比增加14.6%。2017年俄罗斯国际（黄金外汇）储备净增加额约为550亿美元。

16日 中国驻蒙古国大使邢海明会见奥尤陶勒盖铜金矿（OT矿）首席执行官阿曼德·托雷斯，双方就深化OT矿与中方有关合作进行了工作交流。

△推进"一带一路"建设工作会议在中国北京召开。中华人民共和国国务院副总理张高丽主持会议并讲话。会议深入学习贯彻党的十九大和中央经济工作会议精神,贯彻落实习近平总书记重要讲话和指示精神,总结推进"一带一路"建设工作进展情况,讨论有关文件,研究部署下一步重点工作。中共中央政治局常委、中央书记处书记王沪宁出席会议。

△中华人民共和国商务部发布的数据显示,2017 年,全国新设立外商投资企业 35652 家,同比增长 27.8%;实际使用外资 8775.6 亿元,同比增长 7.9%,全年利用外资规模创历史新高。

△据俄罗斯联合信贷局提供的数据,2017 年 1~11 月,俄罗斯新增贷款 3037 万笔,金额 4.91 万亿卢布,年增幅达到 36%。同期,发放信用卡 748 万张,同比增加 4%。

△在俄罗斯举办盖达尔论坛期间,俄罗斯副总理戈洛杰茨对记者称,俄罗斯联邦政府正在讨论为低收入居民降低税赋的各种方案,最近将推出具体建议。戈洛杰茨指出,遗憾的是俄罗斯税收状况出现了倒退,高收入群体有可能申报需要上税的收入并因此获得补贴,如自愿医疗保险等,从而出现了收入较高群体的税收压力反而较小的情况。

△据俄罗斯联邦卫生监督局报告,2017 年俄罗斯生活必备药品价格下降 1.8%,为 5 年来降幅之最,这一成就得益于国家生活必备药品调控政策。"价格低于 50 卢布药品的降幅为 2.1%,价格介于 50 卢布到 500 卢布药品的降幅为 1.9%,高于 500 卢布药品的降幅为 1%。"据悉,俄罗斯联邦政府总理梅德韦杰夫已签署命令,向地方预算拨款 316 亿卢布,用于药品和治疗专用食品。

16~18 日 被俄罗斯媒体誉为"俄罗斯达沃斯论坛"的盖达尔论坛在莫斯科举行。本届论坛主题为"俄罗斯与世界:意义和价值"。邀请了商界和政界的近千名意见领袖,设置数百场论坛和讨论,汇集了影响该地区和国家社会经济发展的最新成果和观点。

17 日 中国驻蒙古国大使邢海明出席蒙古国"一带一路"中资大型企业俱乐部揭牌仪式,来自各领域的 28 家企业、众多机构代表参加。

△据俄罗斯银行网站数据,2017 年俄罗斯外贸顺差增长 28%,达 1158 亿美元。2017 年,俄罗斯出口总额达 3537 亿美元,同比增长 26%;进口总额达 2379 亿美元,同比增长 24%。俄罗斯银行认为,在国际原材料市场行情良好的情况下,国际收支中出口总值的增长明显高于进口。2017 年 12 月俄罗斯银行曾预测,如果石油价格为每桶 53 美元,俄罗斯外贸顺差可能会达到 1120 亿美元。

△中国财政部公布了 2017 年地方政府债券发行和债务余额情况。1~12 月全国累计发行地方政府债券 43581 亿元。其中,一般债券 23619 亿元,专项债券 19962 亿元;按债券用途划分,新增债券 15898 亿元,置换债券 27683 亿元。经第十二届全国人民代表大会第五次会议审议批准,2017 年全国地方政府债务限额为 188174.30 亿元。其中,一般债务限额 115489.22 亿元,专项债务限额 72685.08 亿元。截至 2017 年 12 月末,全国地方政府债务余额为 164706 亿元,控制在全国人大批准的限额之内。

18 日 中国国家统计局对外公布,经初步核算,2017 年国内生产总值(GDP)为 827122 亿元,中国经济总量首次站上 80 万亿元的历史新台阶。

△黑龙江省佳木斯东风区政府与黑龙江省投资集团有限公司举行国际物流信息港项目签约仪式,标志着黑龙江省投资集团与佳木斯市战略合作的全面开启。黑龙江省佳木斯市委副书记、市长邵国强出席签约仪式并致辞。黑龙江省投资集团有限公司党委书记马云参加签约。

△朝鲜外务省美国研究所发言人谴责美国近日在加拿大温哥华发起召开的朝鲜问题多国外长会,认为这是在当前朝鲜半岛形势出现缓

和迹象时泼冷水。

19 日 12 时 12 分，在中国酒泉卫星发射中心，中国航天科技集团有限公司所属中国运载火箭技术研究院抓总研制的长征十一号固体运载火箭"一箭六星"发射任务圆满成功，将吉林一号视频 07 星、08 星和四颗小卫星精确送入预定轨道。此次发射是中国长征系列运载火箭的第 264 次发射，也是酒泉卫星发射中心执行的第 100 次航天发射任务。

22 日 韩国总统文在寅说，以平昌冬奥会为契机而促成的朝鲜半岛南北对话应在冬奥会结束后延续下去，而达成这一目标需要智慧和努力。

△蒙古国额尔登特铜矿自备电厂竣工仪式在额尔登特热电站举行。中国驻蒙古国大使馆政务参赞李雁军代表中国驻蒙古国大使邢海明和中国驻蒙古国大使馆向参与项目建设的全体人员带去新春问候，并就项目取得圆满成功表示祝贺。蒙古国能源部部长达瓦苏伦、额尔登特有限责任公司董事长巴达姆苏伦、哈电国际总经理曲爱民等出席。

23 日 据俄罗斯联邦国家统计局最新数据，2017 年俄罗斯工业生产增长 1%。2017 年 12 月，俄罗斯工业生产增长 1.5%，如扣除季节性和日历因素，则增速为 0.4%。

△俄罗斯直接投资基金主席德米特里耶夫向媒体称，2018 年该基金及其合作伙伴将向俄罗斯经济投资数十亿美元。其中，向技术领域的投资将占其总投资额的 25%。此前，俄罗斯直接投资基金及其合作伙伴已向俄罗斯经济领域投资逾 1 万亿卢布。德米特里耶夫称，该基金认为 2018 年是一个积极的、有吸引力和前景较好的投资年度（1 美元约合 56.63 卢布）。

25 日 中国驻蒙古国大使邢海明会见蒙古国珍宝公司首席执行官图门朝格特，就进一步加强两国矿能领域合作交换意见。

△俄罗斯经济发展部部长奥列什金在达沃斯经济论坛会议上表示，2015 年外国对俄直接投资不到 200 亿美元，2016 年几乎崩盘，2017

年该指标为 200 亿～250 亿美元。他强调，近几年俄罗斯地缘政治较不稳定，对经济产生了一定影响，而这一时期对俄投资的公司正收获成果。通过统计数据可以看到一系列大的投资项目，这也说明投资环境正在改善。

△据俄罗斯联邦国家统计局数据，2017 年俄罗斯居民实际可支配收入同比下降 1.7%，2016 年该数据同比下降 5.8%。2017 年 12 月，俄罗斯居民实际收入年化率同比下降 1.8%，环比增长 46.3%。2017 年，俄罗斯居民名义月平均工资同比增长 7.2%，达 3.9 万卢布，实际工资增长 3.4%（1 美元约合 55.93 卢布）。

△据俄罗斯联邦国家统计局报告，2017 年俄罗斯石油产量（含凝析气）同比下降 0.3%，总量为 5.46 亿吨；天然气产量同比增长 8.7%，总量为 6040 亿立方米。

△俄罗斯联邦国家统计局数据显示，2017 年俄罗斯农产品产值达 50980 亿卢布（约合 879 亿美元），同比增长 2.4%。大牲畜共 1860 万头，同比减少 0.6%，其中牛 820 万头，同比减少 0.7%；羊 2450 万只，同比减少 1.3%；猪 2330 万头，同比增长 5.7%。2017 年，俄罗斯共产家畜和家禽 1460 吨，同比增长 4.7%；产奶 3110 吨，同比增长 1.2%；产蛋 448 亿个，同比增长 2.8%。

26 日 中国驻蒙古国大使邢海明会见蒙古国交通运输发展部部长巴特额尔登，双方就进一步深化中蒙两国相关领域务实合作交换意见。

△中国驻蒙古国大使邢海明会见蒙古国大呼拉尔委员巴森呼，双方进行了工作交流。巴森呼表示，蒙古国大呼拉尔高度重视与伟大邻国中国的关系。近年来，中蒙关系发展迅速，蒙古国人民从蒸蒸日上的两国关系中得到了许多好处。新的一年，蒙方愿与中方共同努力，进一步密切两国高层交往，加强与中方在各领域的交流合作，把两国关系发展得越来越好，使两国的联系越来越紧密。邢大使说，中方践行亲诚惠容的外交理念和与邻为善、以邻为伴的邻国观，真心实意地发展中蒙关系。中方愿

继续与蒙方深化各领域务实合作，在民生等领域向蒙方提供力所能及的帮助，造福两国人民。

△中华人民共和国国务院新闻办公室发表《中国的北极政策》白皮书，这是中国首次就北极政策发表白皮书。

△日本前众议院议长河野洋平在东京都举办的共同通信加盟社研讨会上发表演讲，公开批评日本首相安倍晋三计划在和平宪法第九条中加入有关自卫队内容的修改宪法的企图。

27 日 中国地质调查局在京发布《中国地质调查局科学技术普及规划（2017—2020 年)》，这是中国首个地学科普规划。

△国际货币基金组织对俄罗斯 2018 年经济增长预期提高至 1.7%，对俄罗斯 2019 年经济增长预期维持不变，即 1.5%，同期世界平均水平为 3.9%。据俄罗斯经济发展部预测，2018 年俄罗斯经济增长将达 2%。随着世界经济逐步回暖，国际货币基金组织普遍提高对世界主要经济体的经济增长预测指数。据其预测，2018 年和 2019 年中国经济增长将分别达 6.6% 和 6.4%，美国将分别达 2.7% 和 2.5%。

△同程旅游发布了《2018 春节黄金周居民出游趋势报告》，分析了 2018 年春节黄金周居民出游意愿及具体的旅游消费趋势。报告显示，旅游成为居民春节出行的第二大动机，仅次于"回家探亲"，旅游已成为新"年俗"，整体上以冰雪游和海滨游为主。2018 年春节黄金周最热门的国内游十大目的地中，哈尔滨排名第二，成为东北三省唯一入围的城市。

27 ~ 28 日 日本外务大臣河野太郎应邀对中国进行正式访问。除了与中国外交部部长王毅举行会谈之外，他还接受了中方其他高层官员的会见。双方认为应发挥高层交往对两国关系改善的重要引领作用，同意尽快召开新一轮中日韩领导人会议并为此营造适宜环境。两国确认支撑双边关系的重要原则。中日坚持促进互信和伙伴关系的发展。两国重申妥善管控分歧的重要目标。双方就建立海空联络机制达成原则一致，愿尽早签署实施。双方应共同努力，

使东海成为和平、合作、友好之海。两国明确了推动务实合作的努力方向。日本对参与"一带一路"建设、探索三方合作展现出较为清晰的意愿。中国以开放包容态度予以回应，欢迎日方参与"一带一路"建设。

28 日 17 时 7 分，"华龙一号"全球首堆、中核集团福清核电 5 号机组反应堆压力容器顺利吊装入堆。该设备是中国首个具有完全自主知识产权的三代核电核心设备，代表着中国三代核电技术关键设备研发制造最高水平。

△由中国驻蒙古国大使馆和乌兰巴托中国文化中心共同主办的 2018 年"欢乐春节 – 中国日"活动在乌兰巴托天空度假村隆重举行。中国驻蒙古国大使邢海明及驻蒙古国大使馆全体外交官，蒙古国矿业与重工业部、教育文化科学与体育部、卫计委、交通运输发展部、警察总局、宗教人士、民间组织、各主要媒体负责人及乌兰巴托中国文化中心、在蒙华人华侨、中资企业和志愿者老师、留学生等数百人出席活动。

29 日 据俄罗斯联邦国家统计局最新数据，2017 年俄罗斯出生人口 168.9 万人，出生率同比下降 10.9%，创十年来最低；死亡人口 182.4 万人，同比减少 6.36 万人。2017 年俄罗斯人口较上年净减少 13.44 万人，而 2016 年人口较上年净增加 0.54 万人。

△2017 年俄罗斯莫斯科预算收入同比增长了 13%，市长谢尔盖·索比亚宁在《生意人报》的采访中说："毫无疑问，财政预算的增长帮助我们完成了所有的规划。"2017 年莫斯科市的债务由 2010 年的 3000 亿卢布减少至 340 亿卢布。

△中华人民共和国外交部副部长、中国政府朝鲜半岛事务特别代表孔铉佑在京会见日本外务省亚大局局长、六方会谈日方团长金杉宪治，双方就朝鲜半岛问题交换了意见。

30 日 中国首颗 X 射线天文卫星"慧眼"正式投入使用。"慧眼"卫星工程是研究黑洞、中子星等致密天体前沿问题的自主创新重大空

间科学项目，由国家国防科工局、财政部批复立项研制，国家民用航天和中科院空间科学战略性先导科技专项共同支持。该卫星的投入使用使中国高能天文研究进入空间观测的新阶段，对提高中国在空间科学领域的国际地位和影响力具有重要意义。"慧眼"于2017年6月15日在酒泉卫星发射中心成功发射。卫星在轨运行期间，圆满完成卫星平台、有效载荷、地面应用系统等测试任务。测试结果表明，卫星各项功能、性能符合工程研制总要求，具备投入使用条件。

△中国驻蒙古国大使邢海明会见蒙古国大呼拉尔（议会）社会政策与教育文化科学常设委主席巴特毕列格、环境与食品农牧业常设委员会主席额尔德布奥其尔，就进一步加强两国相关领域合作交换意见。

△俄罗斯自然资源与生态部副部长基谢廖夫表示，2017年俄罗斯新增石油储量5.5亿吨，同比减少4%，天然气新增储量超过8000亿立方米。

△俄罗斯联邦政府总理梅德韦杰夫签署了向国家杜马提交法案的决议，拟批准欧亚经济联盟国家针对工业产品专项补贴达成一致的协议。该协议旨在为欧亚经济联盟经济体发展工业生产创造条件，提高工业部门扶持的透明度和可预见性，为提供补贴建立更加透明的环境。根据欧亚经济联盟协定，专项补贴仅针对特定领域的企业。

△据俄罗斯联邦国家统计局数据，2017年1~11月俄罗斯亏损机构占比同比增长0.3个百分点，达到28.2%。其中采矿业亏损企业达28.6%（2016年度为29%）；加工工业亏损企业达25.3%；建筑业亏损企业达27.2%；批发零售贸易及汽车修理业的亏损企业占比为20.9%；农林渔猎行业亏损企业占比达17.8%。

△2017年，黑龙江省黑河市共接待旅游者969.1万人次，同比增长18.9%，其中接待国内旅游者893.3万人次，同比增长20.2%；接待边境旅游者75.8万人次，同比增长5.4%。

接待出境旅游者37.6万人次，同比增长4.5%，接待入境旅游者38.2万人次，同比增长6.2%。全市旅游收入实现82.1亿元，同比增长20.1%，其中国内旅游收入68.8亿元，同比增长23.4%；边境旅游收入13.3亿元，同比增长5.6%。

△中国银行齐齐哈尔分行、市旅游委和齐齐哈尔市多家具有出境游资质的旅行社在君汇国际酒店举行了《全面业务合作协议》签约仪式，这是齐齐哈尔市金融与旅游业首次开展战略合作，也是中国银行与市旅游委共同推出的便民惠民新举措。中国银行齐齐哈尔分行正式推出个人旅游保证金监管平台业务。此举将极大方便齐齐哈尔市民办理出境游，切实保障市民出境游保证金的资金安全，促进齐齐哈尔市旅游业的发展。

31日 由哈尔滨市人民政府、哈尔滨音乐学院共同主办的首届哈尔滨音乐比赛颁奖典礼暨闭幕式音乐会在哈尔滨大剧院举行。本届哈尔滨音乐比赛共有103名选手角逐初赛、复赛、半决赛、决赛，共进行了27场比赛。比赛期间，主办方还邀请市民零距离参与国际大赛，哈尔滨大剧院、哈尔滨音乐厅、哈尔滨音乐学院三大比赛场地人潮涌动，多场赛事一票难求。

△中国国家统计局首次发布了中国综合PMI（采购经理指数）产出指数。2018年1月，中国综合PMI产出指数为54.6%，与2017年12月持平，表明中国企业生产经营活动总体继续保持平稳较快的发展态势。

△教育部30日发布《普通高等学校本科专业类教学质量国家标准》，这是向全国、全世界发布的第一个高等教育教学质量国家标准，与全世界重视人才培养质量的发展潮流相一致，对建设中国特色、世界水平的高等教育质量标准体系具有重要的标志性意义。

△中国驻蒙古国大使邢海明会见蒙古国中华总商会常务会长阿木古楞一行，双方进行了工作交流。阿木古楞首先代表中华总商会对中国驻蒙古国大使馆的支持和帮助表示感谢。他

表示，新的一年，商会将继续做好各项有关工作，为中蒙经贸务实合作的推进贡献自己的力量。邢大使表示，2018 年，中蒙关系将迎来新的发展。我们将推动两国政治互信进一步深化，经贸合作务实有序开展，人文交流更加密切。中华总商会是在蒙中资企业的旗帜，希望总商会充分发挥自身优势，为在蒙中资机构做好服务工作，为推动中蒙务实合作做出新的贡献。中国大使馆将一如既往地为总商会开展各项活动提供支持和帮助。

△根据俄罗斯汽车行业分析机构 Autostat 公布的数据，俄罗斯轿车数量近十年增长 50%，由 2007 年的 2800 万辆增至 2017 年的 4200 万辆。据统计，2017 年年中，莫斯科轿车数量达 365 万辆，圣彼得堡达 168 万辆。

△据俄罗斯联合信贷局数据，2017 年俄罗斯新增贷款数量同比增长 12%；总额同比增长 37%，达 5.68 万亿卢布。其中信用卡贷款总额增速最快。新发信用卡数量增长 8%，达到 865 万张，授信总额度达 5445.5 亿卢布，增长 50%。其次是抵押贷款增长较快，总额度增长 42%；新增汽车贷款总额为 3333.5 亿卢布，增长 36%；现金贷款总额达 2.97 万亿卢布，增长 33%（1 美元约合 56.29 卢布）。

2018年2月

1 日　中国驻蒙古国大使邢海明会见蒙古国教育文化科学与体育部部长朝格卓勒玛，双方就进一步加强中蒙人文交流等交换了意见。

△中国驻蒙古国大使邢海明会见蒙古国部长、政府办公厅主任赞登沙特尔，就进一步加强双边各领域合作交换意见。

△20 辆中国产中通客车通过中国同江口岸浮箱固冰通道出口到俄罗斯哈巴罗夫斯克市。这些车辆主要用于哈巴罗夫斯克市更换当地的公交汽车，提升当地公共交通的运载能力，服务俄罗斯远东地区人民生活。

△从 2018 年 2 月 1 日起，俄罗斯石油出口关税从 111.4 美元/吨提高至 120.1 美元/吨。但产自俄罗斯东西伯利亚、里海油田和普里拉兹洛姆油田的石油出口关税仍为零。

△中国国家税务总局发布的数据显示，2017 年全国税务部门组织税收收入（已扣除出口退税）12.6 万亿元，同比增长 8.7%，扭转了近年来税收增长持续放缓的状况，税收与经济增长的协调性明显增强。

2 日　中国著名画家黎文创作的山水画《万山红遍，江山如画》被蒙古国国家美术馆正式收藏，仪式在乌兰巴托市举行，驻蒙古国大使馆文化参赞兼乌兰巴托中国文化中心主任李薇、蒙古国教育文化科学与体育部文化政策司司长斯日古楞、蒙古国国家美术馆馆长杨吉玛等出席了赠送仪式。

△俄罗斯银行称，2018 年上半年由于投资和消费需求增长，生产增加，从而拉动俄罗斯经济保持增长。俄罗斯银行因此预测 2018 年上半年俄罗斯 GDP 将增长 1%~1.5%。俄罗斯联邦国家统计局公布的数据显示，2017 年俄罗斯 GDP 仅增长 1.5%，远远低于俄罗斯经济发展部预测的 2.1%。此外，俄罗斯经济发展部预测，2018 年俄罗斯 GDP 增长 2.1%，2019 年俄罗斯 GDP 增长 2.2%，2020 年俄罗斯 GDP 增长 2.3%。

△据初步统计结果，2017 年俄罗斯 GDP 达 92.08 万亿卢布，同比增长 1.5%。国内生产总值价格平减指数同比增长 5.5%（1 美元约合 56.26 卢布）。

△俄罗斯能源部部长诺瓦克表示，1 月俄罗斯石油日产量为 30.12 万桶，完全履行了其在欧佩克和非欧佩克国家之间协议框架内石油限产的义务。欧佩克和一些非成员国（OPEC+）于 2016 年底在维也纳达成协议，将其石油日产量从 2016 年 10 月的水平减少 180 万桶，其中俄罗斯应每天减少 30 万桶。2017 年 11 月，协议参与者协商将减产计划延长到 2018 年底。

△中国驻朝鲜使馆发言人就朝鲜禁售中国商品报道答记者问。发言人称，目前中国产食

品、水果蔬菜、日用品、家电等均在朝鲜市场正常销售，有关朝鲜市场禁售中国商品的报道不符合事实，希望广大媒体和网民注意关注官方权威消息，不要轻信谣言，更不要传播谣言。中朝两国作为邻国，一直保持着正常经贸往来。中方在全面执行联合国安理会对朝制裁决议的同时，坚持制裁不应影响朝鲜民生和正常经济活动，积极致力于与朝开展民生等领域交流合作。

△中国工业遗产保护名录（第一批）名单正式公布，这批名录包含了100个近代以来中国各个历史时期具有代表性、价值突出的工业遗产，覆盖造船、军工、铁路等多种门类，黑龙江省海林市横道河子中东铁路遗址入选首批名录。

△15时51分，中国在酒泉卫星发射中心用长征二号丁运载火箭成功将电磁监测试验卫星"张衡一号"发射升空，卫星顺利进入预定轨道。"张衡一号"是中国首颗观测与地震活动相关电磁信息的卫星，也是国家地球物理场探测卫星计划的首发星。"张衡一号"的成功发射使中国成为世界上少数拥有在轨运行高精度地球物理场探测卫星的国家之一。

5日 俄罗斯国防部公共委员会副主席亚历山大·坎申在接受国际文传电讯社采访时表示，俄罗斯军队计划重新建立总政治部。

△中国驻蒙古国大使馆临时代办杨庆东应约会见蒙古国矿业与重工业部部长苏米亚巴扎尔，就进一步推动中蒙两国矿业领域务实合作交换了意见。

△阿里巴巴集团旗下电商平台全球速卖通在俄罗斯启用新品牌"low cost"，致力于交易金额在600卢布以下的商品。平台负责人表示，"low cost"品牌折扣店目标客户为俄罗斯25岁以下的年轻人，并将首先在手机应用上推广使用。2017年秋季，速卖通曾向俄罗斯市场引入天猫平台以交易中高价位商品。

△根据俄罗斯工业企业家联盟和福莱国际传播咨询公司调查，外国投资者认为2017年俄罗斯商业环境显著改善，33%的受访者认为俄罗斯商业环境积极向好，而在2016年仅有23%持此态度，2015年仅有6%的受访者持乐观态度。对俄罗斯经商环境持悲观态度者从2016年的53%下降到2017年的22%。

△研究机构IHS Markit称，2018年1月俄罗斯服务业的采购经理指数（PMI）从2017年12月的56.8下降至55.1。1月俄罗斯IHS Markit指数（包括制造业和服务业）从上年12月的56.0下跌至54.8。制造业的轻微加速被服务业商业活动降速所抵消。与此同时，俄罗斯服务公司未完成订单1月份继续下滑，下滑速度达到2016年4月以来的最高水平。此外，服务业就业增速放缓至5个月以来的低点，也反映了产能压力减轻。另外值得注意的是，1月俄罗斯服务业公司的预期仍然较高，乐观程度是2011年7月以来最高水平。研究参与者希望吸引新客户，加大投资，从而扩大业务，并期待更有利的需求条件。

△日本经济产业省官员日前表示，目前日俄两国在数字经济领域合作取得了一定成果，包括富士通和泰比（ABBYY）公司在建立合作关系、远程医疗、"智慧红绿灯"方面合作顺利推进。

6日 俄罗斯对外贸易银行行长安德烈·科斯京会见总统普京时表示，银行正在研究投资300亿卢布建立40个俄罗斯邮政物流分拨中心。目前，俄罗斯邮政仅在莫斯科和喀山建有两大物流中心。科斯京指出，在当前网络贸易蓬勃发展的背景下，对外贸易银行有意建立全俄现代化高技术网络贸易物流平台，达到为邮政和网络贸易共同服务的效果。对外贸易银行正在与可能参与该项目的外商进行谈判，其中包括中国企业。

△国际学术期刊《自然通信》日前在线发表中国合成生物学首次实现灯盏花素人工细胞全合成的最新研究成果。

△《人民日报》报道：日本京都大学研究人员最新发现，细胞能在基因层面对声音产生

应答，这有望帮助揭开生命与声音的根本关系。

7 日 黑龙江省交通运输厅消息称，中国黑河黑龙江大桥项目中俄双方工程进展顺利，截至 2017 年 11 月，中方工程已超额完成 2017 年年度计划。俄方工程方面，累计完成投资 3.9 亿元。在 2018 年俄历新年期间，俄方仍在全天候 24 小时连续施工，确保工程进度。

△俄罗斯海关最新统计数据显示，2017 年俄中贸易额为 870 亿美元，同比增长 31.5%。中国是俄罗斯最大贸易伙伴国，且贸易额遥遥领先于俄罗斯第二大贸易伙伴国德国（500 亿美元）、第三大贸易伙伴国荷兰（395 亿美元）。截至 2017 年底，中国已连续 8 年保持俄罗斯最大贸易伙伴国地位。

△俄罗斯联邦旅游局副局长阿列克谢·科纽什科夫表示，2017 年中国通过免签方式赴俄罗斯旅游人数超过 90 万人，同比增长 20%，近 5 年俄中旅游交流呈现积极增长态势。科纽什科夫称，赴俄罗斯旅游的中国游客量稳居非独联体国家第一位，中国游客对简化赴俄罗斯签证办理手续给予好评。目前，80%~90% 中国游客选择组团免签赴俄旅游。

△中国国家主席习近平同俄罗斯总统普京均向中俄地方合作交流年开幕式致贺词。习近平在贺词中指出，地方是中俄开展全方位互利合作的重要力量。习近平主席和普京总统共同决定 2018~2019 年举办中俄地方合作交流年，相信这项重大活动将激发两国地方合作热情，挖掘双方合作潜力，带动更多地方、企业、民众加入中俄友好合作和共同发展事业，为中俄关系持续健康稳定发展提供更加强劲的动力。习近平强调，中俄两国都处于国家发展和民族复兴的重要时期，发展蓝图高度契合，地方合作大有可为。相信两国政府和各地方将密切合作、精心组织，将中俄地方合作交流年打造成中俄关系的新亮点，共同开创中俄关系美好未来。普京在贺词中表示，俄中地方合作交流年这项规模宏大的活动是对双方互办国家主题年传统的延续，旨在加强俄罗斯各联邦主体和中

国各地方的联系和互利合作。双方将在地方合作交流年框架内举办上百项活动，包括投资推介会，贸易、工业和农业展览会，研讨会，艺术节，团组互访等。两国地方代表还将在圣彼得堡国际经济论坛、东方经济论坛、俄中博览会框架内积极交流接触。相信中俄地方合作交流年有助于双方落实各领域富有前景的倡议，充分开发地方合作的巨大潜能。

△中共中央政治局常委、国务院副总理汪洋在黑龙江省哈尔滨市与俄罗斯副总理兼总统驻远东联邦区全权代表特鲁特涅夫举行中国东北地区和俄罗斯远东及贝加尔地区政府间合作委员会双方主席会晤，并出席中俄地方合作交流年开幕式。开幕式上，汪洋和特鲁特涅夫分别宣读了习近平主席、普京总统的贺词并致辞。

8 日 应邀出席韩国平昌冬奥会开幕式的中国国家主席习近平特别代表、中共中央政治局常委韩正在首尔青瓦台会见韩国总统文在寅。韩正转达了习近平主席对文在寅总统的问候，并预祝平昌冬季奥运会圆满成功。韩正表示，中韩两国地理相邻，是天然的合作伙伴。韩正表示，近期朝鲜半岛形势发生积极变化，韩朝双方以平昌冬奥会为契机重启对话，开展合作，南北关系改善取得进展。中方支持韩朝双方和解合作，希望有关各方相向而行，为进一步缓和半岛形势、推动半岛问题政治解决进程共同做出努力。

△俄罗斯中央选举委员会终审核定 8 名竞选人获得 2018 年俄罗斯新一届总统候选人身份。根据公告，这 8 名竞选人包括俄罗斯现任总统普京、俄罗斯联邦共产党推荐的格鲁季宁、俄罗斯自由民主党主席日里诺夫斯基、俄罗斯知名电视节目主持人索布恰克等人。

9 日 中共中央政治局常委、国务院副总理汪洋在中国北京出席首届世界海关跨境电商大会并发表主旨演讲。汪洋指出，跨境电商是当今互联网时代发展最为迅速的贸易方式。汪洋强调，跨境电商为更多国家、更多企业、更多群体带来了新的发展机遇，是构建开放型世

界经济的重要支撑。国际社会应以更前瞻的视野、更包容的心态、更协同的步调，促进跨境电商可持续发展。一要相互开放市场，在守好风险底线的基础上，最大限度地降低准入门槛，推动贸易自由化、便利化。二要秉持共商、共建、共享原则，携手构建共同遵循的监管标准，在实践中不断完善。三要完善合作与协调机制，各国海关应加快推进信息互换、监管互认、执法互助。有关部门要加快推进"单一窗口"建设，打破"信息孤岛"。四要共同推进"一带一路"建设，提高互联互通水平，帮助欠发达国家培养跨境电商人才，缩小"数字鸿沟"。本次会议由中国海关总署与世界海关组织共同举办，来自 125 个国家和地区的海关、政府部门、有关国际组织、企业界、学术界代表共1000 余人出席会议。

△据中国海关统计，2018 年 1 月，中国货物贸易进出口总值为 2.51 万亿元，比 2017 年同期增长 16.2%。

△中国国家统计局发布 2018 年 1 月全国居民消费价格指数（CPI）和工业生产者出厂价格指数（PPI）数据，CPI 环比上涨 0.6%，同比上涨 1.5%；PPI 环比上涨 0.3%，同比上涨 4.3%。

△俄罗斯银行董事会决定降低基准利率 25个基点，至 7.5%。俄罗斯银行表示俄罗斯通货膨胀率一直处于较低水平，而且通货膨胀预期值也在持续下降。俄罗斯银行官员表示短期通货膨胀的风险已经下降了，因此，经济增长的风险变得相对突出。2018 年，全球金融市场的不确定性有所增强。由于卢布贬值风险下降以及油价保持稳定等因素的作用，2018 年俄罗斯通货膨胀率不太可能超过 4%，在这种情况下，俄罗斯银行会持续降低基准利率，并且2018 年会将适度紧缩的货币政策调整为中性的货币政策。但是由于欧美收紧货币政策的预期逐渐增加，俄罗斯银行将来在调整利率方面可能会更加谨慎。

△中国政府无偿援助蒙古国口岸基础设施建设项目可行性考察会谈纪要在蒙古国财政部顺利签署。中国驻蒙古国大使馆公使衔参赞杨庆东、蒙古国财政部部长呼日勒巴特尔共同出席签约仪式，并就进一步促进双边务实合作交换意见。

△由蒙古国中华体育总会与蒙古国体育总局共同举办的 2018 年度中蒙体育赛事交流合作签约仪式在乌兰巴托举行。驻蒙古国大使馆公使衔参赞杨庆东、文化参赞李薇、政务参赞李雁军，蒙古国体育总局局长沙拉布扎木茨和盛世中体董事长侯大为等出席。

△第二十三届冬季奥林匹克运动会在韩国平昌开幕。中国国家主席习近平的特别代表、中共中央政治局常委韩正应邀出席开幕式。本届奥运会中国派出了 82 名运动员，两届冬奥会3 枚女子短道速滑金牌得主周洋高举五星红旗，带领中国运动员入场。韩国和朝鲜运动员共举朝鲜半岛旗，率领韩朝运动员方队入场。本届奥运会韩国和朝鲜双方组成女子冰球队参加比赛，这是奥运会历史上的第一次。

△中国黑河出入境检验检疫局大力推进无纸化通关、风险管理工作，刺激了质优价廉的中国果蔬出口日益增加。2018 年 1 月，中俄最繁忙口岸黑河口岸对俄果蔬出口达 362.53 万美元，同比增加了 3 倍。

10 日 黑龙江省东部地区俄罗斯商品集散中心暨俄罗斯生活体验广场在黑龙江省鹤岗市工农区正式投入运营。黑龙江省东部地区俄罗斯商品集散中心暨俄罗斯生活体验广场项目由俄罗斯玛克西姆有限责任公司投资建设，共划分为俄罗斯商品综合超市、俄罗斯油画艺术区、俄罗斯特色文化商品推广区、俄罗斯艺术品区、犹太文化体验区、俄式餐饮休闲区、淘宝区、俄罗斯演艺广场八大功能板块，产品全部为俄罗斯原装进口产品，多达 40 余类 3000 余种，是鹤岗市唯一一家面向黑龙江省东部地区的俄罗斯商品集散中心和生活体验中心。俄罗斯哈巴罗夫斯克副市长谢尔盖·卡扎琴科和比罗比詹副市长阿布洛夫·扬在致辞中均表示，该项目是落实中俄两国领导人意见的重要举措。希望双方今后进一步加强经贸往来和友好合作，共谋发展，实现互利共赢。

△朝鲜劳动党中央委员会第一副部长金与正作为朝鲜最高领导人金正恩的特使，向韩国总统文在寅转交了金正恩关于改善朝韩关系的亲笔信，并转达了金正恩邀请文在寅访朝的口头邀请。

12 日 中华人民共和国主席习近平就俄罗斯客机坠毁事件向俄罗斯总统普京致电慰问。

△在中国广东省广州市海珠国家湿地公园举办的 2018 年世界湿地日中国主场宣传活动中，黑龙江省伊春市友好国家级自然保护区正式被中国国际湿地公约履约办公室指定为中国国际重要湿地。

13 日 中华人民共和国外交部发言人耿爽在例行记者会上表示，中方对近年来朝鲜半岛局势出现的积极发展势头表示肯定。

△中国驻蒙古国大使邢海明会见蒙古国大呼拉尔副主席桑吉米亚特布，就进一步加强中蒙在议会等各领域交流合作交换意见。

△中国驻蒙古国大使邢海明应约会见蒙古国总统外交政策顾问特格希扎尔格勒，就进一步加强中蒙双边关系交换意见。

△俄罗斯东部军区在所辖范围内举行大规模防空演习，3000 多名军人和多种防空导弹系统参与演习。

△俄罗斯分析信用评级股份公司（ACRA）金融机构评级工作组负责人卢卡舒克表示，俄罗斯银行业国有部分的比重已从 2015 年初的 61% 上升至 2018 年初的 70%。俄罗斯前五大银行中已无私营银行踪影，在前十大银行中私营银行只占 3 席，且包括 1 家外资银行子行。自 2017 年 8 月起，俄罗斯运用新建的银行业整合基金，对最大的 3 家私营银行进行清理，并将其纳入事实上的国家控制。

△韩国首尔中央地方法院对"亲信干政"案核心人物崔顺实做出一审宣判，以收受贿赂、滥用权力等罪名判处其 20 年监禁并处罚金 180

亿韩元（约合 1.04 亿元）。

15 日 中国驻日本大使夫人汪婉参赞应邀出席在日本东京都议会举办的东京日中友好议员联盟协议会 2018 年总会。会长友利春久、东京都日中友好议员联盟会长东村邦浩、东京都日中友好协会会长宇都宫德一郎、东京都议联及各区议联代表等 40 余人出席。

22 日 在韩国平昌冬奥会男子短道速滑 500 米决赛中，中国选手武大靖以 39.584 秒的成绩夺冠，并打破了由他自己创造的世界纪录，为中国代表团获得了平昌冬奥会的首枚金牌，这也是中国短道速滑队冬奥会历史上获得的首枚男子项目金牌。

△德国商业银行指出，俄罗斯银行持续增加黄金储备，1 月购买了 60 万盎司（18.7 吨）的黄金。彭博新闻社报道，2018 年 1 月俄罗斯银行黄金储备增至 1857 吨，超越中国（1843 吨），跻身为世界第五大黄金储备国。

△俄罗斯经济发展部部长奥列什金表示，俄罗斯与日本正在落实日本首相安倍晋三提出的八点合作计划，2017 年俄日双边贸易同比增长 14%，投资呈现积极趋势，双边合作潜力仍大有可为。

△俄罗斯建设部部长明恩表示，俄罗斯建设部已向俄罗斯政府提交议案，建议将"智慧城市"纳入"住房公共服务和城市环境优先项目"。根据议案，新工作方向的主要目标指标可包括"智慧城市"网银解决方案和技术、城市资源管理质量提升工具等。明恩强调，公共基础设施现代化改造、城市美化和效率提升应同步进行，为此工作组建议将"智慧城市"纳入优先解决问题之列。

△俄罗斯民意调查机构全俄社会舆论研究中心发布的调查数据显示，69.5% 的俄罗斯受访者支持现任总统普京当选为俄罗斯新一届总统。

△俄罗斯存款保险局分析数据显示，2017 年俄罗斯居民银行存款额达 25.987 万亿卢布，同比增加了 1.787 万亿卢布，增长 7.4%。俄

罗斯银行卢布存款平均年利率下降 1 个百分点，由 7.4% 降至 6.4%。此外，存款保险局报告显示，2017 年卢布汇率走强，外汇存款利率降低，俄罗斯银行存款份额持续增加。

23 日 中国驻蒙古国大使邢海明会见蒙古国矿业与重工业部部长苏米亚巴扎尔，双方就进一步加强中蒙矿业领域务实合作交换意见。

24 日 由于俄罗斯经济前景较为稳定，标准普尔全球评级公司在一份声明中将俄罗斯主权债务评级从 BB +（垃圾级）上调至 BBB -。从标准普尔的声明中可以看出，俄罗斯谨慎的政策使得其能够适应更低的商品价格和国际制裁。

△针对美国财政部宣布对朝鲜以及包括中国实体在内的一些国家涉朝企业、船只及个人实施制裁，中国外交部发言人耿爽表示，中方坚决反对美方根据国内法对中方实体或个人实施单边制裁和"长臂管辖"。中方已就有关问题向美方提出严正交涉，要求美方立即停止有关错误做法，以免损害双方在相关领域的合作。

△俄罗斯联邦政府批准俄蒙双方就跨境铁路货物运输条件达成的协议，批准了俄蒙政府关于跨境铁路货物运输条件的草案。签署该协议的目的是在俄蒙境内通过铁路方式向第三国运输外贸货物提供便利条件。该协议规定对有关货物的过境实行弹性收费政策，以确保其税费与其他可替代交通方式相比具有竞争力。此外，该协议保证货物增长速度与铁路基础设施均衡发展，为蒙古国出口商建立畅通无阻的出海口。与此同时，该协议也有助于简化俄蒙过境铁路货物运输手续。

25 日 第二十三届冬季奥林匹克运动会在平昌奥林匹克体育场闭幕。中国作为下届冬奥会主办国，在闭幕式上奉献了《2022 相约北京》8 分钟文艺表演。中华人民共和国主席习近平通过视频，向全世界发出诚挚邀请——2022 年相约北京！应韩国总统文在寅和国际奥委会主席巴赫邀请，国务院副总理刘延东作为中华人民共和国主席习近平特别代表赴韩国，出席在平昌举行的第二十三届冬季奥林匹克运动会闭幕式。

26 日 中国外交部发言人陆慷表示，要想真正解决朝鲜半岛问题，实现半岛形势的根本转圜，朝美直接对话不可或缺，希望朝美双方在对话方面迈出积极步伐。

△中国驻蒙古国大使邢海明会见蒙古国总统特别顾问乌甘巴雅尔，双方就不断深化中蒙两国发展战略对接进行了工作交流。

△俄罗斯中央银行行长纳比乌琳娜称，俄罗斯前五大银行的资产占市场份额的 55.8%。纳比乌琳娜指出，俄罗斯此项指标接近欧盟国家的中等水平，欧盟一些国家该项指标甚至更高。俄罗斯银行市场的问题不在于资产集中度和国有银行的占比，而在于这五大银行内部市场份额的分配。纳比乌琳娜强调，最重要的是，银行体系应有效完成自己的主要任务，即向国家的实体经济融资。

△俄罗斯银行表示，2017 年俄罗斯储备基金和国家福利基金通过资产管理共带来预算收入 515 亿卢布，而外币篮子显示，其年度收益率为 - 0.10%。

27 日 中华人民共和国国务院办公厅公布 6 处新建国家级自然保护区名单，黑龙江省伊春市朗乡国家级自然保护区榜上有名。至此，伊春市境内已有 11 个国家级自然保护区。

△十余辆公交汽车通过中国黑龙江省同江口岸浮箱固冰通道出口到俄罗斯哈巴罗夫斯克市。这是同江口岸首次对俄出口公交汽车。这些车辆出口将有助于提升俄罗斯公共交通的运载能力，也为中国公交汽车打开俄罗斯远东地区市场奠定了基础。

△俄罗斯联邦国家统计局局长苏利诺夫称，俄罗斯影子经济占 GDP 的 15% ~ 16%。而国际货币基金组织的报告认为，俄罗斯影子经济占 GDP 的 33.7%。苏利诺夫指出，数据差异的原因可能是两个机构统计方法不同。

△据俄罗斯财政部全口径统计数据，截至 2018 年 1 月 1 日，俄罗斯地方国债总额为

2. 315 万亿卢布，同比下降 1.6%。其中，大部分国债为预算贷款，占比为 44%。俄罗斯专家称，俄罗斯地方债已连续两年呈现下降趋势（2017 年 12 月 30 日俄罗斯银行美元兑卢布汇率为 1：57. 60）。

△国际评级机构标准普尔上调部分俄罗斯公司信用评级，其中俄罗斯石油管道运输公司（Transneft）的外币和本币长期评级由 BB + 升至 BBB -；俄罗斯天然气工业股份公司（Gazprom）的本币长期评级由 BBB - 升至 BBB，外币长期评级由 BB + 升至 BBB；俄罗斯水电公司（RusHydro）的外币和本币长期评级由 BB + 升至 BBB -；俄罗斯铁路公司的外币长期评级由 BB + 升至 BBB -，本币长期评级维持在 BBB -。上述评级展望均较为稳定。

△中国驻朝鲜大使馆公使张承刚在使馆内应约会见联合国驻朝机构协调员、联合国开发计划署（UNDP）驻朝代表米什拉。张公使应询介绍了中方为协助联合国机构开展对朝人道主义援助所做的努力。双方就在朝开展人道主义援助等问题交换了意见。

△韩国检方向首尔中央地方法院提请判处前总统朴槿惠有期徒刑 30 年和 1185 亿韩元（约合人民币 6.96 亿元）的罚款。

△中国驻蒙古国大使邢海明出席蒙古国商业理事会（企业家协会）2018 年会议，并发表《抓住"一带一路"机遇，推进中蒙全面合作》主旨演讲。蒙古国对外关系部部长朝格特巴特尔、蒙古国商业理事会主席宾巴赛汗、多国驻蒙大使、企业家代表、智库专家及媒体记者等数百人共同参加本次会议。

△中国驻蒙古国大使邢海明会见蒙古国大呼拉尔主席米·恩赫包勒德，就进一步加强中蒙关系发展与合作交换意见。

28 日　中国黑龙江省东宁市结合当地资源优势和民营经济实力较强的特点，加快建设电子商务产业园。统计显示，截至目前，该市已建成对俄跨境电商产业园、中俄电商创业园和两个当地企业自办的电商平台，在农村电商、跨境电商等领域取得了良好成效。下一步，东宁市将以电子商务产业园建设为载体，进一步完善电子商务服务体系和管理机制，坚持国内、国外两个市场并重，货物贸易和服务贸易同步发展，打造具有鲜明特色的电子商务发展模式。

△俄罗斯联邦政府总理梅德韦杰夫向在莫斯科召开的第九届全俄医疗和医药工业工作者大会发出贺电。梅德韦杰夫指出，俄产药品产量和出口量正在增加，而且一些新药品被用于治疗较严重的疾病，如肝炎、糖尿病和由人类免疫缺陷病毒感染引起的疾病等。这些药品有能力与同类进口产品竞争。梅德韦杰夫表示，将继续支持国内医疗和医药工业的发展，包括吸引外资，以及同假冒和侵权产品做斗争等。

△俄罗斯联邦委员会 28 日通过有关上调最低工资的法律，5 月 1 日起，俄罗斯人的最低工资将提至最低生活费水平。该法律将月最低工资标准定为 11163 卢布（约合 198 美元），使最低工资标准水平达到适龄劳动人口最低生活保障标准。解释性文件指出，该法律实施后，将有 300 万人从中受益，其中 160 万人在国家或市政机构任职。俄罗斯劳动与社会保障部部长托皮林此前表示，中央政府计划向各联邦主体增拨款 200 亿卢布（约合 3.6 亿美元），助其上调当地最低工资。

2018年3月

1 日　韩国总统文在寅表示，作为加害国，日本政府不应主张"慰安妇"问题已得到解决，战争时期反人道罪行不应该被"了结"一词掩盖。

△黑龙江省人民政府召开省政府党组（扩大）会议，黑龙江省省长陆昊出席并主持，副省长李海涛、贾玉梅、程志明、刘忻，省政府党组成员王冬光出席，副秘书长王大为、齐峰、王有国、马立新、邢爱国、李明春列席。

△黑龙江省农产品市场营销和农民创业代表座谈会在哈尔滨召开，黑龙江省省长陆昊出

席并主持，副省长刘忻、省政府党组成员王冬光、副秘书长齐峰出席。

2 日　黑龙江省副省长程志明出席黑龙江省防震减灾领导小组全体会议，副秘书长马立新出席会议，并主持黑龙江省防震减灾领导小组全体会议。

3~15 日　全国政协十三届一次会议举行。会议选举汪洋为全国政协主席。

5 日　黑龙江省副省长贾玉梅集中收看收听十三届全国人大一次会议开幕会，副省长毕宝文、程志明，省政府党组成员张秋阳、王冬光，副秘书长王大为、齐峰、王有国、马立新、邢爱国、李明春参加；主持召开就业促进工作座谈会，副秘书长王有国出席。

△黑龙江省副省长聂云凌分别在双鸭山市、鹤岗市督导检查危险化学品、煤矿、人员密集场所安全生产工作，主持召开工业企业、科技企业、孵化器、中小企业公共服务平台代表座谈会。

5~20 日　十三届全国人大一次会议举行。会议选举习近平为中国国家主席、中央军委主席，栗战书为全国人大常委会委员长，决定李克强为国务院总理。会议通过《中华人民共和国宪法修正案》，确立科学发展观、习近平新时代中国特色社会主义思想在国家政治和社会生活中的指导地位；通过《中华人民共和国监察法》。

7 日　黑龙江省副省长程志明到黑龙江辰能房地产公司、建设集团大数据公司和龙建路桥公司调研。副秘书长马立新参加上述活动。

8 日　在中国北京举行的十三届全国人大一次会议黑龙江代表团媒体开放日上，全国人大代表、黑龙江省省长陆昊在答记者问环节发声，他对黑龙江的发展信心坚定表态：信心来自正义的力量。

9 日　黑龙江省科学院院长孙宇峰接待了日本北海道产业用大麻协会的特别顾问赤星荣志博士和楚世斌先生等一行 4 人。外宾参观了黑龙江省科学院分院展示馆和汉麻分子生物学

实验室以及分析检测中心，对分院在汉麻领域取得的科研成果给予高度评价，随后双方进行了座谈，共同交流中日双方在汉麻种植和深加工领域的产业进展，并对今后在汉麻领域开展科技合作达成高度共识，双方将进一步通过科技合作共同推进汉麻产业发展。

12 日　中国国家主席习近平在人民大会堂会见韩国总统特使、国家安保室室长郑义溶。习近平指出，文在寅总统委派特使先生专程来华通报韩方访问朝鲜和赴美国推动朝美对话的情况，中方对此表示赞赏。作为朝鲜半岛近邻，中方一向支持半岛南北双方改善相互关系、推进和解合作，支持美朝接触对话、协商解决各自关切。半岛无核化、不战不乱是中方的一贯立场。当前，半岛形势正面临重要的缓和对话机遇，中方积极评价韩方为此所做的努力，愿同包括韩方在内的国际社会一道，进一步做有关各方工作，结合中方"双轨并进"思路及各方有益建议，推进半岛问题政治解决进程。郑义溶转达了文在寅总统对习近平的诚挚问候，表示当前朝鲜半岛局势出现积极变化，中方发挥了重要的引领作用。韩方向中方表示衷心感谢，期待中方继续发挥重要作用，并愿同中方密切协调，维护当前半岛局势缓和势头，推动以和平手段解决朝核问题，实现本地区和平、稳定与发展。中共中央政治局委员、国务委员杨洁篪等参加会见。

△中国外交部部长王毅会见韩国总统特使、国家安保室室长郑义溶。王毅说，中方支持韩朝改善关系，欢迎美朝尽快接触对话。目前半岛出现的积极态势，符合中方一贯坚持的立场主张，符合本地区人民的根本利益，符合国际社会的普遍期待。希望各方相向而行，形成合力，共同开辟朝鲜半岛新的未来。

13 日　中国外交部发言人陆慷在例行记者会上说，中方将继续为解决朝鲜半岛核问题发挥独特作用。

14~18 日　根据 2017 年签署的《黑龙江省科学院与俄罗斯科学院乌拉尔分院科技合作

协议》，应中国黑龙江省科学院的邀请，俄罗斯科学院乌拉尔分院恰卢申院长一行 4 人对黑龙江省科学院进行了访问。郭春景院长与乌拉尔分院代表团举行了会谈，细化了中俄科技合作联盟章程及今后主要工作方向。双方商定中俄科技合作联盟成立大会于 2018 年 7 月 9~12 日的中俄博览会期间在叶卡捷琳堡市举行，同时，在"中俄欧亚桥"论坛框架内举办中俄科技合作联盟首次全体大会，以推动联盟成员之间广泛交流合作信息，增进相互理解，寻求建立联系与开展合作的机会。双方还就准备并签署联合评审项目规则事宜达成一致。

16 日 黑龙江省副省长聂云凌会见俄罗斯科学院乌拉尔分院院长恰卢申一行，对乌拉尔分院积极推动发展黑龙江省与俄罗斯科技交流合作表示高度赞赏。希望以中俄地方合作交流年为契机，使即将成立的中俄科技合作联盟成为科研单位、高校、企业间的重要交流平台，为双方开展科技交流与合作提供强大的智力支持与保障。聂云凌还诚挚邀请乌拉尔分院积极参加第 29 届哈洽会，举办相关推介、对接活动，积极发挥中俄科技合作联盟的平台机制作用。

17 日 俄罗斯总统普京向中国国家主席习近平发来贺电，热烈祝贺习近平当选中华人民共和国主席。

19 日 中国国家主席习近平向俄罗斯当选总统普京致贺电并于当日同俄罗斯总统普京通电话。

23 日 中华人民共和国国家监察委员会在北京揭牌。

25~28 日 应中共中央总书记、国家主席习近平邀请，朝鲜劳动党委员长、国务委员会委员长金正恩对中国进行非正式访问。访问期间，习近平在人民大会堂同金正恩举行会谈。习近平和夫人彭丽媛为金正恩及其夫人李雪主举行欢迎宴会并共同观看文艺演出。中共中央政治局常委、国务院总理李克强，中共中央政治局常委、中央书记处书记王沪宁，国家副主

席王岐山分别参加有关活动。

26 日 中国国家主席习近平就俄罗斯克麦罗沃市发生重大火灾向俄罗斯总统普京致电慰问。

29 日 朝鲜和韩国代表在板门店举行高级别会谈，双方商定于 4 月 27 日在板门店韩方一侧的"和平之家"举行韩朝首脑会晤。

2018年4月

1 日 据朝中社报道，朝鲜最高领导人金正恩偕夫人李雪主在东平壤大剧院观看了访朝韩国艺术团在平壤的演出。

4~5 日 经中俄双方商定，中国国家主席习近平特使、国务委员兼外交部部长王毅对俄罗斯进行工作访问。

6 日 因"亲信干政"事件被逮捕的韩国前总统朴槿惠被韩国首尔中央地方法院一审判处有期徒刑 24 年，并处罚金 180 亿韩元（约合人民币 1.06 亿元）。

8~12 日 蒙古国总理乌赫那·呼日勒苏赫出席博鳌亚洲论坛 2018 年年会并对中国进行正式访问。

8~11 日 博鳌亚洲论坛 2018 年年会在海南省博鳌举行。年会主题为"开放创新的亚洲，繁荣发展的世界"，设置了"全球化与'一带一路'""开放的亚洲""创新""改革再出发"4 个板块，共 60 多场正式讨论，来自全球政界、商界、学术界和媒体界的知名人士会聚博鳌。习近平出席开幕式并发表题为《开放共创繁荣 创新引领未来》的主旨演讲，强调各国要顺应时代潮流，坚持开放共赢，勇于变革创新，向着构建人类命运共同体的目标不断迈进；中国将坚持改革开放不动摇，继续推出扩大开放的新的重大举措，同亚洲和世界各国一道，共创亚洲和世界的美好未来。习近平主席还在海南省博鳌同出席博鳌亚洲论坛 2018 年年会的中外企业家代表进行了座谈，并集体会见了博鳌亚洲论坛现任和候任理事。

9 日　国务院总理李克强在人民大会堂会见日本国际贸易促进协会会长河野洋平及该会代表团成员。

15～17 日　中国国务委员兼外交部部长王毅应邀对日本进行正式访问，并同日本外相河野太郎主持召开第四次中日经济高层对话。

16 日　中华人民共和国退役军人事务部挂牌成立。

△据日本媒体报道，日本一民间团体宣布，日本国立公文书馆已应该团体要求向其公布了 731 部队的名簿内容，其中包含 3607 名该部队成员的真实姓名和个人信息。这是日本首次如此大规模实名公布 731 部队的成员信息。

20 日　朝鲜劳动党第七届中央委员会第三次全体会议提出了全党全国集中一切力量进行社会主义经济建设的战略路线，宣布自 2018 年 4 月 21 日起，朝鲜将中止核试验与亚洲弹道导弹发射试验，废弃北部核试验场。

22 日　朝鲜黄海北道发生重大交通事故，32 名中国游客和 4 名朝鲜工作人员遇难。中国外交部派出工作组偕医疗专家紧急赴朝，与朝方一道开展救治等相关工作。习近平主席就事故做出重要指示。

23 日　中国国家主席习近平在人民大会堂集体会见到中国出席上海合作组织成员国外长理事会会议的俄罗斯外长拉夫罗夫、印度外长斯瓦拉杰、哈萨克斯坦外长阿布德拉赫曼诺夫、吉尔吉斯斯坦外长阿布德尔达耶夫、巴基斯坦外长阿西夫、塔吉克斯坦外长阿斯洛夫、乌兹别克斯坦外长卡米洛夫、上海合作组织秘书长阿利莫夫、上海合作组织地区反恐怖机构执委会主任瑟索耶夫。同日，国家主席习近平在人民大会堂集体会见上海合作组织成员国国防部长。俄罗斯国防部长绍伊古、哈萨克斯坦国防部长扎苏扎科夫、吉尔吉斯共和国武装力量总参谋长杜伊申比耶夫、巴基斯坦国防部长达斯特吉尔·汗、塔吉克斯坦国防部长米尔佐、乌兹别克斯坦国防部长阿济佐夫、上海合作组织副秘书长索韦托维奇、上海合作组织地区反恐

怖机构执委会副主任吉约索夫、印度驻华大使班浩然以及作为特邀嘉宾列席此次会议的白俄罗斯国防部长拉夫科夫参加会见。

24 日　上海合作组织成员国第十五次国防部长会议在北京举行，国务委员兼国防部部长魏凤和主持会议并做主旨发言。上合组织成员国俄罗斯、印度、哈萨克斯坦、吉尔吉斯斯坦、巴基斯坦、塔吉克斯坦、乌兹别克斯坦防务部门和军队领导人，上海合作组织秘书处和地区反恐怖机构执委会代表参加会议。白俄罗斯国防部长作为特邀嘉宾列席会议。会上，各国国防部长总结了 2017 年国防部长会议以来合作取得的成果，分别就国际和地区安全形势、加强上合组织防务安全合作等问题发言，强调在当前国际形势发生复杂变化的背景下，上合组织成员国防务部门和军队应进一步加强合作，并肩携手、共同应对面临的威胁和挑战。各国国防部长还共同签署会议纪要、联合公报。乌兹别克斯坦国防部长签署《上海合作组织成员国国防部合作协定》。会上，颁发了上合组织成员国国防部"加强友谊与合作"奖章。会前，各国国防部长到天安门广场，共同向人民英雄纪念碑敬献花篮。

27 日　十三届全国人大常委会第二次会议通过《中华人民共和国英雄烈士保护法》。

△朝鲜国务委员会委员长金正恩和韩国总统文在寅在板门店举行会晤并签署《板门店宣言》，宣布双方将为实现朝鲜半岛无核化和停和机制转换而共同努力。

30 日　据朝中社报道，朝鲜最高人民会议常任委员会为统一北南时间，于 30 日发布《关于修改平壤时间》的政令，将平壤时间改为以东京 135 度为基准子午线的东 9 区标准时间（比现在的时间早 30 分钟），并从 5 月 5 日开始使用修改后的时间。

2018年5月

2～3 日　应朝鲜外相李勇浩邀请，中华人

民共和国国务委员兼外交部部长王毅访问朝鲜。访问期间,王毅同李勇浩举行了会谈。朝鲜劳动党委员长、国务委员会委员长金正恩 3 日在党中央总部会见了正在朝鲜访问的国务委员兼外交部部长王毅。王毅首先转达了习近平主席对金正恩委员长的亲切问候。王毅表示,此访就是要金正恩委员长访华时与习近平主席达成的一系列重要共识办好、办实。王毅表示,朝方审时度势,果断决策,引导朝鲜半岛局势出现积极变化。中方支持和祝贺北南领导人成功会晤并发表划时代的《板门店宣言》。会晤为半岛问题政治解决带来了有利契机。中方支持半岛终止战争状态、实现停和机制转换,支持朝方战略重心转向经济建设,支持朝方在推进无核化进程中解决自身正当安全关切。中方愿就此同朝方保持沟通,加强协调。金正恩请王毅转达他对习近平主席的亲切问候。金正恩说,实现半岛无核化是朝方的坚定立场。长期以来,半岛局势出现的积极变化是有意义的,有利于半岛问题的和平解决。朝方愿通过恢复对话,建立互信,探讨消除威胁半岛和平的根源。

3 日 中国全国人大常委会委员长栗战书在人民大会堂会见了日本内阁文部科学大臣林芳正率领的日中友好议员联盟代表团。栗战书表示,中日两国长期交往的历史证明,互利合作符合双方根本利益,长期友好是唯一正确选择。中国牢记历史,但不是为了延续仇恨;日本也应牢记历史,吸取教训,避免重蹈覆辙。双方要客观理性看待彼此发展,落实好中日互为合作伙伴、互不构成威胁的政治共识,以史为鉴,面向未来,推动中日关系重回正轨。栗战书说,中日立法机构要引领带动社会各界和民众客观理性看待中日关系,加强重点领域的合作,推动中日务实合作提质升级。欢迎日方参与“一带一路”建设,努力实现合作共赢。日方表示,中日关系对双方都是最重要的双边关系。日中友好议员联盟愿继承优良传统,为两国关系全面改善贡献力量。

4 日 纪念马克思诞辰 200 周年大会在中国北京举行。中国国家主席习近平发表讲话,并指出,马克思主义始终是我们党和国家的指导思想,是我们认识世界、把握规律、追求真理、改造世界的强大思想武器。新时代,中国共产党人仍然要学习马克思,学习和实践马克思主义,继续高扬马克思主义伟大旗帜,坚持和发展中国特色社会主义,让马克思、恩格斯设想的人类社会美好前景不断在中国大地上生动展现。

△中国国家主席习近平应约同韩国总统文在寅通电话。习近平指出,中方高度重视中韩关系,愿同韩方加强沟通,深化务实合作,推进人文交流,使中韩关系朝着符合双方共同利益的方向稳步前进。文在寅表示,韩方致力于推动韩中战略合作伙伴关系持续发展,期待同中方高层密切交往,就朝鲜半岛形势和重大国际问题保持密切沟通。文在寅通报了近日韩朝领导人会晤成果,表示此次韩朝领导人成功会晤,就改善南北关系、推动实现朝鲜半岛无核化、建立朝鲜半岛和平机制达成广泛共识,共同发表《板门店宣言》。韩方感谢中方为促成朝鲜半岛形势积极变化发挥的重要作用,感谢中方坚定支持南北对话,以及为推动通过对话谈判解决问题所做出的重要贡献。韩方愿同中方加强协调,继续致力于通过对话谈判解决朝鲜半岛问题,为本地区和世界和平、稳定、繁荣做出贡献。习近平指出,中方支持朝鲜半岛南北双方继续积极互动、改善关系,切实履行双方共识。中方愿同包括韩朝双方在内的国际社会一道,为全面推进朝鲜半岛问题政治解决进程、最终实现本地区持久和平发挥应有的积极作用。

7 日 《人民日报》报道:日本一项新研究发现,尼安德特人的小脑占整个脑部的比例小于智人,这可能是尼安德特人灭绝的原因之一。

△俄罗斯联邦新一届总统普京在克里姆林宫宣誓就职,开始其第四个总统任期。普京当

天提名现任总理梅德韦杰夫为新一届政府总理。

7~8日 中共中央总书记、国家主席习近平同朝鲜劳动党委员长、国务委员会委员长金正恩在大连举行会晤。习近平对朝鲜近期做出的系列决策表示赞赏，并且表示"支持朝方战略重心转向经济建设，支持朝鲜同志走符合本国国情的发展道路"。习近平表示，中方支持朝方坚持半岛无核化大方向，支持朝美对话协商解决半岛问题，愿继续同有关各方一道，为全面推进半岛问题和平对话解决进程、实现地区长治久安发挥积极作用。金正恩则高度评价了习近平的远见卓识，感谢中方长期以来为实现半岛无核化、维护地区和平稳定做出的重要贡献。中共中央政治局常委、中央书记处书记王沪宁参加有关活动。

8日 中国国务院总理李克强致电梅德韦杰夫，祝贺他连任俄罗斯联邦政府总理。

8~11日 8日晚，应日本首相安倍晋三邀请，国务院总理李克强乘专机抵达东京羽田国际机场，出席第七次中日韩领导人会议并对日本进行正式访问。9日上午，国务院总理李克强在东京迎宾馆同日本首相安倍晋三、韩国总统文在寅共同出席第七次中日韩领导人会议，就中日韩合作以及地区和国际问题交换看法。9日上午，国务院总理李克强在东京迎宾馆同日本首相安倍晋三、韩国总统文在寅在第七次中日韩领导人会议结束后共同会见记者，介绍会议成果。9日中午，国务院总理李克强在东京经团联会馆与日本首相安倍晋三、韩国总统文在寅共同出席第六届中日韩工商峰会并致辞。9日下午，国务院总理李克强在东京迎宾馆同日本首相安倍晋三举行会谈。9日晚，国务院总理李克强在东京迎宾馆与日本首相安倍晋三会谈后共同会见记者。10日上午，国务院总理李克强在东京皇宫会见日本天皇明仁。10日下午，国务院总理李克强在东京下榻饭店会见日本执政党负责人，立宪民主党代表山虎之助和社民党党首又市征治等参加。11日上午，国务院总理李克强在北海道札幌下榻饭店出席中日

省长知事论坛开幕式并致辞。11日，国务院总理李克强在日本首相安倍晋三陪同下，来到位于苫小牧市的丰田汽车北海道厂区参观考察。11日下午，国务院总理李克强在出席第七次中日韩领导人会议并结束对日本进行正式访问后，乘专机返回北京。

11日 由中国人民对外友好协会、中日友好协会与日本全国知事会共同举办的第三届中日省长知事论坛在日本札幌市举行。国务院总理李克强出席论坛开幕式并致辞，日本首相安倍晋三出席。在随后举行的论坛上，黑龙江省代省长王文涛代表黑龙江省人民政府围绕"深化地方合作，推动中日友好"做主题发言，他强调，中日两国政府达成诸多合作协议，为两国地方和企业深化合作创造了条件和空间，中日要发挥双方经济互补优势，推动地方和企业深化合作，实现互利共赢。出席论坛期间，王文涛在北海道札幌市还分别会见了黑龙江省友城北海道知事高桥春美、山形县知事吉村美荣子，就进一步加强地方政府间合作和经贸交流交换了意见，并就旅游发展、稻米经济专程考察了北海道留寿都度假区、珍珠精米加工厂、农场。访日期间，王文涛还在东京会见了日中经济协会、日中东北开发协会会长宗冈正二，日中经济协会副会长林信秀，伊藤忠商事株式会社社长铃木善久，松下株式会社社长长荣周作和日本贸易振兴机构理事长石毛博行，并与日方部分企业代表举行恳谈会，王文涛诚挚邀请日本企业家到黑龙江省考察，加深了解。

16日 中国国家主席习近平在北京会见了由朝鲜劳动党中央政治局委员、中央副委员长朴泰成率领的朝鲜劳动党友好参观团。王沪宁参加会见等有关活动。

△朝中社发表公报说，鉴于韩国与美国近日开展联合军演等挑衅与对抗行为，朝鲜不得不中止原本预计于16日举行的北南高级别会谈。

17日 中国外交部发言人陆慷说，朝鲜近来所做的一系列重要努力展现了善意和诚意，

值得充分肯定，应该受到国际社会的鼓励和支持，更应当赢得有关方面的共同关注。

18～19 日 全国生态环境保护大会召开。习近平在大会上提出新时代推进生态文明建设的原则，强调要加快构建生态文明体系。大会总结并阐述了习近平生态文明思想。党的十八大以来，中国加快推进生态文明顶层设计和制度体系建设，相继出台《关于加快推进生态文明建设的意见》《生态文明体制改革总体方案》，制定了 40 多项涉及生态文明建设的改革方案，从总体目标、基本理念、主要原则、重点任务、制度保障等方面对生态文明建设进行全面系统的部署。全国人大常委会、最高人民法院、最高人民检察院对环境污染和生态破坏界定入罪标准，加大惩治力度，形成高压态势。同时，推动绿色发展，深入实施大气、水、土壤污染防治三大行动计划，率先发布《中国落实 2030 年可持续发展议程国别方案》，实施《国家应对气候变化规划（2014—2020 年）》，向联合国交存《巴黎协定》批准文书。

21 日 黑龙江省委常委、副省长贾玉梅在中国黑龙江省黑河市会见了以俄罗斯阿穆尔州政府第一副主席杰久什科为团长的俄罗斯阿穆尔州政府代表团一行。双方就继续深入落实两国元首达成的"一带一路"建设与欧亚经济联盟对接合作共识，推动黑龙江公路大桥项目、黑河—布拉戈维申斯克步行口岸等跨境基础设施建设，加快推进中俄跨境经济合作区建设，优化经贸投资环境，促进双方务实合作，增设黑河—布市公路口岸，黑河水运口岸试行临时工作时间等问题交换意见，邀请阿穆尔州政府和经贸代表团参加第 29 届哈洽会和"中俄地方合作交流年论坛暨中俄友城合作论坛"。黑龙江省商务厅副厅长孟林，省贸促会副会长谭百成，黑河市委常委、副市长孙恒义，俄罗斯阿穆尔州对外经济联络、旅游与商业部副部长吉列耶娃，俄罗斯阿穆尔州经济发展部副部长斯塔尔科娃，俄罗斯阿穆尔州卫生部第一副部长尼古拉耶娃等会见时在座。

22 日 中共中央政治局委员、中央外事工作委员会办公室主任杨洁篪在北京会见俄罗斯安全会议秘书帕特鲁舍夫。杨洁篪表示，在习近平主席和普京总统的战略引领下，中俄全面战略协作伙伴关系继续高水平向前发展，取得重要新成果。新形势下，双方将加大相互支持，拓展务实合作，密切在国际事务中的协调配合，为促进两国各自发展，维护地区及世界和平与稳定做出更大贡献。帕特鲁舍夫表示，俄方始终致力于深化同中方的全面战略协作伙伴关系，愿同中方一道，积极落实两国元首共识，加强各领域合作，推动两国关系取得更大发展。

24 日 俄罗斯总统普京在圣彼得堡会见中国国家副主席王岐山。王岐山首先转达了习近平主席对普京的诚挚问候和良好祝愿。他说，习近平主席高度重视中俄关系，珍视与普京总统的友谊，期待着同普京总统再次会晤，共同规划中俄关系和上海合作组织下一步发展。

△朝鲜对位于朝鲜东北部吉州郡的丰溪里核试验场的多条坑道进行爆破，并拆除相关设施，正式宣布废弃这座核试验场。

30 日 中国外交部部长助理张汉晖、俄罗斯外交部副部长莫尔古洛夫、蒙古国外交部副部长巴特策策格在北京举行中俄蒙三方副外长磋商。三方商定切实落实三国元首达成的重要共识，深化政治互信和发展战略对接，加强经贸、人文、地方等领域交流合作，重点推进中蒙俄经济走廊建设及上海合作组织框架下的合作，推动三方合作取得更多成果。

△中国国务院通过《关于建立企业职工基本养老保险基金中央调剂制度的通知》。

2018年6月

1 日 韩国和朝鲜在板门店韩方一侧的"和平之家"举行高级别会谈，就履行《板门店宣言》的具体方案和后续措施达成一致。根据双方会谈后发布的联合公报，双方商定于 6 月 14 日在板门店朝方一侧的统一阁举行旨在缓解南北军事紧张的将军级军事会谈，讨论有关两国国防长官会谈等事宜；于6月18日在板门店韩方一侧的"和平之家"举行体育部门会谈，讨论有关共同参加2018年亚运会和举办南北统一篮球比赛等问题；于6月22日在朝鲜金刚山举行南北红十字会会谈，讨论韩朝离散家属团聚等人道主义问题，并就尽快在开城工业园区内设立南北共同联络事务所达成一致。双方还决定，今后将通过文件互换的方式继续就南北交流相关议题进行磋商，包括讨论举行"6·15"纪念活动的方案，举行铁路、公路、山林部门的分组会议讨论京义线、东海线铁路和公路的连接建设及现代化问题，举行实务会谈讨论2018年秋季朝鲜艺术团访韩演出等内容。双方还同意定期举行高级别会谈，对《板门店宣言》的履行情况进行督查。当天参加会谈的韩方代表团由韩国统一部长官赵明均任首席代表，朝方代表团则由朝鲜祖国和平统一委员会委员长李善权任团长。

4日 金砖国家外长正式会晤在南非比勒陀利亚举行，中国国务委员兼外交部部长王毅及俄罗斯、南非、巴西、印度等国的外交部部长出席会议。会上王毅表示，当今世界正面临百年未有之大变局，就挑战而言，存在三个方面的赤字问题（治理赤字、信任赤字、发展赤字）。王毅表示，金砖国家在维护世界稳定、促进共同发展方面负有重要国际责任，要高举政治旗帜，通过对话协商解决热点问题。要坚持公平正义的原则，维护国际关系基本准则。要坚定多边主义信念，加强联合国在国际事务中的中心作用。当前形势下，金砖国家应携起手来，共同应对新威胁、新挑战，既为自身发展营造稳定的环境，也为世界发展做出应有的贡献。

△中国国务委员兼外交部部长王毅在出席金砖国家外长正式会晤期间会见俄罗斯外长拉夫罗夫。王毅表示，普京总统将于6月8～10日对中国进行国事访问并出席上海合作组织青岛峰会。这是普京总统新任期内首次访华，也

是习近平主席和普京总统2018年首次会晤，对规划下阶段中俄关系发展具有重要意义。中方愿同俄方密切协调配合，确保访问圆满成功，并取得丰硕成果，为中俄关系发展注入新的强劲动力。王毅表示，当前国际形势瞬息万变，充满不确定性，中俄作为全面战略协作伙伴，应进一步加强协调合作，维护国际关系基本准则，维持国际公平正义，维护新兴市场和发展中国家整体利益。两国应共同推动扩员后首次举行的上合组织青岛峰会，继承弘扬"上海精神"，取得积极务实成果，对外发出团结一致信号。两国应在金砖国家合作平台上加强战略协作，开好即将举行的外长正式会晤，为将于7月召开的领导人会晤做好政治准备。拉夫罗夫表示，俄方高度重视普京总统即将对中国进行的国事访问，对目前准备工作的进展感到满意，愿与中方共同努力确保访问达到预期目标。俄方完全同意中方对当前国际形势的看法，愿与中方在上合组织、金砖合作、二十国集团、联合国等多边机制内加强协调，同其他新兴市场国家一道，反对单边主义和保护主义，维护世界和平与稳定。双方还就朝鲜半岛局势交换了意见，一致同意继续加强协调配合，为实现半岛无核化与长治久安做出努力与贡献。

5日 中国外交部发言人华春莹说，俄罗斯总统普京出席上海合作组织青岛峰会并对中国进行国事访问，将为中俄全面战略协作伙伴关系发展注入新的强劲动力。

8日 经中国国家主席习近平批准，中华人民共和国"友谊勋章"首次颁授。8日下午，中华人民共和国"友谊勋章"颁授仪式在人民大会堂金色大厅隆重举行。习近平向俄罗斯总统普京授予首枚"友谊勋章"。王沪宁、韩正出席授勋仪式。

8～10日 应中国国家主席习近平邀请，俄罗斯联邦总统弗拉基米尔·弗拉基米罗维奇·普京对中国进行国事访问并出席上海合作组织成员国元首理事会第十八次会议。8日，国家主席习近平在人民大会堂同俄罗斯总统普

京举行会谈。两国元首一致同意，秉持世代友好理念和战略协作精神，拓展和深化各领域合作，推动新时代中俄关系在高水平上实现更大发展。中共中央政治局常委、国务院副总理韩正参加会谈。8 日下午，国务院总理李克强在人民大会堂会见来华进行国事访问并出席上海合作组织青岛峰会的俄罗斯总统普京。8 日晚，国家主席习近平同俄罗斯总统普京在天津共同观看中俄青少年冰球友谊赛。

8~11 日 黑龙江省省长王文涛出访俄罗斯，秘书长王冬光随同。

9 日 中国国家主席习近平同俄罗斯总统普京、蒙古国总统巴特图勒嘎在青岛举行中俄蒙三国元首第四次会晤。习近平主持会晤。三国元首全面总结三方合作进展和成果，共同规划下一阶段优先任务和方向。习近平指出，中俄蒙三国元首举行会晤 3 年多来，三国围绕中方"一带一路"建设、俄方发展战略特别是跨欧亚大通道建设、蒙方"发展之路"倡议相互对接这三条主线，依托互为邻国的地缘优势，推动合作逐步深入，取得阶段性成果。中俄蒙三国毗邻而居，互为传统战略伙伴，开展合作有天然优势和良好基础。在经济全球化和区域经济一体化深入推进的今天，三方要合力走出互利共赢、融合发展的普惠之路，塑造邻国之间的合作典范。习近平强调，下阶段，中俄蒙三方要深化政治互信和战略协作，加大相互支持力度，尊重各自核心利益，照顾彼此重大关切，在国际和地区事务中加强协调和配合，从政治上把握好三方合作大方向。要以推动重点合作事项为龙头，带动全面合作，围绕落实《建设中蒙俄经济走廊规划纲要》，着力推动经济走廊建设，积极探讨基础设施互联互通等领域合作，推进三国毗邻地区次区域合作。要扩大在上海合作组织框架内的协调和配合，增进蒙方同上海合作组织关系，欢迎蒙方更加深入参与上海合作组织合作。普京表示，中蒙俄深化合作很重要，很高兴中蒙俄三方合作正稳步推进。俄方赞同加强三方交通运输、基础设施、

海关和旅游等合作，便利贸易和人员往来。三国应当更加密切人文交流。巴特图勒嘎表示，与中、俄两个永远的邻国发展友好合作是蒙古国的首要方针。蒙方愿同中方、俄方共同努力，落实三方合作共识，尽快启动中蒙俄经济走廊建设，推进基础设施、能源运输等合作。丁薛祥、杨洁篪、王毅、何立峰等参加会晤。

12~15 日 应俄罗斯联邦政府邀请，习近平主席特使、中国国务院副总理孙春兰赴俄罗斯出席第二十一届世界杯足球赛开幕式。

13 日 黑龙江省委常委、副省长贾玉梅在哈尔滨会见了莫斯科国立罗蒙诺索夫大学代表团一行。贾玉梅对莫斯科国立罗蒙诺索夫大学副校长卡尔塔娃带领代表团来访表示欢迎。她说，近年来，中俄人文合作蓬勃发展、势头强劲，特别是在黑龙江省委省政府的高度关注和积极推动下，黑龙江省与俄罗斯的教育合作发展迅速，成果丰硕。莫斯科国立罗蒙诺索夫大学师资实力雄厚，以高精尖的学术成果驰名世界。希望莫斯科国立罗蒙诺索夫大学与黑龙江省高校加大对国际青年人才的培养力度，为中俄青年交流创造更多机会。同时，希望双方充分借助刚刚在哈尔滨成立的中俄国际交流中心这一平台，开展联合办学、学术交流等全方位、深层次的合作，共同培养符合国际化需求的高端人才，共同提升科研、教育水平，促进中俄在人文等领域的合作有更大发展。卡尔塔娃表示，莫斯科国立罗蒙诺索夫大学与黑龙江省的合作潜力巨大，愿意通过不断探索，加强双方深度交流合作，为增进两国人民友谊、实现共同发展做出更多贡献。

△黑龙江省副省长毕宝文在哈尔滨国际会展中心会见了韩国忠清南道国际关系咨询大使赵镛天一行。毕宝文对客人的到访表示热烈欢迎。在简要介绍黑龙江省情况后，他说，黑龙江省与忠清南道交流开始较早，随着两省道正式缔结友好省道关系，双方在农业、人文等领域的交流不断扩大，并取得了可喜成果。当前，黑龙江省正主动对接国家"一带一路"倡议，

黑龙江愿与韩国各地方政府共享机遇，希望两省道密切高层之间的联系，积极开展农业领域合作。同时，推进文化、体育、青少年等多领域的交流，不断提高双方互利合作水平。赵镛天表示，愿意借此机会与黑龙江省在农产品深加工和农业种植等方面深入探讨，加深合作，实现双方共同发展。

14 日 中国外交部发言人耿爽说，中方对日方参与"一带一路"建设一直持开放态度，支持两国企业围绕"一带一路"和第三方市场取得更多合作成果。

△黑龙江省委书记、省人大常委会主任张庆伟在中国黑龙江省哈尔滨会见俄罗斯犹太自治州州长列文塔尔一行。张庆伟首先对列文塔尔率团出席中俄地方合作交流论坛暨中俄友城合作论坛和第二十九届哈洽会表示欢迎，并介绍了中俄地方合作理事会工作开展情况。张庆伟表示，6 月 8 日习近平主席向普京总统颁授中国首枚"友谊勋章"，进一步彰显了中俄两国和两国人民的深厚情谊。两国元首在会晤中达成新共识，为中俄地方合作发展指明了方向、提供了遵循。希望双方围绕 2018 年 9 月召开的东方论坛，积极推动重点合作项目取得突破性进展，更好发挥同江—下列宁斯阔耶黑龙江界河铁路大桥作用，推进智能化口岸、货物换装场地等设施的规划设计和建设，打造经贸合作、物流产业高效安全通道，切实扩大跨境产业园区规模效应和集群效应。双方要共同创造良好营商环境，服务、支持、培育企业发展壮大，打造中俄省州合作的典范。列文塔尔对黑龙江作为中俄地方合作理事会中方主席单位，为中俄地方间合作交流付出的努力表示高度赞赏，表示将加快同江—下列宁斯阔耶黑龙江界河铁路大桥建设进度，尽早投入使用和发挥作用，为中俄经贸合作、人文交流做出贡献。黑龙江省领导李海涛、张雨浦，省直有关部门及有关市（地）负责同志参加会见。

△黑龙江省委常委、副省长贾玉梅在哈尔滨会见了俄罗斯车里雅宾斯克州副州长叶夫多基莫夫一行。双方表示，今后要深化工业与技术合作，打造跨境产业链，在工业、科技、旅游等方面展开更深入的合作，实现两地联动发展。

△黑龙江省委常委、副省长贾玉梅在哈尔滨会见了日本中华总商会和日本黑龙江总商会代表团一行。贾玉梅对日本中华总商会会长严浩带领代表团到黑龙江省访问表示欢迎。她向代表团介绍了黑龙江省情况，表示日本与黑龙江省在农业、旅游、养老等很多领域有着广阔的合作空间。希望代表团成员发挥桥梁纽带作用，让更多的日本企业家来黑龙江多走走、多看看，黑龙江省将为前来投资兴业的企业提供更加优质的服务，共同推动黑龙江与日本的经贸发展。严浩说，要利用好到黑龙江访问考察的机会，深入了解黑龙江省经济社会发展情况，寻求更多的合作交流空间和机遇。

15 日 中国国家主席习近平应约同俄罗斯总统普京通电话。习近平指出，普京总统刚刚成功对中国进行国事访问并出席上海合作组织青岛峰会，取得了丰硕成果。中方倍加珍视同俄方的深厚友谊，倍加珍视中俄关系的大好局面。在中俄各自国家发展的关键时刻，在世界大势和热点问题纷繁变化的重要节点，中俄及时保持沟通，中俄两国彼此互为牢固稳定的依托，相互给予坚定有力的支持，维护了两国主权、安全、发展利益，捍卫了地区及世界和平稳定和公平正义。中方愿继续同俄方一道，引领中俄全面战略协作伙伴关系持续、稳定、高水平发展。习近平祝贺俄罗斯世界杯胜利开幕，预祝本届世界杯在俄方精心组织下取得圆满成功。普京再次祝贺上海合作组织青岛峰会在习近平主席主持下取得圆满成功，感谢中方给予的热情接待。普京对中国进行了成功的国事访问，同习近平主席就推动中俄全面战略协作伙伴关系实现更大发展达成重要共识。普京非常珍视同习近平主席的个人友谊，愿继续同习近平主席保持密切联系。普京真诚祝愿在习近平主席领导下，中国发展取得更伟大的成就。

△黑龙江省委书记、省人大常委会主任张庆伟在哈尔滨会见俄罗斯滨海边疆区代理州长塔拉先科一行。张庆伟对塔拉先科率团来访并出席中俄地方合作交流论坛暨中俄友城合作论坛和第二十九届哈洽会表示欢迎，并介绍了中俄地方合作理事会工作开展情况。张庆伟表示，滨海边疆区是黑龙江传统友好合作伙伴，希望双方借助中俄地方合作交流年契机，继续携手努力，成立联合工作组，提升绥芬河—波格拉尼奇内口岸通关水平，加快推动跨境互联互通基础设施建设。用好中俄投资基金，在中俄地方合作理事会框架下，加强商贸、金融、投资等领域合作。创新升级合作模式，加强联合联动，提升工作效率，深化旅游、文化等合作，围绕 2022 年北京冬奥会开展体育领域交流，推动两省区全方位务实合作取得更大发展。塔拉先科表示，滨海边疆区高度重视与黑龙江的交流合作，愿进一步巩固和发展两省区友好关系，在经贸合作、人文交流、体育赛事等领域开展务实合作，加快口岸基础设施改造，共同参与国际通道建设，把两省区合作提高到更高水平。黑龙江省领导李海涛、张雨浦，省直有关部门及有关市（地）负责同志参加会见。

△黑龙江省副省长孙东生在中国哈尔滨会见了日本北海道副知事浦本元人一行，双方希望能够继续利用资源优势，进一步加强交流合作，实现互惠共赢，推动双方友好关系取得新进展。

△黑龙江省副省长孙东生在哈尔滨会见了俄罗斯伊尔库茨克州第一副州长多罗费耶夫一行。孙东生对客人来参加第二十九届哈洽会表示热烈欢迎。在介绍黑龙江省情况后，他说，一年一度的哈洽会是助推黑龙江省对外开放的品牌展会，也是宣传大美龙江的多彩名片，黑龙江省与伊尔库茨克州有着多年的友好交往历史，希望以哈洽会为契机进一步加强政府间交往，为扩大互利务实合作营造良好环境。近年来，双方在现代农业、教育、科技创新等优势和热门领域积极开展合作。希望双方充分发挥

各自优势，激发合作潜能，促进形成更多领域新的经济增长点。同时，借助中俄地方合作交流年契机，密切人文交流合作。多罗费耶夫表示，愿意借此机会与黑龙江省在教育、卫生、文化、体育等领域开展内容丰富、形式多样的交流与合作。

△黑龙江省副省长聂云凌在哈尔滨会见了俄罗斯阿穆尔州政府第一副主席杰久什科一行。双方希望积极推进公路大桥和口岸建设，在传统领域基础上，研究新的合作模式。

16 日　黑龙江省省长王文涛在哈尔滨分别会见以政府主席切金为团长的俄罗斯萨哈（雅库特）共和国代表团、以代理州长塔拉先科为团长的俄罗斯滨海边疆区代表团、以州长列文塔尔为团长的俄罗斯犹太自治州代表团。王文涛对切金、塔拉先科、列文塔尔率团出席第二十九届哈洽会，中俄地方合作交流论坛暨中俄友城合作论坛，中俄地区经贸、投资、科技、工业企业对接会开幕式表示欢迎。在与切金会谈时，王文涛希望进一步加强政府间合作交流，为企业搭建更多平台、营造更加良好的环境，充分发挥各自优势，激发合作潜能，在寒地种植、畜牧养殖、矿产资源开发与加工、食品加工等领域加强合作。切金诚挚邀请王文涛在适当的时候进行访问。他表示，萨哈（雅库特）共和国在建设超前发展区过程中，希望更多的黑龙江企业考察投资兴业，在农业、食品加工、贵金属加工等领域寻求更多的投资项目。在与塔拉先科会谈时，王文涛希望双方进一步推动跨境基础设施建设，完善交流合作机制，加强人文领域交流合作，在旅游特别是跨境自驾游、自助游方面进一步出台便利化政策措施。塔拉先科就推动文化、体育、教育交流及青少年创造力培养等方面与黑龙江省省长王文涛充分交换了意见。他还邀请中方企业参与符拉迪沃斯托克（海参崴）自由港建设，并表示将推动高铁建设，促进基础设施互联互通。在与列文塔尔会谈时，王文涛希望口岸建设能进一步发挥实质性功能。列文塔尔表示，将加快同江—下

列宁斯阔耶黑龙江界河铁路大桥建设进度。双方还就促进中方企业在犹太自治州投资发展等充分交换了意见。俄罗斯驻沈阳总领事帕尔托夫，萨哈（雅库特）共和国政府副主席、萨哈（雅库特）共和国驻远东联邦区代表尼康诺夫，滨海边疆区代理副州长博格丹年科、扎哈良，犹太自治州政府第一副主席索科洛娃分别参加上述会见。

△中俄地方合作交流论坛暨中俄友城合作论坛开幕式在哈尔滨举行。中国 15 个省（自治区、直辖市）代表共 110 余人及俄罗斯 25 个相关州区的政府经贸代表共 400 余人参加了此次会议。黑龙江省委副书记、省长王文涛主持开幕式，中俄友好、和平与发展委员会地方合作理事会中方主席及黑龙江省委书记、省人大常委会主任张庆伟，俄方主席单位雅罗斯拉夫尔州政府副主席阿夫杰耶夫代表米罗诺夫主席，以及中国政府上海合作组织事务特别代表兼上合组织中方国家协调员孙立杰大使、中国人民对外友好协会副会长宋敬武出席开幕式并分别致辞。此次论坛主要是落实中俄两国领导人达成的关于举办 2018 年、2019 年中俄地方合作交流年的共识，借助中俄友好、和平与发展委员会地方合作理事会机制平台，发挥地方合作优势，深化中俄务实合作，促进中俄地方间合作创新升级，助力中俄全面战略协作伙伴关系发展。

△中俄地区经贸、投资、科技、工业企业合作对接会和"中国·俄罗斯欢乐畅快游"——中俄地方旅游合作交流活动在中国黑龙江省哈尔滨市举行。黑龙江省省长王文涛出席中俄地区经贸、投资、科技、工业企业合作对接会开幕式，副省长贾玉梅、秘书长王冬光、副秘书长齐峰出席。

△中俄友好、和平与发展委员会地方合作理事会双方成员会议在中国哈尔滨国际会展中心举行。中俄友好、和平与发展委员会地方合作理事会中方主席，黑龙江省委书记、省人大常委会主任张庆伟主持会议。会议讨论并通过

了理事会章程、会徽，同意吸纳天津市、河北省、浙江省、安徽省、江西省、湖南省、广东省、四川省、新疆维吾尔自治区成为中俄地方合作理事会新成员单位。中俄双方代表针对中俄地方合作助力"一带一路"与欧亚经济联盟对接，探讨深化中俄地方经贸、投资合作，丰富中俄间友城合作内涵等议题做了发言。大家一致表示，将在中俄友好、和平与发展委员会地方合作理事会框架下，更好发挥地方交往主体作用，为深化双方各领域务实合作做出积极贡献。

△俄罗斯有关州区经贸投资项目推介会在哈尔滨国际会展中心华旗饭店举办。本次推介会主办单位是黑龙江省人民政府，承办单位是黑龙江省商务厅。本次推介会，俄方不仅带来了大型投资项目，还推出了当地政府极具吸引力的招商引资优惠政策。莫斯科州、雅罗斯拉夫尔州、滨海边疆区、堪察加边疆区、克拉斯诺亚尔斯克边疆区、阿穆尔州、伊尔库茨克州、雅库茨克州 8 个州区代表在会上推介项目。俄罗斯远东发展部带来了远东地区 9 个州区涉及农业、林业、渔业、基础设施等合作领域的投资项目。俄罗斯联邦通讯部还推介了"中俄远东地区数字化和边境贸易发展处理概念"项目。通过本次推介会，中方参会代表更好地了解了俄罗斯投资环境和相关政策，激发了到俄罗斯投资兴业的合作兴趣。黑龙江省副省长贾玉梅出席推介会。

△"2018 中俄地方友好交流周"开幕式文艺晚会在黑龙江省举办，该场文艺演出以中俄艺术家同台演出为亮点，以弘扬中华传统文化、黑龙江地域文化为特色，通过艺术的语言谱写友谊诗篇，奏响共赢乐章，为中俄地方合作交流论坛助推活动氛围。

17 日 黑龙江省委书记、省人大常委会主任张庆伟在哈尔滨会见俄罗斯萨哈（雅库特）共和国主席切金一行。张庆伟对切金首次来访并出席中俄地方合作交流论坛暨中俄友城合作论坛、中俄地方合作理事会会议及第二十九届

哈洽会表示欢迎。张庆伟表示，希望双方在原有良好合作基础上，借助地方合作理事会的平台，加强对话和沟通，积极为双方成员单位和企业服务，帮助解决实际问题，共同推动中俄地方合作更好、更快发展。深入挖掘双方在矿产资源开发、跨境旅游等领域合作潜力，不断扩大合作成果。以中俄地方合作交流年为契机，务实开展友城间交流、交往，深化教育、青少年等领域合作，全面提升人文交流水平。切金介绍了萨哈（雅库特）共和国经济社会发展情况和投资领域，并诚挚邀请张庆伟在适当时候进行访问。他表示，萨哈（雅库特）共和国自然资源丰富、工业基础雄厚，双方在农业、贵金属加工、旅游等领域有着广阔的合作空间，希望双方多沟通、多交流，相携相助，共创繁荣。萨哈（雅库特）共和国副主席、驻远东联邦区代表尼康诺夫，黑龙江省领导张雨浦、贾玉梅、省直有关部门负责同志参加会见。

△黑龙江省委常委、副省长贾玉梅在哈尔滨会见了俄罗斯哈巴罗夫斯克边疆区政府第一副主席希哈廖夫一行。贾玉梅对客人到黑龙江省出席第二十九届哈洽会及中俄地方合作交流论坛暨中俄友城合作论坛系列活动表示欢迎。她说，黑龙江省希望与哈巴罗夫斯克边疆区在"一带一路"建设与欧亚经济联盟对接框架内，加快黑瞎子岛共同保护与合作开发，畅通中俄边境合作大通道；以培育现代大农业合作为切入点，打造跨境产业链；进一步扩大人文领域交流，加强跨境旅游互动，为企业发展创造良好环境，共同推进双方在各个方面的合作取得更新更大的发展。希哈廖夫说，中俄两国建立了良好的合作基础，积累了丰富的合作经验，哈巴罗夫斯克边疆区愿意与黑龙江省在基础设施、农业、人文等领域开展更加深入务实的合作。

19 日 中共中央总书记、国家主席习近平在中国北京与到访的朝鲜劳动党委员长、国务委员会委员长金正恩举行会谈。两国领导人就当前中朝关系，共同推动朝鲜半岛和平稳定面

临的良好势头向前发展，为维护世界和地区和平稳定、繁荣发展做出积极贡献。

△中国外交部部长助理张汉晖会见俄罗斯联邦独联体事务、俄侨和国际人文合作署署长米特洛凡诺娃，就中俄关系以及两国人文、地方等领域合作交换了意见。

19～20 日 朝鲜劳动党委员长、国务委员会委员长金正恩访问中国。中共中央总书记、国家主席习近平在中国北京与金正恩举行会谈。两国领导人就当前中朝关系，共同推动朝鲜半岛和平稳定面临的良好势头向前发展，为维护世界和地区和平稳定、繁荣发展做出积极贡献。金正恩还参观了中国农业科学院国家农业科技创新园和北京市轨道交通指挥中心。中共中央政治局委员、北京市委书记蔡奇陪同。

27 日 以"加强文化交流友好合作，促进两岸两国共同发展"为主题的第九届中俄文化大集俄方开幕式在俄罗斯阿穆尔州首府布拉戈维申斯克社会文化中心隆重举行。中国黑龙江省副省长孙东生、俄罗斯阿穆尔州代理州长瓦西里·奥尔洛夫出席开幕式并致辞；黑龙江省文化厅厅长张丽娜，黑河市市长谢宝禄，辽宁省、吉林省文化厅负责同志及黑河市相关部门领导出席。孙东生对第九届中俄文化大集俄方开幕式隆重举行表示热烈的祝贺。奥尔洛夫用中文向参加第九届中俄文化大集俄方活动的中国朋友表示热烈欢迎。1200 名舞蹈家、音乐家、工艺美术大师、作家和其他艺术家参加第九届中俄文化大集。中方文化代表团在布拉戈维申斯克市还参加了当代中国画家作品展开幕式、装饰实用创作大师作品展开幕式等一系列活动，并到阿穆尔州儿童图书馆、话剧院、科技图书馆等地进行参观访问。

29 日 中国国务院总理李克强在中南海紫光阁会见来华参加首轮中韩企业家和前高官对话的韩方代表，并同他们座谈交流。韩国国会原议长丁世均以及 SK 株式会社、三星电子、现代汽车等韩国大企业负责人参加。李克强欢迎韩国企业抓住中国进一步扩大开放、经济迈

向高质量发展的机遇，积极深化对华合作，扩大对华投资，特别是对中国中西部地区的投资，拓展电子领域标志性大项目合作，共同开拓第三方市场，更好实现互利共赢。中国国际经济交流中心理事长曾培炎参加上述活动。

2018年7月

1 日　韩国和朝鲜在朝鲜半岛西部海域用于舰艇间联系的海上热线时隔10年重新启用。

3 日　黑龙江省副省长孙东生在哈尔滨花园邨宾馆会见韩国"一带一路"研究院理事长崔载千、韩中文化友好协会会长曲欢一行。孙东生代表省政府对出席"第四届中韩缘论坛"的中韩嘉宾表示诚挚的欢迎。他说，正是在座各位的努力，推动了黑龙江与韩国民间文化的交流与合作，有助于黑龙江和韩国从文化、艺术角度，进行更深入的沟通和了解。在过去合作的基础上，"一带一路"研究院又为黑龙江与韩国的文化交流提供了一个新的合作共享平台。希望通过双方的努力，黑龙江与韩国的合作越来越广泛深入。崔载千表示，论坛及相关活动取得了圆满成功，"一带一路"研究院与东北亚战略研究院签署了战略合作协议。他对黑龙江省人民政府给予活动的支持和付出的努力表示感谢。他说，黑龙江省哈尔滨市与韩国地缘相近，希望今后双方继续加强历史、经济、文化、旅游等方面的交流与合作。

△"中远海运集运汉欧班列"试运行顺利首发，这趟火车班列装载着机械产品、汽车零部件，从武汉市临空港经开区中铁联集武汉中心站驶出，由满洲里出境开往俄罗斯。全程10099公里，预计行驶时间为16～18天。汉欧国际物流公司负责中欧武汉班列运营。此次班列的开启是汉欧国际与中远海运集团不断加强创新合作的成果。

3～5日　应全国人大常委会委员长栗战书邀请，俄罗斯联邦委员会主席马特维延科率团访华。其间，中国国家主席习近平在人民大会堂会见俄罗斯联邦委员会主席马特维延科。全国人大常委会委员长栗战书在北京与俄罗斯联邦委员会主席马特维延科举行会谈，并共同主持中俄议会合作委员会第四次会议。全国政协主席汪洋在人民大会堂会见俄罗斯联邦委员会主席马特维延科。

4 日　时隔15年"朝韩统一篮球赛"在朝鲜平壤举行。据韩媒报道，韩朝官员均对本次比赛给予积极评价，称这次比赛为韩朝关系发展提供了动力。朝鲜体育相金日国在致辞时表示，"统一篮球赛"打破了民族分裂的壁垒，蕴含着朝韩领导人提前实现自主统一的意愿和全民族对统一的渴望，是民族的一大喜事。韩国统一部长官赵明均也称，体育交流是韩朝交流的重要纽带，本次比赛让韩朝通过篮球合为一体，再续平昌冬奥会的感动，为民族和解与团结做出巨大贡献。

5 日　中国国家林业和草原局副局长刘东生、黑龙江省副省长刘忻出席"2018第五届中国（东北亚）森林博览会"开幕式并致辞。黑龙江省原省长张左己出席开幕式。伊春市友好城市德国巴特维尔东根市市长沃尔克·齐默曼、俄罗斯比罗比詹市副市长阿布洛夫·杨·亚出席开幕式。伊春市委书记、市人大常委会主任高环出席开幕式并致欢迎辞，伊春市委副书记、市长韩库主持开幕式。

9 日　为了对韩朝离散家属团聚活动的会面场所进行设施维修，韩国统一部官员和大韩红十字会、现代峨山及合作企业的工作人员一行共22人前往朝鲜金刚山。

△日本连日暴雨致死人数持续攀升。救援人员在广岛县、冈山县、爱媛县等地找到多具遗体。据共同社报道，暴雨致死人数已升至126人。据报道，本次暴雨已成为20世纪80年代造成299人死亡或失踪的长崎水灾以来日本所发生的最严重同类灾害。日本内阁官房长官菅义伟宣布，为确保应对灾害万无一失，首相安倍晋三取消原定11日开始的前往欧洲、中东多国的出访计划。此前，日本政府已于8日

成立"非常灾害对策本部"。

△日产汽车公司（Nissan）坦承，在日本制造的部分汽车废气排放和油耗数据经过"蓄意编造"，这对力图从 2017 年汽车检查丑闻打击中恢复的日产而言不啻是一大打击。日产还说，汽车检查报告是根据"编造后的测量值"撰写完成。日产汽车并未透露有多少车辆受到数据造假影响。日产承诺将对最新造假丑闻进行"全面完整的调查"。

10 日 由中国商务部、黑龙江省人民政府、俄罗斯联邦经济发展部、俄罗斯联邦工业贸易部、斯维尔德洛夫斯克州政府共同主办的以"新起点、新机遇、新未来"为主题的第五届中国—俄罗斯博览会开幕式暨中国馆开馆仪式在俄罗斯叶卡捷琳堡国际展览中心举行。黑龙江省省长王文涛、中国商务部副部长高燕、俄罗斯经济发展部副部长塔雷博夫、俄罗斯联邦总统驻乌拉尔联邦区副全权代表莫伊谢耶夫分别致辞，王文涛与重庆市市长唐良智、斯维尔德洛夫斯克州第一副州长奥尔洛夫等共同为开幕式及开馆仪式剪彩。王文涛指出，中俄博览会是两国政府为推动中俄关系在更高水平上发展合作搭建的重要平台。黑龙江愿以此次活动为契机，进一步加强与俄罗斯有关地区全方位的交流合作，积极推动中国"一带一路"和俄罗斯"欧亚联盟"建设对接，共同推进基础设施建设进程，推动在工业、农业、投资、高科技、金融、旅游等领域合作，完善地方省州长定期会晤机制。开幕式后，中俄双方领导共同巡视了中国馆中央展区、重庆主宾市展区、中国汽车行业协会展区以及俄方斯维尔德洛夫斯克主宾州展区、乌拉尔采矿冶金控股集团展位、俄罗斯技术集团展位等，并为乌拉尔联邦区展台揭幕。王文涛还到黑龙江省参展企业展台，就大米营销、中医养生、煤改电智能产品项目、中俄金融联盟开展情况等与参展商深入交流。

△黑龙江省省长王文涛出席了首届欧亚桥中俄地方合作论坛、2018 中国黑龙江电视周开幕等活动并致辞，随后与车里雅宾斯克州州长杜布罗夫斯基共同主持了中俄农业地方合作远景展望圆桌会议等重要经贸交流活动。俄方主持人杜布罗夫斯基表示，车里雅宾斯克州跻身俄罗斯农工综合体前列，2017 年推动向中国出口农产品，下一步将谋划建立高新农业园区，吸引来自中国的直接投资，开展农业领域多层次合作。中方主持人王文涛表示，黑龙江作为中国与俄罗斯接壤的农业大省，对俄罗斯农业合作已形成从种植、养殖，到加工、仓储物流、批发的全产业链发展态势。两位地方省州长还共同见证了 3 个农业合作项目的签约。中国驻俄罗斯大使李辉、黑龙江省副省长贾玉梅参加上述活动。

11 日 由黑龙江省人民政府、广东省人民政府和斯维尔德洛夫斯克州政府共同主办的第五届中国—俄罗斯博览会黑龙江广东活动周开幕式暨黑龙江省广东省—斯维尔德洛夫斯克州经贸合作洽谈会在俄罗斯叶卡捷琳堡国际展览中心举行。本次活动主题是"发挥各自优势，实现互利共赢"。黑龙江省省长王文涛、斯维尔德洛夫斯克州第一副州长奥尔洛夫、中国商务部副部长高燕、乌拉尔工商会主席别谢金、中国驻俄罗斯大使李辉、广东省人民政府副秘书长林积先后致辞。中国哈尔滨市委书记王兆力出席，黑龙江省副省长贾玉梅以及俄罗斯农业集团、北大荒集团负责人做推介发言。会上，三省州企业代表分农业、牧业和食品加工业，林业和木材加工业，机械制造和能源工业，商贸业，医药制造业、旅游业、仓储物流业，建筑安装业，科技合作及其他等 7 组进行对接洽谈。王文涛与斯维尔德洛夫斯克州州长库伊瓦舍夫举行会谈时表示，完全同意库伊瓦舍夫州长提出的考虑签署未来两年两省州经贸、科技、人文合作框架协议的提议。希望两省州进一步保持互动，在传承两地友好关系基础上，密切政府间交往，建立高效务实的合作交流机制，设立常态化信息沟通平台和专门部门。除借助中俄博览会这个平台外，还要创造更多更好的企业间交流合作渠道，为双方实体经济发展助力。王文涛在与俄罗斯农业集团负责人会谈时表示，黑龙江和俄罗斯联邦政府一样，把生态保护放在第一位；对俄罗斯大型有环保责任的农业投资集团包括养殖企业来中国投资持欢迎态度；对新项目要做好环保评估。在"SIMA－LENT"电子商务公司调研跨境电子商务产业时，王文涛表示，希望俄企把握时机，加强与俄品多等黑龙江省开展对俄食品贸易较好企业的合作，扩大优质产品对中国出口。

△俄罗斯国际文传电讯社报道，2018 年上半年俄罗斯破产企业同比增长 3%，达到 6626 家。近几年这种情况似难以改变。企业破产主要与复杂的经济形势有关。俄罗斯固定资产投资总额仍较 2014 年低 4%，居民实际可支配收入减少导致消费停滞。

12 日 据俄新社报道，美国农业部 7 月报告显示，在 2017～2018 农业年度，俄罗斯出口小麦 4100 万吨，赶超美国、欧盟，成为全球小麦出口最多的国家。而俄罗斯农业部援引俄联邦海关署数据，在 2017～2018 农业年度，俄罗斯出口粮食 5242.20 万吨，其中小麦 4044.90 万吨。

△朝鲜和美国在板门店共同警备区（JSA）举行工作会议，讨论朝鲜归还在朝鲜战争时期阵亡或失踪的美军士兵遗骸的方式和日程问题。

△朝鲜最高人民会议常任委员会颁布了相关政令。朝鲜决定在朝鲜国庆 70 周年之际，从 8 月 1 日起向被判对祖国和人民有罪的人员实施大赦。内阁和有关机关将采取措施妥善安排获释人员的工作和生活。

16 日 根据世界银行数据，2017 年俄罗斯经济已接近世界经济体的前十位。从 GDP 的规模看，俄罗斯已超过韩国，在世界经济体中的排名从第 12 位上升至第 11 位。专家认为，其主要原因在于石油价格高企、俄企活力增强，以及企业贷款额度增加。此外，基础设施建设的快速发展和世界杯足球赛前投资的增长也是俄罗斯经济发展的重要驱动力。据世界银行数

据，2017 年俄罗斯 GDP 达 1.58 万亿美元。

17 日 日本首相安倍晋三在首相官邸会见了 200 名来自中日两国的本届和往届"中日小大使"代表。他表示，期待"小大使"们通过交流活动建立友谊，为中日两国加深理解发挥作用。

△经过历时 4 年多的多轮谈判，欧盟和日本于 17 日在东京正式签署《经济伙伴关系协定》（EPA）。这也意味着一个覆盖 6 亿人口、占全球 GDP 近 1/3 的"超级自由贸易区"即将建立。

△人气手机游戏《绝地求生》开发商、韩国蓝洞工作室于 15 日下架一批问题游戏装备，将旧日本军旗"旭日旗"和"731 部队"从这款手游中删除，同时致歉。负责《绝地求生》业务的蓝洞子公司 PUBG 于 14 日推出新装备，其中一款用于装饰游戏中战斗机飞行员的面具，"旭日旗"图案从人物右耳一直延伸到右脸。开发商还将游戏中人工智能角色命名为"731 部队"。

18 日 俄罗斯副总理、总统驻远东联邦区全权代表特鲁特涅夫称，俄罗斯联邦政府计划在 2024 年前每年拨付 300 亿卢布支持远东发展。该笔款项不包括对西伯利亚干线、远东联邦大学的投入。

19 日 距韩国"世越"号沉船事件发生已 4 年多，韩国法院 19 日对事故遇难者家属提起的索赔诉讼进行宣判，认定政府在事故初期应对不力，判处政府向每名遇难者提供 2 亿韩元抚恤金。韩国首尔中央地方法院 19 日对该案做出判决称，国家应承担赔偿责任，除了给予每名遇难者抚恤金之外，也向遇难者父母分别提供 4000 万韩元抚恤金，并向遇难者的兄弟姐妹和祖父母等分别提供 500 万～2000 万韩元的抚恤金。

△俄罗斯犹太自治州政府官网称，同江—下列宁斯阔耶大桥俄方段交付时间从原来预计的 2018 年底延期至 2019 年 7 月。其主要原因是 2018 年春季冰汛期间，为了使流冰顺利通

过，不得不破坏铁路大桥在建的第 4 根支柱的板桩墙，而这之后又需重建此板桩墙。目前，俄方需追加预算，并寻找资金来源。

22 日 据日媒报道，2020 年东京奥运会吉祥物名称于 22 日公布，两个吉祥物是由日本学校小学生投票选出。夏季奥运会吉祥物名为"ミライトワ"，由"未来""永远"两个词语组合而成，寓意"永远灿烂的未来"；残奥会吉祥物名为"ソメイティ"，代表着日本樱花"染井吉野樱"和"强而有力"，体现了日本对樱花的热爱，同时也寓意残奥运动员们的坚强意志。7 月 22 日起，日本在全国范围内开始出售布制玩偶等吉祥物相关商品。

23 日 根据俄罗斯零售商数据，6 月华为智能手机在线销售的份额增长了 4 个百分点，达到 21%，而苹果的份额则下降了 2 个百分点，为 19%。三星占有 13% 的市场份额。华为公司及其子品牌荣耀取代苹果，首次夺得俄网店智能手机销售冠军。

23～27 日 应中国全国人大常委会委员长栗战书邀请，日本国会众议院议长大岛理森率团访华。24 日栗战书在人民大会堂与大岛理森举行会谈。栗战书强调，中国全国人大愿与日本国会继续用好定期交流机制，加强立法、执法监督合作和政策沟通协调，交流治国理政经验，为推进中日友好合作提供法律和制度保障。双方要发挥优势积极推动地方合作，促进民间友好，不断巩固中日关系的民意基础。大岛理森说，加强对华互利合作是日本各界的普遍共识。日本国会愿加强与中国全国人大的交往，坦诚交流对话，促进民众间的相互理解，推动各领域务实合作，为中日关系发展做出新的贡献。全国人大常委会副委员长张春贤参加会谈。

24 日 中国国务院总理李克强在中南海紫光阁会见日本众议长大岛理森。李克强强调，中方愿同日方加强创新对话合作，共同推进创新发展。积极开展第三方市场合作，实现互利共赢。希望双方继续用好议会交流平台，加强立法机构交往，增进理解，深化互信，夯实两

国关系发展的民意基础。大岛理森表示，李克强总理不久前成功访问日本，同安倍晋三首相举行成果丰硕的会谈，推动中日关系重回正常发展轨道。日方愿本着中日四个政治文件原则，根据以史为鉴、面向未来的精神推进两国关系发展。双方有责任将这一精神传承给下一代。日方愿同中方加强立法机构等各领域交流，共同推动两国关系稳定发展。

△中共中央政治局委员、全国人大常委会副委员长王晨在中国北京会见日本众议长大岛理森。王晨说，2018 年是《中日和平友好条约》缔结 40 周年，两国关系面临进一步改善发展的机遇，双方应共同维护政治基础，积累积极因素，坚持和平、友好、合作，推动中日关系健康稳定发展。两国立法机构可深化机制交流，促进文化、青年、民间交往，夯实两国关系的民意基础。大岛理森说，日本众议院愿与中国全国人大共同努力，为中日关系发展发挥积极作用。

24～27 日 中共中央政治局常委、中央纪委书记赵乐际到黑龙江省调研。他强调，要深入贯彻习近平新时代中国特色社会主义思想和党的十九大精神，贯彻落实习近平总书记关于巡视工作重要思想，深化政治巡视，抓实巡视整改，认真做好巡视"后半篇文章"，充分彰显巡视监督严肃性和公信力，为统筹推进"五位一体"总体布局、协调推进"四个全面"战略布局提供坚强保障。

25 日 据报道，大韩红十字会有关人士 25 日上午，携韩方离散家属生死状况确认书，从首尔中区小波路大韩红十字会总部出发前往板门店。韩朝红十字会计划根据离散家属生死状况确认书，在仍在世的离散家属中再选出各 100 人后，于 8 月 4 日互换最终名单。最终被选为离散家属团聚活动参加者的家属在活动前一天即 8 月 19 日，将接受访朝相关教育，然后 20 日前往离散家属团聚活动举办地金刚山。

△俄罗斯分管农业的副总理戈尔捷耶夫在与联邦委员会成员会谈时表示，俄罗斯当前自

身生产的丰富食品已经可以满足自身需求，食品进口替代任务已基本完成，现在重点要从增加食品产量转变为提高食品质量，包括完善农业产业链。他表示，农业生态学等一系列新的研究方向正在快速兴起，人们会跟踪从土地到商店或从农场到餐桌的整个过程，而俄罗斯具有丰富的自然资源，可以作为世界的一个生态食品生产中心。

26 日 韩国国民权益委员会当天发布的数据称，韩国史上最严格的反腐败法《禁止不正当请托与收受财物法》（即《金英兰法》）自2016 年 9 月实行以来，仍无法根治官场受贿问题。据统计，自《金英兰法》实施至 2018 年 4月底，官场受贿现象仍屡禁不止。在被调查的1483 家韩国公共机构中，有 261 名公职人员接受利益关联机构资助，去海外出差消费，其中包括 38 名国会议员。

△据日本共同社报道，1998 年《日韩共同宣言》将于 10 月迎来发表 20 周年，日本政府把发表新的共同文件也纳入视野，着手采取增进关系的举措。对于讨论双边关系理想状态的外务省专家会议主席，政府打算指定由外交官出身的前文化厅长官近藤诚一担任。专家会议将不涉足日韩"慰安妇"问题，而是以扩大经济和文化方面的交流为中心，于近期开始讨论。日本政府还就 2018 年内实现韩国总统文在寅访日展开协调。

△俄罗斯通讯社报道，俄罗斯联邦委员会（议会上院）主席马特维延科当天在发布会上表示，俄日两国元首近来正在探讨有关在南千岛群岛（日称北方四岛）开展共同经济活动的问题，"但就算是两国元首达成了相关合作意向，也不能现在就付诸立法手段"。马特维延科指出，日本参议院日前以推动相关合作进程为由，通过《推动解决北方领土问题特别措施法》修正案的举动令俄方"十分愤怒"，其中的相关表述侵犯了俄方在南千岛群岛（日称北方四岛）的合法主权利益，对两国未来开展共同经济活动造成十分消极的影响。马特维延科

解释说，首先，两国外交、经济合作部门正在就共同开发的手段、立法和形式等问题进行探讨，高层还没有达成相关书面协定；其次，尽管俄日关系正向积极方向发展，但是两国间就某些问题仍存争议。

27 日 朝鲜祖国解放战争胜利 65 周年之际，朝鲜最高领导人金正恩近日奔赴位于平安南道桧仓郡的中国人民志愿军烈士陵园，敬献花圈。桧仓中国人民志愿军烈士陵园 1957 年建成，占地面积 9 万平方米，是朝鲜目前规模最大的中国人民志愿军烈士陵园，大门至陵园第一层有 240 级台阶，象征着在抗美援朝战争中浴血奋战的 240 万中国人民志愿军将士。在第三层的墓地里，包括毛岸英在内的 134 名烈士长眠于此。

29 日 《韩国经济》报道称，从 2017 年中国针对韩国乐天集团实施"萨德"反制措施以来，乐天集团在华销售额一落千丈，至今没有任何反弹迹象，乐天集团正准备出售在华百货店业务。"继出售超市业务后，乐天再次出售百货业务，这意味着乐天正全部撤出中国零售市场。"韩国业内人士 29 日证实，租赁场地的天津两家乐天百货和威海乐天百货将是优先裁撤对象；沈阳和成都的乐天百货由于在乐天综合体内运营，未来还将继续运营一段时间。据报道，乐天在华超市业务将在未来 1~2 个月内彻底终结。受"萨德"影响，乐天超市在华112 家店铺中的 96 家已经于 2018 年 5 月出售，另 14 家店铺也将零星出售或关门停业。乐天计划在越南、印尼扩大超市和百货店业务，以弥补在华损失。

△日本气象厅宣布，当地时间 29 日凌晨，强台风"云雀"在三重县登陆。据观察，当天下午 1 时正在广岛市附近，以每小时 35 公里的速度向西移动。受台风影响，神奈川县、静冈县、三重县等 8 个都府县至少有 23 人受伤。同时，日本交通系统也遭受影响，29 日共有 178次航班被取消。

30 日 中央政治局常委、国务院总理李克

强主持召开国务院常务会议，听取吉林长春长生公司违法违规生产狂犬病疫苗案件调查进展汇报，要求坚决严查重处并建立保障用药安全长效机制；部署优化教育经费使用结构和落实义务教育教师工资待遇，办好人民满意的教育。

31 日 因涉嫌贪污大世汽车公司 349 亿韩元（约合人民币 2.12 亿元）、受贿 111 亿韩元（约合人民币 6756 万元）而被拘留的韩国前总统李明博，于 30 日因身体状况恶化被送至首尔大学医院。

2018年8月

2 日 中国国务委员兼外交部部长王毅在新加坡出席东亚合作系列外长会议前同俄罗斯外长拉夫罗夫举行双边会见。王毅表示，不久前习近平主席和普京总统在南非出席金砖国家领导人会议期间成功会晤，就当前国际形势和如何进一步推进中俄全面战略协作伙伴关系进行了深入战略沟通，达成新的重要共识，再次突显了中俄把彼此作为最重要的战略伙伴。双方应确保 2018 年内其他高层交往取得丰硕成果，为中俄全面战略协作提供动力，进一步指明方向。拉夫罗夫表示，俄中关系非常密切。不久前普京总统成功访华和两国元首在南非约翰内斯堡成功会晤，2018 年双方还有一系列高层会晤。俄方愿同中方密切合作，确保会晤高效成功。俄方期待同中方继续就重大国际问题加强战略沟通与协调。双方就朝鲜半岛局势等共同关心的国际地区问题交换了意见。

△143 名日本民众就日本新安保法涉嫌违反宪法向名古屋地方法院提起集体诉讼。

3 日 为出席东盟（ASEAN）地区论坛（ARF）部长会议，朝鲜外相李勇浩抵达新加坡，他还将与东盟各国外长举行会谈。日本共同社猜测，李勇浩可能有意宣传朝鲜战争（1950~1953 年）终战宣言是推进无核化必不可少的立场，并通过积极的外交争取放宽制裁。

△报道称，朝鲜劳动党委员长金正恩 6 月

在新加坡举行的史上首次美朝首脑会谈上承诺无核化，但之后的美朝谈判陷入僵局。李勇浩是否同意与美国国务卿蓬佩奥、日本外相河野太郎举行会谈受到关注。

4 日 中国国务委员兼外交部部长王毅出席在新加坡举行的第 25 届东盟地区论坛外长会。王毅表示，当前东亚地区形势出现的最积极进展就是朝鲜半岛核问题重新回到对话协商解决的轨道，中方对此感到欣慰并予以坚定支持。王毅说，经过中国和东盟国家的共同努力，南海局势进一步趋于稳定，中国与东盟共同推进的"南海行为准则"（COC）磋商近期又取得新的重要进展。与此同时，中方也看到，单边主义、保护主义正在侵蚀本地区发展繁荣的前景，全球自由贸易体制正在受到严重冲击。王毅表示，冷战思维和武力胁迫不符合时代潮流，单边主义和保护主义无法解决问题。地区国家应团结合作，坚决支持自由贸易，反对保护主义，坚持多边主义进程。希望域外国家尊重地区国家为维护和平稳定所做的努力和取得的进展，为本地区的和平稳定发挥建设性作用。会议通过了中国倡议的灾害管理合作声明。

5 日 韩国外长尹炳世同俄罗斯外长拉夫罗夫、中国国务委员兼外交部部长王毅分别举行会谈，就应对朝核问题的方案进行重点讨论。韩国政府计划举行韩美、韩日、韩美日外长会谈，并正在同这些国家协调会谈日程。

5~6 日，韩国—东盟外长会谈、韩国—湄公外长会议、东盟 10+3 外长会议、东亚峰会（EAS）外长会议、ARF 外长会将相继在马来西亚吉隆坡举行。其中，东盟地区论坛（ARF）外长会先后召开非正式自由讨论会和大会，就朝核与朝鲜问题、南中国海问题等地区和国际局势方面的事务进行广泛磋商。韩国外长尹炳世、朝鲜外相李洙墉、美国国务卿克里、中国国务委员兼外交部部长王毅、日本外务大臣岸田文雄、俄罗斯外长拉夫罗夫等朝核六方会谈全部成员国的外交部门领导出席会谈。

6 日 中国外交部部长助理张汉晖会见俄

罗斯外交部无任所大使陶米恒，双边就高层交往、两国地方合作、中俄烈士纪念设施保护管理等问题交换意见。

△朝鲜《劳动新闻》刊发评论文章，批评美国国内近期掀起的对朝制裁施压舆论风潮，指出朝美之间当务之急是要巩固互信，美方尤其应以实际行动展现善意和尊重。

7日 《人民日报》报道：根据俄罗斯联邦政府总理梅德韦杰夫此前签署的命令，自5日零时起俄罗斯正式对从美国进口的部分商品加征25%～40%的关税，作为对美国加征钢铝关税的反制措施。

8日 俄罗斯国家原子能公司表示，该公司成功研制出可用于核潜艇的"永久性"核反应堆。据称，现阶段核潜艇每次更换核燃料需费时一个月，"永久性"核反应堆的发明可以使核潜艇始终保持战斗力，对核潜艇整体作战实力的提升具有重要意义。它可以节省更换核燃料的开支，具有巨大的经济效益。

△韩国与朝鲜8日将联合调查金刚山地区的病虫害灾情，为开展接壤地区联合防疫做准备。

12日 中国国务院总理李克强与日本首相安倍晋三互致贺电，庆祝《中日和平友好条约》缔结40周年。

13日 韩国和朝鲜在板门店朝方一侧统一阁举行高级别会谈，商定9月在朝鲜首都平壤再次举行南北首脑会晤。

14日 美国国务卿蓬佩奥和韩国外交部部长康京和通电话，双方讨论朝鲜半岛无核化问题，并强调要继续保持对朝施压，直至半岛实现"最终、经验证的"无核化。

15日 俄罗斯总统普京在索契会见中共中央政治局委员、中央外事工作委员会办公室主任杨洁篪。普京表示，俄中关系对两国、对世界都十分重要。俄方愿同中方进一步加强战略沟通，推进两国全面战略协作伙伴关系，深化各领域务实合作，密切在国际地区事务中的协调配合。普京期待同习近平主席再次会面。杨

洁篪表示，习近平主席同总统先生两次会晤，为两国下阶段合作指明了方向。中方愿同俄方一道，全面落实两国元首重要共识，保持高水平战略协作，推动国际秩序朝更加公正合理的方向发展，为中俄关系发展开辟更加广阔的前景。

△中共中央政治局委员、中央外事工作委员会办公室主任杨洁篪同俄罗斯联邦安全会议秘书帕特鲁舍夫在莫斯科共同主持中俄第十四轮战略安全磋商，就中俄关系和共同关心的国际和地区问题深入交换意见，达成广泛共识。

△针对日本首相安倍晋三向靖国神社捐献祭祀费一事，中国外交部发言人陆慷答记者问时表示，中方敦促日方切实正视和深刻反省侵略历史，以实际行动取信于亚洲邻国和国际社会。

△日本明仁天皇参加日本政府在东京日本武道馆举行的"全国战殁者追悼仪式"致辞时表示，对过去历史深刻反省，祈祷战争灾难不再上演。

17日 中日韩三国合作秘书处16日在首尔举行《中日韩共用汉字辞典》出版仪式，向公众隆重推介这一中日韩语言文化合作交流的最新成果。

18日 一部名为《南京事件Ⅱ——检验历史修正主义》的纪录片获得日本"JCJ奖"，评委会对这部纪录片的评价是"固执地直逼真相"。该纪录片以南京大屠杀中"鱼雷营"屠杀为主线，还原了事件全貌。制作组依照残存的历史照片资料和士兵证言，用动画技术重现了当时极为残暴的屠杀画面。

20日 《人民日报》报道：日本一项新研究揭示了自身免疫性胰腺炎的发病原因，相关成果有助于诊治这种易被误诊的疾病。

△根据中俄双方达成的共识，中国军队将于8月中下旬至9月中旬赴俄参加俄军"东方-2018"战略演习，9月11～15日双方在俄罗斯外贝加尔边疆区楚戈尔训练场共同组织联合战役行动演练。此次演习旨在巩固发展中俄全面

战略协作伙伴关系，深化两军务实友好合作，进一步增强两军共同应对各种安全威胁的能力，有利于维护地区和平与安全。

20~26 日 韩朝离散家属团聚活动再度重启。此次团聚活动共分两轮，第一轮为 20 日至 22 日，89 名韩方寻亲人员前往金刚山与朝方家属团聚；第二轮为 24 日至 26 日，其间 83 名朝鲜寻亲人员与韩国亲人重逢。离散家属在每轮 3 天的团聚时间内见面 6 次，共处 11 个小时。

21 日 俄罗斯阿穆尔州副州长帕克在中国东北地区和俄远东及贝加尔地区政府间合作委员会第二次会议上表示，该州计划每年向中国市场供应约 10 万吨粮食和 30 万吨大豆。帕克称，未来 5 年本州粮食产量将增加 8 倍，大豆产量将增加 1 倍，因此请中方研究改变从本州进口粮食的配额问题，同时希望对从阿穆尔州进口豆粕、饲料粕及各种复合饲料做出积极的决定。

22 日 中共中央政治局常委、国务院副总理韩正在重庆会见出席首届中国国际智能产业博览会的蒙古国副总理恩赫图布辛。韩正表示，中蒙是山水相依的好邻居，两国加强全方位合作，符合两国人民根本利益。中方始终将中蒙关系放在周边外交的重要位置，坚定奉行亲诚惠容理念和与邻为善、以邻为伴的周边外交方针。中方愿以中蒙建交 70 周年为契机，落实好两国元首重要共识，加强高层往来，深化务实合作，扩大人文交流，共同开创两国友好合作新局面。恩赫图布辛表示，蒙古国钦佩中国取得的巨大发展成就。蒙方坚定奉行一个中国原则，愿共同落实好双方高层共识，对接好"发展之路"和"一带一路"倡议，把中蒙关系打造成邻国交往的典范。

△日本水产厅宣布，从 5 月 17 日起实施的 2018 年度西北太平洋近海"科研捕鲸"活动已经结束。报道称，此次"科研捕鲸"是日本鲸类研究所通过调查鲸鱼年龄、胃中内容物以及皮肤采样，从而计算出合适的捕鲸配额并弄清生态系统。国际社会长期以来强烈反对捕鲸活动。国际捕鲸委员会在 1986 年通过了《全球禁止捕鲸公约》，禁止商业捕鲸，但是允许科研捕鲸。此后，日本被环保人士指责以"科研"名义继续进行商业捕鲸活动。

23 日 黑龙江省省长王文涛会见并宴请日本新潟县知事花角英世一行。王文涛对黑龙江省与新潟县缔结友好省县 35 周年表示祝贺。他介绍了 2018 年 5 月参加中日省长知事论坛并访问北海道，以及与日本地方政府、企业家、经济界、民众广泛深入交流的有关情况。他说，黑龙江是中国农业大省，水稻生产优势突出，新潟越光大米在中国消费市场久负盛名，在水稻种植加工、品种评鉴、品牌营销等环节积累了很多经验，这些都值得我们学习借鉴。黑龙江正在筹办首届国际大米节，黑龙江特别邀请日本水稻专家担任评委、传授经验。希望双方在现代农业种植、绿色食品加工以及养老健康产业等方面开展务实合作。他支持并赞同花角英世知事提出的两省县制订未来五年发展计划的提议并当场部署推进落实。花角英世表示，2018 年是《中日和平友好条约》缔结 40 周年，加强地方政府间交流不仅给两地人民带来福祉，更增进了友谊和相互理解。国之交在于民相亲，希望黑龙江与新潟进一步在经济、贸易、文化、教育、体育、旅游以及政府间合作发展领域加强务实合作。

△日本共同社援引韩国最高法院相关人士消息称，有关 4 名韩国人以朝鲜半岛属殖民地时在日本炼铁厂作为被征劳工被迫从事强制劳动为由提起诉讼，向新日铁住金（原新日本制铁）索赔相关重审，韩国最高法院首次在全体 13 名法官组成的合议体开始审理。可能影响日韩关系的战后补偿相关诉讼时隔 5 年再次启动。报道称，审理的焦点是对个人索赔权问题因 1965 年《日韩请求权协定》已经解决的日本政府见解的判断。23 日的审理闭门举行，原告辩护方认为"年内可能做出判决"。

23~25 日 应蒙古国对外关系部部长朝格特巴特尔邀请，中国国务委员兼外交部部长王毅 23 日抵达蒙古国进行正式访问，蒙古国对外关系部副部长巴图琪琪格到机场迎接。当天下午，国务委员兼外交部部长王毅与蒙古国对外关系部部长朝格特巴特尔举行了会谈，并签署了关于庆祝两国建交 70 周年纪念活动和政府间外交关系谅解备忘录等。签字仪式结束后，举行了新闻发布会，并共同回答了记者的提问。蒙古国总统巴特图勒嘎、国家大呼拉尔主席（议长）恩赫包勒德分别会见了王毅。

24 日 中华人民共和国副主席王岐山在中南海会见了日中协会会长、自民党众议员野田毅率领的日中协会代表团。王岐山表示，中日交往源远流长，两国关系长期健康稳定发展顺应历史潮流、符合两国人民利益。2018 年是《中日和平友好条约》缔结 40 周年，双方应以中日四个政治文件为基础，本着以史为鉴、面向未来的精神，妥善处理问题和分歧，保持两国关系积极改善势头。要落实好两国领导人达成的重要共识，继续相向而行，深化务实合作。希望日中协会不忘初心、坚定信念，继续发挥民间友好独特优势，为两国关系改善做出积极贡献。日方表示，日中协会愿以《中日和平友好条约》缔结 40 周年和中国改革开放 40 周年为契机，坚定不移为日中两国关系改善发展做出新的努力。

25 日 针对记者提问：美方表示中方近来在朝鲜半岛核问题上的态度有所变化，影响了美朝通过谈判解决半岛核问题的进程，中方对此有何评论？中国外交部发言人陆慷答记者问时表示，美方的说法违背基本事实，是不负责任的。中方在半岛核问题上的立场是一贯和明确的，中方将继续与有关各方保持密切沟通，为实现半岛无核化目标和东北亚长治久安发挥积极作用。

27 日 中国外交部副部长、中国政府朝鲜半岛事务特别代表孔铉佑在莫斯科同俄罗斯外交部副部长、六方会谈俄方团长莫尔古洛夫就朝鲜半岛问题举行磋商。双方重申了坚持半岛无核化，坚持通过对话协商解决问题的共同立场。双方一致认为，有关各方应坚持政治解决的方向，积极接触商谈，照顾彼此合理关切，多做有利于增进互信的事，共同努力推动半岛无核化与建立半岛和平机制进程。中俄双方将保持密切沟通，为实现半岛无核化和持久和平继续发挥积极作用。

△中国外交部副部长乐玉成会见俄罗斯驻华大使杰尼索夫，双方就近期高层交往交换了意见。

△黑龙江省省长王文涛会见日本山形县代表团一行。王文涛代表省政府对吉村知事率团参加黑龙江省与山形县结好 25 周年纪念活动并签署合作备忘录表示热烈欢迎。他说，时隔 3 个多月与吉村知事再次举行会谈，感到十分高兴，这对进一步促进两地政府间合作，推进双方经贸、文化、教育、体育、旅游交流，具有重要意义。两省县缔结友好关系 25 年来，人员交往日益频繁，有力地促进了相互理解，增进了友谊。山形县每年都组团参加哈洽会，特别是在哈尔滨设立代表处以来，不断加强两省县合作，推动了两地经贸发展。希望双方在此基础上，推动青少年互学往来，关注环保、养老、旅游等领域带来的商业机会，在水资源、大气、土壤保护以及秸秆综合利用、解决老龄化社会问题等方面加深合作。吉村美荣子十分高兴能在黑龙江见证山形县与黑龙江省合作领域深化备忘录的签署。山形县议会副议长小野幸作参加会见。会见后，双方共同签署了《黑龙江省与山形县友好省县 25 周年备忘录》。

△俄罗斯汽车市场分析机构 Avtostat 称，2018 年 7 月，中国品牌汽车在俄罗斯市场上销量为 2939 辆，比 2017 年同期增长 19%。在俄罗斯最受欢迎的中国品牌仍然是力帆，占俄罗斯市场上中国品牌汽车总销量的 45%。2018 年 7 月，其销售量达到 1315 辆，同比增长 1%。排名第二的是奇瑞，2018 年 7 月该品牌汽车销量达到 404 辆，同比增长 17%。排名第三的是众泰，销量为 281 辆，增长了 3.8 倍。

28 日 黑龙江省副省长贾玉梅会见日本新

潟县议会代表团一行。贾玉梅对日本新潟县议会代表团到黑龙江省访问表示欢迎。她说，黑龙江省与新潟县是中日之间最早缔结友好关系的省县之一，两省县在经济、贸易、科技、文化、教育、体育、医疗、卫生、环保等各个领域开展了广泛而卓有成效的交流合作。当前，黑龙江省配合国家"一带一路"倡议，结合自身地缘优势，积极推进中蒙俄经济走廊建设，充分利用"中俄博览会"及"哈洽会"等大型品牌展会加强对外经贸交往与联系。希望双方在现代农业，尤其是大米精深加工、旅游观光、科技合作等领域挖掘潜力，加强交流与合作。泽野修对双方交往取得的成果给予高度评价，并表示将通过此次访问进一步增进友谊、深化合作。

29 日 2018 年"纪念中日和平友好条约缔结 40 周年中日大学生千人交流大会"在北京大学举行。中华人民共和国国务院总理李克强和日本首相安倍晋三分别致贺词。

△中国国务委员兼外交部部长王毅在中南海会见日本外务事务次官秋叶刚男。王毅表示，在双方共同努力下，日本对华认识趋向正面积极。2018 年 5 月，李克强总理成功访问日本，中日关系重回正常轨道。两国关系历经曲折取得的改善势头值得双方珍惜。2018 年是《中日和平友好条约》缔结 40 周年，双方可以此为契机，认真总结 40 年来两国关系的主要经验教训，规划未来健康稳定发展的蓝图。双方要坚持中日四个政治文件和四点原则共识，维护好两国关系的政治基础。坚持中日彼此是伙伴不是对手，中国的发展对日本是机遇而不是挑战，更不是威胁的认知。坚持妥善管控分歧和处理好敏感问题。在此基础上，中方愿与日方加强沟通，拓展创新、第三方市场等领域务实合作，推进东亚经济共同体建设和区域一体化进程。秋叶刚男表示，日方对日中关系重回正常轨道感到高兴，愿同中方一道努力，珍惜改善势头，开展高层交往，深化务实合作，加强多边协调，夯实舆论和民意基础，推动两国关系不断向前

发展。

30 日 中共中央政治局常委、国务院副总理韩正在北京中南海紫光阁会见到北京出席第七次中日财长对话的日本副首相兼财务大臣麻生太郎。双方就中日关系、中日双边经济财金合作有关事宜交换意见。

31 日 中华人民共和国副主席王岐山在北京会见由干事长二阶俊博率领的日本自民党代表团。王岐山说，发展中日友好关系符合两国人民根本利益和时代潮流。双方应以《中日和平友好条约》缔结 40 周年为契机，按照中日四个政治文件和两国领导人重要共识，发挥好各层面各领域优势，进一步增加往来，不断加深了解，增强政治互信，扩大互利合作，推动两国关系在重回正轨的基础上得到新的发展。执政党交流对发展两国政治关系具有重要作用，中方愿同日方一道，落实好中日执政党交流机制会议各项共识，为中日关系发展凝聚更多正能量。二阶俊博表示，日中两国关系友好发展为亚洲和世界做出贡献。日方愿进一步巩固日中关系改善势头，同中方共同沿着和平发展道路继续前进。

△新华社消息称，中国国务委员兼外交部部长王毅在人民大会堂会见日本自民党干事长二阶俊博。王毅表示，2018 年正值《中日和平友好条约》缔结 40 周年，是一个承前启后的重要节点。双方一要回到原点，维护好两国关系健康发展的政治基础；二要不忘初心，牢记重建两国人民友好关系的重要使命；三要重温诺言，遵循无论日本还是中国都不在地区谋求霸权的宣示，而且共同反对任何其他国家建立这种霸权；四要与时俱进，共同推进东亚经济共同体建设。二阶俊博表示，日方愿与中方共同努力，维护当前积极势头，推动两国关系健康稳定发展。

△俄罗斯天然气工业股份公司外贸活动长期规划处副处长库齐克表示，公司已确定从远东向中国供应天然气的来源地，正就供应量和定价原则进行紧张的协调工作。开始供应的期

限将与签署买卖天然气的合同期限直接相关。公司确定了未来能源供应的主要参数：供应量、合同期限、供应开始的时间。

2018年9月

3日 韩国民意调查机构"真实计量器"当天发布的民意调查结果显示，文在寅所获支持率比上周下降0.8个百分点，跌至55.2%，为他执政一年多以来的新低。这次民调于8月27日开始、31日结束，以2507名成年人为调查对象。数据显示，40%的调查对象不认可文在寅的施政方针；这是文在寅执政一年多以来不认可率首次达到40%。

△俄罗斯海军28艘舰船由东向西驶过北海道北部宗谷海峡。报道称，就单次穿越宗谷海峡的舰船数量而言，刷新了冷战结束后公开数据的最多纪录。此举未构成"领海侵犯"或"危险行为"。

5日 25年来最强台风"飞燕"4日起横扫日本全境，造成日本国内至少9人死亡、340人受伤。大阪关西国际机场跑道等严重淹水，并于4日下午3时起关闭，约有700余名中国游客滞留。

6日 凌晨3：08左右，北海道发生里氏6.7级地震，震源位于胆振地区中东部，震源深40公里，目前没有海啸危险。地震造成了多处建筑物倒塌，约525万户居民家中停电，一部分高速公路也已经封行。

△据韩联社6日报道，韩国检方要求对前总统李明博判刑20年，罚款150亿韩元（约合人民币9130万元）。此前，李明博因涉嫌贪污大世汽车公司349亿韩元（约合人民币2.12亿元）、受贿111亿韩元（约合人民币6756万元）而被拘留。

7日 中华人民共和国副主席王岐山在京出席中国人民对外友好协会和中朝友好协会举办的朝鲜国庆70周年庆祝招待会。

8日 应朝鲜劳动党中央委员会和朝鲜民主主义人民共和国政府邀请，中共中央政治局常委、全国人大常委会委员长栗战书作为习近平主席的特别代表将率中国党政代表团访问朝鲜，并出席朝鲜建国70周年庆祝活动。

△俄罗斯联邦委员会国际事务委员会主席康斯坦丁·科萨切夫表示，根据安排，马特维延科正在同金正恩会晤。

9日 中共中央总书记、国家主席习近平就朝鲜国庆70周年向朝鲜劳动党委员长、国务委员会委员长金正恩致贺电。

△中共中央总书记、国家主席习近平特别代表，中共中央政治局常委、全国人大常委会委员长栗战书在平壤会见了朝鲜劳动党委员长、国务委员会委员长金正恩。

△朝鲜在平壤金日成广场举行盛大阅兵式和群众花车游行，热烈庆祝国庆70周年。阅兵式持续了约2小时，朝鲜士兵、炮兵和坦克接受检阅。

△据台湾《联合新闻网》报道，日本"慰安妇之真相国民运动组织"等16个团体于7日赴国民党台南市党部递交"公开质问书"，作为团体代表的藤井实彦竟被曝用脚踹"慰安妇"铜像，引发岛内强烈谴责。全台第一座"慰安妇"铜像在2018年8月14日上午在台南揭幕，台湾地区前领导人马英九出席铜像揭幕仪式，希望"慰安妇"事件能够得到更多关注与关怀。不过，此举却引来日方的不满。

10日 朝鲜劳动党委员长、国务委员会委员长金正恩再次会见正在访问朝鲜的中共中央总书记、国家主席习近平特别代表，中共中央政治局常委、全国人大常委会委员长栗战书，并为栗战书及其率领的中国党政代表团举行专场文艺演出和盛大欢迎招待会。朝鲜劳动党中央副委员长崔龙海代表朝鲜劳动党中央委员会和朝鲜国务委员会致欢迎辞，表示愿同中国同志一道，落实金正恩委员长和习近平主席2018年三次会晤达成的重要共识，推动朝中传统友好关系与时俱进、不断得到加强。栗战书结束访问离开平壤前，朝鲜劳动党中央副委员长李洙墉、朝鲜劳动党中央政治局候补委员金与正专门到百花园迎宾馆话别。崔龙海、李洙墉、金与正等朝鲜党政干部及数千名身着民族服装的朝鲜民众到机场欢送。

△韩国政府 10 日说，一名韩国公民确诊中东呼吸综合征（MERS）后，政府部门正密切关注与患者有过直接接触的 21 人。同时，卫生部门上调疫情预警级别，由最低的第四级升至第三级。

△联合国粮农组织国际黑土联盟第一届全会暨国际黑土学术研讨会在哈尔滨敖麓谷雅酒店召开，来自中国、美国、乌克兰、俄罗斯、巴西、阿根廷等 20 余个国家的 300 多名学者参会，旨在保护黑土，提升黑土可持续利用和管理水平。

△日本右翼团体代表藤井实彦日前因脚踹台南"慰安妇"铜像，引起公愤。经过一整天的民怨发酵，藤井实彦辩称自己"没有去踢慰安妇铜像""是因为脚麻才会去伸展动作"。

11 日　中俄两国在东方经济论坛上签署了一系列文件，如《关于中俄在俄罗斯远东地区合作发展规划（2018—2024）的谅解备忘录》《关于成立中国东北地区和俄罗斯远东及贝加尔地区实业理事会的谅解备忘录》《关于加强中俄在远东地区的区域、产业和投资合作谅解备忘录》《中国奥委会与俄罗斯奥委会合作谅解备忘录》《中国社会科学院与俄罗斯远东联邦大学关于设立中国研究中心和俄罗斯研究中心的协议》《潍柴动力股份有限公司与卡玛斯集团商用车发动机战略合作框架协议》等。

△应俄罗斯联邦总统普京邀请，中国国家主席习近平赴俄罗斯符拉迪沃斯托克（海参崴）出席第四届东方经济论坛并在符拉迪沃斯托克（海参崴）同俄罗斯总统普京举行会谈。两国元首一致认为，2018 年以来，中俄关系呈现更加积极的发展势头，进入更高水平、更快发展的新时期。双方一致同意，无论国际形势

如何变化，中俄都将坚定发展好两国关系，坚定维护好世界和平稳定。同日，中国国家主席习近平在符拉迪沃斯托克（海参崴）和俄罗斯总统普京共同出席中俄地方领导人对话会。

12 日　中国国家主席习近平在符拉迪沃斯托克（海参崴）同俄罗斯总统普京一起访问"海洋"全俄儿童中心。

△第四届东方经济论坛全会在符拉迪沃斯托克（海参崴）举行。中国国家主席习近平、俄罗斯总统普京、蒙古国总统巴特图勒嘎、日本首相安倍晋三、韩国总理李洛渊等出席。同日，中国国家主席习近平在符拉迪沃斯托克（海参崴）会见蒙古国总统巴特图勒嘎。

△中国国务院总理李克强在人民大会堂会见由日本经济团体联合会会长中西宏明、日中经济协会会长宗冈正二、日本商工会议所会长三村明夫率领的日本经济界代表团，并同他们座谈。日本主要企业负责人 200 余人出席。

14 日　俄罗斯中央银行行长纳比乌琳娜对媒体表示，俄央行正在推行去美元化政策，俄罗斯 2018 年 3~5 月大量抛售美债，持有量由 961 亿美元锐减至 149 亿美元，减幅高达 84%。据了解，俄罗斯目前已实现与中国、印度等国在国际贸易中使用本币结算。

16~18 日　应俄罗斯联邦政府邀请，中共中央政治局常委、国务院副总理韩正访问俄罗斯，同西卢安诺夫第一副总理举行中俄投资合作委员会第五次会议，同科扎克副总理举行中俄能源合作委员会第十五次会议。

17 日　《人民日报》报道：日本北海道大学近日宣布完成了日本国内最大恐龙骨骼化石的发掘工作，并正式公开了体长 8 米的"鹉川龙"全貌，发掘出如此完整的大型恐龙骨骼化石在日本尚属首次。

18 日　韩国总统文在寅乘专机抵达朝鲜首都平壤，朝鲜最高领导人金正恩偕夫人李雪主到机场迎接。文在寅此次访问持续到 20 日，朝韩双方领导人在此期间举行了 2018 年以来的第三次会晤。

19 日　近 5000 人在东京日比谷公园内参加反对新安保法集会。集会主办方代表高田健说，自新安保法通过以来，日本自卫队被赋予多项新任务，行动接连升级。他呼吁政府立即废除新安保法，并停止自卫队与朝鲜半岛和平趋势背道而驰的各种行为。

△朝韩领导人在平壤再次会晤，签署《9月平壤共同宣言》。中国外交部发言人耿爽在当日举行的例行记者会上说，中方对此表示支持，对双方所作积极努力表示赞赏。文在寅说，双方 2018 年之内将举行东西线铁路和道路连接的开工仪式；在条件成熟时推进重启开城工业园区和金刚山旅游正常化；韩朝将共同申办 2032 年夏季奥运会。

19～20 日　中国国务院总理李克强出席在天津举行的第十二届夏季达沃斯论坛。其间，李克强总理出席论坛开幕式并发表特别致辞，同工商、金融、智库、媒体界人士对话交流。

21～22 日　"2018 年金砖国家智库国际研讨会暨第 23 届万寿论坛"在天津举办。会议以"金砖国家新工业革命伙伴关系与科技创新"为主题，来自巴西、俄罗斯、印度、南非等金砖国家以及马来西亚、斯里兰卡、越南、泰国等发展中国家的智库学者围绕主题开展交流。

25 日　中华人民共和国副主席王岐山在中南海会见了日本创价学会会长原田稔一行。

△中国国务委员兼外交部部长王毅在纽约出席联合国大会期间会见俄罗斯外长拉夫罗夫。王毅表示，习近平主席不久前赴俄罗斯出席第四届东方经济论坛，同普京总统深入沟通交流，增强了两国之间的战略互信，对双方进一步加强互利合作以及在国际事务中发挥更大作用具有重要意义。双方要共同规划好下阶段两国高层交往。当前国际形势下，中俄要加强战略沟通协调，同各方一道，坚定维护多边主义、维护国际法、维护自由贸易体制，为国际社会提供更多的正能量。拉夫罗夫表示，普京总统对不久前同习近平主席在符拉迪沃斯托克（海参

崴）的会晤十分满意。俄方赞同当前形势下，俄中双方要密切国际事务和多边机制中的沟通协调，共同维护国际公平正义。双方就共同关心的国际和地区问题深入交换了意见。

27 日　中国国务委员兼外交部部长王毅出席在纽约联合国总部召开的安理会朝鲜半岛问题公开会，强调各方要努力建设一个和平稳定的半岛、彻底无核的半岛以及合作共赢的半岛。

29 日　《人民日报》报道：中国国家主席习近平近日在东北三省考察，主持召开深入推进东北振兴座谈会并发表重要讲话。他强调，要认真贯彻习近平新时代中国特色社会主义思想和党的十九大精神，落实党中央关于东北振兴的一系列决策部署，坚持新发展理念，解放思想、锐意进取，瞄准方向、保持定力，深化改革、破解矛盾，扬长避短、发挥优势，以新气象、新担当、新作为推进东北振兴。韩正出席座谈会。

2018年10月

2 日　64 岁的日本首相安倍晋三当日完成了新内阁的改组。改组前，安倍内阁有 2 名女性成员，但改组后仅有 1 名女性，是 59 岁的参议员片山皋月，由她出任地方创生担当相。

3 日　日本大阪市市长向旧金山市市长致函，通知其解除友好城市关系。大阪市市长表示，此前一直要求旧金山市不要将"慰安妇"少女雕像作为公物，但对方没有接受。雕像位于旧金山市唐人街内的一块私有土地上。在这尊雕像的底座上，三个人像手挽着手，分别代表来自朝鲜半岛、中国和菲律宾的女性。该团体 10 月决定把雕像赠予市政府。旧金山市议会 11 月中旬投票后，一致通过接受雕像作为捐赠。

5 日　在格鲁吉亚结束的第 43 届国际象棋世界奥林匹克团体赛决胜轮（第 11 轮），中国女队战平俄罗斯队，最终获得冠军。中国男队则凭借小分优势战胜美国队，同样夺得冠军。

中国国际象棋队包揽本届奥赛的男女冠军，创造了历史。

8 日　俄罗斯发射服务运营商俄航天技术设备总公司表示，2020 年用俄"联盟－2"号运载火箭将日本 ELSA－d 卫星发射升空。

△据俄罗斯卫星网 8 日报道，俄罗斯科学家在西伯利亚的核废料储存场所发现了一种能中和核废料的细菌。这种独特的细菌，有望用于制造防止放射性核素扩散的天然屏障。

11 日　日本因此前要求悬挂"旭日旗"遭拒绝而缺席了在韩国济州举行的"2018 韩国海军国际阅舰式"，而韩国总统文在寅在阅舰式上发表演讲时则使用了 16 世纪朝鲜抗日名将李舜臣同款帅旗。

12 日　中国国务院总理李克强在塔吉克斯坦首都杜尚别会见俄罗斯联邦政府总理梅德韦杰夫。李克强指出，在双方共同努力下，中俄双边经贸合作取得长足发展。在当前复杂多变的国际形势下，中方愿同俄方创新合作思路，进一步挖掘合作潜力，拓展能源、科技、金融合作，带动中俄合作提质升级。梅德韦杰夫表示，俄中各领域务实合作稳步推进，2018 年双边贸易额有望突破 1000 亿美元，能源合作积极发展，地方交流密切深入。梅德韦杰夫期待年内访华，进行俄中总理会晤。俄方愿同中方一道，共同维护多边主义、自由贸易，为世界和平稳定与发展繁荣做出贡献。王毅、何立峰参加会见。

△中国黑龙江省副省长孙东生会见参加"2018 东亚文化之都·中国哈尔滨活动年"闭幕式的韩国釜山广域市副市长郑铉珉一行。由文化和旅游部、黑龙江省人民政府主办，哈尔滨市人民政府、黑龙江省文化厅承办的"2018 东亚文化之都·中国哈尔滨活动年"闭幕式文艺演出于 12 日晚在哈尔滨大剧院举行。黑龙江省副省长孙东生、哈尔滨市市长孙喆出席闭幕式。闭幕式上，2018 中日韩"文都"城市中国哈尔滨、日本金泽、韩国釜山的代表分别致辞。哈尔滨市副市长陈远飞将印有中国历届文都城市 LOGO 的接力棒交到了 2019 年当选城市西安市代表的手中，象征着"文都"精神的传递与延续。

14 日　日本防卫省消息称，日本计划在海外建立首个永久性军事基地，地点位于非洲东北部的吉布提。日媒称，该基地将用于打击索马里海盗。2017 年 8 月，《参考消息》报道称，日本军舰曾派遣蛙人靠近停泊在吉布提码头的中国军舰，后遭警告驱离。

15 日　黑龙江省副省长贾玉梅会见俄罗斯车里雅宾斯克州叶夫多基莫夫一行。贾玉梅欢迎车里雅宾斯克州代表团到黑龙江省访问。她说，近年来，在中俄两国领导人的高度重视和积极推动下，中俄关系不断深入发展，为地区间开展合作创造了良好环境。黑龙江与车里雅宾斯克州都是工业基础雄厚、科技教育资源丰富的地区，双方在技术、产业、人才、资源等方面有着很强的相似性，目前已在农机、电站等领域开展了富有成效的合作。希望两省州进一步加强政府间沟通与交流，推动双方特别是企业间更加密切的合作；挖掘双方潜能，在工业、科技领域深入开展合作；发挥各自区位优势，携手在跨境园区、电子商务等方面开展合作。同时，加强教育、文化、体育、旅游等人文方面的交流，为促进双方经贸更好合作搭建平台。叶夫多基莫夫表示，希望通过进一步加强两省州联系与沟通，促进双方在更多方面取得合作成果，实现互利共赢。

17 日　中国国家主席习近平在人民大会堂会见俄罗斯总统办公厅主任瓦伊诺。习近平指出，中共中央办公厅同俄罗斯总统办公厅合作机制是双边交往的独特渠道，十分重要，也体现着中俄关系的特殊性和重要性。习近平支持双方继续运行好这个机制。两个办公厅要共同努力，落实好两国元首达成的合作共识，更好地为两国关系发展大局服务。瓦伊诺表示，普京总统高度评价同习近平主席在第四届东方经济论坛期间的深入会谈，并期待着同习主席再次会晤。与中国的战略合作，是俄罗斯对外关系不折不扣的优先方向。中俄关系正处于历史最高水平，两国合作堪称当今世界国际关系的典范。俄方很高兴看到，两国元首保持着频繁交往，两国政府部门开展积极合作。两国人民的传统友谊也为双边关系不断向前发展提供了根本保障。中共中央办公厅同俄罗斯总统办公厅合作机制这一独一无二的合作模式，是中俄合作不可或缺的重要组成部分。俄方愿进一步加强两办合作，切实落实好两国元首共识，为中俄全面战略协作伙伴关系发展做出新的贡献。

18日 中共中央政治局委员、中央外事工作委员会办公室主任杨洁篪在俄罗斯索契出席第十五届瓦尔代国际辩论俱乐部年会并致辞。杨洁篪指出，当前世界多极化加速推进，经济全球化深入发展，对和平与安全的追求成为各国普遍共识。同时，冷战思维、零和博弈仍然存在，单边主义抬头，贸易保护主义表现突出，战乱冲突仍在困扰世界许多地区。中国坚持和平、发展与合作的理念，积极谋求建设新型国际关系，推动构建人类命运共同体。中国将坚持走和平发展道路，坚持对外开放，坚持多边主义，积极发展全球伙伴关系，推进共建"一带一路"，始终做世界和平的建设者、全球繁荣的贡献者、国际秩序的维护者。中俄决心进一步发挥负责任大国作用，为世界注入更多正能量。瓦尔代国际辩论俱乐部由俄罗斯发起成立，每年举办一次年会，系世界各国政治家、学者交流互动的重要平台。

△俄罗斯总统普京在索契会见出席瓦尔代年会的中共中央政治局委员、中央外事工作委员会办公室主任杨洁篪。普京请杨洁篪转达对习近平主席的亲切问候并表示，俄方高度评价俄中全面战略协作伙伴关系的高水平，愿同中方一道，保持各层级密切交往，深化各领域务实合作。面对复杂多变的国际形势，俄中要进一步加强协调合作，维护和促进两国共同利益和世界和平与发展。杨洁篪表示，中方愿同俄方一道，全面落实好两国元首达成的共识，特别是要深化能源、农业、高科技、创新、地方

等领域的务实合作。

19日 中国国家主席习近平在人民大会堂会见了来访的俄罗斯国防部长绍伊古。习近平说，中俄两军关系是两国关系高水平和特殊性的重要标志，是战略合作的亮点和重要支撑。希望两军着眼应对共同安全威胁、为各自国家发展和民族振兴创造有利外部环境，继续提升合作水平，为中俄全面战略协作伙伴关系发展提供有力支撑。中俄要坚定不移深化战略协作，共同做好稳定国际秩序的压舱石，维护好各自和共同利益。绍伊古说，习近平主席和普京总统的战略引领是深化俄中全面战略协作伙伴关系的重要基础。普京总统重视两军合作，高度评价双方在"东方－2018"战略演习中的协调配合。俄方愿与中方共同努力，持续加强战略协作，进一步提升双方军事合作水平，共同提升应对各种安全挑战的能力，为维护两国共同利益和国际地区和平稳定做出贡献。

20日 中国自主研制的大型灭火/水上救援水陆两栖飞机AG600在湖北荆门漳河机场成功实施首次水上试飞任务。

22日 中国外交部部长助理张汉晖会见俄罗斯主流媒体记者团，介绍中俄关系发展情况并回答记者关于中俄各领域合作、当前国际形势及有关热点问题的提问。

23日 世界上最长的跨海大桥——港珠澳大桥开通仪式在中国广东省珠海市举行。中国国家主席习近平出席仪式。

25日 韩国空军消息称，当地时间上午10点47分，韩国庆尚南道大川靶场举行"2018年防空导弹射击大赛"。现场突发意外，1枚"爱国者"PAC—2防空拦截导弹发射后飞行轨迹出现异常，升空4秒后即在海面上空发生爆炸，幸运的是未造成人员伤亡。

26日 中国央行消息，经国务院批准，中国人民银行与日本银行签署了中日双边本币互换协议，协议规模为2000亿元/34000亿日元，协议有效期三年，经双方同意可以展期。另据中新网消息，据央行网站，根据《中国人民银

行与日本银行合作备忘录》相关内容，中国人民银行决定授权中国银行东京分行担任日本人民币业务清算行。

△在中国国家总理李克强和日本首相安倍晋三的共同见证下，海关总署署长倪岳峰与日本关税局局长中江元哉正式签署《中华人民共和国海关和日本国海关关于中国海关企业信用管理制度与日本海关"经认证的经营者（AEO）"制度互认的安排》。

△中国外交部部长助理张汉晖会见俄罗斯卡尔梅克共和国行政长官奥尔洛夫，就中俄地方合作等问题交换意见。

28 日 中共中央印发《中国共产党支部工作条例（试行）》。

31 日 俄日政府 10 月 31 日召开外交部副部长级别会议，双方就在俄日争议岛屿南千岛群岛（日称北方四岛）上开展共同经济活动达成了一致意见。

2018年11月

1 日 中国国家主席习近平在主持召开民营企业座谈会时指出，我们强调把公有制经济巩固好、发展好，同鼓励、支持、引导非公有制经济发展不是对立的，而是有机统一的。各级党委和政府要把构建亲清新型政商关系的要求落到实处，把支持民营企业发展作为一项重要任务。在我国经济发展进程中，要不断为民营经济营造更好发展环境。

2 日 韩国国防部当日透露，韩朝军方当天通过热线就第三国船舶在半岛西部北方界线（NLL）附近海域进行非法捕捞的情况交流信息。这是韩朝两军时隔 10 年重启对外籍不法渔船信息的每日互换机制。

5 日 中国国家主席习近平在上海会见俄罗斯联邦政府总理梅德韦杰夫。习近平指出，当前，中俄都处在国家发展振兴的关键阶段，面对空前复杂的国际环境，保持中俄关系高水平运行、巩固中俄战略协作的重要性更加突出。

全面落实习近平主席和普京总统就深化两国务实合作达成的重要共识，是双方下阶段工作的重中之重。双方要不断深化能源、农业、金融、科技创新等领域合作，扩大地方人文交流，办好 2018~2019 年中俄地方合作交流年。习近平表示，欢迎俄罗斯作为主宾国参加首届中国国际进口博览会。总理先生亲率规模庞大的俄方代表团出席。希望俄方通过进口博览会充分展示俄方优质特色产品。梅德韦杰夫表示，很高兴来华出席首届中国国际进口博览会，感谢中方邀请俄罗斯以主宾国身份参加，这体现了中方对发展中俄经贸关系的高度重视，今后俄方每年都会积极参加。丁薛祥、李强、杨洁篪、胡春华、王毅、何立峰等参加会见。

6 日 有关韩国最高法院勒令新日铁住金向韩国原被强征劳工进行赔偿一事，日本政府 11 月 6 日在东京向各企业负责人进行了说明。会议由日韩经济协会主办，约 10 家会员企业及 5 个团体出席。与会人员表示，企业方面有人担心判决或将影响日韩经济关系。

△俄罗斯出口中心总裁斯列普涅夫在上海参加首届中国国际进口博览会期间对媒体表示，2018 年俄罗斯对华出口总额预计为 500 亿~540 亿美元。斯列普涅夫说，2018 年上半年俄罗斯对华出口额约 260 亿美元，较 2017 年同期增长 43%，全年对华出口总额将超过 500 亿美元，为 500 亿~540 亿美元。2018 年中俄两国双边贸易额可达到 1000 亿美元，未来几年这一指标可能翻一番。

5~10 日 中国如期举办首届国际进口博览会，中国向世界提供的又一国际公共产品"上线"。172 个国家、地区和国际组织参加，3600 多家企业参展，创造多项国际博览会纪录。

7 日 中国国务院总理李克强在人民大会堂与俄罗斯联邦政府总理梅德韦杰夫共同主持中俄总理第二十三次定期会晤。国务院副总理、中俄投资合作委员会、能源合作委员会中方主席韩正出席。李克强和梅德韦杰夫听取了韩正和国务院副总理、中俄人文合作委员会中方主席孙春兰，国务院副总理、中俄总理定期会晤委员会、中国东北地区和俄罗斯远东及贝加尔地区政府间合作委员会中方主席胡春华，以及有关机制俄方负责人、俄罗斯第一副总理西卢安诺夫、副总理戈利科娃、副总理阿基莫夫、副总理特鲁特涅夫等的工作汇报。两国总理还就共同关心的国际和地区问题深入交换了意见。会晤前，李克强在人民大会堂北大厅为梅德韦杰夫举行欢迎仪式。会晤后，李克强与梅德韦杰夫签署了《中俄总理第二十三次定期会晤联合公报》，并共同见证了投资、能源、地方合作、人文、农业、海关、质检、航天等领域多项双边合作文件的签署。国务委员兼外交部长王毅、全国政协副主席苏辉等参加有关活动。

△ 俄罗斯农业部官网报道称，俄罗斯农业部部长帕特鲁舍夫与中国农业农村部部长韩长赋商定，两国将共同发展俄远东及贝加尔地区和中国东北农工综合体。11 月 7 日，在中俄总理定期会晤框架下，双方签订了相关农业发展规划，将共同发展两国边境地区农业合作。该规划是指导两国边境地区开展农业合作的系统文件，目的是改善上述地区的农业基础设施和提高设备保障水平，发展农业科技，提高主要作物产量。中俄双方计划在关键方向开展合作。该规划规定，双方将共同建设一系列粮食、油料加工、畜牧和渔业综合体。两国将共同促进大豆、水稻生产，发展蔬菜种植、畜牧养殖以及养猪和养鸡业，共同建设牲畜和渔业养殖场，以及共同生产高附加值产品。此外，双方还将共同发展农产品物流设施，采用农业创新技术和科研成果。俄罗斯农业部部长帕特鲁舍夫指出，农业合作是中俄两国重要方向。中国在俄罗斯的农业投资占其海外该领域全部投资的 13%，这些资金大多用于俄远东的开发。

△ 中俄两国在北京签署《俄联邦经济发展部和中华人民共和国商务部关于服务贸易领域合作的谅解备忘录》。根据该备忘录，两国将在总理定期会晤委员会经贸合作分委会框架下成立服务贸易合作常设工作组，加强在旅游、文化、体育、运输服务、医疗服务、教育服务、会展服务和服务外包等领域的合作，推动以服务贸易发展为目的的双边展会，加强双边服务贸易数据交换等。

8 日 据中国海关总署发布的数据，2018 年 1～10 月，中俄贸易额达 872.4 亿美元，同比增长 28.2%。其中，中国对俄出口 392.7 亿美元，同比增长 13%，自俄进口 479.7 亿美元，同比增长 44%。2018 年 10 月，中俄贸易额达 100 亿美元。与此同时，数据显示，2018 年 1～10 月，中美贸易额达 5261.4 亿美元，同比增长 12%。其中，中国对美出口 3921.4 亿美元，同比增长 13.3%，自美进口 1339.9 亿美元，同比增长 8.5%。2018 年 1～10 月，美中贸易逆差达 2587 亿美元，较 1～9 月增长 14.3%；而仅 10 月，中美贸易顺差达 317.8 亿美元，环比减少 2.3%。

9 日 日本内阁官房长官菅义伟拒绝回答记者提出的有关东京是否会根据 1956 年《苏日联合声明》，为加快达成两国双边和平条约谈判而解除对俄罗斯制裁的问题。菅义伟称，"我们正在进行和平条约的谈判"，但没有评论俄罗斯总统新闻秘书佩斯科夫的谈话。佩斯科夫曾在俄罗斯电视节目中表示，即使在与日本签订和平条约的谈判中恢复 1956 年联合声明的形式，也并不意味着俄罗斯领土会自动转交给日方。

△ 俄罗斯能源部部长诺瓦克称，俄罗斯能源部可能在欧佩克会议之前就与石油企业讨论 2019 年减产的可能性。目前，俄罗斯联邦政府与石油企业保持紧密联系。"欧佩克＋联合部长级监督委员会"会议将于 12 月 5 日在维也纳举行，"欧佩克成员国部长会议"将于 12 月 6 日举行，"欧佩克＋部长级会议"将于 12 月 7 日举行。

12 日 国际泳联游泳世界杯东京站第二比赛日上演神奇一幕，男子 200 米蝶泳决赛，7 名日本选手同时晋级，中国选手李朱濠成为唯一的例外。李朱濠从第四泳道出发，在 7 名外国选手的"围剿"下，一路领先以 1 分 50 秒 92 的成绩夺冠！让东道主众多游泳好手们不得不看着五星红旗在自己的主场升起。

13~15 日 以"数字工业—国家发展现状与未来－2018"为主题的"工业 4.0"国际论坛于俄罗斯南乌拉尔州立大学举行，这是该论坛第一次走进大学校园。来自俄罗斯和其他国家的学者和企业代表参会，并探讨数字化转型问题。与会者分享了数字化转型先进成果，介绍了"工业 4.0"领域引领全球的相关学府和研究机构的研究进展，以及大型跨国企业和国内工业企业推行创新措施的经验。关于本届论坛的重要性，俄罗斯南乌拉尔州立大学校长表示，数字工业是工业发展的最重要方向，将提高工业生产效率。在当前激烈的竞争条件下，提升产品质量，建立创新型数字工业是国家和地区成功发展的决定性因素之一。

15 日 韩国统营市一艘 48 吨级的延绳钓船与 100 吨级的日本渔船在韩国与日本存在主权争议的独岛（日称竹岛）东北方向 330 多公里处发生相撞事故，造成韩国船只的船尾渗水 50 厘米，事发后，韩方全体船员 13 人都穿着救生衣，40 多分钟后被就近赶来的两艘渔船救起。日本共同社援引日本海上保安厅称，双方均无人受伤。

16 日 俄罗斯电子支付服务提供商 Yandex 支付公司宣布，将在当地为合作商户接入微信支付跨境业务，为俄罗斯商家接受中国游客支付提供方便。首批接入该业务的是大型商城 Citilink。Yandex 支付公司帮助家电和数码电子产品零售商通过微信支付实施收款，其中包括莫斯科的 7 个和圣彼得堡的 5 个大型网点。

17 日 在巴布亚新几内亚举行的亚太经合组织领导人峰会期间，俄罗斯直接投资基金主席、本届工商领导人峰会俄方主席德米特里耶夫证实，日本和韩国合作伙伴有意参与投资数字化基础设施"石油管道运输——电信"（Transneft－Telecom）项目。此项目将在俄罗斯、日本和韩国之间铺设约 1000 公里长的海底高速通信电缆，并与现有的"石油管道运输——电信"线路相连，后者长达 16000 多公里，并覆盖俄罗斯全部国土。项目竣工后，将建成经由俄罗斯连接欧、亚两洲的"最短通信距离""数字桥"，将信息传输速度提高到当前的几倍。项目一期将耗资几十亿卢布（约合人民币几亿元）。

18 日 在巴布亚新几内亚举行亚太经合组织领导人非正式会议期间，韩国总统文在寅建议建立亚太经合组织数字经济基金，以促进区域经济合作。他认为，此举有利于吸引对亚太地区发展中国家的投资，增加商业机遇。文在寅讲述了韩国在发展数字经济、支持初创企业，以及保护消费者合法权益方面的经验，并表示，韩国的经济发展和民主化进程很快，但同时社会不平等现象也在加剧。为此，韩国政府通过了关于建立"创新型全面国家"的新战略。

18~19 日 朝中社报道，纪念金刚山旅游启动 20 周年北南共同活动在朝鲜金刚山国际旅游特区举行。

19 日 据日媒报道，日本政府基本决定，一旦韩国解散为解决"慰安妇"问题而设立的"和解与治愈基金会"，就向韩国严正抗议。抗议将在高官级别会议上提出。不过，日方将避免使用相当于"废弃"确认"慰安妇"问题最终解决的 2015 年底日韩共识的措辞。这是基于日方认为，把共识定位为依然有效并继续要求韩国履行共识，是外交上的良策。

20 日 欧亚经济委员会统计，2018 年 1~9 月，欧亚经济联盟与第三国进出口贸易总额为 5484.2 亿美元，同比增长 21.4%。其中，联盟国家向第三国出口 3552.8 亿美元，同比增长 29.2%；自第三国进口 1931.4 亿美元，同比增长 9.3%，累计实现贸易顺差 1621.5 亿美元。俄罗斯进出口贸易额为 4611.9 亿美元，同比增长 21.6%，在欧亚经济联盟进出口贸易总额中占 84.1%。

21 日 韩国政府宣布，将解散依据《韩日慰安妇协议》设立的"和解与治愈基金会"。韩国负责管理这一基金会的女性家庭部当天发表声明说，女性家庭部与外交部就基金会运营广泛征询了相关机构和人士意见，基于征集到的意见以及基金会目前状况，"决定予以解散"。声明说，女性家庭部随后将履行解散基金会的法律程序，同时制定相关政策以竭尽所能恢复日军强征"慰安妇"受害者的名誉和尊严。但声明没有说明如何处理基金会剩余款项。女性家庭部将继续与"慰安妇"受害者、民众团体等相关方面商讨处理措施。同时，韩国外交部将与日方磋商相关事宜。据韩国媒体报道，截至 2018 年 10 月底，基金会向 34 名在世"慰安妇"受害者和 58 个已故受害者家庭提供约 44 亿韩元（约合 390 万美元）款项，另有 57.8 亿韩元留存在基金会。韩国舆论认为，韩国政府解散"和解与治愈基金会"的决定意味着废除 2015 年《韩日慰安妇协议》。

△俄罗斯央行驻华总代表丹尼洛夫表示，2018 年第三季度中国银行同业拆借市场人民币和卢布结算业务额达 49 亿元（约 7.06 亿美元），较 2017 年同期的 24 亿元（约 3.45 亿美元）水平增长 105%。丹尼洛夫指出，2017 年中国企业签订的外贸合同中，货物及服务贸易以人民币和卢布结算占比的绝对值和相对值均有增加，2018 年该数值继续增加。俄罗斯央行将认真关注并支持中方伙伴在金融体系自由化和人民币一体化方面的努力。

△俄罗斯外交部部长拉夫罗夫在和白俄罗斯外交部联合会议上表示，大欧亚伙伴关系能够确保欧亚大陆经济发展的不可分割性。他说："实现俄联邦总统普京关于在欧亚经济联盟、上海合作组织、东盟的参与下建立大欧亚伙伴关系倡议的工作取得了实际突破。当然，上述组织对欧亚大陆的其他国家，包括欧盟国家持开放态度。"拉夫罗夫说："在未来，这种伙伴关系可成为从大西洋到太平洋的统一经贸空间的关键要素，并确保世界这一地区经济发展的不可分割性。像欧安组织这样的组织可以作为

一个平台，研究讨论协调各种一体化进程的相关倡议。"

△据日媒报道，鉴于韩国政府宣布解散基于 2015 年日韩"慰安妇"问题共识所设立的"和解与治愈基金会"，日本首相安倍晋三 21 日在官邸向媒体表示"希望（韩国政府）采取负责任的应对"，表态有意提出严正抗议。日本政府计划继续要求履行共识。为避免日韩关系进一步恶化，目前不采取令驻韩大使临时回国的对抗措施，将关注文在寅政府的应对举措。日本政府虽然不打算同意就日韩共识磋商，但会继续开展日韩政府间对话。基于"共识也受到了国际社会肯定"的立场，日方将不废弃共识，继续强烈要求韩方予以履行。

22 日 朝韩非军事区江原道铁原郡箭头高地的战术道路实现连通，双方在当地展开挖掘遗骸所需的扫雷工作。这是在 1953 年签署《停战协定》后，朝韩时隔 65 年首次在非军事区内连接公路。

24 日 俄罗斯远东发展部官网报道，近日黑河—布拉戈维申斯克大桥建设承包单位代表向俄罗斯远东发展部部长顾问表示，大桥中俄部分将于 2019 年 3 月完成对接，俄方段建设按计划推进，有望于 2019 年 12 月完工。大桥全长超 1 公里，拟设计为双行驶道。

26 日 中俄友好、和平与发展委员会俄方主席以及俄总统维护企业家权益全权代表季托夫在接受媒体采访时称，俄罗斯可在西伯利亚和远东地区吸引中国投资者参与俄罗斯造纸业，俄罗斯应调整政策将高附加值产品留在俄罗斯境内。他指出，中国纸浆造纸业在很大程度上是建立在俄罗斯资源基础上的，当前中国加强了对工业的生态限制，减少纸浆与纸板生产，这为俄罗斯重振造纸业提供了一个难得的机会。俄罗斯应吸引中国投资者并在西伯利亚和远东地区建立面向亚洲国家的生产基地。俄罗斯应允许自由贸易，在任何情况下都不应施加会引起行业动荡的限制，但可开展经济监管，如征收原木出口关税和降低成品出口关税。

△韩国朝野政党 8 名国会议员 26 日登上独岛，即日本所称"竹岛"，招致日方抗议。这个跨党派议员团体由最大在野党自由韩国党籍议员、国会前外交统一委员会委员长罗卿瑗带领，当天上午视察韩国海警设在独岛的警备设施，慰问守岛人员。罗卿瑗等人所属议员团体旨在支持驻守独岛的海警，上一次登岛是 2018 年 8 月，随后推动国会增加独岛警备设施维修和升级改造拨款。这是继 10 月 22 日国会教育委员会跨党派议员代表团到访后，韩国议员近期第二次集体登岛。

27 日 日本政府敲定了 2019 年 6 月将在大阪市举行的二十国集团（G20）峰会会标。该会标以富士山为主题进行设计，用富士山顶、太阳和樱花来表现日本，并均衡地组合了"G20""2019""JAPAN"的字样。除峰会外，日本政府计划在全国 8 个地区举行的相关部长会议也将使用该会标。

28 日 俄罗斯总统普京表示，中美贸易摩擦将为俄罗斯带来新的发展机遇。普京指出，据世贸组织评估，近期二十国集团部分成员国相互施加的限制措施已导致全球贸易缩水 5000 亿美元。在此背景下，俄罗斯计划向中国供应大豆，而美方却自愿放弃中国这一庞大市场，俄方将尽力填补美方留下的市场空缺。与此同时，俄罗斯还将向中方供应禽肉和其他商品。普京认为，在发展对外贸易时，各方应积极寻找利益契合点，开展更加行之有效的合作，最终实现互利共赢。不应出于单边政治考量采取违反国际法的有害措施。

△黑龙江省副省长程志明会见并宴请俄罗斯阿穆尔州第一副主席波洛瓦伊基娜。程志明代表省政府对俄罗斯阿穆尔州第一副主席波洛瓦伊基娜率领代表团来访表示欢迎。他说，黑龙江省与阿穆尔州建立友好省州关系以来，双方在诸多领域的交流合作取得了良好成果，特别是黑河公路大桥项目的顺利实施，为推动两省州社会经济繁荣发展奠定了坚实基础。希望双方一如既往地密切配合，确保黑河公路大桥

按期竣工，并争取早日签署配套口岸协定，促进两地经贸合作更好发展。波洛瓦伊基娜表示，愿意为加强双方各领域的交往合作，推动黑河公路大桥及配套公路口岸、黑河索道项目建设做出积极努力。

29 日 首届中俄能源商务论坛在北京举行。中国国家电网公司与俄罗斯电网公司签署了联合推动俄罗斯电网数字化并在俄罗斯本地生产相关设备的协议。双方还在论坛期间商定进行技术交流，就输配电设施建设开展长期合作，并在第三国境内实施合作项目。

30 日 金砖国家领导人非正式会晤在阿根廷布宜诺斯艾利斯举行。中国国家主席习近平、南非总统拉马福萨、巴西总统特梅尔、俄罗斯总统普京、印度总理莫迪出席会晤。五国领导人围绕世界经济形势、应对当前挑战和金砖国家合作等议题深入交换意见，达成广泛共识。与会各国领导人表示，世界政治、经济、贸易正面临严峻挑战，单边主义、保护主义倾向令人担忧。在此形势下，金砖国家战略合作日益加强令人鼓舞。金砖国家要加强团结合作，推动经贸、能源、科技、金融、人文、卫生等各领域务实合作走深走实，扎实推进新工业革命伙伴关系，更好惠及各国人民。金砖国家要发出支持多边主义、维护基于规则的多边贸易体制、反对保护主义的坚定声音，为维护国际和平与安全、促进全球平衡与包容、完善全球经济治理、坚持公平和基于相互尊重的国际秩序发挥积极作用。要在加快 2030 年可持续发展议程进程中加强同非洲国家等的合作，共同维护新兴市场国家和发展中国家利益。要维护应对气候变化的《巴黎协定》，推动二十国集团领导人峰会对此发出积极声音。会晤发表了《金砖国家领导人布宜诺斯艾利斯非正式会晤新闻公报》。

△中国国家主席习近平在布宜诺斯艾利斯会见俄罗斯总统普京。习近平强调，中俄要继续保持元首年度互访的传统。相信在两国元首的引领下，中俄关系定将蓬勃发展。要加强

"一带一路"建设同欧亚经济联盟对接，深化经贸、金融、能源、科技等合作。要完善两国地方合作机制布局，为两国地方合作不断注入新的动力。要密切在二十国集团、金砖国家等多边机制内的协调，推动各方坚定维护多边主义，维护世界贸易组织的核心价值和基本原则，支持贸易自由化、便利化，反对保护主义和单边主义。普京表示，中俄保持密切高层交往十分重要。当前中俄各领域合作取得显著成效，双边贸易迅速增长，制造业、高科技、农业领域合作稳步推进，大项目顺利实施，在国际和地区事务中有效协调。俄方致力于同中方深入推进各领域务实合作，继续密切协调，为维护全球和平与安全、建设开放型世界经济共同努力。两国元首还就当前重大国际和地区问题交换了意见。丁薛祥、杨洁篪、王毅等参加会见。

2018年12月

2日 中俄两国元首在 G20 峰会期间举行会晤。两国领导人均表示，保持密切的高层交往十分重要，双方将共同致力于深入推进各领域务实合作。

4日 据朝中社报道，朝鲜劳动党中央委员、朝鲜最高人民会议代议员金铁万 3 日病逝。朝鲜决定为其举行国葬，并组成由朝鲜最高领导人金正恩担任委员长的国家治丧委员会。据报道，朝鲜劳动党中央委员会、朝鲜劳动党中央军事委员会、朝鲜民主主义人民共和国国务委员会、朝鲜民主主义人民共和国最高人民会议常任委员会 3 日联名发布讣告说，金铁万因膀胱癌医治无效于 3 日逝世，享年 98 岁。讣告说，金铁万是"无私奋斗的抗日革命战士和坚贞的老革命家"，为朝鲜"革命武力强化和国防工业发展做出了卓越贡献"，他的一生是"真正革命家的一生"。

△俄罗斯联邦经济监管定期评述指出，2018 年 10 月俄罗斯经济活动指数发展符合俄罗斯央行预期，初步预测全年 GDP 增长将达 1.5% ~ 2%。其中，居民最终消费增长 2.5% ~ 3%，固定资本形成总额增长 1.5% ~ 2%。根据俄罗斯联邦国家统计局初步数据，2018 年第三季度俄罗斯 GDP 增幅为 1.3%，符合央行此前预测增长 1.3% ~ 1.7% 的最低标准。第三季度俄罗斯投资活动增长较快，资本投资涨幅达 5.5%，较第二季度 2.8% 的水平有较大提高。

3~6日 中国黑龙江省副省长程志明在俄罗斯出席第四届中俄中小企业实业论坛和上合组织地方领导人会晤系列活动。以"数字经济"为主题的第四届中俄中小企业实业论坛于俄罗斯车里雅宾斯克州举行。该论坛由中俄友好、和平与发展委员会主办，委员会地方合作理事会主席单位黑龙江省人民政府承办。俄方主席、俄总统维护企业家权益全权代表季托夫致开幕辞，黑龙江省副省长程志明宣读中方主席戴秉国贺词。山东省副省长于杰、黑龙江等省市相关政府部门领导及企业代表出席会议。航天云网公司副总经理徐汕出席会议。

6日 俄罗斯财政部国债司司长康斯坦丁·维什科夫斯基在俄罗斯债券大会上表示，俄罗斯财政部计划于 2019 年发行人民币国债，在这个问题上，俄罗斯没有放慢与中国合作的步伐，正积极致力于人民币国债的发行。尽管以前俄罗斯没有发行过人民币债券，但是俄罗斯财政部宣布要发行与 10 亿美元等值的人民币债券已不是第一年，人民币债券主要由中国投资者购买。据俄罗斯央行数据，截至 2018 年 9 月 1 日，俄罗斯发行的债券金额创历史新高，达到 21 万亿卢布，97% 为卢布债券。

△俄罗斯总统普京在参加最高欧亚经济理事会会议时称，建议使用现代金融科技，在欧亚经济联盟框架内建立统一的结算基础设施，提高各国支付体系的稳定性，降低对美元和其他外币的依赖，从而稳固经济主权。普京指出，各联盟成员国间正在货币政策方面加大协调力度，各成员国央行于 2018 年 9 月签署了《关于协调金融市场立法的协定》，向形成联盟层面

的统一金融空间迈出了重要一步。

8 日 中共中央、国务院印发《中国教育现代化 2035》。

△韩国高铁 806 号 KTX 在江原道江陵市脱轨，造成 14 人受轻伤。事故列车载有 198 人，列车定于上午 7：30 从江陵站出发，于上午 9：30 抵达首尔站。列车共 10 节车厢，事发时，4 节车厢冲出轨道。

9 日 2018 年乒乓世青赛在澳大利亚班迪戈结束了所有项目的争夺，中国小将们成功包揽了所有项目的冠军。赛前，日本队尤其是日本女队对本届世青赛充满信心，放出豪言要击败中国国乒。

10 日 俄罗斯联邦政府总理梅德韦杰夫已签署政府决议，将 2019 年赴俄务工的外籍人员数量确定为 14.46 万人，并据此配额向外国公民发放赴俄签证和劳动许可。与 2018 年相比，2019 年用工需求缩减 19%，其中 95.1% 的需求为高技能外国劳务人员。引入外籍人员将满足雇主对高技能员工的需求，加快诸如"东方"发射场、"西伯利亚力量"输气管道等大型投资项目的施工进度。

△在俄罗斯诺夫哥罗德市召开的第一届鼓励出口协调委员会会议期间，俄罗斯工业和贸易部部长曼图罗夫表示，在"对外出口"国家专项规划框架下，政府将拨款约 1 万亿卢布（约合 144 亿美元）用于鼓励出口。来自俄罗斯各个地区的代表团、各国贸易代表及各大工业企业高管等出席会议。会议主要议题之一是如何促进本国非原料类非能源产品出口。曼图罗夫指出："未来 6 年将投入资金近万亿卢布，准确讲，是 9560 亿卢布。专项规划的基本指标已敲定，只是整套工具尚未最后获批。"

11 日 根据中国海关总署官方统计，2018 年 1～11 月俄罗斯与中国双边贸易额达 972.3 亿美元，同比增长 27.8%，其中俄罗斯自华进口 435 亿美元，同比增长 12%；俄罗斯对华出口 537 亿美元，与上年相比增幅超过 44.3%。11 月，两国贸易额为 99 亿美元。上述数据表

明，一是俄罗斯经济为出口导向型经济；二是与 2016 年、2017 年贸易数据相比，俄罗斯对华贸易呈现明显顺差。俄中能源贸易的多样化是俄罗斯对华贸易呈现顺差的重要原因。中俄加快商讨"西伯利亚力量"二线天然气供气，俄罗斯对华供应石油、液化天然气，两国共同开发远东大陆架将促进俄罗斯对华石油、天然气的出口持续增加。此外，俄罗斯矿产、金属、机电设备以及农产品也受中国市场欢迎。当前俄中面临的主要问题在于，俄罗斯市场对中国产品的需求主要集中在大众消费品，其他真正让俄罗斯市场产生兴趣的产品较少。比如目前中国汽车正在强势进入俄罗斯市场，但其占俄罗斯市场的份额十分有限，无法弥补中国对俄罗斯贸易明显的逆差。然而与贸易逆差相比，在美国不断挑战"丝绸之路"南部通道的背景下，经俄运输走廊对中国更加重要。中俄两国如不想安于当前贸易不平衡的现状，就必须设计出更加完善的协作方案，促进两国经济一体化提质升级。

△俄罗斯能源部部长诺瓦克向记者表示，俄罗斯已根据 OPEC + 协议制订每月石油开采计划，并将于 2019 年 1 月起每日削减石油产量 5 万～6 万桶。诺瓦克表示，俄罗斯将根据业已达成的减产决议，逐步减产。

13 日 俄罗斯国家结算委员会建议在欧亚经济联盟内部跨境结算系统中采用统一电子货币，该建议得到俄罗斯财政部支持。俄罗斯副财长莫伊谢耶夫称，使用电子货币对在制裁背景下减轻内部结算压力意义重大。与欧元的前身"欧洲货币单位"不同，该联盟货币将仅被用于联盟各成员国间的内部结算行为，不会成为传统意义上的货币。统一货币的汇率将由各联盟成员国现行货币汇率和各国在联盟贸易总量中所占比重决定。欧亚经济联盟成员国包括俄罗斯、白俄罗斯、哈萨克斯坦、吉尔吉斯斯坦、亚美尼亚五国。

△俄罗斯总统普京签署总统令，决定废止哈巴罗夫斯克作为远东联邦区首府的地位，符

拉迪沃斯托克（海参崴）成为该联邦区新首府。此前，滨海边疆区代州长科热米亚科曾表示，符拉迪沃斯托克（海参崴）拥有先进的交通基础设施，国际活动举办频繁，建议选择符拉迪沃斯托克（海参崴）作为联邦区新首府。哈巴罗夫斯克州州长伏尔高尔则称，哈巴罗夫斯克市是远东联邦区文化和教育中心，也是俄远东人口最多的城市，其联邦区首府地位理应保留。

△韩国青瓦台13日发布新闻资料称，韩国国家安保室室长郑义溶当天主持召开国家安全保障会议（NSC）常任委员会会议，就新设韩朝间国际航线的具体方案进行了讨论。会上，委员们认为新设航线将为韩朝乃至所有使用该航线的航空公司带来便利和实惠，并就具体推进方案进行了研讨。此外，委员们还就近期结束的非军事区内边防哨所试点撤除及互检情况、禁止敌对行为、解除共同警备区武装、共同发掘遗骸等韩朝军事协议的落实情况进行了盘点，并商定继续加强各部门合作，认真落实协议。据报道，韩国外交部部长康京和、统一部长官赵明均、国家情报院院长徐薰、国防部长郑景斗、青瓦台秘书室长任钟皙、国务调整室长卢炯旭等人出席当天会议。

16日 15岁的日本天才少年张本智和在仁川举行的国际乒联总决赛上，以4：1战胜中国国乒杀入男单决赛的林高远，夺得男单金牌。首夺总决赛单打桂冠的张本智和不但终结了中国国乒的三连冠，也成为总决赛史上最年轻的男单冠军。

17日 据韩联社报道，韩国统一部发言人白泰铉17日在例行记者会上表示，韩朝对京义线（平壤至新义州）和东海线（元山至豆满江）铁路路段进行的联合考察当天全部结束。参加东海线联合考察的韩方代表团共28人于17日上午11时30分左右越过军事分界线（MDL）返回。韩方考察人员12月8日访朝后，利用列车移动800公里，与朝方人员一道对东海线朝方路段进行考察。韩方考察人员在豆满江站乘坐列车返回江原道元山后，再坐大巴返韩。用于考察的韩方列车由于东海线路段未对接，将另外绕道经由平壤至罗津铁路，返回平壤后利用京义线南下。白泰铉表示，韩方列车将于18日上午10时许越界南下。这是韩方列车在韩朝分裂后首次行驶于金刚山至豆满江路段。

18日 庆祝改革开放40周年大会举行。习近平在大会上的讲话指出，改革开放是党和人民大踏步赶上时代的重要法宝，是坚持和发展中国特色社会主义的必由之路，是决定当代中国命运的关键一招，也是实现"两个百年"奋斗目标、实现中华民族伟大复兴的关键一招。大会向100名获改革先锋称号的同志和10名获中国改革友谊奖章的国际友人颁授奖章。

19~22日 据韩联社报道，美国朝鲜政策特别代表比根访韩，韩国外交部半岛和平交涉本部长李度勋与比根举行韩美朝核首席代表会谈及韩美工作小组会议。双方就协调近期朝美接触动向，以及2019年初朝核外交应对战略等无核化及和平体制的实质性进展方案进行了会谈，并密切协商朝韩关系等与朝核、朝鲜相关的各类问题。

20日 黑龙江省副省长程志明会见日本驻沈阳总领事川上文博一行。程志明代表省政府对日本驻沈阳总领事川上文博带领的日本驻华企业代表团一行表示欢迎。他说，2018年是中国改革开放40周年，也是《中日和平友好条约》缔结40周年。黑龙江省一直高度重视与日本的交往，自20世纪80年代以来，先后与日本新潟县、北海道、山形县缔结了友好关系，双方在经贸、农业、科技、文化、教育和卫生等领域开展了形式多样的交流合作，取得了丰富成果。程志明尤其对日本驻沈阳总领事馆在黑龙江省实施的"利民工程无偿援助"项目表示感谢。当前黑龙江省正在加快转方式、调结构、深化改革，积极对接"一带一路"倡议。希望总领事馆发挥桥梁纽带作用，使双方在更多领域开展更加务实和深层次的交流与合作。

△韩国"广开土大王"号驱逐舰执行海上搜救任务，日本方面声称这艘驱逐舰的火控雷达"多次锁定"日本海上自卫队一架 P-1 型巡逻机。日本指责韩国军舰火控雷达锁定一架日本巡逻机，遭韩方驳斥。两国闹出外交纠纷，截至 24 日仍无缓和迹象。一些人推断，日韩关系可能进一步恶化，短期内难以回暖。

21 日　中国外交部部长助理张汉晖在北京同俄罗斯外交部副部长莫尔古洛夫举行磋商，就 2019 年两国高层交往安排、"一带一路"建设与欧亚经济联盟对接合作、上海合作组织合作等深入交换意见。双方一致认为，在两国元首的战略引领下，2018 年中俄全面战略协作伙伴关系在高水平上取得大发展，各领域合作成果丰硕。2019 年是中俄建交 70 周年。双方将继续共同努力，以两国元首交往为核心，筹备好一系列重要高层交往，办好庆祝中俄建交 70 周年活动，深入推进"一带一路"建设与欧亚经济联盟对接及各领域合作，密切在上海合作组织等多边框架内的协作，推动中俄关系在 2019 年这一重要年份再上新台阶，为维护国际公平正义和世界和平稳定做出更大贡献。

△韩朝对东海线高城到元山约 100 公里的朝方路段进行了考察，并于 23 日返回。韩朝铁路公路对接和升级改造项目开工仪式将于 26 日在开城板门站举行。

△防卫大臣岩屋毅发布消息称，海上自卫队一架 P-1 巡逻机 20 日在日本海能登半岛海域的日本专属经济区（EEZ）内遭到韩国海军驱逐舰火控雷达锁定。防卫省于 28 日公布了当时的视频资料。

23 日　日本皇室按照惯例举行庆祝活动，明仁天皇、美智子皇后偕皇室成员站在皇宫阳台上，向允许进入皇宫"参贺"的民众挥手致意。天皇还向民众亲口祝贺新年快乐。据宫内厅统计，当天共有 7.6 万民众前来皇宫"参贺"，创下明仁天皇在位以来最高。同日，皇宫举行庆祝天皇生日的午宴，日本首相安倍晋三出席宴会。下午，各国驻日大使等嘉宾受邀出席祝寿茶会。这也是明仁天皇最后一次主持以上庆贺活动。

24 日　据韩联社报道，在距韩朝铁路公路对接和升级改造项目开工仪式仅剩 2 天之际，当地时间 24 日上午，韩方考察团一行将启程赴朝，对京义线公路开城地区路段进行补充考察。据报道，韩方考察团由统一部、国土交通部相关人士等 10 余人组成，他们将对京义线开城地区 4 公里路段进行考察，并于当天下午 5 时许返回。韩朝曾于 2018 年 8 月对京义线公路的开城至平壤约 160 公里路段进行了联合考察，而此次考察不同于上次，将不会使用任何调查设备。韩国统一部方面表示，韩方考察团之所以再对京义线路段进行考察，是为了弥补上次考察时的不足之处，并同朝方商讨相关事宜。21 日，韩朝对东海线高城到元山约 100 公里的朝方路段进行了考察，并于 23 日返回。韩朝铁路公路对接和升级改造项目开工仪式将于 26 日在开城板门站举行。

26 日　据韩国统一部确认，韩国和朝鲜当天上午 10 时（北京时间 9 时）左右在位于朝鲜开城市的板门站举行京义线和东海线铁路及公路连接工程动工仪式。动工仪式包括韩朝代表致辞、签名仪式、轨道对接、揭牌仪式、合影留念等环节。包括韩国统一部长官赵明均、韩国国土交通部长官金贤美、朝鲜祖国和平统一委员会委员长李善权在内的韩朝各约 100 名官员和相关人士出席仪式。

△日本内阁官房长官菅义伟称，日本将退出国际捕鲸委员会（IWC），并将在 2019 年 7 月恢复商业捕鲸。在 2018 年 9 月，日本提出解除对部分鲸种的商业捕捞禁令，该提案遭到否决。对于这一结果，日本政府暗示可能会退出国际捕鲸委员会。国际捕鲸委员会 1986 年通过《全球禁止捕鲸公约》，禁止商业捕鲸，但允许捕鲸用于科学研究。日本 1988 年停止商业捕鲸，之后以科研的名义持续在南极海域及西北太平洋捕鲸。

27 日　中国最大食品生产商和销售商中粮

集团有限公司（COFCO）启动俄罗斯滨海边疆区粮食进口业务。滨海边疆区政府强调："中粮集团一再表示有意同滨海边疆区发展贸易合作。双方举行了多次会谈，讨论了未来合作的具体事项。第一艘装载滨海边疆区玉米的轮船已开往河北省。正如中方伙伴所指出的，此次运输粮食是中粮集团响应国家'一带一路'倡议、落实俄中两国元首达成的发展合作协议的具体举措。"12月15日下午，中粮集团新良海运"良河"轮靠泊在俄罗斯符拉迪沃斯托克（海参崴）港的五一码头，执行中俄间第一单海运散装玉米贸易的运输任务。截至12月19日，首批3678吨玉米已完成装船，顺利起航。

28日 日本防卫省28日晚在其官网公布经过处理的海上自卫队巡逻机拍摄的录像，指称日前韩国海军驱逐舰对日本巡逻机进行了火控雷达照射。韩方则认为录像内容片面，对日方此举表示遗憾。

△2018国际象棋快棋与超快棋世界锦标赛在俄罗斯圣彼得堡结束了快棋比赛的争夺，在2018年两度获得慢棋女子世界冠军的中国棋手居文君以10分的积分继上届比赛后再度夺得快棋赛冠军。

29日 由金砖国家智库合作中方理事会、中国人民大学主办的"金砖国家智库合作中方理事会年会暨首届万寿国际形势研讨会"在京举行。围绕"新时代的中国与世界"主题，90家理事单位的代表及部分国内高校智库学者就"大国关系与全球治理""'一带一路'与南南合作""政党、思潮与人类命运共同体"等问题交流研讨。

31日 中国国家主席习近平和俄罗斯总统普京互致新年贺电。习近平在贺电中代表中国政府和中国人民，向普京总统和俄罗斯人民致以诚挚的祝贺和美好的祝愿。习近平表示，即将过去的一年是中俄关系发展史上具有特殊意义的一年。中俄两国都顺利完成重要国内政治议程，开启了中俄关系发展新时代。双方高层交往更加密切，政治互信日益深化，各领域务

实合作取得一系列丰硕成果，"地方合作交流年"活动顺利开展，两国人民世代友好的民意基础更加巩固。双方在国际和地区事务中积极协作，为维护国际公平正义和世界和平稳定发挥了重要的建设性作用。习近平指出，2019年是中俄建交70周年。中方愿继续同俄方一道，引领双边关系和各领域合作不断取得新进展，更好造福两国人民。普京在贺电中向习近平主席致以衷心的新年祝贺，祝全体中国人民幸福安康。普京表示，2018年，俄中全面战略协作伙伴关系达到前所未有的高度，双方开展了内涵丰富的政治对话，双边贸易额迅速提升，"地方合作交流年"开局良好，双方在解决重大地区和全球性问题上开展了富有成效的协作。2019年中俄两国将共同庆祝建交70周年。相信双方将以此为主线，继续在双边和多边事务中开展有效合作。

△中国国务院总理李克强同俄罗斯联邦政府总理梅德韦杰夫也互致新年贺电。李克强在贺电中说，中方愿同俄方一道，共同推动经贸、能源、金融、科技、农业、人文等领域合作取得新成果，助力两国共同发展。梅德韦杰夫在贺电中表示，俄方高度评价两国总理第23次定期会晤所取得的成果，愿继续同中方就促进双边各领域合作积极开展工作。

△中国国务委员兼外长王毅与俄罗斯外长拉夫罗夫互致新年贺电。王毅在贺电中表示，在即将过去的一年里，在习近平主席和普京总统的战略引领下，中俄全面战略协作伙伴关系迈入新时代，各领域合作取得突破性进展，两国友好的民意基础和社会基础更加坚实。双方开展密切国际战略协作，为维护以《联合国宪章》宗旨和原则为核心的国际秩序，维护多边主义，反对保护主义、单边主义发挥了中流砥柱的作用。新的一年，中方外交部愿与俄方同事不断加强沟通协作，以庆祝中俄建交70周年为契机，全面落实两国元首达成的各项重要共识，进一步深化中俄各领域合作以及在国际事务中的战略协作，大力弘扬中俄世代友好的和

平理念，更好维护两国共同利益，捍卫世界和平和国际公平正义。拉夫罗夫在贺电中表示，在即将过去的一年里，中俄两国不断加强外交领域的协调配合，在各个多边平台保持密切协作，共同应对新威胁与新挑战，在广泛的国际和地区热点问题上拥有相同或相近的立场。新的一年，俄方愿继续同中方一道，为落实两国元首达成的各项重要共识开展最密切的合作，加强协调配合，在多边组织和框架下推动中俄两国的共同主张，继续开展两国外交部就所有国际问题进行的定期磋商。

附　录

附录一 东北亚各国经济社会发展重要指标

中国

表 1 中国国民经济主要指标（2018 年）

指标	单位	2017 年	2018 年	同比增长率（%）
一、国内生产总值	亿元	832035.9	919281.1	10.49
第一产业增加值	亿元	62099.5	64745.2	4.26
第二产业增加值	亿元	331580.5	364835.2	10.03
第三产业增加值	亿元	438355.9	489700.8	11.71
二、农业				
农林牧渔业总产值	亿元	103978.59	107714.12	3.89
农业总产值	亿元	58059.76	61452.60	5.84
林业总产值	亿元	4980.55	5432.61	9.08
牧业总产值	亿元	29361.19	28697.40	− 2.26
渔业总产值	亿元	11577.09	12131.51	4.79
三、工业				
发电量	亿千瓦时	66044.47	71117.73	7.68
生铁产量	万吨	71361.93	77105.44	8.05
水泥产量	万吨	233084.06	220770.68	− 5.28
钢材产量	万吨	104642.05	110551.65	5.65
粗钢产量	万吨	87074.09	92800.90	6.58
十种有色金属销售量	万吨	5498.31	5702.70	3.72
四、建筑业总产值	亿元	213943.56	235085.53	9.88
五、人民生活				
城镇居民人均可支配收入	元	36396.19	39250.84	7.84
农村居民人均可支配收入	元	13432.43	14617.03	8.82
城镇居民人均消费支出	元	24444.95	26112.31	6.82
农村居民人均消费支出	元	10954.53	12124.27	10.68
六、对外贸易				
进出口总额	百万美元	4107138.00	4622416.00	12.56
进口额	百万美元	1843793.00	2135734.00	15.83
出口额	百万美元	2263345.00	2486682.00	9.90

续表

指标	单位	2017 年	2018 年	同比增长率（%）
实际使用外资	百万美元	134035.00	134966.00	0.69
七、交通运输				
货物运输量	万吨	4804850.00	5152674.00	7.24
旅客运输量	万人	1848620.12	1793820.32	-2.96
邮政业务总量	亿元	9763.71	12345.20	26.44
八、旅游业				
国内游客	百万人次	5000.00	5539.00	10.78
国内旅游总花费	亿元	45660.70	51278.30	12.30
入境游客	万人次	13948.00	14119.83	1.23
国际旅游外汇收入	百万美元	123417.00	127103.00	2.99
国内居民出境人数	万人次	14272.74	16199.00	13.50

资料来源：中华人民共和国国家统计局统计数据。

表 2　中国对主要贸易伙伴进出口情况（2018 年）

单位：百万美元,%

国家和地区	进出口总额	同比增长率	出口额	同比增长率	进口额	同比增长率
中国香港	310559.10	8.40	302068.40	8.20	8490.677	16.00
印度	95543.10	13.20	76705.30	12.70	18837.801	15.20
日本	327663.10	8.10	147083.50	7.20	180579.637	8.90
韩国	313428.50	11.80	108789.10	5.90	204639.444	15.30
中国台湾	226244.30	13.20	48646.70	10.60	177597.602	13.90
东盟	587872.00	14.10	319243.60	14.20	268628.364	13.80
印度尼西亚	77371.20	22.20	43209.50	24.30	34161.682	19.60
马来西亚	108625.40	13.00	45403.30	8.90	63222.076	16.20
菲律宾	55668.50	8.50	35061.50	9.30	20606.950	7.10
新加坡	82880.40	4.60	49165.30	9.20	33715.074	-1.60
泰国	87524.90	9.20	42893.10	11.30	44631.811	7.30
越南	147858.40	21.20	83899.70	17.20	63958.700	27.00
欧盟	682164.20	10.60	408631.60	9.80	273532.004	11.70
英国	80438.40	1.80	56558.90	-0.30	23879.472	6.90
德国	183880.80	9.40	77546.80	9.00	106333.993	9.70
法国	62898.70	15.50	30678.20	10.90	32220.467	20.20
意大利	54235.30	9.10	33172.60	13.60	21062.748	2.80
荷兰	85180.00	8.60	72850.30	8.50	12329.723	9.40
俄罗斯	107056.80	27.10	47975.20	12.00	59081.625	42.70
南非	43549.90	11.10	16250.80	9.80	27299.084	11.90
巴西	111180.80	26.60	33668.80	16.30	77512.049	31.70
加拿大	63542.20	22.70	35160.00	12.10	28382.173	39.00
美国	633519.40	8.50	478423.20	11.30	155096.235	0.70

续表

国家和地区	进出口总额	同比增长率	出口额	同比增长率	进口额	同比增长率
澳大利亚	152790.20	12.00	47338.40	14.20	105451.765	11.00
新西兰	16857.80	16.30	5775.70	13.20	11082.041	18.00

资料来源：中华人民共和国海关总署统计数据。

表3　中国货物进出口总额及增长速度（2018 年）

指标	金额（亿美元）	同比增长率（%）
货物进出口总额	46230.40	12.60
货物出口额	24874.00	9.90
一般贸易	14009.90	13.90
加工贸易	7971.70	5.10
其他贸易	2892.40	5.30
货物进口额	21356.40	15.80
一般贸易	12739.30	17.40
加工贸易	4703.80	9.10
其他贸易	3913.30	19.30
货物进出口差额（出口减进口）	3517.60	—

资料来源：中华人民共和国海关总署统计数据。

表4　中国主要商品出口金额及增长速度（2018 年）

名称	金额（千美元）	同比增长率（%）
总值	2487400743	9.9
一、初级产品	135085826	14.7
0 类 食品及活动物	65472620	4.5
00 章 活动物	544086	-3.1
01 章 肉及肉制品	2829544	1.6
02 章 乳品及蛋品	295455	4.9
03 章 鱼、甲壳及软体类动物及其制品	21544530	5.6
04 章 谷物及其制品	2039299	23.7
05 章 蔬菜及水果	24039589	-1.4
06 章 糖、糖制品及蜂蜜	2347566	2.4
07 章 咖啡、茶、可可、调味料及其制品	3920194	8.2
08 章 饲料（不包括未碾磨谷物）	3119679	17.2
09 章 杂项食品	4792677	20.6
1 类 饮料及烟类	3711678	7.0
11 章 饮料	2303069	7.5
12 章 烟草及其制品	1408609	6.2
2 类 非食用原料（燃料除外）	18022173	16.7
21 章 生皮及生毛皮	24713	21.2
22 章 油籽及含油果实	1251451	17.0

续表

名称	金额（千美元）	同比增长率（%）
23 章 生橡胶（包括合成橡胶及再生橡胶）	850042	16.3
24 章 软木及木材	683836	-11.5
25 章 纸浆及废纸	131251	-2.8
26 章 纺织纤维及其废料	3969379	14.0
27 章 天然肥料及矿物（煤、石油及宝石除外）	3559403	18.1
28 章 金属矿砂及金属废料	1958332	107.6
29 章 其他动、植物原料	5593768	6.1
3 类 矿物燃料、润滑油及有关原料	46814128	32.3
32 章 煤、焦炭及煤砖	3763518	16.0
33 章 石油、石油产品及有关原料	39734807	37.2
34 章 天然气及人造气	1807067	1.2
35 章 电流	1508736	7.3
4 类 动植物油、脂及蜡	1065227	31.5
41 章 动物油、脂	176116	3.4
42 章 植物油、脂	405917	34.4
43 章 已加工的动植物油、脂及动植物蜡	483194	43.2
二、工业制品	2352021246	9.6
5 类 化学成品及有关产品	167525366	18.6
51 章 有机化学品	51678748	21.6
52 章 无机化学品	19333360	29.3
53 章 染料、鞣料及着色料	7628527	11.7
54 章 医药品	17431515	15.6
55 章 精油、香料及盥洗、光洁制品	8506230	16.2
56 章 制成肥料	6984657	16.3
57 章 初级形状的塑料	18289651	22.5
58 章 非初级形状的塑料	15308487	10.7
59 章 其他化学原料及产品	22364191	12.7
6 类 按原料分类的制成品	404753064	9.8
61 章 皮革、皮革制品及已鞣毛皮	1837303	9.0
62 章 橡胶制品	20728749	7.4
63 章 软木及木制品（家具除外）	14192200	10.1
64 章 纸及纸板；纸浆、纸及纸板制品	18372099	6.3
65 章 纺纱、织物、制成品及有关产品	118540751	8.2
66 章 非金属矿物制品	45922073	7.0
67 章 钢铁	62608246	12.3
68 章 有色金属	27490631	17.9
69 章 金属制品	95061013	10.8
7 类 机械及运输设备	1208055330	11.6
71 章 动力机械及设备	40678262	11.9
72 章 特种工业专用机械	47244108	15.3

名称	金额（千美元）	同比增长率（%）
73 章 金工机械	8637298	18.2
74 章 通用工业机械设备及零件	119996018	11.4
75 章 办公用机械及自动数据处理设备	219194600	11.6
76 章 电信及声音的录制及重放装置设备	325695358	7.9
77 章 电力机械、器具及其电气零件	330557886	14.5
78 章 陆路车辆（包括气垫式）	83462924	13.2
79 章 其他运输设备	32588876	11.8
8 类 杂项制品	565814149	3.3
81 章 活动房屋；卫生、水道、供热及照明装置	38384024	7.4
82 章 家具及其零件；褥垫及类似填充制品	63157825	8.3
83 章 旅行用品、手提包及类似品	27294696	1.8
84 章 服装及衣着附件	157860085	0.3
85 章 鞋靴	46903520	-2.7
87 章 专业、科学及控制用仪器和装置	55117749	-0.6
88 章 摄影器材、光学物品及钟表	17687300	4.7
89 章 杂项制品	159408950	7.1
9 类 未分类的商品	5873336	2.0

资料来源：中华人民共和国海关总署统计数据。

表 5　中国主要商品进口金额及增长速度（2018 年）

名称	金额（千美元）	同比增长率（%）
总值	2135637294	15.8
一、初级产品	701612514	21.0
0 类 食品及活动物	64800710	19.3
00 章 活动物	411791	13.2
01 章 肉及肉制品	11090811	17.2
02 章 乳品及蛋品	5383059	10.0
03 章 鱼、甲壳及软体类动物及其制品	11912972	43.6
04 章 谷物及其制品	7035507	-6.4
05 章 蔬菜及水果	12258150	27.4
06 章 糖、糖制品及蜂蜜	1513601	-0.3
07 章 咖啡、茶、可可、调味料及其制品	1626062	21.6
08 章 饲料（不包括未碾磨谷物）	4346094	10.5
09 章 杂项食品	9222664	25.1
1 类 饮料及烟类	7666705	9.1
11 章 饮料	5907923	12.2
12 章 烟草及其制品	1758782	-0.2
2 类 非食用原料（燃料除外）	272208678	4.3
21 章 生皮及生毛皮	2133194	-26.0

续表

名称	金额（千美元）	同比增长率（%）
22 章 油籽及含油果实	41766731	-3.0
23 章 生橡胶（包括合成橡胶及再生橡胶）	11298991	-16.0
24 章 软木及木材	23524072	6.9
25 章 纸浆及废纸	24008765	13.2
26 章 纺织纤维及其废料	9199792	19.4
27 章 天然肥料及矿物（煤、石油及宝石除外）	7418510	14.4
28 章 金属矿砂及金属废料	150508948	5.9
29 章 其他动、植物原料	2349676	12.7
3 类 矿物燃料、润滑油及有关原料	349157166	39.9
32 章 煤、焦炭及煤砖	24674598	8.6
33 章 石油、石油产品及有关原料	274124119	41.6
34 章 天然气及人造气	50103895	51.8
35 章 电流	254554	-18.0
4 类 动植物油、脂及蜡	7779254	1.3
41 章 动物油、脂	289419	2.6
42 章 植物油、脂	7268881	1.3
43 章 已加工的动植物油、脂及动植物蜡	220954	-1.0
二、工业制品	1434024780	13.4
5 类 化学成品及有关产品	223682991	15.5
51 章 有机化学品	68117573	21.3
52 章 无机化学品	10503972	12.6
53 章 染料、鞣料及着色料	4918278	8.0
54 章 医药品	29602804	10.5
55 章 精油、香料及盥洗、光洁制品	14670940	51.6
56 章 制成肥料	2727107	18.1
57 章 初级形状的塑料	56440789	9.0
58 章 非初级形状的塑料	12930622	7.1
59 章 其他化学原料及产品	23770907	12.9
6 类 按原料分类的制成品	151452174	12.1
61 章 皮革、皮革制品及已鞣毛皮	3745659	-7.9
62 章 橡胶制品	5361445	4.7
63 章 软木及木制品（家具除外）	1449739	-1.1
64 章 纸及纸板；纸浆、纸及纸板制品	6007855	25.9
65 章 纺纱、织物、制成品及有关产品	17878242	3.4
66 章 非金属矿物制品	20364942	13.5
67 章 钢铁	24188407	7.1
68 章 有色金属	55946966	20.2
69 章 金属制品	16508919	7.4
7 类 机械及运输设备	839523646	14.2
71 章 动力机械及设备	25035776	6.6

名称	金额（千美元）	同比增长率（%）
72 章 特种工业专用机械	60346537	30.2
73 章 金工机械	13385343	7.9
74 章 通用工业机械设备及零件	53119757	13.6
75 章 办公用机械及自动数据处理设备	57152534	20.4
76 章 电信及声音的录制及重放装置设备	72489951	1.4
77 章 电力机械、器具及其电气零件	443147630	16.7
78 章 陆路车辆（包括气垫式）	81384942	2.9
79 章 其他运输设备	33461175	19.5
8 类 杂项制品	143759327	7.0
81 章 活动房屋；卫生、水道、供热及照明装置	1093497	-0.8
82 章 家具及其零件；褥垫及类似填充制品	3261449	8.4
83 章 旅行用品、手提包及类似品	2917832	27.5
84 章 服装及衣着附件	8267425	13.8
85 章 鞋靴	4661059	27.7
87 章 专业、科学及控制用仪器和装置	80085258	4.5
88 章 摄影器材、光学物品及钟表	19123925	6.7
89 章 杂项制品	24348883	8.3
9 类 未分类的商品	75606642	14.4

资料来源：中华人民共和国海关总署统计数据。

表 6　中国东北地区国民经济主要指标（2018 年）

指标	单位	2017 年	2018 年	同比增长率（%）
地区生产总值	亿元	54256.45	56751.59	4.60
粮食总产量	万吨	13895.08	13331.99	-4.05
社会固定资产投资	亿元	30808.30	30725.25	-0.27
社会消费品零售总额	亿元	30762.20	31335.61	1.86
对外贸易进出口总额	亿元	9103.03	10656.40	17.06
工业用电量	亿千瓦时	2480.87	2647.22	6.71

资料来源：根据黑龙江、吉林、辽宁三省统计数据计算得到。

表 7　黑龙江省国民经济主要指标（2018 年）

指标	单位	2017 年	2018 年	同比增长率（%）
地区生产总值	亿元	15902.7	16361.6	4.7
第一产业增加值	亿元	2965.3	3001.0	3.7
第二产业增加值	亿元	4060.6	4030.9	2.1
第三产业增加值	亿元	8876.8	9329.7	6.4
规模以上工业增加值	亿元	—	—	3.0
规模以上工业综合能源消费量	万吨标准煤	5094.3	5202.2	1.3
工业用电量	亿千瓦时	546.8	571.5	2.3

续表

指标	单位	2017 年	2018 年	同比增长率（%）
固定资产投资	亿元	11079.7	—	-4.7
社会消费品零售总额	亿元	9099.2	—	6.3
进出口总值	亿元	1280.7	1747.7	36.5
出口	亿元	356.2	294.0	-16.7
进口	亿元	924.5	1453.7	56.5
实际利用外资	万美元	585717.0	594792.0	1.5
公共财政收入	亿元	1243.2	1282.5	3.2
公共财政支出	亿元	4640.7	4675.7	0.8
城镇常住居民人均可支配收入	元	27446.0	29191.0	6.4
农村常住居民人均可支配收入	元	12665.0	13804.0	9.0
城镇登记失业率	%	4.2	4.0	-4.8
居民消费价格指数	—	101.3	102.0	2.0

资料来源：黑龙江省统计局统计数据。

表 8　中国企业 50 强（2018 年）

单位：百万美元

国内排名	世界排名	企业名称	营业收入	利润
1	2	中国石油化工集团公司（SINOPEC GROUP）	414649.9	5845.0
2	4	中国石油天然气集团公司（CHINA NATIONAL PETRO-LEUM）	392976.6	2270.5
3	5	国家电网公司（STATE GRID）	387056.0	8174.8
4	21	中国建筑工程总公司（CHINA STATE CONSTRUCTION ENGINEERING）	181524.5	3159.5
5	23	鸿海精密工业股份有限公司（HON HAI PRECISION IN-DUSTRY）	175617.0	4281.6
6	26	中国工商银行（INDUSTRIAL & COMMERCIAL BANK OF CHINA）	168979.0	45002.3
7	29	中国平安保险（集团）股份有限公司（PING AN IN-SURANCE）	163597.4	16237.2
8	31	中国建设银行（CHINA CONSTRUCTION BANK）	151110.8	38498.4
9	36	中国农业银行（AGRICULTURAL BANK OF CHINA）	139523.6	30656.5
10	39	上海汽车集团股份有限公司（SAIC MOTOR）	136392.5	5443.8
11	44	中国银行（BANK OF CHINA）	127714.1	27225.2
12	51	中国人寿保险（集团）公司（CHINA LIFE INSURANCE）	116171.5	-2566.9
13	55	中国中铁股份有限公司（CHINA RAILWAY ENGINEER-ING GROUP）	112132.7	1240.9
14	56	中国移动通信集团公司（CHINA MOBILE COMMUNICA-TIONS）	112096.0	11745.3
15	59	中国铁道建筑总公司（CHINA RAILWAY CONSTRUC-TION）	110455.9	1186.9

国内排名	世界排名	企业名称	营业收入	利润
16	61	华为投资控股有限公司（HUAWEI INVESTMENT & HOLDING）	109030.4	8953.9
17	63	中国海洋石油总公司（CHINA NATIONAL OFFSHORE OIL）	108130.4	7331.1
18	67	国家开发银行（CHINA DEVELOPMENT BANK）	103072.9	16744.3
19	80	中国华润有限公司（CHINA RESOURCES）	91986.0	3474.6
20	82	东风汽车公司（DONGFENG MOTOR）	90934.2	1599.7
21	87	中国第一汽车集团公司（CHINA FAW GROUP）	89804.7	2660.3
22	88	中国中化集团公司（SINOCHEM GROUP）	89358.1	701.4
23	93	中国交通建设集团有限公司（CHINA COMMUNICA-TIONS CONSTRUCTION）	88140.9	1585.2
24	97	太平洋建设集团（PACIFIC CONSTRUCTION GROUP）	86622.6	3390.9
25	101	中国邮政集团公司（CHINA POST GROUP）	85627.9	4133.6
26	107	国家能源投资集团（CHINA ENERGY INVESTMENT）	81977.7	3531.4
27	111	中国南方电网有限责任公司（CHINA SOUTHERN POW-ER GRID）	80963.6	1782.4
28	112	中国五矿集团公司（CHINA MINMETALS）	80076.4	−373.6
29	119	正威国际集团（AMER INTERNATIONAL GROUP）	76363.1	1483.0
30	121	中国人民保险集团股份有限公司（PEOPLE'S INSUR-ANCE CO. OF CHINA）	75377.3	1952.0
31	129	北京汽车集团（BEIJING AUTOMOTIVE GROUP）	72677.4	1097.7
32	134	中粮集团有限公司（COFCO）	71223.3	337.8
33	137	中国中信集团有限公司（CITIC GROUP）	70659.0	4566.0
34	138	中国恒大集团（CIIINA EVERGRANDE GROUP）	70478.9	5652.6
35	139	京东集团（JD. COM）	69847.6	−376.7
36	140	中国兵器工业集团公司（CHINA NORTH INDUSTRIES GROUP）	68777.7	966.4
37	141	中国电信集团公司（CHINA TELECOMMUNICATIONS）	68709.5	1664.6
38	144	中国化工集团公司（CHEMCHINA）	67397.5	−2207.6
39	149	中国宝武钢铁集团（CHINA BAOWU STEEL GROUP）	66310.0	2168.2
40	150	交通银行（BANK OF COMMUNICATIONS）	65644.8	11131.3
41	151	中国航空工业集团公司（AVIATION INDUSTRY CORP. OF CHINA）	65534.4	695.0
42	161	中国电力建设集团有限公司（POWERCHINA）	61224.0	803.8
43	169	中国医药集团（SINOPHARM）	59980.2	884.4
44	177	碧桂园控股有限公司（COUNTRY GARDEN HOLDINGS）	57308.7	5233.5
45	181	恒力集团（HENGLI GROUP）	56198.6	582.9
46	182	阿里巴巴集团（ALIBABA GROUP HOLDING）	56147.2	13094.4

国内排名	世界排名	企业名称	营业收入	利润
47	188	招商银行（CHINA MERCHANTS BANK）	55063.5	12179.0
48	189	广州汽车工业集团（GUANGZHOU AUTOMOBILE IN-DUSTRY GROUP）	55037.2	885.5
49	199	中国太平洋保险（集团）公司［CHINA PACIFIC IN-SURANCE（GROUP）］	53572.1	2724.1
50	202	绿地控股集团有限公司（GREENLAND HOLDING GROUP）	52720.9	1719.6

资料来源：2019 年《财富》世界 500 强排行榜。

俄罗斯

表 1　俄罗斯社会经济主要指标

	2018 年
宏观经济基本指标	
国内生产总值（10 亿卢布）	94093.31
零售贸易额（10 亿卢布）	31548.0
居民有偿服务（10 亿卢布）	9411.3
消费价格指数（同比上年 12 月，%）	102.9
已建住宅总面积（百万平方米）	86.3
综合预算收入（10 亿卢布）	33766.2
综合预算支出（10 亿卢布）	36451.7
综合预算盈余（10 亿卢布）	-2685.5
国家预算外资金支出（10 亿卢布）	16406.3
薪酬（包含隐性薪酬和混合收入，10 亿卢布）	57394
家庭可支配收入（10 亿卢布）	—
财政补贴（10 亿卢布）	9053
家庭实际终端消费（10 亿卢布）	54334
居民生活水平基本指标	
人口情况	
居民总数（截至年末，百万人）	146.3
出生率（每千人）	13.3
死亡率（每千人）	13.0
居民自然增长率（千人）	0.3
婴儿死亡率（每千名新生儿）	7.4
结婚率（每千人）	8.4
离婚率（每千人）	4.7

续表

	2018 年
居民经济活跃度	
年均劳动人数（百万人）	74.5
失业人数（千人）	4012
国家居民就业机构登记失业人数（千人）	874
居民收入与社会经济	
居民人均收入（卢布/月）	43400
基尼系数	0.415
单人平均月工资（卢布）	32713
平均退休金（1995 年和 2000 年含补偿金，卢布）	10438
人均生活最低消费（卢布/月）	8149
购买力（生活最低消费种类）	
人均收入购买力	3.24
每月平均工资购买力	3.78
平均退休金购买力	1.757
低于最低生活消费居民数（百万人）	14.8
收入赤字（10 亿卢布）	372.2
薪酬最低额度（年均，卢布）	512.4
营养状况	
家庭人均摄入食物热量（卡路里/天）	2662
家庭人均所需食物动物蛋白含量（克/天）	54
住房状况	
人均住房总面积（平方米）	25.9
住房需求家庭数占家庭总数（%）	6
健康状况	
每千人确诊患者所患疾病数（种）	797.3
自杀死亡率（每十万人死亡数）	18.3
医疗服务状况	
每千人医生数（人）	4.7
每万人病床数（张）	84.6
教育状况	
国家和地方教育机构数（除夜校和混合型教育机构，所）	42413
教育机构学员人数（千人）	14543
专业技术人才培养教育机构数（所）	1431
每万人受专业技术教育大学生人数（人）	61
国家和地方中等专业教育机构数（所）	3741
每万人受中等专业教育大学生人数（人）	154
国家和地方高等教育机构数（所）	572
每万人受高等教育大学生人数（人）	341

续表

	2018 年
文化状况	
每千人观看戏剧和电影人数（人）	263
每千人参观博物馆人数（人）	886
每年每人图书出版数（册）	5
每年每人杂志出版数（册）	13
旅游休闲状况	
接受休闲专门服务人数（千人）	9798
俄罗斯公民出境数（千人）	37752
不动产状况	
公民私有住房比重（%）	87
违法状况	
每年登记犯罪数量（千件）	2183
伤害死亡率（每十万人死亡数）	9.2

资料来源：俄罗斯联邦国家统计局网站。

表 2　俄罗斯对主要贸易伙伴出口额（2018 年）

单位：百万美元，%

国家和地区	金额	同比增长率	占比
总值	449693	25.7	100.0
中国	56076	44.1	12.5
荷兰	43516	22.2	9.7
德国	34097	32.5	7.6
白俄罗斯	21545	15.8	4.8
土耳其	21445	14.7	4.8
韩国	17870	45.2	4.0
意大利	16392	18.5	3.7
波兰	16291	39.9	3.6
哈萨克斯坦	12710	2.0	2.8
美国	12533	18.1	2.8
日本	12486	19.9	2.8
芬兰	11382	31.4	2.5
英国	9704	11.7	2.2
乌克兰	9523	19.9	2.1
比利时	9210	35.4	2.1

资料来源：国别报告网。

表 3 俄罗斯自主要贸易伙伴进口额（2018 年）

单位：百万美元，%

国家和地区	金额	同比增长率	占比
总值	237424	4.4	100.0
中国	52203	8.6	22.0
德国	25505	5.3	10.7
美国	12530	−0.4	5.3
白俄罗斯	11654	−3.2	4.9
意大利	10572	4.7	4.5
法国	9576	−0.6	4.0
日本	8818	13.6	3.7
韩国	6972	0.6	2.9
乌克兰	5458	11.1	2.3
哈萨克斯坦	5214	4.0	2.2
波兰	5138	4.7	2.2
土耳其	4205	24.1	1.8
英国	4041	−0.2	1.7
捷克	3775	10.3	1.6
荷兰	3692	−5.2	1.6

资料来源：国别报告网。

表 4 俄罗斯主要出口商品构成（章）（2018 年）

单位：百万美元，%

HS 编码	商品类别	2018 年 1~9 月	上年同期	同比增长率	占比
章	总值	325634	254346	28.0	100.0
27	矿物燃料、矿物油及其产品；沥青等	174943	128347	36.3	53.7
72	钢铁	17611	13360	31.8	5.4
71	珠宝、贵金属及制品；仿首饰；硬币	7802	8064	−3.3	2.4
10	谷物	7564	4884	54.9	2.3
44	木及木制品；木炭	6732	5778	16.5	2.1
84	核反应堆、锅炉、机械器具及零件	6126	5615	9.1	1.9
31	肥料	5687	5147	10.5	1.8
76	铝及其制品	5070	4186	21.1	1.6
74	铜及其制品	3997	3294	21.3	1.2
85	电机、电气、音像设备及其零附件	3384	2591	30.6	1.0
73	钢铁制品	3211	2267	41.6	1.0
29	有机化学品	3118	2389	30.5	1.0
03	鱼及其他水生无脊椎动物	2891	2478	16.6	0.9
28	无机化学品；贵金属等的化合物	2594	1888	37.4	0.8
26	矿砂、矿渣及矿灰	2513	2150	16.9	0.8
39	塑料及其制品	2366	2091	13.1	0.7
40	橡胶及其制品	2353	2359	−0.3	0.7

HS 编码	商品类别	2018 年 1 ~ 9 月	上年同期	同比增长率	占比
87	车辆及其零附件，但铁道车辆除外	2026	2283	- 11.3	0.6
48	纸及纸板；纸浆、纸或纸板制品	2015	1608	25.3	0.6
15	动、植物油、脂、蜡；精制食用油脂	1950	1901	2.6	0.6
75	镍及其制品	1872	1401	33.6	0.6
47	木浆等纤维状纤维素浆；废纸及纸板	1224	854	43.4	0.4
90	光学、照相、医疗等设备及零附件	1202	1253	- 4.1	0.4
81	其他贱金属、金属陶瓷及其制品	861	600	43.5	0.3
25	盐；硫黄；土及石料；石灰及水泥等	785	724	8.4	0.2
23	食品工业的残渣及废料；配制的饲料	749	593	26.3	0.2
86	铁道车辆；轨道装置；信号设备	684	420	63.0	0.2
38	杂项化学产品	662	524	26.2	0.2
70	玻璃及其制品	540	479	12.9	0.2
30	药品	522	498	4.9	0.2
	以上合计	273054	210026	30.0	83.9

资料来源：国别报告网。

表 5　俄罗斯主要进口商品构成（章）（2018 年）

单位：百万美元，%

HS 编码	商品类别	2018 年 1 ~ 9 月	上年同期	同比增长率	占比
章	总值	175494	162865	7.8	100.0
84	核反应堆、锅炉、机械器具及零件	32326	32691	- 1.1	18.4
85	电机、电气、音像设备及其零附件	21433	18363	16.7	12.2
87	车辆及其零附件，但铁道车辆除外	17271	15276	13.1	9.8
30	药品	7776	7738	0.5	4.4
39	塑料及其制品	7244	6410	13.0	4.1
90	光学、照相、医疗等设备及零附件	4694	4286	9.5	2.7
73	钢铁制品	4224	3859	9.4	2.4
72	钢铁	4117	3618	13.8	2.4
08	食用水果及坚果；甜瓜等水果的果皮	3589	3125	14.8	2.1
29	有机化学品	3062	2528	21.2	1.8
40	橡胶及其制品	2972	2717	9.4	1.7
62	非针织或非钩编的服装及衣着附件	2905	2635	10.2	1.7
64	鞋靴、护腿和类似品及其零件	2784	2496	11.6	1.6
28	无机化学品；贵金属等的化合物	2666	2079	28.3	1.5
38	杂项化学产品	2602	2347	10.9	1.5
61	针织或钩编的服装及衣着附件	2532	2378	6.5	1.4
33	精油及香膏；香料制品及化妆盥洗品	2416	2156	12.1	1.4
94	家具；寝具等；灯具；活动房	2081	1958	6.3	1.2
48	纸及纸板；纸浆、纸或纸板制品	1962	1758	11.7	1.1

续表

HS 编码	商品类别	2018 年 1~9 月	上年同期	同比增长率	占比
22	饮料、酒及醋	1841	1638	12.4	1.1
04	乳；蛋；蜂蜜；其他食用动物产品	1666	2055	-18.9	1.0
27	矿物燃料、矿物油及其产品；沥青等	1507	1414	6.6	0.9
02	肉及食用杂碎	1477	1954	-24.4	0.8
07	食用蔬菜、根及块茎	1464	1404	4.3	0.8
26	矿砂、矿渣及矿灰	1451	1165	24.6	0.8
32	鞣料；着色料；涂料；油灰；墨水等	1448	1328	9.0	0.8
95	玩具、游戏或运动用品及其零附件	1408	1291	9.1	0.8
12	油籽；子仁；工业或药用植物；饲料	1399	1326	5.4	0.8
89	船舶及浮动结构体	1355	1433	-5.5	0.8
03	鱼及其他水生无脊椎动物	1306	1100	18.8	0.7
	以上合计	144977	134526	7.8	82.6

资料来源：国别报告网。

表 6 俄罗斯外商直接投资（2018 年）

单位：百万美元

项目	金额
外资总额	283690.9
直接外资	30042.75
资本注入	14197.89
国外企业主提供的信贷	9218.85
其他形式直接外资	2004.9
证券外资	1632.21
股票和股份	1036.89
有价债券	827.79
其他外资	229409.8
贸易信贷	34272.72
其他形式信贷	152982.5
其他	704.79

注：总额包括未列项。

资料来源：俄罗斯联邦国家统计局网站。

表 7 俄罗斯自中国进口主要商品构成（章）（2018 年）

单位：百万美元，%

HS 编码	商品类别	2018 年 1~9 月	上年同期	同比增长率	占比
章	总值	38221	34717	10.1	100.0
85	电机、电气、音像设备及其零附件	10213	7861	29.9	26.7
84	核反应堆、锅炉、机械器具及零件	8902	10208	-12.8	23.3
64	鞋靴、护腿和类似品及其零件	1509	1303	15.8	4.0
87	车辆及其零附件，但铁道车辆除外	1363	1171	16.4	3.6

HS 编码	商品类别	2018 年 1～9 月	上年同期	同比增长率	占比
39	塑料及其制品	1308	1093	19.7	3.4
62	非针织或非钩编的服装及衣着附件	1186	1121	5.8	3.1
73	钢铁制品	1055	880	19.8	2.8
95	玩具、游戏或运动用品及其零附件	1032	950	8.7	2.7
29	有机化学品	1020	852	19.8	2.7
61	针织或钩编的服装及衣着附件	829	827	0.2	2.2
90	光学、照相、医疗等设备及零附件	768	661	16.2	2.0
94	家具；寝具等；灯具；活动房	711	770	−7.7	1.9
72	钢铁	558	576	−3.2	1.5
82	贱金属器具、利口器、餐具及零件	459	386	18.7	1.2
40	橡胶及其制品	433	356	21.6	1.1
42	皮革制品；旅行箱包；动物肠线制品	386	304	26.8	1.0
83	贱金属杂项制品	354	277	28.0	0.9
38	杂项化学产品	345	251	37.4	0.9
07	食用蔬菜、根及块茎	330	376	−12.2	0.9
96	杂项制品	322	277	16.4	0.8
76	铝及其制品	291	234	24.5	0.8
68	矿物材料的制品	285	212	34.8	0.8
28	无机化学品；贵金属等的化合物	283	225	25.8	0.7
08	食用水果及坚果；甜瓜等水果的果皮	275	199	38.2	0.7
89	船舶及浮动结构体	245	117	110.6	0.6
63	其他纺织制品；成套物品；旧纺织品	238	208	14.2	0.6
48	纸及纸板；纸浆、纸或纸板制品	223	176	26.8	0.6
69	陶瓷产品	206	168	22.6	0.5
70	玻璃及其制品	204	169	20.9	0.5
03	鱼及其他水生无脊椎动物	196	168	17.0	0.5
	以上合计	35530	32376	9.7	92.9

资料来源：国别报告网。

表 8　俄罗斯对中国出口主要商品构成（章）（2018 年）

单位：百万美元，%

HS 编码	商品类别	2018 年 1～9 月	上年同期	同比增长率	占比
章	总值	40465	26865	50.6	100.0
27	矿物燃料、矿物油及其产品；沥青等	30046	18145	65.6	74.3
44	木及木制品；木炭	2690	2424	11.0	6.7
03	鱼及其他水生无脊椎动物	1048	838	25.1	2.6
84	核反应堆、锅炉、机械器具及零件	985	1008	−2.3	2.4
26	矿砂、矿渣及矿灰	968	701	38.0	2.4
74	铜及其制品	839	160	425.4	2.1
47	木浆等纤维状纤维素浆；废纸及纸板	781	540	44.8	1.9

续表

HS 编码	商品类别	2018 年 1~9 月	上年同期	同比增长率	占比
31	肥料	361	437	-17.3	0.9
15	动、植物油、脂、蜡；精制食用油脂	286	173	66.0	0.7
12	油籽；子仁；工业或药用植物；饲料	212	93	129.1	0.5
39	塑料及其制品	189	222	-14.9	0.5
29	有机化学品	177	238	-25.3	0.4
48	纸及纸板；纸浆、纸或纸板制品	152	56	172.3	0.4
40	橡胶及其制品	149	164	-9.1	0.4
90	光学、照相、医疗等设备及零附件	128	137	-6.6	0.3
38	杂项化学产品	73	32	127.1	0.2
76	铝及其制品	64	36	76.2	0.2
85	电机、电气、音像设备及其零附件	62	172	-64.1	0.2
25	盐；硫黄；土及石料；石灰及水泥等	61	55	11.1	0.2
18	可可及可可制品	46	30	52.1	0.1
28	无机化学品；贵金属等的化合物	44	41	7.5	0.1
23	食品工业的残渣及废料；配制的饲料	44	27	63.8	0.1
81	其他贱金属、金属陶瓷及其制品	44	19	129.9	0.1
71	珠宝、贵金属及制品；仿首饰；硬币	36	118	-69.7	0.1
75	镍及其制品	32	3	1014.2	0.1
22	饮料、酒及醋	23	17	38.2	0.1
10	谷物	19	3	638.5	0.1
11	制粉工业产品；麦芽；淀粉等；面筋	19	17	10.5	0.1
87	车辆及其零附件，但铁道车辆除外	16	94	-83.5	0.0
89	船舶及浮动结构体	15	19	-18.5	0.0
	以上合计	39608	26016	52.2	97.9

资料来源：国别报告网。

表 9　2018 年俄罗斯企业 50 强排名

排名	公司名称	行业	2018 年营收（10 亿卢布）	总部	员工总数（人）
1	Лукойл	石油和天然气	5475.2	莫斯科	103600
2	X5 Retail Group	贸易	1295.0	莫斯科	250874
3	Сургутнефтегаз	石油和天然气	1175.0	苏尔古特	113582
4	Магнит	贸易	1143.3	克拉斯诺达尔	276000
5	Татнефть	石油和天然气	681.2	阿尔梅季耶夫斯克	54000
6	Группа компаний Мегаполис	贸易	655.7	莫斯科	14808
7	Evraz	黑色冶金	631.3	伦敦	70200
8	НЛМК	黑色冶金	587.1	利佩茨克	53200
9	Новатэк	石油和天然气	583.2	莫斯科	8145
10	UC Rusal	有色金属冶炼	581.3	莫斯科	61976
11	VEON（Vimpelcom）	电信	552.4	阿姆斯特丹	40000

排名	公司名称	行业	2018年营收（10亿卢布）	总部	员工总数（人）
12	Норильский никель	有色金属冶炼	536.8	莫斯科	79000
13	Сибур	石油化学	455.0	莫斯科	27344
14	Северсталь	黑色冶金	450.0	切列波韦茨	49462
15	МТС	电信	442.9	莫斯科	27886
16	ММК	黑色冶金	439.9	马格尼托哥尔斯克	17955
17	Группа УГМК	有色金属冶炼	403.0	斯维尔德洛夫斯克	75452
18	Мегафон	电信	373.3	莫斯科	39126
19	Лента	贸易	365.2	圣彼得堡	42366
20	Металлоинвест	黑色冶金	363.6	莫斯科	48527
21	Стройгазмонтаж	工程、工业和基础设施建设	361.9	莫斯科	16000
22	Т Плюс	电力行业	361.0	莫斯科	47000
23	СУЭК	煤炭	332.0	莫斯科	33583
24	Мечел	黑色冶金	299.1	莫斯科	60000
25	Еврохим	化学工业	283.7	莫斯科	25700
26	Дикси	贸易	282.8	莫斯科	—
27	Группа Альфа - банк	银行	274.6	卢森堡	41510
28	Протек	贸易	258.5	莫斯科	15000
29	ТМК	黑色冶金	256.0	莫斯科	38934
30	Группа компаний 《ТНС энерго》	电力行业	250.7	莫斯科	7300
31	Катрен	贸易	242.8	莫斯科	6840
32	Новый поток	石油和天然气	220.0	秋明	5108
33	Merlion	贸易	219.9	克拉斯诺戈尔斯克	8000
34	Автотор	机械工程	216.2	莫斯科	2900
35	Красное и Белое	贸易	215.0	车里雅宾斯克	—
36	Мостотрест	工程、工业和基础设施建设	207.8	莫斯科	30000
37	М. Видео	贸易	198.2	莫斯科	—
38	DNS	贸易	197.8	符拉迪沃斯托克（海参崴）	—
39	Рольф	贸易	193.3	莫斯科	8262
40	Фосагро	化学工业	181.4	莫斯科	17220
41	Евросибэнерго	电力行业	179.8	莫斯科	30095
42	О'Кей	贸易	177.5	莫斯科	23000
43	ПИК	工程、工业和基础设施建设	175.1	莫斯科	13000
44	Нижнекамскнефтехим	石油化学	167.6	下卡姆斯克	—
45	ОМК	黑色冶金	166.0	莫斯科	23035
46	Русэнергосбыт	电力行业	166.0	莫斯科	727
47	Группа ГАЗ	机械工程	164.6	下诺夫哥罗德	41000

排名	公司名称	行业	2018 年营收 （10 亿卢布）	总部	员工总数 （人）
48	Ташир	房地产	164.0	莫斯科	45000
49	CHC	贸易	162.1	莫斯科	5447
50	Национальная компьютерная корпорация	信息技术产业	161.3	莫斯科	4105

资料来源：2018 年福布斯俄罗斯公司排行榜（Forbes Russia TOP 200 Russia Companies 2018）。

日本

表 1　日本国民经济主要指标（2018 年）

指标	单位	2018 年	2017 年	同比增长率（%）
一、年末总人口	千人	126435	126706	-0.21
二、国内生产总值（GDP）	亿日元	5489044	5464886	0.44
三、完全失业率	%	2.4	2.8	-14.29
四、农户数量（经营农户）	千户	—	1200	—
五、工业				
发电量	亿千瓦时	—	401.5	—
粗钢产量	千吨	104300	104661	-0.34
汽车产量	千台	—	8348	—
六、金融				
外汇储备	亿美元	12709.75	12642.83	0.53
经常账户收支差额	亿日元	190932	219514	-13.02
金融账户收支差额	亿日元	201289	176642	13.95
七、对外贸易	亿美元	14865.7	13698.0	8.52
出口额	亿美元	7382.0	6983.7	5.70
进口额	亿美元	7483.7	6714.3	11.46
八、访日外国人数	万人	3119.19	2869.54	8.70

资料来源：日本总务省统计局《第六十九回日本统计年鉴令和 2 年》。

表 2　日本对主要贸易伙伴出口额（2018 年）

单位：百万美元，%

国家和地区	金额	同比增长率	占比
总值	738197	5.7	100.0
中国大陆	143992	8.4	19.5
美国	140059	3.9	19.0
韩国	52505	-1.5	7.1
中国台湾	42385	4.3	5.7
中国香港	34700	-2.1	4.7

国家和地区	金额	同比增长率	占比
泰国	32262	9.6	4.4
新加坡	23420	3.4	3.2
德国	20892	10.3	2.8
澳大利亚	17108	6.8	2.3
越南	16412	9.0	2.2
印度尼西亚	15789	17.8	2.1
马来西亚	13946	9.3	1.9
英国	13902	1.2	1.9
荷兰	12727	2.3	1.7
墨西哥	11613	3.0	1.6

注：总值包括未列项。

资料来源：国别报告网。

表3　日本自主要贸易伙伴进口额（2018年）

单位：百万美元，%

国家和地区	金额	同比增长率	占比
总值	748371	11.4	100.0
中国大陆	173539	5.5	23.2
美国	81552	13.0	10.9
澳大利亚	45693	17.4	6.1
沙特阿拉伯	33773	21.7	4.5
韩国	32135	14.3	4.3
阿联酋	27553	32.7	3.7
中国台湾	27110	6.7	3.6
德国	25977	10.8	3.5
泰国	25068	10.2	3.4
印度尼西亚	21602	8.6	2.9
越南	21105	13.8	2.8
马来西亚	18937	−1.7	2.5
俄罗斯	15583	12.7	2.1
卡塔尔	14864	35.3	2.0
加拿大	11741	7.4	1.6

注：总值包括未列项。

资料来源：国别报告网。

表4　日本主要出口商品额及增长速度（2018年）

单位：百万美元，%

商品类别	2018年	2017年	同比增长率	占比
总值	738197	698329	5.7	100
机电产品	257402	244037	5.5	34.9

续表

商品类别	2018 年	2017 年	同比增长率	占比
运输设备	172679	164075	5.2	23.4
化工产品	61106	53870	13.4	8.3
贱金属及制品	58855	54404	8.2	8.0
光学、钟表、医疗设备	42882	41359	3.7	5.8
塑料、橡胶	36757	35451	3.7	5.0
矿产品	14252	12238	16.5	1.9
贵金属及制品	12010	15201	−21.0	1.6
家具、玩具、杂项制品	8207	7258	13.1	1.1
纺织品及原料	7817	7546	3.6	1.1
陶瓷；玻璃	7534	7067	6.6	1.0
纤维素浆；纸张	4401	4141	6.3	0.6
食品、饮料、烟草	4158	3507	18.6	0.6
活动物；动物产品	1983	1748	13.4	0.3
植物产品	915	855	7.1	0.1
其他	47239	45571	3.7	6.4

资料来源：国别报告网。

表 5　日本主要进口商品额及增长速度（2018 年）

单位：百万美元，%

商品类别	2018 年	2017 年	同比增长率	占比
总值	748371	672096	11.4	100
矿产品	198563	163628	21.4	26.5
机电产品	173905	162967	6.7	23.2
化工产品	66778	58479	14.2	8.9
纺织品及原料	37707	35067	7.5	5.0
贱金属及制品	37312	32548	14.6	5.0
运输设备	32047	28609	12.0	4.3
光学、钟表、医疗设备	31313	29130	7.5	4.2
食品、饮料、烟草	26221	24656	6.4	3.5
活动物；动物产品	25064	24381	2.8	3.4
塑料、橡胶	21537	19725	9.2	2.9
植物产品	20209	19253	5.0	2.7
家具、玩具、杂项制品	16066	15892	1.1	2.2
贵金属及制品	12532	11103	12.9	1.7
木及制品	11368	10417	9.1	1.5
鞋靴、伞等轻工产品	6550	6291	4.1	0.9
其他	31200	29949	4.2	4.2

资料来源：国别报告网。

表 6　日本主要出口商品构成（章）（2018 年）

单位：百万美元，%

HS 编码	商品类别	2018 年	2017 年	同比增长率	占比
章	总值	738197	698329	5.7	100
87	车辆及其零附件，但铁道车辆除外	154070	146268	5.3	20.9
84	核反应堆、锅炉、机械器具及零件	148027	138452	6.9	20.1
85	电机、电气、音像设备及其零附件	109375	105585	3.6	14.8
90	光学、照相、医疗等设备及零附件	41310	39841	3.7	5.6
72	钢铁	29930	27985	7.0	4.1
39	塑料及其制品	26125	25147	3.9	3.5
29	有机化学品	18921	17874	5.9	2.6
27	矿物燃料、矿物油及其产品；沥青等	13349	11349	17.6	1.8
89	船舶及浮动结构体	12629	12255	3.1	1.7
71	珠宝、贵金属及制品；仿首饰；硬币	12010	15201	-21.0	1.6
38	杂项化学产品	11875	10313	15.1	1.6
40	橡胶及其制品	10632	10304	3.2	1.4
73	钢铁制品	10301	9813	5.0	1.4
74	铜及其制品	8549	7421	15.2	1.2
28	无机化学品；贵金属等的化合物	5842	4614	26.6	0.8
30	药品	5547	4558	21.7	0.8
33	精油及香膏；香料制品及化妆盥洗品	5101	3613	41.2	0.7
32	鞣料；着色料；涂料；油灰；墨水等	4951	4686	5.7	0.7
37	照相及电影用品	4823	4478	7.7	0.7
88	航空器、航天器及其零件	4344	4246	2.3	0.6
82	贱金属器具、利口器、餐具及零件	4295	3893	10.3	0.6
95	玩具、游戏或运动用品及其零附件	3522	2602	35.3	0.5
96	杂项制品	3502	3575	-2.1	0.5
70	玻璃及其制品	3273	3097	5.7	0.4
48	纸及纸板；纸浆、纸或纸板制品	2959	2673	10.7	0.4
34	洗涤剂、润滑剂、人造蜡、塑型膏等	2924	2660	9.9	0.4
68	矿物材料的制品	2522	2372	6.3	0.3
76	铝及其制品	2424	2282	6.2	0.3
54	化学纤维长丝	2164	2099	3.1	0.3
69	陶瓷产品	1739	1598	8.8	0.2
	以上合计	667033	630856	5.7	90.4

资料来源：国别报告网。

表 7　日本主要进口商品构成（章）（2018 年）

单位：百万美元，%

HS 编码	商品类别	2018 年	2017 年	同比增长率	占比
章	总值	748371	672096	11.4	100

续表

HS 编码	商品类别	2018 年	2017 年	同比增长率	占比
27	矿物燃料、矿物油及其产品；沥青等	174450	141239	23.5	23.3
85	电机、电气、音像设备及其零附件	101013	97698	3.4	13.5
84	核反应堆、锅炉、机械器具及零件	72891	65269	11.7	9.7
90	光学、照相、医疗等设备及零附件	27624	25536	8.2	3.7
30	药品	25511	22467	13.6	3.4
87	车辆及其零附件，但铁道车辆除外	24588	22431	9.6	3.3
26	矿砂、矿渣及矿灰	22442	20855	7.6	3.0
29	有机化学品	18217	15896	14.6	2.4
39	塑料及其制品	16906	15054	12.3	2.3
62	非针织或非钩编的服装及衣着附件	14690	13567	8.3	2.0
61	针织或钩编的服装及衣着附件	13750	12817	7.3	1.8
71	珠宝、贵金属及制品；仿首饰；硬币	12532	11103	12.9	1.7
03	鱼及其他水生无脊椎动物	11862	11728	1.1	1.6
44	木及木制品；木炭	11124	10164	9.5	1.5
2	肉及食用杂碎	10401	10095	3.0	1.4
76	铝及其制品	9343	8276	12.9	1.3
28	无机化学品；贵金属等的化合物	8527	6789	25.6	1.1
72	钢铁	8242	7320	12.6	1.1
94	家具；寝具等；灯具；活动房	8154	7815	4.3	1.1
73	钢铁制品	7586	6701	13.2	1.0
88	航空器、航天器及其零件	6699	5120	30.8	0.9
16	肉、鱼及其他水生无脊椎动物的制品	6578	6178	6.5	0.9
95	玩具、游戏或运动用品及其零附件	6408	6611	-3.1	0.9
42	皮革制品；旅行箱包；动物肠线制品	6046	5714	5.8	0.8
10	谷物	6033	5405	11.6	0.8
38	杂项化学产品	5961	5359	11.2	0.8
64	鞋靴、护腿和类似品及其零件	5490	5299	3.6	0.7
24	烟草、烟草及烟草代用品的制品	5355	4725	13.3	0.7
12	油籽；子仁；工业或药用植物；饲料	4738	4691	1.0	0.6
40	橡胶及其制品	4631	4670	-0.9	0.6
	以上合计	657792	586594	12.1	87.9

资料来源：国别报告网。

表 8　日本自中国进口主要商品构成（2018 年）

单位：百万美元，%

HS 编码	商品类别	2018 年	2017 年	同比增长率	占比
章	总值	173539	164542	5.5	100
85	电机、电气、音像设备及其零附件	48151	46779	2.9	27.8
84	核反应堆、锅炉、机械器具及零件	30748	28550	7.7	17.7

— 683 —

续表

HS 编码	商品类别	2018 年	2017 年	同比增长率	占比
61	针织或钩编的服装及衣着附件	8517	8532	-0.2	4.9
62	非针织或非钩编的服装及衣着附件	8471	8222	3.0	4.9
39	塑料及其制品	5058	4997	1.2	2.9
95	玩具、游戏或运动用品及其零附件	4979	5085	-2.1	2.9
94	家具；寝具等；灯具；活动房	4892	4691	4.3	2.8
90	光学、照相、医疗等设备及零附件	4889	4672	4.6	2.8
87	车辆及其零附件，但铁道车辆除外	4466	4264	4.7	2.6
73	钢铁制品	4106	3605	13.9	2.4
29	有机化学品	3884	3349	16.0	2.2
28	无机化学品；贵金属等的化合物	2987	2195	36.0	1.7
64	鞋靴、护腿和类似品及其零件	2768	2801	-1.2	1.6
63	其他纺织制品；成套物品；旧纺织品	2749	2651	3.7	1.6
42	皮革制品；旅行箱包；动物肠线制品	2600	2603	-0.1	1.5
16	肉、鱼及其他水生无脊椎动物的制品	2580	2436	5.9	1.5
76	铝及其制品	2046	1836	11.5	1.2
27	矿物燃料、矿物油及其产品；沥青等	1514	1000	51.4	0.9
07	食用蔬菜、根及块茎	1495	1446	3.4	0.9
20	蔬菜、水果等或植物其他部分的制品	1445	1381	4.7	0.8
44	木及木制品；木炭	1424	1406	1.3	0.8
72	钢铁	1291	1074	20.2	0.7
03	鱼及其他水生无脊椎动物	1272	1241	2.5	0.7
48	纸及纸板；纸浆、纸或纸板制品	1243	1246	-0.2	0.7
38	杂项化学产品	1176	1027	14.5	0.7
68	矿物材料的制品	915	837	9.3	0.5
96	杂项制品	878	834	5.2	0.5
70	玻璃及其制品	853	777	9.8	0.5
40	橡胶及其制品	846	770	9.8	0.5
91	钟表及其零件	820	823	-0.3	0.5
	以上合计	159061	151129	5.2	91.7

资料来源：国别报告网。

表 9　日本企业 50 强（2018 年）

单位：百万美元

国内排名	世界排名	企业名称	营业收入	利润
1	6	丰田汽车公司（TOYOTA MOTOR）	265172.0	22510.1
2	30	本田汽车（HONDA MOTOR）	138645.8	9561.3
3	45	日本邮政控股公司（JAPAN POST HOLDINGS）	116616.0	4157.5
4	54	日产汽车（NISSAN MOTOR）	107868.2	6741.3
5	55	日本电报电话公司（NIPPON TELEGRAPH & TELEPHONE）	106500.1	8210.7

国内排名	世界排名	企业名称	营业收入	利润
6	79	日立（HITACHI）	84558.7	3276.2
7	85	软银集团（SOFTBANK GROUP）	82664.7	9377.5
8	97	索尼（SONY）	77115.8	4429.8
9	99	JXTG 控股有限公司（JXTG HOLDINGS）	76629.0	3266.6
10	103	日本永旺集团（AEON）	75338.8	220.2
11	114	松下（PANASONIC）	72045.0	2130.4
12	126	日本生命保险公司（NIPPON LIFE INSURANCE）	68684.2	2201.6
13	129	三菱商事株式会社（MITSUBISHI）	68301.4	5056.0
14	130	丸红株式会社（MARUBENI）	68057.2	1906.8
15	145	第一生命控股有限公司（DAI – ICHI LIFE HOLDINGS）	63521.6	3284.7
16	165	丰田通商公司（TOYOTA TSUSHO）	58586.4	1175.4
17	177	三菱日联金融集团（MITSUBISHI UFJ FINANCIAL GROUP）	54768.8	8932.5
18	179	Seven & I 控股公司（SEVEN & I HOLDINGS）	54217.1	1626.7
19	186	东京电力公司（TOKYO ELECTRIC POWER）	52809.1	2870.9
20	192	日本三井住友金融集团（SUMITOMO MITSUI FINAN-CIAL GROUP）	52026.0	6628.2
21	198	新日铁住金（NIPPON STEEL & SUMITOMO METAL）	51163.9	1760.6
22	204	日本伊藤忠商事株式会社（ITOCHU）	49732.4	3613.3
23	209	东京海上日动火灾保险公司（TOKIO MARINE HOLD-INGS）	48731.0	2565.0
24	221	MS&AD 保险集团控股有限公司（MS&AD INSURANCE GROUP HOLDING）	47094.9	1390.5
25	229	电装公司（DENSO）	46106.1	2893.3
26	236	日本 KDDI 电信公司（KDDI）	45507.6	5167.5
27	246	三井物产株式会社（MITSUI）	44155.3	3777.1
28	250	住友商事（SUMITOMO）	43570.2	2784.6
29	279	三菱电机股份有限公司（MITSUBISHI ELECTRIC）	39994.9	2453.9
30	309	日本明治安田生命保险公司（MEIJI YASUDA LIFE IN-SURANCE）	37159.7	2392.2
31	311	日本三菱重工业股份有限公司（MITSUBISHI HEAVY INDUSTRIES）	37103.2	636.2
32	313	富士通（FUJITSU）	36990.9	1528.4
33	317	佳能（CANON）	36388.4	2157.6
34	326	东芝（TOSHIBA）	35630.0	7256.8
35	329	爱信精机（AISIN SEIKI）	35281.1	1214.4
36	342	大和房建（DAIWA HOUSE INDUSTRY）	34261.7	2133.3
37	347	损保控股有限公司（SOMPO HOLDINGS）	34027.5	1262.0
38	348	铃木汽车（SUZUKI MOTOR）	33911.7	1947.1

续表

国内排名	世界排名	企业名称	营业收入	利润
39	350	住友生命保险公司（SUMITOMO LIFE INSURANCE）	33820.7	630.3
40	352	三菱化学控股（MITSUBISHI CHEMICAL HOLDINGS）	33615.5	1911.5
41	358	日本钢铁工程控股公司（JFE HOLDINGS）	33202.2	1305.5
42	365	普利司通（BRIDGESTONE）	32494.6	2571.0
43	367	日本瑞穗金融集团（MIZUHO FINANCIAL GROUP）	32141.8	5203.8
44	378	马自达汽车株式会社（MAZDA MOTOR）	31355.7	1011.4
45	384	斯巴鲁公司（SUBARU）	30734.7	1988.9
46	398	日本出光兴产株式会社（IDEMITSU KOSAN）	29605.5	1464.9
47	418	Medipal控股公司（MEDIPAL HOLDINGS）	28397.8	313.9
48	420	关西电力（KANSAI ELECTRIC POWER）	28283.4	1370.8
49	425	住友电工（SUMITOMO ELECTRIC INDUSTRIES）	27819.6	1086.1
50	443	东日本旅客铁道株式会社（EAST JAPAN RAILWAY）	26627.4	2608.1

资料来源：2019年《财富》世界500强排行榜。

韩国

表1 韩国国民经济主要指标（2018年）

指标	单位	2018年	2017年	同比增长率（%）
一、总人口	百万人	51.64	51.36	0.55
二、国内生产总值	亿美元	16194	15308	5.79
三、人均GDP	美元	31370.1	29743.5	5.47
四、美元兑韩元汇价	韩元	1129.37	1096.43	3.00
五、劳动力情况				
经济活动人口	千人	27582	27516	0.24
就业人数	千人	26638	26604	0.13
失业人数	千人	944	913	3.40
失业率	%	3.4	3.3	3.03
六、资产				
建筑资产	十亿韩元	5921576.8	5534757.1	6.99
设施资产	十亿韩元	1114966.4	175194.4	536.42
知识产权产品	十亿韩元	598392.1	552023.3	8.40
国内总投资	十亿韩元	676992.6	680904.7	-0.57
海外资产总值	百万美元	908057.5	877396.3	3.49

续表

指标	单位	2018 年	2017 年	同比增长率（%）
七、金融				
国税收入	亿韩元	2935704	2653849	10.62
企业贷款年利率	%	8.24	8.17	0.86
居民贷款年利率	%	14.62	14.81	-1.28
存款年利率	%	1.87	1.56	19.87
外汇储备	亿美元	4036.9	3895.4	3.63
货币 M1	十亿韩元	865851.8	859862.4	0.70
货币 M2	十亿韩元	2700362.4	2530353.6	6.72
八、对外贸易总额				
贸易总额	亿美元	11403.4	10521.3	8.38
出口额	亿美元	6051.7	5737.2	5.48
进口额	亿美元	5351.7	4784.1	11.86

资料来源：韩国国家统计局《综合统计数据月报》与《韩国统计年鉴》。

表 2　韩国对主要贸易伙伴出口额（2018 年）

单位：百万美元，%

国家和地区	金额	同比增长率	占比
总值	605169	5.5	100.0
中国大陆	162158	14.1	26.8
美国	72736	6.0	12.0
越南	48629	1.8	8.0
中国香港	45999	17.6	7.6
日本	30574	14.0	5.1
中国台湾	20794	39.6	3.4
印度	15611	3.7	2.6
菲律宾	12061	13.9	2.0
新加坡	11850	1.7	2.0
墨西哥	11459	4.8	1.9
澳大利亚	9626	-51.5	1.6
德国	9372	10.5	1.6
马来西亚	8983	11.7	1.5
印度尼西亚	8868	5.5	1.5
泰国	8507	13.9	1.4

资料来源：国别报告网。

表 3　韩国自主要贸易伙伴进口额（2018 年）

单位：百万美元，%

国家和地区	金额	同比增长率	占比
总值	535172	11.9	100.0

续表

国家和地区	金额	同比增长率	占比
中国大陆	106479	8.8	19.9
美国	58871	16.0	11.0
日本	54605	-0.9	10.2
沙特阿拉伯	26331	34.4	4.9
德国	20852	5.6	3.9
澳大利亚	20699	8.0	3.9
越南	19632	21.4	3.7
俄罗斯	17500	45.4	3.3
中国台湾	16737	-7.4	3.1
卡塔尔	16299	44.7	3.1
科威特	12790	33.3	2.4
印度尼西亚	11160	16.6	2.1
马来西亚	10206	17.1	1.9
伊拉克	9574	50.3	1.8
阿联酋	9286	-2.8	1.7

资料来源：国别报告网。

表4　韩国对主要区域组织出口额（2018年）

单位：百万美元，%

国家和地区	金额	同比增长率	占比
总值	605169	5.5	100.0
亚太经合组织	470106	8.8	77.7
东盟10+6	319952	6.5	52.9
经合组织	198910	0.2	32.9
东盟10国	100240	5.2	16.6
北美自由贸易区	90264	6.8	14.9
欧盟28国	57681	5.8	9.5
中东15国	23756	-12.4	3.9
拉美一体化协会	21709	0.6	3.6
南方共同市场	21010	-0.3	3.5
石油输出国组织	17828	-19.9	3.0

资料来源：国别报告网。

表5　韩国自主要区域组织进口额（2018年）

单位：百万美元，%

国家和地区	金额	同比增长率	占比
总值	535172	11.9	100.0
亚太经合组织	355355	9.4	66.4
东盟10+6	248664	7.1	46.5

续表

国家和地区	金额	同比增长率	占比
经合组织	219565	8.7	41.0
中东 15 国	84313	21.8	15.8
石油输出国组织	82048	23.3	15.3
北美自由贸易区	69937	15.9	13.1
欧盟 28 国	62278	8.7	11.6
东盟 10 国	59617	10.8	11.1
拉美一体化协会	18137	12.6	3.4
南方共同市场	18037	12.8	3.4

资料来源：国别报告网。

表 6　韩国主要出口商品构成（章）（2018 年）

单位：百万美元，%

商品类别	2018 年	2017 年	同比增长率	占比
总值	605169	573694	5.5	100.0
电机、电气、音像设备及其零附件	184609	163061	13.2	30.5
核反应堆、锅炉、机械器具及零件	77661	69310	12.1	12.8
车辆及其零附件，但铁道车辆除外	61176	61919	-1.2	10.1
矿物燃料、矿物油及其产品；沥青等	48196	36401	32.4	8.0
塑料及其制品	34892	31458	10.9	5.8
光学、照相、医疗等设备及零附件	27847	29007	-4.0	4.6
有机化学品	25364	22692	11.8	4.2
钢铁	24757	22330	10.9	4.1
船舶及浮动结构体	20330	40989	-50.4	3.4
钢铁制品	10492	13080	-19.8	1.7
橡胶及其制品	7933	7768	2.1	1.3
精油及香膏；香料制品及化妆盥洗品	6253	4967	25.9	1.0
无机化学品；贵金属等的化合物	5502	4367	26.0	0.9
铜及其制品	4908	4428	10.8	0.8
杂项化学产品	4716	3602	31.0	0.8
铝及其制品	3655	3024	20.9	0.6
药品	3479	2895	20.2	0.6
纸及纸板；纸浆、纸或纸板制品	3296	2905	13.5	0.6
针织物及钩编织物	3119	3253	-4.1	0.5
化学纤维长丝	2942	2837	3.7	0.5
珠宝、贵金属及制品；仿首饰；硬币	2651	4231	-37.4	0.4
航空器、航天器及其零件	2617	2591	1.0	0.4
贱金属器具、利口器、餐具及零件	2493	2266	10.0	0.4
鞣料；着色料；涂料；油灰；墨水等	2391	2310	3.5	0.4
化学纤维短纤	1986	1712	16.0	0.3

续表

商品类别	2018 年	2017 年	同比增长率	占比
锌及其制品	1879	1654	13.6	0.3
玻璃及其制品	1795	1645	9.2	0.3
家具；寝具等；灯具；活动房	1785	1746	2.2	0.3
贱金属杂项制品	1668	1589	5.0	0.3
鱼及其他水生无脊椎动物	1484	1462	1.6	0.3
以上合计	581876	551499	5.5	96.2

资料来源：国别报告网。

表 7　韩国主要进口商品构成（章）（2018 年）

单位：百万美元，%

商品类别	2018 年	2017 年	同比增长率	占比
总值	535172	478478	11.9	100.0
矿物燃料、矿物油及其产品；沥青等	146938	109954	33.6	27.5
电机、电气、音像设备及其零附件	84757	82864	2.3	15.8
核反应堆、锅炉、机械器具及零件	60173	60545	-0.6	11.2
光学、照相、医疗等设备及零附件	22415	21659	3.5	4.2
车辆及其零附件，但铁道车辆除外	16829	15721	7.1	3.2
钢铁	16454	16544	-0.6	3.1
矿砂、矿渣及矿灰	14982	14208	5.5	2.8
有机化学品	14217	12752	11.5	2.7
塑料及其制品	11814	11105	6.4	2.2
无机化学品；贵金属等的化合物	9097	7063	28.8	1.7
杂项化学产品	8611	7481	15.1	1.6
铝及其制品	6958	6462	7.7	1.3
非针织或非钩编的服装及衣着附件	6540	5664	15.5	1.2
药品	6497	5604	15.9	1.2
钢铁制品	6458	6364	1.5	1.2
铜及其制品	5798	5680	2.1	1.1
肉及食用杂碎	5124	4393	16.6	1.0
鱼及其他水生无脊椎动物	5046	4334	16.4	0.9
木及木制品；木炭	3788	3432	10.4	0.7
针织或钩编的服装及衣着附件	3631	3124	16.2	0.7
谷物	3491	3085	13.2	0.7
珠宝、贵金属及制品；仿首饰；硬币	3403	4241	-19.8	0.6
家具；寝具等；灯具；活动房	3224	3053	5.6	0.6
鞋靴、护腿和类似品及其零件	3195	2795	14.3	0.6
航空器、航天器及其零件	2962	2101	41.0	0.6
鞣料；着色料；涂料；油灰；墨水等	2805	2734	2.6	0.5
皮革制品；旅行箱包；动物肠线制品	2762	2422	14.1	0.5

续表

商品类别	2018 年	2017 年	同比增长率	占比
橡胶及其制品	2706	2783	-2.8	0.5
玻璃及其制品	2305	2268	1.7	0.4
玩具、游戏或运动用品及其零附件	2283	2038	12.0	0.4
以上合计	485261	432475	12.2	90.7

资料来源：国别报告网。

表8　韩国分行业外商直接投资及增长速度（2018年）

单位：千美元，%

商品类别	2018 年	2017 年	同比增长率
总值	26900709	22948141	17.22
农业、畜牧业和林业	2468	11050	-77.67
渔业	20375	8389	142.88
矿业	844	1591	-46.95
餐饮	222298	163451	36.00
纺织、面料和衣服	1166	72053	-98.38
纸和木材	200	11363	-98.24
化学	1822312	2924440	-37.69
医学	24036	352009	-93.17
非金属矿物制品	148570	99802	48.86
金属	355007	533241	-33.42
机械和工具	862981	511274	68.79
电力和电子	1354426	1509067	-10.25
运输机械	5109524	902950	465.87
其他制造业	148190	157146	-5.70
批发和零售（分销）	1601469	2039828	-21.49
食物和住宿	776532	1568897	-50.50
运输和仓库（物流）	344346	294099	17.09
电信	3123988	1326141	135.57
金融与保险	4885086	4293142	13.79
房地产	3863340	4430822	-12.81
商业服务和租赁	406799	158855	156.08
研发、专业、科学和技术活动	364167	981441	-62.89
娱乐和体育	70414	201050	-64.98
公共服务和其他服务	146584	74798	95.97
电力、天然气	1000614	144487	592.53
供水、污水、补救活动	24654	156176	-84.21
一般建筑	215290	20176	967.06
专业工作的建设	5035	401	1155.61

资料来源：韩国国家统计局《综合统计数据月报》与《韩国统计年鉴》。

表9　韩国对中国出口主要商品构成（章）（2018 年）

单位：百万美元，%

商品类别	2018 年	2017 年	同比增长率	占比
总值	162158	142120	14.1	100.0
电机、电气、音像设备及其零附件	66106	57910	14.2	40.8
核反应堆、锅炉、机械器具及零件	21930	15926	37.7	13.5
有机化学品	13727	12889	6.5	8.5
光学、照相、医疗等设备及零附件	13597	14514	-6.3	8.4
塑料及其制品	10679	9789	9.1	6.6
矿物燃料、矿物油及其产品；沥青等	9724	7041	38.1	6.0
钢铁	3465	3465	0.0	2.1
精油及香膏；香料制品及化妆盥洗品	2648	1939	36.6	1.6
无机化学品；贵金属等的化合物	2341	1950	20.1	1.4
车辆及其零附件，但铁道车辆除外	2301	2818	-18.4	1.4
铜及其制品	1885	1679	12.3	1.2
杂项化学产品	1533	918	67.0	1.0
钢铁制品	1282	1109	15.6	0.8
橡胶及其制品	888	891	-0.3	0.6
鞣料；着色料；涂料；油灰；墨水等	775	741	4.6	0.5
照相及电影用品	601	515	16.7	0.4
玻璃及其制品	575	495	16.2	0.4
铝及其制品	545	432	26.3	0.3
化学纤维长丝	421	424	-0.7	0.3
锌及其制品	417	178	134.5	0.3
贱金属器具、利口器、餐具及零件	411	427	-3.6	0.3
纸及纸板；纸浆、纸或纸板制品	359	320	12.3	0.2
家具；寝具等；灯具；活动房	325	327	-0.7	0.2
化学纤维短纤	316	277	13.9	0.2
洗涤剂、润滑剂、人造蜡、塑型膏等	294	258	13.8	0.2
鱼及其他水生无脊椎动物	249	233	7.2	0.2
贱金属杂项制品	246	290	-15.2	0.2
针织物及钩编织物	244	286	-14.5	0.2
谷物粉、淀粉等或乳的制品；糕饼	239	234	2.2	0.2
矿砂、矿渣及矿灰	238	137	73.7	0.2
以上合计	158363	138412	14.4	97.7

资料来源：国别报告网。

表10　韩国自中国进口主要商品构成（章）（2018 年）

单位：百万美元，%

商品类别	2018 年	2017 年	同比增长率	占比
总值	106479	97860	8.8	100.0

续表

商品类别	2018 年	2017 年	同比增长率	占比
电机、电气、音像设备及其零附件	34922	32463	7.6	32.8
核反应堆、锅炉、机械器具及零件	15492	13242	17.0	14.6
钢铁	5693	7088	-19.7	5.4
光学、照相、医疗等设备及零附件	4322	4236	2.0	4.1
无机化学品；贵金属等的化合物	4264	2851	49.6	4.0
有机化学品	3890	3113	25.0	3.7
钢铁制品	3192	3315	-3.7	3.0
塑料及其制品	2981	2620	13.8	2.8
非针织或非钩编的服装及衣着附件	2205	2094	5.3	2.1
家具；寝具等；灯具；活动房	2115	1992	6.2	2.0
杂项化学产品	2032	1620	25.4	1.9
车辆及其零附件，但铁道车辆除外	1574	1505	4.6	1.5
铝及其制品	1396	924	51.1	1.3
针织或钩编的服装及衣着附件	1322	1176	12.4	1.2
玩具、游戏或运动用品及其零附件	1292	1177	9.8	1.2
鱼及其他水生无脊椎动物	1259	1026	22.7	1.2
鞋靴、护腿和类似品及其零件	1195	1084	10.3	1.1
矿物材料的制品	1075	1029	4.5	1.0
皮革制品；旅行箱包；动物肠线制品	938	896	4.6	0.9
玻璃及其制品	929	883	5.2	0.9
陶瓷产品	928	877	5.9	0.9
矿物燃料、矿物油及其产品；沥青等	776	664	17.0	0.7
其他贱金属、金属陶瓷及其制品	615	488	26.0	0.6
纸及纸板；纸浆、纸或纸板制品	561	570	-1.6	0.5
化学纤维长丝	545	541	0.8	0.5
食用蔬菜、根及块茎	535	526	1.9	0.5
鞣料；着色料；涂料；油灰；墨水等	525	484	8.5	0.5
其他纺织制品；成套物品；旧纺织品	512	439	16.6	0.5
铜及其制品	508	460	10.3	0.5
木及木制品；木炭	491	533	-8.0	0.5
以上合计	98082	89912	9.1	92.1

资料来源：国别报告网。

表 11 韩国企业 50 强排名（2018 年）

单位：万亿韩元

排名	公司名称	所属行业	品牌价值
1	三星电子（SAMSUNG ELECTRONICS）	科技	88.8

续表

排名	公司名称	所属行业	品牌价值
2	现代汽车（HYUNDAI MOTOR）	汽车	11.3
3	LG 电子（LG ELECTRONICS）	科技	8.0
4	SK 电讯（SK TELECOM）	电信	7.7
5	韩国电信（KT）	电信	6.0
6	SK 海力士（SK HYNIX）	科技	5.9
7	韩国电力公司（KOREA ELECTRIC POWER）	公用事业	5.8
8	起亚自动车（KIA MOTORS CORPORATION）	汽车	5.3
9	KB 金融集团（KB FINANCIAL GROUP）	银行	5.3
10	三星物产（SAMSUNG C&T）	工程和建设	4.5
11	新韩金融集团（SHINHAN FINANCIAL GROUP COMPANY LIMITED）	银行	4.2
12	韩国浦项钢铁公司〈POSCO〉	金属和钢铁	4.2
13	现代摩比斯〈HYUNDAI MOBIS〉	汽车零部件	4.1
14	三星 SDS（SAMSUNG SDS）	商业服务	3.9
15	SK 创新（SK INNOVATION）	石油天然气	3.6
16	LG 显示器（LG DISPLAY）	科技	3.5
17	LG U +	电信	3.5
18	三星火灾海上保险（SAMSUNG FIRE & MARINE INSURANCE）	保险	3.3
19	韩亚金融集团（HANA FINANCIAL GROUP）	银行	2.9
20	LG 化学（LG CHEM）	化学品	2.8
21	现代建设（HYUNDAI ENGINEERING CONSTRUCTION）	工程和建设	2.6
22	易买得（E - MART）	零售	2.6
23	Naver	科技	2.5
24	友利银行（WOORI BANK）	银行	2.5
25	斗山集团（DOOSAN）	工程和建设	2.4
26	三星人寿保险（SAMSUNG LIFE INSURANCE）	保险	2.3
27	韩国天然气公司（KOGAS）	公用事业	2.3
28	新韩银行（SHINHAN BANK）	银行	2.3
29	韩国中小企业银行（INDUSTRIAL BANK OF KOREA）	银行	2.2
30	GS 加德士（GS CALTEX CORPORATION）	石油天然气	1.8
31	斗山重工业（DOOSAN HEAVY INDUSTRIES & CONSTRUCTION）	工程和建设	1.8
32	韩泰（HANKOOK）	轮胎	1.8
33	雪花秀（SULWHASOO）	化妆品	1.8
34	乐天百货（LOTTE DEPARTMENT STORE）	零售	1.8
35	S - Oil	石油天然气	1.8
36	三星卡（SAMSUNG CARD）	银行	1.8
37	希杰集团（CJ GROUP）	食品	1.8
38	爱喜（ESSE）	烟草	1.7

续表

排名	公司名称	所属行业	品牌价值
39	大韩航空（KOREAN AIR LINES）	航空	1.7
40	悦诗风吟（INNISFREE）	美妆	1.6
41	现代重工（HYUNDAI HEAVY INDUSTRIES）	工程和建设	1.5
42	现代海上火灾保险（HYUNDAI MARIN & FIRE INSURANCE）	保险	1.5
43	GS E&C	工程和建设	1.5
44	新罗酒店（HOTEL SHILLA）	酒店	1.5
45	大林（DAELIM）	工程和建设	1.4
46	凯狮（CASS）	啤酒	1.4
47	农协银行（NH BANK）	银行	1.3
48	兰芝（LANEIGE）	化妆品	1.2
49	韩华生命保险（HANWHA LIFE INSURANCE）	保险	1.2
50	三星电机（SAMSUNG ELECTRO - MECHANICS）	科技	1.2

资料来源：Interbrand 品牌咨询。

朝鲜

表 1　朝鲜国民经济主要指标

经济主要指标	2018 年
人口数量（万人）	2555.0
人口密度（人/公里²）	208.1
GDP（亿美元）	323.93
人均 GDP（美元）	1264
经济增长率（%）	-4.1

资料来源：世界银行、韩国银行。

表 2　朝鲜对中国进出口情况

对中国进出口情况	2018 年
对中国进出口贸易额（亿美元）	27.2
对中国贸易占贸易总额比重（%）	95.8
对中国贸易额增长率（%）	-48.2
对中国贸易逆差（亿美元）	23.3
对中国贸易逆差增长率（%）	19.2

资料来源：大韩贸易投资振兴公社。

表 3　朝鲜货物进出口总额及增长速度

主要指标	2018 年
对外贸易总额（亿美元）	28.4
对外贸易总额增长率（%）	-48.8
出口额（亿美元）	2.4
出口额增长率（%）	-86.3
进口额（亿美元）	26
进口额增长率（%）	-31.2
贸易逆差（亿美元）	23.6
贸易逆差增长率（%）	17.5

资料来源：大韩贸易投资振兴公社。

蒙古国

表1　蒙古国国民经济主要指标

经济主要指标	2018 年
人口数量（万人）	323.8
人口密度（人/公里^2）	2.07
GDP（万亿图格里克）	32.17
GDP（亿美元）	130.1
人均 GDP（美元）	4014.0
名义 GDP 增长率（%）	15.3
实际 GDP 增长率（%）	6.9
失业率（%）	7.9
通货膨胀率（%）	8.1
美元兑图格里克汇率	2643
外汇储备（亿美元）	34
证券市场总价值（万亿图格里克）	2.35

资料来源：蒙古国国家统计局、中国内蒙古贸促会、中国贸易经济网。

表2　蒙古国主要产业发展情况

经济主要指标	2018 年
一、农业	
从业人数（万人）	6
谷物总产量（万吨）	45.4
马铃薯产量（万吨）	16.9
马铃薯产量增长率（%）	38.6
蔬菜产量（万吨）	10.1
蔬菜产量增长率（%）	22.7
饲料作物产量（万吨）	122.9
饲料作物产量增长率（%）	21.9
二、工矿业	
工业总产值（万亿图格里克）	18.3
工业总产值增长率（%）	20.7
矿业总产值（万亿图格里克）	12.7
矿业总产值增长率（%）	20.0
三、交通运输业	
铁路总长（公里）	1811
公路总长（万公里）	5
铁路运输收入（亿图格里克）	6165
铁路运输收入增长率（%）	16.3

续表

经济主要指标	2018 年
铁路运输货物（万吨）	2570
铁路运输货物增长率（%）	12.9
铁路运送旅客（万人次）	257
铁路运送旅客增长率（%）	-2.4
航空运输收入（亿图格里克）	4222
航空运输收入增长率（%）	9.5
航空运输货物（万吨）	3146
航空运输货物增长率（%）	2.0
航空运送旅客（万人次）	94.5
航空运送旅客增长率（%）	13.3
四、财政金融	
财政收入（万亿图格里克）	10.1
财政支出（万亿图格里克）	9.2
货币供应量（万亿图格里克）	19.5
货币供应量增长率（%）	22.8
商业贷款余额（万亿图格里克）	17.2
商业贷款余额增长率（%）	26.5
不良贷款（万亿图格里克）	1.8
不良贷款增长率（%）	54.8
逾期贷款（亿图格里克）	8488
逾期贷款增长率（%）	3.1

资料来源：外交部、中国一带一路网。

表3　蒙古国对中国进出口情况

对中国进出口情况	2018 年
对中国进出口贸易额（亿美元）	79.9
对中国贸易额增长率（%）	24.7
自中国进口额（亿美元）	16.5
自中国进口额增长率（%）	33.1
对中国出口额（亿美元）	63.4
对中国出口额增长率（%）	22.7

资料来源：蒙古国海关总署。

表 4　蒙古国货物进出口总额及增长速度

主要指标	2018 年
对外贸易总额（亿美元）	129
对外贸易总额增长率（%）	23.6
出口额（亿美元）	70
出口额增长率（%）	14
进口额（亿美元）	59
进口额增长率（%）	37.6

资料来源：中国内蒙古贸促会、呼伦贝尔市商务局。

表 5　蒙古国主要商品进出口情况

主要商品进出口情况	2018 年
一、进口情况	
食品（亿美元）	4.367
二、出口情况	
煤炭出口量（万吨）	3650
煤炭出口量增长率（%）	8.6
肉类出口量（万吨）	5.5
肉类出口收入（亿美元）	1.465

资料来源：蒙古国财政部、蒙古国呼伦贝尔商会。

表 6　蒙古国排名前 10 企业

排名	企业名称
1	MCS 集团
2	TAVAN BOGD 集团
3	APU 有限责任公司
4	NOMIN 公司
5	ORGIL 公司
6	MINII DE
7	TAVAN TOLGOL
8	OYU TOLGOL
9	B. CHINGUUN
10	LGUUR 公司

资料来源：蒙古国国家统计局。

附录二　2018年东北亚各国入选全球 500强的企业

表1　2018年中国入选全球 500 强的企业

单位：百万美元

排名	上年排名	公司名称（中英文）	营业收入	利润
2	2	国家电网公司（STATE GRID）	348903.1	9533.4
3	3	中国石油化工集团公司（SINOPEC GROUP）	326953.0	1537.8
4	4	中国石油天然气集团公司（CHINA NATIONAL PETROLEUM）	326007.6	-690.5
23	24	中国建筑工程总公司（CHINA STATE CONSTRUCTION ENGINEERING）	156070.8	2675.2
24	27	鸿海精密工业股份有限公司（HON HAI PRECISION INDUSTRY）	154699.2	4559.9
26	22	中国工商银行（INDUSTRIAL & COMMERCIAL BANK OF CHINA）	153021.3	42323.7
29	39	中国平安保险（集团）股份有限公司（PING AN INSURANCE）	144196.8	13181.4
31	28	中国建设银行（CHINA CONSTRUCTION BANK）	138594.1	35845.2
36	41	上海汽车集团股份有限公司（SAIC MOTOR）	128819.3	5091.3
40	38	中国农业银行（AGRICULTURAL BANK OF CHINA）	122365.5	28550.4
42	51	中国人寿保险（集团）公司（CHINA LIFE INSURANCE）	120224.1	266.5
46	42	中国银行（BANK OF CHINA）	115422.7	25509.2
53	47	中国移动通信集团公司（CHINA MOBILE COMMUNICATIONS）	110158.5	10932.0
56	55	中国铁路工程总公司（CHINA RAILWAY ENGINEERING）	102767.1	1169.8
58	58	中国铁道建筑总公司（CHINA RAILWAY CONSTRUCTION）	100854.8	1308.8
65	68	东风汽车公司（DONGFENG MOTOR）	93293.8	1400.0
72	83	华为投资控股有限公司（HUAWEI INVESTMENT & HOLDING）	89311.4	7020.8
86	86	中国华润有限公司（CHINA RESOURCES）	82184.1	3151.9
87	115	中国海洋石油总公司（CHINA NATIONAL OFFSHORE OIL）	81482.2	3018.5
91	103	中国交通建设集团有限公司（CHINA COMMUNICATIONS CONSTRUCTION）	79416.9	1544.7
96	89	太平洋建设集团（PACIFIC CONSTRUCTION GROUP）	77204.5	3143.9
98	143	中国中化集团公司（SINOCHEM GROUP）	76764.8	753.3
101	276	国家能源投资集团（CHINA ENERGY INVESTMENT）	75522.4	2494.9
109	120	中国五矿集团公司（CHINA MINMETALS）	72997.4	-210.7
110	100	中国南方电网有限责任公司（CHINA SOUTHERN POWER GRID）	72787.3	1937.9
111	183	正威国际集团（AMER INTERNATIONAL GROUP）	72766.2	1545.8

续表

排名	上年排名	公司名称（中英文）	营业收入	利润
113	119	中国邮政集团公司（CHINA POST GROUP）	72197.3	4960.7
117	114	中国人民保险集团股份有限公司（PEOPLE'S INSURANCE CO. OF CHINA）	71579.1	2382.0
122	136	中粮集团有限公司（COFCO）	69669.1	393.5
124	137	北京汽车集团（BEIJING AUTOMOTIVE GROUP）	69591.3	1554.5
125	125	中国第一汽车集团公司（CHINA FAW GROUP）	69524.4	2855.8
132	129	天津物产集团有限公司（TEWOO GROUP）	66577.4	121.9
140	135	中国兵器工业集团公司（CHINA NORTH INDUSTRIES GROUP）	64646.3	857.7
141	133	中国电信集团公司（CHINA TELECOMMUNICATIONS）	63974.0	1819.9
149	172	中国中信集团有限公司（CITIC GROUP）	61316.2	3224.7
161	162	中国航空工业集团公司（AVIATION INDUSTRY CORP. OF CHINA）	59262.5	363.1
162	204	中国宝武钢铁集团（CHINA BAOWU STEEL GROUP）	59255.1	21.9
167	211	中国化工集团公司（CHEMCHINA）	57989.4	−739.0
168	171	交通银行（BANK OF COMMUNICATIONS）	57711.4	10390.3
181	261	京东集团（JD. COM）	53964.5	−22.5
182	190	中国电力建设集团有限公司（POWERCHINA）	53870.1	946.7
185	159	山东魏桥创业集团有限公司（SHANDONG WEIQIAO PIONEER-ING GROUP）	53203.0	1270.0
194	199	中国医药集团（SINOPHARM）	51844.4	690.1
202	238	广州汽车工业集团（GUANGZHOU AUTOMOBILE INDUSTRY GROUP）	50322.7	989.2
213	216	招商银行（CHINA MERCHANTS BANK）	47950.7	10379.4
220	252	中国太平洋保险（集团）公司［CHINA PACIFIC INSURANCE (GROUP)］	47318.8	2169.4
222	248	中国铝业公司（ALUMINUM CORP. OF CHINA）	46683.5	−428.6
227	245	上海浦东发展银行股份有限公司（SHANGHAI PUDONG DEVELOPMENT BANK）	46295.2	8138.1
230	338	中国恒大集团（CHINA EVERGRANDE GROUP）	46018.6	3606.1
234	372	山东能源集团有限公司（SHANDONG ENERGY GROUP）	45649.5	489.3
235	268	恒力集团（HENGLI GROUP）	45562.8	1016.0
237	230	兴业银行（INDUSTRIAL BANK）	45491.0	8463.3
239	221	河钢集团（HBIS GROUP）	45390.2	−119.2
240	226	联想集团（LENOVO GROUP）	45349.9	−189.3
242	101	中国兵器装备集团公司（CHINA SOUTH INDUSTRIES GROUP CORPORATION）	44785.4	739.6
243	259	中国建材集团（CHINA NATIONAL BUILDING MATERIAL GROUP）	44701.2	15.2
245	233	中国船舶重工集团公司（CHINA SHIPBUILDING INDUSTRY）	44431.0	716.3
251	251	中国民生银行（CHINA MINSHENG BANKING）	43297.5	7370.3
252	277	绿地控股集团有限公司（GREENLAND HOLDING GROUP）	42970.1	1337.2
256	334	中国机械工业集团有限公司（SINOMACH）	42638.1	471.8
267	343	浙江吉利控股集团（ZHEJIANG GEELY HOLDING GROUP）	41171.9	1820.3

续表

排名	上年排名	公司名称（中英文）	营业收入	利润
270	348	物产中大集团（WUCHAN ZHONGDA GROUP）	40928.6	330.7
273	241	中国联合网络通信股份有限公司（CHINA UNITED NETWORK COMMUNICATIONS LIMITED）	40663.5	63.0
280	—	招商局集团（CHINA MERCHANTS GROUP）	39970.8	4039.4
283	279	怡和集团（JARDINE MATHESON）	39456.0	3785.0
285	296	和硕（PEGATRON）	39237.6	482.6
288	326	陕西延长石油（集团）有限责任公司（SHAANXI YANCHANG PETROLEUM）	38897.8	166.8
289	274	中国华能集团公司（CHINA HUANENG GROUP）	38872.0	215.6
294	337	陕西煤业化工集团（SHAANXI COAL & CHEMICAL INDUSTRY）	38482.6	73.6
295	383	友邦保险集团（AIA GROUP）	38330.0	6120.0
300	462	阿里巴巴集团（ALIBABA GROUP HOLDING）	37770.8	9673.1
312	341	中国保利集团（CHINA POLY GROUP）	37001.9	1152.6
322	329	中国光大集团（CHINA EVERBRIGHT GROUP）	35840.2	1895.1
323	450	美的集团股份有限公司（MIDEA GROUP）	35794.2	2557.3
331	478	腾讯控股有限公司（TENCENT HOLDINGS）	35178.8	10580.6
332	307	万科企业股份有限公司（CHINA VANKE）	35117.4	4150.5
333	312	中国能源建设集团有限公司（CHINA ENERGY ENGINEERING）	35048.3	371.7
335	366	中国远洋海运集团有限公司（CHINA COSCO SHIPPING）	34667.8	1404.3
339	205	来宝集团（NOBLE GROUP）	34420.8	−4938.2
343	336	中国航天科技集团公司（CHINA AEROSPACE SCIENCE & TECHNOLOGY）	34253.6	2225.2
346	355	中国航天科工集团公司（CHINA AEROSPACE SCIENCE & INDUSTRY）	34073.0	1607.1
353	467	碧桂园控股有限公司（COUNTRY GARDEN HOLDINGS）	33572.0	3856.3
354	390	广达电脑公司（QUANTA COMPUTER）	33563.8	472.2
359	320	冀中能源集团（JIZHONG ENERGY GROUP）	33187.8	−141.5
360	494	厦门国贸控股集团有限公司（XIAMEN ITG HOLDING GROUP）	32901.6	106.3
361	—	雪松控股集团（CEDAR HOLDINGS GROUP）	32711.5	1068.1
362	488	厦门建发集团有限公司（XIAMEN C&D）	32588.4	305.1
364	365	江苏沙钢集团（JIANGSU SHAGANG GROUP）	32560.5	1061.8
368	369	台积电（TAIWAN SEMICONDUCTOR MANUFACTURING）	32126.4	11339.3
369	362	中国电子信息产业集团有限公司（CHINA ELECTRONICS CORPORATION）	31990.4	166.8
370	339	江西铜业集团有限公司（JIANGXI COPPER CORPORATION LIMITED）	31964.1	113.5
371	439	中国航空油料集团公司（CHINA NATIONAL AVIATION FUEL GROUP）	31942.2	401.6
374	319	长江和记实业有限公司（CK HUTCHISON HOLDINGS）	31892.4	4504.5
375	—	象屿集团（XIAMEN XIANGYU GROUP）	31676.4	147.2
381	322	新兴际华集团（XINXING CATHAY INTERNATIONAL）	31078.2	440.0

续表

排名	上年排名	公司名称（中英文）	营业收入	利润
385	318	中国中车股份有限公司（CRRC）	30634.1	1597.7
388	400	中国电子科技集团有限公司（CHINA ELECTRONICS TECHNOLOGY GROUP CORPORATION）	30175.5	1774.3
393	364	中国船舶工业集团有限公司（CHINA STATE SHIPBUILDING CORPORATION）	29796.9	370.8
395	368	国家电力投资集团有限公司（STATE POWER INVESTMENT CORPORATION LIMITED）	29726.5	198.6
397	382	中国华电集团有限公司（CHINA HUADIAN CORPORATION）	29611.8	333.3
399	—	兖矿集团（YANKUANG GROUP）	29473.5	−280.1
404	458	仁宝电脑（COMPAL ELECTRONICS）	29175.2	189.0
410	411	国泰人寿保险股份有限公司（CATHAY LIFE INSURANCE）	28804.5	1192.8
427	485	苏宁易购集团（SUNING. COM GROUP）	27805.7	623.3
428	—	鞍钢集团公司（ANSTEEL GROUP）	27792.0	61.1
431	—	首钢集团（SHOUGANG GROUP）	27488.7	0.9
432	—	纬创集团（WISTRON）	27480.0	127.7
436	—	台湾中油股份有限公司（CPC）	27105.5	1324.9
456	495	新疆广汇实业投资（集团）有限责任公司（XINJIANG GUANGHUI INDUSTRY）	26106.0	32.5
464	459	阳光龙净集团有限公司（YANGO LONGKING GROUP）	25605.1	452.5
465	—	中国太平保险集团有限责任公司（CHINA TAIPING INSURANCE GROUP）	25597.5	449.2
468	454	中国大唐集团有限公司（CHINA DATANG CORPORATION）	25299.2	341.7
479	—	富邦金融控股股份有限公司（FUBON FINANCIAL HOLDING）	24688.3	1778.9
481	476	山西晋城无烟煤矿业集团有限责任公司（SHANXI JINCHENG ANTHRACITE COAL MINING）	24658.7	57.3
489	—	泰康保险集团（TAIKANG INSURANCE GROUP）	24058.3	1683.2
494	445	山西阳泉煤业（集团）有限责任公司［YANGQUAN COAL INDUSTRY（GROUP）］	23792.8	−117.1
495	448	潞安集团（SHANXI LUAN MINING GROUP）	23784.5	0.5
496	—	河南能源化工集团（HENAN ENERGY & CHEMICAL）	23699.4	−68.6
497	430	大同煤矿集团有限责任公司（DATONG COAL MINE GROUP）	23697.5	66.8
499	—	青岛海尔（QINGDAO HAIER）	23563.2	1024.7

资料来源：财富中文网。

表 2　2018 年俄罗斯入选全球 500 强的企业

单位：百万美元

排名	上年排名	公司名称（中英文）	营业收入	利润
49	63	俄罗斯天然气工业股份公司（GAZPROM）	111982.6	12249.9
63	102	卢克石油公司（LUKOIL）	93896.6	7182.3
115	158	俄罗斯石油公司（ROSNEFT OIL）	72027.9	3807.2
205	232	俄罗斯联邦储蓄银行（SBERBANK）	49697.5	12869.0

资料来源：财富中文网。

表3　2018年日本入选全球500强的企业

单位：百万美元

排名	上年排名	公司名称（中英文）	营业收入	利润
6	5	丰田汽车公司（TOYOTA MOTOR）	265172.0	22510.1
30	29	本田汽车（HONDA MOTOR）	138645.8	9561.3
45	33	日本邮政控股公司（JAPAN POST HOLDINGS）	116616.0	4157.5
54	44	日产汽车（NISSAN MOTOR）	107868.2	6741.3
55	50	日本电报电话公司（NIPPON TELEGRAPH & TELEPHONE）	106500.1	8210.7
79	71	日立（HITACHI）	84558.7	3276.2
85	72	软银集团（SOFTBANK GROUP）	82664.7	9377.5
97	105	索尼（SONY）	77115.8	4429.8
99	127	JXTG控股有限公司（JXTG HOLDINGS）	76629.0	3266.6
103	87	日本永旺集团（AEON）	75338.8	220.2
114	110	松下（PANASONIC）	72045.0	2130.4
126	111	日本生命保险公司（NIPPON LIFE INSURANCE）	68684.2	2201.6
129	145	三菱商事株式会社（MITSUBISHI）	68301.4	5056.0
130	116	丸红株式会社（MARUBENI）	68057.2	1906.8
145	142	第一生命控股有限公司（DAI－ICHI LIFE HOLDINGS）	63521.6	3284.7
165	—	丰田通商公司（TOYOTA TSUSHO）	58586.4	1175.4
177	164	三菱日联金融集团（MITSUBISHI UFJ FINANCIAL GROUP）	54768.8	8932.5
179	167	Seven & I控股公司（SEVEN & I HOLDINGS）	54217.1	1626.7
186	185	东京电力公司（TOKYO ELECTRIC POWER）	52809.1	2870.9
192	202	日本三井住友金融集团（SUMITOMO MITSUI FINANCIAL GROUP）	52026.0	6628.2
198	228	新日铁住金（NIPPON STEEL & SUMITOMO METAL）	51163.9	1760.6
204	215	日本伊藤忠商事株式会社（ITOCHU）	49732.4	3613.3
209	193	东京海上日动火灾保险公司（TOKIO MARINE HOLDINGS）	48731.0	2565.0
221	188	MS&AD保险集团控股有限公司（MS&AD INSURANCE GROUP HOLDINGS）	47094.9	1390.5
229	236	电装公司（DENSO）	46106.1	2893.3
236	219	日本KDDI电信公司（KDDI）	45507.6	5167.5
246	249	三井物产株式会社（MITSUI）	44155.3	3777.1
250	282	住友商事（SUMITOMO）	43570.2	2784.6
279	262	三菱电机股份有限公司（MITSUBISHI ELECTRIC）	39994.9	2453.9
309	297	日本明治安田生命保险公司（MEIJI YASUDA LIFE INSURANCE）	37159.7	2392.2
311	294	日本三菱重工业股份有限公司（MITSUBISHI HEAVY INDUSTRIES）	37103.2	636.2
313	237	富士通（FUJITSU）	36990.9	1528.4
317	347	佳能（CANON）	36388.4	2157.6
326	—	东芝（TOSHIBA）	35630.0	7256.8
329	324	爱信精机（AISIN SEIKI）	35281.1	1214.4
342	330	大和房建（DAIWA HOUSE INDUSTRY）	34261.7	2133.3
347	340	损保控股有限公司（SOMPO HOLDINGS）	34027.5	1262.0
348	373	铃木汽车（SUZUKI MOTOR）	33911.7	1947.1
350	242	住友生命保险公司（SUMITOMO LIFE INSURANCE）	33820.7	630.3

续表

排名	上年排名	公司名称（中英文）	营业收入	利润
352	349	三菱化学控股（MITSUBISHI CHEMICAL HOLDINGS）	33615.5	1911.5
358	356	日本钢铁工程控股公司（JFE HOLDINGS）	33202.2	1305.5
365	353	普利司通（BRIDGESTONE）	32494.6	2571.0
367	357	日本瑞穗金融集团（MIZUHO FINANCIAL GROUP）	32141.8	5203.8
378	367	马自达汽车株式会社（MAZDA MOTOR）	31355.7	1011.4
384	352	斯巴鲁公司（SUBARU）	30734.7	1988.9
398	423	日本出光兴产株式会社（IDEMITSU KOSAN）	29605.5	1464.9
418	381	Medipal 控股公司（MEDIPAL HOLDINGS）	28397.8	313.9
420	389	关西电力（KANSAI ELECTRIC POWER）	28283.4	1370.8
425	420	住友电工（SUMITOMO ELECTRIC INDUSTRIES）	27819.6	1086.1
443	408	东日本旅客铁道株式会社（EAST JAPAN RAILWAY）	26627.4	2608.1
462	451	日本中部电力（CHUBU ELECTRIC POWER）	25753.2	671.3
463	437	日本电气公司（NEC）	25673.3	414.0

资料来源：财富中文网。

表 4　2018 年韩国入选全球 500 强的企业

单位：百万美元

排名	上年排名	公司名称（中英文）	营业收入	利润
12	15	三星电子（SAMSUNG ELECTRONICS）	211940.2	36575.4
78	78	现代汽车（HYUNDAI MOTOR）	85259.0	3567.6
84	95	SK 集团（SK HOLDINGS）	83543.8	1483.9
178	201	LG 电子（LG ELECTRONICS）	54314.2	1526.7
184	208	韩国浦项钢铁公司（POSCO）	53244.3	2438.3
188	177	韩国电力公司（KOREA ELECTRIC POWER）	52491.5	1148.9
219	209	起亚自动车（KIA MOTORS CORPORATION）	47360.3	856.4
244	246	韩华集团（HANWHA GROUP）	44590.3	358.6
380	323	现代摩比斯（HYUNDAI MOBIS）	31090.6	1387.3
421	413	三星人寿保险（SAMSUNG LIFE INSURANCE）	28272.5	1031.6
438	486	GS 加德士（GS CALTEX CORPORATION）	26821.2	1272.2
442	—	SK 海力士（SK HYNIX）	26636.3	9414.0
458	447	三星物产（SAMSUNG C&T）	25901.7	566.0
471	—	KB 金融集团（KB FINANCIAL GROUP）	25052.4	2929.5
483	479	LG 显示器（LG DISPLAY）	24584.6	1594.8
493	—	希杰集团（CJ GROUP）	23795.8	410.2

资料来源：财富中文网。

图书在版编目（CIP）数据

中国－东北亚国家年鉴. 2019 / 董伟俊主编. -- 北
京：社会科学文献出版社，2021.12
ISBN 978 - 7 -5201 -9594 -2

Ⅰ.①中⋯　Ⅱ.①董⋯　Ⅲ.①中国 - 2019 - 年鉴②东
北亚经济圈 - 2019 - 年鉴　Ⅳ.①Z52②Z531

中国版本图书馆 CIP 数据核字（2021）第 277011 号

中国－东北亚国家年鉴（2019）

主　　编／董伟俊
执行主编／笪志刚
副 主 编／刘　爽　张凤林　任晓菲

出 版 人／王利民
责任编辑／胡庆英
文稿编辑／王　娇　王红平　刘　燕　薄子桓　陈丽丽
责任印制／王京美

出　　版／社会科学文献出版社·群学出版分社（010）59366453
　　　　　　地址：北京市北三环中路甲 29 号院华龙大厦　邮编：100029
　　　　　　网址：www.ssap.com.cn
发　　行／市场营销中心（010）59367081　59367083
印　　装／三河市东方印刷有限公司

规　　格／开本：787mm × 1092mm　1/16
　　　　　　印　张：44.75　字　数：1120 千字
版　　次／2021 年 12 月第 1 版　2021 年 12 月第 1 次印刷
书　　号／ISBN 978 - 7 - 5201 - 9594 - 2
定　　价／298.00 元